JN400269

Southeast 1450-1680 Asia in the Age of Commerce

Southeast Asia in the Age of Commerce 1450-1680

앤서니 리드 지음

박소현 옮김

대항해시대의 동남아시아

현대의 고전 20

글항아리

일러두기

- 이 책은 Anthony Reid, *Southeast Asia in the Age of Commerce 1450-1680*(Volume One: The Lands below the Winds; Volume Two: Expansion and Crisis, Yale University Press, 1988, 1993)을 저본으로 번역한 것이다.
- 외래어 인명과 지명은 국립국어원의 외래어표기법에 따랐다. 단, 한글 표기법이 마련되지 않은 언어는 현지 발음을 기준으로 표기했다. 언어별 표기법에 관한 세부 사항은 옮긴이 후기에 정리했다.
- 출처는 미주로 처리했고, 저자 주와 옮긴이 주는 모두 각주로 처리했다.
- 원서에서 이탤릭체로 강조한 것은 고딕체로 표시했다.

왕경우*와 헬렌에게 바칩니다

* 王賡武(Wang Gungwu, 1930~). 인도네시아 수라바야에서 태어나 말레이시아 이포에서 자라고 중국 난징, 싱가포르, 영국 런던 등에서 수학한 화인 디아스포라 연구자.

추천 서문

동남아시아 역사의 입문서가 왜 필요한가?

김기협 역사학자

앤서니 리드의 『대항해시대의 동남아시아』를 2년 전 마주치기 전 나는 새 공부 방향을 열어줄 책을 기대하지 않고 있었다. 역사 공부를 마무리하는 마음으로 오랫동안 연구해온 중국 중심의 동서교섭사를 『오랑캐의 역사』로 정리하다가 '남양', 즉 동남아 방면에 큰 구멍이 있음을 깨닫고 동남아 역사를 들여다보기 시작하면서 마주친 책이었다.

그런데 이 책을 읽으면서 새 공부 방향을 열었다. 동남아 역사의 특별한 중요성을 깨우친 것이다. 새로 시작하는 마음으로 동남아 역사에 들어섰다.

우리 사회에서 역사 공부는 한국사-동양사-서양사의 세 분야로 구분된다. 한국사는 '우리 역사'로서 우리에게 고유한 의미를 지닌 분야거니와 동양사-서양사의 구분은 다분히 편의적인 것이다. 원래 유럽 학계에서 유럽사-비非유럽사를 구분하던 관행이 일본에서 변형된 것이다. 서양사는 유럽사에, 동양사는 동아시아사에 그치고 이 구분에 잘 맞춰지지 않는 많은 지역이 있다.

17세기 말에서 20세기 전반까지 동남아 역사는 서양사의 일부처럼 보인다. 동남아의 많은 지역이 유럽인의 지배를 받았고 경제활동도 유럽인이 주도한 것으로 보이기 때문이다. 그러나 잘 들여다보면 유럽인의 지배와 주도는 피상적 현상이었다. 제2차 세계대전 이후 식민지배에서 벗어나면서 동남아 역사의 밑바닥 흐름이 밝혀지기 시작했다.

그렇다고 해서 새 공부 방향을 열기까지 해야 할 일인가? 역사 공부를 덮으려던 내가 새로 시작하는 마음으로 달려드는 데는 몇 가지 이유가 있다.

첫째, 내가 주력해온 '교섭사'의 현장으로 동남아에 특별한 의미가 있다. 외부와의 교섭은 대개의 사회에서 부차적 현상이다. 역사적 굴곡은 사회 내부에서 주로 빚어지고 외부 충격은 간헐적인 변조變調를 가하는 데 그친다. 그런데 동남아에서는 오랫동안 여러 문명권의(중국, 인도, 이슬람, 그리고 기독교까지) 영향이 엇갈리는 것이 일상적인 현상이었다.

둘째, 동남아 지역에서는 '바다의 역사'가 풍성하게 펼쳐졌다. 농업문명 시대에 인간의 생산활동이 바다보다 육지에서 더 많이 펼쳐지고 정치조직도 육지에서 많이 이뤄졌기 때문에 역사 연구에서 해양활동이 경시되는 경향이 있다. 그래서 해양활동의 고찰을 통해 역사 해석을 넓힐 여지가 많이 남아 있다. 중국사에서는 동남아와 연결된 남해안 지역의 해양활동(화교 현상 포함)의 연구로 새로운 그림이 그려지기 시작하고 있다.

셋째, 이 책을 읽으며 어떤 필요성이 새롭게 떠올라서다. 민족과 국가의 의미를 비춰볼 거울 역할을 동남아 역사에서 기대할 수 있는 것이다. 역사의 탐구와 서술에서 민족과 국가가 중심적 역할을 맡아왔다. 그런데 동남아처럼 해양활동이 왕성하고 교섭 현상이 활발했던 곳에서는 민족의 형태에도 신축성이 컸고 국가의 역할도 제한적이었다. 대륙 지역의 현상을 당연한 것으로 여기던 관행을 벗어나 민족과 국가의 형태와 역할을 새로 모색하는 데는 동남아 역사가 좋은 참고가 된다.

지금 세계가 처해 있는 상황 때문에 동남아 역사를 깊이 공부할 필요를 더 크게 느낀다. 기술 발전으로 국가의 울타리가 낮아지고 허물어지는 현대세계에서 "상상의 공동체"가 실감나게 되어가고 있다. 그 개념을 제시한 베니딕트 앤더슨이 동남아 연구자라는 사실을 음미할 필요가 있다.

동남아의 과거에 대한 중요한 연구는 역사학보다 인류학 방면에서 이뤄진 것이 많다. 역사학 연구의 발판이 될 문헌 자료에 비해 인류학 연구를 뒷받침할 문화 현상이 풍성하기 때문이다. 리드의 책은 인류학 연구의 성과를 접수해 역사학 연구의 새 출발점을 만드는 시도라고 볼 수 있다. 더 나중에 나온 빅터 리버먼의 『기묘한 평행선*Strange Parallels: Southeast Asia in Global Context, c. 800–1830*』(전2권, 2003, 2009)과 대비된다.

미시간대학의 리버먼은 역사학계의 주류이고 오스트레일리아국립대학의 리드는 변방의 연구자라고 할 수 있다. 리버먼이 동남아의 대륙부(미얀마 등) 역사에서 다른 지역 역사와의 사이에 "기묘한 평행선"을 찾으려 애쓴 반면 리드는 해양부를 중심으로 동남아 역사의 독특한 틀을 세우려 노력했다. 역사학계 주류와 변방 사이의 차이로 볼 수 있다.

나는 리버먼의 책을 깎아내릴 생각이 없다. 리드의 책과 비슷한 시점에 입수했지만 아직 다 읽지 못했으니 그럴 자격도 없다. 꼭 다 읽을 생각도 없다. 두 사람이 동남아 역사를 그린 그림의 해상도에는 큰 차이가 없어도, 리드의 그림에서는 바탕에서 떠오르는 무늬의 존재를 느낄 수 있다. 그래서 리드의 책은 한 번 읽은 뒤에도 거듭거듭 다시 들춰보게 되는 것이다.

이 책을 한국 독자들에게 동남아 역사의 '입문서'로 추천한다. 이 책에서 다룬 '교역의 시대'는 동남아 역사의 전환기다. 교역활동의 증가를 중심으로 산업 구조에서 정치체제까지 전면적인 변화가 이뤄진 시기다. 그뿐 아니라 이슬람 문화의 확산과 유럽 세력의 진입으로 역사 기록이 폭발적으로 늘어났다. 그 이전의 역사를 더듬어보는 데도 그 이후의 역사를 살펴보는 데도 이 시기를 출발점으로 삼지 않을 수 없다.

이 책이 동남아 역사의 입문서로 왜 적합하냐 하는 질문보다 우리에게 동남아 역사의 입문서가 왜 필요하냐 하는 질문을 먼저 생각해야 할 것 같다.

동양사-서양사의 구분을 넘어 '세계사'를 바라보는 새로운 시각이 필요해졌다. 여기에는 두 가지 이유가 있다.

첫째로, 유럽을 중심으로 역사를 보는 근대 역사학의 일극 체제를 벗어날 필요가 있다(동-서양사 구분은 이 일극 체제의 한 변형일 뿐이다). 역사의 전개 과정을 유럽사의 경험만을 기준으로 해석하는 주류 역사학계의 관행은 한계에 이르렀다. 이 한계를 돌파하는 데 인류학 등 인접 분야의 공헌이 20세기 중엽 이후 착실히 쌓여왔다.

또 하나의 이유는 세계 정세의 탈국가(민족) 방향 변화에 있다. 정보-통신-교통 기술의 발달에 따라 국경이 낮아지고 있는 현대세계에서는 과거를 살펴보는 기준도 국가(민족)를 중심에 두던 기존 역사학의 관행을 벗어나야 한다. 활발한 문화-경제활동 수준에 비해 국가의 역할이 작았던 동남아 지역의 역사에서 세상의 향후 변화에 대한 시사점을 많이 찾을 수 있다.

이 글을 쓰는 동안 저자가(1939~2025) 세상 떠난 소식을 들었다. 이 책을 남겨준 데 대한 고마운 마음이 새삼 절실하다.

차 례

1권

2권

1권

1권 서문

인간의 역사는 이음매 없이 짜인 거미줄과 같아서 역사의 어느 한 부분을 따로 떼어내 얽힌 맥락을 제거하기란 불가능하다. 특히 '바람 아래의 땅'처럼 국제 교역과 긴밀하게 얽힌 부분이라면 더욱 그렇다. 그러나 이 지역을 연구하는 우리는, 그 연결성을 인식하는 동시에 동남아시아인을 스스로의 역사적 무대에서 구경꾼으로 만들지 않기가 무척 어려운 것을 잘 안다. 20세기 전반 50년 동안 식민주의 역사는 동남아시아를 서구의 위대한 팽창 과정에서 별다를 것 없는 배경쯤으로 축소하고 폄하했다. 반면 민족주의 역사는 아시아인을 행위자가 아닌 무력한 피해자로 묘사해, 오히려 식민주의 역사를 강화하거나, 지역 연구를 국제적 역학이나 비교로부터 고립시키는 식으로 문제점을 바로잡으려 애써왔다. 동남아시아인이 직접 쓴 사료를 발굴하고 접근 가능하게 만드는 영웅적인 과업을 시작한 것은 동양학 연구였으나, 이 잡학다식한 전통은 왕실 연대기, 종교적 주석, 서정적인 운문이 생산과 교환의 세계와 어떻게 만나는지 일러주는 길잡이가 되지는 못했다.

이 책에서 내가 시도한, 닥치는 대로 수많은 주제와 사료에 손대보는 식의 접근법은 전혀 새로운 것이 아니다. 식민주의 역사학, 동양학,

문화기술지학이 이 분야에 불운한 분열과 파편화를 심기 전에도, 윌리엄 마스든,* 빈첸초 산제르마노,** 토머스 스탬퍼드 래플스,*** 존 크로퍼드,**** 장바티스트 팔르구아*****뿐 아니라 안토니우 갈방,****** 시몽 드 라 루베르,******* 프랑수아 발렌테인******** 같은 선각자조차 문학, 언어, 여행기, 무역 통계, 무엇보다 직접 경험에서 얻은 지식을 동원해 지역의 생활상을 다뤘다. 그런 학문의 원시시대에는 한 지역 또는 민족의 '전체사total history'를 쓰는 일이 가능해 보였다. 그러나 우리가 살아가는 전문화 시대에 이 복잡한 지역의 연구자라면 마땅히 알아야 할 열 가지 이상의 언어와 기타 지식을 한 사람이 모두 습득하기는 바랄 수는 없을 때, 전체사라는 목표는 어떻게 성취될 수 있을까?

그런 포괄적인 접근법은 얄팍하거나 너무 뻔한 결론에 이를 위험이 크게 마련이다. 그러나 우리가 훈련받아온 전문 분야에만 갇혀 있는대

---

* William Marsden(1754~1836). 영국의 동양학자. 1771년 동인도회사 관리로 수마트라에 파견되어 말레이어를 익혔다. 말레이어 문법서와 사전을 출판하고 『수마트라의 역사』를 썼다. (옮긴이)

** Vincenzo Sangermano(1758~1819). 이탈리아의 가톨릭 신부. 18세기 말 동남아시아를 여행하고 1783년부터 1806년까지 버마에서 선교활동을 했다. 산제르마노의 『버마 제국에 관한 묘사』는 버마 연구에 중요한 사료다. (옮긴이)

*** Thomas Stamford Raffles(1781~1826). 영국의 정치인. 1811년 네덜란드령 자바 공격을 성공적으로 이끌었으며 1814년 네덜란드에 반환될 때까지 자바 총독을 역임하고 『자바의 역사』를 썼다. 현대 싱가포르를 설계한 인물로 가장 널리 알려졌다. (옮긴이)

**** John Crawfurd(1783~1868). 영국의 식민관료. 외과의로 동인도회사에 합류해 래플스와 함께 영국의 자바 점령과 싱가포르 개발 등에 관여했다. (옮긴이)

***** Jean-Baptiste Pallegoix(1805~1862). 프랑스 외방전교회 소속 사제. 1838년 시암에 파견되어 활동하면서 몽꿋왕의 신임을 받으며 가까이서 보고 들은 내용을 기록으로 남기고 타이어 사전을 편찬했다. (옮긴이)

****** António Galvão(1490?~1557). 포르투갈의 군인, 탐험가. 1527년에 포르투갈령 동인도에 가서 1540년까지 말루쿠와 트르나테 등지에서 관리로 일했다. 포르투갈로 돌아가 『세계의 발견』 『말루쿠의 역사』를 집필했다. (옮긴이)

******* Simon de la Loubère(1642~1729). 프랑스의 외교관. 1687년 프랑스의 시암 사절단을 이끌었으며, 루이 14세의 명으로 시암 체류에 관한 기록 『시암 왕국에서』를 출판했다. (옮긴이)

******** François Valentijn(1666~1727). 네덜란드의 박물학자. 19세에 네덜란드동인도회사 소속 목사로 동인도에 16년간 머무르며, 회사의 역사와 동인도의 지도를 포함한 방대한 저서 『신구 동인도』를 썼다. (옮긴이)

도 위험이 없는 것은 아니며, 인구 대부분에게 가장 중요한 역사적 차원을 배제하는 더 심각한 위험이 따를 수도 있다. 현대의 지리학자, 인류학자, 인구학자, 환경과학자들은 전통적인 역사학자들보다 동남아시아의 '보통 사람들'이 살아온 여러 제약을 훨씬 더 성공적으로 탐색해냈다. 그들이 발견한 성과는 나 같은 역사학자가 여행기와 왕실 연대기에 의존하면서 발생하는 한계를 넘어 새로운 길을 제시하기도 한다. 또한 나는 전체로서 동남아시아를 다루는 것이 이 방식이 아니라면 결코 빛을 보지 못할 여러 생활 지역을 보여줄 수 있다고 확신한다. 세분화된 문화 지역 각각을 다루는 자료들은 속 터질 정도로 파편적이다. 그러나 그 모두를 한데 모아 연구하면 전체로서의 지역 생활 방식이라는 일관된 그림이 드러나기 시작한다. 동남아시아는 언어와 문화가 아주 다양하다고들 하지만, 비슷한 기후적·물리적·상업적 압력을 겪었으며 그 결과 매우 유사한 일련의 물질문화를 발전시켜왔다.

마지막으로 페르낭 브로델이 요청한 "야심 찬 역사학자"[1]의 모습이 내게 큰 영감을 주었다. 그가 다양한 분과, 특히 지리학을 통해 한 광범위한 지역의 "집단적 운명"과 눈부신 다양성을 동시에 보여주며 거둔 성공은, 바람 아래의 땅에서도 그런 방법론으로 의미 있는 결과를 거둘 수 있으리라는 용기를 주었다. 동남아시아에 관해서는 연구 기초가 되는 사료와 연구 논문이 지중해 세계보다 훨씬 빈약하다. 반면 지중해가 남유럽, 레반트, 북아프리카를 통합한 것보다는, 남중국해의 따뜻하고 잔잔한 물이 동남아시아를 훨씬 단단하게 하나로 묶어주었다. 또한 브로델과 아날학파가 그 예를 보여준 학제 간 접근법과 분석은 특히 동남아시아에서 빛을 발한다. 엄격한 의미에서의 사료는 빈약하지만 동남아시아에 관한 인류학, 동양학, 심지어 고고학적 자료는 상대적으로 훨씬 더 풍부하기 때문이다.

이 연구의 목적은 전체사를 통해 네덜란드가 동남아시아에 상업 패권을 구축하기 전 두 세기 동안의 중요한 쟁점에 초점을 맞추는 것이다. 사료가 허락하는 한, 출판된 기록에서 큰 부분을 차지하는 왕과 외국인보다는 인구 전체에 영향을 미치는 특징과 변화에 집중하고자 했다. 그런 특징과 변화는 대개 오랜 세월에 걸친 것이어서 공간상으로나 시간상으로나 넓은 캔버스를 들여다보며 한 눈을 계속 다른 세계의 변화상에 고정하고 양측을 비교할 때만 알아볼 수 있다. 이러한 우선 과제 때문에 우리는 동남아시아를 하나의 지역으로 만드는 구조와 제약에서 시작해, 내가 '교역의 시대The age of commerce'라고 이름 붙인, 바람 아래의 땅에서뿐만 아니라 전 세계적으로 아주 중요한 시기로 넘어갈 것이다. 1권이 이 시기 동남아시아의 물리적·물질적·사회적 구조에 집중한다면, 2권은 그 맥락에서 발생한 아날학파가 국면conjontures과 사건événements이라고 부를 내용을 다룬다.

그러나 1권에서도 변화의 중요성은 어디서나 뚜렷하다. 자본주의와 르네상스가 유럽을 완전히 바꿔놓는 사이 이례적인 힘이 동남아시아에서도 작동했다. 급속하게 빨라진 무역 속도가 코즈모폴리턴 도시의 크기와 역할을 훌쩍 키워놓았고 코즈모폴리턴 도시들 간은 물론 외부 세계와도 접촉도 확대시켰다. 이슬람교, 그리스도교, (앞의 두 종교보다 더 오래) 상좌부불교*는 먼저 그런 무역도시에 거점을 세우고 세력을 키워나갔다. 무역도시 주변에서 국가가 형성되어 융성했으며 도시에서는 좀더 세속적인 형태의 사상과 문화가 번성했다. 마침내 17세기에 유럽의

* 上座部佛教. 이전에 국내에서 소승불교로 불린 불교의 부파. 테라바다Theravada의 한역. 스리랑카에서 정리된 팔리어 경전을 근간으로 동남아시아에 널리 전해져 남방불교라고도 한다. (옮긴이)

상업적 침투가 실질적 독점으로 완결되자, 동남아시아의 토착 도시와 교역은 더 이상 성장하지 못하고 위축되었으며 앞서 말한 변화 과정이 순식간에 역전되었다. 따라서 1권을 읽을 때도 독자는 이곳이 '변하지 않는 동양', 심지어 퇴보하는 지역이라는 고정관념에서 벗어나야만 한다. 교역의 시대는 유럽에서만큼 동남아시아에도 큰 변화를 가져왔으나, 그 방향은 결코 같지 않았다.

사료 확보의 차원에서 16세기와 17세기는 확실히 유리한 지점이 있다. 지역에서 생산된 기록의 상당 부분이 살아남은 최초의 시기이기 때문이다. 이런 기록은 그 신성한 성격 탓에 수없이 반복해서 인용되거나 초기 유럽인 여행자들의 저서에도 등장한다. 이 기록들은 동남아시아의 사상, 법령, 종교, 의식을 이해하는 데는 중요하지만, 한 미얀마 역사학자의 지적대로 "뻔하고 일상적인 것"은 담고 있지 않다.[2] 보통 사람들의 일상생활을 파악하기 위해 우리는 1세대 유럽 방문객들이 남긴 다양한 기록에 의존할 것이다. 유럽인들은 1509년 포르투갈인, 1523년 스페인인, 1579년 잉글랜드인, 1596년 네덜란드인 순으로 동남아시아에 도착해 기록을 남기기 시작했다. 중국인과 아랍인을 비롯한 다른 아시아인의 기록 또한 유용하겠지만, 동남아시아인과 훨씬 오래전부터 접촉해온 그들이 남긴 기록은 유럽인의 것만큼 이곳에서 만난 사람들의 생활 양식에 놀라움과 흥미를 보여주지는 않는다.

어떤 학자도 이렇게 광범위한 연구에 필요한 이상적인 언어 능력을 전부 갖출 수는 없다는 점을 인정하면서 나의 한계도 밝혀두어야 할 것이다. 내가 학술적 목적으로 활용할 만큼 능숙하게 구사하는 아시아 언어는 말레이-인도네시아어뿐이다. 다른 아시아 언어로 된 사료는 유럽 언어(또는 드물게 인도네시아어) 번역에 의존했다. 스페인어와 포르투갈어 사료가 영어나 프랑스어로 출판되어 있는 경우 그 자료를 활용했다. 이런 사료를 읽을 수 있게 해준 모든 노고에 깊은 감사를 표하고 싶다. 본문에는 내가 사용한 판본이 아니라 원저작의 저자명과 출간 연도를 표기했는데, 절대 편집자와 번역자의 기여를 축소하려는 의도에서가 아니다.* 그들의 노고가 없었다면 이 연구는 시작되지도 못했을 것이다. 인용부를 가능한 한 간결하고 유용하게 하고자 판본과 출간에 대한 정보를 모두 참고문헌에 몰아넣었을 뿐이다. 네덜란드와 영국의 문서보관소에서 찾은 자료도 본문에는 작성자 이름과 발간 연도만 넣었다. 이 방식과 과정을 분명히 밝혀 당시에 쓰인 자료가 무엇이고 이후의 문화기술지나 2차 자료가 무엇인지 독자가 구분할 수 있도록 하고자 한다. 분량을 줄이기 위한 또 하나의 시도로 인용에 사용된 "cf."는 "~도 함께 보라"는 뜻이다.

이 책은 20년 넘게 동남아시아를 연구해온 결과물이다. 여기에 이름을 열거하는 것만으로 동료들에게 진 엄청난 빚을 다 표현할 수는 없을 것이다. 말라야대학, 하사누딘대학, 오스트레일리아국립대학에서 함께 일한 동료들과 내게 자신의 역사와 문화를 설명해준 수많은 친구에게 큰 빚을 졌다. 오스트레일리아국립대학은 내 연구 전체를 지원해주었다. 이 원고를 써온 오랜 시간 동안 귀중한 자료를 제공하거나 일러준 제니퍼 브루스터와 이토 다케시, 초고의 일부를 읽고 의견을 준 (또!) 제니퍼 브루스터, 토니 딜러, 로버트 엘슨, 앤서니 존스, 마거릿 카르토미, 앤 쿠마르, 노먼 오웬, 레어노어 맨더슨, 데이비드 마르, 로빈 맥스웰, 앤서니 밀러, 바스 테르빌, 지도를 그려준 리오 판치노와 키스 미첼, 원고 대부

* 한국어판에서는 인용을 미주로 정리하였음을 밝혀둔다. (옮긴이)

분을 타이핑해주고 워드프로세서의 신비를 알려준 도러시 매킨토시에게 큰 도움을 받았다. 언제나 그렇듯 아내 헬렌은 이 책을 쓰는 지루한 시간 동안 삶을 가능하게 또 즐겁게 만들어주었다.

1장 서론: 바람 아래의 땅

'바람 아래의 땅' 대부분은 언제나 봄날이다. (…) '바람 아래의 땅'에서는 늘 그렇듯, 지위란 권력이나 권위를 기반으로 한 것이 아니다. 모두 그저 보여주기일 뿐이다. (…) 원주민은 노예의 숫자로 지위와 부를 가늠한다.

_이븐 무함마드 이브라힘,* 『술레이만의 배』(Ibrahim 1688: 174–177)

지리적 단위로 보는 동남아시아

동남아시아처럼 자연이 스펙터클하게 경계를 지어주는 지역도 흔치 않다. 태평양판과 인도양판이 동시에 확장하면서 생겨난 것이 분명한 동남아시아의 남쪽 경계는, 인도양판이 밀면서 생겨난 거대한 지질학적 포물선 혹은 여러 개의 포물선이다. 가장 뚜렷한 것은 순다열도의 수마트라, 자바, 발리, 롬복, 숨바와섬을 따라 솟아오른 화산들이 그리는 포물선이다. 그러나 그 바깥쪽에 대부분 수면 아래 가라앉아 있는 또 다른 포물

* Ibn Muhammad Ibrahim(?~?). 1685년 페르시아의 샤 술레이만이 시암에 보낸 사절단에 서기로 참여해 기행문 『술레이만의 배』를 썼다. (옮긴이)

선이, 특징적으로 깊은 해구 너머 수마트라 서쪽으로만 그 모습을 드러낸다. 동쪽 경계인 필리핀에 그러한 화산활동의 또 다른 스펙터클한 포물선이 형성되어 있다. 그 바깥에는 역시 깊은 해구가 있고, 거기서 태평양판이 확장하면서 가라앉고 있는 것으로 보인다. 동남아시아의 북쪽 경계는 철옹성 같은 히말라야산맥의 동쪽으로 동남아시아에서 가장 큰 강들의 시원지이기도 하다.

이런 경계들 위로 놓인 것이 시암만에서 자바해로 이어지는 얕은 물이다. 이를 고古지리학자들은 순다랜드, 해양지리학자들은 순다대륙붕이라고 부른다. 1만5000년 전 무렵에는 해수면이 현재보다 200미터가량 낮아서 이 대륙붕 전체가 수마트라, 자바, 발리, 보르네오와 아시아 대륙을 이어주는 육지였다. 동남아시아 지역의 식물군과 동물군은 대륙과 분리되기 전에 이 큰 섬들로 옮겨왔다. 해수면 아래로 가라앉은 지금도 순다대륙붕은 전 세계에서 가장 풍부한 어장 중 하나로 동남아시아 사람들에게 중요한 역할을 하고 있다.

물과 숲은 동남아시아의 자연환경에서 지배적인 요소다. 이 지역은 육로로는 접근하기 무척 어렵지만 물길은 어디나 뚫려 있다. 따라서 한편으로 인도와 중국이 겪었던 것 같은 중앙아시아로부터의 대규모 이주나 침략에서는 비교적 자유로웠으나, 그보다 수는 적어도 바닷길로 오는 상인, 탐험가, 선동가에게는 늘 열려 있었다. 바닷길은 어디나 있었을 뿐 아니라, 놀라우리만치 뱃사람들에게 관대했다. 바람은 잔잔하고 예측 가능했다. 계절풍monsoon이 5월에서 8월 사이에는 서쪽이나 남쪽에서, 12월에서 3월 사이에는 북서쪽이나 북동쪽에서 불어왔다. 태풍의 영향을 받는 동쪽 가장자리 지대를 제외하면 폭풍은 큰 위험 요소가 아니었다. 뱃사람들이 더 두려워한 것은 몇몇 해협의 빠른 물살이었다. 또한 수온

이 일정해서, 유럽이나 일본까지 갈 수 없는 배도 동남아시아의 바다에서는 몇 년씩 버틸 수 있었다. 이런 모든 요인이 수심이 더 깊고 폭풍이 잦은 유럽의 지중해보다는 동남아시아의 지중해를 더 환대하는 만남의 장소이자 교차점으로 만들어주었다. 게다가 물가에 삼림이 풍부해 선박을 건조하기에 적합하다는 점에서 다시 한번 16~17세기 지중해와는 뚜렷한 대조를 이루며,[1] 해상 활동에 더없이 좋은 독특한 지역이 되었다. 이런 곳에서 배는 집집마다 있는 필수품이었다.

또 다른 요소인 울창한 숲은 (열대 지역에서는 대개 부족하게 마련인) 토양이 아니라 높은 기온과 강우량 덕분이다. 동남아시아는 세계적으로 상당히 높은 평균기온과 비슷한 규모의 다른 어떤 지역보다 많은 강수량이 주는 혜택을 누린다.[2] 건기가 아주 뚜렷한 동남쪽과 북쪽의 경계(소순다열도와 인도차이나 및 타이 북부)를 제외하면, 지역 전체에 연중 비가 끊이지 않아 늘 푸른 열대우림이 울창하게 뒤덮고 있다. 이우시과* 수종이 큰 비중을 차지하기는 하지만 동남아시아의 숲은 "세계 어느 곳과도 비견할 수 없을 만큼 울창하고 다채"로우며[3] 경제적 가치가 높은 종을 다수 포함한다. 산업화와 20배가 넘는 인구 증가에도 불구하고 이 숲은 오늘날에도 16세기 유럽과 중국에서처럼 길들여지지 않았다. 지금으로부터 4세기 전만 해도 지속적인 경작지는 울창한 정글 속 아주 일부일 뿐, 숲의 회복력을 이용한 이동경작(화전농법)과 임산물 채집이 더 흔했다. 가장 큰 도시에서도 풍부한 목재, 대나무, 야자를 건축자재로 이용했던 듯하고, 따라서 이런 품목은 한 번도 큰 지출의 대상이 되거나 해상 교역에서 중요한 품목으로 기록된 적이 없다. 그런 도시와 경작자

* dipterocarp. 열대우림에서 자라는 활엽수 17개 속과 500여 종이 속한 식물의 과. (옮긴이)

의 주변에는 여전히 숲이 남아 있었고 공통의 자원과 공통의 위협이 공존했다. 숲은 도적, 호랑이, 코끼리, 사냥감의 보금자리였다.

인문적 단위로 보는 동남아시아

처음 동남아시아를 들여다보면 언어, 문화, 종교가 당황스러우리만치 다양한 데다 역사적으로 외부와의 해상 교역에 열려 있어서 이 지역을 하나로 묶기란 불가능해 보인다. 그러나 왕실 정치와 종교적 '대전통'에서 눈을 돌려 민간신앙과 평범한 동남아시아인들의 사회생활을 살펴보면 공통점이 더 많이 보이기 시작한다.

이 책에서 다룰 인구의 절반 이상, 곧 현재 필리핀, 말레이시아, (동쪽 끄트머리 지역을 제외한) 인도네시아, 동남부 베트남(참족)으로 불리는 지역에서 오스트로네시아어족 언어를 사용하는 이들이 보여주는 공통점은, 이들이 공통의 선조에서 갈라져 나왔다는 것으로 설명될 수 있을 것이다(지도 1). 이들 언어는 5000년 전 오스트로네시아 원어를 기원으로 하며, 훨씬 나중의 어떤 시점에 더 광범위하게 쓰이는 언어들로 갈라진 것으로 보인다. 유사시대 버고와 캄보디아에서 여전히 사용된 몬-크메르어는 대륙부 동남아시아에서 훨씬 널리 사용되었다. 베트남어와 따이*어파 언어(타이어, 샨어, 라오어 등)는 공통적으로 쓰이는 성조가 중국어와

* 따이Tai족은 따이어파 언어를 사용하는 이들을 가리키며, 오늘날 타이의 타이Thai족, 라오스의 라오족, 미얀마 샨주의 샨족, 베트남 북부의 따이Tay족과 눙족, 중국 윈난성의 다이Dai족 등을 포함하는 거대한 집단이다. 대륙부 동남아시아 전역에 걸쳐 있으며 수많은 하위 인종집단을 거느린 따이족의 세계는, 도서부 동남아시아의 말레이 세계에 비견할 만한 문화적 개념이라고 할 수 있다. (옮긴이)

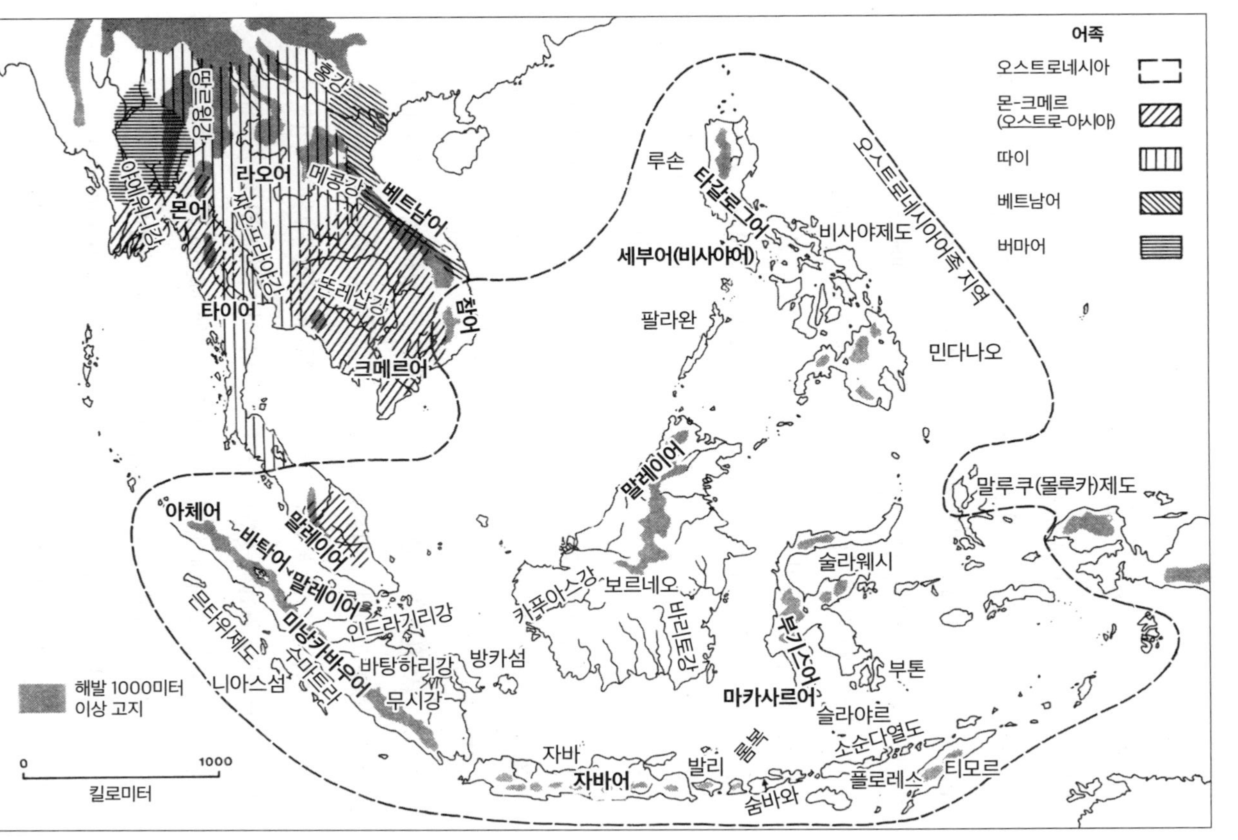

지도 1 동남아시아의 지리와 언어집단

유사해 한때 언어학자들이 중국-티베트어족으로 분류하기도 했으나, 최근의 연구는 베트남어가 몬-크메르어와 연결된 오스트로아시아어족에 속하며 베트남어의 성조는 비교적 최근에 생겨난 것이라고 밝혔다.[4] 폴 베네딕트는 따이어파가 오스트로네시아어와 함께 오스트로타이어족에 속한다고 주장했지만 소수설로 남았다.[5] 동남아시아 언어 전체에 나타나는 수많은 공통분모는 활발한 내부 접촉으로 인한 결과라고 보는 편이 점점 더 타당해지는 것 같다. 즉, 베트남어와 타이어, 버마어 사용자가 남쪽으로 내려가고, 더 역사가 긴 몬-크메르어와 오스트로네시아어 사용자는 북쪽으로 올라가면서 상호작용한 것이다. 마찬가지로 몬족, 크메르족, 참족의 더 오래된 문화에서 기원한 요소들은 비교적 최근의 이주자와 기타 동남아시아인 간의 수많은 사회문화적 유사성 또한 설명해준다.

다음의 두 요인 또한 동남아시아 공통의 성격을 형성하는 데 기여했다. 첫째, 공통된 물리적 환경에 적응해왔으며, 둘째, 지역 내 교역이 고도로 발달했다.

공통된 자연환경은 동남아시아 식생활에서 쌀, 생선, 각종 야자가 압도적인 비중을 차지하는 이유를 설명해준다. 동남아시아에는 초원도 없고 목축 전통도 없기에 동물성 단백질을 섭취할 기회가 무척 제한적이다. 동남아시아가 원산지일 쌀은 수천 년 동안 이 지역 사람 대부분에게 주식이었다. 루손, 술라웨시, 자바, 수마트라, 시암, 베트남 지역에서 추수는 여자들의 일이었고, 추수할 때는 낫을 쓰지 않고 동남아시아 특유의 손가락칼로 벼의 정령을 존중하는 뜻에서 한 번에 한 포기만 벴다.

동남아시아 식생활은 쌀과 생선이 주류이고 육류와 유제품이 차지하는 비중은 미미하다는 점이 특징이다. 반쯤 발효시킨 생선이 중요한 밥

반찬이고, 야자술이 가장 사랑받는 마실 거리다. 야자수는 동남아시아 식생활뿐 아니라 생활 양식 전반에 다양한 풍미를 더해준다. 몇몇 지역에서는 사고야자가 주요 당 섭취원이었지만, 어디서나 코코넛과 사탕야자로 설탕과 야자술을 만들고 야자를 그대로 먹었다. 동남아시아가 원산지일 아레카야자는 동남아시아 전역에서 만인의 각성제이자 사회생활과 의례의 필수 요소인 빈랑의 핵심 재료이기도 하다.

상대적으로 인구는 적지만 숲과 물이 많은 환경은 동남아시아식 생활 양식의 많은 부분을 설명해준다. 가까운 숲에서 쉽게 구할 수 있는 나무, 야자수, 대나무가 집을 짓는 데 쓰는 보편적인 재료였다. 또한 동남아시아인은 기둥을 세워 바닥을 높이 띄운 주상 가옥pole house에 살기를 좋아했다. 해안 지역에서는 해마다 겪는 침수를, 외딴 고산지대에서는 인간과 가축을 해치는 야수의 접근을 막는 수단이었다. 동남아시아의 특징적 건축 양식 및 가내 활동 양식은 물론 사회정치구조의 상당 부분이, 그런 목재-초가 주상 가옥을 쉽게 짓고 헐고 또다시 지을 수 있다는 데서 연원했다고 할 수 있다.

그러나 동남아시아에서 나타나는 공통점이 모두 공통의 자연환경으로 설명될 수 있는 것은 아니다. 어디서나 빈랑을 씹지만, 빈랑이 난다고 해서 꼭 그곳에서 빈랑을 씹는다고 할 수는 없다. 원하는 각성 효과를 내려면 빈랑, 구장잎, 석회를 복잡한 방식으로 조합해야 하기 때문이다. 마찬가지로 손가락칼과 피스톤식 풀무의 전파, 닭싸움이나 등나무로 만든 공을 차올리는 타크로takraw 놀이 같은 특유의 스포츠, 청동제 공* 이 주도하는 음악의 양상 또는 비슷한 몸 단장법과 구별법 등은 자연환

* gong. 동남아시아 전역에서 쓰이는 징처럼 생긴 타악기. (옮긴이)

경과는 별로 상관이 없다. 근본적인 사회문화적 특성이 전체로서의 동남아시아를 거대한 이웃인 중국, 인도와 구별지어준다. 그중에서도 중심적인 특성은 귀신 또는 살아 있는 존재에 '영'이 깃들었다는 개념, 모계 전통이 강한 가족체계, 의례, 시장, 농업, 사회적 책무를 결정짓는 채무의 중요성 등이다.

이러한 동남아시아의 공통 요소가 선사시대의 이주 양식 때문인지, 아니면 끊임없는 상업·정치적 교류 때문인지를 이 책에서 밝히지는 못할 것이다. 그러나 여기서는 17세기까지는 해양 교역이 외부의 영향을 가져오기보다 동남아시아 내부에서 사람들을 서로 더 단단하게 연결시켜주는 역할을 했다는 점을 강조하고 싶다. 동남아시아 거의 전 지역에 중국과 인도가 심대한 영향을 미쳤지만 그 영향력이 정복이나 식민화가 아니라 해상 교역을 통한 것이라는 사실은, 이 지역이 중국과 인도에서 많은 것을 빌려왔음에도 고유한 특수성을 유지해왔음을 일러준다. 베트남이라는 부분적인 예외가 있지만 동남아시아의 어떤 곳도 지역 내 이웃과의 관계 이상으로 중국이나 인도와 더 가까운 관계를 맺지 않았다. 중국인들은 동남아시아를 (특수한 경우인 베트남을 제외하고) 한 덩어리로 보고 남쪽 바다, 즉 '난양南洋'이라고 불러왔다. 한편 인도인, 페르시아인, 아랍인, 말레이인은 인도양을 가로지르는 선박을 움직이는 계절풍 때문에 동남아시아를 '바람 아래의 땅the land below the winds'이라고 불렀다. 두 이름 모두 뱃길을 통해야만 동남아시아에 닿을 수 있다는 사실을 강조한다. 그 뱃길은 동남아시아인이 역내에서 스리위자야, 믈라카, 반튼 같은 교역 중심지로 가는 뱃길보다 훨씬 험난했다. 1600년경 한 관찰자가 주로 도서부the Archipelago 동남아시아에 대해 적었듯 "이 사람들은 서로 끊임없이 교류에 매달리며 한쪽이 필요한 물건을 다른 쪽이 대주"

었다.[6] 17세기 상업혁명 이후 네덜란드동인도회사가 괄목할 만큼 정기적이고 집중적인 운송망을 확립해 이 지역에서 생산된 수출품의 상당 부분을 희망봉을 돌아 실어 나르기 시작하고 중국에서 난양으로 오는 배가 늘어날 때까지는, 동남아시아의 내부 교역 관계가 외부와의 관계보다 훨씬 더 영향력이 컸다.

내가 '교역의 시대'라고 부르는 15세기부터 17세기까지의 시기는 이 해상 교역 관계가 특히 전성기에 달한 시기다. 나는 동남아시아의 해상 도시들 간 상호 관계가 이 시기에는 그 이전과 이후보다 훨씬 우세했다고 주장하고자 한다. 또한 가장 중요하고 핵심적인 중계무역항들은 한동안 말레이어 사용 지역이었다. 처음에는 스리위자야, 이후로는 그 계승자인 파사이, 믈라카, 조호르, 파타니, 아체, 브루나이가 그런 항구였다. 그 결과 말레이어는 동남아시아 전역에서 주요 언어가 되었다. 동남아시아의 주요 무역도시에서 국제적 무역계급은 조상이 자바인, 몬족, 인도인, 중국인, 필리핀인일지라도 말레이어를 쓰면 (또 이슬람교를 믿으면) 말레이인으로 분류되었다. 마젤란의 수마트라 출신 노예가 1521년 필리핀 중부에서 그곳 사람들이 하는 말을 곧바로 알아들은 것이나,[7] 거의 두 세기 후에 댐피어*의 잉글랜드인 부하가 필리핀 남부의 민다나오에서 배운 말레이어를 베트남 남부의 풀로콩도르**에서 써먹은 것은 충분히 가능한 일이었다.[8] 바로 이 시기에 타갈로그어는 말레이어의 상업과 기술 및 다른 분야 단어 수백 가지를 받아들이고,[9] 캄보디아에서는 주요 무역 중심지를 말레이어 캄풍kampung에서 온 껌뽕kampong이라 부

---

* William Dampier(1651~1715). 잉글랜드의 해적, 탐험가. 세계 일주에 세 번 참여해 성공했으며, 『새로운 세계 일주 항해』 등 동남아시아와 오스트레일리아에 관한 중요한 기록을 남겼다. (옮긴이)

** Poulo Condore. 지금의 꼰선Côn Sơn섬. (옮긴이)

르고, 베트남에서는 (섬을 뜻하는 말레이어 풀라우pulau에서 온) 꾸라오cù lao 같은 단어를 사용하기 시작했다. 비슷하게 유럽인들은 아목amok, 구당gudang(창고), 프라후perahu(배), 크리스kris(단검) 같은 말레이어 단어가 버고나 인도의 말라바르에서조차 현지어처럼 쓰이는 것을 알아차렸다.[10] 주요 항구에서 무역과 상업에 종사하던 이들은 모어 외에 말레이어도 해야만 했다.

어떤 지역을 설정하려면 그 경계가 모호한 주변부가 있게 마련이다. 먼저 나는 의식적으로 이 지역을 물길로 연결되는 해양부로 상정했기에, 대륙부 동남아시아 북부의 고산족 상당수는 해안과 중부 평야의 타이 문화와 연결되기는 하지만 이 책이 하는 이야기에서는 큰 역할을 맡지 못할 것이다. 한편 그 반대편 경계에서는 말루쿠와 뉴기니 사이에 경계를 긋고자 한다. 그 사이의 해상 교역과 문화적 유사성(무시할 수는 없는 수준이지만)은 그 빈도와 수준이 말루쿠와 북쪽과 서쪽의 섬들 사이의 유사성보다 훨씬 약하다.

베트남은 오늘날 동남아시아라고 불리는 지역에서 중요한 국가지만 더 복잡하고 문제적이다. 여기서 베트남에 중국(특히 남부 성省들)과 관련된 요인보다 동남아시아 공통의 요소가 훨씬 많다고 자신 있게 말하지는 못하겠다. 음식이나 빈랑 씹기, 닭싸움, 타크로 놀이 같은 오락을 보면 베트남인은 분명 동남아시아인과 공통점이 많지만 그만큼 중국 남부의 이웃과도 닮은 데가 많다. 중국과 비교하면 베트남 여성은 훨씬 자유분방했고 베트남의 제조 기술은 중국만큼 발달하지 못했다. 그러나 베트남의 정치와 학문 그리고 (젓가락을 사용하는) 기본적인 식습관은 15세기경 이미 중국의 영향을 깊이 받았다. 또한 홍紅강 삼각주 주변은 인구밀도가 높아져 인구 분포 면에서 이미 저밀도의 동남아시아가 아니라

고밀도의 중국에 가까웠다. 아마도 그 때문에 서기 1000년경 베트남인은, 몇 세기 후 인구가 급증하면서 자바인과 발리인이 그래야 했듯 동남아시아식 주상 가옥을 더 이상 짓지 않게 됐을 수도 있다. 주상 가옥을 짓는 데는 나무가 너무 많이 필요하기 때문이다.

15세기까지 인도차이나반도의 남쪽 절반을 차지한 캄보디아와 참파는 상업적으로나 문화적으로나 동남아시아의 일부임이 분명했다. 우리가 이 책에서 다루는 기간 동안 베트남이 양방향으로 영토를 확장하여 빠른 속도로 두 국가를 잠식했으나, 남쪽의 고유한 문화를 완전히 지워버리지는 못했다. 예컨대 18세기까지도 베트남 중남부(유럽인들에게 코친차이나로 알려진 응우옌 왕조. 지도 2를 보라)에서는 여전히 바닥을 띄운 동남아시아식 주상 가옥을 선호했다.[11] 베트남의 남쪽 왕조가 북쪽의 찐 왕조보다 교역에서나 문화적으로나 다른 동남아시아와 훨씬 긴밀하게 얽혀 있었던 것은 사실이지만, 그렇다고 두 왕조 사이에 경계를 그을 수는 없는 일이다. 두 왕조 모두 본질적으로 베트남이며 중국을 문화적 본보기로 삼았다. '안남' 도자기의 분포를 통해 추정해보자면 베트남인은 12세기에서 15세기까지 남쪽의 도서부 동남아시아와 교역했던 것으로 보이지만, 16~17세기에는 왕래가 끊겼다. 토메 피르스*는 16세기 초 "그들은 믈라카에는 가지 않지만 중국과 참파에는 간다"고 기록했다.[12]

요약하자면 베트남은 동남아시아와 중국 사이의 접경지대로서 중대한 역할을 수행했다. 베트남이 중국 관료제와 군사력에서 많은 것을 배우지 않았다면, 그리고 중국으로부터 평등과 독립을 지키기 위해 맞서 싸우지 않았다면, 중국의 정치적 영향력은 육로와 해로를 통해 훨씬 더

* Tomé Pires(1465?~1540?). 포르투갈 리스본 출신의 약종상. 1512~1515년 믈라카에 체류하며 동남아시아 각지와 중국을 방문하고 『수마 오리엔탈』을 썼다. (옮긴이)

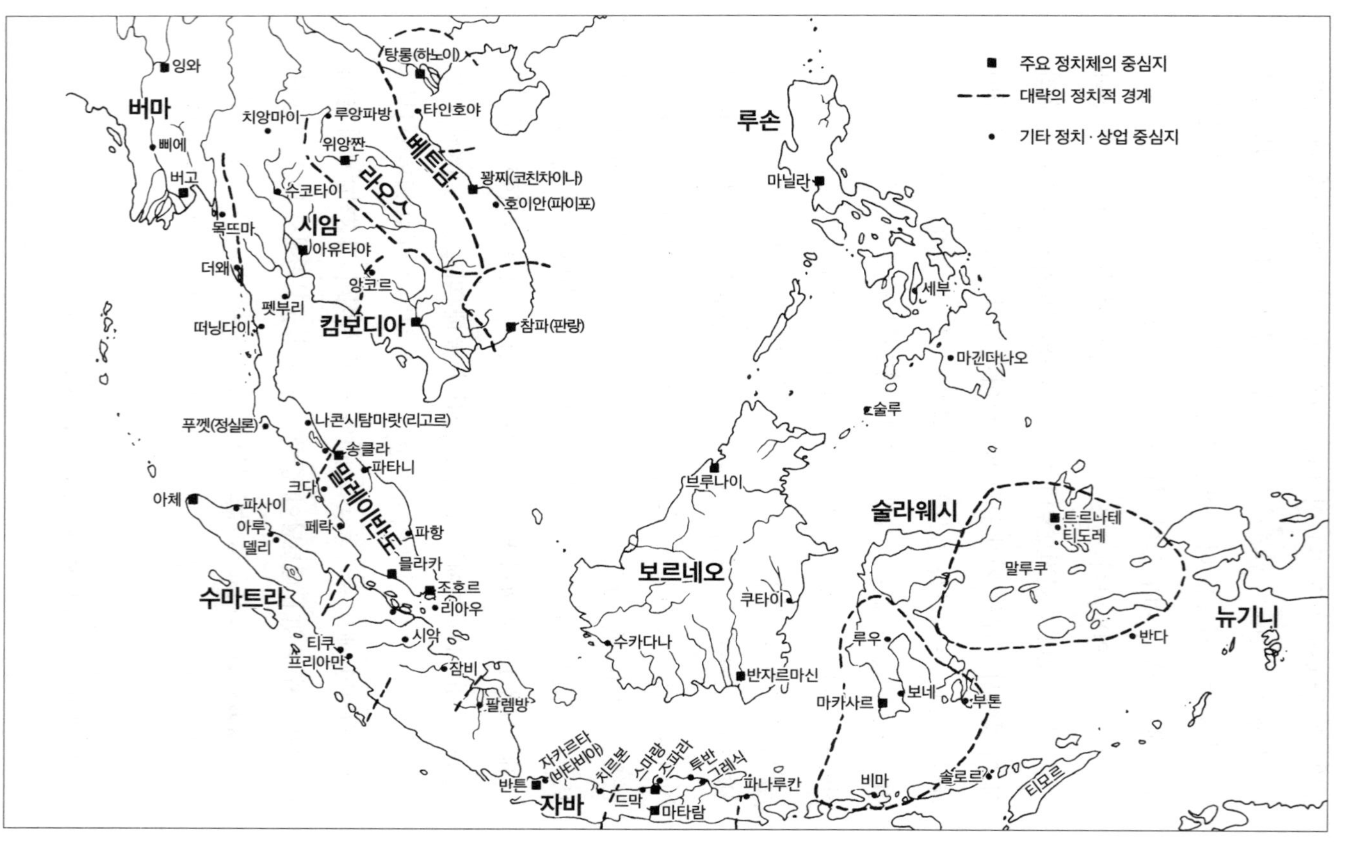

지도 2 서기 1600년경 동남아시아의 정치 중심지

남쪽까지 이르렀을 것이다. 베트남이 있었기에 중국은 바닷길을 통해 비무장한 상인의 형태로만 난양에 내려왔다. 이 책에서 베트남은 몇몇 주요 지점에서 동남아시아 해양 세계의 일부로 등장하겠지만, 대개는 그렇지 않을 것이다.

2장 신체적 건강

역사학자들은 식민지 이전 동남아시아에 관한 극히 부실한 사료에서 도출한 부정확한 통계 수치는 사용하기를 꺼려왔는데, 충분히 이해할 만한 일이다. 그러나 일정 수준의 수량화 작업 없이 특정한 시기나 지역을 다른 시기나 지역과 비교하거나, 동남아시아 자료를 유럽이나 중국처럼 누적된 연구 자료가 많은 지역의 더 정교한 사회사와 연결시키기란 불가능하다. 파편적이고 모순되는 여러 자료에서 특정한 수치를 도출하는 데는 큰 위험이 따르며 오류가 생길 가능성 또한 상대적으로 높다. 그러나 전근대 유럽 사회사도 정도만 다를 뿐 비슷한 문제를 겪었으며(이 분야에는 상반되고 모순되는 사료가 더 많다), 주저함과 망설임으로 가득한 초창기 이래 거둔 성과에 이제는 아무도 문제를 제기하지 않는다. 따라서 이제부터 나올 수치에 어떤 절대적 가치도 부여하지 않기를 당부하면서, 가장 중요하지만 가장 수량화하기 어려운 문제, 즉 인구에서부터 시작해보겠다.

인구

자바, 시암, 버마, 베트남에는 세금 징수와 강제 노역 동원을 목적으로 왕국 안의 가구 수를 세는 전통이 있었다. 라 루베르는 "시암인들은 이 넓은 영토에서 (…) 남자, 여자, 어린이의 정확한 수를 기록"하고 해마다 그 수를 다시 셌다고 주장했다.[1] 그러나 안타깝게도 그 목록의 아주 일부만이 현재까지 전해지고 그중에서도 더 일부만이 현대 학자들의 분석 대상이 되었다. 또한 강제 노역을 면제받은 이들, 곧 노예, 성직자, 정착지 밖의 '무법자' 등은 이 목록에 포함되지 않았다. 이런 추산치를 현지 문서보관소나 외국인 방문자의 조사를 통해 확보했다 해도 그 수치에 인구의 증감을 알려줄 만한 지표는 없다. 한편 필리핀의 스페인인들은 1591년부터 스페인령 내 세금납부자tributo 수를 주기적으로 조사했다.

초창기의 추산 자료를 사용하는 한 가지 방법은, 급격한 근대적 인구 변화가 시작되기 직전인 18세기나 19세기의 추산치와 비교해서 장기간의 인구 증가율을 도출해내는 것이다(표 1).

이 표에서 가장 눈에 띄는 변화는 중부와 동부 자바의 급격한 인구 감소다. 전쟁의 영향을 받은 주민 일부가 안전한 지역으로 이주한 것을 감안해도, 1755년 네덜란드가 중재한 기얀티조약으로 간신히 마무리된 기나긴 왕위 계승 전쟁 때문인 것으로 설명해야 할 듯하다. 추산치 전체에서 극도로 낮은 인구 증가율이 확인되는데, 주로 식민주의적 개입을 통해 내부의 평화로운 조건이 형성될 때 동남아시아 전역에서 나타났던 급속한 인구 증가와는 아주 대조적이다. 스페인령 필리핀에서는 1735년 이래 연평균 증가율 1퍼센트 이상을 기록하는 등 꾸준하고도 빠른 인

표 1 17~18세기 동남아시아의 인구 증가

국가 또는 지역	인구추정치		연간 증가율
	가장 이른 추정치	가장 나중의 추정치	
시암	1687년 190만 (La Loubère 1691: 11)	1822년 279만 (Crawfurd 1828: 452)	+0.28
크다(말레이반도)	1614년 6만 (Beaulieu 1666: 246)	1837년 5만 (Newbold 1839 II: 20)	-0.08
반튼(서부 자바)	1696년 19만1000a (Pigeaud 1968: 64)	1815년 23만2000 (Raffles 1817 I: 63)	+0.16
중부 마타람 (해안 지역을 제외한 자바 중동부)	1631년 300만a (van Goens 1656: 114, 225)	1755년 103만5000a (Ricklefs 1974: 71-72, 159)	-0.85
발리	1597년 60만 (Lodewycksz 1598: 198)	1815년 80만 (Raffles 1817: II ccxxxii)	+0.13
루손과 비사야 (필리핀)	1591년 66만8000 (Dasmariñas 1591: 8)	1735년 83만7000 (르 장티Le Gentil의 교회 자료)	+0.16

a. 이 수치는 차차cacah, 곧 세금 납부 가구 수에 6을 곱한 것이다. 1631년 마타람 인구조사에 따르면 당시 인구는 250만 명이지만(*Dagh-Register* 1631: 37), 나는 이 수치가 판 훈스의 차차 50만에 6이 아닌 5를 곱한 수치와 같다고 본다. 17세기와 18세기를 연구하는 역사학자들은 일관되게 차차 수를 최소치로 잡지만(Schrieke 1942: 139; Ricklefs 1986), 인구학자들에 따르면 19세기 후반의 높은 인구수에 비해 그 수치가 너무 낮다. 18세기 네덜란드 관찰자들이 선호한 차차 수에 6을 곱하는 산출법이 여기서도 쓰인 까닭은, 자바에서 한 가구의 구성원이 다수이며 세금을 납부하지 않는 인구도 감안해야 하기 때문이다. 차차 수 50만이 북해안pasisir과 동부 지역을 제외한 수치라는 내 추정은 판 훈스(van Goens 1656: 225)를 근거로 한다. 최근 리클레프스가 더 앞선 시기의 추산치에서 1755년 수치를 도출해냈으나, 그의 결론은 여전히 수치가 더 낮아야 한다는 입장이다(Ricklefs 1986).

구 증가가 시작됐다. 자바에서도 인구가 1845년 1000만 명, 1880년 2000만 명을 넘긴 것을 보면 1755년 기얀티조약 이래 해마다 1퍼센트 이상 증가한 것이 분명하다.[2] 이외의 동남아시아 지역 대부분에서는 19세기와 20세기 중 식민 지배 체제가 완성되면서 유례없이 인구 증가율이 높아지는(1퍼센트에서 3퍼센트 사이) 근대적 '인구 전환demographic transition'이 시작된 것으로 보인다. 시암의 짜끄리 왕조도 1800년경 이래 비교적 평화로운 상태를 유지할 수 있었고, 아마도 그 덕분에 식민지만큼은 아니어도 19세기 시암 인구가 급속하게 증가했을 것이다.

이렇게 근대의 높은 인구 증가율에도 불구하고, 표 1에서 확인할 수 있듯 17세기와 18세기의 인구 증가율은 일관되게 낮거나 오히려 감소하는 것으로 미루어 1800년 이전 동남아시아 전역에서 인구 증가율이 아주 낮았다고 짐작해야 할 것이다. 나는 더 나은 자료가 없는 이들 지역의 인구를 1800년부터 거슬러 추산하는 데 기본 증가율로 연간 0.2퍼센트를 적용하는 것이 옳다고 결론 내렸다. 17세기와 18세기에 격렬한 전쟁이나 내부 갈등을 겪은 캄보디아, 말레이반도, 술라웨시 같은 일부 지역에서는 증가율을 낮춰 0.1퍼센트나 0퍼센트로 적용하는 편이 옳을 것이다. 표 2에서 나는 1600년경 동남아시아 인구 추산치를 도출해 보았다. 이를 위해 먼저 19세기의 완전히 신뢰할 수 없는 각종 추산치와 인구조사 자료를 근거로 가능한 한 최선의 1800년경 인구 추정치를 잡은 후, 당대 추정치(표 1을 보라)가 없는 경우 1800년경 인구 추산치에서 1600년 추산치를 역산했다.

전체적으로 살펴보자면 1600년경 동남아시아의 인구밀도는 특히 이웃한 중국과 인도와 비교하면 매우 낮았다. 동남아시아의 인구밀도는 제곱킬로미터당 5.5명으로, 인도 약 32명과 (티베트를 포함한) 중국 37명과 비교했을 때 크게 대조적이다.[3] 또한 당시 유럽의 인구밀도는 동남아시아 인구밀도의 두 배가량이었다. 더군다나 인구의 절대다수가 큰 무역 중심지와 집약적 논농사 중심지인 홍강 삼각주, 상부 버마, 중동부 자바 일부 지역, 남술라웨시, 루손의 팜팡아에 몰려 있었다. 이들 지역을 제외하면 동남아시아는 거대한 정글로, 인간의 흔적이란 외딴 고산지대의 이

표 2 1600년경 동남아시아 인구 추산치

	1800년경 추산치	19세기 연간 증가율a	1600년경 추산치	1600~1800년 연간증가율	1600년경 제곱킬로미터당 인구밀도
버마	4,600**b**	0.83	3,100	0.2	4.6
라오스 (타이 동북부 포함)	1,200**c**	낮음	1,200	0.0	2.9
시암(동북부 제외)	2,800**d**	0.8	1,800	0.22	5.3
캄보디아-참파	1,500	1.3	1,230	0.1	4.5
베트남(북부와 중부)	7000**e**	0.34	4,700	0.2	18.0
말레이반도 (파타니 포함)	500	1.56	500**f**	0.0	3.4
수마트라	3,500**g**	0.49	2,400	0.2	5.7
자바	5000**h**	1.72	4000	0.11	30.3
보르네오	1000	0.83	670	0.2	0.9
술라웨시	1,800	0.45	1,200	0.1i	6.3
발리	700	0.25	600	0.08	79.7
소순다열도	900	0.54	600	0.2	9.1
말루쿠	400	0.41	275	0.2	3.7
루손과 비사야	1,800	1.30	800	0.4	4.0
민다나오와 술루	230	0.98	150	0.2	1.5
동남아시아 전체 추정치 합계	33000		23000	0.2	5.7

a. 최초의 신뢰할 만한 인구조사 자료로 계산했으며 보르네오, 술라웨시, 말루쿠, 소순다열도의 경우 1920년 이전에는 그런 자료가 존재하지 않는다(Reid 1987: 47).

b. 버니는 1783년 버마 일람을 바탕으로 여카잉을 제외한 ('야만족' 83만 명과 샨족 106만9600명을 포함해) 버마 인구가 420만9000명이라고 계산했다(Burney 1842). 1826년 일람에서 인구 증가는 아주 미미하다. 동일한 두 일람의 세부 사항은 Trager and Koenig 1979: 400-406에 정리되어 있다.

c. 라오스(란쌍 왕국)의 최대 추정치는 1376년과 1640년경 일람을 근거로 한다(Wyatt 1984: 83, 121).

d. 19세기의 추정치는 스키너의 연구에 편리하게 요약되어 있다(Skinner 1957: 68).

e. 우드사이드(Woodside 1971: 158-159)와 크로퍼드(Crawfurd 1828: 526-528)를 비교해보라. 납세자가 아닌 고산족 100만 명을 포함한다 해도 다른 서구인들의 추정치는 너무 높은 것으로 보인다.

f. 1800년 인구와 1600년 인구 규모가 거의 같다는 추정은 1618~1619년 아체의 침공으로 폐허가 되기 전 크다, 조호르, 파항의 당시 인구 추정치(Reid 1980: 244)와 1600년경 파타니의 도시 인구가 상당했다는 사실에 근거한다.

g. 19세기에 상대적으로 인구 증가율이 낮은 것은 서수마트라, 타파눌리, 아체의 내전 때문으로 설명할 수 있다.

h. 네데르뷔르흐의 1795년 추정치 350만 명과 래플스의 1815년 인구조사의 460만 명은 둘 다 인구를 적게 잡은 것으로 보이지만, 19세기의 높은 인구성장률에 내재적 개연성이 없다고 보는 뒤랑(Durand 1967)과 맥도널드(MacDonald 1980) 같은 인구학자들이 주장하는 수치는 그렇지 않다.

i. 평균 이하의 성장률은 일반적인 요인 외에도 외부로 이주하고 노예로 보내지는 비율이 높았던 것까지를 전제로 한다.

동농법과 다양한 임산물을 수집해 수출하는 활동 외에는 거의 없었다. 호랑이는 믈라카, 반튼, 네덜란드의 바타비아 같은 큰 도시의 외곽에서도 위협이었다.[4] 아유타야에 갔던 남인도 골콘다의 사신은 시암이 영토는 훨씬 넓을지 몰라도 "골콘다 왕이 인간의 왕이라면 시암의 왕은 숲과 모기의 왕일 뿐"이라고 우스갯소리를 했다고 한다.[5]

그러나 동남아시아 인구에 관한 가장 특이한 점은, 중국, 인도, 유럽과 비교해도 인구 증가율이 17~18세기에는 아주 낮고 19~20세기, 특히 유럽의 식민 지배가 확립된 후에 급격하게 높아졌다는 사실이다. 이 극적인 대비는 유럽인들이 도입한 어떤 보건 개선으로도 설명이 불가능해 보인다. 초기 유럽인 방문자들에 따르면 동남아시아인의 건강 상태는 비교적 좋은 편이었고, 19세기에 와서야 부정적인 대비가 나타나기 시작했기 때문이다.

더군다나 유럽과 비교하면 동남아시아인은 대부분 일찍 결혼하고 부모가 자녀를 잘 돌본다고 기록된 경우가 많다. 니콜라 제르베즈*는 시암의 높은 영아 사망률이 부모의 무관심 때문이라고 주장하지만,[6] 다른 관찰자들의 의견은 다르다. 존 앤더슨은 맬서스가 인구 증가에 "적극적 억제" 요인이라고 열거한 어떤 것도 자신이 관찰한 건강한 수마트라인에게 적용되지 않는다고 (자녀를 여섯 이상 두는 일이 드물긴 했지만) 주장했다.[7] 현대 필리핀의 역사인구학자도 비슷한 결론을 내렸다.[8]

어쩌면 동남아시아의 성과 출산 관련 관습의 특정한 부분이 이 시기의 인구 증가를 낮추었을지도 모른다(4장을 보라).[9] 그러나 근대의 인구 대폭발이라는 맥락에서 당시와 현재 사이에 중요한 변화는 종교와 전쟁

* Nicolas Gervaise(1663~1729). 프랑스의 예수회 성직자. 1682년부터 4년간 시암에서 활동하고 『시암의 자연사와 정치사』를 썼다. (옮긴이)

두 가지로 압축될 수 있다.

종교 개종은 다른 여러 지역에서 다양한 변화를 낳았으므로, 좁은 의미에서 단일 요인으로 떼어놓을 수 없다. 예컨대 우리는 급격한 인구 증가가 18세기 중반 필리핀에서 제일 먼저 벌어진 것을 확인했다. 이는 새로운 그리스도교적 가치, "스페인의 평화" 또는 스페인 식민 정부가 도입한 농업, 위생, 의례, 세금상의 변화가 낳은 결과인가? 이 경우에는 가치 체계에 변화가 생긴 것은 분명하다. 그리스도교 이전, 특히 비사야 여성들은 셋째 아이를 임신하면 낙태를 해서라도 가족을 소규모로 유지했다고 알려졌기 때문이다.[10] 반면 가톨릭이 강력해진 이후 스페인 기록에는 필리핀 여성의 "경이로운 생식력"에 대한 찬사가 넘쳐난다.[11]

20세기의 인구조사 또한 믄타위제도, 동부 숨바, 중부 술라웨시, 보르네오 고산지대, 루손 코르디예라에 사는 애니미즘 신봉자들의 특히 낮은 출산율과 그리스도교로 개종한 바탁족, 니아스족, 토라자족의 특히 높은 출산율을 보여준다.[12] 17세기에 그랬듯 20세기에도 접근이 쉬운 하곡河谷의 정착 사회에 새 개종자들을 모으는 식으로 그리스도교 개종이 장려됐고, 그 결과 이동농법에서 정착 농경으로 옮겨가는 경우가 많았다. 쟁기질은 남자의 일이고 그런 하곡 정착지는 전에 살던 고산지 마을보다 농경지와 수자원이 훨씬 가깝기 때문에 여성의 노동량이 상당히 줄어들었다. 여기에 생활도 더 안정되면서 가족의 규모는 커졌을 것이다.

그런 복합적인 변화가 일어난 곳에서는 적어도 오스트로네시아형 애니미즘에서 그리스도교로 개종한 것이 출산율을 높이는 역할을 한 듯하다. 그러나 애니미즘과 인도의 영향을 받은 복합 신앙에서 동남아시아화한 이슬람교나 상좌부불교로 옮겨가는 더 광범위한 과정은 비슷한 결과를 낳지 않았다. 이 과정은 교역의 시대 초반 역동적인 시기에 시작돼

지금까지도 각각 다른 속도로 진행되고 있다. 이슬람교나 불교로 개종하는 과정은 흔히 더 정착형에 가까운 하곡 농경 및 왕조 국가에 흡수되면서 일어나게 마련이지만, 대개 아주 점진적이고 단편적이어서 인구에 미치는 영향은 그리스도교 개종처럼 대략적으로도 가늠하기가 어렵다. 이상으로부터 말할 수 있는 것은 종교적 신앙의 변화는 인구 성장을 부추기는 한 요인이었을 것이며 특히 더 큰 정치체와 정착 농경으로 옮겨갈 때는 더욱 그랬으리라는 것 정도다.

훨씬 더 중요한 요인은 끊임없이 벌어지는 소규모 전쟁으로 인한 불안정이었다. 동남아시아의 전쟁은 비교적 사상자가 적게 나는 편이었다. 적의 영향력 아래 있는 사람을 포로나 노예로 잡아들이거나 적의 영토를 초토화해서 그곳 거주자들이 자기 영토로 옮겨오게 만들어 인구를 확보하는 것이 전쟁의 기본 목적이기 때문에 전투에서 인명을 허비하지 않았다. 반면 전쟁으로 인한 혼란과 불확실성은 인구 변동에 큰 영향을 미쳤다. 큰 국가들은 규모만 크고 느슨하게 조직된 군대에 성인 남자를 동원했지만, 군인에게도 남은 가족에게도 적절한 보급을 하는 일은 없었다. 버마나 시암에 패한 포로 수천 명은 걸어서, 아체나 마카사르에 진 포로들은 배를 타고 귀향하면서 셀 수 없이 많은 이가 죽어갔다. 어쩌면 인구 변동에 더 중요한 요인은 난세에는 언제나 전투를 치를 준비를 해야 한다는 점인지도 모른다. 그런 상황에서는 출산을 꺼리거나 적어도 큰아이에게 손이 덜 갈 때까지는 출산을 미루게 됐을 것이다.

표 1을 보면 1755년 기얀티조약 이전 중동부 자바에서 확연한 인구 감소가 눈에 띈다. 조약 이전 80년 동안 마타람 왕국의 왕위 계승을 둘러싸고 경쟁자들 사이에 내전이 거의 끊이지 않고 계속됐다. 이 전쟁이야말로 여러 당대 관찰자가 파악한 인구 감소의 근본 원인이었다. 내륙

의 자바인 통치자들이 야코프 모설 총독*에게 말하기를 "혼란이 있기 전에 비해 남은 가구가 4분의 1도 되지 않는다"고 했으며,[13] 해안 지역에서는 "중국인 반란 이전 인구의 절반밖에 남지 않았으며, 해안에 버려진 야자수가 그 증인"이라고 했다.[14]

인구밀도가 높은 논농사 지역에서는 전략 전술의 일부로 혹은 군부대 수천 명이 지나간 결과로 식량 작물이 초토화되면서 인구가 감소했다. 1620년부터 1625년 사이 마타람 왕국의 술탄 아궁(1613~1643)은 자바 동해안 지역과 마두라섬을 정복하려고 병력 8000명을 동원해 수라바야와 인근 도시를 5년 동안 포위한 채, 벼를 망가뜨리고 주변 강물에 독을 타거나 댐을 쌓아 물을 막기까지 했다.[15] 『다흐레히스터르』**는 이 정벌로 "5만 명에서 6만 명 정도였던 수라바야 인구 중 500명만 남고, 나머지는 고난과 기근으로 죽거나 피난을 떠났다"고 기록했다.[16] 마타람 왕국 측의 손실 또한 막대했을 것이 분명하다. 1628~1629년 사이 바타비아의 네덜란드군이 마타람 왕국을 포위했을 때 함락당하지는 않았으나 그로 인한 굶주림과 질병을 겪었을 뿐만 아니라, 1624년 마두라와의 전쟁으로 "일할 사람이 없어서 논에 물을 대지 못해" 영토 내 주요 벼 재배지가 황폐해졌기 때문이다.[17]

식민 시기 이전 동남아시아의 인구 양상은 완만하고 굴곡 없는 성장 곡선과는 완전히 동떨어져 있었던 것으로 보인다. 상당한 안정이 이루어지는 조건이 마련되면 조혼, 풍부한 식량, 비교적 양호한 건강 상태가 합쳐져, 적어도 평야와 해안 지역에서 벼농사를 짓던 농민과 도시 지

* Jacob Mossel(1704~1761). 1750~1761년 네덜란드령 동인도 총독. (옮긴이)

** *Dagh-Register*. 1642~1682년 바타비아의 네덜란드동인도회사 본부에서 기록한 업무 일지. (옮긴이)

역의 상인 인구는 급격히 성장했다. 그러나 이런 지역이 무력 충돌로 인해 황폐해지면 그만큼 급격하게 인구가 감소했던 것이 분명하다. 자바는 그러한 인구 감소의 시기를 1755년 이전의 혼란스러웠던 3세기 동안 여러 차례 겪었을 것이며, 1675~1755년 사이에는 확실히 경험했다. 시암은 1549~1569년 그리고 다시 1760년대 버마의 침공으로 초토화되면서 기근과 질병으로 인한 사망자가 많았을 뿐 아니라 상당수가 포로로 끌려가서 인구가 감소한 것이 분명하다.[18] 하부 버마는 1598년과 1757년 버고의 몬족이 버마족 왕에게 처참하게 패배하면서 그로 인한 고난으로 두 차례 심각한 인구 감소를 겪었다.[19] 말레이반도 또한 1618~1624년 사이 아체의 무력 침공으로 인구를 상당히 잃었다.

교역의 시대에 동남아시아는 2000만 명이 조금 넘는 인구가 거대한 정글지대에 불균질하게 분포한, 인구밀도가 낮은 지역이었다. 이들 인구의 대다수는 전체 인구 규모에 비하면 놀라우리만치 큰 규모의, 비교적 집약적인 논농사 지역과 해상무역 도시에 몰려 살았다.[20] 기본적으로 잦은 습격과 전쟁이라는 불안정한 삶의 조건 때문에 인구는 많지 않은 상태로 유지됐지만, 안정적인 조건이 마련되면 언제든 이주와 자연 증가로 인해 급속하게 늘어났다.

농업의 양상

> 열심히 심고 길러야 할 것은 벼, 옥수수, 얌, 붉은 얌, 토란, 바나나다. (…) 그래야 나라가 부유해지고 모든 것이 값싸질 것이다.
>
> _『히카얏 반자르』(*Hikayat Banjar*: 374)

쌀은 동남아시아에서 절대적인 주식이자 농산물이다. 도서부 동남아시아에서는 토란, 얌, 사고, 수수 등 다른 주식이 쌀보다 많이 소비되기도 한 듯하지만,[21] 15세기경에는 벼를 쉽게 재배할 수 있는 곳이라면 어디서건 쌀을 선호하게 되었다. 티모르, 말루쿠제도 북부, 아루제도, 부톤, 슬라야르 등 건조하고 척박한 동쪽의 섬에 사는 이들만 사고(도서부 정글에 자생하는 사고야자*Metroxylon sagu* 줄기의 안쪽 부분)나 뿌리덩이식물을 주된 열량원으로 섭취했다. 그런 지역에서는 16세기에 멕시코로부터 건조한 땅에서도 잘 자라는 옥수수가 들어오자 금방 주식 목록에 추가했다. 말루쿠에서는 1540년에 벌써 옥수수가 재배됐는데[22] 1527~1528년 사베드라 탐험대*가 가져온 것일 수도 있다.

불확실한 강우에 기대 화전을 일구던 더 주변부에 있는 여러 지역에서 쌀은 추수기에만 누릴 수 있는 사치품이었다. "쌀은 이 섬들(필리핀)에서 주식이다. 몇몇 섬(중부 루손, 파나이)에서는 연중 떨어지지 않을 만큼 쌀이 난다. 다른 섬 대부분에서는 수수, 보로냐Boroña, 구운 바나나, 오로피사라고 부르는 고구마를 닮은 뿌리, 얌을 먹는 기간이 더 길다."[23]

댐피어도 민다나오의 가난한 사람들은 1년에 3~4개월은 사고를 먹어야 한다고 기록했다.[24] 대부분의 습지대에서는 끓인 후 물을 버리고 말리면 거의 순수한 녹말이 되는 사고가 나서 필요한 이들에게 주식이 되었으며, 해안지대와 작은 섬에서는 각종 빵나무가 대체물이 되어주었다. 윌리엄 마스든은 수마트라 사람들이 벼농사를 망치면 "계절마다 숲속에서 마음껏 구할 수 있는 야생의 뿌리, 허브, 나뭇잎에 의존하기에 (…) 흉

* 실종된 로아이사 탐험대를 찾기 위해 1527년 아메리카 대륙의 누에바에스파냐에서 출항한 스페인 탐험대. 태평양을 건너 필리핀을 거쳐 말루쿠까지 왔다가 다시 태평양을 횡단해 돌아갔다. (옮긴이)

년이 들었다고 해서 더 발전한 나라와 앞날을 더 대비하는 민족이 겪는 끔찍한 결과로 이어지지 않는다"고 기록했다.[25] 전쟁으로 인한 경우가 아니면 동남아시아에서는 기근이 들어도 같은 시기 인도나 중국에서처럼 끔찍한 참상이 벌어지지 않았던 것 같다.

그러나 부유한 이들은 언제나 쌀을 먹었기에 다른 주식에 의존하는 것은 멸시의 대상이었다. 마카사르의 시인 엔체 아민은 1660년대 마카사르와 전쟁을 벌였던 부톤인을 비웃으며 그들이 "옥수수 숭배자"이자 "얌 숭배자"라고 비아냥댔다.[26]

16세기가 되면 이미 동남아시아에는 주요 벼 재배법 세 가지가 널리 퍼졌다. 낮은 경사지의 이동농법, 범람원의 직파법, 쟁기질한 논의 모내기법이었다. 에스테르 보세루프 등의 학자들이 지적했듯 세 농법 중에서 무엇을 택할지 결정하는 것은 기술적 지식이 아니었다.[27] 이미 동일한 사람들이 세 가지 방법 모두를 잘 이해하고 직접 실행해보았기 때문이다. 넓은 땅을 사용하는 이동농법에서 더 집약적인 모내기법으로 옮겨간 원인이 인구 증가로 인한 압력이라는 보세루프의 주장은 완전한 설명이 될 수 없다. 이 시기 동남아시아의 토지면적당 인구 비율은 아주 낮아서 이론상 이동농법으로도 인구 전체에 식량 공급이 가능했을 것이다. 그러나 버마의 짜욱세 지역과 동부 자바에서는 아무리 늦게 잡아도 8세기부터 관개 농법이 있었다.[28] 따라서 실제로 농법을 정하는 요인은 일차적으로 각 지역의 지리적 조건이며 인구 압력은 이차적일 뿐이다.

해마다 돌아가며 숲을 태워 경지를 만드는 이동농법(화전법)은 배수가 양호한 경사지 대부분에서 적당했다. 말루쿠의 이동농법은 이렇게 그려졌다. "경지가 너무나 척박해서, 한 해 씨를 뿌리고 나서 다시 농사를 지으려면 2년은 땅을 놀려야 했다. (…) 사람들은 불을 질러서 경지를 만들고 뾰족한 꼬챙이로 밭에 구멍을 판다. 구멍마다 낟알 두세 알을 넣고 손이나 발로 덮는다."[29] 이런 종류의 화전법에 대한 비슷한 설명은 루손과 비사야제도에서도 찾아볼 수 있으며,[30] 현재 계단식 논으로 유명한 곳을 포함해 동남아시아의 경사지와 산간지대 전체에서 화전이 보편적이었을 것이다. 1613년 제작된 타갈로그어 사전은 밭벼를 22종이나 열거했다.[31] 화전농법은 노동력 투입의 관점에서 쌀을 생산하는 데 가장 수월한 방법이자, 농가가 상당한 양의 잉여를 생산할 수 있는 농법이었다.[32] 이런 종류의 고산지대 쌀은 18세기에 베트남 북부에서 중국으로 수출되었으며,[33] 17세기에는 수마트라 동북부의 델리 지역에서 아체로도 팔렸을 것이다.[34] 이동농법의 단점은 숲을 태우면서 생긴 유기물이 한두 철만 지나면 빗물에 씻겨나가 계속해서 새로운 경작지를 찾아다녀야 한다는 점이다. 이러한 이동 주기와 상대적으로 낮은 면적당 생산량 때문에 제곱킬로미터당 20명에서 23명 이상으로 인구밀도가 올라가지 못했다. 따라서 가구당 잉여를 상당히 확보할 수 있는데도 그 잉여를 수출이나 도시 성장을 가능케 할 기반으로 축적하기는 어려운 체계였다.

노동량 투입의 차원에서 더 생산적인 농법은 침수 직전의 범람원에 씨를 뿌리는 것이었다. 행크스는 이 방법으로 농부가 경작에 쓴 일수의 38배에 달하는 날 동안 먹을 만큼의 쌀을 충분히 생산(이동농법으로는 아홉 배 생산)할 수 있다고 계산했다.[35] 해마다 강물이 범람하면서 땅을 비옥하게 만들면, 물속에서 빨리 자라게 개량된 볍씨를 심어 많은 소출을 얻을 수 있었다. 17세기 말 페르시아인 이브라힘은 시암 중부의 짜오프라야 범람원에서 그 과정을 이렇게 관찰했다.

그들이 벼를 재배하는 방법은 다음과 같다. 파종할 때가 되면 땅을 대충 쟁기로 갈아엎고 땅 표면에 종자를 뿌린다. 그리고 내버려둔 채 자연이 결과물을 선사할 때까지 기다린다. 쟁기질을 마치고 나면 우기가 시작돼 경지가 흠뻑 젖는다. 매일 물이 불어나 땅 전체가 물에 잠긴다. 물속에서 종자가 싹을 틔우고 녹색 식물이 되어 땅을 뚫고 머리를 쳐든다. 벼는 5에서 6큐빗*까지 키가 자란다. 식물이 다 자라면 농부들이 배를 타고 와서 추수한다.[36]

이와 같은 자연의 축복으로 캄보디아의 똔레삽 범람원,[37] 하부 버마의 버고와 땅르윙강,[38] 여카잉, 말레이반도 동부, 베트남의 여러 작은 강 유역에서는 쌀을 풍부하게 거둘 수 있었다.

17세기 시암 중부의 대부분은 여전히 정글이었고 주요 수출품은 쌀이 아니라 사슴 가죽이었다. 그럼에도 해마다 반복되는 범람 덕분에 쌀 잉여량이 상당해서 (시암 중부 인구의 10퍼센트 이상이 살았을) 아유타야는 필요하면 쌀을 수출할 수 있었다. 소문에 따르면 1500년경 시암은 해마다 쌀 실은 정크선 30척을 믈라카에 보냈다.[39] 16세기 정크선 한 척에 평균 400~500미터톤의 화물을 실었으므로[40] 시암의 총수출량은 1만 미터톤이 넘었다는 사실을 알 수 있다. 16세기 초반 버고의 항구들은 쌀 실은 배(아마도 1만4000톤을 실은) 최소 40척을 파사이, 프디르, 믈라카로 보냈다.[41] 버마족이 버고를 점령한 후로는 범람원 삼각주 지역에서 생산한 잉여의 상당 부분이 야에워디강 상류의 수도로 보내졌다. 이러한 내부 교역에는 강江배 "수천" 척이 이용됐다.[42] 1600년경 캄보디아는

* 고대 서양과 근동에서 쓰던 길이의 단위. 지역마다 조금씩 다르지만 고대 페르시아에서는 50센티미터가 1큐빗이었다. (옮긴이)

연간 쌀 7000톤가량을 생산할 수 있었고[43] 대부분을 파타니, 파항, 브루나이에 공급했다. 송클라(싱오라)와 나콘시탐마랏(리고르)도 1620년경 연간 8000톤을 파타니와 파항에 수출했다.[44]

그러나 쌀 최대 수출 지역은 자바였고, 자바의 벼 재배법은 세 번째 방법인 모내기법이었다. 수위가 세심하게 조절되는 논에 쟁기질을 한 후 모를 옮겨 심는 모내기법은 16세기 루손에서 산데가 아래와 같이 설명했다.

> 농부들은 볍씨 한 바구니를 강물에 담가 적신다. 며칠 후 물에서 건져보고 상태가 나쁘거나 아직 싹을 틔우지 않은 것은 던져버린다. 나머지는 대나무 자리 위에 올리고 흙으로 덮은 후 젖은 상태로 둘 수 있는 곳에 둔다. 볍씨가 충분히 발아하면, 스페인에서 상추를 심을 때처럼 하나씩 옮겨 심는다. 이런 방식으로 짧은 시간에 엄청난 양의 쌀을 거둬들인다.[45]

이런 모내기의 목적은, 벼가 자라는 동안 (강우에 의존하건 관개수로를 이용하건) 물을 대기 위해 상당한 노동력을 들여 세심하게 만든 귀중한 논의 활용을 극대화하는 것이었다. 모내기법은 투여 노동량 대비 최대 수확량은 아니지만 단위면적당 최대 생산량을 낼 수 있었다. 다른 두 농법보다 훨씬 더 밀집된 농업 인구를 필요로 하는 동시에 가능케 했으며, 그 때문에 잉여를 모으고 수출하기가 훨씬 수월해졌다.

더군다나 논농사 기술 덕분에 물, 특히 관개수로를 통해 유기물을 다량 함유한 강물을 공급할 수 있는 곳이라면 어디서나 이모작이 가능해졌다. 그런 관개수로는 16세기경 동남아시아의 인구 밀집 지역에 상당히 널리 퍼져 있었다. 자바, 남술라웨시, 루손, 파나이(비사야제도), 상부 버

1.Cayman, ô Cocodrilo de que eſtan llenos los rios de eſtas Yslas. 2. Saua Culebra mui grande. 3.Indio en baJaque
arando con vn Carabao, ô Bufalo. 4. Luzon, en que ſe pila el arroz, y de donde ſe llamò Luzon eſta Ysla.

그림 1 무리요 벨라르데의 1734년 필리핀 지도에 등장하는 18세기 초반 필리핀 농부가 일하는 모습. 집 아래 있는 여인은 탈곡하는 중이다.

마, 시암 등지에는 관개수로가 있었다는 확실한 증거가 있다. 이르게는 1400년경 동북부 자바와 북수마트라에서 "벼가 한 해에 두 번 익는다"고 밝힌 기록이 있으며,[46] 버마의 『유리 궁전 연대기』는 짜욱세의 한 관개 지역이 너무 비옥해서 12세기에 삼모작이 가능했다고 주장했다.[47] 짜욱세의 관개체계는 아마도 동남아시아 최대 규모였을 것이며 18세기 후반에는 그 넓이가 거의 500제곱킬로미터였다.[48] 조건이 좋은 일부 지역에서는 분명 논에서 이모작을 했겠지만, 루손의 카가얀 골짜기에서 쓰던 양식이 더 흔했을 것이다(그림 1). "벼농사를 두 번 짓는데, 한 번은 물을 댄 논에서 짓고 다른 한 번은 저절로 자라게 둔다."[49]

자바는 인구도 많고 이런 식의 집약적 경작에 알맞는 비옥한 토양도 있었다. 17~18세기에 마타람(족자카르타) 지역의 북쪽 해안, 동부 자바의 수라바야-마자파힛 주변과 말랑 고원에 논이 많았다는 기록이 있다.[50] 중부 자바는 즈파라 항구를 통해 믈라카에 쌀을 수출하던 최대 공급지로, 16세기 초 한 해에 50척에서 60척의 정크선(쌀 1만5000톤가량)을 보냈다.[51] 즈파라는 반자르마신, 말루쿠, 서부 자바의 큰 항구도시인 반튼과 자카르타-바타비아에도 식량을 대는 주요 공급지였다. 1615년 네덜란드인들은 즈파라에서 한 해 쌀 2000톤을 사들일 수 있다고 추산했지만,[52] 1648년에는 바타비아로 쌀 8000톤을 수입해 갔다.[53] 동부 자바는 주로 말루쿠제도와 소순다열도에 쌀을 수출했는데, 1700년경 수출을 위해 수라바야에 모이는 쌀이 한 해에 2000톤에서 4000톤이 되었다.[54]

쌀이야말로 동남아시아 최대의 교역 품목이었으므로, 동남아시아 교역의 근간이 사치스럽고 "아름답고 쓸모없는" 물건이라고 본 판 뢰르의 가정[55]은 옳지 않다. 쌀 수출이 충분하지 않았다면 생산의 문제가 아니라 보관과 유통의 어려움 때문이었다. 큰 도시 지역의 쌀 소비 시장이 출현하면 쌀 생산지는 금방 뒤따라 생겨났다. 북수마트라의 (근세 이래 쌀 잉여 생산지인 적 없었던) 델리가 연간 쌀 300톤을 생산해 1640년대에 전성기를 누린 아체에 쌀을 공급했던 것을 보면 분명히 알 수 있다.[56] 네덜란드의 봉쇄나 지역 경제 위축으로 쌀 수입량이 줄어들면, 1650년대 아체와 1630년대 반튼 주변에서 그랬듯 인근에 벼 재배지가 생겨났다. "이 목적으로 지난 2년 동안 반튼인들이 물길을 막고 상당히 넓은 땅에 거름을 줬는데 그 결과는 믿을 수 없을 정도다."[57]

우리는 전적으로 수출용 잉여 곡물을 생산한 한 사례에 관해 좀더 자세한 정보를 가지고 있다. 그곳은 술라웨시의 마카사르에서 조금 더 북쪽에 위치한 마로스 평야다. 1590년경 마카사르가 이 지역을 정복한 후 토지는 "마을 단위로 나뉘어 마카사르 귀족들에게 배당되었다. 귀족들은 해마다 부릴 사람이 있는 한 이 땅에 농장을 세웠다".[58] 그 후 20년 동안 마카사르를 실질적으로 통치한 탈로의 카라엥 마토아야는 여기서 잉여 쌀을 생산해 말루쿠제도에 팔고 돌아올 때는 귀한 향료를 사가지고 올 수 있으리라고 생각했다. 그 상황을 1606년 네덜란드인 판 데르 하헌이 기록했다.

> 그는 온 나라에 고장마다 시장마다 근사한 창고를 짓고 쌀을 가득 채웠다. 새로 거둔 쌀이 들어올 때까지는 그 쌀을 팔지 못하게 해서 수확기가 아니더라도 쌀이 떨어지는 일이 없도록 했다. 그는 자기 나라의 무역을 흥하게 하려고 부지런히 움직여, 특별히 반다에 중개인을 두었다. 쌀과 직물뿐 아니라 반다에 필요한 것이라면 무엇이든 팔아서, 메이스를 가능한 한 많이 확보해 상인들이 그를 찾아오게 하려는 속셈이었다.[59]

이 명민한 통치자는 말루쿠로 향하는 유럽 상인들에게 쌀을 파는 주요 공급자 중 하나였다.[60] 그의 보호 아래 있던 고와Gowa의 왕도 이 곡물 시장에 나섰고, "쌀을 공급해주리라 기대되는 다른 왕들도 있다"는 잉글랜드동인도회사의 보고도 있었다.[61] 달리 말하자면 마카사르 귀족 여럿이서 마로스 지역의 자기 소유 관개 농토를 이용해 수출용 잉여 곡물을 생산했던 것이다. 한 잉글랜드인은 한 달 만에 이런 쌀 190코양(450톤)을 사들이기도 했다.[62] 따라서 전성기에는 총수출량이 연간 1000톤이 넘었을 것이나, 도시 인구가 증가하면서 이런 교역은 급격하게 쇠퇴했다.[63]

토지소유권과 사용권

이렇게 집약적인 벼 재배 지역이 있었지만, 동남아시아에는 여전히 고산 지대와 정글 어디나 미개간지가 널려 있어 누구나 마음만 먹으면 개간할 수 있었다.

> 수많은 그리고 아주 드넓은 땅이 누구에게도 경작되지 않은 채 내버려져 있었다. 각 마을과 사람이 몰려 사는 곳에 경계가 있기는 했으나 (…) 누구나 와서 정착하고자 하면, 아무 연고가 없는 자라 할지라도, 돈 한 푼 내지 않고 계약 같은 것도 일절 없이 원하는 만큼 땅을 차지할 수 있었다. (…) 그 땅에서 일하거나 경작하는 자는 특히 야자수나 과실수를 심는다면 그 땅의 주인이다. 이것들은 늘 그의 것이며 논란이나 소송이 있을 수 없다.[64]

동남아시아 공동체에서는 과실수나 야자수를 심거나 매년 경작할 논을 만들어 땅을 영구적으로 이용하면 완전한 토지소유권을 인정받는 것과 마찬가지였다. 그러나 그 땅에서 소나 양을 방목할 권리나 더 이상 사용되지 않는 땅을 재분배하는 권한은 공동체에 남아 있었다.[65] 그런 논은 개별적으로 관리되고 상속됐지만, 플라센시아*가 루손의 사례에서 설명했듯 이동농법 구역은 공동체의 공유재산으로 여겨졌다. "그들이 사는 땅, 그중에서도 관개지는 온 마을(바랑가이barangay)이 나눠 가져서 저마다 자기 땅이 어딘지 알았다. 그 땅은 사거나 상속받지 않은 한 다른 마을 사람이 경작할 수 없었다. 팅게스tingues, 곧 산등성이에 있는

* Juan de Plasencia(1520~1590). 스페인의 프란치스코회 수사. 1578년 이후 필리핀 선교에 평생을 바쳤으며 원주민의 생활과 관습을 기록으로 남겼다. (옮긴이)

땅은 나누지 않고 마을 전체가 공동으로 소유한다."[66] 인구밀도가 아주 높았던 19세기의 자바에도 누구나 화전을 일구거나 농토로 개간할 수 있는 숲이 여전히 많았다.[67]

그러나 이렇게 개방적인 토지의 경계선이 (우리가 흔히 기대하듯) 모든 가구가 경작하기 충분한 땅을 소유한 평등 사회를 낳지는 못했다. 가구는 대개 대가족이어서 부양할 구성원이 많았다. 토지 자체가 귀하고 드문 자원은 아니었지만, 부자들이 자기 이해에 따라 빈자가 움직이도록 유인하거나 몰아갈 수단은 토지 외에도 많았다. 그런 수단에는 강과 가까운 곳에 있는 더 좋은 관개지 통제, 동물과 쟁기질용 도구의 소유, 보호와 후원, 성인 남자가 독립 가구를 꾸리는 전제 조건인 신붓값 등이 있었다. 여러 지역에서 정글을 개간한 것은 통치자의 명령에 따른 것이었던 듯하다. 통치자는 구역을 맡을 가신이나 친척 중 한 명을 우두머리로 세워 그를 따르는 무리를 숲으로 보냈다. 연대기에 따르면 15세기에 나콘시탐마랏의 부흥도 통치자의 명령을 따른 것이었다. "A는 백성을 이끌고 X 구역으로 가 정글을 논으로 만들라고 명받았다."[68] 자바에서도 비슷한 양상이 나타났다.[69]

토지에 비해 노동력이 부족한 상황은 권력자들이 토지보다 사람을 놓고 경쟁하는 가부장적인 사회구조를 낳았다. 농촌 인구 대다수는 종속된 자나 하인으로 분류해야 할 것이다. 그러나 토지의 경계가 열려 있다는 것은, 종속된 자 중 절박한 이는 나쁜 주인을 떠나 새 주인을 찾거나 숲으로 도망쳐 자기 농토를 일굴 때까지 사냥꾼이나 무법자로 살 수도 있다는 뜻이다. 안정된 종속 관계를 떠나 위험한 자유를 택할 가능성은 분명 주인의 핍박을 견제하는 확실한 장치였을 것이다.

농업 도구

농사에 쓰는 도구는 놀라울 정도로 단순하고 지역을 초월해 형태가 동일하며 모두 귀한 쇠붙이를 최소한으로 사용하려고 했다. 논농사에 핵심적인 도구는 끝에 쇠붙이가 달린 쟁기와 나무 갈퀴로, 물소나 소가 끌고 가는 형태였다(그림 2). 그러나 에드먼드 스콧*이 17세기 전 필리핀에는 쟁기를 가리키는 말이 없었다고 한 데서 짐작할 수 있듯,[70] 쟁기는 논농사법만큼 널리 퍼지지 않았을지도 모른다. 이동농법에는 정글을 벌목하는 데 쓰는 마체테형의 쇠칼, 괭이나 곡괭이, 파종용 꼬챙이가 필요했다. 대부분 지역에서 수확은 여자들이 작은 손가락칼을 이용해 한 번에 한 줄기만 베는 식으로 이루어졌다. 낫은 꽤 이른 시기에 중국으로부터 전해진 듯하지만, 대륙부에서 논농사를 짓는 평야지대인 베트남 북부, 타이 중부, 버마 등지에서만 널리 쓰였다. 이들 강 유역은 범람원이 대부분이고 종자를 흩뿌리는 방식으로 농사를 지어 넓은 범위에서 줄기가 긴 벼가 자라므로 최대한 빠른 수확법이 필요했기 때문일 것이다.

도서부 전역, 말레이반도(남부 타이인과 말레이인)와 대륙부의 많은 지역에서는 낫이 알려져 있었음에도 손가락칼이 여전히 인기였다. 베트남 남부 사람들도 오늘날에는 그 사용법조차 모르지만 19세기까지 손가락칼을 썼다.[71] 19세기에 문화기술지학자들이 손가락칼이 너무 비효율적이어서 어리둥절해하자 현지인들은 이런 추수법이 쌀의 여신 또는 여성 정령을 존중하는 방식이라고 설명해주었다.[72] 그러나 손가락칼에는 아

* Edmund Scott(?~?). 제임스 랭커스터가 이끈 잉글랜드동인도회사의 첫 아시아 탐험대로 반튼 상관에 남겨진 대원 중 하나. 다른 잉글랜드인이 모두 병으로 죽은 후 반튼에서 잉글랜드 상관을 지켰다. (옮긴이)

그림 2 19세기 초 쟁기질하는 자바인을 그린 연필 스케치.

주 실용적인 이점이 있었으며 특히 산山벼의 경우 확실했다. 벼가 익으면 한 포기씩 벨 수 있어서 긴 시간에 걸쳐 노동량을 분산할 수 있고 산기슭의 좁은 경작지에서는 김매기를 따로 하지 않아도 됐다. 영구적인 경작지에서도 이모작을 할 경우 손가락칼을 쓰면 벼를 추수하기 전에 사탕수수, 목화, 담배를 심을 수 있고 나중에 벼를 베면서 다른 작물을 상하지 않게 할 수 있었다.[73]

동남아시아 전역에서 필수적인 동물은 느리지만 믿음직한 물소였다. 쟁기질에 발군의 실력을 발휘할 뿐 아니라 농작물을 나르는 데도 종종 이용됐다. 버마, 시암, 캄보디아, 자바, 발리 등 인도의 영향을 가장 많이 받은 인구 밀집 지역에만 흰인도혹소가 있었다. 기본적으로 고기와 수레를 끄는 용도로 들여왔지만 간혹 논밭에서 이용되기도 했다.[74]

식생활과 식재료 공급

> 내륙에는 쌀, 과일, 빈랑, 설탕, 코코넛이 풍부하다. 그곳에 없는 것은 타마린드, 양파, 마늘, 향신료, 소금, 새우젓이다.
>
> _『히카얏 반자르』(*Hikayat Banjar*: 415)

쌀은 절대적으로 중요한 열량 공급원이었다. 그 밖에 거래량이 상당했던 필수 식재료 두 가지는 소금과 생선이었다. 비사야제도에 관한 이런 기록이 있다. "산간지대에 사는 사람들은 생선과 소금 등 다른 곳에서 나는 식재료 없이 살 수 없다. (…) 한편 바닷가에 사는 사람들도 산에서 나는 쌀과 면화 없이는 살 수 없다."[75]

바닷가에 사는 사람들은 대개 소금 만드는 법을 알았던 듯하다. 말루쿠인은 해변에 모닥불을 피우고 바닷물을 끼얹은 다음 그 재를 더 진한 소금물에 끓여 소금을 만들었다.[76] 건기가 뚜렷한 해안 지역에서는 바닷가에 염전을 두고 바닷물을 햇볕에 증발시켜 소금을 만들어 팔 수 있었다(우기에는 염전을 보통 양식장으로 이용했다). 동부 자바 북해안을 따라 염전이 늘어서 있었고, 주아나와 수라바야 사이의 여러 항구에서 소금은 주요 수출 품목이었다. 상인들은 동부 자바산 소금을 사서 술라웨시와 말루쿠에 가져다 팔거나 반튼을 거쳐 수마트라에 팔았다. "상인들은 자라탄, 그레식, 파티, 주아나 인근에서 질 좋은 굵은 소금을 사들인다. 상인 한 사람이 보통 소금 800간탕*을 15만 냥에 사서 반튼에 가져가 3간탕에 1000냥을 받고 판다. 수마트라의 바로스, 파리아만, 툴랑 바왕,

* gantang. 부피를 계량하는 옛 말레이 단위. 흔히 약 4.55리터인 1영국갤런과 등가로 보지만 계량하는 물질, 시기, 지역에 따라 조금씩 다르게 사용됐다. (옮긴이)

인드라기리, 잠비 등 항구로 가져가기도 한다."[77] 비슷하게 타이만 위쪽의 펫부리 해안가 염전에서 시암과 말레이반도의 소금 소비량 상당 부분을 공급했다.[78] 타이 남부의 한 연대기에 따르면 타이만에 등장한 최초의 타이 국가는 내륙의 기존 타이 왕국들에 소금을 대는 염전을 기반으로 12세기에 등장했다고 한다.[79]

동남아시아인 대다수는 바다나 강의 어장 가까이 살긴 했지만, 어획량 변동으로 생선을 구하기 어려운 철에도 어류 소비를 포기할 수 없었다. 일상적으로 생선을 소비하는 방식은 말리거나 염장하는 형태여서, 언제나 구할 수 있을 뿐 아니라 "내륙 교역에 적합한 품목"이기도 했다.[80] 예컨대 반자르마신은 자바의 도시들에 말린 생선을 공급했다.[81] 쌀밥에 생선, 특히 동남아시아 어디서나 사랑받던 생선을 소금에 절여 만든 톡 쏘는 향의 어장魚醬(말레이 세계*의 블라찬belacan, 타이의 까삐kapi, 버마의 응어삐nga-pee, 베트남의 느억맘nước mắm)이 곁들여지지 않으면 제대로 된 식사라고 할 수 없었다.

> 코친차이나 사람들이 육류보다 생선을 즐기기는 하지만 그토록 고기잡이에 열중하는 진짜 이유는 블라참[블라찬]이라고 부르는 어장을 만들기 위해서다. 이 어장은 생선을 소금에 절여두었다가 물에 녹여 만드는데 머스터드 같은 형태가 아니라 톡 쏘는 향의 액체 형태다. (…) 어장만 있으면 금방 입맛이 돌아 밥을 비우며 없으면 밥맛이 안 난다고들 한다.[82]

---

* Malay World, Dunia Melayu. 다양한 방식으로 정의되지만 좁은 의미에서는 현재의 말레이시아, 인도네시아, 싱가포르, 브루나이를 중심으로 한 문화세계를 가리키는 개념이다. 인종적·언어적 공통점도 공유하지만 특히 교역의 시대에 말레이어가 무역 언어로 도서부 동남아시아 전역에 전파되면서 강력한 문화적 정체성을 형성했다. (옮긴이)

동남아시아의 다양하고 풍부한 어자원은 외국인 방문자들에게 감탄의 대상이었다. "그곳에는 세계 최고의 물고기가 있다"고 한 사람은 마르코 폴로만이 아니었다.[83] 15세기 정화의 원정대는 몇몇 동남아시아 항구에서 쌀이나 육류, 야채가 비싸다고 불평하긴 했지만, 생선은 어디서나 싸고 풍부하다고 기록했다. 믈라카와 참파에서는 고기잡이 종사자 수가 농사보다 훨씬 많아 가장 흔한 남성의 직업이었다.[84]

종합적으로 살펴보자면 어업은 분명 동남아시아에서 두 번째로 큰 산업이었다. 크로퍼드는 "그토록 완벽하게 이루어지는 예술은 없을 것"이라고 생각했다.[85] 고기잡이에 쓰던 가장 효과적인 방법 두 가지는 배 여러 척이 후릿그물로 물고기 떼를 에워싸는 것과 대나무와 등나무로 만든 울타리 안에 (때로는 그물을 동원해) 물고기를 가두는 것이었다.[86] 다만 이런 고기잡이법은 어부 여럿이 협력해야 가능한 일이었고 해안에 사는 가족이라면 거의 다 낚싯대나 작은 그물을 써서 고기를 잡았다.

외국인이 남긴 기록에는 향료와 과일의 풍부함에 비해 야채에 관한 언급은 별로 없다. 정화의 원정대는 중국 요리에 쓰이는 다양한 야채에 익숙했던 터라 대다수 동남아시아 항구에서 조달 가능한 야채의 종류와 수가 적다며 불만이 많았다. 오이, 양파, 생강, 각종 박류와 멜론이 가장 흔하게 구할 수 있는 야채였다.[87] 원정대가 원하는 야채를 다 구하고 열대의 각종 희귀한 과일과 야채까지 맛볼 수 있었던 곳은 자바뿐이었다. "오이와 가지, 채소 등은 모두 있다. 복숭아와 자두, 부추만 있었으면 좋겠다."[88] 녹두(학명 *Phaseolus aureus*)와 오이(학명 *Cucumis sativus*)는 1500년경 동남아시아 전역에서 흔했고 대두 또한 중국인이 자주 방문하는 지역이라면 어디나 들어와 있었을 것이다.[89]

유럽인들은 향료에 훨씬 더 관심이 많았다. 향료야말로 그들이 지구

반 바퀴를 돌아오게 만든 귀하고 값비싼 품목이었기 때문이다. 동남아시아의 시장에서 유럽인들은 널리 알려진 말루쿠산 정향, 육두구, 메이스는 물론 도서부 동남아시아 전역에서 자라는 후추뿐 아니라 뭔지 모르지만 약효가 있다는 식물과 조미료가 넘쳐나는 것을 보았다. 타마린드,* 강황, 생강, 쿠베바, 창포 및 다른 수많은 향료가 음식의 맛을 내는 데뿐 아니라 약으로도 사용되었다.[90] 향신료가 넘쳐나는데도 불구하고 중국인도 유럽인도 현지 음식이 맵다는 말을 하지 않았다. 아마 이 육류 섭취자들도 당시에는 오래된 육류의 맛을 감추느라 동남아시아인만큼이나 매운 음식에 익숙했기 때문일지도 모른다. 16세기 말 남아메리카에서 고추가 전해올 때까지는 어장과 강황이 '바람 아래' 사람들에게 가장 흔한 '매운' 재료였다. 그러나 고추는 급속하게 퍼져나가 벌써 1596년에 네덜란드인이 자바 곳곳에 이 작물이 자라며 "흔하지는 않지만, 반튼 총독은 후추 대신 고추를 쓴다"고 보고할 정도였다.[91] 후추는 전 세계로 팔려나갔지만 동남아시아인의 식생활에서는 중요한 요소가 아니었다.[92]

야채의 상대적 부족은 과일의 풍부함으로 보상받을 수 있었다. 유럽인과 중국인 모두 동남아시아의 다채로운 과일에 깊은 인상을 받았으며, 본티위스** 등은 동양에 온 유럽인들이 이 이국적인 맛을 과하게 탐닉하다가 병이 났다며 꾸짖었다.[93] 코코넛과 바나나가 주요 식재료라면 두리안, 망고, 망고스틴, 잭프루트, 람부탄 등 과일은 철 따라 나는 별미였다. 망고는 절여서 밥반찬으로 먹기도 했다.[94] 또한 동남아시아에는

---

* tamarind. 주로 향신료로 쓰이는 시고 단 맛이 나는 콩과류 열매. (옮긴이)

** Jacobus Bontius(1592~1631). 네덜란드의 의사. 1614년부터 바타비아의 네덜란드동인도회사에서 일하며 습득한 지식을 정리한 『동인도의 의학』을 써 열대의학의 선구자로 여겨진다. (옮긴이)

세계의 어떤 지역보다 다양한 시트러스 계열 과일이 나서 라임과 포멜로가 제일 중요한 비타민 공급원이었을 것이다.[95] 파파야와 파인애플은 16세기 후반에 아메리카 대륙으로부터 전해져 특히 도서부 동남아시아에 빠르게 퍼졌다. 동남아시아인은 파파야의 약효를 금방 알아봐, 파파야는 지역 민간 의술의 일부로 자리잡았다.

동남아시아만큼 설탕의 원료가 풍부한 곳도 없을 것이다. 동남아시아가 원산지일 사탕수수는 야생으로도 자라고 습한 지역에서는 재배되기도 했다. 시장에서는 주로 씹는 단 음식으로 팔렸다. 중국식 정제법이 들어온 이후 사탕수수로 만든 자당蔗糖은 처음으로 중국과 일본으로 수출되는 주요 품목이 되었다. 서부 자바의 경작자들은 1630년경 후추에서 사탕수수로 품목을 바꾸었는데 설탕으로 "훨씬 많은 이윤을 거둘" 수 있었기 때문이다.[96] 또 다른 대규모 사탕수수 수출산업은 베트남 중남부의 꽝남에서 발전해, 18세기 초 중국에만 4만 배럴을 수출했다고 한다.[97] 사탕수수 설탕은 17세기 말 아유타야에 자리 잡은 중국 상인들이 일본으로 가져가는 가장 중요한 품목이기도 했다.[98]

동남아시아인들은 디저트와 과자류에 단맛을 내는 데 아렝가야자나 사탕야자 수액을 끓여 만든 갈색 설탕을 더 많이 썼다. 역시 동남아시아가 원산지인 사탕야자는 설탕 원액을 만드는 좋은 원료다. 꿀은 당시 유럽에 비하면 그다지 중요하게 여겨지지 않았다. 기본적으로 꿀은 약으로 여겨졌고 야생벌에서 채집했다.[99] 그렇지만 네덜란드인들은 반튼의 시장에서 꿀을 쌓아두고 값싸게 파는 것을 발견했다. 반튼 시장은 멀리 팔렘방과 티모르에서 온 꿀과 자바 북해안의 즈파라에서 자카르타를 따라 생산된 팜슈거가 모여드는 곳이었다.[100]

동남아시아의 물길로 이어지는 교역로에서 식품을 가장 많이 수출하는 지역은 중동부 자바였다. 1511년 포르투갈이 자바의 정크선 두 척을 납치했는데, 이 배는 믈라카로 절인 생선, 쌀, 아락arak(증류주), 야자술, 야자, 야자 섬유를 나르던 중이었다.[101] 반자르마신 연대기에는 14세기 아니면 15세기에 한 영웅이 "설탕 수천 덩이, 코코넛 수백 개, 코코넛오일 네 항아리, 타마린드 두 항아리, 양파 백 바구니, 마늘 백 바구니, 쌀 열 자루"를 (당시로서는 멀고 멀었던 수라바야에서) 보르네오까지 가져왔다는 이야기가 있다.[102] 1642년 두 달 사이에 자바 정크선 열두 척이 아체에 왔는데 화물은 주로 "소금, 설탕, 완두콩, 콩 등" 식량이었다.[103]

의례로서 고기 먹기

동남아시아는 빽빽한 정글이 뒤덮고 있어, 유럽인과 중앙아시아 및 서아시아인을 왕성한 육식주의자로 만들어준 목축의 전통이 생길 수 없었다. 보르네오와 민다나오 대부분 등 많은 지역은 수렵과 채집 생활이 충분히 가능할 정도로 인구밀도가 낮았지만, 그 소수의 약탈자에게도 숲은 동물 자원보다 식물 자원을 훨씬 더 많이 제공했다. 많은 유럽인 목격자가 동남아시아인의 육류 섭취량은 아주 낮다고 증언했다.

> 필리핀에는 염소가 너무 적어서 스페인 사람 15~20명이 온다면 그 후로 2~3년 동안 염소를 볼 수 없게 될 것이다.[104]
>
> 시암인의 음식에는 쌀, 생선, 허브가 있지만 고기는 없다.[105]
>
> 아체인들이 말하기를 자기 나라에 그리스도교도가 2000명 있으면 소고기와 닭고기가 금방 동날 것이라고 한다.[106]

시암인은 (…) 상 위에 올라 있어도 어떤 종류의 살코기도 잘 먹지 않는다.[107]

육류 섭취는 동물의 생명을 희생시키는 행위와의 연관성 때문에 언제나 의례적 성격을 띠었다. 고기는 도살 후 신선한 것으로만 먹었다. 따라서 동물을 죽이고 고기를 나누어 먹는 일은 많은 사람이 참여하는 축제 같은 것이었다. 동남아시아의 체액설에서 제일 중요한 제물용 동물인 물소와 닭(돼지의 성질은 모호했다)의 뚜렷하게 "따뜻한" 성질은 큰 잔치라면 있게 마련인 떠들썩하게 먹고 마시고 놀기와 분명 상관있었을 것이다.[108] 이러한 희생제적 성격은 애니미즘이 신흥 세계종교에 밀려나지 않은 곳에서 더 공공연해서 망자의 혼령이 공개적으로 연회에 초대됐다. 그러나 이슬람 왕국의 수도에서조차 특히 장례나 혼례 같은 가장 중요한 의례에서 조상에게 목숨을 바치는 행위의 일종으로 육식을 중요하게 남겨두었다.

치아 때우기나 할례 같은 성년식, 결혼, 장례 등 중요한 통과의례뿐 아니라 건물을 짓거나 배를 건조할 때, 이슬람교나 국가의 연례 축제가 있을 때마다 동물을 죽이고 그 고기를 공동체가 나누어 먹어야 했다. 부자라면 물소, 염소, 돼지를, 빈자는 닭이라도 잡을 것이다. 왕실에서는 국내외 고위 관리를 맞는 호화로운 환영연을 비롯해 잔치를 벌일 일이 수없이 많았고, 이런 행사는 왕이 정통성을 확립하는 지속적인 극장의 일부이기도 했다. 시암의 나라이 왕은 1685년 프랑스 특사에게 150가지 음식이 나오는 환영연을 열어주었다.[109] 마젤란 탐험대가 1521년 브루나이에 당도하자 그들을 맞아준 것은 생전 본 적 없는 종류의 고기가 줄지어 나오는 잔칫상이었다. "(아홉) 쟁반마다 10개에서 12개씩 도자기 접시가 담겼고 접시마다 송아지 고기, 거세한 수탉 고기, 닭고기, 공작새와 다른 동물의 고기며 생선이 가득했다. 우리는 야자잎 자리를 깐 바닥에 앉아 서른에서 서른두 종류의 고기와 생선과 그 외 것들을 저녁으로 먹었다."[110]

이렇게 과하다 싶게 고기를 많이 내놓는 일은 왕권을 과시할 뿐 아니라, 레이클로프 판 훈스*가 자바에서 아래와 같이 기록했듯 공급이 제한된 육류를 공동체 전체가 나누는 수단이기도 했다.

> 돗자리 위에 차린 음식은 진수성찬이었다. 테이블보가 있어야 할 자리에 2피트 길이에 폭이 1피트(약 30센티미터) 정도인 바나나 잎을 깔았다. 그들의 음식은 우리 음식과 비슷해서 소금을 치고, 굽고, 속을 채우고, 튀긴 것이었다. 다른 점이 있다면 버터를 써야 할 곳에 기름을 썼을 뿐이다. 아주 매운 국도 있었고 (…) 밥은 (무릎을 꿇고 앉는다면) 그들의 어깨에 닿을 만큼 높이 산처럼 쌓여 있었다. 구운 닭과 다른 조류며 각종 말린 음식이 사방에 널려 있어 낭비라고 추문이 날 수 있을 정도였다. 물론 그런 일은 벌어지지 않았다. 왕과 대신들이 식사를 마치자 자리와 음식이 바로 치워지더니 이들의 하인들에게 주어졌기 때문이다. 여기서는 음식이 남는 법이 거의 없었고 뭐든 남기라도 하면 하인들이 집에 싸가지고 가서 왕이 내린 선물을 자식들에게 나누어주었다.[111]

가장 흔히 구할 수 있는 고기는 닭고기, 돼지고기, 물소 고기였다. 인도산 소는 인도의 영향을 집중적으로 받은 지역을 중심으로 들어왔으나

---

* Rijklof van Goens(1619~1682). 네덜란드의 식민관료. 9세에 부모를 따라 자바에 온 이래 거의 평생 아시아에서 살며 동인도회사에서 일했다. 1648~1653년 사절단을 이끌고 마타람 왕국을 다섯 차례 방문했고 1678~1681년 동인도회사의 총독을 역임했으며 17세기 자바, 실론, 인도에 관한 방대한 저술을 남겼다. (옮긴이)

인도네시아 동부와 필리핀에는 전혀 없었다. 자바, 보르네오, 인도차이나가 원산지인 들소(반텡banteng, 학명 *Bos sondaicus*)는 이 지역 전체에서 고기를 얻기 위한 사냥감이었다. 오직 발리에서만 높은 인구밀도 때문에 인간이 정글을 생활 터전으로 만드는 전례 없는 일이 벌어지면서 이 동남아시아산 들소도 훌륭한 열대산 육우肉牛로 가축화됐으나, 발리의 힌두교도들은 늦어도 19세기에는 소고기 소비를 줄였다.[112] 힘이 더 센 물소는 어디나 있었으나 (3년에 새끼 한 마리를 낳는 정도로) 번식률이 낮아 농민들은 쟁기질에 꼭 필요한 이 동물을 잡기를 꺼렸다. 특히 루손 등 각지에서는 물소도 야생동물이자 사냥감이었다.

각종 돼지는 수천 년 동안 동남아시아의 숲에 살았고 늦어도 기원전 3000년경 가축으로 길들여졌다.[113] 곡류를 육류로 전환하는 가장 효율적인 수단인 데다 각종 쓰레기를 먹어치우기도 해 이슬람교가 전파되지 않은 전 지역에서 가장 중요한 육류 공급원이었다. 유럽인들은 동남아시아산 돼지고기가 유럽산보다 건강에 좋다고 믿었다.[114] 무슬림은 돼지 대체용으로 염소치기를 장려했으나, 염소는 이미 이슬람화 이전에 가장 동쪽으로는 술라웨시까지 퍼져 있었고 필리핀에는 없었다.[115] 야생 사슴은 동남아시아 전역에서 고기와 가죽을 얻기 위한 사냥감이었으며, 길들인 말은 (인도네시아 여러 지역에서 식용으로 쓰였고) 소순다열도와 술라웨시까지 퍼져 있었으나 필리핀에는 없었다.

육류 섭취 빈도는 비교적 낮았으나 도시의 시장에 팔기 위한 소 기르기가 이미 성행했고 항구에서 항구로 가축을 실어 나르기도 했다. 수코타이의 이상적 질서를 담은 람캄행 비문*은 "큰길을 따라 사람들이 소

* 수코타이 왕국의 영토를 확장한 람캄행 왕이 1292년 세운 것으로 알려진 비문. 타이 문자로 된 가장 오래된 기록으로 여겨지기도 하나 진위 여부를 둘러싼 논란이 있다. (옮긴이)

를 끌고 말을 타고 시장에 팔러 간다"고 밝히고 있다.[116] 발리와 마두라는 14세기에 이미 가축을 자바에 수출하고 있었다. 마자파힛 왕국에 보내던 "조공"의 일부로 "돼지, 양, 물소, 소, 가금류, 개"를 몇백 년 동안 계속해서 보냈기 때문이다.[117] 아체에서는 "시골 사람들이 소나 (…) 가금류를 쳐서 먹고살았다. 특히 도시 인근에는 매주 팔 가축을 보내는 사람들이 있고" 언덕 위로 풀이 무성한 "사바나"에는 물소가 무리지어 다녔다.[118] 1609년 마카사르에서 네덜란드인들은 어떤 소 주인에게서 물소를 50~60마리 살 수 있었다.[119] 유럽인들은 적당한 고기를 괜찮다 싶은 가격에 구할 수 있었다. 1640년대 자바의 큰 도시에서는 닭 30~60마리를 1스페인레알(2길더)에 살 수 있었으나, 1580년대 마닐라에서는 같은 값에 세 마리밖에 못 샀다. 괜찮은 물소 한 마리 값은 마닐라에서 4레알, 1596년 반튼에서는 7~9레알, 즈파라에서는 4~5레알이었으나 자바 내륙에서는 2레알밖에 안 했다.[120]

동남아시아에서 세계종교의 영향력이 더 확고해지면서 육류 소비의 종류와 양이 모두 점차 줄었다고 여기는 데는 이유가 있다. 그 자신이 무슬림이었던 마환*은 비무슬림 자바인의 음식에 관해 "먹는 것은 무척 더럽고 혐오스러우니, 예를 들어서 뱀이나 개미, 벌레, 지렁이 같은 것들"이라고 질색했다.[121] 『나가라크르타가마』**는 마자파힛 왕실에서 내놓던 육류 목록으로 "양, 물소, 가금류, 야생 돼지, 벌, 생선, 오리"를 나열하고, 평범한 사람들이 즐겨 먹지만 힌두교의 금기 때문에 신실한 힌두교

---

* 馬歡(1380?~1460?). 중국 저장성 출신의 역관. 정화의 대원정 중 4차(1413년), 6차(1421년), 7차(1431년)에 역관으로 참여했고, 첫 여행에서 돌아온 1416년부터 준비해 동남아시아, 남아시아, 서남아시아 여러 나라의 풍물을 자세히 기록한 『영애승람瀛涯勝覽』을 1451년 펴냈다. (옮긴이)

** Nagara-Kertagama. 1365년 프라판차가 쓴 자바 고전문학의 대표작. 마자파힛 왕국의 전성기를 이끈 왕 하얌 우룩에게 바치는 추도문 형식의 서사시로 왕국의 역사를 상세히 담고 있다. 『데사와르나나Desawarnana』로도 불린다. (옮긴이)

도에게는 내놓지 않는 또 다른 목록을 알려준다. "개구리, 애벌레, 거북, 쥐, 개. 이런 고기를 좋아하는 사람이 얼마나 많던가! 그런 고기가 넘쳐나고 그들은 아주 즐거워 보인다."[122] 힌두교는 단백질 공급원을 제한할 실질적인 힘이 거의 없었던 듯하다.

이슬람교는 더 평등했으므로 금기에 관해서도 더 실질적이고 효과적이었다. 동남아시아에서는 돼지고기가 인기였는데, 무슬림이 돼지고기를 극도로 꺼리자 비신자들도 돼지고기가 불결할지 모른다고 여기기 시작한 듯하다. 돼지고기를 삼가는 것이야말로 이슬람교를 수용했다는 최초의 그리고 가장 확실한 신호였다. 마젤란의 부하들이 티도레에 도착하자, 이슬람교를 받아들인 지 반백 년이 지났지만 다른 면에서는 그다지 신앙심이 깊어 보이지 않던 이 섬의 왕은 "함선에 싣고 있는 돼지를 모두 죽여 자신에게 애정을 표한다면 그 대가로 산양과 닭을 같은 수만큼 주겠다고 했다. 우리는 왕의 기분을 맞춰주려고 돼지를 모두 죽여 갑판 아래 매달았다. 그곳 사람들은 어쩌다 돼지와 마주치면 얼굴을 가린 채 보거나 냄새 맡는 일을 피하려 했다".[123] 16세기 술라웨시의 마카사르인들은 돼지고기가 제일 중요한 육류 공급원이라는 이유로 이슬람교에 맞섰다고 한다.[124] 신자이Sindjai 지역의 불로불로 연대기에 따르면 17세기에 마카사르 왕이 이슬람교를 안 받아들이면 전쟁을 벌이겠다는 협박을 담아 개종을 권하자, 한 유력 부족장이 핏물이 강이 되어 흐른다 해도 불로불로의 숲에 잡아먹을 돼지만 있다면 절대 이슬람교를 받아들이지 않겠다고 목소리를 높였다. 그런데 기적처럼 바로 그날 밤 돼지가 모두 없어지자 부족 전체가 개종할 수밖에 없었다는 것으로 이야기는 끝이 난다.[125]

일부 지역에서는 개고기도 먹었다. 고양이가 음식으로 취급받지 않고 약탈을 일삼는 설치류에게서 쌀을 지켜주는 어느 정도 신성한 존재로 여겨진 데 반해, 동남아시아 마을에서 개는 "주인 없는 부랑자"일 뿐[126] 인간의 특별한 친구가 아니었다. 이슬람교는 개가 돼지, 개구리, 뱀, 파충류와 마찬가지로 의례적으로 부정不淨하다고 보았기에 개종자들이 개를 먹는 일은 없었다.

그러한 육류 공급원, 특히 돼지고기의 제한은 동물성 단백질 소비를 전반적으로 감소시켰을 것으로 보인다. 이는 20세기 보르네오에서 응아주 다약족이 이슬람교로 개종한 후 애니미즘을 신봉하는 다른 부족보다 더 부유하면서 육류는 덜 소비했다는 데서도 증명된다.[127] 또한 이슬람교가 조상을 섬기는 희생 의례의 필요성을 (없애지는 않았으나) 축소시킨 것도 현대 동남아시아인의 식생활에서 동물성 단백질의 비중이 낮은 데 기여했을 것이다.

대륙부 동남아시아의 불교 국가에서는 음식 제한이 없었으므로, 버마인과 시암인은 19세기까지도 도마뱀, 개구리, 박쥐, 누에, 쥐, 보아뱀을 먹었다.[128] 다른 한편 상좌부불교에서 살생은 심각한 악업으로 간주됐다. 자연사한 소는 먹을 수 있으나 피를 빼내서는 안 됐다. 돼지류는 모두 금지한 남쪽의 이슬람 국가들과는 달리, 불교 국가는 이 딜레마에 관해 백성 대신 직접 결정을 내리지 않았다. 무슬림, 중국인, 고산족 또는 가난한 불교도는 들짐승을 죽여 업을 쌓는다 해도 개의치 않았기에 모두 고기를 먹을 수 있었다.[129] 따라서 17세기에는 다양한 해석과 접근법이 있었다. "어떤 승려는 남이 잡은 고기를 먹고 어떤 승려는 어떤 고기도 먹지 않았다. 어떤 이들은 짐승을 잡고 어떤 이들은 절대 잡지 않고 어떤 이들은 제물로만 아주 가끔 잡았다."[130]

이후 싱뷰싱Hsinbyushin(재위 1763~1776) 같은 버마의 왕들이 살생 금지령을 내리자 적어도 공공연하게 도축하기는 어려워졌다.[131] 그러나 17세기와 19세기 사이에 버마인과 타이인이 점차 고기를 덜 먹게 됐다면 그 실질적인 이유는 점차 불교 승려가 장례나 혼례 같은 의례를 주관하게 됐기 때문이다. 농촌 지역과 북부의 타이인들은 19세기에도 여전히 짐승을 잡지 않는 잔치는 뭔가가 빠졌다고 여겼으나,[132] 불교적 상가sangha 전통의 영향을 강하게 받은 이들은 다른 방식으로 의례를 치렀다.

물과 술

> 이 도시 수코타이에는 바위틈에서 솟아나는 샘이 있는데, 건기에 콩Khong의 물처럼 맑고 맛이 좋다.
>
> _「람캄행 비문」(Ram Kamheng 1293: 27)

차를 마시는 중국인[133]과 술에 중독된 네덜란드인이나 잉글랜드인이 보기에는 놀랍게도 동남아시아인의 일상 음료는 물이었다. 고산지대에는 맑은 개울물이 있어서 대나무관을 연결해 집까지 끌어들일 수 있었다.[134] 내륙으로 깊숙이 들어온 바다 위에 지은 브루나이의 가옥은 이어진 산의 수원지와 가까워 "아주 깨끗한 물을 저비용으로 밤낮없이 집안에 흐르게" 할 수 있었다.[135] 그만큼 운이 좋지 못했던 해안가와 강가 정착지의 주민들은 강물을 끌어와야 했다. 운하를 파서 맑은 강물을 도시의 주거지로 끌어오는 일은 파타니와 마카사르의 왕이 벌인 주요 공공사업이었다.[136] 1613년 아체에서는 맑은 개울이 왕궁 한복판을 가로 질러 흐르도록 방향을 바꾸는 공사를 벌였다.[137] 우물은 작은 섬에서 특히 중요했고,[138] 강과 시내에서 멀리 떨어진 주거지에서도 마찬가지였다.[139] 샘과 얕은 우물에서 좋은 물을 구할 수 있는지 여부야말로 마을과 도읍지를 정하는 결정적인 조건이었다.

유럽인 방문객들은 현지인처럼 큰 도시 주변의 강에서 물을 끌어다 마시다가 지독한 수인성水因性 질병을 앓았다. 그들은 곧 반튼의 물이 "처음에는 하얗게 보이지만 조금만 지나면 구더기가 득시글"해져서 마시면 안 된다는 것을 깨달았다.[140] 그럼에도 가까운 자카르타-바타비아의 네덜란드인 대大내과의 본티위스는 "도시보다 더 상류에서 끌어온 강물은" 괜찮다고 계속 권했다.[141] 그렇다면 동남아시아인들은 강물을 마시다 생기는 끔찍한 질병을 어떻게 피했던 걸까? 중국인들은 물을 끓여 차로 마셨지만, 17세기경 동남아시아에서 차 마시기는 베트남과 도시 지역 지배층 사이에서만 퍼져 있었다.[142] 라 루베르는 17세기 말 시암의 수도에서 부유층 사이에 "손님에게 차를 내오는 것은 필수적인 예의"였으나, "수도를 제외한 왕국의 전역에서는 차가 무엇인지도 모른다"고 썼다.[143]

물을 정화하는 동남아시아식 방법 중 하나는 라 루베르의 다음과 같은 설명처럼 강물을 오랫동안 가만히 담아두고 맑아지게 하는 것이었다.

> 맑은 물이야말로 시암인들의 일상 음료이며 그들은 물에 향을 넣어 마시기를 아주 좋아한다. (…) 시암인들이 샘에 가서 물을 길어오지 않는 것은 의심의 여지 없이 샘이 너무 멀기 때문이다. 따라서 강의 수위가 높은지 낮은지에 따라 여러 날 동안 불순물을 가라앉혀 먹어야 탈이 나지 않는다. (…)

물이 빠질 때는 (…) 더 부식성이 강해 이질과 설사를 일으키므로, 커다란 항아리나 주전자에 석 주에서 한 달 정도 가만히 두기 전에는 걱정 없이 마실 수 없다.[144]

물에 레몬, 시나몬, 육두구나 다른 향신료를 넣는 것은 어디서나 인기였지만,[145] 박테리아를 없애지는 못했다. 큰 항아리에 물을 담가두는 방법은 훨씬 널리 쓰이긴 했으나 물의 탁도와 맛을 개선할지는 몰라도 건강에 도움이 되지는 않았다.

적어도 일부 동남아시아인은 오염된 강물을 끓여서 마셨다는 기록이 있는데, 중국인의 선례를 따른 것일 수 있다. 알렉상드르 드 로드*는 중국인은 절대 찬물을 마시지 않는다고 기록했다. "우리가 생수를 마신다고 하자 그들은 비웃으며 그랬다가는 온갖 병에 걸린다고 했다."[146] 이븐 무함마드 이브라힘은 15세기 말 시암인이 밥을 먹을 때 끓인 물을 마신다고 언급했고,[147] 래플스는 19세기 초 부유한 자바인은 물을 "언제든 먼저 끓여서 보통 따뜻하게 마신다"고 기록했다.[148] 1680년대 바타비아에 거주하던 네덜란드인 빌럼 텐 레이너**는 "이곳의 힌두스탄인과 원주민 대부분"은 끓이지 않은 물은 절대 마시지 않는데, 맹물에는 "보이지 않는 작은 생명체"가 있어서 끓여서 죽여야 하기 때문이라고 했다.[149] 텐 레이너 자신은 이 중요한 가르침을 따르지 않았던 것이 분명하나, 강물이 더럽기로 유명한 반자르마신에는 그와 달리 물을 가만히 두

* Alexandre de Rhodes(1591~1660). 프랑스 아비뇽 출신의 예수회 신부. 동인도와 베트남에 파견되어 베트남 선교에 주력했다. 최초로 베트남어-포르투갈어-라틴어 사전을 편찬했고 지금도 쓰이는 베트남어의 로마자 표기법 '꾸옥응으'를 고안했다. (옮긴이)

** Willem ten Rhijne(1647~1700) 네덜란드의 의사, 식물학자. 1673년부터 일본 데지마와 바타비아에서 네덜란드동인도회사 소속 의사로 일하면서 일본과 동남아시아 의학에 대한 저술 작업을 했다. (옮긴이)

었다가 끓여 마신 17세기 네덜란드인들이 있었다.

물을 끓이면 세균이 죽는 원리가 밝혀진 지 무려 200년이 지났지만, 유럽인들은 동남아시아에서 원주민이나 중국인을 따라 하며 그 실용성을 처음 배운 듯하다. 그러나 물을 끓이는 데 시간과 연료가 들기 때문에, 이 방법은 오늘날까지도 동남아시아의 촌락까지는 퍼지지 않았다.

도시에는 다른 음료도 적게나마 알려져 있었다. "시암의 무어인은 아라비아에서 들여온 커피를 마시고, 포르투갈인은 마닐라에서 온 초콜릿 음료를 마신다."[150] 1690년대 네덜란드인들이 자바에서 커피 재배를 시작한 이후 18세기에 동남아시아 지역에서 이 음료들의 인기가 높아졌다.

매일 마시는 음료는 물이지만, 술이 없다면 축제가 완전하다고 할 수 없었다. 마자파힛 왕국에서 열린 한 연회의 메뉴에 "코코넛으로 만든 투악tuak, 론타르야자로 만든 투악, 사탕야자로 만든 아락, 킬랑kilang(당밀 발효주), 브렘brem(쌀을 발효한 술), 탐포tampo(쌀을 두 번 발효한 술)"*가 열거되어 있듯, 설탕의 재료가 되는 것이라면 무엇이든 술을 담글 수 있었다. 이 문서는 술의 소비량을 보면 연회의 성공 여부를 알 수 있다고도 주장했다.[151] 이슬람 개종 이전의 자바인은 주당으로 유명해, 말레이 서사인 항투아** 이야기에도 관련된 일화가 나온다. 말레이 영웅 항투아가 자신을 암살하려는 자바인들의 음모에도 불구하고 마자파힛 왕국

---

* 그러나 야콥스가 편집한 『도쿠멘타 말루첸시아 I(1542-1577)』(말루쿠에서 예수회의 활동상에 관한 문헌 모음—옮긴이)에서는 "보르네오의 탐포이스tampois는 여자들이 마시는 술로 달콤하고 짜릿"(Galvão 1544: 146)하며 탐포이 나무의 열매로 만드는 술이라고 밝힌 것을 기억하라(Jacobs 1974: 376).

** Hang Tuah(1444?~1511?). 믈라카 술탄국의 전성기였던 만수르 샤 시절의 전설적인 전사이자 락사마나(해군제독). 가장 강력했던 락사마나로 기억되며 말레이 대중문화에서 가장 사랑받는 영웅이다. (옮긴이)

의 연회에서 살아 나올 수 있었던 까닭은, "가자마다 대신*을 비롯한 자바 귀족들이 모조리 형편없이 취해버린" 덕분이었다.[152]

소순다열도와 필리핀에서 가장 많이 마신 술은 론타르야자, 코코넛, 사탕야자 중 한 가지로 빚은 투악(타갈로그어로는 투바tuba)이었다. 베트남을 제외한 동남아시아 전역에서 이 투악을 마셨으나, 보르네오와 자바의 도시들을 비롯한 더 서쪽에서는 도수가 더 높은 증류주인 아락이 더 인기였다.[153]

짐승을 도살해서 고기를 먹는 것만큼이나 술은 중요한 연회의 일부였고 그 이유도 비슷했다. 장례는 가장 중요하고 또 시끌벅적한 행사로, 그 소란과 난리법석이 죽음의 순간에서 망자를 어떻게든 되살려내는 최적의 조건을 만들어준다고 여겼다. 널리 퍼진 또 다른 진정제인 빈랑처럼 술도 조상과 밀접한 연관성이 있었는데, 아마도 영매가 망자를 불러내 소통하는 환각 상태와 비슷한 조건을 만들기 때문이 아닐까 한다. 필리핀에서는 그런 종류의 연회를 파가니토paganito라고 부르는데 아니토anito, 곧 혼령을 달랜다는 뜻이다.

> 그들은 아니토를 시작했다. 먹고 마시며 종과 다른 악기들을 치고 여자와 젊은이들은 춤을 추었다. 그리하여 20~30일에 걸친 잔치가 계속되며 춤추기와 노래 부르기를 멈추지 않았다. 한 무리가 지치면 다른 이들이 그 자리를 채웠다. 족장과 용맹한 필리피노들이 먹고 마시다가 취하면 노예와 여자들이 그들을 데려가 재웠다. 잠에서 깨면 다시 잔치로 돌아가 또 취할 때까지 먹고 마셨다.[154]

* Gajah Mada(1290?~1364?). 마자파힛 왕국의 전성기를 이끈 명재상. (옮긴이)

스페인인들이 이런 잔치의 흥청망청함을 과장하는 경향이 있기는 하나 한결같이 지적하는 의례에서의 과음은 현대에도 보르네오와 술라웨시의 여러 종족이 보여주는 관습이다. 헌팅던과 메트칼프는 그 종족들의 세골장洗骨葬, secondary burial 관습에 관해 썩어가는 시체에서 등장한 혼령과 발효시킨 쌀로 빚은 술 사이에 (잠재의식적) 연관이 있다고 주장했는데, 그런 경우 망자가 쓰던 바로 그 항아리에 술을 담그기도 했다.[155]

이슬람교와 불교는 술을 엄격하게 금지했다. 아르라니리*는 술을 "모든 부정함의 어머니"라고 불렀다.[156] 그러나 돼지고기 먹기는 곧바로 그만둔 데 반해 술 마시기를 중단하기까지는 오랜 시간이 걸렸다. 아랍인들은 믈라카에 관해 "음식에 관한 율법이 없어 무슬림이 개고기를 먹고, 시장에서 술을 마시는"[157] 타락한 곳이라고 개탄했다. 그런 평가에 대해 『스자라 믈라유』**를 쓴 말레이인 작가는 술고래 스리 라마가 그를 꾸짖으려 한 "바람 위"에서 온 금욕적인 율법학자보다 훨씬 낫더라는 일화를 통해 나름의 항변을 내놓았다.[158] 강력한 이슬람 중심지였던 브루나이, 민다나오, 아체에서조차 왕궁의 연회에는 아락이 늘 등장했다.[159] 이슬람교를 믿는 트르나테에서 열린 연회에 관해 갈방은 이렇게 적었다. "그들은 물을 마시는 법이 없다. 물을 마시는 것은 무례한 행동이며 술에 취하는 것이 예의 바른 행동, 그들이 부르는 대로는 코테오koteo라고

---

* Nuruddin ar-Raniri(?~1658). 구자라트 출신의 이슬람 학자. 1637년 아체로 건너와 술탄 이스칸다르 타니의 후원을 받으며 왕성한 말레이어 저술 작업을 벌여 동남아시아 무슬림에게 큰 영향을 끼쳤다. 수마트라 출신 신비주의 시인 함자 판수리의 작품을 이단으로 몰고 불태우게 하는 등 완고하고 엄격한 종교적 입장을 견지했다. (옮긴이)

** *Sejarah Melayu*. '말레이 역사'라는 뜻으로 믈라카 술탄국의 흥망성쇠를 기록한 작품. 1511년 이전 말레이 세계와 믈라카에 대한 중요한 사료이며 1536년 이전에 쓰인 원본이 1612년 조호르 술탄 압둘라 마야 샤의 이름으로 재편찬되었다. (옮긴이)

여겼다. 술을 마실 때는 무함마드의 계율에는 신경도 안 쓰고 플랑드르인처럼 폭음을 하며 도리어 계율에 관한 농을 주고받고 (…) 이 섬들에는 술이 너무 많아서 그 양을 그대로 기록하면 아무도 사실이라고 믿지 않을 것이다."[160]

시암과 버마에서 왕과 왕족은 보통 공개적으로 술을 마시기를 꺼렸다. "성직자와 법률에 의해 독한 술은 모두 금지됐으며 불명예로 여겨졌다."[161] 그럼에도 시암의 쁘라삿통 왕(재위 1630~1683)은 술고래로 악명 높아 각계각층에 아락을 마실 좋은 핑계를 마련해주었다.[162] 이곳에서도 평범한 사람들이 엄청난 양의 아락을 마셔대는 것은 축제, 특히 일상의 관례가 무시되는 연례 대명절 때였다.[163]

술은 중요한 의례에서 핵심 요소로 너무 확고하게 자리 잡았기 때문에 새로운 종교를 받아들였다고 해서 쉽게 없앨 수는 없었다. 그러나 18~19세기 유럽의 절망에 찬 도시 빈민과 달리 동남아시아인은 절대 혼자 술을 마시는 법이 없었다. 유럽에 동남아시아의 연회와 가장 비슷한 것이 있다면 중세 오월제May Day의 의례화된 여흥이다.

잔치와 음식

잔치 음식은 매일 먹는 음식과는 달랐다. 하루 두 끼 가족끼리 하는 식사는 훨씬 간단했다. 고기와 술도 없고, 최대한 빨리 조용히 먹었다. 느긋한 대화는 식사를 마치고 빈랑이 나와야 시작됐다. 다른 사람이 밥을 먹고 있는데 말을 걸어 방해하는 것은 큰 실례였다. 팔르구아는 타이인이 식사를 하는 데 걸리는 15분은 "성스러운" 시간이어서 그동안은 주인도 하인을 방해하지 않는다고 했다.[164] 에링턴도 남술라웨시의 비슷한 식사 태도에 대해 식사의 위험성, 곧 음식이 몸으로 들어가고 있어서 육체의 안위가 취약해지는 시간이기 때문이라고 분석했다.[165]

그럼에도 동남아시아 지역 대부분에서는 남녀 구분 없이 온 가족이 함께 밥을 먹었다.[166] 바닥에 앉아 바나나 잎이나 바닥이 얕은 나무 그릇을 접시로 이용했다. 식사 전후에 물로 손과 입을 닦았으며 밥을 먹는 데는 오른손을 썼다. "그들은 밥을 먹는 데 숟가락을 쓰지 않는다. 접시에서 한 줌을 덜어내고 밥이 달라붙지 않게 손을 물에 적신 후 최대한 단단하게 한 덩어리로 뭉쳐서 입으로 밀어 넣는다. 그들은 밥 덩어리를 입에 넣을 수 있을 정도로 최대한 크게 만들려고 애쓴다. (…) 그러나 가끔 목에 걸리기도 한다."[167] 식사 중에 술을 마시지는 않지만 식사 후에는 언제나 물을 들이켰다.

상층 계급에서는 여자가 식사 시중을 들고 가장이 지위를 드러내며 제일 먼저 식사를 시작했다. 왕실과 귀족의 집에서 쓰는 각종 반찬이 담겨 나오는 그릇은 아름답고 우아한 것이 특징이었다. 르네상스 시기 유럽인들이 발달시킨 신분별로 세세한 식사 예절[168] 같은 것은 없었으므로 고귀한 신분이나 농민이나 먹는 방식에는 별 차이가 없었다. 식사 전후에 손과 입을 닦고 오른손으로만 먹는 것 같은 식사 예절의 핵심은 사회 전체가 공유했다. 이 문제에 관한 한 19세기까지도 이렇게 말할 수 있었다. "왕자들과 왕이 백성과 다른 점이라면 식기가 더 화려하고 음식의 종류가 다양하다는 것뿐이다."[169]

일상적인 손님맞이는 음식이 아니라 빈랑을 내놓는 것이었다. 또한 중국인과 유럽인이 하는 식당 외에는 누구나 갈 수 있는 식당이 없었다. "시암에는 주막이 없다. (…) 한 프랑스인이 주막을 열었는데 유럽인들만

그림 3 1599년 반다(말루쿠 남부)의 한 잔치.
오른쪽에 서 있는 네덜란드 방문객이 묘사한 내용에 따라 그린 그림이다.

어쩌다 갈 뿐이다. 시암인들 사이에서는 (…) 서로 재미있게 해주기가 일상인데도, 이 나라에서는 주막을 보기 어렵다. 수많은 의례가 있으나 성찬식은 없다."[170] 라 루베르는 이런 풍습이 남자들이 독신의 친절한 승려들에게 자기 아내를 내보이지 않기 위해서라고 추정했으나, 시암의 시장에서 물건을 사고파는 것은 여성이었으므로 그다지 설득력은 없어 보인다. 오히려 조용하고, 짧고, 사적인 성격이 짙은 일상적 식사 습관이 그 까닭일 것이다. 집에서 먹는 간단한 끼니와 흥청망청하는 잔치 사이에 중간 지대는 없었다. 잔치는 언제나 길고 저녁 식사 후엔 술을 마시고 춤을 추고 밤늦게까지 각종 여흥이 계속된다(그림 3). "말루쿠 사람들은 축제, 전쟁, 오락 중에도 먹고 마시기를 좋아해서, 할 일이 무엇이건 일단 먹고 마셔야 한다. (…) 정오부터 시작해서 자정까지, 때론 동틀 때까지 먹기도 한다. 자리에서 일어나 볼일을 보고 와서 다시 먹기 시작한다. 절반쯤 먹고 나면 노래하고 악기를 연주하고, 농담을 던지고 수수께끼를 내고 사교적인 인사를 주고받는다."[171]

빈랑과 담배

술이 잔치나 축제에 관련된 것이라면, 동남아시아 전역에서 일상적인 사회생활의 윤활유 역할은 빈랑이 도맡았다. 이 가벼운 환각성 진정제는 세 가지 필수 요소의 상호작용을 통해 그 효과를 얻을 수 있다. 첫째는 빈랑야자(아레카야자, 학명 *Areca catechu*)의 열매인 빈랑, 둘째는 구장(학명 *Piper betle*) 잎(인도네시아 동부에서는 구장 꼬투리나 꽃차례), 셋째는 석회다. 앞의 두 재료를 부르는 현지어 단어가 예외적으로 다양하다는 데서 두 식물이 동남아시아에 자생했다는 것이 증명된다. 세 번째 재료인 석회는 조개껍질을 갈아서 손쉽게 얻을 수 있었고, 빈랑의 성분과 화학적으로 반응해 알칼로이드(아레카이딘arecadaine, 아레콜린arecoline, 구바신guvacine)를 생성한다. 이 성분이 뇌와 중추신경계를 진정시키는 역할을 한다.[172] 세 가지 재료를 함께 씹으면 붉은색 침이 많이 분비되어 뱉게 된다.

빈랑 씹기는 15세기경 남아시아와 중국 남부에서도 널리 퍼져 있었지만, 그 기원은 동남아시아일 것으로 보인다. 동남아시아에서 빈랑 씹기는 우리가 아는 모든 종족의 의례뿐 아니라 사회생활에서 핵심적인 자리를 차지한다. 중국 기록에 빈랑이 처음 등장하는 것은 당나라 때 혼례에서 쓴다는 언급이며 핀랑檳榔, pinlang이라고 불렀는데, 아주 이른 시기에 말레이어 피낭pinang에서 빌려와 음역한 듯하다.[173] 마환은 자바인에 관해 이렇게 썼다. "남녀 모두 빈랑이나 구장 잎, 굴 껍데기를 태워 만든 석회 가루를 항상 입에 넣고 있다. (…) 손님이 왕래해도 차는 없이 그저 빈랑으로 접대할 뿐이다."[174] 이방인의 눈에 동남아시아인은 늘 빈랑을 씹고 있는 것처럼 보였다. "그들은 빈랑을 계속 씹어서 입안에 빈랑이 떨어지는 일이 없다. 즉, 이 사람들은 언제나 되새김질을 하는 중이라 할 수 있다."[175] 안토니오 피가페타*는 자신이 만난 섬사람 모두가 빈랑을 씹는 까닭이 "심장을 식혀주고, 빈랑 씹기를 그만두면 죽는다고 여겨서"라고 생각했다.[176] 코친차이나에서 보리**도 비슷한 기록을 남겼다. "집집마다 다른 일은 안중에 없고 빈랑을 구장 잎에 싸고 있다. 이 재료를 준비해 상자에 담은 후 하루 종일 씹는다. 집 안에서뿐 아니라 거리를 오가면서도 다른 사람과 말을 하면서도 언제 어디서나 씹는다."[177]

나그네에게 극심한 배고픔과 피로를 견딜 수 있게 해주는 빈랑 재료가 담긴 주머니는 음식보다 중요한 필수품이었다. 전사들에게도 체력과 용기를 북돋는 빈랑이 필요했다.[178] 사회생활에서 빈랑은 오늘날의 커피와 차, 술과 담배와 같은 지위를 누렸다. 남의 집을 방문하거나 심지어 길거리에서 잠시 말을 나눌 때조차 남녀가 빈랑을 주고받고 함께 씹었다. 황동제 빈랑 세트야말로 살림집에 갖추어야 할 몇 안 되는 금속기 중 하나였다(그림 4). 왕이나 귀족은 빈랑을 대령하는 하인을 늘 데리고 다녔다. 그 하인은 젊은 여자일 때가 많았고, 트르나테의 경우 어릴 때

---

* Antonio Pigafetta(1491?~1531?). 베네치아 출신의 학자. 마젤란 탐험대의 일원으로 세계 일주에 참여해 일주 중 남긴 일기를 바탕으로 『최초의 세계일주』를 썼다. 마젤란이 필리핀 막탄에서 살해당한 후에도 탐험을 계속해서 마침내 세비야로 돌아온 18명 중 한 명이기도 하다. (옮긴이)

** Christoforo Borri(1583~1632). 밀라노 출신의 예수회원. 1616년 코친차이나(중부 베트남)에 파견된 최초의 선교사 중 한 명으로 17세기 이 지역에 관한 기록을 남겼다. (옮긴이)

그림 4 이슬람 모험담 '아마드-무함마드'의 주인공 키 아마드가 빈랑을 대접받는 장면. 1828년 자바 북해안에서 제작된 문서의 삽화.

불구가 된 여자 난쟁이가 그 역할을 맡아 왕실에 이국적인 정취를 더해 주었다.[179]

빈랑을 내놓는 것이 예절과 환대의 핵심이었기에, 모든 중요한 의례에서 조상의 혼령에 제물로 올렸다. 빈랑 씹기, 빈랑과 구장 잎을 따로 또는 함께 올리는 것은 출생, 죽음, 치유와 관련된 모든 의례에서 뺄 수 없는 중요한 부분이었다. 특히 연애나 결혼과 관련된 의례에서 중요했는데, 빈랑은 입 냄새를 달콤하게 하고 심신을 진정시켜주기 때문에 섹스의 자연스러운 선행 조건으로 여겨지기도 했다.[180] 빈랑과 석회와 다른 재료를 구장 잎 위에 놓고 섬세하게 마는 것은 여자가 남자에게 해주는 친밀한 행위 중 하나여서, 어떤 문화에서는 결혼이나 약혼의 상징이었고 어떤 문화에서는 구애를 받아들인다는 의미이기도 했다. 빈랑의 핵심 재료 두 가지가 성적 결합을 상징한다고 보기도 했다. 빈랑의 '열'과 구장 잎의 '차가움'이 균형을 이룬다는 것이다. 인도네시아 동부 지역에서 이 성적 상징은 더 노골적이었다. 구장 잎 대신 사용하던 현지산 구장 넝쿨의 길고 늘씬한 꼬투리를 남성의 상징이라고 보고 동그란 빈랑을 여성의 상징으로 짝지었기 때문이다.[181]

유럽인이 동남아시아에 가져온 담배는 빈랑의 휴식으로서의 기능과 사회적·의학적 역할을 점차 잠식해갔다. 담배는 1570년대 멕시코에서 필리핀으로 전해지고, 1601년경 다시 필리핀에서 자바로 전해져 늦어도 그해에 마타람 왕궁에서 담배를 피웠다는 기록이 등장한다.[182] 1603년 아체(수마트라)의 왕이 담배를 피웠으며,[183] 반튼의 지배층들도 흡연을 즐겼다.[184] 자바의 왕실에서는 적어도 유럽인들을 맞을 때는 네덜란드식 긴 담뱃대를 사용했다.[185] 이 긴 담뱃대는 유럽 상인들을 따라 하던 지배층 남성의 애호품이 되었다. 인기 있는 담배의 형태는 궐련으로, 17세기에 말레이어 단어 붕쿠스bungkus(꾸러미)로 알려졌다. 보통 집에서 키운 담뱃잎을 썰어서 다른 향료와 섞은 후 옥수수 잎이나 니파nipah야자 잎 같은 질긴 잎으로 한쪽 끝이 더 굵게 만 것이었다. 붕쿠스가 자바에서 처음 언급된 것은 1658년인데, 궐련은 필리핀에서 말루쿠를 거쳐 자바에 전해진 것으로 보인다.[186] 17세기 말이 되면 성인 남녀는 물론 어린 아이들도 궐련을 즐겨 피웠다. "가장 정숙한 여자들조차 담배에 완전히 중독되었다."[187] 이 시기에 담배는 효과가 강하고 값비싼 빈랑의 대체물로 여겨졌다. 한 세기가 지나고도 담배의 인기는 점점 높아져 씹는 빈랑

에 들어가는 재료 중 하나가 됐다.[188]

건강한 사람들?

아시아에 간 유럽인의 첫 세대는 높은 사망률에 시달렸는데, 살아남은 자들에 따르면 문제는 기후가 아니라 음식이 위험할 정도로 '과도'하기 때문이라고 했다. "높은 사망률은 날씨가 아니라 질병 때문이다. (…) 우리 유럽의 진창 같은 기후에 비하면 이곳의 기후는 천국이며 기온은 아주 건강에 좋다."[189] 현지인들은 그렇게 높은 사망률을 보이지 않고 유럽 기준으로 보기에 놀라우리만치 건강했다. 예컨대 비사야인은 "날씨와 땅이 좋아 건강한 사람들이다. 신체 장애나 불구자나 귀머거리나 벙어리를 볼 수 없었다. (…) 따라서 완벽한 건강 상태로 성인이 된다".[190] 아체에 간 페르시아인에게 그곳 사람들은 "노환 말고는 질병이 거의 없어" 보였다.[191] 코친차이나에 오래 살았던 보리는 기후가 "참으로 온화해서 역병이란 것이 없으며 이곳 사람들은 역병이 무엇인지도 무슨 뜻인지도 모른다"고 단언했다.[192] 18세기 말까지 계속 유럽인 방문자들은 동남아시아인의 완벽한 신체적 조건에 놀라움을 금치 못했다. "곱사등이나 절름발이, 병자나 귀머거리"가 실질적으로 거의 없었다.[193] "프랑스의 한 주州에 있는 장님과 절름발이의 수가 시암 전체의 수와 같을 것이다."[194]

이러한 견해는 물론 동남아시아인의 건강 상태와 비교했을 때 유럽인이 얼마나 절망적인 상황에 있었는지 밝혀주기도 하지만 기본적으로 주관적이다. 영양과 건강 상태에 관해 우리가 가진 지표 중 그나마 주관성에서 벗어난 것은 신장과 사망 연령뿐이다. 이 변수에 관한 자료가 제아

무리 부실할지라도, 다른 시간과 장소의 신체적 건강 상태를 비교할 수 있는 최선의 수단으로 소중히 여겨야 할 것이다.

최근 사회사 연구자들은 신장과 성장 패턴이 영양 수준을 비교할 수 있는 주요 지표라고 인식하기 시작했다. 신장에 미치는 유전적 영향은 영양에 비해 크게 중요하지 않으므로, 전근대사회 대부분에서 부자와 빈자 사이에 뚜렷한 신장 차이가 있었다.[195] 다행히 19세기의 일부 선구적인 석학이 각기 다른 이유로 신장이 중요한 비교 척도라고 생각하고 몇몇 집단에 관해 귀중한 측정 자료를 남겼다.

남수마트라의 고산지대에서 만난 한 종족이 "대체로 183센티미터"였다는 래플스의 주장[196]을 제외하면, 동남아시아인의 신장에 관한 기록은 일관적이다. 부자와 빈자 사이의 신장 차이는 18~19세기 유럽이나 20세기 아시아에서보다 크지 않았으며 성인 남성의 키는 147센티미터에서 167센티미터 사이였다. 1821년 시암과 코친차이나에 간 영국 선교단이 성인 남성 '상당수'의 신장을 측정했으며 타이인과 말레이인은 160센티미터, 베트남인은 그보다 1센티미터 작았다.[197] 캐머런은 이 수치에 동의했으나,[198] 크로퍼드는 말레이인과 오스트로네시아인 남성은 평균 157센티미터, 여성은 150센티미터라고 생각했다. 시암인은 1.5센티미터 정도 컸다.[199] 19세기 말 타이 남성이 155센티미터, 여성이 150센티미터라고 본 W. A. 그레이엄이 옳다면, 19세기 동안 시암인의 신장은 약간 줄어들었던 듯하다.[200] 인도네시아 전역을 대상으로 한 20세기의 조사에서는 평균 신장이 남성 157센티미터, 여성 150센티미터로 나타나[201] 1800년부터 1940년 사이에 큰 변화가 없었다는 것을 보여준다. 19세기 말 베트남인의 평균 신장은 여전히 남성은 160센티미터에 못 미치고 여성은 153센티미터였던 것으로 여겨지며, 캄보디아인은 그보다 조금 더 컸다.[202] 라오인은 타이 평야지대 사람들보다 조금 더 컸던 것 같은데[203] 아마도 육류 소비량이 더 많았기 때문일 것이다.

20세기 초 동남아시아인의 평균 신장은 성인 남성의 경우 157센티미터이거나 약간 더 커서 중국인보다는 5센티미터 작고 유럽인보다는 10센티미터 작았던 것으로 보인다.[204] 사회계급에 따라 차이가 컸으나 유럽인 남성 신장은 19세기 초 평균 167센티미터였고, 20세기 중반이면 평균 10센티미터가 커졌다.[205] 그러나 18세기로 거슬러 올라가면 유럽인과 동남아시아인의 차이는 미미해진다. 배로는 1793년 자바인이 "중간 체격의 유럽인 정도"라고 썼고,[206] 마스든과 스타보리뉘스 또한 수마트라인과 부기스인에 대해 비슷하게 증언했다.[207]

16세기와 17세기의 여러 보고도 거의 일관되게 동남아시아 사람이 "중간 체격"이라고 주장하는데, 유럽인과 거의 비슷한 키였다는 뜻이다.[208] 말루쿠인과 자바인은 때로 "키가 작다"고 했지만[209] 한편 브루나이, 마카사르, 버고, 시암 사람들은 "키가 크다"고도 했다.[210] 이러한 비교 추정치가 시사하는 바는 크지만, 더 확실한 수치는 망자와 함께 묻힌 도자기류로 연대를 추정할 수 있는 곳에서 출토된 유골을 분석해서 얻을 수 있을 것이다. 1950년대에 루손 서남부 카탈라간(바탕가스) 지역에서 1350년부터 1500년까지의 시신이 묻힌 한 대형 묘지가 발굴됐다. 이 발굴 현장에서 발견된 온전한 성인 유골 117구를 정확하게 측정했는데 신장은 144센티미터에서 180센티미터까지 다양했고 평균값은 160센티미터였다. 이곳에는 남녀가 모두 매장됐으나, 발굴된 유골의 성별을 구분할 수는 없었다.[211] 남녀 모두 평균적으로 19세기와 20세기에 기록된 신장보다 5센티미터 정도 크다.

이 파편적인 증거들에서 도출해낼 수 있는 최선의 결론은 17세기 동남아시아인의 신장은 유럽인과 거의 같았으나 1800년경 유럽인의 영양 상태가 개선되면서 차이가 나타나기 시작했다는 것이다. 유럽인에 관한 자료 또한 18세기 말 이전에는 그다지 충분하지 않지만, 우리는 1770년대 영국 해병의 평균 신장이 165센티미터밖에 되지 않았으며 런던의 가난한 16세 해군 지원자는 152센티미터가 되지 않았다는 사실을 안다.[212] 동남아시아인의 경우 17세기에서 20세기 사이 평균 신장이 (곧 영양 수준이) 개선되지 않았으며 오히려 약간 줄어들었다는 자료가 더 많다.

평균 수명은 방문자들의 피상적인 관찰에 기대기에는 더 위험한 지표다. 방문자들은 가장 치명적인 변수일 경우가 많은 영아 사망률의 정도를 인식하기 어렵기 때문이다. 또한 16~17세기 유럽인 관찰자들은 출생 시점의 평균 기대 수명이 32세밖에 안 되는(일단 10세를 넘기면 기대 수명이 40대 중반으로 늘어나지만) 사회에서 왔다.[213] 따라서 유럽인이 동남아시아인의 수명에 관해 언급할 때는 유럽의 "현재 기준에 비추어 동남아시아인이 오래 산다"거나[214] "남녀 모두 아주 늙을 때까지 산다"는 말이다.[215] 19세기 초 유럽인의 기대 수명이 길어지기 시작했을 때도 여전히 유럽인들은 베트남인과 타이인이 오래 산다고 생각했으며,[216] 인도네시아인의 평균수명은 유럽인과 비슷할 뿐이라고 봤다.[217]

동남아시아인의 출생과 사망에 관한 체계적인 분석은 19세기 초가 되어야 등장한다. 예를 들어 루손의 지역 교구 명부를 세심하게 분석한 연구는, 조사된 가장 이른 시기인 1805~1820년 사이 남녀 통틀어 42세로 비교적 높았던 기대 수명이 점점 낮아져 1900년경 최저치인 17.5세까지 낮아졌음을 밝혀냈다.[218]

17세기에 관해서는 파편적인 사료만 있지만 시사하는 바가 크다. 마카사르의 궁정 일지 『론타라빌랑 고와Lontara'-bilang Gowa』는 소수의 지배층뿐이긴 하지만 그들의 출생과 사망 시점을 일러준다. 이 일지는 1624년경부터 매일 일어난 사건을 기록해두었다. 그때부터 네덜란드와의 분쟁으로 마카사르가 급속히 몰락하는 1660년까지 남성 21명과 여성 10명의 출생 기록이 담겨 있으며, 이들의 사망 기록 또한 1750년까지 이어지는 일지 다음 편에 나온다.* 이들 사례에 따르면 여성 10명의 사망 연령은 15세부터 86세까지로 평균 51.5세다. 남성 21명의 경우 사망 당시 17세에서 85세까지였으며 평균은 45.5세다. 전장에서 죽은 5명(각각 59세, 31세, 25세, 17세, 17세)을 제외하면 자연사한 남성의 평균 사망 나이는 50.44세다.

이 일지의 유일하게 남은 판본에는 유아 사망에 관한 기록이 없으므로, 이 자료는 이미 일정 연령에 도달한 이들의 기대 수명을 반영한 것이라고 봐야 한다. 사관이 생후 40일 또는 100일을 살지 못한 아이의 출생은 아예 기록하지 않았을 가능성이 높아 보인다. 그로서는 무기한으로 출생 기록을 미뤄, 기록의 정확성과 양식을 위험에 빠트릴 수는 없었을 것이다.

유아 사망률은 유럽만큼이나 높은 수준이었다. 루손의 카탈라간 묘지에서 발굴된 유골 433구 중 110구가 10세 이하의 어린이로, 25퍼센트의 사망률을 보여주었다.[219] 마카사르 귀족 중 10대까지 살아남은 이들은 50세까지 살았다고 결론지어도 무리가 아닐 듯하다.

---

* 일지에는 출생 기록은 보이지 않는 여러 인물의 사망 당시 나이도 나온다. 그중 한 여성인 카라엥 파나이캉은 사망 당시 105세였던 것으로 보인다. 그러나 이런 사례는 신뢰도가 떨어질 뿐 아니라 사망 시점에 눈에 띌 만큼 오래 산 이들을 더 부각시키며, 이들을 포함하면 평균수명이 2년 정도 늘어나게 된다. 따라서 이런 사례를 제외하고 출생 당시 중요하게 여겨진 이들만 표본으로 삼았다.

동남아시아 주요 국가의 20세기 수치를 보면 출생 당시 기대 수명은 40세보다 약간 높았으며, 생후 1년 이내 사망률이 아주 높았다. 1960년대 자바에서는 출생아 중 14퍼센트가 사망했다.[220] 이 통계는 300년 전의 상황이 현대보다 나쁘지 않았고 근대 의학과 위생이 도입되기 이전인 20세기 초보다 훨씬 나았음을 시사한다.

동남아시아인이 르네상스 시기 유럽인보다 수명이 길었을 가능성이 높아 보이는데, 그 주요 원인 중 하나는 낮은 유아 사망률이었을 것이다. 유럽 빈민들이 자녀에 무관심하고 고의로 아이들을 방치하기까지 했다는 기록[221]과 달리, 동남아시아인들은 자녀를 적게 낳고 터울을 길게 두며 아들딸 구별 없이 비교적 지극한 사랑과 관심을 쏟았던 것으로 보인다.[222]

교역의 시대에 동남아시아인의 신체가 비교적 건강했던 것은 같은 시기 유럽과 동남아시아의 식생활, 의학, 위생 수준을 비교해보면 전혀 놀랄 일이 아니다. 동남아시아인 대다수에게 심각한 허기나 영양실조는 걱정거리가 아니었다. 성인 한 사람에게 하루에 필요한 쌀 1카티(625그램)를 농촌에서 생산하거나 도시에서 구입하기란 어렵지 않은 일이었고, 그 정도의 쌀에는 건강하게 성장하기에 충분한 열량과 단백질이 함유되어 있다. 상황을 종합해보자면 동물성 단백질의 상대적 부족은 오히려 바람직한 결과를 낳았을 것이다. 구더기가 들끓는 고기로 전염되는 병을 막아주었기 때문이다. 대규모의 기근은 전쟁이 일어날 때만 발생했다. 하루치 먹을거리를 2파딩*이면 구할 수 있었던지라, "시암인이 생계에 크게 신경을 쓰지 않고 밤이면 집에서 노랫소리만 들리는 것이 당연

* farthing. 0.25 페니에 해당되는 영국의 옛 화폐 단위. (옮긴이)

하다"고 라 루베르는 기록했다.[223]

위생

풍부한 물은 바람 아래의 땅의 특징 중 하나다. 이곳 사람들은 습관적으로 물을 헤프게 썼다. 추운 지역과 달리 목욕물을 데울 필요가 없어 동남아시아인은 누구보다 부지런히 몸을 닦았고, 물을 못 믿는 유럽인들을 놀라게 했다.

> 태어나는 날부터 이 필리핀의 섬사람들은 물속에서 자란다. 어릴 때부터 남녀를 막론하고 물고기처럼 수영을 한다. (…) 그들은 시도 때도 없이 재미와 위생을 위해 목욕을 한다. 막 출산한 여자도 예외 없으며, 갓 태어난 아이도 강물이나 샘에 담그기를 마다하지 않는다. 그들은 주저앉다시피 쭈그리고 조심스럽게 목 위까지 물을 끼얹으며 벗은 몸을 보이지 않으려고 극도로 신경 쓰면서 목욕한다. (…) 대표적인 목욕 시간은 해질녘으로, 일을 마치고 강으로 가서 쉬면서 몸을 식히며 씻는다. 돌아오는 길에는 집에서 쓸 물 한 동이를 들고 온다. (…) 집집마다 문 앞에는 물동이가 있어서 손님이건 식구건 안에 들어가기 전에 발을 닦는다. (…) 물은 대나무를 쪼개 만든 바닥 사이로 흘러내린다.[224]
>
> 민다나오에서처럼 아체 사람들도 더러움을 씻어내는 것을 미신처럼 중요하게 여겨 강이나 시내 근처에 살기를 좋아한다. (…) 도시 근처의 아친강은 언제나 남녀노소로 북적대며 (…) 병자까지 목욕을 시키러 강가에 데려온다.[225]

유럽에서 목욕을 쾌락적이고 위험한 것으로 본 데 반해, 동남아시아인은 정화와 '진정'으로 육체 건강에 필수적인 것이라 여겼다. 또한 몸을 돌보고, 머리를 감고 향을 뿌리고, 입과 몸에서 좋은 냄새가 나게 하고, 단정하고 우아하게 옷을 차려입는 일은 동남아시아인에게 아주 중요한 문제로, 집이나 가구에는 거의 신경 쓰지 않는 것과 대조적이었다. 타이인은 하루에 목욕을 서너 번 했다고 하고,[226] 다른 곳에서도 적어도 하루에 한 번은 목욕을 했다. 강이 없는 곳에서는 바가지로 우물물을 머리 위에 끼얹어 씻었다. 어느 방식이나 물이 하체의 세균을 머리로부터 멀리 흘려보내므로, 여러 사람이 목욕물을 함께 쓰는 추운 지역의 관습보다는 훨씬 안전하고 위생적이었다. 버마인들은 식수용 우물과 목욕용 우물을 따로 두었던 듯하다.[227] 강에서 물을 긷는 곳은 목욕하는 곳보다 상류에 있게 마련이었다. 더 복잡한 도시에서는, 특히 19세기의 인구 폭발 이후로는 흐르는 물로 씻기의 효능에 대한 동남아시아인의 믿음이 오히려 건강에 걸림돌이 되기도 했다. 그러나 17세기까지는 그런 태도가 건강의 파수꾼 역할을 했다. 당대 유럽인이 목욕이 위험하다며 반감을 드러낸 것과는 대조적이다.

가장 규모가 큰 도시에서도 동남아시아인은 바닥을 띄운 단층 목재 가옥에서 나무에 둘러싸여 띄엄띄엄 떨어져 살았다. 집에서 나오는 쓰레기의 대부분은 집 아래서 먹이를 기다리는 돼지, 닭, 개의 몫이 되었으며 해마다 우기의 홍수가 모든 것을 쓸어갔다. 개방되어 있고 바닥이 높은 가옥 양식은 적어도 폐기물이 쌓여서 썩어가는 최악의 상황을 막아주었을 것이다. 쓰레기 수거와 하수 처리의 시대가 오기 전 유럽, 중동, 중국의 밀집 도시에서는 불가능한 일이었다.

민다나오 사람들은 식사 후에나 지저분한 것을 만지고 나면 늘 씻었다. 그 때문에 집에서 물을 엄청나게 썼다. 그릇을 씻고 난 물과 다른 오물은 불자리 가까이에 쏟아부었다. 집 안에는 판자를 깔지 않고 선반lathe처럼 쪼갠 대나무로 바닥을 짜기 때문에 물은 바로 아래로 떨어진다. 집 아래는 구더기가 끓고 악취가 심하다. 이런 불결함 외에도 병자는 방에서 용변을 해결한다. 바닥에는 이를 목적으로 만든 작은 구멍이 있어 용변이 아래로 떨어지게 한다. 그러나 건강한 사람은 대개 강으로 가서 용변을 본다.[228]

다시 한번 강조하지만 강(이나 바닷가)에 용변을 보는 습관은 흐르는 물이 모든 것을 깨끗하게 만든다는 생각에서 기인한 것이다. 같은 시대의 유럽인과 인도인이 다른 방법이 없어 도시의 길가에 일을 보고 배설물을 쌓아둔 것에 비하면 훨씬 나았다.[229]

의술

여기 사람들은 시럽이나 설사약을 쓰는 법도 잘 모르고 아직 사혈도 흔치 않았다. 이들의 유일한 의술은 잘 알려진 허브와 그 즙뿐이다. 열이 나면 몸을 찬물에 목까지 담그고 (···) 상처를 꿰매지는 않지만, 바나나 꽃봉오리를 구워 아직 뜨거울 때 기름에 담근 것으로 치료한다.

_안토니우 갈방, 『몰루카제도에 관한 논고』(Galvão 1544: 177)

동남아시아의 의술을 살펴보는 데 있어 이론적 학파 문제에 너무 많은 시간을 할애해서는 안 될 것이다. 인도의 아유르베다 이론은 특히 버마, 시암, 자바에서 받아들여지고 연구됐으며, 중국 한의학은 베트남, 그리고 그만큼은 아니지만 시암에 영향을 주었다. 동남아시아인은 이슬람식으로 번역된 그리스와 아라비아 사상에서 물, 흙, 불, 공기 네 요소가 신체의 기능을 주관한다는 원리를 접했고, 중국 한의학에서 두 상반되는 요소인 '뜨거운' 양陽과 '차가운' 음陰이 조화를 이루어야 한다는 점을 배웠다. 이 두 가지 흐름이 가져온 가장 중요하고 실질적인 효과는, 질병이 열이 과해서(열병, 임신), 위험할 정도로 열을 잃어서(출산), 과도하게 메마르거나 습한 공기가 들어가서(흉통) 생긴다고 여기던 동남아시아인의 기존 믿음을 강화했다는 점이다. 동남아시아인은 중국인 못지않게 열을 식히는 의례와 약물을 중시했다.[230]

인도 전통에서 온 의학 서적은 자바, 발리, 버마, 시암, 캄보디아에서 번역되고 다시 쓰였으나, 경험적 지식으로 활용되기보다는 종교와 신성성의 영역에서 더 큰 역할을 했다.* 전염병이 돌아 왕국이 혼란에 빠지거나 왕이 병들면 대신과 학자들이 그런 의학 서적을 참고했다. 13세기에 앙코르의 한 왕은 의학의 학문적 전통을 적용하는 호스피스 100곳을 세웠는데, 큰 돌림병이 도는 것이 왕의 부덕 때문이라는 믿음 탓이었던 듯하다.[231] 그러나 적어도 17세기에는 민간 치료법과 약초를 이용해 환자를 고치는 치료자가 의료 행위의 대부분을 차지했다. 라 루베르는 그들에 관해 이렇게 설명한다. "시암인들 사이에서 벌어지는 의술은 과학의 이름을 내걸 수 없다. (…) 의술에는 아무 의학적 원리가 없고 각종 처방만 있는데, 선조에게 물려받은 이 처방은 아무것도 바꾸지 못한다. 처방은 질병의 특정한 증상과는 별 상관 없지만, 의외로 증상을 낫게 해준다."[232]

* Pigeaud 1967: 265-268와 Lovric 1987이 자바와 발리의 의학 서적에 관해 논한다. 훨씬 드문 말레이 의학 서적의 목록에 대해서는 Juynboll 1899: 305-306을 보라.

라 루베르가 말하는 실험에 근거한 '과학'이란 기본적으로 유럽에서 막 발달하기 시작한 해부학과 외과학을 가리킨다. 유럽 외과의들은 당시로서는 흔치 않게 기꺼이 신체를 절단하고, 절개하고, 난도질하고, 피 흘리게 할 준비가 되어 있었다. 18세기 초 비크먼이 반자르마신에서 일부러 피를 내자 현지인 친구들은 그가 실성해서 일부러 "영혼과 생명"을 흘려보낸다고 생각했다. 잉글랜드인은 고기와 술을 너무 많이 먹고 마셔서 혈액이 탁하기 때문에 주기적으로 피를 빼주어야 한다고 설명하자, "아무리 그래도 고통을 겪으며 일부러 그런 엄청난 위험에 스스로를 빠뜨리다니 대단한 멍청이"라는 말을 들었다.[233]

신체를 대상으로 한 실용적 역학에 관한 유럽인의 탐구는 종국에 비약적인 진전을 이루었다. 16~17세기 아시아 도시에는 이미 신체 절단, 심한 탈구 교정, 종양 제거, 심지어 사혈까지 도맡는 외과의 역할을 해줄 유럽인을 찾는 수요가 있었다.[234] 그러나 모든 것을 종합해보면 초기 유럽인의 개입주의 양식인 '과학적' 의술이 살린 환자보다는 죽인 환자가 더 많을 것이다. 초기에 동양을 찾은 유럽인들은 가르칠 것보다 배울 것이 더 많았고, 경험을 통해 많은 질환에 있어 유럽인 치료사보다 아시아인을 믿는 편이 안전하다는 것을 깨달았다.[235] 보리가 15세기에 그 까닭을 잘 설명해주었다. "그들의 의술은 자연을 바꾸지는 않지만, 환자에게는 아무런 해도 끼치지 않고 불편한 기분을 없애 원래대로 기능할 수 있도록 도와준다."[236] 두 세기 후 크로퍼드와 팔르구아는 인도네시아와 타이 의술이 해를 끼치지 않는다는 사실을 알고 감사히 여겼다.[237]

약초를 섞은 음료, 목욕, 마사지야말로 동남아시아 의술의 전형적인 요소다. 숙련된 안마사는 류머티즘과 근육통을 "믿을 수 없을 정도로" 잘 풀어줄 뿐 아니라[238] 가벼운 골절을 바로잡고 출산할 때 진통을 덜어

주거나 낙태를 해주기도 했다.[239] 마찬가지로 유럽인들은 동남아시아 주요 중심지들의 "풍부한 약재와 약초"에도 깊은 인상을 받았다.[240] 16세기 말 인도네시아에 당도한 첫 네덜란드 탐험대는 반튼 시장의 약재 코너에서 55종의 향료와 약재, 또 "지금은 기억나지 않는 다른 수많은 것"을 보았다고 기록했다. 이들은 약재의 사용법을 상세하게 적어두었다.[241]

이 약재의 상당수가 각종 소화불량이나 장 문제는 물론이고 감염에도 약효가 있다는 점에는 의심할 나위가 없다. 약초 중에서도 모든 연령의 동남아시아인이 늘 씹었던 빈랑의 한 재료인 구장 잎을 특히 짚고 넘어가야 할 것이다. 현지의 민간 전통에 따르면 빈랑 씹기가 충치를 방지하고 소화를 도와주며 이질을 예방한다고 했다. 구장 잎을 간 즙은 눈 감염, 상처의 감염과 염증, 다양한 월경 관련 질환이나 질병에도 쓰였다.[242] 아직 걸음마 단계이지만 이 주제에 관한 현대 연구는 이러한 약효의 상당 부분을 입증해 보였다. 빈랑을 씹는 사람은 충치가 있을 확률이 확실히 낮다.[243] 빈랑의 성분은 기생충, 특히 회충과 촌충 억제에 효과적이라고 밝혀졌다.[244] 구장 잎 추출물은 이질을 일으키는 시겔라균과 장티푸스를 일으키는 살모넬라균을 비롯한 여러 박테리아의 활동을 막는다.[245] 빈랑 씹기만으로도 동남아시아인은 여러 수인성 질병으로부터 보호받았으며, 여러 관찰자가 목격했듯 각종 감염으로부터 자유로울 수 있었던 듯하다.[246]

세계 곳곳의 민간 치료사들처럼 동남아시아의 치료사도 육체뿐 아니라 영혼까지 돌보았다. 이에 관해 엔디콧은 "말레이 '의술'은 거의 모두 마술이라, 진짜로 의학적 가치에 따른 과정을 거친다 해도 그 이유는 마술적"이라고 주장했다.[247] 건강이란 인도네시아 세계에서는 스망앗semangat, 타이어 사용자 사이에서는 콘khon(또는 콴khwan)이라 불리는 인간이 가진 생명력의 상태에 관련된 것이었다.[248] 일부 의례 행위는 이 생명력을 강화하거나, 단순 골절을 포함해 사실상 모든 치유 행위에 따라붙게 마련인 강력한 혼령의 악의에 찬 혹은 장난기 어린 훼방으로부터 이 생명력을 보호하기 위한 것이었다. 심리적 장애는 환자를 괴롭히는 혼령과 접신해서 소통할 수 있는 여성 주술사나 이성의 옷을 입은 주술사가 치료하는 것이 일반적이었다.

> 병이 나면 그들은 다양한 종류의 의식을 치른다. 의식의 수준에 따라 준비할 것이 많기도 하고 적기도 하다. (…) 어떤 이들은 풀 다발에 불을 붙여 창밖으로 던지며, 그러면 병이 나게 만든 나쁜 아니토(혼령)가 겁을 내서 도망간다고 한다. 다른 이들은 자기 손에 나뭇조각이나 악어 이빨을 실로 묶은 후 병의 원인은 이것과 이것이라고 말하며 제비를 뽑는다. (…) 형편이 어려운 이들은 밥과 생선 약간과 술을 건강의 아니토에게 바친다. 다른 이들은 여자나 남자 사제가 거드는 작은 잔치를 열기도 하는데, 카탈로난catalonan이라 불리는 사제들이 필요한 것을 챙긴다. 그들은 영혼이 육체를 떠났기 때문에 질병이 생기는 것이며 혼이 돌아오기 전에는 병이 낫지 않는다고 말한다. (…) 나중에 카탈로난은 혼자 구석으로 가서 혼잣말을 한다. 조금 후에 병자에게 돌아가, 벌써 영혼이 육체로 돌아왔다며 곧 나을 것이니 기뻐하라고 한다. 이 말과 함께 그들은 작은 잔치를 연다.[249]

동남아시아 사회에는 대개 마을을 정화하거나 악령을 쫓아내는 연례 의식이 있다. 이 의례는 이슬람화된 지역에서는 만디 사파르Mandi Safar, 곧 이슬람력으로 사파르달의 마지막 수요일에 집단으로 목욕을 하는 의례로 살아남았고,[250] 불교 국가에서는 4월 새해를 맞이하는 신나는 물

뿌리기 축제(그림 5)의 형태로 현대까지 계승된 듯하다.*[251] 언제나 물이 큰 역할을 하는 그런 근세 정화 의식의 한 애니미즘적 원형을 17세기 비사야제도에서 알시나**가 보고 기록으로 남겼다. 한 해에 한 번 수호신에게 건강, 다산, 안녕을 비는 제물로 음식을 올린 뗏목을 떠내려 보내는데 "역병이 돌 때면 그들은 이 의식을 더 엄숙하게 올린다. 대나무나 수숫대로 큰 뗏목을 만들고 그 위에 앉을 자리를 하나 만든다. 강둑으로 가서 실컷 먹고 마신 후 역병에게 큰 소리로 외친다. (…) '뗏목의 이 자리에 앉아서 가버려라.' 그리고 뗏목을 강물에 떠내려 보내고 나서는 역병이나 전염병이 갔다고 믿는다".[252] 거의 똑같은 의식이 19세기 수마트라와 말레이반도에서도 관찰됐으며, 두 곳 모두 해마다 또 전염병이 돌면 의식을 다시 열었다.[253] 고대 참파 왕국의 고장에서 무슬림 참족은 제일 큰 연례 축제가 최고조에 달하면 종이 원숭이와 음식을 제물로 가짜 배에 띄워 보냈다.[254]

정신 질환, 때로는 신체 질환도 마법이나 흑마술의 탓으로 여겨질 때가 많았다. 특히 사랑을 이루지 못한 이들이 그런 마술을 자주 써서 사춘기의 상사병이나 히스테리는 흔히 연적이 꾸민 간계 때문으로 여겨졌다. 마술이 사람을 죽일 수도 있다고들 믿었다. 사회마다 흑마술을 쓰는 주술사와 그 마술을 푸는 주술사가 있어 명성을 누렸다.[255] 그러나 코즈모폴리턴 도시에서 힘을 얻던 세계종교들은 그런 마술을 내륙의 '옛 종교'와 연결시키려 했다. 예컨대 1580년대 아체에서 왕을 없애려던 한 왕

---

* 신년에 물 뿌리는 관습은 17세기 시암 방문자들의 기록에는 없지만, 버마에서는 흔했다(Cox 1821: 195. 그림 5를 보라). 강력한 군주들은 물 뿌리기를 왕도에 걸맞지 않은 상스럽고 흉한 관습이라 여겼을지 모르지만, 농촌 지역에서 아주 오랫동안 지속된 정화 의식이 그 기원일 가능성이 높다.

** Francisco Ignacio Alcina(1610~1674). 스페인의 역사학자이자 예수회원. 1632년 필리핀에 당도해 마닐라에서 사제서품을 받은 후, 비사야제도에서 37년간 교구 사제로 일했다. 『비사야제도의 역사』를 썼다. (옮긴이)

그림 5 버고의 새해맞이 물 뿌리기 축제.
17세기 방문객의 설명에 따라 네덜란드에서 그린 그림.

위 참칭자는 두 바탁족 다투datu(주술사)에게 사주해 주술로 술탄이 병에 걸리도록 만들었다고 한다.[256]

17세기의 동남아시아에는 전 세계 어느 곳이나 마찬가지로 추상적이고 학문적인 의학 전통(실험에 기반하지 않는), 경험적인 민간 의술과 마술이 있었다. 누구나 민간의학과 마술에 접근할 수 있었으나, 한 줌의 지식인 지배층만이 학문적 의학 전통을 알았다. 따라서 지금도 그렇듯 환자는 굉장히 기회주의적이라 병을 가장 잘 고친다는 치료사를 찾아가고, 인기 있는 치료사는 마술적 요소와 의술을 섞어 사용했다. 교육받은 유럽인들은 동남아시아에서는 마술이 차지하는 비중이 훨씬 크고 '과학'의 자리는 작다고 믿었다. 그러나 이런 생각은 도시보다 농촌에서 더 사실과 가까워 크리스토퍼 힐의 다음과 같은 주장에 힘을 실어준다. "잉글랜드에서 16세기보다 20세기에 마술이 줄어든 것은 산업이 커졌기 때문이다. 마술은 농경 사회의 것이다."[257] 관찰자들(스페인 수사들)은 필리핀 농촌 사회가 마술을 맹신한다고 비웃었으나 반튼, 아체, 마카사르 같이 큰 코즈모폴리턴 도시에서 유럽인들은 현지 민간요법의 종류와 효험을 기록해두곤 했다. 20세기라는 조망대에서 돌아보자면 유럽보다는 동남아시아에서 마술과 민간 요법이 더 많이 살아남은 듯한데, 이는 17세기 말 동남아시아 도시 문명의 성장이 저해되면서 나타난 결과일 것이다.

풍토병과 역병

17세기의 일부 유럽인 관찰자는 유럽을 괴롭히던 역병이 동남아시아에는 아예 없다고 생각했다.[258] 실제로는 비교적 심하지 않은 전염병이 주기적으로 돌았을 것이다. 동남아시아 대부분 지역이 전 세계에서 오는 무역선을 받아들였기 때문에 유럽인이 오기 전에 이미 치사율이 높은 심각한 질병에 대한 면역이 형성되어, 신대륙과 오스트레일리아 및 태평양 제도와는 아주 다른 상황이었을 가능성이 높다. 또한 자주 씻는 습관과 큰 도시의 주거지에서도 농촌 지역과 마찬가지로 밀집해 살지 않는 거주 양식이 유럽과 인도를 덮친 흑사병이나 장티푸스 같은 최악의 지역 전염을 막았을지도 모른다.

17세기 이전 동남아시아에서 유행한 질병에 관한 정보는 많지 않다. 유일한 현지 문헌은 17세기 이후에야 나오는데, 이에 따르면 천연두, 한

센병, 매종, 매독 등 외양을 흉측하게 만드는 병을 제일 두려워했던 듯하다. 14세기에 세워진 아유타야 건국 설화의 17세기판은 이 도시가 천연두의 저주에서 벗어나리라는 약속을 언급할 뿐 아니라 주변의 늪지를 다 메우기 전 그곳에 살던 이들을 모두 죽음으로 몰고 간 역병(말라리아를 암시)에 대해서도 일러준다.[259] 믈라카 법령은 심한 피부병이 결혼을 무효화하거나 노예 구매를 거절할 수 있는 사유라고 보았다.[260] 매독에 관해서는 여러 왕이 그 병에 걸렸거나 어떤 여자와 동침한 후 나았다는 이야기에서 그 존재를 알 수 있다. 건강한 여자와 성관계를 가지면 성병이 치유된다는 믿음이 널리 퍼져 있었다. 매독을 가리키는 말레이어는 '왕의 병sakit raja singa'이라는 뜻을 갖고 있는데, 여러 여자와 동침할 수 있는 사람은 왕뿐이었기 때문일지도 모른다. 아체의 술탄 이스칸다르 무다(재위 1607~1636)는 페락의 공주에게서 병이 옮아 거의 죽을 뻔했다고 한다.[261] 매독에 걸린 왕 중 가장 유명한 사례는 15세기 마자파힛의 왕 브라위자야가 완단 출신의 노예 소녀와 동침해서 병이 나았다는 연대기 기록이다.*[262] 이런 이야기가 유럽인이 신대륙에서 병을 가져오기 전부터 동남아시아에 매독이 있었다는 확실한 증거는 아니지만, 그 주장에 반박하는 것은 이제 더 이상 예전처럼 의미 있는 일이 아닌 듯하다.[263]

더 확실한 증거가 많은 16~17세기에는 동남아시아 전역에서 천연두가 제일 무서운 전염병이었던 것이 분명하다.

전염병이 몇 있긴 하지만 이 나라(시암)의 진정한 역병은 천연두다. 이 병에

* 요르단과 더 요셀린 더 용은 이러한 왕의 와병에 대한 여러 사례를 통치자와 피통치자 사이의 관계에서 발생한 장애물을 가리키는 신화로 분석했다(Jordaan and de Josselin de Jong 1985).

걸리면 흉측한 상태로 죽게 마련이고, 그러면 사람들은 시체를 태우지 않고 묻는다. 그러나 신앙심 때문에 망자를 제대로 수습하고자 나중에 묘지를 다시 파헤친다. (…) 3년 이상 지나지 않으면 그럴 엄두를 내지 못한다. 사람들 말이, 시험해본 결과 너무 빨리 무덤을 파헤치면 이 역병이 다시 살아나 퍼지기 때문이라고 한다.[264]

포르투갈과 스페인 기록은 1558년 트르나테, 1564년 암본, 1592년 발라얀 등 말루쿠와 필리핀에서 천연두가 유행한 일을 밝혀두었다.[265] 17세기 버고(하부 버마)에서도 천연두는 제일 무서운 병이었다. 한 마을에서 천연두가 시작되면 아직 병이 돌지 않은 마을 사람들은 살던 마을을 버리고 몇 킬로미터 떨어진 곳에 새로 마을을 세웠다.[266] 인구와 상거래가 밀집한 주요 중심지에서는 16세기경이 되면 천연두가 이미 풍토병이 되어 면역이 약한 어린이가 주로 희생되고, 7~10년마다 유행이 돌았을 것이다. 예를 들어, 갈방은 '인도인들' 사이에 풍토병이 7년마다 돈다고 썼다.[267] 한편 보르네오와 필리핀 같은 더 고립된 사회에서는 천연두가 뜸하지만 훨씬 더 파괴적인 손님이어서, 천연두에 노출된 적 없는 구성원의 상당수를 희생시켰다. 천연두의 신은 토착 신화에서 중요한 역할을 맡았는데 특히 보르네오가 그 예다.[268] 예컨대 투아란의 카다잔족은 20세기 초까지 천연두가 주기적으로 돌아 시련을 겪게 되는 까닭이 창조주 신과 천연두 신 사이에 맺은 협정 때문이라고 믿었다. 협정에 따라 천연두 신이 40년에 한 번씩 찾아와 살아 있는 인간의 절반을 데려간다는 것이다.[269]

14세기 이래 동남아시아와 나머지 유라시아 사이의 교역 확대가 이 지역에 새로운 질병을 가져온 것인지는 알 수 없을 것이다. 가장 중요한 초기 "문명화된 질병의 보고"[270]라 할 인도 및 중동과 바다를 통해 접촉한 역사가 거의 1000년에 가까웠으므로 주요 전염병은 대개 동남아시아에 나타났다가 어느 정도 면역을 형성했을 것이다. 기록이 시작되기 수 세기 전인 먼 과거에 있었던 끔찍한 돌림병에 대해서는 전해지는 이야기들이 있다. 발리의 찰론 아랑Calon Arang 이야기는 11세기 자바의 아일랑가에 돈 끔찍한 돌림병이 그 배경이다.[271] 롬복의 한 전설은 돌림병과 17세기 이슬람교 수용을 연결시키고,[272] 반자르마신의 한 예언은 17세기에 말레이, 마카사르, 네덜란드 등 타지의 관습을 수용해서 역병이 생겼다고 보았다.[273] 이런 기록은 교역의 시대 이전으로 거슬러 올라가지 않으므로 그 시대에 심각해진 돌림병의 패턴을 파악하는 데 이런 사료에 의존하는 것은 현명한 처사가 아닐 것이다. 다른 한편 스페인인이 아메리카 대륙을 거쳐 갑작스럽게 필리핀에 도착하면서 그곳의 더 고립된 사회에 새로운 질병을 전파했을 가능성은 충분하다. 이 점이 (최초의 필리핀 인구 추산치인) 1591년과 1637년 사이 약간의 인구 감소와 스페인인이 도착한 직후인 1568~1570년에 파나이제도 인구의 절반을 희생시켰다는 지독한 '기근과 역병'[274]을 설명해줄 수 있을지도 모른다. 수 세기 동안 왕래하던 뱃길을 거쳐 당도한 다른 유럽인은 동남아시아의 전염병 양상에 별다른 영향을 미치지 않은 듯하다.

비슷한 이유에서 몇몇 질병은 동남아시아에만 있었다. 유럽인이 처음 보는 병으로는 각기병beri-beri이 있었는데, 그 이름 자체가 (싱할라어가 어원이라는 주장이 있기는 하나) 말레이어에서 양을 뜻하는 단어에서 나온 듯하다. 각기병에 걸리면 사지가 약해져 갓 태어난 새끼 양처럼 비틀비틀 걷게 되기 때문이다.[275] 각기병에 관한 최초의 기록은 16세기 중반 말루쿠에서 보낸 포르투갈인의 편지에 등장하는데,[276] 그 후 17세기까지 이 지역은 줄곧 이 재앙으로 유명했다. 오늘날 우리는 각기병이 쌀 등 곡물의 겉껍질에 함유된 비타민 B1, 곧 티아민 부족으로 생기는 것을 알기에, 벼가 자라지 않아 쌀이 아니라 사고를 주식으로 먹는 이 지역에서 병이 발생한 까닭을 쉽게 알 수 있다.

병명을 밝혀내기는 여전히 어렵지만 17세기의 유행병 발생에 관해서는 비교적 양질의 자료가 존재한다. 여러 자료에서 찾아낸 주요 유행병 창궐의 시기와 양상에 관해서는 표 3을 보라.

시암에 퍼졌던 전염병이 천연두였다는 것에는 의문의 여지가 거의 없어 보인다. 1625~1626년 사이 자바에 번진 끔찍한 전염병은 폐결핵이었을지도 모른다. 1665년에 널리 퍼진 심한 역병에 관해서는 한 잉글랜드 보고서가 같은 시기 네덜란드에서 기승을 부린 역병과 유사하다고 구체적으로 지적한 바 있는데,[277] 반튼, 마타람, 마카사르 같은 큰 도시에서 더 심각했다는 점은 그 주장에 설득력을 더해준다. 아시아형 콜레라는 1820~1822년의 끔찍한 유행 이전에는 동남아시아에 유입되지 않았다고 보는 것이 일반적이다.[278] 비슷하게 림프절결핵도 1911년 이후에야 유입됐다는 주장이 있는데, 두 경우 모두 뒷받침하는 근거의 설득력이 떨어지므로, 두 전염병 같아 보이는 현상을 상세하게 기록해둔 본티위스의 17세기 자료를 면밀하게 검토해봐야 할 것이다.[279]

표 3

연대	장소	설명	출처
1614	크다 (말레이반도)	"역병." 인구의 3분의 2 사망.	Beaulieu 1666: 246
1618	반다(말루쿠)	"전염성 열병."	Reael 1618: 82

1621-1622, 1622-1623	시암	"농포가 발생"하며 다수 사망.	Terwiel 1987: 147, 여러 연대기를 인용
1625-1626	자바	"대역병." 발병 후 한 시간 내 죽는 "흉부 질병"으로 반튼 인구의 3분의 1과 중부 자바 일부 지역 인구의 3분의 2 사망.	*Babad ing Sankala*: 35 de Graaf 1958: 131
1628	루손	"전염성 페스트."	Velarde 1749: 47-49
1633	반다	"전염되는 병"으로 다수 사망.	Brouwer 1633: 397
1636	마카사르	"역병이 맹위를 떨쳤다." "역병"으로 40일 만에 6만 명 사망.	*Lontara'-bilang Gowa*: 12 Presidency Bantan 1636: 73
1643-1644	마타람(자바)	"전염병—매일 수백 명이 죽었다."	*Babad ing Sangkala*: 42-45
1657	말루쿠	"치명적인 열병이 돈다."	Rumphius 1690: 98
1659	시암	천연두로 6개월 만에 "인구의 3분의 2 사망".	Smith 1974: 271, 네덜란드 기록 인용
1665	수마트라, 자바, 발리, 마카사르	"역병이 맹위를 떨쳤다." "역병으로" 마카사르 인구가 "아주 많이 줄었다". "역병." 마타람에서 "다수 사망".	*Lontara'-bilang Gowa*: 27 Gervaise 1701: 60 Turner 1665 *Dagh-Register* 1665: 80, 149
1682	시암	기근과 천연두로 많은 사람이 죽었다.	일본 무역기록, Ishii 1971: 69
1685-1686	루손 중부	아시아에 돈 천연두로 루손 코르디예라 인구가 줄었고 특히 유아가 많이 죽었다.	Diaz 1718: 234; Salazar 1742: 75

3장 물질문화

의복이 화려하고 사치스러운 데 반해 버마인의 음식, 잠자리, 집은 꾀죄죄하기 짝이 없다. 그들이 입버릇처럼 하는 말은, 옷은 누구나 보지만 아무도 집까지 찾아와서 무엇을 먹고 어떻게 사는지 들여다보지 않는다는 것이다.
_빈첸초 산제르마노, 『버마 제국에 관한 묘사』(Sangermano 1818: 159)

허술한 집, 장엄한 사원

아시아 계절풍 지대 사람들은 집을 짓고 관리하는 데는 시간과 자원을 거의 쓰지 않았다. 이런 태도를 낳은 근본적인 이유는 기후가 온난하고 건축 재료인 나무, 야자수, 대나무도 빨리 자라며 구하기 쉽기 때문이다. 싸고 쉽게 집을 지을 수 있으므로 집이란 영구적인 것이 아니었다. 따라서 집에 굳이 자본을 들일 필요가 없었다. 건축 재료는 구하기도 다루기도 쉬우나 오래가지는 못했다. 화재, 전쟁, 이동 경작, 불길한 죽음, 질병 등으로 집을 버리는 일이 없다 해도, 이엉을 덮은 지붕, 버들고리로 짠 벽, 쪼갠 대나무로 만든 바닥은 10년을 못 가 교체해주어야 했다.[1] 기둥은 바닥이 내려앉지 않고 떠 있게 지탱해줄 뿐 아니라 집을 옮길 때는 통째로 옮길 수 있게 해주었다. 라 루베르는 시암에서 왕궁의 전망을 가리던 집 세 채가 "한 시간도 채 안 돼" 사라지는 것을 보았고,[2] 1613년 마카사르에서는 잉글랜드인들이 상관factory 지을 터를 구하려 하자 집 스무 채가 거주자들의 손에 금방 옮겨졌다.[3]

집을 다시 짓는 일 또한 집을 해체하는 일만큼이나 간단했다. 크로퍼드는 평범한 집을 짓는 데 절대 60인일人日 이상의 노동이 필요하지 않다고 계산했다.[4] 버마인 일꾼 50명이 마이클 사임스*에게 방 네 개짜리 근사한 집을 지어주는 데는 네 시간밖에 걸리지 않았다.[5] 유럽인들은 화재로 큰 도시가 전소된 후 재건되는 속도에 놀라움을 금치 못했다. 라 루베르는 아유타야의 집 300채가 이틀 만에 다시 지어지는 광경을,[6] 빌럼 로데베이크스**는 반튼의 해안가 주택 전체가 사나흘 만에 재건되는 것을 목격했다.[7]

전문적으로 집을 짓는 업자와 목수가 있긴 했지만, 누구나 간단한 집 짓는 법을 알아서 "남자라면 대개 목수"라고 할 수 있었다.[8] 집을 지을 때면 친척과 이웃이 서로 거들었다. 비영구적인 가옥, 비교적 쉬운 집 건축과 재건축은 동남아시아 사회구조를 설명해주는 중요한 요소다.

동남아시아의 다채로운 종족과 사회계급에 따라 건축 양식은 다양하지만, 그 가운데서도 두드러지는 공통점이 있다. 먼저 우기의 집중적인 비를 대비해 지붕을 경사지게 올리고, 홍수에 대비해 제일 먼저 튼튼한 나무 기둥을 세웠다(그림 6a, 6b). 이렇게 바닥을 띄우고 사다리나 계

* Michael Symes(1761~1809). 아일랜드 출신의 군인. 1780년 동인도회사 군대에 입대해 인도에 머물다 1795년 버마에 특사로 파견됐다. (옮긴이)

** Willem Lodewycksz(?~?). 네덜란드의 선원. 1595~1597년 코르넬리스 더 하우트만이 이끈 네덜란드의 첫 인도제도 항해에 참여한 고참 선원으로 탐험에 관한 상세한 기록을 남겼다. (옮긴이)

그림 6a 우기의 간단한 타이 가옥.

그림 6b 타이 톤부리 왓 수완나람 사원의 19세기 초 벽화 중 마을 광경.

단으로 집에 올라가는 것만큼 동남아시아 가옥에서 두드러지는 특징은 없을 것이다. 말레이어에서 집을 가리키는 단어는 루마-탕가rumah-tangga인데 그 뜻은 '집-계단'이다.

바닥을 띄우는 높이는 다양하다. 가장 흔하게는 1~3미터이고 일반적으로 도서부와 시암의 집 바닥이 버마와 인도차이나보다 높았다. 그러나 왕과 귀족은 평민들보다 높은 데 있기를 원해서 민다나오의 왕궁은 6미터, 북수마트라에서는 12미터 높이였다는 기록이 있다.[9] 16세기와 17세기에 북베트남, 자바, 발리에 살던 사람들만 지상에 집을 짓기 시작했으나, 이들도 이전에는 간단한 주상 가옥에 살았다.[10] 베트남 남부와 말루쿠처럼 근대에 와서야 지상에 집을 짓기 시작한 곳에서는 여전히 주상 가옥이 대세였다. "코친차이나 사람의 집은 아래로 물을 흘려보낼 수 있게 개방된 형태로 지어져서 늘 큰 기둥에 걸쳐져 있다."[11] 인구가 가장 밀집한 지역, 곧 큰 나무가 귀해진 지역에서 왜 가장 먼저 집을 지상에 내려 짓게 됐는지는 쉽게 이해할 수 있는 일이다.

기둥은 가옥에서 가장 중심이 되는 구조물이기도 하다. 기둥에 뼈대가 되는 목재를 동여매고 나서 바닥을 깔고 벽을 세우고 그 위로 지붕 재료를 묶어 올린다(그림 7). 판자는 거의 쓰지 않았는데, 집을 가볍고 열린 구조로 만들기 위해서였다. "프린시팔레스Principales(필리핀의 지배층)의 집이라고 해도 바닥에 판자를 쓰지 않았다. 그들에게는 그편이 덜 청결하게 여겨졌다. (…) 물이나 다른 오물을 쏟아도, 바닥이 일종의 격자 형태이고 그 틈이 손을 집어넣을 수도 있을 정도로 여유로워서 무엇이든 아래로 흘러내렸다."[12] "결이 그대로 살아 있는 목판의 아름다움이 그들의 노력과 고통을 보상해준다"[13] 할지라도 톱 없이 판자를 만들려면 통나무를 도끼로 쪼갠 후 자귀로 대패질을 해야 하는 등 노고가 컸다.

그림 7 비사야의 단순 가옥. 나무 위의 집은 곡물 창고나 피신 장소로 쓰였을 것이다.

동남아시아 가옥의 또 다른 공통점은, 취사용 난방이 주로 뒤쪽 또는 여성 구역의 바닥에 내려와 있고 개방형 베란다나 손님을 맞는 방은 앞쪽에 있다는 점이다. 이 두 영역은 보통 잠자리가 있는 중심 구역보다 아래층에 있어서 집 전체는 여러 층으로 되어 있었다.[14] 지붕의 보를 받치는 가운데 기둥들은 의례적으로나 구조적으로나 특히 중요해서 그중 하나에 제물을 올리곤 했다.[15]

이런 가옥 구조가 종교적으로나 실용적으로나 합리적이라고 인식한 관찰자가 아주 초기에도 있기는 했으나, 현대 인류학은 그 점을 더 분명하게 밝혀냈다. 단층에 바닥을 띄운 집 일색인 점에 의아해하는 유럽인들에게 현지인들은 높은 곳에 신성한 의미가 있다고 설명해주었다. 버마인들은 산제르마노에게 "다른 사람, 특히 여자 아래 눕는 것은 치욕"이라고 일러주었고,[16] 타이인들은 라 루베르에게 왕이 코끼리를 타고 지나갈 때 백성보다 아래 있어서는 안 된다고 말했다(이 프랑스인이 현실에서 냉철하게 관찰해보니 실제로는 벌어지는 일이었지만).[17] 이러한 높이의 위계는 개개인의 집에서도 작은 우주를 이루었다. 바닥 아래 가장 낮은 곳은 (직물 짜기 같은 집안일이 벌어지기도 했지만) 기본적으로 가축과 쓰레기가 있을 자리였다. 중간층은 사람이 살고, 아래쪽의 개방된 공간과 일하는 공간 또는 위쪽의 의례 공간과 침실과는 구별되었다. 그중에서도 가장 신성한 곳은 서까래로, 쌀을 보관하는 성스러운 거처이자 조상에게 바치는 제물을 올리는 곳이었다.[18] 집은 보통 동서 축에 맞춰 짓고 한쪽이 여성의 영역이면 그 반대쪽은 남성의 영역으로 정했다.[19]

목조 주상 가옥이 아닌 집을 주거용으로 짓는 일은 흔치 않았다. 왕과 귀족의 집은 더 높고 크고 웅장하게 지어졌지만 여전히 사용하는 재료는 비슷했다. 1599년 아체 술탄의 왕궁은 "다른 집들처럼 지었지만 훨씬 높았다".[20] 티도레 술탄의 궁은 목재 기둥 46개,[21] 보네의 왕 아룽 팔라카의 거처는 91개, 믈라카의 술탄 만수르의 궁은 아마도 90개, 18세기 버마 수도의 알현소는 77개 위에 세워졌다.[22] 17세기 민다나오 술탄의 거처는 "보통 건물보다 훨씬 높은 기둥 혹은 나무 180개 위에 있어 크고 널찍한 계단으로 올라갈 수 있었다".[23] 계단은 1636년 마카사르 솜바오푸 요새 안 거대한 나무 기둥 위에 세운 왕궁의 대표 요소였다. 그 계단은 "길고 넓은 다리와도 같고 (…) 상당히 아름답게 만들어져서 말을 타고도 걸어서도 올라갈 수 있었다".[24]

주거용 건축은 비영구적이고 허술했으나 종교적 건축은 영구적이고 튼튼했다. 앙코르, 버강, 보로부두르의 장대한 폐허에서 알 수 있듯, 동남아시아인은 종교 정치 체제가 왕과 신의 영광을 위해 영원한 기념비의 건설을 요구할 때면 돌과 벽돌을 쌓는 건축술을 쓸 줄 알았다. 성장하는 국제 교역이 그간 잉여자원을 왕의 종교적 기념비에 쏟아붓던 전제 왕권을 무너뜨리는 사이, 남쪽의 이슬람교와 북쪽의 상좌부불교에는 새로운 선결 과제가 생겼다. 따라서 건축 양식에도 큰 변화가 나타나, 17세기경 "시암의 고古역사에 따르면 앙코르는 너무나 절묘하고 독창적이라 어떤 인간도 지을 수 없었다고 한다. 따라서 하늘에서 내려온 천사들이 캄보디아의 이 장엄한 도시 건축을 도와주었다고들 한다."[25]

전보다는 훨씬 간소한 규모지만 사원과 묘지는 계속 벽돌과 돌로 지었다. 부처의 사리를 봉헌하고 금칠을 한 스투파는 이 시기 동남아시아의 가장 야심 찬 건축물일 것이다. 아유타야(그림 8)와 버고를 비롯한 불교 국가의 수도에는 벽돌과 모르타르로 세우고 아름다운 기와로 지붕을 올린 사원이 수없이 늘어섰다.[26] 모스크는 보통 목재와 이엉으로 지었지만, 믈라카와 아체의 대모스크는 돌과 모르타르로 기초와 외벽을 올렸다.[27] 자바에서도 모스크와 중요한 묘지를 지을 때 지붕을 기와로 덮고 출입문과 첨탑, 외벽은 마자파힛 양식으로 벽돌을 쌓았다.[28] 지금도 치르본, 드막, 쿠두스, 암펠, 슨당두우르에서 그 모습을 확인할 수 있다(그림 9a, 9b).

이렇게 뚜렷한 힌두 자바적 과거의 연속성에도 불구하고, 16세기와 17세기 동남아시아의 모스크는 고유의 독특한 형태를 띠어 가장 서쪽의 아체에서 동쪽의 말루쿠와 민다나오까지 본질적으로 형태가 비슷하다. 회당은 정사각형이고 대개 동쪽에 베란다(스람비serambi)가 있으며,

그림 8 아유타야의 왓나프라멘 법당.
아유타야 시대 사원 중 가장 잘 보존된 건물이다.

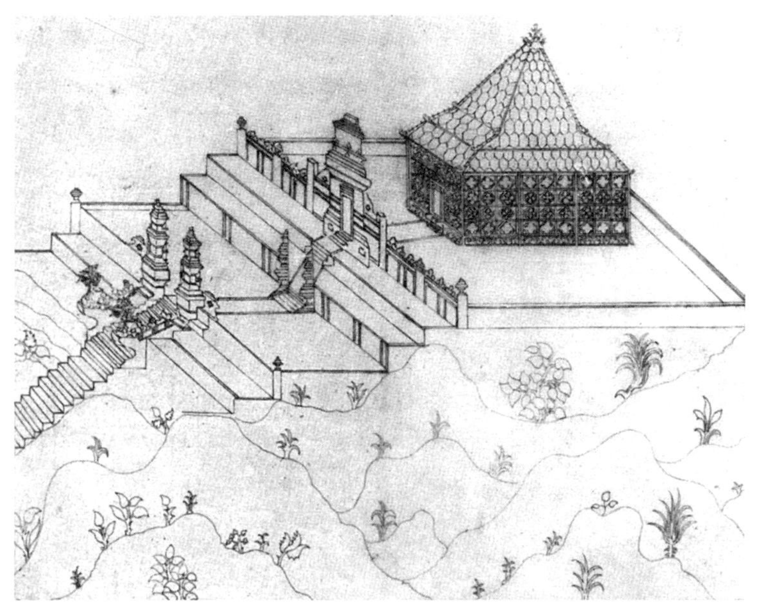

그림 9a 16세기 자바의 그레식 인근 신성한 산 위에 세운 수난 기리의 묘. 1840년대 연필 스케치.

그림 9b 자바 수라카르타의 모스크. 1847년 연필 스케치.

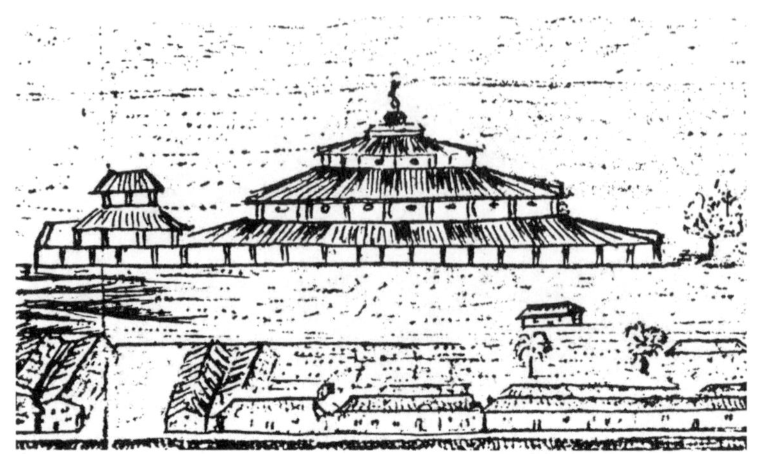

그림 10a 1650년 스케치한 아체의 대모스크.
그림 24에서 같은 모스크를 당시에 그린 모습을 볼 수 있다.

그림 10b 아체(수마트라)의 전통적인 모스크. 19세기 말 촬영.

거대한 목재 기둥(보통 네 개)이 여러 층으로 이엉을 덮은 지붕을 떠받친다(그림 10a, 10b). 흔히 튼튼한 벽돌 벽으로 건물 전체를 둘러친다. 이러한 양식의 기원에 관해서, 특히 여러 층으로 된 지붕이 지금도 발리에서 볼 수 있는 메루산을 형상화한 힌두 자바의 연속성인지,[29] 15세기 드막과 즈파라에서 각별히 강력했던 중국계 무슬림 건축업자들의 영향력 때문인지에 관해서는 숱한 논쟁이 있어왔다.[30] 중국계 업자들이 몇몇 주요 모스크의 건축을 맡았을 터이지만, 더 오래된 종교적 건축 양식과 성공적으로 결합된 경우가 아니라면 비슷한 모스크 양식은 16세기 도서부 동남아시아에서 받아들여지지 않았다.

그럼에도 1500년 이래 많은 수의 중국인, 서아시아인, 유럽인이 동남아시아 항구에 머물면서 벽돌의 사용은 분명 늘어났다. 16세기 말 중국인 노동력으로 지은 파타니의 모스크[31]는 "벽돌로 지은 웅장한 전당으로, 내부는 번쩍번쩍 빛나고, 기묘하고 정교하게 꾸민 기둥으로 장식되"어 남달랐다.[32] 17세기 시암의 왕들에게는 벽돌로 지은 왕궁이 여럿이었는데, 익숙했던 목재 건물만큼 편안하지는 않았겠지만 외국인들의 제안으로 지은 것이었을 것이다.[33] 17세기 중반에 반튼과 아체의 술탄과 유력한 귀족들도 벽돌 건물을 지었던 것으로 보인다.[34] 돌과 모르타르는 동남아시아 왕들이 정신적·육체적 재충전을 위해 방문하는 유람지에 산과 바다를 상징하는 기발한 조형물을 만드는 데도 이용됐다.[35]

기와는 벽돌보다 훨씬 널리 쓰였다. 앙코르에서 부유한 지배층은 13세기에 벌써 기와를 사용했고,[36] 캄보디아, 타이, 버마의 왕궁에서도 계속 기와를 썼다. 믈라카의 말리가이궁 지붕은 반짝이는 구리와 주석으로 장식됐다.[37]

살아서는 왕조차 목재의 편안함과 시원함을 좋아했지만, 죽어서는 영구적인 묘에 머물고자 했다. 믈라카에서 포르투갈인들은 "옛날 왕들의 오래된 묘실을 뜯어서" 거대한 요새 아 파모사A Famosa를 짓는 데 필요한 돌을 충분히 확보할 수 있었다.[38] 판 넥*은 모스크에 딸린 왕실의 석조 묘실이야말로 "반튼에서 본 건축물 중 가장 튼튼하고 위풍당당했다"고 전한다.[39]

어디서나 목재, 이엉, 야자수 같은 비영구적인 재료를 써서 가옥을 짓는 관행은 시원하고 통풍이 잘되는 것을 선호한 데서 비롯한 자연스러운 결과로 보인다. 그러나 여러 이방인은 동남아시아의 왕들이 돌이나 벽돌로 집을 짓는 것을 금지했기 때문이라는 기록을 남겼다. 강력한 왕실은 대개 왕족만 사용할 수 있는 특정한 양식을 두었다. 믈라카의 첫 이슬람 왕은 왕궁 건물 외에는 베란다를 두지 못하게 했으며,[40] 아유타야에서는 왕궁이나 사원 건물에만 금이나 다른 칠을 할 수 있었다.[41] 18세기 버마에서는 계층에 따라 집을 짓는 규칙이 정해져 있어 상류층만 지붕에 기와를 얹을 수 있었는데,[42] 5세기 전의 캄보디아에도 이런 규범이 있었던 듯하다.[43] 그러나 유럽인으로서는 자세히 파악하기 어려운 일이라 왕의 건물이 아니면 영구적인 재료를 쓸 수 없다고 이해했을 것이다.

1600년 이전 관찰자들은 한목소리로 가옥은 모두 비영구적인 형태이지만, 상인들은 벽돌로 창고를 지어 화재에도 안전하게 상품을 보관했다고 전한다. 마환은 자바에 관해 이렇게 적었다. "벽돌을 쌓아서 만든 높이 서너 자(90~120센티미터)쯤 되는 흙 창고에 살림살이 집기 등을 저장하며, 평소에는 그 위에서 생활하고 잠잔다."[44] 말레이식 반지하 창고인

* Jacob Corneliszoon van Neck(1564~1638). 네덜란드의 탐험가. 1598년 네덜란드의 제2차 동인도 탐험대를 이끌었다. (옮긴이)

구당gudang을 일컫는 것이며 나중에 여기서 영어 단어 고다운godown이 파생됐다. 포르투갈인들은 16세기 초 믈라카와 버마의 항구에서 "구도으스gudões, 곧 상인들이 코로만델산 직물을 화재에서 안전하게 보관해 두는 지하실"을 보았다.[45] 1600년경 반튼의 대상들은 여전히 그런 구당에 상품을 보관했지만, 중국인 구역은 벽돌로 지은 건물이 대세였다.[46]

그러나 유럽인 무역상들은 그런 작고 창문 없는 창고를 개조해서 화재뿐 아니라 무장 공격도 막아낼 수 있는 요새로 만들려고 애썼다. 처음에 아체와 반튼의 술탄은 포르투갈인들에게 허락했듯 잉글랜드인과 네덜란드인들에게도 다양한 종류의 구당을 사거나 지을 수 있도록 허락했다. 그러나 1604년 네덜란드가 반튼에서 "기회만 있으면 요새로 바꾸기 좋은" 큰 창고를 지으려 하자 의심은 커져갔다.[47] 이웃한 자카르타(바타비아)에서 네덜란드인들은 1615년에 2층짜리 석조 건물 신축 허가를 받았고 1618년에는 이 건물을 허가도 없이 요새로 바꾸는 데 성공했다.[48] 중부 자바의 가장 강력한 왕 술탄 아궁은 미래를 예견하며 이렇게 말했다. "자카르타는 발에 가시가 박혔으며, [나는] 온 몸뚱이가 위험에 처할지 모른다는 두려움에 이 가시는 뽑는 고통을 견뎌야 한다. 이 가시란 홀란트인의 성으로 (뇌물을 써서) 이제는 요새가 되었다. 그자들은 왕도 국가도 존중하지 않으며 반항할 따름이다."[49] 이 사건으로 술탄 아궁조차 네덜란드인을 몰아내거나 통제할 수 없다는 것이 분명해졌다. 반튼의 잉글랜드인들은 술탄이 "자카르타에 네덜란드인이 지은 건물에 대한 기억 때문에 우리에게 건물 신축 허가를 내주기를 꺼려하며, 한 면이 벽돌 벽이면 다른 면은 목재여야만 허락한다"고 불평했다.[50] 마카사르에서도 마찬가지로 포르투갈인과 잉글랜드인은 "돌 하나를 다른 돌 위에 얹"거나[51] 지붕에 기와를 덮는 것조차 금지되었다.[52] 1651년 페락에서는 석조 건

물을 지으려던 네덜란드인 21명이 살해당하는 등 격렬한 반발을 사기도 했다.[53]

동남아시아의 지배 세력이 얻은 이러한 교훈은 신민뿐 아니라 외국인에게도 적용되었던 것으로 보인다. 실제로 상인 가문이나 회사가 지역사회에 자리 잡을수록 그런 방어 시설을 지었다가는 신뢰를 잃게 마련이었다. 18세기 버마에서 외국 상인은 벽돌 건물 건축을 허락받기도 했지만 버마인 유력자에게는 불가능한 일이었는데, "역모 등 중대 범죄가 일어나면 범인들이 숨을 곳이 없어야 하기 때문"이었다.[54] 사건 후 30년이 지나서야 쓴 볼리외*의 기록을 믿어보면, 아체에서 영구적인 건물의 건축 금지령이 내린 계기는 1589년까지 이 도시국가를 지배하던 상인-귀족 오랑카야orangkaya를 상대로 왕이 일으킨 쿠데타였다. 아체의 오랑카야 계층은 술탄을 마음대로 조종하며 "아름답고 으리으리한 집을 지어 문 앞에는 대포를 두고 엄중하게 지켰다". 새로 왕위에 오른 술탄 알라우딘 리아얏 샤 알 무캄밀(재위 1589~1604)은 교묘한 술책을 써 오랑카야 대부분을 숙청했다. 그 후 "유력한 오랑카야의 집을 모두 헐고 대포, 무기, 가구를 전부 거둬들여 왕궁으로 가져갔다. 이제 누구도 돌로 집을 지어서도, 집에 대포를 두어서도, 집 안팎에 해자를 파서도 안 된다고 명했다. (…) 술탄은 앞으로 집은 이래야 한다며 본보기를 내놓았는데, 오늘날의 집처럼 단층에 고리버들로 짠 벽을 댄 것이었다".[55] 그러나 현실에서 변화는 그토록 갑작스럽고 극적일 수 없었다. 가옥 대부분은 늘 그렇게 간단하고 비영구적인 형태였기 때문이다. 그럼에도 볼리외의 기

* Augustin de Baulieu(1589~1637). 프랑스의 군인. 1619년 프랑스의 동인도 탐험대 몽모랑시 함대를 지휘했으며, 아체에서 술탄 이스칸다르 무다를 만나 상관을 열어도 좋다는 허락을 받았다. (옮긴이)

록에서 적대적인 유럽인(튀르크인, 구자라트인, 일본인 등도 포함됐을)이 구축한 요새 같은 건물이 동남아시아인의 반감을 키웠다는 인상을 강하게 읽을 수 있다. 그 결과 중 하나는 높은 벽으로 두른 성에 사는 왕과 편하지만 오래가지 못하는 집에 사는 백성 사이의 간극이 더 깊어졌다는 것이다.

가구와 조명

집만큼이나 세간살이도 단순했다. 음식은 바닥에 앉아 먹었고, 중국인과 유럽인이 지배층에게 소개할 때까지 탁자와 의자는 본 적 없는 물건이었다. 주달관*은 13세기 말 캄보디아에서 낮은 탁자를 "근래에 새로이 놓기 시작했다" 했고,[56] 1599년 말루쿠에서 네덜란드인들은 몇 개 없는 의자에 앉도록 대접받았다.[57] 이 새로운 문물의 이름은 중국어나 포르투갈어에서 빌려왔다. 침대는 훨씬 흔해서 부유한 집에서는 높이가 있는 단이나 평상의 형태로 즐겨 썼지만, 대개 바닥에 돗자리를 깔고 자는 편을 더 좋아했다.

마찬가지로 수저는 필요 없었고 주로 바나나 잎으로 접시를 대신했다. 평범한 살림집에서 가장 중요한 부엌살림은 토기로 만든 밥솥, 대나무나 도자기로 된 보관 용기, 황동제 빈랑 세트, 주전자와 쟁반이었다.

부와 지위의 상징은 직물과 금식기를 과시하는 데서 드러났다. 중요

* 周達觀(1266~1346). 저장성 출신의 역관. 1296년 원나라 사신 수행원으로 앙코르(크메르) 제국에 1년간 머물렀다. 그때 보고 들은 것을 기록한 『진랍풍토기眞臘風土記』는 13세기 캄보디아 사회에 대한 가장 중요한 기록으로 여겨진다. (옮긴이)

한 행사가 열릴 때나 손님을 맞을 때면 부잣집에서는 호화로운 옷감을 걸었다.[58] 네덜란드인은 반튼에서 "부자들이 방마다 비단이나 면으로 된 옷감을 쳐두었다"고 썼다.[59] 아유타야에서 프랑스 대사 일행에게 내준 집 벽에는 "그림이 그려진 천이 걸려 있고 천장에는 흰 모슬린 천을 쳤다".[60] 베트남에서는 중요한 손님을 맞을 때마다 수도의 온 거리를 비단으로 장식했다.[61] 부잣집 바닥은 비싼 카펫과 쿠션, 돗자리로 덮었다. 한 말레이 연대기는 1520년경 빈탄의 무자파르 왕자가 삭탈당한 사건을 원래 그가 앉던 쿠션, 자리, 깔개를 빼앗기는 것으로 묘사한다. "왕자는 일반 백성이나 앉는 돗자리 말고는 앉을 데가 없었다."[62] 왕실들은 누가 화려한 직물이 더 많은지를 놓고, 잔치 때 내놓을 수 있는 금 쟁반의 크기와 수를 놓고 자주 경쟁을 벌였다.[63]

저녁이 하루 중 가장 쾌적한 시간이며 잔치와 여흥이 새벽에야 끝나는 지역이었기에 효율적인 조명 도구는 필수적이었다. 촛불보다 기름을 때는 등불이 훨씬 더 많았던 것으로 보인다. 숲에서 다양한 종류의 인화성 기름과 수지樹脂가 나서 인도네시아 동부에서는 크미리,*[64] 버마와 도서부 동남아시아 서부에서는 다마르damar(여러 이우시과 수종의 수지)을 사용했다. 큰 축제가 있으면 도시 전체가 불빛으로 환해졌고 코코넛 껍질에 담은 등불을 강이나 바다에 띄웠다.[65]

동남아시아에는 유정油井을 파서 석유를 끌어올릴 수 있을 만큼 지표면에서 가까운 고대 유전이 두 곳 있었다(뒤의 지도 4). 각 유전은 뒷날 현대 석유 기업의 기반이 되겠지만, 교역의 시대에는 석유가 대개 조명에 사용됐다. 버마 중부의 예낭자웅Yenangyaung 유전은 18세기에 하루 수

* kemiri. 캔들넛. 인도네시아 동부가 원산지인 쿠쿠이나무*Aleurites moluccana*에서 나는 견과. (옮긴이)

백 톤의 석유를 뿜어냈고, 이 석유는 야에워디강을 따라 위아래로 "(버마) 제국 전체와 인도의 여러 지역"을 밝히는 데 쓰였다.[66] 마찬가지로 수마트라 최북단에서도 프를락Perlak에서 솟는 석유로 등불을 밝혀 후일 아체가 되는 파사이 왕국을 풍요롭게 해주었다.[67] 석유는 경이로운 자연의 선물로 여겨졌고 아체 연대기에서는 신이 아체에 내리는 특별한 축복으로 그려졌지만,[68] 17세기의 네덜란드인 의사 본티위스는 이 각기병 특효약을 태워 없애기는 너무 아깝다고 생각했다.[69]

몸치장

> 그의 몸은 반짝이는 금처럼 노랗고 머리카락은 화관처럼 곱슬곱슬했다. 손은 뒤로 젖혔고 어깨는 와양wayang 그림자극의 인형처럼 넓고 반듯하며, 허리는 가늘어서 엄지와 검지 사이에 들어갈 정도였다. 허벅지는, 메뚜기 위에 걸터앉은 땅강아지의 그것 같았다. 그는 공작새처럼 으스대며 성큼성큼 걸었다.
>
> _『히카얏 반자르』(*Hikayat Banjar*: 365)

몸은 그 자체로 일차적인 그리고 가장 중요한 예술 매체다. 몸을 치장하는 것은 동물이나 어린아이와는 구별되는 지각 있는 성인이 되는 것이었다. 몸을 깨끗하고 향기롭고 매력적으로 유지하는 일이 누구에게나 중요한 일이었다면, 성인이 되는 과정은 대개 고통이 따르는 몸치장과 인공물의 삽입이 수반되었다.

이런 과정 중 하나로 동남아시아에서 제일 보편적인 것은 치아를 갈거나 검게 물들이는 것이었다. 랠프 피치*에 따르면 버마인은 "개 이빨이 희기 때문에 그들은 이빨을 검게 물들인다고 말했"고[70] 베트남인들도 같은 생각이었다.[71] 희고 긴 이빨을 지닌 존재에는 야수나 천시당하는 짐승뿐 아니라 악령도 있었다. 따라서 사춘기 즈음 치아를 갈거나 검게 물들이는 성년식을 치르는 데는 죽어서 악령으로 오인받지 말라는 바람도 있었다.[72] 인도네시아와 필리핀 전역에서는 성년을 맞으면서 치아를 갈았는데, 발리에서처럼 앞니를 살짝 다듬는 정도부터 수마트라 일부 지역에서처럼 치아 전체를 과감하게 갈아 짧게 만들기까지 그 정도가 다양했다. 대륙부 동남아시아에서는 치아를 갈지는 않았지만 버마, 시암, 베트남과 주변 섬에서는 여러 식물성 염료를 이용해 치아를 검게 물들이는 관습이 있었다. 언제나 빈랑을 씹는 습관이 치아 색을 짙게 유지하는 데 도움이 되었지만, 외모에 신경 쓰는 젊은이들은 염료를 써서 색을 짙게 하려고 했다.[73]

귓불 뚫기와 늘이기는 남녀 모두가 하는 또 다른 몸 장식으로, 특히 크게 뚫은 구멍에 정교한 금장식을 달 형편이 되는 상류층에게 인기였다. 캄보디아의 고대 앙코르 조각상을 살펴보면 "귓불이 넓으면 넓을수록 그 사람의 사회적 서열이 높았다."[74] 버마 왕의 귀가 장신구 때문에 "야자 절반 크기"만큼 늘어졌다는 묘사도 있다.[75] 이렇듯 거의 어깨에 닿을 정도로 귓불을 늘이는 관습은 고대 인도에도 있었지만, 이 관습이 인도에서 온 것이라고 단정해서는 안 될 것이다. 귓불 늘이기가 가장 성행하던 곳은 동남아시아에서 가장 인도의 영향을 받지 않은 지역인 보

* Ralph Fitch(1550~1611). 런던 출신의 무역상. 잉글랜드인으로서는 가장 먼저인 1582~1591년 사이에 중동, 인도, 동남아시아 등지를 여행하고 남긴 여행기가 후일 동인도회사의 설립자들에게 귀중한 자료가 되었다. (옮긴이)

르네오 내륙과 필리핀 중부였기 때문이다. 알시나는 비사야에서 귓불을 늘이는 방법을 아래와 같이 설명했다. 도서부 동남아시아 어디서나 비슷한 방식을 사용했으며, 성년 의례로 귀를 뚫는 대륙부 동남아시아와는 대조적이었다.

> 남녀를 막론하고 갓 태어난 아이나 한두 살 먹은 아이들조차 보통 바늘이나 철사로 귀를 뚫는다. (···) 그 구멍에 꽤 굵은 면사를 끼우고 상처가 아물 때까지 둔다. 다음에는 대나무나 다른 나무로 된 작은 막대를 끼워 말린다. 가끔씩 막대를 갈아주는데, 그때마다 막대를 점점 굵게 해서 새끼손가락이 들어갈 때까지 키운다. 그다음 나무에서 잎을 따서 (···) 말린 후 손가락 세 개 정도 길이로 자른다. (···) 그 나뭇잎을 말아 귀의 구멍에 끼운다. (···) 말려 있던 잎이 자연스럽게 풀리면서 느껴지지 않을 정도의 약한 힘이 가해진다. (···) 구멍은 서서히 커져서 (···) 어떤 귀고리나 걸 수 있게 된다. 그들은 수시로 귀고리를 바꿔 걸고 구멍을 계속 키워서 귓불이 턱 아래까지 내려올 만큼 귀가 커지게 한다.[76]

다른 동남아시아의 장신구와 마찬가지로 귀에 거는 이러한 장신구는 적어도 14세기까지 남녀 모두에게 인기였다. 무슬림이나 유럽인과의 교류가 잦아지면서 이 관습이, 특히 남성 사이에서 사라지게 된 듯하다. 타이 평야 지대와 자바 지역 남성뿐 아니라 이슬람교를 받아들인 말레이인은 17세기경 귀 뚫기와 늘이기를 그만두었다. 버마에서는 18세기에 남녀 모두 얇은 금판을 말아 귀에 끼웠지만,[77] 한 세기가 지나면 남자들은 더 이상 그러지 않았다. 난생처음 귀를 뚫는 일은 버마 여성에게는 계속해서 중요한 성년 의식이었고[78] 발리 소녀들에게도 자랑거리로 남았지만,[79] 남성은 보르네오나 수마트라의 바탁 지역처럼 더 고립된 곳에서만 귓불에 큰 장신구를 걸어 성년과 부를 증명했다.

문신은 동남아시아 그리고 남태평양에 문신을 전파한 오스트로네시아인의 특징적인 신체 예술의 또 다른 형태다. 동남아시아인 대부분은 역사의 어떤 시점에 집중적으로 문신을 했을 것이다. 그러나 교역의 시대에 유교, 이슬람교, 그리스도교의 영향으로 여러 평야 지대에서 문신이 사라졌다. 베트남 정부는 14세기에 문신을 야만 행위로 규정하고 금지했으며, 비사야와 비콜에서는 17세기까지 문신이 흔했지만 이를 가톨릭 사제들이 몰아냈다.[80] 이슬람교는 그런 주술적 의미가 담긴 문신에 더 격렬하게 반발했다. 아체의 무슬림들은 북수마트라인을 개종시킨 후 문신 관습을 근절시켜야 했다. 17세기 아체 법령 중 하나인 『시랏 알 무스타킴Sirat al-Mustakim』은 이렇게 정했다. "피부에 바늘로 피를 내고 인디고나 비슷한 재료를 써서 문신으로 표시를 한 것은 (…) 없애야 한다."[81] 말레이인이나 자바인 무슬림의 문신에 관해서는 기록이 없다. 바틱batik으로 알려진 자바의 독특한 직물 염색 기법은 염료를 먹지 않는 왁스로 옷감 위에 점을 찍는 방식인데, 부적이나 신분의 상징이었던 문신을 대체한 것일지 모른다. '바틱'은 인도네시아 동부와 필리핀의 언어들에서 문신을 뜻하는 가장 보편적인 단어이며, 자바 바틱의 문양과 그 의례적 기능은 다른 종족의 문신 행위를 연상시켰다.[82]

동남아시아에서 문신의 기본 기능은 부적이었던 듯하다. 자바인과 말레이인은 라자rajah, 곧 주술적 힘이 담긴 문양에 집착하는데[83] 앞선 시기 문신의 용도와 관련된 것일지도 모른다. 무시무시한 야수, 난해하고 밀교적인 문양, 종교적인 문구 등은 문신이 새겨진 육체에 불사의 능력 같은 특별한 힘을 부여했다.[84] 문신은 용기의 상징이기도 해서 젊은 남성

그림 11 비사야제도의 문신. 1590년경.

그림 12 타이 북부의 복식과 남성들의 다리 문신. 19세기 사원 왓프라싱의 벽화. 여성의 머리 모양은 타이 중부식보다 버마식에 더 가깝다.

이 거쳐야 하는 의례였다. 필리핀에서는 "용감한 행위를 하면 문신을 하기 시작하고, 그 후로는 용감한 행동을 할 때마다 몸의 각 부분에 문신을 새긴다"[85](그림 11). 보르네오에서도 어떤 문신은 인간 사냥에 성공해 머리통을 자른 자만 할 수 있었다.[86]

주요 평야 지대 국가 일부에서는 문신을 야만스러운 관습으로 여기고 꺼렸지만, 일부에서는 신분을 드러내는 편리한 표식으로 받아들였다. 16세기 버마[87]와 17세기 시암[88]에서는 "바지를 입은 듯" 엉덩이와 다리 전체를 덮는 독특한 문신(그림 12)이 상류층의 신분 표식이었다. 또한 두 나라에서는 노예와 국가에 매인 노비도 특정한 문신을 하는 법이 있었다.[89] 한 사회의 각 구성원이 허용된 자리에 머물게 하는 수단으로써 문신은 의복 규제보다 훨씬 효율적이었다.

머리카락

동남아시아인이 신체에서 가장 가변적이라 여기는 부분인 머리카락에 관해서는 두 가지 특징이 있다. 남자와 여자의 머리 모양에 별다른 차이가 없으며(그림 13), 남녀 모두에게 머리카락은 아주 중요한 자기 상징이자 표현이었다. 머리카락에는 그 사람이 가진 힘이 일부 담겨 있다는 믿음 때문에 주술에 자주 이용됐다. 왕의 머리 장식에는 승계받은 통치권이 일정 정도 깃들어 있기에 소중히 다루어졌다. 머리카락이 언제나 검고 윤기 나고 풍성하고 좋은 냄새가 나도록 관리하는 데 엄청난 노력을 들였다. 로드는 베트남인들이 "머리통만큼이나" 머리카락을 아낀다고 예리하게 지적했는데,[90] 동남아시아인들은 머리카락에 머리가 갖는 신

그림 13 버마인 농민 부부를 그린 18세기의 스케치.

성하고 중요한 가치가 깃들어 있다고 믿었는지도 모르겠다. 타이어에서 머리칼을 가리키는 단어 '폼phom'은 가장 널리 쓰이는 일인칭 대명사가 되었다.

이런 까닭에 교역의 시대까지 남녀를 불문하고 머리카락을 최대한 길고 풍성하게 길렀던 것으로 보인다. 버마[91]와 필리핀[92] 등 어디에서나 흔히들 머리 장식을 달아 더 화려하게 보이고자 했다. "남녀 모두 머리카락을 검게 잘 관리해야 한다고 여겨서, 특정 나무의 껍질과 기름으로 에센스를 만들어 머리에 바른다."[93]

따라서 머리카락을 자르는 것은 일종의 자기희생이지, 몇몇 학자의 주장처럼[94] 성적 억압이나 거세를 나타내는 징표가 아니었다. 알시나는 필리핀 여성에 관해 이렇게 말했다. "그들이 겪을 수 있는 가장 큰 고통은 머리카락을 잃거나 자르는 것이다. 따라서 가장 확실하게 슬픔을 보여주는 방법은 머리카락을 자르는 것이며 (…) 이는 사랑하는 부모나 남편을 잃고 애도하는 표식이자 (…) 종교적인 동기를 가진 행위 혹은 세상에 작별을 고하기 위한 행위이기도 하다."[95] 1672년 마카사르를 상대로 승리를 거둔 아룽 팔라카[96]와 1715년 수수후난 파쿠부와나[97]가 긴 모발을 자르는 의식을 치른 것도 신의 가호에 대한 보답이자 일종의 희생이라고 설명할 수 있을 것이다. 17세기 아체, 파타니, 시암, 조호르에서 기록되었듯[98] 왕이 죽으면 백성, 특히 왕실 여성의 모발을 자르거나 미는 관례는 이슬람 이전 시대에 있었을 법한 인신공양을 상징적으로 구현한 것일지도 모른다.

이슬람교와 그리스도교가 전해지기 전에는 성차를 크게 강조하기 않았기 때문에 남녀의 머리 모양에 큰 차이가 없었다. 성차보다는 연령이 훨씬 명확하게 구별되었다. 현대까지도 성인이 머리카락을 길렀던 도서부 동남아시아 일부 지역에서는 아이의 머리카락을 아주 짧게 잘라주는 것이 중요한 첫 의례였다.[99] 반면 캄보디아와 시암에서는 성인은 머리를 짧게 자르고 미혼 여성은 어깨까지 머리카락을 늘어뜨려 구별했다.[100]

사회사 연구자들에게 가장 중요하면서도 흥미로운 변화는 16~17세기에 머리 모양이 긴 머리에서 짧은 머리로 바뀐 것이다. 도서부에서는 이슬람교와 그리스도교의 영향으로 남성의 머리가 짧아졌고, 캄보디아와 시암에서는 남녀 모두 머리를 짧게 잘랐다. 이전 시기에 긴 모발을 성년의 증표로 여기고 영적 능력과 관련지었던 점을 고려해보면, 이 변화는 섹슈얼리티를 둘러싼 태도가 달라진 징후라고도 할 수 있다. 이전과 달리 이상적인 성적 규범과 (무슬림과 그리스도교도의) 과장된 남녀 구별에 무게를 싣는 쪽으로 옮겨간 것이다.[101]

남성의 단발은 이슬람교를 받아들였다는 중요한 징표다. 16세기로 추정되는 현존 자바 최고의 이슬람 훈계집은 "신의 사도 무함마드와 같은 방식으로" 머리를 깎고 터번을 쓰라는 권고를 거부하는 신참 개종자들을 맹렬히 비난했다.[102] 16세기에 메카에서 온 무슬림 사절이 가위와 면도 도구를 내놓자 발리의 왕자는 개종을 권하는 것을 알아차리고 선물을 박살내버렸다.[103] 16세기가 되면 도시 지역 말레이인의 민족 정체성은 이슬람교와 분리할 수 없는 상태였고, 남성이 짧은 머리에 두건을 쓰는 것을 말레이 민족 양식으로 받아들였다. 그리고 동남아시아 도시 지역 어디에서든 이슬람교로 개종하면 이 양식을 개종 의례 중 하나로 받아들였다. 예컨대 반튼의 중국인 무슬림들은 명나라식 상투를 잘라서 "단발한 중국인"이라고 불렀다. "일단 머리를 자르면 그들은 다시는 제 나라로 돌아가지 못할 것이다."[104]

그러나 자바와 남술라웨시에서 위로부터의 대규모 개종은 같은 결과를 낳지 못했다. 자바인, 부기스인, 마카사르인은 19세기까지도 긴 머리를 고수했고, 이슬람 강성 지역인 아체에서도 많은 이가 장발에 특별한 힘이 깃들었다고 믿었다.[105] 그러나 이슬람 신학생이나 전사처럼 더 이슬람적이고자 하는 이들은 어디서나 대개 머리를 짧게 잘랐다. 19세기에 반네덜란드 무력 항쟁을 일으켰던 자바의 왕자 디포네고로는 자신의 무리에게 단발을 시켜서 네덜란드 편에 선 '배교자' 자바인과 구별했다.[106]

17세기 유럽에서는 남성의 장발이 되돌아왔는데도, 그리스도교 선교사들은 개종한 필리핀인과 중국계 남성에게 이슬람교도처럼 단발하기를 더 강요했다.[107] 시암과 캄보디아에서는 더 신기한 변화가 남녀 모두의 머리 모양에 영향을 끼쳤다. 두 나라의 특징인 '밤송이' 같은 머리 모양은 19세기까지도 인기였다. 윗머리를 3센티미터 정도 길이로 자르고 옆머리는 짧게 밀어버리는 이 스타일을 시암에서는 캄보디아의 영향이라 하고 캄보디아에서는 시암의 영향이라고 주장해왔다.[108] 양국에서 이 머리 모양은 한 번 이상 변한 것이 분명하지만, 언제나 남녀 사이에 큰 차이는 없었다. 아유타야 이전 타이 왕국들에서 귀족이 주로 하던 머리 모양은 머리를 동그랗게 말아 등급에 따라 다양한 방식으로 장식하는 것이었던 듯하다.[109] 16세기 말에도 캄보디아인은 장발이었던 것으로 그려지지만 "중국인만큼 길지는 않았다".[110] 1647년경 밤송이 같은 짧은 머리를 받아들여 그 후 몇백 년 동안 유지했던 듯하다.[111] 17세기 아유타야를 방문한 관찰자 대부분은 남녀 모두 짧고 밤송이 같은 머리 모양을 했다고 기록했지만[112] 치앙마이 연대기에는(시대가 맞지 않을지도 모르지만) 15세기에 한 치앙마이 첩자가 아유타야에 잠입하면서 정체를 들키지 않으려고 머리를 짧게 잘라야 했다는 이야기가 나온다.[113] 그러나 이브라힘은 아유타야에서는 가난한 자만 "머리칼이 하나도 없고" 부유한 귀족들은 앞다투어 공들여 꾸민 머리 모양을 했다고 주장했다.[114]

이 짧게 친 밤송이 같은 머리 모양(그림 14a, 14b)은 처음에는 캄보디아인(아마도)과 타이인에게 열등한 신분의 표식이었을 것이라고 보는 편이 옳을 것이다. 이전에 캄보디아로 끌려갔던 타이인 포로를 포함한 다수의 캄보디아인 포로가 1590년대 시암 인구 증가에 기여했는데 이들과 관련 있었을 듯하다. 이후에 왕들이 이 머리 모양을 '민족 양식'으로 채택했을 것이다.

버마에서는 1700년경까지도 짧은 머리칼은 노예 신분을 뜻했다.[115] 진짜 이유와는 상관없이 후대의 무슬림과 그리스도교도 저자들에게는 그들이 보기에 "부자연스러운" 타이 여성의 짧은 머리칼을 설명할 그럴듯한 이야기가 필요했다. 한 말레이 히카얏hikayat(이야기)은 시암의 한 왕이 자기 밥에서 긴 머리카락을 발견한 후 화가 나서 명한 일이라고 했

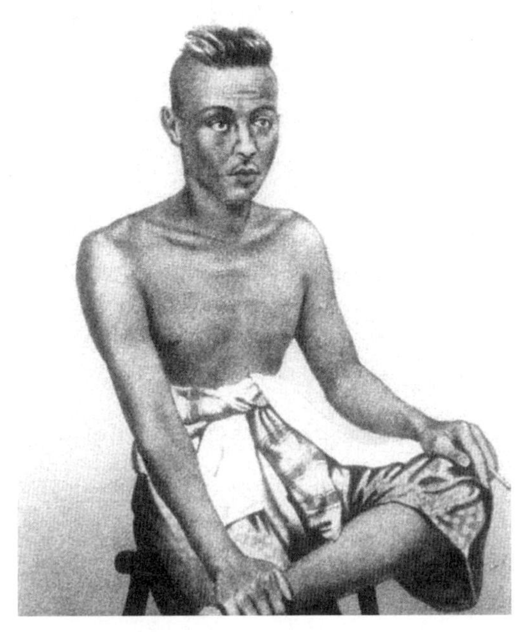

그림 14a 19세기 중반 타이 남성(고위 관료)의 머리 모양.

그림 14b 몽꿋 왕의 왕비가 한 타이 여성의 머리 모양. 여성은 남성보다 옆머리를 덜 짧게 밀지만, 윗머리 주변은 아주 짧게 다듬었다. 여성의 머리 모양은 활짝 핀 연꽃을 닮기도 했다.

고,[116] 다른 이야기에서는 버마의 침략자들이 포위당한 도시에 남은 여자들이 남자 전사들인 줄 알게 하려는 계략에서 비롯됐다고 한다.[117]

이슬람교와 그리스도교가 16~17세기에 장발, 문신, 귓불 늘이기를 점차 사라지게 한 주요 요인이기는 하지만, 유일한 요인은 아니었다. 주로 노동하지 않는 계급의 상징이던 아주 긴 손톱은 이슬람교와 그리스도교 모두 강하게 금지했고 비슷한 시기에 사라지기 시작했다.[118] 이러한 변화는 종종 보편적 세계종교의 이름으로 이루어졌지만, 동시에 급격한 도시화와 함께 일어나는 세속화의 한 과정으로도 볼 수 있다. 신체를 마술적 힘의 보고라기보다는 초월적 영혼을 담은 중립적이고 자연스러운 도구로 보기 시작한 것이다. 이런 근대적 태도로의 전환은 교역의 시대에 다른 여러 영역에서도 시작되었으나, 그 후 동남아시아 도시 생활이 쇠퇴하면서 중단되거나 지연된다.

복식

식사를 마치고 그는 사롱*을 둘렀다 풀었다 하기를 12번에서 13번 정도 마음에 들 때까지 반복할 것이다. 그다음에 웃옷과 두건을 걸치고, 다시 사롱을 둘렀다 풀었다 하기를 마음에 들 때까지 반복할 것이다. 스카프를 두르고 나서도 똑같은 일이 벌어질 것이다. (…) 그는 문 앞까지 갔다가 도로 아내에게 가서 옷차림에 빠진 것이 없는지 물어볼 것이다.

_『스자라 믈라유』(*Sejarah Melayu* 1612: 127)

* sarong. 동남아시아와 인도 아대륙 일대에서 남녀 두루 천 한 장을 치마처럼 둘러 입는 복장. (옮긴이)

동남아시아인은 옷차림, 특히 장신구 등 외모에 어마어마하게 신경을 썼다. 옷과 장신구를 통해 부유함을 호사스럽게 내보였고, 가난한 사람들도 중요한 행사에서는 우아하게 차려입으려고 갖은 애를 썼다.[119] 동남아시아에서 평범해 보이는 사람들조차 수백 스페인달러어치의 금붙이를 두른 것을 보고 유럽인들은 자주 놀라워했다.[120] 왕과 통치자들은 더 대단한 인상을 남겼다. 프랜시스 드레이크가 만난 트르나테의 술탄은 금실로 장식한 화려한 옷에 금 장신구, "완벽한 순금으로 된" 큰 목걸이를 걸었다.[121] 1606년 조호르 술탄은 이런 차림이었다고 한다. "목 주위에는 보석이 알알이 박힌 금사슬을 세 가닥 두르고 굵은 금팔찌를 왼팔에 둘, 오른팔에 하나 찼다. 거기에 손가락에는 정교한 금반지 여섯 개를 끼고, 기이한 방식으로 제조한 크리스*라고 부르는 단검을 옆에 찼다. 칼자루와 칼집은 순금을 두들겨 주조하고 다이아몬드, 루비, 사파이어를 박아 넣었다. 네덜란드인들은 이 단검의 가치가 5만 길더는 된다고 추측했다."[122]

그런 호사에도 불구하고 부자와 빈자, 주인과 하인, 왕과 평민 사이 의복의 차이는 산업화 이전 유럽에 비해 그렇게 뚜렷하지 않았다. 유럽에서는 어떤 옷을 입었는지만 봐도 각각의 신분과 직업까지도 알아볼 수 있었다.[123] 체사레 프레데리치**는 "버고에서는 고귀한 자건 비천한 자건 복식이 다르지 않다. 차이가 있다면 옷감의 질이 다를 뿐이다"라고 썼다.[124] 특정한 색이나 문양이 어떤 등급의 귀족에게만 허용되거나 금 장신구는 누구에게 허용되는지 규정하는 복식에 관한 법이 여럿이었다.

---

* kris. 도서부 동남아시아에서 남성이 성장용으로 차는, 칼날이 물결 모양인 단검. 칼에 영적 힘이 있다고 믿는다. (옮긴이)

** Cesare Frederici(1530?~1600). 이탈리아의 상인이자 여행가. 1563년 인도 방문 이래 18년간 무역을 위해 중동과 동남아시아 각지를 두루 여행하고, 『동인도 여행기』를 펴냈다. (옮긴이)

15세기 초에 믈라카의 첫 무슬림 통치자는 평민이 노란색을 쓰는 것을 금지했는데,[125] 오래전부터 동남아시아에서 금을 왕권과 연결시켜 생각하던 전통의 연장임이 분명하다.[126] 그러나 복식을 구성하는 요소는 누구나 다를 것이 없어서 유럽인 관찰자들을 놀라게 했다.[127] 유럽, 중국, 서아시아 등 출신지를 막론하고 동남아시아에 간 이방인들에게 현지인들의 '벌거벗음'은 일종의 충격이었다. '벌거벗음'이란 동남아시아인들은 거의 예외 없이 맨발에 맨머리(무슬림과 귀족 일부를 제외하고)인 데다 허리 위로는 아무것도 걸치지 않을 때가 많았다는 뜻이다(그림 15a, 15b). 스페인인은 "저주받은 작고 벌거벗은 맨발의 모로Moro", 곧 아체의 술탄이 기이하고 역겨운 존재라 포르투갈인들이 전장에서 힘든 시간을 보냈을 것이 분명하다고 여겼다.[128] 주달관처럼 캄보디아 소녀들의 "우유처럼 흰 젖가슴"을 음흉한 시선으로 쳐다보았든[129] 필리핀의 스페인 사제들처럼 그들을 옷으로 싸매려고 했든, 이방인들은 그렇게 살갗을 드러내는 행위를 원시적이고 방만한 무언가로 보았다. 그러나 더 신중한 관찰자는 동남아시아인들이야말로 성기에 관한 한 "세상에서 가장 철두철미"하게 노출을 꺼린다는 점을 알아차렸다. 프랑스 선원들이 수영을 하려고 하자 시암인들은 사롱을 주며 가리게 한 뒤에야 강에 들어가는 것을 허락했던 것이다.[130]

베트남을 제외한 동남아시아에서 소매나 다리 부분이 달린 바느질 옷이 등장한 것은 훨씬 나중의 일이다. 포르투갈인들이 도착했을 때 소매 달린 튜닉을 입는 것은 무슬림이나 무슬림과 자주 접촉하던 이들(특히 타갈로그인) 혹은 버마인 상류층이 아니면 아주 드물게 그런 옷을 살 만한 여유가 있는 이들뿐이었다. 기후가 온난하고 바느질이 널리 전파되지 않았기 때문일 것이다. 그러나 바느질한 웃옷이 뒤늦게 들어온 것은

그림 15a 왼쪽은 반튼 시장에 가는 평민 자바인 남녀의 복장을,
오른쪽은 부유한 자바인 상인과 노예의 모습을 그린 네덜란드 판화(Lodewycksz 1598).

그림 15b 타이 평민 여성과 아이의 복장.

신체 자체가 예술 작품이라는 관념이 계속 살아 있었기 때문이기도 하다. 재봉한 옷이 등장하고 재봉틀로 만든 셔츠가 들어온 지 한참 지난 후에도 자바인, 발리인, 타이인은 여전히 공식 행사에서 상반신을 가능한 한 많이 드러냈다. 피부에는 기름을 바르고 향기로운 색조 화장품을 썼다. 그래서 크로퍼드는 여전히 자바인에 관해 "성장을 하면 거의 벌거벗은 것이나 다름없다"고 쓸 수 있었다.[131] 마찬가지로 19세기 남술라웨시의 결혼식에서 신랑은 여전히 윗옷을 걸치지 않았고, 신부와 미혼 여성들은 속이 다 비치는 바주baju(웃옷)를 입었다.[132] 말레이 여성의 성장용 상의인 크바야kebaya는 포르투갈인이 전해준 것으로 보이는데[133] 보통 속이 비치는 재질이었다.

아이들은 6세에서 9세까지는 성기 앞쪽만 가리고 벌거벗은 채로 지냈다. 좀더 크면 성별과 관계없이 재봉하지 않은 천을 한 차례 이상 몸에 두르고 다녔다. 여성은 때로(특히 이슬람교 수용 이후) 겨드랑이 아래로 천을 감싸 가슴을 가리기도 했지만, 그렇지 않으면 남자들과 마찬가지로 허리 아래만 천을 둘렀다. 타이와 버마 남성은 (나중에서야 타이 여성도) 옷감의 끝을 다리 사이로 가져가 인도의 도티dhoti처럼 허리에 둘렀다. 버마 여성은 천을 몸에 한 번만 둘러 걸을 때마다 허벅지까지 하반신이 드러났다(앞의 그림 13). 초기 유럽인 관찰자들은 이 모습이 외설적이라 여겼고, 옛날 한 여왕이 버마 남자들을 동성애 행위로부터 떼어놓으려고 내린 조치가 그 유래라고 설명했다.[134] 다른 이야기들처럼 이 이야기도 버마인에 대한 유럽인들의 편견을 잘 보여준다.

자바에서는 이슬람교가 도래할 때까지, 시암에서는 18세기까지, 캄보디아, 발리, 롬복에서는 훨씬 더 나중까지, 여성의 복식은 허리에 둘러 입는 사롱 말고는 느슨한 스카프 형태의 천이 다였다. 보통 가슴 위에 두르고 양 끝을 어깨에 걸친다.[135] 이슬람 개종 이후 자바 여성들은 고대 인도에서도 입었던 다른 종류의 의상, 곧 가슴둘레를 단단하게 감아 유방을 압박하는 폭이 좁은 천을 많이 이용하기 시작한 듯하다(그림 15a).[136]

이런 동남아시아의 기본 의상은 15세기에서 17세기 사이에 다양한 방식으로 변했다. 복식과 다른 모든 분야에서 보이는 혁신에 대한 욕구는 무역과 도시가 성장하는 시기의 특징이었다. 버고 연대기는 신소부 여왕의 치세(1453~1472) 동안 외국인 상인이 수없이 찾아와 "특이한 복색이 흔해지고, 백성들은 좋은 옷을 입었다"고 전한다.[137] 말레이 연대기는 믈라카의 술탄 마흐무드(재위 1488~1511)가 남인도에 사절을 보내 40가지 귀한 옷감을 구해오게 하는 등 더 적극적인 역할을 했다고 주장한다.[138] 유럽 상인들은 (이전의 인도인과 중국인이 그랬듯) 왕실의 지배층으로부터 새롭고 진기한 물건을 더 가져다 달라는 압력을 받았다. "이 반튼의 왕자들이 과시용으로 남들에게는 없는 진귀한 물건을 조달하는 데 이토록 진지하게 매달리는 것이 신기하기만 하다. (…) 마음에 들기만 하면 장식품, 반지, 보석, 골동품 접시 등을 사는 데 가격은 걸림돌이 되지 않는다."[139] 유럽산 옷감은 인도산이나 중국산에 경쟁이 안 됐지만, 공들여 만든 최고급품 일부는 수요가 있어서 300스페인달러어치의 "남성복 조끼가 반튼에서 팔렸다"고 1633년 잉글랜드인이 기록하기도 했다.[140]

한 가지 널리 확산된 혁신이 있었다면 유럽이나 서아시아 양식의 재킷을 비싼 옷감으로 된 전통적인 사롱 위에 과시하듯 걸치는 것이었다. 도밍고 나바레테* 같은 관찰자에게 그 모습이 별로 조화롭게 보이지는 않았던 것 같다. 그는 마카사르의 왕이 "맨살 위에 유럽식 코트를 걸쳤는데, 팔도 맨살이고 (…) 자기들 식대로 배도 내놓은 채였다"고 했다.[141]

얼마 지나지 않아 이렇게 재봉한 의복은 더 편안한 형태로 개조되었다. 오늘날 동남아시아 각국을 대표하는 의상 대부분의 기원이 15세기에서 17세기 사이에 있었던 실험이라고 해도 절대 과장은 아니다.

이러한 실험에서 한 흥미로운 징후를 17세기 반자르마신 왕실 연대기에서 찾아볼 수 있다. 당시 반자르마신 왕실은 고분고분하지 않은 종족을 대상으로, 순수한 자바 모델로 여겨지던 것에 기초한 보수적인 사회 질서를 확립하려 애쓰던 중이었다. 왕실 연대기 『히카얏 반자르Hikayat Banjar』는 초대 라자(연대가 맞지 않지만)의 입을 빌려 아래와 같이 충고한다.

> 너희 중 누구도 네덜란드식, 또는 중국식, 시암식, 아체식, 마카사르식, 부기스식을 따라 입지 마라. 그들 누구의 흉내도 내지 마라. 너희는 우리가 아직 클링〔남인도?〕에 살던 시절의 옛 방식대로 입어서도 안 될 것이다. 이제 그곳은 더 이상 우리 나라가 아니기 때문이다. 이제 우리는 마자파힛의 방식을 따라 나라를 세웠다. 그러니 우리는 자바인들처럼 입어야 할 것이다. 옛 선인의 말에 따르면 어떤 나라 사람들이 다른 나라의 옷을 따라 입으면 그 나라에 반드시 불행이 생긴다고 했다.[142]

새로운 국가 대부분에서 국가적 양식을 재정의하는 과정은 종교적 변화와 밀접하게 관련되었다. 이슬람교와 그리스도교의 수용은 거의 예외 없이 복식뿐 아니라 머리 모양, 몸치장에 변화를 가져왔다. 여러 종족에

---

* Domingo Navarrete(1610~1689). 스페인의 도미니코회 선교사. 필리핀 마닐라에서 신학을 가르치고 1658년부터 1669년까지 중국에서 선교활동을 했다. 술라웨시를 방문해 미나하사족에 관한 가장 이른 기록을 남기기도 했다. (옮긴이)

게(자바인은 아니지만) 말레이식 문화적 타협이 이슬람 복식으로 받아들여졌다. 기본적인 사롱 위에 여성은 바주나 크바야 같은 상의가, 남성은 비슷한 헐렁한 웃옷과 두건이 더해졌다. 여성용 스카프(슬렌당selendang)는 다른 용도로 살아남았다. 17세기 마카사르에서는 예외적으로 급격한 변화가 일어났다. 어쩌면 이슬람교로 개종하던 시점에 이미 마카사르는 사회적으로 부르주아적 변화를 향한 "임계점을 넘은" 코즈모폴리턴 도시였기 때문일지도 모른다. 왕이 이슬람교 개종을 선포하고 2년 후인 1607년, 마카사르를 묘사한 네덜란드인의 기록은 이미 남자 성기에 방울을 삽입하는 관습(다음 장을 보라)이 줄고 말레이식 머리 모양이 들어오면서 여성의 모발을 짧게 자르던 관습도 사라지고 있다고 전한다. 반면 노예와 뒷골목의 가난한 여자들은 여전히 "가슴과 상반신을 드러내고" 있었다.[143] 그러나 고작 40년 후 마카사르에 간 다른 방문객은 "여자들은 머리끝부터 발끝까지 완전히 가리고 있어서 얼굴조차 보이지 않았다"고 했다.[144]

필리핀에서도 종교적 정체성의 변화가 복식에도 변화를 가져온다는 생각이 있었다. 스페인인들은 남자는 문신을 잔뜩 하고 여자는 옷을 거의 걸치지 않은 비사야식 스타일을 특히 책망받아 마땅하다고 여겼다. 심지어 이슬람교의 영향을 받은 타갈로그식 복장도 스페인인의 기준에서는 배를 너무 많이 드러낸 것이었다. 한 세기가 지나지 않아 콜린은 만족스러운 어조로 보고할 수 있었다. "이제 그들은 스페인식 의복을 입고 장식을 달기 시작했다. 다시 말해 사슬, 목걸이, 치마, 신발, 만티야 곧 검정 베일을 쓴다. 남자는 모자를 쓰고 짧은 재킷에 반바지를 입고 신발을 신는다. 결과적으로 이 지역 인디오의 의상은 이제 거의 스페인과 다를 바 없다."[145]

베트남인들은 다른 곳보다 훨씬 일찍 몸치장을 다양한 의복으로 대체하는 편을 택한 것으로 보인다. 보리는 베트남 여성이 "인도 전역에서 가장 정숙"하다며 여러 겹으로 옷을 입어 노출되는 부분이 없다고 했다.[146] 그럼에도 베트남의 남녀 복식은 1774년 응우옌 왕조의 효무왕 응우옌 푹 코앗이 중국식 윗옷과 바지를 입으라는 칙령을 내리기 전까지 입던 단순한 사롱에서 발전한 것이라고 볼 수 있다.[147]

직물 생산과 무역

세계 2대 고급 직물 생산지인 면직물의 인도와 견직물의 중국 사이에 자리 잡은 동남아시아는 국제적으로 직물 생산자라기보다는 소비자로 알려져 있다. 특히 인도산 면직물에 대한 수요가 꾸준히 없었다면 초기에 인도인, 그리고 이후의 유럽인 상인들이 동남아시아에 발판을 마련하는 것은 불가능했을지도 모른다. 인도네시아의 여러 섬에서 서쪽으로 보내는 향료와 후추의 상당량은 구자라트, 코로만델, 벵골산 직물로 그 값이 치러졌던 것이다.

이런 무역 양상은 바람 아래의 땅에서 직물 생산이 부족해서가 아니라 동남아시아인이 다른 무엇보다 의복과 장신구에 사치를 부렸기 때문에 가능했다. 직물은 동남아시아의 주요 생산품 중 하나이며 면직물은 식품 다음으로 생산량이 많은 농업 생산품이다. 술라웨시 일부와 부톤에서는 현지산 면직물을 거래 수단으로 사용하기도 했으며 자바, 마카사르, 루손에서 유럽 식민주의자들은 처음 공물을 요구할 때 그 수량을 현지 직물로 환산했다.[148] 부유한 지배층은 눈부신 색상, 정교한 문양, 희귀함 때문에 인도산과 중국산 직물을 사들였지만, 대부분의 평범한 사람들은 현지나 가까운 지역에서 제조한 옷감으로 옷을 해 입었다.

크로퍼드는 직조weaving에 해당되는 말은 오스트로네시아어에서 왔지만 면과 비단이라는 말은 산스크리트어에서 왔다는 점을 근거로 도서부 동남아시아에서는 나무의 섬유를 이용해 옷감을 처음 짜기 시작했다고 결론 내렸는데, 어쩌면 그가 옳을지도 모른다.[149] 그러나 그 근거로 내세운 문헌은 너무 먼 과거의 것이다. 16~17세기면 동남아시아 전역에서 목화가 재배됐고 대부분 면직물을 입었다. 목화 재배가 가능할 만큼 뚜렷한 건기가 없으면서 면직물을 수입할 만한 여유도 없는 지역에는 옛 방식의 흔적이 남아 있었다. (클란탄을 제외한) 말레이반도 대부분은 목화를 재배하면서도 인도, 자바, 술라웨시에서 직물을 수입했다.[150] 더 척박한 남수마트라, 보르네오, 술라웨시, 말루쿠에서는 폴리네시아의 타파tapa와 비슷한 내구성이 떨어지는 직물을 짰다. 이 직물은 나무 속껍질을 물에 불린 후 납작하고 부드러워질 때까지 세게 쳐서 만드는데, 비를 맞으면 풀어지기 때문에 옷을 벗는 수밖에 없다.[151]

아바카abaca, 곧 마닐라삼musa textilis의 줄기에서 채취한 섬유질을 구할 수 있는 곳에서는 더 질긴 직물이 생산됐다. 이 바나나와 비슷한 나무는 필리핀이 원산지이고, 세부, 네그로스, 사마르-레이테, 민다나오뿐 아니라 북술라웨시에서도 의복의 기본 재료였다. 더 건조한 루손과 파나이에서는 목화 재배가 가능해서 면직물을 선호했다.[152]

목화는 아주 오랫동안 동남아시아에서 재배되고 중국으로 수출되었다. 중국 기록에 따르면 목화는 7세기에 베트남에서 중국 남부로 전해졌다고 한다.[153] 13세기에서 17세기 사이 중국 상인들은 동남아시아의 여러 항구, 특히 베트남, 루손, 자바에서 면사와 면직물을 사 갔다.[154] 처음

그림 16 전통적인 목화 수확 방식을 그린 1940년대 발리 회화.

으로 상세한 기록이 등장한 18세기에는 버마 중부에서 상당한 양의 목화가 재배되어 야에워디강을 거슬러 올라가 저가잉으로 전해졌다. 그곳에서 목화를 다듬어 면사를 만들면 상인들이 윈난성과 중국의 다른 지방으로 가져갔다.[155]

가까운 섬 지역으로 목화를 수출하는 다른 주요 재배 지역은 동부 자바, 발리(그림 16), 숨바와, 부톤, 남술라웨시의 남동쪽 구석이었다. 면직물은 1600년경 캄보디아의 수출품 중 하나로 가장 남쪽으로는 파타니까지 팔려 갔다.[156] 어쩌면 그 목화가 자란 곳은 19세기에 "코친차이나 전역에 공급하기에" 충분한 양을 생산하던 프놈펜 위쪽 메콩강 서편과 같은 지역이었을지도 모른다.[157] 시암과 수마트라에서도 지역 안에서 소비할 면직물을 생산했다. 수마트라의 주요 면 생산지 중 하나는 서해안의 파당과 인드라푸라 사이 해안 지역이었다. 이 지역이 17세기 후반 네

덜란드가 후추를 재배하려고 목화 재배를 금지할 때까지 미낭카바우 전역에 면직물을 공급했다.[158]

뽕나무와 누에 모두 동남아시아가 원산지일지 모르는데도 불구하고 비단은 별로 인기가 없었다. 뽕나무와 누에 모두 인도네시아 일부 지역에서는 자연스러운 현상이어서, 누에는 연중 재생산이 가능한 초기의 다회성 재배종이었을 것이다. 뽕나무 접붙이기와 누에치기를 고도의 노동집약적 기술로 발전시킨 중국인이 보기에 북수마트라의 인도네시아식 양잠은 허술하기 짝이 없었고 그런 방식으로는 거친 노란 비단밖에 나오지 않았다.[159] 루도비코 디 바르테마*는 북수마트라의 정글이나 정원의 나무에 누에가 야생으로 자란다고 했다.[160] 서로 다른 두 말레이 연대기가 북수마트라 파사이에 바람 아래 땅의 첫 주요 무슬림 항구 국가를 세운 왕에게 벌레를 금은으로 바꿔내는 기적 같은 능력이 있었다는 전설을 소개한다.[161] 파사이의 발전 과정에서 누에치기가 중요한 역할을 했다는 사실을 반영한 이야기일 것이다. 파사이산 비단은 17세기 초 25년 동안 수마트라는 물론 인도까지 공급된 주요 수출품이었다.[162] 아폰수 드 알부케르크**는 1511년 믈라카를 정복하러 가는 길에 파사이산 비단에 대해 알게 되자, 인도에 있던 자신의 제노바 중개상 조반니 다 엠폴리***를 파사이에 보내 생산 가능한 비단 전량을 살 수 있는지 알아보고 협상하게 했다. 파사이의 라자는 엠폴리에게 값이 10만 두캇

* Ludovico di Varthema(1470?~1517). 이탈리아 볼로냐 출신의 여행가. 1503년부터 중동, 인도, 동남아시아 구석구석을 여행하고 돌아와 여행기를 출간했다. 메카 순례를 한 최초의 비무슬림 유럽인이기도 하다. (옮긴이)

** Afonso de Albuquerque(1453?~1515). 포르투갈의 해군 제독이자 정치인. 1510년 인도에서 무슬림 연합군을 대파하고 고아를 점령한 후 1511년 믈라카와 향료제도 말루쿠까지 점령해 포르투갈 제국의 범위를 인도양 일대와 동남아시아까지 확장한 제국의 설계자다. (옮긴이)

*** Giovanni da Empoli(1483~1518). 피렌체 출신의 제노바 중개무역상. 1503년부터 포르투갈 탐험대를 따라 인도와 동남아시아 지역을 두루 방문하고 많은 서신을 남겼다. (옮긴이)

이며 "전에 구자라트 상인들에게 받던 것과 같은 가격"이라고 답했다.[163] 이 이야기가 과장일지도 모르지만 (1520년대 아체가 정복한) 북수마트라의 비단 생산량은 이어지는 1600년대에 급격하게 쇠퇴했다. 중국산 비단을 구하기가 훨씬 쉬워진 데다 벼와 후추 재배에 잠식당한 뽕나무 재배 면적을 벌충하는 데 별다른 노력을 기울이지 않은 탓이었다.

이 동남아시아산 노란 비단의 또 다른 주요 생산지는 부기스 국가 와조가 근세까지 제조를 이어간 남술라웨시였다. 이 비단으로 부기스인이 다채로운 사롱을 해 입은 것을, 1540년대 보고서를 근거로 코투*가 기록했다.[164]

대륙부 동남아시아 국가들의 비단 제조술은 훨씬 노동집약적인 중국의 영향을 받은 듯하다. 버마에서는 11세기 아노여타 대왕 시절 중국에서 양잠 기술을 들여왔다고 한다.[165] 타이인은 서기 1000년 이전에 중국에서 비단 제조술을 들여왔을 것으로 짐작되며, 주달관이 앙코르를 방문한 13세기 즈음 이들이 캄보디아에 기술을 전해주었다.[166] 그러나 타이 중부의 평야 지대에서는 뽕나무를 재배할 수 없었다.[167] 베트남에서만 면직물보다 견직물 제조가 흥해서 "이곳 사람들은 모두 비단옷을 입는다"는 기록이 있다.[168] 17세기에 비단을 짜고 염색하는 베트남의 기술은 중국이나 일본만큼 정교했던 것으로 보이며 베트남산 비단에 대한 외국 상인들의 수요가 있었다. 그러나 수출품에서 가장 큰 비중을 차지한 것은 생사raw silk로 1617년 도쿠가와 막부가 해금령을 내릴 때까지 일본 상인들이 상당한 양을 가져갔다.[169]

---

* Diogo do Couto(1542?~1616). 포르투갈의 역사학자. 1559년부터 10년간 포르투갈령 인도에 머무르며, 포르투갈의 국민시인 루이스 드 카몽이스와 교류했다. 1595년부터는 고아의 문서고를 정리하며 아시아와 아프리카에서 포르투갈인의 역사를 편찬했다. (옮긴이)

간단한 바퀴형 물레 또는 가락과 실패를 이용한 물레로 실 잣기, 인디고, 샤프론, 목화 껍질(붉은색)이나 다양한 뿌리로 실을 염색하기, 허리띠 베틀로 직조하기 등은 모두 여성의 일이었다. 산업사회 이전에는 흔히 그랬듯 각 가구가 필요한 직물을 자급하는 것이 기본 방식이었다. "자바에는 집집마다 물레와 베틀이 있다."[170] 그러나 수출용 직물 생산이 고도로 특화된 지역에서도 인도나 중국에서와는 달리 관련 노동은 모두 여자들의 손에 맡겨졌다. 크로퍼드는 동남아시아산 직물 발달이 뒤처진 까닭이 바로 거기에 있다고 여겼다.[171] 그러나 모든 일이 전적으로 남성 아니면 여성의 일이라는 이원론적 세계관의 영향으로 보는 편이 더 옳을 것이다.

직물 제조술은 놀라우리만치 어디서나 똑같았다. 물레는 1600년경까지도 필리핀까지는 전해지지 않은 것으로 보이며,[172] 가장 동쪽으로는 남술라웨시와 말루쿠에서 발견됐다. 주달관은 캄보디아에서 본 허리띠 베틀이 너무 작아서 베틀일 리 없다고 생각했지만[173] 동남아시아 전역에서 여성들은 그런 베틀로 직물을 짰다. 직물 제조 속도는 느렸다. 18세기 자바에서 여성 한 명이 면사 1파운드(약 0.45킬로그램)를 잣는 데 한 달, 옷감 10야드(약 914센티미터)를 짜는 데 다시 한 달이 걸렸다.[174] 허리띠 베틀 직조법의 가장 큰 문제점은 폭이 너무 좁아서 "짧고 좁은 옷감" 밖에 만들 수 없다는 것이다.[175] 그래서 새로 입기 시작한 말레이-무슬림식 사롱에 필요한 길이를 맞추려면 옷감 두 폭을 이어 붙어야 했다.

다른 한편 색상과 디자인은 고도로 특화된 영역이었다. 16세기에 동부 자바, 발리, 숨바와는 섬의 건조한 지대에서 대규모로 재배한 목화를 이용해 주요 직물 수출 지역이 되었다. 자바산 직물은 15세기 초기에 벌써 북수마트라까지 팔려갔고[176] 믈라카에서는 16세기 말까지도 파나루

칸과 파수루안에서 온 체크무늬 옷감 루릭lurik이 인기였다.[177] 그러나 교역상 중요한 말루쿠에 팔 용도로는 자바 상인들도 그레식에서 마두라산 직물을, 더 고급 상품으로는 발리나 숨바와에 들러 이미 명성이 자자한 그곳의 이캇ikat 기법으로 만든 화려한 면직물을 가지고 갔다.[178] 자바산 옷감은 색깔이 다른 실을 이용해 문양을 만들지 못한다는 큰 약점이 있었다. 천에 왁스로 문양을 그려 염색하는 바틱 기법이 있었지만 투여되는 노동력이 엄청나서 비용 면에서 경쟁력이 없었다.

17세기를 거치면서 남술라웨시가 도서부에서 직물 수출의 선두 주자로 떠올랐다. 마카사르가 말루쿠로 향하는 비非네덜란드인 향료 상인들이 거쳐가는 주요 거점으로 자리 잡는 데 성공하고, 숨바와(1617)나 슬라야르 같은 다른 수출 거점을 정복한 결과였다. 말루쿠는 이 수출 확장의 첫 단계에서 중요한 시장이 되어주었다. 17세기 마카사르인과 18세기 부기스인의 혁신 정신 또한 힘을 보탠 바가 큰데, 그들의 옷감이 그 질과 한결같은 짜임새, 또렷한 색상으로 아주 특별한 명성을 얻었기 때문이다. 특히 체크무늬가 무슬림에게 사랑받았다.[179] 목화 재배와 면직물 생산은 슬라야르섬 그리고 인근 남술라웨시의 불루쿰바와 비라에 집중되었다. 두 곳 모두 말루쿠로 가는 뱃길의 중간이라 무역에 유리했으나, 쌀을 재배하기에는 너무 건조하고 토양이 척박했다. 그래서 이곳 남자들은 선박 건조에, 여자들은 직물 짜기에 전념했다. 1660년대경 슬라야르산 직물은 마카사르를 거쳐 보르네오의 항구들, 소순다열도, 마닐라로 팔려갔다.[180] 1669년 마카사르가 네덜란드에 넘어가자 부기스 상인들이 마카사르산 면직물 무역을 장악하고 말레이 세계의 모든 섬으로 면직물을 실어 날랐다.[181]

그러나 동남아시아산 직물은 그 가치가 낮고 구자라트산 직물의 화려한 색상에는 대지도 못할 것으로 여겨졌다. 왕실의 하사품이 얼마나 대단한지 설명하면서 한 타이 연대기는 그 옷감이 "타이산 실은 한 올도 섞이지 않고" 수입산 견사로만 짜였다고 강조했다.[182] 정향 무역으로 부를 축적한 말루쿠의 한 왕은 가장 고귀한 옷감인 화사하고 다채로운 색상의 구자라트산 비단 파톨라patola 500점을 다른 왕에게 결혼 선물로 주었다. 말루쿠에서 그런 옷감 한 장은 정향 0.5톤의 가치에 달한다고 했다.[183]

이국적인 직물이야말로 사치품 소비에서 가장 큰 비중을 차지하므로 직물 수입의 수준은 부유함을 측정하는 좋은 기준이 될 것이다. 아무 제약 없이 향료 등의 상품을 수출하던 시기에 수입된 엄청난 양의 인도산 직물은 도시 지역의 수요를 채우고 농촌 지역 지배층에게도 전해졌을 것이다. 1510년경 믈라카가 수입한 직물은 한 해 동안 구자라트, 코로만델, 벵골에서 온 큰 배 15척에 실은 짐의 대부분을 차지했고 피르스의 계산에 따르면 그 가치는 50만 크루자두* 이상이었다.[184] 이 수의 절반 정도에 달하는 배가 17세기 전반 50년간 아체로 인도산 직물을 실어갔고[185] 아체에 있던 잉글랜드인 상인은 한 해에 인도산 직물 4500코르지(9만 점)와 목화솜 100바하르(17톤)를 팔 수 있다고 생각했다.[186] 아유타야는 17세기에 해마다 7만5000길더(3만 레알)어치의 인도산 직물을 수입한 것으로 추산된다.[187] 마카사르는 1630년대에 이 수치를 훨씬 뛰어넘어 인도 현지 가격, 어쩌면 마카사르 가격으로 12만 레알어치를 소비(재수출한 물량 포함)했다고 추산된 바 있다.[188] 반면 네덜란드가 무력을 행사하던 시기의 반튼에서처럼 무역이 중단되면 현지의 베틀이 바쁘게

* 포르투갈의 옛 화폐 단위. 교역의 시대에 동남아시아에서 통용된 화폐에 관해서는 7장 화폐와 도시화를 보라. (옮긴이)

움직이고 금세 직물의 자급자족화가 이루어졌다.[189]

금은공예

> 파두카 스리 술탄 (…) 수마트라의 유일한 왕 (…) 그 존재가 최상의 금과 같으시며, 프리아만과 금으로 된 산의 왕 (…) 금박으로 된 양산 두 개와 금으로 된 깔개를 가지시고 (…) 인장의 반은 금이고 반은 은이며, 욕조는 순금, 묘지도 금 (…) 그의 치세는 완벽한 금은과 같았다.
>
> _술탄 이스칸다르 무다의 편지(Copland 1614: 211-212)

장신구는 의복 다음으로 중요한 사치품이었다. 특히 금 장신구는 한때 저축 수단, 부와 지위의 상징이자 장식용으로 수요가 끊이지 않았다. 동남아시아인들은 이런 목적에 맞게 순도 높고 무른 금을 재가공하고 잘라서 필요할 때 전체나 일부를 팔기 좋게 만들었다. 위에서 묘사한 조호르의 왕처럼 부를 요란하게 과시할 수 있는 사람은 권력자뿐이겠지만, 어느 정도 높은 신분이라면 발가벗은 어린아이도 금팔찌나 목걸이를 했다.[190]

몇몇 예외가 있지만 동남아시아의 국가들은 금화나 은화를 주조하지 않았다. 대신 물건을 사고팔 때 금이나 은의 무게를 매우 신중하게 달았다. 따라서 상인들은 장사를 하려면 반드시 금이나(도서부 동남아시아) 은(대륙부 동남아시아)의 무게를 다는 법을 알아야 했다. 치리노*는 필리핀인이라면 누구나 이 목적으로 작은 저울을 들고 다닌다고 주장했고,[191] 타갈로그인은 시금석을 들고 다니며 음식을 조금 사면서 지불한

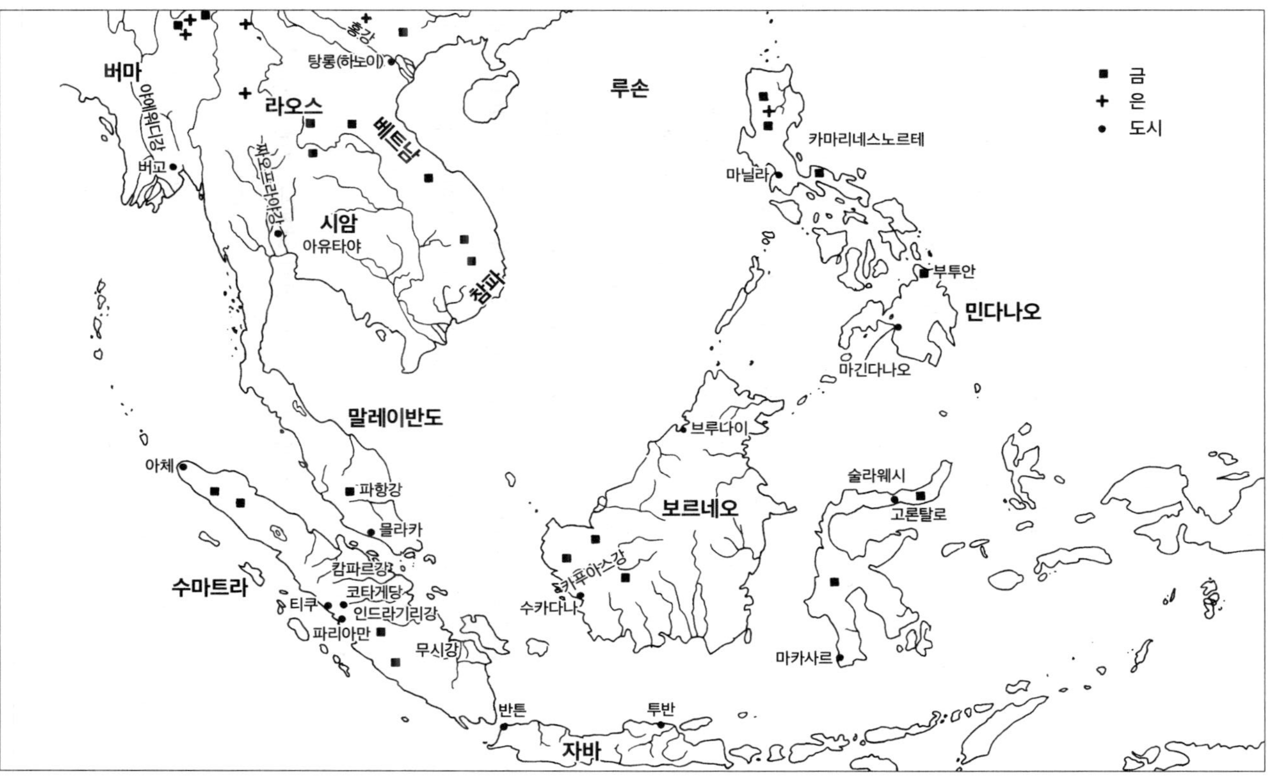

지도 3 1700년 이전 금은 산지

금의 품질마저 확인해서 스페인인들을 놀라게 했다.[192]

바람 아래의 땅에서 금이 그렇게 중요했던 것은 금 산지가 많았기 때문이라는 것이 분명해 보인다. 특히 수마트라, 말레이반도, 루손, 참파, 북술라웨시에 산지가 많았다(지도 3).

17세기 초까지 동남아시아 최대의 금 산지는 수마트라 중부의 미낭카바우 지역이었고, 과거 스리위자야 왕국에 전설적으로 금이 많았다는 이야기의 근거가 되었다. 이곳에서는 금을 동쪽 강의 모래에서 채취하거나 미낭카바우 지역의 산에서 캤다. 한때 금광이 1200곳 넘게 있었다고도 했다.[193] 믈라카에 있던 한 포르투갈인 포로는 한 해에 들어오는 금 9~10바하르** 중 일부는 미낭카바우에서, 일부는 말레이반도 동쪽 파항에서 온다는 사실을 알게 됐다.[194] 믈라카가 포르투갈의 손에 들어가고 아체가 수마트라 서해안을 따라 세력을 확장하자, 미낭카바우의 금은 대부분 티쿠항과 파리아만항을 거쳐 아체로 흘러들어갔다. 그 덕분에 아체의 가장 강력한 군주 술탄 이스칸다르 무다는 환상적인 부를 축적했고, 한때 금 100바하르를 가졌다는 소문까지 돌았다.[195] 1660년대에 아체는 미낭카바우 금광의 접근권을 잃지만, 아체 영토 북쪽의 부킷바리산 산맥에 새로운 금광을 개발했다. 미낭카바우에서도 그랬듯 금을 캐는 광부의 일은 고되고 위험하고 건강을 해칠 공산이 컸지만, 수도에 있는 투자자에게 돌아가는 수익은 어마어마해서 아체는 17세기 후반 동

---

* Pedro Chirino(1557~1635). 스페인의 예수회 사제. 1590년부터 1635년 사망할 때까지 거의 평생을 필리핀 선교와 저술 작업에 전념했다. 필리핀의 역사와 풍습에 대한 상세한 기록인 『필리핀제도의 관계』가 가장 유명하다. (옮긴이)

** 바르보사 같은 당대 유럽인 관찰자를 포함한 권위자들은 금의 무게 단위인 바하르가 후추를 다는 단위 바하르와 같아서 약 180킬로그램 정도라고 보았다(Barbosa 1519 II: 175). 반면 『클링커르트 말레이-네덜란드어 사전』은 금을 달 때 1바하르는 7.25킬로그램밖에 되지 않는다고 주장하는데, 그렇다면 믈라카의 금 수입량은 연간 70킬로그램으로 놀랄 정도로 많은 것은 아니다.

남아시아에서 가장 부유한 도시라는 명성을 얻는다.[196]

필리핀 금 교역은 상당 부분 루손 산악지대의 이고로트족이 담당했다. "그들은 금을 고르지도 순금으로 정제하지도 않는다. 그저 일로코스의 몇몇 장소로 가져와 쌀, 돼지, 물소, 담요 등 자기들에게 없는 물건으로 바꿔 간다. 그러면 일로코스 사람들이 금을 고르고 정제해서 나라 전체에 유통시킨다."[197]

대륙부 동남아시아에서도 특히 금이 풍부한 중국의 윈난성과 접경한 북부 고산지대에서 금을 캐거나 사금을 채취했다. 그러나 대륙부 동남아시아에서 금을 수출하는 나라는 참파와 베트남 남부의 응우옌 왕국뿐이었다. 15세기에 베트남이 남진해 참족의 성이던 꽝남까지 정복하면서 응우옌 왕조는 질 좋은 금을 캐서 믈라카에 수출할 수 있게 됐다.[198] 시암과 버마는 라오스와 북쪽의 샨 지역에서 금을 구해 장신구를 만들고 종교적 기념비에 금칠을 하는 데 모조리 써버렸다. 버마는 특히 윈난에서 금을 들여오는 순수입국이었을 것이다. 그 시기에 주요 인구 밀집 지역이었고 금이 전혀 나지 않았던 자바도 마찬가지였다. 판 훈스는 그런데도 어째서 자바에서는 여전히 은보다 금이 싼지 의아해하다가, 엄청난 양의 금이 묻힌 이슬람 이전 시기 무덤이 지속적으로 도굴되지 않고서는 불가능한 일이라는 결론을 내렸다. 따라서 예전에는 자바에서 금이 났거나 상당히 많은 양이 수입되었던 것이 분명하다.[199]

은은 동남아시아에서 그 가치도 크지 않고 산출량도 적었다. 금 산지 상당수에서 은도 났는데, 수마트라와 오늘날 미얀마, 라오스, 베트남 북부의 고산지대가 그런 곳이다. 최대 은 산지는 야에워디강 지류 중 하나인 샨 지역의 보드윙 광산으로, 15세기에서 18세기 사이 중국인들이 주로 은을 캐던 시절 연평균 3000킬로그램을 생산했던 것으로 계산

된다.[200]

전체적으로 보자면 동남아시아는 상대적으로 금이 풍족하고 은이 부족했다. 금은 수마트라와 말레이반도에서 인도산 직물의 대금으로,[201] 스페인 정복자들이 부과한 '공물'로서 필리핀에서 멕시코로,[202] 남베트남에서 유황 등 수입품의 지불금으로 움직이는 큰 흐름이 있었다. 은은 버마와 라오스 밖에서는 별다른 관심을 끌지 못하다가 16세기 이후 동남아시아에 쏟아져 들어왔다. 16세기와 17세기 초 짧은 시기에 아시아 무역에 진출하려던 일본과 신대륙에서 쏟아져 들어오는 은을 확보한 포르투갈, 스페인, 네덜란드에 이 회색 금속은 동남아시아의 풍요로움을 열어젖힐 훌륭한 열쇠였다. 17세기 동안 점차 은화가 현지 시장에서 대세로 자리 잡았다. 은화를 녹여 여러 기구로 만들면서 은은 점점 더 널리 퍼져나갔다.

금은이 장식과 신분의 상징뿐 아니라 투자 수단이 되자 어디건 부가 있는 곳이면 금세공인이 등장했다. 장인은 금은을 모두 다루었고 보통 금과 은을 2 대 1의 비율로 섞었다.[203] 왕궁이 있는 수도라면 왕실과 부유한 상인-귀족의 수요에 부응할 금세공 장인이 여럿이었다. 술탄 이스칸다르 무다는 혼자서만 금세공 장인 300명을 거느렸고 볼리외 제독에게서 프랑스인 장인을 빼기도 했다.[204] 자바의 수라카르타, 족자카르타, 투반, 시다유 같은 부유한 왕도에서는 왕조가 무너져도 금세공의 전통은 살아남아, 새 수도로 순회 장인을 보내 물건을 팔거나 일시적으로 주문을 받기도 했다. 1868년 시다유에는 여전히 금세공인 125명과 견습공 197명이 있었다.[205] 미낭카바우(수마트라)에서 가장 오래된 금세공 마을인 코타게당Kota Gedang에는 1890년경에도 여전히 금세공 장인 347명이 일하고 있었다.[206]

금실과 은실을 비단에 짜 넣는 기법은 또 다른 첨단 기술이 되었다. 금 산지 인근의 이슬람 수도, 특히 수마트라의 아체, 시악, 코타게당은 아름다운 사롱, 스카프, 두건으로 널리 알려졌다. 아체 왕실에 간 특사 앞에는 그러한 "아주 정교한 기술로 만든 아름답게 짜인" 직물이 나왔다.[207] 아체에서는 금이 많이 나는데도 동부 자바의 그레식에서 금실을 수입했다.[208] 짐작건대 자바의 장인들은 수입한 금을 금실로 만들어 다시 수출하는 것만으로도 이문을 남길 수 있었던 듯하다.

동남아시아산 금은 세공품의 독창성과 세련미는 세계적으로 사랑받았다. 냉소로 일관하던 크로퍼드조차 "다른 기술보다 훨씬 많은 노력을 기울인다"고 인정했을 정도다.[209] 1613년판 타갈로그어 사전에서 대장 기술에 관한 단어 중 절반 가까이는 금세공에 관한 것이었다.[210] 아체의 장인이 쓰는 금세공 도구 22가지는 19세기 유럽인의 눈에는 아주 단순해 보였겠지만, 다양한 기술과 여타 공예는 따라올 수 없는 섬세함을 보여주기에 충분했다.[211] 프랑스 선교사 바슈는 17세기 코친차이나에서 응우옌 왕조의 한 왕자에게 앞면이 은으로 된 자명종 시계를 선물했다가, 왕실 장인이 복잡한 톱니로 된 그 시계를 수리하자 깜짝 놀랐다. 그러나 그를 더 놀라게 한 일은 따로 있었다. "23일째 혹은 24일째 되던 날이 저물 때 그가 내 손 위에 시계 둘을 내려놓았는데 너무 똑같아서 어느 것이 원래 것이고 어느 것이 새것인지 눈으로는 구분할 수가 없었다. 내가 직접 경험하지 않았다면 믿지 않았거나 꿈이라고 했을 것이다. 시계는 둘 다 똑같이 정확했다."[212]

특산 공예품

바다와 강을 통한 교역이 활발해지면서 도자기와 금속기 생산의 전문화가 이루어졌다. 도자기, 질그릇, 석회 채굴, 금속 제련 등에 종사하는 마을은 원자재 산지와 가까운 곳에 있게 마련이었다. 직물 제조, 가죽공예, 선박 건조의 중심지는 쌀 재배 잉여를 내기 어려운 남동부 술라웨시나 동부 자바의 건조한 지역에 주로 자리 잡았다.

그러나 교역의 시대에는 큰 도시야말로 집중적인 대규모 제조업이 몰리는 곳이었다. 이런 곳에는 왕실을 비롯해 최고급 공예품을 소비하는 부유층뿐 아니라, 국내외로 연결되는 교역로가 있어 특산품이 교환되고 이동하기 용이했다. 따라서 각 도시의 주변부에 여러 기술 공예 특화 구역이 자연스럽게 형성됐다. 아체의 수도에는 "금세공 장인, 총 주물공, 조선공, 재단공, 직조공, 모자공, 냄비 제조공, 증류주 제조공, (…) 칼 제조공과 대장장이"가 있었다.[213] 요스트 스하우턴*도 "도시와 사람 많은 곳에 사는 시암인은 왕의 조신, 관리, 상인, 뱃사공, 어부, 소매상 아니면 장인으로 각기 직업이 있다"고 했고[214] 탕롱(하노이)에도 비슷한 종류의 장인에 더해 제지공, 옻칠공, 비단 제조공이 있었다.[215]

1795년 영국 특사 사임스는 야에워디강을 거슬러 올라가면서 버마의 수도 아마라뿌라에 가까워질수록 마을이 더 자주 나타나다가 나중에는 하나로 합쳐지는 것을 알아차렸다. "각 마을에는 (…) 대개 특정한 단일 계급의 사람들이나, 독자적으로 무역하는 사람들이나, 어떤 특이한 직종에 종사하는 사람들이 모여 살았다."[216] 탕롱의 36개 프엉洞,

* Joost Schouten(1600?~1644). 네덜란드동인도회사의 관리로 1624년부터 아유타야-일본 무역에 관여하다가 1644년 바타비아에서 동성애 혐의로 화형당했다. (옮긴이)

phường(행정구역) 중 여럿이 그곳에 특화된 공예를 따서 이름을 지었다. 그런 프엉 중심지에는 해당 공예품을 파는 가게가 밀집한 거리가 있었다.[217] 대규모 제조업의 중심지였던 도시들은 19세기까지 이런 식으로 유지됐다. 예컨대 브루나이에는 크리스 단검 제조공, 놋쇠공, 기름 짜는 기술자의 캄풍(마을)이 하나씩, 대장장이 캄풍이 둘, 니파야자 잎으로 벽을 짜고 지붕을 만드는 기술자가 모여 사는 마을은 셋이었다.[218] 19세기 수라바야에서도 장인들은 자기 기술이 특화된 캄풍에 모여 살아서, 가죽공은 투캉안Tukangan, 구리 세공장은 크랑간Kranggan, 상아와 나무 조각공은 부부탄Bubutan, 소목장은 탐팍-그링싱Tambak-gringsing, 송켓* 직조공은 암펠Ampel에 살았다.[219]

장인의 기술은 수준이 높았지만 상당한 자기 자본을 갖춘 대규모 제조업자로 성장하지는 못했다. 동남아시아 전역에서 기본 생산 단위는 가족이고 친척이나 견습공이 거드는 것이 보통이었다. 이들은 쉬지 않고 일해 대규모 물량을 확보하는 것이 아니라 주문이 들어오면 그때부터 물건을 만들기 시작했다. 댐피어는 1697년 필리핀 남부 마긴다나오의 수도에서 금세공사와 은세공사는 "원하는 것이라면 무엇이든 만들어주지만, 만들어놓은 상품을 보여주는 가게는 없다"고 지적했다.[220] 마찬가지로 베트남 탕롱에서 칠기, 비단, 도자기를 만드는 장인들도 무역선이 도착해 물건값을 받아야만 일을 시작했다.[221] 장인들은 선금을 받지 않고 비싼 재료를 쓰는 위험을 감수하기를 꺼렸던 것으로 보인다. 심지어 200년 후인 1850년대 수라바야에서도 자바 장인은 특정한 일을 하기로 하면서 선금을 받고 구매자와 일시적인 후원-수혜 계약을 맺어야만 일

* songket. 금은사를 넣어 짠 직물.

을 시작하는 것으로 유명했다. 주문한 일을 마치면 이 계약은 종료되고 장인은 일을 멈췄다.[222] 이런 경향은 상인과 장인의 기능이 분리되었기 때문이기도 하지만, 더 큰 원인은 독자적인 장인의 자본이 보호받을 길이 없었기 때문이다. 장인으로서는 노동의 대가를 보호 또는 보장해줄 후원자 없이 상품을 쌓아두었다가 권세가의 탐욕을 부추길 위험을 감수할 수 없었던 것이다.

이방인들은 장인을 노예로 그리는 일이 잦았고, 실제로 팔려온 노예가 부업으로 생활비를 버는 것과 장인이 특정 후원자와 고정된 계약에 따라 의무적으로 일하는 것을 구분하기는 쉽지 않았다. 댐피어는 아체에 관해 이렇게 적었다. "하인이나 하는 일처럼 천한 일이 아닌 다음에는 주인이 노예에게 가혹하게 굴지 않는다. 단순 노동 이상의 손재주가 있는 자가 성실하면 충분히 괜찮은 생활을 할 수 있다. 사실 주인들은 그런 이들에게 돈을 빌려주며 사업을 시작하게 해주기도 한다."[223] 1596년 반튼에서는 여자 노예가 실을 잣고 옷감을 짜면 주인이 내다파는 일이 흔했다.[224] 1511년 포르투갈에 정복되기 전 믈라카에는, 이 도시에 식량을 공급하고 무역의 상당 부분을 담당하는 자바인 대상의 노예나 하인으로 종속된 자바인이 많았다. 우타마 디라자Utama Diraja라고 불리던 가장 부유한 상인은 그런 '노예'를 8000명이나 거느렸다고 한다.[225] 이 자바인들은 사실 거대한 교역 도시의 선진적인 장인이었다. "그들은 캐비닛을 만드는 데 아주 빼어나며, 관여하는 다른 사업에는 화승총을 비롯한 화기 제조가 있다."[226] 자바인의 솜씨에 깊은 인상을 받은 알부케르크는 믈라카를 정복한 후 조선소에서 자바인 조선공 60명을 태워 인도로 데려가면서, 이 "아주 유용한 일꾼들"이 인도 해안의 포르투갈 선박을 수리할 수 있으리라 생각했다. 그러나 조선공들은 결코 인도에 가지 못했다. 이들이 선상 반란을 일으켜 포르투갈 배를 파사이로 끌고 갔고 그곳에서 엄청난 환영을 받았던 것이다.[227]

제조업이 집중된 왕도에서는 왕실의 수요만 해도 상당했다. 장인들은 대우가 좋았고 권세 높은 후원자의 찬사를 받기도 했으나, 정작 그들의 노동은 왕이나 상인-관료들에게 바치는 공물쯤으로 취급받았다. 후원 관계에 매여 있는 한 노동에 걸맞은 대가를 받지 못했다. 이렇게 왕도에 만연한 자의적인 조건하에서 생산체계는 시장용 생산에 심각한 방해 요소였다. 예를 들면 1643년에서 1644년 사이 마타람의 "가믈란 장인과 대장들"은 갑자기 거대한 대포를 만들라는 술탄 아궁의 명을 받았다.[228] 시암에서 유럽인들은 이런 강제 노역이야말로 장인 정신과 공예기술의 발달을 가로막는 큰 장애물이라고 보았다. "이 나라에서는 평생 돈 한 푼 못 받고 이 왕을 위해 일해야 할까봐 아무도 감히 어떤 기술의 일인자가 될 엄두를 내지 못한다."[229]

장인들이 광범위한 시장 체제를 통해 생산품을 적극적으로 파는 곳은 예전에 왕도였다가 왕조가 망하거나 다른 곳으로 옮겨간 지역이었다. 자바 북해안의 19세기 제조업 중심지 그레식과 수라바야(청동), 투반과 시다유(금), 즈파라(가구)가 그런 곳이었다. 치안주르와 수메당의 순다인 구리 세공장, 미낭카바우의 무기, 금, 금속 세공장, 동남아시아 전역의 고산족 금속 세공장들은 고립되어 있던 탓에 직접 왕실에 소속되어 일하는 일은 피했지만, 과거의 어느 시점에는 왕가와 조공 관계로 얽혀 있었다는 것을 쉽게 추적할 수 있다. 19세기 인도네시아에서 소형 무기와 청동기를 가장 활발하게 생산한 곳은 남보르네오 바리토강 지류에 자리 잡은 느가라Negara였다. 19세기 이전 이 고장에서 생산한 청동기에 대해서는 알려진 바가 별로 없지만, 느가라가 이슬람으로 개종하기 전에 왕도였던 16세기부터 이 전통이 시작된 것은 분명하다. 바리토강 하구에 반자르마신 술탄국이 세워지자 느가라의 장인들은 훨씬 자유롭게 시장용 제품을 만들 수 있게 되었다. 또한 장인의 수가 늘어나 시장에 내놓을 물건을 생산하지 않을 수 없었다. 술탄은 이제 더 이상 장인을 직접 후원하지는 않으면서도 여전히 비용을 주지 않고 공물의 형태로 장인들이 무기를 만들어주기를 요구했다.[230]

도자기류

흙을 빚어 만든 도기는 수천 년 동안 동남아시아 전역에서 만들어져왔고, 교역의 시대에는 가장 외딴곳까지도 전파됐다. 물레는 널리 쓰였지만 어디서나 사용된 것은 아니었다. 도서부 동남아시아 동부 지역과 필리핀에서는 여전히 '두들긴무늬paddle-and-anvil' 토기 제작법만으로 그릇을 만들었다.[231] 필수적인 도기로 물통과 물동이, 주둥이가 달린 주전자 큰디kendi, 등잔과 향로, 기름병과 그릇이 있었다. 이런 용기는 비교적 낮은 온도에서 구워 광택이 나지는 않았지만 구운 후 다마르 수지를 발라 물이 새지 않게 만들었다.

적어도 도서부 동남아시아에서는 도기 제조의 전 과정이 여성의 일이었다. 오늘날까지도 말루쿠에서는 남자가 진흙 파는 곳에 가는 것조차 금기로 여겨진다.[232] 적당한 진흙이 나는 곳을 찾으면 도기 굽는 마을이 생기고 여자들이 도기를 만들어 인근 지역에서부터 멀리는 반경 100킬로미터까지 공급했다. 무역 거점과 가까운 곳에 자리 잡은 도기 마을은 최상품을 훨씬 멀리, 예컨대 자바 북해안에서 말루쿠와 보르네오까지

보냈다.[233]

유약을 발라 구워 광택이 나는 중국산 고급 자기는 주요 장거리 무역 품목이었다. 아름다운 문양이 있고 동남아시아 가마보다 훨씬 높은 온도에서 구운 이 접시와 대접은 귀중한 물건이었다. 필리핀, 술라웨시, 말루쿠에서는 시체를 매장할 때 이런 자기를 묻어 망자가 저승 가는 길에 함께하게 했다. 자바, 발리, 남술라웨시에서는 모스크, 묘지, 왕궁의 벽에 이런 자기를 박아 넣어 장식했다. 동남아시아에서 가장 부유한 이들은 물주전자, 핑거볼, 접시 등을 도기에서 자기로 바꾸었다. 최근 발굴된 수마트라의 코타치나Kota Cina와 무아라잠비Muara Jambi, 보르네오의 브루나이와 사라왁강 삼각주, 루손의 마닐라와 바탕가스, 자바의 반튼과 투반의 유적지, 타이만의 몇몇 난파선 유물을 통해 엄청난 양의 자기 수입 흐름을 추적해볼 수 있다. 10세기경 서서히 시작된 이 흐름은 13세기 말에서 16세기 초 사이에 전성기에 달했다.[234]

도서부 동남아시아에서 정점에 달한 자기 수요는 중국의 공급만으로 충족되지 않았다. 13세기 말에는 대륙부 동남아시아 북부에 새로 등장한 고온의 가마에서 난 도자기가 점차 수입의 상당 부분을 차지하기 시작했다. 타이인들에 따르면 람캄행 대왕 치세(1292~1299) 동안 수코타이 근교의 가마에 중국인 도공들이 와서 타이인 도공에게 수출할 만한 유광 자기 만드는 법을 알려주었다고 한다.[235] 그러나 수코타이 북쪽의 시삿차날라이Si Satchanalai 지역에서 최근에야 발견된 가마 수백 곳은 중국의 영향을 받기 훨씬 전부터 타이의 도자기 제작이 활발했다는 사실을 보여준다.[236] 14~15세기에 중국 저장성浙江省의 유명한 룽취안요*와 경쟁했던 시삿차날라이와 수코타이는 질 좋은 청자를 수출했다. 그러나 동남아시아 시장을 겨냥한 타이산 흑색 큰디, 뚜껑 있는 그릇 등은 디자인이나 색상이 뚜렷하게 달랐다.

베트남의 도자기 제조술은 한나라의 베트남 정복 이래 기술적으로는 중국만큼 발전했던 듯하다. 그러나 베트남은 14세기에 이르러서야 일본과 도서부 동남아시아와의 수출 무역에 갑자기 뛰어든다. 하노이와 탄호아 지역 베트남 가마가 가장 혁신적이던 시기는 14세기와 15세기로, 철흑색이나 친숙한 코발트색 안료로 문양을 섬세하게 그리고 광택이 덜한 것이 특징인 청화백자를 만들었다. 15세기 후반에는 이미 중국산 자기에 익숙해진 동남아시아 시장에 더 집중해 중국 디자인을 따라 한 제품을 생산했다.[237]

15세기에서 17세기까지 타이와 베트남산 도자기가 동남아시아 교역에서 중요한 자리를 차지하고, 고급 수입 도자기 시장에 상당량을 공급했다. 비록 끝물이긴 하나 이런 교역의 규모는 17세기 말 잉글랜드인 무역상이 탕롱(하노이)에서 값싼 대접 "최상품 10만 점"을 사들여 서수마트라에 엄청난 이윤을 남기고 거의 다 팔았다는 댐피어의 기록에서 짐작할 수 있다.[238] 최근 발굴된 필리핀과 인도네시아 동부의 15~16세기 묘지에서 타이와 베트남산 자기가 상당량 출토되었고 특히 타이산이 동남아시아 최남단까지 유명세를 떨쳤음을 보여주었다. 1973~1974년 사이 남술라웨시 유물관리청이 분류한 1만4000점이 넘는 유물 중 21퍼센트가 타이산, 6퍼센트가 베트남산, 26퍼센트가 명대의 것, 28퍼센트가 산터우**였고, 원대 것은 1퍼센트 미만이었다.[239] 루손의 15세기 카탈라간 유적지에서 발굴한 수입 도자기 중에서는 17퍼센트가 타이산, 2퍼센트가 베트남산이었다.[240]

---

* 龍泉窯. 명·청 시대 중국 최대의 청자 생산지. (옮긴이)

** 汕頭. 명나라 말 동남아시아 시장을 겨냥해 광둥성에서 생산한 중국 자기. (옮긴이)

금속기: 권력의 열쇠

쇠를 극도로 단단하고 날카롭게 벼릴 수 있는,
제게동 라자가 이 쇠를 차지한다
문자의 창시자이자 나침반을 읽을 수 있는
팡가이 라자가 그것을 차지한다
_이반족의 칼을 벼리는 찬가(Harrisson and O'connor 1969: 80)

금속기는 첫째로는 전쟁에, 둘째로는 농업에 필요하므로 금속을 다루는 것은 곧 권력을 창조하는 것이었다. 특히 철은 권력과 통합을 가져온다고 여겨졌다. 불사의 힘이나 완전성을 부여하는 것이 목적인 의례에서는 전사를 강하게 만들어줄 금속 물체의 핵심을 몸에 삽입하거나 연결하기 마련이다.[241] 어디서나 대장장이는 육체 노동자의 비교적 낮은 지위에 머물지만, 어떤 신성한 기운을 지니기도 한다. 상부 버마에서 가장 강력한 영혼 낫nat은 질투심에 찬 왕에게 죽임당한 대장장이의 혼령이었다.[242] 대장장이는 예외 없이 남성이었으며 대장 기술은 집안이나 마을 대대로 전해졌다. 빼어난 대장장이를 부르는 말인 자바어와 발리어의 판데pande, 말레이어의 판다이pandai, 부기스어의 판레panre는 어느 기술이나 과학 분야에서든 뛰어난 이에게 수여되는 호칭이기도 하다.

대장일은 국가의 형성에서 중요한 역할을 하기도 한다. 자바인들에 따르면 자바가 동쪽의 마자파힛 왕국과 서쪽의 파자자란 왕국으로 갈라진 것은 마술적인 힘을 지닌 왕족 대장장이 시융 와나라Siyung Wanara가 아버지를 죽이고 형제와 왕위를 놓고 다투면서 벌어진 일이다.[243] 술라웨시의 주요 부기스 국가인 보네 왕국의 두 번째 왕은 프타 판레 브

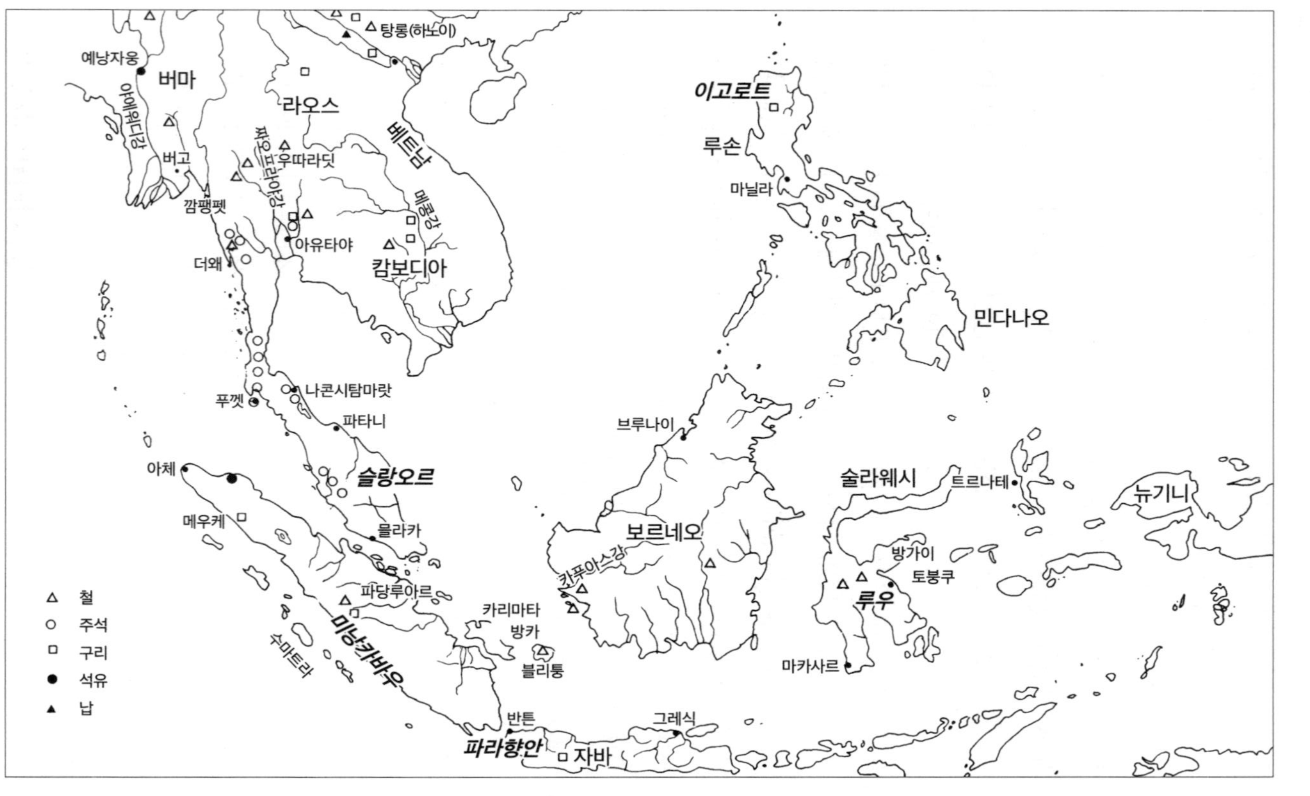

지도 4 1600년경 각종 광물 산지(철, 주석, 구리, 석유, 납)

시Petta Panre Bessi, 곧 '우리 왕 대장장이'라는 칭호로 불렸다.[244] 비사야 제도는 16세기에 왕권이 강화되는 단계를 거치던 중이었는데, 그곳에서 "가장 중요한 저명인사는 과거에도 현재에도 대장장이"였다.[245] 어디건 국가가 발흥하는 곳에는 금속이라는 강력한 자원을 확실히 통제할 목적으로 대장장이가 불려 왔다. 주요 국가라면 왕이 후원하는 전문화한 대장장이 마을이 있게 마련이었다.

철, 구리, 주석, 니켈, 납은 동남아시아에 상대적으로 풍부했지만(지도 4) 주요 인구 밀집 지역인 자바, 발리, 짜오프라야강과 메콩강 범람원에서는 접근성이 떨어졌다. 또한 채굴, 탐광, 정제, 제련 기술은 중국이나 유럽에 비해 현저하게 수준이 낮았다. 지표면에 가까이 매장된 비교적 저품위 광석을 쓸 만한 상태로 제련하는 노동집약적 방식 때문에 동남아시아산 금속은 중국이나 일본, 유럽산 수입품에 비해 비싸고 귀한 품목으로 남았다. 따라서 동남아시아는 주석을 제외한 금속을 모두 들여오는 순수입 지역이었다. 주석은 가장 가공하기 쉬운 금속이었으며, 말레이반도에서 채굴해 인도까지 수출도 하는 품목이었다.

구리나 철을 쓸모 있는 도구로 만들 대장장이는 많았고, 그들이 쓸 금속 재료는 언제나 수요가 있었다. 1597년 동북부 자바의 바웨안Bawean에서 네덜란드인들이 선박 한 척을 불태우자 사방에서 배들이 달려들어 그 배의 쇠붙이를 건지려 했다.[246] 스페인인들이 1606년 민다나오에서 자기 배를 태워야 하는 상황이 되자 제일 먼저 한 일은 못과 볼트를 최대한 제거해 적인 무슬림의 손에 들어가지 않게 하는 것이었다.[247] 유럽 무역상들은 철, 납, 구리제 제품이 유럽산 제품 중 몇 안 되는 팔릴 만한 상품임을 알게 되었다.

철

동남아시아의 가옥이나 선박에는 실질적으로 철이 전혀 쓰이지 않았는데, 그만큼 철이 귀했다는 뜻이다. 대장장이는 기본적으로 농사와 전쟁에 필수적인 품목인 쟁기 날, 수확용 칼, 곡괭이, 낚싯바늘, 마체테, 칼, 창촉, 말레이 세계에서 유명한 크리스 단검을 만들었다. 큰 시장에 가면 일반 가정의 필수품인 이런 쇠붙이를 모아놓고 파는 구역이 있었다. 왕래가 어렵고 국지적인 분쟁이 자주 벌어지는 내륙이나 고산지대에는 마을마다 대장장이가 있어 그런 쇠붙이를 만들었다. 더 안정적인 강가나 해안의 도시에서는 특정한 마을이나 도시의 구역이 집중적으로 철기를 제조하여 몇백 킬로미터 떨어진 시장까지 물품을 공급했다.

버마, 시암, 캄보디아, 북베트남, 중부 수마트라는 중국과 유럽에서 값싼 철기를 수입하기도 했지만 대체로는 철을 자급자족했던 듯하다. 시암은 1670년대 필리핀에 철을 수출하기도 했다.[248] 제련 기술은 철광산 근처에 사는 사람들만 알았던 것으로 보이며, 그들은 정교한 문자문화가 없는 고산족인 경우가 많았다. 예를 들어 앙코르와 캄보디아에서는 철이 풍부한 북쪽의 라오스 접경 지역에 사는 소수종족 쿠이족이 철을 생산했을 것이다.[249] 버마와 시암은 두 나라 간 국경 근처 고산지대에서 철을 채굴하여 버마는 삐에와 더왜 인근, 시암은 깜팽펫과 수코타이 근처의 철기 제조 마을에서 가공했다.[250] 시암의 수도인 아유타야에서 약간 북쪽인 롭부리에서도 철광석이 났고, 수코타이 북쪽 우따라딧 지역에서는 망간이 함유돼 칼을 만드는 데 쓰는 더 단단한 철이 났다.[251]

수마트라에서는 미낭카바우 지역의 철광산 구능브시Gunung Besi에서, 18세기 말 윌리엄 마스든이 그곳의 철광 산업에 대해 기록하기 수백 년 전부터 철광석을 캔 것으로 보인다. 그즈음 인근에 숯으로 쓸 나무가 부족해져 제련 작업은 북쪽으로 하루 더 가야 하는 살림파웅으로 옮겨 갔다.[252] 마스든은 미낭카바우 기술자들이 "아주 오래전부터 직접 쓸 무기를 만들고 북수마트라에도 공급"한 것이 분명하다고 여겼다.[253] 훨씬 남쪽의 블리퉁과 방카도 팔렘방 통치자를 통해 철과 철기를 일부 수출했다.[254]

도서부 동쪽으로 가면 문제는 더 흥미로워지는데, 철이 전혀 나지 않는 여러 지역의 수요를 집중적인 철 및 철기 해상무역이 충족시켜야 했기 때문이다. 17세기 필리핀 기록은 루손과 비사야제도의 대장장이들이 중국산 수입 철에 의존해야 했다고 주장하지만,[255] 세부 등에 남은 광재鑛滓를 살펴보면 그보다 앞선 어떤 시점에서 현지산 라테라이트 광석이 제련된 적 있음을 알 수 있다.[256] 그런 광석을 숯으로 구워 제련하는 기술은 충분히 널리 보급되어 있었으므로, 중국산 철이 가격과 품질면에서 월등하지 않았다면 현지산 철이 계속 생산됐을 것이다. 루손 코르디예라의 더 외딴 오지에서는 19세기에도 철광석 제련이 계속되고 있다고 한 여행자가 보고한 바 있다.[257]

자바는 아름다운 철기 제조로 유명해서 자바산 크리스 단검과 칼은 멀리 인도까지 수출됐다.[258] 1500년 이전 서부 자바의 파자자란 왕국에 전하는 대장장이 전설은 이 섬 남서부 산간지대에서 한때 티탄 광석이 채굴됐음을 암시하지만, 마자파힛의 크리스 단검 제조업이나 이후 자바의 철기 제조업이 원료를 현지에서 확보했다는 증거는 어디에도 없다. 보르네오와 술라웨시가 자바에 철을 공급한 것이 거의 확실하다.

마자파힛의 반짝이는 크리스 단검을 만드는 데 쓰인 철은 니켈 함유량이 높았고, 산지는 중부 술라웨시일 가능성이 가장 높다. 최대 50퍼센트까지 철을 포함한 라테라이트 광석과 상당량의 니켈이 남긴 흔적이 지표면에서 아주 가까운 곳, 특히 마타노Matano 호수와 칼라에나Kalaena강 상류에서 발견되었기 때문이다.[259] 술라웨시의 철은 루우Luwu 왕국이 지배하던 보네만灣이나, 16세기와 그 이전에 방가이Banggai 왕국의 세력권이던 술라웨시 동해안을 거쳐 수출되었을 것이다.[260] 『나가라크르타가마』에 따르면 방가이와 루우 둘 다 마자파힛에 조공을 보내던 나라였으므로, 당시에 이미 두 나라의 철 수출이 중요했을 수도 있다.[261] 16세기에 향료를 수출하던 말루쿠의 왕국들도 같은 곳에서 철기와 무기를 구했다. “쇠도끼, 손도끼, 검, 칼 등 엄청난 양의 철이 외부에서, 방가이섬에서 들어온다.”[262] 16세기 말 술라웨시 동해안의 주요 항구는 트르나테의 정치적 영향력 아래 있었다. 방가이도 그런 항구 중 하나가 됐으나, 이전에는 방가이에 조공을 보내던 토붕쿠Tobungku가 마타노 호수산 철을 직접 수출하면서 더 중요해졌다. 토붕쿠는 유명한 칼과 창을 트르나테뿐 아니라 마카사르와 인도네시아 동부 전역에 공물로 수출했다.[263]

루우가 (14세기경) 부기스 왕국의 철을 제련하는 도가니 역할을 할 수 있었던 것은 자바인 등 무역상에게 공급할 철을 캐는 고산족에게서 확보한 철 덕분이었을지 모른다. 17세기 중반에도 여전히 ‘루우 철’은 마카사르에서 동부 자바로 수출되는 주요 수출품이었다.[264] 그즈음이면 중국이나 유럽에서 들어온 값싼 철을 구할 수 있었지만, 자바의 크리스 단검 장인들은 특유의 등고선 같은 물결무늬 파모르pamor를 만들기에 좋은 니켈 함량이 높은 술라웨시산 철을 선호한 듯하다. 1800년경까지도 남보르네오의 크리스 단검 장인들은 이 중부 술라웨시산 철을 찾았다. 훨씬 싼 외지산 ‘진짜 철’과 섞어서 니켈의 흔적이 파모르 물결무늬를 만들게 해야 했기 때문이다.[265]

보르네오의 철 수출에 대해 더 잘 알려지지 않은 사실은 이곳이 도서부 동남아시아에서 가장 매장량이 풍부한 저품위 광석 산지라는 점이다. 10세기에서 14세기 사이 북서부 보르네오 사라왁강 삼각주에 철기 제작 후 남은 광재의 양(해리슨과 오코너는 4만 톤이라고 추산했다!)[266]을 보면 그 시기에 대규모 철 수출 중심지가 그곳에 있었던 것이 거의 확실하다. 이곳에서 말레이반도 동부, 남수마트라, 서부 자바의 대장장이들에게 철을 공급했을지도 모른다. 그러나 1600년경 보르네오의 수출 중심지는 카리마타였고 이 섬은 서보르네오의 작은 왕국 수카다나의 영토였다. 믈라카의 말레이인들은 "카리마타 쇠"로 만든 크리스 단검을 찼다.[267] 16세기 말 당시 자바의 최대 항구였던 반튼은 "카리마타에서 철을 상당량" 수입했다.[268] 이어 네덜란드인들도 "보통 사람들이 쓰기 꼭 알맞게 잘 만들어졌다"며 카리마타산 도끼와 파랑(마체테)을 찾았다.[269] 1622년 자바 해군이 수카다나 왕국을 점령한 일은 마타람 왕국이 자바 바깥에서 벌인 유일한 원정인데 이 철 산지와 다이아몬드 산지를 노린 것이 분명하다. 그러나 마타람의 통제는 금세 느슨해졌고 카리마타는 다시 도서부 동남아시아 전체로 철을 수출하기 시작했다. 네덜란드인들은 카리마타산 도끼와 파랑을 1631년에는 거의 1만 톤,[270] 1637년에는 8000톤이나 사들였는데, 인도네시아 전역은 물론 멀리 티모르에 이르기까지 매우 필수적인 교역품인 것을 알아보았기 때문이다.[271] 술라웨시에는 현지 철 산지가 있었지만 마카사르 배들은 "카리마타산 도끼와 파랑"을 구하러 그 후 20년 동안 정기적으로 수카다나로 항해했다. 가끔은 한 해에 같은 배 두세 척이 훨씬 서쪽의 블리퉁으로 가서 철기를 가져오기도 했는데, 이곳에서는 "파랑은 더 많이 도끼는 더 적게" 만들었다.[272]

블리퉁의 철은 슬루마르Selumar산에서 캐낸 것일 가능성이 높다. 이산은 벽처럼 생긴 자철광석 노출부로 주석, 구리, 납의 흔적이 있다.[273] 마찬가지로 카리마타산 철도 카리마타에서 나는 갈색 철광석을 이용했던 것으로 보인다.[274] 보르네오에는 광맥이 지표 위로 노출된 곳이 수없이 많았지만, 다수는 지역 안에서만 쓰는 용도로 채굴되었던 것이 분명하다. 19세기에는 보르네오 고지대의 더 고립된 종족들이 철광 제련 기술을 익혔다. 바리토강, 카텡안강, 쿠타이강, 카얀강, 르장강, 바람강 상류 지류의 카얀족, 크냐족, 다약족이 그들이다.[275] 이에 관해서는 카를 슈바너가 상세한 기록을 남겼다. 그는 1847년 바리토강의 작은 지류인 만탈랏강에서 제련용 화덕을 10개가량 발견했는데 바로 여기서 동남부 보르네오 전체에 철을 공급했다.[276] 그들이 사용한 광석은 강둑에 노출된 진흙 같은 스페로시데라이트였다.

중국산 철과 철기가 훨씬 싸고 종류도 다양했기 때문에 교통이 발달하면서 동남아시아의 철광석 채굴과 제련은 점차 내륙으로 밀려났다. 송나라 때 이미 철과 철기가 "중국에서 난양으로 실려 오는 가장 흔한 상품"이었고[277] 스리위자야 왕국 같은 주요 무역 중심지까지 수입됐다. 1510년경 믈라카의 중국산 수입품에는 "구리, 철 (…) 구리 합금 꽃병, 무쇠 주전자, 양푼, 대야, 이런 종류가 어마어마한 양, 상자, 부채, 100가지 바늘, 아주 정교하게 잘 만든 물건들 (…) 플랑드르에서 포르투갈로 오는 물건처럼 형편없는 것들, 셀 수 없이 많은 구리 팔찌"가 있었다.[278] 한 세기 후에 믈라카의 재분배 역할을 물려받은 파타니에도 중국인들이 "많은 도자기, 철기, 구리, 이곳 사람들에게 필요한 다양한 값싼 물건"을 가져왔다. 보르네오 무역상들은 파타니에서 중국산 철기를 상당량 사 갔다.[279] 수마트라에는 인도산 철기가 더 많았고, 17세기에 유럽산 철기가 그 자리를 차지할 때까지 해마다 인도에서 아체와 티쿠로 들여오

그림 17a 보르네오 내륙 바리토강 지류의 두순울루Dusun Ulu에서 다약족이 철을 제련하는 모습.

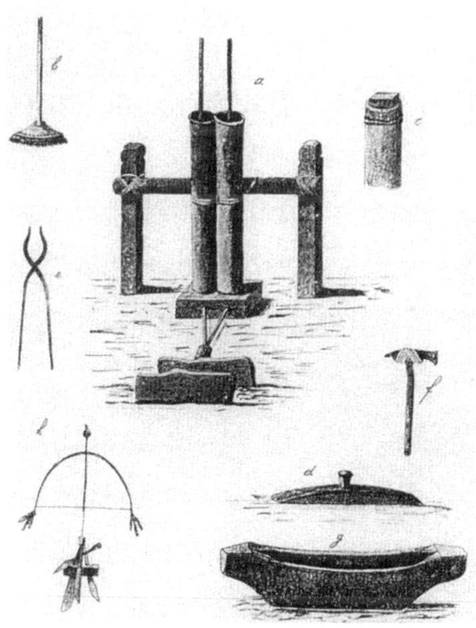

그림 17b 술라웨시 중부에서 대장일에 쓰던 도구. 1900년경. a. 풀무와 화덕 b. 풀무용 피스톤 c. 큰 모루 d. 작은 모루 e. 집게 f. 작은 망치 g. 물구유 h. 대장간에 걸린 부적 타모아tamoa.

는 철이 250바하르(45톤) 이상이었다.[280] 17세기 초에는 보르네오와 술라웨시가 자바와 소순다열도의 수요만큼을 거의 공급했지만, 세기말을 넘기지는 못했다. 중국 및 유럽산 철기와 직접 경쟁에 직면한 카리마타의 광부와 제련공은 1808년 결국 철 생산을 중단했다.[279] 19세기에 문화기술지 학자들은 수마트라, 보르네오 내륙, 중부 술라웨시의 비교적 접근이 어려운 고지대에서만 제련의 전통이 계속 이어졌다는 것을 밝혀냈다(그림 17a, 17b).

제련 및 철(과 다른 금속)을 다루는 기술은 어디서나 19세기에 동남아시아 중심지에서 기록된 방식과 비슷했으며, 앞선 300년 동안 거의 변하지 않은 것으로 보인다. 광부가 지표 근처의 광석을 캘 때는 불을 이용해 광층의 균열을 넓히고 큰 덩어리를 떼어낸다. 그 후 개방된 공간에서 광석을 굽는데 여기에 엄청난 양의 나무가 필요하다. 마지막으로 광석을 땅속 구덩이에 넣고 아래는 숯을 잔뜩 깔아 산소를 제거하면서 제련하고 마른 진흙을 써서 세워둔다. 이 과정에서 가장 동남아시아적인 특성이 두드러지는 부분은 '말레이 풀무'라고 부리는 세로형 원통 기구다.

> 지름이 10센티미터, 길이는 150센티미터 정도인 대나무 통 두 개를 수직으로 불 근처에 세우고 위쪽은 열어두고 아래쪽은 막는다. 바닥에서 2.5~5센티미터쯤 되는 곳에 작은 대나무 조각을 각각 넣어 분출구 역할을 하게 만든다.
>
> 공기압을 발생시키기 위해서는 깃털 뭉치나 다른 부드러운 물질을 긴 손잡이에 묶어, 수직으로 세운 원통 안에서 펌프 피스톤처럼 위아래로 움직여준다. 아래로 누르면 공기가 작은 수평 원통으로 빠져나가며, 각각 번갈아 올리고 내리면 지속적인 흐름 또는 바람이 유지된다. 그럴 목적으로 소년

한 명이 높은 의자나 받침대 위에 자리 잡고 있게 마련이다.[282]

수마트라 대장간의 풀무에 관한 이 설명은 인도네시아와 필리핀의 섬들, 버마, 시암, 사이공에서도 거의 똑같이 되풀이될 수 있다.[283] 원통은 보통 대나무보다 나무 둥치로 만들었고, 불에 넣기 전 작은 대나무 분출구들을 진흙 파이프로 연결시키는 경우도 많았다. 대장간에서는 일반적으로 원통 두 개를 썼지만 제련용 도가니를 가열하는 용도로 열두 개까지 쓰기도 했다.[284] 인도네시아인이 적어도 1000년 전부터 이주해간 마다가스카르에도 이런 풀무가 존재한다는 사실은 이 동남아시아형 풀무 또한 그만큼 오래됐다는 점을 일러준다. 이 풀무가 강하고 지속적으로 공기를 불어넣는 데 얼마나 효율적인지는 오늘날까지도 술라웨시와 보르네오의 대장장이들이 현대식 풀무를 두고도 이 풀무의 개량형을 쓴다는 데서 입증된다.

구리, 주석, 납

1960년부터 타이 동북부와 베트남에서 발굴을 진행해온 고고학자들은 대륙부 동남아시아에서 청동기 제조가 시작된 시기를 기원전 2000년 이전으로 앞당겨 추정했는데, 이는 남아시아에 어떤 형태로건 금속 가공술이 등장한 시기보다 앞선다. 반론이 없지는 않지만 동남아시아인이 다른 이웃들보다 먼저 독자적으로 금속을 다루는 기술을 발견했다는 주장이 제기되기도 했는데, 근거 중 하나는 주석과 구리 산지가 가깝다는 것이다.[285] 실제로 동남아시아 청동기는 주석보다 납을 더 많이 함유했지만, 구리 함량이 70퍼센트 아래로 떨어지는 일은 거의 없었다.[286] 이들 금속을 채굴하고 제련하는 방식은 앞서 설명한 철의 경우와 비슷하지만, 광석에서 녹은 금속을 추출하기 위해 굽는 과정은 철보다 훨씬 쉽다. 늦어도 15세기 초 명나라 공무역의 전성기부터 엄청난 양의 중국산 구리 엽전이 동남아시아로 쏟아져 들어와 통화로 이용됐다.[287] 18세기에는 네덜란드 구리 동전에 대한 수요가 컸다.[288] 주석과 납을 합금한 구리 동전은 값싸고 널리 퍼져 있어서 교역의 시대에 청동기를 제작하는 주요 재료였을지도 모른다. 그러나 이 모든 금속은 동남아시아의 특정 지역에서도 계속 채굴되어 먼 곳이나 가까운 곳에서 거래됐다.

전 세계 주석 매장량의 상당량이 버마 동부에서 말레이반도를 거쳐 방카섬과 블리퉁섬까지 남북으로 이어지는 선을 따라 묻혀 있다. 두 섬의 풍부한 매장량은 1709년에야 알려졌지만, 늦어도 10세기부터 더왜에서 슬랑오르에 이르는 말레이반도 중부가 아시아 주석 수요의 상당량을 공급해왔다. 주석은 15세기 믈라카의 수많은 수출품 가운데 믈라카에서 나는 유일한 품목이었고, 그곳에서는 작은 주석 덩이를 화폐로 썼다.[289] 더왜 주변에서 채굴된 주석 대부분은 버마로, 말레이반도 동해안의 주석은 타이로 간 것으로 보인다. 반도 서해안의 훨씬 남쪽에 있는 광산들은 주로 수출용 주석을 생산했고, 그 결과 다른 광산보다 훨씬 더 잘 알려졌다. 페락과 슬랑오르(페락에 비해 양은 적지만)는 믈라카에 조공의 형태로 주석을 대는 주요 공급자였고, 그 주석의 상당 부분은 인도로 수출됐다. 실론의 조공국이던 정실론(오늘날의 푸껫)은 16세기에 처음 주요 주석 수출국으로 언급되기 시작하지만, 훨씬 오래전부터 그곳 주석이 탐브랄링가 왕국*의 부에 기여해온 것이 분명하다.[290] 1596년 중계무역항 반튼에서 구할 수 있던 주석은 페락과 (그즈음에는 비교적 독자적이던) 정실론에서 온 것이었다.[291] 그러나 페락은 소중한 자원을 지키기에는 너무 허약해 1620년 아체에 정복당했다. 이후 40년 동안 인도 등지의 시장에 팔 주석을 구하러 온 인도와 유럽 무역상들은 아체나 남쪽의 시암 조공국들을 직접 상대해야 했다. 한 네덜란드인이 그런 주석을 인도에 팔아 남는 이윤이 84퍼센트에 달한다고 보고하자,[292] 네덜란드인들은 주석을 구하기 위해서라면 무슨 짓이든 했다.

말레이인과 타이인이 흐르는 물을 이용해 금속을 씻어내고 제련하는 법에 관해서는 1600년 이레디아**가 페락의 사례를 설명한 바 있다. "산에서 파헤친 흙을 탁자 같은 데 올려놓고 물을 뿌린다. 그러면 흙은 씻겨 나가고 알갱이 형태의 주석만 남는다. 이 주석 알갱이를 흙으로 빚은 주형틀에 담고 녹이는 주조 과정을 거치면 주석판이 된다."[293] 더 북쪽에서는 비가 많이 오고 나면 산비탈에 노출된 주석 광석을 여자들이 모으는 곳도 있었다.[294] 어쨌거나 두 방식 다 주석 생산량이 상당해서, 이레디아는 페락에서 매년 300바하르(50톤), 더 남쪽의 항구들도 거의 같은 양을 생산했다고 추산했다.[295] 1640년대 페락에서 아체로 간 주석은 해마다 800~2000바하르(130~330톤) 사이로 다양하게 추산된다.[296] 1657년 네덜란드 선박 한 척이 정실론에서 주석 100바하르를, 다른 배가 나콘시탐마랏에서 451바하르를 가져왔다.[297] 포리스트는 1780년대 정실론이 한 해 500톤을 생산했으며 중국 제련업자들이 주석을 독점하기 전에는 생산량이 더 많았다고 주장했다.[298]

---

* Tambralinga. 10세기부터 13세기까지 말레이반도 전역에 세력을 미친 왕국. (옮긴이)

** Manoel Godinho de Eredia(1563~1623). 포르투갈-말레이인 지도 제작자. 술라웨시에 파견된 포르투갈인 아버지와 마카사르인 어머니 사이에서 태어나 인도 고아의 예수회 대大신학교에서 공부했다. 예수회에 입회했다가 탈회한 후 1600년 동남아시아로 돌아와 믈라카에서 포르투갈 선박을 지휘했으며 인도와 동남아시아에 관한 중요한 저서를 여럿 남겼다. (옮긴이)

동남아시아의 주요 납 산지는 베트남과 시암 북부뿐이었던 듯하다. 시암산 납은 믈라카, 버마, 코친차이나로, 그리고 떠닝다이를 거쳐 아체와 아마도 반튼까지 수출됐다.[299] 크로퍼드가 시암에 머물던 시절 빡쁘렉Pak-Prek 인근의 납 광산에서 "라와Lawa라는 야만족"이 한 해에 납 2000피쿨(110톤)을 채굴한다고 밝힐 때까지는[300] 이 납이 어디서 어떻게 나는지 알려진 바가 없었다.

동남아시아에서 구리가 가장 많이 나는 지역은 북베트남 산간지대일 것이다. 기원전 그 유명한 '동썬' 청동기 문화*가 발흥했던 바로 그곳이다. 18세기에 뚜롱Tu long 지역의 광산 두 곳에서만도 연간 각각 280톤과 220톤이 났다고 보고됐으며, 그 이전 세기에도 생산량은 이미 상당했을 것이 분명하다.[301] 이 북부산 구리 중 일부는 중국인 노동자들이 채굴한 것으로 보이지만, 오늘날 라오스 최북단과 최남단, 캄보디아의 북부 고산지대, 시암과 버마 사이의 고산지대 등 다른 광산에서는 고산족들이 캐냈다. 고산족들은 금속을 제련해서 저지대 도시의 대장장이에게 가져다주고 조각상, 냄비류, 악기와 바꿔 갔다.[302]

문자 없는 고산족이 구리 광석을 탐사, 채굴, 제련했던 방법은 루손 코르디예라의 이고로트족에 관한 19세기 기록에서 살펴볼 수 있다. 1850년 이로고트족의 광산 한 곳을 조사하던 스페인 기술자는 광대한 광석 찌꺼기를 근거로 그곳이 적어도 두 세기 동안 채굴된 것이 분명하다고 결론 내렸다.[303] 이고로트족은 먼저 광상을 물로 씻어내고 주변에 불을 지펴 광석이 조각조각 부서지게 했다. 이 광석 "주위에 연료를 쌓아 구운 후 풀무로 바람을 넣으며 조잡한 도가니에서 녹이고, 다시 한

* Đông Sơn, 東山. 기원전 400~기원전 100년 사이 북베트남 홍강 유역에 번성했던 청동기 문화. 대표적인 유물인 동썬 청동 북은 동남아시아 전역과 중국까지 전파되어 큰 영향을 끼쳤다. (옮긴이)

번 굽고 나서 또 풀무질을 하면서 진흙 도가니에 넣고 진짜로 제련한다".[304] 1856년부터 스페인 광산 기술자와 중국인 광부들이 이 광상에서 구리를 생산하려고 시도했으나 도무지 채산성이 맞지 않았고 결국 1864년 한 정부위원회는 이렇게 결론을 내렸다.

> 이 회사 이전 이고로트족이 수행해온 것으로 여겨지는 놀라운 노동을 고려해보면, 지속적이고 그토록 고된 노동 (…) 아니면 구리 함유량이 풍부한 광석을 선별해내는 지성 중 어느 쪽에 더 감탄해야 할지 모르겠다. 또 놀라운 점은 이고로트족의 방법인데 그들은 광석을 파내고도 폐기물은 안에 남겨두며 채굴의 흔적을 남기지 않는다. 비교해보자면 (…) 애통하지만 눈앞에 바로 보이는 큰 오류와 마주하게 된다. 이 오류는 지성과 광산에 관한 지식을 지니고도, 우리가 부당하게도 야만인이라 분류하는 자들보다 훨씬 뒤떨어지는 기만적인 기술자들이 저지른 것이다.[305]

그러나 이 경우는 동남아시아 고산족들이 수백 년 동안 캐내온 광석을 현대적 기계를 동원해 대규모로 채굴해서는 도무지 채산을 맞출 수 없었던 수많은 사례 중 하나일 뿐이다. 주석 탐사 전문가인 말레이 주술사 파왕pawang이 "송로버섯 탐색견truffle dog처럼 주석을 찾는 코"를 가졌다고 프랭크 스웨트넘 경*이 마지못해 인정한 일이 떠오른다.[306] 값싼 수입 구리가 흔해진 후대에 수익성 있는 구리 광산이 없는 지역이라고 해서 앞선 시기에도 이곳에서 구리가 채굴되지 않았다고 결론 내려

* Frank A. Swettenham(1850~1946). 영국의 식민관료. 1874년 팡코르 조약을 성사시키는 등 영국의 말레이반도 지배의 기반을 닦는데 중요한 역할을 했으며 1896~1901년 초대 말레이연방 총독을 역임했다. 말레이어에 능통했으며 말레이어 사전을 편찬하고 『영국령 말라야British Malaya』 등 말레이시아에 관한 저서를 여럿 남겼다. (옮긴이)

서는 안 될 것이다.

수마트라와 자바가 바로 그런 사례다. 데이비스가 1600년 저서에서 아체의 구리 광산을 언급하기는 하나,[307] 두 섬에 매장된 구리에 관한 구체적인 정보는 마스든이 1783년 저서에 수마트라 서해안 메우케Meuke의 매장량이 풍부한 광산에서 아체인이 구리를 캔다고 기록한 부분에 최초로 등장한다.[308] 1916년까지도 그곳 사람들은 공작석 형태의 구리를 주워 모았다.[309] 미낭카바우의 금 탐사자들도 19세기까지 싱카락Singkarak 호수 근처에서 구리 광석을 자주 발견하곤 했다.[310] 아체와 미낭카바우의 숭아이푸아르Sungai Puar에서 활약했던 구리 세공장인들은 현지 광산에서 구리를 공급받았을 것이 거의 확실하다. 수마트라산 구리는 금과 함께 묻혀 있는 경우가 많아서, 아체인들이 금과 구리의 합금인 수아사suasa(또는 틈바가수아사tembaga suasa)를 왜 그토록 사랑했는지에 대한 설명이 될 것이다.[311] 수마트라도 자바도 토메 피르스가 기록한 일본산과 중국산 구리를 수입하는 지역은 아니었으며, 아체와 자바는 구리 그릇을 수출했다.[312] 타이인들도 금-구리 합금을 사랑해 마지않았고 이 합금을 부를 때 말레이어 '틈바가'를 사용했는데,[313] 실제로 이 합금이 수마트라나 보르네오에서 수입되었기 때문일 수도 있다.

판 베멜런은 자바 사람들이 "과연 구리 광석을 스스로 찾아낼 수 있을지" 의심했지만,[314] 17세기 이전에 자바에서도 구리를 채굴했을 가능성은 높다. 1603년에 자바산 청동제 공gong은 파타니에서 중국인이 중국산 원료로 만들었을 공의 절반 가격밖에 안 되었다는 기록이 있다.[315] 더군다나 자바의 오래된 구리 공예 산지들은 깊은 내륙 지역에 있어, 구리 산지 가까이 자리 잡은 것이 아니라면 그 입지를 설명할 수 없다. 자바의 주요 구리 매장지인 서부 자바의 파라향안은 구리 세공장 사양sayang으로 특히 유명하다. 1686년 이 지역 마을 조사에 따르면, 현재의 반둥 동쪽 수메당 지역의 마을 33곳이 모두 구리 세공업에 종사했고, 옛 파라향안의 옛 왕도 치안주르Cianjur 근처에는 구리 세공장 마을인 캄풍 사양이 두 군데 있었다.[316] 모두 파랑Parang산과 사왈Sawal산의 저품위 구리 산지에서 멀지 않은 곳이었다.[317] 마타람 왕국에서 제일 유명한 구리 세공 장인들도 하나같이 왕국 영토의 서쪽 끝에 가까운 치르본과 크라왕에 자리 잡았는데, 이들이 파라향안에서 난 구리를 쓰지 않았다면 설명하기 어려운 일이다.[318] 중동부 자바 유일의 큰 구리 산지는 수라카르타에서 동남쪽으로 75킬로미터밖에 떨어지지 않은 트갈롬보Tegalombo 인근이었고,[319] 이 점이 수라카르타가 주요 청동기 산지로 발전하는 데 어느 정도 역할을 했을지도 모른다.

그러나 특히 17세기에 일본, 중국, 유럽산 구리가 밀려들자 동남아시아 지역의 소규모 광산이 거의 쓸모없어진 것은 분명한 사실이다. 17세기 말 구리 공급의 선두 주자였던 일본은 1670년에서 1715년 사이 한 해 평균 3000톤 이상을 수출했다.[320] 왕도와 대도시마다 성업하던 동남아시아의 청동기 장인들은 점차 값싼 수입 재료의 비중을 높여갔다. 다양한 합금 형태의 청동은 작은 대포뿐 아니라 주전자, 등, 접시, 빈랑 세트 등 가재도구를 만들 때 가장 중요한 금속이었다. 북쪽의 불교 국가들에서 가장 공들여 제작한 청동기는 거대한 불상을 비롯해 종교적인 목적을 가진 것들이다.[321] 정확한 음색과 음조의 악기를 만드는 데도 빼어난 기술이 필요했다. 수라바야 인근의 그레식에서 만드는 자바산 공은 자바 상인들이 말루쿠, 보르네오, 발리, 소순다열도로 가져가는 핵심 수출 품목이었다.[322] 캄보디아와 통킹에서 만든 공도 인도차이나 산맥의 외딴 고산지대로 팔려가 중요한 의례 때마다 연주됐다.[323]

4장 사회조직

이들 섬의 거주자들은 법이나 왕 또는 영주의 지배를 받지 않는다. (…) 노예를 제일 많이 소유한 자, 곧 가장 강력한 자가 원하는 것은 무엇이든 가질 수 있다. (…) 영주도 통치자도 없고 노예조차 특정한 조건에서만 주인을 섬길 뿐 온전히 종속된 것이 아니다.

_미겔 로페스 데 레가스피,* "필리핀제도의 관계와 그 주민의 성격과 조건, 1569년 7월"(Legazpi, 1569: 54)

필리핀 중부에서 왕 없는 놀라운 사회를 목격하고 레가스피가 보인 위의 반응은 아무래도 극단적이었던 듯하다. 그러나 동남아시아 전역에서 발견할 수 있는 뚜렷하게 계층화된 위계질서와 느슨해 보이는 정치체가 결합한 사회구조가 수백 년 동안 유럽에서 온 여행자, 제국주의 설계자, 인류학자들을 당황하게 만든 것은 사실이다. 이런 기반에서 강력한 왕권이 부상하기는 했으나, 왕의 빼어난 개인적 역량과 번창한 항구의 부

* Miguel Lopez de Legazpi(1502?~1572). 스페인의 항해사. 1565년 누에바 에스파냐(오늘날의 멕시코)에서 태평양을 건너 필리핀의 세부에 도착한 첫 스페인 탐험대를 지휘했다. 세부를 점령하고 그곳에 세운 스페인령 동인도의 총독이 되었다. (옮긴이)

를 통해서만 넓은 영토에 지배력을 행사할 수 있었다. 그 밑바탕에는 여러 혈통 집단 중 하나가 지지자 집단이라는 형태의 권력을 두고 지속적인 경쟁을 벌이는 양상이 깔려 있던 것으로 보인다. 토지가 넘쳐나고, 건물은 비영구적이며, 재산은 불안정한 지역에서 권력과 부를 보여주는 지표는 거느린 사람의 수였다.

이들 집단 안에서 혈통이란 (대개) 부모 양쪽의 지위가 반영되는 것으로 여겨졌고, 이 점은 권력 계승에서 불확실성의 요소가 되었다. 또 다른 불확실성의 요소는 추종자를 많이 거느린 자가 당연히 권력을 잡아야 한다는 생각이었다. 선조로부터 계승되는 신성한 혈통은 중요했지만 결혼의 유연성, 잦은 입양, 왕위 계승자 간의 경쟁이라는 현실에서 족보상의 서열이 가장 우선시될 수는 없었다.

핵심은 두 개인 사이에 이루어지는 수직적 의무 계약이었다. 주인master은 보호와 후원, 때로는 생계를 제공했다. 종속된 자 또는 하인bondsman의 의무는 지위에 따라 다르지만 일반적으로 연회 등 권력을 과시하는 행사를 거들고, 여행과 군사행동에 따라나서고, 선박이나 건물을 지을 때 노동력을 제공하는 것이었다. 상속, 관직에 딸린 특전, 결혼 선물 등으로 하인을 얻을 수 있지만, 전쟁 포로나 스스로 적으로부터 보호받기를 청하는 이들을 하인으로 두기도 했다. 그러나 주인에게 의무를 지는 가장 흔한 사유는 채무였다. 극단적인 예로는 큰 빚을 못 갚거나 벌금을 내지 못해 노예로 팔려가기도 했다. 통상적인 사업 관계에서도 자본을 대는 쪽은 상대방에게 사업의 범위를 넘어서는 역할까지 요구하게 마련이었다. 마찬가지로 결혼이나 장례처럼 사회에서 필수적으로 여겨지는 중요한 의례를 치를 형편이 안 되는 가족은 비용을 대줄 후원자나 주인을 구해야 했다. 여러 사회에서 결혼할 때 신부 쪽에 내야 하는 재물을 마련하지 못하면 남자가 장인이나 이 비용을 대주는 사람 밑에 종속 관계로 들어가기도 했다.

이런 식으로 모든 구성원이 우두머리에게 어떤 형태로건 종속된 큰 가구나 단지compound가 형성됐다. 개별적인 집도, 성벽을 둘러 적에게서 지지자들을 보호하는 도시 전체도 아닌, 중요한 사람들의 단지였다. 넓은 의미에서 영주lord라고 부를 수 있는 이를 따르는 자들은 도시와 나라 전체에 퍼져 있었다. 그러나 본거지에는 가까운 가족을 비롯해 딸린 친척, 영주의 첩이자 자식을 낳아주는 여자와 노예, 여러 층위의 추종자가 있었다. 그런 곳에서는 노예, 빚 때문에 하인이 된 사람, 가난한 친척이나 입양된 자식 등 신분이 다른 이들을 발견할 수 있었을 것이다. 그러나 그 사회의 눈으로 볼 때는 그런 개별적 차이보다 그 모두가 한 주인 또는 단지에 속한다는 점이 더 중요했다.

여성이 그런 혈통 집단의 수장이 되거나 중요한 지위를 차지하는 일이 없지는 않았으나, 이런 체제를 설명하기에 가장 알맞은 단어는 '가부장제'일 것이다. 주인은 모두의 '아버지'이며 노예와 그에게 딸린 이들은 모두 그 자식처럼 그려졌다. 노예를 팔거나, 부채의 담보로 맡기거나, 주인이 죽거나 패배하면 통치자가 몰수할 수 있듯, 자식 또한 그럴 수 있었다.

전쟁

어떤 행태의 '전통적' 모델을 묘사할 때는 언제나 신중해야 하지만 전쟁을 다룰 때는 각별히 더 유의해야 한다. 특히 그 영향력을 무시했다가는 즉각적이고 치명적인 결과로 이어지는 군사 기술을 먼저 살펴보아야 할 것이다. 특히 교역의 시대는 급격한 변화의 시기로, 유럽에서 전쟁의 양상과 권력 관계를 바꿔놓은 화기火器가 아시아에서도 같은 역할을 하기 시작했다. 그러나 기술이 변화해도 몇몇 사회적·환경적 요인은 계속해서 동남아시아의 전쟁에 아주 오랫동안 영향을 미쳤다.

임지는 무한정 널려 있고 노동력은 부족하다는 인식 때문에 경쟁은 기본적으로 인력의 통제권을 놓고 벌어졌다. 지위 문제로 분쟁이 시작될 때도 많았지만, 전투의 물리적 목적은 영토가 아니라 사람을 확보하기 위한 것이었다. 필리핀과 인도네시아 동부, 고산지대 어디서나 끊임없이 벌어진 소규모 습격이든, 대륙부와 자바에서 대부대 간에 치러진 요란한 전투든 그 목적은 공히 족장이나 왕을 제거하고 인적자원을 차지하는 것이었다. 라 루베르는 바로 이런 이유로 시암 군대가 효율적이지 못하다고 생각했다. "그들은 노예를 잡는 데만 열중했다. 예를 들면 버고인이 시암 영토의 어딘가에 쳐들어가면, 시암인은 버고 영토의 다른 곳에 쳐들어간다. 양쪽 다 마을 전체를 포로로 잡아갈 것이다."[1]

따라서 열세인 쪽의 전형적인 방어술은 정글로 도망쳐 침략자들이 약탈에 지쳐 돌아가기를 기다리며 포로 신세를 모면하는 것이었다. 대개 도시의 구조물이 허술하고 비영구적인 데다 귀중품은 귀금속과 직물의 형태라 옮기기 쉬운 탓에, 돌로 성벽을 쌓고 해자를 파고 결사 항전을 벌여 도시를 수비하는 전술은 바람직하지도 않았다. 16세기 아체의 특사 일행은 오스만제국에 가서 아체는 전사들이 용맹하고 코끼리가 많아서 방어 시설이 없어도 괜찮다고 주장했다.[2] 시암인들은 요새를 지었다가 적에게 빼앗기면 다시는 되찾지 못할까 두려워서 그런 방어술을 쓴다고 설명했다.[3] 사실 동남아시아와 같은 조건에서는 잠시 피란을 가는 편이 합리적이긴 하나, 도시 인구가 늘고 유럽식 전쟁 기술이 전쟁의 양상을 바꾸어놓으면서 상황이 달라졌다.

대도시가 공격받고 함락될 때조차, 포위군이 퇴로를 막는 흔치 않은 경우를 제외하면 수비는 그다지 절실하지 않았다. 네덜란드인 얀 피터르스존 쿤*은 이런 말을 들었다. "반튼의 왕은 포르투갈인도, 스페인인도, 네덜란드인도, 잉글랜드인도 겁내지 않지만 마타람만 겁낸다. 왕이 말하길 마타람 왕에게서는 도망칠 수 없지만, 다른 적이라면 모두 산으로 도망치면 되기 때문이다. 적들은 배로 오기 때문에 우리를 쫓아올 수 없다."[4] 동수마트라, 말레이반도, 보르네오의 강가 항구는 바다에서 오는 공격 때문에 점차 내륙으로 옮겨가는 일이 많았다. 한 잉글랜드인 무리가 후추를 사러 한때 번성했던 수마트라의 인드라기리를 찾아갔으나 이틀을 헤매도 과거의 흔적밖에 찾지 못했다. 나중에야 6년 전 아체에게 침략당한 후 도시 전체가 꼬박 사흘 거리인 상류로 옮겨간 것을 알게 되었다.[5] 동남아시아 역사에서 가장 중대한 좌절의 순간이라 할 1511년 믈라카 함락 당시에도, 도시를 수비하던 말레이인들은 처음에는 이 사건을 같은 견지에서 보았다. "믈라카 왕은 (…) 도시를 떠나 말레이 상인과 신하와 각료들을 데리고 하루 정도면 닿을 수 있는 곳으로 피했다. (…) 아폰수 알부케르크가 도시를 약탈하고 약탈품을 배에 실으면 돌아갈 줄로만 생각했던 것이다."[6]

전쟁의 목적은 가능한 한 노동력을 늘리는 것이지 피 튀기는 전투에 노동력을 낭비하는 것이 아니었다. 따라서 대규모로 병력을 모아 겁을

* Jan Pieterszoon Coen(1587~1629). 네덜란드동인도회사의 관료. 1619~1623년과 1627~1629년 두 차례 동인도 회사의 총독을 역임했다. 바타비아를 건설하고 반다제도를 무력으로 점령해 향료 독점을 시도하는 등 공격적이고 무자비한 식민지 경영 때문에 논란의 대상이기도 하다. (옮긴이)

주고, 적의 허를 찌르고, 초자연적 힘이 아군의 편이라고 증명해 보여 기선을 제압하는 것이 관심사였다. "바람 아래의 땅에 있는 모든 나라에서는 농민과 군대가 하나이며 동일한 사람들이기 때문에 군대가 타격을 입으면 나라 자체가 흔들린다. 그 결과 이 지역 원주민은 신중하기 짝이 없게 전쟁을 시작하고 전투라고 해봐야 전적으로 기만술과 눈속임일 뿐이다. 그들은 서로 죽이거나 대학살을 벌일 의도가 전혀 없는 것이 분명한데, 장군이 진짜 정복을 벌이면 자기도 피를 보게 된다는 말이 있기 때문이다."[7]

통치자는 귀족과 유력자가 자비를 들여 휘하 인력을 데려오도록 해서 병력을 동원했고, 이 지휘관들은 인력을 전장에서 희생시킬 위험을 감수하기를 극도로 꺼렸다. 인력은 그들의 지위를 보장해주는 핵심 기반이었기 때문이다. 한 네덜란드 제독이 동맹을 맺은 조호르의 술탄에게 왜 군대를 전쟁에 내보내기를 꺼리느냐고 불평하자, 술탄은 이렇게 대꾸했다. "제독과는 경우가 다르다. 제독은 유지비와 임금을 주니 부하들이 제독의 말이라면 무엇이든 따라야 하지만, 이곳에서는 각 오랑카야, 곧 귀족이 일정 수의 병력을 데리고 와야 하는데 다들 유일한 재산인 노예를 잃을까봐 겁을 낸다."[8] 스콧 또한 반튼에서 정확히 똑같은 점을 지적했다.[9] 서구식 전쟁의 훨씬 많은 사상자 비율에 익숙했던 유럽인, 튀르크인, 페르시아인들은 한 명이라도 사상자가 나면 전투를 계속하기를 주저하는 동남아시아인의 태도에 놀랐다.[10] 아베 드 슈아지*는 시암인, 버마인, 라오인이 전쟁을 "천사처럼" 치른다고 생각했다. 적을 죽일 생각 없이 총을 허공이나 바닥에 쏘아 겁만 주고, 부상을 입히기보다는 모아서

* Abbé de Choisy(1644~1724). 프랑스 파리 출신의 성직자. 여장남자로 유명세를 날리다 가톨릭에 입문했으며 1685년 특사 드 쇼몽이 이끈 사절단의 일원으로 시암에 갔다. (옮긴이)

자기 영토로 끌고 가려 했기 때문이다.[11] 기근, 질병, 전쟁이 벌어질 즈음의 혼돈으로 많은 이가 죽었지만 전장에서 죽는 이는 거의 없었다. 전장의 잔인무도함에 익숙했던 것이야말로 그토록 소수였던 유럽인이 수적으로 훨씬 우월한 동남아시아 병력을 상대로 큰 승리를 거둘 수 있었던 중요한 이유였을 것이다.

동남아시아인 중에서도 서쪽의 아체에서 동쪽의 말루쿠에 이르기까지의 인도네시아인은 개개인이 용맹무쌍하다는 명성이 자자했다. 와양에 등장하는 영웅들의 죽음도 두려워하지 않는 태도는 자바인에게 전투는 물론 (마환 등이 묘사했듯) 치열한 시합에 임하는 본보기가 된 듯하다. 그런 시합은 무예와 정신력을 증명해 보여 전투를 승리로 이끌 전사를 길러내기 위한 신중한 의식이자 신체적 준비의 장이었다. 전쟁이란 어느 편이 승리할지 우주의 힘이 정하는, 시련이 따르는 일종의 심판이라는 믿음 때문에 우두머리가 죽으면 전투가 순식간에 끝나버리곤 했다.[12] 『히카야트 반자르』에 따르면 반자르마신의 이슬람화가 실질적으로 결정된 것은 왕위를 놓고 다투던 경쟁자들이 내전을 피하기 위해 결전을 벌이기로 하면서였다.[13] 시암의 두 유명한 왕 람캄행과 나레수안은 적장과의 일대 격돌에서 코끼리를 사용해 빛나는 승리를 거둔 것으로 각별히 기억된다.

양편의 수가 엇비슷할 때 전쟁이란 일련의 소규모 접전과 개별 전투로 중단되는 군사훈련이었다. 각 진영이 서로 소리가 들릴 만한 곳에 임시 방책을 세우고 오랜 기간에 걸쳐 상대에게 도전하거나 작은 접전을 벌이기도 했다. "허장성세는 넘쳐났으나 전투는 별로 없다."[14] 댐피어는 이런 종류의 전쟁을 두 번 목격했다. 한번은 아체의 내전으로 양쪽 다 수천 명을 동원했지만 사망자는 한 명도 없었고, 또 한번은 민다나오에서 술탄과 산지의 '알푸르'* 사이에 계속된 접전이었다.[15] 말루쿠에서는 이런 접전이 끝없이 벌어져 이방인의 눈에는 "그들은 언제나 전쟁을 벌이고, 전쟁을 즐기며, 전쟁으로 먹고산다"고 비치기도 했다.[16] 대륙부 동남아시아에서 전쟁은 보통 수천 명이 동원되는 훨씬 큰 사건이었다. 그럼에도 한 타이 역사학자는 왕조 역사 417년 동안 아유타야가 벌인 전쟁이 기록에 남은 것만 최소한 70차례였다고 계산했다.[17]

말레이 세계에서 공격의 핵심은 아목amok이었다. 말레이 연대기에는 동사의 형태 믕아목mengamok으로 가장 자주 등장하는데, 단순한 공격일 때도 있지만 특히 분노에 차 죽을 각오를 하고 적진에 뛰어들어 크리스 단검이나 칼로 적을 여럿 죽이거나 전열을 흩트려놓는 것을 뜻한다. 그런 공격이 적장에게 부상을 입히는 데 성공하기라도 하면 그 자체로 전투의 승패가 결정되기도 했다. 토메 피르스에 따르면 자바의 아목이 특히 유명했다. "아모코스**는 그들 중에 기사이며 죽기로 작정하고 앞장서 죽는 자들이다."[18] 발리군의 체계적인 편대에서조차(그림 18) 자기희생의 상징인 흰옷을 차려입은 아목 결사대가 공격을 담당했다.[19] 그런 전사가 결사 항전에 임하기 위해 아편이나 대마초가 자주 쓰였으나,[20] 이는 최면 같은 불사의 상태에 들어가기 위한 훨씬 긴 의례와 영적 준비 과정의 아주 작은 일부였을 것이다.

동남아시아의 연대기와 비문은 왕의 위대함과 카리스마를 극대화하는 데 열중해서, 기술적 요인보다는 초자연적 요인에 힘입어 승리를 거두었다고 기록하는 경향이 있다. 예를 들면 파타니가 팔렘방에 거둔 승리는 술탄 만주르 샤의 다울랏daulat, 곧 신성한 왕권 덕분이었다.[21] 권

---

* Alfur. 도서부 동남아시아 내륙에 사는 무슬림도 그리스도교도도 아닌 원주민. (옮긴이)

** amocos. 아목에 들린 자. (옮긴이)

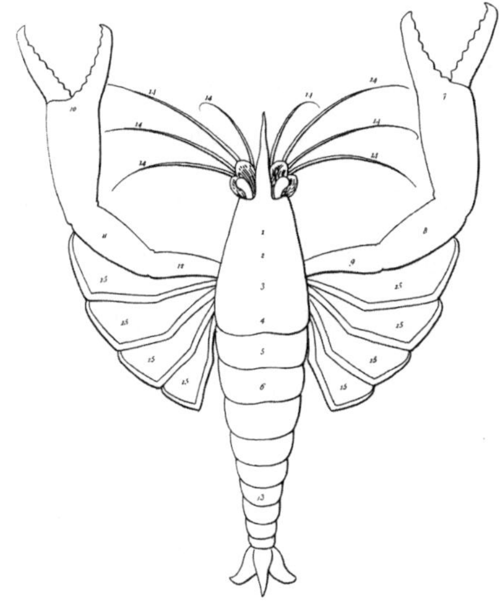

그림 18 17세기 마타람 왕국의 전투대형에 드러난 자바적 개념. (14) 더듬이는 지휘관senapati의 특별부대로 아목 전사들을 나타내는 듯하다. (4) 군주 자신은 가재의 몸통에 있고, (3) 아들과 친척들, (2) 지휘관, (1) 대신들이 그 앞에 선다. 다른 번호들은 다른 귀족과 관리들이 이끄는 부대를 뜻한다.

력이 영적인 힘에서 비롯한다고 보기 때문에, 왕과 전사는 준비 의례, 명상, 부적, 신이 내린 신성함이 강한 군대만큼이나 승리를 거두는 데 중요하다고들 여겼다.

『스자라 믈라유』는 15세기에 말레이인이 시암에게서 승리를 거둔 것도 타이 왕궁 앞에서 말레이인이 불사의 힘을 보여주자 타이인이 바로 싸울 생각을 버렸기 때문이라고 설명했다.[22] 이 이야기는 사실이 아닐지 모르지만 우리는 말레이인, 그중에서도 마카사르인이 17세기 시암에서 유사한 명성을 누렸다는 것을 안다. 한 페르시아 사절이 기록하기를, "시암 전체에서 만트라, 주문, 주술이 폭넓게 활용되지만 누구도 자기 단검에 특별한 주문을 거는 마카사르인들을 능가하지 못한다".[23]

칼날과 총알을 막는 불사의 능력은 위대한 전사의 증표로 여겨졌다. 18세기 초 아체에서 벌어진 큰 내전 같은 다툼에서 양쪽 다 이런 전문가들이 있어 주문을 외거나 (보통 금속으로 된) 부적을 지녀 불사kebal의 힘을 발휘할 수 있었다. "불사의 팡프르바Pang Peureuba가 총알에 맞았다. 그러나 피부가 기름처럼 미끄러워서 총알이 흘러내렸다."[24] 1511년 믈라카를 정복하러 가는 길에 그런 전사를 만난 포르투갈인들도 말레이인의 정신세계에서 그다지 멀리 떨어져 있지 않았다. 말레이인 대장은 수많은 상처를 입고도 피 한 방울 흘리지 않았으나, 포르투갈인들이 그의 팔에서 뼈로 만든 부적을 찾아 "떼어내자 곧 온몸의 피를 다 쏟아내고 쓰러졌다".[25]

오늘날에도 여전한 불사의 존재에 대한 믿음을, 마술만 중시하고 전쟁의 기술적 측면을 무시하는 것이라고 여겨서는 안 된다. 누구도 효과만 확실하다면 중국, 튀르크, 유럽산 등 최신식 무기로 무장하기를 마다하지 않았다.

동남아시아의 전쟁에서 제일 중요한 무기인 칼, 단검, 창은 누구나 가지고 있었다. 자바인, 말레이인, 마카사르인은 크리스 단검을 꽂지 않으면 제대로 갖춰 입은 것이 아니었다(그림 19). 왕은 월급을 주는 직업 군대를 거느리기보다 필요할 때마다 조신들을 따르는 무리를 동원하기를 택했다. 따라서 왕권의 물리적 기반은 허술했다. 위대한 왕이 귀족들과 그 추종자들까지 장악할 수 있게 해준 것은 경계심, 카리스마, 운, 대개는 잔인무도함뿐이었다. 승전은 그 자체로 왕에게 계기가 되었다. 포로와 전리품으로 권력이 탄탄해질 뿐 아니라 승리로 인해 카리스마 또한 빛나기 때문이다. 같은 이유로 큰 국가도 패전하면 놀라운 속도로 해체될 수 있었다.

16세기까지는 왕이라고 해서 일반인보다 월등한 전쟁 기술을 보유한 것이 아니었다. (대륙부와 수마트라의) 왕에게는 코끼리 부대가 있었지만,

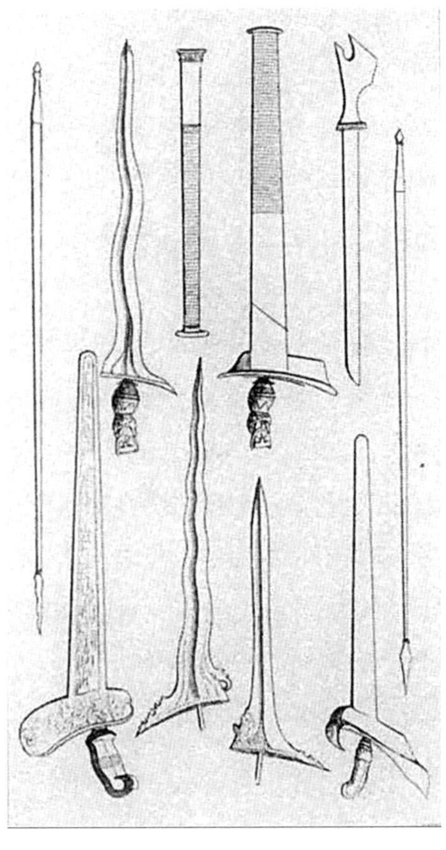

그림 19 자바의 크리스 단검과 창.

적과 맞서 싸울 때 코끼리 부대는 군사적 효과보다는 심리적 압박으로서의 효과가 더 컸다. 왕의 또 다른 무기는 전투 갤리선이었다. 특정 귀족이나 마을을 시켜 선박을 돌보게 하기도 했지만, 왕궁과 가까운 곳에 두고 직접 감독하는 것이 보통이었다.

교역의 시대에 도입된 두 요인은 국가가 외국인과 신민을 다루는 효율성 측면에서 중대한 결과를 낳았다. 첫 번째 요인인 대포는 15세기에 중국인, 구자라트인, 튀르크인이 고안한 소형 청동제 컬버린의 형태였던 것으로 보인다. 솜씨를 부려 화려하게 장식한 이 대포는 (코끼리 부대와 마찬가지로) 적에게 해를 입히기보다는 초자연적인 힘이라도 발휘하듯 적을 겁주는 데 쓰였다. 방향 조정이 더 용이한 대포와 머스킷총을 유럽인들이 들여오고, 이후에 동남아시아에서도 이런 화기를 생산하게 되면서, 자기 영토에서 신기술을 독점할 수 있었던 소수의 강력한 왕이 부상했다.

두 번째 요인은 주로 화기 사용법을 훈련받은 특수 용병 부대의 성장이다. 동남아시아 국가들은 항구에 잠시 머무는 외국 선박을 비롯한 누구라도 전쟁에 참여하기를 언제나 기대했다. 구자라트, 말레이, 중국 등 외국 선박은 항구에서 일시적으로 벌어지는 해전의 판세를 결정하는 중대한 역할을 하기도 했다. 그러나 유럽의 회사들은 그런 군사적 지원에 높은 비용을 청구했다. 교역의 시대의 성공적인 왕들은 유럽(과 일본) 군인의 전문성을 극대화하려면 모험가와 이탈자를 고용해 어떤 동남아시아 군대보다 더 살상에 몰두하는 직업 용병으로 쓰는 것이 최선임을 깨달았다.

초기에는 이 새로운 요인들의 효과가 동남아시아 전쟁에서 중시되던 개인적 기량과 초자연적인 힘에 의해 과장되었던 것이 분명하다. 그러나 초반의 놀라움으로 인한 기선 제압 효과는 빠르게 사라졌다. 갈방이 말루쿠에서 이 점을 잘 설명했다.

> 예전에는 투구를 쓴 사람을 보면 그들은 "쇠머리가 온다"며 우리가 불사의 존재라 죽지 않는 줄 알고 모조리 도망쳤다. 그러나 지금은 투구 아래 잘릴 수 있는 평범한 머리와 죽을 수밖에 없는 몸이 있는 것을 안다. 그리고 우리가 머스킷을 쏘는 것을 보고는 우리가 입으로 치명적인 불을 뿜어낸다고

상상했다. 포탄 쏘는 소리가 나고 포르투갈인이 온다는 말을 듣자 임산부가 유산을 하고 말았다고 한다. 대포가 생전 처음이고 그것이 무엇인지 감조차 잡지 못했기 때문이다. 그러나 한참이 지난 지금은 우리와 전쟁을 벌이고 그다지 놀라거나 공경하지도 않는다. 주님께서 기적을 통해 도우시지 않았다면 그들은 한자리에 앉아 우리를 다 먹어치우고 말았을 것이다.[26]

새로운 무기를 구입하거나 종국에는 직접 제조해 확보하기란 어려운 일이 아니었다. 더 복잡한 것은 새로운 전쟁(과 교역과 생산)의 방식이 끌어낸 사회정치적 변화의 과정이다. 이 과정은 전례 없이 고도로 권력이 집중된 국가를 만들어내며 동남아시아를 빠르게 바꾸어놓았다. 그러나 같은 과정은 유럽을 한층 더 빠르게 바꾸어놓았고 그 결과는 세계의 다른 곳곳만큼 동남아시아에도 근본적이고 치명적이었다.

노동력 동원: 노예제와 종속 관계

아킴(아체)에서는 모든 사람이 자신을 팔려고 애쓴다. 몇몇 대제후는 노예가 1000명이 넘었는데 이 노예들 역시 큰 상인으로서 많은 노예를 거느렸고, (…)

바로 이것이 (…) 지극히 적절한 노예제 권리의 정당하고도 이성에 맞는 기원이다. 이 권리는 반드시 적정한 수준에서 행사되어야 한다. 자유로운 인간이 자기 이익을 위해 자유롭게 주인을 선택하는 데 그 근거를 두고 있으며, 바로 이 사실이 두 당사자 간 합의를 이루기 때문이다.

_몽테스키외, 『법의 정신』(Montesquieu 1748: 239)

동남아시아에서 수직적 종속 관계가 중요해진 데는 세 가지 핵심적 요인의 영향이 있었다. 첫째, 토지보다는 노동력이 더 귀한 자원이기 때문에 노동력의 장악과 통제야말로 권력과 지위의 필수적인 지표로 여겨졌다. 스콧은 반튼 지배층에 관해 "그들의 부는 노예에게 달렸기 때문에 노예가 죽으면 거지가 된다"고 썼다.[27] 둘째, 인신 거래가 금전 거래의 형식으로 이루어졌다. 수백 년 동안 해양 무역이 지역을 관통해온 탓에 동남아시아인은 자기 자신조차 현금 가치를 지닌 자산으로 보는 사고방식에 익숙했던 듯하다. 셋째, 국가가 보장할 수 있는 법적·금융적 안정성의 수준이 낮아 후원자도 수혜자도 서로의 보호와 지원이 필요했다. 16세기에 한 중국인은 믈라카 사람들이 "땅보다 노예가 낫다고 하는데, 노예는 주인을 보호해주기 때문"이라고 기록했다.[28] 이 세 가지 조건이 채무에 바탕을 둔 종속체계를 만들어냈으며, 이 체계 속의 충성도는 탄탄하고 친밀했지만 동시에 양도와 거래도 가능했다.

초기 유럽인 무역상이 동남아시아 항구에서 인력을 고용할 때 지불해야 했던 임금은 비정상적으로 높았던 듯하다. 표 4는 유럽 상인들이 여러 도시에서 일당으로 지급했다고 기록한 금액을, 같은 도시에서 하루치 쌀 공급에 들었던 비용으로 환산한 것이다. 이 중에서 생계 임금이라고 할 수 있는 금액은 망갱Manquin의 수치 중 포르투갈인의 노예에게 지불한 식량뿐이다. 그 외에는 모두 생계 임금의 최소 열 배 이상을 받았다.

이렇게 임금이 높았던 까닭은 "열심히 일하고 지독하게 돈을 밝히는"[29] 중국인이나 항구에 잠시 머무는 다른 외국인을 제외하고는 자유 임노동이 없었기 때문이다. 현지 인력을 쓰려면 엄청난 비용을 물리는 주인에게서 빌리는 방법밖에 없었다. "노예를 빌리는 것이 그들의 방식

표 4 쌀로 계산한 노동임금

장소·시기	출처	일당	동량의 쌀 (단위: 간탕a)	하루 쌀 필요량으로 계산한 일당 (단위: 일수)
목뜨마, 1512	Bouchon 1979: 142-143	1.00비스vis (선박 누수방지공) 0.05비스(일꾼)	130.0 6.5	650.0 32.5
믈라카, 1519	Manguin 1983: 212-213	쌀로 지급(숙련공) 쌀로 지급(노예 일꾼)	4.0 0.54	20.0 2.7
반튼, 1596	Lodewycksz 1598: 129	엽전 1000냥(노예)	3.0	15.0
마닐라, 1590	Salazar 1590: 229	1레알(중국인)	12.0	60.0
잠비, 1615	EIC Merchants 1615: 201	12펜스+음식(중국인)	3.4	17.0
아체, 1642	Willemsz 1642: 508-520	1.5마스(중국인 목수) 0.75마스(노예 일꾼) 1마스(아체인 이엉장이)	4.5 2.2 3.0	22.5 11.0 15.0
아유타야, 1655	Smith 1974: 316	1푸앙fuang(타이인 일꾼)	8.0	40.0

a. 쌀 1간탕(1.75리터)은 약 3.1킬로그램 또는 성인 일꾼의 하루 쌀 소비량의 다섯 배.

이었다. 노예를 쓰는 데 일정 금액을 주인에게 내고 그날은 원하는 대로 노예를 쓴다."[30] 믈라카 법전 『운당운당 믈라카Undang-undang Melaka』는 노예를 "고용mengupah"하거나 "대여meminjam"할 때 발생하는 일에 관해 여러 번 개정안을 내놓지만, 임금 계약에 관해서는 별다른 내용이 없다.[31] 아무리 높은 임금을 제안해도 육체노동은 노예의 일이기 때문에 '자유인'은 관심을 보이지 않았다. "말레이 현지인은 구할 수 없을 것이다. 그가 아무리 가난하다고 해도, 아무리 돈을 많이 받는다 해도 제 등에 제 물건이나 남의 물건을 져줄 말레이인은 구하지 못할 것이다. 그런 일은 모두 노예가 한다."[32]

동남아시아의 법령들은 한 사람이 종속 관계가 되는 여러 경로를 인정했다. 그 경로를 다음과 같이 정리해볼 수 있을 것이다.

1. 부모의 종속 관계를 상속
2. 부모, 남편, 본인이 종속 관계를 판매
3. 전쟁 포로
4. 법적 처벌(또는 벌금을 내지 못할 때)
5. 부채 탕감 실패

부채는 종속 관계에 유입되는 가장 흔한 이유였다. 장사를 하다가, 결혼할 때 신붓값을 내지 못해서, 농사를 망치거나 재난이 벌어져서, 혹은 도박을 하다가 빚을 졌다. 종속 관계는 다른 모든 범주의 밑바탕에 깔린 개념으로 볼 수도 있어서, 전쟁 포로는 전장에서 죽임당하지 않은 대가로 목숨을 빚진 것으로 여겨졌다. 현대까지도 동남아시아에서 채무와 노동 의무 사이에는 밀접한 관련이 있고, 고용주 쪽에서는 합당한 임금을 지불하기보다 선금을 내려는 경향이 강했다. 식민지 이전 경제에서 채무에 딸린 의무 사항은 합법이었고 엄격하게 지켜졌다. "그들은 결코 채무를 부정하는 일이 없다. (…) 채무를 신립申立하지 않는 자는 누구든 붙잡혀 사형에 처해진다."[33]

(이 장 처음에 등장한) 자발적으로 자신을 파는 적정한 노예제에 관한 몽테스키외의 설명은 댐피어의 기록을 바탕으로 한 것이지만, 그가 라루베르[34]나 다른 유럽인 관찰자의 기록을 살펴봤더라도 같은 내용을

발견할 수 있었을 것이다. 따라서 이는 부연 설명 없이 영어의 '노예(제) slavery'라는 단어를 사용하는 것의 위험성을 경고하는 역할을 할 수 있을 듯싶다. 초기 유럽 여행자들이 노예라고 번역한 동남아시아 단어들은 다른 경우라면 채무자, 피보호자, 신민이 될 수도 있는 것들이었다. 종속된 자의 채무와 의무를 팔 수 있다는 점에서는 유럽식 개념 가운데 노예가 가장 가까울 수 있지만, 동남아시아의 노예제는 그리스나 로마에서처럼 국가가 보장하는 자유민에 반대되는 법적 범주로 발전하지 않았다. 동남아시아에는, 특히 고산지대에는 의례적·법적 종속성을 강조하는 방식으로 고정된 수의 노예 노동 집단을 유지하는, 내가 '닫힌' 노예제라고 부르는 체제가 운용되는 사회가 있었다.[35] 그러나 대부분의 노예제와 여타 형태의 종속 관계 간의 경계에는 빈틈이 많고 불분명했다. 중요한 것은 누가 누구에게 종속됐는가이지, 그 종속 관계가 정확히 어떤 조건인지가 아니었다. 따라서 이 책에서는 일반적인 목적으로는 더 범주가 넓은 '하인bondsman'을 사용하고 '노예slave'는 새로 팔리거나, 포로가 되거나, 사적 재산으로 거래되거나, 닫힌 노예제 안에 있는 이들을 가리키는 데만 쓰도록 하겠다.

강력한 군주는 늘 직접 통치하는 신민의 수를 늘리고, 왕실 부역을 면제받는 사적 하인의 수를 줄이고자 애썼다. 특히 가장 강력한 두 왕조가 있었던 시암과 버마에서는 귀족과 귀족의 노예, 승려와 사원 노예를 제외한 모든 백성이 전체 노동 시간의 절반을 왕을 위한 노역에 바쳐야 했다. 따라서 부유한 귀족에게 자신을 팔아 의탁하면 상당한 혜택을 누릴 수 있었고, 왕들이 여러 차례 이 관행을 비난한 것을 보면 그런 사람의 수가 상당했던 것 같다. 사노예의 수는 정치체 안에서 다원주의의 수준이 어떠한지 그 진폭을 감지하는 지표였다.[36]

자유 임노동이 부재하는 가운데 종속 관계는 노동력을 동원하는 기본적인 원천이었다. 일반적으로 도시와 벼 재배 평야지대의 안정되고 부유한 사회가 이동농법이나 수렵-채집 생활을 하는 국가 없는 사회의 노동력을 흡수했다. 때로 고산족이 내전의 희생자를 팔아넘기기도 했으나, 고산족이 노예로 잡혀갈 때가 더 많았다. 전성기의 앙코르는 이 방법으로 필요한 노동력 전체를 확보했던 듯하다. "인가의 노예는 모두 야인을 구입해 일에 충당한다. 많게는 100여 매枚 (···) 매우 가난한 집만은 그것이 없다. 대개 야인이란 산야에 사는 사람들이다. 각기 종류가 있지만 세상에서는 당 도적놈撞賊이라 부른다."[37] 말레이반도, 수마트라, 보르네오의 해안가 저지대에 거주하던 말레이인 또한 1900년 이전의 500년 동안 점차 애니미즘을 믿는 고산족(특히 어린이)을 습격, 공납, 구매하는 방식으로 노예 인구를 흡수했다.[38]

해역 도시에서는 대개 교역이나 정복을 통해 노예 노동력을 얻었다. 술탄 이스칸다르 무다는 말레이반도를 정복한 후 포로 수천 명을 배에 태워 아체로 데려왔고, 타이와 버마의 왕들도 육로를 통해 그렇게 했다. 믈라카와 파타니에는 자바인 노동력이 풍부했는데, 대부분은 부유한 자바인 상인이 수하로 데려온 이들이었다. 이런 도시에는 교역 품목으로도 노예가 들어왔다. 노예 수출은 거의 예외 없이 내부 분쟁과 관련 있었기에 수출하는 쪽은 언제나 인도네시아 동부, 뉴기니, 발리, 니아스의 국가 없는 사회와 소규모 국가였다. 남술라웨시는 16세기와 18세기에는 노예를 많이 수출했으나, 강력한 국가 마카사르가 반도 전체를 지배했던 1600년에서 1668년 사이에는 노예 수출이 중단되었다. 1500년경 자바는 노예의 최대 송출지였는데, 이슬람화를 둘러싸고 벌어진 분열과 전쟁으로 인한 결과였을 것이다. 자바는 아직 힌두교 지역이던 순다클라파와 발람방안 항구를 통해 말레이 도시들에 도시 노동계급의 상당 부분을 공급했다. 샤리아 율법은 형제 무슬림을 팔거나 노예로 만드는 일을 금지하므로, 이슬람화 이후 노예무역은 큰 변화를 겪었다. 16세기에 섬 전체가 이슬람을 받아들이자 자바는 인력 수출을 중단했다. 그 후로 무슬림 도시들은 이슬람 지역의 경계 밖에서 노예를 공급받았다. 아체는 니아스, 남인도, 여카잉에서, 반튼과 마카사르는 말루쿠와 소순다 열도에서, 파타니는 캄보디아, 참파, 보르네오에서 노예를 데려왔다. 술루, 부톤, 티도레 등 작은 술탄국은 인도네시아 동부나 필리핀에서 노예를 잡아와 부유한 도시나 16세기 남보르네오에 늘어나던 후추 농장에 팔아 이문을 남기는 사업을 시작했다.[39]

주달관은 앙코르의 야인 노예를 같은 노예 말고는 아무도 같이 살지 않는 천대받는 인종으로 그렸는데, 그것은 분명 도시에서 벌어진 예외적이고 일시적인 상황이었다. 팔리거나 포로가 된 노예의 1세대는 사회 계층의 사다리에서 제일 아래 칸을 차지한 것이 분명하지만, 점차 주류에 동화되면서 새로 유입된 노예가 그 자리를 넘겨받은 것으로 보인다. 인종 간, 계급 간 결혼도 비교적 흔했던 듯하다. 노예와 일반인의 결혼은 물론 여자 쪽이 노예가 아닌 경우 자녀의 지위에 관한 것까지, 규정도 여럿이었다.[40] 일부 노예는 봉사의 대가나 주인의 유언으로 정식으로 자유의 몸이 되기도 했다. 마카사르의 법령은 노예 신분을 벗겨주겠다는 유언을 둘러싼 분쟁을 담고 있다.[41] 그러나 포로가 되거나 팔려서 노예가 된 경우 여러 세대에 걸쳐 주류 문화에 동화되면서 점차 느슨한 형태의 종속 관계로 옮겨가는 쪽이 훨씬 더 흔했을 것이다.

동남아시아의 종속 관계 개념에는 노예 대 자유인의 뚜렷한 대립이 담기지 않았지만, 교역의 시대의 조건은 그런 방향을 향해 움직이고 있었을지도 모른다. 교역의 시대의 특징이라 할 도시 문화의 확산은 그리스 도시국가에 있던 노예 대 자유인의 대립이 발생할 조건과 비슷했다.[42] 다양한 배경과 출신을 가진 상인들은 노예를 재산으로 보장받을 수 있는 법적 보호 장치가 필요했다. 공통의 문화에 바탕을 둔 닫힌 노예제나 전제 왕정 농업 국가에서는 필요 없는 일이었지만, 새로운 포로와 수입한 노예의 지속적인 유입은 규제가 필요한 시장 상황을 만들었다. 또한 노예 소유주인 상인 계급 다수는 재산으로써의 노예에 관한 명백한 법체계가 있는 이슬람 세계에 깊이 뿌리를 내리고 있었다.

따라서 동남아시아 도시의 법령은 노예 문제에 상당한 관심을 기울였다. 말레이 법은 보통 전체의 4분의 1가량을 노예 문제에 할애했다.[43] 노예에게 정확한 법적 가치가 매겨져, 주인이 받거나 내야 할 보상 면에서 보통 자유인의 절반 정도 가격이었다. 그리스 도시국가들과의 유사성을 견지하자면 노예제와 반대되는 자유라는 추상적인 개념을 발전시켰어야 했을 것이다. 이 시기 여러 말레이어 사용 도시와 남술라웨시에서 '므르데카merdeka'라는 단어가 '자유인'뿐 아니라 한 민족 어쩌면 한 개인의 추상적인 자유에 가까운 의미로 사용되기 시작했다.[44] 그러나 이런 대조적 개념은 코즈모폴리턴적이고 다원적인 도시 주변에만 머물렀고 전체로서의 동남아시아에서는 미미했다.

노동이 종속 관계를 바탕으로 이루어진다면 이 체제는 '노예제 생산양식'이라고 불려야 하는가? 그런 명명은 노예제가 가내 경제와는 차원이 다른 규모로 생산할 수 있는 대규모 노동력의 집중 통제로 이어질 때만 적절할 것이다. 여자 하인 여남은 명이 한 주인을 위해 판매용 잉여 직물을 짜고, 다른 선택의 여지가 없는 남자 하인이 새로운 농지를 개간했다는 기록이 있다.[45] 광부, 선원, 공사장 일꾼은 흔히 노예라고 불렸다.

그러나 이들은 어떤 날은 주인의 일을 하고 어떤 날은 자기 일을 하거나, 생산물의 일정량을 주인에게 보내는 식으로 일했다. 동남아시아의 종속 관계는 지배층의 요구에 따라 노동의 이동성을 상당한 수준으로 가능하게 했으나, 봉건제나 가내생산제와 아주 다른 생산 양식으로 이어지지는 않았다.

대규모 인력 동원은 신민 전체의 노동에 대한 권리를 왕이 요구할 때 벌어졌다. 전쟁, 왕의 순회, 왕실의 큰 연회나 큰 공사가 있으면 가용한 인력의 상당 부분이 동원되곤 했다. 가장 극단적인 경우는 16세기 시암의 평민 프라이루앙phrai luang에게 부과된, 1년 중 6개월에 달하는 노역 의무였다. 다른 곳이라면 왕실 노예에게나 요구될 수준의 강도였다. 그러나 현실에서는 이 평민들을 수혜자로 거느린 귀족과 관리를 통해야만 인력 동원이 가능했다. 왕궁에서 멀어지면 멀어질수록, 왕의 의지가 직접 반영되는 노역에 신민이 시간을 쓸 가능성이 점점 줄었다. 평화롭고 안정적인 시기에 왕실이 직접 통제하는 인원 이상을 동원할 능력은 더 직접적인 후원자의 영향력에 밀려 점점 약해졌다.

요새나 왕궁을 건설할 때면 왕은 하인 중에서도 가장 낮은 계층인 포로를 쓰려고 했다. 아체에서 "왕은 나무를 자르고, 채석장에서 돌을 캐고, 모르타르를 만들고 건물을 올리는 데 그들을 쓴다".[46] 믈라카에서도 마찬가지였으며, 두 곳의 왕은 이 일꾼들이 절반의 시간은 생계를 위해 자기 일을 하도록 해서 이들을 부양하는 부담을 지지 않았다.[47]

장인계급의 동원은 생산 체제에서 특히 중요했으며 통치자들도 이 점을 잘 알고 있었다. 장인은 전쟁에 쓸 무기를 벼리기에 왕실이 이들을 동원하는 것은 처음에는 군사적 차원에서 정당화됐다. 쿼리치 웨일스는 아유타야가 네 부대로 구성된 고대 인도군의 조직을 따르면서도 네 번째 부대인 전차 부대를 장인 부대로 바꿨다고 주장했다.[48] 신분법에 따라 전쟁에 동원되는 인구의 절반이 열 개의 장인 집단(끄롬krom)으로 나뉘었다. 끄롬은 각각 화가, 목공, 조각공, 선반공, 도공, 주물공, 거푸집 만드는 장인, 금박공, 구리 세공장, 미장이 집단으로 구성됐고, 해당 노역을 관리하는 관직이 끄롬을 이끌었다.[49] 비교적 평화로웠던 17세기에 이들 끄롬은 민간 영역으로 흡수됐으나, 여전히 왕실이나 권세 있는 귀족에게 속한 상태로 남았다. "따라서 개인이나 이방인은 장인의 아주 간단한 서비스조차 받기 어려웠다."[50]

급성장하던 도시 마카사르는 1500년 거의 무에서 시작한 국가가 그런 장인들을 동원한 방식에 대한 흥미로운 사례를 보여준다. 고와(마카사르) 연대기는 새로운 왕이 즉위할 때마다 새로운 제조술이 등장했다고 기록한다. 투니팔랑가Tunipalanga 왕(재위 1548~1566) 치하에서는 벽돌, 화약, 대포 등 여러 품목이 마카사르에서 처음 제조됐다. 이 왕은 투막카잔낭응앙tumakkajannangngang(마카사르어 어근 jannang은 '감독'이라는 의미. 말레이어 jenang도 참고하라)이라는 관직을 여럿 만들어 "대장장이, 금 세공장, 건축공, 조선공, 화살촉 제조공, 구리 세공장, 연마공, 선반공, 밧줄 제조공" 등 여러 공예와 기술을 보유한 장인을 감독하게 했다.[51] 이 관직은 유럽의 '길드 마스터guild master'에 상응한다고 모호하게 설명되기도 했으나[52] 마카사르의 장인 집단에 어떤 형태로건 계약의 자율성이 있었다고 오해해서는 안 될 것이다. 이들은 시암에서 장인들의 의무 노역을 관리 감독하는 끄롬의 우두머리와 비슷한 역할을 했다.[53] 고와 연대기가 밝힌 대로, 투니팔랑가 왕이 무거운 노역 체제를 실시한 첫 왕이기도 하다는 사실을 기억해야 할 것이다.[54] 그 후계자인 투니잘로 왕(재위 1566~1590)은 왕실이 직접 감독하는 기술에 화살 제조술을 포함시키고, 기술 감독 전체를 아우르는 관직을 새로 만들었다.[55] 이 직책은 가장 높은 자리였으며, 왕의 혈육이 맡아 왕실을 대신해 모든 종류의 장인을 동원했다.

동남아시아의 사회·경제체제를 봉건제나 노예제로 보는 것은 옳지 않다. 유럽의 봉건제와 노예제의 핵심에는 국가와 교회 등이 인지하는 법적 종속이 있었다. 중세 유럽과 고대 로마의 도시에는 법적으로 인정되는 자유의 조건이 있고, 이 조건은 자본 축적에 중요한 역할을 했으며, 자본 축적은 마침내 자본주의의 등장을 이끌어냈다. 이와 비교해보자면 동남아시아의 체제는 더 개인적이고 금전적이었다. 법보다 충성이 중요하고 모두에게 주인이 있었다. 돈은 채무를 통해 사람의 충성을 사는 데는 유용했으나, 일시적인 임금으로 노동력을 사는 데는 무용했다. 자본을 보호하고 사용할 하인을 모으지 않고 자본을 축적하기란 가능할지는 몰라도 위험천만한 일이었다.

법과 재판

> 군주는 달랑dalang(그림자 인형을 조종하는 예능인)과 같고, 백성은 와양wayang(그림자 인형극에 쓰는 가죽 인형)이며, 법이란 인형극에 쓰이는 등잔의 심지와 같다. 군주는 원하는 대로 백성을 다룰 수 있다. (…) 군주에게는 법이 있고 달랑에게는 등잔이 있어 정도正道에서 벗어나지 않는다. (…) 따라서 군주, 재상, 왕실의 고관이 나라의 살림을 적절하게 꾸리고 인심을 잃지 않는다. 백성은 잘못하면 벌을 받고, 죄가 없다면 핍박당하지 않으며, 무고를 당한 자는 누구나 바로 풀려나고 그간 겪은 고난에 대해 보상을 받는

것을 보아야 한다.

_자바의 법령 『니티 프로조Niti Praja』(Raffles 1817 Ⅰ: 276-277)

동남아시아 법령의 기원은 다양해 보인다. 한쪽에서는 왕실이 고대 인도의 『다르마샤스트라Dharmasastra』를 베끼고 번역하는 경우가 많았고, 베트남은 예외적으로 당나라 법령을 받아들였다. 16~17세기에는 이슬람 법전이 영향력을 발휘했다. 다른 한편에서는 지역의 구전 전통이 마을의 원로들에 의해 해석되었다. 강력한 통치자들은 일원적 사법 권력을 행사한 것으로 보이나, 여러 곳에서 각 마을과 종족 공동체가 고유의 사법체계를 유지했다.

그러나 다른 영역과 마찬가지로 동남아시아의 특징적인 몇몇 성격이 이 다원적으로 보이는 거의 모든 법체계에서 살아 움직였다. 정의는 빠르고 직접적이었다. 원고와 피고는 직접 탄원을 내고, 스스로 변호하고, 진실만을 말하겠다고 선서해야 했다. 합당한 증거가 없으면 원고와 피고 모두 신이 죄인을 판가름해주는 고통스러운 시험에 처해졌다. 벌금형이 일반적이었고 지배층을 상대로 한 범죄나 모욕의 경우 더 그러했다. 채무 부정 등 재산권 침해는 더욱 엄하게 처벌됐다.

인도 법전, 특히 『마누법전』은 버마, 시암, 캄보디아, 자바-발리에서 자연 질서를 규정하는 문서처럼 중시되었고 왕의 임무는 그 질서를 지키는 것이었다. 인도 법전은 그대로 번역되어 현지 법령 안에 녹아들었다. 버마와 시암에서는 원전에 엄격하게 매달렸고 자바에서는 현지의 필요에 따라 유연하게 받아들이는 편이었다.[56] 왕과 판관은 이 신성한 법전을 지니고 있어야 한다고 여겨졌으나 그들이 실제로 법전을 참조해 특정 사례를 해결하는 일은 거의 없어 보였다.[57] 사스트라sastra(법령)는 형벌의 내용을 구체적으로 밝히지 않았다. 동남아시아 각지에서 이방인 관찰자들이 보고 기록했듯 현실에서 각 소송은 강력한 왕의 법령이나 현지 관습에 따라 판결이 내려졌다. 말레이 술탄이 내린 법령조차 형벌은 "도시나 마을negiri atau dusun의 법"에 따라 정해야 한다고 인정했다.[58] 네덜란드인들은 자바 북해안 항구들을 장악한 후 지역 통치자들에게 "옛 법전"에 따라 재판해달라고 여러 차례 요구했는데, 자신들이 마주한 상황이 질서 잡힌 과거에 비해 악화되고 있다고 생각했기 때문이다.[59] 20세기가 되기까지 자바의 사법체계에서는 구전 전통이 성문법보다 더 중요하게 취급됐다.

재판은 왕이 주관했고, 앞의 인용문에서 보았듯 왕권의 핵심적인 측면으로 여겨졌다. 이상적인 왕은 직접 송사의 내용을 듣고 접견실이나 광장의 벵골보리수 아래서 판결을 내렸다. 필리핀에서도 이런 판결이 있어서 마을 전체가 모여 다투datu의 판결을 들었다.[60] 프레데리치가 버고에서 보았듯,[61] 큰 국가에서도 중요한 송사에는 왕이 직접 나섰다. 물론 사형이 내려지는 경우가 아니라면 대부분의 송사는 촌장이나 왕의 대리자인 지방 관리가 재판을 주재했다. 왕이 그러하듯 지방 관리도 법률 전문가의 자문을 받았지만 원칙적으로 판결은 관리가 직접 내렸다. 18세기 버마에서는 "모든 고위 관리가" 재판관이며 따라서 누구나 왕의 재판을 받을 수 있다는 의미에서 고관의 집에 재판소가 딸려 있었다.[62]

법률 제도가 가장 발달했던 곳은 버마인 듯하다. 버마에서 송사는 글로 써서 왕궁에 제출해야 했으며 대리인이 원고와 피고를 대변할 수도 있었다. 그러나 이곳에서조차 "법적 소송은 일반적으로 우리가 사는 곳[유럽]에서보다 훨씬 신속하게 이루어"지고, "소송 당사자들이 부자가 아니라면 언제나" 하루 안에 판결이 내려졌다.[63] 시암에서도 청원은 문서로 작성되어 여러 차례 심리를 거쳐야만 관리가 판결을 내렸다. 소송 당사자들이 출석해서 직접 사건에 대해 진술하는데, 여성이 재치도 있고 말주변도 좋아서 남성보다 훨씬 진술에 능하다고 했다.[64] 시암에서도 "모든 재판은 사흘 안에 끝나야" 했으나 어떤 재판은 몇 년씩 끌기도 했다.[64] 브루나이에서는 "이틀 넘게 걸리는 소송이 없고"[66] 반튼에서 소송은 당일 저녁이면 끝났다.[67]

도서부 동남아시아에서 재판은 구두로만 진행된 듯하다. 1544년 갈방은 말루쿠인에 관해 부러움을 담아 이렇게 적었다. "그들에게 (문서화된) 법은 없고 판결은 사리 분별에 따라 내려진다. (…) 변호사와 서기, 재연과 반박, 시간을 끄는 다른 것들을 알지 못한다."[68] 믈라카 상인에 관한 황충*의 감탄도 갈방과 비슷했다. "거래를 수천 건씩 하면서도 계약서를 쓰는 법이 없지만, 하늘을 가리키며 맹세를 하여 절대 계약을 깨는 법이 없다."[69]

그러나 동남아시아 전역에서 유죄 여부를 결정하는 방식은 다르지 않았다. 거짓말을 한 자는 천벌을 받을 것이라는 생각이 밑바닥에 깔려 있었다. 따라서 원고와 피고는 초자연적 징벌을 받아들이겠다는 선서를 할 의무가 있었다. 산제르마노가 무려 세 쪽을 할애해 소개한 버마의 선서는 등골이 오싹할 만큼 무시무시한 내용으로 가득한 좋은 예다. "진실을 말하지 않는 자는 모두 온몸에 염증이 나고, 복통에 시달리고, 피를 토하며 죽을 것이다. (…) 시체는 갈가리 찢기고, 재산을 모두 잃고, 역겨운 궤양에 시달릴 것이다. (…) 온몸이 농포와 가래톳으로 뒤덮이고 (…) 칼과 창, 온갖 종류의 무기에 숨이 끊길 것이며, 죽자마자 여덟 대지옥과

* 黃衷(1474~1553). 광둥성 출신의 명대 관료. 광둥과 아유타야 및 말레이반도 사이의 교역 내용을 기록한 『해어海語』를 썼다. (옮긴이)

백이십 소小지옥으로 곤두박질칠 것이다. (…) 이 지옥에서 온갖 종류의 고문에 시달린 후에는 돼지나 개 같은 동물이 될 것이다."[70] 크로퍼드에 따르면 자바인은 송사에 얽혔을 때 이보다는 훨씬 간단하게 선서했다. "내가 거짓을 말한다면 불운에 빠지겠지만, 진실을 말한다면 예언자와 자바의 모든 신, 내 주인과 왕의 축복을 받을 것이다."[71]

이런 선서를 하고 나서도 원고와 피고의 주장이 상충하는데 확실한 증인이 없으면, 고통스러운 시험을 통한 신의 판결에 맡겨졌다. 가장 흔한 시험의 형태는 두 사람 다 물속에 들어가 숨을 참다가 먼저 숨을 쉬러 올라오는 사람이 유죄 판결을 받거나, 한 손을 끓는 물이나 쇳물에 넣는 것이었다. 이 두 방법은 버마,[72] 시암,[73] 캄보디아,[74] 필리핀,[75] 말루쿠[76]와 말레이 세계 전체[77]에서 기본적인 대안이었다. 보르네오에서는 비슷한 시험이 19세기까지도 사용됐다.[78]

한 페르시아인 방문객은 시암의 관습을 다음과 같이 묘사했다.

> 재판의 두 당사자가 결론을 내지 못하면 (…) 물의 맹세에 판결을 맡겼다. 이 시험은 시암 전역에 흐르는 큰 강의, 물의 깊이가 몇 뼘밖에 안 되는 곳에서 이루어졌다. 원고와 피고는 동시에 머리를 물속에 집어넣어야 한다. (…) 진실한 증언을 한 자는 차분하게 물속에서 견딜 수 있는 만큼 견딜 것이요, 거짓말쟁이는 초조한 나머지 제 머리통을 통제하지 못할 것이다. 거짓 증언이 마치 공기 방울이나 용솟음처럼 솟아오른다. 거짓말쟁이는 재판에서 진다.
>
> 이 시험은 듣기보다 훨씬 효과적이다. 시암인들 말로는 물속에 머리를 넣을 때마다 온갖 무시무시한 것들을 보기 때문이다.[79]

그러나 의심 많은 라 루베르는 이 제도의 실효에 의구심이 들었는지 자신이 아유타야에서 겪은 사례를 제시한다. "한 프랑스인이 시암인에게 닭을 도둑맞았는데 증거가 없었던지라 쇳물에 손을 넣게 되었다. 그가 손을 꺼내자 손은 거의 타들어간 듯했다. 훨씬 교활한 시암인은 무슨 수를 썼는지 화상 하나 입지 않고 그 시험을 통과했다. 그리고 무죄로 방면됐다. 그러나 여섯 달 후 (…) 그 시암인은 절도로 유죄를 선고받았다. (…) 그런 사례가 천 번이 있어도 시암인들은 기존 방식을 바꿀 생각을 하지 않았다."[80]

재판 당사자들의 말이 진실인지 시험하는 방법은 그 외에도 다양했다. 도서부 동남아시아에서는 특정한 무기로 결투를 벌여 판결을 내릴 때가 많았다. 시암에서는 원고와 피고더러 뜨겁게 달군 철사 위를 걸으라고 시키기도 했다. 시험을 치르는 방식은 피고가 선택했던 것으로 보인다. "재판관의 의지가 아니라 피고의 의지였다. 어쩌다 피고가 고른 방식을 원고가 원치 않는다면, 피고는 석방됐다."[81]

사형은 광범위한 범죄, 특히 왕권을 침해한 자에게 내려진 형벌이었다. 역모는 어디서나 중죄였고 살인 또한 그러했으나, 버마에서는 노상강도와 방화,[82] 필리핀에서는 족장을 모욕하는 언어를 사용하는 것,[83] 시암에서는 사원에서의 강도 행위나 신성모독,[84] 말레이 세계에서는 화폐를 위조하거나 왕실 재산을 훔치는 것도 중죄였다.[85] 아체에서는 1636년 후궁 네 명이 왕궁의 은쟁반을 훔친 죄로 잔혹하게 사형당했고, 1642년에는 한 남자가 말을 훔친 죄로 처형됐다.[86] 말레이 상류계급 유부녀와 간통하는 것 또한 사형당할 정도의 죄였다. 말레이 세계와 자바에서 명예로운 사형 방식은 크리스 단검으로 심장을 찌르는 것이었다. 마환에 따르면 자바에서는 하루라도 그런 사형이 집행되지 않는 날이 없었고[87] 믈라카와 브루나이에서도 흔한 일이었다.[88] 그러나 배신자나 무시무시한 본보기가 되어야 할 자들에게는 참수형, 말뚝에 꽂는 형, 사지절단형, 산 채로 화형, 극도로 고통스러운 사약형, 코끼리에 밟혀 죽기, 굶주린 호랑이에게 던지기 등 끔찍한 죽음의 방식이 여럿 내려졌다.

동아시아식 신체형(과 참수형[89])을 따르던 베트남을 제외하면, 동남아시아에서는 신체에 가하는 처벌의 종류도 적고 실행되는 일도 많지 않았다. 중국 방문객들은 대부분 지역에서 태형을 "들어본 적도 없다"는 점이 이상하다고 여겼다.[90] 몸을 때리는 일이 치명적인 모욕이라는 크로퍼드의 설명에서 그런 처벌이 흔치 않았던 까닭을 찾을 수 있을지 모르겠다.[91] 그렇지만 시암과 버마에는 죄인이 거리를 돌게 하면서 매질을 해서 자신이 지은 죄목을 큰 소리로 외치게 하는 제도가 있었다.[92]

범죄는 대부분 벌금형이나 벌금으로 감형 가능한 더 무거운 형벌로 처벌됐다. 볼리외는 1621년 아체의 한 재판소에서 재판과 처벌 과정을 목격하고 그런 일이 흔하다는 말을 들었다. 이웃집 여자가 목욕하는 것을 훔쳐본 죄로 한 남자가 고발당해 등나무 매로 30대를 맞는 벌을 받았다. "준비를 마친 집행인이 발라이balai(재판소)에서 서너 걸음 물러서 무기를 높이 들었다. 그러자 죄인은 협상을 시작하더니 금화 6마스를 내겠다고 했다. 집행인은 40마스를 요구했으나 죄인은 이 액수에 합의하기를 주저했다. 매를 세게 한 대 맞고 나자 20마스를 현금으로 내는 것으로 거래가 신속하게 결론 났다. 이제 옷 위에 등나무 매를 29대만 맞으면 된다는 사실을 고려한 조처였다. (…) 이 거래는 모두가 출석해 재판관이 지켜보는 가운데 이루어졌다."[93]

절도나 상해 사건에서 유죄를 선고받은 자는 피해자에게 배상해야 할 뿐 아니라 왕이나 재판관에게도 비슷한 액수를 지불해야 했다.[94] 한편 말루쿠에서는 재판관이 피해 금액의 10분의 1을 받았다.[95] 피해자가 없는 사건 혹은 반튼에서는 살인 사건의 경우[96] 벌금이 왕에게 가기도 했다. 당시 법령은 범죄의 종류와 범인과 피해자의 범주에 따라 다르게 적용되는 벌금으로 가득했다. "나는 너에게 벌금을 물린다dandakudanda"라는 문구는 자바와 수마트라의 초기 비문에 왕의 핵심적인 특권으로 자주 등장한다.[97] 무역과 별 상관 없는 작은 국가에서는 그런 벌금이 세입에서 큰 부분을 차지했을 것이 분명하다.

유죄를 선고받은 자가 벌금을 내지 못하면 죄수가 아닌 노예가 됐다. 타인에 대한 절도, 상해, 채무불이행에 관한 문제라면 범인은 정한 액수를 갚을 때까지 피해 당사자의 노예로 일했다. 왕에게 내야 할 벌금을 내지 못했다면 스스로를 팔아서 그 금액을 내거나 왕실에서 일할 수도 있었다. 대인對人 범죄에는 관대한 데 반해, 특히 대물對物 범죄 등 비교적 가벼운 범죄로도 노예가 되는 일이 잦았기에 이방인에게는 법이 이런 점에서 아주 엄격한 것처럼 보였다.[98] 그러나 동남아시아에서 노예가 되는 것은 유럽에서처럼 끔찍한 일이 아니라는 점 또한 기억해야 할 것이다.

이슬람 율법 샤리아는 시기와 장소에 따라 적용되는 정도에서 아주 큰 차이를 보였다. 앞서 살펴본 동남아시아 법률과 샤리아는 여러 중요한 측면에서 달랐고, 특히 신체를 불구로 만드는 형벌과 채찍질, 시험 개념의 부재, 그리고 도박이나 음주, 성적 부정행위 같은 도덕적 과실에 대한 처벌 등에서 확연히 구별됐다. 무역에 종사하던 다른 소수 인종처럼, 무슬림 상인들은 이슬람 지역이 아닌 항구에서 자신들의 독자적인 재판 제도를 허가받았다. 무늬만 이슬람인 자바 국가들에서조차 무슬림 구역인 카우만kauman의 엄격한 무슬림에게는 학식 있는 무슬림이 번역한 샤리아에 따라 재판받을 권리를 인정했다.[99] 국가 자체가 이슬람교로 개종할 때는 이슬람 율법을 국법에 일부 포함시키곤 했다. 이 과정에서 기존 법이 완전히 대체되지는 않았지만, 17세기 아체에서는 그 정도가 최대치에 달했다. 무슬림 국가는 모두 동남아시아 지역에서 지배적인 샤피이파* 법전에서 상법과 인법을 빌려오는 편이었다. 16세기 이래 말레이 법전은 판매, 투자, 파산에 관한 문제에서 아랍 법전을 본떴는데, 아마도 그런 법률이 필요한 다언어 상인 공동체에게 내놓을 현지의 법이 없었기 때문일 것이다. 무슬림의 결혼, 이혼, 상속에 관한 법률도 실질적인 말레이 관행이 되지는 못했으나 말레이 법전에는 상당 부분 포함되었다. 성 윤리에 관해 『운당운당 믈라카』는 관용적인 현지식 대안과 엄격한 이슬람식 처벌을 둘 다 제시하는 편이다.[100] 반면 범죄 문제, 특히 역모에 관한 한 이슬람 율법은 동남아시아적 관행에 지속적인 영향을 거의 끼치지 못했다.

엄격한 이슬람 율법에 따라 도박과 음주를 처벌하고 절도 있게 벌을 내리기 위해서는, 토착 전통에 맞서는 도시의 율법학자를 거느린 강력한 통치자가 있어야 했다. 아체의 가장 강력한 왕 이스칸다르 무다를 흠모한 사관은 왕이 "이슬람 개종을 이끄시고 하루에 다섯 번씩 기도하라 하셨으며, 라마단은 물론 추가로도 단식을 하시고, 아락을 마시거나 도박하는 것을 금하셨다"라고 기록했다.[101] 이 왕은 최소한 두 명의 술 취한 아체인에게 녹인 납을 목구멍에 부어 죽이는 벌을 내렸고(왕 자신은 왕실 연회에서 상당량의 술을 마셨지만), 그의 후계자가 된 딸은 1642년 아

* 수니 이슬람의 4대 법학파 중 하나. (옮긴이)

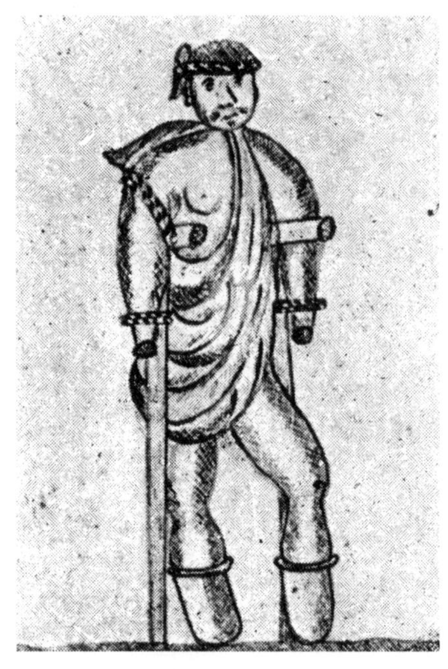

그림 20 손발 절단형을 받은 아체의 범죄자.

락을 빚으려 했다는 죄목으로 잉글랜드인 둘의 손목을 자른 것으로 알려져 있다.[102] 그러나 음주와 도박은 너무나 뿌리 깊은 관습인 닭싸움과 함께 벌어져서, 금지령은 어떤 국가에서도 오래가지 못했다.

이슬람 율법에서 절도에 대한 처벌은 오른손, 왼다리, 왼손 등을 절단하고 재범은 금 1그램에 해당되는 재물을 내놓는 것이었으며, 이슬람의 영향력이 최고조에 달한 시기 여러 동남아시아의 술탄국에서 이 처벌 조항이 시행됐다. 반튼에서는 1651년부터 1680년 사이 술탄 아궁 시절,[103] 브루나이에서는 16세기,[104] 몇몇 말레이 국가와 마긴다나오에서는 더 이후에 벌어진 일이었다.[105] 아체에는 17세기 내내 도둑질한 자에게 신체 절단형을 선고하는 이슬람 법정이 있었고, 재범은 외딴섬 사방 Sabang으로 격리되었지만 길거리에서 절단형을 당한 사람을 보았다는 방문객들의 기록이 이어졌다(그림 20).[106] 술탄 이스칸다르 무다 시절의 신체 절단형은 이슬람 율법이 정한 수준보다 훨씬 엄격해서 술탄의 심기를 거스른 자는 코, 입술, 귀, 성기를 잘리기도 했다.[107]

여러 무슬림 국가가 기존의 고유한 법체계에 이슬람 율법을 형식적으로 덧붙이는 시늉만 했다면, 아체는 그 정신까지 받아들이기 시작했다. 시험이라는 개념과 그에 따른 증거에 관한 복잡한 규정 없이도 초자연적인 질서가 죄지은 자를 가려낸다는 가정은 이슬람 율법에 없는 것이었다. 그러나 이슬람 국가 대부분은 시험 제도를 계속 두고, 원고와 피고 더러 끓는 물이나 기름 또는 쇳물에 손을 넣어 코란 구절이 쓰인 질그릇 조각을 집도록 시키는 식으로 시험에 이슬람적 색채를 더하기만 했다.[108] 반면 아체에서는 술탄 이스칸다르 타니(재위 1637~1641)가 이슬람의 이름으로 전통적인 시험 제도를 이용하는 것을 금지했다.[109] 이 사건은 동남아시아가 마술적 사고에서 법에 바탕을 둔 도시적 사고방식으로 전환하는 중요한 지점이다. 그러나 아체에서도 17세기 말에 시험제도가 부활한 것을 보면 그 사고방식이 오래가지는 못한 듯하다.[110]

이러한 법체계의 실효성은 극단적인 차이를 보였다. 강력하고 인간적인 통치자가 비교적 단일한 인구를 다스리는 경우, 방문객들은 범죄율이 낮다는 인상을 강하게 받곤 했다. 16세기 트르나테에서 갈방은 "살인이 거의 일어나지 않기" 때문에 살인이 나면 아주 심각하게 다루어진다고 생각했다.[111] 더 나중인 19세기 방콕에서 팔르구아는 이렇게 적었다. "경찰 간부들이 순찰을 돌지 않는데도 불구하고, 4만 명이 사는 도시에 문제점과 무질서가 거의 없어서 놀라울 따름이다. 유럽의 도시처럼 사방으로 순찰을 도는 군인은 찾아볼 수 없다."[112] 이러한 효과가 나타난 이유 중 하나는 의심할 나위 없이 공동체 안에서 벌어진 범죄는 가족과 이웃이 함께 책임진다는 집단 책임 원칙이다. 이 원칙은 시암과 말루쿠뿐 아니라 말레이 세계 전체에도 적용됐다.[113] 도둑이나 살인범을 찾아내지 못하면, 시체나 다른 증거가 발견된 공동체에 그만큼의 벌금이 부과됐다.[114]

반면 몇몇 다원적인 무역도시는 무법지대에 가까웠던 듯하다. 권력이 항구에서 티격태격하는 외국인 선원들을 통제할 수 없거나 통제할 의지가 없었던 것이다. 1500년경 믈라카가 바로 그런 도시여서 외국 선원들은 안전을 위해 선박에서 자는 쪽을 택했다.[115] 한 세기 후 반튼도 크게 다르지 않아 에드먼드 스콧은 그곳의 경험에 관해 "살인, 절도, 전쟁, 방화, 반란 말고는 말할 것이 별로 없다"고 적었다.[116] 술탄 이스칸다르 무다는 아체 또한 전에는 "강자가 약자를 짓밟고 큰 자가 작은 자를 억누르며, 대낮에도 무장 강도를 막을 궁리를 하고 밤에는 집에 방책을 쳐야 하는 살인범과 도둑의 천국"이었다고 주장하며 자신의 전제적 지배 체제를 정당화했다.[117]

소수 인종 집단에 사법적 자율성을 허용하는 것이 일반적이긴 했지만, 일부 통치자는 이 원칙을 거의 무정부 상태까지 가져갔다. 남수마트라 잠비의 라자는 자기 백성에 대해 잉글랜드인에게 이렇게 경고했다. "도둑이 하도 많아서 현장에서 잡은 것이 아닌 한 시시비비를 가리지 않으려고 한다. 그리고 잡힌 도둑은 우리가 알아서 처리할 것이다."[118] 유럽인들은 어디서든 들고 있던 우월한 무기를 휘둘러 이 무법적인 상황을 더 혼란스럽게 만들었다. 잉글랜드동인도회사의 첫 원정대를 이끌었던 제임스 랭커스터*는 반튼의 소년 왕에게서 그 도시에 사는 잉글랜드인에게 가까이 오는 자는 누구든 죽여도 된다는 허락을 받아냈다. "넷인가 다섯이 죽고 나서야 우리는 상당히 평화롭고 조용하게 살 수 있었다."[119]

성관계

남녀관계야말로 동남아시아의 독특한 양상을 특히 잘 보여주는 사회제도적 측면 중 하나다. 지난 4세기 동안 이슬람교, 그리스도교, 불교, 유교가 각각의 방식으로 영향력을 키워왔지만, 이 지역에서 상대적으로 강력한 여성의 자율성과 경제적 지위를 완전히 뿌리 뽑지는 못했다. 16~17세기 동남아시아는 이 문제에 관한 인류의 경험을 극한까지 밀어붙였던 것일지도 모른다. 물론 여성이 남성과 완전히 동등했다고 할 수는 없을 것이다. 실제로 남녀가 직접 경쟁하던 영역은 극소수였다. 여성이 맡은 역할은 남성의 역할과 달랐으나, 모내기와 추수, 직물 짜기, 시장에서 물건 사고팔기 등 여러 일을 포함했다. 또한 재생산 역할은 여성에게 남성이 대적할 수 없는 마술적이고 의례적인 권력을 부여했다. 이러한 요인들이 동남아시아에서 중국, 인도, 중동에서처럼 딸의 가치를 폄하하는 일이 벌어지지 않았던 까닭을 설명해줄 수 있을 것이다. 오히려 동남아시아에서는 "딸이 많으면 많을수록 아버지는 부자가 된다"[120]고 했다.

유럽의 지참금과 달리 동남아시아 전역에서는 결혼할 때 재물이 남자 쪽에서 여자 쪽으로 옮겨갔다. 근세 베트남은 이러한 흐름에서 예외인

---

* James Lancaster(1554?~1618). 잉글랜드 엘리자베스 1세 시대의 유명한 해적이자 무역상. 1600년 잉글랜드동인도회사의 첫 탐험대를 이끌고 동남아시아에 왔으며 아체에서 협정을 맺고 반튼에 동인도회사의 첫 상관을 세웠다. (옮긴이)

데, 15세기 초반에 엄격한 유교적 가부장제를 적극적으로 도입했기 때문이다. 그러나 베트남 남부에서는 17세기까지도 옛 동남아시아 방식대로 남편이 신부대를 내고 결혼해서 아내 가족과 함께 사는 처가살이가 상당히 일반적이었다.[121]

초기 그리스도교 선교사 일부는 신부대 관습을 돈으로 아내를 사는 매매혼이라 보고 못마땅하게 여겼다.[122] 다른 거래에서와 마찬가지로 이때도 시장의 용어가 쓰이긴 했으나, 사실 신부대 관행은 여성의 높은 경제적 가치를 입증해줄 뿐 아니라 여성의 자율성에도 기여했다. 마찬가지로 신부대 관행이 있던 아프리카에서 재물은 신부 아버지에게 갔다가 나중에 아버지의 아들에게 상속되었지만, 동남아시아 여성은 자신에 대한 신부대의 직접 수혜자였다.[123] 토메 피르스는 알고 지내던 말레이인들에 관해 이렇게 분명히 밝혔다. "남자는 여자에게 10타힐*과 금 6마스**를 지참금으로 주어야 하며, 이 재물은 언제나 여자 소유여야 한다."[124] 신부의 부모에게 신부대를 내고 부모가 그중 일부를 딸에게 주는 경우도 있었다.

중국식 관습과는 대조적으로, 결혼한 부부가 남편 쪽 마을보다 아내 쪽 마을에 사는 것이 훨씬 흔했다.[125] 동남아시아 법전들은 현지의 소위 인도식 또는 (베트남의) 중국식 모델과는 아주 달라서, 하나같이 재산은 부부의 공동 소유이며 공동으로 관리해야 한다고 명시했다.[126] 상속에 관해서는 더 아끼는 자녀나 늙은 부모를 봉양한 자녀가 유산을 더 받을 수 있었지만, 원칙적으로 성별과 상관없이 모든 자녀가 똑같은 몫을

---

* tahil. 은을 달 때 1타힐은 약 580그램, 엽전을 셀 때는 1000냥. (옮긴이)

** mas. 금화. 교역의 시대 동남아시아에서 사용된 화폐 단위와 가치에 관해서는 7장 '화폐와 상업화'를 보라. (옮긴이)

받았다.[127] 아들이 딸보다 유산을 두 배로 받는 이슬람법은 실질적으로 실행된 적이 없었다.[128] 아내는 가족 재산에 대한 결정권이 없는 엄격한 중국식 법령이 19세기 베트남 법령에 부분적으로 등장하기는 했으나 실질적인 관행으로 자리 잡지는 못했다.[129]

여성이 누리던 상대적 자율성은 성관계에서도 마찬가지였다. 당시 동남아시아 문학을 살펴보면 여성이 연애와 성관계에서 아주 적극적이었으며 성적·감정적 만족을 준 만큼 돌려받기를 요구한 것이 분명하다. 당대 문학은 여성을 묘사할 때만큼 남성 영웅의 신체적 매력이나 얼마나 여성에게 인기 있는지를 그리는 데 열과 성을 다했다. 말레이 문학과 자바 문학이 즐겨 다루는 주제 중 하나는 판지Panji나 항투아 같은 남성 영웅의 육체적 매력이다. "항투아가 지나가면 결혼한 여자들이 남편과 끌어안고 있다가도 뛰쳐나와 그이가 지나가는 모습을 지켜보았다."[130] 세계 어디서나 그렇듯 문학은 사랑 이야기가 주류였다. 그런 좋은 예는 한 왕자가 연인을 찾아 나서는 모험을 그린 판지 이야기다. 이 이야기는 15세기에서 17세기 사이 자바에서 엄청난 인기를 얻어 말레이 세계로 전해지고, 18세기에는 시암, 버마, 캄보디아까지 전파되어 이나오 이야기가 탄생하는 데 영감을 주기도 했다.[131]

그보다 훨씬 동남아시아인 특유의 재능이 잘 드러난 장르는 운율이 있는 노골적인 사행시로, 말레이어로는 판툰pantun, 따이어 계열 언어들로는 람lam이라고 부른다. 이 사행시가 연애사만 다루는 것은 아니지만, 그 정수라고 할 수 있는 즉흥 표현은 남녀가 일대일로 또는 결혼을 둘러싼 협상의 당사자들이 주고받는 대화 형식에서 재치 있는 말장난과 은근한 암시를 무기로 상대를 이기려는 남녀 간 성 대결로 나타난다.[132] 필리핀 중부에서도 이와 아주 비슷한 형태의 즉흥시와 음악 경연이 스페인 식민 시기 초까지 아주 인기를 끌었다.

> 발락balak은 늘 한 남자와 한 여자가 나와 사랑 문제에 관해 공연하는 것이 대부분이었다. 그들은 두 가지 방식으로 공연을 하는데, 큰소리로 연애사에 관해 (…) 놀라우리만치 날카롭고 재빠르게 묻고 답하거나 두 가지 악기를 이용한다. (…) 이런 식으로 남녀는 서로 이야기하고 대답한다.[133]

> (이 악기에 맞추어) 한데 모여 서로를 바라보고, 서로 사랑을 나누고 애정을 주고받는데 (…) 말로만 할 때보다 훨씬 더 강한 감정 또는 관능을 느낀다.[134]

주달관은 예의 생생한 필치로 캄보디아에서 여성이 남편에게 기대하는 바를 기록했다. "만약 남편이 멀리 갈 일이 있으면 단지 몇 밤은 괜찮지만 십수 일이 넘어가면 그의 아내는 필시 '나는 귀신이 아니야. 어떻게 외롭게 혼자 자란 말이야?'라고 말했다."[135] 인도에서 건너온 대서사에는 남편이 멀리 떠나도 끝까지 정조를 지키는 이상적인 아내가 등장하지만* 일상에서는 흔한 일이 아니었다. 래플스는 자바에서는 남편이 엄중한 경고를 받는다고 기록했다. "육지에 있다면 7개월, 바다에 있다면 1년 넘게 아내 곁을 떠나 있으면서 생활비를 보내지 않으면 (…) 아내가 원한다면 어떤 문서나 절차 없이도 결혼은 무효가 된다."[136] 15세기에 공포된 베트남 법령(다시 한번 밝히지만 중국식 관습과는 아주 다른)도 비슷하게 5개월, 아이가 있을 경우 12개월 동안 남편이 부재하면 결혼은 무효가 된다고 정했다.[137]

---

* 산스크리트 서사 『라마야나』를 일컫는다. (옮긴이)

성관계에서 여성이 누리던 우월한 위치를 가장 생생하게 증명해주는 것은, 여성의 성감을 높일 목적으로 남성이 성기에 고통스러운 보형물 삽입술을 받았다는 사실이다. 동남아시아 전역에서 나타난 이 놀랍기 짝이 없는 현상은 다른 지역에는 없었던 것으로 보인다. 인도의 『카마수트라』가 처음에는 그런 수술에 참고문헌이 되어주었겠지만, 이 현상은 동남아시아의 관습이라고 할 수 있다. 최근의 면밀한 연구가 밝혀낸 인류학적 증거들은 남성의 성기 절제술을 동남아시아 여성이 누리던 권력과 자율성의 징후로 이해하는 편이 가장 옳다고 제안한다.[138] 저자들은 타우숙족의 증거를 들며, (여성 할례는 오늘날 인도네시아에서 널리 행해지며 17세기 마카사르에도 있었지만[139]) 클리토리스 절제술을 받은 여성도 일부 있었지만 남자들에게는 비밀이었고 그 목적은 여성의 성적 쾌감을 강화하기 위한 것이었다고 밝혔다. 곧 과거 동남아시아의 성기 절제술은 아프리카 일부 지역에서 남성의 성감을 증진하거나 여성의 성감을 억제할 목적으로 해온 수술과는 목적이 정반대였다.

가장 가혹한 수술은 바퀴나 박차, 단추 등을 양끝에 덧댄 금속 핀을 성기에 삽입하는 것으로, 중남부 필리핀과 보르네오 일부 지역에서 이루어졌다. 안토니오 피가페타는 놀라움에 차 이런 관습을 묘사한 최초의 유럽인이었다.

> 남자들은 크건 작건 음경의 귀두 근처를 한쪽에서 다른 쪽으로 뚫어 금이나 쇠로 된 거위 깃털만 한 핀을 꽂아두었다. 핀 양쪽 끝은 뾰족뾰족하게 마무리된 박차나 못대가리 모양이었다. 나는 이 사실을 도무지 믿기 어려워 늙은이와 젊은이를 막론하고 남자들에게 성기를 보여줄 수 있느냐고 자주 묻고 다녔다. 그 핀 중간에는 구멍이 있어서 오줌을 눌 수 있었다. (…) 남자

들 말이 여자들이 그렇게 하기를 바라며 안 그러면 관계를 거부한다고 했다. 남자가 아내와 관계 갖기를 원하면, 여자가 남성상위가 아닌 방식으로 음경을 잡고 직접 끄트머리의 박차부터 나머지 부분까지 아주 부드럽게 자기 성기에 넣으며 시작된다. 음경이 몸 안에 들어가면 남성상위를 취한다. 따라서 음경이 늘어질 때까지 계속 몸 안에 있게 된다. 그전에는 빼낼 수가 없기 때문이다.[140]

다른 이들도 비사야제도의 다른 섬과 민다나오에서 같은 현상을 목격했으며,[141] 그 목적은 언제나 성감 특히 여성의 성감을 극대화하기 위한 것이라고 한목소리를 냈다. 서북부 보르네오의 일부 종족 특히 이반족과 카얀족은 근세까지도 이 관행을 이어왔는데, 그들의 구전 전통에 따르면 이 관습의 기원은 그런 것 없이 하는 성관계란 자위만도 못하다는 사실을 깨달은 전설의 여인이라고 한다.[142]

동남아시아의 다른 지역에서도 음경 주변의 늘어진 피부를 절개해 작은 구슬이나 방울을 집어넣는, 덜 고통스럽지만 더 섬세한 수술을 거쳐 같은 결과를 얻었다. 이에 관해 가장 이른 기록을 남긴 중국인 무슬림 마환은 시암에서 본 일에 대해 이렇게 썼다.

남자가 스무 살 남짓 되면 음경 둘레의 피부를 작은 칼로 가르고 (…) 쇠구슬 십여 알을 박아 넣고 약으로 막아 보호한다. (…) 그 모양이 마치 포도 같다. (…) 국왕이나 대두목 또는 부자들은 금으로 속이 빈 구슬을 만들고 그 안에 모래알 하나를 넣은 후 그것을 박아 넣는데 (…) 딸랑딸랑 소리가 나는 것을 멋지다고 여긴다.[143]

15세기와 16세기의 버고에서도 여러 유럽인이 같은 현상에 대해 썼으며, 토메 피르스는 믈라카에 찾아온 각지의 상인 중 버고 남자들의 특징이 바로 그런 구슬이라고 묘사했다.[144] "버고 남자들은 금 구슬을 아홉 개나 달았다. 아름다운 콘트랄토와 테너 소리가 나는 구슬은 포르투갈의 알바르스 자두만 하다. 가난한 남자들은 (…) 납으로 된 구슬을 달았다." 그는 빈정대는 투로 덧붙인다. "우리 말레이 여인들은 버고 남자들이 자기 나라에 오면 대단히 기뻐하며 그들을 맞았다. 그 까닭은 분명 그 감미로운 화음 때문일 것이다." 여기서도 구슬의 목적은 여성을 기쁘게 하기 위한 것으로 보인다. 판 넥 제독이 파타니의 부유한 타이인들에게 성기에 단 아름다운 소리를 내는 금방울의 용도가 대체 무엇이냐고 놀라워하며 묻자, "여자들이 말로 표현할 수 없는 쾌감을 얻는다"는 대답을 들었다.[145]

성기에 다는 방울은 마카사르에도 전해졌다. "남자들이 보통 하나나 둘 또는 그 이상의 구슬을 성기에 달았는데 크기는 시암의 것과 비슷하지만 속이 비거나 소리를 내는 것이 아니라 상아나 생선 뼈로 만들어 속이 꽉 찬 것이었다."[146] 이슬람교가 들어오자마자 이런 관습은 서둘러 단속됐지만 술라웨시 내륙에 살던 비무슬림 토라자족은 19세기 말까지도 그런 구슬을 달았다.[147] 루손 중부의 한 지역에서는 남자들이 "병아리콩만 한 크기의" 작은 구슬을 달았다.[148] 시암식 방울이 자바에도 있었다는 기록은 2차 사료 하나뿐이지만,[149] 이슬람화 이전 자바에도 비슷한 구슬이 있었던 것은 확실하다. 수라카르타 인근의 15세기 힌두 사원인 수쿠 사원과 체투 사원의 링가에 구슬 서너 개가 달려 있기 때문이다(그림 21).[150] 이슬람교와 그리스도교 모두 이 관습을 없애려고 갖은 노력을 다했다. 이슬람 지역에서는 사춘기에 치르는 이슬람식 할례가 성

그림 21 중부 자바의 15세기 힌두 사원 수쿠에 있는 링가.

넌 남성을 위한 대체 통과의례가 되어주었다.* 스페인 관리들은 성기에 핀을 단 비사야인을 보면 무조건 매질을 했다.[151] 17세기 중반이 되면 동남아시아의 해안 지역과 접근이 쉬운 지역에서는 그런 에로틱한 수술에 관한 이야기가 더 이상 들려오지 않았다.

결혼

가장 흔한 혼인 형태는 일부일처제였으며 남녀 모두 쉽게 이혼할 수 있

* 그러나 두 의례를 혼동할 수도 있을 듯하다. 무슬림이 아닌 후아울루족은 소년을 위한 요도 절제술을 아랍식 할례 명칭을 따라 파수나테pasunate라고 불렀다.

었다. 치리노는 "거의 10년 가까이 필리핀에 있었지만 여러 아내를 거느린 남자를 본 일이 없다"고 했다.[152] 물론 통치자 중에는 일부일처제의 눈부신 예외가 많다. 통치자가 여러 아내를 거느리는 것은 신분의 상징이자 외교적 무기였다. 지위가 낮은 가문은 "일종의 조공 형태, 존경의 행위, 충성의 맹세"로 딸을 왕에게 시집보냈다.[153] 부자들 사이에 더 횡행한 형태는 집안의 노예와 가벼운 성관계를 맺는 것이었다. 이런 성관계는 혼인 의례를 치르지 않으며 그 사이에서 태어난 자녀의 권리에도 제약이 많다는 점에서 정식 결혼과 분명히 구별되고, 노예제의 속성을 가장 잘 보여준다.

평범한 사람들 사이에서는 일부일처제가 보편적이었다. 불만족스러운 관계를 끝내는 수단으로 이혼이 선호되었고, 일부일처제하에서는 이혼이 쉬웠기 때문이다. 필리핀에서는 "결혼은 두 사람이 행복할 때만 유지되며, 별것 아닌 이유로도 부부가 이혼한다."[154] 시암에서도 비슷하게 "남편과 아내는 재산이나 자녀에 관한 복잡한 상황에 얽히지 않고 마음대로 헤어질 수 있으며, 원한다면 망신당하거나 처벌받을 걱정 없이 재혼할 수 있다."[155] 이후에 언급되기로는 베트남 남부의 참인[156]과 자바인의 경우 특히 여자 쪽에서 이혼을 요구할 때가 많다고 했다. "여성은 언제든 남편과의 관계가 만족스럽지 않으면 관습에 따라 정해진 액수를 내고 결혼 계약을 종료할 것을 요구했다."[157] 도서부 동남아시아 전역에서 남편이 이혼을 요구한 경우 아내(혹은 아내의 부모)가 신붓값을 가진 것으로 보이지만, 아내에게 귀책사유가 있을 때는 남편에게 돌려주어야 했다.[158] 적어도 필리핀[159]과 시암[159]에서는 이혼할 때 첫째는 어머니에게, 둘째는 아버지에게 가는 식으로 자녀들을 나누어 데려갔다.

17세기 마카사르의 궁정 일지를 살펴보면, 정치적 상황과 재산을 둘러싼 계산을 할 수밖에 없는 사회 최상층의 잦은 이혼 양상을 엿볼 수 있다. 여기서도 예상과는 달리, 이혼은 권세 있는 남성 X가 배우자를 바꾸려고 내리는 결정이 아니라 "X와 Y가 서로 갈라서는"('잘라낸다'는 뜻의 카토katto에서 온 단어 시카토이sikattoi) 것으로 그려진다. 카라엥 발라자와야는 이 지배층 집단 출신 여성의 전형적인 궤적을 따랐다. 그녀는 1634년 마카사르 최고 명문가에서 태어나 열세 살이 되던 해, 후일 마카사르 최고의 군사 지도자가 되는 카라엥 본토마란누와 결혼했다. 스물다섯 살에 남편과 헤어지고 얼마 후 전남편과 경쟁관계인 유능한 총리 카라엥 카룬룽과 재혼했다. 서른한 살이 되던 1666년 다시 남편과 헤어졌는데 남편이 유배 중인 탓이었던 듯하다. 2년 후 아룽 팔라카와 재혼했으며, 새 남편은 네덜란드 세력을 등에 업고 조국을 잠식해가던 중이었다. 서른여섯 살에 아룽 팔라카와 헤어지고 여든여섯 살에 죽었다.[161] 또 다른 지체 높은 여성 카라엥 탕웅알라는 어린 시절 후일 술탄이 되는 무함마드 사이드와 정혼했다가 파혼했다. 하지만 열일곱 살에 그와 결국 결혼했다가 스물일곱 살에 또 헤어진다. 그녀는 1649년 카라엥 발라자와야의 형제인 카라엥 레엥케세와 결혼하면서 다시 왕실 일지에 등장했다. 6년 후에 남편과 헤어졌지만 1657년 다시 남편에게 돌아가 1661년 죽을 때까지 함께 살았다.[162]

무슬림이 다수인 인도네시아와 말레이시아에서 1960년대에도 50퍼센트가 넘는 높은 이혼율을 보이는 까닭을 두고 남성이 이혼을 허락받기 쉬운 이슬람교의 영향이라고 보기도 한다. 그러나 더 중요하게 고려해야 할 사항은 동남아시아 전역에서 두드러지는 여성의 자율성이다. 이혼한다고 해서 여성이 생계, 지위, 친족 관계에서 크게 불이익을 입는 일은 없었다.[163] 스물서너 살 된 여자가 네 번째 아니면 다섯 번째 남편과 사는 것을 대수롭지 않게 여기는 자바인들을 보고, 얼*은 이런 태도가 전적으로 여성이 누리던 자유와 경제적 독립 때문이라고 분석했다.[164]

그리스도교 유럽은 18세기까지 비교적 관점에서 매우 '정숙한' 사회였다. 평균 혼인 연령이 20대로 예외적으로 높았고, 평생 결혼하지 않은 독신자 비율이 높았으며, 후대의 기준으로는 혼외 임신율이 낮았다(잉글랜드에서 혼외 임신율은 1680년 전체 출산 중 겨우 12퍼센트였다가 1800년에 50퍼센트로 올라갔다[165]). 여러 측면에서 동남아시아는 이런 엄숙한 양상의 완벽한 반대항이었으며, 당대 유럽인 관찰자들에게는 동남아시아인들이 섹스에만 몰두하는 것으로 보였다. 포르투갈인들은 말레이인이 "음악을 좋아하고 섹스에 탐닉"한다고 말하기를 좋아했고,[166] 한 잉글랜드인은 버마인, 타이인, 필리핀인처럼 자바인이 "남녀를 불문하고 매우 음탕하다"고 묘사했다.[167] 즉, 혼전 성관계가 너그럽게 받아들여졌으며 남녀 모두 결혼할 때 상대의 순결을 기대하지 않았다는 뜻이다. 혼전 성관계로 임신하면 당사자들이 결혼하는 것이 보통이었지만 그러지 못할 경우 해결책은 낙태나 (적어도 필리핀에서는) 영아 살해였다.[168]

한편 일단 결혼하면 서로에게 정절을 지키고 헌신하는 모습은 유럽인들을 놀라게 한 듯하다. 예컨대 반자르마신의 여성은 "결혼하면 남편에게 충실하지만, 혼자일 때는 자유분방하기 짝이 없었다."[169] 이슬람교 전파 이전의 술라웨시에서는 미혼 여성이 간음하면 눈감아주었지만, (아마도 상층계급의) 기혼 여성이 간음하면 사형에 처해졌다.[170] 필리핀인들의 성 윤리에 대해 못마땅해하던 스페인인조차 "남자들은 아내를 극진히

---

* George Windsor Earl(1813~1865). 영국의 항해사. 오스트레일리아, 바타비아, 싱가포르 등지를 항해하며 방대한 저술을 남겨 앨프리드 러셀 월리스가 월리스 선을 발견하는 데 영감을 주었고, 인도네시아라는 말을 만든 사람으로 여겨지기도 한다. (옮긴이)

대하고 관습대로 아끼고 사랑한다"고 마지못해 인정했다.[171] 갈방은 말루쿠인 아내들이 "거의 벌거벗은 채로 노상 남자들 사이를 오가면서도 (…) 늘 정절을 지켰는데, 그런 문란한 인간들에게는 불가능한 일처럼 보인다"며 놀라워했다.[172] 19세기의 한 관찰자는 말레이반도 농촌 지역에서 이혼이 용이한 것과 말레이인의 결혼 생활을 특징짓는 뜨거운 애정에 상관관계가 있다고 보았는데 맞는 말일 것이다.[173] 여성이 경제적으로 자율성을 누리고 결혼 생활이 불만족스러우면 언제든 떠날 수 있다는 점이 남편과 아내 모두 결혼을 유지하기 위해 노력하게 했다. 그런 양상이 어떻게 다른 방식의 결혼 생활에 길들여진 외국인 남성에게 제약이 되는지 스콧은 그 예를 보여주었다. 그는 반튼에서 베트남인 아내를 때리는 중국 남자를 보고, "자바인들은 자바 여자가 맞게 내버려두지 않았을 것이므로" 아내가 현지인이었다면 있을 수 없는 일이라고 썼다.[174]

흥미롭게도 결혼에서 여성의 처녀성이 언급될 때 처녀성은 가치 있다기보다는 거추장스러운 것으로 여겨졌다. 모르가*에 따르면 스페인 점령 이전의 필리핀에서는 "여자가 처녀이면 결혼할 때 장애물이나 짐으로 여겨져" 처녀성을 잃게 해주는 (의례?) 전문가가 있었다고 한다.[175] 버고, 버마, 시암의 항구에서 외국 상인들은 신부와 첫 잠자리를 하겠냐는 질문을 받았다.[176] 앙코르에서 딸을 둔 부모는 큰돈을 내고 승려에게 청해 소녀의 동정을 제거하고 성적 행위로 들어서는 성년 의례를 치러주었다.[177] 서구인들의 기록은 그런 관습을 훨씬 더 선정적이고 자극적으로 묘사하면서 동남아시아 남성들은 경험이 있는 여자를 선호한다고 주

---

* Antonio de Morga(1559~1636). 스페인의 군인. 필리핀, 누에바에스파냐, 페루 등지에서 고위 식민관료로 일했으며, 그가 1609년 펴낸 『필리핀제도의 사건들』은 최고의 필리핀 사료로 꼽힌다. (옮긴이)

장한다. 그러나 그보다는 오늘날에도 많은 지역에서 생리혈에 대해 가진 관념처럼 처녀막이 파열되면서 나는 혈액이 위험하며 남자를 오염시킨다고 여겼다는 설명이 더 설득력이 있어 보인다.

혼전 성관계가 흔하고 이혼이 쉬운 데다 신붓값과 관련한 상업적인 요소가 더해져, 주요 항구에 해마다 쏟아져 들어오는 외국 상인들을 상대하는 데는 성매매보다 단기혼이나 현지처가 흔한 수단이 됐다. 파타니에서 이 상황은 아래와 같이 그려졌다.

> 타지에서 이방인이 사업차 그곳을 방문하면 (…) 사람들이 찾아와서 여자가 필요한지 묻는다. 이 젊은 여자와 소녀들도 직접 찾아와 얼굴을 보여준다. 그중에서 가장 마음에 드는 여자를 고르고 몇 달 동안 돈을 얼마 낼지 정한다. 일단 (그 대단한 편의에 비해 결코 비싸지 않은) 금액에 합의하면 여자는 이방인의 집으로 와서 낮에는 가정부, 밤에는 결혼한 아내의 역할을 한다. 이제 남자는 다른 여자와 어울릴 수 없으며 그랬다가는 여자와의 관계는 파경을 맞을 것이다. 마찬가지로 여자도 다른 남자와 어울릴 수 없다. 하지만 이 혼인 관계는 남자가 그곳에서 평화롭고 조화롭게 살아가는 동안만 유지된다. 남자가 여자와 헤어지고 싶으면 여자에게 약속한 것을 주고 헤어져 친구로 남는다. 여자는 원하는 대로 다른 남자를 찾을 수 있으며, 이 모두가 어떤 추문도 없이 아무 문제 없이 받아들여진다.[178]

육두구 철에 반다에 간 자바 상인,[179] 그리고 베트남, 캄보디아, 시암, 버마에 간 유럽인과 다른 이방인에게도 아주 똑같은 상황이 벌어졌다.[180] 해밀턴은 이런 일시적 결혼에 있어서도 남녀가 정식 혼례를 치르고 부부로서 법적 의무를 지는 버고의 제도가 작동하는 방식을 자세히 설명했다.[181] 그 또한 캄보디아에 간 주달관[182]처럼 잠자리 상대이자 교역의 동업자이기도 한 현지처가 갖는 이중의 장점을 잘 이해했다. "남편에게 팔 물건이 있기만 하면 아내가 직접 가게를 차리고 소매로 물건을 파는데 도매로 팔 때보다 훨씬 이문이 많이 남았다."

그런 단기혼과 정식 결혼 사이의 경계는 불분명하게 마련이었고, 인종 간 결혼은 동남아시아의 모든 무역 도시에서 흔한 일이었다. 외부인들은 종교가 결혼에 아무런 제약을 두지 않는 것이 기이할 뿐 아니라 비판받아 마땅한 일이라고 여겼다. 믈라카에서 "이교도들은 무슬림 여성과 결혼하고 무슬림은 이교도를 아내로 맞았다".[183] 마카사르에서 "그리스도교도 남자는 무슬림 여자를 취하고, 무슬림 남자는 그리스도교도 여자를 취한다".[184] 그러나 왕실 여성이 외국인과 결혼하려고 할 때는 강한 반발에 부딪혔다. 시암 공주와 네덜란드인 상인의 비극적인 사랑이 그런 경우였는데, 쁘라삿통 왕이 1657년 타이 여성과 외국인의 결혼을 금지하는 법을 공포하게 한 계기가 바로 이 사건이었을 것이다.[185]

무함마드가 살던 시절에도 무슬림 사이에는 단기혼이 있었다고 알려졌으나,[186] 도서부 동남아시아의 이슬람 항구들은 이런 일시혼을 노예 여성에게만 허용했던 듯하다. 노예 여성은 자유인과 다르며 한 '남편'에게서 다른 남편에게 팔릴 수 있고 친권 또한 제한되었다. 반튼에서 중국 상인들의 행태는 다음과 같이 그려졌다. "여자 노예를 사서 (…) 그 사이에서 자식을 여럿 낳는다. 자기 나라로 돌아갈 때면 (…) 여자는 팔아버리고 자식만 데리고 간다."[187] 잉글랜드의 적 얀 피터르스존 쿤은 수카다나(서보르네오)의 잉글랜드 상인들이 너무 곤궁해진 나머지 먹을 것을 사려고 "자기 창녀를 팔아야" 하는 상황을 보고 신이 났다고 한다. 이 말이 사실이라면 동남아시아의 잉글랜드인도 중국인과 비슷한 행태를

보였던 것 같다.[188]

단기혼이나 축첩에 비하면 훨씬 드물었지만, 16세기 말이 되면 큰 도시에서 성매매가 나타나기 시작했다. 성매매 여성은 모두 예외 없이 왕이나 귀족의 노예였다. 스페인인 다스마리냐스*는 그런 노예 여성을 1570년대 브루나이 수상 도시의 작은 배에 있던 자신들을 위한 선물로 묘사했으며,[189] 네덜란드인 판 넥은 1602년 파타니에서 단기혼보다 훨씬 흔치 않고 평판도 나쁘기는 하지만 성매매 비슷한 상황이 벌어진다고 전했다.[190] 1680년대 시암에서는 한 관리가 수도 아유타야에서 매매나 범죄 등으로 노예가 된 여성 600명을 이용해 성매매 업소를 독점적으로 운영할 권리를 왕에게서 따냈다. 이때부터 성매매가 국가 세입의 상당 부분을 차지해온 타이 전통이 시작된 것으로 보인다.[191] 18세기 양곤에도 이와 비슷하게 마을 전체가 노예로 구성된 '창녀촌'이 있었다.[192] 동남아시아의 주요 항구도시에서 이런 식의 노예 성매매가 발달한 것은 각기 기대하는 바가 달랐던 유럽인과 중국인의 수요에 부응하기 위해서였던 것으로 보인다. 또는 무슬림 사이에서 외국인이나 이교도와의 단기혼이 부적절하다는 여론이 커지면서 시작된 것일 수도 있다.

상대적으로 자유로운 혼전 성관계, 일부일처제와 정절(이혼으로 쉽게 해소되는), 여성의 강력한 지위 등 성관계의 전반적인 양상은, 교역의 시대에 동남아시아에서 점차 세력을 키워나가던 세계종교와 여러 가지로 갈등을 빚었다. 가장 첨예한 갈등은 이슬람 율법과의 충돌이었다. 이슬람 율법은 여성을 법적으로나 경제적으로나 남편에게 의존적인 존재로 만들고, 여성이 이혼을 요구할 권리도 철저히 제한했다. 혼전 성관계(지

* Goméz Peréz Dasmariñas(1519~1593). 스페인의 정치인. 1590~1593년 스페인령 필리핀 총독을 역임했다. (옮긴이)

나zina') 또한 아주 엄하게 처벌받았기 때문에, 최근까지도 아랍 부모들은 그런 일이 벌어지는 것을 막으려고 딸이 사춘기가 되면 곧 결혼시키는 경향이 있었다.[193]

바람 아래의 땅에서 이러한 이슬람적 태도가 가장 철저한 부류는 도시의 부유한 상인 지배층이었다. 결혼 문제는 재산 및 지위와 직결되는 사안인지라 이들은 이미 자녀를 철저한 감독 아래 두고 있었다. 불교 국가인 시암에서조차 지배층은 평민들과 달리 혼전인 딸을 단속하고 "사랑하지 않는 아내와 사랑하는 여자"를 둘 다 곁에 두려 전전긍긍했다.[194] 이슬람의 영향을 받은 법령을 살펴보면 이슬람 율법의 요구와 지역의 현실 사이에서 격렬한 충돌이 벌어졌음을 알 수 있다. 『술루 법전』은 노골적으로 이슬람 율법을 무시하고 간통의 유형에 따라 다른 액수의 벌금을 매겼지만,[195] 가까운 마긴다나오의 법전 『루와란Luwaran』은 지나에 관한 이슬람 율법을 모두 적어두고 간음하다 적발되는 자는 사형에 처하도록 정했다.[196] 믈라카 법전은 이슬람 율법을 일종의 선택 가능한 부록처럼 수록해두었다.[197] 계속 늘어나는 다국적 무슬림 상인들 때문에라도 샤리아 율법을 완전히 무시하기가 불가능했던 탓이다. 그러나 법령의 본문을 살펴보면 법조문은 전형적인 동남아시아식 유연성을 보여준다.

> 남자가 누군가의 딸을 유혹하고 그 아버지가 사실을 알게 되면, 판사는 남자를 2와 4분의 1타힐의 벌금형에 처한다. 결혼이 가능한 상황이면 남자는 여자와 결혼해야 하며 결혼 비용은 남자가 전부 부담해야 한다. (…)
> 남자가 자유인 여성을 붙잡아 강간하고 피해 여성이 판사에게 신고하면, 남자는 판사에게 소환되어 피해 여성과 결혼할 것을 명령받는다. 남자가 결

혼하기를 거부하면 3타힐, 1파하의 벌금형에 처해지고 결혼 선물을 해야 한다. (…) 그러나 신의 법에 따르자면 남자가 성인 무슬림, 곧 무산muhsan이라면 투석형에 처해질 것이다.[198]

17세기 도시 지역 무슬림 지배층은 이러한 이슬람식 처벌, 특히 기혼자 사이의 지나 위반에 대한 처벌을 아주 심각하게 받아들였다. 판 넥은 파타니에서 연애가 초래한 비극을 목격했다. 결혼한 딸이 자신을 흠모하는 남자에게 선물을 받다가 붙잡히자 말레이 귀족인 아버지가 딸을 목 졸라 죽이고 역시 귀족인 남자의 아버지는 아들을 단검으로 찔러 죽여야 했던 것이다.[199] 1600년경 아체와 브루나이에서도 비슷한 사형선고가 흔하게 내려진 것으로 보이며, 이슬람 율법에 따라 죽을 때까지 때리는 형벌에 처해진 사례가 적어도 한 건 이상 있었다.[200] 그럼에도 그렇게 엄격하게 이슬람 율법을 적용하는 경우는 19세기 동남아시아에서 가장 이슬람화된 지역에서조차 극히 드물었으며,[201] 코즈모폴리턴 무역도시의 일부 통치자들이 강요한 그런 엄격한 모델은 내륙에서는 어떠한 영향도 끼치지 못했다.

이슬람 율법에 따르면 남편은 탈락talak이라고 세 번 말하는 것만으로 이혼할 수 있었다(아내의 경우는 성립하지 않았다). 이 관습은 동남아시아의 코즈모폴리턴 도시에도 알려져 있었고 믈라카 법전에서는 율법의 일부로 자리 잡았다.[202] 그러나 적어도 동남아시아에서는 이혼한 여성의 경제적·사회적 지위가 남성만큼이나 탄탄했기에 이런 종교적 처벌은 실제 이혼 관행에 별다른 영향을 미치지 못했다. 아랍인 대항해가 이븐 마지드는 말레이인들이 "율법에 따라 이혼하지 않는다"며 불평했다.[203] 브루나이에서 다스마리냐스는 남편에게는 아주 사소한 이유로도 이혼할 권리가 있으나, 현실에서는 "부부가 원할 때 자발적으로 이혼하는 것이 보통이며 지참금의 절반을 돌려주고 자녀가 있다면 나누어 키우기로 합의한다"고 언급했다.[204]

어린 신부?

유럽인들은 동남아시아의 결혼 적령기에 대해 얘기하면서 늘 신랑 신부가 어리다는 사실에 깜짝 놀랐다. 당시 유럽은 세계사에서 매우 예외적인 만혼의 시대에 접어들었기에 그런 반응이 당연했을지도 모른다. 17세기 잉글랜드에서 여자는 평균 스물여섯 살, 남자는 평균 스물여덟 살에 결혼했다.[205] 그러나 유럽인의 기록에서 보이는 동남아시아의 극도로 어린 혼인 연령은 잘못된 인상을 줄 수도 있다. 겔겔Gelgel(발리)의 왕은 자신을 찾아온 네덜란드 특사가 스물세 살인데도 아직 미혼이라는 사실에 깜짝 놀라며, 발리에서 남자는 열두 살, 여자는 아홉 살이면 결혼한다 했다고 한다.[206] 같은 시기 반튼에서 유럽인들은 다섯 살에서 열 살 사이의 아동 신부들이 길거리에 실려가고 있는 것을 기록하면서, 아버지가 죽기라도 하면 미혼의 자녀가 왕의 노예가 되는 일을 막기 위해서라고 주장했다.[207] 라 루베르는 열두 살이면 아이를 가질 수 있기 때문에 시암 소녀들은 "어려서" 결혼한다고만 밝혔다.[208] 모르가는 필리핀 남자들이 아내가 성관계를 가질 수 있을 만큼 자랄 때까지는 거리낌 없이 누나와 잔다고 기록했다.[209]

사춘기 또는 그 전에 결혼하는 관습은 여성의 자율성 및 결혼 전의 상대적인 성적 자유로움과 공존하기 어렵다. 그런 조혼이 일반적이지 않았다고 믿을 만한 설득력 있는 이유가 여럿 있다. 첫째, 기후와 비교적 좋은 영양 상태 때문에 동남아시아에서는 사춘기가 유럽에서보다 훨씬 일찍 시작됐다.[210] 17세기 초 크란은 12~13세 인도네시아 소녀들이 성관계를 갖는다고 기록했는데,[211] 19세기 말 율리위스 야콥스*가 더 자세히 관찰한 대로 아체 소녀들이 12~13세 사이에 초경을 한다는 내용과 일치한다.[212] 19세기 코친차이나의 한 조사는 열두세 살 소녀들에게 사춘기의 첫 신호가 보이기는 하지만 "평균 혼인 연령"은 16세 4개월이라고 밝혔다.[213]

둘째, 당대 관찰자들에게 깊은 인상을 주었을 부유층이나 고귀한 신분의 휘황찬란하고 호사스러운 결혼식은 일반적이라고 하기 어렵다. 유럽에서도 마찬가지로 아주 어린 나이에 결혼하는 귀족 여성의 조혼이 유럽사 연구자들을 오랫동안 오해하게 만들었다.[214] 동남아시아에서도 지배층은 딸이 용납할 수 없는 연애를 하거나 의심스러운 혈통의 손주를 얻는 일을 막으려 노심초사한 나머지 어린 나이에 적당한 혼처를 찾아 정혼시키는 편을 택했다. 아체, 반튼, 브루나이, 파타니 같은 이슬람이 강력하고 부유한 무역도시에서는 만연한 혼전 성관계에 대한 대응책으로 딸이 사춘기가 되면 정혼시키던 관습이 사회 전체로 퍼져나갔다. 아체와 반튼은 19세기에 유례없이 어린 나이에 소녀들을 조혼시키는 것으로 악명 높았으며,[215] 현대 인도네시아의 인구조사를 살펴보면 이슬람 강성 지역에서는 아직도 신부의 평균 나이가 훨씬 어리다. 무슬림 지역인 마두라와 순다의 여성은 1940년대에 평균적으로 열네 살이 넘으면 결혼했지만, 힌두교 지역인 발리에서는 열여덟 살 가까이 될 때까

* Julius Jacobs(?~?). 네덜란드의 의사. 19세기 말에 발리, 롬복, 아체를 방문하고 여행기를 남겼다. (옮긴이)

지 기다렸다.[216] 이처럼 17세기 이래 종교적·도덕적 가치의 급격한 전도를 겪지 않은 발리에서 20세기에 비교적 늦은 나이에 결혼했다는 사실은, 초기 유럽인들이 받은 인상을 일반화해서는 안 된다고 경고한다. 필리핀의 결혼 등록에 관한 최근의 상세한 연구들도 사료 확보가 가능해진 1820년대부터 여성의 평균 초혼 연령은 20.5세 이상임을 밝혔다.[217] 17세기 버마에서도 산업화 이전 사회의 기준으로 보면 대부분 비교적 늦게 결혼하는 양상이었다.[218]

셋째, 알려진 사례를 살펴보면 지배층도 사실 그렇게 어린 나이에 결혼하지는 않았던 듯하다. 앞서 언급한 마카사르의 귀족 여성은 열세 살에 처음 결혼했다. 그러나 마카사르 왕궁 일지 『론타라 빌랑 고와』에 출생과 결혼 일시가 소상하게 기록된 다른 귀족 여성 여덟 명의 평균 초혼 연령은 15세 9개월이었다.

나는 사춘기(12~14세)에 결혼하는 것을 화려한 혼례를 올리는 부유한 귀족들 사이에서나 있었던 예외적인 사례로 보고자 한다. 전체적으로 보자면 동남아시아 여성은 보통 15세에서 21세 사이에 결혼해서 성관계를 시작하기 전까지 몇 년의 유예 기간을 두는 것이 일반적이었던 것 같다.

출산과 출생률

17세기 이전을 특징짓는 동남아시아의 낮은 출산율은 고질적인 전쟁과 불안정에 기인한 것으로 보인다(2장을 보라). 그러나 평화로운 상황에서도 의식적으로나 무의식적으로나 출산율이 높아지지는 않았다.

동남아시아에서 지난 5세기 동안 한결같이 지속된 현상 중 하나는 유럽에서보다 자녀 사이의 터울이 길다는 점이다. 이제는 확실해진 원인 중 하나는 수유 기간이 길어지면 여성의 무배란기가 9개월까지 이어지는 경향이다. 동남아시아의 어머니들은 아주 최근까지도 최소한 생후 2년 동안 자녀에게 젖을 먹였다. "(시암의) 여성들은 유럽에서처럼 다섯 달에서 여섯 달 정도만 젖을 먹이지 않고 2년에서 3년까지, 때로는 아이에게 밥과 바나나를 먹이면서도 동시에 젖을 먹인다."[219] 19세기 루손의 한 마을에서 진행한 출산에 관한 체계적인 연구는 자녀와 자녀 사이의 터울이 평균 21개월이라고 밝혔는데, 이는 어머니가 수유하는 기간과 거의 일치한다.[220] 그럼에도 필리핀의 어머니들은 평균 여섯 명 정도로 이전보다 훨씬 아이를 많이 낳았다.[221]

1차 자료들은 동남아시아 여성들이 유럽이나 중국에 비해 일찍 출산을 시작하고 일찍 마친다고 주장한다.[222] 1891년 버마 인구조사 보고서를 비롯한 일부 공식 자료는 출산 후 산모를 "굽는" 풍습을 이른 단산의 원인으로 본다.[223] 가장 먼저 시암인과 버마인 사이에서 이런 관행을 목격한 것은 17세기의 라 루베르이지만,[224] 19세기에 대륙부 동남아시아 전역, 말레이반도, 북수마트라, 보르네오 일부, 말루쿠, 비사야에서도 흔히 행해졌다는 점을 감안하면[225] 교역의 시대에도 이미 널리 퍼져 있었을 것이다. 출산이 몸을 "차게" 만들기 때문에 산후 3일에서 40일 동안 산모가 불 위나 곁에서 몸을 데우고 정화하도록 하는 풍습이었다. 그 결과 산모는 피부에 심하게 물집이 잡히는 등 "화상을 입고 피부색이 짙어졌다".[226] 이런 산후조리법 때문에 여자들이 빨리 늙어 보이게 됐을지도 모르지만, 실제로 출산율에도 영향을 미쳤는지는 의문이다.

또 다른 불확실한 요인은 임질이다. 비교적 고립된 채 애니미즘을 믿으며 살아가던 1930년대 북보르네오(무룻족)와 1960년대 인도네시아 동부(숨바)에 관한 연구는, 검진 대상이었던 두 곳 여성의 각각 80퍼센트와 90퍼센트가 임질 감염군이라는 것을 밝혀냈다. 또한 숨바에서의 조사는 여성 불임률이 25퍼센트에 달한다는 결과를 도출해냈다.[227] 여러 측면에서 이슬람교와 그리스도교 전파 이전 동남아시아의 전형적인 사회에서는 혼전 성관계가 금기가 아니었다. 또한 남자가 성병으로 표상되는 '여성적 오염'에서 벗어나려면 건강한 여자와 동침해서 그 '외래적' 요소를 여자에게 돌려주면 된다는 믿음이 널리 퍼져 있었다.[228] 그런 태도가 임질이 널리 퍼지도록 만들었다고 추측할 수는 있겠지만 실제로 그랬는지는 확인할 길이 없다. 성병의 창궐에 관해서는 특히 자바, 발리, 롬복 지역에 관한 기록이 상당하다.[229] 그러나 20세기 이전에는 임질과 매독을 구별하거나 임질과 출산율의 상관관계를 규명할 신뢰할 만한 방법이 없다.

동남아시아 여성들은 각종 피임법을 썼으며 그로 인한 산아 제한이 낮은 출생률의 주요 원인 중 하나라고 할 수 있을 것이다. 말레이 서사 『스자라 믈라유』에서 낙태는 흔한 일로 그려진다.[230] 인류학자들은 피임용 약재와 낙태 목적의 마사지가 동남아시아 각지에서 여성들 사이에 전해지는 구전 지식의 일부임을 밝혔다.[231] 산아 제한의 욕구는 애니미즘을 믿는 화전농들 사이에서 특히 강하게 나타났는데, 아마도 여성이 떠맡는 노동량이 많아 임신과 육아에 많은 시간을 쏟을 수 없었기 때문인 듯하다(2장을 보라).

두드러지는 사례는 필리핀의 비사야제도로, 스페인인들이 당도했을 당시 마닐라보다는 이슬람의 영향을 훨씬 적게 받은 곳이었다. 로아르카*는 "이곳 사람들은 아이를 여럿 두는 것을 망신"이라 여겼는데 "부모의 재산을 나눠 가질 자식들이 가난해지기 때문"이라고 밝혔다.[232] 다른 관찰자 다스마리냐스는 이렇게 기록했다.

> 특히 바다와 가까운 곳에 사는 여자들은 아이를 많이 낳기를 꺼렸다. 아이가 많으면 돼지 같다며 (…) 아이를 한둘 낳고 또 임신하면 임신 3~4개월경 태아를 죽여서 유산시켰다. 배를 문지르거나 특정 약초를 써서 전문적으로 낙태 시술을 해주는 여자들이 있었다.[233]

한 방문자는 비사야 남자들이 성기에 끼우던 핀이 임신 가능성을 줄여준다고 생각했고,[234] 한 현대 인류학자는 보르네오에서 사용하던 핀 역시 출산율을 낮췄다고 보고했다.[235]

그 수가 늘어가던 불교도, 그리스도교도, 무슬림 사이에서, 특히 도시와 논농사를 짓던 지역에서는 여성의 노동량이 적고 생활이 비교적 안정되어 자녀를 더 많이 둔 것으로 보인다.[236] 자녀의 수나 성별에 관계없이 아이들은 사랑받으며 마음껏 응석을 부렸다. 라 루베르는 시암에서 "그렇게나 가족이 화목한 덕에 이 나라에는 결혼이나 여러 자식 두기를 두려워하는 사람이 하나도 없다"고 썼다.[237] 늘 비판적이고 회의적이던 크로퍼드조차 "부모와 자녀의 관계를 보면 (…) 인도제도 사람들은 누구보다 나무랄 데 없이 다정하다"고 인정하고 만다.[238]

---

* Miguel de Loarca(?~?). 스페인의 콩키스타도르. 필리핀의 애니미즘적 종교활동에 대한 상세한 기록을 남겼다. (옮긴이)

여성의 역할

전근대 동남아시아 사회에서 여성이 상대적으로 높은 경제적 자율성을 누렸다는 점은 이미 명백하다. 그럼에도 남녀라는 대립쌍은 우주적 이원론의 일부로서 당연하게 받아들여졌다. 복식, 머리 모양, 말투를 통해 인위적으로 성별을 구분할 필요성을 느끼지 못한 것도 바로 이런 까닭일지 모른다. 인도네시아의 젠더에 관한 최근의 한 인류학 연구는 남녀 관계를 설명하는 다양한 상호보완적인 기질의 쌍을 발견했다. 남성성은 보통 흰색(정액), 온기, 하늘, 형식, 절제, 의식적인 창조성, 여성성은 붉은색(피), 냉기, 땅, 내용, 즉흥성, 자연스러운 창조성과 연결된다. 남성이 더 우월한 존재로 (적어도 남성의 시각에서는) 여겨질 때가 많지만, 남녀 모두 없어서는 안 될 필수적인 존재이며 남녀의 결합은 강력한 이상이다.[239]

이러한 이론적인 구분은 집, 논밭, 시장에서 남녀의 영역이 뚜렷하게 나뉘는 것을 설명하는 데 도움을 준다. 일상 활동이 이 우주적 이원론의 일부이기 때문에 특히 동식물의 생명에 영향을 미칠 때 남녀가 어떤 역할을 하는지는 무관심할 수 있는 문제가 아니었다. 남자의 일은 쟁기질, 정글에서 나무 베기, 사냥, 대장일, 목공일, 집짓기 등 금속과 동물에 관한 일 그리고 국가 운영 및 공식 (세계)종교에 관한 일이었다. 여자의 영역은 모내기, 추수, 텃밭 가꾸기, 음식 준비, 직물 짜기, 시장에서의 물건 거래, 그리고 조상신을 모시고 혼령과 소통하기였다.

마을 차원에서 이런 이분법은 지난 4세기 동안 크게 달라지지 않았다. 그러나 국정 운영과 공식 종교를 통해 남성의 영역은 엄청나게 확대되었고, 점차 더 많은 이가 여성을 의존적이고 단정하고 헌신적인 존재로 그리는 귀족적 관습을 모방하게 되었다. 교역의 시대에 접어들자 남성이 우월하다는 생각이 왕실과 도시 지배층의 사고방식에 영향을 주기 시작했다. 이들은 라마와 신타의 인도 서사시에 관해 들었거나, (베트남에서는) 중국의 유교 경전을 배웠거나, 상좌부불교, 이슬람교, 그리스도교 신학의 체계를 공부했다. 예를 들어 1399년 타이 왕비 수코타이는 이생에서 쌓은 공덕으로 다음 생에 "남자로 태어나" 불교적 위계에서 지위가 높아지게 해달라고 기도했다.[240]

물론 왕실의 이상과 일상적 현실 사이에 괴리가 있다는 것에는 의심할 여지가 없다. 자세히 살펴보아야 할 지점은 그 시기의 여성이 자신의 활동 영역을, 역사학자의 일반적인 주제인 큰 사건까지 확장할 수 있었는가이다. 우리는 이 시기의 무역, 외교, 전쟁, 예능, 문학, 국정 운영 등을 연이어 검토하면서 동남아시아 여성들이 이후 시기나 다른 지역과 비교해볼 때 보기 드물게 큰 영향력을 끼쳤다는 사실을 살펴볼 것이다.

시장이야말로 가장 확실한 여성의 영역이므로 시장에서부터 시작해보자. 오늘날에도 동남아시아 국가들은 여성의 교역과 시장활동 참여율을 비교한 에스테르 보세루프의 통계에서 최상위를 차지한다. 여성의 참여율은 타이에서 56퍼센트, 필리핀에서 56퍼센트, 버마 47퍼센트, 캄보디아 46퍼센트다. 인도네시아는 31퍼센트로 다소 낮은 편이지만 다른 이슬람 국가, 특히 (1퍼센트에서 5퍼센트 사이인) 중동과 비교하면 월등하게 높다.[241] 1947년 인구조사 당시 방콕에는 남성보다 세 배가 넘는 여성이 사업 소유주나 관리자로 등록되어 있었다.[242] 1820년대에 처음 쓰인 미낭카바우의 한 유명한 시는 어머니들더러 "가격의 등락을 판단"하는 법을 딸들에게 가르치라고 호소했다.[243] 지금도 동남아시아 여성은 남성보다 이해타산이 빠르고 알뜰하다고 여겨지며, 중국과 유럽 출신 남자 상인들은 동남아시아 여성이 그런 문제에 관해 약삭빠른 데가 있

다고 비웃는 경향을 보였다.[244]

오늘날 동남아시아에서는 여성의 활동이 농촌이나 작은 시장에 제한되어 있기에 일반 여행자라면 여성이 교역과 상업에서 수행하는 역할을 알아보지 못하겠지만, 언제나 그랬던 것은 아니다. 초기 유럽인과 중국인 상인들은 여성과 거래할 때마다 놀라움을 감추지 못했다.

> 나라(캄보디아) 안의 장사는 모두 여성이라야 능히 그것을 할 수 있다.[245]
>
> 이 나라[시암] 풍속은 모든 일을 아낙이 주관하는데 (…) 장사까지 크고 작은 일은 아내의 결정을 따른다.[246]
>
> 시암에서는 여자들만이 물건을 사들이는 상인이며, 그중에는 장사를 크게 하는 이들도 있다.[247]
>
> 아체의 환전상은 통킹과 마찬가지로 거의 다 여자다.[248]
>
> 코친차이나에서 남자는 다 군인이다. 상업활동은 여자가 도맡아 한다.[249]
>
> 버마의 여자들은 (…) 남편의 중요한 장사를 도맡아 관리한다.[250]
>
> 흥정하고 사업을 하고 사고파는 것은 (말루쿠의) 여자들이다.[251]
>
> (믈라카에서는) 여자들이 밤에 시장을 지킨다.[252]
>
> 남편이 아내에게 금전 문제를 완전히 맡기는 것이 보통이다. 여자 혼자 시장에 가고 사고파는 일을 모두 다 한다. 자바 남자는 돈 문제에 관해서는 바보라는 말을 흔히들 한다.[253]

동남아시아 도시 대부분의 무역에서 두드러지는 외국인과 통치 집단의 존재를 생각해보면 대규모 무역상이나 선주는 대개 남성이었을 것이다. 그러나 상당한 수의 현지인 여성도 이 집단에 참여했다. 유명한 인물은 냐이 그데 피나테*다. 오늘날에도 그레식 사람들은 이슬람의 후원자

이자 수난 기리**의 '양어머니'인 그의 묘지에 경의를 표한다. 외국 태생 무슬림인 그의 출생지에 관해서는 팔렘방이나 중국, 어쩌면 캄보디아라는 등 설이 분분하다. 그는 1500년경 그레식의 샤반다르(항구 감독)로 활동하며 자기 소유의 배를 발리, 말루쿠, 캄보디아 등지에 보냈다고 한다.[254] 일부 여성 왕족들은 동원 가능한 자본을 이용해 큰 이문을 남겼다. 1660년대 마카사르 술탄 하사우딘의 아내 로모 톰보Lomo' Tombo는 자기 배를 조호르에 보내 이윤이 어마어마하게 남는 교역을 했다.[255] 17세기에 아체, 잠비, 인드라기리의 왕좌를 차지한 여자들도 교역을 하며 남자들만큼이나 활발하게 투기활동을 벌였다.[256]

네덜란드인과 잉글랜드인은 특권층 왕족 여성 외에도 만만치 않은 여성 상인들을 상대해야 했다. 코친차이나에서는 시장 상황을 확인하러 수도에 직접 온 "시노아(후에)의 여자 상인coopvrouw"과 후춧값을 흥정했다. 이 상인은 많은 후추 물량을 확보할 수 있는, 두 자매와 형제 하나가 함께 운영하는 상점을 대표해서 나왔으며, 남자 한 명과 같이 다녔지만 "말하는 것은 여자고 남자는 듣고 고개를 끄덕이기만 했다".[257] 아유타야에서 몬족의 후예 오숫 페구***는 네덜란드 무역상들의 성적·상업적 동반자로서 자신의 지위를 이용해 1640년대 네덜란드와 시암 간 교역을 실질적으로 독점하고 왕실에도 큰 영향력을 행사했다.[258] 잉글랜드인에게 돈을 빌려간 파타니의 오랑카야 중에는 여성인 다투 네와난Datu

---

* Nyai Gede Pinateh(?~?). 자바의 무역상. 광둥 출신 중국인으로 정화 원정대의 승인을 받아 수마트라 팔렘방을 다스리던 시진경의 장녀 시대랑施大娘으로 태어났다. 1421년 시진경 사망 후 남매간 승계 다툼에서 여동생에게 밀려나자 자바의 그레식으로 이주해 그곳에서 무역상으로 큰 성공을 거두었다. (옮긴이)

** Sunan Giri(1442?~1506). 자바의 이슬람화에 기여한 '아홉 왈리' 중 하나. 라덴 파쿠Raden Paku로도 불린다. 그레식에 이슬람 학교를 세워 후진을 양성하고 이슬람 전파에 기여했다. (옮긴이)

*** Osoet Pegua(1615~1658). 타이의 여성 사업가. 예레미아스 판 플릿을 비롯한 여러 네덜란드동인도회사 임직원과의 관계를 이용해 프라삿통 왕과 네덜란드 사이의 교역을 독점했다. (옮긴이)

Newanan이 있었고[259] 아체에서 네덜란드인들은 "또 다른 아체 여자"에게 수출용 주석을 사들였다.[260]

무역은 외교와 그다지 멀리 떨어져 있지 않았다. 특히 외국인 무역상들의 성적·상업적 동반자였던 여성들에게는 더욱 그러했다. 그런 여성들은 대개 교역에 필요한 언어들을 유창하게 구사했다. 그리하여 첫 네덜란드 선교사 일행이 코친차이나에 갔을 때 국왕은 오랫동안 마카오에 살아 포르투갈어와 말레이어를 잘하는 베트남 여성과 함께 일행을 맞았다. 포르투갈인 남편 둘에 베트남인 남편까지 거느린 또 다른 베트남 노년 여성과 함께 30년 동안 코친차이나 왕실의 통역관으로 일해온 여인이었다.[261] 비슷하게 18세기 버마에서도 양곤 샤반다르의 늙은 아내(한때 버마 왕실 경비대의 프랑스인 지휘관과 결혼 생활을 한)는 왕실과 외국인을 중재하는 데 없어서는 안 될 존재였다.[262] 나중에 수마트라 델리의 술탄은 체 라웃Che Laut이라는 "이상하고 별나기 짝이 없는 늙은 여자"에게 수마트라의 여러 국가를 방문하는 존 앤더슨*을 수행하라고 명했다. 체 라웃은 "학습의 귀재"였으며 중국어, 타이어, 타밀어, 벵골어, 아체어에 능통했고 수마트라 해안 국가 전부의 정치 구도를 금세 파악했다.[263]

몇몇 도서부 동남아시아 국가에서는 여성을 특히 평화 협상의 특사로 활용하는 데 적극적으로 나섰던 듯하다. 안타깝게도 이 문제를 가장 잘 보여주는 『핀투 여행기』는 그다지 신뢰할 만한 자료가 아니다. 핀투가 자신의 이야기를 극적으로 만들려고 윤색한 부분이 많기 때문이다.

* John Anderson(1795~1845). 영국의 외교관. 1813년부터 동인도회사에서 일하며 기록과 말레이어 통역을 전담했으며, 믈라카해협의 정치와 교역에 관한 기록을 남겼다. 1823년 페낭 총독을 대리해 수마트라의 여러 왕국을 방문해 협정을 맺는 데 성공하기도 했다. (옮긴이)

핀투는 1540년 반튼에서 드막의 왕이 보낸 노년 여성 특사인 냐이 폼바야Nyai Pombaya의 활약을 설명한 후 자바의 왕들이 늘 "국가의 중대사 특히 화친에 관한 문제일 때 여성을 중재자로 선호하는 것은 오랜 전통이며 (…) 그 까닭은 '여자는 근본적으로 부드럽고 상냥한 성향을 지녔기에 그들 말대로라면 무뚝뚝한 남자보다 훨씬 원활하게 일 처리를 할 수 있다'고 보았기 때문이다"라고 썼다.[264] 핀투가 자신이 방문했다고 주장하는 곳을 정말 다 가지는 않았던 것으로 보이지만 그의 이야기는 보통 사실에 근거할 때가 많다. 이 경우는 50년 후 반튼에서 몇 년 살았던 더 신중한 기록자 스콧이 그 신빙성을 입증해준다. "왕이 (…) 남자를 보내서 (누구를 데려오라고 하면) 오지 않을지 모르지만 여자를 보내면 거절하지도 핑계를 대지도 않는다. 더군다나 지체가 낮은 사람이 높은 사람에게 따질 일이 있을 때도, 직접 찾아가지 않는다면 언제나 여자를 보냈다."[265] 자바의 고대 비문에는 여성이 중재자나 증인으로 자주 등장한다.[266] 다른 곳에서도 마찬가지로 술라웨시의 토라자족은 1683년 아룽 팔라카가 부기스족을 이끌고 쳐들어오자 노년의 맹인 귀족 여성을 보내 평화 협상을 벌였다.[267]

물론 남성을 특사로 보내기도 했으며 특히 17세기에 이슬람교와 그리스도교 국가식의 국제 규범이 확산되면서 남성 특사가 절대적으로 늘어났다. 지배층 남성은 위계질서 개념으로만 정치체계를 이해해서 자신의 지위가 조금이라도 위협받으면 복수해야 한다고 여겼기에(특히 자바에서 그랬다[268]) 정말로 평화를 원하는 이들에게는 위험천만한 특사였음을 위의 사례에서 짐작해볼 수 있다. 남성은 여성에게 기대되는 만큼 협상을 하지도, 합의를 위해서 먼저 숙이고 들어가지도 못했다.

이러한 중재자 역할은 여성 전사의 전통과 화합하기 어렵다. 전쟁은 보통 남자들의 일이었기에 절체절명의 위기에 나타나 공동체를 구하는 예외적인 여성을 낭만화하고 찬양하는 경향이 모든 문화에서 나타났는지도 모르겠다. 베트남에는 서기 43년 한나라 지배에 맞서 반란을 일으킨 쯩 자매보다 더 유명한 영웅은 없다. 타이인들은 1785년 푸껫을 지켜낸 두 자매, 1564년 아유타야를 지키다 죽은 수리요타이 왕비, 1826년 여성 포로 수백 명을 구출하고 코랏을 구한 모Mo 할머니를 기린다.[269] 1624년 마타람의 술탄 아궁이 마두라에 쳐들어오자 여성들이 영적인 역할을 해서 막아냈다고 한다.[270] 이렇게 전투적 여성 영웅들이 다른 어느 곳에서보다 동남아시아에서 큰 역할을 할 수 있었던 까닭은 성별보다는 지위가 더 중요하게 여겨지고 필요하다면 여성의 지도가 받아들여졌기 때문일 것이다.

동남아시아에 나타나는 더 고유한 특성은 강력한 통치자들이 많은 수의 여성, 그중 일부는 경호원 역할을 하는 여성에게 둘러싸여 있는 일이 흔했다는 점이다. 앙코르 왕은 궁 안에 비빈을 4000명에서 5000명,[271] 아체의 이스칸다르 무다는 3000명(그림 22), 마타람의 술탄 아궁은 1만 명을 두었다고 한다. 적어도 아체와 마타람에서는 이 왕궁의 여자들 중 무기 사용법을 훈련받은 부대가 있어 왕궁을 수비하고 왕실의 행렬에도 참여했다.[272] 수라카르타에서는 소총을 들고 정기적으로 군사훈련을 받던 여성 부대 프라주릿 에스트리prajurit estri가 망쿠느가란 초대 술탄의 지원으로 18세기 말까지 유지되었다.[273] 시암의 왕궁에도 비슷한 여성 경비대 사남 다하르Sanam Dahar가 있어 왕궁 안과 여성 구역을 담당했다.[274]

이런 양상은 독재적인 통치자들이 주변의 남자를 믿지 못하는 일종의 불신에서 비롯했다. 적어도 도서부 동남아시아에서는 남자라면 누구

그림 22 아체 왕궁의 여성 경비대. 판 바르베이크의 1604년 저서에 수록된
17세기 목판화로 상상력을 발휘해 묘사한 것이다.

든지 자신을 무시하면 들고 다니던 무기로 즉시 덤비는 것이 보통이었다. 이런 성향 때문에 그 시기의 역사를 살펴보면 비극적 사례가 수없이 많았다.[275] 특히 독단적이었던 아체의 술탄 알 무캄밀(재위 1584~1604)은 "아무도 믿을 수 없어서" 여자를 해군 제독으로 임명하기도 했다.[276] 왕이 이렇게 여자들을 가까이 두고 믿다가, 흔히 남자 경호원에게 당하듯 배신당해 살해된 일이 있었는지는 증거가 없어 확실히 알 수 없다. 여군 부대가 주요 전투에 참여했는지도 알 수 없다. 따라서 여성 부대의 존재가 확인해주는 것은 폭력, 무기 사용, 명예에 대한 감각을 예민하게 지키는 일은 근본적으로 남성의 일이며 여성은 무기를 들더라도 사용하지 않을 거라고 믿을 수 있었다는 점이다. 그럼에도 그런 여성 부대는 여

행자들이 동남아시아의 아마존 여전사 같은 과장된 이야기를 지어내는 소재가 되었다.[277]

연예와 오락에서 여성이 두드러졌다는 점은 당연하다. 동남아시아 전역의 무용, 음악, 연극 집단에서 여성의 활약은 대단했다. 마젤란은 세부에서 여성 악단의 환영을 받았고, 반튼에서는 왕실 행사에서 혼성 곡예사와 배우의 공연을 봤다.[278] 왕실 연대기가 찬양하는 비非왕족 여성 중에는 마자파힛 왕실의 빼어난 가수 겸 무용수와 조호르의 왕자가 반했다는 파타니의 말레이 가극 스타 당 시랏이 있다.[279] 자바 그림자 인형극 와양쿨릿wayang kulit의 전통에서 여성 가수는 인형 조종자 달랑dalang만큼이나 중요한 존재이며, 오늘날 인형을 조종하는 달랑은 모두 남성이지만 17세기에는 아주 유명한 여성 달랑이 있었다.[280] 브루나이에서는 19세기까지도 전문적인 이야기꾼은 모두 여성이었고, 이 집 저 집 다니며 역시 여성이 대부분인 관중에게 히카얏과 샤이르를 읊어주었다.[281]

근대 이전의 동남아시아 작가는 거의 무명의 존재이므로, 암송할 시를 짓거나 적는 일에 여성이 얼마나 기여했는지는 알 수 없다. 18세기에 하노이(호쑤언흐엉*)와 자바의 수라카르타에 뛰어난 여류 시인이 있었고, 인도네시아의 판지 이야기를 타이어로 개작한 것은 시암 공주였을지도 모른다.[282] 존 앤더슨에게 1820년대 수마트라의 정치적 상황을 가르쳐준 말레이 여성 체 라웃도 시인이자 역사학자였으며, 마터스에게 1850년대 부기스 문학에 대해 알려준 가장 중요한 정보원은 "진정한 독

* Hồ Xuân Hương, 胡春香(1772~1822). 베트남의 시인. 베트남어를 한자로 기록하는 쯔놈으로 시를 써서 '쯔놈 문학의 여왕'으로 불리며 남성 중심적인 사회에서 여성의 경험과 감정을 진솔하게 표현한 작품을 다수 남겼다. (옮긴이)

서가"인 타네테의 공주로, 그는 한때 역사가이자 궁정의 서신 작성자이며 동시에 문서 수집가였다.[283] 아유타야의 나라이 왕이 거느린 궁녀 중에는 시인이 여럿 있었고, 그 빛나는 시기에 제일 유명했던 로맨스 대서사 『릴릿 프라 로Lilit Phra Lo』는 (저자가 여성인지 아닌지와는 상관없이) 여성의 관점에서 두 궁녀가 재미 삼아 남자 주인공을 궁으로 유혹하는 과정을 그린다.[284]

공식 종교체계를 배우는 과정에서 남성의 문해력은 확대되고 여성의 문해력은 축소되었을 것이다. 17세기에 타이와 버마 소년들은 일곱 살이 되면 불교 사원에 들어가 기본적인 읽고 쓰기를 배웠지만, 소녀들은 "읽고 쓰는 법을 배우는 일이 거의 없었다".[285] 이슬람교는 상좌부불교보다는 소년들의 교육에 덜 열성적이었지만 소녀들의 교육에 무관심하기는 마찬가지였다. 그러나 어떤 곳에서는 남녀를 막론하고 고유의 읽고 쓰는 전통이 다른 곳보다 더 오래 살아남기도 했다. 초기 스페인 수사들의 주장에 따르면 필리핀에서는 남녀 모두 고유문자를 읽을 줄 알았을 뿐 아니라 여성이 남성보다 쓰기와 읽기에 "훨씬 뛰어났다".[286] 옛 문자체계가 살아남은 수마트라의 일부 지역에서도 여성의 문해력이 훨씬 높게 나타나는데, 그 까닭은 옛 고유문자가 남성의 영역인 공식 종교나 국정 운영이 아니라 일상적이고 실용적인 목적에 활용되었기 때문인 것으로 보인다(5장을 보라). 이런 특이한 양상을 고려하면 사원의 종교적 전통을 제외하고는 작자 미상인 동남아시아 고전문학의 저자를 남성이라고 가정해서는 안 될 것이다.

힌두교, 불교, 이슬람교, 중국의 정치 전통에서 여성 왕조란 있을 수 없는 일이었다. 그러나 폴리네시아와 마다가스카르는 물론 인도네시아와 필리핀이 속한 오스트로네시아 사회는 고귀한 태생의 여성을 왕좌에 앉히는 일이 다른 어떤 사회보다 잦았다. 술라웨시에서는 왕위 계승서열에서 태생이 성별보다는 우선적으로 고려됐는데 이는 아마도 극단적인 사례일 것이다. (부기스족 최대의 국가인) 보네 왕국은 14세기 건국 이래 왕 서른두 명 중 여왕이 여섯 명이었다. 제임스 브룩*은 이웃한 와조 왕국에 갔다가 그곳의 대지도자(아룽) 여섯 명 중 네 명이 여성임을 알게 됐다.[287] 인도의 영향을 강하게 받은 곳(또는 중국의 영향을 받은 베트남), 특히 대륙부 동남아시아의 더 중요한 왕실일수록 여성 통치자를 세우지 않았다. 시암에서는 여성이 왕좌에 오르는 일이 없었으며 베트남과 버마에서도 그런 일은 흔치 않았다. 이슬람권 동남아시아에서는 1700년경 마침내 이슬람식 남성 왕권 모델이 확립된 후 여성 통치자가 거의 없었다.

그러나 15세기에서 17세기 사이, 교역 확대에 가장 적극적으로 나섰던 동남아시아 국가에서는 통치자가 여성인 경향이 두드러졌다. 많은 나라에서 교역의 중요성이 정점에 달했을 때만 여성을 왕좌에 앉혔다. 바람 아래의 땅 최초의 무슬림 항구였던 파사이가 믈라카해협의 핵심 항구 자리를 믈라카에 빼앗기기 직전인 1405년부터 1434년까지, 두 여왕이 파사이를 연이어 통치했다.[288] 이 시기에 버마에서 왕위에 오른 여성은 신소부(재위 1453~1472)가 유일한데, 바로 그 시기에 버고는 벵골만의 주요 중계무역항으로 떠올랐다. 자바 북해안의 즈파라가 군사적으로나 상업적으로 중요한 세력이었던 것은 16세기 중후반에 유명했던 여왕 칼리냐맛의 치세 때뿐이었다. 마찬가지로 남서부 보르네오의 다이아

* James Brooke(1803~1868). 영국의 모험가이자 보르네오섬 사라왁 왕국의 초대 라자. 벵골 군대에서 전역한 후 말레이제도로 가서 현지 통치자들을 도와 반란을 진압하고 해적을 소탕했다. 이 일로 특히 브루나이 술탄의 신임을 얻어 1841년 사라왁 왕국의 통치권을 수여받고 '백인 왕조'를 세웠다. (옮긴이)

몬드 수출 중심지 수카다나(1608~1622년경), 수마트라 동부의 후추 산지 잠비(1630~1655년경), 말레이반도 동해안의 클란탄(1610~1671), 플로레스 동쪽의 백단향 수출입 항구 솔로르(1650~1670년경) 등도 주요 무역 중심지였던 짧은 기간에는 여성의 통치 아래 있었다. 반튼이 자바해의 주요 항구가 된 것은 술탄 압둘 카디르의 긴 섭정 기간(1596~1618)으로 여성이 왕위에 오른 때는 아니었다. 그러나 그의 섭정 기간 중 1600년부터 1605년까지 5년 동안 실질적으로 국정을 좌우한 인물은 냐이 그데 와나기리였는데, "모든 일을 좌지우지하는 노년 여성으로 (…) 왕가의 혈통을 타고나지는 않았으나 누구보다 지혜롭고 명석해 그 나라의 여왕처럼 나라를 다스렸다".[289]

이런 양상이 너무 두드러져서 우연히 그렇게 왕위가 승계되었다고 보기는 힘들다. 특히 파사이, 클란탄, 솔로르에서는 두 여왕이 연달아 즉위했다. 아체 술탄국과 파타니 술탄국에서는 의식적으로 여성 통치자를 선호한 것이 분명하다. 이 두 국가에서 네 명의 여성이 연달아 왕위를 계승했는데 그중 첫 번째 여왕만 왕이 될 혈통이었다. 파타니를 여성이 다스린 한 세기(1584~1688)는 이 항구가 대중국 중계무역항이었던 시기 전체와 일치한다. 아체에서 네 여왕의 통치 시기(1641~1699)는 이스칸다르 무다(재위 1607~1636)의 정복에 뒤이은 군사·정치적 쇠퇴기였지만, 여왕들은 도서부 동남아시아에서 가장 중요한 항구라는 아체의 지위를 지켰다.

영리 지향적인 귀족에게 있어 여왕의 지배는 전제적인 왕권을 제한하고 국제무역을 하기에 안전한 국가를 유지하기 위한 방편 중 하나였다.[290] 이스칸다르 무다는 전제 왕정의 위험성을 일깨워준 특히 무시무시한 사례였다. 그는 아체의 오랑카야를 죽이고 겁주고 그들의 재산을 빼앗아 잉글랜드 및 네덜란드와의 무역을 독점하려고 시도했다. 아체와 파타니의 오랑카야들은 시험 삼아 여왕을 내세워보고는 여왕의 통치를 영속화하려고 했다. 파타니의 첫 번째 여왕은 "신하들과 더불어 아주 평화롭게 나라를 다스려 (…) 모든 신민이 여왕의 정부가 죽은 왕의 정부보다 훨씬 낫다고 여겼다. 지금 이곳에서는 모든 생필품이 아주 싸다. 죽은 왕의 통치 기간에는 부당 징수가 어마어마해서 생필품 값이 훨씬 비쌌다고들 한다."[291] 마찬가지로 아체에서도 첫 번째 여왕의 치세 동안 그의 선정 덕분에 국제 교역이 흥했다고 왕실 연대기가 기록하고 있다. 수도는 "그 시절은 그야말로 풍요로워, 식재료는 아주 싸고 모두가 평화롭게 살았다."[292] 반면, "왕이라는 말은 (…) 선왕의 전제적인 정부를 통해 악명을 얻었다".[293] 여왕들의 통치 시기에 도둑은 엄하게 처벌받았고 사유재산권은 존중됐다. 오랑카야 계층은 군주이자 중재자인 여왕과 함께라면 공동 통치가 가능하다고 여겼다. 여왕의 인정을 받으려고 경쟁하면서도 여왕의 판결을 받아들이는 방식의 통치에는 잉글랜드의 엘리자베스 1세 시절과 같은 무엇이 있었다.

이 사례들은 단순히 권력을 쥔 남성이 힘없는 여성을 명목상의 왕으로 세워둔 경우가 아니다. 아체와 파타니에서는 여성도 상인이자 오랑카야로 활발하게 활동했기 때문이다. 파타니에서는 네 번째 여왕의 통치 시기에 왕실에 바치는 공물이 줄었는데, 여왕 자신이 유산과 무역 활동 덕에 이미 부자였기 때문이라고 한다.[294] 여왕을 왕위에 세우면서 오랑카야 계층은 온화한 통치뿐 아니라 교역 친화적인 통치도 택한 것이다. 다른 영역에서와 마찬가지로 남성은 높은 지위 의식과 전장에서의 명예를 지킬 것이라는 기대를 받았지만 실제로는 재산을 낭비하는 일이 비일비재했다. 시장을 움직이는 힘을 이해하고 면밀하게 협상하며 자본을 지키는 것은 여성의 일이었다. 대체로 여성 통치자에 대한 이러한 기대는 배반당하지 않았다. 여성 통치가 실패한 것은 오로지 파타니와 아체가 왕조의 카리스마를 갖춘 믿을 만한 왕위 후계자를 찾지 못했을 때부터, 그리고 수도 항구의 오랑카야 계층이 무역에 관심 없는 세력에 밀려 힘을 잃기 시작한 때부터다.

5장 축제와 오락

> 그러자면 무엇이 바른길일까요? 사람은 제물을 바치고 노래하고 춤추며 놀이로 살아가야 합니다. 신들의 총애를 받고 적군을 물리치고 싸워 이길 수 있으려면 말입니다.
>
> _플라톤, 『법률』

동남아시아는 기후가 온난하고 주식인 쌀, 생선, 과일을 구하기가 전 세계 어느 곳보다 쉬웠다. 그 덕분에 생계를 유지하려고 분투하지 않아도 되는 천혜의 이점을 누렸다. 그러므로 같은 시기를 살았던 인류보다 오늘날 여가로 분류하는 활동에 쓸 시간이 상대적으로 많았을 것이다. 동남아시아인은 유럽인들이 보기에는 놀라울 정도로 여가 시간이 많고, 저녁에는 노래하고 먹고 마시고 놀이를 하며 즐겁게 어울렸던 것이 분명해 보인다.[1] 그러나 매일 해야 하는 노동과 대립되는 자유 시간으로서의 여가라는 개념은 산업사회가 낳은 근대의 산물일지도 모른다. 그 시절 동남아시아인에게 축제, 의례, 잔치에 참여하는 것은 생산활동만큼 중요한 사회적 책무였다. 타이인과 말레이인 모두 축제나 의례 같은 행사에 참여할 때도 '일'을 뜻하는 일상어(타이어의 응안ngan, 말레이어의 크르자

kerja)를 사용했다.

반면 지역의 언어들은 여흥과 놀이를 더 보편적인 범주로 인식한다. 왕실 연대기들은 사람들이 연극, 게임, 무용 등을 즐겼다고 자주 언급하며, 타이어와 말레이어에서 놀이를 가리키는 단어(각각 렌len과 마인main)는 소싸움과 연극부터 혼외 성관계까지 광범위한 활동을 포괄한다. 물론 그러한 오락의 상당 부분은 사적 영역이라 파악하기는 어렵지만, 공동체 전체가 참여하는 계절 축제나 개인의 통과의례에 뒤따르는 오락은 공적인 것이었다. 이러한 행사들은 동남아시아 바깥 지역의 축제와 닮은 점이 많다. 기본적으로 종교적이고, 공동체 의식을 강화하며, 각종 경연과 도박이 벌어지고, 연극과 익살꾼이 등장하는가 하면, 평소에는 금기로 여겨지던 일도 허용되었다. 그러나 동남아시아의 공적 축제는 사회적 위계를 해체하기보다는 대체로 강화하는 듯하다. 축제의 언저리에서는 무질서, 성적 일탈, 각계각층의 뒤섞임 등이 흔히 발생했지만, 지역 축제Provençal reynages에서 구조적 역할이 전복되었다고 볼 만한 증거는 별로 없으며[2] 미하일 바흐친이 르네상스 시기 카니발에서 찾아내려 한 완전히 자율적인 민중의 반의례[3]에는 결코 이르지 못했다.

극장 국가

왕의 사절이 강에 들어설 때 그 화려한 장관이 나를 놀라게 했음을 밝혀두고자 한다. 강폭은 적당하고 (···) 강둑에는 사철 푸른 산울타리가 있었다. 그 자체로 세계 최고의 극장이자 가장 화려하고 인상적인 축제일 것이다. 그러나 수많은 이가 국빈을 맞으러 오는 모습만큼 대단한 장관은 없을 것

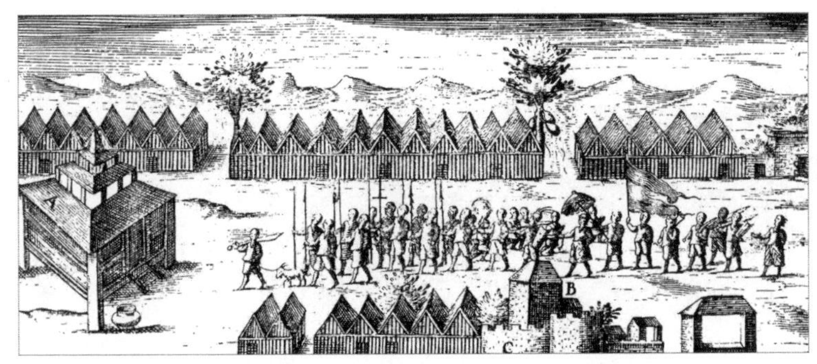

그림 23 1599년 금요일 기도차 트르나테의 모스크로 향하는 왕의 행렬.
"트베이더 북"의 설명에 따라 제작된 당대 네덜란드의 목판화.
A. (여러 층으로 된 지붕을 표현하려고 한) 모스크
B. 왕의 행렬
C. 포르투갈인들의 도움을 받아 지은 트르나테 왕궁

> 이다. 거의 3000명이 갤리선 칠팔십 척에 나눠 타 행렬을 이루었다. (…) 배의 다채로움과 수, 쾌적한 물길에서 눈을 뗄 수 없는 가운데, 야만스럽지만 들어줄 만한 노래, 갈채, 악기 소리에서 귀를 뗄 수도 없었다.
>
> _라 루베르, 『시암 왕국에서』(La Loubère 1691: 42)

동남아시아의 생동감 넘치고 풍요로운 문화생활의 상당 부분은 클리퍼드 기어츠의 용어를 빌리자면 "모방적 중심exemplary center"으로서 자기 위치를 분명하게 선언하려는 국가가 연출한 것이었다. 왕실 연대기들은 이 지역의 사회생활에 대해 기록을 많이 남겼는데, 일상적 오락거리에 관심을 두어서가 아니라 경연, 연극, 음악, 무용이 통치자의 권력과 영광을 증명해 보이는 자리였기 때문이다. "그 상상력 있는 에너지, 불평등을 매혹적인 것으로 만들 수 있는 기호학적 능력으로부터 국가가 힘을 도

그림 24 1637년 아체, 송아지 500마리를 도살하고 고기를 나누는 이드 알아드하(이슬람 희생제) 행사차 모스크로 향하는 왕의 행렬. 피터 먼디의 스케치. 왼쪽부터 A. 대모스크. B~G. 다양하게 늘어선 코끼리들. I. 창병. O. "위풍당당하게 발까지 덮은 코끼리" 위에 앉은 술탄.

출"했다.[4] 왕은 수천 명이 참여하는 스펙터클한 행사를 연출해 초자연적인 지주로서 국가의 중심에 서고, 국가가 왕의 주변을 도는 모습을 가장 완전하게 보여주었다.

왕실 행사와 종교 축제는 왕이 신민 앞에서 왕권을 완벽하게 내보일 기회였다. 신하, 관리, 병사, 추종자, 그리고 외국인까지 모두 행렬에 자리를 지정받았다(그림 23). 왕의 즉위식, 왕실의 결혼, 장례, 성인식, 연례 종교 축제, 나라의 풍요와 안녕을 비는 의식은 물론 외국 대사를 맞이하는 환영회에도 행렬과 여흥이 뒤따랐다. 말레이, 자바, 시암의 주요 문헌은 이런 종류의 왕실 의례에 따라오는 의식은 누가 참석해야 하며 어떤 순서로 진행해야 하는지 아주 자세하게 설명한다. 예컨대 『아닷 아체 Adat Aceh』는 이드 알아드하 의례에 참석하러 모스크로 가는 술탄 이스칸다르 무다의 행렬을 다음과 같이 묘사한다.[5] 선두에는 화려한 마구로 장식한 말을 탄 기수들이 나타나며, 창기병이 그 뒤를 잇고 코끼리에 탄 술탄이 가장 빼어난 전사들에 둘러싸여 등장한다. 수백 명에 달하는 궁정 대신과 병사, 수천 명에 달하는 노예와 하인, 시종, 이어서 지휘관이 이끄는 군대가 "파도처럼" 열을 지어 뒤따르며 외국 상인, 아름답게 장식한 코끼리 30마리, 군대 지휘관 200명, 칼 든 병사 2000명, 세 종류의 무기를 든 병사가 각 2000명씩 등장한다. 우리는 이런 장관이 왕실 사관의 상상 속에만 존재하는 것이 아님을 잘 안다. 이 시기에 아체를 방문한 이들이 외국인도 참여해야 하는 장엄한 행렬을 묘사한 기록을 여럿 남겼기 때문이다(그림 24). 때론 "매우 혼잡하고 인파가 겹겹이 둘러싸 질서를 갖출 시간도 공간도 부족"하지만, 이러한 행렬은 언제나 인상적이었다.[6] 1641년 술탄 이스칸다르 타니의 장례식을 지켜본 한 목격자는 값진 비단을 두르고 상아에 금이나 은을 입힌 코끼리 260마리와 코뿔소, 페르시아산 말이 행렬을 이루고 수천 명이 그 뒤를 따랐다고 기록했다.[7]

코끼리와 군대를 동원한 위풍당당한 지상 행렬의 반대편에는 수상 행렬도 있었다(그림 25). 왕이라면 인도식 나가naga(용-뱀) 문양으로 장식한 호화로운 왕실 갤리선을 가지고 있었다. 말루쿠, 시암, 보르네오의 강가에 세워진 국가에서는 왕실 행렬에 이러한 배를 더 자주 이용했다(그림 26a, 26b). 군대나 동물의 행렬과 마찬가지로 화려한 갤리선은 노꾼 수백 명이 동시에 움직이면서 왕과 신민이 일체임을 보여주었다. 다른 측면에

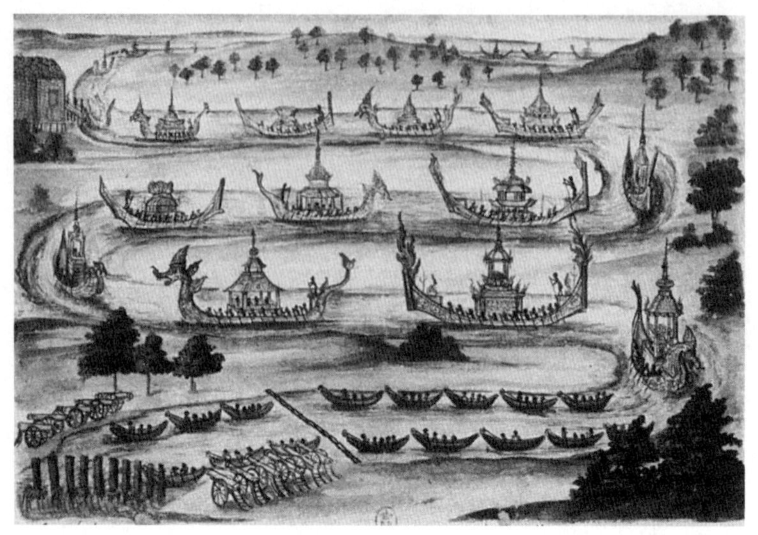

그림 25 1685년 시암에 파견된 프랑스 대사를 짜오프라야강 하류에서
환영하는 모습을 그린 당대 프랑스 삽화. 열두 명의 대신이 각각 갤리선 한 척에 올라,
프랑스 왕이 보낸 서한을 받아 수도로 가져가기 위해 파견되었다.
대신들은 서한을 갖고 강을 다시 거슬러 올라갔다.

서 동남아시아를 특징짓는 '느슨하게 구조화된' 사회조직과 정반대되는 모습을 눈앞에서 보여준 것이다.

17세기에 왕권을 증명해 보이는 가장 큰 연례행사는 이슬람교와 불교의 신성한 날이었다. 아체의 술탄이 희생제 이드 알아드하(그리고 무함마드 탄일)를 자신의 인도식 반신半神적 장엄함과 새 신앙에 대한 지지를 동시에 보여줄 기회로 이용했다면, 시암의 왕은 큰 불교 행사가 있을 때만 아주 가끔 백성 앞에 모습을 드러내는 쪽을 택했다. 16세기와 17세기에 가장 스펙터클했던 왕실 행렬은 해마다 우기가 끝나는 10월 말의 '물을 흘려보내는' 의식이었다. 물을 움직이는 나가의 혼을 담은 화려한 배와 왕의 마술적 힘이 수위를 빠르게 낮추었다.[8] 라오스와 캄보디아에

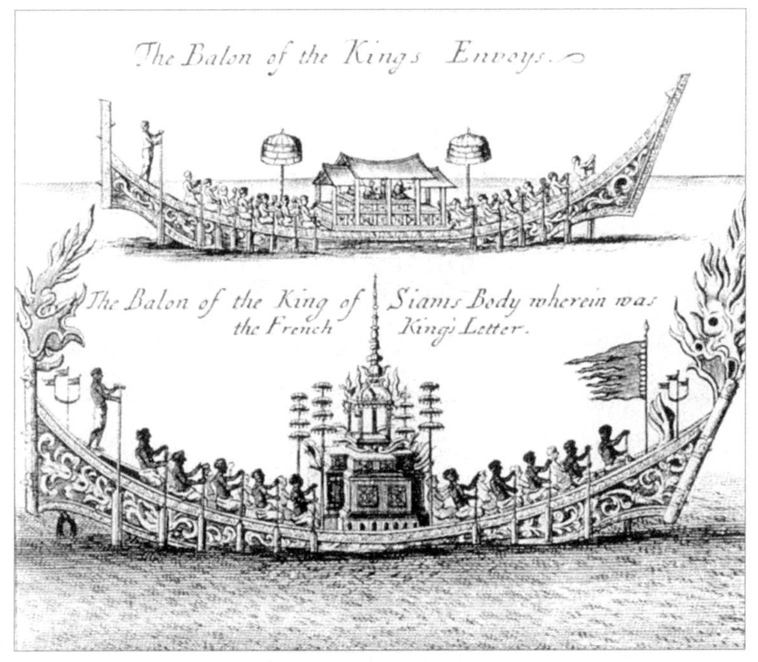

그림 26a 시암의 왕실 갤리선.

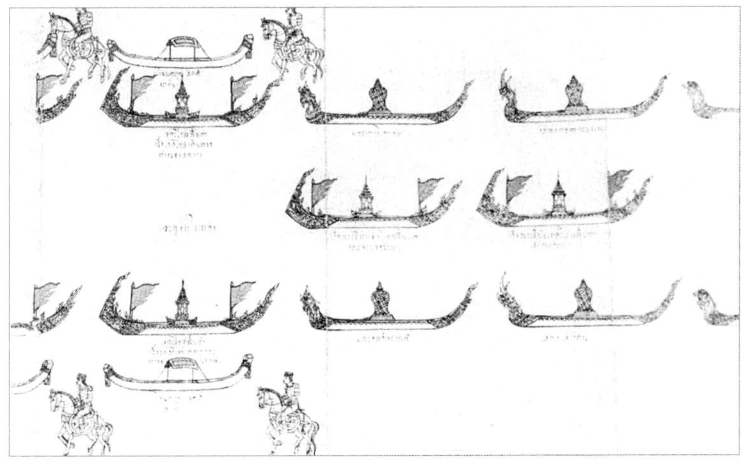

그림 26b 왕실 갤리선 행렬 배열도. 아유타야의 문서를 1916년에 복제한 판본의 일부.

서는 이런 의식의 마술적 힘이 20세기 초까지도 강력했지만, 아유타야에서는 나라이 왕의 세속화된 치세(1656~1688) 사이에 큰 변화를 겪었다. 왕은 이 상좌부불교식 까틴 축제 때 새로운 방식으로 권위를 보여주기로 하고 자신의 보호 아래 있는 주요 사찰과 사문에 값진 선물을 내렸다. 다분히 회의주의자였던 프랑스 예수회원 기 타샤르*는 이 사건을 이렇게 기록했다. "이 군주는 여러 해의 경험을 통해 물이 빠지라고 명령해도 오히려 불어나기도 한다는 것을 알고, 이 어리석은 의식을 중단하고 올해는 함성 속에 파고다로 가서 자신의 종교적 열정을 보여주는 쪽을 택했다."[9]

이 사건은 17세기를 특징짓는 더 도시적이고 합리적인 사고방식으로의 전환을 알리는 중요한 분기점이었지만, 자리에 있던 구경꾼 수천 명은 그 변화를 알아차리지 못했을 것이다. 여전히 구경꾼들은 왕을 환절기라는 극적인 배경 속에 펼쳐진 화려한 극장의 중심으로 여겼을 것이다. 의식이 점차 종교적으로 변하면서 구경꾼들은 자신을 시암인이자 위대한 왕의 신민일 뿐 아니라, 어느 정도는 코즈모폴리턴적인 불교도로도 정체화할 수 있었다. 많은 이방인이 놀라움에 차서 이 연례 행렬을 묘사했는데 그중에는 쁘라삿통 왕 시절에 시암에 살던 네덜란드인 판 플릿**도 있었다.

제일 앞에는 고관대작 200명이 자기 소유의 아름다운 배에 세운 작은 누

* Guy Tachard(1651~1712). 프랑스의 예수회원이자 수학자. 1685년과 1687년 두 차례 루이 14세가 보낸 사절단의 일원으로 나라이 왕 시절의 시암을 방문해 여행기를 남겼다. 1699년 왕권 교체 후의 시암을 재방문했다. (옮긴이)

** Jeremias van Vliet(1602~1663). 네덜란드동인도회사 소속으로 바타비아, 일본, 타이완 등지의 무역에 관여하다가 스하우턴과 함께 시암의 아유타야 상관을 책임졌다. 시암에 관해 쓴 책 네 권은 17세기 타이에 관한 귀중한 사료로 여겨진다. (옮긴이)

각에 앉아 있었다. 누각은 금박을 입히고 관직의 등급에 따라 장식했다. 30명에서 60명가량의 노꾼이 노를 저었다. 다음에는 짐과 부엌 물건을 실은 배가 뒤따랐다. 이 배들이 지나가면 왕의 배들이 나타났다. 왕의 배에는 노꾼만 50명에서 70명 앉아 있을 뿐이다. 배마다 피라미드 등의 형태에 금박을 입힌 작은 누각이 실려 있다. 그 뒤로 음악 연주자들을 실은 배 네다섯 척이 지나가고 마침내 토착적인 형태의 번쩍이는 배 네다섯 척이 등장한다. (…)

제일 근사한 배에, 아름답게 장식된 차일 아래 왕이 앉아 있다. (…) 그러나 온갖 값진 물건으로 둘러싸여 있어, 왕의 몸도 얼굴도 보이지 않았다. 그 주위에서는 귀족과 조신들이 발치에서 합장하고 몸은 바닥에 엎드린 채 경의를 표했다. (…) 그 뒤로는 여덟 척에서 열 척쯤 되는, 아름다운 그림과 금박으로 장식된 배에 왕의 형제들이 타고 있었다. (…) 모후, 왕비, 왕의 자식들과 몇몇 비빈도 각자의 배에 타고 금박 누각에 앉아 있었다. (…)

배를 다 합치면 350척에서 400척 정도이고 행렬에 참여한 사람은 2만 명에서 2만5000명가량 된다. 왕이 지나가는 길 전체에 있는 집, 수도원, 사원은 모두 발을 쳐서 누구도 왕보다 더 높은 곳에서 내려다보지 못하게 한다. 약 3킬로미터 되는 강 양편은 (…) 합장하고 머리를 숙여 왕에게 경의를 표하는 셀 수 없이 많은 사람과 배로 북적였다.[10]

후일 프랑스인 타샤르는 이 행렬이 벌어지는 동안 강둑에 늘어선 군중이 얼마나 되는지 세어보고, 몰려든 배가 2만 척, 인파는 20만 명 "이하일 수 없다"고 결론지었다.[11] 버고에서도 큰 연례 축제에 으레 벌어지는 왕의 행렬에서 "그토록 많은 사람과 부, 그런 훌륭한 질서를 보는 것은 근사한 일"이었다.[12]

말레이 연대기들에 등장하는 17세기 반자르마신에서 40일 밤낮으로 계속됐다는 결혼 잔치[13]나 1765년 조호르 술탄과 트렝가누 공주가 결혼하면서 "석 달 가까이" 이어졌다는 잔치[14]에 대한 언급은 과장이 아닐 것이다. 두 결혼식 모두 도시 주변으로 행진이 벌어지고, 다양한 무용과 연극 공연 및 경연이 열렸으며, 음악이 연주되었다고 자세히 묘사되어 있다. 유럽 출신 상인들은 르네상스 시기 유럽 왕들 또한 사랑해 마지않은 국가적 장관을 알아보았을 테고, 말레이 사관들처럼 이런 아시아 국가의 휘황찬란함을 과장할 필요가 전혀 없었다. 그럼에도 서구 방문자들은 왕실의 결혼, 즉위식, 할례에 따르는 흥청망청함을 확인해주었다.

스콧은 1605년 7월에 있었던 반튼의 소년 왕의 할례에 관해 "왕이 교회(모스크)에 가기 전, 한 달 넘게 날마다 행진이 있었다"고 묘사했다. 왕궁 앞 광장, 즉 알룬알룬alun-alun에 거대한 연단이 세워지고 그 위에 소년 왕이 자리를 잡았다. 아침마다 왕은 시종의 어깨 위에 올라타, 수많은 양산이 드리워지고 가믈란이 연주되는 가운데 근위대와 매일 다른 귀족들에 둘러싸여 나타났다. 왕국의 주요 대신들이 순서대로 나와 왕에게 쌀, 돈, 직물, 공예품을 바쳤다. 이런 진상품은 "때론 200명, 때론 300명에 달하는" 여자들이 들고 왔으며 각종 공연과 행사가 함께 열렸다. 여자들 앞으로는 공gong을 비롯한 가믈란 악기를 연주하는 남자들이 앞장서고 뒤로는 창기병과 칼잡이들이 따랐다. 각 집단은 왕 앞에서 공연을 선보였다. 연극이나 무용, "과거의 역사적인 중요한 사건", 곡예와 "해괴한 땅재주 넘기", 급히 세운 '요새'가 공격을 받고 횃불에 타기도 하는 가짜 전투, 잡혀온 짐승 보여주기 등 각종 공연이 있었다. 누군가는 배 모양으로 된 꽃수레에 선물을 실어왔고, 자카르타의 라자(왕)는 나무와 꽃이 가득한 정원과 연못을 실은 수레를, 누군가는 약 9미터 높이의 거인상을 가져왔다. 스콧이 속한 잉글랜드인 집단도 다른 외국인과 마찬가지로 여기에 기여해야 했다. 그들은 경쟁 상대인 네덜란드인보다 더 대단한 것을 보여주기로 작정하고 불꽃놀이와 가장행렬을 곁들인 근사한 쇼를 벌였다. 그러나 선물을 들고 갈 여자가 없어서 "급한 대로 예쁘장한 소년 서른 명을 빌렸다".[15]

동남아시아의 왕실 의식에 관한 학문적 관심의 상당 부분이 그런 의식이 담고 있는 상징적·의례적·종교적 의미의 층위를 밝혀내는 것이긴 하지만, 그 사회적 기능 또한 간과해서는 안 될 것이다. 대다수의 평범한 사람들에게 그런 축제는 국가적 스펙터클과 위계질서에 동참하고, 물건을 사고팔거나 공물을 바치는 등 경제활동과 여흥을 즐길 기회였다.

국가 차원의 의식은 국가적 위계질서 안에 구성원을 통합시키는 가장 효과적인 방법이다. 왕의 권력과 권위는 수도에서 가장 뚜렷하게 드러나지만 왕실의 행진, 왕실로 향하는 조공 행렬, 특히 왕실의 규범을 흉내 내는 지방 관료와 대중 연극 덕에 외딴 마을에도 영향을 미쳤다. 한편 북방에서 온 유럽인은 이러한 중요한 위계질서에 희미하나마 위협적인 존재로 여겨졌을 것이 분명하다. 동남아시아 국가들로서는 이 유럽인들이 다른 부유한 백성처럼 왕실 행사에서 한자리를 맡아 왕실의 권위를 빛내주기를 바랐지만, 이 북방인들은 위계질서의 규율을 공공연하게 무시했다. 유럽인의 군사력과 유용성 때문에 대다수 왕실은 이들이 위계와 서열을 무시해도 애써 못 본 척하는 쪽을 택했다. 17세기 시암에서 유럽인들은 왕이 코끼리나 갤리선을 타고 지나갈 때 누구도 올려봐서는 안 된다는 규율을 따르지 않았다. 자바에서 잉글랜드인과 네덜란드인은 왕실의 여흥 행사에서 공손하게 쪼그려 앉기를 거부했다. "다른 외국인이 거부하면 매질을 했지만" 자바인 경비병들은 고집스럽게 서 있는 유

럽인들과 큰 싸움을 벌이기보다는 그저 다른 데로 가버리곤 했다.[16]

시장은 모든 큰 축제의 일환이었다. 그렇게 많은 사람이 몰려든다는 사실만으로도 음식과 다른 생필품이 불티나게 팔려나갔을 것이 분명하다. 농촌 사람들에게 큰 연례 축제는 시장에 농작물을 내다팔고 한 해 동안 쓸 수입 사치품을 구할 기회였을 것이다. 또 지주에게 공물이나 수확물을 보내기 위해서라도 도시에 와야 했다. 피호트*는 힌두교를 믿던 14세기 자바에서 추수가 끝날 무렵 일주일 동안 열리던 부밧Bubat 축제가 바로 왕과 귀족들에게 그런 공물을 바치는 때였다고 지적했다. 이슬람교가 들어온 후에 이 축제는 무함마드 탄일 축제(마울리드Maulud)로 대체됐다.[17]

오락과 여흥의 측면에서 보자면, 왕실이나 종교적 행사가 있으면 스펙터클한 행렬뿐 아니라 다채로운 음악과 연극 공연, 운동경기도 열리는 것이 보통이었다. 판 플릿의 기록에 따르면 라마 티보디Rama T'ibodi(재위 1491~1529)는 가장 사랑받는 타이 왕이었는데, 그 이유 중 하나는 그가 "큰 축제와 각종 시합을 여는 날을 처음으로 정한 왕"이었기 때문이다.[18] 판 플릿은 왕이 인도에서 들여온 인기 있는 놀이의 예로 연례 '그네 타기 축제'를 든다. 인파가 모인 가운데 여럿이 하늘 높이 날아오르는 이 화려한 볼거리의 종교적 기원을 여러 학자가 추적했다. J. G. 프레이저는 그네 타기가 다산을 기원하는 의례라고 보았는데, 베트남과 술라웨시에서 추수기에 소년들이 소녀들에게 그네를 태워주는 경우가 그 좋은 예다.[19] 쿼리치 웨일스는 그네 타기를 태양숭배의 일환으로 보았다.[20] 그러나 타이인 대다수에게는 힌두 신 중 가장 재미를 밝히는 시바 신을 위

* Theodore G. Th. Pigeaud(1899~1988). 네덜란드의 자바 문학 전문가. 고대 자바문학의 대표작 『나가라크르타가마』에 대한 기념비적 연구와 자바어 사전 편찬 등으로 유명하다. (옮긴이)

한 놀이일 따름이었던 것으로 보인다.[21] 프랑스인 타샤르는 시암 사람들이 "공연과 화려한 의식을 정말 좋아한다"고 밝혔다.[22]

이런 축제에서 평민들이 누리는 기쁨은 위대한 통치자의 권력과 크나큰 자비를 보여주는 징표이기도 하므로 연대기들은 "남녀노소 할 것 없이 눈앞에 펼쳐지는 다양한 구경거리와 귀를 즐겁게 하는 음악 소리에 흥겨워했다"고 애써 강조하곤 했다.[23] 그런 축제가 있을 때마다 인근 마을에서 몰려든 인파는 왕국의 인구가 얼마나 많은지 생생하게 확인시켜 주었고, 어떤 수단을 동원해서든지 군중을 매혹하는 것은 왕의 권능의 일부였다. 람캄행 비문은 그 시절 타이 불교 축제인 까틴을 이렇게 그리며 마무리된다. "탬버린과 피리 소리, 노랫소리가 울려 퍼지고, 놀이를 하고 싶은 자는 누구나 놀이를 하고, 웃고 싶은 자는 누구나 웃으며, 노래하고 싶은 자는 누구나 노래한다."[24]

시합과 경기

축제와 명절에 벌어지는 왕실의 오락과 여흥 중에서 특별한 위치를 차지하는 것은 동물 간의(때로는 인간과의) 대결이었다. 자바, 아체, 시암, 버마에서는 큰 축제가 열리면 코끼리, 호랑이, 물소 또는 더 작은 동물 사이의 싸움이라는 볼거리가 절대 빠지지 않았다. 작은 마을과 시장에서는 축제 분위기를 띄워줄 닭싸움이라도 열리게 마련이었다.

버마, 시암, 캄보디아, 아체에서 코끼리는 가장 대단한 제왕의 동물이었다. 왕은 코끼리를 여러 마리 두고(그림 27) 진짜 혹은 가짜 전장에서 타며, 다른 동물과 싸움을 붙일 때면 코끼리를 자신과 동일시했다. 타이의 영웅 나레수안 왕(재위 1590~1605)은 버고 왕실에서 보낸 어린 시절부터 코끼리를 타고 벌이는 시합에서 누구도 따를 자가 없었다고 한다.[25] 아체의 왕실 연대기에 따르면 아체의 영웅 술탄 이스칸다르 무다는 어릴 때부터 코끼리와 말을 다루는 데 귀신같은 솜씨를 보였다.[26] 왕위에 오른 후에는 술탄이 직접 코끼리를 타고 시합에 나서지는 않았겠지만, 코끼리를 싸움에 내보내기를 즐긴 것은 분명하다(그림 28). 1608년 그는 네덜란드 사절을 위해 원형경기장에서 코끼리 58마리와 군인 1300명을 동원한 코끼리 싸움을 열어주었다.[27] 5년 후에는 잉글랜드 사절단에 깊은 인상을 남길 목적으로 코끼리 200마리를 동원해 진풍경을 연출했다. 먼저 코끼리 여섯 마리가 맞붙고 이어 물소 네 마리, 마지막으로 숫양 열두 마리가 싸웠다.[28] 아주 비슷한 코끼리 싸움이 시암에서는 프랑스 사절을 위해 열렸다. 아체에서처럼, 여기서도 싸움이 격해져 통제하기 어려워지자 여남은 사람이 코끼리 다리에 묶어둔 밧줄을 끌어당겼다.[29]

훨씬 원기 왕성한 물소에 비하면 코끼리는 서로 다치게 하는 일이 별로 없어 외국인 구경꾼들은 코끼리 싸움에서 별다른 인상을 받지 못했다. 코끼리의 역할은 분명 상징적이었다. 위험, 무질서, 난폭함의 현신이자 국가의 적을 표상하는 호랑이와 맞붙어 싸울 때(그림 29) 이 점은 더 확실해졌다. 이런 싸움에서는 코끼리가 우위를 차지하고 큰 엄니로 호랑이를 반복해서 패대기쳐 죽이는 것이 핵심이었다. 따라서 보통 호랑이는 말뚝에 묶이는 불리한 조건에서 코끼리 여러 마리를 동시에 상대해야 했다. 시암에서도 코끼리는 머리와 코에 갑옷을 두르고 유리한 조건에서 싸웠다.[30] 1822년까지도 베트남 남부에서 영국 사절단은 호랑이와 코끼리가 벌이는 싸움에 초대받았다. 호랑이는 입이 꿰매이고 발톱도 다 빠

그림 27 아유타야의 코끼리 우리. 왕실 코끼리를 훈련시키던 이곳은 17세기 이래로 자주 보수되었다.

그림 28 637년 아체의 코끼리 싸움. 술탄과 그의 "여성 근위대"는 누각(A)에 앉아 있다. E, H. 암코끼리. 수코끼리(D)를 저지할 사람들(N). 누각 오른쪽(F)에는 필요할 때 코끼리를 괴롭힐 창병들이 있다.

그림 29 호랑이와 코끼리가 맞붙어 싸우는
아유타야의 경기장을 그린 1680년대 프랑스 소묘.

진 상태인데도, 처음 나온 코끼리는 결국 꽁무니를 뺐다. 그러자 조련사가 심하게 매를 맞았는데, 호랑이와 동일시되는 유력한 외국인들 앞에서 코끼리가 망신을 당한 것은 왕의 망신과 마찬가지이기 때문임이 분명했다.[31]

도서부 동남아시아 일부 지역에서는 들소banteng 또는 길들인 물소kerbau가 코끼리의 역할을 맡아 호랑이와 싸웠다. 특히 자바인은 물소를 자신들과 완전히 동일시했다. 크로퍼드조차 "이 온순하고 순종적인 짐승이 흉포하고 야만적인 적을 무너뜨리는 것을 보는 만족감은 작지 않다"고 인정했으며, 스무 번 중에서 열아홉 번은 물소가 이겼다고 전한다.[32] 래플스가 있던 시절 자바인은 이런 싸움에서 호랑이를 유럽인이라고 여겼기 때문에 소가 승리를 거두면 아주 특별한 기쁨을 느꼈다.[33] 마

그림 30 19세기 초 자바 중부의 호랑이 싸움(람포간). 더 스튀르스의 스케치. 1825년.

타람 왕국에는 17세기에 이미 그런 시합이 있었고[34] 나중에는 네덜란드인을 맞이하는 오락의 대명사가 되었는데, 어떤 점에서는 이 외국인들을 상징적으로나마 그들이 있어야 할 제자리에 돌려놓기 위한 시도였을 것이다.[35] 자바 및 말레이 세계와 연결점이 많은 16세기 참파에 관한 다스마리냐스의 기록도 광장에서 호랑이가 물소에게 "내팽개쳐져" 죽는 축제를 묘사한다.*[36]

18세기 자바의 왕실에서는 람포간rampogan(그림 30)이 더 자주 열렸다. 창병 수백 명이 둘러서 만든 큰 사각형 대열 안에 호랑이 한 마리

* 말레이반도의 통치자들도 소와 호랑이 싸움을 종종 열었다. 가장 나중에 연 것은 1870년 에든버러 공이 조호르를 방문했을 때이며 이때도 소가 쉽게 싸움에서 이겼다(Wilkinson 1910: 61; McNair 1878: 266). 그러나 이런 시합은 말레이 문헌에는 전혀 언급되어 있지 않다.

를 풀어놓고 창으로 돌진하며 겁을 주었다.[37] 이 행사는 야만적인 무질서의 힘을 누르는 통솔되고 훈련된 국가권력의 상징적 시연 행위로 이해될 수 있을 것이다. 자바의 여러 문헌이 다른 동물 싸움과 마찬가지로 이 경기를 설명하고 있으나,[38] 람포간이 17세기 이전에도 존재했는지 알려주는 확실한 증거는 없다.

그럼에도 동물 싸움과 인간 싸움 사이에는 왕실 행사에서 이런 싸움이 왜 중요한지를 설명해줄 수 있는 어떤 연관성이 존재한다. 그 연결고리는 왕궁 북쪽의 알룬알룬에서 자바 왕실이 매주 열던 시합에서 가장 뚜렷해진다. 시합은 보통 토요일이나 월요일Senen에 열려서 후일 스닌안Senenan이라고 불렸다. 말레이 서사 『히카얏 항투아』가 자바의 마자파힛 왕국에서 일종의 오락으로 벌이는 마상 시합을 언급하기는 하나,[39] 처음으로 스닌안에 대한 상세한 기록을 남긴 것은 1599년 투반에 간 네덜란드인이며 그 후 중부와 동부 자바의 여러 왕실에서도 이 시합이 열렸다. 오후 네 시쯤 왕실의 용맹한 젊은이들이 화려하게 장식한 말을 타고 도시를 행진한 후 광장에 모여든다. 젊은이들은 광장 이쪽 저쪽으로 상대를 몰아넣으며 무딘 창을 가지고 차례로 겨루는데 최종 목표는 상대를 말에서 떨어뜨리는 것이다(그림 31a, 31b). 실제로 낙마하는 일은 거의 없었고, 관중의 관심은 계속해서 광장을 도는 기수들의 말 다루는 솜씨에 집중됐다. 마타람 왕국에서는 왕이 늘 이 행사에 나타나 마상 창 시합에 참여했다.[40] 자바의 전쟁에서 기병은 큰 역할을 하지 못하지만, 이 시합은 분명 젊은 귀족들이 자신의 기량을 증명해 보이는 전쟁의 비유였다. 대륙부 동남아시아에서는 캄보디아, 시암, 버마의 귀족들이 벌이던 일종의 마상 시합(타이어로는 띠 킬리tii khilii)으로 승마술을 선보였다(그림 32).[41]

그림 31a 1599년 자바의 투반에서 네덜란드인이 관찰한 매주 열리는 시합(스닌안).

그림 31b 19세기 자바 중부의 스닌안.

그림 32 잉와 왕실식 마상 시합 삽화가 들어간 19세기 중반 버마 문서.

마상 창 시합이 끝나면 여러 종류의 동물 싸움이 이어졌다. 18~19세기에 전쟁이 줄고 왕실은 더 탄탄해지고 위계적으로 안정되면서 점차 인간의 시합은 뒤로 물러나고 동물의 싸움이 주가 되었다.[42] 그러나 1600년 이전에는 젊은이들이 벌이는 마상 창 시합 자체가 피를 부르는 일이 많았다. 15세기에 마환은 자바의 연례 시합에서 죽창에 찔려 죽은 사람의 가족이 받는 보상에 관해 기록했다.[43] 토메 피르스는 자바 기사들cavaleiros의 숫자, 승마술, 자부심에 깊은 인상을 받았다.[44] "귀족 남자들은 결투에서 서로 도전하기를 큰 취미로 삼았고 다툼 끝에 서로 죽이기도 하는데, 이것이 이 나라의 관습이다. 어떤 이들은 말 위에서, 어떤 이들은 그냥 선 채로 자기들이 정한 방식으로 자살한다."[45] 아체의 술탄 자이날 아비딘(재위 1579~1580)은 "피를 못 보면 식음을 전폐할 정도"였다고 한다.[46] 연대기에 따르면 그는 코끼리, 물소, 소, 양들을 싸움 붙이기를 너무 좋아했고 그 와중에 사람이 동물에게 몇 차례 죽기도 했다.

그림 33 잉와 왕실의 판지 이야기 연극(「어나웃 잣 뽸Enaung zat pwe」)의
한 장면으로 무대에 올린 닭싸움.
북과 공으로 구성된 악단이 곁들여졌다. 삽화가 들어간 19세기 중반 버마 문서.

"술탄은 아체인과 인도인 칼잡이들에게 맞붙으라고 명령했고 그 결과 몇이 죽고 몇이 다쳤다. (…) 그리고 술탄은 티쿠 사람과 파리아만 사람들에게 긴 칼로 싸우라고 명령했고 그 결과 그중 몇몇이 다쳤다."[47] 이 피에 굶주린 왕의 만행은 도를 넘었고 종국에는 귀족들의 손에 폐위당했다. 그럼에도 그가 인간과 동물의 싸움을 연결 지은 것은 한쪽의 피가 상대의 피를 상징함을 다시 한번 시사한다.

이슬람화 이전 자바의 비문들과 발리에서 지금도 여전한 관행을 통해 보자면 닭싸움은 늘 종교적으로 중요했고 사원의 의식, 정화, 순례에 빠지지 않았다(그림 33). 싸움 직전에 신에게 바치는 닭 피는 희생적 속죄로 여겨졌다.[48] 마을에서 닭싸움은 특정한 신전과 축제에 관한 것이지만, 왕궁 소재지에서는 다른 동물 싸움과 마찬가지로 왕실 특권의 일종이었다.[49] 왕실이 동물 싸움을 선보이는 데 심취한 까닭 중 하나는 피를 보는 희생이 재생산의 지속, 정화, 전쟁의 승리에 필수적이었기 때문이다. 오래전에는 싸우는 동물의 피를 인간 피의 대체물로 보았을지도 모른다.

그러나 동물 싸움의 이면에는 또 다른 관념, 즉 인류학자 호카트가 모든 대관식의 필수적인 요소라고 여긴 왕의 상징적 승리가 있었던 듯하다.[50] 앞서 어떤 나라에서는 코끼리가, 다른 나라에서는 물소가 호랑이를 상대로 승리를 거두는 것이 얼마나 중요한지 살펴보았다. 말루쿠의 축제에서 열리는 칼싸움에서도 비슷한 양상이 나타났다. "이 싸움 중에 한쪽이 미끄러져도 넘어지지는 않으면 사람들은 그를 (…) '용맹한 기사'라고 불렀다. 그가 바닥에 쓰러지면 흉조라 여기고 사람들이 몰려와 각종 의식을 벌이며 공gong을 치고 부적을 가져와 푸닥거리를 했다. (…) 방패를 부수고, 돌을 깨고, 약초로 축성하고, 흙을 뿌리고, 다른 악마적인 요술을 두 시간 넘게 부렸다."[51] 아끼던 닭이 싸움에서 지면 아체의 술탄들이 사납기 짝이 없는 반응을 보인 것도 왕 자신이 패배나 모욕을 당한 것과 마찬가지라고 여기지 않았다면 설명하기 어려울 것이다. 1618년 술탄 이스칸다르 무다는 불운한 귀족이 자신에게 패배를 안기자 남들 앞에서 아내가 아프리카 노예에게 강간당하는 모습을 지켜보게 하고, 귀족의 성기를 복부까지 자르는 벌을 내려 즉사시키고 말았다고 전해진다.[52] 1621년 그런 패배가 또 벌어지자 이번에는 닭 주인의 손을 절단하는 형벌을 내렸다.[53]

왕이 이러한 시합을 후원하는 데는 아주 초기의 종교적 개념에서 기원한 희생 제물과 상징적 승리라는 두 요인이 있다고 보고자 한다. 도서부에서 이슬람교가, 대륙부에서 상좌부불교가 강력해지면서 이런 시합에 다른 방식으로 영향을 미쳤다. 도서부 동남아시아에서는 이런 싸움이 인간보다는 동물의 피가 뿌려지는 국가적 야외 행사로 공식화됐다.

그러나 불교는 어떤 형태로도 피를 보는 것을 공식적으로 장려할 수 없었다. 승려들의 압력을 못 이긴 나라이 왕이 아유타야에서 닭싸움을 금지하기도 했으나,[54] 그 무엇으로도 타이인, 캄보디아인, 버마인이 이 사랑하는 오락을 못 하게 막을 수는 없었다. 이들 나라에서 국가가 후원하는 동물 싸움은 어쨌거나 결코 피를 많이 보는 형태일 수는 없었다. 시암과 버마의 왕실은 동물 싸움과 가짜 칼싸움 대신 레슬링과 권투를 장려하는 편이었다. 발을 많이 쓰는 타이식 권투 무에타이는 그 군사적 유용성 때문에 전사였던 나레수안 왕이 널리 퍼뜨렸다고 전해진다. 버마에는 늦어도 18세기부터 비슷한 양식의 권투와 레슬링이 있어서 축제 때면 규칙에 따라 시합을 벌였다.[55]

버마와 시암 왕실의 강력한 후원을 받은 또 다른 시합은 배 경주였다. 배 경주는 도서부 동남아시아, 특히 말루쿠에서 인기가 있었는데, 각 마을에서 온 남자들이 노를 젓는 긴 코라코라kora-kora가 지지자들의 광란에 가까운 내기 속에서 엄청난 속도에 도달했다.[56] 버마와 시암에서는 강물의 수위가 낮아지는 10월 전의 연례 축제에 상가sangha를 모시는 왕실 행렬이 끝나면 배 경주가 벌어졌다. 여기서도 왕이 상징적 승리를 거두어야 할 필요성이야말로 왕실이 행사를 후원한 숨은 이유일지도 모른다(그림 34). 1685년 타샤르는 나라이 왕이 "다른 경쟁자와 똑같은 것처럼 보여야 하기는 하겠지만, 왕의 배는 노꾼이 선발된 이들인 데다 수도 더 많아서 금방 앞서 나가더니 선두로 들어오는" 광경을 목격했다.[57] 그러나 대중에게 이런 경주는 선수들이 몇 주씩 연습한 후에 벌어지는 후원자 집단이나 마을 사이의 크고 왁자지껄한 경쟁이었다. 수천에 달하는 구경꾼과 응원단이 야에워디강(그림 35)이나 짜오프라야강 강둑에 늘어서서 큰돈을 걸었고, 경주의 짜릿함에 예의범절 따위는 모두 잊

그림 34 1680년대 왕이 (강가에서) 지켜보는 가운데 경주를 벌이는 시암의 갤리선들을 그린 당대 프랑스 삽화.

그림 35 버마 음력 여섯 번째 달(9월)의 물 축제에 열린 배 경주.
오른쪽 아래 큰 양산 아래서는 악단과 함께 연극을 무대에 올릴 준비가 한창이다.
삽화가 들어간 19세기 중반 버마 문서.

었다.[58]

대중적 시합

이들 대규모 시합은 대부분 통치자의 후원을 받으며 어느 정도 통제를 받았지만, 대중에게도 가장 인기 있는 오락이었던 듯하다. 무엇보다 시합이란 시합에는 도박이 빠지지 않는다는 데서 동남아시아인의 열정이 드러났고, 16세기 이래 여러 이방인이 이를 언급해왔다.[59] "인도제도 사람들은 (…) 시합을 열정적으로 좋아한다. (…) 장날이면 야외 시합이 완전히 금지되지 않은 지역에서는 어디서나 남녀노소가 장터 거리에 무리 지어 모여든다. (…) 순간 원주민은 성격이 완전히 달라진다. 온순하고 차분하던 이들이 안달을 내고 조급해하며 거칠기 짝이 없는 괴성을 질러댄다."[60]

대부분 강력한 왕조에 의해 생산된 초기 국가 기록은 왕실이 직접 대규모 도박, 특히 동물 싸움에 관련된 도박을 규제하고 주관했음을 시사한다. 그러나 18세기가 되면 이런 경향은 약화된 것으로 보이며, 따라서 이후의 방문자들은 아무 제약 없이 벌어지는 시합을 지속적으로 목격했다. 닭싸움은 18세기 중부 술라웨시에서 매일 오후 벌어지는 일이었으나[61] 자바, 시암, 버마, 아체처럼 강력한 왕실이 있는 곳에서는 그렇지 않았다.

동남아시아의 도박은 현대에 관한 것조차 포괄적인 연구가 없다. 그런 연구가 있다면 도박의 밑바탕에 깔린 의식구조를 더 적절하게 밝혀줄 수 있을 것이다. 자바의 문헌인 『스랏 마니싱 마인Serat Manising Main』

에서 우리는 상층계급 남성에게 작동하던 이데올로기의 단면을 엿볼 수 있다. "그(도박꾼)는 얼마인지 따지지도 않고 돈과 재산을 베푸는 위대한 귀족priyayi gede의 정신을 지녔다. 그러다가 모든 것을 잃고 빈털터리가 되어도 이 관대함과 평정심을 잃지 않는다. 그는 신의 의지에 육체와 영혼을 맡긴다. 세상 만물이 보이지 않는 존재(신)에게 속한 것을 알기에 그는 오직 신의 뜻에 따라야 한다."[62]

그 모든 도박 중에서도 닭싸움이야말로 가장 인기였는데, 그 까닭은 아마도 수탉과 남성의 자존심을 동일시했다는 데 있을 것이다. 한 스페인 수사는 18세기 초 필리핀 남자들이 "수탉을 아내와 자식보다 더 사랑한다"고 했고[63] 그로부터 한 세기 후 네덜란드인 판 넥 또한 발리인에 관해 거의 동일한 평가를 내렸다.[64] 동남아시아의 생활에서 몇몇 측면은 남성에게만 허용됐고, 전형적인 남성상은 본질적으로 지위에 관한 게임인 도박에 돈을 탕진함으로써 강화되었다.

현대 발리에서 닭싸움이 갖는 진정한 의미에 대한 클리퍼드 기어츠의 탁월한 분석[65](이후 구겐하임이 현대 필리핀에 관한 연구에서 그 핵심 내용을 입증해 보인[66])이 아주 오래전부터 동남아시아 전역에서 인기 있는 닭싸움의 중요성을 설명할 수 있을 것이다. "닭싸움이 가장 효과적으로 설명해주는 것은 지위 관계로, 닭싸움이 지위 관계에 관해 말하는 것은 삶과 죽음의 문제다."[67] 대놓고 정신 나간 액수를 거는 동기는 큰 돈을 딸지 모른다는 바람이 아니라 닭 주인의 친족, 파벌 또는 마을에 자신도 속한다는 동일시다. 따라서 닭싸움은 수직적으로 조직된 집단의 연대와 다른 집단과의 끊임없는 지위 경쟁으로 인한 적대가 둘 다 생생하게 극화되는 장이었다.

그러나 말레이 세계에서 닭싸움은 기어츠의 분석에서처럼 늘 평화롭게 마무리되지는 않았다. 절망한 패자가 폭력을 휘두르거나 도박 빚 때문에 노예가 되는 불운을 막기 위한 세심한 규제가 있었음에도 그런 일이 자주 벌어졌다는 증언이 쏟아진다.[68]

아시아의 각 종교체계는 각기 다른 이유로 점차 닭싸움을 금지하는 쪽으로 나아갔다. 상좌부불교는 피를 보는 시합을 도무지 용납할 수 없었다. 17세기 베트남에서 부흥한 유교는 닭싸움을 야만적이고 무질서한 데다 백성을 빚으로 몰아넣는 악습이라고 보았다. 따라서 1665년에 제정된 베트남 법령은 닭싸움은 물론 다른 모든 형태의 도박을 금지했으나 그런 도박 금지령은 그때가 처음도 마지막도 아니었다.[69] 대륙부에서 닭싸움을 몰아내려는 왕실의 시도가 부분적으로나마 성과를 거두었다면, 도서부에서는 아예 그런 시도조차 없었던 것 같다. 이슬람교는 도박을 엄격하게 금지하지만, 교역의 시대에 몇몇 통치자는 닭싸움은 그 대상이 아니라고 해석하기도 했다. 1580년 아체의 신실한 술탄 알라우딘 페락은 닭싸움과 음주를 금지했으나,[70] 그의 후계자들은 대대적으로 두 관행을 허용했다. 그중에는 술탄 이스칸다르 무다도 있었는데, 존경받는 이슬람 신학자 라니리는 이 강력한 술탄이 도박을 금지했다고 잘못 믿기도 했다.[71] 믈라카의 이슬람 율법은 닭싸움이 체커나 카드놀이와 같으므로 도박으로 분류되어야 한다고 보았으나 불법이라고 규정하지는 않았다. 그럼에도 닭싸움이 끝나고 다툼을 벌이다가 어리석게도 그 공방을 공권력 앞으로 가지고 가면 판돈은 왕의 이름으로 압류됐다.[72] 이후 자바의 한 술탄은 1801년 각별히 자바에서 제일 인기 있는 세 가지 도박 시합인 닭싸움, 새 경주, 크미리 열매 시합을 금지령의 대상에서 제외했으며[73] 다른 무슬림 통치자들 또한 현실에서는 비슷한 타협을 했던 것으로 보인다.

잉글랜드 어린이들이 밤으로 마로니에 놀이를 했듯, 동남아시아인도 지역에서 나는 식물로 독특한 놀이를 만들어냈다. 크미리 열매가 얼마나 단단한지를 놓고 벌이는 시합은 도서부 동남아시아에서 크미리 나무가 자라는 곳이면 어디서나 아주 인기였다.[74] 1623년 마타람 왕국에 특사로 간 네덜란드인 더 한은 크미리 열매들을 쌓아 길고 납작한 지팡이로 내리치는 이 게임에서 "크게 따거나 잃는다"고 기록했다. 마타람의 술탄 아궁은 이 시합의 열성적인 후원자였으나, 자신과 겨루는 고수들이 자기 취향에 부응할 만큼 충분히 반짝거리고 매끄럽지 못한 열매를 쓰면 가혹한 벌을 내렸다.[75] 버마의 공흐닝도봬gonh-nyin toh pwe라는 게임은 거대한 덩굴식물(학명 *Entada pursaetha*)의 크고 납작한 콩을 도미노처럼 쭉 세워놓고 다른 콩이나 금속 물체를 이용해서 현대의 10핀 볼링처럼 콩을 전부 또는 정해진 수만큼 쓰러뜨리는 것이었다. 이 게임 또한 다른 여러 어린이용 게임처럼 성인 남성들의 도박으로도 인기 있었다.[76]

동그란 형태의 씨앗이나 견과는 구슬이나 놀이의 말 또는 공으로 쓰였다.[77] 대륙부에서 가장 작은 단위의 화폐로 쓰였던 카우리*는 여러 시합과 게임에도 등장했다. 버마에서는 보드게임의 주사위 대용으로 쓰여서, 카우리 여섯 개를 던져 앞쪽이 나온 수로 말이 전진할 칸 수를 정했다.[78] 현대 연구들은 동남아시아 주요 국가마다 10여 가지에 달하는 어린이용 게임이 있으며 그중 다수가 다른 지역의 놀이와 비슷한 형태임을 밝혀냈으나,[79] 돈을 거는 어른들의 게임은 초기 사료를 통해 추적할 수 있다.

아이들의 오락이자 성인 남자들의 진지한 여흥인 여러 활동 가운데

---

* cowrie. 개오지 조개껍질. (옮긴이)

연날리기는 특별한 지위를 차지한다. 건기가 되면 종이와 대나무로 다양한 새, 야수, 마술적 상징을 본떠 만든 예술적 기교가 넘치는 연이 하늘에 가득했다. 보통 연 머리 쪽에 붙이는 쪼개진 대나무가 윙윙거리는 소리를 크게 내서 "신의 목소리"의 반향이라고들 하기도 했다.[80] 상대방 연을 훼방 놓거나 끌어내리거나 연줄을 자르는 싸움은 큰 판돈을 끌어들였다.[81]

적어도 시암과 자바에서 그런 연싸움은 왕궁 앞의 의식을 위한 광장에서 열리는 등 왕의 후원을 받았다. 연날리기에 우기의 비를 멈추고 불어난 물을 줄어들게 하는 마술적이고 종교적인 기능이 있다고 여겨서일 것이다.[82] 라 루베르는 시암 왕의 연이 "겨울"(북동 계절풍이 부는) 두 달 내내 하늘에 떠 있었으며, 서로 도와가며 연줄을 잡도록 몇몇 고관대작이 지명되기도 했다고 주장했다.[83] 자바의 왕 아망쿠랏 1세에게는 연날리기야말로 "최고의 오락이자 여가활동"이어서, 연날리기를 방해하는 왕궁 앞 나무 열여덟 그루를 자르라고 명령하기도 했다.[84]

현대에 팽이치기는 사내아이들에게 인기 있는 놀이이지만, 어른들도 신이 나서 내기를 하는 종목이기도 했다.[85] 당대의 직접적인 증거는 없으나 지역의 다채로운 단어와 양식을 살펴보면 15세기부터 인도네시아 지역에서 팽이가 사용된 것은 분명하다.[86] 다마르울란*은 17세기 자바의 문화 영웅이었고, 당시에 그가 적어도 3세기 전에 신이 가르쳐준 대로 팽이를 최초로 만들었다고 널리 알려져 있었다.[87] 19세기에 팽이치기는 여러 지역에서 농업 주기와 긴밀하게 연결되었으며, 더 앞선 시기에는

---

* Damarwulan. 그림자 인형극의 한 종류인 와양크리틱에서 주로 공연되는 마자파힛 왕국과 블람방안 왕국 사이 전쟁에 대한 서사에서, 해를 상징하는 적에게 승리하는 달을 상징하는 주인공. (옮긴이)

그림 36 도박으로 판다와 왕국을 잃는
『마하바라타』의 에피소드를 자바 양식으로 재현한 모습.

작물이 빨리 익기를 기원하는 데 필수적이었다고 주장한 크뤼이트가 옳을지도 모른다.[88]

주사위는 베다 시대부터 인도에 있었고 고대에 동남아시아에 들어왔을 듯하다. 그러나 주사위를 부르는 단어의 어원은 거의 유럽 언어나 중국어(말레이, 자바, 아체, 마카사르어의 다두dadu는 포르투갈어 다두dado가, 타이어의 타우taw는 차오저우潮州어 táw가 어원)라는 점에서, 주사위가 널리 사용된 것은 16세기에 새로운 형태를 받아들인 이후라고 볼 수 있다. 심지어 『마하바라타』에서 판다와 왕이 경쟁 상대인 쿠라와와 도박을 하다가 왕국을 잃는 주요 일화도 자바 극에서 "판다와 다두dadu"라고 불린다(그림 36).[89] 주사위는 1540년대 말루쿠에서도 쓰였으며[90] 다른 곳에서도 인기 있는 주사위 놀이backgammon 형태의 보드게임에서 점수를 따는 훨씬 간편한 방식으로 받아들여졌을 것이다.

카드놀이는 중국에서 들어온 것이 거의 확실하며 금세 도박의 편리한 수단으로 자리 잡았다.[91] 찬추심*은 자바에서 "내기가 시합 자체보다 더 중요한 규율"이며 내기 없이 시간을 보낼 요량으로 벌이는 카드놀이란 있을 수 없다고 지적했다.[92] 『운당운당 믈라카』에서 금지된 도박 중 하나로 열거된 것을 보면 카드놀이는 15세기 믈라카에서도 성행한 것이 분명하다.[93] 카드놀이는 여성들이 가장 흔히 하던 도박이기도 했다. 가장 이른 기록에서는 1598년 필리핀 마닐라에서 원주민과 메스티소 여성들이 "기분 전환용"으로 큰돈을 걸고 카드놀이를 한다고 했다.[94] 찬추심은 인도네시아제도에서 사용된 카드놀이의 60장짜리 카드 세트, 놀이 방식, 용어가 중국 남부에 기원을 두고 있음을 증명해 보였다.[95] 배가 난파해 18세기 술라웨시에 머물게 된 영국인은 집주인과 카드놀이를 하면서 "그들의 게임이 우리식과는 다른" 것을 알아보았다.[96]

체커와 체스 둘 다 15세기경 동남아시아에서 돈을 걸고 하는 게임이었다. 유럽인의 눈에는 체스가 더 많이 띄었지만 아마 기본적으로 귀족의 놀이였기 때문일 것이고, 체커는 더 광범위하게 퍼져 있었다.[97]

1509년 처음 믈라카에 당도한 포르투갈 선박에서 디에구 로페스**가 체스를 두고 있는데, 그곳에 사는 한 자바인이 배에 올랐다. 두 사람은 자기 나라의 체스에 관해 이야기를 나눴다.[98] 또 다른 이베리아 문헌에서 갈방은 1540년대 말루쿠와 1578년 브루나이 왕실에서 체스 놀이를

---

* Tjan Tjoe Siem曾祖沁(1909~1978). 인도네시아의 자바 문학 연구자. 수라카르타에서 태어나 네덜란드 레이던대학에서 와양에 관한 연구로 학위를 받았다. (옮긴이)

** Diego Lopez de Sequeira(1465~1530). 포르투갈의 하급귀족(피달구). 1509년 무역의 가능성을 타진하러 마다가스카르와 믈라카에 파견되었다. 후일 포르투갈령 인도 총독이 되었다. (옮긴이)

했다고 증언한다.[99] 체스 놀이는 말레이 왕실에서도 인기였고, 북수마트라의 파사이보다 체스가 더 인기 있는 곳은 없었다. 말레이의 주요 연감 두 가지도 체스에 관해 언급할 뿐 아니라 모두 파사이와 관련된 내용이다. 술탄 만수르 시절(1459~1477)의 믈라카에 파사이 사람 툰 바하라가 왔는데, "집중도 안 하는 듯하나" 누구도 대적할 수 없을 만큼 체스를 잘 두었다고 했다.[100] 더 앞선 시기에 파사이 사절이 아유타야 왕에게 바친 호사스러운 선물은 말에 보석을 박은 금제 체스 세트였다.[101] 북수마트라의 바탁족이 지난 4세기 동안 국제 교역에서 상대적으로 고립되어 있었는데도 현대에 와서는 동남아시아에서 가장 체스에 열정적일 뿐 아니라 최고의 체스 선수를 배출했다는 사실을 이 지역의 특성으로 설명할 수 있을지 모르겠다.*[102] 14세기 파사이 술탄국에서 기원한 전통인지, 더 이른 시기에 인도가 바탁족 사회에 미친 영향인지는 분명치 않다.

아랍어와 페르시아어 용어가 일부 사용되지만 동남아시아의 체스는 분명 인도에서 들어왔다. 여러 동남아시아 언어는 인도에서 들어온 8×8 정사각형 판을 이용한 게임을 부르는 데 산스크리트어 차투랑가chaturanga를 사용한다. 차투랑가는 문자 그대로 "군대의 네 요소"인 코끼리, 말, 전차, 보병을 뜻한다. 동남아시아 체스는 이 네 요소를 포함하지만, 정글의 전투에 무용한 전차는 빼고 더 쓸모 있는 배를 넣기도 한다. 동남아시아 체스가 산스크리트 체스와 얼마나 비슷한지는 머레이가 작성한 다음 표에서 확인할 수 있다.[103]

초기 사료 대부분은 왕실과 그 측근들이 체스를 두었다고 언급하지

* 카로 바탁 지역이 처음 난 길로 교역을 개방한 지 10년 정도 지난 1916년, 카로족 체스의 명수가 자바로 초대받아 네덜란드인 체스 최강자들과 겨루게 됐다. 카로족의 체스 규칙이 다른데도 불구하고 카로족 명수는 네덜란드인 명수 한 명을 빼고 모두에게 이겼다(Harahap 1981).

표 5

산스크리트	말레이	자바	버마	타이	서양 장기
왕	왕	왕	왕	쿤(영주)	왕
만트리mantri (대신)	만트리	파티patih (총리대신)	장군	씨앗 또는 매	여왕
코끼리	코끼리	만트리	코끼리	연단	주교
말	말	말	말	말	기사
전차	전차	배	전차	배	성
보병	보병	보병	보병	카우리	보병

만, 이 오락이 필연적으로 도박을 동반한 일부 지역에서는 대중적인 여가활동이 된 듯하다.[104] 왕이 아름답게 조각하거나 보석이 박힌 오래가는 체스 세트를 썼다면, 평민들은 소박한 재료를 이용했다. 시암에서는 조개껍질을 보병으로 썼다. 북수마트라에서는 대나무를 잘라 작은 말을 금방 만들어냈고 체스를 둘 때마다 새로 말을 만드는 일도 흔했다.

도서부와 말레이 세계의 체스 규칙은 국제적으로 통용되는 현대 규칙과 다르지만, 왕이 두 칸을 움직이고 위험할 때는 기사가 움직일 수 있는 등 그 차이가 크지는 않았다. 버마의 체스는 말 수와 칸 수는 같지만 움직임이 훨씬 자유로워서 "어떤 체스 규칙보다 더 진짜 전투같이" 느껴졌다.[105] 시작할 때 체스 두는 사람은 체스판의 셋째 줄에 절반, 넷째 줄에 절반이 늘어선 보병 뒤의 어디에나 다른 중요한 말을 둘 수 있었다. 장군 또는 신하와 코끼리는 각기 서양 장기의 여왕과 주교와는 다르게 움직였다. 코끼리 말은 마치 살아 움직이는 코끼리처럼 한 칸 앞으로 전진하거나 대각선 방향으로는 사방으로 이동할 수 있었다.

라 루베르는 시암에 (버마식과 비슷한) 현지 고유의 체스 외에도 칸 안이 아니라 교차점에 말을 놓는 중국식 체스가 있다고 했다.[106] 베트남에도 두 가지 체스가 있어 한 가지는 시암식과 비슷하고 다른 것은 중국식이었다.[107]

한 번도 직접 경쟁 종목이 아니었던 스포츠가 있는데, 이 놀이야말로 가장 동남아시아적이다. 이 공놀이는 말레이어로는 스팍라가sepak raga(바구니 차기), 루손에서는 시파sipa, 버마어로는 친롱chin-lohn이라 불렸다. 타이어 타크로takraw가 현재는 국제적인 명칭으로 통용되며, 배구와 비슷한 경기로 현대화되어 동남아시아경기대회 공식 종목으로 채택되기도 했다. 타크로는 18세기에 버마, 시암, 베트남 남부는 물론 인도네시아까지 퍼져 있었다. 각국에서 이 놀이를 자기 고유의 것이라고 여긴다는 점에서, 아주 이른 시기에 동남아시아 전역에 퍼졌다고 짐작해야 할 것이다. 다만 이 놀이가 가장 이른 시기에 묘사된 것은 말레이 세계에서였으며, 놀이 방법이 최근의 방식과 똑같았다.

타크로는 "등나무를 엮"거나 바구니로 짠, 속이 빈 공을 가지고 하는 공놀이였다.[108] 혼자서 혹은 여럿이 둥글게 서서 발이나 무릎, 가능하다면 발바닥을 이용해 공을 차서 계속 공중에 떠 있도록 한다. 북수마트라 사람들이 체스를 잘 두기로 유명했다면, 말루쿠 사람들은 이 공놀이로 특별한 명성을 누렸다. 『스자라 믈라유』는 술탄 알라우딘 시절(1477~1488) 믈라카에 온 말루쿠의 한 족장에게 바치는 찬사를 담고 있다.

> 그는 스팍라가의 전문가라 믈라카의 젊은 귀족들이 그와 함께 공놀이를 했다. (…) 공이 그에게 가자 혼자서 100번 내지는 150번 넘게 차고 나서야

그림 37 타크로 또는 스팍라가. (하단에 보이는)
네덜란드인 여행자들이 1599년 말루쿠에서 관찰한 모습.

다른 이에게 넘겨주었다. 또한 공을 넘겨주겠다고 신호를 하면 절대 실수하는 법 없이 보냈다. 그러고는 젊은이들이 공놀이하는 사이 의자에 앉아 쉬었다. 공이 그에게 가면 이 말루쿠 라자는 냄비에 든 쌀이 밥이 될 시간만큼 공을 차고, 다른 사람에게 넘겨주고 싶을 때까지 공은 허공에 머물러 있을 것이다.[109]

마찬가지로 네덜란드인들이 타크로를 처음 본 것도 말루쿠의 반다에서였다. 그들은 둥글게 둘러서서 공을 서로 주고받는 이들의 놀라운 기술을 설명하고 그림으로 그리려 했다(그림 37).[110] 빼어난 선수가 기술을 자랑스레 선보이기도 했지만 타크로는 전혀 경쟁이 아니었다. 기술을 연마하고 "신체를 단련하고, 오래 앉아 있거나 읽기, 쓰기, 체스 등을 하면

서 뻣뻣해진 등과 팔다리의 유연성을 회복하기" 위한 것이었다.[111]

캄보디아와 베트남 남부에서도 타크로를 했지만,[112] 18세기 말 메콩강 삼각주 지역에서는 흥미로운 변형이 나타났다. 등나무 공이 일종의 셔틀콕처럼 실로 감은 가죽 공에 중국 동전으로 무게를 주고 기다란 깃털 세 개를 빼놓은 것이 되었다. 이 공은 아주 천천히 내려와서 타크로 선수들이 좋아하는 높이 차기에 알맞았다.[113] 수마트라, 자바, 술라웨시에서는 작은 대나무 통에 닭털을 꽂아 만든 셔틀콕을 쓰기도 했고, 이 셔틀콕을 나무 방망이로 쳐서 공중에 오래 머물게 만드는 놀이를 하기도 했다.[114] 이 놀이는 유럽식 배드민턴의 원형인 배틀도어나 셔틀콕과도 유사하며, 어쩌면 동남아시아인이 현대 배드민턴에 그토록 열광하는 이유를 설명해줄 수 있을지도 모르겠다.

연극, 무용, 음악

> 마자파힛 영토에는 사람이 아주 많이 산다. 징소리와 북소리를 비롯해 온갖 시끄러운 음악에 맞춰 춤추기가 끊이질 않았다. 와양웡(무용극), 와양쿨릿(그림자 인형극), 와양토펭wayang topeng(가면극) 같은 각종 오락거리와 조겟, 탄닥, 베다야, 벡산 같은 무용도 있었다. 마자파힛 땅에서는 이런 오락과 여흥이 밤낮을 가리지 않고 열렸다.
>
> _『파사이의 라자들 이야기』(*Hikayat Raja-raja Pasai*: 102)

유럽인 방문객들이 보기에 동남아시아인들은 늘 노래하고 춤추고 공연을 벌이는 것 같았다. 사절단이나 중요한 손님이라면 응당 왕궁에 초대

받아 무용이나 연극으로 즐거운 시간을 보냈고, 밤이면 숙소에 찾아온 무용수로부터 여흥을 제공받기도 했다.[115] 알시나에 따르면 "비사야 사람은 남자건 여자건 병자가 아니라면 잠잘 때를 빼고는 노래를 흥얼거리기를 멈추지 않는다. 잔치나 야유회가 있다면 지칠 때까지 노래하고 춤추는 것이야말로 이들의 가장 큰 즐거움이다".[116] 더 나중에 펨버턴은 잉와로 가는 여행길에 연극이 끊이지 않아 이미 졸음을 견딜 수 없는 지경이었는데, 수도에서는 연극이 "매일매일 거의 중단되는 일 없이 계속된다"는 사실을 알고 불안에 떨었다.[117] 또 다른 영국인 제임스 조지 스콧*은 "지구상 어디에도 버마인처럼 연극을 좋아하는 민족은 없을 것"[118]이라고 주장했는데, 이렇게 단언할 수 있었던 것은 자바인과 발리인의 연극에 대한 열정을 몰랐기 때문일 것이다.

궁정은 양식을 정하고 새로운 경향을 제도화하며 지방 출신의 빼어난 공연 예술가를 흡수함으로써 문화적 전범으로 기능했다. 이 시기에 왕궁이 있는 수도는 정치·경제적 중심지이자 외국 사상이 유입되는 문화적 용광로여서 궁중문화와 대중문화를 나누기란 불가능한 일이었다. 두 문화가 뚜렷하게 갈라진 것은 왕조가 경제·군사적 전쟁에서 외국 세력에 패배하고 나서였다. 르네 니콜라에 의하면 17세기 시암에서는 라콘 녹lakhon nok(이후에 궁정의 라콘 나이lakhon nai에 대응되는 대중 연극으로 알려짐)이 유일한 연극이었다.[119] 그 시기의 통치자들은 아직 대규모 왕실 연극이 있으면 외국 상인들을 동원할 수 있었다. 반튼의 소년 왕이 할례를 치를 때는 잉글랜드인과 네덜란드인이 불꽃놀이와 가장행렬을 벌였

---

* James George Scott(1851~1935). 스코틀랜드 출신의 언론인. 1875년부터 버마에 지내면서 쉐요Shway Yoe라는 버마식 필명으로 발표한 『버마인』이 가장 유명한 저작이다. 버마의 문화를 편견 없는 시선으로 상세히 담은 이 책은 일대 파란을 일으켰다. (옮긴이)

고,[120] 아유타야의 여러 축제에서는 중국인이 경극을, 유럽인은 불꽃놀이를, 라오인은 인형극을, 말레이인과 버마인은 춤과 음악을 선보였다.[121] 다채롭고 화려한 공연이야말로 왕실의 위엄을 보여주는 지표였고, 유폐된 궁정 여인들의 무용 공연 일부를 제외하면 이런 공연은 궁궐의 높은 벽 안에 감춰지기보다는 모두에게 공개되었다.

마을에서 마을로 떠돌아다니는 유랑 연예단은 도시와 농촌을 오가면서 연극과 무용을 널리 퍼뜨렸고 유명해지면 궁중에서 공연하기도 했다. 17세기의 위대한 와양쿨릿 명인 안장마스Andjangmas는 잔치의 분위기를 살릴 공연이 필요하다면 자바 어디라도 찾아갔다. 이렇게 순회 공연하는 예능인에게 세금을 매기기 시작한 것은 1646년에서 1677년 사이 아망쿠랏 1세 재위 때의 일이다.[122] 왕실의 혼례와 장례 및 다른 축제들은 가장 크고 화려했으며 각지 예능인들이 불려 왔지만, 마을 축제처럼 누구나 참여할 수 있도록 열려 있는 대중적 공연이었다.

당시 대부분의 사람들은 이런 공연을 처음에는 놀이로 경험했던 것으로 보인다. 여기서 놀이는 하위징아가 설명한 좀더 진지한 의미에 가깝긴 하다.[123] 왕실 작가들은 많은 이가 이러한 볼거리를 즐겼다고 자랑스럽게 기록해두었다. 사람들을 즐겁게 하지 못했다면 공연을 연 왕실이나 마을 후원자의 목적은 충족되지 못한 것이다. 이 시기의 연대기들은 사람들이 얼마나 다양한 볼거리를 즐겼는지 자주 강조한다. 반자르마신의 말레이 문헌에 따르면, 옛 수도의 분위기가 우울해지자 왕이 무용과 그림자 인형극 전문가와 배우가 있는 자바의 기리Giri로 사람을 보냈다고 한다.[124] 숨바와의 다른 문헌은 악당이 선량한 포로들을 유혹하려고 "인도의 춤, 시암의 연극, 중국의 경극, 자바의 그림자 인형극을 비롯한 온갖 종류의 볼거리와 비올, 류트, 북, 피리, 대나무 피리, 쿠팍kufak, 캐스

터네츠를 동원한 음악 공연"을 열어주었다고 전한다.[125]

그러나 (언제나 음악이 함께하는) 연극과 무용은 과거의 신이나 전설적 존재들의 우주적 실재와 인간 세계를 이어주는 핵심적 연결 고리 역할을 한 것 또한 분명하다. 버마, 시암, 캄보디아, 자바, 발리의 인도화된 정치제와, 인도화의 정도가 덜하지만 말레이 세계에서는 이슬람교와 상좌부불교가 전파된 이후에도 이러한 공연을 통해 인도적 종교 전통과 접촉을 유지할 수 있었다. 『라마야나』와 『마하바라타』의 영웅들은 동남아시아 각국의 신화적인 과거로 그 무대를 옮겨와 인간 사회, 특히 각국 왕조의 진짜 시조로 받아들여졌다. 그러나 그들은 진짜 인간이 아니므로 사실성이 제거된 그림자 인형이나 가면이 가장 좋은 재현 방식이었다. 배우가 가면을 쓰지 않는 공연은 비교적 최근에야 나타난 것이며, 신성한 가치를 지니거나 신의 계시와 연결된 쪽은 그림자 인형극과 가면극이었다.[126]

춤과 음악이 없는 연극이란 상상할 수도 없었다. 무용과 신의 상관관계는 앙코르와 프람바난 사원의 부조에 인도화한 형태로 잘 드러나지만, 인도의 영향을 받지 않는 곳에서도 무용은 혼령이나 신과 소통하고 그들을 잔치에 초대하는 수단이었다. 남녀를 불문하고 누구나 춤을 출 줄 알았고 실제로 자주 췄다(그림 38, 39). 결혼식에 온 하객들이 음악에 맞춰 춤을 추며 동네를 도는 일도 흔했다.[127] 평소에는 점잔을 빼던 버마인들도 배타기 경주나 소싸움이 있으면 신이 나서 춤을 추기도 했다.[128] 어떤 사람의 사회적 신분이 높아졌다면 그가 신의 몸짓을 따라 하기를 기대하는 구경꾼들의 눈빛에 부응하기 위해서라도 몸짓이 더 격렬해지게 마련이었다. 크로퍼드가 지적했듯, 자바인은 왕의 앞에 나서거나 물러날 때,[129] 부기스인은 맹세나 선전포고를 하거나 아목에 들 때

그림 38 흰 코끼리를 기리는 행렬의 일부를 이루는 버마의 무용수들.
삽화가 들어간 19세기 중반 버마 문서.

그림 39 19세기 초 자바의 혼례 행렬. 당대의 목판화.

춤을 췄다. 이는 아마 춤이 감정을 흘려보내고, 에너지를 집중하고, 일상적인 공연에서 재현되는 신과 정령의 속성 일부를 띠게 해주는 수단이라는 의미인지도 모른다.

춤이 아주 오래전부터 있었다고 짐작할 수는 있지만, 그런 춤이 더 정교한 형태의 무용극과 연극으로 발전해간 과정은 분명하지 않다. 베트남에만 1285년 뛰어난 중국 배우가 포로로 잡혀온 후 중국의 영향을 받은 무용극 핫보이hát bội가 시작됐다고 밝힌 확실한 기록이 있을 뿐이다. 왕실에서 베트남의 역사적 일화를 찬양하는 데 쓰였다는 것 외에 이 무용극의 초기 양식에 대해 알려진 바는 거의 없지만, 1600년경 남쪽의 응우옌 왕국에 난민으로 내려온 북부 출신 배우가 이 양식을 대중화했다. 참족 양식에서 빌려온 신나는 전투 장면과 애절한 노래가 더해지면서 핫보이는 점차 민족적 연극 전통이 되어갔다.[130]

그 밖에 어디서나 사랑받은 『라마야나』를 비롯한 인도 서사를 주제로 한 동남아시아 연극들은 서기 1000년 전에 시작됐을 것있다. 그러나 오늘날 우리에게 익숙한 형태의 연극은 그렇게 오래되지 않았다. 자바의 그림자 인형극(와양쿨릿)에 대한 최초의 기록은 9세기 비문, 더 확실하게는 11세기 연대기에 등장한다.[131] 그러나 자바인 저자들은 이슬람 성인과 자바의 이슬람 전도자들이야말로 16세기경 와양쿨릿에 근세적 형식을 부여하고 가면극(와양토펭)을 고안한 당사자라고 주장한다. 래플스가 방문했던 당시에도 자바인들은 자바 이슬람의 요람이라고 할 북해안의 항구도시들에 『마하바라타』의 장면들을 재현해 설치해두고 있었다.[132] 오늘날 연구자들은 대체로 자바 연극이 교역의 시대에 변형, 확장 및 대중화됐다고 본다. 언어는 현대화되고, (아마도 인간의 형상을 만드는 것을 금지하는 이슬람의 가르침에 어긋나지 않기 위해) 그림자 인형은 고도로 양식화됐으며, 고대로부터 사랑받던 어릿광대들punakawan이 인도의 대서사안에 녹아들었다.[133] 확실한 것은 그 시기가 동남아시아 전체가 어마어마한 문화적 혁신을 겪은 때이자 역사적 기록이 남아 있어 연극의 발달 과정을 확실하게 알려줄 수 있는 최초의 시대이기도 하다는 점이다.

외국인 방문자들은 이 시기에 대중 연극의 범주가 빠르게 확대되었다고 증언한다. 15세기 초 자바에 간 정화의 원정대는 와양베베르wayang beber만 보았다고 기록했다. 이야기꾼이 한 번에 두루마리 그림 한 단락을 펼쳐놓고 이야기를 읊으며, "많은 사람이 둘러앉아 들으면서 웃기도 하고 울기도 한다".[134] 그림을 보여주는 와양베베르보다 그림자 인형극 와양쿨릿이 훨씬 오래되었지만 토메 피르스 이전에는 와양쿨릿과 가면극 와양토펭이 대중적 오락거리로 그려진 적이 없다. "자바는 다채로운 무언극과 가면극의 나라다. 남녀가 모두 연극에 등장한다. 자바인은 무용과 이야기로 된 오락을 즐기고, 무언극을 하고 무언극용 의상을 비롯한 각종 복식을 입는다. 참으로 우아하며, 종bell을 한꺼번에 연주하면 오르간 같은 소리가 난다. (…) 밤에는 다양한 형태의 그림자를 만들어 공연하는데 마치 포르투갈의 베네디투스beneditos 같다."[135] 피르스의 이 설명은 1586년 족자카르타 근처 클라텐에서 수난 칼리자가*가 처음으로 가면을 고안했다는 자바인의 통념과는 맞지 않지만, 이 시기에 이미 가면극이 (그림자 인형극처럼) 칼리자가의 고향인 해안 지역에서 널리 공연되었으며 나중에야 중부 자바 왕실의 정제된 양식과 결합했다는 피호트의 주장을 뒷받침해준다.[136] 반튼에서도 스콧은 가면극 배우들이

* Sunan Kalijaga(1450~1513). 자바의 이슬람화에 기여한 아홉 왈리(무슬림 성인) 중 하나. 자바 전통에 관용적인 태도로 전통문화를 이슬람 전파에 활용하고 이슬람화 이후 자바의 공연 예술, 축제, 의복 등에 큰 영향을 끼쳤다. (옮긴이)

왕실 행사에서 인기 있는 예능인이라고 기록했다.[137] 판 훈스는 17세기경이 되면 가면을 쓰지 않는 무용극(와양웡wayang wong)이 막간극으로 서서히 나타나기 시작했다며 마타람에서 자신이 본 바를 기록했다.[138]

이 다양한 연극 양식이 자바의 항구에서 자바인 상인들에 의해 믈라카, 파타니로 전해졌고 거기서 다시 말레이 세계 전체로 퍼졌다. 피터 플로리스*는 파타니에서 "여자들로만 구성된 자바식 코메디아"를 관람했다.[139] 이런 연극은 16세기경 남보르네오의 반자르마신에도 전해져, 람붕 망쿠랏 왕이 그레식 인근 무슬림 성지인 기리에 특사를 보내 가면극과 그림자 인형극을 공연할 배우와 무용극의 무용수를 파견하여 "반자르마신을 빛내달라고" 요청하기에 이른다.[140] 같은 연대기의 다른 부분에서는 나중에 반자르마신 사람들이 40일 밤낮으로 계속된 왕실 혼례를 어떻게 축하했는지 보여준다. "활기가 넘치고 북적대는 축제였다. 궁궐에서 그림자 인형극이, 무대에서는 무용극(와양웡)이, 광장에서는 가면극이, 극장에서는 라켓(무용 경연)이 열렸다."[141] 남보르네오의 수카다나는 1622년 마타람의 술탄 아궁에게 정복당했을 때 와양쿨릿의 전통을 배웠을 것이다.[142]

늘 밤새도록 공연하며 신과 정령의 신비한 세계를 떠올리게 하는 그림자 인형극의 속성은 그 기원이 종교적인 목적과 밀접하게 연결되어 있는 것이 분명하다. 자바의 이슬람화 이후 일부 힌두적 요소는 살아남아, 더 스펙터클하고 이해하기 쉬운 연극이 등장한 후에도 와양쿨릿은 여전히 중요한 지위를 차지했다. 시암에서도 그림자 인형극 낭nang은 그 역

---

* Peter Floris(?~?). 네덜란드인 무역상. 본명은 피터르 빌럼스 판 엘빙. 네덜란드동인도회사에서 일하다가 잉글랜드동인도회사에 고용되어 1611~1615년 잉글랜드 최초의 벵골만과 시암만 일대 항해를 성공적으로 이끌었다. (옮긴이)

사가 장구해서, 1458년에 제정되었다고 알려진 왕실 법령에도 언급된다.[143] 캄보디아의 그림자 인형극은 그보다 더 오래됐을 수도 있다. 흔히 캄보디아가 자바의 그림자 인형극을 시암에 전해주었다고 하지만 이를 뒷받침할 만한 증거는 없다. 그러나 상좌부불교가 점차 그림자 인형극 주제와의 종교적 연관성을 부정하면서, 말레이 세계와 접한 남부 지역을 제외하면 시암 전체에서 그림자 인형극은 점차 소수만 이해하는 의례로 축소되었다.

타이 전통에서 가면극 콘khon은 그림자 인형을 본딴 무용수를 거느렸던 라마티보디 왕(재위 1491~1529)에 의해 시작됐다.[144] 금세 이 연극은 부처의 전생에 관한 짜따까 이야기를 공연하는 인기 있는 방식이 되어 종국에는 같은 목적으로 버마와 캄보디아에도 전해졌다.

가면을 쓰지 않은 배우가 등장하는 더 오락적인 무용극은 자바보다 대륙부 동남아시아에서 더 큰 역할을 했다. 중국 경극의 영향일 수도 있고 인간의 형상화를 금지하는 이슬람 교리에 대해 걱정할 필요가 없었기 때문일 수도 있다. 이 가장 세속화된 형태의 연극은 동남아시아 지역 대부분에서 같은 단어로 알려졌는데 자바어 라콘lakon에서 파생된 것으로 보인다(타이어 라콘lakhon, 크메르어 르카온lkhon, 말레이어 라쿤lakun). 자바에서 이 단어는 반드시 무용극을 뜻하지는 않고 어떤 형태의 연극에서든 한 에피소드를 가리키는 말로 쓰였으나, 가면을 쓰지 않는 연극의 동남아시아적 공통 기원은 자바에서 찾는 편이 옳을 것이다.

나라이 왕의 궁정을 방문했던 프랑스 방문객들이 남긴 상세한 기록에는 버고 출신 몬족과 타이인이 아유타야에서 공연한 가면극, 그리고 라오인들이 특히 뛰어났던 인형극에 대한 묘사가 등장한다.[145] 그러나 라루베르가 남긴 다음 기록에는 그림자 인형극에 대한 언급이 없다.

시암에는 무대에 올리는 연극이 세 종류다. 시암인들이 콘이라고 부르는 배역 무용은 바이올린과 다른 악기에 맞춰 춘다. 가면을 쓴 무용수들은 무기를 들고 무용이라기보다는 전투에 가까운 공연을 벌인다. 모두 격한 감정에 빠져 과장된 몸짓을 하며, 계속해서 어떤 말을 섞기를 멈추지 않는다. 가면은 대개 흉측하며 괴물 같은 야수나 일종의 악마를 형상화한다. 라콘이라 부르는 연극은 서사와 드라마가 섞인 시詩로 아침 여덟 시부터 저녁 일곱 시까지 사흘 동안 계속된다. 여러 배우가 서로 주고받으며 역사에 관한 운문을 노래한다. 한 배우가 역사가 역을 맡아 말하고 나머지는 역사 속 인물이 된다. 배우는 모두 남자고 여자는 없다. 라밤rabam은 남녀가 짝을 이루는 춤으로 전투적이지는 않지만 용맹하다. (…) 무용수들은 남녀를 막론하고 구리로 된 아주 긴 가짜 손톱을 단다. 춤을 추면서 노래도 하는데, 별다른 노력을 기울이지 않고도 공연을 한다. 큰 동작 없이 아주 천천히 그저 빙빙 도는 춤이기 때문이다. 다만 몸통과 팔을 천천히 이리저리 틀면서 여러 동작을 한다. (…) 한편 두 남자가 나와 여러 바보짓을 하면서 관객을 웃긴다. (…) 콘과 라밤은 장례나 다른 행사가 있으면 꼭 곁들여진다. (…) 라콘은 기본적으로 새로운 사원에 봉헌하는 의식을 장엄하게 만드는 역할을 한다.[146]

이 귀중한 기록은 가면극(콘)과 무용극(라콘)이 문화적 혁신의 시기였던 나라이 왕 시절에 이미 대중적 차원에서 발달했고, 어쩌면 두 극이 더 오래되고 더 심오한 그림자극에서 영감을 받았을지도 모름을 시사한다. 동시에 니콜라가 '캐릭터 댄스'[147]라고 부른 라밤은 고대의 신성한 무용에서 기원해 스토리텔링과 연결되는 방향으로 발달했다.

그림 40 음력으로 열두 번째 달(3~4월)에 열리는 버마의 '모래탑 축제'. 삽화가 들어간 19세기 중반 버마 문서. 왼쪽에는 인형극 극장이 있고 그 앞에는 연주하는 버마 관현악단, 오른쪽에는 다양한 음식 장수가 보인다.

버마 연극에 관해서는 왕실의 승인으로 18세기 타이 전통에서 많은 것을 빌려가기 이전에 대해서는 알려진 바가 별로 없다. 그림자 인형극은 없었으나, 고도로 발달한 인형극이 그와 비슷하게 대중적 차원에서 공연하는 신성한 역할을 맡았던 듯하다(그림 40). 버마 인형극에서는 스크린 뒤에서 수많은 끈과 도르래를 이용해 인형을 조종했다.[148] 18세기의 혁신 이전에는 정형화된 동물 혹은 동물의 정령을 형상화한 인형이 저마다의 음악에 맞춰 춤을 추다가, 연금술사나 마술사 인형과 커다란 연인들의 춤이 이어지는 형식이었다.[149] 또 다른 근세 버마 극의 선조는 일종의 야외극 니밧킨nibhatkin으로, 소가 끄는 수레 위에서 자따까 이야기의 장면을 공연했다.[150]

교역의 시대에 동남아시아 전역에서 두 가지 신성한 전통의 일부가 한데 수렴된 것으로 보인다. 첫 번째 전통은 원래 신령이나 힌두교의 신들과 교감하던 절대다수가 여성인 무용수들에게서 파생된 것이다. 이는 타이 라밤의 전통이자 샤먼적인 춤에서 틴아웅이 '막간interlude'이라고 부른 오락으로 발전해간 버마 무용의 발달 과정이기도 하다.[151] 남성 무용수를 쓰기에는 상당히 이른 시기이지만 14세기에 이미 등장했던 두 무용, 자바와 발리의 라켓raket과 감부gambuh 춤이 비슷한 기원에서 비롯했을 것이다.[152] 두 번째 전통은 신과 정령을 인간이 아닌 인형이나 그림자 인형으로, 나중에는 가면을 쓴 배우를 통해 양식화하여 재현하는 것이었다. 이 두 전통은 17세기에 아주 인기 있는 연극을 탄생시켰다. 이 새로운 연극은 『라마야나』 『마하바라타』 자따까 이야기, 지역의 역사적 사건을 주제로 오락과 교육은 물론 교훈을 주는 동시에 인간 세계와 신의 세계를 잇는 통로 역할을 했는데, 그런 역할은 장례와 혼례 및 다른 중요한 의례에서 필수적인 부분이었다.

이 시기의 도시적·코즈모폴리턴적 분위기는 전적으로 종교적이고 신성하고 관습적이던 연극과 공연을 어느 정도 바꾸어, 시암뿐 아니라 아마 자바와 캄보디아에서도 배우가 가면 없이 출연하는 연극이 등장해 인기를 끌고 새로운 주제가 계속 만들어질 수 있게 해주었다. 이러한 전통이 말레이 세계에도 전파된 것은 『히카얏 파타니』가 1620년대에 남자 네 명과 여자 여덟 명으로 구성된 유명한 공연단이 파타니를 찾았다고 밝힌 데서 알 수 있다.[153] 그들은 음악에 맞춰 운문을 읊는 연극 이카탄ikatan을 무대에 올렸는데, 『라마야나』의 에피소드뿐 아니라 비교적 멀지 않은 말레이 역사의 두 사건을 소재로 공연했다. 각각 믈라카의 총리대신Bendahara이 포르투갈의 첫 공격을 막아낸 사건과 조호르의 총리대신이 잠비를 공격한 사건이었다.

동남아시아에서 음악은 이런 공연에서 한자리를 차지하는 것 외에도 국가적 차원의 연극과 일상적 오락에서 핵심적인 역할을 했다. 음악은 어디에나 있었던 것으로 보인다. 필리핀인, 타이인, 버마인은 노를 저으면서도, 작물을 수확하면서도, 벼를 타작하면서도 노래를 불렀다.[154] 자바에 간 첫 네덜란드인은 반튼의 대저택에서 "밤새 춤을 추느라 공 등의 악기 소리가 아주 요란했다"고 전했다.[155] 보링도 19세기 시암에 대해 비슷하게 언급했으며,[156] 아유타야의 전성기는 음악 소리가 도처에서 더욱더 울려 퍼지는 시기였다고 기억된다.[157]

연극에서 그러했듯, 이 시기의 대중음악과 궁중음악을 구별할 길을 찾아야 할 것이다.[158] 왕도 농민도 같은 주제와 악기를 이용한 음악을 즐겼다. 그러나 청동제 공의 웅장한 반향과 주로 여성들이 연주하던 친근한 음악 사이에는 분명 차별점이 있었다.

'공'이야말로 동남아시아가 유럽 언어들에 전해준 단어 중 하나라는 것은 전적으로 사실이다. 이 단어는 자바가 기원일 테지만, 오스트로네시아어족 언어 대부분과 타이어(콩khong)에서도 사용된다. 이 청동제 체명악기體鳴樂器는 기원전 400년 동썬의 큰 청동제 북이 동남아시아 전역에 팔려나간 이래 지위의 표시와 의식 그리고 음악에서 핵심적인 역할을 해왔으며 교역의 시대에도 주요한 무역 품목으로 남았다. 자바나 중국에서 공을 수입해야 하는 인도네시아 동부, 보르네오, 필리핀 지역에서는 특히 그러했다. 공은 나무 북slitdrum과 함께 시간을 알리고,[159] 사람들을 불러 모으거나 중요한 사항을 공지하는 데 이용됐으며,[160] 주요 행사에서는 그 무게를 더해주었다.

알시나가 지적했듯, 이 인상적인 악기를 소유할 수 있는 이는 부자들뿐이었다.[161] 따라서 공이 지위와 밀접하게 연결된 것은 당연한 일이다. 왕이나 주요 인사는 공을 울리는 이들을 거느리고 엄숙하게 행진했다

그림 41 군대 행렬이 큰 자바식 공을 나르고 있다. 수그리와*의 원숭이 군대를 표현한 14세기 자바 사원 찬디 파나타란의 부조.

(그림 41). "나무 장대에 걸린 공을 두 사람이 어깨에 지고 나르면, 다른 이들이 나무 채로 공을 친다. 어떤 공은 크고 어떤 공은 작기 때문에 콘트라베이스에서 소프라노까지 다양한 소리를 낸다."[162] 바닷길을 통한 왕의 행렬이나 해군 원정대도 마찬가지로 왕권을 과시할 목적으로 공을 여럿 동원했다.[163] 자바의 왕들이 주최한 시합 같은 국가적 행사에도 공악대는 늘 빠지지 않았다. 마타람 왕국의 유력자들은 시합을 위한 저마다의 무대를 가지고 있었다. 거기에는 "적어도 20개에서 30개에 달하는

* Sugriwa. 『라마야나』에 등장하는 원숭이들의 왕. (옮긴이)

금속 악기와 크고 작은 공뿐만 아니라, 최대 200개나 되어 대여섯 곳에 나누어 두는 왕의 공까지 있었다. 왕이 도착하기 전에는 아주 살살 부드럽게 공을 쳤다. (…) 왕이 바깥 광장에 도착하면 그들은 온 힘을 다해 공을 쳐서, 우리가 북 10대를 치는 소리가 들리리라는 희망은 아예 없었다".[164]

왕궁과 귀족의 집에는 크기와 음조가 다른 7개에서 8개의 공이, 또는 더 흔하게는 더블옥타브를 구현하는 14개나 16개의 공이 있어서 7음계를 연주했다. (예외는 5음으로 된 자바의 슬렌드로slendro 음계다. 자바 북해안의 합주단을 묘사한 조잡한 네덜란드 판화의 보낭*에는 공이 4개밖에 없으나 사실은 빠트린 것일지 모른다. 그림 42를 보라.) 자바의 왕은 믈라카를 차지한 포르투갈 정복자에게 20개짜리 공 세트(슬렌드로 음계로 4×5였을 것이다)와 "그들이 전투에서 치는" 커다란 공 2개를 선물로 보냈다.[165] 민다나오에서 댐피어는 각기 다른 크기의 공 16개가 늘어선 것 말고는 다른 악기를 발견하지 못했다.[166] 아유타야에서는 16개의 공을 원형으로 배치한 콩웡khong wong이 나라이 왕 시절에 이미 등장했다.[167] 콩웡은 크메르족의 앙코르 문명에서 기원해 종국에는 버마, 캄보디아, 시암의 공통 문화가 되었다.

공은 주로 지위와 전쟁 같은 남자들의 관심사와 관련되었으므로, 대개 야외에서 남자들이 연주했다. 그러나 필리핀과 후일 수마트라 일부 지역에서는 여성 연주자들이 공과 북으로 이루어진 합주단을 도맡았다.[168] 여성 연주자는 제일 큰 공과 북을 제외한 모든 악기를 연주했으며 특히 무용을 곁들이는 실내 공연에서 그 역할이 두드러졌다.[169] 시암

* bonang. 자바 가믈란을 구성하는 기본 악기 중 하나. 긴 탁자에 엎어놓은 작은 공gong 여러 개로 음계를 연주한다. (옮긴이)

그림 42 네덜란드 판화가가 반튼의 자바식 공에서 받은 인상을 표현한 판화.
1596년. 로데베이크스의 1598년 저서에 실린 설명에 따르면
"시간을 알리고 모든 자바 음악을 연주할 때 쓰이며 (…) 우리가 처음
거기 도착했을 때 우리와 물건을 사고팔 사람을 부르려 썼던 것처럼,
왕의 이름으로 사람들을 불러들일 때도" 공을 이용했다고 한다.

에서는 두 가지 형태의 독특한 악단이 등장하기 시작했다. 첫째는 가수와 드럼 연주자를 포함한 여성 네다섯 명으로 구성된 현악기 악단 마호리mahori(그림 43a, 그림 43b)이고, 둘째는 갈대로 만든 악기 삐pi와 공과 북이 들어가는 남성 악단 삐팟pi phat이다.[170] 마호리는 궁정과 귀족 내부 생활의 일환으로 회화나 조각에 자주 등장하며, 삐팟은 무대 공연이나 축제에서 연주를 담당했다. 쿤스트는 15세기에서 18세기 사이 어느 시점에 공과 북으로 구성된 연주단의 남성적 양식과 여성이 주로 연주하던 관현악기가 점진적으로 합쳐지면서 자바의 가믈란이 발달했다고 주장했다(그림 44).[171] 마타람 왕국에는 17세기 중반에 이미 몇몇 현

그림 43a 수코타이 시대로 추정되는 타이 부조에 새겨진 여성 악단(마호리).

그림 43b 1800년경 방콕 부다이사완 법당 벽화에 그려진 또 다른 타이 여성 악단.

악기와 피리뿐 아니라 "수많은 작은 공"이 있는 가믈란 비슷한 것이 존재했다.[172] 16세기 파타니에서는 보통 북을 기본으로 하던 말레이-무슬림 왕실 악단nobat이 "금나팔nafiri 넷과 은나팔 넷, 금피리serunai 둘과 은피리 둘, 왕의 북 열둘과 나라의 북 여덟"로 구성되기에 이르렀다.[173] 한 가지 분명한 것은 적어도 17세기 후반까지 관현악단을 구성하는 방식에 엄청나게 다양한 변주와 실험이 있었다는 점이다.

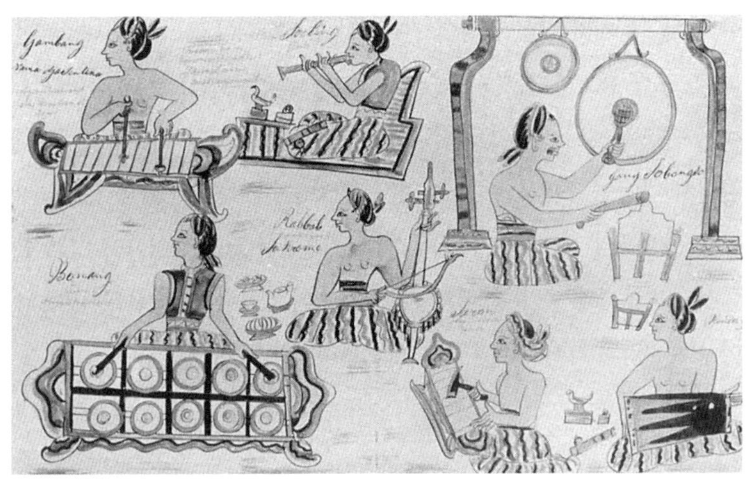

그림 44 자바 북해안 회화에 그려진, 19세기 초 자바식 가믈란을 구성하던 악기들.

청동제 악기와 세련된 관현악단이 부자들이 누리는 특권이었다면, 좀 더 단순한 동남아시아의 북, 나팔, 피리, 현악기는 누구나 누릴 수 있는 것들이었다. 소박한 마을 사람들은 대개 대나무, 코코넛 껍데기, 야자잎으로 악기를 만들고 절구에 쌀을 찧으면서도 박자를 맞출 수 있었다. 시골 풍경을 묘사한 몇몇 저자 중 알시나는 필리핀 농촌에서 남자는 단순한 형태의 양금 쿠디아페kudyape를, 여자는 작은 기타 코를롱korlong을 능숙하게 연주하며 음악에 엄청난 열정을 보인다고 했다.[174] 두 악기 사이에 음악적 대화나 경연이 벌어지면 "수많은 사람이 몰려들어 (…) 집이 위아래층 모두 꽉 찼다".[175]

베트남 음악은 참족과 캄보디아의 영향을 많이 받았음에도 동남아시아 전통이라기보다 동아시아 음악의 한 갈래로 여겨졌다. 베트남 악기와 중국 악기가 닮았다는 점 외에도 베트남은 동아시아의 5음계와 곡조를 써서, 7음계의 다성 음악이 지배적인 동남아시아 음악과는 대조적이다.[176] 또한 베트남인은 중요한 음악을 중국식 기보법으로 기록했다.[177] 이는 귀를 통해서만 음악을 전승하던 다른 동남아시아 지역의 체계에서 갈라져 나가는 뚜렷한 분기점이었다. 동남아시아에서 개별 음악가는 기본적으로 음악 레퍼토리가 "안정적인 상태"에서 크게 벗어나지 않는 한에서만 변주했다.[178] 한편 베트남의 대중적인 민속음악과 시가에는 동남아시아 지역의 지배적인 양식이 계속 나타났다.

폭넓은 문해력?

동남아시아를 방문한 초기 유럽인 관찰자들은 글을 읽을 줄 아는 사람이 많은 것을 보고 놀라워했다. 동남아시아의 높은 문해력을 입증해줄 설득력 있는 증거가 가장 많이 확보된 지역은 예상외로 필리핀이다. 초창기 스페인 저자들이 파악한 대로 필리핀 언어들에는 특기할 만한 기록문학이 없고 문자가 만들어진 것도 스페인인들이 당도하기 겨우 한두 세기 전의 일이었지만, 그곳 사람들은 남녀를 막론하고 대부분 필리핀 문자 17자를 대나무나 야자잎에 쓸 줄 알았다.

> 여자들이 흔히 필리핀 문자를 쓸 줄 알고 특정한 대나무 조각 위에 글을 썼다.[179]
>
> 이 섬사람들은 모두 읽고 쓰는 데 익숙해서 마닐라섬에서 사용하는 문자를 모르는 남자는 거의 없었고 여자는 더더욱 글을 잘 알았다.[180]
>
> 원주민 모두 남녀를 막론하고 이 언어를 쓸 줄 알았고, 제대로 글을 못 쓰

는 사람은 극소수였다.[181]

다들 고유의 쓰기와 읽기 방식에 애정을 가지고 매달렸다. 이 읽기와 쓰기 방식을 모르는 남자는 거의 없고, 여자는 더더구나 없었다.[182]

오늘날 비사야인은 필리핀 문자를 아주 많이 쓰고 여자들이 남자들보다 훨씬 더 많이 사용한다. 여자들이 남자들보다 훨씬 능숙하게 문자를 읽고 쓴다.[183]

비사야의 거의 모든 이가 고유의 문자를 쓸 줄 안다.[184]

주요 무역 거점을 제외하면 다른 어떤 지역도 직접 목격자의 수나 질에서 필리핀을 능가하지 못한다. 그러나 자바와 발리에서의 증언 또한 그 양상이 크게 다르지 않다. 레이클로프 판 훈스는 1648년에서 1654년 사이 다섯 차례 바타비아에서 사절단을 끌고 마타람 왕국에 다녀온 후, 자바인 상당수가 글을 읽고 쓸 수 있다고 결론 내렸다.[185] 19세기 이전 발리에 관해서는 비슷한 관찰을 한 기록이 없지만, 그 늦은 시기에도 발리는 자바가 이슬람교와 네덜란드의 영향으로 점차 잃어간 이슬람화 이전 자바의 특성을 간직하고 있었을 것이다. 하인리히 졸링거* 는 1840년대 롬복에 관한 책에서 이렇게 관찰했다. "발리인은 거의 모두 자기네 말을 읽고 쓸 줄 안다. 가장 형편없는 조건에 있는 이들도, 상당수의 여자조차도 그렇다."[186] 그로부터 40년 후 율리위스 야콥스는 발리에서 이렇게 주장했다. "발리인 중 어른은 거의 다 읽고 쓸 수 있다. 발리 사회의 상층계급 출신 여성 대부분도 이 기예에 통달했다."[187]

* Heinrich Zollinger(1818~1859). 스위스 출신의 식물학자. 1842년 자바로 이주해 식물원에서 일하다가 일시 귀국 후 다시 자바로 돌아왔다. 발리와 롬복 등을 여행하고 기록을 남겼으며, 자주싸리국수버섯의 학명 *Clavaria zollingeri*는 자바에서 국수버섯속을 수집하고 연구한 그의 이름을 딴 것이다. (옮긴이)

인쇄물도, 보통학교 체계도 없는 전 산업사회에서 거의 모든 구성원이 문자를 알았다는 주장은 놀라울 따름이다. 이 주장이 받아들여진다면 동남아시아의 성취는 독특한 사례로 여겨졌을 것이다. 그러나 이를 더 신뢰성 있는 20세기 식민지의 인구조사 자료와 비교해보면 의심이 들 수밖에 없다. 인구조사는 높은 문맹률, 특히 여성의 높은 문맹률이라는 우울하면서도 익숙한 양상을 보여준다. 1903년 필리핀 인구조사는 10세 이상 인구의 20퍼센트만 읽고 쓸 줄 알며 24퍼센트는 읽을 수 있지만 쓸 줄은 모른다고 밝혔다. 여성만을 대상으로 하면 10.7퍼센트만이 읽고 쓸 줄 알고, 31퍼센트가 읽을 줄은 알지만 쓰지는 못했다.[188] 1920년 네덜란드령 동인도 인구조사는 더 낮은 문해율을 보여준다. 자바에서는 성인 남성의 6.8퍼센트와 성인 여성의 0.26퍼센트만이, 발리와 롬복에서는 각각 8.01퍼센트와 0.35퍼센트만 문맹을 면했다.[189]

이런 충돌을 해결하기 위해 서구학자들은 (민족주의적 저자들과는 반대로) 초기 관찰자들의 주장을 완전한 오독이라고 취급하는 경향이 있다. 유럽인 방문자들이 대개 상류층과 어울리면서 극소수 지배층 가족의 상황을 전체로 일반화하는 우를 범했다는 것이다. 그러나 적어도 필리핀에서 초기 스페인 선교사들이 평범한 사람들 틈에서 살고 일하며 남긴 기록은 그런 식으로 무시할 수 없을 만큼 탄탄하다.

식민 정부의 인구조사, 특히 인도네시아의 경우 의문을 제기해볼 수도 있다. 문해력의 공식적인 정의는 어떤 언어로든 글을 쓸 수 있는 능력이지만, 네덜란드령 동인도 정부와 근대적 사고방식의 인구조사원(대개 타 지역 출신 교원이었는데, 교원 중 그리스도교도 마나도인과 암본인이 차지하는 비중이 다른 지역에 비해 과도하게 높았다)의 관심사는 식민 정부가 세운 근대 교육체계인 학교에서 가르치는 언어이자 로마자로 표기하는 말레이어(인도네시아어)와 네덜란드어뿐이었다. 따라서 3학년 이상에 재학 중이면 자동으로 문해 가능으로 분류됐다.[190] 하지만 인구조사원이 지역 언어를 이해하지 못했으므로 학교에서 가르치지 않는 고유 언어와 문자의 전통이 있던 자바, 발리, 남술라웨시에서 특히 문맹률이 높게 나타날 수밖에 없었던 까닭이 설명될 수 있을 것이다.

앞의 두 가지 요인 외에도 세 번째 가능성이 있다. 동남아시아의 문해력은 16세기에서 20세기 초 사이에 낮아졌다. 이 일이 도서부에서만 벌어졌다면 이슬람교와 그리스도교가 도입한 종교 교육의 더 '근대적'이고 보편적인 체제가 기존의 상이한 문해체계를 억눌렀기 때문이라고 할 수 있을 것이다.

그런 해석을 뒷받침할 가장 확실한 증거는 네덜란드령 동인도의 1930년 인구조사와 그보다는 덜 철저했던 1920년 인구조사다. 조사 결과에 따르면 인도네시아 전체에서 문해율이 가장 높은 지역은 근대 교육체계가 가장 폭넓게 도입된 주인 북술라웨시와 암본이 아니라 남수마트라의 람풍이다. 람풍에서는 1930년에 성인 남성 45퍼센트와 성인 여성 34퍼센트가 글을 쓸 수 있었고, 일반적인 '근대적' 양상과는 반대로 노년층의 문해율이 청년층보다 높았다. 문해 가능한 이의 상당수는 정부가 세운 학교에서 가르치는 로마자도, 코란을 외울 때 배우는 아랍 문자도 아닌 옛 인도네시아의 카-가-응가ka-ga-nga 문자를 썼다. 이 문자는 학교에서도 가르치지 않았고 일자리를 구하는 데나 종교적, 세속적인 어떤 문헌을 읽는 데도 도움이 되지 않았다. 그럼에도 이 문자가 널리 사용되고 전승된 것은 지역 관습인 만자우manjau 덕분이었다. 만자우는 젊은 남녀가 저녁에 한자리에 모여 연모하는 소녀에게 옛 문자로 암시가 가득한 4행시 판툰을 써서 보내는 일종의 연애 게임이다.*[191]

사료들은 젊은이들이 어떻게 옛 문자를 익혔는지는 알려주지 않지만, 학교에서 가르치지 않았으므로 집에서 어머니나 손위 형제자매에게 글을 배우는 식의 계승 과정이 있었을 것이 분명하다. 거기에 짝을 찾는다는 아주 강력한 동기도 작용했을 터이다. 율리위스 야콥스는 이와 비슷한 상황을 발리에서 발견했다. 발리에도 학교는 전혀 없었지만 발리인들의 문해력은 높았다. "발리인은 놀면서 서로 이 문자를 배운다. 어린아이들이 벌써 발리 문자를 읽는 법과 론타르야자 잎에 글씨 쓰는 법을 서로 가르쳐준다."[192]

필리핀 문자는 수마트라 문자에서 빌려온 듯하며, 문해에 관해 람풍과 놀라우리만치 비슷한 양상을 보인다. 필리핀에서 스페인인 다스마리냐스가 남긴 상세한 기록에는 학교에 대한 언급이 하나도 없다. 그는 필리핀 문자에 종교적·사법적·역사적 목적이 전혀 없으며, 오직 "다른 사람에게 쪽지와 편지를 보내는 용도"뿐이라고 주장했다.[193] 17세기의 대대적인 그리스도교화 이후에도 옛 문자를 지킨 소수의 필리핀 부족 중 하나는 민도로의 망얀족으로, 성인 대부분이 여전히 옛 문자를 읽고 썼다고 한다. 망얀족은 부족 문화의 핵심 요소로, 특히 조상신을 기리는 수확제 판루단panludan 기간에 부르는 사랑 노래를 기억하는 수단으로 이 문자를 여전히 사용한다. 이 축제에서 사랑 노래를 주고받을 때 인상적인 구절을 만들기 위해, 소년 소녀들은 사춘기에 접어들면 나이든 친척에게 부족 문자를 배운다.[194]

필리핀, 발리, 람풍에서 여성의 문해율이 예외적으로 높게 보고된 것

* 앞서 언급한 인구조사원들이 가졌을 법한 편향을 고려하면, 인구조사에서 람풍의 문해력이 두드러진 것은 높은 문맹률이라는 일반적인 양상에서 예외적인 상황인 것으로 보인다. 옛 문자가 문해율 측정에서 살아남은 것이 예외적이라서가 아니라 너무 광범위하게 사용되어서 도저히 무시할 수 없었기 때문이다.

그림 45 판지가 야자잎에 연시를 쓰는 모습.

은 이제 더욱 진지하게 받아들여지기 시작했다. 종교적 지배층을 존속시킬 목적의 공식 학교가 없는 상황에서, 문자는 가정에서 나이 많은 어른이 아이들에게 가르치는 방식으로 전승된 듯하다.

남술라웨시(그리고 그 영향권이었던 숨바와)는 필리핀·수마트라 문자와 유사한 카-가-응가 문자가 정규교육 없이 이어진 세 번째 지역이다. 이 지역이 이슬람화된 17세기 초 직전 200년에서 300년 사이 이 문자는 족보, 역사, 문학, 점서占書에 활용되었다. 적어도 숨바와에서는 람풍에서처럼 연애시를 쓰는 데도 쓰였다.[195] 이슬람교는 종교 등의 목적으로 아랍 문자를 들여왔으나 옛 문자 사용을 억압하지는 않았는데, 1700년경 제르베즈는 그 이유 중 하나를 이렇게 설명했다.[196] 마카사르의 소년들은 아침저녁으로 한 시간씩을 이슬람 지도자 울라마와 보내며 "계산하는 법, 코란의 내용을 설명하고 아랍 문자를 읽고 쓰는 법"을 배웠다. 그 사이 소녀들은 집에 남아 어머니에게 읽고 쓰는 법을 배웠다. 그로부터 150년 후 네덜란드인 선교사이자 학자 마터스가 부기스와 마카사르 문자를 찾아 남술라웨시를 샅샅이 뒤졌는데, 도움을 줄 수 있는 것은 여자들뿐이었다. "일반적으로 원주민 여성, 특히 여자 족장이 남자보다 부기스 문헌에 훨씬 능통했다. (…) 결국 나는 더 이상 구루(종교 교사)를 찾지 않고 편지sura와 글을 읽어주는 파수라pasura를 찾아다녔다. (…) 그런 일을 하는 사람은 대개 여자이거나 오랫동안 왕궁에서 일한 노년 여성이었다."[197] 필리핀이나 수마트라와 그 목적은 좀 달랐지만, 다시 한번 이곳 남술라웨시에서도 글자는 집안에서 여성에 의해 전해졌을 뿐 아니라 남성이 절대다수인 종교학교에서보다 훨씬 효율적으로 전수되었다.

인도 문화의 영향을 더 많이 받은 나라는 수도원 형태의 학교에서 남성 종교 전문가에 의해 문해 교육이 이루어졌던 것이 분명하다. 그렇기는 해도 자바와 발리에서 이슬람 이전 시기 카카윈kakawin 문학은 야자잎, 판단 꽃잎, 기다란 나뭇조각에 연서나 연시를 적는 데 널리 활용됐다(그림 45). 적어도 이 고전문학의 주인공이었던 왕실 인사들에게는 연시를 얼마나 잘 짓는가가 남녀를 막론하고 아주 핵심적인 성취였던 것으로 보인다.[198]

사실 운문 경연의 강력한 전통은 동남아시아 전역에 있었다. 대개 4행시 판툰 형태의 운문 경연은 남녀 사이 연애의 일환이었다. 이슬람교가 확립된 곳에서는 야자잎에 그런 시를 쓰는 관습을 금지하거나 억압한 것으로 보인다. 특히 종교학교에서 코란을 읽으려고 배우는 아랍 문자는 그런 목적으로 쓰이지 않았다. 이슬람화된 지역에서 연애 과정으로서의 연시 전통은 기본적으로 구전 형태로 이어졌다. 현재까지 알려진 예외는 그런 옛 관습이 카-가-응가 문자를 통해 살아남은 람풍뿐이다. 이슬람교는 동남아시아에 여성이 글을 쓸 줄 아는 것이 불필요할 뿐 아니라 위험하다고 여기는 아주 다른 성도덕을 가지고 왔다. 페르시아의 고전 『카바스 나마Qabus Nama』는 이 점을 명확히 한 행동 교본 중 하나였다.[199] 한 인도네시아 작가는 이슬람 강성 지역인 서수마트라에서 지낸 자신의 유년 시절을 이렇게 기억했다. "소녀가 글을 배우면 소년에게 연애편지를 보낼까봐 학교에 가지 못하게 했다."[200] 1920년대의 공립학교에 대해서도 이런 생각을 가지고 있었다면, 암시로 가득 찬 연시가 전통 문학의 핵심인 수마트라에 이슬람 학교가 처음 세워졌을 때 그 분위기가 어떠했을지 상상하는 것은 어렵지 않을 것이다.

세계 곳곳의 산업화 이전 사회 대다수에서 문해는 다음의 두 가지 방식으로 남성 지배층의 전유물이었다. 잭 구디가 "제한된 문해"라고 부른 더 보편적인 방식에서 글쓰기의 기본 목적은 신성한 종교 문헌의 보존이며, 종교 문헌의 권력은 상대적으로 제한된 접근성에서 나왔다.[201] 중세 유럽 그리고 인도 및 이슬람 세계의 역사에서 문해는 남성으로만 구성된 극소수 종교 지배층에게만 허용되고 수도원 전통을 통해 계승되는 것이었다. 이보다는 덜 보편적인 두 번째 방식에서 지배층은 고대 그리스, 고대 로마, 동아시아의 세속적 지식인이며, 이들의 문해력은 종교적 목적이 아니라 공적civic 목적을 위한 것이었다. 중국에서는 한자가 너무 어려워 학자-지배층이 아니면 배울 엄두를 내지 못했겠지만 일본에서는 자체적인 표음문자 가나 덕분에 문해가 광범위하게, 특히 여성 사이에서도 확립될 수 있었다. 그리스의 상층계급 남성 사이에도 문해가 폭넓게 퍼져 있었는데, 인도네시아와 필리핀 문자에 비견할 만큼 단순한 표음문자 체계가 그 요인 중 하나였다.

도서부 동남아시아에 관해 주장하고 싶은 바는 서기 1000년 이전에 종교적 문헌을 읽을 목적으로 인도에서 문자체계가 처음 들어온 것이 분명하겠지만 수마트라, 남술라웨시, 필리핀의 여러 지역에서는 상당히 다른 일상적 목적으로 전파되었다는 것이다. 16세기 이슬람교와 그리스도교의 확장 이전에는, 세계 어느 곳에서보다 여성이 상업과 사회 면에서 능동적이었던 애니미즘 문화에 의해 문자 체계가 받아들여졌다. 여성은 글쓰기를 남성만큼이나 적극적으로 받아들여 서신을 주고받고 여성의 영역이던 채무와 상거래 문제를 기록했다. 따라서 문자 교육과 전승은 가정의 영역이자 대개 어머니와 손위 자매의 책임이 되었고, 배타적인 사제계급과는 아무 관련 없는 일이었다. 문자는 자음 14자와 모음 몇몇으로 이루어진 비교적 단순한 체계였다. 배우기 쉬운 문자체계만큼 중요한 것은 짧은 서신이나 계산에 적합한 (긴 글을 쓰기는 어렵지만) 재료인 야자잎과 쪼갠 대나무가 어디나 있다는 점이었다. 이를 고려할 때 16세기 인도네시아와 필리핀의 문해 수준이 당시의 어떤 기준으로도 아주 높았으며 여성의 문해율이 특히 높았다는 점을 받아들일 수 있을 것이다. 가장 비슷한 경우는 헤이안 시대의 일본으로,[202] 그곳에서도 상류층 여성의 높은 문해력은 연애 과정에서 연시를 주고받아야 할 필요성과 연결되어 있었다.

이렇게 문해 교육이 가정에서 이루어지는 양상은 대륙부 동남아시아의 상좌부불교 국가들과는 일견 관련이 없어 보인다. 이들 국가에서 글쓰기 교육은 남성만의 종교학교를 통해 이루어졌다는 기록이 가장 초기의 자료들에서부터 발견된다. 불교 사원의 종교학교는 남성 인구의 상당 부분을 수용했는데, 사람들은 자식을 사찰에 보내면 자식뿐 아니라 부모까지 선업을 쌓을 수 있다고 굳게 믿었다.[203] 시암과 버마의 소년들은 일곱 살이 되면 거의 예외 없이 불교 사원에 들어가 승려들의 학생이자 하인으로 기한 없이 머물렀고, 결혼해야만 나올 수 있는 경우도 있었다. 반면 소녀들은 적어도 시암에서는 어떤 종류든 교육받을 기회가 제한되었다.[204] 달리 말하면 상좌부불교 국가들은 수도원형 문해 교육을 굳건히 유지했으며, 이는 1600년 이전 도서부의 양상과는 양립하기 어려워 보인다.

그러나 바람 아래의 땅 전체에는 두 가지 공통점이 있었다. 첫째, 글씨 쓰는 데 이용된 야자잎과 쪼갠 대나무는 대륙부와 도서부를 막론하고 어디서나 손쉽게 구할 수 있었다. 둘째, 교역에서 여성의 주도적인 역할과 남녀 관계의 일환으로서 운문 경연에 여성이 적극적으로 개입하던 경향은 동남아시아의 더 중요한 전반적인 특성이었다. 사원 바깥에서 문자 교육이 어떻게 이루어졌는지는 알려진 바가 없지만, 버마가 다른 상좌부불교 국가에 비해 높은 문해율을 보인 이유를 이 두 요인으로 설명할 수 있을 것이다.

(대체로 1790년 이후에 기록된) 초기 사료들은 버마의 사원 교육이 문해력을 갖춘 남성 인구를 만들어냈다는 데 동의한다. "정비공은 물론 대부분의 농부에다 (대개 문해와 가장 먼 계급에 속하는) 뱃사공조차 그 저속한 언어를 읽고 쓰지 못하는 자는 없다."[205] 1901년 인도 인구조사에서 20세 이상 버마 남성의 60.3퍼센트가 문해력을 갖춘 것으로 드러났는데,[206] 영국령 인도제국 전체의 평균 문해율 10퍼센트와 비교해도 그렇고 전근대 왕조 체계가 이룬 성과로는 월등히 높은 것이다.

사원이 읽고 쓰기를 배울 수 있는 유일한 곳이라면, 버마 여성은 글을 전혀 몰랐으리라고 예상할 법하다. 그러나 1901년 인구조사에서는 불교도 버마 성인 여성의 문해율이 5.1퍼센트로 집계됐는데, 이는 영국령 인도제국 내 다른 지역의 평균 0.7퍼센트를 압도적으로 능가하는 것이었다. 19세기 초 트란트는 버마의 여성들이 "대부분 지역에서 읽고 쓸 줄 알았다"고 관찰했고,[207] 맬컴은 주요 도시에 소녀들을 위한 사립 "학교lay school"가 있었다고 했다.[208] 그러나 소녀들은 대개 집에서 글을 배웠을 것이 분명하며, 채무 장부 기록을 비롯한 상업적 역할이 그 계기가 되었을 것이다. 달리 말하자면 상좌부불교 국가에서는 수도원형의 "제한된 문해"와 일상적 목적의 동남아시아식 가정형 문해 사이에 상호작용이 있었다고 추론해보고자 한다.

시암과 캄보디아에서 소년들을 대상으로 한 사원 교육은 거의 버마만큼 보편적이었다. 그러나 후일 프랑스 선교사들은 시암에서는 교육이 훨씬 허술해서 사원에 들어간 타이 소년의 20퍼센트만이 제대로 읽을 줄 알고 10퍼센트만이 쓸 줄 안다고 주장했다.[209] 아유타야의 상류층 소년들은 관직에 나가기 위해 타이어 쓰기와 문학, 팔리어 약간, 산술, 천문학을 공부했다. 나라이 왕은 빛나는 치세 동안 타이어 교과서 『친다마니Chindamani』를 도입해 사원 교육을 개혁했는데, 와이엇은 이로 인해 교육 수준이 획기적으로 높아졌다고 평가했다.[210]

이렇게 상대적으로 폭넓은 문해가 외부의 자극과 함께 문학의 눈부신 성장을 예비하는 온상이 되리라고 예측할 수 있을지도 모르겠다. 교역의 시대는 실제로 특히 말레이와 타이 문학이 코즈모폴리턴 문학으로 방향을 바꾸는 계기가 되었다. 그러나 도서부 세계의 가정 내 문해라는 옛 방식에서는 이런 전환이 자연스럽게 일어나지 못했다. 그리스도교와 이슬람교가 각기 새로운 신앙과 함께 새 문자를 가져왔고, 학교에 기반한 더 엄격한 방식의 남성 위주 문해 교육을 확립하여 대부분 지역에서 이교도적 과거와 얽힌 옛 문자를 퇴출시켰기 때문이다. 필리핀에서 인도네시아식 문자는 그리스도교화가 시작된 지 한 세기 만에 자취를 감췄다. 또한 그 문자로는 보존 가능한 기록을 남기지 않았기 때문에, 스페인 관찰자들을 통해서만 그 존재가 알려졌을 뿐이다. 말레이반도, 수마트라 일부, 보르네오 해안 지역에서도 이슬람화 이전의 문자는 비슷한 운명에 처했을 것이다. 옛 문자가 신성한 종교적 문헌을 위한 도구로 자리 잡지 못한다면 새로운 문자의 공세로부터 살아남는 일은 드물었다.

15세기경 동남아시아 언어의 주요 문자체계가 확립되었다. 서기 1000년 이전에 중국의 한자를 받아들인 베트남을 제외하면, 동남아시아의 모든 문자는 근본적으로 인도식 표음체계에서 빌려오거나 파생했다. 이 체계를 다양한 동남아시아 언어에 적용하기 위해서는 상당한 창의력이 필요했으며, 12세기에서 13세기 사이 문자체계가 어느 정도 안정될 때까지 다양한 실험과 변형이 있었던 듯하다. 버마어는 이 시기에야 문자로 기록되기 시작했고, 그 형태가 계속 유지되어 현대 버마인도 그대로 읽고 쓸 수 있다. 타이어의 5성조를 기록하는 데는 특별히 어려움이 많았는데, 람캄행 대왕 시기 즈음에 해결된 듯하다. 람캄행 비문은 대왕이 "간절한 마음으로 소망하여 시암 문자에서 이 획들을 사용하도록 했다"고 주장한다.[211] 정확히 1283년 이슬람교가 전파되던 시점에 자바 문자는 훨씬 급진적인 변화를 겪어서, 산스크리트식 표기법에 집착하기를 그만두고 기본적으로 자바어를 소리 나는 대로 표기하기로 했다.[212]

이슬람 전파와 함께 벌어진 큰 변화 중 하나는 페르시아어 표기를 위해 수정된 형태의 아랍 문자를 널리 쓰게 된 것이다. 말레이어는 한때 산스크리트어에서 파생한 문자로 표기했으나 적어도 14세기부터 아랍 문자로 기록되기 시작했다. 동남아시아에서 무슬림이 사용하던 언어 중 가장 우세했던 말레이어는 이후 아랍 문자와 불가분의 관계가 되어 함께 말레이반도, 보르네오, 이전에 대중적인 문자체계가 있었다는 증거가 희박한 동부의 섬들로 전해졌다. 인도네시아 지역의 다른 언어들도 종교적인 목적으로 아랍 문자로 기록되는 일이 흔히 있었지만, 자바 전역과 (그보다는 덜하지만) 남술라웨시에서는 아랍 문자에 밀려나기에는 이슬람화 이전 문자체계가 너무 확고하게 자리 잡았던 것이다.

이슬람교가 전파된 핵심적인 경로 중 하나는 소년들이 처음으로 아랍어로 코란을 읽고 암송하는 법을 배우는 학교였다. 1600년경 아체에는 그런 학교가 많았고,[213] 『히카얏 아체』는 술탄이 되기 전 열세 살의 이스칸다르 무다가 학교에서 얼마나 눈부신 성과를 보였는지 자세하게 그려내기도 했다.[214] 반튼, 마긴다나오, 트르나테에도 마찬가지로 이슬람 학교가 있어 귀족과 상업 지배층은 아랍 문자를 읽고 쓰는 법을 배웠다.[215] 이들 학교는 바람 아래의 도시들에서 재능 있는 무슬림 지식인을 배출했고 이들은 말레이어 기록 문화의 기반을 다졌다.

이러한 변화는 유럽과 아시아의 여타 지역처럼 글쓰기가 종교 전문가의 전유물이 되는 결과를 낳았다. 문자문화가 성장해 글쓰기가 신성하고 엄숙한 것이 되면서 글을 쓸 수 있는 인구가 줄었다는 사실은 흥미로운 역설이다. 17세기 중반 판 훈스는 대체로 글을 읽고 쓰는 자바인과 그에 비해 문해율이 떨어지는, 최근에야 이슬람교를 통해 글쓰기를 배운 다른 인도네시아 종족들을 비교했다. "말레이인 백 명 중에 읽을 줄 아는 자가 겨우 넷 정도고 다른 종족이라면 둘도 찾기 어려울 것이다."[216] 더 확실한 사료를 가지고 이 인상비평을 검증해볼 방법이 몇 가지 있다. 1579년 스페인인들이 브루나이의 작은 배를 납치한 후, 자신들이 말레이 술탄의 노예라고 주장하는 선상의 말레이인들에게 글을 쓸 줄 아는지 물었다. 일곱 명 중 두 명이 글을 쓸 줄 알았고, 둘 다 말레이 문자를

읽었다.[217]

유럽과 마찬가지로 동남아시아의 큰 국가에서는 경전을 보존하고 가르치며 정부에서 일할 초기 지식인을 배출하는 것이 남성 중심적인 수도원의 학문 전통이었다. 이 전통은 이미 대륙부에서 도서부보다 훨씬 광범위하게 퍼져나갔고 중국에는 근세 대중문화와 학교 제도로 확장되고 발전해나갔다. 그러나 글쓰기에 대해서는 상당히 다른 태도도 존재했다. 남성 중심 수도원의 전통보다 앞섰을 뿐 아니라 제한적이나마 경쟁하기도 한 이 태도에 따르면 글쓰기는 여성도 남성 못지않게 능동적으로 참여하는 가정적·경제적 목적의 단기 활동이었다.

필기구

16세기 이전 동남아시아의 인도화된 지역에서는 (인도처럼) 야자잎에, 그 외 지역에서는 (제지술 발명 전의 중국처럼) 길게 쪼갠 대나무에 글을 썼던 것으로 보인다. 필리핀에서는 "종이에 관해서 알기 전에는(그리고 아직도 종이를 구할 수 없는 곳에서는), 사람들은 대나무나 야자잎 위에 글을 썼다. 칼끝이나 쇳조각을 펜처럼 이용해 대나무의 매끈한 면에 글씨를 새겼다".[218] 버고에서는 왕에게 탄원서를 올릴 때면 길이는 1미터 정도이고 폭은 5센티미터인 야자잎에 철필로(그림 46) 내용을 적어야 했다.[219] 자바와 발리에서는 야자잎이 제일 흔한 필기구였고(그림 47), 책을 만들 때는 직사각형 형태의 야자잎을 차곡차곡 쌓아 실 두 줄로 꿰어 묶고 앞뒤로는 "아주 근사하고 깔끔한" 나무판 표지를 댔다.[220] 같은 종류의 나뭇잎 '책'은 시암과 버마에서도 사용됐으나, 1680년경부터는 종

그림 46 1797년 버마 흘룻또Hlut-daw(각료회의)의 서기가 철필로 기록하는 모습.

그림 47 1865년 발리 불렐렝의 왕과 야자잎에 왕명을 받아쓰려고 대기 중인 서기.

교적인 목적 혹은 의식에만 쓰였다. 보통 나뭇잎 스물네 장을 묶어 종교적 주제를 찬양하는 의미에서 가장자리에 금박을 둘렀다.[221]

캄보디아, 참파, 시암에서는 동물 가죽을 이용한 일종의 양피지를 만들어 1500년경까지 사용했던 듯하며, 그 때문에 타이어와 크메르어에서 '가죽'을 뜻하는 단어는 문서라는 의미도 담고 있다.[222] 마환이 참파에서, 피가페타가 브루나이에서 본 얇은 나무껍질은 처음에는 이 양피지의 더 싸고 편리한 대체물이었을지도 모른다.[223]

2세기경 발명된 중국의 제지술이 점차 외부 세계로 퍼져나갔다는 점을 고려하면 동남아시아 또한 이 기술을 배웠을 것이 분명하다. 동남아시아에서는 베트남이 제일 먼저, 추측건대 3세기에 제지술을 들여온 데 이어 중국의 목판 인쇄술을 받아들였다. 15세기 베트남 장인들은 현지의 중국인 인쇄공에게 배워 새로운 기술을 개발하기 시작했다.[224] 댐피어는 베트남에서 나무껍질을 구유에 넣고 빻은 후 말려서 "그럭저럭 쓸 만한 종이"로 만드는 것을 보았다.[225]

1200년경 편찬된 필기구에 관한 중국의 한 논문은 중국 밖에서 종이를 만드는 고장은 고려와 자바 단 두 곳이라고 밝히며, 자바의 종이는 나뭇잎으로 만들고 길이가 8미터에 달하며 "두껍고 질기다"고 했다.[226] 그 종이가 중국인의 눈에 띈 까닭은 이야기꾼이 그런 종이로 된 두루마리에 그린 그림을 보여주면서 이야기를 해주었기 때문일 것이며(와양베베르), 마환도 15세기 초에 그런 광경을 목격했다. 그들이 본 것은 의심의 여지 없이 자바의 종이 들루왕dluwang이다. 이 종이는 닥나무속 꾸지나무(학명 *Broussonetia papyrifera*)의 섬유질을 여러 번 치대고 불려서 만든다. 이 재료는 서기 1000년 이전 중국에서 종이를 만들 때 가장 많이 쓰였으며, 베트남과 버마에서는 19세기까지 제지술을 설명할 때 언급된다. 이 나무를 종이 만들 때와 비슷하게 가공해서 만드는 일종의 옷감은 여러 동남아시아와 폴리네시아 사회에서 종교적 용도로 쓰였는데, 바로 그 유명한 타파tapa 직물이다. 9세기 이래 자바의 문헌들은 그 제작법을 설명해왔으나, 주로 종교적인 은둔자와 고행자를 위한 것이었다.[227] 중국에서 제지술을 들여왔지만 자바인은 그 결과물을 글쓰기보다는 의류, 포장, 그림에 더 많이 썼다. 글쓰기에는 야자잎이 완벽하게 흡족한 재료였기 때문일 것이다.

크로퍼드에 따르면 자바의 종이는 "노랗고 질기고 튼튼하지만 표면이 거칠"었는데,[228] 1596년 네덜란드인 로데베이크스가 자바에서 발견한 "나무로 만든" 것과 같은 종이를 본 것일지도 모른다. 그러나 이 종이는 기본적으로 "우리가[네덜란드인이] 무엇이든 포장할 때 회색 종이를 쓰듯" 사용됐으며 글을 쓸 때는 야자잎을 썼다.[229] 그러나 그의 네덜란드 탐험대는 들루왕에 쓰인 자바 문서를 하나 이상 가지고 돌아갔으며, 그 문서는 의미심장하게도 초기 이슬람 논문이었다.[230] 도서부 동남아시아에 온 코란과 관련 문헌이 종이 책이었을 뿐 아니라 섬유질 때문에 야자잎에는 아랍 문자의 구불구불한 획과 점을 쓰기 어려웠을 것이므로, 이슬람교는 종이 사용을 장려했을 것이 분명하다.[231] 실제로 래플스가 자바에 있던 시절 몇몇 지역에서는 이슬람 학교에서 들루왕 만들기가 "사제들의 생업이 되어 그 일로 먹고살았다".[232]

시암은 자바보다 질 좋은 종이를 생산했던 듯하다. 두 가지 방법이 있었는데, 하나는 자바 및 중국식과 비슷하게 자생하는 코이khoi나무(학명 *Streblus asper*)를 재료로 쓰는 것, 다른 하나는 오래된 면 누더기를 당시의 유럽식과 같이 이용하는 것이었다. 따라서 종이는 현대의 컴퓨터 용지처럼 접혀 나왔다.[233] 아유타야에서는 "날마다 일어나는 일은 모두(서한, 궁중의 회의 등) 공개서한의 형태로 질 나쁜 종이 위에 흙을 살짝 구워 만든 작고 둥근 펜으로 기록되었다".[234] 버마인들도 지역에서 제조한 거친 종이를 일상적으로 이용했으나, 먼저 종이를 검게 만든 후에 하얀 분필로 글을 썼다.[235]

이러한 기술 발달에서 특기할 만한 부분은 중국, 인도, 유럽에서 수입한 고급 종이가 필기 양식에 실질적인 변화를 가져왔다는 점이다. 1500년경 이미 중국산으로 추정되는 다량의 종이가 류큐인에 의해 믈라카로 수입되었고,[236] 1600년경 자바, 시암, 캄보디아에서는 중국산 종이가 사용됐다.[237] 그러나 타이어(끄라닷kradaat)와 여러 인도네시아 언어가 종이를 뜻하는 단어로 중국어가 아닌 아랍어를 받아들였다는 점은 특기할 만하다. 말레이어(크르타스kertas)는 늦어도 1520년 이전 펜과 잉크를 뜻하는 단어와 함께 들어왔다.[238] 이 점에서 알 수 있는 바는, 동남아시아에 제지술을 전해준 것은 확실히 중국이지만 종이에 글을 쓰는 근세를 진정으로 열어준 것은 이슬람 서적의 전래와 그 복제를 통한 지역으로의 전파였다는 점이다.

사실 17세기에 제작돼 오늘날까지 전해지는 문서의 대부분은 유럽산 종이에 쓰인 것이었다. 종이는 아시아에서 즉각 각광받은 몇 안 되는 유럽산 제품이었다. 중국과 포르투갈 상인들의 선례를 따라 헤라르트 레인스트*는 반튼에서 대인도네시아 무역을 위해 다음 물건을 보내달라고 동인도회사에 요청했다.

> 500매짜리 종이 묶음 50개. 최고급지 일부 포함. 하지만 이 지역용이라면

* Gerard Reynst(1568?~1615). 1614~1615년 제2대 네덜란드동인도회사 총독. (옮긴이)

질 낮은 물건 없이 모두 상품이어야 함.

큰 판형의 큰 책 10여 권 (…) 절반은 일지, 절반은 회계장부.

보통 판형의 책 1000권, 무선, 일부는 2절판 일부는 4절판, 하얀 고급 양피지로 장정, 책 가장자리는 금박 처리, 인간 형상 없이 나뭇잎 장식을 인쇄한 내지, 일부는 붉은 가죽 장정, 모두 최상품 종이.[239]

잉글랜드인들은 한발 늦었다. 잠비에서 이문이 많이 남는 무역을 지켜본 후에야 "흔한 필기용 종이" 500매짜리 묶음 100개를 시험 삼아 보내달라고 요청했던 것이다.[240] 1660년 자바의 네덜란드인들은 매년 무역에 필요한 종이와 자신들이 소비하는 종이가 5만 길더어치에 달한다고 추산하고, 바타비아에 석조 제지소를 짓고 네덜란드에서 제지공을 데려와 면을 주재료로 종이를 직접 만들기 시작했다.[241] 이러한 현지 생산을 위한 노력이 낳은 결과는 아주 복합적이었다. 그러나 17세기 중반이면 동남아시아에서도 비교적 저렴한 종이를 구할 수 있게 되었으며, 야자잎과 대나무는 주로 관습과 미학적 목적을 위해서 계속 이용되었다.

구전문학과 기록문학

그들은 종교를 위해서도, 정부와 공공질서를 위해서도 글을 쓰지 않았다. (…) 그들에게 정부와 종교는 전통을 바탕으로 세워지고 (…) 노래로 보존된다. 그들은 노래에 기억을 의탁한다. 어릴 때부터 배를 타거나 일하면서, 신이 날 때나 잔치에서, 무엇보다 중요하게는 망자를 기리며 노래를 부르는 것을 듣고 배운다. 이 야만적인 노래는 전설의 계보와 신들의 헛된 행위를 일러준다.

_페드로 치리노, 『필리핀제도의 관계』(루손에 관해)(Chirino 1604: 296)

실용적 목적과 종교적 차원에서 글쓰기가 이루어지긴 했으나, 사람들은 읽기가 아닌 노래를 통해 문학을 경험했다. 법률적·종교적 문제를 다루는 이들이 쓴 산문 중 일부는 후손들에 의해 문학으로 여겨지기도 했으나, 동남아시아 문화를 한데 엮어주는 대중문학의 유산은 암송하고, 읊고, 노래할 수 있는 운문 형태인 것이 분명하다. 기록된 문서가 비교적 흔치 않은 도서부 동남아시아 동부에서 갈방은 이렇게 생각했다. "연대기도 (기록된) 역사도 문서고도 없다. 내가 들어 아는 한 이곳에서 과거를 기억하는 방식은 그들이 좋아하는 경구, 노래, 운율이 있는 발라드를 통해서다. 그들은 히브리인들처럼 여러 대에 걸쳐 전해지는 좋은 노래를 만든다."[242]

기록된 문서가 문학 전승에 훨씬 큰 역할을 하는 곳에서도 문학은 대개 읽기보다는 듣기의 대상이었다. 믈라카 술탄이 항즈밧Hang Jebat에게 "이야기를 읽으라membaca hikayat"고 했을 때 그 뜻은 당연히 문서에 쓰인 이야기를 읊어 왕과 왕족들을 즐겁게 하라는 것이었다. 『히카얏 항투아』는 이 사건을 전하면서 이야기의 내용은 전혀 언급하지 않고 항즈밧의 목소리가 얼마나 아름다웠는지에 대해서만 장황하게 늘어놓는다. 급기야 왕궁의 여자들이 모두 그에게 구애의 표시로 빈랑을 내놓기 시작했다고 한다.[243] 다른 말레이 문헌은 포르투갈이 믈라카를 점령하던 날 밤에 관해 이렇게 전한다. 말레이인 장군들이 모여 믈라카 방어를 준비하면서 이렇게 이야기했다. "이렇게 멍청히 앉아만 있을 것인가?" "무엇이라도 얻을 수 있는 이야기를 읽는 것이 좋을 것 같네." 그들은 위대한 시아파 전사에 관한 페르시아 서사의 말레이어판인 『히카얏 무함마드 하나피아』를 술탄에게 청해, 그 이야기를 노래하는 것을 들으며 전의를 다지려고 했다. 그러나 술탄은 처음에는 믈라카 전사들의 용기가 그 페르시아 영웅에 미치지 못한다며 먼저 『히카얏 함자』를 보냈다. 그 후 지휘관들이 흡족할 만한 결의를 보이고 나서야 술탄은 책을 내주었다.[244] 마을의 축제나 잔치가 열리면 밤새 열성적인 청중 앞에서 "지난날에 관한 운문조 이야기"를 읊는 전통은 19세기까지 이어졌다.[245]

라 루베르는 시암인이 "타고난 시인"들이라고 생각했다. 그들은 "역사적이거나 교훈적인 노래"도 만들었지만 특히 사랑 노래에 능했다. 이 프랑스인은 강을 오가는 갤리선의 노꾼들이 늘 부르는 노래의 의미를 알아내려고 갖은 애를 쓴 끝에 그 노래가 "음란함과 천박함으로 가득"하다고 단언했다.[246] 후일 타이와 라오스의 뱃노래들이 실제로 에로틱하기 짝이 없다는 사실이 밝혀졌다.[247] 버마에서도 선창자와 사공들이 주고받으며 부르는 이런 종류의 노래는 언제나 깊은 인상을 남겼다.[248] 다행히도 본질적으로 구전문학인 타이 문학 중 17세기의 가장 탁월한 예가 기록되어 고전으로 전해진다.

선창자 급히 지나가면서 그들은 예쁜 얼굴을 언뜻 보았네. 놀라울 정도로 탄력 있고 백옥 같은, 동그랗고 우아한 형태, 둥근 눈썹, 매끄럽고 윤기 나는 머리칼.

합창 지나가면서 그들은 여자의 몸을 언뜻 보았네. 희고 동그랗고 단단한 가슴, 그들은 더 자세히 보았네. 머리칼은 매끄럽고, 자태는 반듯하고 부드러우며, 가슴은 사랑하기 알맞게 둥글다네. 눈썹은 둥글고, 환희와 기쁨의 미소는 베일 속에 숨겨져 있네.[249]

이처럼 두 사람 혹은 두 집단 사이에 주고받는 노래야말로 가장 특징적인 동남아시아 대중문학의 형태다. 이 형태의 빼어난 예들이 기억되어 후세에 전해지기도 했으나, 그 본질은 재치 있고 재빠르게 주고받는 즉흥 경연이었다. 경연은 일반적으로 소년 소녀가 번갈아가면서 리듬을 잃지 않고 상대에게 대꾸하거나, 주제를 이어가거나, 화답하는 4행시를 노래하는 것이다. 프란시스코 알시나는 비사야에서 축제가 열리는 밤이면 이 인기 있는 경연을 자주 들었던 것이 분명하다. "비칼bikal은 두 사람 사이에, 남자 둘이나 여자 둘 사이에 주고받는 운문이다. 엄격한 박자에 맞춰 거침없이, (풍자하는 투로) 무엇이든 말하고 싶은 것을 한두 시간 동안 번갈아 말하며, (훨씬 흔하게는) 신체적인 것이건 도덕적인 것이건 자기 결점을 만천하에 드러낸다. (…) 웃음과 쾌활한 소란, 관중의 박수 소리가 더해진다. (…) 반면 발락 운문은 언제나 남녀가 주고받는, 거의 언제나 연애사에 관한 것이다."[250] 남녀 사이의 운문 경연은 추수제나 여타 축제에서 특히 인기여서, 소년 소녀들이 재치와 품위를 선보이고 연애 상대를 찾을 기회가 되어주었다. 이 양식은 시암과 라오스의 마을에서는 람lam,[251] 베트남에서는 리ly,[252] 자바인은 파리칸parikan, 순다인은 수수왈란susuwalan, 바탁족은 움파마umpama, 말레이인은 판툰이라고 부르며 현대까지 이어졌다. 운문 경연은 중국 남부의 하카인*과 소수민족 사이에서도 연애와 대중문화의 핵심적인 부분이었다.

운문 경연을 가리키는 지역 언어가 다양하다는 데서 이 문학 형태가 동남아시아에서 아주 오래됐다는 점을 알 수 있다. 피호트는 운문 경연

* 客家人. 중국 한족의 8민계 중 하나. 중원에서 전란이 일어날 때마다 장시성, 푸젠성, 광둥성 등 남부 지역으로 집단 이주한 유민. 강력한 공동체 의식을 바탕으로 타이완과 동남아시아 등 이주지에서 경제적·정치적으로 큰 성공을 거두었다. (옮긴이)

이 자생적으로 생겨났으며, 자바가 이슬람화된 시기의 기록문학인 마차팟macapat 등 여타 시보다 앞서 등장했다고 생각했다.[253] 몇몇 뛰어난 판툰이 당대에 통용되었다는 투의 이야기가 『스자라 믈라유』에 전해진다.[254] 시암에서 운문 경연은 라 루베르가 방문한 17세기에 아주 잘 자리 잡혀 있었다. "시암인들은 대등한 사이끼리는 걸핏하면 놀림조의 농담을, 심지어 시로 (…) 남자들처럼 여자들도 (…) 주고받았다."[255]

그 속성상 구전문학은 대부분 전해지지 않거나 전승 혹은 변형의 과정을 거치므로 원형을 알 수가 없다. 기록으로 남는 창작물은 아주 소수이며, 그중에서도 보존되어 전해지는 것은 더 소수다. 그렇다고 해도 16~17세기에 유래한 동남아시아 기록문학의 말뭉치는 앞선 어떤 시기보다 더 풍부하다. 이 유산은 글로 쓰인 언어의 역할이 어느 때보다 더 컸던, 급속한 변화와 발전이 진행된 시기의 문학을 보여준다. 종교적 글쓰기의 확대와 점차 세련되고 부유해지는 도시의 수요 증가가 부분적으로 원동력이 되어, 점점 더 많은 문서가 쓰이고, 필사되고, 번역되고, 논평되었다.

이러한 확장의 핵심에는 교역의 시대의 부유한 코즈모폴리턴 무역도시를 잇는 네트워크가 있는 것이 분명하다. 그런 도시의 왕실은 다른 분야와 마찬가지로 외부에서 문학을 받아들이고 혁신하는 데 열성적이었으며, 각지에서 온 외국인 상인과 선교사들은 그런 열정에 자극제가 되어주었다. 여러 통치자 스스로가 저명한 작가였고, 시암의 나라이 왕과 마타람의 술탄 아궁이 그런 예다. 더 흔하게는 종교를 주관하는 관리와 무역을 관장하는 장관이 글을 썼다. 이 범주에서 걸출한 예로는 "스페인어를 말하고 쓸 줄 알고 (…) 스페인 책을 통해 유럽에 대한 지식"을 갖추었다는 민다나오의 라자 라웃raja laut,[256] "호기심에 차 우리 유럽 왕들의 연대기를 모조리 읽었으며 손에는 언제나 책 특히 수학에 관한 책"이 있었다는 마카사르의 카라엥 파텐갈로앙,[257] 술탄 아궁 시절 마타람 왕국에 가장 큰 문학적 영감을 준 코즈모폴리턴 항구 수라바야의 왕자 팡에란 프킥,[258] 1600~1630년 사이 아체 최고의 이슬람 지도자이자 왕의 최고 고문이면서 (아랍어와 말레이어에 능통한) 외국 상인과의 협상가이며 도서부 동남아시아 전역에 유통된 신비주의에 관한 여러 말레이어 논문의 저자이기도 한 샴술딘Shamsu'l-din[259]이 있다.

빠르게 성장한 지식인 계급에는 종교학자와 교사 그리고 왕실이나 유력한 가문에 속한 전문 작가와 번역가도 포함되었다. 그중 하나가 마카사르 왕실 작가 엔체 아민이다. 그는 대서사시 『샤이르 프랑 뭉카사르Sya'ir Perang Mengkasar』에서 자화상을 매력적으로 그려 보였다.

엔체 아민은 편지를 쓰도록 명받았다네.
편지는 명문이며 실수 하나 없었네.
깔끔하고 간결하며 과장이 없다네.
이 엔체 아민은 영리한 자라네.
키가 크지는 않지만 탄탄한 체격에 (···)
마카사르 말레이인이며,
몸짓은 우아하고 매력적이라네.[260]

동남아시아에서 문학 활동은 10여 가지 다양한 언어로 이루어졌으나, 상인들이 공용어로 쓰던 주요 언어인 말레이어, 아랍어, 포르투갈어를 통해 서로 영향을 주고받았다. 번역 과정은 언제나 쉽지 않았다. 시암의 왕에게 보내는 네덜란드의 외교 서한은 먼저 포르투갈어로 번역한 것을 다시 말레이어로 옮긴 후, 공식 서한일 경우 "느리고 꼼꼼한" 시암 왕실 소속 번역가들의 손에 타이어로 번역됐다.[261] 그러나 외국인들이 말레이어를 익히고 나자 (베트남을 제외한) 모든 주요 항구도시에서 일이 훨씬 효율적으로 진행됐다. 예를 들어 반튼의 자바인들은 "말레이 말을 하고 말레이 글자도 읽고 썼다. 말레이어는 인도뿐 아니라 주변의 섬 전체에서도 쓰기에 아주 실용적인 언어이며 배우기도 말하기도 쉽다".[262] 위대한 말레이어 작가 중 일부는 성인이 되어서야 이 언어를 배웠다. 누루딘 아르라니리는 구자라트 출신, 함자 판수리*는 아유타야 태생인 것으로 보이지만 두 사람 다 아체(의 제1언어는 말레이어가 아니라 아체어)에서 아름다운 글을 써 오늘날 '고전' 말레이어라고 불리는 언어를 풍요롭게 만드는 데 기여했다.

이 시기에 말레이어는 아랍, 페르시아, 인도의 사상과 문학 양식을 동남아시아로 전하는 주요 매개어가 되었다. 처음에는 파사이, 다음에는 믈라카, 파타니, 조호르, 마카사르, 그러나 어디에서보다 아체에서 1570~1650년 사이 서아시아의 수많은 종교적·문학적 고전이 번역 및 번안되고 읽히면서 새로운 말레이 양식이 등장하는 데 영감을 주었다. 현재까지 전해지는 가장 오래된 말레이어 산문일 『샤라불 아시킨Sharabu'l 'Ashiqin』(1590년경)의 도입부에서 함자 판수리는 "아랍어와 페르시아어를 모르는 알라의 모든 종이 논할 수 있도록" 말레이어를 사용하겠다고 밝혔다.[263] 그는 위대한 시인인 동시에 페르시아의 4행시 루바이야트를 받아들여 말레이어 4행시 양식을 고안해낸 인물일지도 모른다.[264] 그

* Hamzah Fansuri(?~1590?). 16세기에 활동한 수마트라의 수피 시인. 아유타야 또는 수마트라의 바루스에서 태어나 인도 무굴제국, 바드다드 등을 여행했으며, 메카 순례를 다녀온 최초의 동남아시아인 중 한 명이기도 하다. 그 시기 페르시아와 무굴제국에서 인기 있던 범신론적 수피즘을 말레이세계에 소개하고 아름다운 시를 남겨 말레이어 발전에 크게 기여했다. (옮긴이)

의 신비주의적 색채가 짙은 작품은 아체와 말레이 세계에서 반세기 동안 지속된 치열한 논쟁에 기여하기도 했는데, 이 논쟁으로 말레이어로 쓰인 가장 지적 수준이 높은 글이 여럿 탄생했다. 함자의 최대 비판자였던 아르라니리는 전대 술탄 아래서 엄청난 권력을 누리다가 수많은 적을 만들어 1643년 아체에서 쫓겨났으며[265] "알라를 우주와 동일시하는 (…) 난감한 자들"을 비판하는 소논문을 여럿 썼다.[266] 그는 세속적인 산문도 상당수 썼는데, 그중에는 전근대 말레이의 모든 것이 그랬듯 무심하면서도 사실적인 역사물의 일종이라 할 『부스탄 아스살라틴Bustan as-Salatin』이 있다.

마찬가지로 이슬람화가 진행 중이던 다른 문화권에서도 문학이 극적으로 발달했다. 자바 북해안의 항구도시들은 수피 신비주의에서 정통론의 경계를 놓고 벌어진 치열한 종교 논쟁의 중심지이기도 했다.[267] 북해안의 코즈모폴리턴 도시들이 자바 문학 전통의 기반을 닦았고, 그 후 내륙의 왕실들이 그 전통을 규범화했다.[268] 특히 리클레프스는 17세기 초부터 약 1875년까지는 날짜를 밝혀 연대기를 쓰는 정확한 왕실의 전통이 있었으나 그 이후로 급속도로 사라졌다고 지적했다.[269] 이 또한 늘어나는 코즈모폴리턴 인구의 실용적 요구에 부응한 다원적이고 세속적인 도시 문화의 부상과 뒤따른 쇠퇴를 보여주는 또 다른 증거다.

마카사르의 경우 16세기 이전에 쓰인 어떤 형태의 글도 찾아보기 힘들지만, 17세기에는 문학 전통이 가장 급속하게 꽃피기 시작했다. 포르투갈과 말레이 문학 양쪽에서 영향을 받으면서 마카사르인들은 마카사르의 빠른 성장을 자세히 다루며 사실을 그대로 기록하는 연대기를 작성하기 시작했다. "그리하여 이 왕들이 자식, 손자, 후손에게 잊히지 않게 하고자 할 뿐이다. 두 가지 형태의 무지라는 위험이 있기 때문인데,

우리가 자신을 위대한 왕인 줄만 알거나, 남들이 우리가 아무것도 아니라고 여길지도 모른다는 것이다."[270] 이렇게 왕성하게 과거를 기록하는 전통은 재능이 비범했던 카라엥 파팅갈로앙(1600~1654)이 장려한 것이 분명하다. 그는 마카사르에 있던 한 암본 출신 난민이 말레이어로 말루쿠 연대기를 쓰도록 지원하기도 했다고 한다. 왕국의 재상이었던 그야말로 지도 제작, 왕실 일지 기록, 포르투갈어, 튀르크어, 말레이어 군사 문서의 마카사르어 번역 같은 주목할 만한 혁신을 주도한 인물이었을 것이다.[271] 마카사르의 궁중 일지 『론타라 빌랑 고와』는 그리스도교력과 이슬람력을 모두 밝혀 왕가의 출생, 사망, 결혼, 이혼은 물론 선박과 사절단의 방문, 요새와 왕궁의 건축, 전염병 창궐 등을 기록했다. 바람 아래의 땅에는 어울리지 않는 이런 "명료한 간결함과 정확성"의 관례는 마카사르의 영향권 아래 있던 일부 왕실, 특히 부기스와 숨바와에도 전파됐다.[272]

캄보디아에서도 17세기는 "문학에 있어 가장 많은 자극을 받은 세기"였다.[273] 이 시기의 저자층이었던 불교도 지식인들은 앙코르의 민족적 전통을 배척하지 않으면서도 더 민주적인 상좌부불교적 관점을 흡수하는 데 열성적이었다. 당시 크메르 정치에 간섭한 외국(말레이, 스페인, 네덜란드, 타이)의 지대한 영향력은 문학 분야에서는 찬물을 끼얹은 게 아니라 자극제 역할을 했던 것이 분명하다.

더 분명한 것은 나라이 왕의 치세가 17세기 아유타야의 도시화 및 세속화 과정의 문학적 결과물이라는 점이다. 재능 있는 지식인들로 구성된 독특한 집단이 왕 주변에 모여들어, 팔리어로 쓰인 불교 문학이라는 속박에서 처음으로 벗어나 활동했다. 이 시대에 최초의 왕실 연대기가 타이어로 쓰여서 아체, 자바, 마카사르에서도 벌어진 것과 비슷한 진보가 이루어졌다. 이 연대기는 "사실의 건조한 나열"이기는 하지만 후대의 편찬물보다 훨씬 신뢰할 만하다.[274] 그 저자일 가능성이 높은 호라티보디는 왕명을 받아 올바른 타이어 사용법을 가르치는 교과서를 쓰기도 했다. 그러나 왕과 측근들이 가장 사랑한 것은 시였다. 대중에게 사랑받던 치고 빠지기 식의 재치 있는 즉흥시가 대부분이었으나 그때부터는 후세를 위해 시를 적어두기도 했다. 가장 중요한 시제는 사랑이었다.

이 집단에서 가장 빼어난 인물로 타이인의 기억에 남은 인물은 2세대의 젊은 작가 시쁘랏Si Prat이다. 궁중 점성가 겸 시인 호라티보디의 아들이었던 그는 타이인에게 자유로운 시혼의 상징이 되었다. 소년 시쁘랏은 말을 재치 있게 받아치고 즉흥시를 잘 써서 왕의 아낌을 받았고, 바로 그 때문에 궁중에 적이 많았다. 소문에 따르면 왕의 총애를 받는 후궁이 시를 읊는데 장난으로 중간에 끊고 끼어든 일로 상황이 악화되어 나콘시탐마랏으로 유배를 가게 됐다. 그곳에서 궁중 여성들을 암시하는 시를 썼다가 태수의 분노를 사 젊은 나이에 처형되었다. 널리 기억되는 시는 나콘시탐마랏으로 향하는 바닷길에 관한 것으로, 뱃길에서 마주친 모든 것이 그가 두고 온 수도의 광휘와 연인의 아름다움을 떠올리게 한다는 내용이다.[275]

교역의 시대는 바람 아래의 땅에서 엄청난 변화의 시기였다. 문화와 교육의 형태, 대중 신앙, 법체계, 심지어 의복과 건물의 양식까지, 교역 도시들은 자신들이 중심이었던 공동체들을 개조했다. 이런 점에서 이 시기는 (이 연구가 그 시작점도 변화의 방향도 세계의 다른 지역과 유사할 것을 기대해서는 안 된다는 점을 명확히 해왔음에도) 유럽에서 유사한 시기인 르네상스 시대와 비교할 만하다.

동남아시아인은 17세기까지는 이 변화의 핵심이었던 교역 확장의 선두 주자였다. 교역은 타지에서 온 사상으로 도시를 풍요롭게 하고, 그런 사상의 이점을 가장 빨리 선점한 지배층과 국가를 강화했다. 그러나 17세기 중반의 '상업혁명'은 동남아시아에 끼쳐온 교역의 효과를 근본적으로 바꾸어놓았다. 변화의 속도가 더뎌지고 어떤 면에서는 오히려 변화 이전으로 되돌아가면서, 아시아 도시는 쇠퇴하고 국제 교역에서 뒤처지거나 네덜란드의 상업 독점에 밀려났다. 그에 따른 상대적 고립으로 인해 바람 아래의 땅은 15~16세기에 구축한 많은 것을 19세기까지도 유지할 수 있었다. 그러나 19세기 말 제국주의와 자본주의의 거센 파도가 덮쳐오자 이 나라들은 더 이상 교역의 시대에 그랬듯 침략자들과 대등하게 경쟁할 수 없게 되었다.

2권

2권 서문

이 연구의 이론적 근거는 5년 전 출간된 1권에서 밝혀두었다. 따라서 여기서는 2권이 이토록 늦어진 데 대해서만 용서를 구하면 될 것이다.

2권만 읽는다면 교역의 시대가 동남아시아에 어떤 의미였는지에 대한 설명으로 볼 수 있을 것이다. 그러나 1988년에 출간된 1권 『바람 아래의 땅』과 함께 읽는다면 이 연구의 목표는 '전체사'를 보여주는 것이 된다. 전체사에서 전쟁, 왕조, 외국 상인은 보통 사람의 식생활, 건강, 오락거리보다 중요한 것이 되지 못한다.

1권이 동남아시아의 물질적·사회적 생활 구조를 묘사한다면 2권은 그 생활을 전환시킨 중대한 변화의 시기를 상세하게 설명한다. 그러나 연속성과 변화를 매끈하게 분리하기란 불가능한 일이다. 생활 구조는 지속적으로 변했지만, 그 속도는 아주 느려서 단기간에는 알아차리기 어려울 때가 많다. 다른 한편 동남아시아인이 서로 또는 환경과 관계 맺는 특징적인 방식들은 극적인 사건들이 도시를 파괴하고 주민을 난민으로 만드는 와중에도 살아남아 적당한 형태로 조정되었다.

독자는 이 책이 '교역의 시대'를 각기 다른 곳에서 서로 다르게 정의한다는 것을 금방 알아차릴 것이다. 6장에서 나는 1400년경 시작되어

1570~1630년에 그 전성기에 달한 시기의 경제적 사료를 논한다. 이 시기를 끝장낸 위기에 관해서는 10장에서 살펴보는데, 이 시기의 특징적인 요소들은 17세기 중반까지 살아남았지만 1629년을 상징적 전환점으로, 1680년대를 죽기 직전 단말마 같은 시기로 볼 수 있다고 결론 내릴 것이다.

그럼에도 1450~1680년이 책 표지에 등장하며 내용에도 반영된다. 1400년이 지속적인 교역 확장의 시작점으로 가장 폭넓게 받아들여지지만 15세기의 사료는 도무지 내가 쓰고자 하는 종류의 역사에는 적합하지 않다. 적어도 이 비일관성이 자명한 사실, 즉 시대 구분이란 구체적인 질문을 다루는 방식이며 그 질문에 따라 달라져야 한다는 점을 강조해 주기 바란다.

세계의 다른 넓은 지역이 그렇듯 동남아시아는 어마어마하게 다채롭다. 이 책은 전체 지역의 역사라는 리듬을 기록하고 있지만 모든 사람과 장소가 그 리듬을 동일한 정도로 겪은 것은 아니다. 해상교역, 은화 사용, 신무기, 도시적 생활 방식, 이들과 관련한 가치와 정치체제의 변화는 당연히 지방보다는 도시, 고산지대보다는 섬과 강어귀, 벼 재배 평야지대보다는 주요 교역로에 더 큰 영향을 미쳤다. 한 왕국이나 문화에 초점을 맞추는 역사는 다른 리듬, 특히 북베트남과 북버마 같은 지역의 접경지대에 관심을 기울인다. 다루는 범위의 불균질함은 8장에서 자명해진다. 이슬람교와 그리스도교가 초래한 변화는 불교가 일으킨 변화와 결코 같지 않았다. 그럼에도 지역 전체 차원에서는 일관성이 있으며 더 큰 단위를 고려하면 그 일관성은 더 뚜렷하고 확실해진다. 국제 교역의 리듬은 동남아시아인에게 불균질하게 영향을 미쳤으나 그 영향을 아예 받지 않은 사람은 역사상 존재하지 않는다. 이 시기의 사료는 한때 문헌에서 주류를 이루던, 아무 변화 없이 최저생활 수준으로 살아가는 전제적인 사회들이라는 그림을 뒷받침하지 않는다.

동남아시아가 근세 초기의 비교 연구에서 존재를 인정받으려면 특정한 장소와 시기에 사용된 단위를 보편적으로 이해할 수 있는 체계로 변환하는 시도가 중요하다고 생각한다. 따라서 나는 도량형을 미터법으로 표기하고자 했으며 화폐 단위를 은 무게로 환산했다(이런 변환에 사용한 값들은 권말의 용어 편을 참고하라). 그러나 정확성이라는 환상을 피하기 위해 각 값을 근사치로 매겼다. 사료에 등장하는 원 추정치도 대부분 근삿값이지만, 서로와의 관계 속에서 모든 단위와 은 무게 대비 모든 화폐의 정확한 값은 장소와 시기에 따라 상당히 다르다. 이들 추정치는 단지 규모의 체계 그리고 장기간에 걸친 등락을 대략이나마 일러줄 뿐이다.

나는 지명에 관한 한 현대식 철자법을 따랐지만 가능한 한 당시 명칭을 사용했다. 시암과 코친차이나는 외국인이 대륙부의 두 왕국을 가리키는 데 사용한 말로, 타이나 (중부) 베트남 같은 현대 국가명에서 거슬러 올라가는 쪽보다 훨씬 적절하다. 반면 동남아시아인을 가리킬 때는 인도네시아인, 필리핀인, 타이인, (광범위한 어족으로서) 따이인 등 현대 명칭을 사용했다. 동남아시아에서 가장 큰 지리적·문화적 골을 드러내기 위해서는, 대문자로 시작하는 대륙부Mainland(오늘날 미얀마, 타이, 라오스, 캄보디아, 베트남 등지)와 도서부Archipelago(오늘날 말레이시아, 인도네시아, 필리핀 등지)를 구분해 사용했다.

출전을 표시하는 데는 원저자와 초판 발행 연도 또는 더 적절하다고 판단될 때는 저술 연도만 표기하는 방식을 고수했다. 영국과 네덜란드 문서고의 해당 문서 위치를 포함한 다른 모든 서지 정보는 참고문헌에서 확인할 수 있다. 내가 사용한 자료를 편집하고, 옮겨 적고, 번역한 모든 이에게 진 큰 빚에 다시 한번 감사를 표한다. 참고문헌 목록을 꼼꼼히 읽어보는 것 외에 이 빚을 드러낼 길은 없을 것이다.

개인적으로 또 여러 기관에 진 빚은 1권 출간 이래로 점점 늘어왔다. 오스트레일리아국립대학은 관대하게도 내 연구를 계속 지원해주었다. 정말이지 이런 책을 쓸 수 있는 장소는 그곳 외에는 전 세계에 몇 없을 것이다. 그럼에도 다음 기관들이 다른 의무 조항 없이 내준 소중한 시간이 없었다면 이 책의 출간은 훨씬 더 늦어졌을 것이다. 1987년 파리 사회과학고등연구원, 1987년 옥스퍼드대학 올솔스칼리지, 1989년 워싱턴대학과 록펠러재단, 1990년 런던대학 SOAS, 1991년 다시 록펠러재단의 빌라 세르벨로니.

또한 자료와 아이디어를 주고 예리한 논평을 해준 동료들에게 감사를 표하고 싶다. 페터르 봄하르트, 존 보언, 제니퍼 브루스터, 해럴드 브룩필드, 앙리 샹베르-루아르, 첸시유, 브루스 크루익섕크, 티라왓 나 폼펫, 토니 딜러, 댄 도퍼스, (예일대학 출판부의) 로라 둘리, 험프리 피셔, 코넬 플레이셔, 메리 그로, 이토 다케시, 이시이 요네오, 찰스 키스, 앤 쿠마르, 뤼르디어 라르호번, 리 타나, 드니 롱바르, 피에르-이브 망갱, 데이비드 마르, 모 이메이, 마웅마웅 뇨, 리처드 오코너, 노먼 오언, 프이빤 웅아오시바틴, 크레이그 레이놀즈, M. C. 리클레프스, 마이클 서머필드, 크리스토퍼 웨이크. 영국국립도서관의 퍼트리샤 험버트, 애나벨 갤럽, 헨리 긴즈버그, 보들리도서관의 도리스 니컬슨은 문서 자료를 찾는 데 큰 도움을 주었다. 집과 가까운 곳에서는 이언 헤이워드와 나이절 더피가 지도를 그려주었고, 데이비드 불벡, 줄리 고던, 도러시 매킨토시, 크리스 로저스, 주드 샤나한, 탄레이칭, 에벌린 윈번이 다양한 방식으로 값을 매길 수 없는 소중한 도움을 주었다.

6장 교역의 시대, 1400~1650년

교역은 동남아시아에서 언제나 필수적이었다. 바람 아래의 땅은 유례없이 해상 교통 접근성이 높고 유사 이래 가장 큰 국제시장인 중국, 인구가 밀집한 인도, 중동, 유럽을 잇는 해상무역로에 걸쳐 있어 국제 해상무역이 발흥할 때마다 자연스럽게 그 흐름에 반응했다. 동남아시아산 정향, 육두구, 백단향, 장뇌, 옻은 로마제국 시대와 중국의 한나라 때부터 이미 세계시장으로 팔려나갔다. 그렇다면 왜 특히 15세기부터 17세기까지를 교역이 주도한 시대로 꼽는 것인가?

첫째, 유럽과 동지중해뿐만 아니라 중국, 일본 아마도 인도까지 영향을 미친 '장기 16세기'*의 지속적인 호황에서 동남아시아가 각별히 중요한 역할을 했다. 페르낭 브로델이 상업자본주의의 형성에 결정적인 역할을 했다고 주장한 (금은을 제외하고) 가장 중요한 장거리 무역 품목인 후추, 정향, 육두구는 동남아시아가 원산지였다.[1] 둘째, 이 기간에 동남아시

* The long 16th century. 역사학자 이매뉴얼 월러스틴이 『근대세계체제』에서 자본주의적 유럽세계경제European world-economy가 등장해 전에 없이 세계를 연결한 1450~1640년을 장기 16세기라 명명했다. 이 시기에 유럽은 지리적 발견을 바탕으로 팽창하고 자본주의적 생산양식을 확립했으며, 이를 통해 세계의 핵심부, 반주변부, 주변부화가 생겨나 근대세계체제의 토대가 되었다는 주장이다. (옮긴이)

아의 상인, 통치자, 도시, 국가들은 동남아시아 지역을 출발점으로 하거나 경유하는 교역에서 중심적인 역할을 수행했다. 바람 아래의 땅에서 무역의 중심지는 버고, 아유타야, 프놈펜, 호이안, 믈라카, 파타니, 브루나이, 파사이, 아체, 반튼, 즈파라, 그레식 같은 아시아 도시들이었다. 포르투갈령 믈라카(1511년), 스페인령 마닐라(1571년), 특히 네덜란드령 바타비아(1619년) 같은 유럽 세력이 세운 거점 도시에 장거리 무역의 중심지 역할을 빼앗기기 전까지 이 아시아 도시들은 지역의 중심지로서 경제생활, 정치 권력, 문화적 창의성을 선도했다.

이 책은 이 시기의 중대한 경험을 통해 근세 동남아시아 사회의 발전을 설명한다. 6장에서는 이 시기의 경제적 측면을 설명할 것이다. 경제적 측면은 유일하게 측정 및 다른 세계와의 비교가 가능한 지점이다. 이어지는 장들에서는 급격한 경제적 변화 속에서 도시화가 가져온 변화상, 상업 조직, 종교 체계와 가치관, 국가 구조를 자세히 살펴볼 것이다. 브로델의 용어를 빌리자면, 1권이 심층에 깔린 역사의 구조를 다루었다면 2권은 표층에서 급변하는 정치·군사적인 사건에 초점을 맞춘다. 마지막 장에서는 17세기 중반 동남아시아가 겪은 위기를 살펴보고 장기간 지속된 영향을 검토한다.

향료와 후추

말레이 상인들은 신이 백단향을 위해 티모르를, 메이스를 위해 반다를, 정향을 위해 말루쿠를 창조했으며 이 상품들은 세상 어디에도 없고 오직 그곳에만 있다고 했다.

_토메 피르스, 『수마 오리엔탈Suma Oriental』(Pires 1515: 204)

지구 반대편 상인들을 유혹했던 향료는 동남아시아 무역의 큰 그림에서는 그리 중요한 품목이 아니었다. 순다 대륙붕의 잔잔한 물결을 가로지르는 배 위에 실린 상품 중에는 쌀, 소금, 절이거나 말린 생선 같은 식재료와 야자술, 직물, 금속기가 훨씬 더 많은 자리를 차지했다. 그럼에도 향료가 중요한 이유는 이윤을 가장 많이 남길 수 있던 품목인 데다, 향료를 구하러 온 상인들이 항구와 향료 생산지에 수없이 다채로운 교역 품목을 가지고 왔기 때문이다. 따라서 향료는 여러 상업 중심지를 불균형하게 성장시키는 역할을 했다. 또한 향료는 무역 주기의 지표라는 다른 강점도 지녔다. 유럽에서 향료는 인기 품목이었기 때문에 향료의 양과 가격에 관한 정보가 비교적 많이 남아 있을 뿐 아니라, 정향, 육두구, 메이스는 인도네시아 동부에서만 났으므로 유럽으로 가는 모든 물량이 말루쿠부터 지중해까지 이어지는 무역로 전체를 통과해야만 했다. 마지막으로 다른 여러 동남아시아산 임산물과 달리 향료는 변동하는 수요에 따라 대규모 수출용 경작이 가능했다.

교역되던 정향은 열대 상록수인 정향나무(학명 *Szygium atomaticum* 또는 *Caryophullus aromaticus*)의 꽃봉오리를 말린 것이다. 그루당 많으면 34킬로그램까지 정향을 생산하는 이 나무는 1770년 독점생산이 중단될 때까지 말루쿠에서만 자랐다. 1500년 직후 가장 오래된 1차 기록이 쓰일 당시 정향은 할마헤라섬 서쪽의 작은 섬들인 트르나테, 티도레, 마키안, 모티에서만 경작됐고 좀더 큰 섬인 바찬에서 막 재배되기 시작했다.[2] 16세기를 거치면서 더 남쪽인 암본과 스람까지 정향 재배가 확대되었으며 17세기에는 이 섬들이 주요 생산지로 떠오른다(지도 5).

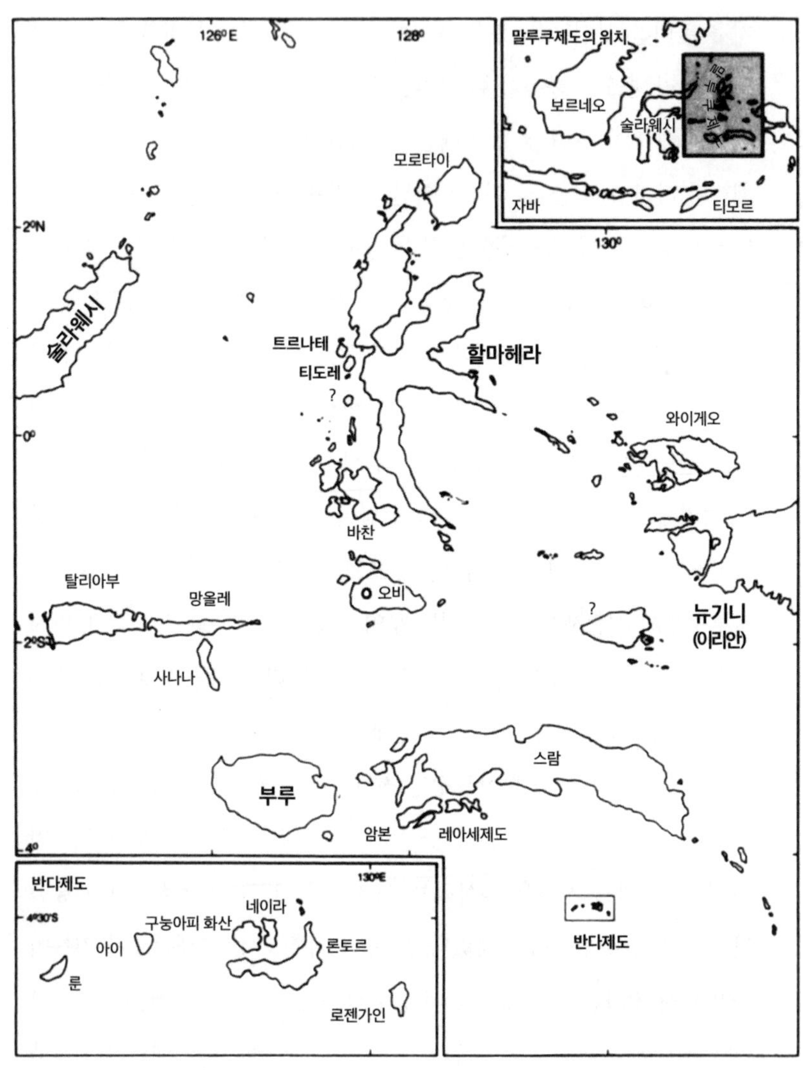

126⁰ E
128⁰
말루쿠제도의 위치
보르네오
술라웨시
자바
티모르
130⁰
2⁰N
모로타이
술라웨시
트르나테
티도레
할마헤라
?
0⁰
와이게오
바찬
탈리아부
망올레
오비
?
뉴기니
(이리안)
2⁰S
사나나
스람
부루
암본
레아세제도
4⁰
반다제도
130⁰E
4⁰30'S
네이라
구눙아피 화산
아이
론토르
룬
로젠가인
반다제도

지도 5 말루쿠제도

그림 48a 육두구.

그림 48b 네덜란드 무역상에게 팔 육두구를 가져오는 반다인.
1599년 네덜란드 동판화.

육두구는 18세기까지는 스람 남쪽의 작은 섬들 반다제도에서만 자랐던 육두구 나무(학명 *Myristica fragrans*)의 씨앗이며, 메이스는 그 씨앗을 감싸고 있는 껍질이다(그림 48a, 48b).

정향, 육두구, 메이스는 이르게는 10세기경 카이로와 알렉산드리아 상인들의 기록에서도 언급되지만,[3] 14세기 후반까지도 유럽에서는 극도로 귀하고 비싼 품목이었다. 중국인들도 당나라 시대부터 정향과 육두구에 대해 알기는 했지만 15세기 전까지는 구경하기도 힘든 품목이었다.

중국의 탐험가 왕대연*은 1340년대에 중국 선박들이 정향을 조금씩 구하러 정기적으로 말루쿠에 방문했다고 기록했다. "정향나무가 산을 뒤덮고 있지만, 정향이 한꺼번에 아주 많이 나지는 않는다."[4] 반면 15세기 초 정화의 대원정대가 남긴 방대한 기록에는 말루쿠에 대한 언급이 전혀 없어, 중국 선박의 말루쿠 방문이 14세기의 일시적인 현상임을 짐작케 해준다. 이는 트르나테와 티도레 사람들이 포르투갈인들에게 알려준 내용과도 정확히 들어맞는다. 섬사람들의 선조에게 정향의 가치를 처음 알려준 것은 북쪽에서 배를 타고 온 중국인들이었으나, 남쪽에서 자바인과 말레이인이 오기 시작하면서 중국인은 더 이상 찾아오지 않았다.[5] 트르나테 말에는 정향을 뜻하는 단어가 있지만, 말레이어(그리고 자바어, 마카사르어, 타갈로그어)에서는 정향을 가리키는 말로 중국어에서 못을 뜻하는 층케cengkeh**를 사용한다. 말레이어 사용자들이 1500년경 이 단어를 사용했다는 사실[6]은 중국인들이 말루쿠에서 정향을 직접 사다가 말레이·자바 상인들에게 중개 무역으로 사들이기 시작한 시기가 1400년경임을 짐작케 해준다. 중국계 이주민과 정화의 원정대에서 잔류한 이들이 인도네시아 교역에 기여한 바를 고려하면 이 말레이인과 자바인의 일부가 중국계였다 해도 전혀 놀랄 일이 아닐 것이다.[7]

말루쿠산 향료의 중국 및 유럽 수출량은 1400년경 급격하게 늘어나 15세기 내내 꾸준히 증가했다. 이렇게 요약하면 15세기 중반의 급감과 세기말 10년간의 호황이 잘 드러나지 않겠지만 말이다(뒤의 설명을 보라). 이러한 추세는 말루쿠에서 확인한 증거와 대조해봐야 할 것이다. 토메 피르스는 말루쿠에 가지는 않았지만, 정향나무가 야생인 데다 바찬제도 내륙에서는 외면받다가 갑자기 1500년경 "야생 자두가 재배용 자두가 되고 야생 올리브가 재배용 올리브가 된 것과 같은 방식"으로 재배되기

* 汪大淵(1311~1350). 강서성 남창 출신의 원대 여행가. 1328년부터 1339년 사이 두 차례 항해를 통해 동남아시아와 남아시아, 오스트레일리아, 중동, 북아프리카, 동아프리카까지 돌아보았다. 직접 방문한 99곳의 자연환경, 풍속, 물산을 정리해 1349년 펴낸 『도이지략島夷誌略』은 해외무역을 장려한 원나라의 정책에 부응해 각지의 교역품과 중국과의 수출입품을 소상하게 담은 귀중한 사료다. (옮긴이)

** 남부 지역의 민난閩南어로는 '전가zhen ga'라고 한다.

시작했다는 이야기를 듣는다.[8] 그가 기록한 여러 섬의 '평균적인' 연간 생산량은 불가능할 정도로 많아 보인다.* 다른 생산량 추정치와 마찬가지로 피르스의 추정치도 4년마다 오는 대풍작의 자연 주기[9]와 향료 교역로에서 벌어지는 무력 충돌 때문에 일정치 않은 교역량, 확보할 수 있는 작물의 양을 과장하는 라이벌 통치자들의 경향 탓에 부풀려진 듯하다. 그러나 믈라카의 포르투갈인이 추산한 교역량[10]을 살펴봐도, 인도네시아 동부에서 1512년에야 벌어진 포르투갈의 방해와 개입 직전에 정향 수출량이 예외적으로 늘었던 것은 사실로 보인다. 그때까지는 정향과 육두구의 전 세계 수요를 말루쿠가 공급했을 것이므로 차이가 생긴 원인은 교역로에서 벌어진 전투와 약탈이다.

안토니오 피가페타는 가장 오래된 정향 생산지인 티도레를 방문해, 1470년경 트르나테와 티도레에 무슬림이 찾아오기 전까지는 이 섬사람들이 "정향을 그리 중요하게 여기지 않았다"는 사실을 알게 됐다.[11] 실제로는 말루쿠와 암본이 마자파힛의 속국이라고 주장하고[12] 트르나테 연대기에 유사 이슬람 왕명이 기록된[13] 늦어도 14세기 중반부터 무슬림을 포함한 자바인들이 정향을 구하러 말루쿠로 항해해 왔을 것이 분명하다. 그러나 피가페타가 맞을 수도 있다. 트르나테인들의 화폐, 문자, 종교, 음악, 법률 "그리고 그들이 가진 모든 좋은 것들"[14]에서 보이는 자바 무슬림의 지속적인 영향력은 15세기 후반에야 나타나기 시작하기 때문

* 그의 기록대로라면 정향과 육두구가 각각 1000톤, 메이스가 180톤씩이다(Pires 1515: 206, 213, 217). 이런 수치는 아마도 각 섬의 최대 수확량을 다 더하는 방식으로 계산되었을 텐데 실제 수확량은 굉장히 들쭉날쭉했다. 피르스가 추산한 정향 생산량 6000바하르는 1570년 헤벨루와 1599년 레이어르 코르넬리스가 다시 언급했으나, 결코 일반적인 생산량이 될 수 없었던 것으로 보인다. 더 현실적인 추산은 피가페타(Pigafetta 1521)와 쿤(Coen 1614)의 연간 460톤이다. 한편 네덜란드동인도회사는 1620~1650년 사이 정향 재배가 옮겨간 암본 지역의 연간 생산량을 200~300톤 정도로 파악했다(Meilink-Roelofsz 1969: 352-353; Knaap 1987: 13, 20, 233-334).

이다.[15] 반다에 대해서는 알려진 바가 별로 없지만 자바인 무슬림이 체계적으로, 그리고 더 이후까지 다른 정향 산지 섬들보다 이 섬을 방문했던 것으로 보인다. 1505년 반다를 방문했다고 주장하지만 사실 전해 들은 옛이야기를 적었을 가능성이 높은 루도비코 디 바르테마는 반다인을 필요하면 숲속의 야생 나무에서 육두구를 따오는 "야수처럼" 원시적인 이교도들이라고 묘사했다.[16] 피르스와 바르보사는 수천 명에 달하는 반다인이 해안을 중심으로는 이슬람교를 믿고 내륙에서는 애니미즘을 믿는다고 적었다.[17] 피르스는 1480년대에야 이들이 무슬림으로 개종하기 시작했으며 자바와 말레이 상인이 가져온 옷감은 여전히 "반다인에게는 굉장히 신기한 물건"이어서 상인들이 초자연적인 숭배의 대상으로 여겨진다고 덧붙였다. 유럽 자료는 향료 수출이 1390년대에 처음 시작되었다고 보지만(뒤의 그림 50), 현지 자료에 따르면 수출이 활발해진 것은 1470년경이다. 즉 유럽 시장보다는 아시아 역내 시장을 겨냥한 항구 믈라카가 번성한 시기와 일치한다.

후추는 말루쿠산 향료에 비하면 가격이 훨씬 낮았지만 수출량은 열 배였기 때문에 경제 전망에서 중요한 역할을 한다. 16세기와 17세기에 후추는 동남아시아에서 가장 중요한 수출품이었다. 또한 후추는 시장 지향적인 환금성 작물이기 때문에, 경작자는 다른 작물에서 자본과 시간을 끌어와 후추를 파종하고 첫 수확이 가능해질 때까지 3년 동안 정성스럽게 돌볼 수 있을지를 잘 따져보고 결정해야 했다. 동남아시아인 수백 수천 명이 후추 재배와 판매에 종사하게 된 것은 교역 활황이 가져온 가장 뚜렷한 경제적 결과 중 하나다.

그러나 후추는 다른 곳에서도 생산되었다. 훌륭한 무역 품목인 후추나 검은후추는 중세 유럽인과 아랍인 여행자에게 '후추의 나라'로 알

그림 49 후추. 마스덴의 1783년작 『수마트라의 역사』에 수록된 삽화.

려진 인도 남서부 말라바르 해안의 케랄라가 원산지다(그림 49). 12세기에 중국 문헌들이 후추를 자바산이라고 기록하기 시작하나, 13세기 중반 조여괄*이 쓴 지리서 『제번지諸蕃志』에 딸린 주석은 "후추가 말라바르 나라에는 아주 많아서 (…) 번국의 상인들이 자바에서 사는 후추도 말라바르에서 온 것이라고 한다"고 일러준다.[18] 후추가 스리위자야 왕국에서 났다는 기록은 없으며, 마르코 폴로(1292)나 이븐 바투타(1355)가 방

* 趙汝适(1170~1231). 송나라 시대 관료. 외국 상품과 선박에 대한 세금 징수, 전매, 무역을 관장하는 '제거복건로시박'이라는 관직에 있으면서 각국의 풍물과 특산품을 상세히 기록한 『제번지』를 남겼다. (옮긴이)

문했을 당시에도 수마트라에서 후추가 자란다는 언급을 남긴 바 없다. 15세기 초 수마트라에서 중국인 관찰자들이 후추에 대해 쓴 기록을 보면[19] 그 직전에 인도나 자바에서 들여온 듯하다. 수마트라에서 후추 재배는 성공적이어서, 포르투갈 초기 기록은 파사이에서만 이미 말라바르 생산량의 절반(1400~1800톤)을 생산한다고 추산했다. 피르스가 이웃한 수마트라의 피디으Pidië항을 방문했을 때, 비록 당시에는 생산량이 줄어 500톤 정도를 생산하고 있었지만, 그는 한때 파사이보다 피디으에서 훨씬 더 많은 양이 났다고 여겼다.[20] 피르스가 추산한 동남아시아 후추 생산량은 거의 2500톤이었으며 말라바르의 생산량은 3600톤이었다. 1530년경까지 동남아시아산 후추는 대부분 역내에서 소비되거나 북쪽으로 실려가 거대한 중국 시장에 공급되었다.

16세기 내내 수요가 늘어나면서 후추 재배는 인도와 인도네시아 각지로 퍼져갔다. 후추나무는 말라바르에서 남쪽 칸나라로, 북수마트라에서 서해안을 따라 미낭카바우 지역까지, 다시 수마트라섬을 가로지르고 바다를 건너 말레이반도까지 퍼져나갔다(지도 6). 1500년경에는 인도가 유럽과 중동에 공급되는 후추의 거의 대부분을 생산했지만, 60년 후엔 포르투갈 상인들이 동남아시아산 후추를 대량으로 사들였고 다시 열린 홍해 무역로에도 수마트라산 후추가 상당량 유입되었다. 17세기에는 동남아시아에서 네덜란드, 잉글랜드, 중국, 포르투갈 상인들이 치열한 경쟁을 벌였다. 인도산 후추는 50퍼센트 이상 비쌌을 뿐 아니라 희망봉 무역로가 개척된 이후로는 유럽 시장에서 지리적 강점도 잃었다. 17세기 후반에 이르면 인도마저 인도네시아산 후추를 수입하기에 이른다.[21] 잉글랜드동인도회사는 네덜란드만큼 인도네시아 지역에 탄탄하게 자리 잡지는 못했으나 1660년대와 1670년대에 인도네시아산 후추의 80퍼센트

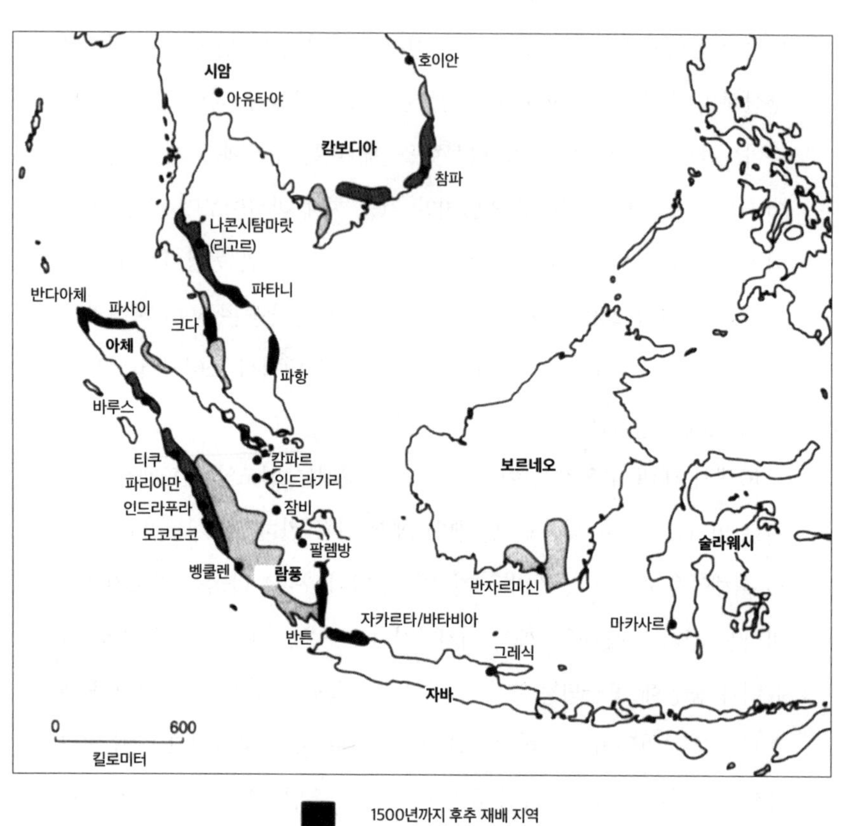
시암
아유타야
호이안
캄보디아
참파
나콘시탐마랏
(리고르)
파타니
반다아체
파사이
크다
아체
파항
바루스
캄파르
인드라기리
티쿠
파리아만
인드라푸라
잠비
모코모코
팔렘방
벵쿨렌
람풍
자카르타/바타비아
반튼
그레식
자바
보르네오
반자르마신
술라웨시
마카사르
0
600
킬로미터
1500년까지 후추 재배 지역
1600년까지 확대된 지역
1680년까지 확대된 지역
후추 수출 중심지

지도 6 후추 재배의 확대

를 차지했다.[22] 1520년 이후 100년 동안 두 배에서 세 배까지 늘어난 것이 분명한 국제 후추 시장의 전체 거래 증가량은 사실상 동남아시아산 후추로 채워졌다고 결론지어야 할 것이다.

17세기의 추산치들은 피르스의 추산보다 자료도 풍부하고 근거도 확실하다. 1600년경 수마트라, 말레이반도, 서부 자바 전체의 생산량은 연간 4500톤으로 그중 반튼에서만 2000톤이 생산되었다. 1610년에서 1670년 사이에 생산이 늘어난 곳은 수마트라, 말레이반도의 몇몇 중심지(크다, 파타니, 송클라, 파항), 보르네오 남부의 반자르마신이었다. 총생산량은 1630년경 6000톤, 절정기였던 1670년에는 8000톤에 달했다.[23] 1650년대에 네덜란드인과 잉글랜드인은 인도산 후추는 거의 사지 않고 값싼 인도네시아산 후추를 대량으로 사들였다.[24]

1400년경 무역의 시작

> 우리는 푸른 대양을 정복하려면 나라가 척박하더라도 무역을 해야 한다는 것을 배웠습니다. (…) 바다 안에 있는 땅은 모두 한덩어리이며 모든 살아 있는 것은 사랑 속에 자라나고 있습니다. 앞선 세대에게는 오늘날처럼 삶이 풍요로웠던 적이 없었습니다.
>
> _믈라카의 술탄 만수르가 류큐 왕에게 보낸 편지, 1468년 9월 1일(Kobata and Matsuda 1969: 111)

이전에도 동남아시아 산물에 대한 수요가 폭발적으로 늘어난 적이 있었는데, 주로 중국이 태평성대를 누리거나 해외무역을 허용할 때였다. 당나라 무역은 8~9세기 스리위자야 왕국이 세력을 넓히는 데 큰 역할을 한 것이 분명하며, 십자군 원정으로 유럽에서 아시아산 사치품에 대한 수요가 늘어난 것과 마찬가지로 송나라 무역은 13세기 마자파힛 왕조가 번성하는 데 큰 힘이 되었다. 그러나 1370년 이전 거의 한 세기 동안 해상 교역이 뚜렷하게 침체했다. 레반트*에서 그리스도교도와 무슬림 사이에 교전이 계속되고 중앙아시아 지역에서 '몽골의 평화'**가 이루어지면서 해상교역이 쇠퇴하고 중국에서 흑해까지 이어지는 '실크로드'(지도 7) 같은 고난의 육상 카라반 교역로가 떠올랐기 때문이다. 북반구에서는 1346년에서 1348년 사이 흑사병으로 인구가 감소하면서 이국적인 상품에 대한 수요도 줄어들었다. 교역의 상대적인 쇠락은 1400년 이후 동남아시아에 넘쳐나던 중국 도자기가 이 기간에는 부족했던 데서도 드러난다.

17세기 이전 동남아시아에 가장 중요한 시장은 의심의 여지 없이 중국이었다. 마르코 폴로는 중국의 항구 "자이톤Zation"***에 향료를 실은 배 100척이 정박해 있었다고 주장했다.[25] 인도 역시 중국만큼 중요한 무역 상대였지만, 난양 무역을 둘러싼 중국 황제의 변덕스러운 정책 변화야말로 동남아시아의 대외 무역이 겪은 두드러지는 불연속성에 가장 큰 영향을 미친 요인이었다.

명나라는 14세기 말부터 두 세기에 걸쳐 인구가 증가하고 부강해지기 시작했다. 그렇다고 그 영향이 동남아시아 무역에 즉각적으로 나타나

* Levant. 오늘날의 팔레스타인, 시리아, 요르단, 레바논 등 지중해 동쪽 연안 지역. 10세기부터 지중해, 특히 베네치아 상인이 이곳을 중계지로 비단, 후추, 상아, 향료 등을 거래했다. (옮긴이)

** Pax Mongolica. 13~14세기 몽골제국의 정복 활동으로 중앙아시아를 비롯한 유라시아 지역이 상대적으로 안정됐던 시기를 말한다. (옮긴이)

*** 츠퉁刺桐, 오늘날의 취안저우泉州. (옮긴이)

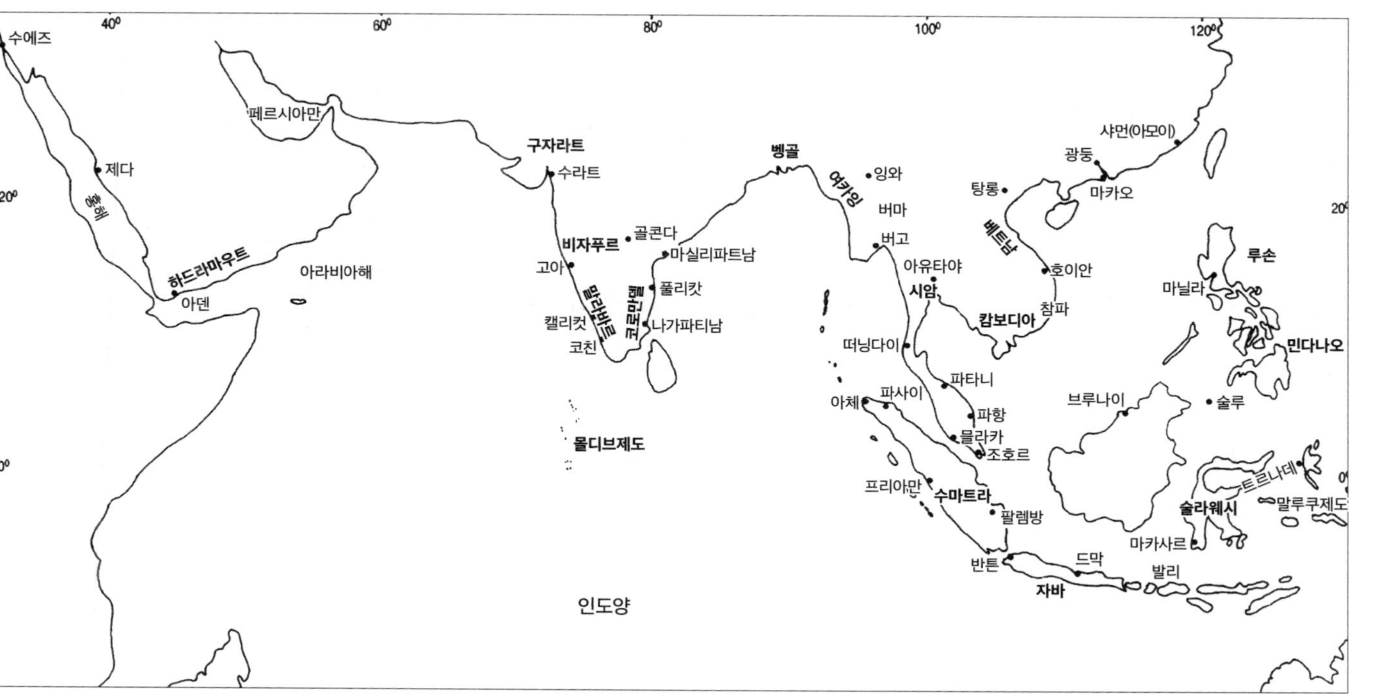

지도 7 인도양 무역 네트워크

지는 않았는데, 명나라 황제들이 여러 차례에 걸쳐 그 강도가 다른 해외 무역 금지 조치를 내렸기 때문이다. 그러나 영락제(재위 1402~1424)가 여섯 차례나 원정을 보내고 베트남과 버마까지 세력을 확장한 것을 보면 동남아시아산 상품에 대한 수요가 폭발적으로 늘어난 것은 분명해 보인다. 동남아시아의 초기 '교역의 시대'에서 제일 중요한 순간을 꼽아야 한다면 1405년 환관 제독 정화가 이끈 첫 원정이 가장 강력한 후보일 것이다.

정화의 원정으로 동남아시아에서 중국 시장을 겨냥한 작물 재배가 늘어난 것은 당연한 결과였다. 난양 무역의 주요 품목인 후추와 소목이 그렇게 많이 중국으로 들어온 것은 전례 없는 일로 15세기에는 대중적인 소비 품목이 되었으며 관청의 창고에 후추와 소목이 넘쳐나 수십만 명에 달하는 관리와 군인에게 녹봉의 일부로 지급되기도 했다고 티엔 주캉은 밝혔다.[26] 인도의 후추나무가 북수마트라에 전해지고 이어 중국 시장을 겨냥한 동남아시아의 후추 생산이 빠르게 확산된 것 또한 대원정의 영향일 것이다. 원정대는 1400년경 말루쿠산 향료 수출이 증가하는 데도 영향을 미쳤을 것이다. 아유타야, 믈라카, 파사이, 브루나이, 그레식, 드막 같은 무역 도시가 초기에 번창할 수 있었던 것도 어느 정도는 15세기 초반 중국인의 활동 근거지로 이용된 덕분이었다. 갑작스러운 명나라 무역정책의 변화로 (주로 무슬림인) 중국인 무역상의 상당수가 동남아시아의 무역항에 정착하게 된다.

중국의 일시적인 베트남 정복(1406~1427)과 그보다는 오래 지속된 샨주 북부 정복으로 두 지역에서 금은 등 광물 생산이 크게 늘었다. 이 정복 활동 이후 15년 사이 중국의 은 생산량이 연간 36톤까지 증가했지만 한 세기 후에는 겨우 4톤으로 줄어들었다.[27] 중국 함대가 찾아오지는 않았지만 버마도 해상무역이 활발해지는 것을 알아차렸다. 1438년 새 항구 얘Ye(목뜨마 남쪽)가 개항했고 버고에서는 신소부 여왕의 통치 기간(1453~1472)에 먼 곳에서 온 상인들이 "수없이 당도해 특이한 복색이 흔해지고, 백성들은 좋은 옷을 입고 풍요를 누렸다"고 한 몬족 연대기가 기록했다.[28]

인구가 증가하고 물가가 오르고 이국적인 상품에 대한 수요가 증가했던 중국의 상황은 흑사병에서 벗어난 유럽에서도 흥미롭게 재연되었다. 사라센[이교도]의 적들과 교역하는 것을 반대하는 교황 세력이 해마다 알렉산드리아로 향하는 갤리선을 막는 일이 가끔 벌어지기도 했지만 베네치아는 1345년 이집트의 맘루크 술탄들과 상업조약을 맺기로 했다. 14세기 후반 맘루크 왕조는 베이루트, 다마스쿠스, 알렉산드리아까지 이어지는 카라반 무역로를 통제하는 데 힘을 쏟았다. 홍해와 페르시아만의 여러 항구에서 지중해까지 아시아산 상품을 운반하는 카라반을 위한 평화로운 환경이 조성되는 과정은 중앙아시아 육상 교역로의 몰락과 동시에 진행되었다. 그리하여 14세기의 마지막 20년 동안 베네치아는 융성했고 카이로의 향료상 카리미karimi는 인도와 동남아시아에서 가져온 이국적 상품으로 어마어마한 부를 축적했다.[29]

이 시기의 동남아시아산 상품 시장에서 유럽은 그다지 큰 비중을 차지하지는 않았지만 최상의 데이터를 제공한다. 말루쿠산 향료가 유럽으로 수입된 양은 1390~1409년부터 체계적으로 기록되기 시작했다. 이때부터 이탈리아 중개인들이 맘루크 왕조의 항구들과 알렉산드리아, 베이루트에서 베네치아, 제노바, 바르셀로나로 실려 간 아시아산 상품의 화물 수량을 보고하기 시작했던 것이다. 이 기록은 15세기 전반의 상황을 파악하기에는 너무 엉성하지만 포르투갈이 교역에 등장하기 시작하는

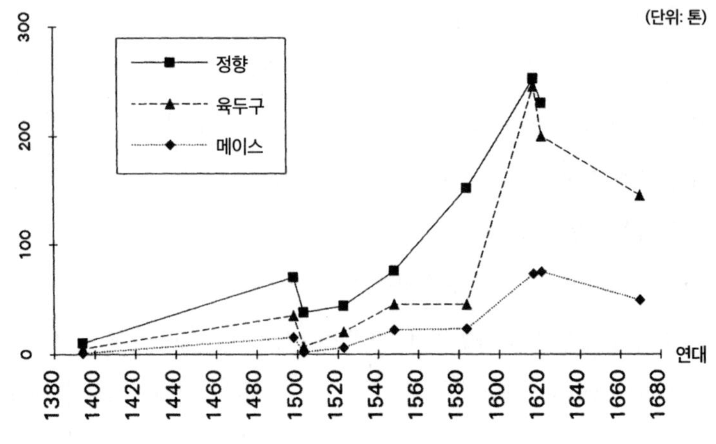

그림 50 유럽으로 수출된 향료의 양 추정치.

1496년부터는 비교적 일관된 모습을 보인다.

이 자료들을 평균 내고 빠진 부분을 가늠해보면 유럽의 향료 수입은 1390년대에 빠르게 성장해 그 물량이 1399년에서 1405년 사이 정향 30톤, 육두구 10톤에 이르고 15세기 내내 서서히 늘어나 정향 75톤, 육두구 37톤, 메이스 17톤까지 증가한다(그림 50).[30]

이렇게 번성했던 교역은 1499년 이후 인도양에 나타난 포르투갈 선박이 무슬림 향료선을 보이는 대로 침몰시키거나 약탈하면서 완전히 쇠락했다. 1502~1520년 중동을 거쳐 이탈리아 항구에 도달한 말루쿠산 향료는 아예 없었다. 물론 그 시기에는 1499년 베네치아와 오스만제국의 분쟁, 1505~1508년 베네치아와 이집트의 분쟁, 1517년 오스만제국의 이집트 정복 이전 맘루크 왕조의 불안정 등 짧은 혼란이 많았다.[31] 그러나 16세기 초 30년 동안 (추측건대 인도와) 유럽으로 간 동남아시아산 상품의 선적량이 급격하게 줄어든 것은 기본적으로는 포르투갈이 기존 무슬림 선박과 인도양의 항구들을 들볶아댔기 때문이다. 1511년 동남아시아의 최대 교역항 믈라카를 손에 넣기 전까지 포르투갈이 직접 유럽으로 가져온 물량은 무슬림 선박이 가져오던 양의 4분의 1도 되지 않았다. 1513년부터 1530년대까지는 포르투갈이 해마다 평균 정향 30톤과 육두구 10톤을 가져와 유럽 시장을 장악했고, 중동 교역로에서는 일정치 않은 양이 소량 들어왔을 뿐이다. 유럽의 후추 수입도 비슷한 양상으로 증가했다가 1500년경 갑자기 줄었고 1530년 이후에야 동남아시아산 후추로 채워지기 시작한다.[32]

따라서 동남아시아의 교역의 시대는 파니카르가 1498년부터라고 제안한 '바스쿠 다가마*의 시대'[33]와는 분명히 구별되어야 한다. 반면 지중해나 중국 시장의 자료를 보면 동남아시아산 상품에 대한 수요는 1400년경 갑작스럽게 늘어나기 시작했다. 여기서도 1500년부터 1530년 사이의 대혼란은 아주 뚜렷하게 드러난다.

이 기간 교역의 양상을 파악하기는 쉽지 않다. 중국의 사무역 금지 조치에도 불구하고 15세기에 남중국해를 건너는 선박 수는 계속해서 늘어났던 것으로 보인다. 그 까닭은 첫째, 1457년부터 1520년대 사이 명나라의 해금령이 느슨해져 해마다 상선들이 푸젠성 남부에서 난양으로 항해해갔기 때문이다.[34] 둘째, 명나라의 첫 세 황제가 연달아 화려한 즉위식을 치르면서 공식 조공제도가 15세기에 그 황금기에 달했기 때문이다.

명나라가 북쪽에 자리 잡은 몽골의 위협을 효과적으로 막기 위해

* Vasco da Gama(1460?~1524). 포르투갈 알렌테주 출신의 탐험가. 1497년 마누엘 1세가 후원한 원정대를 이끌고 1498년 인도 캘리컷에 도착해, 대서양과 아프리카를 돌아 인도로 가는 인도항로를 개척했다. 인도항로 개척은 포르투갈이 아시아 무역에 뛰어들어 제국을 확장하는 주요 계기가 되었다. 1514년 다가마는 인도 부왕으로 부임했다가 1524년 코친에서 사망했다. (옮긴이)

1421년 난징에서 베이징으로 천도한 후 중국의 남방정책은 전적으로 수동적이었다. 동남아시아에 정착한 수많은 중국계 상인을 포함한 동남아시아인들은 본질적으로 교역을 목적으로 조공제도를 유지해나갔다. 자바는 초창기에 교역 목적의 조공사절단을 보내는 데 너무 열성적이었던 나머지 중국 황실이 1443년과 1453년 두 번이나 조공을 너무 자주 보내지 말라는 내용의 편지를 자바 왕에게 보내기까지 했다.[35] 그러나 중국이 홀대하고 귀찮아하는데도 불구하고 시암과 믈라카는 15세기 후반 내내 끈질기게 조공을 보냈고 덕분에 두 국가가 자바를 물리치고 중국과의 동남아시아 교역에서 가장 중요한 중계무역항 자리를 차지했다(표 6). 믈라카의 사절단은 계속 예외로 받아들여져 1456년에는 술탄 무자파르의 자식들이, 1463년에는 고위 관리 열두 명이 중국을 방문하기도 한다.[36] 1511년 포르투갈의 믈라카 정복 이후에는 시암과 참파만 계속 배편으로 조공을 보냈지만 한 황제의 치세 동안 한 번 이상 보내지는 않았다.[37]

중국의 무역 금지 조치를 우회하는 셋째 수단은 1429년 쇼하시尚巴志 왕이 통일한 섬 왕국 류큐를 경유하는 것이었다. 진취적인 류큐 왕은 1433년 명나라의 공무역 중단과 사무역 금지령을 자국에 유리하게 이용해 푸젠성 상인들이 오키나와의 수도 인근에 정착하여 자신의 보호 아래 무역하도록 장려했다. 쇼하시 왕과 후계자들은 중국과 일본 황실 양쪽을 충실히 섬기는 동시에 수익성 높은 조공 사절을 보내 두 나라와 좋은 관계를 유지했다. 따라서 직접 무역이 거의 중단된 시기에 류큐는 동남아시아와 동북아시아를 잇는 핵심적인 연결점이 되었다. 류큐의 실록인 『역대보안歷代寶案』에 실린 당시 무역에 관한 기록은 1430년부터 1442년까지 13년 동안 류큐 무역사절단이 최소한 아유타야에 열일곱 차례, 팔렘방에 여덟 차례, 자바에 여섯 차례 갔다고 밝힌다. 믈라

표 6 동남아시아 각국 조공사절단이 중국에 간 횟수

보낸 시기 \ 보낸 곳	자바	파사이	시암	참파	캄보디아	파항	믈라카	브루나이	필리핀
1400~1409	8	3	11	5	4		3a	3a	2a
1410~1419	6	7	6	9	3	3	8a	4a	2a
1420~1429	16	5	10	9			5a	2	5a
1430~1439	5	3	4	10			3		
1440~1449	7		3	9			2		
1450~1459	3		2	3			3		
1460~1469	3	1	1	4			2		
1470~1479			4	3			1		
1480~1489		3	3	3					
1490~1499	2		3	3					
1500~1510			1	2			2		

a. 이 시기 중 한 번은 왕이 직접 사절단을 이끌었다.
* 출처: 『명실록明實錄』(Wang 1970: 74; Wade 1991)

카, 아유타야, 파사이(북수마트라)가 류큐의 주요 무역 상대였던 시기인 1463~1481년과 류큐 선박이 아유타야, 파타니, 서부 자바, (1511년 포르투갈에 정복되기 전까지) 믈라카를 가장 자주 방문한 1508~1554년 기록에서는 집중적인 무역 활동도 확인할 수 있다. 그러나 16세기에 이런 경향은 전반적으로 쇠퇴해 1550년대에 이르면 류큐는 동남아시아 무역에 별다른 영향을 끼치지 못했다.[38]

활황기 1570~1630년

열대 아시아의 수출이 가장 급격하게 늘어나던 시기, 기존 수입국인 중국과 인도에 유럽과 일본이 가세해 수출 증가를 촉진하는 주요 외부 세력의 역할을 했다. 일본에서 이 시기는 하야미 아키라가 "일본 '근세'의 시작을 알리는 결정적 전환점"이라고 이름 붙인 "대변혁"의 시기였다.[39] 전국 통일, 도시화, 판매 유통망의 형성, 사고방식의 상업화 등이 모두 이 시기 일본이 겪은 대도약의 일부였지만, 동남아시아와 집중적인 무역이 이루어진 짧은 시기도 이 전환과 관련 있다. 1580년경부터 일본 선박이 전례 없이 많은 양의 일본산 은을 싣고 남쪽의 항구들로 항해하기 시작했다. 1604년부터 1616년까지 도쿠가와 막부는 이들 선박에 내린 해외 무역 허가인 주인장朱印狀 내역을 꼼꼼하게 기록했는데, 이에 따르면 12년 동안 일본 선박 173척이 동남아시아로 향했다(그림 51). 이와오는 1604년부터 1635년 사이 적어도 299척이 항해했다고 추적했다(표 7). 선박 한 척이 동남아시아 항구로 실어 나른 (은이 대부분인) 화물은 평균 은 2톤어치였고, 한 해에 일본 선박이 평균 열 척 들어왔다면 연간 은 20톤이 유입되었을 것이다. 이 활동은 1635년 에도 막부의 3대 쇼군 도쿠가와 이에미쓰가 일본인의 해외무역을 전면 금지하고 이를 어기는 자는 사형에 처한다고 엄명을 내리면서 갑작스럽게 중단됐다.[40]

이 시기는 일본과 아메리카 대륙의 은 공급에 힘입어 중국이 교역을 확장한 예외적인 때이기도 하다. 1567년 명나라 융경제(재위 1537~1572)는 거듭되는 푸젠인들의 청을 받아들여 건국 이래 처음으로 해금령을 해제하고 남쪽과의 사무역을 허용했다. 처음에는 해마다 정크선 50척이 항해 허가를 받았지만 1589년에는 88척, 1597년에는 117척으로 그 수

표 7 일본 선박의 동남아시아행 주인장 발행 건수

	통킹	코친 차이나a	참파	캄보디아	시암	파타니	필리핀b	합계c
1604~1605	5	9	2	10	4	5	9	45
1606~1610	2	9	3	10	18		13	59
1611~1615	3	26		4	14	2	13	62
1616~1620	9	22		3	2		8	45
1621~1625	6	7	1	4	8		9	35
1626~1630	3	5		4	8		2	22
1630~1635	9	9		9	2		2	31
합계	37	87	6	44	56	7	56	299

a. 안남(1604~1611), 코친차이나(1609년 이후), 후에와 카치안Kachian(1604년 각각 1척씩)을 포함.
b. 1605년과 1606년 비사야행으로 기록된 선박을 제외하고는 모두 루손(마닐라)이 행선지였다.
c. 주요 거래 항구가 아닌 항구로 간 일회성 항해 포함. 브루나이(1605, 1606), 믈라카(1607), 말루쿠(1616), (이와오가 캄보디아와 시암 사이로 추정한) 다탄Datan(1606, 1607).
* 출처: Iwao 1976: 300~301; Innes 1980: 58

가 늘었다. 그 이후로는 기록이 없고 1620년대경 이 체제는 무너지고 말았지만, 1613년 190척이라는 추산치와 1616년 정크선 "몇백" 척이 항해했다는 공식 기록이 있다. 장저우漳州의 세관 수입은 1576년에서 1594년 사이 거의 세 배로 증가했다.[41]

1589년 중국 정크선의 절반 정도가 필리핀과 보르네오 등 "동양東洋"으로 항해 허가를 받았다. 나머지 절반은 주로 자바(8척), 코친차이나(8척), 남수마트라(7척), 시암(4척), 캄보디아(3척), 참파(3척) 등 "서양西洋"으로 간다고 보고했다. 또한 특히 베트남 인근 항구로 향하는 배 등 많은 배가 허가를 받지 않고 출항한 것이 확실해 보인다.[42] 이 시기 중국은

그림 51 교토의 차야茶屋 가문 소속 주인선이 호이안에 도착하는 장면을 묘사한 일본의 병풍 그림 일부(1630년경 제작). 베트남 갤리선 세 척이 주인선을 호이안강으로 예인하고 있다. 강 하구의 천막은 시장 구역을 나타내며 그 뒤로는 가게와 집이 늘어선 일본 거리가 보인다. 강 건너편 중국인 구역에는 전통 가옥 세 채가 보인다.

태평성대를 누리며 도시가 성장하고 인구가 증가했을 뿐 아니라, 전례 없는 해외무역 자유화와 일본 및 아메리카산 은 유입에 일정 부분 힘입어 상업화가 한창 진행 중이었다.

중국이 계속해서 '왜구'와의 교역을 금지했기 때문에, 동남아시아의 항구들은 일본인이 은을 가져와 중국산 비단과 동남아시아산 설탕, 향료, 사슴가죽과 바꾸는 핵심적인 중계무역항이 되었다. 이런 거래의 최대 수혜자는 마닐라와 호이안이었다. 호이안(파이포)은 1600년 이래 유럽인들이 코친차이나라고 부른 남베트남의 응우옌 왕조가 세운 항구로 전략적 요충지에 자리 잡고 있었다. 1590년대에는 해마다 중국 선박 16척이 마닐라행 항해 허가를 받았고, 이후 수십 년간 매년 비슷한 수의 배가 호이안으로 향했을 것이다.[43] 그러나 1620년대에 접어들면 중국의 정치적 상황과 경제 위기가 무역 활황에 영향을 미치기 시작하고 1640년부터 1680년대까지 동남아시아의 대중국 무역은 의심할 나위 없이 침체의 늪에 빠졌다(10장을 보라).

동남아시아산 상품을 공급받던 시장 중에서는 유럽 시장의 수요가 16세기 말에서 17세기 초 가장 급증해 말루쿠산 향료와 동남아시아산 후추를 어느 때보다 많이 가져갔다. 차츰 유럽인의 식탁을 사로잡은 "향신료 열풍spicy orgy",[44] 점차 효율성이 높아진 희망봉 항로 체제, 17세기 네덜란드의 독점, 유럽으로 인한 아시아의 빈곤화 등이 모두 균형이 변하는 데 일조했다. 15세기 활황기 이전에는 말루쿠산 향료 수출량 중 10분의 1도 유럽까지 가지 못했지만, 1490년대경이면 유럽이 차지하는 비중은 약 4분의 1로 늘었을 것이다.[45] 물론 이 비중은 1500년경 포르투갈이 인도양에서 무역선을 공격하는 바람에 줄었을 것이 분명하다. 토머스는 포르투갈이 말루쿠산 정향의 8분의 1 이상을 유럽으로 가져간 적이 없다고 계산했지만,[46] 16세기 후반에 되살아난 무슬림 교역로로 흘러간 양을 더한다면 유럽이 가져간 양은 다시 적어도 4분의 1 이상이 됐을 것이다.

17세기 중반 네덜란드인들은 말루쿠산 향료의 전 세계 공급량에서 유럽이 차지하는 양이 3분의 1 정도라고 추산했다.[47] 그러나 실제로 네덜란드의 향료 시장 개입과 조작으로 인한 변화는 더 컸다. 프란시스코 펠사르트*가 1627년에 아그라의 인도인 고참 무역상에게 듣기로는 네덜란

* Fransisco Pelsaert(1595?~1630). 네덜란드의 무역상. 1618년 네덜란드동인도회사에 들어가 인도 아그라에서 7년간 근무했다. 1628년 바타비아호를 이끌고 자바로 가는 길에 풍랑을 만나 오스트레일리아 서쪽의 산호초에 배가 좌초하고 선원들이 반란을 일으키는 고난을 겪고 바타비아로 돌아왔다. (옮긴이)

드동인도회사가 향료 무역을 좌우하기 전에는 인도에 들어오는 정향이 세 배나 더 많았다.[48] 아직 잉글랜드, 포르투갈, 인도 상인들과 경쟁하던 1641년부터 20년간 네덜란드동인도회사는 해마다 수라트에 31톤, 코로만델 해안에 25톤을 팔았다. 그 후 인도의 소비량은 유럽에서보다 훨씬 급격하게 줄어들었다. 네덜란드가 이전보다 두세 배 비싼 가격을 책정하자 1660년대 수라트는 23톤, 코로만델은 겨우 5톤을 사들였다.[49]

활황기의 동남아시아산 후추 수출량 증가는 훨씬 급격했다. 인도네시아의 후추 재배자들은 원래 안정적이던 중국 시장의 늘어나는 수요를 충족시켰을 뿐 아니라, 급속도로 커지는 유럽 시장의 핵심 공급자였던 인도의 자리마저 차지했다. 1500년에서 1530년 사이에 지중해 항구들은 아시아산 상품 공급을 리스본에 의존할 수밖에 없었다.[50] 그러나 점차 무슬림 무역로가 되살아났다. 포르투갈이 도입한 유럽 해군력의 새로운 요소는 금세 그 잉여가치를 잃었다. 1517년 오스만제국이 이집트를 정복한 데 이어 1538년 아라비아반도의 홍해 연안을 확보하자 인도양에서 무슬림 상선의 화물 운송은 큰 힘을 얻었다. 그러자 포르투갈 무역상들은 경쟁 상대였던 무슬림 상선에 허가를 내주거나 심지어 비용을 대가며 수익성 높은 무역의 수요에 부응했다. 게다가 후추와 정향 재배는, 말라바르 해안(후추)이나 트르나테(정향)에서 그랬듯 포르투갈이 영향을 미칠 수 없는 새로운 지역으로 퍼졌다.

1536년 포르투갈인들은 "어마어마한 무리"의 작은 배들이 캘리컷에서 후추를 싣고 포르투갈의 정찰을 피해 홍해로 몰래 빠져나가는 것을 막지 못한다고 인정했다. 포르투갈 지휘관들은 더 막강한 군사적 지원 없이는 이런 은밀한 무역을 막을 수 없다고 계속 불평했다. 1540년대 중반 포르투갈의 밀무역 봉쇄가 일시적으로 성공을 거두어 포르투갈의

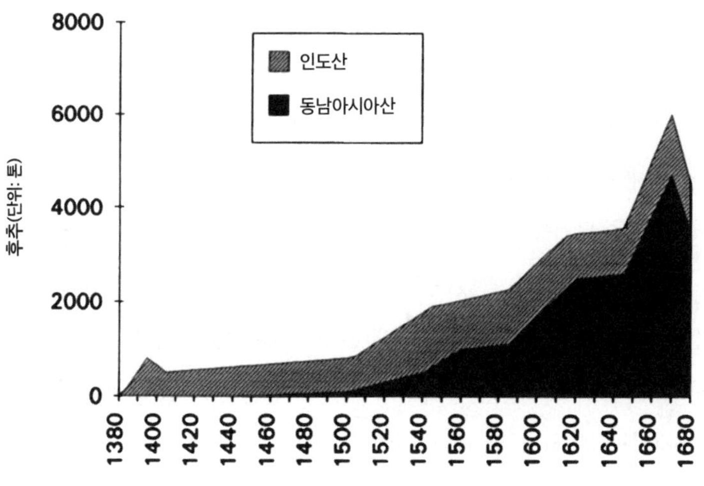

그림 52 유럽으로 유입된 후추량 추산치.

후추 운송량이 유럽의 15세기 전체 후추 수입량보다 많은 연간 1500톤이 되는 기록을 세웠다.[51] 어쩌면 이 때문에 인도양의 포르투갈 패권을 피해 홍해로 가는 무슬림 대체 무역로가 만들어졌을지도 모른다. 이 새 무역로는, 동남아시아에서 포르투갈의 가장 강력한 교역적·군사적 라이벌이었던 아체에서 시작해 곧바로 몰디브를 거쳐 인도양을 통과했다. 1560년대면 해마다 후추 1250~2000톤가량이 되살아난 무슬림 무역로의 이집트를 경유했다는 신빙성 있는 추산치가 여럿이다.[52] 대부분이 인도에서 출발한 포르투갈 선박의 선적량 또한 1590년대의 재앙 같은 후퇴기까지는 줄어들지 않았다. 따라서 이집트로 간 후추의 대부분은 인도가 아니라 수마트라의 새로운 경작지에서 온 것일 가능성이 크다(그림 52).

더 동쪽에서 자바와 말레이 무슬림 상인들은 말루쿠산 향료를 독점하려는 포르투갈의 시도에 반발해, 정향과 육두구의 상당량을 아체를 거쳐 이집트로 가는 같은 무역로로 실어 날랐다. 포르투갈의 영향력은 말루쿠에서 1550년 이후 약화되다가 1575년에는 인도네시아 동부의 핵심 근거지인 트르나테마저 잃었다. 그 후 "말루쿠 사람들은 포르투갈인에게 정향을 팔기를 거부하고 자바인에게 팔았으며 자바인은 [포르투갈령] 믈라카에 정향을 팔았다."[53] 그러나 포르투갈은 자유 시장에서 정향을 사들이면서도 1580년대에 본국으로 정향 100톤 이상을 보내는 기록을 세웠다. 포르투갈령 믈라카의 세관 수입은 1580년대 최고조에 달해 1540년대에 비해 두 배로 늘었다.[54] 16세기 후반 포르투갈 항로와 무슬림 무역로 양쪽을 통해 유럽에 유입된 향료의 전체량은, 포르투갈 측이 기록한 톤수의 두세 배이자 이전의 전성기인 1490년대 유입량의 두 배 정도가 될 것이다.

16세기의 마지막 30년 동안 스페인이 멕시코와 페루의 은광에서 캐낸 은의 양은 크게 늘어났고, 그 상당량이 포르투갈과 아카풀코에서 출발하는 스페인의 "마닐라 갈레온"을 통해 아시아로 유입됐다. 스페인령 마닐라의 무역 규모는 빠르게 커져 1616년에서 1620년 사이에는 연간 60만 페소에 달했으며, 이후로도 연간 50만 페소를 상회하는 수준을 유지하다가 1645년 갑자기 절반 이하로 떨어졌다(뒤의 표 8).[55] 마닐라에서 보낸 1627년 예수회 연례 서한은 "필리핀이 정복된 이래 오늘날처럼 이곳이 풍요롭고 호사스러운 시기가 없었다"고 보고했다.[56]

1596년 네덜란드와 잉글랜드가 후추와 향료 무역 경쟁에 뛰어들면서 가격은 더 높아지고 재배지는 훨씬 더 확대됐다. 1580~1590년대에 포르투갈 무역로나 무슬림-베네치아 무역로를 거쳐 유럽에 닿은 향료선이 한 해 겨우 5~8척이었던 데 비해, 1620년대에는 아시아에서 돌아오는 유럽 선박이 한 해 평균 13.3척이었다.[57] 여기서 희망봉을 도는 해상무역로가 압도적인 승리를 거두었음을 알 수 있다. 1616년에도 아체에서 후추를 싣고 출발한 배 몇 척이 홍해까지 갔지만, 이후 수십 년 사이 오스만제국 시장마저 서유럽 화주에게 후추를 사들이게 되면서 이 경로는 완전히 중단됐다.[58] 서쪽으로 향하는 전체 물량은 계속해서 빠르게 증가해, 1670년대에 이르면 연간 6000톤으로 40년 전과 비교해 두 배에 달했다. 중국의 시기별 수입량을 파악하기는 더 어려운 일이지만, 17세기 초에는 2000톤에 달했다가 1640년대 명나라가 해체되던 시기에는 그 수량이 아주 조금 줄어든 것으로 보인다. 동인도와 대륙부 동남아시아에는 그보다 적은 양이 수출됐다.

말루쿠산 향료의 유럽행은, 유럽 화주들 사이에 향료를 둘러싼 경쟁이 치열하고 네덜란드동인도회사가 아직 시장을 독점하지 못한 시기인 1620년경 정점에 달했던 듯하다(앞의 그림 50을 보라). 그 시절 유럽의 연간 구입량은 정향 300톤, 육두구 200톤, 메이스 80톤에 이르렀다. 말루쿠 북부의 기존 공급지와 남부 암본섬의 신규 생산지의 생산량을 다 합쳐도 말루쿠의 연간 정향 생산량은 400톤 언저리에 머물렀으므로,[59] 유럽이 일시적으로 세계 최대 소비자였던 것이 분명하다. 1621년 네덜란드동인도회사는 반다의 육두구와 메이스 독점체제를 완성하자마자 유럽으로 가는 공급량을 전성기의 절반으로 줄였고 그 결과 가격이 폭등했다.[60] 생산지가 훨씬 널리 퍼져 있던 말루쿠산 정향에 대해서는 1650년대에야 같은 조치를 취할 수 있었다. 네덜란드동인도회사는 암본섬 남부와 레아세제도에서 자신들의 직접 영향권 밖에 있는 정향나무를 파괴해 1650~1660년대 내내 정향 총생산량을 180톤까지 줄였다. 그 결과 유럽에서 정향 판매가는 두 배로 치솟아 폰트pond(약 500그램) 당

7.5길더, 인도에서는 세 배인 5길더로 올랐다.[61]

네덜란드가 암본인들을 모질게 닦달한 결과 정향 산출량은 1670년대부터 다시 증가해 1690년대 연간 500톤가량으로 최대치에 달했다. 네덜란드동인도회사는 1677년 정향 가격을 3.75길더로 내려야 했으나 이 절박한 조치로도 유럽의 정향 소비가 영원히 줄어드는 것을 막지 못했다. 정향이 비싸던 시기에 값싼 대체재인 브라질산 "정향목clove-wood"이 널리 소비되었기 때문이다.[62] 그 결과 1690년대 네덜란드동인도회사는 정향 과잉 공급과 한때 가장 수익성 높았던 아시아 사업에서의 이윤율 하락을 동시에 겪어야 했다.

후추는 네덜란드동인도회사가 독점하거나 시장에 개입하기에는 아시아 계절풍 지대에 너무 광범위하게 재배됐다. 오히려 과잉 공급으로 가격이 하락하고 결국 아시아에서 구입이 줄어들었다. 유럽에서 후추 가격은 1616년에서 1641년 사이 최고치에 달했다가 1675년부터 17세기 말까지 최저치를 기록했다.[63] 인도산 직물이 훨씬 수익성 좋은 품목으로 유럽으로 돌아가는 배에 실리기 시작해 1650년경 잉글랜드동인도회사가 처음 후추 대신 직물을 선적했고 1680년경 네덜란드가 그 뒤를 따랐다(10장을 보라).

동남아시아 무역 성장의 거시적 양상은 동쪽을 봐도 서쪽을 봐도 똑같이 뚜렷해 보인다. 1400년경의 갑작스러운 도약 이래 15세기 내내 간헐적으로 성장했으며 세기말에 가장 폭발적이었다. 1500년경 급격한 하락이 있었지만 1530년경 다시 회복됐다. 그 후로는 계속 성장하다가 1570년 즈음 성장세가 가속화되면서 1600년에서 1630년 사이 정점에 달했다. 17세기 중반은 네덜란드동인도회사가 승리를 누리던 시기였지만 동남아시아에는 위기였다.

이 교역의 시대에 교환의 양상은 동남아시아가 인도에서 직물을, 아메리카 대륙과 일본에서 은을, 중국에서 동전, 비단, 도자기와 기타 제조품을 수입하고 후추, 향료, 향목, 수지, 옻, 거북 등딱지, 진주, 사슴 가죽, 베트남과 캄보디아의 설탕을 수출하는 것이었다. 향료와 다른 수출품의 생산자들만 수요 급증의 최대 수혜자였던 것은 아니다. 교역품이 세계를 돌아 이동하는 경로의 매 단계마다 100퍼센트 이상의 이윤은 흔했다. 토메 피르스는 믈라카에서 500헤이스reis로 살 수 있는 상품을 가지고 말루쿠에 가면 정향 1바하르(272킬로그램)를 충분히 사지만, 믈라카에서 정향 1바하르는 7~10배가 넘는 9~12크루자두*라고 적었다.[64] 이 이윤은 많은 이가 나눠 가졌다. 그 당사자들은 믈라카에서 자바와 자바에서 말루쿠 사이 뱃길의 선장과 선원, 항해에 자본을 투자한 자본가, 믈라카와 트르나테, 한 곳 이상의 자바 항구뿐 아니라 발리나 숨바와의 항구 한 곳의 왕과 항구 관리, 말루쿠산 향료를 팔기 위해 배가 모여드는 자바, 발리, 숨바와의 식자재와 직물 중개인이었다. 향료가 서쪽이나 북쪽으로 이동하면서도 비슷한 일이 벌어졌으며, 직물은 동쪽으로 이동하면서 단계마다 가격이 올라갔다. 장거리 무역에서 활황의 상승효과는 동남아시아 전역의 무역항뿐 아니라, 수출용 상품이 모여드는 내륙 지역에서도 감지됐다. 이 비범한 생명줄은 네덜란드동인도회사가 말루쿠산 향료의 독점체제를 완성하는 17세기 중반에야 다채로운 아시아의 무역상과 무역 중심지에 숨을 불어넣기를 멈췄다.

* cruzado. 스페인 레알과 가치가 같은 옛 포르투갈 화폐 단위. (옮긴이)

금은의 수입

후추 가격이 최고에 달했던 1640년대에 동남아시아는 해마다 후추 6500톤을 피쿨당 평균 9레알에 수출했다. 곧 현지 기준으로 수출액이 매년 평균 100만 레알 또는 은 25톤에 상당했다. 같은 시기 말루쿠는 해마다 정향 400톤을 최고가인 1바하르당 100레알에 수출해서 현지가로는 15만 레알 또는 은 4톤, 동남아시아의 주요 시장에서는 그 가격이 거의 두 배에 달했다. 1630년대 시암은 소목 2000톤을 주로 중국과 일본에, 시암과 캄보디아는 사슴 가죽 30만 장을 일본에 수출했다.[65] 1604년에서 1629년 사이 해마다 일본의 주인선 10척이 은 20톤을 싣고 동남아시아의 항구로 와서 같은 가치의 중국산 비단과 동남아시아산 가죽, 생사, 소목, 설탕, 안식향安息香, 면, 향료를 싣고 돌아갔다. 동남아시아에 들어오는 중국 선박의 수는 일본의 10배에 달했으나, 싣고 오가는 화물의 가치는 일본 배에 미치지 못했다. 아주 개략적으로나마 중국과 일본, 중국과 네덜란드 간의 중계무역을 포함한 전성기 동남아시아 무역의 큰 그림을 그려보자면 다음과 같을 것이다. 인도, 중동, 유럽으로의 수출품은 인도산 직물, 금속, 정금正金과 맞바꾸었으며 그 규모는 은 120톤에 달했고, 중국과 일본으로의 수출품은 수공예품, 금속, 정금과 교환했으며 규모는 은 100톤이었다.

일본인도 유럽인도 아시아산 수입품을 사들일 때는 금은으로 지불해야 했음에도, 위와 같은 수출의 대가로 동남아시아인이 얻은 것은 물론 대부분 무역 상품의 형태였다. 그럼에도 언제 동남아시아의 무역 활황이 그 정점에 달했다가 쇠퇴하기 시작했는지 보여주는 가장 유용한 지표는 이렇게 결코 완전하지는 않지만 비교적 상세한 금은의 유입에 관한 수치다.

중세 유럽의 도덕주의자들은 귀금속이 동양으로 "흘러 나가는" 현실을 종종 개탄했는데 그런 상황은 15세기 말 후추와 향료가 유럽에 들어오면서 최고조에 달했다. 마갈량이스-고디뉴 15세기 말 유럽이 동양의 사치품을 들여오는 데 매년 은 10톤 이상에 달하는 40만 크루자두를 지불했다고 계산했다.[66] 1500년대 초반 이 액수는 "획기적으로" 줄어들어 (은 2톤 정도인) 8만 크루자두가 되는데, 이전보다 후추와 향료를 적게 구입한 만큼 나머지를 약탈로 확보했기 때문이었다. 여전히 주로 금으로 지불하던 레반트 무역의 회복과 포르투갈의 은 산지 확보는 16세기 후반에 이 귀중한 금속의 수출이 급격하게 증가하는 원인이 되었다. 특히 1570년 이후 스페인령 아메리카에서 은 생산량이 어마어마하게 늘어나자 인도 카레이라*에 투자될 수밖에 없었다. 1580년 스페인과 포르투갈이 합병해 다른 장애물마저 사라지자, 1580년대 포르투갈이 고아로 실어 나른 은은 100만 크루자두 곧 30톤에 달했다고 서로 다른 두 기록이 말한다.[67] 고디뉴는 16세기 말 유럽이 포르투갈과 레반트 무역로를 통해 동양으로 보낸 은이 총 72톤에 달한다고 추산했다.[68]

17세기에는 포르투갈, 네덜란드, 잉글랜드, 스페인 모두 상당량의 금과 은, 특히 아메리카 대륙의 은을 동양으로 실어갔다. (오늘날에는 볼리비아 영토인) 페루 포토시 광산의 은 생산량을 극적으로 늘려준 추출 기술이 발견된 것과 거의 동시에, 일본에서도 수은을 이용한 유사한 추출법이 개발됐다. 동아시아에서는 아메리카보다 일본의 은 공급이 더 중

---

* Carreira da India. 바스쿠 다가마의 인도항로 개척 이후 1497년부터 1856년 수에즈운하 개통 전까지 해마다 인도 고아와 리스본 사이를 오가던 무역 선단. 카레이라 체제에서 무역은 원칙적으로 왕의 계정으로 왕 소유의 선박에 왕의 상품을 싣고 항해해서 거래하고 이익도 왕이 갖는 왕의 사업이었다. (옮긴이)

요했다. 특이한 점은 일본산 은의 전성기가 아메리카산 은 생산량이 가장 높은 시기와 거의 일치한다는 사실이나, 그 공급량 증가는 훨씬 급격했다.

표 8에 제시된 일부 수량은 수치의 정확성보다는 그 변동의 경향을 더 신뢰하는 편이 좋겠다. 유럽의 데이터는 공식 운송량을 바탕으로 총량을 상당히 낮춰 잡은 것으로 특히 포르투갈의 경우가 그렇다. 반면 일본의 수출량은 파편적인 자료를 합쳐서 추정한 대략의 근사치다. 반면 일본 수치는 파편적인 사료를 외삽법外插法으로 추산한 근사치다. 그럼에도 이 자료는 아시아 무역 활황이 언제 전성기에 달하고 쇠락하기 시작했는지 알려주는 가장 유용한 지표다. 마닐라 갈레온이 1610~1630년처럼 많은 양을 싣고 태평양을 건넌 것은 한 세기를 넘지 않았다. 일본의 은 수출량은 다시는 1610년에서 1640년 사이의 예외적인 시절만큼 높아지지 않았다. 1668년에는 일본의 은 수출이 금지됐으나 조선을 거쳐 소량이 흘러나왔다. 잉글랜드와 네덜란드는 1620년대에 최고 수출량을 기록했다. 두 나라 모두 17세기 말이 되기 전 다시 최고치를 경신했지만, 그때면 양국의 구매에서 동남아시아가 차지하는 비중이 훨씬 낮아졌다.

일본산과 마닐라 갈레온이 실어 나른 은 대부분은 중국이 흡수했으며, 그 은은 명대 후기의 상업화와 도시 성장을 촉진했다. 상당량이 호이안, 마닐라, 파타니, 아유타야, 캄보디아를 거쳐 간접적으로 중국에 흘러들어갔으며, 이들 도시의 교역을 확대하기도 했다. 포르투갈, 네덜란드, 잉글랜드의 은은 기본적으로, 동남아시아에서의 거래에 필수적인 직물을 사들이기 위해 인도로 향했다. 그런데도 은은 점점 더 많이 동쪽의 모든 시장에 밀려들어왔고, 인도네시아에서 후추를 사려던 네덜란드, 잉글랜드, 프랑스인은 레알 은화로 값을 치르라는 요구를 자주 받았다. 이 스페인 은화는 17세기 전반부에 동남아시아의 실질적인 국제통화가 되었다. 은 유입량 중 동남아시아에 머문 비율을 계산하는 것은 불가능하겠지만, 이 유입은 1620년대에 정점에 달해, 유럽과 중국에서 그랬듯 동남아시아에서도 도시를 성장시키고 상품 수요를 촉진하고 사회의 상업화를 확장했다. 1630년 이후 은 유입량의 점진적인 감소는 17세기 중반 동남아시아에 닥친 위기의 한 요인이었다.

표 8 동아시아에서 금은의 공급량(은으로 환산한, 10년마다 연간 평균량. 단위는 톤)

	포르투갈a	네덜란드 동인도회사b	잉글랜드c	마닐라 갈레온d	일본의 수출e
1581~1590	8.6			4.0	30
1591~1600	?			2.7	40
1601~1610	5.9	5.7	1.3	12.0	80
1611~1620	4.7	10.9	4.7	19.4	110
1621~1630	4.4	12.7	7.7	23.1	130
1631~1640		8.7	5.5	18.4	130
1641~1650		9.5	?	10.1	70
1651~1660		8.6	?	9.0	50
1661~1670		11.8	9.9	8.0	40

a. Magalhães-Godinho 1969: 330~331에서 계산.
b. Bruijin, Gaastra, and Schoffer 1987: 187, 224에서 계산.
c. Chaudhuri 1965: 115; Chaudri 1978: 512에서 계산.
d. TePaske 1983: 444~445에서 공적 송금액에 사적 송금을 합산해 계산. 1581~1590년과 1661~1670년 수치는 공적 송금액만 알려져 있어 추정치임.
e. Glamann 1958: 58; Iwao 1976; Innes 1980: 634~642; Yamamura Kamiki 1983; Tashiro 1987; Moloughny and Xia 1989를 종합해 평균 낸 추정치임.

인도산 직물 수입

직물은 동남아시아의 비생필품 소비에서 최대 품목이었고, 호경기에 동남아시아산 수출품은 주로 섬세하게 짠 화려한 색상의 인도산 직물과 교환되었다. 인도산 직물 수입량의 추이를 장기간에 걸쳐 파악할 수 있다면 상업적 번영의 정도를 알 수 있는 최고의 단일 지표가 될 것이다.

이에 관해 최초로 유용한 통계를 낸 것은 토메 피르스다.[69] 그의 계산으로는 포르투갈에 정복당하기 직전 믈라카가 믈라카해협 무역을 장악했던 전성기에 해마다 구자라트에서 선박 다섯 척이 직물을 싣고 믈라카에 왔으며, 한 척은 7만~8만 크루자두어치를, 나머지 배들은 각각 1만5000~3만 크루자두어치를 가져왔다. 말라바르에서는 해마다 서너 척이 1만2000~1만5000크루자두어치의 직물을, 풀리캇에서는 한 해 한두 척이 8만~9만 크루자두어치를 싣고 왔다. 이 계산을 평균 내보면 매년 구자라트에서 16만5000크루자두어치, 남인도에서 17만4750크루자두어치 직물이 들어왔다. 피르스는 벵골에서 오는 선박에 관해서는 처음에는 한 해 정크선 한 척이나 "가끔 두 척"이 8~9만 크루자두어치 직물을 싣고 믈라카에 왔으며 좀 지나서는 "정크선 네다섯 척"이 매년 믈라카와 파사이에 왔다고 주장했다.[70] 나중에 온 정크선은 직물 수입에서는 작은 역할을 한 더 작은 배였다고 가정하고, 벵골산 직물 수입액은 12만 크루자두 정도였다고 계산해보자. 믈라카의 전체 인도산 직물 수입량을 가치로 환산하면 46만 크루자두, 곧 은 20톤에 가까운 양이었다.

인도산 수입 직물의 일부가 믈라카를 거치지 않고 바로 버고, 떠닝다이, 파사이 등지로 간 데는 의심의 여지가 없으나, 믈라카에 들어온 직물 일부가 동남아시아 밖(특히 중국과 류큐)으로 재수출되어 그 양이 상쇄되었을 것이 분명하다. 따라서 동남아시아의 총수입량은 은 24톤어치 가량이었을 것이다. 피르스가 말한 가격은 믈라카의 가격이었을 것이므로, 인도에서 사들인 가격은 은 12톤에 가까웠을 것이다.

16세기 말경이면 이 엄청났던 수입량이 심지어 더 늘어났다. 잉글랜드인 모험가 제임스 랭커스터는 1602년 30만 크루자두어치 화물을 싣고 코로만델에서 믈라카로 향하던 포르투갈 배를 납치했다.[71] 인도 무슬림이 운반하는 화물의 종착지였던 믈라카의 역할을 일부 계승한 1602년의 아체에는 인도 선박이 16~18척 있었다.[72] 그중 절반가량은 1608년 아체로 대형 "정크선"을 보낸 구자라트에서 온 배였을 것이다.[73] 따라서 이러한 구자라트발 동남아시아행 화물 운송은 16세기를 거치면서 거의 두 배로 늘어난 것으로 보인다. 그러나 구자라트인은 (중동을 거쳐) 유럽 시장에 동남아시아산 후추와 향료를 공급하는 데서 서유럽인과 오래 경쟁하지 못했고, 1620년 이후에는 동남아시아에 오는 일이 뜸해졌다. 1630년대와 1640년대에 구자라트는 직물을 실은 배를 한 해 세 척 정도만 아체로 보냈다.[74] 1656~1659년 네덜란드의 봉쇄로 아체가 수마트라 해안의 후추 농장에 대한 영향력을 잃자, 직물을 싣고 아체로 오는 인도 배는 대여섯 척으로 줄었고 그중 구자라트 배는 한두 척뿐이었을 것이다.[75]

벵골과 코로만델의 해운 활동은 유럽과의 경쟁에서 타격을 덜 받았고 17세기에도 계속해서 확대되었다. 프라카슈가 수집한 자료에 따르면 동남아시아로 직물을 나른 벵골 선박의 수는 17세기 중반쯤 최고치에 달했으며 그 시절 아체로 간 배는 여섯 척이고 시암에 직물을 공급하러 떠닝다이로 간 배는 그보다 많았다.[76] 1680년대에는 동남아시아 전체에 배 여덟척 정도가 직물을 실어 날랐으나, 17세기 말이면 한 해 한두 척으로 줄어든다.

코로만델의 대동남아시아 수출은 16세기 내내 그리고 1620년대까지 폭발적으로 증가했던 듯하다. 그때부터 1640년대까지는, 네덜란드동인도회사의 수출이 늘고, 포르투갈과 덴마크가 주춤하고, 잉글랜드가 1630년대에 전성기를 누리다 다시 쇠락하고, 아시아 선박의 수출이 서서히 줄어들면서 코로만델의 직물 수출도 정체기에 빠졌을 것이다(표 9). 네덜란드는 1675년 코로만델 해안 지역 전체의 수출이 1000만~1200만 길더, 은 100~120톤에 달한다고 추산했다.[77] 수출품 대부분은 직물이었으며 그 목적지는 1650년까지 주로 동남아시아였고, 그 후로는 유럽으로 향하는 비중이 급속하게 늘어났다.

네덜란드동인도회사가 그 시기 코로만델 해안의 주요 항구 두 곳의 해운 수송을 추적한 기록이 있어 이 회사 소속이 아닌 선박이 이 두 항구와 동남아시아 사이를 오간 경향을 파악할 수 있다(표 9를 보라). 나가파티남을 출발한 배(1649년에는 도착) 중 1624년과 1625년 해마다 한 척은 마닐라로, 1645년에서 1650년까지는 마카사르로 향했다. 그 외에 이 선박들은 모두 벵골만 동쪽인 아체, 믈라카, 조호르, 크다, 방그리, 정실론(푸껫), 베익, 버고행이었다. 나가파티남에서 출발하는 배의 선주는 대개 인도-포르투갈계였고, 마실리파트남의 경우는 동남아시아의 통치자(아체, 시암, 여카잉)이거나 골콘다의 페르시아인이었다.

인도산 직물의 대인도네시아 수출에 관한 믿을 만한 장기 수치는 네덜란드동인도회사 자료뿐이다. 얀 피터르스존 쿤(1619~1629년 총독)의 열정적인 지휘 아래 있던 이 회사는 동남아시아산 상품 구매 수단으로서 인도산 직물이 지니는 강점을 금방 알아보았다. 네덜란드동인도회사

표 9 동남아시아로 출발한 코로만델 선박 수

	(안드라프라데시의) 마실리파트남 출발			(타밀나두의) 나가파티남 출발		
	아체행	버고행	합계	아체행	믈라카행	합계
1624	2	4	13	2	5	10
1625	3	2	10	2	3	11
1626a	2	4	11			
1627	2	2	6			
1628	2	2	9			
1629	2	2	7	0	1	6
1630	1	3	6			
1632	1		3	1	2	6
1633~1634	1	1	7			
1639				3	3	8
1645				2	1	6
1649a				2	0	6
1650				3		5

a. (출항이 아니라) 도착한 선박 수.
* 출처: Subrahmanyam 1990: 203, 208, 214, 334

는 무역의 변방에 있다가 17세기를 거치면서 주도적인 행위자로 떠올라서 회사의 코로만델 직물 구입량은 1619년 은 3톤어치에서 1621년 5톤, 1623년 7톤, 1640년 8톤어치로 급격하게 증가했다.[78] 네덜란드가 코로만델에서 바타비아로 수출한 (직물이 대부분이나 전부는 아닌) 물량은 1640년대에 극적으로 늘어났다. 자본 투입량이 커지고, 1641년 경쟁자 포르투갈을 믈라카에서 몰아내고, 코로만델에 속하는 벵골에 새 상관

표 10 네덜란드동인도회사가 코로만델에서 바타비아로 수출한 물량의 5년별 평균 가치

	수출(단위: 1000길더)	동량의 은(단위: 톤)
1646~1650	1443	14.8
1651~1655	1447	14.9
1656~1660	1171	12.0
1661~1665	1356	13.2
1666~1670	2038	19.8
1671~1675	1494	14.5
1676~1680	1298	12.6
1683~1685	2880	27.7
1687~1689	791	7.6

* 출처: Raychaudhuri 1962: 140~143.

을 연 결과였다. 네덜란드의 구매량은 1644년에서 1655년까지 높아졌다가 이후 10년 동안은 침체되었는데, 그중 1660~1661년은 남인도에서 대기근이 벌어진 해였다. 다시 1664~1669년에는 매년 200만 길더 또는 은 20톤어치를 사들여 전성기에 달했고 그 시기 직물을 수출하던 다른 국가는 모두 쇠락했다.

그 후로 네덜란드동인도회사의 대동남아시아 직물 무역은 내리막길이었다. 1683~1685년에는 경쟁자들을 누를 심산으로 확보 가능한 직물을 모두 사들이는 무리수까지 두었지만 소용없었다. 오히려 역효과가 나 직물은 네덜란드동인도회사가 받아야 할 높은 가격에 팔리지 않았고, 인도네시아제도에서는 현지 직물제조업이 급증했다. 17세기 말 15년간

네덜란드는 특히 줄어드는 동남아시아 시장용으로는 직물을 아주 조금밖에 사들이지 않았다. 덕분에 마드라스와 다른 코로만델 항구에 거점을 둔 동인도회사 소속이 아닌 무역상이 일정 정도 되살아났으나, 동남아시아 직물 수입의 지속적인 감소는 무엇으로도 되살릴 수 없었다.[79]

1620년경 네덜란드동인도회사의 인도산 직물 구매량 3분의 2가 동남아시아 시장용이었으나[80] 1652~1653년에는 3분의 1을 조금 넘는 정도로, 17세기 말에는 15퍼센트 정도까지 떨어졌다.[81] 네덜란드가 동남아시아 시장용으로 구자라트와 벵골에서 사들인 소량의 직물까지 합치면 네덜란드동인도회사가 단독으로 동남아시아에 가져온 인도산 직물의 가치는 1620년 은 5톤, 1640년에서 1685년 사이에는 8~10톤에 달하고 그 후로는 급격히 하락했다.

1683~1685년 일시적인 독점 시도 기간을 제외하면 네덜란드동인도회사는 코로만델 직물 수출에서 3분의 1 이상을 차지한 적이 없다. 1640년 이전에는 동남아시아로 가는 인도 제품 수출 전체에서 그보다 훨씬 작은 비중을 차지할 뿐이었다. 구자라트인들은 아체로 1615년까지 많은 양을, 1690년대까지도 상당한 양을 가져왔다. 잉글랜드인이 1620년대 은 0.6톤어치의 코로만델산 직물을 동남아시아에 수출했고, 1630년대에는 그 두 배 이상을 수출했으나 1641년 이후에는 침체했다.[82] 포르투갈과 잉글랜드가 1630년대 마카사르에 판 직물만 10만 레알(은 2.5톤)어치였고,[83] 인도네시아 동부를 네덜란드에 내준 후에도 잉글랜드는 1660년대와 1670년대에 해마다 직물을 실은 배 한 척을 반튼에 보냈으며 그 가치는 평균 1만 파운드, 곧 은 1톤에 달했다.[84] 덴마크는 1620~1640년대에 훨씬 영향력이 작아서 전성기에 코로만델에서 동남아시아로 나른 직물이 은 0.5톤어치였다.[85] 북인도인 무역상들은 17세

기 후반 동남아시아 시장 경쟁에서 계속해서 밀려났지만, 코로만델 선주들은 수출용 직물을 계속해서 실어 날라 지역성이 강한 이 무역에서 1680년대까지는 수익을 볼 수 있었다.[86]

따라서 동남아시아의 인도산 직물 수입이 최고치에 달한 시기는 1620~1655년이며, 그 가치는 매년 은 40톤으로 1510년에 비해 거의 네 배에 달했을 것이다. 즉 매년 직물 1500만 점에 상당하는 양이다(1652년 네덜란드동인도회사 단독으로 바타비아에 100만 점을 들여왔으며 그중 31만 4000점이 인도네시아 시장용이었다[87]). 앞서 계산한 대로 직물 한 점이 평균 14제곱미터 크기라고 보면 해마다 사롱 600만 장을 만들기에 충분한 양이며, 당시 동남아시아 인구는 2000만 명이 조금 넘는 수준이었다.

1680년경 네덜란드동인도회사가 공급을 좌우하던 시절에는 전체 유입량이 절반으로 떨어졌을 것이 분명하고 17세기 말에는 더 줄어들었을 것이다. 동남아시아의 인도산 직물 시장 몰락에 관해서는 10장에서 다시 논의하겠다.

환금성 작물

〔동양의 섬들에는〕 다른 곳에서는 찾을 수 없는 향료나 약초 같은 특이한 과실과 상품이 잘 자란다. (…) 따라서 그들에게 풍부한 이 산품이 다른 모든 것을 대줄 것이 분명하다. 이것이 바로 값싼 현지산을 제외한 온갖 종류의 음식이 아주 비싸고, 이 사람들이 서로 끊임없이 교류에 매달리며 한쪽이 필요한 것을 다른 쪽이 대주는 이유다.

_프랑수아 피라르, 『프랑수아 피라르의 동인도, 몰디브, 말루쿠, 브라질로의 항해』,

(Pyrard 1619 Ⅱ: 169)

전체로서의 동남아시아는 언제나 1차 산품의 수출자이자 2차 산품의 수입자였다. 동남아시아산 2차 산품은 역내 무역에서는 중요한 품목이었지만 (베트남산 비단을 제외하면) 이웃한 활발한 제조업 중심지 중국과 인도에는 필요 없는 것이었다. 후추, 정향, 육두구, 설탕, 안식향 같은 열대 농업과 원예의 산물이 무역 활황으로 가장 큰 영향을 받았고 사슴 가죽, 백단향, 소목, 장뇌, 옻 같은 임산물이 그 뒤를 따랐다.

환금성 작물 산업의 경쟁 역학은 생산 중심지가 계속해서 이동했다는 사실에서 분명히 드러난다. 전쟁, 무역 부진, 지력 상실 또는 수요 증가로 인해 한 생산지에 어려움이 생기면 다른 곳이 재빨리 그 기회를 채갔다. 정향나무는 말루쿠제도의 여러 섬에서 야생으로 잘 자랐지만, 처음 정향을 재배해서 이윤을 차지한 곳은 트르나테와 티도레였다. 1500년경 정향 재배는 인근의 작은 섬 세 곳으로 퍼졌다. 한 세기가 지나고 이 섬들의 생산량이 대폭 줄어들자, 트르나테의 영향권인 스람섬 서부와 암본 북부에서 정향 대부분이 오기 시작했다. 그 후 수십 년간 새로운 생산 중심지는 작은 섬 암벨라우Ambelau와 마니파Manipa에 형성됐는데, 마카사르 무역상들이 네덜란드에 적발되지 않고 정향을 사들이기 용이한 곳들이었다. 17세기 후반 네덜란드동인도회사는 암본 및 스람 북서해안에 가까운 작은 섬들에 새로운 정향 재배지를 집중시켰다.[88] 각 재배지에서 적어도 바쁜 수확기 동안은 노동인구 전체가 정향 재배에 관여했다.

후추(학명 *Piper nigrum*)는 훨씬 더 극적인 여정을 거쳤다. 원산지인 남인도에서 시작해 1400년경 수마트라섬 북쪽 끝으로, 1500년경 말레이반도로, 1550년경 수마트라 서해안으로, 1600년경 수마트라 내륙의 미낭카바우 지역, 자바 서부, 남수마트라로, 1630년경 보르네오 남부로 재배지가 확대된 것이다. 후추는 기존의 주식 재배를 포기하지 않고도 경작할 수 있는 인구밀도가 낮은 이동농법 지역으로 퍼져나갔다. 18세기의 후추 생산량 추산치를 살펴보면, 열매가 맺히지 않는 초반 3년과 작황에 영향을 미치는 각종 변수를 감안해도 1000그루 규모의 가족 농장kebun 한 곳에서 연평균 200킬로그램을 생산할 수 있었다.[89] 따라서 전성기였던 16세기 중반 동남아시아의 후추 생산량 8500톤에는 4만 가구 곧 20만 명 이상이 필요했을 것이 분명하다. 수마트라, 말레이반도, 보르네오 전체 인구의 6퍼센트가 이 작물 한 가지를 국제시장용으로 재배해 생계를 유지했던 것이다.

사탕수수 또한 16세기에 재배지가 극적으로 확장되는 경로를 거쳤다. 중국의 설탕 정제술이 코친차이나(꽝남 지역), 시암(중부 벼 재배 평야를 둘러싼 산지), 캄보디아, 자바(바타비아와 프칼롱안Pekalongan 인근)에 전해지자, 설탕은 동남아시아에서 중국과 특히 일본으로 가는 대량 수출 품목이 될 수 있었다. 일본은 17세기에 설탕 소비량 전부를 수입해야 했으며 1685년 이후 연간 수입 허가량이 2100톤이었는데 이 정도가 1640년에서 1700년 사이 평균 수준을 반영할 수 있을 것이다.[90] 대개 타이완이나 중국 남부에서 설탕을 수입했으나, 1640년대 시작된 중국의 혼란으로 인해 동남아시아산 설탕 수입 비중이 어느 때보다 높아져 1680년대에는 3분의 1에서 절반가량이었던 듯하다. 1636년 이미 네덜란드가 코친차이나에서 설탕 250~300톤을 사들이려 했으나 실제 사들인 양은 훨씬 적었고,[91] 1680년대에 중국 선박 한 척이 정기적으로 설탕 100~200톤을 시암에서 나가사키로 실어왔다.[92] 시암과 자바의 설탕은 1630년대에 네덜란드 배로 유럽으로도 수출됐다. 1649년 유럽에 수출된 자바산 설탕의 양은 100톤으로 증가했다.[93]

안식향나무(학명 *Styrax benzoin*)의 수지인 안식향(벤조인benzoin 또는 벤자민benjamin)은 향을 만드는 데 쓰이며, 수마트라, 라오스, 캄보디아 북부의 산벼 재배지를 따라 상당한 규모의 농장에서 손쉽게 재배됐다.[94] 캄보디아가 1630년대에 연간 270톤을 수출했는데, 몇 년 후 라오스에서 기록된 18톤이 포함된 양일 것이다.[95] 안식향은 아시아 전역에서 향으로 이용됐으며 1630년대에는 페르시아가 단독으로 60톤가량을 수입해 갔다.[96] 스페인이 1575년에야 루손에 가져온 담배는 한 세기 후 민다나오의 주요 수출 작물이 됐다.[97]

이 새로운 환금성 작물을 재배하는 개척지는 어떤 방식으로 조직되었을까? 대개는 마을의 "거물"이나 항구-통치자가 경작 농민과 국제 무역상 사이를 이어주는 중개인 역할을 했다. 이들은 작물을 파종하고 수확하는 기간 동안 농민에게 돈을 빌려주고 대신 농작물의 유통에 상당한 영향력을 행사했다. 항구와 외부시장을 통제하는 통치자는 작물의 일정량을 세금으로 받을 뿐 아니라 직접 무역에 관여하려고 할 때도 많았다. 1600년경 암본에서 오랑카야 지배층은 자바인, 말레이인, 나중에는 유럽인에게 정향을 팔고 수입한 직물을 경작자들에게 유통하는 일에 직접 나섰다. 히투Hitu의 라자와 대신들은 정향 매출의 10퍼센트를 세금으로 부과했다. 농민들이 직접 외국 무역상과 거래할 수도 있었지만 아주 비밀리에만 가능했다.[98] 트르나테의 통치자도 자신이 다스리는 지역에서 난 정향 전부에 세금 10퍼센트를 매기고 정향 수출액 총액에 추가로 10퍼센트 세금을 부과했다.[99] 반다의 오랑카야 과두 지배층은 육두구 판매를 독점했을 뿐 아니라 육두구를 생산하는 토지와 노동력까지

통제했다.[100]

18세기 반튼(독립국이던 1682년 이전보다 훨씬 엄격하게 통제되던)에서 농민들은 채권자이기 마련인 지배층에게 후추 1바하르(180킬로그램)당 0.5레알밖에 받지 못했다. 반면 후추가 술탄에게 갈 때는 바하르당 7레알로 가격이 정해져 있었기 때문에 지배층과 중개상이 가장 큰 이문을 남겼다. (그러나 한 수마트라인 상인은 자신은 6레알에 사서 술탄에게 12레알에 팔았다고 주장하기도 했다.) 술탄은 네덜란드동인도회사와 독점 계약을 맺고 바하르당 12~20레알에 이 후추를 팔았다.[101]

19세기 이전 수마트라의 후추 재배가 자본을 조달한 방식에 관한 상세한 기록은 없으나, 이 체제의 핵심 요소는 아주 널리 퍼져 있었기 때문에 오랜 관행이었을 것이 분명하다. 그것은 희귀한 두 요소 곧 자본과 시장 접근성을 통해 세 번째이자 필수 요소인 노동을 통제하는 사업가였다. 그가 충분한 돈과 연장, (주로 계절 이주자인) 개척 농민을 먹일 쌀을 마련하면 경작자들이 숲을 개간하고 후추를 심고 생존에 필요한 곡식을 길렀다. 그 결과 경작자들은 사업가에게 종속되어, 개간한 땅은 실질적으로 자신의 것인데도 해당 사업가에게만 후추를 팔아야 했다. 사업가는 이윽고 새 후추 재배 지역의 작은 왕이 되어 무역을 관장할 뿐 아니라 외부 세계와의 관계도 통제했다. 선금을 다 갚고 나서도 이 독점적 종속관계는 계속됐다. 사업가는 아체, 반튼, 잠비의 술탄 같은 더 높은 권력자와 관계도 유지해야 하므로 특별히 낮은 가격에 일정량을 파는 형태나 공물의 형태로 수출액의 약 10퍼센트를 바쳤다.[102]

토지는 넘쳐나고 노동력은 부족하기에 노동력 확보야말로 새로운 재배지를 개척하는 데 핵심이었다. 여러 지역에서 도시의 상인-귀족 계급이 '노예'를 동원해 환금성 작물 재배에 나섰는데, 1511년 이전에는 믈라카 지배층의 산지 농장dusun,[103] 한 세기 후에는 반튼의 해안가,[104] 17세기에는 아체[105]가 그런 곳이었다. 말루쿠에서 오랑카야는, 정향나무를 심은 농민들에게 빌린 정향나무에서 정향을 수확하는 데 자신들의 넘쳐나는 '노예'를 이용했다. 그렇게 많은 노동력이 필요한 때는 수확기밖에 없었기 때문이다. 관례대로 수확량의 반은 나무 주인에게, 나머지 반은 수확한 사람에게 돌아갔다.[106] 환금성 작물 경작자 중 일부는 팔려오거나 잡혀온 노예일 수도 있다. 아니면 오랫동안 종속관계에 있었거나 초기 자본을 마련하느라 빚을 졌을 것이다. 정글을 최초로 개간해 환금성 작물의 재배지로 만드는 데 필요한 노동 이동성은 유연한 종속관계 체계를 바탕으로 했다.

특히 인구가 희박했던 17세기 보르네오 남부의 반자르마신에서도 후추 재배가 이루어졌다. 이 지역은 이전에 후추 경작은 물론 집중적인 벼 재배 전통도 없던 곳이었다. 초기 후추 경작자는 대부분 수입한 노예였을 것이다. 마카사르가 이 지역에 보낸 주요 수출품 중 하나가 "후추 농장에서 일하기 적합한 남녀 노예"였기 때문이다.[107] 그러나 경작자가 주인에게 얽매인 최초의 종속 형태가 무엇이건 상관없이 장기적으로 봤을 때 해야 할 일은 같았다. 자신이 기른 귀중한 작물을, 교역이 이루어지는 장소에 있는 후원자에게 독점적으로 가져다주는 것이었다.

환금성 작물을 재배하는 개척지는 사망률이 높고 여성이 거의 없고 문화생활이 없어 삶이 혹독하게 마련이었다. 젊은 남성들은 그런 곳에서 빨리 목돈을 벌어 빚을 갚고 더 안정된 지역에서 가족과의 생활로 돌아가기를 꿈꿨던 것으로 보이지만, 한 아체 시인이 노래했듯 "운이 따른다면 집으로 돌아가겠지만, 그렇지 않다면 란타우rantau(개척 농장)에서 죽을 것"이었다.[108] 큰돈을 번 사람도 있었지만, 후추 가격이 폭락하거나 네덜란드의 봉쇄로 수출길이 막히자 몰락한 사람도 많았다. 그러나 환금성 작물 재배가 새로운 지역을 개척하고, 새로운 지배층을 형성하고 때론 구지배층을 몰락시키고, 벼 재배 평야지대의 더 안정적인 신분관계에 균열을 내며 급격한 사회변화를 낳은 것은 분명하다.

17세기의 환금성 작물 경작자들은 20세기와 마찬가지로 보통 가격이 높을 때 작물을 심지만, 시장 상황이 나쁠 때를 대비해 일부 토지에는 식량을 재배해 요동치는 가격 변동에 대비하는 법을 배웠다. 작물 가격이 낮거나 정치적 이유로 현금 경제 상황이 나쁠 때면 경작자들은 자의로 또는 통치자의 명령에 의해 타의로 작물 재배를 그만두었다(환금성 작물 재배로부터의 이탈에 관해서는 10장을 보라).

동남아시아 정크선의 전성기

> 자바인은 모두, 그들의 주장대로라면 멀고 먼 고대부터 항해술이 아주 뛰어났다. 다른 이들은 대개 이 영광을 중국인에게 돌리고 자바인에게 항해술을 전한 것이 중국인이라고 단언하겠지만, 자바인들이 오래전 희망봉까지 항해해갔고 산로렌초섬(마다가스카르) 동해안과 관계를 맺어온 것이 분명하다. 그곳에는 자바인의 후예라고 주장하는 자바화된 갈색 피부의 원주민이 많다.
>
> _디오구 두 코투, 『아시아에서Da Asia』(Couto 1645 Ⅳ, iii: 169)

동남아시아형, 때로는 오스트로네시아형이나 말라요-폴리네시아형, 때로는 그저 프라후prahu라고 부르는 독특한 형태의 배는 항해 관련 문헌에서 잘 묘사되어왔다. 이런 배의 가장 중요한 특징은 배 바닥 가운데의 길고 굵은 목재인 용골, 쇠못이나 골격을 쓰지 않고 용골 좌우에 목재 장부촉dowel을 끼우는 식으로 판자를 연결해 만든 선체, 엇비슷한 높이로 치솟은 뱃머리와 꼬리, 노처럼 생긴 두 개의 방향타, 직삼각형을 자른 듯한 사각형 돛이다. 이렇게 목재 장부촉을 쓴 배는 골격에 쇠못을 박은 배보다 훨씬 튼튼하며, 이 아주 실용적인 화물선은 지금도 인도네시아 곳곳에서 꾸준히 건조되고 있다.[109] 그런 배 수천 척이 4톤에서 40톤 사이의 어떤 화물이건 싣고 교역의 시대 내내는 물론 수 세기 전부터 그리고 그 후로도 동남아시아의 바다를 누볐다. 그 시절 문헌에 그런 배들은 프라후, 발록balok, 팡아자와pangajawa 같은 이름으로 등장했다(그림 53a).

그러나 15세기와 16세기에 주요 무역로를 호령한 것은 이 배가 아니었다. 돛대가 두셋 달리고 훨씬 크지만 "동남아시아적" 요소(목재 장부촉으로 연결한 선체, 한 쌍의 방향타, 용골)를 지닌 배가 동남아시아인 선주를 위해 장거리 화물의 대부분을 실어 날랐다(그림 53b). 이 배들은 모든 문헌에 영어의 '정크junk'에 해당하는 단어로 등장한다. 현대인의 귀에는 중국어처럼 들리지만, 말레이어와 자바어의 종jong에서 연유해 여러 유럽 언어로 퍼져나갔다. 그 시기의 중국 문헌 또한 이 단어가 배를 뜻하는 말레이어라고 여겼다.[110] 이 단어*와 일부 기술은 몽골 대원정의 결과 자바에 전해진 듯하지만, 16세기의 정크선은 중국적인 만큼 동남아시아적이기도 했다.[111]

정크선을 묘사한 최초의 유럽 기록은 루도비코 디 바르테마의 것으

* 푸저우 방언에서 배를 가리키는 '쑹song'(베이징어로는 촨chuan, 船)에서 빌려온 것으로 보인다.

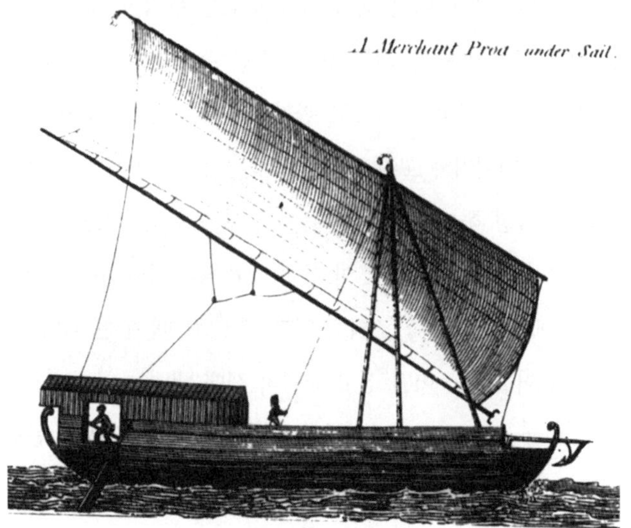

그림 53a 교역용 말레이 프라후.

그림 53b 고디뉴 드 에레디아가 믈라카에서 그린 동남아시아 정크선.
키(방향타)가 두 개인 것을 주의 깊게 살펴봐야 한다.

로, 그는 1504년경 피디으(북수마트라)와 떠닝다이에서 "준키giunchi라고 부르는 돛이 셋이고 이물이 앞뒤로 달려 있고 방향타가 둘인 큰 배"를 만들었다고 설명했다.[112] 그 후 반세기 동안 수많은 유럽인이 정크선의 크기와 튼튼함, 쇠못을 쓰지 않고 단순한 연장(특히 자귀, 송곳, 끌)만 가지고 배를 만드는 놀라운 기량을 극찬했다.[113] 목격된 가장 큰 선박은 1513년 자바가 믈라카를 공격하려고 건조한 1000톤 규모의 거대한 병력 수송선으로 선체를 여러 겹 덧대어 튼튼하게 만든 것이었다. "그 배에 대면 아눈시아다Anunciada호는 배 같아 보이지도 않았다."[114]

타이만, 리아우제도, 중국 남해안, 한국 서해안 등지에서 근래 발굴된 정크선의 잔해가 당대 관찰자들이 남긴 정보를 보충해주었다. 발굴된 선박은 모두 13세기에서 17세기 사이의 동남아시아행 또는 동남아시아 역내 무역과 관련된 배였으며 정크선의 일반적인 기본 구조를 보여주었다. 모두 (중국 북부식 배처럼 바닥이 평평하지 않고) 용골이 있으며, 대부분이 '동남아시아식'으로 목재 장부촉을 끼워 목재를 연결했으나, 당대 관찰자들의 일관된 진술과는 달리 모두 쇠못과 죔쇠를 써서 목재를 연결하는 목재 장부촉을 보강했다. 이 새로운 증거를 바탕으로 망갱은 그 시기의 정크선이 중국과 동남아시아의 전통 요소를 절충해 만들어낸 혼종적 '남중국해식' 발전의 산물이라고 주장했다.[115] 자바의 서사시 또한 이 설을 뒷받침한다. 『키둥 순다Kidung Sunda』는 "타르타르인의 땅에서 만드는 것 같은" 종류의 정크선이 자바에서 처음 만들어진 것은 1290년대 자바 동부에 원나라가 배 1000척에 군사 2만 명을 거느리고 쳐들어온 전례 없는 군사 개입 때라고 분명히 밝혔다.[116]

이 설은 15세기 난양에서 중국인의 경제활동에 관한 다른 증거들과도 맞아떨어진다. 1368년 명나라 건국 이후 해외 사무역이 금지되자 중국인 공동체는 난양에서 고립되었다. 여기에 1405년부터 1435년 사이 정화의 대원정 때 잔류했다가 돌아가지 못한 이들까지 더해지면서 중국인 공동체는 더 커졌다. 이 공동체들은 그레식과 드막(자바), 팔렘방, 믈라카, 파타니, 아유타야 같은 도시에서 무역선을 건조하고 중국으로 가는 조공무역을 지휘하면서 동남아시아 전역에 무역 네트워크를 형성했다. 그들은 당연히 동남아시아에서 배를 만들었을 것이다. 질 좋은 목재와 훨씬 싸지만 솜씨 좋은 기술자가 있으며 중국 관헌에게 적발될 위험도 없기 때문이었다. 남중국해 정크선의 상당수는 동남아시아인 기술자의 손에 의해 중국 태생이거나 중국 혈통인 중국계 선주를 위해 만들어졌을 것이다. 따라서 혼종적 특성은 당연한 것이다. 유럽인들의 기록이 쇠못을 사용하지 않고 제작한 선체나 한 쌍의 방향타 등 낯선 동남아시아적 특성을 훨씬 강조하고 있긴 하지만 말이다.

자바인의 해상운송은 특히 15세기에 전성기를 누렸다. 초기 포르투갈인 연대기 작가들은 1500년경 서쪽의 믈라카와 동쪽의 말루쿠를 포함한 인도네시아 바다에서 무역을 좌우한 것은 자바인이라고 기록했다. 당시 믈라카 해양법을 만든 믈라카의 선주 집단 중 다수가 자바 출신이었다. 그들의 믈라카 선박은 정기적으로 중국에 갔는데, 피르스의 기록에 따르면 "이자들의 정크선 한 척이 중국 정크선 스무 척을 완패시킬지 모른다"는 일견 타당한 두려움 탓에 해안에 배를 대지 못하고 가까운 바다에 닻을 내려야 했다고 한다.[117] 그러나 피르스는 자바의 무역 규모가 한 세기 전에는 훨씬 더 컸다고도 주장했다. "그들은 아덴(만)까지 항해해갔으며 제일 큰 무역 상대는 베누아클링(남인도), 벵골, 파사이였고 그 시절 무역 전체를 관장했다고 단언했다."[118] 이 전성기에 대한 가장 설득력 있는 설명은 정화의 대원정으로 인해 중국과 자바의 해양술이 창조적으로 융합되었다는 것이다. 1406년, 1408년, 1410년, 1418년, 1432년 대원정의 '회'차마다 100척 이상의 중국 선박이 동부 자바의 여러 항구에 머물며 배를 정비했다.

포르투갈 선박은 16세기를 거치면서 점점 커졌다. 인도 카레이라의 대형 화물선 나오nao는 세기 초에 400톤이었으나 세기말에는 거의 1000톤급에 달했다.[119] 반면 아시아의 선박은 점점 작아졌다. 망갱은 16세기 초의 평균적인 정크선이 400~500톤급이라고 추정했다.[120] 이 추정치가 실제로는 가장 큰 배들이었다고 해도, 세기말의 정크선은 그 절반 정도밖에 되지 않았다. 네덜란드의 기록은 자바에서 쌀을 싣고 수마트라와 말레이반도의 도시로 나르던 자바 최대의 정크선은 200톤급을 좀 넘을 뿐이라고 분명히 밝힌다. 1620년 마타람의 왕에게 400톤급 쌀 운반 정크선이 적어도 한 척 있었다.[121] 대체로 동남아시아 선박은 작아졌지만 그 수는 많아져서 한 네덜란드 여행자는 수라바야에만 20~200톤급 배가 "1000척 혹은 그 이상" 있다고 여겼다.[122] 이 최대 규모의 쌀 운반 정크선을 보지 못한 로데베이스크는 "동인도제도에는 배가 아주 많지만 다 작은 배라서 내가 본 제일 큰 정크선도 40톤 이상을 싣지 못할 것"이라고 했다(그림 54a).[123] 17세기 중반에 이르자 동남아시아 선박을 정크선이라 부르는 일은 아예 없어졌다. 가장 큰 배는 통치자의 소유로 반튼, 여카잉, 아유타야의 왕이 유럽식이나 중국식으로 건조한 전투용 갤리선이나 화물선의 형태였다. 정크라는 말은 이제 200~800톤급가량의 중국인 소유 선박을 가리키는 말이 되었으나, 그럼에도 그 배들은 두 세기 후에도 다양한 동남아시아적 요소를 간직했다(그림 54b).[124]

크지만 조작이 까다로운 동남아시아 정크선이 사라진 까닭은, 유럽인이 일으킨 대혼란을 기록한 포르투갈 문서를 살펴보면 어렵지 않게 이해할 수 있다. 아주 큰 배는 평화로운 시절이라면 무역 항해의 수익을 극대화할 수 있지만, 도망칠 때는 속력을 낼 수 없고 방향 조종이 어려우며 유럽 선박에 맞서 싸울 화력도 갖추지 못했다. 아폰수 드 알부케르크는 1511년 믈라카를 정복하기 전부터 화물을 가득 실은 정크선 여러 척을 납치하고 약탈했다. 1513년 즈파라의 파티 유누스Patih Yunus가 포르투갈령 믈라카를 공격할 때 자바에서 가장 큰 500톤급 정크선 35척이 동원되었다고 하나, 포르투갈과의 해전에서 모두 불타거나 가라앉았다.[125] 파티 유누스 함대가 참패한 후 피르스는 이렇게 주장했다. "그들에겐 정크선이 하나도 남지 않았다. 왜냐하면 자바의 정크선은 대부분 버고에서 오는데, 자바인(과 믈라카의 다른 이들)은 버고에서 배를 주문했다. (…) 그리고 (…) 인도 총독이 적들의 정크선을 모두 불태우고 물리쳤으므로, 그들에게는 남은 배가 하나도 없다."[126] 물론 이는 과장이다. 버마와 시암의 티크목이 선박 건조에 최고였고 버고 조선공들이 특히 기술이 빼어나긴 했으나, 자바인도 름방 지역의 티크목이나 보르네오의 목재를 이용해 배를 계속 만들었기 때문이다. 그러나 조종하기 어려운 정크선에 크고 귀한 화물을 실어 보내기는 너무 위험해져만 갔다. 그런 취약함은 1618년 네덜란드가 200톤급이 넘는 마타람 최대의 쌀 운반 정크선 한 척을 포함한 배 여러 척을 납치하거나 불태운 사건에서 다시 증명됐다.[127] 17세기에는 유럽인과 중국인만이 대형 화물선으로 짐을 나르기에 안전하다고 여겼다(그리고 필요한 자본을 점차 확보했다). 바람 아래의 땅에서 통치자들은 신민이 큰 무장선을 건조하지 못하게 막고, 순수 군사용 갤리선을 만들어 대응했다(9장을 보라).[128]

여기서 동남아시아식으로 단순하게 만든 배의 작은 크기가 기술적

그림 54a 네덜란드 1차 원정대가 그린 자바 해안의 선박들.
상단 가운데부터 시계 방향으로 자바의 무역용 프라후, 중국의 정크선,
인근의 고깃배, 자바의 정크선.

그림 54b 벨라르데의 1734년 필리핀 지도에 그려진 중국 정크선.

인 문제는 아니라는 점을 지적하고 넘어가야겠다. 오늘날 인도네시아에서는 전통적 방식의 소규모 조선업자들이 다시 예전 방식으로 500톤급 이상의 목조선을 만들고 있기 때문이다. 통치자가 아주 큰 배를 원하기만 하면 건조해서, 1629년에 아체인들은 길이가 100미터에 달하는 거창하기 짝이 없는 갤리선을 만들기도 했다. 조선 기술은 널리 퍼져 있었지만, 큰 정크선이나 갤리선은 마을 남자들이 전문 조선공인 배 만드는 마을에서 만들었다. 버고의 항구 목뜨마의 조선소는 버마산 티크목이 모이는 곳이자 믈라카 상인뿐 아니라 믈라카에서 버고 배를 사는 자바, 수마트라, 루손 심지어 남중국의 상인에게도 선박을 공급하는 곳이었다.[129] 이 조선소는 해마다 "초대형 선박 스무 척가량"을 건조할 수 있었다.[130] 그럼에도 믈라카 또한 술탄국 시절에는 중요한 조선 중심지였으며 알부케르크는 믈라카를 정복한 후 "조선소의 아주 솜씨 좋은 기술자들 예순 명"을 인도의 포르투갈인 밑에서 일하게 하려고 데려가기도 했다.[131] 말레이반도 서해안의 베익과 떠닝다이도 조선술과 질 좋은 목재로 유명했다. 필리핀 중부에서 스페인인 로아르카는 정글이 울창한 파나이섬에서 약간 떨어진 작은 섬 두 곳에 솜씨 좋은 조선공 약 400명이 살면서 "해마다 차비를 하고 여러 섬으로 흩어져 배를 만"드는 것을 발견했다.[132] 1590년대 반튼에서 가장 큰 규모의 정크선들은 보르네오에서 만들어졌지만, 자바 북해안의 라슴Lasem이 자바 최고의 티크 숲과 가까운 덕분에 중요한 조선 중심지로 떠올랐다.[133] 가까운 즈파라의 큰 선박 상당수를 라슴에서 건조했을 것이 분명하다.

항해술

수평선이 보고파지면
날카로운 암초를 잊지 마라
키를 꼭 잡고, 집중하라
올바로 항구에 닿을 수 있도록
_함자 판수리, 『시편』(Hamzah Fansuri, *Poems*: 112)

중국과 동남아시아가 해상운송에서 밀접하게 상호작용한 덕분에 중국 나침반이 적어도 일부 동남아시아 뱃사람에게는 알려졌던 것이 분명하다. 알시나는 필리핀 뱃사람들이 스페인인이 오기 훨씬 전인 고대부터 나침반을 알았다고 주장했다.[134] 그는 인도네시아와 필리핀의 여러 언어에 나침반을 가리키는 현지 단어가 있다는 사실을 그 증거로 덧붙였다. 그 단어들은 말레이어 프도만pedoman의 변형인데, 바늘을 가리키는 자바어 단어 돔dom에서 파생되었을 것이다. 말레이인은 방향감각이 아주 좋았고 나침반의 팔방을 가리키는 데 토박이말을 사용했다. 이 단어들은 믈라카해협 지역에서 생겨난 것이 분명하다. 남쪽은 슬라탄selatan([싱가포르]해협을 뜻하는 슬랏selat에서 파생)이고 북서쪽을 가리키는 라웃laut은 바다(인도양)를 의미하기 때문이다. 루도비코 디 바르테마는 자신이 보르네오에서 자바까지 타고 간 배의 선장이 "우리 식대로 나침반과 자석을 가지고 다니며, 선을 잔뜩 그은 해도도 지녔다"고 주장했다.[135]

그러나 네덜란드 초기 기록은 말레이인과 자바인이 직전에 포르투갈인에게 배우기 전까지는 나침반에 대해 알지 못했다고 적고 있다.[136] 인도네시아 뱃사람에게 팔려고 처음 보낸 네덜란드산 나침반을 다 팔지 못하고 돌려보내야 했는데,[137] 이 사건이 인도네시아인이 나침반을 전혀 몰랐다는 증거로 자주 제시됐다. 그러나 나침반에 대한 수요는 중국 나침반으로 충족됐던 것으로 보인다. 1688년 알시나는 "그들이 사용하는 중국 나침반은 방향이나 바람을 나타내는 방식이 우리 것과는 매우 다르지만, 그들에게는 충분하다"고 적었다.[138]

동남아시아(그리고 중국) 도선사들은 어디서든 가능한 곳에서는 해안을 따라 항해했고 바람과 해류에 관한 방대한 지식에 의지했다. 말레이 해양법은 그들의 임무를 이렇게 설명했다. "도선사에 관해 말하자면 그는 바다와 육지에서의 항해, 바람, 파도, 해류, 수심, 달과 별, 한 해의 절기와 계절풍, 작은 만灣, 곶, 해안의 펼쳐진 구간, 물에 잠긴 암초 (…) 산호초와 모랫둑, 모래언덕, 산과 언덕에 주의를 기울여야 한다."[139] 알시나는 필리핀 도선사들이 스페인인, 네덜란드인, 중국인보다 그런 것들을 훨씬 더 잘 읽어낸다고 여겼다. 이런 사실을 바탕으로 보면 상당 기간 육지를 보지 못하는 아주 긴 항해를 하는 항해사들만 나침반이 필요했을 것이며 그런 수요는 중국 나침반이 충족시켜주었던 듯하다.

오늘날까지 전해지는 19세기 이전 동남아시아의 지도와 해도는 극소수에 불과하다. 예외가 있다면 중국 전통의 베트남 지도 몇 점과 마찬가지로 중국의 영향을 받은 시암의 지도 한 점이다(그림 55, 56). 교역의 시대 동남아시아의 항해술은 기본적으로 해도에 의존하지 않았다는 것이 일반적인 추측이다. 그러나 피르스는 믈라카에서 현지 무슬림들과 "여러 차례 본 적 있는 그들의 해도"를 통해 말루쿠로 가는 항로에 관해 알게 됐으며, 그편이 글로 적은 정보보다 훨씬 도움이 됐다고 기록했다.[140] 알부케르크가 1511년 믈라카에서 구했을 것이 분명한 지도는 오늘날의 기준으로도 놀라운 수준이다.

> 자바 도선사의 큰 지도에는 희망봉, 포르투갈, 브라질 땅, 홍해와 페르시아해, 정향이 나는 섬들, 항정선航程線과 배가 가는 직항로를 비롯한 중국인과 류큐인의 항법, 배후지, 왕국들끼리 어디를 경계로 삼는지가 나와 있었습니다. 제 눈에는 분명 지금까지 본 지도 중 최고였습니다. (…) 지명은 자바 문자로 쓰여 있었으나 소신에게는 읽고 쓸 줄 아는 자바인이 있었습니다.
>
> _1512년 4월 1일 알부케르크가 마누엘 1세에게 보낸 편지[141]

이 경이로운 지도는 플로르드라마르호*가 침몰하면서 비극적으로 유실되었으나 동남아시아 역사에서 잠시나마 개방성이 극도로 확장된 어떤 순간을 보여준다. 자바인의 그림 실력을 물려받았으며 믈라카 같은 코즈모폴리턴 항구에서 중국인, 인도인, 아랍인 도선사를 만나면 이것저것 묻기 좋아하던 자바인 도선사가 그곳에 온 포르투갈인들에게 들은 정보를 자기 지도에 그려 넣은 것일 수도 있다. 아니면 말레이인과 자바인 도선사는 아랍어를 알아서 선원들의 기도를 이끌게 마련이었으므로, 아랍인이나 인도 무슬림에게서 포르투갈이 이룬 지리상의 발견에 대한 지식을 전해들었을 수도 있다.

세계에 대한 그런 호기심은 결코 특이한 것이 아니었다. 유럽인 여행자들은 고향에 대해 꼬치꼬치 묻고 천문과 지리에 대한 지식을 알아내

* Flor de la Mar. '바다의 꽃'이란 이름의 400톤급 포르투갈 나우. 1502년 리스본에서 건조되어 여러 차례 인도로 항해했고 1510년 고아 정복에 합류했다. 1511년 믈라카 정복 후 알부케르크는 약탈한 재물을 이 배에 싣고 돌아가려 했으나 믈라카해협에서 풍랑을 만나 침몰하고 말았다. 이 사고로 승선한 400명이 죽었지만 알부케르크는 간신히 살아남았다. 1994년 개관한 믈라카 해양박물관에 복제품이 있다. (옮긴이)

그림 55 (관례상 1490년이라 하나) 17세기 말 베트남에서 제작된 것으로 추정되는 베트남 지도. 수도 탕롱이 오른쪽에, 중국과의 국경이 오른쪽 위에 보이고 각 성의 이름이 네모 안에 적혀 있다.

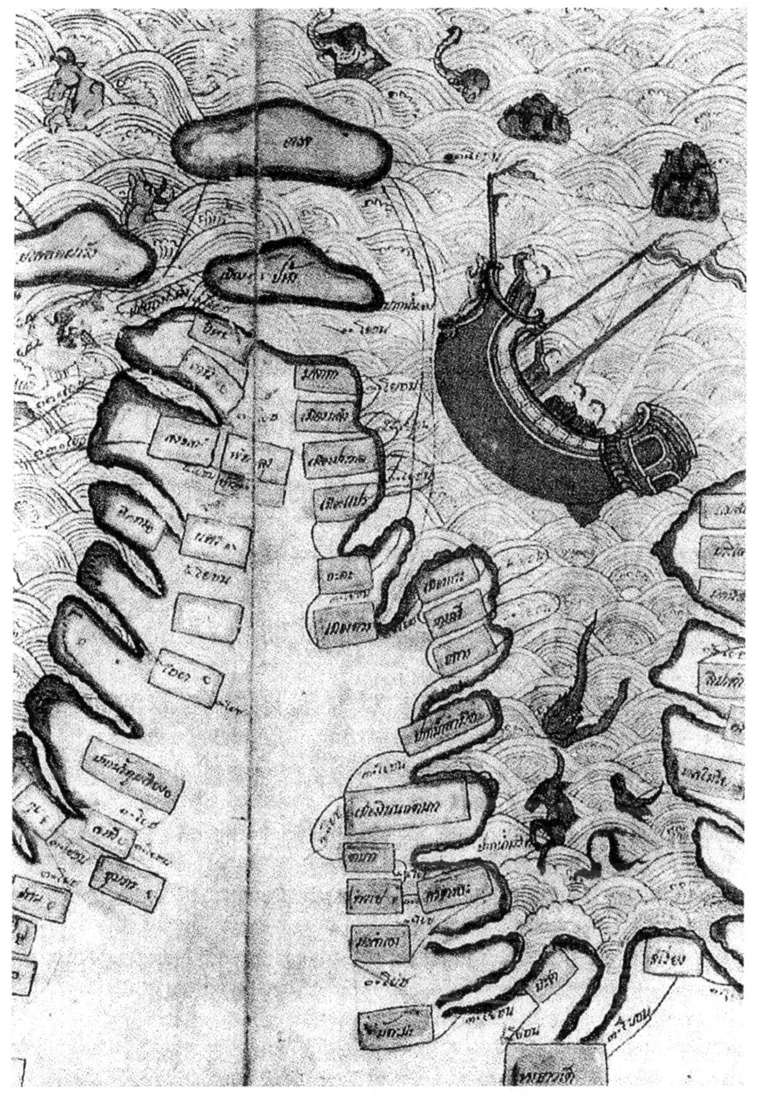

그림 56 근대적 시각에서 보면 위아래가 바뀐,
18세기 시암에서 제작한 말레이반도 지도. 지도를 장식한 유럽 선박뿐 아니라
중국적 요소와 시암 영토 바깥이 불분명하게 처리된 데서도 타이인에게 직접 항해
경험이 없다는 점이 드러난다. 반도 남쪽에 '무앙 파항muang Pahang'으로 표시된
(실제로는 육지여야 하는) 섬들이 보이고
그 너머의 '야체Yache'는, 시암의 항구 베익과 떠넝다이(?)에서 출발하는
무역-외교 항로가 표시된 것으로 보아 아체를 가리키는 듯하다.

려 달려드는 동남아시아인들을 자주 마주쳤다. 17세기 아유타야와 마카사르의 왕실은 특히 유럽의 해도를 이해하고 따라 그리는 데 열성적이었으며, 부기스족의 항해도 제작 전통에 영감을 준 것은 마카사르인이 복제한 해도였을 것이다.[142] 토머스 포리스트는 그 시절 해도에 지대한 관심을 가진 부기스족 나코다(선주)들을 보고 놀랐다. "나는 몇몇 나코다에게 해도를 많이 주었고, (…) 그들은 아주 고마워하면서 자기들 말로 지명을 적어 넣었다."[143] 안타깝게도 현존하는 가장 오래된 부기스 지도는 18세기 말이나 19세기 초에 제작된 것이지만(그림 57), 17세기에 제작된 지도가 있었을 것이 거의 확실하다.

교역의 시대에 동남아시아에서 외국인 도선사가 가져다준 지도를 사용하지 않고 자체 제작하던 수준이 어느 정도였는지 확실히 말하기에는 사료가 충분치 않다. 자바에 빼어난 지도 제작 전통이 있었다 해도 17세기 초 자바인의 해양활동이 급격하게 쇠퇴하면서 함께 사라졌을 것이다.

선상 조직

동남아시아 정크선상에서 선원과 화물이 어떻게 조직됐는가에 관해서는 주로 세 가지 사료를 통해 알 수 있다. 첫째, 외국인이 쓴 관찰기, 그중에서 특히 1511년경 믈라카의 해운에 관한 토메 피르스의 기록이 가장 중요하다. 둘째, 『운당운당 라웃Undang-undang Laut』 곧 말레이 해양법으로 믈라카 술탄국의 마지막 10년 동안 믈라카를 근거지로 활동하던 정크선의 선주들이 만든 것이다. 현존하는 내용은 모두 훨씬 나중의 것이지만 그 도입부에서 주장하기를 해양법은 "믈라카 술탄국이 여전히

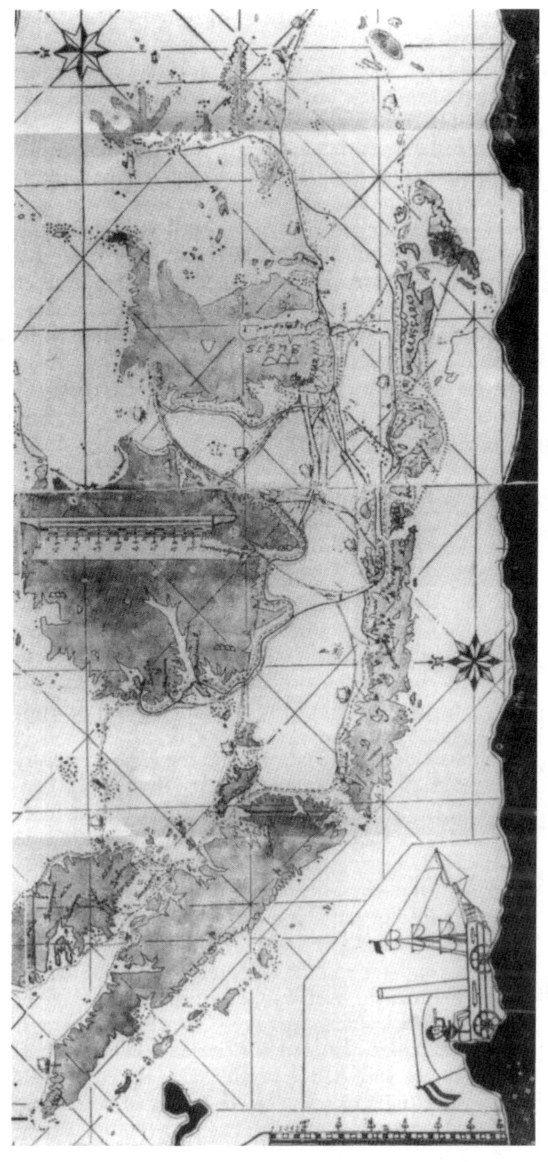

그림 57 19세기 초에 마카사르에서 제작되었을 부기스 지도. 이 지도는 그 시기의 다른 부기스 지도 여러 점과 거의 동일하나, 다른 지도에는 부기스 문자로 적힌 지명과 무역 항로가 없다. 지도의 항로에는 목적지에 따른 화물 운송 비용이 나오는데 그 내역이 17세기 부기스 해양법 「아만나 가파」의 내용과 너무 비슷해 후대에 「아만나 가파」에서 발췌해 덧붙인 것으로 보인다. 현존하는 모든 부기스 지도의 해안선은 적어도 한 세기 전 유럽 지도에서 가져온 것이 분명하며, 지속된 지도 제작의 한 전통이 17세기 마카사르로 거슬러 올라간다는 점을 일러준다.

건재하던 시절부터 이어온 고대의 관습"이기 때문에 이슬람 율법과 충돌해도 그대로 지켜졌다고 한다.[144] 믈라카 말레이법의 영향은 부기스 해양법에도 나타난다. 부기스 해양법은 네덜란드의 정복 이후 마카사르의 부기스족 3대 수장에게 전해진 여러 문서에 보존되어 있다.[145]

셋째, 믈라카 정복 후 포르투갈이 그곳에서 보낸 초기 무역 항해 몇 차례에 관한 기록이 다행히 남아 있다. 버고, 파사이, 코로만델이 목적지였던 이 항해에서 포르투갈은 자신들의 아시아인 협력자인 (텔루구Telugu인 대금업자 체티 카스트였을) 부유한 힌두교도 상인 클링* 니나 체투에게 교역 활동을 전적으로 맡겼다. 그는 이 항해를 위해 늘 부리던 자바인과 몬족 선원으로 자기 배를 채웠고, 포르투갈이 기여한 바는 자본의 절반, 포르투갈인 승객 두 명, 왕실 회계출납부에 첨부할 항해 기록을 작성했다는 혁신뿐이었다.

이런 사료들은 동남아시아 대형 정크선의 규율이 당대 유럽 선박에서만큼 엄격했으며, 현대 인도네시아 프라후의 가족 같은 분위기와는 닮은 점이 거의 없음을 분명히 보여준다. 선원이나 도선사의 부주의나 과실은 해양법이 정한 수의 채찍질로 엄벌에 처해졌다. 당대 인도와 중국의 관습처럼 선상에서 최고 권력자는 선원이 아니라 선주나 그의 대리인이며 두 경우 모두 그를 나코다라고 불렀다. 나코다의 권위는 지상에서 라자에 견줄 정도였으며 선원을 지휘하는 다른 관리자들 곧 조타수, 수부장jurubatu(닻과 측연선 담당), 갑판장tukang agung은 왕의 명령을 전하는 조신과 같았다. 나코다의 권위에 저항하면 사형까지 처해질 수 있었고 관리자의 명령에 불복하면 수부장의 관장 아래 태형 세 대, 네 대

---

* Kling. 동남아시아에 거주하는 남인도인. (옮긴이)

또는 일곱 대로 다스려졌다.[146] 모두의 안전을 책임지는 도선사에 해당하는 말림malim(이슬람 지도자를 가리키는 말이기도 함)은 이 위계의 바깥에 있으며, 해양법은 말림을 항해에서 닥칠 영적이고 물리적인 위험을 막는 책임을 지는 박식한 이맘imam에 비견했다.[147] 중간급 선원들은 바다와 육지에서 나코다를 가까이 모시며 호위하고 정크선이 언제나 공격을 물리칠 태세를 갖추도록 했다.[148]

동남아시아 정크선은 중국 정크선처럼 비슷한 톤수의 유럽 선박보다 선원 수가 훨씬 많았다. 1512년 니나 체투가 출항 준비를 맡은 200톤급 이상 정크선 두 척에는 각각 선원 80명 이상이 탔다. 그 구성은 말레이인이나 자바인 나코다, 버고 출신(몬족) 도선사와 조수, 갑판장과 조수tukang tengah 2~4명, 수부장 6명, 조타수 4명, 선박 수리공 3~6명, 감독관 4명, 중간급 선원 4명 등이었다. 나머지 인원은 한 척에는 45명, 다른 한 척에는 65명이었는데 선원awak perahu이거나 특정한 임무를 맡은 이들이었고 대부분은 노예였던 듯하다.[149] 해양법과 피르스의 기록은 모든 선상에서 노예가 아주 중요한 요소였음을 확인해준다.[150]

같은 시기 유럽, 아랍, 인도, 중국의 관행과 달리 동남아시아의 무역 정크선에는 여성 승객이 자주 승선했다. 반튼의 자바인들은 네덜란드 1차 원정대가 그렇게 먼 여행길에도 배에 여자를 한 명도 태우지 않았다는 사실을 알고 깜짝 놀라 여자 여럿을 네덜란드 배에 데려다주었다.[151] 동남아시아와 중국의 정크선은 그 건조 방식 덕에 짐칸과 갑판에 아주 작은 선실이 여럿 있어 유럽 배보다는 사생활이 보장될 수 있어 사정이 낫기는 했지만 충분치는 않았다. 나코다의 선실이 있는 고물 쪽을 쳐다보는 것은 그의 권위를 넘보는 일로 여겨졌는데 "나코다가 아내나 첩을 데려왔다면 심각한 문제가 될 수 있기 때문"이었다.[152] 유럽 배에서 선상의 남색을 엄하게 처벌했다면, 말레이와 자바 배에서는 간통과 간음이 가장 큰 벌을 받았다. 해양법에 등장하는 아내나 첩의 여러 범주를 통해 보면[153] 일반 선원도 아내를 항해에 데려갔을 뿐 아니라 여성 자유민과 노예도 승객, 아마도 무역상으로서 배를 타고 여행했다.

동남아시아 정크선은 그 형태와 구조가 그렇듯 선원의 보수에 관해서도 중국 정크선과 비슷했다. 인도인 선원은 정해진 보수를 받았고(나코다와 도선사나 서기에게만 짐칸의 수익이 돌아갔다[154]) 동남아시아인과 중국인 선원은 기본적으로 자기 화물을 운송해서 얻는 수익에 따라 보수가 정해지는 무역상이었다. 니나 체투의 정크선 두 척에 관한 꼼꼼한 회계 장부는 각 선원에게 범주에 따라 쌀이나 돈을 지급했음을 일러주지만, 이 급여는 특히 노예의 경우 배급이었던 듯하다. 자유민에게 주어진 더 확실한 보수는 자신의 교역용 화물을 실을 수 있는 공간이었다. 관리자급 선원에게는 사각형의 페탁petak 한 칸이, 노예가 아닌 선원에게는 반 칸이 주어졌다.[155]

짐칸이 페탁으로 구획된 것은 상인들이 무역 활동을 하는 방식에도 중요하게 작용했다. 토메 피르스 등 유럽인 관찰자들의 기록이 확인해주듯, 해양법은 상인들이 미리 계약을 맺고 다른 상인 소유의 페탁 한 칸 이상을 정기적으로 빌렸다고 밝힌다. 해양법은 이런 관행을 후쿰 키위 hukum kiwi 곧 이동 상인에 관한 법이라고 부르며 중요하게 다룬다. (아쉽게도 모호한 부분이 있긴 하지만) 이동 상인인 키위와 선주의 이해를 대변하는 나코다 사이의 금융 관계에는 네 가지가 있다.[156] 말레이어 키위kiwi는 교역의 시대의 특징인 중국어에서 빌려와서 쓰다가 사용이 뜸해진 말 중 하나다. 아마도 문자 그대로 승객-공간이라는 뜻의 샤먼어 kheh-ui(중국어 병음은 kewi)에서 빌려왔을 것이다.*[157] 믈라카 해양법에서 키위란 배를 타고 여행하면서 짐칸의 일부를 빌리는 상인을 말한다. 이 상인들은 선상조직의 차원에서는 전적으로 나코다의 권위에 복종해야 했지만, 긴급한 상황에서 선박의 무게를 줄이기 위해 짐을 버릴 때는 미리 의논해야 할 대상이었고 대표인 마울라 키위maula kiwi 또는 물키위mulkiwi와는 항해의 교역 결과에 영향을 끼칠 문제에 관해 자주 의논해야 했다. 배가 항구에 도착하면 나코다가 제일 먼저 자신이 책임지는 상품을 팔 권리가 있고, 나흘 후에는 키위들이, 다시 이틀이 지나면 선원들이 자기 물건을 팔 수 있었다. 키위는 나코다보다 싼 값에 물건을 팔거나 나코다의 동의 없이 노예를 사는 일이 금지됐다.[158]

말레이 및 유럽 사료를 통해 적어도 세 종류의 교역 활동이 있었음을 파악할 수 있다. 가장 흔한 형태는 아마 피르스가 설명한, 상인이나 그의 대리인이 배를 타고 항해해 자기 물건을 팔면서 난파 등 사고의 위험 부담은 자신이 안고, 선적한 물건 값의 일정 비율을 페탁 사용료로 내는 것이었던 듯하다. "선주는 정크선에 무엇이든 필요한 것은 다 갖추어준다. 페탁 한두 칸이 필요하다면 페탁을 돌보고 관리할 사람 두셋을 구하고 무엇을 실었는지 적어둔다. 배가 믈라카에 돌아오면 출발할 때 정크선에 실은 상품 값의 20퍼센트를 내면 된다."[159] 부기스 해양법은 이런 화물 운송료를 거리에 따라 책정했다. 제일 짧은 구간인 인도네시아 동부 역내일 경우 100레알어치 화물 기준으로 2.5레알, 가장 먼 구간인 술라웨시에서 아체나 캄보디아까지는 7레알이었다.[160]

말레이 해양법에 등장하는 또 다른 방식은 일종의 코멘다com-

* 샤먼대학교의 첸시유가 이 어원에 대해 지적해주었다. 이 단어는 『다흐레히스터르』(1624-29: 130) 같은 유럽 사료에도 등장하는데, 여기서는 450톤급 중국 선박에 탄 상인 40명을 quewijs(복수형?)라고 부른다. 부기스 해양법에서 키위라는 범주는 사라진 듯하며, "승객-선원sawi-manumpang"은 페탁을 차지할 권리는 없고 갑판에 짐을 실을 권리만 있었다(Amanna Gappa 1676: 49).

menda(신탁)로 상인은 항해하지 않고 항구에 남지만 상품이나 자본을 나코다에게 맡겨 거래하는 방식이다. 이에 관해서도 피르스가 믈라카의 관행을 설명했다. "내가 믈라카의 상인이고 당신, 정크선 선주에게 당시 믈라카 시세로 100크루자두어치 상품을 주고 위험부담은 내가 떠안기로 하면, [자바에서] 당신이 돌아오면 내게 더도 말고 덜도 말고 딱 140크루자두를 돌려주고 거래는 마무리된다. 믈라카 법령에 따르면 정크선이 항구에 도착하고 44일 후에 이 돈을 지불해야 한다."[161] 이와 똑같은 형태의 코멘다가 한 세기 후 반튼에서도 성행했다. "부유한 상인들은 보통 집에 머물고 (…) 배를 타는 이들에게 의무사항이 따르는 투자금을 준다. (…) 항해가 순조롭게 끝나면 투자금을 돌려받지만, 계약에 따르면 (…) 배가 난파하면 투자자는 돈을 모두 잃는다."[162] 나코다는 그렇게 맡은 상품과 자기 상품을 팔아서 두 배에 달하는 수익을 남길 수 있지만, 믈라카-자바 항해의 경우 40퍼센트, 더 수익률이 높은 버고, 시암 또는 순다(서부 자바) 항해의 경우 50퍼센트를 투자자에게 돌려주어야 했다. 버고, 시암, 순다행은 위험도 크지만 이문도 컸는데 주요 교역품이 노예였기 때문이다.

해양법에서 키위와 나코다 사이의 첫 번째와 세 번째 유형은 덜 분명하게 정하고 있으나, 정해진 임대(문자 그대로 "페탁을 사다membeli petak") 요금이 첫 번째 유형의 경우 페탁 한 칸 또는 세 번째 유형의 경우 여덟 칸까지 있었을 것이다.

페탁 한 칸이 차지하는 부피와 탑재 가능한 무게를 알 수 있다면 동남아시아 무역상의 일반적인 사업 규모를 이해하는 데 큰 도움이 될 것이다. 페탁을 나누는 횡적 분할의 일부는 영구 격벽이었던 것이 분명하다. 중국 북부형 선박과 발굴된 일부 '혼종형' 난파선은 영구 방수 격벽

열두 개에 못으로 선체를 박는 형태로 건조됐다.[163] 동남아시아 조선공은 그런 격벽을 기본 구조물로 잘 사용하지 않았으나, 정크선에는 격벽이 있었던 것으로 보인다. 따라서 페탁은 이런 영구적인 방수 격벽을 다시 나누어 만든 공간이었을 것이다. 1603년 믈라카에 온 마카사르 정크선의 페탁은 "널빤지를 대서 칸을 나눈 몇 핸드* 폭의 공간"[164]으로 묘사되었다. 스타보리뉘스가 마카사르에서 중국 정크선을 보고 적었듯,[165] 페탁의 수는 항해에 나서는 키위의 수에 따라 조정했을 가능성이 아주 높다. 니나 체투(와 해양법)가 선원에게 페탁을 반 칸 혹은 한 칸씩 할당했다는 것은 절대적인 공간 사용권이라기보다 상대적인 비율 이야기였을 것이다.

말레이 해양법 『운당운당 라웃』에는 화물의 무게가 언급되어 있는데 놀라울 정도로 큰 수치다.[166] 표준적인 정크선에서 선원 한 사람에게 주어지는 공간이 1코얀koyan이었고, 키위는 (나코다의) 짐칸에 2코얀 또는 3코얀을 선적할 수 있었다. 1코얀은 쌀 2톤 이상을 실을 수 있는 대략 3.5세제곱미터의 공간으로, 각 선원이 그만한 화물을 실을 수 있었다는 것은 선원의 무역 규모도 상당했을 뿐 아니라 배의 4분의 1이 선원의 교역품으로 채워졌다는 뜻이기도 하다.** 반면 18세기 중국 정크선의 관리자와 선원은 각각 화물 900킬로그램과 420킬로그램만 실을 수 있었다.[167] 따라서 말레이식 코얀 짐칸은 선원이 (아내와 함께) 먹고 자고 교역품도 보관한 장소로 이해하는 것이 옳을 것이다. 이븐 바투타와 엠폴리

* hand. 4인치 또는 10.16센티미터. (옮긴이)

** 메일링크-룰로프스는 뒤로리에가 선원 전체에게 1코얀씩 주어졌다고 번역한 해양법(Dulaurier 1845: 421)을 읽고 선원의 화물이 "상당히 조금"이라는 반대의 결론을 내린다(Mailink-Roelofsz 1962: 47). 이는 각 선원에게 0.5페탁을 주었다는 니나 체투 관련 사료를 읽는 덜 합당한 방법일 것이다.

가 받은 인상도 비슷하다.[168] 키위들은 분명 폐탁에 화물을 잔뜩 실었다. 1713년 네덜란드 관리가 자세히 살펴본 중국 정크선 한 척에는 상인 16명이 타고 후추 220톤이 실렸는데 그중 8명이 3톤씩을, 나머지 8명이 각자 24톤씩을 실었다. 제일 큰 상인이 화물 전체의 거의 3분의 1을 차지하는 66톤을 선적했다.[169]

판 뢰르가 묘사한 "비단 몇 필, 후추 몇 자루"만 든 "소규모 보따리 장사"의 이미지는 아시아 무역의 다양성과 무역상이 싣고 가는 쌀, 야채, 야자술, 후추, 설탕 같은 주요 상품의 어마어마한 양을 완전히 과소평가한 것이다.[170] 그래도 바람 아래서 이동하는 상인의 엄청난 수를 강조한 점에서는 그가 옳았다. 그들은 물길을 따라 움직이며 밤낮으로 교역품을 지키고, 제2의 고향이라 할 수 있는 먼 곳의 시장에서 직접 혹은 여성 상인을 통해 물건을 팔았다. 사람의 이동과 그에 따른 물건과 사상의 이동이야말로 교역의 시대에 반복되는 주제였다.

내륙 교통: 강과 육로

> 그들은 버고와 시암에서 후추와 백단향sandalwood을 가지고 중국까지, 그러니까 중국 내륙까지 육로로 갈 수 있다고 단언했고 그 말은 그럴듯했다. 버고와 시암 사람들은 큰 배 란차라lanchara와 프라후를 타고 강을 거슬러 올라가 왕국들이 있는 [상부] 버마와 무역을 하기 때문이다.
>
> _토메 피르스, 『수마 오리엔탈』(Pires 1515: 111)

내륙 교역은 상대적으로 그 기록이 적지만 교역의 시대에 해양 무역 활황으로 큰 자극을 받았던 것이 분명해 보인다. 국제적 수요가 있는 동남아시아산 교역품 대부분이 중계무역항에서 멀리 떨어진 숲이나 플랜테이션에서 실려 왔기 때문이다. 이런 상품이 강을 따라 내려오고 인도산 면직물이 강을 거슬러 대상 교역로를 따라 야에워디강과 메콩강의 더 깊숙한 상류까지 수요를 창출하기 위해 운반됐다. 한편 주로 윈난 지역의 무슬림 중국 상인들은 같은 강을 따라 철기와 비단을 가지고 동남아시아 시장으로 내려왔다.[171] 마찬가지로 지역의 식자재 교역은 저지대에서 고지대로, 배후지에서 도시로 쌀, 소금, 생선, 설탕 등을 운반해야 했다.

인도산 직물이 얼마나 내륙 깊숙이 들어갔는지에 관한 놀라운 지표로, 1642년 해안에서 600킬로미터 떨어진 라오스의 수도 위앙짠까지 고난의 여행길에 올랐던 두 네덜란드 상인의 기록이 있다. 두 사람은 위앙짠 시장에 수요가 있는 스무 종류의 인도산 직물을 세세하게 분별했다. 그들이 만난 상인 중 한 말레이인은 위앙짠에서 다시 6일을 걸어야 하는 고산지대까지 자주 간다고 했다. 위앙짠에서 두 사람은 "좋은 빛깔의 옷감과 흰 면직물"을 가지고 돌아오면 그곳의 금, 안식향, 옻을 장악할 수 있을 것이라는 말을 들었다.[172]

내륙에서의 교역품 운송은 바다에서보다 훨씬 어려웠다. 13세기 유럽에서 육로 운송이 해상 운송보다 스무 배 비쌌다는 계산은 여기에도 적용 가능하다.[173] 야에워디강과 메콩강 그리고 수많은 작은 강을 통해 수백 킬로미터를 배로 이동할 수 있었으나, 강에서는 먼 바다에서처럼 정치적 방해와 간섭에서 자유로울 수 없었다. 육로와 강의 곳곳에서 통행세를 내야 하고, 바다보다 강도를 만날 위험이 컸으며, 전쟁이나 정치적 경쟁 관계가 교역의 자연스러운 경로를 막기도 했다. 라오스의 왕 수리냐웡사는 시암에서 온 사절에게 짐짓 화를 내며 이렇게 불평했을지 모른다. "전 세계에서 당연하게 여겨지는 무역의 자유를 상인에게 허용하지 않는 정책이 어디 있단 말인가."[174] 그러나 그는 재위 초반 라오족이 아유타야를 거쳐 교역하며 상대적인 예측 가능성을 누린 것이 예외이며 따이 국가 간의 분쟁이 일상적이란 사실을 알았다. 잘 정비된 도로와 필요한 곳에 세운 교각을 통한 안정적인 교역은 강력한 통치자의 영토 안에서만 가능했다. 배가 다닐 수 있는 대규모 수역의 존재 자체가 물길을 확보해야 하는 정치적 통일을 촉진하기도 했지만, 물길 또한 통행세나 접경지대 문제로 자주 끊기곤 했다.

핏사눌록부터 바다까지 짜오프라야강(메남강)에서 배로 이동 가능한 구간은, 홍강이 북베트남 국가에 그랬듯이 언제나 아유타야의 핵심적인 교통망이었다. 두 경우 모두 수도는 먼 바다를 누비는 큰 배가 강을 오가는 길쭉한 배에 길을 내주는 강의 지점에 자리 잡았다. 똔레삽강이 만드는 Y형의 거대한 물길과 콘파펭 폭포 이전 메콩강 지류 650킬로미터는 캄보디아에 천혜의 교통망이었다. 교역의 시대에 캄보디아의 수도는 늘 프놈펜이나 그 인근의 강줄기가 만나는 큰 합류점까지 원양선이 들어오는 곳이었다. 마찬가지로 수마트라 동부의 강 유역 국가들인 팔렘방, 잠비, 인드라기리, 시악 등에서도 원양선과 강배가 만나는 지점이 수도였다. 현대에는 삼림 파괴로 내륙 항행이 불가능해진 자바에서도 18세기까지는 브란타스강과 솔로강이 주요 교통로였다. 우기인 12월과 1월에 수위가 높아지면 노 여덟 개에 돛을 단 길고 얕은 배가 쌀과 면을 싣고 그레식, 스다유, 수라바야로 내려갔다가 소금과 교역품을 가지고 솔로강의 수라카르타나 브란타스강의 크디리로 돌아왔다.[175] 그 수가 상당해서, 1709년 마타람의 한 왕자는 교역을 목적으로 배 70대를 하

류의 그레식으로 보내기도 했다.[176]

최북단의 버모Bhamo에서 해안까지 1400킬로미터에 달하는 보기 드물게 긴 야에워디강의 항행 가능한 구간은 너무 광대해서 여간 강력한 통치자가 아니면 전체를 통제할 수 없었다. 15세기부터 활발해진 교역 덕분에 버마와 여러 따이 국가의 생산품이 모여든 몬족 항구 빼데잉, 버고, 딴륀, 목뜨마는 미증유의 부를 누리게 됐다. 버고에서 딴륀까지 독특한 종류의 강배가 남서 계절풍을 타고 2개월 동안 항행해 잉와(오늘날의 만들레) 인근의 버마족 중심지에 도달했다. 되돌아오는 항행은 2주에서 3주면 충분했다. 이 배들은 큰 돛, 얕고 둥근 바닥, 옆에는 삿대질로 배를 나아갈 수 있게 하는 장치를 갖췄다(그림 58a).[177] 번성하는 바닷가 항구와 항행 가능한 야에워디강 상류를 동시에 장악하는 일은 거의 없어서 버잉나웅 대왕(재위 1551~1581) 시절 정도가 눈에 띄는 예외다. 17세기 중반 버마 무역은 매우 침체됐고 외국인이 자기 배로 야에워디강 상류로 올라갈 수는 있었으나 무기를 치우고 통행증을 보여주며 강의 통관소를 지나야 했다.

야에워디강은 항해 수단의 접근성이란 측면에서 예외적으로 좋은 경우였다. 메콩강은 훨씬 길고 강폭도 넓지만 물길이 만나는 지점인 프놈펜의 합수목 위로는 통행량이 그다지 많지 않았다. 상류의 교통수단은 양방향 모두 긴 상앗대를 꽂으며 나아가거나 노를 저어 움직이는 20미터가량의 대나무 뗏목으로, 급류가 덜 위험한 우기에 물건을 싣고 하류로 내려갔다. 콘파펭 폭포는 배로 지날 수 없어 캄보디아와 라오스 사이에 천혜의 접경지대가 됐다. 여기서 강을 오가는 상인들은 "뗏목에서 내려 뗏목의 일부를 떼어내 수레에 싣고 3마일(약 4.8킬로미터)을 이동해야 했다. 그사이 뱃사공들은 열흘 동안 남은 뗏목으로 급류를 뚫고 나오느라 갖은 애를 썼다"(그림 58b).[178] 이렇게 위앙짠까지 메콩강 상류로 가는 전체 여정은 꼬박 3개월이 걸렸다.[179]

1642년 예수회원 조반니 마리아 레리아는 위앙짠까지 강을 거슬러 올라가는 험난한 여행을 마친 뒤, 수리냐웡사 왕에게 교역을 위해 강에 댐을 짓자고 건의했다. 왕도 내륙에 갇힌 왕국인 라오스의 무역과 외교적 접촉을 확대하기를 열망했으나, 안보가 더 중요했다. "왕은 그렇게 한다면 왕국의 열쇠를 적들에게 넘겨주는 것이며, 벼랑에 있어 적들에게 언제나 닫혀 있던 문이 그들이 원할 때마다 열리는 것과 같다고 했다."[180]

콘파펭 폭포 위에서 항행 가능한 가장 긴 유역은 오늘날의 사완나켓 Savannakhet과 위앙짠 사이 500킬로미터 구간으로, 라오족 국가들의 주요 교통로이자 교역의 시대에 등장한 정체성을 형성하는 역할을 했다. 비록 바닷가 항구에서는 멀리 떨어진 곳이었지만 교역 활황이 낳은 효과는 뚜렷했다. 1640년대에는 하루에도 배가 몇 대씩 하류로 내려와 짐을 내렸다. 수레와 배를 번갈아 타고 상부 버마나 중국에서 내려오는 상인들을 싣고 올 때도 많았다.[181] 1550년대나 1630년대처럼 시암이 전쟁이나 봉쇄로 불안정해지면 라오 상인 상당수는 캄보디아를 거쳐 해안으로 가는 메콩강 경로를 이용했다.[182] 그러나 견딜 만하게 평화로운 때는 아유타야로 가는 더 짧은 육로가 선호됐다. 1640년대에 콘파펭 폭포를 지나가는 수레는 한 해에 10~12대뿐이었지만,[183] 시암의 육로를 통해서는 타이, 라오, 무슬림 무역상이 인도산 직물 4만 점을 가져오고 그보다 더 많은 수량의 사슴 가죽, 칠기, 안식향, 사향과 기타 임산물을 가져갔다. 항행 가능한 메콩강 유역의 남쪽 끝자락인, 당시에는 라오족 도시였던 라콘(지금의 나콘파놈)부터 또 다른 무역로가 있어, 산길로 열흘을 걸

그림 58a 19세기 말에 촬영한 야에워디강의 라웅잣laung-zat.

그림 58b 1866~1867년 프랑스 원정대가 메콩강의 제일 낮은 급류를 통과하는 모습.

으면 베트남 해안의 끼아인Kỳ Anh에 닿을 수 있었다.[184] 수리냐웡사 왕이 다스리던 라오스의 "황금기(1637~1694)"는 다른 여러 해상 국가가 그랬듯 교역의 시대에 확대된 무역 수요 덕분에 가능했다.

육로에는 기본적으로 배를 대체해 짐을 운반하는 수단으로 인간, 동물, 수레 세 가지가 있었다. 가장 빠른 방법이자 산길에서 유일한 방법은 인간이 등짐을 지는 것이었다. 크로퍼드는 1800년경 자바에 이 길 저 길을 넘나드는 전문적인 "떠돌이 짐꾼"이 5000명은 있다고 추산했다.[185] 노련한 샨족 짐꾼 한 명이 36킬로그램을 들고 하루에 24킬로미터를 갔다. 통행량이 많은 대상 교역로에서는 소, 조랑말, 노새에게 더 큰 짐(노새는 60킬로그램 정도, 소는 60~100킬로그램)을 싣고 더 느리지만 더 싸게 이동했다. 방어 수단이 있어야 하는 대상 교역로에서 가장 느리지만 가장 편리한 수단은 소가 끄는 이륜 수레로 240~360킬로그램을 실을 수 있었다.[186] 이런 우차는 통나무를 원판으로 자른 통바퀴를 단 목재 차축 위에 충격 흡수 장치나 좌석 없이 바로 차체를 올려놓은 것이어서 사람이 타기에는 고통스러웠다. 시암과 인도차이나에 파견된 프랑스 선교단은 떠닝다이에 상륙해 이런 수레를 타고 말레이반도를 종단했는데 그 구간을 끔찍하게 여겼다.

거의 두 발로 걸어야만 했다. 우리를 태운 수레는 승객의 편의가 아니라 승객을 고문할 용도로 만들어진 것이었다. 수레라기보다는 관처럼 보였는데, 제일 폭이 넓은 부분이 3피트(약 91센티미터)를 넘지 않고 가장 폭이 좁은 곳도 그보다 크게 좁지 않았다. 우리는 여기에 몸을 끼워 넣어야 했고, 그들은 큰 바퀴 두 개를 끼운 차축에서 앉았다. 울퉁불퉁한 길 때문에 수레는 걸핏하면 균형을 잃었고, 바퀴가 굴러가서 움직이는 것이 아니라 바퀴

그림 59 도적들이 수레를 몰고 가는 시암인을 막아서는 모습. 톤부리의 한 사원의 19세기 벽화 중에서.

축 가장자리로 질질 끌려갔다.[187]

일반적인 이륜 수레는 소나 물소 두 마리가 끌었지만, 여섯 마리나 여덟 마리가 끄는 더 큰 수레도 있었다.[188]

정글을 지나야 하는 장거리 교역로라면 수레 끄는 짐승이 호랑이에게 잡아먹히거나 산적을 만날 위험이 늘 존재했다(그림 59). 1606년 떠낭다이에서 시작해 말레이반도를 종단한 한 예수회원은 일행이 호랑이에게 갈가리 물어뜯기는 것을 목격했다.[189] 더 남쪽의 정실론(푸껫)에서 다른 선교사는 도적 떼에게 생명과 물건을 빼앗길 위험 없이는 0.5리그(약 2킬로미터) 이상 걸을 수 없다고 생각했다.[190] 따라서 상인들은 교통수단이 무엇이건 호송대를 거느리고 이동했다. 위앙짠-아유타야 구간을 이동하는 상단은 보통 수레 60대에서 100대 규모였으며,[191] 윈난에서 출발하는 노새 행렬은 100마리 이하일 때가 거의 없었다.

상단은 서늘한 아침에 주로 움직였다. 짐승들은 오후에 풀을 뜯고 밤에는 사람이 자는 수레로 만든 원 안에 무리를 지어 쉬었다.

자구책으로 밤마다 수레를 원형이나 삼각형으로 모아 요새를 만들었다. 수레 끄는 짐승과 짐은 그 가운데 두었다. 야영장을 가시덩굴로 휘감아 방어를 튼튼히 해야 할 때도 많았다. 야생돼지, 코뿔소 특히 주변을 서성대는 호랑이 (…) 소리를 피하지 못했다. (…) 화승총을 쏘고 밤새도록 불을 피워 짐승들이 가까이 오지 못하게 했다. 각자 순번을 정해 불침번을 섰지만, 우리는 이동식 무덤 아래서 걸핏하면 잠에 빠져들었다.[192]

수레가 없는 사람은 야자잎으로 작은 천막을 만들어 비를 막았으나 "등 아래로 빗물이 흐르는 것을 느꼈다".[193]

강력한 국가에 속한 전략적으로 아주 중요한 길만이 지속적으로 유지 관리되고, 우기가 지나면 매번 보수되고, 다리와 간이역을 갖췄으며 또 안전했다. 1622~1648년 네덜란드 사절단이 자바에서 자주 오갔던, 마타람 왕국의 수도 족자카르타부터 항구인 즈파라나 스마랑을 잇는 간선로야말로 그런 조건을 모두 갖춘 길이었다. 이 나흘 거리 경로는 현대의 스마랑-수라카르타-족자카르타 구간과 거의 일치하며, 국빈을 극진히 모시는 공식 유숙지도 몇 곳 있었다. 마타람의 수도는 내륙 깊숙이 자리 잡고 있었지만, 해안의 항구를 장악해서 왕국의 부를 축적한 예외적인 반세기 동안 이 간선로의 전략적 가치는 어마어마했다. 술탄 아궁은 마타람 군대가 이용할 수 있게 이 길을 유지하는 데 비용을 아끼지 않았다. 그는 칼리크탕기Kali Ketanggi강에 세운 다리와 같은 웅장한 티크목 다리들을 세웠다. 다리는 총길이가 100미터에, 굵은 티크목 기둥을 세운 위에 25~30센티미터 너비 티크판을 얹어 만든 것이었다. 이 다리를 지나는 길은 "코끼리 천 마리와 무거운 대포를 거느린 군대가 행진하기에 충분"할 정도였다.[194]

왕도로 향하는 그런 길은 이슬람화 이전 자바에도,[195] 버마와 캄보디아에서 왕조가 비교적 강력했던 시기에도 있었다.[196] 이런 길은 우차로 교역하는 데 크게 기여했지만 그 목적으로 닦은 것은 아니었다. 군사적 계산이 늘 더 중요했으며 군대의 이용 여부에 따라 도로는 유지되거나 방치됐다. 중국 통치기에 북베트남에 세운 돌다리들은 1428년 독립 이후 중국의 침입을 막을 목적으로 파괴됐다.[197] 비슷한 이유로 통치자들은 나라 사이의 주요 육로를 의도적으로 방치했다. 그런 길 위에서 무역상들은 국경 통행세를 낼 때를 제외하고는 알아서 짐을 지켜야 했다. "대상 교역로를 만들기는 아주 쉽다. 세 가지 조건만 충족되면 된다. 최초의 경계선이 표시되어 있어야 한다. 정글이 너무 우거질 때는 벌목해 주지만 그런 일은 [시암 동부와 라오스에서는] 흔치 않았다. 12킬로미터나 20킬로미터마다 물이 있어야 하고 (…) 마지막으로 무엇보다 안전해야 한다."[198]

벵골만과 타이만 사이의 말레이반도를 가로지르는 경로들은 장거리 무역에 핵심이었다. 연중 바닷길보다 훨씬 오래 걸리고 더 힘들었지만, 믈라카해협을 지배하는 세력을 피해야 한다면 누구라도 이 경로를 선호했다. 특히 1511년 포르투갈의 믈라카 점령 이후로는 인도 무슬림 무역상들이 그랬고, 포르투갈과 네덜란드를 피해야 하는 프랑스 전교단도 그랬다. 시암의 손에 있던 베익에서 떠낭다이까지의 경로는 교역의 시대에 가장 자주 이용됐으나 뜨랑Trang-나콘시탐마랏 경로와 훨씬 남쪽의 크다와 파타니를 잇는 경로, 더 북쪽의 버마 항구 목뜨마, 얘, 더왜에서 짜오프라야강 상류 골짜기로 가는 길에도 발길이 끊이지 않았다. 윈난에서는 산을 넘어 북베트남, 따이족의 북부 중심지인 루앙파방, 난Nan, 파야오Phayao, 치앙마이와 야에워디강의 북쪽 지류로 가는 길이 여럿 있었다. 벵골과 여카잉 북부에서 시작되는 중요한 대상 교역로는 신뷰쭌Sinbyugyun에서 야에워디강과 만났다.[199] 라오스는 위앙짠에서 아유타야에 이르는 기나긴 길과 그보다는 짧지만 더 험한 메콩강 상류 골짜기에서 베트남으로 이어지는 여러 길에 의존했다(지도 8).

사람 혼자서는 이런 경로를 따라 빠르게 걸을 수 있었다. 평화로울 때면 캄보디아와 시암의 수도 사이(600킬로미터 이상)를 오가는 서신이 육로로 보름 만에 닿을 수 있었다.[200] 그러나 수레로 이동하는 상인들에게는 느리고 고통스러운 길이었다. 짐을 가득 싣고 위앙짠에서 아유타야까지 600킬로미터를 가는 수레는 "산을 만나면 매번 기슭을 따라 우회해야 했다. 수레 60대에서 100대에 이르는 긴 행렬인데 수레가 한 대라도 주저앉으면 전체가 발이 묶이기 때문이었다. 뜨거운 햇살에 물소가 지치는 등 여러 장애물이 있어 다섯 달은 걸려야 했다. 돌아오는 길은 짐이 훨씬 가벼우므로 석 달이면 여행을 마쳤다."[201] 수레 없이 소만 끌고 가면 한 달 만에 도착할 수 있었지만, 짐승도 사람도 먹을 식량이 필요했으므로 그런 식으로는 짐을 많이 가져갈 수 없었다.* 말레이반도를 가로지르는 100킬로미터도 안 되는 경로도 2주에서 3개월까지 걸릴 수 있었는데, 홍수가 나면 앞으로 가기가 너무 힘들어졌기 때문이다.[202]

이들 대상 행렬의 규모는 육로의 무역상도 해로의 무역상만큼 많은 물량을 취급했음을 확인해준다. 한 무슬림 무역상은 위앙짠에서 2년 동안 교역하며 사들인 안식향, 옻 등 귀중한 임산물 15~20톤을 나르기 위해 수레 60대를 빌려야 했다.[203] 정크선 무역과 마찬가지로 일부 부유한

---

* 19세기에 이 구간은 코랏Khorat의 대시장에서 갈라졌다. 평탄한 비엔티안-코랏 사이는 수레로 15일이 걸리고, 코랏에서 짜오프라야 골짜기 사이의 숲과 산지는 소에 짐을 싣고 다시 15일이 더 걸렸다(Aymonier 1885: 257, 271).

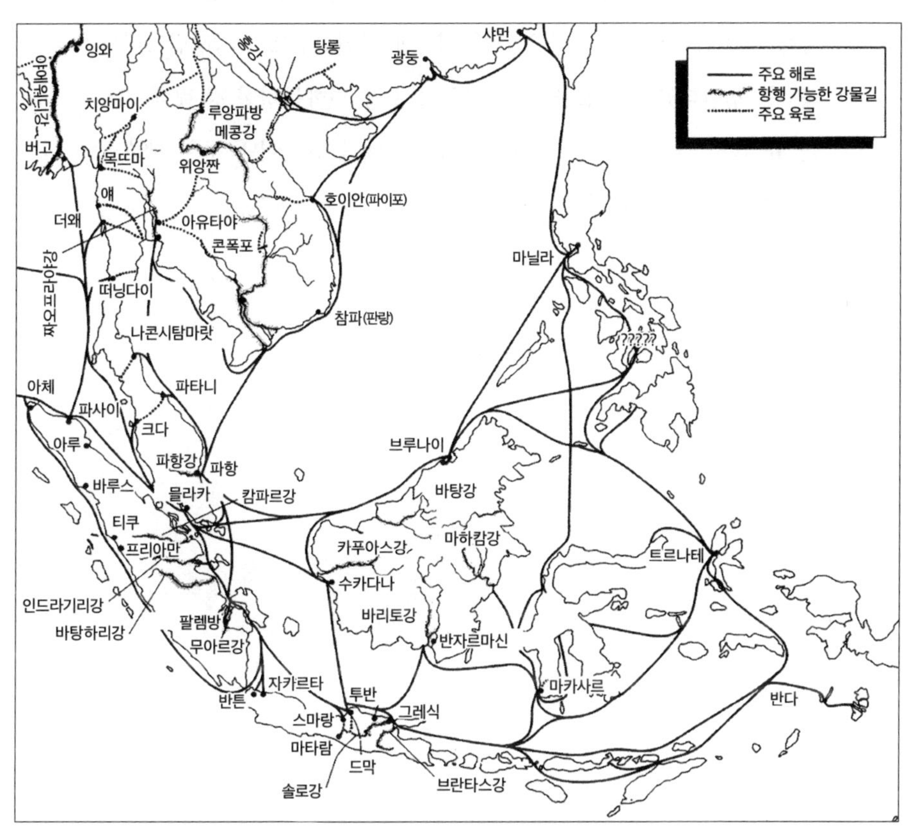

지도 8 주요 바다, 강, 육지 무역로

상인들은 길을 떠나지 않고, 바닷길에서 나코다와 같은 역할을 하는 대상 우두머리에게 물건을 맡겼다. 위앙짠-아유타야 경로의 경우 수레 한 대에 37길더(15레알)나 "흔히 그 이상"을 받았다.[204]

육로 무역이 그토록 험난했기에 어디서든 가능하기만 하면 물길을 이용했다. 동남아시아가 해양 무역에 적합한 자연환경으로 각광받았다면, 육로는 정반대였다. 울창한 정글, 높은 강우량, 변화무쌍한 강 탓에 도로를 유지하기가 극도로 어려웠다. 교역의 시대를 만들어낸 것은 해양 무역이며 그 결과 육로 무역도 활발해졌다.

7장 도시와 교역

멋진 프레스코화처럼 어디든 집 사이에 시장이 있고,
보라색이 주홍색을 밀치며 북적대는 거리가 끊이지 않으니
이곳이야말로
풍요롭고 멋진 왕도라네
_응우옌 잔 탄, 탕롱에 관하여(Nguyen Gian Thanh 1508)

교역의 시대는 도시가 지속적으로 성장한 시기다. 15세기에는 노역과 농산물 형태의 공물에 의존하던 기존의 수도들에서 무역 기반 도시들로 결정적인 권력 이동이 이루어졌다. 아유타야가 짜오프라야강을 장악하고 무역과 외교관계에서 엄청난 우위를 누리다가 1432년 캄보디아의 고대 수도 앙코르를 무너뜨리자 그곳은 폐허가 되었다. 캄보디아의 새 수도는 정교한 옛 관개시설 근처가 아니라, 똔레삽강과 메콩강이 만나는 지점이자 중국 및 일본 무역에 중요한 중개항인 지금의 프놈펜 근처에 세워졌다.

버마와 자바에서는 해안의 항구가 정치·문화적으로 지배적인 역할을 했던 20세기 이전에만 '장기 16세기'가 나타났다. 몬족의 항구-도시 버

고는 15세기 내내 번창해 내정이 불안한 가운데서도 상인이 모여들고 불교 사원과 탑이 늘어나며 도시를 장식했다. 1539년 버마족 정복 왕조 따웅우는 이 도시를 몬족에게서 빼앗아 그 부를 바탕으로 야에워디강 유역 전체를 통일했다. 1555년에서 1599년까지 버고는 버마족과 몬족(따이족도) 전체를 아우르는 왕국의 부유한 수도였다. 자바에서는 북해안의 이슬람 도시국가들과 내륙의 힌두 왕국 마자파힛 사이에 전쟁이 지속되면서 마자파힛의 수도가 점차 동쪽으로 밀려났다. 16세기 내내 드막, 즈파라, 투반, 그레식, 수라바야 같은 해안 도시들은 교역으로 얻은 부와 군사 기술로 우위를 차지할 수 있었다.

무역 활황이 새로운 형태의 코즈모폴리턴 상업 도시의 등장을 주도한 이런 양상에 유일한 예외는 베트남의 15세기로 레 왕조 아래서 중국으로부터의 독립과 국력 강화를 이뤄내고 수도인 탕롱(오늘날의 하노이)이 확대되고 새단장됐다. 그러나 그 사상적 기반은 상업을 경시하고 농업만을 국가의 근간으로 강조하는 유교였다. 레 왕조의 가장 위대한 왕 레 타인 똥聖宗(재위 1460~1497)은 "온 힘을 농업에 집중해 잠재력을 높여라"라는 표어를 내놓았고[1] "쫑농맏트엉Trọng nông mạt thương(重農末商, 농업을 중시하고 상업을 무시하라)" 같은 유교적인 가르침이 인기를 얻었다. 14세기 후반에 도자기 수출이 활발했던 것으로 보이지만 베트남이 해외무역에 적대적이고 무관심한 태도를 보이면서 15세기에는 쇠퇴한다. 외국 상인들이 쫓겨나는 일이 자주 벌어졌고 배에 실린 짐은 모두 검색을 받아야 했다. 탐욕스러운 관리들은 탐나는 물건이 있으면 왕의 이름을 내세워 빼앗았다. 1672년 잉글랜드인들이 그런 처사에 항의해봤지만 "우리가 오기 전에도 왕은 통킹의 왕이었고 우리가 간 후에도 여전히 왕일 것이며 왕국에는 외국 물건이 필요 없다"는 대답을 들었을 뿐이다.[2]

(북)베트남은 이미 인구가 많고 거의 자급자족하는 나라였던 데다 다른 동남아시아 국가보다 국제 교역로에서 멀리 떨어져 있었기 때문에 이런 방식으로 성공할 수 있었다. 그러나 특히 1471년 해양 왕국 참파를 무력으로 점령하면서 베트남인은 아시아 교역에서 1000년 이상 중요한 역할을 해온 해안을 얻었다. 이 새로운 베트남인 정복자들은 투언호아와 꽝남을 근거지로 삼았고, 남북 왕조 간의 분열과 반목은 점차 심화되어 1600년경에는 완전히 갈라섰다. 왕조와 개인적인 요인들이 부분적으로 작용하기는 했지만 (9장을 보라) 무역에 대한 남쪽 왕조의 태도가 완전히 달랐던 것은 분명하다. 나중에 새 남쪽 왕조를 세우는 응우옌 호앙에 대한 기록은, 그가 1558년 부유한 남쪽 성들의 태수로 처음 부임해 "너그럽게 통치해 바다를 건너온 상인들이 그를 좋아했다. (…) 외국의 상인들이 바다를 건너와 물건을 사고파니 무역 도시가 세워졌다"고 적고 있다.[3] 이 도시가 바로 호이안(유럽인에게는 파이포로 알려진)으로, 일본인과 중국인이 서로 또 베트남과 교역하기 위해 모여들고 서구인에게는 코친차이나로 알려진 응우옌 왕국의 세계로 향하는 창이었다. 응우옌 호앙은 자신의 영토가 "시와 역사, 예와 의의 나라이지 무역상과 장사치로 들끓는 나라가 아니다"라고 주장할 정도로 유학을 숭상하는 이였지만 일본 무역상에게 직접 편지를 써 무역을 지지하기도 했다.[4]

항구-도시와 무역 네트워크

물라카는 교역을 위해 만들어진 도시이고, 세상 어느 곳보다 그에 적합하다. 계절풍이 끝나고 또 다른 계절풍이 시작되는 곳이기 때문이다. 믈라카는 그야말로 한복판에 둘러싸여 있어서 수천 리그league 떨어진 다른 나라들이 교역과 무역을 하려면 모두 이곳에 와야 한다.

_토메 피르스, 『수마 오리엔탈』(Pires 1515: 286)

무심musim은 계절이나 철을 뜻하는 말레이어다. 해마다 반복되는 어떤 자연현상이나 다 무심이 될 수 있지만, 가장 중요한 무심은 계절에 따라 바뀌며 강우량을 결정하는 바람에 관한 것이다. 유럽인들은 열대 아시아에서 발견한 특이한 규칙성을 설명하기 위해 이를 계절풍monsoon이라고 불렀다. 계절풍은 4월부터 8월까지는 아시아 대륙을 향해 북쪽으로 불고, 반대로 12월부터 3월까지는 대륙에서 인도양과 남중국해를 향해 남쪽으로 분다. 이러한 예측 가능성이 아시아 해양 무역의 양상을 결정지었다. 선주들은 알맞은 바람이 불 때 긴 항해를 시작해 그해 안에 반대 방향의 계절풍을 타고 돌아와서 바다 위에서 보내는 위험한 시기를 최소화하고자 했다. 이런 이유로 당시 선박들은 방향을 조정하거나 바람에 가깝게 침로를 바꾸는 장비를 제대로 갖추지 않았다.

중국, 일본, 류큐 선박이 난양을 향해 남쪽으로 항해할 때는 언제나 1월이나 2월에 북동 계절풍을 이용하고 6월, 7월, 8월 남쪽에서 부는 바람을 타고 되돌아온다. 남아시아 선박은 4월에서 8월 사이 인도양의 남서 계절풍을 타는 것이 가장 무난하게 동쪽으로 항해하는 방법임을 알게 되었다. 이 배들은 항구에 잠시 머물렀다 같은 바람을 타고 되돌아갈 수도 있지만, 대부분은 거래를 기다리면서 10월에 계절풍이 바뀔 때 생기는 태풍을 지나 보낸 후 일러도 12월까지 "바람 아래" 머물다가 북동 계절풍을 타고 되돌아간다.[5] 구자라트 선박들은 동남아시아에 오려면 더 멀고 어려운 항해를 해야 했다. 남서 계절풍을 타면 수마트라나 말레이반도까지 항해하기엔 더할 나위 없이 좋지만, 이 바람이 인도의 항구를 닫기 전인 3월에 고향을 떠나거나 8, 9월이 되어 항구가 다시 열릴 때까지 기다려야 했다. 그래서 구자라트인은 적어도 1년 이상 집을 떠나 동남아시아 시장에서 머물며 1, 2월에 중국 배가 오기를 기다렸다.

이러한 항해의 계절성 덕분에 상인들이 바람이 바뀌거나 무역 상대가 도착하기를 기다릴 수 있는 동남아시아의 중계무역항들이 부상했다. 대상들은 몇 년 동안 집을 떠나 있으면서 카이로에서 광둥 사이의 각 구간에서 상품을 싣고 배를 바꿔 탔지만, 교역의 시대에 아시아 선박은 그렇게 긴 항해를 하지 않았다. 아시아 선주들은 배가 다음번 계절풍을 타고 모항으로 돌아오는 것을 선호했다. 동남아시아 항구에 배가 머무는 기간이면 선원과 승객으로 도시 전체가 꽉 차고 시장이 활기를 띠며 각종 의례도 북적거렸다.

바람 아래의 주요 중계무역항은 계절풍이 교차하는 지점인 안다만해, 타이만, 자바해 특히 믈라카해협의 안전한 해안에 있어야 했다. 각종 비문과 중국 기록은 푸난*(과 메콩 삼각주의 대항구 옥에오Oc eo), 참파, 스리위자야 왕국이 기원후 첫 1000년 동안 그 역할을 성공적으로 해냈다고 기록한다. 참파와 스리위자야는 오스트로네시아 계통 언어를 사용했기 때문에 이어질 교역의 시대에 무역 언어로 쓰일 말레이어의 앞길을 터주기도 했다. 15세기에 파사이(북수마트라)와 믈라카가 핵심 중계항이 되고

* Funan 또는 부남扶南. 1세기에서 6세기 사이에 메콩강 삼각주 일대에 발흥했던 왕국. 인도와 중국 사이의 무역을 중계하던 항구를 중심으로 성장해, 인도의 문화과 종교를 동남아시아 일대에 전파하는 초창기 동남아시아 인도화Indianization의 전초기지 역할을 했다. 푸난의 항구 옥에오에서는 인도와 중국의 유물은 물론 로마제국의 동전도 발견되어 푸난의 해양무역 네트워크가 지중해 세계까지 연결되었던 것을 짐작케 해준다. (옮긴이)

믈라카해협이 비교적 안전해지면서 어렵게 육로로 말레이반도를 횡단할 필요가 줄어들었다. 1511년 포르투갈이 믈라카를 점령한 후 믈라카해협의 해로를 통제하려고 하자, 육로로 말레이반도를 가로지르거나 수마트라 서해안을 따라 순다해협으로 가는 대체 무역로가 등장한다. 이 변화로 인해 아체, 떠넝다이, 아유타야, 파타니, 파항, 조호르, 반튼, 마닐라, 마카사르, 브루나이, 캄보디아, 참파 등에 새로운 중계항이 생기거나 기존 항구가 다시 각광받았다. 응우옌 왕조의 호이안은 인도 선박이 접근하기에는 너무 동쪽에 치우쳐 있었으나 17세기에 중국, 일본, 동남아시아, 유럽 배가 교역하는 주요 중계항이 되었다. 한 세기 반에 걸친 중계항의 춘추전국 시대가 지나고 1650년경이면 네덜란드령 바타비아가 1500년경 믈라카가 아시아 역내 교역에서 차지했던 주도적인 역할을 맡기 시작했다.

이러한 항구의 위치가 주로 외국 무역상들의 필요에 의해 결정되었다면, 항구들은 항구를 본거지로 한 해운활동을 재빨리 발달시켰다. 말레이 서사의 영웅 항투아가 했다는 믈라카에서 남인도 또는 중국 남부까지의 긴 무역 항해는 지어낸 이야기가 아니다. 포르투갈인들도 해마다 믈라카에 그런 긴 항해가 있는 것을 알았다. "믈라카는 정크선을 보내고 다른 배들이 들어온다."[6] 1504년경 캘리컷(남인도의 말라바르)에 있었던 루도비코 디 바르테마는 각지에서 온 상인들, "버고 상인 몇몇과 수마트라[파사이] 상인 다수"와 마주쳤다.[7] 16세기 후반 아체 상인들은 후추를 실은 배를 저 멀리 홍해까지 보냈고 아체의 술탄은 이 무역을 위해 늦어도 1620년까지 큰 선박을 건조하게 했다.[8] "말레이인 소유의" 아체의 인도식 배가 1630년대 남인도에 갔다가 긴 항해에서 돌아오는 길이라는 기록도 있다.[9] 세기 중반 아체, 아유타야, 반튼, 마카사르의 왕들은 마닐라, 일본, 남인도까지 배를 보냈다.

중국으로 가는 조공 사절 덕분에 동남아시아 뱃사람들은 광둥 가는 뱃길을 익힐 수 있었다. 사절단 파견에는 중국의 언어와 예법에 대한 지식이 필요했으므로 동남아시아에 정착한 중국인들이 자연스럽게 조공무역에 관여했다. 회항하는 중국 배를 타고 가는 사절단도 있었지만, 이 여행에서 얻을 수 있는 무역 이익 때문에 대부분의 국가는 자국 배에 지역 특산품과 다인종의 선원을 태우고 광둥으로 향했다. 광둥뿐 아니라 베이징에도 비중국계가 늘어난 것은 수도의 번역청 사이관四夷館에서 동남아시아 언어에 관심을 기울이기 시작하고 1579년 타이어 특별 부서를 설치한 데서 입증된다.[10]

따라서 아시아 무역로의 각 루트를 오가는 선박의 계절적 흐름에는 출발지나 목적지가 모항인 배가 포함된다. 믈라카에는 성수기면 대양을 가로지르는 정크선 100척이 정박했고, 평상시에도 술탄과 믈라카 상인들의 배를 비롯해 인도, 중국, 버고, 자바 등지에서 온 배가 최소 30척은 있었던 것으로 추정된다.[11] 모든 주요 동남아시아 항구가 국제무역에서 활발하게 활동했지만 모든 주요 국가와 종족이 그랬던 것은 아니다. 나중에 다시 논의하겠지만 말레이인, 미낭카바우족, 자바인, 참족, 루손인, 버고인(몬족), 중국인 정도가 가장 일반적인 동남아시아의 무역계급이라고 할 수 있다. 여기서 중요한 점은 동남아시아의 무역도시가 아시아 해양지대 전역에서 온 사람들이 모이는 다원적인 만남의 장임을 이해하는 것이다.

네덜란드인 로데베이크스는 1596년 반튼에서 자기 일행을 맞아준 상인들을 아래와 같이 묘사했다.

자바에서 코라산Khorasan이라고 부르는 페르시아인은 보통 귀한 돌과 약을 팔아 돈을 번다. (…) 아랍인과 버고인은 해상 교역에 가장 적극적이라 한 도시에서 상품을 사서 다른 도시로 가져가고, 중국 상품을 사들여 주변 섬들에서 다른 물건과 바꾸고 중국인들이 후추를 사러 올 때를 대비해 후추와 바꾸기도 한다. 말레이인과 클링은 이자를 받는 선박저당계약 항해에 투자하는 상인이다. 구자라트인은 가난해서 보통 선원으로 일하고 본전이거나 두세 배의 이익이 남게 마련인 선박저당계약으로 돈을 번다.[12]

중국, 인도, 말루쿠 향료제도에서 시작된 장거리 무역이 이 다양한 사람을 한데 모아놓았다면, 이 다중은 항구-도시에 식량, 건축자재, 역내무역 품목을 공급하는 현지 교역을 더 활발하게 만들었다. 대부분의 화물운송 활동은 쌀, 야채, 말린 생선, 가축, 야자술, 설탕, 소금을 도시나 환금성 작물 재배지에 대거나 지역산 금속기, 도자기, 옷감을 생산자에게서 소비자에게 운반하고, 수출품을 모으거나 수입품을 재유통하는 작은 동남아시아 배를 통해 이루어졌다. 동남아시아의 잔잔한 바다 위에서 벌어진 집중적인 해상운송에 종사한 것은 절대다수가 동남아시아에 정주하는 이들이었다. 그들이 도시와 배후지를 이어주고 화물은 물론 사상과 사람을 여기저기로 나르는 힘줄 역할을 했다.

도시의 규모

1900년경 최초의 근대적 인구조사에서 동남아시아의 식민지 국가들은 세계에서 가장 도시화되지 않은 지역으로 드러났다.* 흔히들 이들 국가가 독립 이후 이룬 급격한 도시화를 '전통적인' 촌락 지역이 새롭게 발전한 것이라 여긴다. 그러나 식민주의 그 자체가 1940년 이전 한 세기 동안 동남아시아 도시가 성장하지 못한 원인이라는 가설을 뒷받침하는 증거들이 힘을 얻고 있다. 페터르 봄하르트트는 식민주의의 영향이 가장 컸던 자바에서 19세기 동안 주민 2만 명 이상인 도시에 사는 인구 비율이 1815년 7퍼센트에서 1890년 3퍼센트로 줄었다고 지적했다.[13]

그 까닭은 지역의 교역을 지배하는 작은 섬처럼 고립된 유럽의 식민도시가 아시아인들이 이주해 와 도시의 부를 나눠 갖기를 장려하지(때로는 허용하지도) 않았기 때문이다. 주요 교역 중심지가 아시아인의 손에 있었을 때는 많은 수의 귀족과 궁정 하인, 교역에 종사하는 외국계 소수인종, 종교 학생, 행상, 장인, 노동자가 몰려들었다. 가장 오랫동안 식민주의를 피한 지역인 타이의 사례가 이를 증명한다. 1909년 인구조사에서 타이 인구의 10퍼센트가 방콕에 사는 것으로 드러났으며, 교역이 크게 발달하지 않았던 19세기에도 방콕 인구가 이보다 크게 적지 않았을 것이다.[14] 1783년 호구조사에서는 버마의 수도(강 건너편 저가잉 Sagaing을 포함하는 아마라뿌라 지역)에 버마 인구의 10퍼센트가, 1802년에는 13퍼센트가 사는 것으로 나타났다.[15] 아시아 주요 도시의 경제적 기능을 빼앗은 식민도시는 훨씬 규모가 작았다. 네덜란드가 세운 바타비아 인구는 19세기까지도 자바의 옛 수도 족자카르타와 수라카르타의 인구 규모를 넘지 못했고, 영국이 정치·경제적 지배구조를 갖춘 지오래인 1891년 인구조사에서 양곤(랭군)의 인구는 옛 버마 수도(당시에

---

* 1940년대의 혼란 속에 집중적인 도시 이주가 벌어진 이후인 1960년대에도 동남아시아의 도시화 비율은 겨우 17.6퍼센트로, 아시아 전체의 21.5퍼센트는 물론 선진국의 60퍼센트에 크게 못 미쳤다 (U.N. Centre for Human Settlements 1987: 53).

는 만들레)보다 약간 더 많을 뿐이었다. 당시 만들레에는 17만 명이 살았으나 영국 식민지가 된 이후인 1931년에는 13만5000명으로 인구가 줄었다.

1600년경 베이징과 에도(도쿄) 모두 인구가 100만 명에 달하는 등 17세기까지는 일반적으로 아시아 도시들이 유럽 도시들보다 규모가 컸다. 스키너가 중국에서,[16] 스미스가 일본에서,[17] 하빕과 베일리가 인도에서 살펴보았듯이,[18] 17세기에서 19세기 사이에 인구 중심지들이 확연하게 쇠퇴했다. 따라서 유럽의 상업 헤게모니에 일찍부터 더 직접적으로 시달렸던 동남아시아 도시들이 1850년보다 1600년에 규모가 더 컸다고 해도 놀랄 일은 아닐 것이다.

유럽인 거주지를 제외하면 근대 이전 시기에는 신뢰할 만한 호구조사가 시행된 바 없다. 따라서 다음의 추정치는 방문자들이 세어본 대략의 가옥 수나 현지 관리가 유사시 도시와 인근에서 징병할 수 있다고 주장한 장정수를 바탕으로 한 것이다. 또한 전성기에 도시가 차지한 물리적 규모를 추적하면 추정치의 신뢰도를 가늠하는 데 도움이 될 것이다.

표 11에 나온 16세기 인구 추정치 중에서 핀투의 기록만 완전히 믿을 수 없어 보인다. 아유타야와 버고가 아주 큰 도시라는 말만 듣고 그렇게 쓴 것이 분명하다. 책의 다른 대목에서 핀투는 베이징만큼은 아니지만 여전히 큰 아시아 왕국의 수도 열여덟 곳을 나열했다.[19] 그중 자바의 드막과 파수루안, 버마의 버고, 잉와, 목뜨마, 베트남의 "우장게Uzangé", 아유타야, 루앙파방 등 여덟 곳이 동남아시아 도시다. 마젤란 탐험대의 일원이었던 피가페타의 브루나이 추정치도 의심스럽기는 마찬가지다. 보르네오-필리핀 무역의 중심지였던 브루나이가 1579년 스페인의 약탈 이전에는 300년 후보다 더 컸을 수도 있겠지만, 도시의 물리적인 크기를 고

표 11 16세기 도시 인구 추정치

		추산치	해당 인구수[a]
아유타야	1540년대	가옥 40만 채(Pinto 1578: 420)	2,600,000
	1545년	가옥 1만 50채가 불탔다(Luang Prasoet: 10)	〉100,000
버고	1540년대	가옥 40 만 채(Pinto 1578: 362)	2,600,000
	1596년	'장정' 15만[b](du Jarric 1608 I: 624)	600,000
믈라카	1510	가옥 1만 채(Araujo 1510: 21)	65,000
		전사 4000명(ibid.: 21)	16,000
		가옥 3만 채(Castanheda)[c]	195,000
		파사이의 10배(Pires 1515: 144)	200,000
		1만 명(Albuquerque 1557: 84)	100,000
		장정 2만 명(ibid.: 99)	80,000
		가장 많을 때 20만 명(Correia: 284) [c]	〈200,000
		19만 명(*Sejarah Melayu* 1612: 181; 1831: 247)	190,000
		도시에만 9만 명(*Sejarah Melayu* 1612: 180)	90,000
파사이	1512	주민 2만 명(Pires 1515: 143)	20,000
	1518	경비병 3000명(Barros 1563 III, v: 522-523)	〉12,000
브루나이	1521	가옥 2만5000채(Pigafetta 1524: 58)	162,000
		가옥 2만 채(Maximillian 1522: 301)	130,000
	1579	4000~5000명이 포로로 잡힘(de Sande 1579: 126)	〉18,000
	1580년대	세금납부자 8000명(Dasmariñas 1590B)	32,000
드막	1512	가옥 8만~10만 채(Pires 1515: 184)	58,500
		장정 3만 명(ibid.: 185)	120,000
그레식	1512	'장정' 6000~7000명(ibid.: 194)	〉25,000

a. 표 11과 표 12에서 제일 오른쪽의 인구는 집을 6.5명으로 장정을 4명으로 환산해서 도출한 것이다. 1679년 네덜란드의 믈라카 인구조사는 4884명이 "벽돌집 150채와 아탑atap[초가]집 583채"에 산다고 했는데, 집 한 채당 6.7명이며 네덜란드동인도회사의 하인 219명이 집 한 채당 4.6명씩 살았다는 뜻이다(van Goens 1679: 281). 아시아의 도시에서는 아마도 "집" 한 채에 사는 사람 수가 더 많았을 텐데, 하인을 많이 거느린 귀족들의 큰 단지와 왕궁이 있었기 때문이다.

b. 이 놀라운 숫자는 포위 당시 도시를 방어한 남자 수를 가리키므로, 통상적인 인구를 뜻하지 않을 수도 있다.

c. 이 출처들은 Thomaz 1993: 71n에서 얻었다.

표 12 17세기의 도시 인구 추정치

		추산치	해당 인구수
탕롱	1640 1688	"100만 명 정도"(Rhodes 1651: 26) 가옥 2만 채(Dampier 1699: 36)	1,000,000 130,000
낌롱	1674	15만 명(de Courtelin, Nguyen 1970: 120)	150,000
후에	1749	6만 명(Poivre 1750: 97)	60,000
프놈펜	1606	가옥 2만 채(Jaque, Groslier 1958: 152 중)	130,000
시토르 Sithor	1600	5만 채 이상(San Antonio 1604: 95)	〉50,000
아유타야	1617 1681 1686 1687	"런던만큼 큰"(Anderson 1890: 69) 매년 어린아이 1만 명이 죽음(Noguettes 1685: 71) 20만(Tachard 1688: 190) 전사 6만 명(Gervaise 1688: 47) 외국인 1만6000명(La Loubère 1691: 112)	200,000 〉200,000 200,000 240,000 〉30,000
잉와(아바)	1688	"랭스Rheim만 한 크기"(Goüye 1692: 73)	30,000
딴륀(시리암)	1688	"메스Metz만 한 크기"(ibid.: 73)	25,000
뻬에(프롬)	1688	"딴륀만 한"(ibid.: 73)	25,000
버강	1688	"디종Dijon만 한"(ibid.: 73)	30,000
파타니	1602 1690	행렬에 4000~5000명(van Neck 1604: 226) 주민 1만~2만 명(*Tosen* 1690, Ishii: 1998)	20,000 15,000
파항	1618	1만1000명이 아체에 끌려갔다(van den Browcke 1634 I: 177)	〉12,000
조호르	1604	장정 4000명(Mandelslo 1662: 108)	16,000
브루나이	1608	수상가옥 2000~3000채(van Noort 1601: 202)	16,200
아체	1602 1621 1688	집 700~800채가 탔다(Lancaster 1603: 133) 장정 4만 명(Baulieu 1666: 106) 집7000~8000채(Dampier 1699: 90)	〉10,000 160,000 〉48,700
파가르루융	1684	왕궁에만 8000명(Dias 1684: 355)	32,000
반튼	1672 1673 1674 1684 1696	"10만 명 이상"(Missions Etrangères 1680: 90) 장정 5만5000명(VOC, Guillot 1989: 150 재인용) 장정 20만 명(Cortemünde 1675: 122) 70만 명(Fryke 1692: 80) "수라소완Surasowan의 3만1848명"(Pigeaud 1968: 64)	〉100,000 220,000 800,000 700,000 125,000
자카르타	1596 1606 1618	집 3000채(Lodewycksz 1598: 163) 장정 4000명 (Matelief 1608: 53) 장정 6000~7000명(van den Broecke 1634 I: 187)	20,000 16,000 26,000
마타람	1624	장정 20만 명(de Haen 1623: 35)	800,000
스마랑	1654	10만 명(van Goens 1656: 205)	100,000

즈파라	1654	10만 명(van Goens 1656: 268)	100,000
투반	1600	장정 3만2000~3만3500명("Tweede Boeck" 1601: 184)	130,000
수라바야	1625	5만~6만 명(VOC, Meilink-Roelofsz 1962: 270)	〉50,000
마카사르	1614	집 1260채가 불탔다(EIC G/10/1: 5)	〉20,000
	1615	장정 1만6000명 (EIC G/10/1: 9)	64,000
	1636	역병으로 6만 명이 죽었다(EIC G/10/1: 73)	〉100,000
	1660	장정 16만 명(Gervaise 1701: 60)	640,000

려할 때 인구가 5만 명 이상이었기는 어려워 보인다. 반면 믈라카의 경우 무시하기에는 확고한 추정치가 너무 많고, 도시의 교역, 쌀 수입량, 물리적 규모가 모두 그 수치에 부합한다. 말레이 연대기는 믈라카 북쪽에서 무아르Muar강까지 해안을 따라 45킬로미터가량 인가가 계속 이어졌다고 밝힌다.[20]

베트남의 수도 탕롱(하노이)의 16세기 인구 추정치는 없으나, 물리적 증거와 전통은 이 도시가 15세기 말의 전성기 이래 서서히 쇠락했다고 일러준다. 17세기에도 탕롱은 아주 큰 도시였으므로, 16세기에는 인구 10만 명이 넘는 동남아시아 최대의 도시였을 것이다. (1567년 버마가 초토화시키기 전) 아유타야와 버고 또한 인구 10만 명급이고, 믈라카는 동남아시아 최대 중계무역항이던 1470년에서 1511년 사이 비교적 짧은 기간 그 정도 규모였을 것이다. 당시 자바의 큰 항구-도시였던 드막은 6만~8만 명 사이였지만 브루나이, 그레식, 파사이는 그 절반 정도였을 것이다. 잉와, 루앙파방, 위앙짠, 치앙마이 같은 내륙 도시의 경우 이 시기 인구를 추정하기가 쉽지 않다.

1570년부터 1630년까지 교역의 전성기는 분명 도시화의 측면에서 상당한 진척을 가져와, 기존 도시는 더 성장하고 새로운 도시가 등장했다(표 12). 극도로 들쭉날쭉한 17세기 도시 규모 추정치의 신빙성을 검토하

표 13 17세기 도시 구역의 규모 근사치

	성채 또는 성벽을 두른 구역 (제곱킬로미터)	도시 구역 근사치 (제곱킬로미터)	출처
탕롱	0.4	5.6×4=22	*Hanoi* 1977: 40~46과 지도들
위앙짠	0.3	4×0.8=3.2	Lajonquière 1901: 100~101
치앙마이	3.8	5	Wijeyewardene 1985: 86; 1986: 6
아유타야	3.6×2=7.2	15	Sternstein 1965
버고(16세기경)	5.8a	15	Symes 1827 I: 214; Frederici 1581: 244~245
먀웃우	0.4	7	Collis 1943: 174~175
파타니	0.1	5×0.4=2b	Welch and McNeill 1989: 38; Bougas 1988: 15~16
아체	0.2	12	*ENI* 1893~1905 II: 321
반튼	1.0	5	Scott 1606: 169; Guillot 1989
마타람	0.4	7.5×5.5=41c	van Goens 1656: 66, 212~215; Nurhadi and Armeini 1978: 17
마카사르	0.8+0.8+0.2d	10×0.6=6	Reid 1983: 140~150; Bulbeck 1992: 351~372

a. 버잉나웅 왕이 새로 지어 1566~1599년 수도였던 성곽 도시의 규모를 내가 추정한 것이다. 원래 있던 옛 성곽 도시는 상업 구역이 되었으며 상당한 규모의 주변부를 거느렸다.

b. 웰치와 맥닐은 질그릇 조각이 밀집한 구역은 넓이가 0.9제곱킬로미터밖에 남지 않은 것을 밝혀냈으나, 보가스Bougas와 마찬가지로 그들의 설명은 5킬로미터에 달하는 해안을 따라 더 큰 구역이 펼쳐져 있었다고 알려준다. 작은 구역은 오랜 세월 동안 집중적으로 주거지였으나 해안가 지역 전체는 파타니가 번성하기 시작한 1590년 이후 50년 사이에 주거지가 되었다고 전제하고 면적을 더 넓게 잡는 편을 택했다. 이 시기는 『히카얏 파타니』(*Hikayat Patani*: 113)가 고양이가 한 번도 바닥으로 내려오지 않고 지붕 위로만 걸어서 2.5킬로미터를 갈 수 있다고 적고, 판 넥이 파타니가 해안을 따라 0.5독일마일가량 확장했다고 여겼던 때이기도 하다(van Neck 1604: 222).

c. 판 훈스의 마타람 지도는, 크라톤(왕궁)이 코타그데Kota Gede, 크르타Kerta, 플레레드Plered로 차례로 옮겨가면서 특이하게 확장하는 도시를 보여준다.

d. 마카사르는 요새 같은 세 왕궁 고와, 탈로, 솜바오푸가 자리 잡은 복합도시이자 국가였다.

는 데는 이 도시들의 물리적 규모를 살펴보는 편이 유용하다. 당대의 묘사를 현대 고고학과 결합해 추론해볼 수 있기 때문이다(표 13). 대개는 경계가 뚜렷한 성채가 있어 오늘날도 그 흔적을 찾아볼 수 있으며, 그보다는 덜 뚜렷한 주변부가 이 성채를 둘러싸고 있었다. 주변부에는 외국인 무역 공동체와 지방에서 흘러들어온 이들이 자리 잡았다. 버마와 시암의 성곽도시가 도시 인구의 절반 또는 그 이상을 수용했다면, 도서부 동남아시아에서는 왕의 성채(크라톤kraton 또는 코타kota)를 제외하면 성벽이 없었다. 베트남과 라오스에서는 왕궁이 중심부에 있고 외벽이 거주 지역 전체를 둘러쌌다.

정착의 불규칙한 속성 때문에 정착 지역을 바탕으로 인구 추산치를 내는 데는 위험이 따른다. 가옥이 바닷가, 항구 구역, 시장, 큰 사원에 딱 붙어 있는 경우도 많았고, 다른 곳에서는 경계가 분명한 도시라기보다는 계속 이어지는 마을로 인구가 분산되어 있었다. 밀집한 곳에서는 밀도가 제곱킬로미터당 가옥 3000채(또는 거주자 2만 명)라면, 도시 지역 전체는 이 밀도의 절반도 채 되지 않을 것이었다.*

이 도시 규모의 근사치를 당대 인구 추정치와 합쳐보면, 가장 큰 도시인 탕롱, 아유타야, 마타람의 17세기 중반 인구가 15만 명에서 20만 명 정도(1599년 파괴 이전 버고도 그 정도였을 것이다)였다는 결론이 더 확실해진다. 아체, 마카사르, 반튼, 코친차이나의 수도 낌롱이 17세기 중반 전성기를 누리며 10만 명에 가까운 바로 아래 규모였을 것이다. 자

---

* 주르댕은 마카사르에서 해안의 집 스무 채가 있는 "40제곱패덤"짜리 구역을 얻었다(Jourdain 1617: 293). 이 비율대로라면 집 한 채당 267제곱미터 또는 1제곱킬로미터당 집 3750채라고 할 수 있다. 반면 (건물이 들어선 구역이 아니라 행정구역과 관련된) 현대 인구조사는 도시의 인구밀도를 제곱킬로미터당 5000~1만으로 내놓았다. 1930년 네덜란드령 동인도의 인구조사에 따르면 가장 "인도네시아적"인 도시 족자카르타와 수라카르타의 인구밀도는 제곱킬로미터당 가옥 6300채 정도였다.

바 북해안의 다른 도시들은 17세기를 거치면서 인구가 급변동했으나, 투반과 수라바야는 잠시나마 5만 명에 달했을 것이다. 여카잉의 수도 마웃우를 비롯해 파타니, 위앙짠, 프놈펜 또한 인구 2만~5만 명 범주에 들어가며 5만 명 쪽에 더 가까웠을 것이다. 잉와는 1634년 다시 버마의 수도가 되면서 꾸준히 성장해 1700년경이면 5만 명에 달했을 것으로 추정된다. 이들 도시가 동남아시아에서 가장 큰 도시 열세 곳일 것이다.

유럽인 거주지는 집중적인 교역이 이루어지고 튼튼한 석조 건물이 많았으나, 결코 가장 큰 도시가 되지는 못했다. 바타비아는 1630년 성 안팎을 통틀어 인구 3만 명으로 성장하다가 전성기였던 1670년 13만 명이 되었다.[21] 마닐라는 가장 풍요롭던 시기인 1630년에 인구가 4만 명가량이었다.[22] 믈라카 인구는 1641년 이전 포르투갈이 점령했던 시절 1만 2000명이었으나[23] 네덜란드 점령 후에는 5000명으로 줄었다.

이 도시들의 인구를 합산하는 것에는 도시의 규모를 추정하는 것보다 더 큰 위험이 따른다. 인구의 정점을 찍은 시기가 도시별로 다르며 때로는 한 도시의 희생으로 다른 도시가 성장하기도 했기 때문이다. 그러나 보수적인 계산 방식으로도 17세기 중반 인구 3만 명 이상의 도시에 거주한 인구가 100만 명 이상이라고 합계를 낼 수 있다. 따라서 동남아시아 인구 전체의 5퍼센트가 대도시에 살았으며, 이 비율은 당시 서유럽보다는 높으나[24] 인도 무굴제국이나 중국보다는 낮다.[25]

소도시와 지역 중심지의 규모를 파악하기란 여전히 힘들다. 추정치가 있는 도시의 자료와 인구 추정치가 없는 경우 그 도시의 파악된 경제적·정치적 기능을 고려해보면, 다음 도시들은 인구 1만 명이 약간 넘었다고 할 수 있을 것이다(지도 9). 버마의 뻬에, 버강, 따웅우, 딴륀(양곤 근처), 더왜, 목뜨마(마르타반),* 시암의 떠닝다이, 치앙마이, 롭부리, 나콘시탐마랏(리고르), 라오스 북부의 루앙파방, 캄보디아의 왕도 로벡, 코친차이나의 항구 호이안, 말레이반도의 조호르와 파항(1618년 아체에 약탈당하기 전까지), 수마트라의 팔렘방, 잠비, 파가르루융(미낭카바우의 수도), 보르네오의 반자르마신과 브루나이, 자바의 즈파라, 스마랑, 발람방안, 발리의 수도 겔겔, 마긴다나오의 수도 시노아이Sinoay(1690년 동원 가능한 장정이 3만6500명이었다고 한다[26]).

동남아시아 전체에서 도시 거주자 비중이 상대적으로 높았다면, 교역이 고도로 발달한 믈라카해협 주변 지역 덕분이었다. 19세기 초보다 인구가 많을 수는 없으므로 당시 말레이반도 전체 인구는 50만 이상이기 어렵다.[27] 즉 배후지 없는 중계무역항 믈라카에만 1500년경 말레이반도 인구의 최소 20퍼센트가, 1600년경에는 파타니, 파항, 조호르, 포르투갈령 믈라카에 비슷한 비율이 거주했다는 뜻이다. 18세기 초에 작지만 중요한 항구로 떠오른 크다의 전체 인구 2만 명 중 7000~8000명이 도시에 살았던 것으로 추정됐다.[28] 아체, 반튼, 브루나이의 도시 구역은 각각 최전성기에 해당 영토에 거주하던 인구의 최소 5분의 1은 수용했을 것이다.

당시 도시화 비율이 비교적 높을 수 있었던 것은 세 가지 차원에서 동남아시아의 풍요로운 환경 덕분이었다. 첫째(아시아 계절풍 지대 전체가 공유하는 요인), 적당한 기술로도 상당량의 판매 가능한 잉여 쌀을 생산하기가 밀이나 육류보다 훨씬 쉬웠다. 둘째, 마타람을 제외한 모든 도시

* 17세기 버마는 마을보다 상위인 행정구역을 네 가지 범주로 나눴다. 그중 가장 하위 범주는 전시에 100명에서 1000명 사이의 장정을 보내고, 반경 10킬로미터를 관장했다. 여기서 열거한 도시는 모두 가장 큰 범주인 주도州都에 해당하며 반경 100따잉taing(약 320킬로미터)을 다스렸다(Than Tun 1983: 72~73).

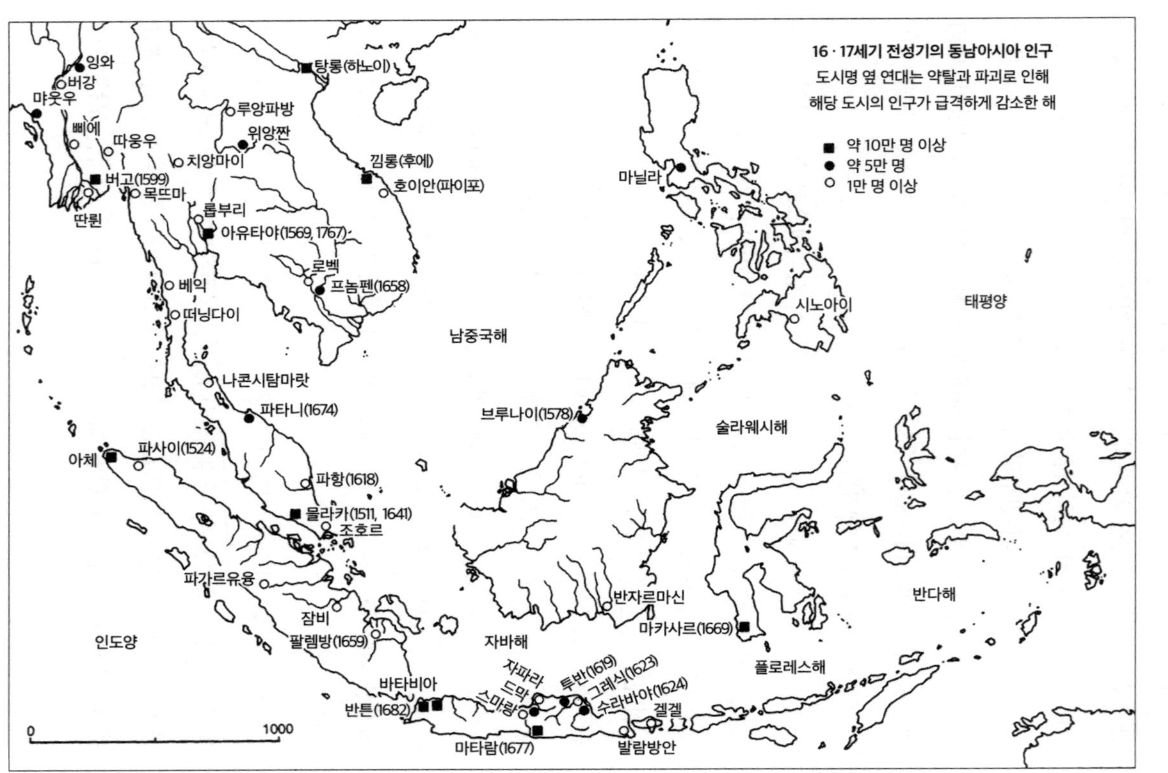

지도 9 동남아시아 도시의 16~17세기 전성기 인구 분포

는 (집중적인 쌀 재배 지역의 중심에 있는 잉와나 탕롱처럼) 수레를 이용한 육로보다 훨씬 효율적인 물길로 접근이 용이했다. 셋째, 대부분의 동남아시아 지역 전체 경제에서 무역이 상대적으로 큰 역할을 했다. 항구-도시는 배후지에서 억지로 잉여를 짜내야 유지되는 기생의 존재가 아니라, 무역에서 부의 상당 부분을 거둬들여 자유시장에서 식자재를 사들이는 구매자였다.

17세기 초반의 추정치에 따르면 파타니는 쌀 필요량의 절반 이상을, 반튼은 4분의 3을 바닷길을 통한 수입에 의존했다.[29] 포르투갈 정복 이전의 믈라카는 그보다 더 많은 양을 수입에 기댔다. 해마다 버마에서 45척, 시암에서 30척, 자바에서 50~60척, 코로만델에서 여러 척의 배가 와서 믈라카에 쌀을 공급했다.[30] 크기는 다양했겠지만 한 척이 적어도 50톤급이라고 하면 해마다 장거리 무역으로 공급받는 쌀은 7000톤가량으로 도시 거주자 5만 명 이상이 먹기에 충분한 양이었다. 전성기가 지난 1680년대에도 아체에는 인도산 쌀을 실은 배 10척이 항구에 있었고, 시장의 수입쌀 소매상은 하루에 80파운드스털링(쌀 3500킬로그램을 판 금액과 동일)을 벌 수 있었다.[31]

동남아시아 도시의 구조

> 수난 구눙 자티는 아들에게 해안에 도시를 세우라고 가르치고, 왕궁dalem, 시장, 중앙광장[알룬알룬]이 각각 어디에 자리 잡아야 할지 일러주었다.
> _『반튼의 역사Sadjarah Banten』(Djajadiningrat 1913: 34)

교역의 시대가 만들어낸 도시 반튼은 그 시기의 모순을 상징하는 곳이었다. 해상운송에 용이하게 바닷가에 자리 잡은 이 항구는 빠르게 코즈모폴리턴 대도시로 성장했다. 무역상은 누구나 환대받았고 건물, 수로, 골목, 시장이 무질서하게 들어섰다. 그럼에도 반튼은 왕조의 우주적 이상과 포부를 주요 건물의 규모와 배치에 반영한 인도 전통의 계승자이기도 했다. 브로델은 동아시아와 남아시아의 체스판 같은 도시와, 중세 유럽과 "지브롤터에서 순다열도까지" 여러 이슬람 도시의 혼잡스러운 무질서 간의 대조적인 이분법에 대해 쓴 바 있다.[32] 이러한 모순은 동남아시아 전역 또한 관통했는데, 단순히 대륙부 도시가 도서부 도시보다 더 질서 있다거나 내륙의 왕도가 번잡한 항구보다 더 정돈됐다는 뜻은 아니다. 모든 도시에는 그 중심부에 나름의 우주적 질서가 있었으나, 그 질서는 풍요로운 시기에 도시로 몰려든 인구에 의해 완전히 뒤죽박죽 뒤섞여버렸다.

불교 왕국에서는 성벽으로 뚜렷하게 구획된 공간으로서의 도시 개념이 상대적으로 더 발달해, 이런 중심부의 계획된 구역이 그 넓이가 수제곱킬로미터에 달하는 성곽도시 전체를 차지했다. 도서부에서 진정한 의미로 계획된 곳은 왕궁과 인접한 공공건물뿐이고, 그 바깥의 거주지는 시장, 물길, 권력자의 저택 부근에 불규칙하게 형성됐다. 베트남의 수도는 거의 1000년 가까이 하노이 지역이었던지라, 인구가 처음의 우주적 도성 계획(그림 60a)에 비해 너무 많았다. "이 고장은 둘러친 성벽 없이 대단히 넓다. (…) 어디서나 사람을 많이 마주치고, 길이 아주 넓은데도 몇몇 곳은 지나기가 무척 어렵다."[33]

버마의 왕들은 곧잘 우주적 질서를 표상하는 새 도시를 지어 자신의 권력을 과시했으며, 가장 강력한 왕이었던 버잉나웅이 가장 인상적인 도

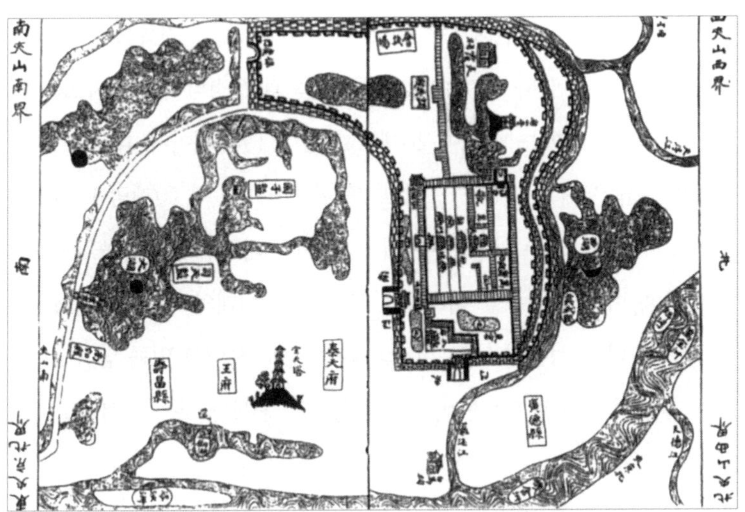

그림 60a 후대에 제작되었을 것으로 짐작되나 관례적으로
1490년에 제작했다고 보는 베트남의 탕롱 계획도. 오른쪽이 북쪽이고 홍강이 아래쪽에,
왕이 사는 '금단의 도시'가 성안에 보인다.
바깥쪽의 토성과 수로가 더 많은 주민을 에워싸고 보호했다.

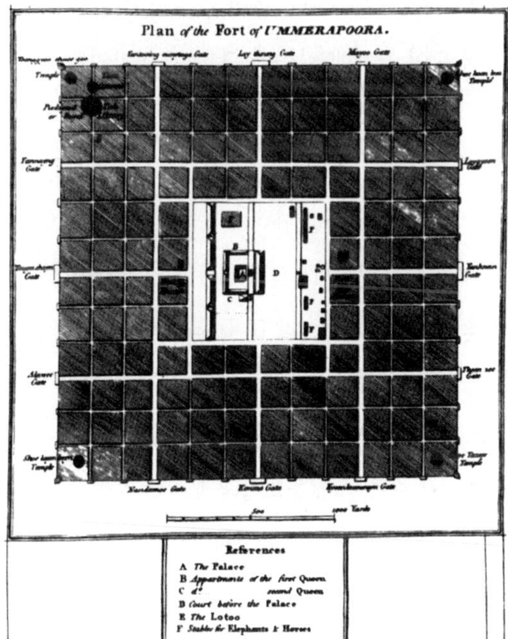

그림 60b 1795년 버마의 수도 아마라뿌라 성 계획도. 버잉나웅 왕이 버고에 세운 수도와 비슷한 규칙적인 형태지만 6×6가 아닌 4×4이다.

시를 지었다. 한 버마 연대기는 그 도시에 관해 이렇게 기록했다. "928년[서기 1566년]이 끝나기 전 대왕께서는 성문과 성벽의 포탑까지 도시를 완성하셨다. 도시에는 성문이 20개에 포탑이 1009개이며, 대왕은 대로 10개와 수많은 작은 길을 만드시고, 도시 주변으로 폭 20패덤(36미터)에 깊이 20큐빗(약 9미터)의 해자를 파게 하셨다. 대왕께서는 성문 스무 곳에 고을과 마을의 이름을 내리셨다."[34] 언급된 10개의 대로 중 5개는 북쪽 성곽의 다섯 성문과 남쪽 성곽의 다섯 성문 사이를 잇는 남북 간 대로였다. 나머지 대로 5개는 비슷한 방식으로 동서를 잇는 동서대로였다. 따라서 도시는 6×6 격자 형태로 36구역으로 나뉘고, 도시의 중심축인 왕궁이 자리 잡은 중심부의 네 구역으로 모든 중앙대로가 향하는 형태였다. 왕궁 밖의 나머지 32구역이 표상하는 바는 버잉나웅 왕이 분할한 버고의 32주가 분명했다.[35] 따라서 이 도시와 나라 모두 중앙의 인드라를 다른 32신이 둘러싼 불교의 극락을 반영한 것이었다.[36]

이 도시를 방문한 유럽인들은 그 웅장함에 놀라움을 금치 못했다. 체사레 프레데리치는 완공 직후 이 도시에 갔는데 그 또한 버마인들과 의견을 같이한다.

> 새 도시에는 왕궁과 왕의 남작과 귀족들 및 다른 신사들의 주소지가 있다. 아주 평평하고 커다란 사각형 도시가 성벽으로 둘러싸여 있고 물이 찬 수로가 다시 성벽을 둘러쌌으며 수로에는 악어가 많다. 도개교는 없으나 성문이 20개로 사방에 각각 5개씩이다. 보초병이 감시할 수 있게 만든 공간이 여럿 있는데, 나무로 만들고 금칠을 했다. 도시의 도로는 내가 본 것 중 가장 크고 넓었고, 한쪽 성문에서 다른 쪽 성문으로 곧게 뻗어 있으며, 한 성문에서 반대편 성문이 보이고, 사람 열에서 열둘이 나란히 서도 될 만큼 널

찍하다. (…) 이 도로에는 집 앞에 인도 호두나무가 심겨 있어 그늘을 넉넉하게 만들어준다. 가옥은 나무를 써서 지었고 컵 비슷한 형태의 타일 같은 것으로 덮었다. (…) 도시의 한가운데 자리 잡은 왕궁은 벽으로 둘러싸인 성의 형태인데, 물이 찬 해자가 주위를 둘러쌌다. 왕궁의 건물은 목조에 전체적으로 금칠을 했으며, 정교한 첨탑과 값비싼 작품은 금판으로 덮여 있었다.[37]

잉와, 아마라뿌라, 만들레 등 버마의 다른 수도도 비슷하게 규칙적 양태로 세워졌다. 성벽과 해자로 둘러싸이고 성문과 성문을 잇는 직선 도로가 교차하는 사각형의 성채 한복판에 왕궁이 자리 잡았다(그림 60b).[38] 북부의 따이족 도시들은 이런 규칙적인 버마 도시와 가장 가까운 형태였다. 1292년 망라이 왕이 여러 상서로운 길조를 따라 넉 달 만에 세웠다는 치앙마이도 우주적 원칙을 따라 성벽과 해자가 둘러싼 정사각형 공간에 도로가 직각으로 만나도록 설계됐다.[39] 아유타야도 시작은 비슷했으나 얼마 지나지 않아 처음 계획보다 도시가 훨씬 커져버렸다. 이 시암 수도의 불규칙한 형태는 물길이 정해준 것이었다(지도 10). 성벽으로 일부가 둘러싸인 짜오프라야강의 큰 섬 안에는 "넓고 곧고 고른" 도로가 몇 곳 있었지만 주로 쓰이는 교통로는 "복잡하고 헷갈리기 짝이 없는 좁은 골목, 하수로, 개울"이었다.[40]

이러한 불교식 성곽이 도시의 대부분을 적절하게 포용했다면, 베트남과 도서부 동남아시아의 성은 순전히 왕과 그의 후궁들, 왕을 모시는 시종들을 위한 것이었다. 파항에서는 "고귀한 자"만이 나무 말뚝을 친 성채에서 살 수 있었다. "그들은 평민들을 성 밖 변두리에 머물게 한다."[41] 이러한 이원론은 마카사르 한복판에 큰 성채 셋을 세우고(셋 중 가장 중

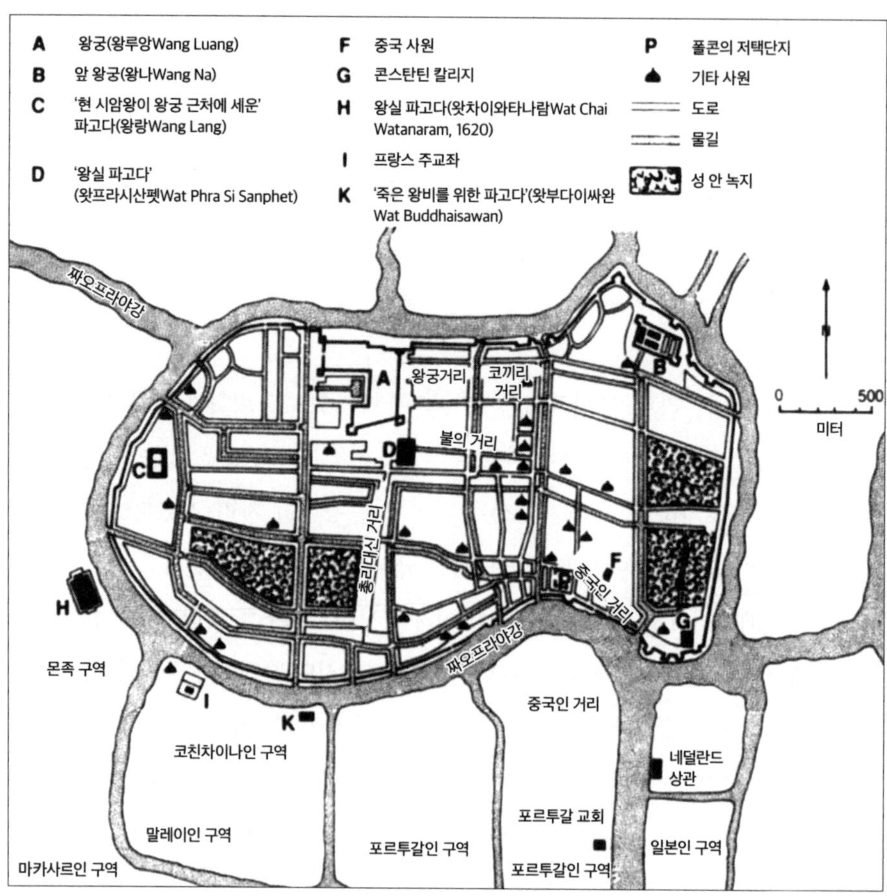

지도 10 1687년의 아유타야

요한 성은 솜바오푸성) 그 안에는 왕족과 그들의 하인만 머물게 했다(지도 11). 이런 복잡한 중계무역항들에서 성벽, 도로, 건물이 배치된 우주적 질서를 알아차리기란 쉽지 않았다. 도시의 왕궁 주변에만 분명한 양식이 있어, 궁전은 북쪽의 들판을 향해 열려 있고 서쪽에는 대모스크가, 동쪽이나 북쪽에는 시장이 자리 잡았다. 반튼(지도 12)과 나중에 세워진

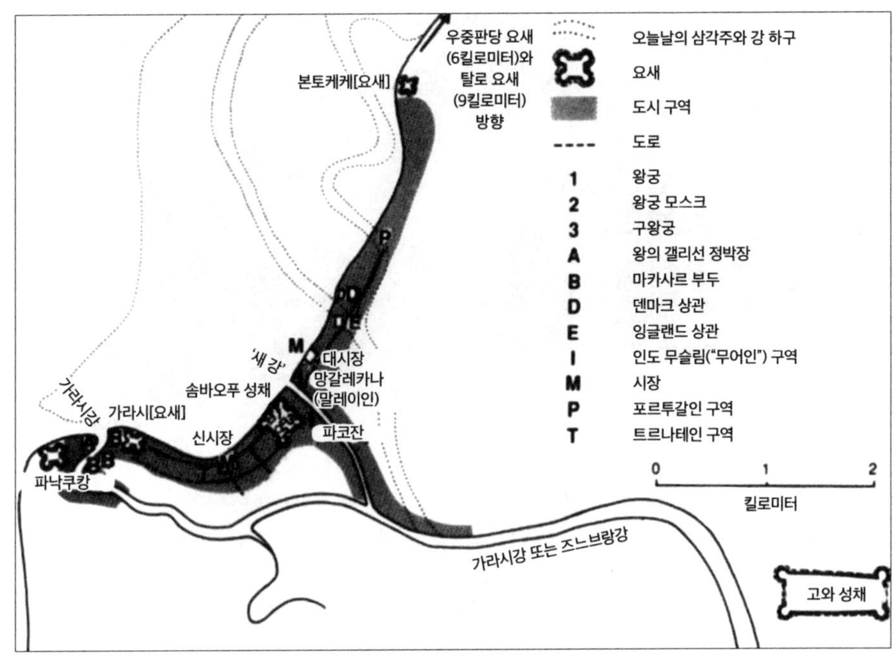

지도 11 1650년경의 마카사르

자바 도시 대부분의 형태가 그러해서, 왕궁의 광장(파스반 또는 알룬알룬)은 왕실이 후원하는 연회, 전시, 경연이 열리는 곳이었다. 이 같은 배치는 아체와 파타니에도 나타났으나, 마카사르에서는 찾아볼 수 없었다(그림 61).

성은 대개 갈수록 접근하기 어려운 일련의 안뜰로 이루어지며, 가장 안쪽의 뜰은 왕과 후궁만 들어갈 수 있는 곳이었다. 아체 왕궁의 내부 구역에 들어가려면 일곱 개의 문을 지나야 했으며[42] 그런 문이 세 개 이하인 궁은 없었다. 바깥쪽 뜰에는 왕의 코끼리 우리, 초소, 대포알 보관고, 접견 공간이 있게 마련이고, 아체 왕궁의 바깥 뜰은 공개 코끼리 싸

그림 61 네덜란드 화가가 그린 1638년경 마카사르의 솜바오푸성.
성의 왼쪽(북쪽)으로 난 수로는 인공수로이며 그 옆에 포르투갈인(F)과
구자라트인(G) 구역이 있다. 오른쪽(남쪽)은 즈느브랑강 하구이며
강둑에 왕의 갤리선(H)이 늘어서 있다. 성안의 B는 나무 기둥 위에 높이 세운
왕궁, C는 예전 궁궐, D는 왕의 창고, E는 왕실 모스크다.

움을 벌일 수 있을 만큼 넓었다.[43] 왕궁 내부에 왕족이 사는 목조 건물은 보통 단층이지만 크고 굵은 목재 기둥 위에 높이 솟은 형태였다. 이 화려하게 장식한 지붕과 왕궁 벽의 우아한 조각이야말로 삼엄한 돌벽을 지나서 나타난 목조 왕궁에 실망하게 마련인 유럽인 방문객들이 감탄해 마지않은 것이었다.[44]

통치자는 흔히 왕궁 안에 기도할 장소를 두었지만, 궁 바로 옆에 대모스크나 사원을 지어 누구나 출입할 수 있도록 했다. 이슬람 도시에는 보통 광장 맞은 편에 유일한 대모스크가 있고 그 지붕은 여러 층으로 되어 있어서 도시에서 가장 높은 건축물이었다. 어떤 이는 아체에는 "모스크가 아주 많다"고 했지만[45] 전부 수수한 형태였고 보통 종교 학교나 기

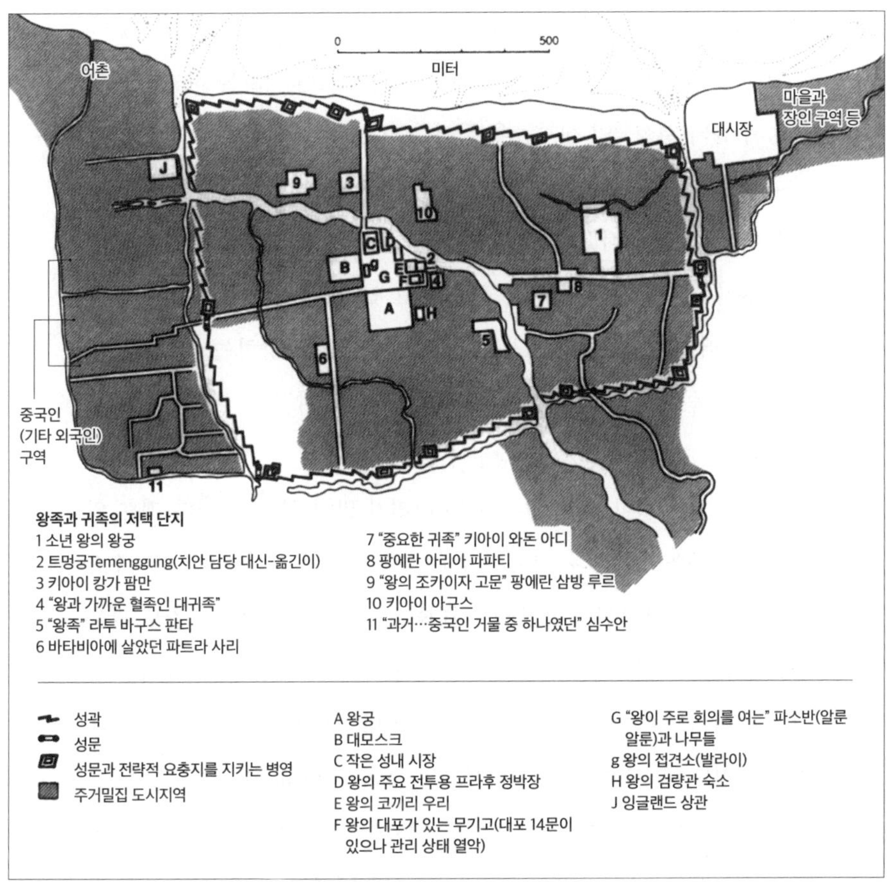

지도 12 (네덜란드 지도를 토대로 재구성한) 1620년대의 반튼

관에 딸린 것일 때가 많았다. 반면 상좌부불교 국가의 수도는 문자 그대로 어디에나 스투파와 사원이 있어 탑으로 숲을 이루는 듯했다. 아유타야에는 사원이 300~500곳, 위앙짠에는 62곳이 있었다고 하고, 치앙마이에서는 사찰 85곳의 유적이 발견되었다.[46] 종교 행사나 축일에 중심적인 역할을 하는 것은 한두 곳뿐일지라도, 종교적 건축물을 짓고 보수하

고 장식해서 선업을 쌓으려는 욕망 때문에 사원의 수는 계속 늘어났다. 이슬람 국가에서는 성인이나 권력자의 묘지가 그런 역할을 하는 곳으로 특정 부류의 열성적인 신자들을 끌어들였다.

주요 도시는 모두 (믈라카, 반튼, 자카르타-바타비아, 그레식, 마카사르, 트르나테, 마닐라처럼) 바다나 항행 가능한 큰 강 유역 근처였다. 성곽 도시 또한 지류가 만나는 곳이나 작은 강을 끼고 있어, 씻고 마실 물을 대고 작은 배를 띄울 수 있었다. 도시 중심부의 왕궁으로 향하는 간선도로의 일부인 강둑 사이를 연결하는 다리는 병목 지점이 되게 마련이었다. 믈라카에서는 그 자리에 작은 상점이 늘어서고 기존 시장의 확장부이자 왕래가 빈번한 길이 됐다. 그 외에는 다리가 많지 않았고, 있다 해도 원시적인 형태에 머물렀다. 아유타야에는 수로가 많아 다리에 대한 수요가 가장 커서 "대운하 위로 놓인 다리들은 돌로 된 것이며 난간도 같은 재질이나, 이곳에는 마차도 수레도 없기에 폭이 좁다. 중간지점에서는 다리가 높아지고 그 길이는 여든 걸음쯤 된다. 그러나 작은 운하들 위에 놓인 다리는 (…) 거의 대부분 나무로 만들어진 것이다."[47]

가장 편리한 교통수단은 물길이고, 육로는 크게 발달하지 않았다. 버마, 시암, 베트남의 수도에는 포장된 도로가 몇 있었다. 탕롱의 주요 간선도로 일부는 가축이 다니는 용도로 포장하지 않은 채 두었다.[48] 도서부 동남아시아 어디서나 도시는 왕의 명령이 아니라 교역의 증가로 성장했기 때문에 도로는 모래와 흙투성이였다. "그 도시[반튼]에는 제대로 된 도로가 셋뿐이고, 셋 다 왕궁 앞 파스반으로 가는 길이다. 하나는 파스반에서 바다로, 두 번째는 육지 관문으로, 세 번째는 산으로 향하는 관문으로 간다. 도시는 전혀 포장되지 않아 모래투성이다. (…) 더러운 진창에 악취가 풍기는데 그 까닭은 남녀를 불문한 주민들이 걸핏하면 밖에 나와 씻기 때문이다. 그래서 바닥은 질퍽대고 물은 탁하고 진창이 된다."[49] 나바레테가 마카사르의 솜바오푸성으로 가는 길에 지나간 대로(북쪽에서 오는 길이었을 것이다. 지도 11을 보라)처럼, 비포장일지라도 인상적인 큰 도로도 있었다. "길가에 세상에서 가장 근사하고 아름다운 야자수가 일렬로 서 있어, 햇살이 뚫고 들어오지 못하는 그 대로는 1리그(약 4.8킬로미터)보다 더 길었다. (…) 우리에게는 그 길이 그토록 가치 있어 보였다."[50]

흥하는 도시에는 부유한 외국 상인뿐 아니라 봉신도 몰려들었다. 두 집단은 도시의 주류 지배층에 일정 정도 통합되었고 교역을 가능하게 한 다원주의를 가져왔다. 왕이 중앙집권적 야심을 포기해야만 가능한 이런 다원주의는 도시 건축에도 반영되었다. 귀족의 주거지는 여러 구역에 넓게 퍼져서 각각 인근 지역에 독자적인 사법권을 행사했다. 권세 있는 봉신은 제각기 방어 태세를 갖추고, 왕궁을 본떠 작은 규모로 지은 단지 안에 살았다. 이런 양상은 반튼에서 네덜란드가 제작한 지도와 기록에서 명확하게 드러난다.(지도 12)

> 이 도시는 여러 구역으로 나뉘어 있고, 전쟁, 화재 등 유사시에 각 구역을 보호하고 책임지는 귀족이 있으며, 각기 나름의 사법권과 담장을 두었다.
> (…)
> 각 귀족은 밤새 자기 집을 지키는 자를 열두엇 둔다. 그런 집에 들어서면 제일 먼저 파스반이라고 부르는 마당 같은 공간과 만난다. 귀족을 접견하려는 사람을 만나는 곳이자 앞서 언급한 경비들이 있는 곳이다. (…) 이 마당의 한쪽에는 귀족이 낮 기도를 올리는 전용 모스크가 있고, 그 옆에는 몸을 씻는 우물이 있다. 더 안으로 들어가면 문을 지나 좁은 통로가 나온다.

통로에는 가게가 여럿 있고 귀족의 노예들이 그곳에 살며 밤에 귀족의 적이 침입하지 못하도록 지킨다. 귀족은 누구도 믿지 않으며 아무도 귀족에게 충성하지 않기 때문이다.[51]

이렇게 도시의 요새화된 단지에서 거물이 아내, 자식, 노예, 하인에 둘러싸여 따로 떨어진 건물에 사는 형태는 자바(그림 62), 발리, 마카사르, 아체, 시암에서도 나타났다.[52] 현대 말레이어에서 형태에 상관없이 마을이나 주거지를 가리키는 단어가 된 캄풍kampung은 교역의 시대에는 흔히 도시에 자리 잡은 부유한 인물의 단지를 뜻했다. 믈라카에는 캄풍과 왕이 봉신에게 내린 하사품의 판매와 대여에 관한 방대한 법률 조항이 있었다.[53]

동남아시아 '도시'의 기본적인 개념은 귀족이 사는 단지의 집합체였고 각 단지는 귀족에게 종속된 하인들이 사는 가옥으로 둘러싸여 있었다. 버마와 북부 따이족 도시를 제외하면, 방어용 성벽으로 구획되고 주변 농촌과 대조를 이루는 특정한 도시 공간이라는 개념은 찾아보기 어렵다. 도서부 동남아시아 도시들은 유럽인에게 "여러 마을이 합쳐진 것 이상이 아닌" 것으로 보였으며[54] 동남아시아 언어들은 도시city와 국가state를 분명히 구별하지 않았다. 그런 경향은 말레이어의 느그리negeri(타이어의 나콘nakhon에도)에 잘 드러나는데, 이 단어는 도시를 뜻하는 산스크리트어가 어원이지만, 현대 말레이어와 인도네시아어에서는 국가를 뜻하는 말이 되었다. 15세기 초 마환이 자바에 갔을 때는 어떤 무역도시에도 (적어도 중국인의 관점에서는) 성벽이 없었다.[55] 믈라카, 아체, 조호르, 브루나이 같은 말레이 대도시도, 임시로 세워둔 대나무 방책 말고는 벽이 없었다. 아체 연대기는 도시에 방어책이 전혀 없다는 점이 아랍인이

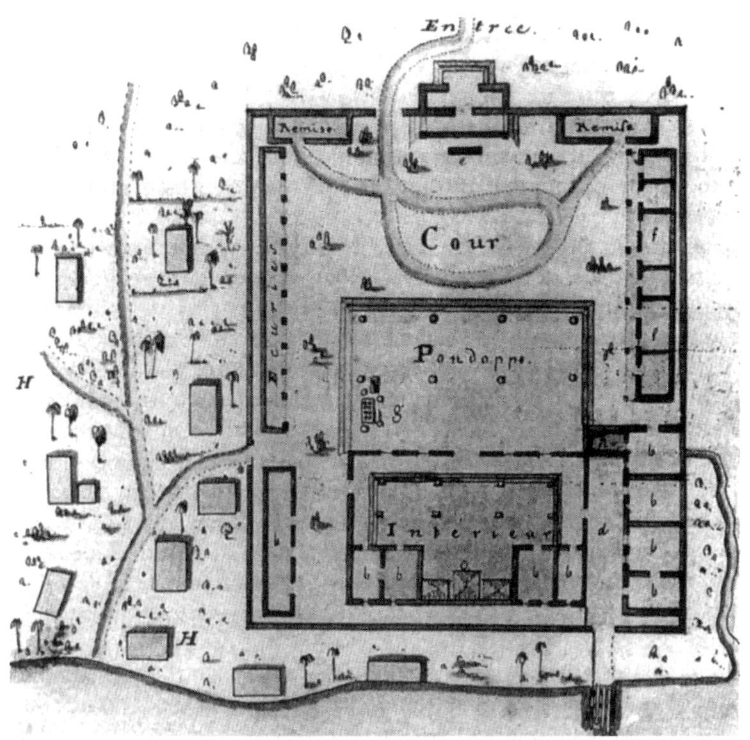

그림 62 수라카르타의 자바 귀족 저택. 중앙의 거처와 접견실을 하인들의 방이 에워싸고 있다. 남자 하인의 방은 앞쪽에, 여자 하인의 방은 뒤쪽에 있다.

나 인도인 방문객들에게 얼마나 기이해 보이는지를 알고 나서는 "이 도시가 다른 도시처럼 요새화하지 않은 까닭은 전투용 코끼리가 아주 많아서" 도시를 충분히 지킬 수 있기 때문이라고 주장했다.[56]

도시의 성벽은 16~17세기에 도시가 급성장하고 유럽의 해군 공격을 방어할 필요성이 커지면서 확산됐다. 1550년 아유타야가, 1600년경이면 반튼, 즈파라, 투반, 파티, 수라바야 등 자바 도시도 모두 성벽을 쌓았다. 1634년 마카사르인들은 10킬로미터 길이의 성벽을 세워 (이 도시에는 육지 쪽으로는 경계가 전혀 없었지만) 바다에서 오는 네덜란드의 침입을 막고자 했으며, 발리의 수도 겔겔에도 비슷하게 바다 쪽으로 세운 성벽이 주요 방어 시설이었다.[57] 이런 성벽이 왕의 주요 관심사인 핵심 지역을 일부 지켜주었을지 모르겠지만, 도시의 성장은 대개 그 바깥에서 일어났다. 외국인은 보통 성안에 사는 것이 금지되었고, 철 따라 이동하는 무역상과 이주민이 지속적으로 유입되어 성 밖에 마을과 같은 거주지를 계속 늘려나갔다.

동남아시아 도시는 유럽이나 중국 도시와 달리 성안에도 녹지가 많고 인구밀도는 낮았던 듯하다. 파항의 요새 같은 성은 "야자수 등 나무가 가득해서 북적대는 도시라기보다 교외나 정원 같아 보인다".[58] 아유타야는 항구에 인접한 지역에만 인구가 밀집해 성안 인구의 6분의 1이 모여 살았다(지도 10).[59] 왕궁이나 성 밖에서는 시장 주변 도시의 번잡함이, 건물 양식에 별 차이가 없는 인근 마을과 구분되지 않게 뒤섞였다.

그런 도시에 간 방문객은 자신이 바람 위의 땅에서와는 아주 다른 종류의 도시에 와 있다는 것을 깨달았다. "아친[아체]의 도시는 아주 크고 숲속에 있어 그 안에 들어설 때까지는 집 한 채 볼 수 없었다. 어느 곳에도 들어가볼 수는 없었으나, 가옥과 인파를 발견했다. 그래서 나는 이 도시가 도처에 퍼져 있다고 생각한다."[60] 처음 아체에 발을 디딘 서쪽에서 온 여행자들에게 도시의 푸르름은 언제나 경이로웠다.

> 야자수, 대나무, 파인애플 나무, 바나나 나무의 숲 한가운데로, 배가 가득한 꽤 아름다운 강이 흐른다고 상상해보라. 이 숲에 대나무, 갈대, 나무껍질로 지은 놀랍도록 많은 집을 때론 길처럼 때론 떨어진 구역처럼 배열해보자. 이 다양한 구역을 초원과 숲으로 나누고, 이 숲 전역에 우리 고장에 인

구가 많을 때 보는 수만큼 사람을 흩뿌려보면, 아첸이 어떤 곳인지 거의 정확히 알 수 있으며 이런 새로운 양식의 도시가 지나가는 이방인을 기쁘게 할 것이라는 데 동의할 것이다.[61]

이런 양식은 기존 생활 방식을 버리지 않은 농촌 출신 이주민의 경우만은 아니었다. 믈라카, 자카르타, 마카사르 같은 도시의 원주민 구역은 여러 세기 동안 바닥을 띄운 주상 가옥에서 나무와 닭과 함께 살기를 고수했다. 그 요인 중 하나는 분명 기후였다. 중국인과 나중에 온 유럽인이 벽돌이나 돌로 지은, 수목도 없이 혼잡한 구역은 답답하고 건강에 해로울 뿐 아니라 태양에도 폭우에도 적절한 대책이 없었다. 종국에 이 외국인 구역은 전염병의 온상이 되었다가 극빈층 주거지로 버려졌다. 야자수와 과일나무, 구장 및 허브류가 가내 경제에 중요했다는 점이 이런 문화적 선호를 설명하는 또 다른 이유다. 집이나 땅 자체가 아니라 나무야말로 법률이 정하는 핵심적인 사유 부동산이었다.[62] 1613년 마카사르에서 잉글랜드인들이 상관을 지을 부지를 구하자, 술탄은 이전에 살던 거주자들에게 야자수 값만 보상해주면 된다고 했다. 기존 거주자들이 살던 집은 새로운 장소로 금방 옮겨졌다.[63]

그러나 이 모두를 문화적 선호만으로 설명하기는 어렵다. 나폴리나 광둥 주민들도 나무를 가까이 둘 수 있다면 기꺼이 즐겼을 것이기 때문이다. 또 다른 요인은 성벽이 있는 곳에서도 성벽이 도시의 확장을 절대 막지 않았기 때문이다. 근본적인 방어 전략은 전체로서의 도시를 방어하지 않는 것이었다. 왕은 성채 안의 자신과 직속 집단을, 외국 세력이나 오랑캐로부터 방어하는 만큼 강력하게 백성으로부터도 자신들을 방어했다. 강한 적의 공격을 대하는 주민이나 통치자의 전략은 귀중품을 챙겨서 근처 정글로 도망가는 것이었다. 적의 공격은 보통 사람을 잡아가기 위한 것이지 부나 영토를 위한 것이 아니었다. 사람들이 도망갔다면 적은 가옥을 불태우고 나무를 베고 왕이나 귀족의 건물에 남은 옮길 수 없는 보물을 부수는 것 말고는 할 수 있는 일이 별로 없었다.

스페인인들은 필리핀 사람들이 공격을 받으면 "집과 고을을 기꺼이 버리고 다른 곳으로 가거나, 허둥지둥 산속 고산지대로 흩어진다"는 것을 알아차렸다.[64] 믈라카처럼 큰 도시에서도 포르투갈의 공격에 맞선 저항이 무용하자 왕과 신하들은 내륙으로 후퇴했는데 "아폰수 알부케르크가 도시를 약탈하고 약탈품을 배에 실으면 돌아갈 줄로만 생각했"기 때문이었다.[65] 건축 재료가 가볍고 단순해서 필요하다면 안전한 곳에서 며칠 만에 도시 전체를 다시 지을 수도 있었다. 1634년 한 무리의 잉글랜드인이 수마트라의 번성하던 항구 인드라기리를 찾아 나섰다가, 도시 전체가 아체의 공격을 피해 사흘 거리의 강 상류로 옮겨간 것을 알게 됐다.[66]

나무가 많고 공간이 여유로운데도, 시장에 가까운 기존 구역에 새로운 인구가 유입되면서 목조 가옥이 연속적으로 늘어선 구역이 생겨났다. 파타니에서는 "고양이가 파융후중Payung Hujung부터 쿠알라아루Kuala Aru까지 땅에 한 번도 내려오지 않고 지나갈 수 있었다".[67] 이런 곳에서는 화재의 위험이 컸다. 1602년 아체에서 가옥 800채가 탔고, 1614년 마카사르에서는 1260채, 1545년 아유타야에서는 1만 채가 전소됐다. 1583년에는 마닐라 거의 전부가, 1613년에는 파타니가 노예 반란으로 불탔다. 특히 다원적인 도시에서는 경쟁자를 겨냥한 방화가 많아 상품을 지켜야 하는 상인들에게는 가장 큰 악몽이었다. 대시장에서 가까운 반튼의 동쪽 구역에 석 달 사이에 다섯 번이나 화재가 나자, 잉글랜드 무역상 스콧은 이렇게 한탄했다.

> 아, '불이야'라는 그 소리! 영어, 말레이어, 자바어, 중국어 어떤 말로건 그 소리가 들리면, 나는 곯아떨어졌다가도 벌떡 일어났다. 우리 쪽 불침번이 불이라는 말을 속삭이기만 해도 나 역시 그 소리를 외쳤다. (…) 우리가 늘 시달리던 두려움은 그런 것이었고, 그럴 만한 이유가 있기도 했다. 나는 여러 번 자정까지 불침번을 서다가, 아침이 오기 전 세 번이나 불이 났다는 소리에 깼다. 나는 제일 좋은 배에 선적할 후추 걱정 때문에 수없이 많은 밤 잠들지 않겠다고 신 앞에 맹세했다.[68]

이런 점에서 스콧은 화재가 훨씬 잘 관리·규제되던 버마의 수도에서 더 마음이 편했을 것이다. 그곳에서는 정해진 시간에 정해진 깊이의 구덩이에서만 요리를 할 수 있었고, 허가 없이 불을 피우는지 화재 관리인이 하루에 다섯 번씩 집을 점검했다.[69]

시장

> "1마스 1쿠팡 더 내리다."
> "어림없소. 그랬다간 남는 것도 없소."
> "그 이상은 못 줘."
> "오 알라여, 다른 데 가서 더 싼 데가 있나 찾아보소. 어디 가도 더 싸게 파는 데는 없어. 이 도시 누구에게나 파는 값이지만 나도 남는 게 조금은 있어야지. 밑지려고 여기 종일 앉아 있을 순 없잖소. 나도 이걸로 먹고살아야

한다구. 물건은 비싸고 하나가 오르면 따라 오르는 걸 알잖소. 5마스 안 주면 국물도 없소. 댁이 너무 짜구만."

_아체 시장에서 들은 말레이어 대화(Houtman 1603: 65-66)

1400년에서 1600년 사이 교역 활동이 예외적으로 성장했는데도, 여전히 시장은 무역을 조직하는 주요 원칙으로 남았다. 시장은 규모도 커지고 복잡해졌으며, (특히 유럽인과의) 큰 거래는 점차 시장 밖에서 개별적인 협상으로 이루어졌으나 여전히 치열한 흥정을 통해 물건과 돈을 직접 교환하는 것이 교역 활동의 기본 방식이었다.

여기에는 두 가지 핵심 원리가 작동했던 것으로 보인다. 도서부 동남아시아의 대도시에서 국제 거래는 대부분 아주 큰 시장 한 곳에서 이루어졌으며, 외국인이 관심을 가질 만한 시장이 셋 이상인 도시는 없었다(물론 과일과 야채를 파는 시장은 마을마다 있었다). 또한 정해진 자릿세만 내면 누구나 좌판을 벌일 수 있는 본질적인 자유 시장이 있었다. 『아닷 아체』에 따르면 아체에서 자릿세는 좌판 하나당 월세가 금화(마스mas) 한 닢이었다.[70] 수코타이 같은 초기 따이 세계 도시에서도 이런 식으로 시장 참여가 이루어졌던 듯하다.

반면 탕롱과 아유타야에서는 왕실의 통제가 훨씬 뚜렷하게 드러났다. 특정 구역에서 특정 상품만 독점적으로 판매하도록 배정하는 식이었다. "이 도시[탕롱]에서 팔리는 모든 상품은 정해진 거리를 지정받으며, 이 거리는 다시 한두 곳 혹은 그 이상의 마을에 할당되어 그 마을 사람들이 독점적으로 그 거리의 가게에서 장사할 수 있다."[71] 그 구역에서 팔거나 생산하는 상품 이름을 따서 각 구역(프엉phường)의 이름을 지었으며, 그 명칭의 일부는 현대 하노이에서도 살아남았다. 아유타야에도 특정

상품을 파는 시장이 여럿이었고 18세기에는 90곳에 달했다. 상당수는 붐비는 사원의 마당이나 주변에 자리 잡았다. 이런 차이가 있었던 것은 베트남 왕이(시암 왕도 점차) 여러 교역품과 공예품을 기본적으로 왕에게 바치는 공물로 보고 독점하려 했기 때문이다. 각 품목은 특정 품목 판매 시장을 관리하는 특정한 관리의 관할이었다.[72]

도서부 동남아시아에서도 모든 교역 활동이 큰 시장에서만 이루어진 것은 아니었다. 피르스는 믈라카에서 여자들이 "거리마다" 그 구역을 맡은 오랑카야에게 자릿세를 내고 장사를 한다고 기록했다.[73] 마르탱* 은 아체에서 아침마다 과일과 야채를 파는 시장이 수없이 열리는 것을 보았고,[74] 댐피어는 여자 환전상이 시장뿐 아니라 길거리에도 있다고 했다.[75] 현지인 여성 말고도 시장 밖에서 사업을 하는 부류는 여럿이었다. 외국인 대상 특히 중국인, 서아시아인, 유럽인은 외곽의 외국인 구역에 있는 숙소에서도 자기 물건을 팔 수 있었다. 중국 배가 항구에 머무는 동안 도시의 중국인 구역은 축제라도 벌어지는 듯 북적댔고 각종 도구와 공산품을 사거나 먹고 마시러 주민들이 몰려들었다.[76] 시장 밖에서도 장사할 수 있는 그런 대단한 특권을 얻으려면 분명 어떤 방식으로든 대가를 지불해야 했으나, 외국인 대상은 그럴 권리를 놓고 협상할 수 있는 위치였다.

그럼에도 흥정을 통해 가격이 정해지는 곳은 큰 시장이었다. 프레데릭 더 하우트만은 선박의 입출항에 따라 가격이 요동하면서 각종 상품과 용역의 가격을 놓고 실랑이를 벌이는 사례를 생생하게 전했다.[77] 라

* François Martin(?~?). 프랑스 비트레 출신의 탐험가. 1601년부터 1603년 사이 실론과 수마트라를 여행해 동아시아를 탐험한 최초의 프랑스인. 귀국 후 쓴 여행기가 아시아 교역에 대한 관심을 불러일으키고 앙리 4세가 잉글랜드와 네덜란드처럼 프랑스동인도회사를 세우려고 시도하는 계기가 되기도 했다. (옮긴이)

우런스 레알은 네덜란드인이 온 이래 말루쿠인들이 정향 재배에 흥미를 잃은 여러 이유 중 하나가 네덜란드인이 흥정을 거부한 탓이라고 지적했다. “그들 말로는 상인들 사이에는 흥정을 하는 것이 관습인데, 우리가 가져온 직물은 반강제로 정해진 값에 사야 한다고 불평한다.”[78] 동남아시아인들은 무역상에게서 돈을 받기 위해 온종일 고군분투하다 결국 받아낸 돈을 전부 그 무역상의 견습생들에게 줘버리는 페르시아 상인의 이야기에 동감(일부는 읽기도)했을 것이다. 그 상인은 이렇게 설명한다. “나는 장사치이며, 사고팔고 흥정할 때 누가 1디르함이라도 속이려 든다면 생명의 절반을 속임수로 빼앗기는 듯 여기는 것이 장사의 법칙이다. 다른 한편 너그러워야 할 때가 온다. 너무 인색하게 굴어 죄책감을 느낄 정도라면 출신이 떳떳치 못한 것과 마찬가지다.”[79] 그러나 유럽 회사들에게 이런 흥정 과정은 너무 많은 시간과 노력이 들 뿐 아니라 무용해 보일 때가 많았다.

가장 상세한 기록은 동쪽 성벽 밖 바닷가에 있던(앞의 지도 12를 보라) 반튼의 대시장에 관한 것이다. 1600년경 이 시장은 도매와 소매, 외국인과 내국인, 남녀, 일상적인 식품과 장거리 무역품을 가리지 않고 모두 수용했던 듯하다. “거기서는 아침마다 포르투갈인, 아랍인, 튀르크인, 중국인, 클링, 버고인, 말레이인, 벵골인, 구자라트인, 말라바르인, 아비시니아인과 인도제도 구석구석에서 무역을 하러 온 상인을 볼 수 있다.”[80] 현지인 여성이 후추뿐 아니라 식재료를 외국 무역상에게 팔고, 외국 상인은 저마다 자기 물건을 파는 자리가 있었다. 이 시장은 쌀, 야채, 과일, 설탕, 생선, 육류 등 식료품을 파는 매일 서는 장인 동시에 가축, 직물, 후추, 정향과 육두구, 무기, 도구, 쇠붙이를 파는 곳이었다(그림 63). 시장을 관장하는 샤반다르는 교역에 관한 분쟁을 해결하는 재판을 정기적

그림 63 다른 사람의 설명을 듣고 네덜란드 동판화가가 제작한 반튼 대시장.

화가는 동남아시아에 직접 가본 적이 없는 것이 확실하지만 시장의 상품을 도식적으로 그려냈는데, 그 내역은 다음과 같다.

A. 수박, 오이, 코코넛, B. 설탕과 꿀, C. 콩, D. 대나무, E. 크리스 단검, 칼, 창, 소형 대포, F. 남성복 장수, G. 여성복 장수, H. 향료와 약재,

(뒤편의) I. 벵골인과 구자라트인이 철기와 냄비류를 팔고 있음, J. 중국인 좌판, L. 육류, M. 어류, N. 과일, O. 야채, P. 후추, Q. 양파, R. 쌀, T. 귀금속상, X. 닭.

으로 열었다.[81]

동남아시아 농촌 시장은 거의 전적으로 여성의 공간이었다. 현지 남성도 물건을 구경하고, 추파를 던지고, 잡담하고, 사람을 만나러 시장에 나타났지만, 최고급품이 아니라면 물건을 사고파는 일에는 관여하지 않았다. 예외가 있다면 언제나 남성이 제조하거나 남성과 긴밀하게 얽힌 품목을 운반하는 일이었는데, 그중에서 쇠붙이로 된 무기와 도구를 가장 중요하게 여겼다.[82] 그러나 도시 시장에는 물건을 파는 외국인 남성이 차고 넘쳤다. "아체 노점의 상당수가 소아시아, 나가파티남, 구자라트, 코모린곶, 캘리컷, 실론, 시암, 벵골과 각지에서 온 튀르크인처럼 차려입은 상인들 것이며, 이들은 여기 6개월쯤 머물며 최고급 면직물, (…) 비단, (…) 면사, 각종 도자기와 약, 향료와 보석 등 자기 물건을 판다."[83] 바람 위의 땅과 동아시아에서 온 남자 상인들은 물론 자기 고장식으로 물건을 사고파는 데 익숙했다. 게다가 상품을 소량만 가지고 움직였던 동남아시아 선원과 소상인들은, 물건을 대신 팔아줄 현지처를 얻을 만큼 오래 머물지 않는 한, 자기 물건을 직접 시장에 나가 파는 수밖에 없었다. 따라서 반튼의 직물시장은 장사꾼이 남성(인도산이나 중국산 직물을 파는 외국인)인 곳과 여성(현지산 직물을 파는 현지인)인 곳으로 나뉘어 있었다.

화폐와 상업화: 은의 승리

세계시장을 겨냥한 생산의 확대는 화폐 공급의 증가 없이는 불가능했을 것이다. 일부 거래는 직물을 후추나 정향과 맞바꾸는 등 주요 무역품을 직접 물물교환한 것이 분명했다. 그러나 이 상품의 흐름에 관여하는 수십만에 달하는 크고 작은 생산자와 관련업자 모두에게 이런 방식으로 대가를 지불할 수는 없었다. 교역의 시대는 사용 가능한 화폐에 대한 지속적인 수요를 만들어냈다. 인도산 직물 외에는 은, 구리, 납 등의 정금이 동남아시아에 유입된 가장 중요한 무역품이었다. 이런 유입에도 불구하고 자주 공급이 부족했던 것은 동남아시아인의 생활이 빠르게 상업화되었으나 화폐의 현지 공급이 그에 부응하지 못했음을 보여주는 증거다.

15세기 이전 대륙부 동남아시아에는 교역을 활성화할 목적의 화폐가 없었던 것으로 보인다. 5세기와 10세기 사이에 은화가 제조됐지만, 역내에서만 유통되었고 벌금과 세금을 내기 위한 용도였던 듯하다.[84] 버강과 앙코르의 고대 제국은 화폐를 전혀 만들지 않았다. 15세기의 화폐 주조는 교역의 필요성, 교역에 세금을 매기고자 하는 통치자의 욕망, 이슬람 국가 모델이 추동해낸 혁신이었다. 1430년 직후 여카잉이 벵골의 무슬림 은화를 사용하기 시작했고, 얼마 지나지 않아 시암이 은의 무게 측정법을 표준화했으며, 1530년대 버고와 떠닝다이가 은과 납 동전을 주조했다.[85]

도서부 동남아시아는 훨씬 오래전부터 외국 상인과 그들이 가져온 화폐를 경험해왔고, 지역 화폐 특히 금화도 광범위하게 제작했다. 16세기 초 바르테마는 북수마트라의 피디으에서 환전상 약 500명을 봤다고 주장했다. 피디으항에 자주 오는 각지의 상인들 때문에 환전상이 필요했던 것이다.[86] 자바, 수마트라, 루손의 몇몇 왕국이 9세기와 10세기 사이에 자체적으로 화폐를 주조했으나 중국에서 들여온 엽전에 밀려났다.[87] 교역의 시대 이전에 금은은 기본적으로 무게를 달아 그 가치를 따졌는데 도서부에서는 대체로 금을, 대륙부에서는 은을 썼다. 금은 가치의 척도이지만 저축의 수단이자 왕과 부처의 권위와 지위를 보여주는 수단으로도 중요했다. 더 앞선 시기의 기본 화폐에 대해서는 잘 알려지지 않았으나 카우리(개오지조개껍질)와 직물 조각이 사용된 것은 분명하다. 카우리는 시암에서, 직물 조각은 인도네시아 동부와 민다나오에서 18세기까지도 사용됐다.

중국 엽전과 이를 본떠 만든 현지 동전은 1400년 이후 동남아시아의 상업화 확대에 윤활제 역할을 했다. 중국 엽전을 가리키는 단어 캐시cash는 산스크리트어가 어원이지만,* 포르투갈인이 각별히 중국 엽전을 부르는 데 (카이샤caixa라고) 사용했으며 이후 유럽인들이 이를 따랐다. 자바해 주변에서는 자바어 피치스picis가 엽전을 가리키는 말로 흔히 쓰였다. 이 작고 동그란 동전에는 복판에 사각형 구멍이 있어 1000개씩(또는 600개나 다른 수량으로) 꿸 수 있었다. 이런 엽전은 당나라의 지배를 받았던 베트남에서 사용됐으며 10세기 이후 믈라카해협 주변 여러 유적지에서도 발견됐다.[88]

자바에서는 1300년경 이후 비문에 자바식 무게 단위나 동전이 사라지고 중국 엽전인 피치스만 등장한다.[89] 특히 흥미로운 경우는 1350년경에 제작된 듯한 크디리의 구리 접시에 새겨진 분쟁에 휘말린 토지 소유주의 진술이다. "이 토지는 고조부가 은 1.5단위에 대한 담보로 받은 것이며, 그 시절 이 자바 땅에는 피치스라는 수단이 없었다."[90] 여기서 1293년 원나라 2만 대군의 동부 자바 원정이 화폐 주조를 비롯한 많은 변화를 자바에 가져온 계기였음을 알 수 있다.[91] 중국 엽전은 같은 시기에 필리핀까지 전파된 것으로 보이지만, 엽전이 동남아시아에서 주요 화

* 이 단어는 아마도 엽전을 가리키는 단어로 계속 사용된 아체어 keu'eh와 연관되어 있을 것이다(Kreemer 1922 II: 53~54).

폐로 통용됐다는 기록은 15세기 이후에야 나타난다.

베트남에서는 명나라의 짧은 지배를 종식시킨 레 왕조가 1430년경 중국 엽전과 비슷한 화폐를 꾸준히 주조하기 시작했다. 북부 고산지대의 구리 채굴이 증가했고 1400년대 중반이면 관료들의 녹봉이 화폐와 토지로 지급됐다. 그러나 구리 국내 생산량이 언제나 부족해, 17세기에는 중국이나 일본에서 수입된 큰 엽전과 주로 수도 주변에서 사용하던 베트남산 작은 엽전 두 종류가 유통됐다.[92] 남쪽의 응우옌 왕조도 그 정도의 엽전이 필요했으나 자체적으로 구리를 확보할 수 없었다. 따라서 중국, 일본 또는 북베트남에서 구리나 엽전을 수입해오는 일은 남쪽 왕조의 주된 관심사 중 하나였다.

정화의 대원정이야말로 15세기 초 믈라카와 파사이 같은 도서부 동남아시아의 항구들이 중국 엽전에 친숙해지는 계기였을 것이다. 그러나 믈라카해협에서는 구리보다 주석이 훨씬 구하기 쉬웠기에 그 지역 국가들은 주석으로 엽전을 흉내 내 만들기 시작했다. 포르투갈 기록에 따르면 1414년 믈라카의 술탄 메갓 이스칸다르 샤는 즉위를 승인받으러 중국 난징에 가서 "그가 캐시라고 부른 작은 백랍제 돈"을 자체적으로 주조해도 된다는 허락도 받았다고 한다.[93] 현재까지 남아 있는 믈라카의 주석 화폐에는 발행 당시의 통치자 이름이 새겨져 있는데, 가장 오래된 것이 무자파르 샤(재위 1446~1459) 때의 것이다. 같은 시기 북수마트라 왕국들은 작지만 두꺼운 주석 화폐를 다량 제작하고 통치자의 이름을 새겼다.[94]

브루나이, 숨바와, 말루쿠, 참파, 자바에 관한 유럽인의 첫 기록들은 이들 지역에서 기본 화폐가 중국 엽전이었다고 전한다.[95] 그러나 그 모두가 중국에서 가져온 것은 아니었다. 중국과 직접 접촉한 빈도와 수준이

1500년경에는 영락제 시절보다 훨씬 낮았기 때문에, 자바 등지의 '중국' 엽전은 공급을 유지할 목적으로 지역에서 복제된 것일 가능성이 높다. 실제로 피가페타는 브루나이에서 본 중국 동전이 "이 지역에서 무슬림이 만든 돈"이라고 기록했다.[96] 어쨌거나 중국 엽전이나 이를 본떠 구리나 주석으로 만든 현지 동전이 1500년경 이미 동남아시아에서 기본 화폐로 통용되고 있었다. 1537년 포르투갈인이 말루쿠에서 중국 엽전보다 구리 함량이 높은 포르투갈 동전을 사용하려고 하자, 꿰기 쉽게 가운데에 구멍을 뚫는다면 받아주겠다는 말을 들었다.[97]

시암, 여카잉, 버마족의 항구 목뜨마(마르타반), 크다에 한해 1500년까지도 작은 거래에 카우리가 통용됐다. 중국과 더 탄탄한 조공 관계를 유지한 시암은 쉽게 엽전을 수입했을 법하지만, 오히려 몰디브, 보르네오, 말루쿠, 필리핀에서 카우리를 수입했다.[98] 버마와 여카잉 지역 대부분에서 공용 화폐는 금속, 특히 구리와 주석 아니면 납을 섞어 만드는 일이 잦았던 간사ganasa였는데, 무게로 가치를 측정했다. "그것은 왕의 돈이 아니지만 누구나 만들 수 있었는데, 왕의 공정한 분배 혹은 가치가 담겼기 때문이다."[99]

1567년 명나라 황제가 해금령을 해제하자 중국산 구리 엽전이 물밀듯이 쏟아져 들어온 듯하다. 1596년 자바에 간 첫 네덜란드 탐험대는 이 시기에 이 엽전이 "엄청난 수로 섬들에 가득"해서, 중국 관리들이 엽전의 유출을 점점 귀해지는 자원이 빠져나가는 것으로 여겨 걱정한다는 말을 들었다. 그 결과 1590년경 광둥과 푸젠에서 주로 난양 유통용으로 납 합금 동전을 만들기 시작했다.[100] 유럽인들은 이런 종류의 엽전에 불만이 많았다. "아주 저질의 금속이라 서너 해만 지나면 쓸 수가 없다."[101] 1596년경 이 저품질 피치스는 자바의 내륙 깊은 곳에서도 유통되었다. 중국인 중간상인들이 이 엽전을 가지고 반튼을 거쳐 고산지대로 가서 경작자에게 직접 후추를 사면 반튼 시장 가격의 4분의 1에 살 수 있었다.[102]

이후 30년 동안 반튼 시장에서 피치스 품귀 현상이 빚어졌다는 얘기가 자주 언급된다. 쿤은 1613년에서 1618년 사이 품귀 현상으로 피치스 대 은의 가치가 거의 네 배까지(레알당 3만 냥에서 8000냥으로) 올랐다고 주장했고, 잠비에서는 가치가 계속 높아져 1636년 레알당 6900냥에 달했다.*[103] 피치스 공급이 안정적이었는데도 이들 항구에 후추 대금으로 유입되는 은이 워낙 많아 이런 품귀 현상이 벌어진 듯하다.

이 납 합금 엽전은 조잡하게 만들어져 위조하기 쉬웠다. 현지 엽전 생산의 최대 장애물이었던 납 공급 부족 현상은 잉글랜드인과 네덜란드인이 납이 유럽에서 가져와 팔 수 있는 몇 안 되는 상품인 것을 깨달을 때까지 계속됐다. 반튼의 잉글랜드인들은 납 주문량을 1608년 20톤에서 1615년 50~60톤, 1636년 100~150톤으로 늘렸다. 이 납의 일부는 전쟁 때는 총알을 만드는 데 쓰였으나, 대부분은 반자르마신과 팔렘방뿐 아니라 반튼에서 화폐를 만드는 데 쓰였다.[104] 네덜란드는 항존하는 적들이 군사용으로 쓸까 두려워 납 판매를 훨씬 신중하게 생각했다. 바타비아의 중국인에게 납을 공급하기 시작한 1633년이 되어서야 네덜란드는 이미 "중국" 피치스 제조업이 자바 특히 반튼, 치르본, 즈파라에 대규모로 존재하는 것을 발견했다. 네덜란드는 네덜란드인 정착지의 주요 중국인 업자에게 납을 독점 공급하는 식으로 이 기회를 놓치지 않았다. 이 독

* 블뤼세는 이 문제가 중국 정크선이 납 엽전을 바닥짐으로 싣고 도착하기 전까지 반복되는 품귀 현상이기 때문에 전적으로 계절적이라고 주장했으나(Blussé 1986: 40~42), 이런 가치상승 현상의 몇몇 사례는 장기간 지속됐다는 강력한 증거가 있다.

점 관행은 1640년 잉글랜드가 반튼, 즈파라, 잠비, 팔렘방, 마카사르, (보르네오의) 마타푸라의 경쟁 관계인 피치스 제조업자들에게 납을 더 싸게 공급해 네덜란드동인도회사의 독점을 무너뜨리자 중단됐다. 그러자 네덜란드동인도회사는 동남아시아 경제에 침투할 수단을 구리 동전으로 바꿨다. 그러나 블뤼세는 네덜란드가 장려한 엽전의 시기야말로 피치스와 중국산 제품을 확보하려는 인도네시아인 선주들에게 바타비아를 매력적인 항구로 만든 결정적인 시기였음을 보여주었다.[105]

동남아시아 국가들은 계속해서 납이나 납-주석 합금으로 엽전을 주조했으나, 이런 동전은 워낙 빨리 손상돼 현대까지 남겨진 것이 별로 없을뿐더러 남은 것조차 그 원형을 알아보기 어렵다. 1560년대에 세운 버고의 성벽에서 오리를 닮은 함사hamsa 문양으로 장식된 납 100퍼센트 동전 수백 개가 발견되기도 했다. 여기서 우리는 당대 방문자들은 언급하지 않지만 버고의 전성기였던 16세기에 기본 화폐 제정이 요구됐을지도 모른다는 점을 짐작할 수 있다.[106] 크기가 더 큰 납과 주석제 동전은 17세기 떠닝다이와 더왜에서 주조됐고 멀리는 크다와 페락까지 유통됐던 것으로 보인다.[107] 전해지는 납-주석제 동전(그리고 반튼의 놋쇠 동전)의 예는 적어도 아체, 반튼, 치르본, 브루나이, 아마도 조호르가 16~17세기에 통치자의 이름이나 칭호를 새긴 기본 화폐를 발행했음을 알려준다.[108] 스페인 기록에 따르면 브루나이는 독자적으로 은화를 제조했는데, 이 은화가 외국 상인에게 너무 인기라 유출이 심해지자 16세기 후반에는 통치자가 은화 대신 "피티스pitis라고 부르는 주석이나 납으로 된 1레알의 절반만 한" 동전을 만들기로 했다고 한다.[109]

네덜란드동인도회사가 독점을 시도하던 시기를 통해 당시 피치스 수요를 가늠해 볼 수 있다. 네덜란드동인도회사는 1637년에는 납 133톤,

1638년에는 153톤을 피치스 제조업자들에게 공급했다.[110] 잉글랜드도 비슷한 양을 공급했고 중국이 계속 엽전을 가지고 왔으며 네덜란드동인도회사가 시장에서 240톤까지 더 많은 양을 차지하려고 한 점을 고려하면, 당시 인도네시아제도에 피치스를 공급하는 데 매년 납 350톤가량이 필요했다고 추산할 수 있을 것이다. 납-주석 피치스 한 개의 평균 무게를 2그램으로 보면(전해지는 피치스의 종류는 다양해서 1그램도 안 되는 것도 많지만 5그램짜리도 있다[111]), 동전 1억7000만 개가 매년 새로 유입됐다는 뜻이다. 피치스는 5년 안에 못 쓰게 되므로 이 동전 8억 개 이상이 인도네시아제도에 유통되고 있었을 것이라 대략 계산해볼 수 있다. 수천만 인구에 이 정도 양은 가치로 따지면 크지 않지만, 사회가 금전 거래에 익숙해지는 데는 충분한 양이었다.

네덜란드동인도회사 기록은 같은 시기 코친차이나의 응우옌 왕조에 공급한 화폐 규모도 보여준다. 1633년에서 1637년까지 5년 동안 네덜란드동인도회사가 코친차이나의 기본 화폐용으로 일본 구리 엽전 10만5834꾸러미를 들여왔는데 1꾸러미는 엽전 960냥이었다.[112] 네덜란드의 수입량만으로도 해마다 코친차이나에 유입되는 엽전이 2000만 냥인 데다 중국과 일본 무역상도 많은 양을 가지고 들어왔다. 1635년 일본 무역상의 해외거래가 금지되자 일본 대상들은 코친차이나에 보내려던 구리 엽전 200톤을 네덜란드인에게 넘겼다.[113] 따라서 연간 총수입량은 4000만 냥 이하이기 어려워 보인다. 구리 엽전은 납으로 만든 질 낮은 피치스보다 훨씬 오래 사용 가능했을 뿐 아니라 녹여서 각종 도구를 만들 수도 있었다. 그럼에도 코친차이나에서 유통된 엽전 총량이 2억 냥 이하이기는 어려워 보이며, 인구 200만 명가량이었던 코친차이나의 화폐사용률이 인도네시아제도보다 약간 더 높았음을 짐작할 수 있다.

가치가 더 큰 동전을 만드는 데 교역의 촉매이자 부, 지위, 안전, 아름다움의 상징인 금이 선호된 것은 자연스러운 일이었다. 고대 자바에도 금화와 금메달이 있었으나 통치자의 이름으로 일정한 가치의 금화를 주조하는 것은 이슬람교 수용과 함께 시작됐다. 그러한 최고最古의 금화는 바람 아래의 땅 최초의 주요 무슬림 국가인 파사이에서 만들어졌다. 술탄 무함마드(재위1297~1326)부터 압둘라 말리크 아즈 자히르(재위1501~1513)까지 알려진 여덟 통치자 시기의 금화가 전해진다.[114] 이 지속적인 화폐 주조에 이슬람교의 영향이 작용한 것은 금화에 새긴 아랍어 칭호뿐 아니라 금화를 일컫는 데 아랍어 디르함dirham(아체어로는 드르함deureuham)을 쓴 데서 분명히 드러난다. 마카사르에서는 아랍어 디나르dinar에서 온 디나라dinara를 사용했다. 그러나 동남아시아의 금화 전체를 일컫는 말로는 (금을 일컫는 일반명사이기도 한) 말레이어 마스mas가 국제 용어로 자리 잡았다. 지름 10~14밀리미터의 이 작은 동전은 북수마트라의 통치자들 손에 최소 4세기 동안 놀랍도록 일정한 순도 17캐럿에 무게 0.6그램을 유지하며 계속 주조됐다(그림 64a).

17세기 아체의 마스는, 1타힐(은의 무게)은 16마스이고 1마스는 4쿠팡kupang 곧 엽전 1600냥인 일관된 가치체계의 일부였다.[115] 그러나 엽전, 금, 은의 상대적 가치가 특히 은이 새로 유입되면서 달라졌기 때문에 현실에서는 이 관계가 유지되기 어려웠다. 1602년 1마스가 엽전 2100냥과 교환되던 반튼에서처럼[116] 아체에서도 엽전 품귀 현상이 있었던 것으로 보인다. 원래 환율이 회복된 이후인 1630년대에는 마스당 겨우 엽전 600냥에서 1000냥으로 떨어졌다.[117] 은 대 아체 마스 비율도 올라 1602년 6분의 1스페인레알에서 1613년에는 5분의 1레알로, 세기 초에는 9잉글랜드펜스에서 1688년 댐피어가 갔을 때는 15펜스로 올랐다.[118]

그림 64a 타베르니에가 스케치한 아체, 마카사르, 캄보디아의 17세기 화폐. 위부터 1, 2는 아체의 마스; 3, 4는 아체의 주석 동전; 5, 6은 마카사르의 금 마스; 7, 8은 캄보디아의 은화; 9, 10은 캄보디아에서 사용된 중국 구리 엽전.

그림 64b 타베르니에가 스케치한 시암의 화폐. 위부터 1, 2는 표준형 금 무게 추; 3, 4, 5, 6은 밧baht 또는 티칼; 7, 8 시암에서 사용된 중국 구리 엽전.

아체에서는 쿠팡이 회계용 단위로만 존재했던 듯하지만, 다른 국가는 마스와 쿠팡 모두 금으로 주조했고 4쿠팡이 1마스와 가치가 같았다. 조호르와 크다는 17세기 말 그런 동전을 팔각형 형태로 제작했다. 조호르의 마스는 아체 마스보다 네 배나 무거웠지만 합금을 섞을 때가 많았다.[119] 아체식 원형 금화는 파타니에서도 발견됐는데, 한 면에는 황소가 다른 면에는 "말릭 알아딜malik al-adil"이라고 새겨져 있으나, 정확히 어떤 통치자 시절에 어디서 발행됐는지는 알 수 없다.[120]

마카사르의 금화 주조에 관해서는 사료가 더 풍부하게 남아 있다. 금화 주조는 도서부 동남아시아 동부의 대중계무역항이 되고자 하는 노골적인 노력의 일환이었다. 연대기에 따르면 1593년부터 1637년까지 마카사르의 탁월한 재무대신이었던 탈로족의 카라엥 마토아야가 기획해 "처음으로 디나라라고 부르는 금화와 주석 동전을 만들었다"고 한다.[121] 이 마카사르 금화는 아체의 금화와 외양은 비슷했으나 무게는 2.4그램으로 네 배나 무거웠다. 1657년에는 그 4분의 1 크기인 쿠팡 금화도 발행됐다.[122]

지금은 그 흔적을 찾아볼 수 없지만 말레이 세계의 다른 통치자들도 마스 금화를 제조했을 것이다. 믈라카 이래 말레이인의 사고방식에 또렷이 새겨진 가치척도에서 이 점이 확실히 드러난다. 말레이 법령들에서 벌금은, 각국에서 은과의 실질 환율에 따라 그 가치가 다를지라도 그 단위는 마스다. 시암과 코친차이나에서도 외국인은 16타힐을 1마스로 하는 회계 단위(타이어 살룽salung, 베트남어 띠엔tiền)를 사용했다.[123]

캄보디아 왕실 연대기는 평민(아마도 상인) 출신으로 왕위를 찬탈한 껀Kan이라는 이름의 왕이 1516년 스럴럽Sralap에 새 수도를 세웠으며 이 도시에는 크메르인과 외국인이 훨씬 많이 왔다고 주장한다. "왕은 상업

용으로 나가naga(용)의 형상을 새긴 은화 슬린slin과 금화 슬린을 주조하라고 명하셨다."[124] 이 왕은 10년 후 효수되어 머리통이 장대에 매달리는 불운한 말로를 맞았으나 1600년경 캄보디아는 "수탉과 뱀이나 심장"(아마도 함사, 나가, 연꽃)을 새긴 자체적인 금화와 은화를 제작했다.[125] 크기가 가장 크고 가치는 1레알에 가까운 이 동전은 마이스maiz라고 불렸는데, 말레이 무슬림의 영향이거나 스페인인이 말레이어를 통해 캄보디아에 대해 배웠기 때문일 수도 있을 것이다. 1630년대 캄보디아의 조폐 계약을 따낸 것은 현지 거주 중국인이었고 화폐주조용 은은 네덜란드인에게서 공급받았다.[126]

금화 주조를 통한 이런 화폐개혁 시도는, 1570년 이후 전례 없이 은이 다량 유입된 배경을 고려해서 살펴보아야 할 것이다. 스페인령 아메리카와 일본에 거의 동시에 수은추출법이 알려지면서 위에서 살펴본 대로(앞의 표 8) 동아시아의 은 유입량이 적어도 네 배 이상 증가했다. 중국과 인도가 유입된 은의 상당량을 최종적으로 소비한 곳이었다고 해도, 그 대부분이 동남아시아를 경유했고 다시 그 상당량이 지역에 남았다. 예컨대 통킹은 은 환적지換積地도 아닌데 1640~1654년 네덜란드동인도회사가 실어나른 일본산 은만 해도 연평균 2.5톤으로, 동남아시아에서 가장 덜 상업화된 이 국가의 은 수입량은 연간 10톤에 달했다.[127]

1591년에서 1639년 사이 인도에서 유통된 루피 은화 공급이 세 배 증가했다고 계산된 바 있다.[128] 아시아산 상품을 사려는 경쟁이 가장 치열하게 벌어진 동남아시아에서 화폐 공급 증가가 그보다 덜했을 리 없을 것이다. 은이 동남아시아 도시에서 압도적인 화폐 공급 수단이었던 것은 분명하다. 엽전과 금 대비 은의 가치가 하락한 원인에 대한 가장 설득력 있는 설명은 상대적으로 은이 풍부했기 때문이라는 것이다. 인도의 무굴제국과 여러 유럽 국가가 그랬듯 동남아시아 국가들도 자체 은화를 도입하고 강화해 내부 경제를 통제하는 수단으로 삼을 기회를 놓치지 않으리라고 기대했을 수도 있다.

반튼의 팡에란(왕자)이 1618년 네덜란드에 작은 은화 주조를 도와달라고 청하고, 크다가 금화 주조용 금형金型을 써서 은화를 조금 제작하기는 했으나,[129] 본격적으로 은화를 주조한 것은 불교 국가뿐이었다. 이 국가들은 오랫동안 은을 가치척도로 삼았고 특별히 금에 집착하지 않았다. 바람 아래의 땅에서 통치자의 이름으로 발행한 제대로 된 최초의 은화는 여카잉의 것이다. 여카잉의 불교도 왕들은 15~16세기의 벵골 주화 형태를 본뜨고 아랍어 문구를 새겨 은화를 발행했다. 벵골이 아니라 현지에서 은화를 주조한 것이 확실해진 1530년대에 이르러서야 여카잉어 문구를 새겼다. 17세기경 여카잉 조폐청은 수입한 은 전부와 외국 은화를 개주해서, 여카잉을 강력한 레알화에 저항하는 진정 예외적인 곳으로 만들었다.[130] 그러나 따이족에게는 규격화된 크기의 은 무게를 다는 더 오래된 전통이 있었다.

따이어 사용자들은 은제 무게 추의 두 가지 기본형을 알았다. 강낭콩 모양이나 탄환형은 아유타야에서(그림 64b), 말굽형이나 팔찌형은 치앙마이와 북부 지역에서(그림 65) 사용됐다. 민간 전설에 따르면 탄환형은 수코타이의 람캄행 왕(재위 1275~1317)이, 팔찌형은 비슷한 시기 치앙마이의 망라이 왕(재위 1259~1317)이 만들었다고 하지만, 이 무게 추에 특정 왕에 관한 내용이 새겨져 있지는 않아 이 체계의 진짜 기원을 알기란 불가능하다. 르메이는 팔찌형이 더 오래됐으며 북부 따이족이 당나라 문헌에 언급된 초승달 모양의 쀼Pyu족 동전을 따라 만든 것이라는 가설을 제시했다.[131] 팔찌형 화폐가 줄에 꿰어 육로로 운반하기는 편리했지

그림 65 북부 따이족의 '팔찌'형 은 무게 추. 근세 시기에 이런 무게 추는 암수를 상징하는 한 쌍으로 사용되어야 한다고 여겼다.

만, 물길로 이동하기에 더 적당해서였는지 기존의 카우리 화폐를 은으로 복제한 형태여서였는지 탄환형이 수코타이와 초기 아유타야에서 점차 발전해나갔다.

이 무게 추가 언제 표준 화폐가 되었는지는 불확실하지만 차이라자 Chairaja 왕(재위 1534~1536) 시절일 가능성이 있다. 초기 연대기의 주장에 따르면, 그가 "작은 또는 가짜 무게 추와 단위를 쓰는 사기 행각을 영토에서 몰아냈다"고 한다.*132 따라서 16세기의 어느 시점에 시암의 은제 탄환형 무게 추와 형태가 표준화되었다고 결론 내리는 편이 안전할 것이다. 이 은 티칼tikal(타이어로는 밧baht)이 1614년경 잉글랜드인에게는 "시암 왕의 동전"이었다.[133] 17세기 내내 이 무게 추는 무게 14.6그램[134]과 5분의 1레알 또는 30잉글랜드펜스의 국제 환율을 유지했다. 무게 추의 강낭콩 형태는 타원형 틀에 은을 부어 굳힌 후 평평한 면을 잘라 양쪽 끝을 구부려 만든 것이었다. 그 후 가장자리마다 동물, 조개껍질, 연꽃, 바퀴 등의 문양을 찍었다.[135]

버마 북부에서 은이 나는데도 16세기 버고에는 화폐가 없고 다루기 거추장스러운 간사 무게 추밖에 없었다. 피르스는 버고 시장의 은이 "전부 시암에서 오기 때문에 둥근 형태에 시암 문양이 새겨진 채" 사용됐다는 흥미로운 정보를 덧붙였다.[136] 17세기 초 수십 년간 버마는 은 무게를 달고 중개인이 그 일관성을 보증하는 시암식 체제를 실질적으로 받아들였다. 버마와 시암에서 표준화된 은 무게 추를 외국인은 티칼이라고 불렀으나 현지어로는 밧과 짯kyat이었고, 이 두 단어는 지금까지 각각 타이와 버마에서 화폐 단위를 가리키는 단어로 사용된다. 버마에서 짯은 100분의 1베잇따viss이자 은 24그램가량과 같았다.

이 화폐제도는 강력한 레알 같은 다른 화폐를 배제하지는 않았지만 은 혁명에 대한 실질적인 응답이었다. 그렇다면 다른 국가는 왜 표준 은화를 도입하지 않았느냐고 질문할 수 있을 것이다. 하나의 대답은 도서부 동남아시아에는 다른 아시아 지역보다 금이 풍부하고 인도, 중국, 일본보다 은 대비 금 가격이 더 쌌기 때문이다. 1620년대 이전 그 비율은 동남아시아에서 1 대 7, 인도에서 1 대 10이었고, 1650년 이후 동남아시아 1 대 12, 인도 1 대 15로 올랐다.[137] 1620년대에 일본산 은을 버고로

* 르메이는 라마티보디 2세(재위 1491~1529)가 이러한 화폐 표준화를 도입했을지 모른다고 여겼다(Le May 1932). 그는 남아 있는 표준 티칼 무게 추에 새겨진 열다섯 종류의 문양을 확인하고 이를 아유타야의 가장 최근 통치자들이 발행한 것이라고 추론했다. 그러나 그 표식이 공식 중개인이나 은세공 장인이 무게를 보증하는 표시가 아닌, 발행한 통치자의 시기를 가리킨다는 증거는 없다.

가져와 금으로 바꾸면 그 수익이 거의 100퍼센트에 달했으며,[138] 수마트라와 필리핀은 17세기 내내 계속해서 금을 수출했다. 더군다나 전통적으로 금을 권력과 특권의 상징으로 숭배해온 태도에 의해 금이 왕의 이름을 새기기 적합한 재질로 여겨졌을 법하다.

가장 중요하게는 동남아시아가 인도나 중국보다 훨씬 정치적으로 분열되어 있어, 국제시장과 국내시장의 상황이 서로 아주 달랐기 때문이다. 16세기 초 세파라드 유대인 상인 프란시스코 델 보키에르는 믈라카에 금화나 은화가 없는 까닭을 "그곳 장사치들이 상품을 이해하고 금 무게로 달기" 때문이라고 보았으나,[139] 더 근본적으로는 그런 도시에서는 국제 무역상의 이해가 국가의 이해보다 우선시되는 경향이 있었기 때문이다. 17세기경이면 현지 화폐 어느 것도 국제통화로서 스페인 레알화에 대적하지 못했다. 레알은 금세 국제 거래의 회계 단위가 되어 대도시의 시장을 지배했다. 아메리카와 일본산 은을 가지고 자국으로 돌아가려는 중국과 인도 무역상의 수요도 현지 화폐에 큰 부담을 안겨주었을 것이다. 화폐를 발행한 통치자들은 자신들이 그 일부인 국제시장과는 별도인 경제주권의 내부 영역을 보존하려는 무용한 싸움에 얽혔던 것이다.

아체 마스를 모델로 삼아 그보다 네 배 무겁게 만든 마카사르와 조호르의 큰 금화는 외국 상인들이 가지고 들어오던 레알 은화를 금으로 복제하려는 시도였던 듯하다. 1630~1640년대 마카사르 마스는 시장에서 0.8레알 은화 정도 환율을 꾸준히 유지했으며, 국내 세금의 일부도 이 금화의 액면가로 징수했을 것이다. 술탄 하사누딘은 경제적 어려움을 겪기 시작하자, 1655년 새로 발행한 저평가되는 마스와 기존 마스를 인위적으로 등가로 만들고자 했다. 그러나 시장이 승리했다. 사람들은 레알을 쓰거나 금을 무게로 달아 거래하는 편을 택했고, 인기 없던 새 금화

는 3년 후 시장에서 사라져야 했다.[140]

아체의 가장 강력한 통치자이자 은 유입이 최고조에 달했던 시기를 직접 마주한 술탄 이스칸다르 무다(재위 1607~1636)는 거의 병적으로 금에 집착했다. 그가 쓴 편지에는 온통 소유한 금 장신구, 탈것, 양산, 심지어 앞날을 대비해 준비해둔 금 묘지에 대한 무한한 자부심이 가득하다. 무슬림 상인들은 왕에게 수입세 10퍼센트를 금으로 내야 했다.[141] 프랑스 제독 오귀스탱 드 볼리외는 레알 은화만 가지고 아체에 왔다가 이스칸다르 무다 때문에 고난의 시간을 보내야 했다. 술탄이 은으로 거래하기를 거절했을 뿐 아니라 자기 신민들의 은 거래마저 금지했기 때문이다. "그는 은이 (…) 자신에게는 아무 쓸모가 없어서, 흙을 가져온대도 은을 가져온 것만큼만 불평할 것이라고 했다. 내가 금을 가져오면 시가대로 후추를 주겠다고 했다."[142] 그러나 은이 유입되는 가운데서도 금 표준을 지키겠다는 술탄의 결단은 그를 고난으로 몰아넣었다. 1620년경 술탄은 마카사르의 예를 따라 기존 금화보다 명목상 가치가 네 배인 새 금화를 발행해 레알 은화의 경쟁 화폐이자 대체 화폐로 만들 작정이었다. 그러나 이 새 화폐는 질 낮은 합금이어서 레알에 밀린 것은 말할 필요도 없고 액면가가 구 마스 금화의 네 배인데도 시장에서 받아들여지지 않았다. "왕이 새 화폐 받기를 거절하는 자의 손과 발을 잘랐는데도 상인들은 어떤 돈으로 값을 치르는지 먼저 확인하려고 했다."[143] 이런 식으로 시장을 통제하려던 술탄의 시도는 실패로 돌아갔다. 후대 왕들 치세에 이스칸다르 무다가 발행한 큰 마스는 사라지고 작은 구 마스는 실질적으로 의례와 사법용으로만 사용됐으며 시장은 레알화와 금 무게를 기반으로 작동했다.

무게를 달든 도서부 대부분에서처럼 레알 은화를 사용하든 1630년경

이면 은은 동남아시아의 실질적인 국제통화로 자리 잡았다. 왕이 발행한 금화가 있는데도 왕 자신조차 세금과 벌금을 은으로 걷으려고 했다. 은의 승리는 동남아시아가 세계경제로 통합되는 과정을 더욱 촉진시켰다. 유럽인들이 곧 눈치챘듯, 은을 망가져가는 구리나 납제 기본 화폐와 바꾼 베트남인과 자바인은 여기에 제대로 대응하지 못했을 것이다.[144] 더 근본적인 문제는 외국인이 통화 공급을 지배하면서 환금성 작물을 재배하는 경작자들과 직접 접촉할 수 있게 됐다는 것이다. 블뤼세는 외국 화폐가 동남아시아에서 "트로이의 목마"였다고 보았다.[145] 외국 화폐야말로 17세기 동남아시아 지역의 경제 통제권을 둘러싼 핵심적인 투쟁의 가장 중요한 무기였다.

금융 조직

> 〔아체〕 항구에서 보통 무역을 하는 방식은 다른 곳과는 아주 달라서, 겪어 보지 않으면 믿을 수 없을 정도다. 물건을 대량 사들이는 구매자는 세관에 속한 자가 전부다. 그 외에는 남들이 거절할 때까지 어떤 수량이든 흥정하러 감히 나타나지도 않는 다곤Dagon 넷이 있다. 그들은 어떤 경우에도 돈을 준비했다가 내지 않고, 자기가 상점 주인들에게 물건을 판 돈으로 나중에 지불한다. 상점 주인은 같은 날 시장에서 물건을 팔 수 있게 1코르지corge(직물 20점)나 0.5코르지만큼만 산다. (…) 이 상인들은 주석이나 유황 등 땅에 묻어도 상하지 않는 물건을 제외하고는, 어떤 것도 집에 보관하려 하지 않는다. (…) 그들에게 물건을 팔면 여러 달 후에야 물건값을 지불한다는 청구서를 받고, 기한이 다 되어 이 청구서로 제대로 돈을 못 받거나 이

자를 못 받는 일은 거의 없다. 그 선박이 체불로 지연되면, 여왕과 주요 오랑카야가 이 문제에 관해 정의를 구현하는데 아주 엄격하기 때문이다.

_1643년 12월 17일, 클라크가 아체에서 보낸 편지 중(IOL E/3/18: f.282-283)

13세기의 조여괄[146]부터 20세기 초의 식민지 관리와 사업가까지 유럽과 중국 출신 이방인이 보기에 동남아시아에는 자본이 늘 부족했다. 판매할 상품을 쌓아둔 대상도 물건을 사들일 돈도 없어 보였다. "이 사람들은 인도산 옷감을 고작 몇 장만 사가서 소매로 팔고 다시 와서 사가며, 100타힐어치를 한꺼번에 가져가는 장사치는 하나도 없을 것이다."[147] 상품이 후추 같은 환금성 작물이든 베트남산 도자기 같은 수공예품이든 무역상들은 아주 소량을 사들이거나 '신탁'으로 선금을 내고 물건이 오기를 기다려야 했다.

그렇지만 신용, 이자, 채무obligation의 개념은 동남아시아 전역에 확실하게 자리 잡혀 있었다. 교역의 시대에 많은 금융 용어를 타밀어, 아랍어, 중국어 또는 네덜란드어에서 빌려온 것은 사실이지만, 이자를 가리키는 단어는 공통되게 꽃이나 식물 또는 나무를 뜻하는 더 오랜 현지어를 바탕으로 한다(말레이어 붕아bunga, 타이어 독dok). 현대 타이어에서 카우리의 개화라는 뜻의 독-비아dok-bia는 여전히 이자를 뜻하지만, 이자를 주고 돈을 빌린다는 뜻인 꾸ku가 그렇듯 14세기 수코타이까지 연원을 거슬러 올라갈 수 있을 듯하다. 또한 외국 상인들은 선금을 치르고 상품을 제조하거나 현지에서 받기로 하고도 고향에서보다 채무불이행을 걱정하지 않았다. "채무에 관한 그들의 법은 아주 엄격해서 채권자는 채무자와 그의 아내, 자식, 노예, 가진 것 모두를 빼앗아 팔 수 있다."[148] 실제로 채무는 동남아시아 사회구조의 근간이어서 부채는 곧 의무, 특히 노동의 의무였다. 도시와 고산지대, 강력한 국가와 부족사회를 막론하고 빚을 갚지 못한 채무자는 채권자에게 종속되어 원금을 다 갚을 때까지 노동해야 했다.[149] 이 체계에서 채권자의 목적은 이자를 통해 자본을 늘리는 것이 아니라 채무를 통해 종속된 자를 확보해 자신의 지위와 권력을 확장하는 데 있다.

교역의 시대에 상업 활동의 기회와 화폐 유통이 늘면서 이러한 행동 양식에는 큰 변화가 생겼으나 완전히 무너지지는 않았다. 은과 구리 엽전이 유입되었는데도 극심한 자본 부족에 대한 불평은 여전했다. 말루쿠인이 정향 판매로 번 돈은 문자 그대로 땅에 묻힌다고 했다. "그들은 이 구리 엽전뿐 아니라 보석, 금붙이, 자바산 공, 고급 견직물과 면직물을 아주 귀하게 여겨 (…) 그것들을 흙으로 빚은 항아리에 넣고 산중에 파묻어 숨겨서, 그 항아리를 밤에 직접 들고 간 하인 두셋만 빼면 아무도 몰랐다."[150] 훗날 한 잉글랜드 무역상은 말루쿠제도에는 레알 은화보다는 인도산 직물을 보내는 편이 낫다고 주장했는데 인도네시아인은 동전을 "장식용으로 좀 모아두고 땅속에 묻어 자자손손 물려주는" 등 거의 사용하지 않기 때문이었다.*[151]

정치적 맥락에서는 평범한 사람이, 재산을 지켜주고 정당화해줄 아랫사람을 충분히 확보하기 전에 자신의 부를 과시하는 것은 위험한 일이었다. 따라서 자본은 노예를 사거나, 필요한 사람에게 빌려주거나, 혼인이나 군사적 동맹, 연회 등 사람을 얻는 데 먼저 쓰여야 했다. 후원이 아니라 이윤을 목적으로 한 직업적 대금업자나 은행가로서 돈을 빌려주

---

* 이와 비슷한 분명한 화폐의 '실종'은 19세기 인도네시아에서 아체 서부의 후추와 자바 가장 동쪽 지역의 설탕 등 환금성 작물 가격이 예외적으로 높던 시기에도 나타났다. 엘슨은 풍요롭던 1850년대 파수루안의 한 마을에서 자바인의 집 43채가 불탄 후 구리 엽전 4000길더어치가 발견됐는데, 불탄 가옥과 가구는 다 합쳐도 1047길더어치밖에 안 되었던 사건을 인용했다(Elson 1984: 166).

는 자들로는 통치자를 비롯한 권력자와 외국인이 있었다.

카를로 치폴라는 근대 초기 유럽의 "진정한 경제 혁명"은 이율의 극적인 하락이었다고 주장했다.[152] 17세기 암스테르담의 전 지구적 우위는 세계 최저인 연이율 2.5~5퍼센트에 공급되던 풍부한 자본으로 측정된다.[153] 그러나 유럽 도시 대부분의 이율은 가장 잘 규제되던 아시아 도시의 이율보다 나을 것 없는 처지였다. 예를 들면 북인도 도시들에서 17세기 전반 사이 이율은 6퍼센트에서 12퍼센트 사이였다.[154] 자본주의로 향하는 진보의 이 지표를 통해 보자면 동남아시아 도시는 훨씬 뒤처졌다. 이스칸다르 무다가 다스리던 아체를 예외로 하면 제일 낮은 이율이 월 2퍼센트였고 때론 그 세 배에 달하기도 했다. 남인도 도시와 한 세기 전 유럽 대부분과 비슷한 수준이지만, 앞서가던 금융 중심지와 비교하면 그 차이가 컸다.

금방 언급한 최저 이율이 이야기의 전부는 아니다. 이르판 하빕이 이율이 보통 수준이었다고 밝힌 수라트에서도 잉글랜드인들이 월 3퍼센트 이하로는 대출할 수 없다며 처음에는 불평했다. 신용할 만한 관계가 되어야만 최저 이율로 돈을 빌릴 수 있었다. 근대 초기의 세계는 현대의 제3세계 농촌 지역처럼 대금업은 투기성이 짙고 법적 통제는 효력이 없으며 상환은 불확실했다. 최저 이율은 상환이 확실한 신용 있는 고객을 위한 것이며 보통 정부가 연관되었다. 17세기 동남아시아에서 이런 최저 이율은 유럽 회사, 부유한 주요 통치자, 최대 규모의 상인, 채권자가 속한 카스트나 친족 집단 구성원에게나 가능했다. 이런 특권 집단이 아니면 말도 못하게 높은 이율을 적용하기도 했다. 최초의 타갈로그어-스페인어 사전은 이자가 월 20퍼센트인지, 연 100퍼센트, 연 150퍼센트인지에 따라 대출을 가리키는 단어 세 가지를 각각 수록했다.[155] 1643년 한 잉글랜드 상인은 아체에서 산 상품 값을 치를 돈이 너무 절실했던 나머지 연 400퍼센트에 돈을 빌려야 했다.[156] 같은 도시에서 16년 전에는 한 잉글랜드 무역상이 회삿돈을 횡령해 중국인에게 월 6퍼센트로 빌려주다가 적발된 일도 있었다.[157]

이런 상황에서 눈여겨볼 것은 주요 동남아시아 도시에서 선호하는 고객을 대상으로 일관된 금융시장이 발전하고 있었다는 점이다. 월 2퍼센트 이율은 시암, 반튼, 잠비, 파타니에서 충분히 자주 보여서, 17세기 중반에 어떤 체계가 작동하고 있었던 것으로 추측된다.[158] 1617년 파타니의 여왕이 대상에게 월 2퍼센트에 대출을 해주었으나, 장기대출에 대해서는 다른 이율을 적용하는 복잡한 계약을 거쳐 결과적으로 이율이 연 20퍼센트에 달했다.[159]

이슬람은 상업 과정에 뚜렷한 족적을 남겼다. 말레이 법령에서 상업에 관한 부분은 대부분 이슬람법에서 받아들여 파산musflis 같은 개념을 아랍어에서 가져왔다. 법령은 이자에 관해 특별히 규제하지 않았는데 이슬람이 리바riba(고리대금업을 가리키는 아랍어)를 금지하기 때문이었다. 대신 합의하에 이윤을 공유하는 라바raba에 관한 규정이 있었다.* "자본을 공급하는 자가 대리인에게 말하기를 '이 금화나 은화를 가져가 사업에 쓰시오. 이 거래에서 나와 당신이 얻는 수익[라바]을 어떻게 나눌지는 그 전에 정해야 하오.' 자본을 전부 혹은 일부 잃는다 해도 과실에 의한 것이 아니라면 대리인은 사업이나 자본 손실을 보상하지 않아도 된다."[160] 앞서 이러한 방식으로 무역 항해를 위한 자본을 마련하고 수익의 최대 50퍼센트까지 되돌려주는 관행을 포르투갈 기록에서 확인한

---

* 의미심장하게도 '라바laba'는 아랍어가 아니라 옛 오스트로네시아 계통 단어이지만, 16세기에 발간된 부에나벤투라 타갈로그어 사전에는 '이자interest'로 번역되어 있다.

바 있다. 이런 체계는 사적 대출과는 다르게 여겨져서 채권자가 실패의 위험을 떠안았고 채무자는 실패한다 해도 노예로 전락하는 위험을 감수하지 않았다.

이슬람의 리바 금지는 인도 무굴제국에서와는 달리[161] 동남아시아 금융시장에서는 실질적인 효과를 거두지 못한 듯하며, 적어도 이에 관한 상인들의 불평은 없었다. 리바 금지를 법제화하려는 시도는 두 차례 있었다. 1631년 마카사르 술탄이 "이자를 받는 채무"를 금지했으나,[162] 유럽인들은 이 조치가 걸림돌이 됐다고 한 적이 없다. 볼리외는 술탄 이스칸다르 무다 치하의 아체에서 "대규모 고리대금이 금지"되었다고 주장했다. 그는 아체에서는 이자가 월 1퍼센트를 넘지 않았으나 경쟁 도시인 반튼에서는 5퍼센트를 내야 한다고 했다.[163] 볼리외는 술탄과 무척 가까웠으며, 책에서 이슬람 혼인법에 관한 부분 다음에 이자에 관해 언급했으므로 이 정보는 상인 사회가 아니라 술탄이나 종교재판관 카디에게서 얻었을 것이다. 이스칸다르 무다는 국내 경제 통제에 엄격하기 짝이 없었는데 어쩌면 자신이 유리하게 대출을 받을 목적으로 그렇게 통치했을지도 모른다. 그 점이 아마도 위에서 언급한, 잉글랜드 무역상이 아체 자유시장에 만연한 말도 못하게 높은 이자를 감수한 이유를 설명해줄 수 있을 것이다.

여기서 동남아시아가 17세기 유럽 도시에서 꽃핀 은행이나 주식거래소 같은 금융기관의 등장과는 거리가 멀었다는 점이 분명해진다. 그러나 한두 세기 전 유럽에서 주요 대출 제공자가 유대인 대금업자와 이탈리아의 몬티 디 피에타monti di pietà 같은 종교 기관이었던 것과 비슷한 상황이 바람 아래의 땅에서도 재연되고 있었다. 인도양 전역의 항구에서 구자라트의 샤라프sharaf와 남인도의 체티아르chettiar 같은 힌두교도 상업 카스트가 통화의 유통중개를 업으로 하는 잘 조직된 국제적 소수 집단으로 핵심적인 역할을 수행했다. 16세기 초 포르투갈인이 당도했을 때 이들은 이미 믈라카, 파사이, 버고에 있었고 점차 다른 항구로도 퍼져나갔다.

체티아르 공동체가 은행을 지향하며 키워가던 핵심적 공동 기구는 사원 기금이었다. 강력한 종교적 제재를 통해 보장받고, 누구나 이에 기여하고 또 대출받을 수 있었다.[164] 물론 대다수 사회가 이 초기 은행 모델을 그대로 따라 할 수는 없었지만, 제일 유명한 말레이 서사에서 주인공 영웅 항투아가 남인도의 한 사원을 방문한 대목을 통해 그 존재를 인지했다는 점은 의미심장하다. "나코다나 상인은 자본이 부족하면 언제든 사원의 우두머리를 찾아가 우상의 금을 빌렸다. 우상을 모시는 우두머리는 1바하르나 2바하르를 내주었다. 그 우상의 금을 갚지 않으려 들면 상인은 어디를 가도 파멸할 것이다. 우상에게 충실하다면 그의 상품은 어디를 가도 안전할 것이다. 금 20카티kati를 빌렸다면 1카티는 우상에게 바쳐야 한다."*[165]

이들 힌두교도 상업 카스트는 본래 환전상이었으나 상인을 대상으로 한 은행가 겸 중개인 역할도 했다. 그들은 판매 가능한 신용대출증서인 훈디hundi 제도를 만들었다. 이 증서는 이 도시에서 발행했어도 다른 도시에서 지불받을 수 있었는데, 인도 내에서뿐 아니라 인도인이 자주 찾는 바람 아래의 항구인 믈라카, 버고, 반튼, 아체에서도 사용할 수 있었다.[166] 포르투갈의 정복 당시 믈라카에서 가장 부유한 상인이었던 나이나 수라데와나와 나이나 차투는 남인도 출신 힌두교도로, 본래 업인 대

---

* 드니 롱바르(Lombard 1988: 18)를 통해 이 구절에 주목하게 됐다.

금업을 확장한 체티아르 카스트였을 것이다. 바르보사는 믈라카 상인들을 묘사하면서 특히 "배가 튀어나온 아주 뚱뚱한 코로만델 출신 체티지들이 허리 위로는 벗고 다닌다"고 했다.[167] 카스타네다는 그들이 당시 코로만델 해안의 주요 항구이자 비자야나가르Vijayanagar 왕국의 관문이었던 풀리캇 출신임을 올바로 알아보고, 그들이 세상에서 가장 부유하고 광대한 교역 네트워크를 확보한 무역상이라고 여겼다.[168] 그들은 말루쿠, 자바, 수마트라, 버고, 중국으로 가는 항해에 자본을 대고 항해에는 대개 말레이인, 자바인, 버고의 몬족 선원을 고용했다.[169] 『스자라 믈라유』는 수라데와나가 "믈라카 상인 전체의 우두머리"이며 경쟁자와의 교역 분쟁에 영향력을 행사하려고 금 1바하르로 븐다라하를 매수하려고 했다고 기록했다.*[170] 그는 그레식의 자바인 통치자와 협력해 한 해에 정크선 8척을 보내 믈라카의 자바 및 말루쿠 무역을 좌지우지했다. 각각 버고와 파사이의 부유한 체티아르 상인이었던 나이나 티리반가와 나이나 쿠나판과 더불어 초기 반무슬림-포르투갈 연맹을 구축했으며, 벵골만 최초의 포르투갈 교역 회사에 자본과 전문 지식을 대주기도 했다.[171]

그러나 교역 중개인은 구자라트 출신 무슬림이 더 많았고, 이슬람적 분위기가 점점 확산되던 아체와 반튼 같은 항구에서는 그들이 활동하기가 더 쉬웠을 것이다. 최초로 믈라카에 간 피렌체 상인은 그곳의 구자라트인들이 "모든 사업 문제에서 우리만큼이나 기민하고 영리한 상인으로, 그들을 통해 보내고 받은 화물 원장과 수량 목록은 완벽하다"고 기록했다.[172] 포르투갈인과 인도에 간 또 다른 피렌체 상인의 다음 설명은 구자라트인에 관한 것일 테다. "여기 사람들은 모든 면에서 우리를 능

* 여기서 나는 토머스Thomaz와 마찬가지로 『스자라 믈라유』의 나이나 수라데와나Naina Suradewana가 포르투갈 기록의 니나 추르야 데바Nina Curya Deva와 같은 인물이라고 추정한다.

가한다. 40만에서 50만 두캇 가치가 있는 무어인 같은 상인들이 있다. 그들은 우리가 펜으로 써서 계산하는 것보다 암산을 더 잘한다."[173] 구자라트인과 치열한 경쟁 관계였던 유럽 상인들조차 낯선 무슬림 항구에서 사기당하는 일을 방지하려면 구자라트인을 고용해야 했다. 아체인은 특히 동전에 까다로워서 받아들일 수 없는 저질 엽전을 내는 외국인은 쉽게 적발당했다. "그러나 중개인이 나쁜 돈을 받으면 손실은 모두 중개인의 것이다. 이런 종류의 중개인은 보통 구자라트인이며, 이곳에 오는 상인에게는 아주 필요한 존재다. 특히 처음 오는 이방인이라면, 망가진 돈이나 무게가 모자란 돈을 받을까봐 걱정이라면 중개인을 두어야 한다."[174] 말레이어에서 자본을 뜻하는 말 모달modal과 외국 상인을 뜻하는 말 바니아가baniaga가 인도 계통 언어들에서 온 것은 당연한 일이다.

현지 중개인 일부도 인도 혈통이기는 했으나 돈을 다루는 중개인이 모두 인도계는 아니었다. 버마에도 외국 상인이 시장에서 무역을 하려면 통해야 하는 중개인을 가리키는 반쯤 공식적인 범주가 있었다. 그 말 따레가tarega가 텔루구어의 따라가taraga를 어원으로 한다는 점에서[175] 그들이 인도 출신일 가능성도 있지만, 다음의 16세기 기록에 따르면 몬족 계통인 듯하다. "버고에는 따레게tareghe라고 불리는 중개인이 여덟 명 있다. 그들은 당신의 물건을 제값에 팔아주고 그 노동에 대해 100분의 2를 받는다. 그들의 조언에 따라 물건을 팔기 때문에 돈은 확실히 받을 수밖에 없다. 중개인이 당일에 돈을 주지 않으면 집으로 데려가서 가두어둬도 된다."[176] 이 독특한 체계는 버마 왕들이 다양한 수출품의 왕실 독점을 유지하려고 만든 것으로 보인다. 그럼에도 많은 외국인(회사는 그 수가 적지만)이 버마에서는 성가신 간사를 취급해 주는 등 낯선 통화로 거래할 때 생기는 흔한 문제의 해결사인 따레가의 역할을 높이 평가

했다.[177]

상업 계약의 내용을 적어두는 인도인의 신중한 습관을 늦어도 17세기경에는 자바인, 말레이인, 몬족이 따라한 것 또한 확실하다. 로데베이크스는 반튼의 상인들과 그들이 자본을 위임한 배 타는 무역상 사이의 계약을 어떻게 야자잎이나 중국 종이 위에 자바어로 썼는지 설명했다.[178] 16세기 말 그레식에서 활동하던 포르투갈인 무역상은 세기 초 믈라카 무역상처럼 투자금을 보장해주는 기존의 아시아식 계약체계에 주로 의존했다. 한 네덜란드 방문객이 포르투갈인에게 "말레이어로 쓴 문서를 어떻게 이해하느냐"고 묻자, 이해하지 못하지만 대신 읽고 내용을 확인해주는 자바인을 몇 둔다고 대답했다.[179]

동남아시아인은 분명 상당한 자본을 축적하고 무역 항해에 투자하는 도시의 무역상이었다. 무역상의 수와 그런 사업에 투자하고자 하는 자본의 양은 교역의 시대에 빠르게 증가했으나, 수출로 벌어들이는 수익이 증가하는 속도를 따르지 못했다. 그 원인은 교역 기술이 미숙하거나 화폐가 부족해서는 아니었다. 개인적으로 활동하던 포르투갈인* 같은 바람 위의 땅에서 온 외국인은 교역 기술이나 화폐가 훨씬 부족할 때에도 이런 상업적 역할을 차지해 큰돈을 벌 수 있는 것을 알았기 때문이다. 토착 상인계급이 성장하는 것을 막는 다른 요인들이 있었던 것이다.

* 피르스는 빨리 돌아오려고 서두르는 포르투갈인의 태도를 동남아시아인의 느긋한 태도와 비교했다. "우리는 그런 관습을 모르는 포르투갈인처럼 무역을 하고 (…) 그래서 빨리 일을 처리한다"(Pires 1515: 220).

오랑카야: 상업 지배층

> 나는 이 곡에서 한 위대한 상인과 그의 부를
>
> 노래하네. 그의 물건과 보물은
>
> 셀 수가 없고 그의 행복은 사그라들지 않네
>
> 인드라푸라 고을에는
>
> 그를 대적할 부자가 없네. 그에게는
>
> 늙고 젊고 자바와 다른 섬에서 온
>
> 노예가 1000명이라네 그의 지위는
>
> 풍가와(지방관)보다 높다네. 거느린 아내도
>
> 여럿이라지.
>
> _『샤이르 바다사리』(*Sya'ir Bidasari*: 7)

동남아시아 언어에서 상인과 관련된 단어들은 보통 외국어에서 온 것이다. 말레이어 사우다가르saudagar는 페르시아어, 바니아가baniaga는 산스크리트어(11세기에 자바어 비문에 이미 사용[180]), 말레이어 체티ceti, 미얀마어 칫띠setthi, 타이어 세티sethi는 팔리어와 남인도 언어들을 거쳐 들어온 산스크리트어, 베트남어 트엉마이商賣, thuong mai는 중국어가 그 어원이다. 말레이어의 오랑다강orang dagang과 오스트로네시아어에서 두루 쓰이는 유의어 등은 무역상이나 외국인, 거의 예외 없이 여행하는 이방인 곧 상인을 뜻한다. 전적으로 토박이말로 보이는 단어는 오랑카야orangkaya로, 현대 말레이어와 인도네시아어에서는 (현대 타이어와 미얀마어에서 '세티sethi'가 그렇듯) 단순히 부자라는 뜻이다. 도서부 동남아시아 여러 국가에서 오랑카야는 귀족의 칭호였다(브루나이에서는 아직도 그렇다). '카야'는 뿌리 깊은 오스트로네시아어 단어이지만 옛 자바어, 타갈로그어, 말레이어에서는 부보다 권력과 더 관련된 말이었다.

동남아시아 언어가 보여주는 중요한 점 하나는 부와 권력이 뚜렷하게 구별되지 않았다는 것이다. 부는 권력을 통해서만 얻을 수 있으며, 권력은 내적 강인함과 영적 세계와의 친화적인 관계를 뜻한다.[181] 그러나 부는 기본적으로 따르는 사람의 수로 나타나기 때문에 부자는 권력도 있어야 하는데 이는 통치자에게 잠재적인 위협이었다. 외국인과 여성의 경우 부와 권력을 동일시하는 정도가 덜해서 질투심 많은 왕일지라도 두 집단에게는 더 많은 권한을 주었다. 그러나 거기서도 문제는 생겼다.

오랑카야라는 단어는 말레이 세계의 혼란을 그대로 보여준다. 사람을 분류하는 범주로서 오랑카야는 '부자 귀족'이나 '상업 지배층'으로 번역된다. 칭호로서는 왕실의 고위 관리에게 주어졌지만, 통치자가 협력하거나 왕실의 예의범절을 강요할 심산으로 외국 상인에게 내려지기도 했다. 잉글랜드인 토머스 베스트는 직접 납치한 포르투갈 바크형 범선을 바쳐 아체 술탄 이스칸다르 무다의 환심을 사고, 오랑카야 푸티Orangkaya putih(하얀 또는 맑은 마음의 영주)라는 칭호를 받았다.[182] 오랑카야는 잠비, 반다, 암본 등 여러 지배 가문이 교역을 기반으로 성장했음을 보여주기도 한다. 그러나 강력한 형태의 왕조가 있는 곳에서 집단으로서 오랑카야는 왕권에 대한 실질적이거나 잠재적인 반대 세력으로 비춰졌다. 오랑카야는 무역으로 부를 축적한 수도의 귀족이었다(그림 66a).

그 경계가 중첩되는 경우가 많지만 오랑카야를 세 종류로 구분해보면 분석에 도움이 된다. 첫째는 무역할 기회를 찾아 항구에 왔으나 떠날 수 있는 외국인 상인들, 둘째는 왕실과 무역상 사이를 중재하는 어느 정도

그림 66a 1640년경 실물 그대로 그린 아체의 오랑카야.

그림 66b 1600년경 반다의 사회계급에 대해 네덜란드인이 받은 인상.
A. 저울을 든 튀르크 상인;
B. 노예에게 무기를 들게 한 반다인 오랑카야;
C. 노예가 뒤따르는 부유한 반다 여인.

현지에 동화된 외국인이나 외국계 상인 및 관리들, 셋째는 자신의 지위나 부 덕분에 무역에 관여하게 된 토착 귀족이다.

첫째 부류는 처음에는 독자적 무역상과 투자자이다가 17세기가 되자 외국 정부의 현지 대리인으로 점차 그 구성이 달라졌다. 1500년경 믈라카에서 제일 큰 상인은 (앞서 등장한 체티아르 거부들을 포함한) 힌두교도 타밀인과 무슬림 구자라트인, 자바인, 타갈로그(루손)인이었다. 포르투갈의 정복에 분노해 대부분이 믈라카를 떠난 개별 구자라트인에 대해서는 알려진 바가 별로 없다. 중요한 타갈로그 상인으로는 해마다 중국에 정크선을 보낸 "쿠레데라자"(쿠리아디라자?)와 포르투갈이 믈라카에 남은 무슬림의 지도자로 지명했으며 1513년에 중국, 시암, 보르네오, 순다, 팔렘방에 배를 보낸 "아레게무테 라자"가 있다.[183] 자바인은 자바와의 쌀 무역을 장악했으며 특히 풍부한 노동력으로 유명했다. 믈라카의 장인과 노동자 대부분이 자바인이었고, "노예" 수천 명이 가장 영향력 있는 자바인 "우티무티라자"(우타마디라자?)의 보호 아래 있었다.

16세기에 중국인, "튀르크인", 개별 포르투갈인, 스페인인 무역상은 국제 교역 지배층의 일부가 된 반면 힌두교도와 타갈로그인 상인들은 현지에 동화되거나 더 이상 중요한 역할을 맡지 못했다. 한편 포르투갈의 인도 에스타도 직원뿐 아니라 코자 제이날Khoja Zeinal 같은 국가 대리인도 중요해지기 시작했다. 핀투에 따르면 "엄청난 부자"인 코자 제이날은 파항에서 부르나이 술탄의 대리인이었다. 코자는 파항의 왕이 자기 아내와 동침한 것을 발견하고 왕을 죽이기 전까지 1540년대의 3년인가 4년을 파항에서 보냈다.[184] 프랜시스 드레이크는 트르나테가 반포르투갈 무슬림 거점으로 승승장구하던 시절에 튀르크인처럼 차려입은 "로만인"(루미) 넷, 튀르크인 둘, 이탈리아인 하나가 정향을 구매하는 대리인처럼 행세하는 것을 보았다.[185] 1600년경 아체의 상인에는 "중국, 벵골, 버고, 코로만델, 구자라트, 아라비아, 루모(튀르크)"에서 온 이들이 포함됐으며,[186] 반튼에는 거기에 추가로 포르투갈인, 스페인인, 말레이인까지 몰려들었다.

네덜란드와 잉글랜드의 초기 탐험대가 상대했던 반튼의 거상 중에는 체티 말루쿠 또는 산초Sancho가 있었다. 말루쿠에서 스페인인 아버지에게 태어난 듯한 그는 반튼에 호사스러운 대단지를 두고 그레식과 말루쿠에 정크선을 보내며 네덜란드인에게 한 번에 후추 200톤을 공급할 수 있는 거상이었다.[187] 또 다른 거상 "튀르크"(어쩌면 카이로 출신) 상인 코자 라요안Rayoan은 베네치아에 가본 적 있고 이탈리아어를 할 줄 알았다. 그는 반튼과 반다에서 네덜란드인을 도왔으며 그곳에서 아주 존경받았다고 한다(그림 66b).[188] 중국인은 더 많았지만 각별한 거부는 몇 없었다. 잉글랜드인이 "케위Kewee"라고 부르며 아낀 자는 "그 고장에서 가장 신용 있는 사람"이었으며, 1615년 잉글랜드인에게 2000레알과 후추 390톤을 빌려갈 수 있을 만큼 중요한 사람이었다.[189] 네덜란드인에게는 "심수안Sim Suan"이 있어서 큰돈을 빌려주었으나 그는 반튼에 자기 소유의 정크선과 네덜란드인의 화물을 보관할 수 있을 만큼 큰 집을 가지고 있었다.[190]

17세기 중반 네덜란드의 독점 압력이 커지며 개별적으로 활동하던 아시아 상인에게 어려운 상황이 되자, 보통 강력한 인도 왕의 보호를 받던 북인도 무슬림이 아시아 최대 무역상으로 부상하는 경향이 나타났다. 무굴제국이 구자라트를 정복하자 수라트가 제국 최대의 항구가 됐고 이전에 구자라트인으로 불리던 수라트를 근거지로 둔 상인들은 이제 무굴 신민 또는 "무어인"이 되었다. 1642년 아체에서 최대의 개인 상인은 무굴제국 황제 샤 자한의 아들이 고용한 마르살리Marsaly라는 이름의 나코다였다. 반다아체에 있는 그의 집에는 "아주 아름다운 화초 정원"이 있었다. 그러나 아주 강력한 보호를 받지는 못했는지 시장에서 술에 취해 난동을 부리다 몇 사람을 다치게 한 죄로 아체의 엄격한 법에 따라 손 하나를 잘릴 뻔하기도 했다.[191] 반튼에는 엄청나게 부유하고 존경받는 "무어인들"이 있었고, 그중 한 사람은 아들의 심하게 부러진 다리를 고쳐준 독일인 외과의에게 300레알을 답례로 주었다(그림 67).[192] 골콘다의 나봅 미르 줌라*는 (주로 페르시아인) 대리인을 아체, 버마, 반튼, 마카사르로 무역 항해에 보냈다. 1670년대 시암에서는 인도와 페르시아 출신 무슬림이 최대의 영향력을 행사했다. 프랑스 대사는 그들의 집 중 한 곳의 휘황찬란함에 깊은 인상을 받았는데, 그 집은 무슬림 반란과 퇴출 이후인 1685년 그가 불하받은 것이었다.[193]

17세기 중반 마카사르의 최대 거상이었던 포르투갈인 프란시스쿠 비에이라 드 피게레두**와 마풀레 또는 (잉글랜드인이) "모플리Mopley"라고 부른 인도인 무슬림 호우세네다 코자Howseneda Khoja(1675년 사망)의 교역에 관해서는 더 상세한 기록이 남아 있다. 비에이라는 당시의 관행대로 외교와 무역을 노련하게 버무려 각기 다른 시기에 포르투갈과 스페인 총독, 마카사르와 캄보디아 왕들, 골콘다의 나봅 미르 줌라의 뜻을 전하는 특사 역을 맡았다. 그는 파란만장한 생애 동안 여러 차례 큰돈

* Mir Jumla(1591~1663). 이란 이스파한 출신의 무역상. 일찍부터 보석상 밑에서 일하다가 1630년경 다이아몬드 산지인 인도 골콘다 왕국으로 이주해 보석 거래와 해상무역으로 부를 쌓고 총리의 자리까지 올랐다. 영지를 둘러싸고 왕과 갈등이 벌어지자 무굴제국 황제 샤 자한의 밑으로 들어가 아들인 아우랑제브 황제 밑에서는 벵골 태수가 되어 인도 동북부를 개척했다. (옮긴이)

** Francisco Vieira de Figueredo(1600?~1667). 포르투갈 이스트레마두라 출신의 무역상. 1620년대 초 군인으로 인도에 갔다가 무역상으로 코로만델 지역에 자리 잡았다. 1642년 마카사르로 가서 무슬림과 가톨릭 포르투갈인이 네덜란드 독점 압력에 맞서 협력하던 시기를 이용해 부를 축적했다. (옮긴이)

그림 67 1673년 덴마크 상인 코르테뮌데Cortemünde가 스케치한 반튼의 주요 인물. 왼쪽부터 "무어인" 곧 인도 무슬림 상인, 자바인 귀족, 중국인 상인.

을 벌었다가 잃었는데, 언제나 자신이 직접 투자한 항해 무역과 마카사르 등 국가 지배층의 투자를 한데 뒤섞었다. 그런 식으로 네덜란드인이나 다른 적들에게 자기 화물을 빼앗기지 않기 위한 보호책을 확보했던 것이다.[194]

모플리도 처음에는 미르 줌라의 중개인으로 마카사르에 왔을 테지만, 1650년대 말에는 마카사르에서 활동하는 잉글랜드인들의 중요한 파트너로서 잉글랜드인이 가져오는 인도산 직물을 사들이고 그들에게 정향과 거북등딱지를 공급했다.[195] 정크선도 한 척 소유하고 스페인의 요구 사항에 맞춰 왕의 이름으로 등록한 마카사르-마닐라 항해를 해마다 지휘해 큰 수익을 남겼다. 네덜란드인 코르넬리스 스페일만*은 마닐라행 화물의 가치가 10만 레알(은 2.5톤)에 달한다고 계산했다. 인도산 직물이 대부분이고 거기에 "말레이인들이 돈을 내고 자기 화물을 실어서, 온 마카사르가 그 무역에 관심이 지대했는데 최근 수익률이 50~60퍼센트 이상이고 더 높을 때도 있기 때문이다."[196] 1660년대 중반 네덜란드가 마카사르와 그 주변을 압박하자 모플리는 노련하게 새로운 동맹으로 갈아탔고 1675년에 죽지 않았다면 네덜란드의 보호 아래 마닐라 항해를 계속했을 것이다.[197]

이 외국인 상인들이 통치자와 긴밀한 관계를 유지하며 신중하게 정치 게임을 하지 않았다면 누구도 사업을 계속할 수 없었을 것이다. 일부는 왕실과 시장 사이를 독점적으로 중개하는 상인-관료의 두 번째 유형과 구별하기 어렵다. 이 유형의 대표적인 직책은 샤반다르(항구 감독을 가리키는 페르시아어에서 온 말)로, 말레이 통치자들이 지명한 외국인 수장으로 상인들이 규약을 지키게 하고 배로 오는 외국 상인에게는 항구세를 걷는 관직이었다. 전성기의 믈라카에는 샤반다르가 넷 있어서 각각 구자라트 상인, (인도뿐 아니라 버고와 파사이 등) 서쪽에서 오는 상인 전체, (자바, 말루쿠, 남수마트라, 보르네오, 필리핀 등) 동쪽에서 오는 상인, (중국과 류큐 등) 동아시아인을 담당했다.

이 믈라카 모델은 다른 곳에도 영향을 미쳤다. 항구 대부분에서는 샤반다르가 한두 명이면 충분했으나 17세기 초 캄보디아에는 다섯이나 있어 둘은 중국인을, 나머지는 각각 포르투갈인, 일본인, 말레이어 사용자

* Cornelis Speelman(1628~1684). 로테르담 출신의 네덜란드동인도회사 직원. 1945년 바타비아에서 일하기 시작해 1666년 지휘관으로 마카사르 원정에 참여하고 1676년 자바의 트루나자야 반란을 진압하는 데 관여하기도 했다. 1681년부터 1684년 사망할 때까지 네덜란드령 동인도 총독으로 재임했다. (옮긴이)

를 맡았다.[198] 1512년경 파사이의 샤반다르는 힌두교도 체티아르였고[199] 한 세기 후 반튼에서는 남인도인이, 잠비, 즈파라, 자라탄에서는 중국인 무슬림 개종자들이, 암본의 히투에서는 구자라트인이 샤반다르였다.[200]

샤반다르는 전략적인 관직이어서 한쪽에선 통치자와 고수익의 협력관계였으며, 다른 한편으로는 공식적 승인이 필요한 외국인들 사이에서 균형을 잡는 역할을 맡았다. 『스자라 믈라유』는 남인도인 샤반다르 라자 멘달리아르Raja Mendaliar에 대해 "당시 믈라카에서 누구도 필적할 수 없는 최고의 부자"라며 그의 부를 칭송한다.[201] 네덜란드인 로데베이크스는 반튼의 인도인 샤반다르에 관해서, 그 도시에 도착한 당시에는 "아무것도 가진 것이 없어 생계를 위해 더러운 일을 떠맡았"으나 종국에는 엄청난 부를 쌓았다고 썼다.[202]

수도가 아닌 항구에서는 감독관 등 고위 관료가 기업형 무역상이 되는 일도 많았다. 17세기 초 마타람의 즈파라는 구자라트인이 다스렸으며, 시암의 떠낭다이는 인도 무슬림과 심지어 잉글랜드인이 통치했다. 시암에서 대외 무역을 관장하는 두 관직 깔라홈Kalahom과 마핫타이Mahatthai는 처음에는 외국인 무슬림이, 이후 쁘라삿통 왕과 나라이 왕 재위기에는 유럽인이 도맡았다.[203] 파타니에서는 중국계 말레이인 다투 스리나라Datu Srinara가 이 술탄국의 교역에 가장 큰 영향력을 행사했다.[204] 동남아시아 도시의 예외적인 급성장은 지배계급과 운명을 같이하기로 하고 그들에 실질적으로 동화된 부유한 외국인 사업가에게 부를 쌓을 기회를 무한히 제공했다. 여러 통치자부터가 몇 대 거슬러 오르지 않아도 외국 상인이 선조였으며 특히 15세기 초에 팔렘방, 드막, 그레식 같은 항구 국가를 세운 것은 중국인이었다. 포르투갈인 모험가 펠리프 드 브리투*가 1600년부터 1614년 사이 일시적으로 버마의 항구 딴륀에 세운 왕국도 대담한 이방인이 이 예외적으로 개방적인 시기의 교역 호황을 정치권력으로 발전시킨 또 다른 사례가 될 수 있을 것이다.

외국 출생의 상인들은 기틀이 확립된 국가에서조차 계속 최고위층으로 상승했다. 예컨대 믈라카의 가장 위대한 왕 술탄 만수르(재위 1459~1477)는 선조의 고향인 중국 및 자바와 계속해서 밀접한 관계를 이어나가고 왕실과 혼사를 맺어 영향력 있는 중국인과 자바인이 유입되는 결과를 낳았다.[205] 또한 또 다른 체티아르 대금업자일 "이교도 클링"을 임명해 술탄의 재정을 관리하게 했다. 이 인도인은 무슬림으로 개종한 후 믈라카의 차기 재무대신을 계속 배출한 대大븐다하라 가문의 시조가 됐다고 피르스는 밝혔다.[206] 그 가문의 상업적 성향은 관직으로 계속 이어졌고 손자가 바로 『스자라 믈라유』의 영웅인 븐다하라 스리 마하라자였다. 그는 "말할 나위 없이 인간적이고 외국 무역상을 다루는 데 능수능란해" 믈라카의 번영을 책임지는 위대한 관료일 뿐 아니라, 어마어마한 부자라 금이 너무 많아 자식들에게 가지고 놀게 할 정도였다. "븐다하라 스리 마하라자는 언제나 수익을 찾아 투자하고 절대 비탄에 빠지는 일이 없었다."[207]

술탄 만수르는 자기 노예였던 팔렘방 출신의 이교도를 중용했는데 그 또한 권력자가 되어 믈라카의 또 다른 명문 락사마나 가문을 열었다.[208] 믈라카 같은 말레이 국가들이야말로 이방인이 금방 부상할 수 있는 가장 확실한 용광로였지만, 무역을 기반으로 하는 국가라면 어디서나 비슷한 현상이 벌어졌다. 시암에서조차 1610년경부터 아유타야 왕조가 멸

---

* Felipe de Brito(1566~1613). 포르투갈 리스본 출신의 모험가. 사환으로 배를 타고 동남아시아에 와서 여카잉의 포르투갈인 용병대장이 되었다. 1599년 땅륀을 근거지로 독자적인 정치 권력을 세우고 14년간 통치하다가 따웅우 왕조군에 패배한 후 처형됐다. 버마식 이름 응아 진까Nga Zinka로도 불린다. (옮긴이)

망할 때까지 가장 권세 높았던 네 가문의 시조가 17세기에 정부의 상업 부서에 들어간 유능한 외국인이었으며 각각 페르시아인, 힌두교도 브라만, 중국인, 몬족 출신이었음을 데이비드 와이엇이 밝혀내기도 했다.[209]

토착 귀족의 거만한 위세는 이들이 지위에 극도로 민감한 계급이라 이방인은 진입할 수 없겠다는 인상을 주었을 것이다. 아체와 조호르에서 상류층은 보통 사람들과 구분하기 위해 엄지 손톱과 새끼손톱을 아주 길게 길러 자신이 "손을 쓰는 노동을 하지 않음을 과시"했다.[210] 그러나 마카사르 귀족들은 "손톱을 기르면 거기에 악마가 숨어든다고 상상"[211]해서 꼼꼼하게 잘 자르라고 했는데, 이는 새로운 이슬람 도덕주의가 기존의 사고방식을 대체했음을 보여준다. 시암, 말레이, 자바, 마카사르의 지배층은 하인과 수행원, 한껏 고양된 위엄, 육체노동을 거부하는 태도로 서구인들을 놀라게 했다. "그들에게는 화려함, 허영, 허세가 전부다."[212] "마카사르 귀족들은 지구상 어느 곳보다도 오만하다."[213]

그러나 역설적으로 이렇게 극단적으로 지위를 강조하는 태도는 신분을 가르는 경계가 유동적인 고도의 이동성과 동시에 나타났다. 더 정확히 말하자면, 계급을 나누는 기준이 견고하지 않은 데다 너무 많은 귀족이 상인 출신이었기 때문에 줄기차게 지위를 과시해야 했다. 마카사르와 아체에서 사회적 위계질서가 작동하는 방식에 대한 수많은 기록을 살펴보면, 밑바닥에 있는 자는 계급 상승을 이루고 육체노동을 하지 않기 위해 노예를 사려고 갖은 애를 썼다.[214] 외국인들도 (어쩌면 특히 외국인들이) 장벽을 넘었다. 반튼의 중국인들은 돈을 벌 수 있다면 어떤 일이든 마다하지 않았지만, 이슬람으로 개종하고 머리를 자르고 옷을 바꿔입어 "자바인이 되면" 곧 "모든 면에서 자바인처럼 오만하고 허세스러워"졌다.[215]

동남아시아의 왕실 연대기는 강력한 통치자의 고귀한 혈통을 과시하려고 애쓰지만, 이것은 사회학이 아닌 이데올로기 특히 대개 현존하는 연대기가 쓰인 후대의 이데올로기를 반영하는 것이다. 자바를 통치한 가문들의 시조들과 훨씬 가까운 시기에 살았던 포르투갈인들의 기록은 당시 알려진 여러 통치자가 미천한 계급이나 상인 출신임을 밝혀냈다. 당시만 해도 자바 지배층은 중국인 조상을 둔 것을 숨기려 하지 않았던 것이다.[216] 토메 피르스는 자신이 살던 시절 자바인의 거만한 태도는 누구에게도 뒤지지 않았다고 확인해주면서 자바뿐 아니라 믈라카에서 벌어진 급격한 신분 상승의 사례들을 보여준다. 그 한 예는 즈파라의 통치자 파티 유누스다.

> 자바의 위대한 전사이며 아주 현명하다고 자바인이 칭송하는 그 기사 (···) 그의 조부는 〔보르네오 서쪽의〕 라웨섬에서 막일꾼이다가 눈곱만큼의 고귀함과 그보다 적은 재물을 가지고 믈라카에 가서 그곳에서 결혼해 파티 유누스의 아버지가 될 아들을 낳았다. 그는 믈라카에서 돈을 벌어 자바에서 무역을 했고 40년 또는 45년 전 미약하고 대단치 않던 즈파라의 파티patih를 교활하게 살해했다. (···) 그 후 교활함에도 불구하고 그곳을 주민들로 가득 채웠다. 그는 자신이 관장하던 방카섬뿐 아니라 탄중푸라와 〔보르네오 서부의〕 라웨섬과 다른 섬을 차지할 만큼 대담한 인물이었다.[217]

지위를 나타내는 표지를 과시할 필요성은 이미 교역의 시대에 동남아시아의 특색이었으나 당시에는 흔히 미천했던 출신을 극복하거나 감추기 위해 고안된 것이었다. 고귀한 태생만이 유일한 자산이 되어버린 식민 시대 이전까지만 해도 동남아시아 귀족은 결코 배타적인 계층이 아니었다.

수동적인 토착 귀족과 적극적으로 교역 활동을 펼치는 코즈모폴리턴 오랑카야를 구별하기 또한 쉽지 않다. 물론 17세기를 거치면서 선물과 세금을 받기 위한 것이 아니라면 교역에 관심을 가질 필요가 없다고 여기는 왕실이 더 많아졌다. 북베트남의 통치자들은 유교 사상에 따라 자주 그런 인상을 주었고 잉와의 버마족 왕들도 그랬다. 그 결과 이들 왕실은 교역이라는 새로운 영향력을 더 완강하게 거부했다. 반면 전쟁과 농업의 귀족적 전통을 이어받은 일부 지배 집단은 교역의 시대가 가져온 기회와 압력 때문에 무역에 합류했다. 마카사르와 반튼의 귀족들이 17세기 전반에 이 방향으로 움직이며 교역 투자, 선박 건조, 심지어 항해에서도 적극적인 역할을 했다. 투반에 관한 네덜란드 기록에 따르면 1619년 마타람의 술탄 아궁이 이 큰 도시를 함락하기 전 그곳 귀족들은 정크선을 반다, 트르나테, 필리핀에 보내는 동시에 매주 스넌안 시합에 참여하고 수행원 여남은 명 없이는 절대 밖에 나가지 않았다고 한다.[218] 파타니 대시장의 대상 중 하나가 믈라카로 보낸 배가 네덜란드에 납치당하는 일이 있었는데, 선주는 바로 인근의 조공국을 다스리는 클란탄의 라자였다.[219]

오랑카야의 역할을 평가하기 위해서는 교역의 시대가 가진 어마어마한 역동성을 염두에 두어야 한다. 외국 상인이 현지 귀족에 합류하는 경우가 잦았고, 토착 가문이 자의로 혹은 왕의 경계심 때문에 항구-수도로 이주해 교역에 연루되면서 부와 권력의 동맹은 계속 이어졌다. 17세기 후반 동안 교역이 그 매력을 잃으면서, 무역을 근간으로 하던 오랑카야는 토지와 노동력을 가진 귀족으로 변모했다(10장을 보라). 이러한 변화 속에서 통치자와 집단으로서의 오랑카야 사이에 균형은 언제나 중요했다. 교역이 급격하게 확장하는 시기는 외국 출신 오랑카야의 과두 지배기와 일치하는 경우가 많았으나 그런 집단은 적대적인 세계에서 그들을 보호해줄 강력하고 중앙집권적인 통치자의 등장을 극구 반대했다. 이 시대의 조건에 의해 서로 상충하는 세력이 등장했으나 이 갈등을 해소할 만한 해결책을 찾지 못한 것이다. 이 문제는 9장에서 더 자세히 살펴보겠다.

상업 소수집단과 종족성

동남아시아 항구에서 외국 상인이 중요한 역할을 했던 것이 메일링크-룰로프스 등의 주장대로 "스스로를 위한 무역을 해나갈 원주민 중개인 집단"의 부재[220] 때문이라 여겨서는 안 될 것이다. 앞서 살펴보았듯이 동남아시아 무역의 대부분은 동남아시아 선박과 동남아시아 자본으로 이루어졌다. 인구의 상당수가 화물 선적, 선원, 환금성 작물과 외국산 직물 취급 등 교역 활동으로 생계를 이어갔다. 오랑카야란 무역에 확고한 기반을 두고 왕과는 상충하는 이해관계에 놓인 강력한 계급이라고 할 수 있다. 오랑카야가 통치집단으로부터 독립적인 "진정한 부르주아지"가 아니라면, 당대 여러 유럽 국가의 주요 상인들 또한 그렇게 불리지 못했어야 할 것이다(인도와 일본의 상인 집단이 더 자율적이었다). 첫 번째로 해야 할 일은 교역의 상층에 어떤 집단이 연루됐으며 사회에서 그 집단의 자리가 어디였는지를 분석하는 것이다.

'외국인다움'이란 특히 국제적으로 연결된 교역의 경우 절대적인 이점으로 작용했다. 외국인은 농업과 행정에서 배제될 뿐 아니라 통치자에게는 위협이 아닌 자산으로 여겨졌다. 그러나 정치적으로 다원적인 지역(인도나 중국의 제국보다는 유럽이나 남인도와 더 유사한)에서는 외국인다움에도 편차가 있었다. 종교와 언어를 공유하는 일부 외국 상인은 현지 귀족으로 진입하는 경계를 아주 빨리 넘을 수 있었고, 지배적인 종교와 문화를 받아들이고자 한다면 누구나 한 세대 안에 진입 가능했다. 이러한 사회적 이동성이야말로 카스트와 신분질서의 장벽 때문에 무역상이 지배 집단에 진입하는 것이 실질적으로 불가능한 인도 및 일본과는 동남아시아가 다른 지점이다. 교역적 성공으로 권력을 얻을 수 있다는 바로 그 점 때문에 강력한 중간층 또는 '부르주아지' 집단의 형성이 더 어려웠다.

그럼에도 동남아시아에는 전적으로 교역에만 전념하는 집단이 있어 자기 자본을 소유하고 지배 집단과는 구별되는 교역 기풍을 창출했다. 이런 집단의 유형 중 첫 번째는 여성이었다. 여성은 시장을 장악하는 데서 그치지 않고 더 큰 규모의 무역상과 금융업자로 성장했다.[221] 여성의 무역 이데올로기를 밝혀내기란 쉽지 않지만 남성이 교역적 기풍을 키우면 필연적으로 따라오던 지위와 권력에 관한 염려에서 상대적으로 자유로웠던 것이 분명하다.

두 번째로 관심을 가져야 할 유형은 항해하는 상인 키위와 그 지도자격인 나코다이다. 관직인 샤반다르의 바로 아래 서열인 이들은 어떤 면에서는 어디서나 외국인이었다. 고향이자 근거지인 항구에서조차 이들은 소속된 종족의 집단 거주지에서 살았고 그런 곳에서는 그 집단의 샤반다르가 국가기구와의 주요 접점이었다. 이 유형의 무역상은 유럽식 계급이 아니라 역할이나 종족으로 정의됐다. 피르스가 파티 유누스의 사례에서 보여주듯 출세한 나코다가 샤반다르가 되고 결국 통치자가 되는 것을 막을 길은 별로 없었다. 그러나 이들은 항해하는 무역상으로서의 고유한 정신을 공유했다.

이 집단의 권리와 역할에 관한 법 중 가장 찾기 쉬운 것은 말레이 해양법 『운당운당 라웃』이다. 이 법은 나코다에게 강력한 지위를 부여해 선상에서의 생살여탈권뿐 아니라 모든 교역 문제에서 우선권을 주었다. 그 권리에는 항구에 도착하면 함께 항해한 상인들이 가격을 낮추기 전에 나코다가 제일 먼저 물건을 팔 권리가 포함되었다. 이런 막강한 권력이 놀랍지 않은 이유는, 법령이 밝히고 있듯 1510년대에 믈라카의 나코다 다섯 명이 초안을 작성했기 때문이다. 그들의 이름을 살펴보면 최소 세 명이 자바인으로 보인다. 이 다섯 명이 만든 초안을 가지고 다른 나코다 전체와 상의했다. 나코다 사이에서 초안이 합의되자 븐다하라에게 가져갔고 븐다하라는 대표 나코다 다섯 명과 함께 술탄 마흐무드에게 갔다. 그리고 술탄은 다음과 같이 법을 공포했다. "무엇이건 그대들이 바다에서 결정한 것이 바다의 일을 결정할 것이며, 육지의 법이 육지의 일을 결정할 것이다. 그대들 나코다는 선상에서 왕과 같다."[222] 이 시기 말레이 문헌에서 나코다는 친숙한 존재다. 최초의 말레이어 자서전은 18세기 유럽인들의 권유에 따른 것이긴 하나 한 나코다가 쓴 작품이다.[223] 글을 읽고 쓸 줄 알고 아는 것이 많을 수밖에 없는 나코다는 물건뿐 아니라 동남아시아의 소식도 가져오기 때문에 각 도시에서 언제나 환영받았다. 바로 그런 까닭에 거물급 나코다는 왕실의 환대를 받았다.[224] 네덜란드의 동남아시아에 관한 빼어난 정보 또한 나코다의 보고서에 빚진 바가 크다.

이러한 기풍은 몇몇 종족과 각별히 연결되었다. 버마인, 타이인, 크메르인, 베트남인, 발리인이 자기 지역을 벗어나 항해했다는 사료는 별로 없다. 로드는 북베트남인에게 항해술 부재, 원양선 부재, 납세자 신민을 잃을까 두려웠던 왕의 항해 금지. 이렇게 세 가지 장애물이 있었다고 지적했다.[225] 아유타야는 타이만의 주요 세력이었지만 쁘라삿통 왕 재위기(1629~1656) 전에는 원양선이 없었다(그림 68). 1634년 아유타야가 파타니를 칠 때 이 문제가 다시 불거졌고 파타니 연대기는 내려다보는 태도를 드러내며 이렇게 기록했다. "시암인은 아직 항해하는 법을 몰라서 먼 곳을 갈 때도 육로로 가야 한다."[226] 나중에 만들어진 왕의 함대는 거의 중국인, 무슬림, 유럽인으로 채워졌으며 "시암인은 자기네 강에서만 물을 잘 다룬다".[227]

대륙부 국가나 고산족 출신인 개인이 해양 교역을 했다면 교역으로 유명한 민족 집단 중 어딘가에 동화된 것일 가능성이 높다. 말레이인과 중국인이 가장 눈에 띄지만 1600년경까지는 참인, 몬인(버고 출신), "루손인"(마닐라와 브루나이 출신), 자바인, 반다인도 그에 못지 않았다. 후자 중 활동하는 무역상으로 남은 집단은 대개 출신지가 교역을 지지하지 않는 세력에 넘어간 후 참파가 베트남인에, 버고가 버마족에, 마닐라가 스페인에, 자바 북해안(파시시르pasisir)이 마타람에 패했듯 말레이인으로 동화된 듯하다. 17세기에는 마카사르인과 부기스인이 해양 교역 집단으로 부상했다. 포르투갈인이 또 다른 교역 소수집단을 형성했으며 교역 지향적 아시아인 그리스도교도는 그 집단으로 동화되는 경향을 보였다. 이들 집단은 모두 제1언어 아니면 제2언어로 말레이어를 구사했다. 그들은 항구에서, 자신이 속한 종족 집단이 충분히 크면 그 거주지에 살고 그렇지 않으면 자신이 동일시할 수 있는 다른 종족 집단의 거주지에 살았다. 종족성ethnicity으로 인해 기업가풍의 소수집단이 되기도 하지만, 기업가 정신의 소수집단이라는 상태의 결과가 종족성일 수도 있는 것이다.

그림 68 1776년 타이 문헌에 등장하는 바다 위의 외국 무역상들. 보살 마하짜나까 왕자가 돛대에 매달려 난파선에서 기적적으로 구조되는 『마하야나 자따까』의 사건을 묘사했다. 배 위에 보이는 것은 중국인과 유럽인이며, 인도 무슬림은 작은 배로 도망치고 있다.

16세기의 특색이라 할 수 있는 다원주의는 17세기에 급격히 쇠퇴했는데 그 원인은 9장과 10장에서 더 자세히 살펴보도록 하겠다. 유럽의 독점 구매와 다른 압력들 때문에 통치자들은 더 직접적으로 무역을 관장하고, 여전히 독립적이었던 교역 지향적 국가들은 중앙 집중화하게 되었다. 동남아시아 출신 교역 소수집단은 점차 말레이인과 중국인으로 축소되었으며 중국인은 17세기에는 덜 현지화되고, 덜 동화되는 경향을 보였다.

말레이 디아스포라는 동남아시아의 교역 소수집단이 계약적 자율성을 가지고 있었다는 점에서 특별한 관심을 요한다. 믈라카의 번영이 정점에 달했던 시기에 그곳에서 말레이어를 사용하던 '토착' 지배층은 자바인이나 중국계 자바인을 상당수 포함한 다양한 출신으로 구성됐다.[228] 포르투갈이 믈라카를 점령하고 그곳에 거주하던 무슬림 상인을 몰아내면서 디아스포라가 시작됐다. 그 후로 본래 출신과 상관없이 믈라카 디아스포라는 믈라유Melayu 또는 말레이인으로 여겨졌다. 브루나이와 말루쿠의 말레이어 사용자들에게 "말레이식cara Melayu"이란 믈라카식을 의미했다.[229] 이 상인들은 처음에는 파항, 파타니, 조호르, 아체에, 나중에는 반튼, 마카사르, 아유타야, 캄보디아의 새 중계무역항에 근거지를 만들었다. 1596년 반튼의 말레이인 공동체는 가장 부유한 집단이어서 그들에게 남인도인이 "선박을 저당 잡히고 항해할 자본을 빌렸다".[230] 캄보디아에서도 말레이인이 강력해져 1640년대 왕이 이슬람교를 받아들이고 그들과 운명을 함께할 정도였다(8장의 대륙부 동남아시아에서 이슬람의 도전을 보라).

인도네시아 동부에는 중국인이 극소수였고 말레이인이 유일한 교역 소수집단으로서 특별한 지위를 누렸다. 마카사르의 왕실 연대기는 투니팔랑가Tunipalanga 왕(재위 1548~1566)이 맺은 사회계약에 관해 기록했는데, 마카사르인은 말레이인 거주지에 출입하지 않고 독자적인 사법권을 약속한다는 내용이었다. 당시 말레이인 대표는 나코다 보낭이었으나, 마카사르 왕은 지도자급 인물을 샤반다르로 임명해 말레이인과 여타 무역상 문제를 살피도록 했다. 말레이어 통역관과 무역 관련 금융 행정을 기록하는 서기 등 새로운 관직도 생겨났다.[231]

비마(숨바와) 연대기도 비마의 첫 무슬림 통치자가 이슬람교를 전파하는 데 기여한 말레이인들에게 상을 주고자 비슷한 계약을 체결한 일에 대해 기록했다. 왕이 벼를 재배할 땅을 주겠다고 했으나 말레이인은 자신들이 "선원이나 무역상이지 농민이 아니"라며 거절하고, 대신 수출입

관세를 면제해달라고 요청했다. 그들은 수도에 집단 거주지를 세울 권리 또한 보장받았다.[232]

다른 교역 소수집단과 마찬가지로 말레이인의 강점은 국제적 네트워크와 이동성에 있었다. 동남아시아의 모든 교역 중심지에는 말레이어를 사용하는 무슬림 공동체가 있었으나, 가장 선명한 그림은 마카사르에 등장했다. 16세기에 그곳에서 특권을 얻은 집단은 조호르, 파타니, 파항, 미낭카바우, 참파 출신이었다고 한다.[233] 마카사르가 네덜란드의 독점 시도를 피해 정향과 육두구를 찾는 모든 이의 근거지가 되는 1620년경부터 이 말레이 공동체는 그 수와 부를 엄청나게 키워나갔다. 1620년대 마카사르에는 말레이 무역상이 수천 명이었고, 1624년에 향료를 구하러 말루쿠로 선단을 보내는 데 말레이 상인 600명이 관련되었다고 한다.[234] 이즈음 파타니 왕가에 맞섰던 반체제 인사들이 당도해 말레이 공동체의 위상은 더 높아졌고, 그중 한 사람이자 파타니 여왕의 숙부인 다투 마하라자렐라는 나중에 공동체의 지도자로 왕실의 승인을 받았다. 마카사르인 대다수는 여전히 고유 언어를 문학용으로 사용했으나, 마카사르는 주로 이 교역 소수집단의 활동을 통해서 말레이 문학의 주요 중심지가 되었다.[235]

말레이인들은 마카사르를 지키고자 네덜란드에 맞서 용맹하게 싸웠고 1669년 결국 이 도시가 패배하자 다시 흩어졌다. 한 잉글랜드 무역상은 "이 무역의 두 기둥"인 포르투갈인과 말레이인이 마카사르를 떠나 시암으로 갈 것이라고 예측했다.[236] 결국 말레이 공동체는 전보다 수는 적어졌지만 마카사르로 돌아와 네덜란드의 보호를 받으며 이 식민도시에서 중요한 교역 집단으로 남았다. 대상 "모플리"가 이끌던 인도 무슬림들도 종국에는 이 공동체에 동화되었다.[237] 네덜란드령 바타비아에도 상당히 큰 말레이 소수집단이 있었고 그 첫 지도자는 또 다른 파타니 사람 엔치 아맛이었다. 그는 "선구船具상으로 큰돈을 벌었고" 네덜란드동인도회사에서 서기, 통역가, 외교관, 외교 의례 담당관으로 일했다.[238]

도시화와 자본주의

교역의 시대의 동남아시아 경제 질서의 변화를 평가하는 작업은 세계적인 교역 확장의 선두 주자들과 동남아시아의 공통점에서 시작할 수 있을 것이다. 1400년부터 1630년까지 전 기간에 거쳐 경제가 급속하게 화폐화·상업화되었으며 가장 큰 확장은 1570년부터 1630년 사이에 일어났다. 당대의 어떤 기준으로 살펴봐도 인구의 상당 비율이 세계경제를 위한 생산과 시장 판매에 유입되었고, 직물, 도자기, 도구, 화폐 같은 일상적인 소비 품목을 장거리 수입에 의존하기 시작했다. 무역은 (다시 국제적 기준에서) 동남아시아 국가의 수입에서 비교적 높은 비중을 차지했고, 그 덕분에 20세기 이전의 성취보다 비교적 훨씬 높은 수준의 도시화를 가능케 했다. 이들 도시 안에는 무역과 상업에 전념하는 공동체가 있고, 선박 저당 계약, 이익 공유, 이자를 받는 대출 등의 제도가 잘 마련돼 있었다.

그러나 중국, 인도, 일본 등 주요 지역은 동남아시아보다 경제적으로 훨씬 발전해 있었다. 그들의 금융 기술이 도시 지역 동남아시아인 다수에게 알려져 있기는 했다. 그런 기술 중에는 초기 은행도 있었는데, 동남아시아에서는 아직 금세공장이나 대금업자가 개인 차원에서 그 역할을 맡는 수준이었다. 판 뤼르의 주장과 달리, 유럽의 선진 도시들이 자본을 공유하고 보호하기 위해 발전시킨 비인격적인 기구가 동남아시아에는 전혀 없었다는 메일링크-롤로프스의 견해를 우리는 더 확신을 가지고 지지할 수 있다. 암스테르담, 앤트워프, 런던, 파리의 주식거래소, 은행, 특허회사들은 왕과 상인 소수집단뿐 아니라 도시 거주자와 농촌 지배층을 포함한 더 폭넓은 계층을 생산적인 목적의 저축에 동원할 수 있었다.

이 자본가적capitalist 기술의 이면에는 더 근본적으로 정치적인 의제가 있는데, 그것은 메일링크-롤로프스의 표현대로라면 "자의적인 주권의 변덕에 맞선" 개인과 재산의 안전이라는 문제다.[239] 쉽게 그 정도를 측정할 수 있는 문제는 아니지만, 이 시기 동남아시아와 유럽의 가장 결정적인 차이였다. 최초로 유럽을 방문한 동남아시아인들은 발달한 개인의 권리와 소유권을 가장 놀랍게 여겼다. 최초로 네덜란드에 간 반튼인은 중국계 노예였는데 돌아와 반튼 왕실에 보고하기를, "그곳 사람은 모두 스스로 주인이고 나라 전체에 노예와 포로가 단 한 명도 없다"고 했다.[240] 1682년 런던에 반튼 대사로 간 귀족들은 잉글랜드인이 보기에 "우리 법이 어떻게 우리 재산을 적법하게 해주는지 알고 놀라워하며 우리가 모두 왕일 것이라고 생각했다. 그들로서는 그들의 군주만이 가질 수 있는 것을 어떻게 신민도 가질 수 있는지 도저히 이해할 수 없었기 때문이다."[241] 현실에서 권력은 여러 방식으로 분산되고 해체되었지만, 법과 사상 체계는 몇 가지 걸림돌로 작동했다.

이 질문은 우리를 다시 도시로 돌려놓는다. 유럽에서 재산권은 중세 말에 발전할 수 있었는데, 부분적으로는 유럽 봉건제가 자치 도시를 위한 공간을 만들었기 때문이다. 유학을 숭상하던 동아시아도 자체적인 권리와 요구를 인정받는 자율적인 성곽도시를 어느 정도 발전시켰다. 일본의 도쿠가와 시대에 도시는 자본의 축적과 생활의 상업화에 필수적이었다. 반면 동남아시아에서 도시와 국가는 실질적으로 그 경계가 같았다. 도시마다 통치자나 행정관이 있고 이 통치자들의 위계는 도시들의 위계와 같았다. 여성과 일부 소수종족이 교역에 더 바람직한 자율적인 가치체계를 세웠으나, 도시 전체가 그렇게 되기는 아주 어려웠다.

그러나 도시는 시장뿐 아니라 왕궁을 포용했고, 한쪽의 가치가 다른 쪽의 가치는 아니었다. 교역 성장이 특히 빨랐던 시기에는 시장이 왕궁을 상대로 많은 것을 얻어냈음을 볼 수 있다. 상인이 교역하러 먼 길을 떠나면서 아내가 정조를 지키도록 앵무새를 남겨두고 간다는 16세기의 이야기 『히카얏 바얀 부디만』이 당시 믈라카에 등장하던 개인주의적 상업 정신의 산물일지 모른다는 존스의 주장은 반론 없이 받아들여지지 않았다.[242] 최근 롱바르는 1600년경 함자 판수리와 조호르의 부카리가 쓴 작품에서 그 전이나 후에는 발견하기 어려운 개인적 책임감이라는 감정을 보여주는 더 강력한 사례가 있다고 주장했다.[243] 함자는 독자를 지식을 찾아 대양으로 나서는 여행하는 상인anak dagang에 비유하며 "너 자신을 알라kenali dirimu"고 거듭 촉구했다.[244] 그 시기의 다른 여러 문서에도 개인의 가치, 지위, 윤리적 책임을 인식한 무역상의 이동하는 공동체가 반영되어 있다. 믈라카 법령, 말레이 해양법, 엔체 아민의 마카사르 전쟁에 관한 시, 자바의 "무슬림 윤리규범"이 그런 잘 알려진 예다. 이 중 무슬림 윤리규범은 근면한 노동, 금욕주의, 자선을 강조하며 사람들이 무슬림 개종자가 이교도이던 시절보다 근검절약한다고 여기기를 바라는 듯하다.[245] 시간이 흐르며 종족에 대한 고정관념이 얼마나 바뀌었는지 보여주기 위해서는 1600년경 "자바인은 대수롭잖은 사업 때문에 친아버지도 팔아먹을 자들"이라고 불평한 한 네덜란드동인도회사 관

리의 말을 인용하는 것으로 충분할 것이다.[246]

시장의 힘 외에도, 큰 도시에서 주기적으로 벌어지는 도시 지역 폭도의 힘도 있었다. 파타니에서 1613년 자바인이 일으킨 "노예 반란"은 도시 전체를 휩쓸고 지배층 대부분을 제 집에서 몰아냈다.[247] 17세기 아체에서는 왕위 계승을 둘러싼 분란이 있을 때마다 도시 주민이 거리로 쏟아져 나와 제 역할을 했다. 인기 없던 교조적 율법학자 아르라니리는 1643년 말 도시를 탈출하지 않았더라면 군중의 손에 죽었을지도 모른다.[248] 인종적·종교적 갈등은 거리에서의 싸움으로 번질 때가 많았다. 이러한 새로운 요소들은 분명 도시적이었으며 독단적인 왕권에 도전이 되기에 충분했으나, 그런 힘을 제도화하는 데는 어려움이 있었다. 절대주의와 다원주의 사이의 분쟁과 갈등에 관한 더 자세한 설명은 9장으로 미루어야 할 것이다.

8장 종교 혁명

듣거라, 그대[상인] 나그네여
금지된 것에 집착하지 말라
그대는 계속 돈을 다시 세고
다시 꿰며 잃을까 떨고 있다
키장kijang[사슴]처럼 이리저리 날뛰어
그대의 [신성한] 연인이 겁먹었다
이 세상을 버려라
진정한 자신에게 이방인이 되지 말라
_함자 판수리, 『시편』(Hamzah Fansuri, *Poems*: 94~96)

교역의 시대에 동남아시아 인구의 절반 이상이 어떤 의미에서건 이슬람교나 그리스도교를 수용했다. 이 시기의 다른 변화들은 일시적일 수 있으나, 이 두 "경전 종교"의 공식적인 수용이라는 변화는 거대하고 중요하며 영구적이었다. 물론 개인이나 국가가 무슬림 또는 그리스도교도의 이상적 행동양식을 얼마나 따랐는지는 다른 문제였다. 실제로 그 방향으로 향하던 빠른 움직임은 교역의 시대가 종언을 고하면서 늦춰지거나

1600년까지 그리스도교화한 지역
1700년까지 그리스도교화한 지역
그리스도교가 소수로 존재한 지역
1500년까지 이슬람화한 지역
1600년까지 이슬람화한 지역
1700년까지 이슬람화한 지역
보통 글씨: 이슬람 중심지

밑줄: 그리스도교 중심지
기울임체: 상좌부불교 중심지
병기된 연대는 해당 지역에 이슬람교(초승달)나
그리스도교(십자가)가 뚜렷하게 등장한 최초의 시기

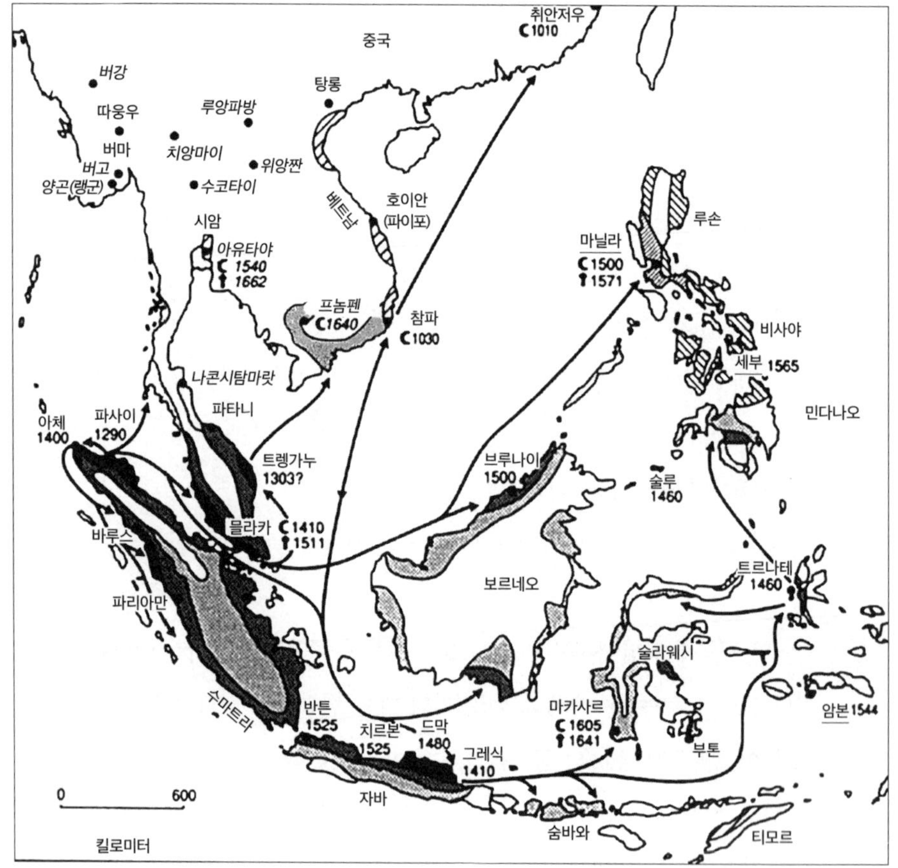

지도 13 이슬람교와 그리스도교의 확산

오히려 되돌려지기도 했으나, 역사적 기록은 후세대가 반복해서 더 종교적인 요구사항을 따를 것을 요구받았다고 확인해준다.

이슬람교(수니파와 시아파 모두), 가톨릭과 네스토리우스파, 유교, 유대교, 각종 힌두교와 불교 모두 10세기 이래 무역상과 여행자를 통해 동남아시아에 전해졌다. 동남아시아 왕실은 힌두교와 불교 사상을 자발적으로 수용했고, 이 종교들은 왕실에 배타성이나 정통성을 요구하지 않았다. 초기의 무슬림과 그리스도교도는 유대인과 중국 종교 신도들이 그랬듯 오늘날 아프리카의 '격리quarantine' 상태라고 할 정도로 고립된 채 소수 교역 공동체로 관용되었을 뿐 그들이 현지 종교로 개종하거나 현지인이 그들의 종교로 개종할 여지는 거의 없었다.[1] 13세기 말부터 14세기에 무슬림들은 북수마트라, 동부 자바, 참파, 말레이반도 동해안에 더 큰 교역 공동체를 건설했다. 격리 상태라는 설명은 바람 아래 최초의 주요 무슬림 국가인 1297년 이후 북수마트라의 파사이에 잘 들어맞으며 파사이 사람들이 모두 아랍어를 알았다는 기록에서도 그 점이 드러난다.[2]

바람 아래의 땅에서 이슬람은 1400년에서 1650년 사이에 대성공을 이루었다(지도 13). 15세기의 믈라카는 무슬림 항구이자 동남아시아 최대 항구로서 말레이반도와 수마트라 동해안에 신앙을 퍼트리는 역할을 했다. 자바 북해안과 말루쿠로 이어지는 향료 무역로뿐 아니라 브루나이와 마닐라로 가는 다른 무역로를 따라서도 새로운 무슬림 항구-국가들이 커졌다. 1509년 포르투갈인이 도착했을 때 이슬람교는 아직 이들 무슬림 무역거점을 중심으로 한 해안 지역의 소수파에 불과했다. 16세기 초 말루쿠 북부에서 토메 피르스가 "이교도가 4분의 3 이상"이라고 썼으나[3] 한 세기 후 암본에 거주했던 네덜란드인 헤이설스는 무슬림이

300명도 안 된다고 여겼다.[4] 정복 초기 포르투갈이 벌인 믈라카 학살과 무슬림 해상교역로 파괴는 그리스도교 개종으로 이어지지 않았다. 오히려 이 새로운 위협에 대처할 능력과 의지가 있는 무슬림 왕조에 정치 권력이 집중되는 결과를 낳았다. 아체와 반튼은 1520년대 무슬림의 반포르투갈 거점으로 자리 잡았으며, 자바의 대大힌두 왕국 마자파힛의 잔류 세력은 1527년경 무슬림에게 완전히 밀려났다.

이슬람화와 그리스도교화가 가장 집중적으로 이루어진 시기는 교역의 시대의 물결이 높았던 1570~1630년 은 유입기와 일치한다. 1571년 무슬림 지역이던 마닐라가 스페인의 손에 떨어진 이래, 1620년경 루손, 1650년경 비사야의 저지대 인구 전체가 그리스도교로 개종했다. 이처럼 급격한 개종 속도는 그리스도교 선교 역사에서 유례가 없었다.[5] 예수회의 활동과 반종교개혁은 인도네시아 동부와 베트남에 (이베리아반도인의 군사적 정복뿐 아니라) 그리스도교 복음화를 불러왔다.

이슬람교에 이 시기는 메카와 오스만 칼리프국과 교역적·종교적·군사적으로 직접 접촉하며 공격적인 포르투갈로 대표되는 이교도에 맞선 대결 정신을 키워나가던 때였다. 그리스도교-이슬람교 간 경쟁 관계는 국가들을 국제적 형제애의 일원으로 재정의하고 모든 국가에 어느 쪽과 교역하든 한쪽을 택하라는 압력을 넣었다. 이슬람교는 마타람(중부 자바), 남술라웨시(1603~1612), 부톤, 롬복, 숨바와, 마긴다나오, 보르네오 남부의 통치자들에게 받아들여졌다. 기존의 이슬람 국가, 특히 아체, 조호르, 파타니, 반튼, 트르나테는 내륙의 배후지까지 영향력을 확장하면서 최소한으로나마 이슬람교를 따를 것을 요구했다. 최초로 말레이어로 글을 쓴 무슬림 학자 공동체에 관한 사료는 1590년대에야 등장하지만 이슬람 문학은 곧 함자 판수리, 샴수딘 아스사마트라니, 누루딘 아르라니리, 압둘라우프 아스싱킬리의 작품이 등장하는 대전성기를 맞이했다. 이 이슬람 문학의 만개는 (1540년대 하비에르가 시작한) 말레이어, (1580년대 이래) 타갈로그어, (1627년 로드가 시작한) 베트남어 그리스도교 문헌의 등장과 놀라우리만치 동시에 벌어졌다.

세 번째 경전 종교인 상좌부불교는 1400년 이전 이미 대륙부의 주요 국가에서 받아들여졌으며 따라서 그 변화는 덜 극적이었다. 그럼에도 1400년에서 1650년 사이 상가sangha, 곧 승가는 왕실의 통제하에 통일된 질서를 갖추고 어떤 지역 민간 신앙보다 월등한 종교적 영향력을 가진 세력으로 탈바꿈했다.[6]

15세기에 베트남 또한 큰 변화를 겪었다. 레 왕조의 타인 똥 황제(재위 1460~1498)는 유교를 국가 이념으로 정하고 과거제와 관료제 개편을 통해 이를 뒷받침했다.[7] 이 변화는 중대했으나 중국만큼 강력한 유교체제를 확립하지는 못했으며 그간 이룬 성과마저 16세기의 내전으로 인해 약화됐다. 중국과 비교하면 베트남은 애니미즘이 더 강하고 유교가 허약하다고 본 예수회의 경험 또한 이 사실을 뒷받침하는 듯하다. 중국에 간 동료들과 달리, 프랑스인 예수회원 알렉상드르 드 로드는 그의 설명에 따르면 내가 동남아시아 종교라고 부르는 것과 아주 비슷한 민간 신앙체계를 신봉하던 이들을 그리스도교로 개종시키는 데 큰 어려움을 겪지 않았다.

정통 유교는 17~18세기에 비엣족이 세운 응우옌 왕조에 의해 남쪽으로 아주 천천히 전파됐다. 1697년에도 코친차이나에는 아직 유교 사당은 없었지만 불교 사원은 많았다.[8] 왕실의 탄압에도 불구하고 베트남 남부와 북부 모두 예수회 등의 그리스도교 전도에 열성적으로 화답해 1590년과 1645년경 사이 세례자 수가 19만 명에 달했다.

그 이례적이고 급격한 일련의 종교적 변화는 전체적으로 제대로 검토된 바 없다. 필리핀의 그리스도교화 그리고 동남아시아 남부의 이슬람화에 관해서는 문헌이 파편적으로 존재하나, 이 시기 불교에 관한 연구는 사료 부족으로 제대로 이루어지지 못했다. 그러나 새 종교들은 모두 해당 사회 외부에서 권위를 보장하는 경전적 정통성을 지녔다. 그리고 모두 개인의 도덕성을 강조하고 보편적 정당성을 주장했다. 가장 중대하고 집중적인 변화는 이슬람화였겠으나, 가장 사료가 풍부한 것은 그리스도교화에 관한 것이다. 특히 이 두 종교의 수용이 동시에 일어난 데는 더 폭넓은 설명의 가능성이 존재할 것이다.

동남아시아 종교

> 이 동양 사람들〔시암인과 그 이웃 민족들〕은 모두 자신이 망자에게 도움이 될 뿐 아니라 (…) 망자도 산 자를 괴롭히고 도울 힘이 있다고 여긴다. 여기서부터는 그래서 그들이 얼마나 참으로 성대하고 화려하기 짝이 없는 장례를 치르는 데 온 신경을 쓰는지 밝히겠다. 결과적으로 그들은 망자에게 기도하는 것이기도 하다.
>
> _라 루베르, 『시암 왕국에서』(La Loubère 1691: 121)

기록 전통이 없는 신앙과 의례 체계의 핵심은 다양성일 수밖에 없었다. 단순히 구역, 공동체, 마을이 저마다의 종교 전문가와 가치를 가졌다는 뜻은 아니다. 개개인은 영적 힘을 설명하고 대처하는 데 고도로 실용적이고 실험적이었다. 기어츠가 현대의 동남아시아 후예들에 대해 말한 대로 그들은 "특정한 신들림, 정서적 불안정, 금기 위배, 또는 그들의 주술에 대한 가설 등에 최소한의 애착만을 지니고 있었으며 언제든 버리고 다른 것을 취할 준비가 되어 있었다".[9] 1684년 네덜란드인들은 스람(말루쿠 중부)의 종교를 조사하려고 시도했으나 "정보원들이 저마다 너무 달라서 종교체계를 설명하는 것이 불가능하며, 나아가 다들 미신을 절대적으로 믿어서 마을별로 세부 사항을 기록하려면 거의 책 한 권이 필요하다"는 결론을 내렸다.[10] 현대의 문화기술지학자들도 비슷한 어려움과 마주했다. 루손의 이푸카오Ifugao족은 1500종의 다른 귀신을 구별하고 술라웨시의 토라자족은 "아마도 수천" 종을 믿는다고 보고되었다.[11] 버마, 보르네오, 대륙부의 고산지대에서 문화기술지학자들은 상당히 제한된 집단 안에서도 단일한 신앙 혹은 의례적 관습이 있다고 보기 불가능하다고 지적했다.[12] 그렇다고 학자들이 근저에 깔린 규범을 찾아내지 못한 것은 아니다. 그 가장 중요한 요소들은 초기 문헌에도 기술된 듯한데, 그 내용은 다음과 같다.

다른 전근대 전통과 마찬가지로 그들에게는 종교적 차원과 세속적 차원 사이에 구분이 없었다. 물질세계는 영적인 힘으로 가득 차 있어, 그 안에서 살아남고 번영하려면 누구든 영적 존재를 다룰 줄 알아야 했다. 신앙에서 일상 사건의 "설명, 예언, 통제 기능"을 대거 폐기하고, 과학적인 자연 이해와 직접 경쟁하지 않는 다른 종류의 세속적 독실함으로 물러나 '원시종교'라는 범주를 만든 것은 어떤 면에서는 근대종교, 특히 그리스도교, 유대교, 근세 이슬람교였다.[13] 반면 동남아시아 종교는 일상의 모든 중요한 사건에서 떼려야 뗄 수 없는 부분으로만 이해될 수 있다.[14]

따라서 의례적·주술적 행위는 직접적이고 실용적인 목적으로 고안

되는 것이 일반적이었다. 영적 힘을 조종하는 것은 질병을 치유하고, 생식력을 보장하며, 권력을 키우고, 특히 인생의 위험한 시기에 삶을 지키고, 망자가 인간의 통과의례 중 가장 트라우마적인 전환 과정을 거쳐 평안한 사후 세계로 가도록 돕기 위한 것이다. 제의와 동물 희생제는 "개인사가 무엇이건 간에 병자의 회복, 항해를 떠나는 자들의 순조로운 여정, 파종한 땅의 풍작, 승전, 안전한 출산, 결혼 생활의 행복"에 정령들을 호의적으로 만들기 위한 것이다.[15] 예를 들어 필리핀인은 과일을 따거나, 벼를 심거나 거두고, 개울을 건너거나, 중요한 표지물을 지날 때면 수호신의 허락을 구하거나 적절한 제물을 바치게 마련이었다.[16] 베트남인은 누구나 "생명, 건강, 가족의 평안, 집안의 일시적인 재운이 모두 죽은 조상을 잘 모시는지에 달려 있다"고 믿었다.[17] 동남아시아 전역에서 병자를 낫게 한다며 망자의 혼령에 제의를 벌이거나 제물을 바칠 뿐 아니라, 질병과 급살이 의례를 잘못 치르거나 적이 흑마술을 통해 영적 세계를 조종해서 벌어졌다고 여기는 것은 유럽인 관찰자들을 놀라게 했다.[18]

권력, 건강, 재물을 주는 영에게는 도덕관념이 없으나 개별 인간의 행위에 무관심한 것은 아니었다. 물질세계에서 성공한 자는 영을 다루는 의례에서도 성공적인 법이었다. 인간의 평등이라는 이론적 관념과는 거리가 먼, 폭스가 "영적 차별의 숭배"라고 부른 것이 있었다.[19] 여러 사회에는 왕과 자유인과 노예가 어떻게 지상에 나타났는지 설명하는 각기 다른 창조신화도 있었다. 그 결과는 숙명론이 아니라 지위와 성공을 둘러싼 치열한 경쟁으로, 여기서는 영적 수단이 물적 수단만큼이나 중요했다. 고산지대 마카사르인은 이슬람 이전 자신들의 종교를 파투퉁patutung이라 불렀는데 그 어근은 '분투하다'라는 뜻이다. 이생과 내생에서 지위를 높이기 위해 경쟁적으로 영을 조종하는 것이 전근대 종교의 본질이기 때문이다.[20] 아차리올리는 "행운의 추구"를 부기스족 의례의 기본 목적으로 보았다.[21] 보르네오의 응아주 다약족에 관해서도 같은 점이 지적됐다. "어떤 사람이 남들보다 부자이면 다약족은 그가 적당한 시기에 올바른 의례를 올리고 신중하게 영을 골랐기 때문인 게 분명하다고 한다. (…) 의례에 대해 더 잘 알면 자신과 가족의 안녕을 위해 더 많은 것을 할 수 있다."[22]

이런 당대 동남아시아 현지 종교에 관한 관찰은 17세기 관찰자들의 반응을 이해하는 데 도움을 준다. 예컨대 스페인 선교사들은 자신들이 개종시키려던 이교도들의 수동성이나 체념에 대해 불평한 적이 없다. 오히려 필리핀인은 "인정머리가 없거나 돈벌이 외에 다른 것은 이해하지 못하는 듯 보였다."[23] 1640년대 예수회원 마리니가 그리스도교에 대해 설명하자 라오스 승려들은 아주 세속적인 차원에서 거부했는데, 그 까닭은 이러했다. "그리스도교에서는 금이나 은, 쾌락이나 여러 아내를 얻기를 바랄 수 없다. (…) 오히려 그리스도교는 불명예와 모멸에만 신앙이 있다고 보는 듯하며 (…) 가난을 보물로, 죽음을 이득으로 여긴다."[24]

물질세계 전체는 제물과 제의를 요구하는 영들에 의해 생명력을 가지고 움직였다. 현대 이론가들은 이러한 영적 다양성을 우주적 질서를 구성하는 일부, 곧 단일한 생기生氣의 원리라고 해석했다. 이를 스키트 등은 "아니마" 또는 "애니미즘"으로,[25] 크라위트는 처음에는 "생명의 유동체" 나중에는 "영적 요소" 종국에는 "마력"으로, 알케마와 베제머르는 "역동성"으로,[26] 케에스는 "활력의 정수",[27] 폭스는 "생명의 내재력"[28]이라고 불렀다. 그런 포괄적인 이론은 마을 사람들이 고안한 것은 아니고 초창기 선교사들의 기록에도 나타나지 않지만, 주요 수도와 왕실의 더 추상적인 사상에는 등장했다. 특히 자바에서는 "비이원론" 또는 존재의 본질적 일체론이 이슬람화 이전 왕실과 종교집단에 폭넓게 퍼져 있었으며, 자바의 초기 신비주의적 무슬림 문헌에도 계속해서 나타난다.[29] 수마트라에서도 초기 이슬람 문헌에 (특히 함자 판수리와 샴수딘 아스사마트라니의 저작에) 원리주의적 일원론의 영향이 역력하다. 동남아시아 종교 전통은 인도 종교 사상의 영향을 받아 범신론이나 일원론 같은 더 난해한 사변에 친화적인 환경이었을 수 있다.

아프리카의 맥락에서 호턴은 이중 구조의 우주론을 설명했는데, 여기서는 "낮은 영들"이 지역 공동체의 일을 통제하고 "높은 존재"가 멀리 우주를 관장한다.[30] 높은 존재는 무역 및 행정 종사자들이나 노예가 되어 지역공동체 밖으로 나간 아프리카인에게는 중요했지만, 농촌 공동체 안에 머무는 이들에게는 큰 의미가 없었다. 동남아시아인 대다수도 일종의 멀리 존재하는 창조주라는 개념을 가지고 있었다. 이런 존재는 지역 고유의 신화에서 나왔는데도 산스크리트어인 바타라구루Batara Guru(타갈로그어로는 베탈라Betala) 또는 데와타dewata를 이름에 흔히 붙였다. 그리스도교와 이슬람교 선교사들은 이 덜 알려진 최고 창조주에 특별한 관심을 갖게 마련이었으나, 자신들의 우월한 유일신을 설명하는 데 이런 존재를 빗대어 사용하기를 거부했다. 아랍어의 알라Allah와 스페인어의 디오스Dios가 말레이어와 타갈로그어에서 각각 신을 가리키는 말이 되었다. 로드는 베트남어로 고귀하게 들리는 "하늘의 주인"이라는 새 단어를 만들었는데, 중국에서 예수회 동료들이 채택한 "천주天主"를 아주 약간만 변형한 것이었다.

동남아시아 전역의 장엄하고 정교하면서도 흥이 넘치는 장례는 관찰자들을 놀라게 했다. 인도네시아 동부와 필리핀에서는 복잡한 세골장을 치르는데, 애도기에는 금기가 있지만 매장이 끝나면 "흥청대는 잔치와 음주"가 이어졌다. 매장되는 자가 사후세계에서도 지위와 평안을 누리도록 화려한 직물, 도자기, 보석을 함께 묻었다.[31] 시암, 버마, 라오스에서는 불교식 화장이 이미 상류층 사이에 성행해서, 화려한 상여를 끌고 도시를 돌고 난 후 음악을 연주하고 춤을 추며 며칠 동안 잔치를 벌였다. 이런 의례는 "휘황찬란하고 장엄하기가 말로 다할 수 없었다".[32] 발리와 이슬람화 이전의 자바에서는 통치자의 아내들이 남편을 화장하는 장작더미 위에서 산 채로 태워졌고,[33] 필리핀, 술라웨시, 보르네오, 니아스, 캄보디아, 버마에서는 사후에도 봉사하도록 노예를 함께 죽이는 일이 잦았다. 10세기에서 15세기 사이 힌두 양식으로 지어진 수많은 자바 사원의 진짜 용도는 조상숭배를 위한 것이라는 주장도 있다.[34]

동남아시아의 장례에 관한 방대한 현대 문헌은 의례적 관행과 그 밑에 깔린 우주론 모두가 상당히 변형되었음을 보여준다.[35] 아직 경전적 세계 종교 바깥에 있던 동남아시아 사회들에게 가장 중요하고 정교한 공동체적 제의는 장례였다. 죽은 자는 내세로 가는 안전한 여정을 위해 산 자의 의례가 필요하고, 산 자는 이생에서의 안녕을 위해 죽은 자와 협력해야 하는 이중 신앙 때문이었다.

개종 또는 귀의

"바람 아래"서 1000년 이상 퍼져 나간 인도의 종교 사상은 원리상으로도 배타적이지 않았다. 신도에게 어떤 경계를 넘을 것을 요구하지도, 과거 관습을 포기할 것을 요구하지도 않았다. 인도 종교의 영향력은 모든 고전 왕국의 기념비와 비문에 분명하게 드러나지만, 왕실 차원에서 더 오래된 종교와 신앙을 얼마나 몰아냈는지는 알 수 없다. 그 영향력은 농촌 인구 대다수에게는 특정한 목적으로 생겨난 일련의 의례와 신들이 추가되는 정도로 나타났을 것이 분명하다.

일부 저자들은 이슬람화 역시 크게 다르지 않았다고 주장한다. 특히 자바의 경우가 그랬는데, 기존 목적으로 활용 가능한 샤하다* 를 비롯한 기도와 의례들이 더해진 것 이상은 아니라는 것이다.[36] 16세기 이전까지는 그랬을 가능성이 높다. 그러나 배타적인 구원의 경로를 내세우는 예언자 종교로서 이슬람교와 그리스도교는 새 공동체의 구성원이라는 외면상의 징표를 필요로 했다. 원리상 두 종교는 이교도적 과거를 버리고 수동적인 귀의되는 다른 개종의 핵심적 징표를 보이기를 요구했다. 현실에서는 '개종자' 대부분이 통치자를 따라 새 공동체에 명목상으로만 귀의했다고 해도, 이 변화에는 과거 습관을 선택적으로 포기할 것이 요구됐다.

선교 전략에 있어 두 종교의 큰 차이점은 그리스도교가 금욕적이고 비교적 규율잡힌 사제들에 의존해, 이상적으로는 교리문답을 외운 후 세례를 받아 새 공동체의 경계를 정의했다는 사실이다. 평신도가 물로 세례를 주는 것이 가능했으며 실제로도 행해졌다. 16세기에 포르투갈 무역상과 피달구**가 솔로르(소순다열도), 시앙, 시덴렝(남술라웨시)의 통치자들에게 세례를 주기도 했다. 그러나 이 시기의 가톨릭교회는 유럽인 신부 말고는 그 연속성을 유지할 다른 수단이 없었기 때문에 이런 공동체는 결국 다 소멸했다. 스페인과 포르투갈 사제는 현지인과 결혼할 수

---

* shahada. 이슬람교의 신앙고백. (옮긴이)

** fidalgo. 포르투갈의 작위 없는 하층 귀족. 다가마, 알메이다, 알부케르크 등 포르투갈의 해외 팽창을 적극적으로 이끈 이들이 속한 계층이기도 하다. (옮긴이)

없었으며 1700년 이전에는 아시아인 사제와 교리 교사를 활용하는 일도 거의 없었기에, 그리스도교는 자연스럽게 이베리아인 공동체 안으로만 제한됐다.

반면 무슬림 전도자들은 예외 없이 현지인과 결혼했으며 그 다수가 현지인이었다. 따라서 문화적 차원에서 무슬림은 이베리아 출신 사제보다 기존 토착 신앙을 훨씬 폭넓게 수용했다. 그러나 새 개종자에게 요구되는 최소한의 외형적 증표에 관해서는 이슬람교가 그리스도교보다 훨씬 엄격했다. 특히 동남아시아인의 돼지고기 선호는 개종에 큰 장애물이었다. 돼지는 주요 육류 섭취원이자 연회의 핵심 요소였기 때문이다.[37] (주로 개종 이전 마지막 연회에서) 기르던 돼지를 모두 잡는 것은 그 자체로 돼지고기를 먹던 부정한 과거와 단절한다는 의미에서 '개종'을 암시했다. 할례는 초창기부터 또 다른 중요한 개종 절차였다. "[민다나오-트르나테의] 루타오Lutao 사람 중에서 할례를 받지 않은 자도, 돼지고기를 먹는 자도 찾아볼 수 없다. 이 두 가지가 그들의 무함마드 신앙을 구성하는데 (…) 그들은 코란이 무엇인지 모르기 때문이다."[38] 시간이 갈수록 이슬람 개종자에게 기대되는 식생활, 의복, 머리 모양의 외형적 변화가 대단히 커져서 이슬람화는 다른 민족이 되는 것으로까지 여겨질 때가 많았다.[39]

이러한 부정한 과거와의 단절이 외형뿐 아니라 신앙체계로까지 확대되었을까? 이 질문의 답을 찾는 가장 좋은 방법은 이슬람교나 그리스도교의 수용이 과거의 금기를 깨뜨리고 성스런 대상을 파괴해 기존 신앙을 무력하게 만든 정도를 살펴보는 것일 테다. 이에 관해서는 가톨릭 전도자들이 훨씬 강경했다. 마젤란은 세부의 지배층이 흔쾌히 그리스도교도가 되기로 했다가 나무로 만든 우상을 태워야 한다고 하자 내켜하지 않았다고 주장했다.[40] 말루쿠에서 예수회는 "악마 숭배"의 모든 장소를 찾아내 파괴하는 정책을 의식적으로 펼쳤다.[41] 주민들에게 큰 두려움을 일으키고 질병이나 흉작이 벌어지면 보복당할 수도 있어 위험성이 높은 방침이었으나, 한편으론 효과적이고 빠른 보상을 안겨줄 수 있었다. 1570년 이후 필리핀의 스페인 수사들은 국가의 보호를 누릴 수 있었으므로 여전히 두려울 것이 없었다. 인디오식 숭배의 "사원"은 없었으나 수사들은 정령을 위해 세운 건축물이나 의례에 쓰는 물건을 파괴했다.[42] 루손섬 팡가시난Pangasinan에서는 주로 제의에서 쓰는 귀한 술이 담긴 도자기가 파괴의 대상이었다. 그곳의 도미니크회 수사들은 정보원에게 몰래 돈을 주고 그런 물건을 찾아내 부숴버렸다.[43] 그런 전술은 구종교체계가 의존하는 종교 전문가와 의례의 신뢰성을 무너뜨려 '개종'을 확대하는 효과를 낳을 만큼 극적이었던 것이 분명하다. 그러나 어려움은 여전했다. 스페인 사료들이 분명히 인지하고 있듯, 동남아시아 종교적 관행의 핵심은 특정한 장소나 물건이 아니었으므로 단번에 무력화할 수 없었다.

이슬람 개종에 관한 이야기에는 이런 우상파괴에 관한 사료가 놀라울 정도로 별로 없다. 말레이반도와 수마트라에서는 결국 힌두-불교 사원을 허물거나 다시 지었지만(무슬림이 링가-요니 단지를 보존한 자바는 예외다), 그런 파괴가 초기 개종의 일환이었다는 증거는 거의 없다. 문화적 보존은 신비주의적 주장에 의해 장려됐을지도 모른다. 말레이반도에서는 함자 판수리가 가장 좋은 예로, 그는 진정한 신앙인은 모든 창조물에서 신을 발견하듯 우상에서도 신을 찾아낸다고 주장했다.[44] 크다의 개종 이야기에서만 새로 신앙을 얻는 통치자가 "자신의 금은, 도자기, 나무와 토기로 된 우상과 인간의 형상들"을 셰이크 앞에 부숴달라고 내놓았다.[45]* 통치자는 아직 제 손으로 그것들을 부술 용기가 없었던 듯하다. 이런 사례가 실제로 흔했다면, 그러한 (아마도 힌두교적) 형상이 의례적 역할을 했을 왕실에서는 이교도적 과거와의 진정한 단절이 필요했을 것이다.

아마도 더 이후의 시기에(파타니 연대기를 신뢰할 수 있다면 16세기 초) 파타니의 통치자가 이슬람교를 받아들였다. 연대기는 "그가 우상 숭배(브르할라berhala)와 돼지고기 먹기는 포기했으나, 그 외에는 카피르** 관습을 하나도 고치지 않았다"고 밝힌다.[46] 연대기의 못마땅한 어조에도 불구하고 통치자가 정말로 조상의 종교를 폐기했다면 이는 중대한 진전으로 보인다. 그러나 '브르할라'라는 말은 기층 동남아시아 종교에서는 외래적인 힌두-불교적 형상을 의미하기에 이 단절은 단지 왕실의 브라만적 숭배에 한한 것일 수도 있다. 연대기는 후대 왕이 처음으로 모스크를 짓고 그 고장 사람들이 돼지고기와 우상은 포기했으나 나무, 바위, 정령에는 여전히 제물을 바쳤다고 기록했다.[47]

솔직히 우리가 가진 1500년 이전의 사료로는 이슬람화의 과정이나 정도를 온당하게 기술하기에 부족하다. 1500년경이면 주요 무역로의 항구-도시에 말레이어나 자바어를 쓰는 상당한 규모의 무슬림 집단이 등장했고, 그중에는 수마트라, 말레이반도, 자바 북해안, 말루쿠의 가장 중

---

* 이 내용이 수록된 『히카얏 마롱 마하왕사Hikayat Marong Mahawangsa』는 말레이 연대기 중에서 가장 역사성이 떨어지므로 그런 문헌을 인용하는 이유를 설명해야 할 것이다. 북수마트라, 믈라카, 자바, 트르나테의 이슬람 개종에 관해 전해지는 현지의 문헌은 사건 발생 시점과 작성 시기 사이에 시간 차가 상당해서 사실에 기반한 사건 기록이 아니라 16~18세기 저자들이 눈에 타당하고 모범이 될 만한 내용을 묘사한 것으로 보아야 한다. 모두 관습화한 요소로 보이는 꿈이나 기적이 동반하며 토착 통치자와 외국 출신 성인 사이의 거래를 담고 있다(Jones 1979: 152~158; Brakel 1978: 11~13). 전반적으로 이 문헌들은 초기 사례에서 중요하게 기억되는 측면을 강조하고 다른 증거는 축소한다. 예컨대 사원을 파괴하는 이야기가 없는 점은 의미가 있다. 그러나 가능한 사료가 훨씬 더 풍부한 1500년 이후 이슬람화 사례에 더 많은 역사적 관심이 있어야 할 것이다.

** kafir. 무슬림이 이교도를 낮추어 부르는 말. (옮긴이)

요한 통치자들이 포함돼 있다. 그런 도시의 배후지 주민들이 얼마나 이슬람교를 믿었을지는 확실치 않다. 16세기 말 이전에는 말레이어나 자바어로 쓰인 이슬람 문헌이 있다는 확실한 증거도 없다. 따라서 신실하고 교육받은 무슬림들은 그 시기에 여전히 '격리' 상태에 있었다고 봐야 할 것이다.

이 초창기 이슬람 도시들의 신앙생활이 일부 아랍인들에게는 탐탁지 않았던 것이 분명하다. 유명한 아랍인 항해가 이븐 마지드는 믈라카 사람들을 가차 없이 깎아내렸다. "그자들에게는 문화라는 것이 없다. 신앙 없는 자가 무슬림 여자와 결혼하고 무슬림은 이교도를 아내로 맞는다. 그자들이 대체 무슬림인지 아닌지 알 수가 없다. 도적질이 도처에서 벌어지나 신경 쓰지 않으니 그자들이 곧 도둑이다. 음식에 관한 법이 없어 무슬림이 개고기를 먹는다. 시장에서 술을 마시고 율법에 따라 이혼하지 않는다."[48] 이는 공평치 못한 견해겠지만 믈라카 연대기조차 느긋하고 관대한 믈라카 말레이인이라는 고정관념을 받아들여, 술고래 말레이 귀족과의 말싸움에서 지는 청교도적 아랍인 학자를 조롱한다.[49] 포르투갈인 같은 술꾼조차 믈라카 말레이인이 "연회나 축하할 일이 있으면 (…) 술을 너무 많이 마신다"고 생각했다.[50]

1540~1600년: 양극화와 종교적 경계

> 잠시 후 다툼이 벌어지자 우리는 그들[포르투갈인]과 싸웠다. 성전에는 끝이 없는 듯 우리는 서로 공격하고 서로 싸워 이겼다.
>
> 무슬림이 성전에서 죽으면 사후세계에서 어떤 대가도 치르지 않고 천국으

로 직행한다.

_『히카얏 타나 히투』(Rijali 1657: 169-170)

믿을 만한 사료가 훨씬 많이 남아 있는 16세기에는 농촌과 도시를 막론하고 많은 이가 확실히 이슬람교로 '개종'하고 기존 생활방식을 버렸다. 돼지고기를 먹지 않고 이슬람식 복식, 인사법, 의례를 받아들였으며 스스로를 국제 이슬람 공동체의 일원으로 여겼다. 이 확고한 동일시에는 동남아시아와 홍해 지역 사이 직접적이고 집중적인 해상 교역로 연결, 그리고 다룰이슬람*과 그 적 사이의 첨예한 대립이라는 두 요인이 작용했을 것이다.

앞서 살펴보았듯 1500년 이전에는 말루쿠산 향료와 인도네시아산 후추 대부분이 중국으로 수출됐다. 그러나 유럽 시장의 흡인력이 수출의 양과 방향을 다 바꿔놓았고, 1600년까지 생산량이 훨씬 늘어난 동남아시아산 후추의 절반 이상이 중동과 유럽으로 실려갔다. 아체에서 활약하던 무슬림 무역상들은 1530년대에는 자기 배를 홍해로 보내다가, 1550년대에는 인도양을 거쳐 아라비아로 바로 보냈다.[51] 그 후 60년간 인도네시아 무슬림은 20세기 이전으로는 유일하게 자기 신앙의 성지와 정기적으로 직접 접촉하는 고유의 수단을 갖게 됐다.

1600년경 도서부 동남아시아에 당도한 최초의 네덜란드, 잉글랜드, 프랑스 선박은 그들이 튀르크인 또는 "룸인Rumes"(말레이어로는 루미Rumi)이라고 부르던 무역상들이 아체, 반튼, 반다, 트르나테에서 이미 입지를 다진 것을 발견했다. 프레데릭 더 하우트만은 1600년경 아체에서 외국

* Dar ul-Islam. 이슬람의 집, 즉 이슬람의 통치 영역. (옮긴이)

무역상이 어떻게 대접받는지 묘사하기 위해 술탄에게 군사 원조를 제공하는 메카 출신 나코다의 도착을 전형적인 예로 골랐다.[52] 이 정기적인 교역관계 덕분에 동남아시아와 메카를 오가는 순례자와 신학자의 물결이 가능해졌다. 1550년대 가톨릭 사료들은 중동의 "카시제casize"(울라마)들이 무역상으로 항해하면서 도서부의 외딴섬까지 이슬람 신앙을 전파한다고 불평했다.[53]

이슬람화가 계속되면서 대중에게 사랑받은 성인과 신학자 가운데 아랍인이 늘어났다. 그중에는 무슬림 반튼을 세운 수난 구능 자티, 수피 지도자 함자 판수리, 압둘라우프 아스싱킬리, 셰이크 유수프처럼 메카에 다녀온 동남아시아인도 있었다. 아랍 신학자들은 아체로 건너와 체류하며 설교하고 (주로 아랍어로) 글을 쓰고 다른 학자들과 논쟁을 벌였다. 1570년경 메카의 무함마드 아자리, 1580년대 메카의 압둘 케이르, 예멘의 무함마드 같은 이들은 반세기 후 라니리가 기억할 만큼 큰 영향을 미쳤다.[54] "메카의 베란다"라는 별명을 얻은 아체는 바람 아래의 순례자와 학자들이 자신을 성지로 데려다줄 후추 운송선을 기다리는 항구이자 집결지였다.

이베리아인에게는 고향에서 무슬림에 맞서 성전을 벌인 오랜 역사도 있지만, 이해가 걸려 있을 때는 무슬림과 평화롭게 교역하는 전통도 있었다. 성전 사상은 인도양에서 포르투갈의 주요 목표, 곧 아시아산 향료를 알렉산드리아와 베이루트에 공급해 베네치아에서 판매하는 무역에서 무슬림을 축출한다는 목표와 딱 맞아떨어졌다. 초창기 20년간 포르투갈은 부유한 무슬림 무역상과 그들의 후원자인 통치자를 적으로 규정하고 기회만 있으면 공격하고 약탈했다. 그럼에도 공통의 교역적 이해 때문에 무슬림뿐 아니라 힌두교도와도 실용적인 무역협정을 맺어 아시아 상품을 포르투갈 선박으로 운송하거나 반대로 포르투갈 상품을 아시아 선박으로 운송했다. 1530년경 포르투갈은 아시아 무역에서 적당한 틈새시장을 찾은 듯했다.

그러나 16세기 중반 포르투갈의 교역 전략이 바뀌면서 아시아 역내에서 국가 차원의 교역을 그만두었다. 대신 몇몇 지도급 포르투갈 대상에게 무역로, 특히 코로만델과 포르투갈령 믈라카 사이를 오가는 항로를 독점할 권리를 주었다. 이로 인해 포르투갈 세력은 인도 서해안에서는 그래왔듯 벵골만에서도 무슬림 무역의 공공연한 경쟁자로 다시 떠올랐다.[55] 이 변화는 공교롭게도 종교적 대립이 커지던 시기에 일어났지만, 둘 사이에 인과관계가 있는지는 분명치 않다.

그리스도교를 전파하려는 적극적인 움직임은 반종교개혁이 일어나고 1542년 성 프란치스코 하비에르가 첫 예수회원으로 아시아에 도착하기 전까지 거의 없었다. 그 이후에야 포르투갈의 요새 바깥, 특히 인도네시아 동부에서 대규모 개종이 이뤄졌다. 이러한 선교 투자는 무슬림 세력권에서도 교역의 기회를 좇으려는 포르투갈인의 욕망을 일정 정도 가로막았고, 특히 말루쿠에서는 이해를 놓고 절대 타협 불가능한 충돌이 벌어지기도 했다. 선교단은 초기 포르투갈 피달구의 해적 행위를 일부 시정하기는 했으나, 그들도 섬 세계에서 경쟁하는 두 사회체제 사이의 점점 커져만 가는 균열을 키우는 역할을 했다.

포르투갈의 보호 아래 어렵게 활동하던 소수의 사제와는 대조적으로, 부유한 스페인 국왕은 1571년 마닐라 정복 이래 성직자를 대규모로 파견했다. 1576년에는 필리핀에 사제가 13명뿐이었으나 1586년에는 94명, 1594년에는 267명으로 늘어났다.[56] 루손과 비사야 저지대 주민의 개종은 1650년경에 실질적으로 완수되었다. 1580년에서 1660년 사이에 스페인의 선교활동은 민다나오, 술라웨시 북부, 말루쿠 등 남쪽으로 확대되어 이슬람교와 군사적·종교적 차원에서 의식적인 경쟁을 벌였다. 예수회는 초기에 대륙부의 상좌부불교 국가들에서는 별다른 성과를 얻지 못했으나, 1615년 코친차이나와 1626년 북베트남에서 괄목할 만한 성공을 거뒀다.

동남아시아의 무슬림 상인 특히 향료 무역상들은 이슬람 중심지로 집결해 반격을 준비하는 것으로 포르투갈의 맹공에 응답했다. 믈라카에서 축출당한 무슬림 무역상들은 조호르, 파항, 파타니, 특히 아체에 디아스포라 공동체를 세워 이 도시들을 이교도 침략자에 맞서는 의식적인 무슬림 경쟁자로 만들었다. 파사이와 피디으에서 포르투갈의 고압적인 개입은 북수마트라의 모든 무슬림, 무역상, 또는 단지 반외세적인 인사들이 합심해 아체 술탄과 그때까지 정치적으로 파편화되어 있던 해안 지역을 통일해 반포르투갈을 기치로 든 술탄국을 세우겠다는 술탄의 욕망을 지지하게 만들었다. 한 세기 이상 아체는 포르투갈령 믈라카의 가장 끈질긴 적으로 남았다. 아체는 종교와 교역을 결합해 이슬람 향료 무역로의 새로운 중심지로 등극했는데 이는 이베리아인의 전략을 그대로 따른 것이었다. 이 승리 직후 1525년경 자바에는 수난 구눙 자티로 알려진 한 수마트라인이 메카에서 공부하고 돌아와 번영하는 항구-국가 드막과 동맹을 맺어 반튼을 서부 자바의 이슬람 중심지로 만들었다. 포르투갈이 이전의 자바 해안 지배 세력(파자자란 왕국과 나중에 자카르타가 되는 순다클라파 항구)에 영향력을 키우려 해왔기 때문에, 무슬림들은 아체의 선례를 염두에 두지 않을 수 없었을 것이다.

오스만제국은 1516~1517년에 이집트, 시리아, 헤자즈를, 1534~1538년에 이라크와 페르시아만을 차지하고, 인도양에 최정예부대를 보내 무슬림 향료 무역로를 지키고자 했다. 술탄 술라이만과 술탄 셀림 2세는 스페인이 이끌던 그리스도교 세력을 공격했는데, 이 사건은 멀리 떨어진 동남아시아까지 큰 영향을 끼쳤던 듯하다. 1537~1538년 이집트 총독이 포르투갈을 공격할 첫 튀르크 선단을 인도양에 보냈다. 이 원정은 처참하게 실패했지만 원정대의 일부가 동남아시아에 남은 것은 분명하다. 튀르크인과 "아비시니아인"이 동남아시아의 무슬림 군대를 지휘한다고 포르투갈인들이 반복적으로 언급했기 때문이다. 핀투는 아체의 호전적 술탄 알라우딘 리아얏 샤 알 카하르가 1538~1539년 후추를 실은 배 네 척을 홍해에 보냈고 그 배가 튀르크 병사 수백 명을 태우고 돌아왔는데 이는 "[아체의] 항구 파사이의 상관에 대한 독점권을 얻는 대신, 대大튀르크의 이름으로 카이로의 파샤와 아체 왕 사이에 맺은 협정"에 따른 것이었다고 주장했다.[57] 이 병력과 외국의 무슬림 지원 부대를 동원해 아체는 이웃의 이교도 바탁족을 해안 지역에서 몰아낼 수 있었다.

1560년대 튀르크와 아체 간의 통상 및 외교관계에 관해서는 사료가 훨씬 많으며, 이 관계는 동남아시아에서 포르투갈에 맞선 범이슬람 반십자군이라는 개념을 싹틔웠다. 아체는 1563년부터 이스탄불에 연달아 사절을 보내 튀르크 술탄에게 선물을 바치고 포르투갈에 맞서 싸울 지원을 요청했다. "[아체의] 술탄이 이르기를 그는 홀로 이교도들과 대결하고 있다고 한다. 이교도들은 몇몇 섬을 차지하고 무슬림 포로들을 끌고 갔다. 이들 섬에서 메카로 가는 무역상과 순례자를 실은 배가 하룻밤 사이 [포르투갈의 손에] 나포되거나 불타 침몰하면서 많은 무슬림이 빠져 죽었다"(1568년 술탄 셀림 2세의 편지).[58] 1564년에 튀르크가 이 거듭되는 요청에 어떻게 응답했는지는 불확실하나, 1568년에는 확실히 총과 대포 제조공을 보내는 것으로 화답했다. 이러한 이슬람 왕국 간의 유례

없이 활발한 협력은 향료 무역 그리고 확산되던 지하드 정신과 연결되었다. 바탁족과 포르투갈령 믈라카를 상대로 성전(각각 1568년, 1570년)을 벌인 것은 아체만이 아니었다. 인도에서는 비자푸르가 골콘다와 데칸고원의 다른 무슬림 국가들과 연합해 힌두 왕국 비자야나가르의 수도를 약탈하고 포르투갈령 고아를 공격(1570년)했다.[59] 그 결과 비자야나가르 최대 항구인 풀리캇은 급속히 쇠퇴하고, 당시 남인도의 최대 세력으로 떠오른 이슬람 왕국 골콘다의 항구인 마실리파트남이 그 자리를 차지했다. 골콘다는 아체와 반포르투갈 동맹을 맺고 아체가 믈라카를 공격할 때 무기와 병력을 지원했다.[60]

16세기 중반 인도네시아 동부에서 이슬람교와 그리스도교는 둘 다 비슷하게 미약한 처지였다. 포르투갈과 트르나테 술탄국이 정향 무역에 관한 불안정한 잠정적 타협을 맺자, 그리스도교뿐 아니라 이슬람교 선교사들도 여전히 대다수가 애니미즘을 신봉하는 말루쿠인들 사이로 파고들 수 있었다. 1560년대 트르나테의 술탄 하이룬Hairun이 포르투갈을 이용해 용의주도하게 자신과 이슬람 세력을 키워나가자 점차 심기가 불편해진 포르투갈인들은 결국 1570년 계략을 써서 술탄을 살해했다. 하이룬의 아들 바아불라Baabullah는 이에 대한 분노를 이용해 트르나테에서 포르투갈을 몰아내고, 말루쿠 전역의 그리스도교 동조자들에게 자신에 대한 충성의 표시로 이슬람을 받아들일 것을 강요했다. 아버지의 재위 시절부터 유능한 이슬람 선동가였던 그는[61] 이제 암본의 상당 부분, 부톤, 슬라야르, 술라웨시 동부와 북부의 해안 왕국 일부, 민다나오 남부까지 신앙을 퍼트릴 수 있었다. 포르투갈과 스페인은 이 열성적인 술탄이 "수많은 아라비아인 및 페르시아인 가짜 예언자"를 말루쿠에 데려오고 브루나이, 민다나오, 자바, 아체에 특사와 선교사를 보내 성전을 벌이려 한다고 생각했다.[62] 바아불라의 재위기(1570~1583) 동안 그리고 1600년 네덜란드인이 당도하면서 종교 문제가 교착상태에 빠지기 전까지는, 이슬람 수용이 트르나테 통치자에 대한 충성의 핵심이라는 인식이 이전보다 훨씬 강해졌다.

『스자라 믈라유』와 『히카얏 타나 히투』 같은 말레이 사료는 포르투갈인의 도착을 중립적이거나 심지어 긍정적인 어조로 기록했다. 그러나 세기 후반으로 넘어가면 이베리아인을 적이나 카피르(이교도)라 부르고 그들에 관한 묘사는 성전 담론이 된다.[63] 같은 시기 포르투갈과 스페인 사료도 이슬람에 대한 적개심을 거침없이 드러내서 반감이 상호적이었음을 분명히 일러준다. 멘데스 핀투의 짜릿한 모험기는 아체와 드막의 왕의 입에서 나왔다는 반이교도적 언설을 전하고, 파항 사람들은 포르투갈인의 시체를 묻는 것을 허락하지 않았는데 "살아생전 돼지고기를 수없이 먹었고, 그 시체는 정화되지 않아 (…) 땅은 저주받을 것이고, 아무것도 다시는 자라지 않을 것"이기 때문이라고 했다고 주장했다.[64] 핀투는 구자라트인 나코다인 코자 아셈Khoja Asem에 관한 사연도 전했다. 코자 아셈은 홍해에서 포르투갈의 잔인한 노략질로 아버지와 두 형을 잃자 복수를 다짐하고 소규모 무슬림 선단을 조직해 남중국해에서 포르투갈 배를 공격했다. 1540년 포르투갈이 마침내 그를 처단했을 때 코자 아셈은 인도뿐 아니라 "루손, 보르네오, 자바, 참파"에서 온 무슬림 1500명을 거느리고 있었다. 핀투에 따르면 그의 수사는 모두 지하드적이어서 그는 "우리가 이 야만인 이교도의 피로 목욕한다면" 천국에 갈 것이라고 수하들에게 약속했다고 한다.[65]

스페인 특사들은 1578년 마닐라에서 보낸 거만한 서찰에 부르나이의 술탄이 이렇게 대꾸했다고 기록했다. "그러니까 이것이 당신네가 왕인 나에게 편지를 쓰는 방식이란 말인가. 카스티야인은 이교도이며 (…) 영혼이 없으며, 죽고 나서는 불길에 먹힌다. 그 또한 그들이 돼지를 먹기 때문이다."[66] 중립항 아유타야에서조차 1560년대 도미니크회 사제 두 명이 도착하자 성난 무슬림 군중이 몰려들어, 사제 한 명이 죽고 한 명은 크게 다쳤다. 난동을 부린 죄목으로 무슬림 여러 명이 시암 왕의 코끼리에게 밟혀 죽는 형을 받았다.[67]

그러나 상황을 과장해서는 안 될 것이다. 아체를 제외한 대부분의 지역에서 무슬림과 그리스도교도 간의 교역과 사적 관계는 폭넓게 지속되었다. 그러나 대체로 관용적이던 동남아시아의 분위기는 1540년 이후 스페인이 주도하는 그리스도교와 튀르크가 이끄는 이슬람 세력 간에 벌어진 소위 "대권력전쟁"의 영향으로 달라졌다. 인도양 전역에서 코즈모폴리턴 무슬림 연대(동남아시아의 구라자르트인과 튀르크인뿐 아니라 인도의 전장에서 용병으로 활동하던 인도네시아인까지)가 이 전쟁에 연루되었다.[68] 이 시기의 전쟁은 흔히 이슬람교(와 그리스도교) 전도라는 명분으로 벌어졌기에 무슬림과 비무슬림 사이의 분리가 뚜렷해지고 그로 인한 분노도 커졌다. 바탁족, 토라자족, 발리족 등은 무슬림의 지하드에 맞서면서 처음으로 종족적 단일성을 구축하고 무슬림이 아니어야 함을 정체성의 일부로 받아들이기 시작했다.

자바는 거의 눈에 띄지 않는 이슬람의 꺼풀만 쓴 것처럼 보일 때가 잦았으나, 15~16세기 내내 이슬람과 비이슬람 세력 간의 전쟁이 계속됐으며 1600년까지 내륙 지역은 거의 이슬람 세력에 저항했다(575쪽 이하를 보라). 두 세력 간의 경계는 분명했다. 그 시기의 한 선동가가 쓴 자바어 문헌은 용납할 수 있는 무슬림 행동 규범과 자바 전통 간의 경계를 분명히 했다. 그는 "우상을 숭배하거나 이교 숭배에 참여하는 것"이나 "이교 숭배 관습을 따른다고 공언하거나 자바 은둔자tapaning yogi의 수행과 유사한 수련"을 하는 것, 우상에 힘이 있다고 여기고 도덕적 행위적 일탈을 벌이는 것 모두 불신이라고 콕 집어 비난했다.[69] 이 희귀한 16세기 문서는 훨씬 많이 전해지는 18세기 자바어 문헌보다 훨씬 뚜렷하게 새 종교와 옛 종교 사이에 선을 그었다.

이 종교적·정치적 분쟁의 시기 동안 이슬람교는 항구와 수도에서만 확립되면 된다는 과거의 추정은 더 이상 들어맞지 않았다. 파타니 연대기는 술탄 무다파르(1564년 사망) 시절에야 "이슬람교가 농촌dusun 전역에 퍼지고 멀리 코타말리가이Kota Maligai까지 전해졌다"고 설명한다(하지만 코타말리가이는 해안에서 고작 14킬로미터밖에 떨어지지 않은 곳이다).[70] 16세기 말 다룰이슬람의 경계는 더 상세하게 그어져야 했다.

이 시기에 경계를 넘은 이들은 선조 대부분보다 훨씬 확실하게 "개종자"로 분류될 수 있다. 1605년 마카사르 통치자들의 개종에 관한 사료들은 (마카사르의 두 왕가인) 탈로와 고와의 통치자가 샤하다를 선언하고 무슬림이 되면서 신앙을 얼마나 진지하게 받아들였는지 분명히 밝혔다. 탈로 연대기는 왕실의 첫 개종자인 카라엥 마토아야에 관해 이렇게 기록했다. "왕은 이슬람서 읽기의 대가였다. 무슬림이 된 이래 죽을 때까지 [하루 다섯 번] 기도를 빠뜨리지 않았다. 발이 부어 잉글랜드인이 준 물약으로 치료하던 단 여드레 동안만 기도를 하지 못했을 뿐이다."[71] 이렇게 공식적으로 이슬람을 수용한 지 한 세대 만에 여자 옷을 입고 민간신앙을 주관하는 트랜스젠더 사제 비쑤bissu가 마카사르에서 쫓겨나고 이슬람 규범이 복식, 음식, 예배, 문학, 성생활을 바꿔놓았다.[72] 인근 부기스족 국가인 와조Wajo', 솝펭Soppeng, 보네Bone의 수장들은 마카사르의 성전적 압력에 굴복해 이슬람 신앙을 고백하고 돼지고기를 끊어야 했다.[73]

17세기 중반이면 벌써 이토록 첨예하던 이슬람과 비이슬람 간의 대립이 누그러든다. 이제 가장 큰 분쟁은 십자군적 가톨릭과 이슬람교 사이에서가 아니라, 종교적으로 중립적인 네덜란드동인도회사 및 그 동맹과 자유무역체제를 추구하는 세력 사이에서 벌어졌다. 동남아시아 무슬림과 중동 간 무역관계는 무너졌고, 필리핀 등지에서 활약하던 가톨릭 선교사 1세대의 열의는 점차 기득권적 방어 의식에 밀려났다. 무슬림과 그리스도교도 사이에 종교 전선을 둘러싼 성전의 시대는 막을 내렸다.

이러한 변화는 내부적으로 사회가 이미 이슬람적(이거나 그리스도교적)이라는 믿음을 강화하고 구식 영혼 숭배 신앙을 믿는 이들이 실제 혹은 잠재적 배신자라는 불안을 누그러뜨리는 결과를 낳았다. 펠란이 주장한 "가톨릭의 필리핀화"처럼 18세기를 예언자 종교들이 지역화domestication된 시기로 보는 것은 오해일 것이다. 그 과정은 새로운 개념들이 동남아시아 언어들로 번역되자마자 시작되었기 때문이다. 그러나 개인과 사회의 생활 방식을 의식적으로 변화시킨다는 의미에서 가장 치열한 개종의 시기는 종말을 고했다.

개종의 매력

교역의 시대에 도서부 동남아시아인의 정신세계에 일어난 근본적인 변화는 변화하고자 하는 욕망 곧 기존의 신앙과 변화하는 세계 간의 불일치 없이는 일어날 수 없었을 것이다. 16세기와 17세기 초에는(그리고 20세기에 다시 한번 그랬듯) 현재가 과거와는 다르다는 감각, 따라서 새로운 해결책이 필요하다는 인식이 있었다. 이미 국제 교역에 깊이 관여해

온 부기스족과 마카사르족 지도자들은 새로운 종교를 받아들여야 한다는 데 동의했고, 남은 문제는 그것이 어느 종교인가였다.[74] 따라서 동남아시아인이 이슬람교와 그리스도교에 이끌린 요인들을 살펴보려면 외부 환경의 변화를 고려해야 할 것이다. 많은 이가 단지 자신의 세계관을 확인하려는 것을 넘어 새로운 세계관을 찾던 중이었다.

• 이동성

호턴이 아프리카에 관해,[75] 오코너가 동남아시아 북부의 따이어 사용자에 관해,[76] 호스킨스가 현대 숨바에 관해 지적했듯[77] 영혼 숭배 신앙은 이동성이 떨어졌다. 여행자는 친숙한 풍경에서 멀어지자마자 적들이 조종하는 미지의 영들에게 휘둘렸다. 또한 조상을 섬기기 위해 자주 고향 마을로 돌아가야 했다. 무역, 전쟁, 환금성 작물 재배 또는 새 주인을 섬기기 위해 마을 세계를 떠난 자들에게는 보편적인 신앙이 필요했다. 동남아시아 인구의 상당수가 국제경제 안으로 유입된 시기인 교역의 시대는 대규모 개종에 필요한 선행 조건을 마련해주었다. 그 양상이 아프리카에 관한 논의[78]만큼 잘 맞아떨어지지는 않지만, 최초의 그리고 가장 철저한 이슬람 개종자들은 동남아시아 역내 모든 항구의 상인 공동체에서 나타나는 경향을 보였다. 항구-도시들은 교역의 시대에 가장 집중적인 정치적·문화적 중심지였다는 점이 이미 그 설명의 일부가 될 것이다.

• 부와의 상관성

동남아시아인이 처음 만난 무슬림과 그리스도교도는 무역상과 군인이었다. 두 집단 모두 부유하고 강해 보였으므로 동남아시아인들은 그들이 영적 세계를 조종하는 중요한 비밀을 알 것이라고 믿게 되었다. 마닐라 지역에서 이슬람화의 초기 단계를 관찰한 한 스페인인은 이렇게 적었다. "주민 중에는 모로Moro인[무슬림]이 있는데, 그들이 신처럼 숭배하는 금을 많이 가지고 있다. (…) 그들은 천국과 성공적인 사업이 브루나이 모로인의 종교를 따르는 이들에게 주어진다고 믿으며 여기에 많은 관심을 가진다. (…) 상인인 모로인들은 부자이며 노예를 시켜 토지를 경작한다."[79] 일부 필리핀인은 무슬림 상인들을 관찰한 후 개종은 하지 않고 돼지고기 금기가 성공을 가져다준 의례의 핵심이자 비결이라 여기며 그것만 따라 한 것이 분명하다.[80] 더 나중에 바탁족과 토라자족 사이에서도 비슷한 현상이 관찰됐다.[81]

• 군사적 성공

동남아시아인에게 전쟁에서 무슬림과 그리스도교도는 강력하고 소중한 동맹군이어서, 상좌부불교 왕국들조차 그들을 용병으로 활용했다. 동남아시아에 화기를 전한 것은 인도인, 튀르크인, 중국인 무슬림이었으나, 화기를 더 효과적으로 쓴 것은 유럽인이었다. 외국인 무역상들은 더 좋은 배와 무기를 가졌을 뿐 아니라 전쟁에 임할 때 더 잔인하고 흔들림 없는 자세를 보였다. 한편으로는 그들이 물러설 곳 없는 절박한 소수 집단이었기 때문이었고 다른 한편으로는 첫 사상자가 먼저 나온다고 해서 나쁜 징조로 보는 경향이 별로 없기 때문이기도 했다. 따라서 인도네시아 동부 해역에서 무슬림과 그리스도교도 간의 소규모 충돌이 벌어지는 와중에 현지인들은 자기 보전을 위해서뿐 아니라 이 전사들이 지닌, 무엇이 됐건 영적이고 실용적인 기예를 자기 것으로 만들기 위해 승자의 편에 서기를 열망했다.

마젤란은 1521년 세부에 도착해 우월한 갑옷과 화기를 요란하게 과시했다. 그리고 이 모두가 자신이 승리하도록 돕는 신의 권능이며 세부인도 개종하면 같은 힘을 얻을 것이라고 했다. 이에 세부 지배층은 바로 세례를 내려달라고 했다. 그러나 막탄섬에서 마젤란이 패하고 살해당하면서 그리스도교도는 천하무적이란 말이 거짓임이 드러나자 이 '개종자'들은 모두 자연스럽게 새 종교를 버렸다.[82]

1544년 안토니우 드 파이바*는 노예와 백단향을 사러 갔다가 숩파Suppa(오늘날 술라웨시의 파레파레Pare-Pare 인근)의 부기스족 왕에게 어째서 그리스도교도는 늘 무슬림과 싸우느냐는 질문을 받았다. 왕은 이어서 특히 산티아고(성 야고보, 이베리아인 그리고 특히 그들이 임하는 성전의 수호성인)에 관해 물었다. 무슬림 무역상들이 왕에게 포르투갈인들이 전장에서 그 이름을 부른다고 말해주었던 것이다. 파이바는 성 야고보가 "자신들의 사도이자 예수 그리스도의 기사"이며 포르투갈인들이 전장에서 성인을 부르면 "갑옷으로 무장하고 불을 뿜는 말을 타고 도우러 오는 것을 똑똑히 봤으며, 무어인조차 패하면서 성인을 봤다고 증언할 정도"라고 대답했다. 왕은 그 대답에 매료되어 그리스도교가 되면 파이바가 보여준 성 야고보 제단화를 선물로 갖고 싶다고 했다.[83] 왕은 파이바에게 세례를 받았으나 개종의 결과가 신통치 않았던 모양이다. 그리스도교는 부기스족 사이에서 오래가지 못했다.

이슬람교가 영적으로나 군사적으로 강력하다는 생각은 동남아시아 문헌에서 더 분명히 나타난다. 이슬람교에 별다른 열의가 없는 자바 문

---

* Antonio de Paiva(?~?). 포르투갈의 무역상. 1540년대 초 술라웨시에 가서 무역을 하며 보낸 서한은 16세기 술라웨시의 생활, 정치, 종교상을 보여주는 사료다. 특히 지금도 활동하는 술라웨시의 트랜스젠더 민간신앙 사제 비쑤에 대한 최초의 기록으로 여겨진다. (옮긴이)

헌조차 16세기 전장에서 무슬림의 월등한 군사력을 당연시했다. 힌두 왕국 마자파힛은 저항할 수 없이 마술적으로 강한 무슬림 장군의 손에 무너졌는데, 심지어 마자파힛을 지키던 군대마저 구질서에 충성하는 무슬림 부대가 지휘했다고 한다.[84] 이슬람 문헌에서 가장 열성적으로 인용되는 영웅은 세계 정복자 이스칸다르 줄카르나인(알렉산드로스 대왕)과 전설적인 전사 아미르 함자*였다. 수마트라와 말레이반도(믈라카, 미낭카바우, 팔렘방, 아체, 델리, 조호르, 파항) 왕들의 연대기와 서한은 모두 자기 왕조가 알렉산드로스의 후예라고 주장했다.[85] 어떤 연대기들은 성인의 영적 능력이 너무 강해서 전투할 필요조차 없었다고도 했다. 라덴 라맛**의 "광채"가 자바 동부 지팡Jipang의 통치자를 개종시킬 만큼 강했다거나[86] 보르네오 동부 쿠타이Kutai 왕국의 통치자가 다투 리 반당***과의 마력 대결에서 패배한 일이 그런 예다.[87] 반자르마신의 라자 같은 통치자는 콘스탄티누스 대제처럼 새 종교가 내전에서 승리를 안겨준다면 개종하겠다고 약속하기도 했다.[88]

기존 신앙체계는 동남아시아인이 어떤 전투에서든 승자의 편에 초자연적 힘이 있다고 믿게 했다. 원리적으로는 무슬림도, 이베리아의 그리스도교 개종자도 여기에 동의했다. 두 집단 모두 신이 신앙을 위해 싸우라

* Amir Hamzah. 예언자 무함마드의 숙부로 알려진 아미르 함자가 이슬람의 적들을 물리친 전설적인 이야기가 구전으로 전해지다가 늦어도 9세기경 페르시아에서 『함자나야』로 쓰였고, 이슬람의 전파와 함께 인도와 동남아시아에 전해졌다. 1511년 믈라카 함락 직전 장군들이 읽은 이야기 중 하나가 말레이어판 『히카얏 함자』였고(5장을 보라) 이 이야기는 지금도 인도네시아 등지에서 인기 있는 전통공연의 주제다. (옮긴이)

** Raden Rahmat(1401~1481). 자바의 이슬람화에 기여한 아홉 왈리(이슬람 성인) 중 하나. 수난 암펠Sunan Ampel로도 불린다. 참파 태생으로, 마자파힛 왕족과 결혼한 이모를 방문하러 1443년경 자바에 갔다가 정착했을 것으로 여겨진다. 중국계 무슬림일 가능성도 높으며 투반 출신 중국인과 결혼해 낳은 자식 중 두 아들 또한 아홉 왈리가 되었다. 1479년 인도네시아에서 가장 오래된 모스크로 꼽히는 드막의 대모스크를 짓는 데 관여했다고 한다. (옮긴이)

*** Datu ri Bandang(?~?). 16~17세기에 활동한 미낭카바우 출신의 울라마로 루우, 고와, 탈로, 쿠타이, 비마 등 인도네시아제도 동쪽의 여러 왕국에 이슬람을 전파했다. (옮긴이)

고 명했으며 스스로 그 가치를 입증하면 신이 승리를 안겨줄 것이라고 믿었다. 그러나 한 가지 차이가 있었다. 그들의 종교공동체는 수많은 패배의 집단 기억을 가졌기 때문에 신의 뜻에 대한 관점이 훨씬 장기적이었다. 따라서 전쟁의 기술적인 측면에 관심을 기울이고 실패를 정당화하기 위해 순교 관념을 발전시켰는데 이는 애니미즘 신봉자라면 절대 할 수 없는 일이다. 이런 요인들이 무슬림과 그리스도교도 군인들을 훨씬 위협적으로 만들었고 도서부 세계 전역에서 군사적 승리를 통해 그들의 신앙을 전파하는 데 도움을 주었다.

• 글쓰기

예언자 종교가 문자를 전파한 지역은 말루쿠 대부분, 필리핀 남부, 술라웨시 북부, 롬복 동쪽의 일부 섬들, 보르네오 일부 등 비교적 소수였다. 나머지 지역에는 인도의 영향을 받은 문자가 이미 널리 퍼져 있었다. 새 아랍문자와 로마자가 기존 문자 체계를 밀어내거나 공존했는데, 루손과 비사야, 수마트라와 술라웨시 남부의 해안지대에서처럼 구문자의 문해력이 새 문자보다 훨씬 높았고 특히 여성의 구문자 문해력이 높다는 데는 논란의 여지가 없다.[89] 한자를 교육받은 남성 지식인층만 문해가 가능했던 베트남에서만 가톨릭 신부가 고안한 간단한 표음문자체계가 가난한 이들에게도 새로운 문해의 기회를 제공했다.

중요한 것은 책이 갖는 신성한 권위였다. 캄보디아 전설은 타이인이 더 우월한 지식을 갖춘 것은 사실이나 그 까닭은 그들이 캄보디아의 성스러운 책을 훔쳐 갔기 때문일 뿐이라고 했다.[90] (자바를 제외한) 도서부에서 글쓰기는 대나무나 야자잎에 쓴 연애시나 편지 등이어서 대체로 수명이 짧았다. 이슬람교와 그리스도교는 각기 자신의 권위가 책에서 나온다고 주장했으며, 더 나아가 미지의 언어로 쓰인 책에는 꿰뚫을 수 없는 신성한 무게가 한층 더해졌다. 술루의 사도는 자신을 못 미더워하는 애니미즘 신봉자들 앞에서 자신을 종이에 글을 써서 소통할 수 있는 아랍인이라고 소개했다.[91] 마스덴은 한 수마트라인 정령 숭배자가 같은 수마트라 출신 무슬림에게 이슬람교의 알라가 정령보다 더 진짜인지 증명해 보이라며 도전한 일화를 전한다. 그에 대한 설득력 있는 대답은 이슬람의 진리는 "책에 쓰여 있다"는 것이었다.[92] 마찬가지로 현대의 인류학자들은 보르네오의 애니미즘 숭배자들에게도 경전의 설득력이 강한 것을 발견했는데, 그 맥락에서 일부 다약족 집단은 이주 과정에서 책을 잃어버렸으나 그 내용을 외우고 있으니 다를 바 없다고 주장하기도 했다.[93] 반종교개혁 선교단이 직접 성경을 인용하는 일은 거의 없었지만, 알렉상드르 드 로드는 탕롱(하노이)에서 열린 불교학자와의 공개 토론에 나가면서 베트남인 청중에 미칠 영향력을 계산해 아름다운 장정의 불가타 성경을 들고 가 라틴어로 낭독했다.[94]

• 암송

개종자들은 이슬람교와 그리스도교를 막론하고 성서를 읽고 설명할 수 있는 능력에서 권위를 찾았다. 더 나아가 가장 급격한 종교적 변화의 시기인 1550년에서 1650년 사이에는 동남아시아 언어로 새로 글을 써서, 개종자들이 암기하고 이해할 수 있는 형태로 새 종교의 핵심 교리를 전달하고자 했다. 그러나 이러한 문서는 전문가를 위한 것이었다. 새로운 종교사상은 어디서나 구전으로 새 개종자에게 전해졌고 문서는 종교 교사를 도울 뿐이었다. 기도와 신앙고백은 보통 운문이나 노래 형태로 집단 암송을 통해 배웠다.

성 프란치스코 하비에르는 말레이어로 신앙고백을 작성한 최초의 그리스도교 전도사였다.

> 나는 아이들과 원주민에게 '신앙고백declaration'을 가르쳤다. 내가 누구나 이해할 수 있는 언어로 맞추어가며 직접 한 줄씩 쓴 신앙의 조항은 (…) 새로이 개종한 그 나라 사람들이 이해할 수 있는 내용이었다. 나는 말루쿠에서 그랬듯 믈라카에서도 기도문 대신 이 신앙고백을 가르쳤다. 그들이 진실로 믿고 진정으로 예수 그리스도 안에 머물 수 있는 기초를 세우고 헛된 우상숭배를 중단하게 하기 위한 것이다. 이 신앙고백은 매일 조금씩, 곧 마음으로 쉽게 배울 수 있는 스무 단어 정도를 매일 가르친다면 1년 안에 배울 수 있다.*[95]

스페인인에게는 신앙의 기초를 담은 비슷한 개요인 『독트리나 크리스티아나Docttrina Christiana』가 있었다. 멕시코에서 처음 편집한 이 개설서는 1593년 마닐라에서 타갈로그어 번역판이 출판됐다. 이후 판본들은 예수회 추기경 벨라르미노의 인기 있는 『도트리나 크리스티아나Dottrina Cristiana』(1597)를 타갈로그어로 번안했다. 따라서 새 그리스도교도가 이 문서를 암기하고, 미사 후에 교리문답이 진행되면서 신도들이 바른 대답을 함께 암송할 수 있었다.[96]

무슬림도 아랍어로 된 기도salat와 코란을 기억하기 위해 암송을 했다. 초기 무슬림 작가들이 시문학의 새로운 장르(말레이어로는 샤이르, 자

---

* 하비에르가 쓴 말레이어 문헌은 하나도 전해지지 않은 듯한데, 이 문제와 관련해서 다음을 보라(Schurhammer and Wicki Ⅱ 1945: 590~594, Jacobs 1974: 14, 35). 그러나 여기서 언급한 트르나테에서 작성한 운율 있는 교리문답의 포르투갈어 전문이 전해진다(Schurhammer and Wicki 1945 I: 355~367). 어쩌면 포르투갈어판과 말레이어판 둘 다 있었던 것일지도 모르겠다.

바어로는 술룩)를 만들어 학생과 입문자들이 핵심 교리와 신에 가까워지는 비밀스러운 경로를 읊을 수 있게 했다.[97] 샴수딘 아스사마트라니가 1601년 말레이어로 쓴 이슬람 교리 『미랏 알무미닌Mir'at al-Mu'minin』은 문답식으로 구성되어 스승과 제자가 번갈아 암송하고 외우게 하려는 의도가 분명했다. 말레이어로 소개된 가장 인기 있던 페르시아서는 『천 개의 질문Kitab Seribu Masalah』으로, 한 학식 있는 유대인이 예언자 무함마드에게 질문하는 형식으로 이슬람 교리와 우주론의 핵심을 일러주었다. 질문과 대답은 일문일답식으로 기억하기에 용이한 형태였다.[98]

• 질병 치유

질병은 언제나 영적 원인과 관계있는 것이므로, 새 종교 또한 그에 대한 답을 주지 못한다면 번창할 수 없었다. 새 종교와 함께 들어온 질병 치유 목적의 어떤 실용적인 신문물도 회복률을 높이지는 못한 것으로 보인다. 개종자들도 치료사를 자처하지 않았다. 17세기 중반 일부 그리스도교 선교사가 이 선택지를 이용하기 전까지만 해도 그랬다. 그러나 동남아시아에서 종교는 강력한 영적 힘이 건강과 질병에 직접 영향을 미치는 것으로 여겨지는 분위기였으므로 새 종교의 전문가도 그런 관점에서 평가됐다. 그 시절 그리스도교 선교사들은 큰 전염병이 돌면 직접 죽음을 막기 위해 별다른 일을 하지 않아도 개종에 아주 좋은 기회가 왔다고 자주 언급했다.[99] 자바에도 이슬람 수용과 심각한 전염병 창궐을 연결하는 전설이 있다. 질병과 대규모 개종 간의 연관성은 다른 시대, 다른 장소에도 있었다. 베버 그리고 이후에 기어츠가 지적했듯, 기존 신앙체계의 힘은 그러한 대규모 "사회질서 기반의 동요"에 의해 의문에 붙여진 듯하다.[100]

교리를 모르거나 심지어 의식이 없다 해도 회복 불가능한 환자에게 최대한 많이 세례를 내리는 것이 16세기 가톨릭의 관행이었다. 그렇게 하면 영혼이, 특히 순진한 어린이의 경우 지옥에서 구원받으리라는 믿음에서 비롯된 것이었다. 필리핀 등지에서 그리스도교 선교의 초창기에는 이런 일이 사제의 주요 활동이었다. 동남아시아인이 세례를 핵심적인 치유 의례로, 누군가가 회복할 때마다 증명되는 힘으로 여긴 것은 놀랄 일이 아니었다. 선교사에게 경이로운 치유는 기적이었지만 필리핀인에게는 의례 전문가라면 당연히 해야 할 일일 뿐이었다. 팡가시난에서 그런 치유는 "인디오들이 세례를 의학적인 것으로 여기고 아플 때마다 낫기 위해 세례를 받고 싶어하게 만들었다. 그러나 신부들은 진실을 알려주었다. 그들은 성호 긋기와 십자가에 대해서도 똑같은 실수를 저질렀다."[101]

성수도 비슷한 취급을 받았다. 예수회원 페드로 치리노는 역병이 보홀Bohol을 휩쓸 때 "순실한 신앙심을 지닌 우리 신도들이 성수를 약으로 마셔서, 죽지 않게 보호했다. (…) 그 결과 신도들이 각종 질병에 성수 치료법을 이용했고, 섬 전체에 걸쳐 흔한 관습이 되었다."[102] 알렉상드르 드 로드는 성수로 여러 차례 기적적인 치유가 벌어진 이후 베트남의 새 신도들이 "이 물을 그토록 숭상해서 집에 모셔둘 뿐 아니라, 여행할 때도 귀한 향유처럼 짐에 넣고 다니며 필요할 때 쓴다"고 했다.[103]

대륙부 동남아시아 사회에서도 건강과 질병을 영이 좌우한다는 믿음은 다르지 않아서 불교 승려도 치료사의 역할을 기대받았다. 가톨릭 선교사들도 시암에서 질병 치료를 바라는 요구에 대응해야 했고, 라 루베르의 생각에는 "바로 그 이유로 그들[시암인]은 선교사들을 견디고 또 사랑한다".[104]

이슬람 개종에 관한 전통도 질병과 그 치유를 강조했다. 연대기에 따르면 파타니 왕국은 파사이(수마트라)에서 온 셰이크의 치유력 때문에 이슬람으로 개종했다. 라자가 세 차례나 피부가 갈라지는 끔찍한 병에 걸렸으나 기존 주술사는 고치지 못했다. 셰이크는 왕의 무슬림 개종을 조건으로 달고 세 번 치료해주었다. 왕은 병이 나으면 개종한다는 약속을 두 번이나 어겼으나 마지막에는 약속을 지켰다.[105]

이슬람화한 동남아시아는 이슬람적 세계관 안에서도 질병이 샤이탄shaitan과 진djinn을 불러오는 위험한 악령 때문에 생긴다는 믿음을 버리지 않았다. 새 종교와 그 문서로 된 교리가 강력하다는 것은 누구나 인정했으므로 전통적 주술사들도 자연스럽게 이용했다. 아랍어 경구는 금세 모든 사안에 쓰이는 말이 되었으며,[106] 축복이나 기도를 뜻하는 아랍어 두아du'a는 1600년경에 기도를 가리키는 표준 말레이어 도아doa가 됐다.[107] 아체의 가장 유명한 성인 압둘라우프 아스싱킬리(1693년경 사망)에 관한 이야기는 이슬람이 질병 치유 등의 목적에 신비주의적 요소를 얼마나 관대하게 내놓는지를 알려준다. 이야기 속에서 아랍 울라마들은 닭싸움을 비롯해 금지된 도박과 경주에 질색하며 설교를 늘어놓지만, 이 아체 성인은 닭싸움광에게 수탉을 불사의 존재로 만드는 주문을 걸어주었다. 그 주문은 바로 무슬림의 신앙고백인 샤하다였다. 나중에 경쟁자들이 그 비밀을 알아내 같은 주문을 거는 데 성공하자, 닭싸움광이 다른 주문을 알려달라고 찾아왔다. 이번에 성인이 알려준 주문은 매일 다섯 번 올리는 기도인 살랏이었다. 이런 식으로 성인은 이슬람적인 힘을 누구나 자유로이 자기 이해에 따라 영적 세계를 통제하는 데 필요한 주문처럼 사용할 수 있게 만듦으로써 이슬람교를 퍼트렸다.[108]

• **예측 가능한 도덕세계**

로마제국의 그리스도교화 덕분에 인간이 권력의 임의성과 예측할 수 없는 악마의 습격이라는 두 가지 큰 위협에 맞설 수 있게 되었다고들 한다.[109] 후자는 적어도 동남아시아에서는 사실이었다. 주술적 들림의 힘은 결연한 예수회원이 보기에도 확연해서, 상당한 도전이었다. 치리노는 전통 주술사들과 벌인 여러 시합을 기록하면서 일부는 가짜였지만 "실제로 악마와 특별한 협정을 맺은 자들도 있다. 악마는 전능하신 주님이 불가해한 심판으로 허락하신 아주 특별한 방식으로 그들을 돕는다"고 마지못해 시인했다.[110] 이베리아 사제들은 이 낯선 초자연적 힘을 악마와의 공모라고밖에는 범주화할 수 없었다. 그런 현상이 자주 벌어지자 수사들은 십자가와 성체로 무장하고 이 어두운 힘과 싸워야 한다고 믿었다. 때로는 실패했던 듯하나, 신실한 서사에는 악마와 겨뤄 거둔 경이로운 승리의 이야기가 여럿이다. "울부짖으며 섬 주민들을 겁주기를 그치지 않는 악마가 들끓는 섬에 이 구원의 깃발[십자가]을 세우니, 악마들이 영원한 침묵에 갇히고 다른 모든 [이웃] 섬이 괴이한 속박에서 벗어났다. 악마는 거대한 뱀의 형상으로 변해 바다를 지나 섬 사이를 건너갔지만 (…) 십자가가 보이자 악마가 도망치면서 그마저 중단되었다."[111]

알렉상드르 드 로드도 북베트남에서 맞은 첫 주에 "집에 제단 스물다섯 개를 세우고 그를 잔인하게 괴롭힌 유명한 마술사"를 물리칠 해방의 사도가 되어야겠다고 생각했다.[112] 이후 데카르트와 뉴턴의 시대에 다른 신실한 연대기 작성자는 (파리) 외방전교회Société des Missions Etrangères 사제가 베트남에서 벌인 일련의 기적(퇴마 의식을 하고, 악령에 들린 자를 치유하며, 죽은 사람의 아이를 기르는)을 프랑스 독자들이 받아들이기 어려워할 것을 잘 알았다. 따라서 "주의 손길은 물러서지 않으며, 오늘날 등장하는 교회들에서 신앙을 입증하기 위해 주께서 첫 세기에 같은 목적으로 행하신 기적을 이루실 수 있으며 (…) 우상을 통해 악마가 군림하고 사람을 홀려 속박하는 나라들에서, 예수 그리스도께서 주교와 신부의 손으로 악마의 왕국을 뒤엎기를 원하시는 것은 더 이상 놀랄 일이 아니다"라고 따로 지적해야 할 필요성을 느꼈다.[113]

선하고 악한 동남아시아의 영을 이슬람의 진으로 동화시키기는 더 쉬웠다. 학식 높은 울라마들조차도 영의 존재를 부정하는 대신 자기는 남들보다 영의 위협을 덜 받는 것이라 여겼다. 이슬람교도 그리스도교처럼 다른 세계관에서 이 성가신 영의 지배로부터 안식처를 제공했다. 그것은 신자는 영이 저지를 수 있는 모든 행위로부터 신의 보호를 받으며 최종적으로 천국의 사후세계에서 보상받는다는, 예측 가능한 도덕세계였다. 권세 없는 자도 도덕적으로 산다면 보상받을 것이다. 한 타갈로그어 종교시가 표현한 대로 "고귀한 자도 비천한 자도, 부자도 빈자도, 다 같아 보일 것이다".[114]

이 새로운 견해는 "인간과 신성함 사이 (…) 거리의 엄청난 증가",[115] 곧 베버가 종교의 합리화라고 부른 것을 향한 중요한 진전이었던 것이 분명하다.[116] 교역의 시대에 국제무역, 대규모 국가활동, 문학과 논쟁을 통한 사상의 교류라는 더 넓은 세계로 나아가던 이들에게 이 새로운 세계관은 꼭 필요한 기반이 되어주었다.

이 도덕세계는 영원한 보상과 처벌이라는 간단하지만 일관된 개념에 의존했다. 과거에는 사후세계가 아무도 확신할 수 없는 위험한 가능성으로 가득 차 있다고 보았다. 반면 이슬람교와 그리스도교는 영원히 안전하고 편안한 천국이라는 약속을 제시했다. 17세기 한 아우구스티누스회원이 타갈로그어로 적힌 최초의 교리문답시에 썼듯, 천국에는 "죽음이

그림 69 1777년 타이 문서에 표현된 불교의 지옥.

없고, 기쁨과 행복과 생명만이 있으며 (…) 그곳에는 부족한 것이 없고 모든 소원이 이루어지며 (…) 슬픔도 탄식도 고난도 없고 복되지 않은 것이 없다".[117]

무슬림 쪽에서는 1636년 라니리가 대중을 위한 200쪽 넘는 말레이어 소책자 『악바룰 아키랏Achbaru'l-Achirat』을 펴내 죽음, 심판, 천국, 지옥, 종말에 대해 논했다.[118] 다른 이들도 무슬림 신앙고백을 하는 신도를 위한 천국의 보상에 대해 묘사했다.[119]

지옥은 훨씬 더 설득력이 강했다. 치리노는 악령이 벌일 수 있는 것에 대한 필리핀인의 두려움이 "지옥에 대한 생생한 그림이 되어 수많은 이를 개종시켰다"고 적었다.[120] 두 종교의 저자와 전도자들은 영원한 행복보다 현세의 쾌락을 추구하는 어리석은 자들과 다른 신앙에 빠져 진정한 믿음을 저버리는 자들을 기다리는 지옥의 고통에 대해 거듭 강조했다(그림 69).[121]

그러나 가장 빼어난 자바어와 말레이어 시편 일부는 천국과 지옥 자체는 실체가 없으며 신과 하나 되는 황홀한 경지가 중요하다고 이야기한다. 한 16세기 자바 무슬림의 문헌은, 많은 이가 천국을 바라며 신을 섬기거나 "지옥을 두려워하며 먹지도 밤낮으로 자지도 않지만, 유일한 진짜 보답은 스스로를 위해 신을 사랑하는 자만의 것"이라는 오래된 이슬람의 가르침을 가져왔다.[122]

동남아시아인에게 천국과 지옥의 대비는 새로운 것이었으나, 그 개념은 낯설지 않았을지 모른다. 이슬람교와 그리스도교의 천국관을 생생히 전할 수 있는 번역어를 찾는 과정에서 개종자들은 이미 현지화된 단어들을 차용했다. 도서부에서는 천국을 가리키는 데 산스크리트어 스와르가swarga(시바 신의 거처)를, 지옥을 가리키는 데 나라카naraka를 사용했다(말레이어는 쇼르가syorga와 네라카neraka). 스페인인들은 타갈로그어 랑잇langit(하늘) 등을 천국의 기쁨을 논하며 완전한 평화와 만족감을 함축하는 데 썼다. 그러나 지옥에 관해서는 낯선 스페인어 인피에르노infierno의 충격이 훨씬 더 효과적이었다.[123]

도덕적 경험 세계에서 종교인은 도덕적 모범을 제시하기를 기대받았다. 그리스도교 저술가들은 초창기 가톨릭 수사들이 특히 병자를 돌보며 헌신한 사례들이 처음에는 소용없어 보였을지라도 결국에는 필리핀인의 마음을 얻은 요인이라고 강조했다.[124] 그러나 설교한 교리대로 살지 못하는 스페인인의 모습이야말로 혼란과 환멸을 일으킨 근원이었다. 카가얀 출신의 한 불신자는 그리스도교 교리를 거부하며 이렇게 말했다. "자기들은 멋대로 행동하고 법을 지키지 않으며 거기에 대해서는 한마디도 하지 않는 것을 보면 스페인인은 우리보다 지각이 없다."[125]

수피 무슬림의 금욕주의는 인도식 종교 모델에 익숙한 바람 아래의 땅 사람들에게는 친숙했다. 자기희생보다는 자기절제를, 신과의 황홀한 사랑에 몰입할 때는 외부 현실에 대한 완전한 무관심을 지향했다. "신을 알면 다른 모든 것에 무심해질 수 있다. 옷을 입었든 [안 입었든] 신께는 다를 바 없다. 부자든 가난하든 신께는 다를 바 없다. 칭송받든 멸시받든 신께는 다를 바 없다."[126] 대중은 수피 성인의 초자연적 힘과 그에게서 퍼져 나오는 광채(말레이어 차하야cahaya, 아랍어 누르nur의 인격화)가 신과 가까운 증거라고 여겼다. 동남아시아 문장가들은 이 자명한 힘이 많은 사람을 개종시키기에 충분하다고 믿었고,[127] 외부 사료들은 적어도 아체의 함자 판수리, 샴수딘 아스사마트라니, 압둘라우프 아스싱킬리, 마카사르와 반튼의 셰이크 유수프 같은 걸출한 수피 성인들이 생전에 대중적으로 추앙받았음을 확인해준다.

도덕적 모범이 갖는 힘에 대해서는 대륙부의 상좌부불교 국가들에 가장 분명한 사료가 있다. 캄보디아와 시암의 그리스도교 선교사들은 전도에 진척이 없는 까닭이 사람들이 불교 승려를 대단히 존경하기 때문임을 알았다. "그들의 삶은 가난하고 소박하기 그지없어, 교회에서 가장 개혁적인 청빈 또는 가난으로도 표면상 그들을 이길 수 없다. 그들은 전적으로 탁발에 의존해 살기 때문에 가진 물건 하나 없이 또는 어떤 상거래도 하지 않고 살 수 있다. 육식을 절대 금하며 저녁에는 화식火食은 일절 입에 대지 않고 몇몇 종의 생과일에 만족한다."[128]

그러나 영의 힘은 여전히 강력했고, 교역의 시대에 도시의 코즈모폴리터니즘이 쇠퇴하면서 더 강화되었을 수도 있다. 경전 종교들은 한편으로는 더 강한 영적 힘을, 다른 한편으로는 개인적 도덕을 통해 영을 길들이는 새로운 방법을 제시했다.

어려운 전환

• 성도덕

앞서 살펴본 요인들이 개종의 매력을 설명해주지만, 여러 영역에서 모순된 가치를 담은 종교체제를 동남아시아가 받아들이는 데는 커다란 문제도 있었다. 그중에서도 남녀 관계야말로 가장 어려운 문제였다.

동남아시아 종교는 본질적으로 남성적 요인과 여성적 요인이 공존해야만 힘을 발휘할 수 있었다. 지하세계, 대지와 곡식(특히 쌀), 달의 여신 대 천상세계, 하늘과 쇠(대지에 쟁기질을 하고 벼를 베는), 해의 남신이 조화와 균형을 이루었다.[129] 남성은 남성적 의례 영역에서, 여성은 여성적 의례 영역에서 훨씬 큰 힘을 가졌다. 특히 영과 소통하는 영매이자 의례적 치료사로서 영을 위한 제물을 준비하는 데서, 곧 인간과 영의 관계의 모든 측면에서 여성이 훨씬 두드러졌다.

반면 경전 종교는 남성으로만 구성된 성직자가 남성으로 정체화한 신을 섬기는 체제를 가져왔다. 옛 종교에서 탁월한 의례 전문가였던 남성은 새 종교에서도 비슷한 역할을 할 수 있었다. 그러나 여성에게는 그런 선택지가 없었다. 특히 이슬람화는 지식과 신앙이 남성에게서 남성으로, 곧 아버지에게서 아들로, 스승에게서 제자로, 정복자에게서 봉신으로 전수되는 식으로 이루어졌다. 암본의 무슬림이 헤이설스에게 말하기를, "여자들은 여자들을 위해서 기도"하기 때문에 암본 여자들은 모스크에 올 필요가 없다고 했다.[130] 반자르마신 남자들은 더 노골적이었다. "그들은 여자는 영혼이 없으며 (…) 남자의 욕구를 충족시키기 위해 신이 창조한 존재일 뿐이라고 했다. 그런 까닭에 여자는 신앙 때문에 고통받을 일이 없다."[131] 그러나 전통신앙의 관점에서 보면 여성에게 이런 종교 활동은 자신들과는 상관없는 남성의 의례활동일 뿐이었다.*

새 종교에 맞서는 전통신앙의 저항을 이끄는 주체가 대개 여성이었던 것은 당연한 일이었다. 필리핀에서 가장 충격적인 사례들이 보고됐는데, 사료가 많기도 하지만 무슬림 개종자들은 여성 주술사들을 그저 무시한 데 반해 스페인 수사들은 그들을 강압적으로 몰아내려 했기 때문이다. 예를 들면 파나이에서 후안 데 알바스 수사는 "바바일라나babaylana라는 여사제들을 통해 거세게 저항하는 악마와 끊임없는 전투를 벌였다". 도시에서는 그리스도교가 지배적인 것처럼 보였지만 이 여사제들은 스페인 행정의 힘이 미치지 않는 산간지대로 숨었고 사람들은 병이 나면 몰래 이들을 찾아가 도움을 청했다.[132] 예수회는 마닐라 동쪽의 타이타이Taytay 지역에서 초기 선교를 성공적으로 마친 후 "우상 숭배라는 큰 돌림병"의 갑작스러운 부활과 맞닥뜨렸다. 한 고귀한 태생이 이끄는 여성 주술사들이 벌인 일이었다. 예수회원들은 이 집단의 모든 "우상"을 찾아내 파괴하느라 크나큰 고통을 겪었다.[133]

이슬람 개종에 관한 이야기들에는 여성의 역할에 관한 그런 통찰이 단 한 번 등장한다. 『바바드 롬복Babad Lombok』이 전하는 롬복 남자들이 우월한 자바 권력에 굴복하고 할례를 받기로 하자 여자들이 이슬람을 받아들일 수 없다고 나선 일이 그것이다.[134] 남성 지배층은 이 일이 자바인을 화나게 할까 겁이 난 나머지 수도를 해안에서 멀리 떨어진 고대 힌두 수도로 옮겼으나, 이슬람 신앙은 그대로 유지했다. 술라웨시 남

* 왜 여전히 영을 달래는 일이 주로 여성의 몫인가에 대한 현대의 설명은 상당히 다를 것이다. 버마인 정보원은 스피로에게 두 가지 이유를 알려주었다. 불교에서 남성은 낫(영)을 여성만큼 두려워하거나 받들 필요가 없다고 보는데, 존재의 31단계에서 남성은 낫보다 높은 지위이지만 여성은 더 낮은 지위이기 때문이었다. 더 실용적인 까닭은 가족의 건강은 어머니가 책임지므로, 건강을 좌우하는 낫을 달래야 한다는 것이다(Spiro 1967: 59).

부에서는 몇몇 귀족 여성이 반이슬람 세력을 주도한 듯하다. 그러나 평민 여성은 집안의 의례나 심지어 주술적 치유 행위도 그만두어야 한다는 압박을 덜 받았을 것이다. 사료보다는 그런 행위가 20세기까지도 놀라우리만치 잘 보존된 동남아시아의 종교적 관습이 이에 대한 핵심 증거다.

그리스도교 개종자들에게는 동남아시아 여성의 관능과 자유, 그리고 남성 지배층의 일부다처가 큰 문제였다. 예수회 수사 마리니는 라오인이 많은 미덕을 갖추었으나 "슬프게도 간음에 관대하다"고 적었다.[135] 필리핀이 그리스도교를 받아들이고 오랜 시간이 흐른 뒤에도 선교사들은 관능이 필리핀의 "가장 큰 죄악이며 (…) 너무 일반적이라 (…) 이 지역을 영원히 꺼질 수 없는 불길에 타오르게 만들었다"고 불평했다.[136] 필리핀에서 사제가 종교재판에 가장 자주 회부된 죄목은 라틴아메리카나 유럽에서처럼 신학과 이단에 관한 것이 아니라 성 문제 특히 고해성사를 여성과의 밀회에 악용한 혐의였다.[137] 치리노가 레이테에서 만난 고귀한 신분의 여성이 그리스도교를 거부하는 까닭은 이 종교가 혼인의 불가해소성을 주장하기 때문이었다. "그 여성이 말하기를 그들의 관습에서는 남편과 사이가 나쁘면 헤어질 수 있는데 그럴 수 없다면 받아들이기 힘든 일이라고 했다."[138]

여성의 역할이 있기는 했다. 이베리아 가톨릭은 남성의 옷을 입고 필리핀 군도에 왔으나, 필리핀 여성들은 갖은 장애물에도 불구하고 열성적으로 베아타리오스Beatarios라고 하는 성모교우회 같은 여성만의 종교 영역을 만들어냈다.[139] 베트남은 여성 종속적 유교 사상을 이베리아인보다 더 거세게 강요하던 중이었는데, 여성들이 초기 그리스도교 개종에서 중요한 역할을 했으며 선교사들이 왕실에 접촉하는 데 주요 통로가

되어주었다.[140]

동남아시아에 극단적으로 다른 종류의 성도덕을 심으려 한 이슬람의 분투는 오랜 것이었다. 이슬람은 교의의 정통성을 강조하던 시기에는 급격한 변화를 가져왔으나 다른 시기에는 동남아시아 여성의 지속되어온 자율성을 관용하고 타협적 자세를 보였다. 17세기 무역도시의 지배층은 간음죄를 저지르면 사형에 처해졌고, 때로 여성은 마카사르에서처럼 "머리끝부터 발끝까지 완전히 가려서 얼굴조차 볼 수 없었다".[141] 공공장소에서 여성의 복장은 그리스도교와 이슬람교가 들어오면서 가장 초기에 변화한 것 중 하나였다. 사회적·직업적 양상도 변화했으나 속도가 훨씬 느렸다. 새로운 경전 사상은 '종교agama'로, 옛 사상은 이슬람교에서 허용되는 범주인 '관습adat'으로 여겨지게 되었다. 수마트라의 한 소설은 남부 바탁족이 3대에 걸쳐 이슬람교를 받아들이는 와중에 벌어진 1900년경의 갈등을 재현할 목적으로 쓰였는데, '종교'가 '관습'을 토대로 삼으면서 반복되었을 것이 분명한 논쟁 유형의 현대적 사례를 제시한다. 회의에서 무슬림 대변인이 사춘기 소녀는 "집 안에 가두어 큰 죄악이 벌어지지 않게" 해야 하며 코란 암송 말고는 교육을 받아서도 안 된다고 주장한다. 이에 사춘기 딸을 둔 어머니가 농사일은 남녀가 분담해야만 하며 남자 혼자서는 절대 할 수 없다고 거세게 반발한다. 더군다나 "이 고장의 '관습'은 소녀들을 자유롭게 교제하도록 두는 것이다. (…) 교제를 해봐야 젊은이의 행동거지, 몸가짐, 관습을 알 수 있다. (…) 그렇게 상대에게 품은 사랑이 얼마나 단단한지도 따져볼 수 있다".[142]

• 죽음과 영

경전 종교가 영의 힘을 약화시켰다 할지라도 사람들은 여전히 질병,

불행, 죽음을 피할 수 없었다. 이런 재앙을 설명하는 데는 경전적 개념의 악을 설명하기보다는 불만에 찬 망자의 영이 분노했다고 말하는 편이 훨씬 직관적이었으며, 보통은 이런 관점이 계속해서 영향력을 발휘했다.[143] 반튼의 평범한 자바인 무슬림들이 스콧에게 이르기를, 신은 선하고 그들을 해치지 않으나 악마(그들이 의도하는 바는 악령*)는 계속 해를 끼치기 때문에 모든 의례는 악마를 위한 것이라고 했다.[144] 초기 타갈로그어 교리문답서는 그리스도교 개종자들이 신과 성인들 대신 추악하고 사악한 영(아니토)에게 제물을 바친다고 질책했다. "그리스도인이여, 그대들은 세례를 받고도 신을 능멸하는가? 어째서 아프거나 문제가 있으면 아니토를 찾아가는가? (…) 아니토가 그대를 안심시켜주는가? 생명 없는 것들이 생명을 주는가? 어째서 논에서 일할 때 제물을 바치는가?"[145]

장례의 외양은 아주 빠르게 달라졌다. 10세기에서 16세기 사이 필리핀과 인도네시아 동부 매장지에서는 망자의 편안한 저승행을 위해 함께 묻은 귀한 도자기와 금붙이가 발굴됐다. 그러나 이런 관습은 이슬람교와 그리스도교가 도래하면서 갑자기 중단됐다. 족장이 죽으면 노예들을 함께 매장하는 일도, 자바에서 산 아내를 죽은 남편과 함께 화장하는 관습인 사티도 사라졌다. 망자가 이 가장 위험한 전환기를 견뎌내고 산 자를 괴롭히러 돌아오지 않게 하기 위한 요란한 잔치도 없어지고 죽은 지 2~3일 안에 간단히 매장하는 정도로 대체됐다. 물론 예외도 있었다. 반자르마신인은 개종 후 한 세기가 넘도록 무덤에 장뇌와 귀중품을 함께 묻었으나 "이제 무함마드를 섬기므로 단지 존경의 표시일 뿐"이

* 스콧의 혼동은 이해할 만하다. 가장 이르게는 1521년부터 동남아시아 무슬림은 세탄setan(아랍어 샤이탄shaitan)을 악령이나 귀신을 부르는 데 사용했다(Pigafetta 1524: 84). 이슬람교에서는 악마를 보통 이블리스Iblis라고 불렀다.

었다.[146] 믈라카, 아체, 마타람, 마카사르에서 통치자의 장례와 묘지는 여전히 휘황찬란했으나, 이제는 금과 도자기를 시신과 함께 매장하지 않고 묘를 장식하는 데 썼다.[147] 그러나 무슬림과 그리스도교 사이에서는 신속하게 매장하고 간단한 묘비석을 세우는 것이 규범으로 자리 잡았다.

반면 망자의 영에게 기도하고 제물을 바치는 관습은 근절하기에는 너무 뿌리가 깊었다. 그 관습은 어떤 식으로건 새로운 종교체계 안에 통합되어야 했다. 필리핀에서 스페인은 그런 관행을 무력으로 억누르려 했다.

> 인디오들은 죽은 자의 영혼이 죽은 지 사흘째에 집으로 돌아와 가족을 방문하고 잔치에 참석한다고 믿었다. 이런 이유로 티바오tibao라고 부르는 의식을 치르면서, 그 집에 모여 〔망자의 혼을 위한〕 묵주기도를 한다고 둘러대 위장한다. 성당에서 그 묵주기도를 암송하라고 하면 하지 않는데, 인디오들이 진짜로 하는 기도가 아니기 때문이다. 이런 까닭에 성직자는 매장 이후 망자의 집에서 열리는 모임을 막고, 특히 3일째에 다른 핑계를 대며 집에 모이는 것을 금지해야 한다.[148]

영과의 어떤 소통도 금하는 성직자들의 강경한 태도는 새 그리스도교도에게 큰 장애물이었다. (북)베트남 왕의 누이가 최근에 죽은 남편이 천국에 가도록 도와달라고 청하자 알렉상드르 드 로드 신부는 일언지하에 거절했다.[149] 보르네오에서는 비크먼이 가톨릭 선교사가 응아주 다약족에게 살해당했다는 소문을 들었는데 그 까닭은 "죽은 친구들을 만나게 해주겠다는 약속을 지키지 않아서"였다. 다약족은 그 약속을 즉각적이고 아마도 주술적인 방식으로 이해했을 것이다.[*150] 어떤 필리핀인은 스페인 군인이 가는 천국에는 가고 싶지 않다며 세례받기를 거부했으나,

어떤 이들은 조상이 있는 곳이 지옥이라면 차라리 지옥에 가고 싶다고 선교사에게 말했다.[151]

이베리아인 신부의 망자에 대한 엄격한 태도가 개종의 장애물이 됐다 해도, 동남아시아 그리스도교도들은 가톨릭 의례를 필요에 따라 고쳐나갔다. 해마다 묘지에서 성대한 잔치를 벌이는 만성절뿐 아니라, 망자의 영 아니마에게 매일 올리던 기도도 밤마다 교회 종이 울릴 때 하는 기도로 바꾸었다.[152]

이슬람교는 그 기원부터 우상 숭배를 절대 용납하지 않았지만, 동남아시아에는 망자의 잠재적 힘과는 타협한 대중적 형태로 들어왔다. 바그다드의 아바스 왕조가 몰락한 이후 이슬람교를 퍼뜨린 주요 기구는 수피교단tariqa들이었다. 수피교단의 창시자들과 성인들은 신과의 합일을 위한 직접 통로로써 신비주의를 배웠지만, 15세기경 대중적 차원의 수피즘은 성인, 사도, 통치자 등 걸출한 인물의 영적인 힘(아랍어 바라카barakah, 말레이어로는 브르캇berkat)과 개개인을 이어주는 방법을 뜻했다. 이들 죽은 성인의 힘은 각 수피 지도자와 경배하는 창시자를 잇는 영적 계보 그리고 성인의 묘지를 찾아가 제물을 바치는 지야라ziyara를 통해 산 자를 돕도록 소환되었다. "신비주의자들은 명상을 돕는 물질적 상징을 찾는 무라카바muraqaba(영적 교섭)를 목적으로 지야라를 수행한다. 그러나 대중은 성인의 영혼이 묘지나 삶과 관련 있거나 깨달음을 얻은 장소에 머문다고 믿는다. 그런 곳들에서 대도(代禱)가 이루어진다."[153]

동남아시아에는 남인도처럼 성인 숭배가 만연했는데, 죽은 성인의 브르캇이 영처럼 산 자를 도울 수 있다고 믿었기 때문이다. "제물과 기

* 여기서 비크먼은 1693년 반자르마신에서 살해당한 이탈리아인 테아티노회 수사 프라 안토니오 벤티미글리아를 가리키는 듯하다(Coomans 1980: 89~90).

도"[154]가 가장 많이 바쳐지는 묘지는 자바의 아홉 왈리나 마카사르의 다투 리 반당처럼 해당 지역에 이슬람을 들여온 것으로 여겨지는 사도, 아체의 이스칸다르 무다처럼 강력한 왕이나 수피즘을 널리 알린 자의 것이었다. 후자로는 17세기 후반 아라비아에서 공부하고 돌아온 두 인도네시아 학자가 있다. 아체인들이 셰이크 쿠알라로 존경한 압둘라우프 아스싱킬리는 수피교단 샤타리야 타리카를 인도네시아에 소개했으며, 칼와티야 교단의 위대한 지도자인 셰이크 유수프는 생전에도 마카사르인에게 "제2의 무함마드라도 되는 것처럼 사랑과 존경"을 받았다.[155] 이러한 성인 숭배가 16세기부터 얼마나 강했는지는 이런 행태에 반대하는 자바의 한 엄격한 정통파 이슬람 안내서가 말해준다. "위대한 이맘이 선지자들보다 더 우월하다거나 왈리가 예언자들보다 위에, 심지어 무함마드 위에 있다고 말하는 것은 불신앙이다."[156]

이슬람식 장례 형식은 빠르게 받아들여졌으나, 동남아시아인은 여전히 의례를 잘 치러주지 않으면 망자가 산 자를 괴롭힐 것을 걱정했다. 1599년 반다에서는 이슬람의 가르침대로 시체를 흰 천에 싸서 빨리 매장했지만, 무덤에서 며칠이나 기도하는 까닭을 네덜란드인이 묻자 그렇게 하지 않으면 망자가 "벌떡 일어나" 엄청난 재앙을 안겨주기 때문이라고 했다.[157] 동남아시아 무슬림은 의례적으로 중요한 날인 3일째, 7일째, 40일째, 100일째에 무덤에 돌아가 잔치를 여는 광범위한 무슬림 관행을 열성적으로 받아들였다.[158] "관리나 학식 있는 자들에 따르면 이것은 망자의 선업을 보상해주기 위한 것이라고 한다. 주민들의 관념에 따르면 잔치에 나오는 좋은 것을 맛보기 위해서라고 한다."[159] 제르베즈는 시암에서 만난 마카사르인들에 관해 "튀르크인도 인도 무슬림도 하지 않는 끝없이 많은 의식을 치르는데, 메카에서 그렇게 한다고 믿기 때문"이라고 지적했다.[160] 이런 의식은 대부분 인생의 여러 위기, 특히 죽음이 닥쳤을 때 이슬람화된 형태의 제물을 조상에게 바치는 것이었다.

동남아시아 무슬림에게 망자 숭배는 계속해서 중요한 부분으로 남았다. 아랍 세계에서는 이슬람력의 일곱 번째 달이 그런 추모의 시기이지만, 인도네시아에서는 마치 망자도 라마단 단식을 준비하고 참여해야 한다는 듯이 이슬람력 아홉 번째 달인 라마단 단식월 직전과 직후의 달에 각별히 조상을 기억한다. 단식 시작 직전 주에 조상의 묘지에서 잔치를 열었(고 지금도 많은 이들이 그렇게 한)다.[161] 이 주간을 자바에서는 냐드란nyadran이라고 부르는데, 이 단어의 기원이 14세기에 망자를 위해 공들여 올리던 탄트라 의식인 슈라다Shraddha에 있다고 피호트가 밝혀낸 바 있다.[162] 단식월 전 달인 이슬람력 여덟 번째 달인 샤아반Sha'ban 달은 자바에서는 망자의 달인 루와ruwah 달로 알려져 있다. 한 달 동안의 라마단 단식이 끝난 후 맞는 주는 다시 묘지를 찾는 주간이었다. 이 주간과 시작하는 이슬람력의 열 번째 달인 샤우왈shawwal 달 1일의 대명절 이둘피트리Idulfitri 축제 기간은 생사 여부를 막론하고 연장자에게 그간 저지른 잘못에 대한 용서를 구하는 때였다. 이 관행은 17세기에도 있었으나[163] 그 기원은 불분명하다. 어쩌면 이슬람 명절을 창조적으로 수용해 망자의 영을 달래는 오래된 목적을 이루고자 한 것일지도 모른다.[164]

동남아시아 종교의 몇몇 용어는 새로운 이슬람 개념을 구체화하고 강화하기 위해 사용됐다. 응아지Ngaji(그리고 파생어인 카지kaji와 뭉아지men-gaji)는 플로레스의 애니미즘 신봉자들이 조상을 부르는 기도 의례를 가리키는 데 아직도 쓰인다.[165] 이 단어는 망자의 혼을 위해서나 다른 목적으로 코란을 암송하는 것을 가리키는 일상어가 되었다. 마찬가지로 동남아시아 무슬림 사이에서 기도를 가리키는 일상어는 아랍어가 아니라 오래된 현지어인 슴바향sembahyang이며 문자 그대로 "주인과 신을 섬긴다"는 뜻이다. 그러나 아랍어 용어와 기도를 가져와 영적 세계와 연결된 기존 행위를 대체하는 일이 더 흔했다. 영험한 묘지는 그 힘을 이슬람 용어로 검증할 수 있게 아랍어 용어—크라맛kramat(신성한 [묘]), 브르캇(영적 힘), 지아라ziarah(순례)[166]—로 불렸다.

가장 중요하게는, 개인과 우주를 살아 움직이게 하고 둘을 연결해주는 힘은 오스트로네시아적 기본 개념인 스망갓semangat(영의 실체 또는 영)[167]인데, 이는 수피 개념인 루ruh(복수형 아르와arwah), 곧 우주를 살아 움직이게 하는 신의 정신으로 재해석될 수 있었다.[168] 도시 지역 이슬람 율법학자들의 엄격한 일신교와 율법주의는 영혼이 살아 움직이는 세계와 직접 대립했으나, 대중의 신비주의는 그런 입장이 "외적" 교조주의적 표현일 뿐 "내적" 신비주의적 진리라고는 여기지 않았다.

• 권력과 왕권

동남아시아의 옛 신앙에 따르면 모든 권력은 영적이다. 강력한 족장이나 통치자는 우주의 힘을 가장 잘 통제하는 자이며, 그의 권위는 전적으로 우주의 힘에 달려 있었다. 같은 방식으로 동남아시아의 큰 왕국들은 인도 사상을 수용해, 통치자는 신들을 매개할 뿐 아니라 지상에 신이 현현한 존재이며 왕권은 신성하고 우주적이라는 더 웅대한 사상을 뒷받침했다. 버마, 시암, 캄보디아, 자바, 발리의 왕실에서 브라만은 왕이 신성한 속성을 올바른 의례적 방식으로 표현하도록 돕는 역할을 맡았다.

그러한 배경에서 모든 신도는 평등하다는 새로운 경전 종교들의 가르침은 극단적으로 체제전복적으로 보였을 것이다. 특히 무역상들이 상업 윤리와 함께 들여와 전파한 이슬람교는 '부르주아지' 권력으로 여겨졌으며, 해안의 무역 중심지에 권력을 가져다주고 위계적인 기존 국가의 사상적 기반을 약화시켰다.[169] 종교적 권위는 전적으로 왕의 통제 밖에 있었으며, 국제적 정통주의는 지역에서 유력한 지식인 지배층을 대변하며 오랜 기간 왕권에 도전했다. 그렇다면 왕들은 왜 새 종교를 받아들였을까?

왕들은 대개 새 종교를 거부했다. 자바, 롬복, 숨바와, 부기스의 주요 왕실은 논쟁이 아니라 전투에서 패배했고, 기록이 남지 않은 이전의 사례들도 마찬가지일 것이다. 더 큰 압력은 동남아시아 지역 대부분의 다원성이었다. 북쪽의 한 따이 소국이 불교, 수마트라의 한 국가가 이슬람교와 운명을 함께하기로 했다면, 더 큰 국가로서는 같은 길을 가지 않으면 교역, 궁극적으로는 권력이 경쟁국에 쏠릴 위험이 발생했다. 작은 국가 프를락이 파사이보다, 트렝가누가 파타니보다, 루우가 마카사르보다 먼저 이슬람을 받아들였다. 왕위 계승을 둘러싼 분쟁이 동남아시아 국가를 자주 갈라놓았는데, 새 종교와 그 대중적 또는 상업적 지지는 왕위를 위협하는 강력한 원천이었을 것이다.

그럼에도 이슬람교와 상좌부불교는 교역의 시대를 특징짓는 왕권 확대의 강력한 무기라는 것이 입증되었다. 경전 종교의 주장은 보편적이어서 내부 경쟁자의 권위를 약화시키는 데 이용할 수 있었다. 전통적 영혼 신앙의 권위는 아주 지역적이었지만, 외부인은 간섭하기를 두려워했다. 보편적 종교의 이름 아래 전통 신앙은 무해해질 수 있었다. 경전 종교도 신앙을 전파한다는 명목으로 정복활동에 명예로운 동기를 제공해주었다. 남술라웨시에서는 고도로 발달한 계약 동맹과 권력 공유가 영적 세계의 강력한 권위로부터 승인받아 유지되고 있었는데, 1605년 이슬람 수용 이후 마카사르가 더 높은 권위를 내세워 주변 세력을 복속시킬 수 있었다.

불교도와 무슬림 통치자들에게는 이런 국제 종교를 길들일 강력한 수단이 있었다. 첫째, 왕이 자의적으로 종교적 최고위 임명직을 만들었다. 상좌부불교 국가의 대승정 마하상가라자mahasangharaja나 이슬람 국가의 종교 판사 카디는 왕이 임명하며 왕의 가까운 혈육일 때가 많았다. 트르나테에서는 카디가 "축일에 왕의 손에 입을 대야 하므로" 왕의 혈육이어야 한다는 말이 있을 정도였다.[170] 통치자들은 종교적 분쟁을 해결하고 검열을 맡았으며 율법을 제정했다. 종교적 건축물을 짓거나 기부하고 신학자를 양성하는 종교 후원활동은 왕에게 엄청난 권위를 주었다.

신학자들이 뭐라고 반박하든 동남아시아의 통치자들은 계속해서 자신이 신성한 존재라고 주장했다. 왕의 칙령, 서한, 연대기에서 왕은 여전히 지상에서 가장 초자연적인 힘의 궁극적 원천이었다. 시암 왕의 칭호를 불완전하게나마 번역한 것을 인용해보자면, 그는 여러 칭호 중에서도 "불사의 영혼 가운데 가장 신성한 주인, 무엇이든 보는 지고의 존재"였다.[171] 술탄 이스칸다르 타니(재위 1637~1641)는 아체 술탄 중에서도 가장 독실하고 교조적인 무슬림이었지만 자신이 "전 세계의 왕, 신과도 같으며 한낮의 태양처럼 빛나고 보름달과 같은 광채를 내는, 신이 선택한 자"라고 주장했다.[172] 말레이 술탄들은 자신이 지상에서 신의 그림자일 뿐 아니라 칼리프(종교 지도자로서 무함마드의 계승자)이자 신의 대리인이라고 내세웠다.[173]

이슬람교와 사상 논쟁을 벌이지 않고도 왕권은 자신의 초월성을 이슬람의 언어로 표현할 새로운 길을 찾아냈다. 아랍어로 국가를 가리키는 표준어가 된 다울라dawla(왕조의 변화를 가리키는 '순서'라는 말에서 파생)는 말레이어에서는 주권의 정수라는 더 근본적이고 신비로운 의미를 갖게 되었다. "다울랏 투안쿠!"*는 말레이어 사용자라면 누구나 왕의 신성한 권위를 거듭 인정하는 필수적인 인사말이 됐다. 이 '다울랏'에는 마술적 힘도 있어서 왕은 손가락 하나 들지 않고도 적과 배신자들을 제압할 수 있었다. 통치자에게만 있는 이 마술적 힘을 자바어에서는 이슬람 용어에서 빌려온 또 다른 말 와휴wahyu라고 불렀다. 그러나 그 기원인 아랍어 와히wahy는 왕이 아니라, 선지자 무함마드가 출중함을 보였던 성스러운 영감을 가리킨다.

왕들은 이런 방식으로 이슬람교나 불교의 사상을 전유해 자신이 초자연적 존재라는 주장을 강화했으나, 이베리아인의 가톨릭교에서는 그런 도움을 받을 수 없었다. 이 점은 바람 아래의 땅에서 큰 그리스도교 국가가 살아남지 못한 이유를 설명하는 데 유용하다. 수백 수천 명이 세례를 받고 수많은 왕이 가톨릭 수용과 이베리아인과의 동맹에 관심을 가졌는데도 불구하고, 실질적인 그리스도교 왕조 중 한 세대 이상을 버틴 왕조는 없었다. 이슬람교와 불교가 통치자를 돕는 데 이용될 수 있었다면, 이베리아인의 가톨릭은 통치자의 권위를 약화시켰기 때문이다. 반종교개혁의 규율은 영적 권위를 성직자에게만 한정할 것을 요구했고, 선교보호권**을 통해 아시아 선교의 독점권을 주장한 스페인과 포르투갈은 유럽인에게만 성직을 허용했기 때문이다. 인도네시아 동부와 여카잉에서 그리스도교가 된 왕들은 포르투갈의 실력 행사에 얽혔다가 통치자로서의 지위를 잃었다. 핀투가 들은, 포르투갈의 가장 큰 골칫거리였

* Daulat Tuanku! '내 주인(왕)이여, 강녕하소서'라는 뜻. (옮긴이)

** padroado. 1461년 교황청이 포르투갈 왕에게 아시아 지역 선교 독점권을 준 이후 1622년 포교성성을 설치할 때까지 스페인과 포르투갈이 식민지 선교를 독점한 근거가 된 권리를 말한다. (옮긴이)

던 중국계 혼혈 해적 히니밀라우의 사연이 이 이야기를 일부 전해준다. 히니밀라우는 믈라카에서 한동안 무역을 하다가 1540년경 그리스도교도가 되었다.

> 그가 그리스도교도가 된 후 포르투갈인들은 항상 그를 깊이 경멸하고 업신여겼다. 예전에 그가 이교도였을 때는 그를 보면 모자를 벗고 말했으며 그를 '키아이 나코다', 말하자면 '대장님'으로 대우해주었다. (…) 그는 빈탄으로 가서 무슬림이 되었다. 그가 개종한 후 준타나[조호르]의 왕은 (…) 그를 가장 영예롭게 대해주었으며 중국인들은 그를 '형제'로 여겨주었다.[174]

가톨릭으로 남은 주민들은 대부분 자신들의 왕이 없는 채로, 스페인령 필리핀이나 베트남 유교 왕조의 신민으로 남았다.

이슬람교와 그리스도교는 전능한 신에 복종한다는 개념을 표현하는 데 노예라는 은유를 활용했다. "주인과 노예aliping의 관계는 신과 인간의 관계와 비슷하다. 우리는 모두, 자신의 형상을 따라 우리를 창조하시고 지상에 살게 하신 주님의 노예다. 우리가 선하고 주를 섬긴다면 때가 오면 천국의 하느님 집으로 가, 주의 자식으로 대접받고 축복받을 것이다."[175] 스페인어가 아니라 타갈로그어에서 노예를 가리키는 단어 '알리핑'을 채택한 데는, 예컨대 "왕 그리스도"가 전했을 완전한 복종을 더 분명하게 형상화하려는 스페인 수사들의 의도가 있었다. 17세기 초 절대주의 시기까지 동남아시아에서 충성심의 대상으로서 왕은 문제적이었다. 16세기경 유럽인 저자들은 성경에 '노예'라는 표현이 등장하는데도 신에 대한 자신들의 복종을 가리킬 때는 그 단어를 거의 사용하지 않았다.

이슬람 문헌은 노예(아브드abd)와 왕의 이미지를 신에 대한 인간의 복종을 일컬을 때 사용했으며, 이는 라니리 같은 외국 출신 학자가 말레이어로 쓴 신앙서에도 자연스럽게 등장했다.[176] 함자 판수리 같은 동남아시아 출신 신비주의자는 아랍어 아브드보다는 모호한 말레이어 함바hamba를 선호하고, 신의 초월적인 타자성보다는 편재성을 강조했다.[177]

그는 가장 위대한 왕 (…)
그는 언제나 자신을 노예 안에 감추고 (…)
그는 어머니이자 아버지이며 (…)
이제 그는 (무역상) 나그네
이제 들판에서 일하는 동료
이제 그의 부는 중요하지 않으며
언제나 암초 속으로 항해한다네
_함자 판수리, 『시편』[178]

이렇게 서로 다른 배경에도 불구하고, 경전 종교는 사노예 소유에 반대해 국가의 중앙 권력을 강화하려는 쪽이었다. 일부 스페인 성직자의 눈에는 필리핀인을 노예제에서 해방하는 것은 "자연스러운 일이자 신성한 권리이자 분명한 정의"였다.[179] 노예제 폐지란 모든 필리핀인을 스페인이 직접 통치하는 신민으로 만들어 세금을 부과할 수 있게 된다는 뜻이기도 했다.

이슬람 율법은 노예에 관해 아주 명백한 조항이 있어서 상당 부분이 동남아시아 법령에 받아들여졌다. 그러나 무슬림과 이교도의 구분을 자유인과 노예의 구분보다 훨씬 우선하는 경향을 보였다. 특히 중앙집권화한 왕의 이해와 관련될 때 그러했다. 마카사르 연대기를 살펴보면 마카사르가 비마Bima를 정복하고 그곳 주민을 노예로 만들었으나 금요일 기도를 하려면 자유인 40명이 필요하다는 샤피이파* 율법을 충족시키기 위해 노예를 차례로 해방시켰다고 한다.[180] 한 부기스 연대기는 남술라웨시의 한 사도가 이슬람화 이전 부기스족이 애호하던 관습 중 돼지고기, 야자술, 간음, 이자 놀이 등은 무슬림의 절대 금기라고 공포했으나 "노예를 해방시키는 자에게 신이 보상하실 것"이라고 덧붙여 이 노예들이 주인을 따라 이슬람교로 개종했다고 기록했다. 강력한 무슬림 통치자들은 같은 무슬림 신민은 다른 이의 노예가 될 수 없으며 정복당한 후 무슬림이 된 자는 주류에 동화시켜야 한다는 입장이었다. 그리하여 그들도 스페인인처럼 직접 통제하는 신민의 수를 늘렸다.[181]

자바의 특별한 경우

> 자바의 무함마드교 국가는 해양·교역 부족들과는 광범위하게 다르다. (…) 모든 무함마드교도 중에서 자바인은 그 원칙과 관습을 가장 느슨하게 지킨다. 이 특이점은 해외 무함마드교도와의 접촉이 별로 없었다는 사실로 설명되는데, 지난 200년간 네덜란드가 무역에 대한 열정 탓에 특히 아랍인을 배제한 탓이다.
>
> _Crawfurd 1820 Ⅱ: 260

* Shafi'i. 수니파 율법을 가르치는 네 학교 중 하나로 무역상을 통해 전해져 동남아시아 무슬림의 다수가 되었다. (옮긴이)

크자웬kejawen 또는 자바주의의 지속적인 강화로 인해 자바 중동부의 자바어 사용 지역은 이슬람 문화 중에서 아주 독특한 양상을 보이게 되었다. 현대에도(1980년대보다 1950년대가 더 그러했으나) 자바의 이슬람화가 문화적 재앙이며 샤리아보다 명상과 고행의 오랜 전통이 신성성에 이르는 더 나은 길이라고 믿는 이름만 무슬림인 자바 귀족을 만나기란 어렵지 않다. 최근의 연구들은 기어츠의 기념비적 저작 『자바의 종교』가 지적한 자바주의적 귀족과 완고한 무슬림 사이의 문화적 격차[182]가 실은 19세기에 관한 네덜란드 지식인의 편견과 개혁적 무슬림의 분리주의적 신도덕주의에 많은 부분을 빚지고 있음을 밝혀냈다.[183] 17세기 자바는 20세기 초에 비하면 훨씬 특별하지 않은 사례였다. 그럼에도 두 가지 지점에서 자바는 어떤 스펙트럼의 한 극단이었다. 자바에는 이슬람교를 수용한 국가 중 가장 정교하게 발달한 인도식 궁정 문화가 있었고, 17세기 국제 이슬람 네트워크에서 이탈하는 경향이 어느 국가보다 두드러졌다.

첫 번째 요인은 주요 자바 국가들이 이슬람을 자발적으로 수용하지 않았다는 점을 확실히 해주었다. 14세기부터 마자파힛의 수도에는 묘비석으로 알아볼 만한 유명한 무슬림들이 있었으나, 자바 지배층은 도서부에서 가장 나중에야 신흥 종교 권력에 굴복한 세력이었다. 모호하기로 악명 높은 15~16세기 자바 사료들은 마자파힛 왕국이 무슬림 군대에 멸망당한 것이 1478~1479년(자바력으로는 새 왕조의 시작에 걸맞은 1400년)이라고 관습적으로 기술하는데, 이는 명백한 오류다. 그 시기에 벌어진 일은 결코 이슬람의 최종적인 승리가 아니었다.[184] 가장 오래된 그리고 가장 신뢰할 만한 연대기도 관습적으로 마자파힛의 멸망을 이야기하며 서두를 시작하지만 한 세기 후인 1577~1578년에야 "이슬람 순교자들"이 크디리를 물리쳤다고 언급한다.[185] 피르스는 16세기 초에 아직 다하Daha(크디리)를 근거지로 한 "이교도 야만인" 자바 왕이 있다고 했고,[186] 80년 후 로데베이크스는 자바인 무슬림은 북해안에만 있고 "내륙 주민은 야만인"이라고 기록했다.[187] 자바의 이슬람 혁명에서 결정적인 시기는 16세기와 17세기 초였다.

그러나 북해안의 무슬림 구역은 훨씬 오래됐다. 15세기의 첫 10년 사이에 자바에 갔던 마환은 당시에 벌써 북해안 무역도시의 거주자를 여러 나라에서 온 무슬림, 그 중 상당수가 무슬림인 중국인, "원시적인" 이교도 자바인 이렇게 세 집단으로 분류했다.[188] 마자파힛 선단은 투반과 수라바야 사이에 연이어 늘어선 항구를 출발해 도서부의 다른 주요 항구를 복속시키러 항해에 나섰다. 목적지 중에는 파사이의 무슬림 중심지도 있었는데, 여러 재능 있는 무슬림이 1360년대 파사이에 다녀와 자바의 무슬림 소수집단에 강한 말레이적 요소를 전해주었다.[189] 그레식은 이런 도시 중 처음으로 무슬림 통치자가 나타난 곳인 듯한데 이 통치자가 바로 마환이 언급한 중국인 중 한 사람일지도 모른다.[190] "신성한 산" 기리와 붙어 있는 그레식과 수라바야에서 가까운 응암펠Ngampel 지역은 이슬람 문헌이 처음으로 자바어로 번역되기 시작하고 마자파힛 문화가 무슬림 복식을 받아들인 곳일 가능성이 높다. 자바인에게 라덴 파타*로 알려진 자가 15세기 말 25년간 그곳에서 드막으로 옮겨가 번영하는 무슬림 상업 공동체를 이끌었다.[191] 그는 태어난 곳인 팔렘방의 중국인 공동체와도 관련 있었을 것이다. 『바바드 타나 자위Babad Tanah Jawi』

* Raden Patah(1455~1518). 자바 최초의 이슬람 국가 드막의 첫 술탄. 출신에 관해 책코포Cek Ko-po라는 중국인 무슬림이라는 등 여러 설이 있는데 진분靳文이라는 이름을 쓴 중국계임은 확실해 보인다. 1475년 드막을 세우고 이웃한 스마랑을 정복했으며 1478년 드막을 마자파힛의 계승국으로 내세우며 술탄이 되었다. (옮긴이)

는 드막이 마자파힛의 정통성을 계승했다는 근거 중 하나로 라덴 파타가 마지막 마자파힛 왕의 아들이며 중국 공주였던 어머니가 그를 팔렘방에서 낳았다고 제시한다.[192]

16세기 초 10년 동안 자바 파시시르 세력의 영향권은 북해안에서 중부 자바까지 확장돼 힌두 국가 마자파힛의 남은 세력권을 훌쩍 넘어섰다. 드막의 모스크는 학자 셰이크 보낭의 주재하에 영향력 있는 무슬림들의 모임이 열리는 곳이었다. 전하는 바에 따르면 셰이크 보낭은 참파 왕국의 무슬림 무역 공동체 출신이자 수라바야-그레식 지역의 대성인인 라덴 라흐맛의 아들이었다.[193] 호전적인 술탄 트렝가나가 드막을 다스리던 시기(1504?~1546)에 이웃한 항구-국가 즈파라는 자바해에서 가장 강력한 해상 세력으로 떠올랐다. 마지막 수도를 크디리에 둔 힌두-불교 왕국 마자파힛을 무너뜨렸을 이슬람 연합군을 이끈 것은 트렝가나였다.[194] 그는 (한창 와해되는 중이었을) 마자파힛을 차지하지 않고 무슬림 근거지인 드막으로 돌아가 다시 수많은 힌두교도 적과 전쟁을 벌였다. 전하는 바에 따르면 1524년경 다른 왈리인 수난 구눙 자티가 트렝가나에게 술탄이라는 칭호를 써도 좋다는 메카의 승인을 받아왔는데, 여기에는 자바에서 드막을 새로운 종류의 이슬람 왕국으로 만들려는 의도가 엿보인다.[195] 멘데스 핀투는 1540년대에 트렝가나를 자바와 그 주변 섬 전체의 "황제"라고 불렀지만 아직도 정복해야 할 동부 자바의 "이교도" 왕국이 남아 있었다.[196] 같은 시기 자바에 간 또 다른 포르투갈인은 "그의 목적은 주변의 모든 민족을 무슬림으로 개종시켜, [포르투갈령] 믈라카를 곁에 둔 또 다른 튀르크의 술탄이 되는 것"이라고 경고했다.[197]

16세기 내내 자바인 인재들이 몰려드는 부와 사상의 중심지였던 자바의 해안 도시들에서 예사롭지 않은 문화적 전환이 일어났다. 모스크

그림 70a 드막의 대모스크 마스지드 아궁Masjid Agung.
15세기 말에 지었다고 알려져 있으며 전통적 접견실인 픈도포 양식을 반영했다.

그림 70b 자바 북해안 투반 인근의 16세기에 지은 슨당 두우르Sendang Duwur 모스크의 날개 달린 대문. 힌두-불교 왕국 마자파힛 양식의 영향이 보인다.

와 성인의 묘지는 마자파힛 양식의 장식과 벽돌쌓기에 자바식 픈도포 pendopo의 굵은 나무 기둥과 이슬람식 의례에 필요한 요소들이 더해져 지어졌다(그림 70a, 70b). 자바의 공연 예술도 변화하거나 새로 만들어졌는데, 아마 실물 같은 인간의 형상을 양식화된 와양 형태로 대체해 독실한 무슬림의 반감을 사지 않는 방향으로 발달한 듯하다. 이러한 발전사는 대부분 전해지지 않지만 놀랍게도 자바인들은 전설의 아홉 왈리 중 가장 유명한 수난 칼리자가가 이슬람 이전 시기의 주제로 가면극을 만들었다고 믿는다.[198]

16세기 자바 해안 도시에서 이슬람 규범은 결코 유일한 규범이 아니었다. 우리는 항구-도시의 모스크 주변에 자리 잡은 국제적으로 연결된 독실한 무슬림들의 핵심집단, 내륙에서 계속 유입되는 비무슬림 자바인, 이슬람과 자바적 요소를 정통성 확보에 이용하고자 하는 왕실을 상상해야 한다. 현존하는 가장 오래된 자바 문헌은 이런 도시의 무슬림이 쓴 것으로, 신과의 신비한 합일에 관한 이슬람 학문적 전통을 탐색하는 것뿐 아니라 다원적인 맥락에서 진정한 신앙을 옹호하는 결단에도 깊은 관심을 보였다.[199]

16세기 내내 무슬림과 힌두교 국가 사이에 계속된 전쟁에 관해서는 『바바드 잉 상칼라Babad ing Sangkala』[200]뿐 아니라 포르투갈인도 증언해준다. 1546년 트렝가나가 살해당하자 드막이 누리던 지도적 지위는 종말을 맞았다. 뒤이은 왕위 계승을 둘러싼 무력 분쟁으로 드막은 불타고 약탈당해서 "눈길을 줄 만한 것은 아무것도 남지 않았다".[201]

그럼에도 드막의 이름을 내걸고 계속된 전쟁 중에 수라바야가 점차 가장 강력한 무슬림 항구-국가로 등장하는 사이 중부 자바의 권력 중심은 처음에는 파장Pajang으로, 나중에는 마타람(족자카르타 인근)의 내륙 쪽으로 옮겨갔다. 부강한 마타람을 세운 위대한 설계자는 전사 세노파티Senapati였으며, 그가 죽은 지 반세기 후인 1601년 판 훈스가 그의 업적을 이렇게 요약했다.

〔세노파티는〕 1576년경 마호메트교를 받아들인 〔자바의 독자적인 통치자 열네 명 중〕 세 번째 팡에란Pangeran이었다. 처음 개종한 통치자는 반튼의 왕이고 두 번째는 체리본(치르본)의 왕이다. 동료들이 이 종교를 받아들이기를 완고하게 거부했으므로, 그는 자기 구역에서 권력과 수단을 갖추고 전쟁을 준비했다. 처음 공격한 곳은 가장 강성하고 인구가 많고 풍요로운 마타람이라는 주였다. 그는 순식간에 마타람을 정복하고 왕족을 가신과 함께 쫓아내버렸으며, 잔인하게도 그 아내와 자식들은 살려두지 않았다. 즉시 새로 받아들인 종교를 선포하고 마타람에 새 왕궁을 지었다. (…) 이 주를 정복한 후 그는 죽을 때까지 전쟁을 벌였다. 죽기 전에 그는 푸르바야, 블리타르, 살라톤, 파마랑의 주인이 되었다.[202]

드막이 주도한 이슬람화를 완전히 무시하기는 어렵겠지만, 이러한 구도에서 세노파티의 손자 아궁이 1613년 물려받은 국가의 핵심부는 아주 뒤늦게 표면상으로만 이슬람을 받아들였음을 알 수 있다. 세노파티는 부유하고 군사적으로 선진적인 해안 지역 이슬람 세력과 동맹을 맺을 필요성을 알아본 정복자였다. 술탄 아궁의 긴 재위기 동안 해안 도시들은 완전히 몰락하고 마타람이 자바의 맹주로 등극했으며, 아궁 자신이 중심인 새로운 종교적 통합이 이루어졌다. 이렇게 이슬람적이면서도 자바적인 의례 양식을 마련한 것은 아궁과 왕실의 성취였다. 적어도 자바인들의 눈에는 그렇게 여겨졌다.

샤리아에 입각한 국제 교역 공동체는 해안 지역에서는 우위를 보였으나 마타람에서는 실질적으로 등장한 적이 없다. 술탄 아궁은 왕실에 울라마를 두었으나,[203] 그들이 가진 영향력의 기반은 왕뿐이었다. 이슬람 율법의 전면적인 적용을 지지하는 계층은 없었다. 따라서 술탄 아궁이 신민에게 이슬람을 고수하라고 한 요구는 결코 엄격한 것이 아니었으나, 그 안에는 핵심적인 사항이 담겨 있었다. 유력자는 공개적으로 이슬람으로 개종하고 할례를 받아야 했다. 유럽인 등도 포로가 되었다가 사형을 면하려면 같은 요구 사항을 받아들여야 했다.[204] 직계 후계자들과는 달리 술탄 아궁은 공개적으로 금요일 기도에 참석하고, 관리들도 동행시켰다.* 바람 아래의 다른 통치자들처럼 술탄 아궁도 라마단 단식월 직후의 명절인 이둘피트리를 연중 최대의 왕실 행사로 만들었다. 1622년 이둘피트리에 마타람에 있었던 한 네덜란드 특사는 왕이 "사원"에 가서 기도하고 알룬알룬에서 주요 봉신들의 절을 받는 것을 보았다.[205]

술탄 아궁은 독실하고 율법주의적인 국제 이슬람 세력의 압력을 받지는 않았으나, 자바 전역에서는 금욕주의적 성인의 전통이 아주 중요했다. 이들은 고행자 타파tapa(여성형은 타피tapi)는 힌두-불교 자바의 수도원에서 "전 세계의 안녕을 위해 금욕주의, 종교적 복종, 명상을 결합한" 기술을 배우고 숲, 산봉우리 등 자바 전역의 성소에서 수도하며 탁발로 먹고 살았다.[206] 토메 피르스는 이슬람으로의 전환기에 이 경외의 대상에 관한 기록을 남겼다.

---

* 이 점은 네덜란드 사절인 더 한의 기록에서만 보인다(de Haen 1622: 312). 네덜란드와 자바를 막론한 다른 사료에서는 마타람의 모스크에 관해 언급하지 않은 점을 보면, 모스크의 구조가 눈에 잘 띄지 않았던 것일 수도 있다. 벽돌벽과 큰 지붕의 픈도포는 방문객의 눈에 모스크로 보이지 않았을 수 있다(de Graaf 1958: 113~115).

> 타파란 베긴* 같은 수행자를 뜻한다. 자바에는 타파가 대략 5만 명 있다. 그들의 조직은 서너 개 된다. 일부는 밥도 안 먹고 술도 마시지 않는다. 모두 동정이며 여자를 모른다. 그들은 약 1미터 길이에 (…) 머리에 꼭 맞고 하얀 별 다섯 개가 그려진 머리쓰개를 쓴다. (…) 이들은 무어인에게도 존경받으며, 무어인은 이들을 깊이 믿는다. 먹을 것을 주며 이들이 자기 집으로 찾아오면 기뻐한다. 이들은 규칙에 따라 둘씩 짝을 지어 다니며 혼자서는 다니지 않는다. (…) 나는 자바에서 이들을 열이나 열두 명씩 보기도 했다.[207]

이는 자바에서 금욕주의적 힌두-불교와 이슬람교 양식 사이의 연속성을 보여주는 놀라운 증거다. 자바에서 이슬람이 다른 종교와 더 이상 경쟁하지 않게 된 17세기 말, 한 독일인 외과의가 "은둔자들"의 한 범주를 소개하는데, 이들도 비슷한 머리쓰개를 하고, 동굴에 살며, 금욕주의를 실천하고, 성소를 지키며, 무슬림 성인이라고 여겨졌다.[208] 대부분 지역에서 타파는 이슬람에 반하지 않는 것으로 여겨졌고 적어도 내륙에서는 그렇게 이해됐다. 오히려 타파는 신비주의적 이슬람 전통을 받아들이고 무슬림 성인의 묘를 섬겨 자바 무슬림 사이에서는 이슬람의 외적 규율을 초월해 내적 핵심에 가닿은 수피 같은 존재로 받아들여졌다. 16세기 "자바 법령"에 등장하는 엄격한 해안지역 파시시르 이슬람조차 힌두적 특색이 뚜렷한 수행에 관해서는 경고하지만[209] 타파는 이슬람적 금욕과 자기부정으로 인정한다.[210]

왈리들의 가르침은 자바 전통 안에서 축복받았고, 그들의 묘는 숭배

---

* Beguine. 13~16세기 유럽에서 수도원과 유사한 공동체를 이루어 수행하던 그리스도교 조직. (옮긴이)

받는 것 이상이어서 적어도 당대 자바인 대다수가 이해한 대로라면 이 금욕적 전통은 이슬람 신비주의와 양립 가능한 쪽으로 움직였던 듯하다. 18세기가 되면 타파는 산트리santri, 곧 이슬람 신학생이자 영지靈知를 추구하는 자로 알려진다. 이들은 자바의 성소들을 순례하며 추종자들의 자선으로 먹고살았다.

금욕적 수행자와 위계적 국가의 관계는 언제나 문제적이었다. 그들은 왕실 숭배에 기여할 수도 있고 왕권을 심각하게 약화할 수도 있었다.* 1630년대 그러한 금욕주의자 무리가 마타람 지역에서 가장 신성한 무슬림 묘지인 틈바얏 인근에 모여 술탄 아궁을 위협하기 시작했다.[211] 술탄은 이들을 가차 없이 진압하고 간신히 살아남은 자들을 심문했다. 그럼에도 이 경험은 틈바얏 성지에 대한 술탄의 믿음에 전혀 영향을 주지 않아 1633년 공식적으로 순례를 가서 근사한 석조 대문을 새로 지으라고 명했다.[212] 결과적으로 그는 자신의 카리스마적 왕권과 직접 통치하는 지역의 가장 성스러운 무슬림 성지 숭배를 연결해낸 듯하다.

술탄 아궁이 자바 전통, 이슬람교, 왕권 숭배를 실질적으로 통합하기로 결심한 것을 일러주는 또 다른 증거는 그가 틈바얏에서 돌아오자마자, 서기 78년을 원년으로 하는 (인도식)자바력에 이슬람력과 이슬람 축일을 합친 새 달력을 공포했다는 점이다. 이 결정은 1625년 마타람에 무력으로 패배했음에도 완고하게 저항하던 수라바야 지역의 가장 신성한 고장 기리를 실질적으로 굴복시키려는 시도와도 연관된 듯하다. 아궁은 패배한 수라바야 왕조의 구성원들을 너그럽게 포용해서, 정통성이 동부 자바 해안으로부터 중부 자바 내륙의 자신에게 최종적으로 이동하

* 리클레프스는 산트리가 자바 왕에게 신비한 힘을 부여하고 자바 전역을 지배하고자 하는 야심을 키워 네덜란드-자바의 협력 관계에 위기를 초래한 18세기의 사례를 제시했다(Ricklefs 1974: 31).

는 토대를 마련했다. 그는 수라바야 왕조의 교양 있는 왕세자 팡에란 프킥을 마타람으로 데려와 누이와 혼인시키고, 전처와 사이에서 낳은 프킥의 딸은 자신의 후계자 아들과 짝지워주었다. 그 후 프킥이 맡은 임무는 군사적이라기보다는 정신적 저항을 계속하던 기리를 굴복시키고 그곳의 원로를 데려와 술탄 아궁에게 무릎꿇게 하는 것이었다. 프킥은 이 임무를 1636년에 완수했다.

마자파힛이 멸망한 이래 어떤 통치자보다 넓은 영토를 확보한 1624년 아궁은 수난(또는 수수후난)이라는 칭호를 내세웠는데, 그에 따르면 이슬람의 왈리와 영적으로 동등한 지위였다. 1641년에는 술탄이라는 칭호를 사용할 수 있다는 메카의 허락을 받았다. 죽기 직전인 1645년 이모기리에 무슬림 성인들의 묘지와 비슷하지만 훨씬 웅대한 규모로 자신의 묘를 세웠다. 자바 연대기는 사후 그를 프라부-판디타prabu-pandita(왕-사제)로 칭하며 왈리의 칭호를 주고, 그가 남다른 영적인 힘을 가지고 있어 금요일마다 메카로 날아가 예배를 드리고 왔다고 주장했다.[213] 아궁은 인도의 악바르 술탄*도 결코 이루지 못한 통합을 이뤄냈다. 즉 신민 전체가 스스로를 무슬림이라 칭하는 동시에 갈수록 그를 더 숭배하도록 만든 것이다. 예리한 네덜란드인 판 훈스는 아궁이 사망한 지 몇 년 후 자바인이 아무런 모순을 발견하지 못하고 "겉으로 보기에는 술탄을 너무나 자랑스럽게 여긴 나머지 그를 신처럼 존경하면서, 그들의 마호메트 신앙은 굳건해서 당연히 구원받을 것이 분명하다면서 남들을 저주하고 불경한 사람들이라고 조롱하기까지 한다"고 지적했다.[214]

---

* Akbar I(1542~1605). 무굴제국 3대 황제. 인도 북부와 데칸 지방까지 정복해 제국의 기반을 닦은 한편 중앙아시아-페르시아계 무슬림으로서 토착 무슬림, 힌두교도, 자이나교, 시크교는 물론 포르투갈의 그리스도교까지 여러 종교에 관심을 갖고 종교의 자유를 보장했다. 종교인들과의 토론을 통해 자신만의 교리를 만들고 자신이 중심이 된 일종의 종교를 창시하기도 했다. (옮긴이)

그러나 그러한 통합은 오래갈 수 없었다. 더 큰 이슬람 세계와 이슬람 형식주의 및 신비주의의 다양한 흐름에 대한 앎이 있는 한 개혁의 시도가 있었을 것이다. 그러나 국제적 이슬람의 압력은 북해안을 거쳐 매개되었고, 아궁이 사망한 후 마타람이 해안 통제권을 잃자 일부 후계자는 교역 세계 및 외부 이슬람 세계와의 동맹을 의식적으로 거부했다. 내륙의 자바인은 무슬림으로 남았으나, 이슬람 세계의 다른 지역에 밀려든 개혁의 물결은 자바 내륙을 건너뛰었다. 부기스족이나 마카사르족처럼 강력한 통치자에 의해 하향식으로 이슬람화된 다른 사회에서는 이슬람 율법과 관습의 전적인 도입에 반발하는 움직임이 공통적으로 있었다. 그러나 해안의 무역관계와 단절했다는 요인이 더해져 자바식 통합을 가장 오랫동안 지속되게 만들었다.

이슬람 경전적 영향력의 전성기

샤리아를 지켜라
샤리아 안에서 더 깊은 지식은 멀지 않다
그대의 닻에 걸린 밧줄이 샤리아 아닌 것에 걸린다면
영지靈地라는 항구에 닿기 어려울 것이다
_함자 판수리, 『시편』(Hamzah Fansuri, *Poems*: 92)

동남아시아인의 공적 행동 양식에 영향을 끼친 이슬람의 법적 요구는 17세기 전반부에 절정에 달했다. 같은 시기에 인도에서도 비슷한 현상이 있었다. 같은 현상이 교역의 시대 마지막 단계에 벌어진 것은 우연이 아니며, (9장에서 논할) 국가 절대주의 또한 그 시기에 정점에 달했다. 도시의 이슬람 무역상은 이 시기에 상대적으로 강력했으며 그들의 국제적 네트워크도 폭넓게 유지됐다. 중앙집권을 이룬 통치자(그들의 개인적 신앙은 차치하고)는 건설 중인 새 국가구조에 이 계급의 상징적·법적 요구 조건 일부를 반영하는 것이 유용할 뿐 아니라 필요하기도 하다는 점을 인식했다. 통치자는 무역상의 교역 활동 상당 부분을 장악하는 한편 이들의 사상을 부분적으로 통합할 필요성을 느꼈다. 이슬람 규범이 대중적 차원에서 얼마나 지켜졌는지를 측정하기란 어려운 일이지만, 이 시기에 가장 확대되었음을 보여주는 증거들이 있다.

첫째, 통치자와 가까운 가족이 메카 성지순례를 가는 것이 대유행이었다. 1608년부터 1624년까지 반튼의 섭정이었던 아르야 망갈라가 그 시작이었겠으나, 이 유행은 1630년대에 절정에 달해 반튼, 마타람, 마카사르의 통치자 모두 메카로 가는 사절을 후원했으며 그 목적 중 하나는 술탄 칭호를 얻어오는 것이었다.[215]

국내에서 통치자들은 자신의 이슬람 개종과 종교적 헌신성을 상징하는 행사에서 권력을 과시했다. 아체와 트르나테에서는 매주 왕이 금요일 예배에 갈 때마다 행렬이 열렸다. 말레이 사료와 유럽 사료 공히 술탄 이스칸다르 무다의 재위 초기 수천 명의 인원과 코끼리 열두 마리가 아체 왕이 금요일마다 모스크로 가는 행렬에 동원됐다고 분명히 밝힌다. 1613년 예배 행렬에는 코끼리 200마리와 인파 4000명 이상의 인원이 동원됐으며, 동물 시합과 다른 오락거리도 함께 펼쳐졌다.[216] 의식은 라마단 단식월 전야, 단식월 27일 계시의 밤, 단식의 끝(이둘피트리), 두 알히자Dhu al-hijja 순례월 10일의 희생제(이둘아드하) 등 중요한 이슬람 축일에는 더 성대했다. 이둘아드하는 특히 휘황찬란해서, 피터 먼디의 1637년 작 묘사를 살펴보면 물소 500마리가 도살되고 기병 및 보병 수천 명과 코끼리 부대가 행진했다.[217] 이러한 공식 의례는 아체의 첫 통치자 네 명의 치세 동안 성대하게 치러졌으나 첫 여왕인 타즈 알 알람의 재위기(1641~1675)에는 중단됐다.

이 시기의 국가는 이슬람적 정통성을 정치적 충성도를 가름하는 중요한 시험으로 만들고자 하는 경향도 있었다. 동남아시아 국가는 모두 다원적이라, 비무슬림 소수집단도 수도에서 어느 정도의 관용을 누렸다. 그러나 비무슬림이 법을 어기거나 분쟁에서 패했다면 사형을 면하는 흔한 방도는 이슬람 개종이었다. 1511년 이전 믈라카에는 그런 현상이 있었다는 증거가 없지만, 적어도 1565년부터의 아체와 술탄 바아불라(1570~1584)가 다스리던 트르나테, 17세기 중반의 반튼, 마타람, 마카사르, 크다에서는 있던 일이다.[218] 아체의 유명한 두 사례는 1601년의 더하우트만과 1637년의 포르투갈 사절단의 경우로, 아체의 울라마들이 지적 논쟁뿐 아니라 협박과 약속까지 해가며 개종시키려 시도한 일을 잘 보여준다.[219]

이슬람법은 배교(무르타드murtad) 행위에 사형을 내리지만, 동남아시아에서 무슬림 이단자에게 그런 판결을 내리는 일은 거의 없었다. 기록이 잘 보존된 유일한 사례는 아체의 이스칸다르 타니 재위기(1637~1641)의 일이다. 이 술탄은 1637년 이슬람으로 개종하지 않는다는 이유로 포르투갈인 여러 명을 처형하고, "돼지고기 없이 못 산다"는 이유로 중국인 무역상을 아체에서 추방했으며,[220] 시험으로 판결을 내리는 오래된 관습을 폐지하고 샤리아에 따라 증인을 중시하도록 하기도 했다. 구자라트 출신 학자 누루딘 아르라니리는 이 신앙의 수호자가 왕위에 오르자마자 아체로 돌아왔다. 그는 공개적으로 샴슈딘과 함자 판수리의 사상을 공격하고 아체의 대모스크 앞에서 그들의 책을 불태웠으며, 술탄에게 청해 그가 보기에 이단인 신과 인간을 동일시하는 교리를 펼치는 자들을 사형시키는 데 성공했다. 이런 극단적인 입장은 1641년 후원자인 이스칸다르 타니가 사망하자마자 대중의 강력한 반발을 불러일으켰고 라니리는 분노한 군중에게서 간신히 도망쳤다.[221] 17세기 후반부에 가장 영향력 있는 울라마였던 싱켈의 압두르라우프와 마카사르의 유수프 같은 수피 셰이크들은 라니리처럼 신앙의 정통성을 엄격하게 재단하는 데 관심이 없었다.

이들 전제 국가의 통치자가 외부의 권위를 받아들이기를 꺼렸던 점을 감안하면 놀랍게도 신의 법 샤리아가 적용됐다는 증거는 도처에 있다. 신실한 통치자의 사관이 어떤 면에서 이슬람 율법이 도입됐는지 기록했을 뿐 아니라,[222] 외국인 관찰자들도 실제로 적용된 형벌에 관해 확인해 준다. 샤피이파 율법은 4분의 1디나르(금 약 1그램) 이상 값어치의 물품을 훔칠 때마다 오른손, 왼다리, 왼손, 오른다리를 순서대로 절단하는 형을 내렸다. 절단형의 집행 여부는 평범한 방문객의 눈에도 띄어 기록되었을 만큼 명백했다. 아체는 17세기 내내, 브루나이는 1580년대에, 반튼은 술탄 압둘파타 아궁 재위기(1651~1682)에 이 샤리아 율법을 적용한 것으로 알려졌다. 아체는 무슬림이 술을 마시면 공개적으로 처벌했으며(일부 술탄은 음주하는 안 좋은 예가 되기도 했으나), 반튼은 아편과 담배를 피우면 이슬람 율법으로 처벌했다. 1644년 마카사르에서 말레이인 부자의 유라시아인 하인이 이슬람으로 개종했다가 다시 그리스도교로 돌아간 죄로 크리스 단검으로 사형당하는 일이 있었는데, 설명에 의하면 왕의 명령이 아니라 이슬람 율법을 따른 것이었다.[223] 통치자의 권력이 가장 확고한 국정에서조차 울라마가 성공을 거두기도 했다. 반튼은 17세

기 중반 10년 이상 이교도 네덜란드인과의 화평을 거부했는데 샤리아에 따른 것이었다고 한다.[224]

같은 시기 위에서 언급한 도시들과 파타니에서는 지배층 사이의 성범죄에 엄격한 이슬람식 형벌이 여러 번 내려졌는데, 이전의 동남아시아 관습과는 완전히 다른 정신에 입각한 것이었다.[225] 그러나 전해지는 법전의 구조를 살펴보면 샤리아 규정은 학설이나 부록처럼 수록되어 있을 뿐 기존의 법을 완전히 대체하지는 않았던 듯하다. 예를 들어 『운당 운당 믈라카』는 강간에 관대한 처벌(피해 여성과 결혼하거나 벌금을 내는)을 정해두고 "그러나 신의 법에 따르자면 남자가 성년의 무슬림, 곧 무샨mushan이면 투석형에 처한다"고 덧붙였다.[226] 다원 도시들은 다원적인 법체계를 가졌던 것이 분명하다. 그런 가운데 코즈모폴리턴 무역 소수 집단이 공동체 내부에서 이슬람 율법을 적용하는 선택지를 두고 더 엄격하게 이슬람 율법을 고수하는 선봉에 나섰다. 16세기 한 자바 해안 도시에서 무슬림이 쓴 문헌은 명목상 이슬람 정치체에 존재하던 그런 다원주의를 다음과 같이 확인해준다. "소송에 휘말려 이슬람 율법에 따라 재판을 받게 됐을 때 거부하고 이교도 판사에게 가겠다고 하는 것은 불신앙이다."[227]

그러나 17세기의 주요 술탄국들은 이슬람적 절차를 따르는 공식 샤리아 법정을 세우고 무슬림 신민은 모두 이슬람식 법률 절차를 따르도록 했다. 그 증거는 다시금 아체에서 가장 뚜렷해서 17세기 전반 내내 이슬람 재판소가 적어도 한 곳은 운영되었다. 볼리외는 실제 재판소가 두 곳이었으며 한 곳은 기도, 단식, 종교적 정통성에 관한 요구 사항을 어긴 죄를, 다른 한 곳은 채무, 결혼, 이혼, 상속에 관한 문제를 다루었다고 일러두었다.[228] 1636년 한 네덜란드 관찰자는 "대주교"(샴수딘의 후

그림 71 네덜란드 동판화에 표현된 1596년 반튼의 통치자가 종교 판사 카디와 회의를 여는 모습.

임 카디)가 매주 아체 법정에서 절도, 음주, 왕실 모독에 관한 재판을 주관했다고 분명히 기록했다.[229] 다른 사료도 이미 1580년대에 아체에서 카디의 중요성을 일러준다. 이토 다케시는 술탄 이스칸다르 무다(재위 1607~1636)가 이런 제도적 장치를 마련했으며 그의 두 후계자가 처음으로 이 기구가 왕실의 지속적이고 자의적인 간섭 없이 활동할 수 있도록 보장해주었을 것이라고 보았다.

반튼, 파타니, 트르나테 등에서 아랍어를 쓰는 카디(유럽에서 "주교"에 해당)는 법정에서 핵심적인 존재였다(그림 71).[230] 그러나 아체 밖에서 샤리아 법정에 관한 확실한 증거가 있는 곳은 술탄 아궁 치세의 반튼뿐이다. 반튼에 살던 프랑스 선교사는 이렇게 보고했다. "두 수석 판사가 있는데 한 사람은 대大차판다르[샤반다르]라고 부르며 모든 상업 문제를 다루고, 다른 사람은 치아리아[샤리아]라고 하며 모든 민형사 사건을 관장하며 범죄 중에서 절도와 간통을 특히 엄하게 처벌한다."[231]

대중이 신앙을 어느 정도까지 받아들였는가 하는 어려운 질문에 관해서는 외국인의 인상을 참고할 수 있겠다. 1640년대 한 네덜란드인은 잠비에서 사람들이 종교적 신앙심이 너무 강해 "요즘 너무 종교적이라 평범한 사람도 반쯤은 교황[네덜란드인이 울라마를 가리킬 때 흔히 쓰던 단어] 같고, 귀족들은 전적으로 그렇다"고 불평했다.[232] 마카사르에서는 술탄 하사누딘 재위기(1654~1669)에 아랍식 규범이 여성 의복에 적용되고 포르투갈계 가톨릭 유력자 소수집단에는 각종 제한이 내려졌다.

동남아시아식 신앙심은 모스크에 나가는 것으로 표현되지 않았다. 많은 오랑카야가 모스크를 후원하거나 자신의 모스크를 지었지만, 댐피어는 "비열한 종류의 사람들은 신앙심이 별로 없으며, 나는 그런 자가 기도하거나 모스크에 가는 것을 본 적이 없다"고 했다.[233] 동남아시아 무슬림이 이방인에게 신앙심을 가장 확실하게 보여줄 때는 라마단 단식월이었는데, 아마도 "종교적인 이유로 의식적이고 자발적으로 고난과 역경을 추구하는" 옛 사고방식을 확인하게 해주었기 때문일 것이다.[234] 프랜시스 드레이크는 1579년 자기 배에 탄 말루쿠 귀족들이 낮에는 물 한 잔도 마시지 않다가 밤에는 잔치를 벌이며 단식월을 지키는 모습에 깊은 인상을 받았다.[235] 민다나오에서 라마단 기간에 "사람들은 하루 종일 굶고 (…) 한 시간 가까이 기도"했다.[236] 라니리에 따르면, 아체에서는 신실한 술탄 알라우딘 페락(재위 1580~1585)과 술탄 이스칸다르 무다가 하루 다섯 번 기도와 엄격한 단식을 신민 전체에게 강요했다.[237] 이 두 통치자의 재위기 사이에 방문한 판 바르베이크는 12세 이상이면 누구도 라마단 기간에 해가 떠 있는 동안 음식을 먹지 않는다고 여겼으나,[238]

더 하우트만은 단식은 왕실에서만 엄격하게 지키고 "평민들은 하고 싶은 만큼만 한다"라고 자신이 본 바를 적었다.[239]

대륙부 동남아시아에서 이슬람의 도전

> 〔캄보디아의 왕 리어미어트빠더이가〕 대신, 고관, 모든 직급의 궁인에게 말했다. "너희는 모두 알라의 종교에 입문해야 한다. 입문하기를 거절하는 자는 관직을 떠나야 한다." 왕의 권위가 두려운 나머지 대신과 고관들은 모두 마호메트의 종교를 받아들이기로 했다. (…) 대신, 고관, 궁인 모두 예외 없이 포피를 절개하는 의식에 참여했다. (…)
>
> 왕이 8월 궁전에 돌아오자 명했다. "왕과 왕족은 긴 튜닉을 입고 언제나 크리스 단검을 차야 한다."
>
> _『캄보디아 연대기』(Chroniques Cambodge 1981: 190)

도서부에 이슬람교와 그리스도교가 진출하면서 경제사회적 변화가 가능해졌다면, 대륙부에서도 같은 일이 벌어졌는지 질문해봐야 할 것이다. 상좌부불교가 절대 국가와 개인 도덕 쪽으로 움직이며 같은 도전에 어느 정도는 응답했다(다음 단락을 보라). 그러나 각국에서는 가장 유력한 종교 바깥에서도 강력한 도전이 있었다. 가톨릭과 개신교는 베트남에서 17세기 전반부 사이 크게 세력을 확장했고 이슬람교는 참파, 캄보디아, 시암에서 그 영향력을 최대치로 키웠다. 이러한 성과는 전적으로 항구 주변의 교역과 연관된 지역에 집중됐다.

드 브리토의 전투적인 가톨릭 신앙이 항구의 몬족 사이에서 추종자를 확보한 것은 분명하나 버마에 관해서는 논할 것이 많지 않다. 교역에 적합한 종교 형태의 필요성을 보여주는 더 흥미로운 현상은 18세기 가톨릭 선교사들이 관찰한 "조디Zodi"(팔리어로 빛을 뜻하는 조티joti에서 왔음) 종파다. 이 종파는 보도퍼야 왕이 즉위하던 해인 1782년 극심한 탄압을 받았다. 18세기 말 만테가차는 조디 종파가 본래 상좌부불교 이전에 버마족과 샨족의 종교였다가, 적어도 몇 세대 전에 한 샨족 승려가 버마의 소수 종파로 재탄생시킨 것이라고 믿었다.[240] 신자들은 국가와 아무 관계를 맺지 않으며 사원과 윤회사상을 경멸했다. 그들은 오히려 현세의 업보로 사후에 영생을 얻거나 벌을 받는다고 생각하는 쪽이었다. 만테가차는 이들이 그가 버마 불교의 주류라고 여긴 숙명론과 완전히 반대 입장에 있다고 보았다. "그들은 대부분 상인이고 상부상조하며 개종자의 정신을 지녔다."*

북베트남에서 왕과 유교 지식인, 상좌부불교 국가들에서 왕과 상가의 연합은 이들 공격적인 신흥 종교의 영향력을 제한하고 결국은 원 상태로 되돌려놓을 수 있을 만큼 강력했다. 이러한 탄압 과정의 일부는 일본과 마찬가지로 국제 교역의 금지였고, 때문에 대륙부 국가들은 17세기에 국제 교역에서 이탈하는 경향을 보였다.

17세기 이슬람의 부상과 몰락은 특별히 주목해볼 만큼 극적인 데가 있다. 이슬람이 대륙부 동남아시아에서 누린 지위와 반이슬람 세력의 분포는, 사료가 거의 없는 도서부에서 이슬람화가 진행된 초창기 과정

---

* 산제르마노의 2차 문헌을 보았으나 만테가차의 글은 보지 않은 다른 이들과 마찬가지로, 만델손은 조디 종파를 슈웨 요가 묘사한 19세기의 빠라맛Paramat(Shway Yoe 1882: 147~148)과 동일시하는 혼란을 일으켰다(Mandelson 1975: 73~77). 조디파는 보도퍼야 왕 이전부터 존재하다가 그의 치세가 시작될 때 탄압받았지만, 빠라맛은 훨씬 나중에 등장했으며 보도퍼야 왕의 적극적인 지원을 받았다.

을 해명해주기도 한다.

대륙부에서 이슬람의 영향력이 시작된 최초의 중심지는 참파였다. 참파는 중국으로 가는 무역로에서 전략적인 위치에 자리 잡아 도서부 동남아시아의 오스트로네시아 계통 언어, 인종, 외교 면에서 상호작용해왔다. 늦어도 11세기부터 무슬림 무역상이 참파에 거주했으며, 1471년 수도 위자야Vijaya(꾸이년)가 베트남에 정복되자 무슬림들이 늘 모여 살던 판랑Phan Rang 지역으로 수도를 옮기면서 이슬람의 영향력이 커지기 시작했다. 16세기 말 이슬람교가 빠르게 확장해 "새로이 신앙을 고백한 자가 수없이 많았다".[241] 왕 자신은 1607년까지 힌두교도로 남았으나, 포르투갈과 스페인에 맞서기 위해 조호르 술탄과 긴밀한 유대를 맺었으며 오랑카야들에게 모스크를 짓고 이슬람으로 개종하라고 부추겼다. 1611년 베트남의 계속된 정복활동으로 참파의 주권은 위기를 맞았고, 이후 코친차이나의 참 '성province'의 종교에 관한 정보는 많지 않다. 그러나 1670년대경에 왕을 비롯한 참파 구성원 대부분이 무슬림이었으므로 무슬림의 영향력이 확대되었을 것은 분명하다.[242]

이웃의 캄보디아 또한 말레이 세계와 무역으로 연결되었고, 참파 영토에서 무슬림, 힌두교도 참족, 크메르족, 베트남인이 서로 맞붙어 싸운 여러 분쟁에도 연루되었다. 16세기 말 말레이인과 참파 난민을 비롯한 참족 무슬림은 중국인, 일본인, 포르투갈인과 더불어 캄보디아에서 가장 중요한 교역 소수집단이었다. 그들은 캄보디아에서 반세기 동안 지속된 분쟁에 핵심적인 역할을 했다. 이 분쟁은 1594년 캄보디아 왕이 시암의 정복을 피해 라오스로 도망가면서 시작됐다. 그 후 6년 동안 외국 세력들이 수도에서 싸우는 와중에 네 왕이 차례로 잔인하게 살해당했다. 도망간 왕은 수도의 포르투갈인과 스페인인을 부추겨 마닐라의 지원을 청하게 했고 마침내 일단의 이베리아인 모험가가 캄보디아 수도에 도착했다. 그러나 이들은 혼란을 가중시켰을 뿐이다. 중국인 등 다른 무역상과 분쟁을 일으키고, 시암이 세운 왕을 죽이고, 무분별하게 노략질을 벌이고는, 한 스페인 연대기를 인용하자면 "불타는 로마, 전멸당한 트로이 아니면 파괴된 카르타고" 같은 도시를 버리고 떠났다.[243] 대담무쌍한 스페인 모험가 블라스 루이스*와 디에고 벨로주**는 배를 타고 코친차이나에 가서 다시 육로로 위앙짠까지 망명한 캄보디아 왕을 찾으러 나섰다. 그러나 왕이 벌써 죽었으므로 두 사람은 왕의 아들 짜우쁘니어떤Cau Bana Tan을 메콩강 하류의 캄보디아 수도로 데려가 왕으로 세웠다.[244]

새 왕은 미약한 왕권을 외국 세력에 크게 기대고 있었다. 지방 수령을 차지한 두 유럽인 외에도 왕의 강력한 동맹에는 락사마나라는 말레이식 직위를 가지고 메콩강 하구의 캄보디아 해안을 관장하는 조호르 출신 말레이인 오랑카야가 있었다. 그는 참파의 권력투쟁으로 발생한 난민이 절대다수인 무슬림 4000명과 캄보디아 "최강의 포병대와 선단"을 거느렸다고 한다.[245] 이 불안정한 나라에서 무슬림과 그리스도교도 사이의 긴장은, 마닐라와 나가사키에서 유럽과 일본의 무법자 지원군이 도착하자 기고만장해진 한 줌의 스페인인이 토지와 지위를 요구하면서 더 격해졌다. 이 지원군이 무슬림 부대를 공격했고 그중 한 공격은 락사마나가 1598년 캄보디아에 있던 그리스도교도 모험가를 전부 학살하는 계

* Blas Ruiz(?~?). 페루 출생의 스페인 모험가. 스페인령 마닐라에서 캄보디아로 가는 길에 납치되어 참파 왕의 노예가 되었다가 1592년 캄보디아로 탈출했다. 디에고 벨로주과 함께 모험 끝에 라오스에 발을 디딘 최초의 유럽인이 되었다. (옮긴이)

** Diego Veloso(1588~1599). 포르투갈 아마란트 출신의 모험가. 1583년경부터 캄보디아에 살며 왕실의 신임을 얻었다. 당시 포르투갈은 이베리아 연합이란 이름으로 스페인과 통합된 상태여서 블라스 루이스와 함께 마닐라의 지원을 청하는 특사가 되었다. 두 사람의 파란만장한 모험에 관해서는 밀턴 오스본의 『메콩강』(진인진, 2018) 8장을 보라. (옮긴이)

기가 되었다.

이 사건으로 락사마나는 캄보디아 최고의 권력자가 되었고 얼마 지나지 않아 자신에게 반기를 들고자 한 새 왕을 죽였다. 말레이인으로서 크메르인의 왕으로 인정받기란 어려운 일이었으나, 그는 캄보디아 동부에서 독자적인 군벌로 자리 잡았다. 1년이 지나지 않아 살아남은 크메르 왕실의 대신들이 군사를 일으켜 락사마나와 그의 핵심 동맹인 참족 뽀랏Po Rat을 제거하는 데 성공했다. 크메르 대신들은 시암과 평화협정을 맺고 아유타야에 포로로 가 있던 왕자를 데려와 왕으로 세웠다. 이 불교 왕조는 시암의 지원을 받으며 불안한 권력을 유지했다.[246]

이런 위기를 겪으며 무슬림 소수집단은 강력한 군사력으로 대두했으며 그 일부는 캄보디아 주권의 수호자를 자처했다. 이 주장은 이후 네덜란드가 캄보디아와 메콩 지역 산품의 수출 독점권을 요구하면서 벌어진 지속적인 저항 과정에서 더욱 강력해졌다. 말레이 선주들은 캄보디아에 인도산 직물을 공급하고 안식향, 사슴 가죽, 옻과 교환하는 교역에서 네덜란드동인도회사의 가장 큰 경쟁자였다. 한편 크메르 지배층 사이에서 분쟁은 계속되었고, 새로 왕권을 찬탈한 자는 국내 지지 기반을 닦는 데 훨씬 더 무능했다. 1640년경 권력을 잡은 버뚬리어찌어Padumaraja 왕은 지도자급 크메르인과 무슬림을 가차 없이 처형했다. 그에 대한 반발로 1642년 또 다른 반란이 벌어지고 왕의 조카인 짜우쁘니어짠Cau Bana Cand이 왕위에 올라 리어미어트빠디이Ramadhipati라는 칭호를 썼다. 새 왕은 다시 새로운 숙청을 벌여 이 동맹관계에서 멀어지고 나서야 자신의 권력 기반이 자신을 옹립한 무슬림밖에 없다는 것을 깨달았다.[247]

1643년 교역을 둘러싼 분쟁으로 캄보디아의 네덜란드인 40명가량이 학살당하는 사건이 벌어지자, 왕은 네덜란드의 맹렬한 보복에 맞설 동맹이 절실해졌고 그 결과 무슬림과 더 긴밀해졌다. 왕은 이슬람으로 개종하고 정치적 목적을 위해 술탄 이브라힘이라는 칭호를 채택한 후 메콩 강변에 말레이 왕궁을 본뜬 건물을 지었다. 네덜란드인이 해안을 벗어나지 못하게 한 다른 무슬림 국가들에서처럼 포르투갈인(과 그리스도교도 일본인) 무역상과 상인이 수도에서 큰 역할을 했다.[248]

훨씬 나중에 기록된 왕실 연대기는 이 극적인 전개를, 무슬림에게는 강한 마력과 이성을 유혹하는 힘이 있어서 그 힘을 쓴 말레이 여인에게 왕이 대책없이 빠져들어 급기야 여인의 신앙까지 받아들인 것이라고 설명한다.[249] 다른 기록은 크메르족은 어떤 경우에도 충직하고 순종적인 신민인 까닭에 왕이 강력한 군사력을 갖춘 무슬림의 적극적인 지원을 받아야 했다는 그럴듯한 동기를 덧붙인다.[250]

이런 움직임은 헛된 것일 수 없었다. 초기의 혼란에도 불구하고 술탄 이브라힘은 15년간 왕위를 지켜 지난 세기 이래 어떤 불교도 왕보다 오래 왕위에 머물렀다. 왕실 연대기는 그에 관해 이렇게 평가했다. "왕국의 승려들은 왕을 아주 못마땅하게 여겼는데, 승려들을 전혀 고려하지 않았기 때문이다. (…) 고관과 관료뿐 아니라 평민마저 옆길로 새 무슬림 종교로 개종하고 불교 신앙을 저버린 왕에 대해 어떤 희망도 애정도 없었다."[251] 그럼에도 왕에 불만을 품은 왕자들은 또 다른 외부 세력의 간섭을 야기할 뿐이었고 이번에는 코친차이나의 베트남인 통치자를 끌어들였다. 1658~1659년 사이 베트남의 파괴적인 침략으로 술탄 이브라힘은 포로가 되고 베트남 혈통의 왕자가 캄보디아 왕이 되었다. 이렇게 이슬람의 시간은 종말을 고했으나 캄보디아는 어느 때보다 더 치열한 베트남과 타이 간 야망의 전장이 되고 말았다.[252]

이 중요한 시기에 시암에서도 무슬림의 영향력이 최고조에 달했다. 이르게는 1540년대에도 아유타야에는 페르시아인, 인도인, 말레이인 무슬림이 많았고 이들의 영향력은 떠닝다이에서 특히 커서 포르투갈에 맞서는 저항 세력으로 떠올랐다.[253] 말레이 세계의 위대한 신비주의 무슬림 시인 함자 판수리는 아유타야의 (주로 시테*) 무슬림 사이에서 신비주의를 배운 듯하다.[254] 왕위 찬탈자인 쁘라삿통 왕 재위기(1629~1656)에 시테 무슬림은 시암의 교역 관련 관청을 좌지우지했다. 페르시아인 이브라힘에 따르면 쁘라삿통 왕의 아들 나라이는 소년 시절 "페르시아인들을 정기적으로 방문하고 페르시아인의 교제술과 음식을 아주 즐겼다"고 한다. 1657년 나라이가 왕권에 도전하기로 하자 페르시아인들은 연례 하산-후세인 축일을 빌미로 왕에게 접근해 자신들의 무기로 왕을 공격했다.[255] 그 결과 페르시아인 시테들은 나라이의 가장 가까운 고문이 되었으며 특히 위험천만한 유럽 회사들에 대항하는 교역의 균형추 역할을 했다. 페르시아인의 우두머리는 시암식 존칭 옥프라 신나오와랏Ocphra Sinnaowarat으로 더 잘 알려진 교양 있는 상인 아콰 무함마드 아스타라바디Aqa Muhammad Astarabadi였다. 그는 1668년 시암 사절단의 페르시아 방문을 성사시켰으며 페르시아와 아체의 사절단이 시암에 방문하자 성대한 환영연을 열어주었다. 두 사절단 모두 나라이 왕이 이슬람을 받아들이기를 기대했다고 한다.[256] 아스타라바디는 왕국의 군대를 페르시아와 인도 출신 시테 무슬림으로 채워나갔다. 주요 항구의 다양한 수장직이 무슬림의 손에 들어갔으며 1670년대 후반 떠닝다이와 베익은 페르시아인이, 푸껫과 인근 방클리는 인도인이, 방콕은 튀르크인이 다스

* Shi'ite. 시아파. (옮긴이)

렸다.[257] 국가에 봉사한 대가로 무슬림은 노역을 면제받았고 이런 조처는 분명 무역항구 상인들의 이슬람 개종을 부추겼다. 이미 무슬림 영향력의 전성기가 지난 1686년에 떠닝다이에서만 그런 종류의 개종이 1000건 이상 있었으며, 그들에게 부과된 특별세를 통해 이 사실을 알 수 있다.[258] 같은 시기 시암의 수도에서는 카르발라 전투*를 기념하는 연례 하산-후세인 행렬에 시테 무슬림 2000명이 참여했다. 그 비용 또한 왕이 자신의 왕위 계승을 도운 무슬림에게 감사하는 뜻에서 부담했으며 "수많은 시암 남녀"가 무슬림으로 개종하고자 했다고 한다.[259]

이들과는 상당히 다른 집단은 바람 아래의 땅 출신 수니파 무슬림으로, 말레이인 및 자바인 무역상, 그리고 역내 무슬림 무역 국가에 닥친 재앙으로 인해 망명한 귀족들을 포함했다. 1660년대에 네덜란드로부터 굴욕을 겪은 후 자존심 강한 마카사르인 지배층 일부는 아유타야로 떠났고 훨씬 더 많은 수가 무슬림 국가인 반튼으로 이동했으나 1682년 반튼마저 네덜란드동인도회사의 손에 넘어갔다. 아유타야는 다른 큰 무역도시들과 광범위한 무역·외교관계로 연결되어 있었으므로 1680년대 무슬림 난민과 망명자에게 중요한 장소였다. 참족 무슬림도 베트남의 남진과 내부 분쟁을 피해 아유타야를 망명지로 택했다. 아유타야에는 수세에 몰린 참파 왕의 세 형제가 와 있었는데, 무슬림이던 형제 한 명이 당시 나라이 왕의 궁정에서 상당한 유력자였다고 한다.[260]

아스트라바디가 1679년에 세상을 떠나자 그 아들들은 형제끼리 다툼에 여념이 없었던 데다 왕에게 영향력을 미치는 화려한 삶에서 헤어나

* 680년 오늘날의 이라크 영토인 카르발라에서 예언자 무함마드의 손자인 후세인과 그의 무리가 우마이야 제국의 칼리프 야지즈가 보낸 대부대에 전멸당한 사건. 후세인의 '순교'는 시아파가 집결하는 계기가 되었고 지금도 무슬림 세계에서 성대하게 기념된다. (옮긴이)

오지 못했다. 나라이 왕의 변치 않을 것 같던 페르시아 문명에 대한 관심과 흥미는 1680년대에 특히 프랑스인에게 소개받은 유럽의 성취로 옮겨갔다. 그리스인 모험가 콘스탄틴 폴콘*은 여러 대사관을 조종해 페르시아인보다 더 큰 무역 이익을 왕에게 확보해줄 수 있음을 보여주며 아유타야의 외교·무역관계를 장악했다. 그러나 무슬림에게 최후의 철퇴가 내려진 것은 1686년 수도의 동남아시아인 무슬림이 반란을 일으키면서였다. 정책이 바뀌자 마카사르인과 참족 귀족과 몇몇 울라마가 자신들의 신앙이 위기에 처했다고 느꼈던 것이다. 그 수는 몇백 명밖에 안 됐으나 이 절박한 이들은 놀랍게도 거의 왕궁을 점거할 뻔했다. 여러 관찰자는 유럽 군대가 진압을 돕지 않았더라면 반란이 성공했을 것이라고 여겼다. 그러나 이 반란 이후 무슬림은 시암의 소수집단 중에서 가장 중요했던 지위를 급격히 상실했다.[261]

요약하자면 대륙부에서 무슬림 세력의 높은 물결은 도서부에서와 마찬가지로 교역, 군사력, 더 거만한 유럽인의 강압에 기꺼이 저항하려는 자세와 함께 시작되었다. 원주민 이슬람 개종자 수도 많았다. 그럼에도 이 움직임이 실패한 까닭은 부분적으로는 외국 세력 간의 균형이 무슬림에게 불리해진 데다 왕과 상가가 이미 강력하고 대중적인 불교도 정체성을 형성했기 때문이다.

* Constantine Phaulkon(1647~1688). 그리스인 모험가. 13세에 그리스를 떠나 런던으로 갔다가 20대 초인 1669년 잉글랜드동인도회사의 일원으로 동남아시아에 도착했다. 1675년 시암에서 무역상으로 일하다가 1680년대에 나라이 왕의 총애를 받으며 아유타야 국정에 큰 영향력을 끼쳤다. 프랑스인들은 그를 '무슈 콩스탕스'라고 불렀다. (옮긴이)

불교와 국가

> 친애하는 벗 프랑스 국왕이 왜 그토록 신에 관련된 일을 염려하는지 나는 이상하기만 합니다. 신 당신은 아무 관심 없고 당신을 섬기는 일을 전적으로 우리 재량에 맡기신 듯한데 말입니다. 신이 천지와 만물을 창조하셨기에 만물에 아주 다른 성질과 성향을 준 것은 아닌지 (···) 신이 원하셨다면 만물이 따라야 할 종교와 가장 용납할 만한 숭배 형태에 대한 같은 감정을 불어넣고 모든 나라가 같은 법으로 일어나고 망하게 했을 것입니다! (···) 진정한 신이라면 다른 방식의 숭배와 의식으로 영광되는 것을, 수없이 많은 창조물에 의해 복되어지는 것을 크게 기뻐하지 않겠습니까.
>
> _루이 14세가 그리스도교로 개종을 권하려 보낸 서한에 대한 나라이 왕의 답신 (Tachard 1688: 223~224)

상좌부불교의 발전은 이슬람교의 발전과 같은 방식으로 설명할 수 없다. 이 스리랑카 불교 부파部派는 교역의 시대 훨씬 이전에 버마의 아노여타 왕(1044~1077), 캄보디아의 자야바르만Jeyavarman 7세(1181~1220?), 치앙마이의 망라이 왕(1292~1317), 수코타이의 람캄행 왕(1279?~1298) 같은 대제국의 설계자들에 의해 국교로 제정되었던 것으로 보인다. 중국 관찰자들은 이미 13세기 후반 앙코르와 15세기 아유타야에 상좌부불교의 핵심적 상징인 사프란색 승복의 금욕주의자 삭발 승려가 많다고 기록했다.[262] 사원과 특히 순례 중심지는 시장이기도 해서, 라오스에서는 "수도원이던 곳이 지금은 가게와 시장이 된 듯"할 정도였다.[263] 버마 남부의 몬족은 한때 대륙부 동남아시아에서 가장 활발하게 교역하고 상좌부불교 개혁을 선도하는 민족이었다. 몬족의 항구 떠통과 목뜨마는 타이 남부의 나콘시탐마랏과 함께 새로운 사상이 확산되는 중심지였다. 그럼에도 상좌부불교는 이슬람교처럼 국제 무역상의 도움을 받아 전파되지 않았다. 버마족, 타이족, 크메르족은 일단 해양 무역상이 아니었으며, 따라서 보편적으로 타당한 신앙에도 크게 감화받지 않았다. 오히려 이들은 페르낭 브로델이 모든 대시장emporia에서 발견한, 다른 민족은 다른 신앙을 갖는 것이 당연하다는 "관용의 기적"의 좋은 예로 보인다.

동남아시아 전체가 공통적으로 겪은 이 시기의 특징은 지역적 부족장들이 쇠락하고 소수의 큰 국가가 확고하게 강력해졌다는 점이다. 15세기에서 17세기까지 강력한 제국의 설계자들은 모두 도서부의 통치자들이 이슬람교를 선호한 것과 같은 이유에서 "지역적 전통보다는 외부에서 승인받은(흔히 스리랑카를 경유한) 문자 기반 권위의 원천"을 선호했다.[264] 그들은 독특한 신성함과 권력을 지닌 성보聖寶와 불상에 대한 권리를 내세우고, 상가를 후원하고, 종교개혁을 지지해 다른 종교전통을 무력화하고, 왕권을 과시하는 의례로써 종교 축제를 크게 열어 스스로 주연배우가 됐다. 따라서 그들이 권력을 얻으면서 15세기 동남아시아 지역을 특징짓던 어마어마하게 다양한 정령 숭배, 의례, 금욕적 고행 등은 점차 사라지고 불교 정통 신앙에 대한 더 획일적인 관점에 밀려났다.

1500년 이전의 불교에 관한 주요 사료는 신실한 수도자의 서사와 비문이기 때문에, 이런 다양성 흔적으로만 남아 있다. 오코너가 지적한 대로 영웅은 불교 연대기에서조차 "마력을 지닌 은둔자rusi와 다른 카리스마적 종교 지도자"일 때가 많았다.[265] 버마족 사관들은 버잉나웅 왕의 정복과 합병 전까지 상부 버마 지역 대부분을 지배하던 샨족을 버마족의 정복으로 "개종한" 불신자로 분류했다. 한 샨족 왕은 1540년 잉와에서 승려 360명을 학살하고 사원과 수도원을 약탈했다는 혐의를 받았다.

이 시기에는 상부 버마의 버마족 승려조차 동물을 제물로 바치는 희생제를 치르고 술이 나오는 연회를 벌여서 17~18세기의 개혁된 상좌부불교 계승자라기보다 동남아시아 종교의 성격에 훨씬 더 가까웠다.[266]

대륙부 동남아시아의 종교적 다양성을 보여주는 또 다른 귀중한 흔적은 윤색된 부분이 많다 할지라도 멘데스 핀투(혹은 다른 누군가)가 합류한 1540년대 메콩강 인근 라오 왕국들로 떠난 버마 사절단의 여행 기록이다.* 일행이 머문 한 유명한 순례 성지에서 연례 축제가 열리자, 힌두교도가 크리슈나 신상을 실은 수레 밑에 몸을 던지듯 회개자들이 신상을 실은 수레바퀴 아래로 몸을 던졌다. 인근에는 동굴에서 "지나칠 정도로 혹독하게 금욕 생활"을 하는 은둔자들이 있었다. 루앙파방으로 보이는 한 왕국에는 "각기 다른 스물네 종파"가 있으며 "종파별로 선과 악에 관한 가르침이 판이하고 끔찍한 행위와 계율을 구분하지 못해, 특히 유혈이 낭자한 자기희생은 듣기에도 무시무시했다".[267]

이러한 우상 숭배를 억누르려던 움직임 또한 그 흔적만 찾아볼 수 있다. 루앙파방 연대기는 1527년 왕이 칙령을 내려 "영혼 숭배를 금지하

* 핀투는 그 이전에 마르코 폴로가 그랬듯, 놀랍게 다채로운 『편력기Peregrinacão』(1614)를 믿을 수 없다는 평가에 아직도 시달린다. 포르투갈인들은 오랫동안 핀투의 『편력기』를 문학의 고전으로 여겨왔으나, 영어 사용자 사이에서는 매력적인 거짓말쟁이의 허풍 같은 것으로 받아들여졌다. 극작가 윌리엄 콩그리브의 대사가 그런 전형이다. "멘데스 핀투는 그대와 같은 부류라오. 일류 거짓말쟁이이기는 하지." 이 문제는 일차적으로 허술하기 짝이 없는 1663년 코간 번역판이 계속해서 재판을 찍은 탓이며, 마침내 레베카 카츠의 현대적 완역본이 나오면서 해소되었다. 핀투의 느슨한 숫자 개념(도시 인구나 군대의 규모 등에서) 또한 오명에 기여했다. 마지막으로 직접 들은 것처럼 이야기를 사유화하는 문학적 장치를 써서 기록한 주요 아시아 인물 간의 대화는 있는 그대로 받아들여져야 할 것이다. 세월이 흐르면서 진지한 학자들이 다시금 핀투의 아시아 사회에 대한 지식을 입증해주었다. 이제 더 이상 그가 1539년 이후 수년간 믈라카에 머물면서 도서부 동남아시아를 여행하면서 유창한 말레이어를 익혔다는 데는 의심의 여지가 없다. 그는 1540년대에 버고에도 몇 년 있었던 것으로 보이며, 이제 더 이상 쓰이지 않는 몬어 단어를 간간이 사용하기도 한다. 그는 떠빙쉐디 왕이 라오스로 보낸 사절단(란쌍 왕국 연감에도 기록된)에 들어갔거나, 사절단의 이야기를 자세히 들었던 것이 확실하다. 핀투가 말한 칼라미냥Calaminham("지상의 왕")의 제국은 당시 루앙파방이 수도였던, 잘 알려지지 않았던 란쌍 왕국인 것이 거의 분명하다. (de Campos 1940: 229~230; Catz 1989: 564n; 핀투 2005 상: 659; Vickery 1991)

고, 루앙파방 길목의 남뜬강 하구에 있는 이단적 영혼 숭배 사원을 파괴하고 그 자리에 파고다를 (…) 세우"도록 했다고 밝힌다.[268] 버마 비문과 연대기는 버잉나웅 왕(재위 1551~1581)이 상부 버마 전역에 사원을 세웠을 뿐 아니라, 인간과 동물을 제물로 바치는 것을 금지하고 이 다원적인 지역의 종교 달력을 통일했다고 일러준다.[269] 버잉나웅 왕은 백성을 대하듯 영혼nat도 고압적으로 대해서, 영혼이 전장에서 자신을 돕지 않으면 그 영혼의 사원을 불태우라고 명했다.[270] 시암에서는 독실한 송탐Songtham 왕(재위 1611~1628)이 우상 숭배와 전쟁을 벌였다고 한다.[271] 그러나 수도에서도 질병을 치유하는 가장 흔한 방법으로 영혼에 동물을 제물로 바치거나 주술사를 통해 영혼을 불러내는 행위가 계속됐다.[272]

몬족과 타이족 승려들은 13세기부터 주기적으로 스리랑카의 여러 사찰을 방문해 더 정통적인 방식을 찾고자 했다. 그런 순례지 중 하나였던 마하위하라Mahavihara는 특히 타이 최남단의 무역 중심지인 나콘시탐마랏 출신들이 선호하던 곳이었다.[273] 그러나 마하위하라는 15세기가 되어서야 대륙부 동남아시아에서 상가와 국가를 중앙집권화하는 기구로서 주도권을 확보한다.

한 타이 북부 연대기에 따르면 1423년 치앙마이, 롭부리, 버마의 몬 지역 출신 승려 서른아홉 명이 스리랑카로 가서 마하위하라 종단의 승려로 다시 계를 받았다. 그 후 승려들은 제일 먼저 당시 떠오르던 항구-국가 아유타야로 가서 새 종단을 후원하도록 왕을 설득하는 데 성공했다. 아유타야의 신실한 연대기에 따르면 마하위하라 승려들은 1430년 치앙마이까지 찾아갔으나 치앙마이 왕은 "악령 숭배자들을 열렬히 신봉"했기에 우호적이지 않았다.[274] 그러나 이 왕은 1442년 아들 틸로카라자의 손에 폐위당했고, 새 왕은 마하위하라 개혁파와 긴밀한 동맹을 형성했다. 새 종단을 위한 사원이 지어지고 기존 승려들은 새로 계를 받았다. 치앙마이가 영토를 넓혀가면서 마하위하라의 영향력도 함께 커졌고 "타이 북부 전역에 걸친 틸로카라자의 패권과 공존"하기에 이르렀다.[275] 틸로카라자 왕과 뒤이은 므앙 깨우Muang Kaew 왕(재위 1495~1528)의 치세 동안 치앙마이는 개혁 불교의 이름으로 북부 따이를 통일하고 팔리어 경전 연구의 황금기를 열었다. 비슷한 시기에 아유타야의 왕이었던 뜨라이록Trailok(재위 1448~1488) 또한 틸로카라자만큼 개혁 상가 마하위하라의 정치적 잠재력을 인식하고 왕 자신이 1465년 스리랑카에서 초청한 승려에게 계를 받기도 했다.[276]

같은 시기 마하위하라는 버고의 상가를 재편했다. 버고가 인도양 무역으로 번영을 누리며 몬족 독립 왕국의 중심지로 등장한 것은 신소부 여왕(재위 1453~1472)과 여왕이 총독으로 임명했다가 후계자로 삼은 승려 출신 담마제디 왕(재위 1472~1492) 치세에서였다. 두 왕 모두 불교도 통치자의 전범으로 파고다를 세우고 사찰에 보시하며 자비로운 율령을 반포했다. 1476년의 긴 비문에 따르면 담마제디 왕이 승려 회의를 소집해 대대적인 불교 개혁을 단행하도록 했다. 서로 다른 두 종파 승려들이 스리랑카로 가서 공부하고 마하위하라의 계를 다시 받았다. 승려들이 돌아오자 왕은 버고 근처에 껄랴니 사원을 지어주었고, 그 사원은 개혁 종파의 중심지가 되었다. 담마제디는 모든 승려에게 새로 계를 받지 않으면 승적을 박탈당할 것이며 새로 계를 받는 동시에 이전의 지위는 잃게 된다고 통보했다. 비문은 또 승려가 "금은을 비롯한 보석, 곡물, 코끼리, 말, 소, 남녀 노예"를 소유하는 것을 금하고, 따르지 않으면 역시 승적을 박탈했다고 한다. 이에 승려 900명과 사미승 1만4000명 이상이 마하위하라의 계를 받았다고 한다. 비문은 이렇게 결론짓는다. "이렇게 하여 담마제디 왕은 하부 버마 전역에서 종교의 불순물을 몰아내고 통일된 단일 상가를 이루어냈다."[277]

그 시기의 왕들은 대부분 사원을 건축했다. "[시암의] 왕은 누구나 왕위에 오르면 (…) 사원을 하나 짓기 시작한다. 둘이나 셋을 짓는 왕도 있으며, 그 사원들에 큰 보시를 했다."[278] 왕은 선호하는 종파에 사찰이나 탑을 세워 성보를 모시는 한편 왕권 숭배를 강화하기도 했다. 특히 15세기부터는 야심 찬 왕들은 가장 중요한 사원을 왕궁 안에 짓는 경향을 보였다. 뜨라이록 왕(재위 1448~1488)은 아유타야의 왕궁 안에 왓부다이싸완을 지었고 후대 왕들은 이 사원을 확장해서 왕국의 종교적 중심지로 만들었다.[279] 버잉나웅 왕은 1566년 직접 세운 수도의 왕궁 바로 옆에 휘황찬란한 왕실 사원을 지었다.[280]

어떤 불상들은 특별한 영험이 있다는 명성을 얻기도 했다. 예를 들면 캄보디아 연대기들은 1580년대에 크메르인이 타이인에게 패한 이유는 이전에 왕국을 지켜주던 불상을 파괴했기 때문이라고 기록했다.[281] 16~17세기 일련의 전쟁을 거치면서 그런 불상들은 점차 정복지에서 불상을 자기 수도로 가져간 통치자의 권력과 결합했다. 저 유명한 에메랄드 불상은 11세기에 버강의 아노여타 왕이 스리랑카에서 가져왔다고 전해지며, 16세기에는 치앙마이의 란나 왕국을 수호하는 상징이 되었다. 라오스 란쌍 왕국의 황금기를 연 셋타티랏 왕은 1548년경 치앙마이 지역을 손에 넣자 에메랄드 불상을 새 수도 위앙짠으로 가져갔다. 그곳에서 불상은 라오스의 영락의 지켜보다 1778년에 시암에 넘어갔다.[282] 불상이 옮겨질 때마다 불상을 손에 넣은 측의 권력 또한 함께 커진 듯하다.

상가야말로 그 특권적 지위뿐 아니라 규모 때문에 불교도 왕이 상대해야 하는 핵심 기구였다. 16세기 캄보디아에서 한 도미니크회 선교사는 전체 인구의 3분의 1이 승려로 보인다고 생각했다.*[283] 17세기 라오스에는 승려인 "아들이나 형제를 두지 않은 집이 거의 없었다".[284] 판 플릿은 아유타야 내에서만 승려가 2만 명이라고 추산했으므로[285](스하우턴은 3만 명이라고 추정[286]) 왕국 전체에는 8만 명 정도 됐을 것이다. 상가는 어디서나 경외의 대상이었으나, 본질적으로 기강이 잡혀 있거나 단일 조직으로 위계적으로 통일되지는 않았다. 강력한 왕은 상가를 자신의 통제하에 두고 자신의 왕권을 강화했으나, 왕권이 약해지면 사원에 속한 토지와 사람은 왕을 위한 노역과 세금을 피하는 수단이 되었으므로 승려 수는 통치자에게 직접적인 위협이었다.

담마제디 같은 불심 깊은 통치자의 손에 상가 개혁이 이뤄진 덕분에 완고한 통치자가 좌지우지하기 어려운 기강 있고 존경받는 승려 집단을 만들어낼 수 있었다. 16세기에 버마를 통일한 강력한 따웅우 통치자들은 특히 상가와 힘을 겨뤄야만 했다. 상가는 비교적 기강이 튼튼하고 깊이 존경받았을 뿐 아니라 수도 밖의 순례지를 근거지로 두었기 때문에 왕의 직접적인 통제 아래 있지도 않았다. 핀투는 몰라먀잉(모울메인) 인근의 한 섬에서 버고 최고 승려의 장례가 치러지고 양곤 출신의 후계자가 선출되는 과정을 생생하게 묘사했다.[287] 여기서 떠빙쉐디 왕은 화려한 장례를 치러줌으로써 이 존경받는 승직의 특권과 최대한 동맹을 맺으려 하지만, 후계자 선출에는 아주 제한적으로만 관여할 수 있다는 점이 드러난다. 피치는 그의 후임자인 강력한 버잉나웅 왕 치세에서조차 "대부분 큰길가와 나무 사이 숲속에" 사는 도시 바깥의 "숲속 승려들"이 사람들의 가장 큰 존경을 받았다고 했다.[288]

---

* 리버먼은 더 보수적으로 버마 전체 인구의 1~3퍼센트가 승가에 속했을 것으로 봤는데(Lieberman 1984: 20n), 그 또한 여전히 엄청난 숫자다.

그림 72 19세기 버마 문헌 삽화에 묘사된 불교 사원.

따웅우 왕들이 몬족, 버마족, 샨족 지역 전역에 걸쳐 종교 의례를 상당 부분 통일하긴 했으나 몬 지역 상가는 1590년대에도 여전히 독자적이어서, 치앙마이가 난다버잉 왕의 강압에 맞서 반란을 일으키도록 부추겨 왕조를 무너뜨리는 역할을 하기도 했다.[289] 버마 정치체가 내륙 깊숙한 곳의 잉와에서 재건된 후에야 딸룽 왕(재위 1629~1648)은 민간인 관료제를 통해 사원의 토지를 관리했으며, 동기가 분명하고 적절한 교육을 받은 이들만 승려가 될 수 있도록 제한할 수 있었다[290](그림 72).

16세기의 캄보디아에서도 승려는 존경의 대상이어서 "평범한 사람들은 승려들을 깊이 믿으며 대단히 경외하고 숭배했다".[291] 17세기를 거치면서 그리스도교와 이슬람교의 간섭이라는 시련을 견뎌낸 것이 승려들의 신앙심을 더 강화한 듯하다. 1660년대 프랑스 선교사들은 승려들의 금욕과 "완전히 쉴 새 없는 금식을 유지"하는 강한 절제심에 깊은 인상을 받았다.[292] 왕실의 후원과 대중의 경외를 이용해 편안한 삶을 누리던 라오스 승려들과는 대조적이었다. 그들은 부처가 라오스에 살았었다고 가르치며,

> 이를 아주 자랑스러워하며, 그들의 신이 그토록 화려한 사원과 그토록 많은 성인(그들이 부르는 바)과 학자를 라오족에게 내려 시암인과 캄보디아인 등보다 그들 라오족을 훨씬 축복했다고 말한다. (…) 그 증거는 캄보디아와 시암의 "교황들"[승려들]이 이곳에 와서 졸업할 때까지 10년에서 12년 동안 공부하는 것이다. 믿을 만한 이유지만, 더 정확한 이유는 순전히 라오 "교황들"이 신처럼 대접받기 때문이다. 그들은 필요한 모든 것을 최상품으로 넘치게 공급받는다. 음식은 매일 제공되고 필요한 것보다 훨씬 많은 의복을 받으며 원하는 대로 여자를 이용하기도 한다(그러나 금욕적인 삶을 사는 듯 보이려고 애쓴다). 이 모두 캄보디아 승려에게는 있을 수 없는 일로 그랬다가는 재판관 앞에 불려나가 노예가 된다. 캄보디아 승려는 탁발을 하거나 자기가 음식을 사 먹어야 한다. 그래서 그들은 서로 경멸하며 한쪽[크메르족]은 여자를 쫓아다니는 것은 부끄러운 일이라고 하고, 다른 쪽[라오족]은 그들은 행인에게 먹고살 돈을 구걸해야 한다며 사람들 눈에는 그야말로 부끄럽고 승려의 신성함을 해치는 일이라고 대꾸한다.[293]

이러한 대조는 어느 정도 각국의 뿌리 깊은 고정관념이 반영된 것이기는 하나, 라오스 상가가 규율이 잡히고 국가적 위계 아래 통합된 조직으로 전환하는 초기 단계에 있었다고도 해석할 수 있다. 라오스의 유력자는 모두 서로 다른 사원과 불교 축제를 후원했으나, 라오스의 태양왕

수리냐웡사(재위 1637~1694)는 종교 권력뿐 아니라 세속 권력까지 중앙집권화하기 시작했다. 그는 "잘못을 바로잡고, 교리를 설명하고, 분쟁을 해결하고, 의례를 규제"하도록 종교 축일을 규정했다.[294] 그리고 왕의 숙부를 대승정, 곧 마하상가라자로 임명했다.[295]

캄보디아는 이미 16세기에 마하상가라자를 두었는데, 다 크루스는 이 자리가 왕보다 더 존경받는다고 여겼다.[296] 핀투가 모나이Mounay의 홀링Rolim*이라고 묘사한 인사는 적어도 몬 지역에서는 최고 승려의 역할을 했던 듯하다.[297] 그러나 그는 왕의 사람도 아니었고 방대한 버고 제국 전역에 알려지지도 않았을 것이다. 그 단계는 17세기의 잉와에서야 이루어졌다.[298] 시암에서는 다양한 사원과 기존 왕국들에서 왕이 임명한 대승정을 두는 과정이 심지어 더 느리게 진행됐다.

시암에 관한 최초의 상세한 유럽 기록은 수코타이의 왓마하탓Wat Mahathat이 여전히 나라 전체에서 가장 권위 있는 사원으로 여겨진다고 했다.[299] 한 세기 후면 나레수안 왕(재위 1590~1605)의 중앙집권 혁명을 거친 아유타야의 우위가 확고해져서 외국인들은 아유타야의 사원들만 언급했다(그림 73). 1606년 그중 한 곳에 왕의 늙은 숙부가 주지(상가라자sangharaja)로 있었으나 그조차 국가권력을 가진 듯하지는 않았다.[300] 판플릿은 수도 안과 주변에 중요한 사원 네 곳이 있으며 각 사원의 수장은 계를 내릴 권한이 있는 상가라자(타이어로는 상카랏sankharat)라고 기록했다.[301] 그가 있던 시절 그런 사원 중 한 곳인 왓마하탓의 주지가 대승정의 지위는 아니지만 "최고 권위"를 지녔다. 한 세대 후에 최고위 승려로

* 콜리스는 이 말이 버마어에서 최고 승려를 가리키는 yahan 또는 rahan의 변형이라고 보았다(Collis 1949: 196n). 그러나 피치는 독자적으로 'rowli'가 최고 승려라는 뜻이라고 했으므로(Fitch 1591: 306) 몬어와 더 직접적인 연관이 있을 가능성이 높아 보인다.

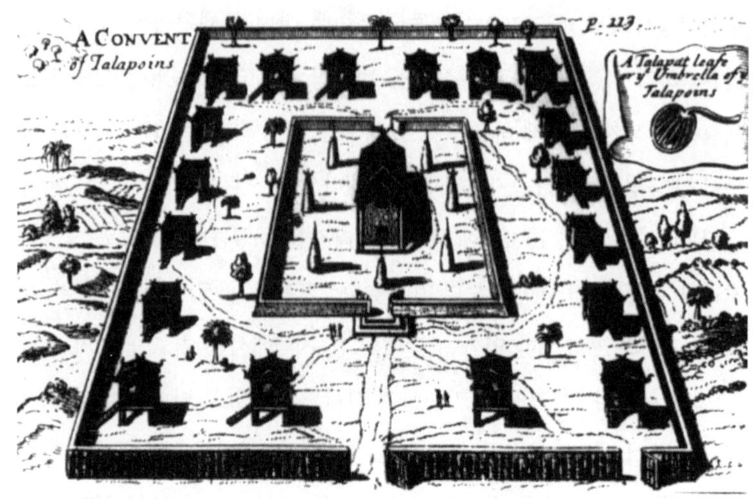

그림 73 시암의 사원을 그린 17세기 스케치.
승려들이 사는 주상 가옥이 법당vihara을 둘러싸고 있다.

여겨진 자는 도시 밖 다른 사원의 주지였으나[302] 라 루베르가 머물던 1680년대에는 왕궁 사원의 주지였다.[303]

이런 변화에서 상가를 왕권의 통제 아래 두려는 나라이 왕의 결단을 읽을 수는 있으나, 라 루베르의 주장은 여전히 일관됐다. "승정도 상카랏도 다른 사원에 대한 지배권이나 사법권이 없다. 이 사원 조직에 단일한 수장이 있다면, 그리고 사원 조직이 언제나 단일하게 움직인다면, 너무 강력해질 것이다."[304] 동남아시아에서 르네상스적 전제군주에 가장 가까운 통치자였을 나라이 왕은 개인적으로는 회의적이었으나 국가의 이해를 위해 상가를 통제하기로 결정했다. 왕은 계속해서 여러 사원을 후원하고 성대한 까틴 축제 행렬을 열어 자신의 신앙심을 공개적으로 증명해 보였다. 그러나 동시에 세금을 면제받아 세수를 줄이는 승려의 수를 두 가지 방식으로 줄여나갔다. 엄격한 금욕 규정을 마련해 경솔하게 출가하는 일을 막고 승려들은 정기적으로 팔리어 경전 시험을 보게한 것이다. 왕은 1687년경 시험을 통과하지 못한 승려 수천 명을 환속시켰다. 그런 규율은 여러 강력한 상좌부불교도 왕이 채택한 것이지만, 왕실의 젊은 평신도가 시험을 주관한다는 사실은 흔치 않은 모욕이었다. 더 자율적이고 (대개 더 존경받는) "숲에 사는 승려들"은 자신들의 은사 승려가 주관하지 않으면 시험을 거부했다.[305]

이렇게 상가를 통제하려는 시도와 나라이 왕이 프랑스군과 가톨릭 선교사에게 베푼 특권은 종국에는 대체로 순종적인 불교도 대중에게도 너무 지나친 처사로 받아들여졌다. 수도의 승려들과 롭부리의 왕실 사원 상가라자는, 원만한 관계였던 펫타라차 왕자가 이끈 1688년 나라이 왕 축출에 중요한 역할을 했다.[306] 따라서 당연하게도 펫타라차 왕 치세에는 처음으로 타이 상가의 단일한 수장이 있었다는 분명한 증거가 있으며 "그의 권위는 왕조차 그 앞에 절을 해야 할 정도"였다.[307]

요약하면 교역의 시대는 대륙부 동남아시아도 도서부 동남아시아만큼이나 종교 생활의 큰 변화를 겪은 시기였다. 지역에 따라 그 양상과 정도는 달랐으나, 상업화와 확장하는 이동성이 베버Weber적인 의미에서 종교의 '합리화'를 위한 조건을 마련했고 경전이 뒷받침하는 보편적인 도덕규범과 영원한 보상 및 처벌 체계의 영향력은 커졌다. 중앙집권화한 국가들은 세계종교 중 하나를 채택해 이런 큰 흐름에 합류했다. 그러나 이 시기가 끝나고 교역이 약화되자 개혁적 직해주의literalism는 국가 내부적 통합의 필요에 밀려나고 말았다.

9장 절대 국가의 문제점

백성의 운명과 삶을 그토록 절대적으로 좌우하는 이 왕들은 왕좌가 그만큼 더 불안하다. 이 왕들은 우리가 왕에게 갖는 충성이나 애정을 누구에게서도 찾지 못하거나 기껏해야 극소수의 백성에게서 구할 뿐이다.

_라 루베르, 『시암 왕국에서』(La Loubère 1691: 106)

동남아시아 통치자들은 권력 기반이 미약해서 늘 긴장을 놓을 수 없다고 입버릇처럼 말했다. 하인에 대한 주인의 권력은 강력하고 왕은 직접 통치하는 신민의 생살여탈권을 가졌다. 그러나 모든 국가는 지역의 토호나 족장 간의 정복이나 연합을 통해 형성되는 과정 중에 있었다. 수장과 봉신 사이의 개별적인 관계는 계속해서 재협상되었다. 모든 국가의 법적·관료제적 기반은 여전히 미약했다. 한 통치자와 이웃한 통치자의 야심 사이에 공인된 경계란 극히 드물었다. 각 통치자가 동원할 수 있는 군사력, 카리스마, 부에 따라 국가들은 빠르게 부상했다가 쇠퇴했다. 이런 상황에서 교역을 통해 선점하는 우위가 결정적으로 작용했다. 15세기와 16세기의 무역 활황은 동남아시아의 정치적 풍경을 완전히 바꾸어놓았다. 일부 통치자에게 전례 없는 가처분소득을 안겨주었을 뿐 아니라 사상적·기술적 혁신을 통해 우위를 점할 수 있도록 해주었기 때문이다.

고전 국가의 위기

시장과 무역의 흐름을 통제해서 얻는 부는 교역의 시대 훨씬 전부터 동남아시아 국가의 핵심 자원이었다. 그 부는 충분한 군사적·기술적 혁신과 외국에서 수입한 귀한 사치품의 형태로 영향력을 발휘해, 한 중심지가 다른 곳에 비해 상징적·경제적 차원에서 우위에 서게 해주었다. 그러나 앙코르, 버강, 자바의 고전 국가들은 특정한 강 유역 부근 관개 지역에 형성된 대규모 인구 집단의 향방에도 의존적이었다.

이러한 사원-건축 문명은 전부 13세기 들어 위기에 처했다. 상좌부불교 수용 이후 토지에서 나온 부를 사원이 차지한 버마의 경우[1]처럼 위기의 원인 중 일부는 내부적이었다. 그러나 동남아시아 전체에 영향을 미친 더 큰 요인이 있었다. 인도양에서는 바그다드의 아바스 왕조가 몰락하고 카이로의 카리미 대상이 부상하면서, 남중국해에서는 남송과 원나라가 전례 없이 교역에 관심을 갖기 시작하면서 해상무역이 활성화됐다.[2] 중국인 개인 선주가 직접 생산지를 방문할 기회가 생기기 시작하자, 지역 산품을 모아서 조공무역의 형태로 중국에 보내던 스리위자야나 앙코르 같은 몇몇 남쪽 '제국'을 잠식한 것이다.[3]

중국을 정복한 후 몽골인은 육로와 해로 양쪽을 통해 남진했다. 1280년대에는 버마의 버강 왕조에 치명타를 가했으나 베트남과 참파에서는 그만한 성과를 거두지 못했다. 몽골의 정복으로 가장 큰 혜택을 본

집단은 따이족(현대 타이족, 라오족, 샨족을 포함하는 광범위한 언어-종족 집단)이었다. 이들은 버마족의 버강, 크메르족의 앙코르, 말레이인의 스리위자야가 지배하던 지역에 1300년경 일련의 작은 따이 왕국을 세울 수 있었다. 한편 몽골 함대는 1292년 동부 자바에 쳐들어가 왕국의 분열을 심화시켰고 그 결과 싱오사리Singhosari 왕국이 무너지고 브란타스강 하구 가까이에 새 왕국 마자파힛이 세워졌다.

사원을 건축하던 힌두-불교 제국들의 구질서는 1300년경 쇠락했지만 그 후 한 세기가 지나도 새 질서가 뚜렷해지지는 않았다. 앙코르와 버강 제국은 수도를 나서면 상징적 권력밖에 없는 허약한 왕들이 계속 명맥을 이어갔다. 마자파힛은 전환기의 왕국이었다. 선조들보다는 사원 건축에는 관심이 없고 해상활동에는 관심이 많으나 여전히 구체제적 힌두-불교 전통을 이어나갔다. 스리위자야의 오랜 근거지였던 믈라카 해협에서는 자바인, 중국인, 따이족과 토착 수마트라인 세력이 경합을 벌였다.

14세기에는 구제국들의 역사적 우위를 무시할 만큼 충분히 강력한 신흥 국제무역 중심지들이 부상했다. 북수마트라의 파사이(또는 사무드라)는 최초로 등장한 새로운 형태의 항구-국가이자 무슬림 무역의 인도양 동쪽 상륙 거점이었다. 14세기 내내 파사이는 화폐를 발행하고 중국에 조공을 보내며 활발한 무역을 펼쳤으나, 스리위자야처럼 제국 흉내 내는 데는 별 관심이 없었던 듯하다. 야에워디강 삼각주에서는 13세기 말 몬족이 독자적으로 버고에 왕국을 세우고 활발한 교역 활동을 벌였다. 가장 강력한 따이족 왕국이었던 치앙마이와 수코타이는 바다에서 멀리 떨어져 있었지만, 1351년경 큰 항구 아유타야에 세운 새 왕국은 무역을 통해 부를 축적했다.

1400년부터 1600년 사이에 확장된 국제무역과 직접 연결된 이 새로운 형태의 항구-국가는 동남아시아에서 지배적인 정치적·문화적 풍경이 된다.

15세기의 항구-국가

1400년경 항구 중심 국가들의 급속한 성장은 명대 초 중국이 전례 없이 활발하게 동남아시아와 교류한 것과 깊은 연관이 있다. 베트남은 7장에서 살펴본 원인에 따른 예외적인 사례였다. 레 왕조 초기 황제들이 유교 관료제 국가를 세울 수 있었던 데는 직전 20년간 중국의 직접 통치(1407~1428)에 빚진 바가 있는 것이 분명하다. 그러나 탕롱(하노이)은 그 시기에 떠오르던 수도 중에서 유일하게 교역 수익으로 부강해진 곳이 아니었다. 베트남 사신은 중국에 갈 때 육로로 여행했다. 베트남과 중국식 모델의 관계는 직접적이어서, 자신들이 몰아낸 제국과 지위와 문명 면에서 동등하다는 주장을 도전적으로 내세웠다.

다른 곳에서는 중국이 전례 없이 바닷길로 외교 및 교역 사절을 보내고 받는 데 관심을 가지면서 생겨난 기회를 이용해 일련의 해양 왕국이 부상했다. 캄보디아, 참파, 브루나이, 자바, 사무드라(파사이)는 이전의 중국 왕조와도 사절을 종종 주고받았으나, 1368년 명나라 건국 후로는 그 횟수와 규모가 급증했다. 건국 직후 홍무제는 알려진 모든 동남아시아 국가에 사절을 보내 명나라 건국으로 중국의 '덕德'이 회복되었으므로 이제 모든 남쪽 왕국은 황제의 보호 아래서 번영해야 한다고 전했다.[4] 홍무제 치세 동안 위의 모든 국가와 정기적으로 사절을 주고받았다. 아들 영락제(재위 1402~1424)는 무슬림 환관인 정화가 이끄는 대함대를 보내 남방의 모든 국가를 천자의 공평한 보호 아래 복종시키려는 더 적극적인 정책을 펼쳤다. 쌍방으로 향하는 사절단은 이 시기에 최고조에 달했으며(앞의 표 6을 보라) 그 경제적 보상이 상당했기에 통치자들은 중국과의 관계를 유리하게 이용할 수 있었다.

이 관계에서 최대 승자는 아유타야와 믈라카였으며 브루나이와 마닐라도 포함될 수 있을 듯하다. 1368년에 시암의 새 왕국 아유타야는 황제의 교서를 받은 국가 중 하나에 불과했다. 그러나 아유타야는 남다른 열성으로 중국의 교서에 화답해 이후 두 세기 동안 중국에 가장 자주 조공을 보낸 국가가 되었다. 그러나 시암인들 자신은 뱃사람이 아니었다. 왕이 소목과 다른 교역품을 '조공'으로 보내는 시암인 사절을 보냈으나[5] 사절단을 실어간 것은 중국인 선주였으며 그중 상당수는 그들을 환대한 아유타야의 왕도를 근거지로 삼았던 것이 분명하다. 고려와 류큐의 사료 또한 1390년대 시암 사절단이 이 두 나라와 일본을 방문했다고 기록했다.[6] 아유타야에 거주하던 중국 상인들은 이 시암 수도가 빠르게 명성을 얻는 데 중요한 역할을 한 것도 확실하다. 그들은 아유타야가 14세기 말과 15세기 초 말레이반도까지 영토를 확장하는 데도 한몫했을 것이다. 마환은 아유타야의 통치자가 "늘 부하 장수들을 파견하여 이웃 나라를 토벌한다"고 기록했다.[7]

내륙 정복은 남쪽 정벌보다 그 속도가 느렸으나, 아유타야는 1412년 마침내 수코타이와 핏사눌록을 속국으로 만들었다. 1432년에는 크메르의 몰락한 수도 앙코르를 정복하고 약탈하기도 했다. 보롬마뜨라이록까낫 왕(1448~1488) 치세에 아유타야 정부는 관료제를 재편성했다. 국가의 행정을 민사와 군사의 두 가지 법으로 나누어 왕권을 확실히 강화하고, 타이 사회의 모든 구성원의 등급을 정하는 삭디나sakdi na(문자 그대로는 '경작지력')를 제정해, 노예는 5, 일반 농민은 25, 고위 관료는 1만까지 등급을 다르게 매겼다. 왕과 핵심 관료는 (승려와 사노예를 제외한) 모든 성인 남성이 매년 6개월씩 자신들을 위해 노역하도록 했다. 전사 족장국이던 아유타야가 동남아시아에서 가장 정교한 관료제 국가로 거듭난 데는 관습적인 역사 기술대로 앙코르에서 배워온 통치 기술 덕도 있겠지만, 항구에 부를 가져다준 중국인이 주도한 무역에 빚진 바가 더 크다.

믈라카는 믈라카해협이 가장 좁아지는 구역에 1400년경 세워진 듯하다. 파사이와 인도양에서 오는 선박이 중국이나 자바에 가려면 통과해야 하는 길목이었다. 시조인 파라메스와라는 자신을 스리위자야 왕조의 후예라고 내세우긴 했지만, 기존 세력에 흡수되지 않고 성공하기 위해서는 중국, 자바, 시암, 파사이의 무역상을 자신의 항구 믈라카로 끌어와야 했다. 그런 그에게 은혜로운 보호자를 자처하는 영락제의 열의는 하늘이 내린 선물이었다. 믈라카는 황제의 기획에 정확하고 신속하게 응답해 중국이 보기에 더 강력한 이웃 국가와 동등한 지위와 권리를 승인받고, 동남아시아와 중국 사이의 조공 무역에서 큰 이익을 얻기도 했다. 1403년부터 1413년까지 10년 동안 중국은 믈라카에 사절단을 여섯 차례 보냈으며 그 대부분은 정화의 대함대였다. 이런 인정에 감사하며 믈라카의 통치자들은 이웃 국가처럼 중국에 조공을 보냈을 뿐 아니라, 그 지위를 지키기 위해 난징이나 베이징까지 왕복 3년이 걸리기도 하는 고된 여행길에 직접 나서기도 했다. 그사이에 믈라카의 첫 세 통치자는 1411년, 1414년, 1419년, 1424년, 1434년 다섯 차례 중국에 다녀왔다.[8] 명나라 황제들이 대항해를 지속하는 데 흥미를 잃은 1435년에도 믈라

그림 74 1408년 브루나이 왕이 귀국길에 사망하자 중국에 세워진 묘지의 진입로.

카는 중계무역항이자 역내 세력으로서 굳건한 지위를 유지했다.

브루나이는 믈라카보다 훨씬 오래된 항구이지만 전략적 강점이 없었다. 브루나이의 통치자는 그 정치적 중요성 때문이 아니라 1408년 직접 조공을 바치러 간 첫 남쪽 왕으로서 '충심'을 인정받아 차별화에 성공했다. 그가 수도에서 황제의 성대한 대접을 받고 귀국하던 길에 객사하자 중국은 더 성대한 장례를 치러주었다(그림 74). 아직 어렸던 아들은 중국인 고위 인사가 포함된 사절단과 함께 브루나이로 돌아왔고, 그중에는 새 왕이 성인이 될 때까지 브루나이를 다스렸다는 장군도 있었다.[9] 이런 중국의 개입이 브루나이의 부상에 한 요인이었다는 점은 시조 왕이 중국에 가서 중국 공주와 결혼했다는 나중에 등장한 전설에서 인정되고 있다.[10]

그 외에 중국의 수도를 방문한 유일한 '왕들'은 술루 지역 출신이었는데, 그 지역에서 15세기적 왕국을 세운 것이 아니라 경쟁 관계의 부족장들이었던 것으로 보인다.[11] 더 북쪽에서는 중국인에게는 루손으로 알려진 마닐라만의 훌륭한 항구가 1405년과 1410년 중국에 조공을 보냈다. 1430년경 이후로 마닐라와 중국의 외교관계가 중단된 듯하나, 브루나이와는 긴밀한 사이여서 두 도시는 믈라카를 경유한 대중국 무역으로 다시 방향을 잡았다. 16세기에 마닐라는 무슬림 항구-국가이자 필리핀 지역에서 최대의 무역 중심지가 되어가던 중이었다.

다른 곳에서는 중국의 개입이 각국에 어떤 영향을 미쳤는지가 불확실하다. 캄보디아에서는 중국의 개입으로 메콩강과 똔레삽강이 합류하는 오늘날의 프놈펜과 가까운 지점에 새로운 경제활동 중심지가 생겼을 수 있지만, 이곳이 새 수도가 된 것은 16세기가 훌쩍 지나서의 일이다. 옛 스리위자야 제국의 중심지였던 팔렘방은 14세기 말이면 중국인 무슬림 해적의 거점으로 다시 활기를 띠었다. 1407년 정화는 현지에서 태어난 광둥인 무슬림 시진경에게 관직을 내려 이들을 다스리게 했다.[12] 앞서 살펴보았듯 자바에서는 그레식, 수라바야, 드막이 떠오르는 데 명나라 황제의 대함대와 중국 무역상들이 중요한 역할을 했으며 이 해안 지역 항구-국가들은 내륙의 힌두-불교 중심지로부터 정치와 문화를 선도하는 역할을 점차 빼앗아왔다.

어디서나 무역이 있는 곳에는 크고 작은 항구가 있어 수입 직물이나 도자기 같은 상품과 바꿀 배후지의 산품이 모여들었다. 고전 국가의 멸망과 동시에 벌어진 무역 활황은 강 유역 작은 항구에 독립과 자유를 가져다주었다. 1500년경 수마트라와 말레이반도의 해안 항구와 항행 가능한 강에는 작은 항구-국가들이 생겨났다. 그 지배자들은 다른 항구-통치자와 엇비슷한 라자임을 내세우며 상류의 국가 없는 종족을 대상으로 어느 정도 상징적 우위를 누렸다. 말레이반도의 파타니, 클란탄, 트렝가누, 조호르, 크다, 페락, 슬랑오르 같은 항구들은 16세기 전반 동안은 시암에 복속되었다가 세기말이 가까워질수록 믈라카에 기울었으나, 무역 활동은 대체로 독자적이었다. 수마트라에서는 독자적인 항구 여남은 곳이 실질적인 국가가 되어가는 중이었고 그중 동남쪽 국가들만 믈라카나 자바로 조공을 보냈다.

더 동쪽으로 가보면 향료 무역으로 자바인과 말레이인 무역상들이 모여들거나 정착하기도 한 중심지들이 떠오르면서, 15세기 후반에 이슬람교와 국가라는 개념을 퍼트렸다. 전 세계에 육두구를 공급하던 반다제도는 왕 없이 육두구 수출을 통제하는 교역 과두제가 지배하는 극단적인 사례였다. 정향을 생산하는 말루쿠제도에서는 트르나테, 티도레, 바찬, 자일로로에 네 명의 라자가 등장했다. 네 라자는 서로의 정통성을 인정하고, 각각은 서로 의존적인 관계의 족장들이 순번대로 돌아가며 라자가 되었다. 보르네오, 술라웨시, 필리핀에서는 국가 형성이 아직 초기단계였으나 무역 중심지마다 항구-통치자가 스스로를 라자라고 칭하기 시작했다.

장기 16세기의 국가 형성

> 개인들과 상황들의 역할을 부인하는 것은 아니지만, 나는 분명히 15세기와 16세기의 경제 호황과 더불어 거대한, 때로는 아주 거대한 나라, 즉 '대국'에 명백하게 유리한 콩종튀르*가 있었다고 생각한다.
>
> _페르낭 브로델, 『지중해: 펠리페 2세 시대의 지중해 세계』(Braudel 1966: 660)

1509년 동남아시아에 도착한 포르투갈인들은 믈라카라는 중계무역항 한 곳에 이례적이고 아마도 불안정하게 무역이 집중된 것을 발견했다. 이전 반세기 동안 이 발군의 항구-국가는 큰 성공을 거두었다. 중국과 인도 선주들이 자바, 말루쿠, 수마트라 또는 버마에 직접 가지 않고 믈라카에서 물건을 사는 최상의 여건을 만들어낸 것이다. 1511년 포르투갈은 이 부유하지만 취약한 도시를 정복한 후 무역을 다른 여러 곳으로 분산하기를 강요했다. 파타니, 조호르, 파항, 아체, 반튼이 그 직접적인 수혜자였다. 이 도시들은 모두 이름 없는 곳이었다가 16세기에 상당한 규모의 국가가 되었다(지도 14). 1500년에서 1630년 사이에 큰 폭으로 증가한 무역과 그로 인한 부와 신기술은, 1511년 믈라카가 함락된 이후부터 17세기 중반 네덜란드의 바타비아가 새로운 종류의 우위를 점하기 전까지 수많은 국가가 번성할 수 있게 해주었다.

버고 하부 버마의 버고는 가장 융성했다가 가장 급격하게 쇠락했다. 15세기 후반 버고는 몬족 왕국으로 긴 태평성대를 누렸다. 인도양에 접한 항구인 빠떼잉, 딴륀(시리암), 목뜨마(마르타반), 얘, 더왜는 왕국에 부를 안겨주고 스리랑카 불교의 개혁적 성향을 받아들이게 해주었다. 그러나 1530년대에 급부상한 버마족 왕국 따웅우의 떠빙쉐디 왕이 몬족 왕국 버고를 무너뜨렸다. 그는 재빨리 무슬림 및 포르투갈 용병뿐 아니라 포르투갈의 대포와 화승총이 가져다준 기회를 붙들었다. 몬족 지역을 정복하고 버고를 수도로 삼아 발전한 몬족 문화를 상당 부분 수용했으며 여러 몬족 항구의 부를 이어진 정복 활동에 썼다. 후계자인 버잉나웅 왕(1551~1581)은 이러한 점을 잘 활용해 버마 북부, 치앙마이, 아유타야

* conjoncture. 역사학자 페르낭 브로델은 역사를 구조(장기 지속)-콩종튀르(중기 지속)-사건(단기 지속)이라는 세 가지 상이한 시간의 흐름에 따라 진행되는 연속체로 보았다. (옮긴이)

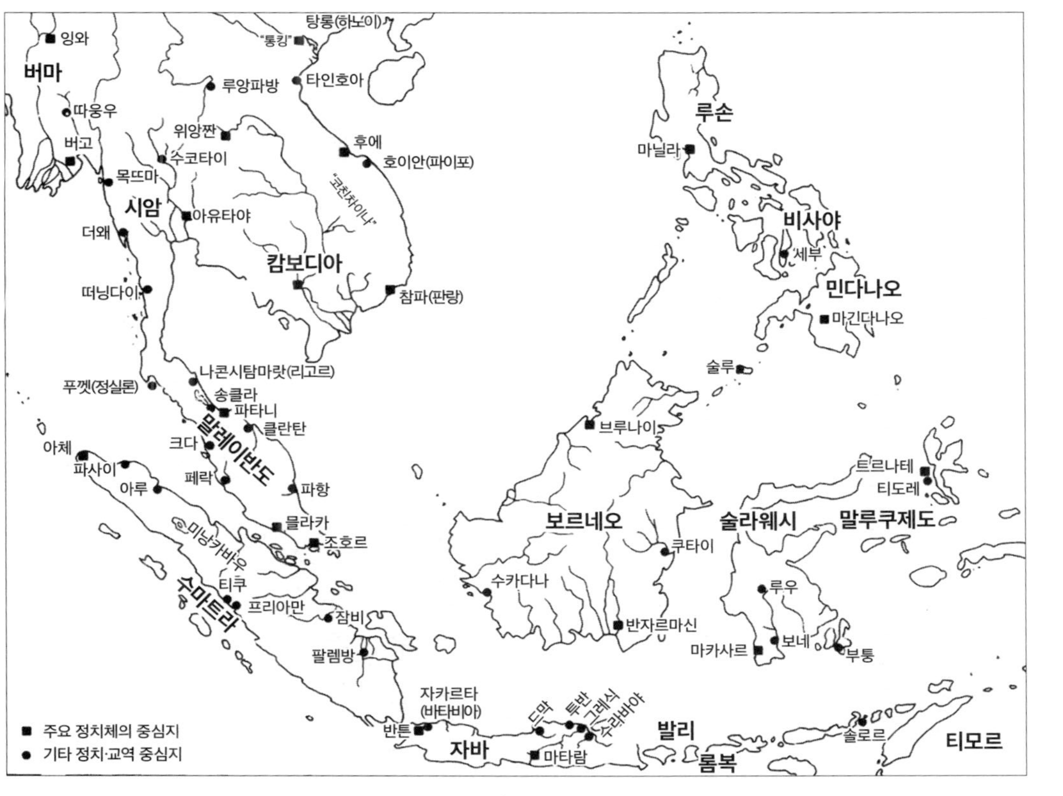

지도 14 1600년경 정치적 중심지

를 정복하고 동남아시아 역사상 가장 강력한 제국을 세웠다. 그러나 버잉나웅 왕의 아들 난다버잉 왕(1581~1599) 대에 영토 대부분을 잃고 빛나던 수도는 초토화되었다. 1632년 따웅우 왕조는 해안에서 에야와디강을 거슬러 두 달 동안 항행해야 하는 상류의 잉와(아바)로 수도를 옮겼다.

여카잉(아라칸) 버마와 벵골 사이 해안에 자리한 여카잉은 강력한 따웅우 왕조의 통치자들을 물리쳐 그들이 정복활동의 방향을 동쪽으로 틀게 만들었다. 1599년 버고 제국이 무너지자 여카잉은 버고의 보물과 인도양 항구 일부를 차지해 큰 이득을 보았다. 또한 재빨리 항구-수도 먀웃우의 무역을 확대하고 포르투갈 용병과 군사 기술을 활용했다. 여카잉 역사 연구자 콜리스는 먀웃우가 1540년부터 1640년까지 한 세기 동안 국제 교역을 끌어오고 조직하여 독립을 지키고 자본을 축적하는 눈부신 성공을 거두었다고 평가한다.[13]

라오스 라오스 또는 란쌍 왕국은 동남아시아 역내에서 바다로부터 가장 멀리 떨어진 곳이었지만 교역의 시대에 영광의 순간을 누렸다. 14세기에 앙코르 제국이 쇠락하면서 메콩강 상류 루앙파방에 따이족 왕국이 등장했다. 이 왕국은 16세기에 위앙짠으로 수도를 옮겨 비옥한 평야와 그 복판을 흐르는 메콩강 중류의 항행 가능한 긴 유역의 이점을 활용했다. 16세기 중반 메콩강 훨씬 하류 나콘파놈에 라오족 왕들이 사원을 세웠는데 이곳은 후일 베트남인, 크메르인, 타이인이 모여드는 학문, 순례, 무역의 중심지가 되었다. 수리냐웡사 왕의 긴 치세(1637~1694) 동안 왕국은 전성기를 누렸고 메콩강은 중국, 베트남, 캄보디아, 시암을 연결하는 핵심적인 통로였다.

베트남 앞에서 살펴보았듯, 유럽인이 통킹이라고 부른 북베트남을 다스리던 통치자들은 자신의 운명을 해외 교역에 연관시키기를 극도로 꺼렸다. 그들은 16세기 후반 잠재적 경쟁 상대였던 응우옌 호앙이 당시에는 불안정한 남쪽의 접경지대였던 투언호아와 꽝남에 근거지를 세우게 내버려 두었다. 응우옌 호앙은 이 해안이 대중국 무역로에서 전략적 요충지임을 알아보고 국제 항구 호이안(파이포)를 세우는 한편 포르투갈인 등이 소개한 군사적 혁신을 재빨리 받아들였다. 그리하여 1613년 그가 세상을 떠날 때쯤 그의 영토는 활력 넘치는 실질적 새 국가가 되었고 유럽인들은 그곳을 코친차이나라고 불렀다.* 그의 후계자들은 스스로를 황제가 아닌 영주(쭈어chua)라 칭하며 껍데기만 남은 레 왕조의 정통성을 인정하고 북쪽의 찐 왕조가 왕위를 찬탈했다고 주장했다. 그럼에도 코친차이나는 활발한 무역과 군사적 혁신에 바탕을 둔 베트남 국가의 중요한 새 모델이었다. 레꾸이돈**은 응우옌 왕조의 핵심 지역인 꽝남에 관해 이렇게 적었다. "고대로부터 배가 모여드는 곳이었다. 응우옌 씨는 이 지역을 차지해서 무역에 세금을 매겨 큰 세입을 얻었다."[14] 코친차이나는 1627년부터 1672년까지 일곱 번에 걸친 전쟁에서 통킹(과 1640~1643년에는 통킹-네덜란드 연합군)의 수적으로 우세한 군대와 싸워

---

* 베트남인은 남쪽 국가를 응우옌씨의 영토 또는 통킹의 "외부 지역"(당 응오아이Đàng Ngoài)에 대비되는 "내부 지역"(당 쫑Đàng Ngoài)이라고 불렀을 뿐 제대로 된 이름을 지어주지 않았다. 포르투갈인은 말레이어에서 베트남을 가리키는 쿠치Kuchi를 택하면서 또 다른 쿠치(인도 케랄라주의 코친Cochin)와 구별하기 위해 중국과 가깝다는 뜻에서 코친차이나라고 불렀다(Pires 1515: 114). 말레이어의 쿠치는 고대 중국어 명칭인 Jiao zhy, 交趾(광둥어와 명대 이전 표준 중국어로는 Gao zi) 또는 베트남어인 쟈오 찌Giao Chi에서 파생한 것이다. 남쪽 왕조가 대외관계에서 성공적이었던 것은 코친차이나가 베트남 전체를 가리키는 말이 되었다는 데서 잘 드러난다. 하노이의 여러 이름 중 하나가 변형된 통킹Tongking은 17세기에 북쪽 국가를 구별하여 부르기 위해 등장했다. 유럽인 대부분은 18세기와 19세기에 응우옌 왕국을 코친차이나라고 불렀으나, 네덜란드인만 Quinam으로 부르기를 선호했다. 프랑스는 1860년 이후 코친차이나라는 지명을 더 남쪽으로 끌고 내려와, 교역의 시대에는 아직 캄보디아였던 메콩 삼각주의 식민지를 부르는 데 사용했다. 이 책에서 사용한 코친차이나는 17세기의 맥락이다.

** Lê Quý Đôn, 黎貴惇(1726~1784). 베트남 레 왕조의 문신. 백과사전을 편집하고 남쪽 지역에 대한 기록을 남겼으며 1760년 사신으로 중국에서 만난 조선의 홍계희와 교류하기도 했다. (옮긴이)

이겨 확보한 수많은 포로를, 참족에게서 빼앗은 더 남쪽의 새 영토로 이주시켰다. 따라서 코친차이나의 언어와 행정은 베트남식이었지만, 그 경제적 기반과 문화적 다원주의는 동남아시아의 다른 지역과 아주 비슷했다.

파타니 1511년 포르투갈이 믈라카를 정복하기 전까지는 말레이반도 동해안에 있던 여러 작은 항구-국가 중 하나였다. 믈라카의 무역이 파타니로 재배치되고 몇 년 지나지 않아 "중국인, 류큐인, 자바인뿐 아니라 주변의 모든 섬에서 배가 수없이 왔다".[15] 그러나 시암에 조공을 보내던 말레이 무슬림 국가였던 파타니는 1560년대까지 맞수인 시암의 나콘시탐마랏(리고르)과 말레이의 파항보다 절대적인 우위를 확보하지 못했다. 그 후 『명실록』에 따르면 2000명 이상의 중국인 '해적'이 파타니를 근거지로 삼았다.[16] 중국의 지역 설화는 이 해적들의 수장을 임도건*이라 부르며 그가 파타니를 점령하고 새 왕조를 세웠다고 하지만, 말레이 연대기는 중국인이 대포를 만들었다는 이야기를 통해 중국인의 역할을 상징화할 뿐이다.[17] 어느 쪽이 사실이든 17세기에 파타니는 말레이반도에서 대중국 무역 중심지가 되었으며 몇몇 네덜란드인은 이 도시가 실질적으로 중국인 망명객의 식민지라고 여기기도 했다.[18] 1584년 상업 지배층 오랑카야가 여왕을 옹립하기 전까지는 정치적 불안정이 심각했다. 네덜란드인과 잉글랜드인은 후추와 중국산 도자기를 사려고 파타니에 상관을 열었고, 내부 불안정 때문에 점차 무역 중심지가 말레이인의 조호르와 네덜란드령 믈라카로 넘어가기 전 17세기 중반까지 파타니는 번성했다. 1674년과 1688년 시암의 정복 이후 파타니는 다시는 예전으로 돌

* 林道乾, Lin Daoqian(?~1580?). 16세기에 활약한 중국인 해적. (옮긴이)

아가지 못했다.

아체 수마트라 북해안에서 포르투갈의 간섭을 종식시키고 각각 독립 항구-국가였던 바로스, 다야, 람리, 피디으, 파사이를 통일한 전쟁으로 탄생했다. 각 독립항의 무역은 술탄 알라우딘 리아얏 샤 알카하르의 재위(1539~1571) 동안 반다아체Banda Aceh로 집중됐다. 반다아체는 믈라카 해협의 핵심 무슬림 중계무역항으로 동남아시아산 후추와 향료를 중동과 지중해로 수출했다. 1590년대부터 아체는 전제주의로 향하기 시작해 이스칸다르 무다 체제의 폭정에서 그 정점에 달했다(뒤의 내용을 보라). 이런 움직임은 군사적 측면에서 아체를 다른 경쟁국으로부터 지켰을지는 몰라도 상업적 이해에 부합하지는 못해서, 상업 지배층은 1640년대에 여성 통치자를 내세운 파타니 모델을 추진했다. 아체는 유럽의 영향력에 굴복하지 않은 유일한 주요 항구였으며 17세기 후반부터 세력이 약화되긴 했으나 여전히 중요한 세력으로 남았다.

반튼 자바 북서쪽의 반튼도 1520년대에 무슬림 항구-국가로 세워졌다. 자바인들은 자바의 아홉 왈리 중 하나인 수난 구능 자티가 건국의 시조라고 본다. 파사이 출신의 이슬람 학자였던 그는 포르투갈의 행패에 진력이 나 한동안 메카에 머물다가 자바로 가서 드막의 강력한 왕 트렝가나의 누이와 결혼한 후, 트렝가나의 조력으로 순다의 힌두 왕국 파자자란의 항구들을 정복하고 전략적 항구인 반튼을 수도로 삼았다. 내륙에 자리 잡은 파자자란의 수도는 1579년까지 함락되지 않았지만, 그 사이 반튼의 세력권은 남수마트라의 후추 재배 지역까지 넓어졌다. 이들 지역을 손에 넣자 반튼은 아체와 대등한 권력 기반을 얻었다. 아체가 후추를 서쪽으로 보냈다면, 반튼은 중국 시장에 공급했다. 네덜란드는 1596년부터, 잉글랜드는 1602년부터 반튼에 동남아시아 본부를 두었는데, 급격히 달라진 아체와 달리 반튼은 여전히 다원적이고 개방적인 발전 단계에 있었기 때문이다. 1596년부터 1624년까지 술탄 압둘 카디르의 긴 치세는 코즈모폴리턴 오랑카야의 효율적이지만 혼란스러웠던 과두제를 대변한다. 이후 술탄들의 왕권은 점차 더 강력해졌으며 마지막 독립적 통치자 압둘파타 아궁(재위 1651~1682) 대에 정점에 달했다.

마카사르 술라웨시 남서부의 마카사르인 중, 호전적이고 인구가 많은 고와족과 해양 무역에 전념한 탈로족 두 부족이 연합해 세운 도시이자 국가의 이름이다. 16세기는 마카사르가 발군의 항구로 꾸준히 성장한 시기였는데, 술라웨시에서 핵심항이 되고 수출할 수 있는 쌀 잉여 생산에 성공한 것이 그 경제적 토대였다. 16세기 중반 말레이 무역 공동체가 마카사르로 이주하자 이 항구는 말루쿠와의 향료 무역에 쌀과 다른 물품을 공급하던 자바를 점차 대체하게 되었다. 17세기에 네덜란드가 향료 독점을 시도하자 마카사르는 말레이인, 자바인, 남인도인, 포르투갈인, 잉글랜드인, 덴마크인, 스페인인 등 모든 다른 무역상에게 없어서는 안 될 자유 항구가 됐다. 1641년 네덜란드가 포르투갈령 믈라카를 정복한 후 20년 동안 마카사르는 포르투갈의 동남아시아 핵심 기지였다. 마카사르는 보기 드물게 새로운 기술의 수용에 열성적이었다. 포르투갈의 군사, 역사, 수학서를 읽고 번역했으며, 지도를 사용하고 왕실 일지를 작성하기 시작했다. 또한 도서부에서 가장 효율적으로 무장한 마카사르 군대는 대포, 화승총, 갑옷을 구비했다. 마카사르는 1605년 이슬람교를 수용하고 계속해서 이슬람의 이름으로 남술라웨시 전체를 정복해나갔다. 남술라웨시에서는 자치국 간의 계약적 권리와 의무를 근간으로 경쟁국 간의 균형을 이루는 것이 중요한 전통이었으나 (1904년 이전에는) 1610~1699년이 그 유일한 예외였다. 이 마카사르 '제국'은 술라웨시

외부에서는 군사적 위협을 통한 개별적 충성을 바탕으로 부톤, 숨바와, 티모르까지 세력을 넓혔다.[19]

16세기 말과 17세기 전반 도서부 전역에서 권력의 정점에 잠시 오른 작은 국가가 여럿 등장했다. 16세기에는 잠비와 팔렘방, 17세기에는 반자르마신이 배후지에서 생산한 후추의 수출을 통제하는 강 유역-항구로 부상했다. 다른 곳과 달리 말루쿠제도에서는 지리와 정치적 전통 탓에 단일한 '정향 국가clove state'가 만들어졌다. 그러나 1570년부터 1606년까지 짧은 기간 트르나테 술탄국은 말루쿠 북부와 중부를 종속시키고 트르나테 항구를 전 세계 구매자들이 경쟁하는 정향 판매의 중심 시장으로 만들었다.[20]

수출 작물 통제로 권력을 확보할 기회를 갖지 못한 통치자들도 무역 확대 및 신기술과 사상의 도입으로 이득을 볼 수 있었다. 16세기 말 필리핀 역사상 가장 강력한 토착 국가가 민다나오섬의 풀랑이Pulangi강을 따라 성장하기 시작했다. 처음에는 상류의 부아얀이 그 수도였으나, 1606년경 경쟁 세력이 강 하구에 새로운 교역 중심지를 건설하고 곧 주도권을 잡았다. 이 마긴다나오 술탄국은 술탄 쿠다랏 치세(1619~1671)에 전성기를 누렸다. 그는 결단력 있게 수도를 해안으로 옮기고, 북쪽에서 스페인이 사용한 것과 비슷한 종교, 군사, 경제 권력의 결합물을 통해 부족장들을 상대로 승리를 거두었다.[21] 18세기와 19세기에 분열되어 있었거나 국가 없는 상태였다고 알려진 종족들조차 교역의 시대를 강력한 왕 아래서 정치적 통일을 이룬 시기로 기억하곤 한다. 적어도 1650년 이전의 발리와 1680년 이전의 미낭카바우에는 인구가 밀집한 장엄한 수도에 지역 전체를 다스리는 왕조가 있었다고 외국 사료들이 확실하게 밝혀준다.[22]

전 세계 다른 지역과 마찬가지로 동남아시아에서도 이렇게 국가 형성이 빈발했던 것에는 우연 이상의 무엇이 있다. 따라서 강력한 국가의 부상을 부추기는 동시에 문제를 만들어낸 핵심 요인들을 살펴봐야 할 것이다.

무역 세입

왕이시여 왕궁에 머무시고, 〔맞수인〕 주말로이 알람은 〔항구의〕 캄풍자와*에 두소서.
폐하가 부과하신 관세 총액이 어마어마하니 어디에도 가지 마소서.
우리 폐하는 임산물에 세금을 거두신다네. 수지와 라탄의 10퍼센트,
그리고 채소를 기르는 농부가 인심이 좋으면 양파와 생강을 바친다네.
그러나 주말로이 알람은 해양 무역의 관세를 거두고 또 거둬서 수천 바하르를 갈퀴로 긁어모은다네.
우리 왕은 먹을 만큼만 있으면 만족하실 뿐 부자가 되려 하지 않으신다네.
_『히카야트 포쿳 무함마드』(Hikayat Pocut Muhamat: 60~61)

국가 세입이 모두 무역에서 나오는 것은 아니었다. 왕실의 쌀 등 식자재, 건축자재, 무엇보다 노역은 백성과 가신들이 대가 없이 제공했다. 그러나 그런 세금이 자동으로 한 통치자가 경쟁자들 사이에서 우위를 차지하는 기반이 되어주지는 않았다. 그런 기반를 위해서는 세금은 가처분

* 자바인 마을. (옮긴이)

소득이나 무기로 전환해야 했다. 가장 지속적이고 중요한 쌀 수출지역인 자바가 바로 그런 경우였다. 17세기의 마타람 통치자들은 농민 또는 적어도 도로와 항구 가까이 사는 농민을 압박해서 상당한 쌀 잉여를 생산하게 했다. 이 쌀은 네덜란드령 바타비아, 포르투갈령 믈라카, 말루쿠 등지로 수출되어 무기와 다른 필수품과 교환되었다.[23]

대륙부 국가, 특히 북베트남에서는 인두세(베트남), 토지세 또는 양자의 형태로 농민에게서 돈으로 거둬들이는 세금이 중요했다. 북베트남은 성인 남성 모두에게 인두세뿐 아니라 토지세와 일련의 연례 명절용 '기부'를 현금으로 부과했다. 1720년 기존의 복잡한 과세 체제를 단일한 인두세로 통일하면서 해마다 20~50세 사이의 남성은 1.2꾸언quan(은 약 28그램)을, 17~19세나 50~60세 남성과 학생은 그 절반을 내도록 했다. 별도로 각 납세자는 이전에 부과된 다양한 '기부'를 위해 1.2꾸언을 1년에 두 번 나눠 냈다. 토지세는 일반적으로 작물의 5퍼센트 정도로 훨씬 부담이 덜했다.[24] 로드는 그가 있던 시절 인두세가 2에키*이고 연례 명절을 위한 기부가 네 번 있다고 계산했으나,[25] 슈아지는 북베트남인 100명이 사는 한 마을이 14에키만 낸다고 생각했다.[26] 어떤 경우든 북베트남의 레 왕조와 찐 왕조가 그 수는 많지만 빈곤한 벼농사 농민에게 매긴 상당한 세금으로 세입의 대부분을 채운 것은 확실하다.

코친차이나는 집중적인 정크선 무역으로 상당한 세입을 확보해, 리타나의 계산에 따르면 18세기에는 왕실 세입의 3분의 1에 달했다.[27] 여기에 정부가 국방에 집중적으로 투자했으므로 신민에게도 상당량의 직접세를 거두어야 했다. 일본인 그리스도교도 프란시스코는 성인 남성

* écu. 은 약 50그램. 프랑스의 옛 화폐 단위. (옮긴이)

(20~50세)이 기혼일 경우 한 해 11스페인레알(은 약 300그램), 미혼일 경우 그 절반이 부과된다고 기록했다.[28] 슈아지는 코친차이나인이 무거운 세금을 냈다고 분명히 밝히지만, 그가 제시한 액수 5에키는 프란시스코의 기록에 따르면 미혼 남성에 해당되는 금액이다.[29] 프란시스코가 밝히기로는 인두세를 내는 납세자는 1만 명뿐이고 그중 3분의 2가 기혼(따라서 세금 총액은 은 2.5톤)이므로, 응우옌조의 평민 대부분은 생산물의 3분의 1을 직접 내거나 필요할 때 노역을 하는 등 다른 방식으로 납세의 의무를 치렀을 것이 분명하다.[30] 그러나 인두세를 내야 했던 코친차이나 신민의 핵심 집단은 동남아시아에서 가장 무거운 화폐 세금을 냈을 것이다.

시암의 쁘라삿통 왕은 각 가구의 논에 1푸앙fuang(0.17네덜란드길더 또는 은 2그램 이하)을 세금으로 부과했다. 판 플릿은 이 세금과 다른 농업 관련세가 쁘라삿통 왕에게 "가장 많은 세입"을 안겨주었다고 여겼으나,[31] 다른 네덜란드인들은 무역이 더 중요하다고 생각하기도 했다.[32] 50년 후 세입에서 교역이 차지하는 비중이 일곱 배로 늘어난 시기에 라 루베르는 토지세가 전보다 훨씬 높은 0.25티칼이지만 실제로 경작되는 땅과 "왕권이 절대적인 곳에" 한하며 "시암의 왕은 왕궁에서 멀리 떨어진 곳에서는 세금을 제대로 받아본 적이 없다"고 기록했다.[33]

버마는 훨씬 덜 금융화되었던 듯하다. 리버먼은 현물로 걷히는 농업세의 비중이 1550년 이전까지는 79퍼센트, 1600~1752년에는 58퍼센트라고 계산했다.[34] 수도 가까이 사는 농민은 당연히 식자재의 형태로 세금을 냈으나 먼 곳의 농민은 은이나 수출품으로 내는 편이었다.[35] 17세기에는 다양한 세금이 은으로 걷혔는데,[36] 은 혁명에 대한 반응이 분명했다. 농업, 축산, 상업 등 분야를 막론하고 국가 생산의 10퍼센트가 왕의 몫이라는 조항이 버마 법에 확실하게 있었지만,[37] 세금을 걷는 관리들은 이 조항을 해석할 때 자신들이 챙긴 몫은 제하고 왕에게 가는 총량으로 해석할 때가 많았다.

수도 주변에서 벼를 재배하는 농민에게 부과된 세금과 군역은 무거웠지만, 교역의 시대 전성기에 북베트남을 제외한 모든 국가의 가처분재원은 상업 분야에서 나왔다. 일부는 국내 교역에서 나온 것이었다. 왕은 시장, 선박, 수상 및 육로 교통에 세금을 매겼다. 통치자는 대부분 소금(베트남)이나 금속, 특히 금은 등 가장 유리한 품목의 국내 교역을 독점했다. 나라이 왕 시절 시암에서는 열매가 나는 모든 과일나무에 세금을 거둬서,[38] 구장과 빈랑에서 걷은 세금만으로 왕실 금고에 22만5000에 키(은 5톤 이상)가 들어왔다는 기록이 있다.[39]

그런 국내 세입은 교역의 성장과 확대일로인 상업화 및 화폐경제화 덕분에 늘어났다. 그러나 국가 세입에 큰 변수는 대외무역이었다. 이야말로 교역의 시대에 확장하는 세계경제에 성공적으로 접속한 국가들에게 부와 권력을 얻는 열쇠였다. 무르토노가 인용한 자바의 격언piwulang "병사는 왕의 요새이고, 농민은 나라의 식량이며, 상인은 나라의 옷이다"는 국가의 부가 곧 무역에서 발생한다는 뜻이다.[40] 왕실과 중앙 및 지방 관리들은 쌀 운송과 노역으로 필수재를 얻었으나, 경쟁자보다 우위에 서게 해주는 품목인 소형 무기, 수입 제조품, 말, 사치품, 신문물을 얻으려면 교역을 통한 현금 세입에 의존할 수밖에 없었다.

무역에 가장 크게 의존하는 국가에서 농업은 국가 세입에 별다른 기여를 하지 못했다. 이런 점에서 항구-국가 믈라카는 농업에 종사하는 내륙이 거의 없어 북베트남과는 완전히 정반대 지점에 있었다. 토머스는 주로 지방에서 납부하는 토지 기반 세입을 다 합쳐도 믈라카 술탄국 전체 세입의 10퍼센트가 넘지 않는다고 계산했다.[41] 최소한 5만 크루자두(은 2톤가량)에 달하는 나머지는 세관에서 나왔는데, 그마저 술탄 자신의 방대한 무역량은 포함하지 않는 것이었다.

아체, 팔렘방, 파타니, 반튼 같은 다른 도서부 국가에서도 교역으로 거둬들인 세입이 엄청났을 것이 분명하다. 이 국가들 중 어느 곳에 대해서도 항구세, 수출세, 검량세, 시장 사용료와 강 통행세 등과 실질적인 토지 기반 세입의 비율을 문서로 제시하기란 어려운 일이다.[42] 시암과 버마의 통치자들조차 현금 세입의 대부분을 무역에서 거둬들였다. 만테가차는 버마의 농업 국가적 성격이 16세기보다 훨씬 두드러졌던 18세기에도 양곤항에서 발생하는 수입이 버마 왕의 수입에서 가장 많은 비중을 차지했으며 농업에 세금을 제대로 부과하지 않은 것이 버마 정부의 큰 실패라고 여겼다.[43] 양곤의 1797년 연간 항구 세입은 15만 짯(은 2.5톤가량)이었는데, 양곤 주의 다른 세입 5만 짯 그리고 1784~1785년 버마 북부 짜욱세의 벼농사 지대 전체의 현금 세입 평균 5만6000짯과 이를 비교할 수 있을 것이다.[44]

수출입 관세는 항구마다 그리고 무역상의 협상력에 따라 달랐으나 10퍼센트 이상인 경우가 거의 없었다. 그 예외인 버마는 수입에 12~20퍼센트의 관세를 부과했으나 루비 외에 다른 품목에는 수출 관세가 없었다.[45] 중계무역항의 지위를 두고 서로 경쟁하던 말레이 항구들은 대체로 비슷한 규제를 두었다. 믈라카 술탄국은 바람 위의 땅에서 온 배에 6퍼센트 수입 관세를 부과했으나, 수출품에는 검량세 1~2퍼센트만 매겼다. 동남아시아와 동아시아 배는 수출입 관세를 모두 면제받았으나, 가져온 물건의 25퍼센트를 시장가보다 20퍼센트 낮은 가격에 왕에게 팔아야 했고 왕은 시장가보다 가치를 20퍼센트 높이 친 수출품으로 그 물건값을 지불했다. 따라서 블리블리안beli-belian(상호 구매)으로 알려진 이 체계를 거쳐 수출입에 관세 5퍼센트를 부과한 것이 된다.[46] 아체에서 인도 배는 수출입 모두 관세 5퍼센트를 냈으나, 유럽 선박은 술탄 이스칸다르 무다에게 7퍼센트를 내야 했다.[47] 반면 마카사르는 술탄 하사누딘(재위 1653~1669)이 정박료와 검량세를 부과하기 전까지는 세금을 전혀 걷지 않았다.[48] 잉글랜드동인도회사는 첫 술탄 알라우딘에게 해마다 100파운드 가치의 "귀한 물건"을 바치는 데 기꺼이 동의했다. "그가 다른 항구와 비슷하게 세금을 부과한다면 그 비용이 수천 리알rial로 오를 것"이기 때문이었다.[49]

그러나 위의 사례는 가장 잘 규제되던 항구들이며 세금이 정해져 있고 그 액수도 상대적으로 높지 않으며 예측 가능했다. 더 작거나 무질서한 항구에 큰 유럽 선박이 도착하면 협상 과정이 있었다. 반튼에 처음 도착한 잉글랜드와 네덜란드 배들은 정박료로 1500레알을 내고 수출용 후추 1자루당 1레알(따라서 약 18퍼센트)을 세금으로 냈으나, 50년 후 잉글랜드인들은 선물을 바치는 대신 정박료 800레알을 면제받을 수 있었다.[50] 1604년 파타니에서 네덜란드인은 왕에게 5퍼센트의 후추 수출 관세와 왕비, "젊은 왕비", 오랑카야 아홉 명이 나눠 가질 상당한 선물을 내놓아야 했다.[51] 10년 후 잉글랜드인들은 4퍼센트 관세와 오랑카야에게 가는 856레알에 대해 비통하게 불평을 늘어놓았다.[52] 유럽인들은 "좋은 거래보다 큰 선물이 더 나은 것으로 받아들여지는 것"에 대해 자주 불평했지만,[53] 불확실성을 야기한 것은 대부분 큰 배로 대변되는 교섭력을 이용하려 드는 유럽인 자신의 태도였다.

항구의 정기적인 세금이 안겨준 현금 수입은 항구와 수도의 행정을 유지하기 충분했으나, 야심 찬 통치자라면 직접 무역에 나서 훨씬 큰 수익을 올렸다. "이 왕들은 모두 상인이며, 교역에 관여하는 정도만큼 부유하다."[54] 핵심 수출품이 생산되는 지역을 통치하는 자들은, 트르나테의 술탄이 말루쿠산 정향을 또는 아체 술탄이 임산물을 그렇게 여겼듯[55] 적어도 생산물의 10퍼센트를 자신에게 오는 공물로 여겼다. 그러나 통치자가 특정 산품의 유일한 수출업자로 활동하며 외국인 구매자에게 가는 공급을 실질적으로 독점할 때도 많았다. 이러한 경향이 심화된 17세기에 시암의 쁘라삿통 왕과 나라이 왕이나 아체의 술탄 이스칸다르 무다에게 가져다준 미증유의 부에 관해서는 뒤에서 다시 논하겠다.

군사 혁명

> 믈라카에 도착하자마자 〔포르투갈〕 배들은 대포를 쏘아댔다. 믈라카 사람들은 대포 소리에 당황하고 두려움에 떨며 말했다. "이 천둥 같은 소리는 뭐요?" 머지않아 대포알이 날아와 믈라카 사람들을 쳤다. 어떤 이는 머리를, 어떤 이는 팔을, 어떤 이는 다리를 맞자 믈라카 사람들은 대포의 효과에 더더욱 놀랐다. 그들은 물었다. "이 둥글지만 날카로워서 사람을 죽이는 이 무기를 뭐라고 부르는가?"
>
> _『스자라 믈라유』(Sejarah Melayu 1612: 182)

동남아시아인은 처음 만나는 순간부터 유럽인을 선진 군사기술과 연관시켰다. 새로 등장한 유럽인은 배에 설치된 대포로 도시나 적의 배를 포격할 수 있을 뿐 아니라 권총의 유용성을 보여주었으며, 갑옷을 입어 동남아시아의 화살, 창, 단검으로부터 자신을 보호했다.

이 기술적 우위는 1511년 이래 지속되었다. 그러나 19세기에 기관총과 증기선이 등장하기 전까지 그 우위란 아주 약간의 우위일 뿐이었다. 화약과 화기는 중국이 최초로 발명했고 1500년경 유라시아 전체로 전파되었다. 이 기술을 전쟁의 성격을 완전히 바꿔놓는 지점까지 발전시킨 것은 유럽이었으나, 그 일은 유럽의 아시아 침략 직전에야 벌어졌다. 1494~1495년 프랑스-스페인 전쟁에서 처음으로 야전포가 실질적으로 사용되어 새로운 방어 전략을 낳았으며, 1490년이 되어서야 유럽 국가 중 베네치아가 최초로 궁수 부대를 머스킷총 부대로 교체했다.[56] 최초의 놀라움 이후 동남아시아의 주요 항구-국가는 재빨리 신기술과 무기를 사고, 고용하고, 빼앗거나 베껴서 유럽인의 물리력을 화기와 요새 정도로 제한했다. 유럽에서처럼 동남아시아에서도 신기술이 낳은 가장 근본적인 효과는 신문물을 확보한 정치권력의 권위를 그렇지 못한 배후지에 대해 크게 강화했다는 점이다.

위에서 인용한 말레이 연대기의 경탄스런 어조에도 불구하고 사실 동남아시아인은 포르투갈인이 오기 훨씬 전부터 화기에 익숙했다. 중국인들은 13세기에 금속제 대포를 만들어 배에 설치했다. 중국 대포는 1293년 원나라의 자바 원정과 15세기 초 정화의 대원정 때 자바에 선보여졌으며 그중 1421년산 한 대가 아직 자바에 남아 있다.[57] 베트남은 이 분야에서는 이웃 강대국에 뒤처지지 않음을 증명해 보였다. 1389년 베트남 선박의 대포가 참파 왕이자 영웅인 쩨 봉 응아Chế Bồng Nga를 죽였고, 『명실록』은 1407~1427년 명의 베트남 점령기에 베트남의 포병술을 배워왔다고 밝힌다.[58] 1500년경 베트남은 "셀 수 없이 많은 머스킷총 부대와 소규모 포병대"로 널리 알려졌다.[59] 후일 버마와 타이 연대기에 따르면 화기는 14세기 시암과 캄보디아 간, 버마 국가들 간의 전쟁에서도 사용됐다고 한다. 시암-캄보디아 전쟁에서는 중국인 포병대가, 버마 전쟁에서는 인도인이 그 주역이었을 가능성이 크다.[60]

말레이인들의 주장과는 달리, 1511년 당시 믈라카에는 침략해온 포르투갈 선박이 보유한 만큼이나 화기가 많았을 가능성이 높다. 정복한 믈라카에 최소 2000정에서 최대 8000정에 달하는 총이 있었다는 놀라운 주장을 포르투갈인들이 기록에 남겼기 때문이다.[61] 알부케르크는 빼앗은 총 중 1000정은 철제이고 2000정은 청동이며, 청동제 총포 중 가장 큰 것은 남인도 캘리컷의 통치자 자모린zamorin이 믈라카 술탄에게 선물로 보낸 것이라고 했다. 피르스는 멀리 지중해부터 믈라카에까지 이르는 정기적인 무기 무역에 관해 기록하기도 했다.[62] 실제로 최대 규모의 대포는 이 무역로를 따라 동방에 왔으나, 에레디아는 믈라카에서 노획한 무기가 중동에서 선호하는 큰 총포가 아니라 중국에서 수입한 것이거나 중국의 영향을 받은 시암과 버마의 주물공장에서 만든 소형 청동제 컬버린과 경포였다고 지적했다.[63] 유럽인이 대포를 더 널리 쓸 수 있게 만들어낼 때까지, 장식이 화려한 중국식 청동 컬버린이 크기뿐 아니라 수량 면에서도 압도적이었던 것이 분명하다.

도서부 동남아시아에서 총포 제조공이 이미 활약하고 있었던 것에는 의심의 여지가 없다. 처음에는 중국인이었겠지만 곧 현지 출신 무슬림이 동참했을 것이다. 포르투갈인 알부케르크는 믈라카의 "총포 제조공이 독일인만큼이나 훌륭하다"고 보고했고[64] 1513년 믈라카를 공격한 즈파라 함대는 자바에서 제조한 대포로 무장했다.[65] 스페인 함대는 1570년 마닐라를 점령할 때 포탄 세례를 받았고, 나중에 라자의 거처 바로 옆집에서 총과 대포를 만드는 것을 발견했다. "진흙과 왁스로 만든 주형틀이 있고 그중 가장 큰 것은 컬버린을 닮은 17피트(약 5미터) 길이의 대포였다."[66]

이후 사료는 마닐라만의 무슬림이 가지고 있던 대포 대다수가 중국과 일본 무역상이 자기네 나라에서 가져온 것이었음을 분명히 밝혀준다. "청동제 컬버린은 아주 빼어나게 잘 만들어져서, 그만한 것을 어디서도 본 적이 없다."[67] 현지의 총포 전문가들도 중국과 일본에서 왔을 것이다.*

이렇게 중국 모델이 동남아시아 전역에 끼친 영향은 중대하고도 명백하지만, 인도양 이슬람권과 교류를 중시했던 지역에서는 그 영향을 찾아보기 어렵다. 롱바르가 지적했듯 대포를 가리키는 주요 말레이어 중 브딜bedil은 타밀어가 어원이지만 다른 두 단어 므리암meriam과 렐라lela는 이슬람식 여자 이름으로 보인다.[68] 대형 총포는 이러한 이슬람적 맥락에서 만들어졌고 그 크기와 상징적 중요성이 중국식 총포의 정밀함을 압도했다. 그러나 아체인이 튀르크식 대포의 덕을 가장 많이 보았을 텐데도 프랑스인 마르탱에게 화기는 중국에서 발명됐다고 말한 것은 의외다.[69]

남아 있는 가장 오래된 동남아시아의 '거대' 총포는 키지맛Ki Jimat이다. 무게는 6톤이고 아랍어 문구가 새겨져 있으며 1526년 또는 1527년에 제작됐다. 기록에 따르면 이 대포는 당시 자바의 선도적인 무슬림 국가였던 드막에서 주조되어, 새로운 이슬람 중심지를 지원하고자 반튼으로 보내져 지금까지 그곳에 남아 있다. 마찬가지로 파타니의 명성이 널리 알려진 것도 각기 튀르크인과 중국인이 만든 유명한 총포 세 대와 관련 있다. 그중 한 대는 시암이 1785년 파타니를 정복한 후 가져가 지금도 파야따니Phaya Tani라는 이름으로 방콕에 남아 있다.[70]

아체가 대형 대포를 제조한 것은 1560년대 술탄 알라우딘 리아얏 샤

* 그럼에도 몇몇 필리핀인이 믿지 못하는 한 스페인인에게 이르기를, 스페인 초기 원정 때 필리핀에 온 한 플랑드르인과 스페인인에게 총포 만드는 법을 배웠다고 말한 것을 기록해야 할 것이다("Relation" 1572: 160).

알카하르가 포르투갈에 대항하기 위해 튀르크에 군사원조를 요청한 결과였다(8장을 보라). 이 일에 관해 라니리는 이렇게 기록했다. "룸Rum(튀르크)의 술탄이 총포 만드는 법을 아는 다양한 장인과 전문가를 보냈다. 대형 포가 만들어진 것은 바로 이때다."[71] 그중 가장 유명한 대포는 "후추 됫박lada secupak"이라고 불린다. 아체 사신이 튀르크 술탄을 접견하기까지 너무 오래 기다리느라 정작 무기 지원을 요청하러 술탄 앞에 갔을 때는 남은 것이 후추 다는 됫박밖에 없었다는 이야기 때문에 붙은 이름이었다. 이 대포는 1720년대 아체 내전 당시 포탄을 쏘다가 부서졌다.[72] 남아 있는 4.6미터 포신은 아체의 다른 튀르크식 대포만큼 크지 않으나, 1873년 네덜란드가 아체의 수도를 점령할 때까지도 애정과 존경의 대상이었기에 네덜란드인들이 전리품으로 본국에 가지고 갔다.[73] 1570년대에는 "그 크기와 길이(와 그 기술적 완성도)가 그리스도교 국가 어디에서도 찾아보기 힘든" 아체의 또 다른 거대포가 반포르투갈 연합을 강화할 목적으로 조호르에 선물로 보내졌다.[74] 데이비스 또한 아체의 대포가 바닥에 놓여 제대로 발포되지 못했으나 "본 것 중 가장 큰 대포"였다고 했다.[75]

스페인인들은 1579년 브루나이에서 크고 작은 총포 170대를 빼앗았다.[76] 아체는 1620년대 군사적 전성기에 총포 5000대를 보유했다고 한다. 볼리외는 청동제 포 1200기 중 800기가 대포라고 단언했다.[77] 1700년경 조호르에는 대포가 1000대 이상 있었으나 12파운드에서 24파운드까지 규격의 대형 포는 몇 대 없었다.[78] 1669년 네덜란드는 마카사르의 핵심 요새를 차지하고 5톤이 넘는 위력적인 청동제 대포 "마카사르의 아이anak Makassar", 각각 평균 1톤이 넘는 철제 대포 11대, 평균 무게가 220킬로그램인 소형 청동제 포 34대, 100킬로그램 이하인 컬

버린과 작은 총포 224대를 손아귀에 넣었다.[79]

대륙부 동남아시아에도 대형 포와 소형 포가 비슷하게 섞여 분포했다. 1590년대 참파에는 무게가 1톤까지 나가는 대형 포 10대는 놓여 있기만 했으나, 전시에는 소형 컬버린 500대로 구성된 효율적인 화기가 갤리선에 설치됐다.[80] 통킹의 찐 왕조는 댐피어가 살펴볼 수 있었던 무기고에 철제 대포를 60대가량 가지고 있었으나 대형 포는 2대 혹은 3대밖에 없었다. 제일 큰 포는 청동제로 3.5톤에 달했다. "그 대포는 모양이 별로였으나 그들은 무척이나 자랑스러워했는데, 여기서 만든 것이고 그중 가장 큰 것이기 때문일 것이다." 댐피어는 그 대포가 "전투용이라기보다는 전시용"이라고 생각했다.[81] 코친차이나의 응우옌 왕조는 상당한 규모의 무기고를 훨씬 더 효율적으로 활용했다. 무기고에 1640년대에는 대포 200대가, 한 세기 후에는 1200대가 있었다. 그 대부분이 국내에서 주조됐을 것인데, 1631년에 총포 공장이 세워졌고 수도 인근 지역이 프엉 둑Phường Đúc[(총포) 주조 구역]으로 알려졌기 때문이다. 코친차이나가 치른 여러 전쟁에서 가장 효과적인 것으로 검증된 총포는 1660년대 왕이 후하게 대우하며 데려온 솜씨 좋은 유라시아인 주앙 다 크루스의 감독 아래 만든 것 혹은 마카오의 포르투갈인에게 사온 것들이었다.[82]

동남아시아에서는 왕조의 흥망과 그 왕조가 16세기부터 만들기 시작한 큰 대포의 운명을 연결짓는 일이 많았다. 연대기들은 권총의 역할은 대체로 무시하지만 강한 대포(이름과 독특한 성격을 지닌)를 발사한 일에 대해서는 자주 언급한다.[83] 코끼리가 그랬듯 대포도 왕의 초자연적인 권능을 상징하는 존재로, 대포를 갖지 못한 내부의 적을 겁주고 위압할 수 있었다. 무기로서의 기능이 다한 지 오래 지나고도 이 거대한 대포들은 신비한 힘의 원천이자 영광스러운 시대의 신성한 유물로 섬겨졌다.

아시아에서 대형 총포는 전장에서 많은 사상자를 내지도, 유럽에서 그랬듯 전쟁의 양상을 바꿔놓을 만큼 조작이 용이하지도 않았던 듯하다. 통치자들은 신민을 위압하는 데 대포를 효과적으로 이용했다. 적어도 가장 강력한 두 "화약의 제국" 아체와 마타람에서는 이전에 공이나 북이 맡았던 공식 행사를 알리는 역할을 대포가 차지했다. 아체에서는 귀가 멀 듯한 포성이 라마단 단식월의 시작과 끝을 알렸고,[84] 마타람에서는 가장 크고 중요한 대포 사푸자가드Sapu Jagad가 사람들을 불러 모으는 데뿐 아니라 "수수후난이 왕국의 귀족을 없애고 싶을 때 그의 분노"와 왕실의 애도를 보여주는 데도 사용되었다.[85] 1625년 사푸자가드를 성공적으로 제작한 일은 당시 권력의 정점에 있던 술탄 아궁의 승리였다. 그의 불운한 후계자 아망쿠랏도 1652년 비슷한 대포를 만들려고 시도했다. 그러나 총포공을 시켜 제일 잘 만든 대포에 화약을 잔뜩 넣게 하자 대포가 폭발해 산산조각 나고 말았다. 심지어 파편 하나는 아망쿠랏 가까이에 떨어졌다. "그 두려움과 좌절로 인해 왕은 서둘러 도망가 총포공을 감옥에 넣고, 이 아름다운 대광장[알룬알룬]을 저주하며 광장의 대문에 벽돌을 쌓아 영원히 막아버려 (…) 궁정에 엄청난 혼란을 초래했다. 그날 왕은 끔찍한 악몽을 꾸었고 며칠 지나지 않아 몸 전체가 퉁퉁 부었다."[86]

현실에서는 권총을 효율적으로 활용한 통치자들이 정치적 풍경을 자신이 원하는 방향으로 가장 확실하게 바꿔놓을 수 있었다. 15세기 유럽에서 화승총의 일종이 개발됐고, 16세기 중반에는 갑옷을 뚫을 수 있는 머스킷이 나왔다. 두 총기 모두 무역상품이자 무슬림과 포르투갈 군인의 무기로 동방에 금세 전해졌다. 17세기까지만 해도 재장전하는 데 몇 분씩 걸리는 이런 총기는 동남아시아의 화살이나 입으로 부는 화살

그림 75 네덜란드 동판화에 묘사된 자바 전사의 무기들.
1600년경 반튼. 오른쪽의 화승총 사수는 허리띠에 총탄을 차고
손에는 화약에 불을 붙일 불붙이개를 들었다. 뒤쪽에서 조수가 재장전하고 있다.

총보다 훨씬 느렸다. 그러나 많은 수의 장정에게 총기 훈련을 시킬 수 있는 통치자는 총기마다 불붙은 불붙이개와 꽂을대를 든 조수를 두어서 병사들이 번갈아가며 일제사격을 벌이도록 할 수 있었다(그림 75). 어린 시절부터 취관, 단검 또는 활을 써온 보통 사람들이 구식 무기를 계속 썼다면, 화기는 예외 없이 중앙의 무기고에 집중되었고 훈련이나 전시에만 군인들에게 나눠졌다. 이 신기술은 군사력이 급격하게 중앙에 집중되는 결과를 낳았다.

야심 찬 통치자가 신무기를 활용하는 가장 빠른 방법은 그런 무기 사용이 이미 몸에 익은 포르투갈인이나 무슬림 모험가를 고용하는 것이었다. 16세기에 포르투갈, 그리고 튀르크, 아랍, 구자라트, 아체의 무슬림 간에 지속된 해상 접전으로 기동성 있고 숙련된 뱃사람 집단이 만들어

졌다. 버마, 여카잉, 시암, 자바, 마카사르의 통치자들은 모두 포르투갈인이나 외국 출신 무슬림을 고용해 포병, 총포공, 훈련 인력으로 잘 활용했다. 포르투갈인은 특히 버고와 여카잉에서 환영받았으며 두 국가는 그들을 활용해 최대의 성과를 누렸다.

포르투갈인(과 일부 무슬림)이 소개한 대포와 총이 최초로 결정적인 역할을 한 사건은 현대 버마의 국경까지 영토를 확장하고 여러 따이 지역을 복속시킨 떠빙쉐디 왕(재위 1531~1551)과 버잉나웅 왕(재위 1551~1581)의 정복 활동이다. 떠빙쉐디 왕은 종국에는 디에구 수아레스 드 알베르가리아가 이끄는 포르투갈 용병에 지나치게 의존해서 암살당하기 직전까지 포르투갈인들과 술을 마셨을 정도였다고 버마 연대기들은 기록한다.[87] 버잉나웅 왕은 자신의 대부대에 더 성공적으로 신기술을 접목시켜서 이탈리아인 프레데리치는 왕의 갑옷과 창칼은 이류이지만 "화승총들은 아주 훌륭하며, 언제나 전쟁을 벌이는 왕에게는 화승총 8만 정이 있고 그 수가 매일 늘어났다"고 적었다. "왕이 매일같이 널빤지에 화승총을 쏘기 때문에 지속적인 연습으로 사격술이 더 좋아졌다. 또한 왕은 아주 좋은 금속으로 만든 대포도 가졌다."[88] 버잉나웅 왕은 포르투갈 용병에게는 특화된 부수적인 역할만 맡긴 이 군대를 이끌고 버마 북부의 샨 국가들과 치앙마이는 물론, 종국에는 숙적 아유타야까지 정복하여 (오래가지는 못한) 사상 최대의 제국을 세웠다.

17세기에는 총포술이 더 널리 퍼지고 머스킷은 주요 무역품이 되었다. 코친차이나는 이런 군사기술을 가장 효율적으로 사용하고 성인 남성 전부를 징집해서 군대로 조직했다. 경쟁자인 북베트남 군대가 수적으로 훨씬 우월하다는 점이 군사적 혁신의 계기가 되었고, 포르투갈 및 일본과 집중적인 무역으로 접촉이 많아지며 그럴 기회가 생겼다.

> 이제 코친차이나인은 총포를 다루는 데 달인이 되었다. 유럽인보다 나을 정도이며, 목표물을 맞히는 연습을 계속하여 명중률이 높아졌고 스스로 솜씨를 자랑스러워한다. 유럽 배가 코친차이나 항구에 닿으면 곧바로 왕의 포병들이 대응하고 (…) 우리는 그들이 대포로 무엇이든 정확히 맞추는 것을 경험을 통해 잘 알기에 이런 시험을 피한다. 그들은 화승총을 들고 덤빌 때도 있는데, 이 또한 자주 들판에 나가 연습했기에 아주 잘 다룬다.[89]

포르투갈인들의 도움을 받긴 했으나 코친차이나의 강점은 잘 훈련된 현지인 군대였다. 나바레테는 이 병력이 4만 명에 이른다고 추정했으나, 프란시스코는 현지인 군대가 4000명뿐이며 해군 1만5000명 등이 따로 있다고 언급했다.[90] 이 군대가 각별히 보수를 잘 받았으며 기강이 튼튼했다는 것은 모든 사료가 인정한다.[91]

코친차이나의 경쟁자 북베트남은 총으로 무장한 직업군인 7만 명 이상을 두었다고 했다.[92] 그들 또한 "명사수로 (…) 머스킷을 다루는 솜씨와 발사하는 민첩성에 있어 대부분의 나라를 능가하며 그들보다 나은 국가는 별로 없다"(그림 76).[93] 그러나 코친차이나 군대에 비하면 쥐꼬리만 한 보수와 기강 해이에 시달렸다. 더 남쪽의 참파는 1590년대에 화승총이 1000정 있었으나 "화승총을 사용하는 것은 외국인 노예였다. 참파인은 화승총에 별 취미가 없었고 실제 효과를 보기 위해서보다는 겁주는 데 주로 사용했기 때문이다".[94] 어디서나 사정은 비슷했다. 시암과 자바의 국가들은 화승총이나 머스킷을 다루는 기강 있는 원주민 부대를 조직하지 않고, 전통적인 대규모 병역에 의존하며 외국인 포병대로 화력을 보강할 뿐이었다.

그림 76 17세기 통킹의 군사 훈련. 머스킷을 재빨리 재장전하는 훈련을 자세히 묘사했다.

드막은 화기를 이용한 외국 무슬림의 지원을 받아 16세기 자바의 이슬람 세력으로 부상했다. 핀투는 드막 최고의 병력이 "각국 출신의 외국인 용병 3000명 중 대부분은 아체인, 튀르크인, 말라바르인"이며 참족, "브루나이 출신 루손인"뿐 아니라 포르투갈인 부대도 있었다고 여겼다.[95] 1600년경 드막의 후계자라 할 파장의 통치자가 "발리인, 부기스인, 마카사르인 노예들"에게 자기 총에 금은 총알을 장전하라고 명했다는 자바 연대기의 기록을 보면, 새로운 무기 앞에서도 자바의 전통적인 군사 위계는 변하지 않은 듯하다.[96] 자바의 전쟁에서 화기는 너무나 부수적으로만 사용되어서 1596년 네덜란드인은 반튼에 총이 없다고 (잘못) 생각하기도 했다.[97] 그러나 잉글랜드인과 네덜란드인이 가져온 더 좋은 머스킷이 이 상황을 변화시키기 시작했다. 1605년 한 축제에서 잉글랜드인들은 얼마나 빨리 재장전하고 발포할 수 있는지 시범을 보였는데, 그 후

로 반튼의 유력자들이 뻔질나게 부하를 시켜 잉글랜드제 머스킷을 훔치려 해 곤욕을 치렀다.[98]

번영하는 항구에는 외국인 용병과 그들에게 지불한 돈이 몰려들었고, 그 결과 항구 통치자의 권력은 귀족이나 내륙 배후지에 비해 커져갔다. 17세기 내내 시암의 모든 왕조는 주력 부대를 외국인 용병으로 채웠다. 세기 초에는 100명가량의 일본인 부대를 주력 부대로 삼았고 몬족, 포르투갈인, 말레이인으로 구성된 그 수가 훨씬 많은 상비군도 따로 두었다. 1630년대에는 페르시아인과 인도인 무슬림이 막강하던 일본인 부대의 자리를 차지했고, 마지막으로 1680년대에는 콘스탄틴 폴콘이 소개한 프랑스 장교와 군인들이 직업 군인의 주축이 되었다(그림 77).

도서부 동남아시아 국가들이 이 방향으로 움직이는 데 훨씬 더디긴 했어도, 잠비의 왕만 1660년대에 부기스족 부대 500명에 의존한 것은 아니었다.[99] 아체 이스칸다르 무다의 왕궁수비대도 "외국인이 대다수인 노예 1500명가량이었다. 이들은 술탄의 여자들처럼 성채를 벗어나지 않고, 누구와도 말하거나 만나지 않는다. 술탄은 사형을 집행하거나 누군가를 죽일 때면 이들의 손을 빌렸다. (…) 이들을 어릴 때 데려와 무기 쓰는 법과 화승총 쏘는 법을 훈련시킨다".[100]

큰 대포를 들여오거나 주조하는 것은 동남아시아 전역에서 왕의 특권이었다. 16세기 버마와 베트남에서 미미하게나마 존재했던 화승총의 현지 제조 또한 마찬가지였던 듯하다. 그러나 이르면 17세기 중반부터 머스킷 수입과 제조는 허약해진 통치자의 통제를 벗어나기 시작했다. 이스칸다르 무다는 자신의 방대한 무기고를 철저하게 관리했다. "왕은 무기를 [자신의 원정대에] 대주는데, 원정대는 출납대장을 기록하고 돌아오면 무기를 반납해야 했으며 아내와 자식을 그 보증인으로 내세웠다."[101]

그림 77 타이 도시 공격에 가담한 유럽인 포병의 모습이 담긴 17세기 타이 스케치.

이러한 엄격한 관리체계는 1637년과 1641년 왕위계승을 둘러싼 분란으로 무너졌다. 1642년 한 네덜란드 보고서는 화승총 300정 또는 400정이 한 정당 6레알에 "주민 사이에서" 팔린다고 적고 있다.[102] 특히 잉글랜드인은 화기를 일반 무역품으로 팔기를 선호하는 편이었으므로, 통치자뿐 아니라 부족장이나 반란군과도 거래했을 것이다. 17세기 말이면 머스킷은 가볍고 조작하기 쉬워졌을 뿐 아니라 흔해지기도 해서, 중앙집권적 통치자들이 초기에 화기를 들여와 누리던 강점은 상쇄되었다.

17세기에 유럽식 화승총matchlock은 동남아시아 곳곳에서 만들어졌으나, 더 복잡한 플린트록 화승총이나 치륜총wheel lock은 여전히 유럽에서 수입해야 했다. 마타람에서 1651~1652년 사이 석 달 동안 머스킷 800정을 만들었다는 기록이 있다.[103] 마카사르는 1615년 2422 '정'을 비축했고 1620년대부터는 독자적으로 머스킷을 제조하기 시작했는데 처음에는 포르투갈인의 도움을 받았을 것이다.[104] 마카사르는 다른 동남아시아 국가들만큼 절대주의적이었던 적이 없었으며, 1660년대 네덜란드-부기스 연합군에 패한 후로 머스킷 제작술과 발포술은 어떤 중앙집권화된 통제도 받지 않았다. 많은 마카사르 난민이 다른 곳으로 이주해 용병이 되었으며 자바, 보르네오 등지에 머스킷 제작술과 사용법도 전파했다. 숙적 마카사르에 대항해 군대를 조직한 것은 부기스족의 영웅 아룽 팔라카였으며, 그는 술라웨시와 수마트라의 전장에서 싸우며 네덜란드인에게서 직접 화기 제작법과 사용법을 배웠다. 마카사르에 승리를 거둔 후에는 데려온 무기 제조공을 수도 보네 주변에 배치했다. 팔렌테인이 쓴 대로 "그는 자기 종족 중 제일 먼저 머스킷과 다양한 화기 제조법을 배워 우리만큼 기술이 빼어났으며, 나중에는 자기 종족에게 가르쳐 부기스족 사이에서 화기 제조법은 흔한 기술이 되었다."[105] 18세기경 중앙집중화된 권력이 없던 세 종족인 부기스, 발리, 미낭카바우족이 동남아시아에서 가장 아름다운 머스킷을 만들었다.[106] 그들은 살 수 있는 자라면 누구에게나 무기를 팔고자 했다. 이렇게 동남아시아 "화약 제국"의 시대는 종말을 고했다.

이 시기 절대군주의 또 다른 주요 무기는 무장 갤리선이었다. 동남아시아에서 유럽인의 큰 강점은 배 위에 대포를 효과적으로 설치할 수 있는 능력이었다. 6장에서 살펴보았듯 바로 그 때문에 동남아시아의 무역용 대형 정크선이 몰락하기도 했다. 이에 동남아시아 통치자들은 유럽 선박을 그대로 따라 하는 것이 아니라 무장 갤리선을 더 크게 더 많이 만드는 것으로 대응했다. 지중해처럼 상대적으로 닫힌 동남아시아의 바다에서는, 대규모 병력을 수송하고 선박에 화기를 사용하기 위한 자리를 확보하는 데 가장 빠른 수단이 노 젓기인 것으로 보였다. 이 전략은 단기적으로는 동남아시아 통치자의 권력을 대내외적으로 크게 키워주었으나, 17세기에 등장한 가볍고 조작하기 쉬우면서도 중무장한 네덜란드 및 잉글랜드 선박과의 경쟁에서는 거의 언제나 패배했다.

베트남인이 유럽인이 오기 전부터 무장 갤리선을 사용한 것은 분명하다. 베트남에는 항해용 대형 정크선의 전통이 없었으므로, 남쪽 해안의 참파와 전쟁을 벌일 때는 중국식 갤리선과 베트남식 강배를 개조해서 만들었다. 레 타인 똥은 1465년 갤리선 5000대에 병력을 실어 보내 참파를 치게 했으며, 배는 저마다 나무나 대나무 통으로 된 원시적 대포로 무장했다고 한다.[107] 두 베트남 국가 간에 벌어진 17세기의 여러 전쟁과 유럽 선박과 벌인 소규모 접전에서 얻은 교훈은 이 빠른 무장 갤리선의 효율성을 더 높였다.

코친차이나의 선박에 감탄한 여러 외국인의 기록 중에서는 일본인 거주자 프란시스코의 기록이 가장 정확할 듯하다. 그는 갤리선이 230~240척 정도이며, 노꾼과 병사가 각각 64명씩 타고 배 앞에는 4~8파운드 포를 발사하는 대포와 작은 컬버린 2대가 있다고 했다.[108] 이런 갤리선 50척가량이 1643년 전함 3척의 네덜란드 함대를 무너뜨렸다. 기함을 폭파해 그 배에 탄 병력을 모두 수장시킨 이 사건은 1940년대 이전에 네덜란드가 아시아에서 겪은 가장 치욕적인 패배일 것이다.[109] 통킹의 왕에게는 그보다 갤리선이 두세 배 더 많다고들 여겼다(그림 78a). 알렉상드르 드 로드는 "금빛으로 반짝이고 정교한 그림으로 장식한" 무장 갤리선 200척에 20만 대군을 싣고 남쪽으로 향하는 왕의 원정을 따라갔다. 갤리선은 모두 완벽하고 정확하게 움직였고, 보급품을 실은 배 500척 이상이 그 뒤를 따랐다.[110] 시암과 버마의 강을 오가는 갤리선만이 비견될 수 있는 근사한 광경이었으나, 통킹의 갤리선들은 대포 대결에서는 유럽식 전쟁술을 더 잘 배운 남쪽 적수들의 배보다 비효율적이었다.

베트남에서는 중국식 갤리선이 중요했지만, 다른 곳에서는 튀르크식과 포르투갈식을 포함한 지중해식이 더 중요했던 듯하다. 물론 노를 저어 앞으로 나아가는 배는 어디에나 오래전부터 있었다. 인도네시아 동부에서는 그 지역 배의 특징인 현외장치outrigger 위에 노꾼이 앉는 일이 흔했다. 그러나 총포를 싣고 병력을 빨리 수송하기 위한 목적의 대형 갤리선은 새로운 발명품인 것으로 보인다. 시암과 마카사르 연대기는 각국에서 최초의 갤리선이 17세기 초에 건조되었다고 주장한다.[111] 이 새로운 선박을 가리키는 마카사르어는 갈레gallé로, 마카사르에 자주 등장했던 포르투갈인의 영향을 확인해준다. 말루쿠와 필리핀에서 속력이 빠른 전투용 갤리선을 부르는 말 코라코라korakora는 아랍어 쿠르쿠르kurkur에서 파생했으며, 아체어 구랍gurab은 아랍어를 그대로 차용한 말이었다. 네덜란드인 로데베이크스는 반튼의 갤리선이 "반튼의 튀르크인의 지도에 따라" 자바 최고의 티크목 산지 인근의 항구 라슴에서 만들어졌다고 보고했다.[112]

이 갤리선은 모두 작은 대포를 장착했다. 네덜란드인들에 따르면 반튼의 갤리선은 아래 칸에 대포 4대를 싣고 현외장치를 단 말루쿠의 코라코라는 위로 올린 갑판에 7대를 설치한 반면, 마두라의 대형 갤리선은 사람이 200명까지 잔뜩 타지만 노는 더 적고 대포는 2대뿐이었다(그림 78b). 아르헨솔라는 동쪽 바다의 코라코라에 노꾼이 100명, 머스킷 사수

그림 78a 새뮤얼 배런이 그린 홍강의 베트남 갤리선.

그림 78b 1600년경 네덜란드 동판화에 등장한 무장 갤리선 두 종류.
왼쪽은 마두라의 전함으로 노꾼들 위로 2층 갑판에 창병들이 서 있다.
오른쪽은 트르나테 왕의 코라코라. 노꾼들이 현외장치에 앉아 있으며 북과 공,
작은 대포 7대가 배에 실렸다.

6명과 "작은 청동제 총포 넷 또는 다섯"이 있다고 묘사했다. 총포마다 세 사람이 붙어 "한 명이 조준하고, 한 명은 화약을 넣고, 나머지 한 사람이 발포한다."[113] 공격이 끝나면 이런 코라코라는 재빨리 노를 저어 멀어졌다가 다음 공격이 준비되면 돌아왔다. 필리핀 코라코라는 보통 60명에서 100명이 노를 저었으나, 그보다 더 큰 배가 소수 언급되기도 했다.[114]

이런 배들의 나가(용)를 본뜬 형태, 속력, 만듦새는 언제나 유럽인을 경탄하게 했다. 우아하게 장식한 시암의 갤리선은 "세상에서 가장 아름다운" 배였다.[115] 말루쿠의 갤리선은 "용을 본떠 만들어서, 이물은 용머리 같고 고물은 용꼬리 같다."[116] 마카사르를 방문한 네덜란드인 판 더 하헌은 갤리선이 "아주 크고 빼어나게 잘 만들어져서, 그곳에 가본 목수라면 누구나 우리 나라에는 그런 배를 만들 수 있는 장인이 없다고 단언"할 것이라고 했다.[117] 이런 남술라웨시의 배들은 슬라야르나 남술라웨시 남동쪽 귀퉁이 비라Bira반도 출신 전문 목수들이 만들었을 것이다. 1660년대에 "이 섬사람들은 배 만들어 파는 것 말고는 거의 아무것도 하지 않았기" 때문이다.[118] 그들이 만든 최상급 배 중에 아름다운 조각이 새겨지고 금색 나뭇잎으로 뒤덮여 "괴이한 동물"이 바다에서 빛나는 것 같던[119] 탈로 왕실 소유의 갤리선이 있었을 것이 확실하다. 가까운 부톤에서도 "인도제도의 어떤 배라도 그렇듯 아름답"고 그 길이가 40미터에 달하는 갤리선을 만들었다.[120]

아체는 더 큰 규모의 지중해식 갤리선을 만들었고, 볼리외는 술탄 이스탄다르 무다의 그런 배에 관해 이렇게 썼다.

> 그는 거대한 갤리선 100척을 지녀, 바다 위에서는 이웃들보다 강하다. (…) 그중 3분의 1은 비교할 필요도 없이 그리스도교 세계에서 만든 어떤 배보

다 크다. (…) 나는 겨우 중간 크기인 용골을 보았는데 길이가 120피트(약 36미터)에 달하며 전체가 연결부 없이 하나로 된 통나무였다. 솜씨가 뛰어난 장인들이 만든 아름다운 갤리선이긴 하지만, 너무 무겁다. 배가 너무 넓고 높기 때문이다. (…) 그들은 노 하나를 겨우 두 사람이 젓게 하고, 배는 물에 똑바로 뜬다. 이 갤리선에 댄 벽 또는 판자는 두께가 6인치에 달하는데 그 때문에 배가 무겁고, 내가 보기엔 그리스도교 배 한 척이 이런 배 열 척을 물리칠 것 같다. (…) 이런 배에는 보통 대포 석 대와 (…) 소형 경포 여러 대가 〔배의〕 어깨와 허리 부근에 설치된다. 그들은 보통 600 또는 800명을 이 괴물 같은 배에 태운다.[121]

1629년 아체가 믈라카를 공격하려고 만든 거대한 갤리선 "우주의 공포"는 역사상 최대의 목조선일지도 모른다.* 종국에 이 배를 납치한 포르투갈인은 배 길이가 100미터에 달했고 근사한 틈바가tembaga(구리) 제 대포 등 총포가 100대나 있었다고 주장했다. "우리 눈은 근사한 물건에 놀라는 데 이미 익숙했지만 이 광경에는 전부 놀라움을 금할 수 없었다."[122]

최근 망갱은 16세기 중반 포르투갈 해군의 공격적인 전술에 맞선 대응책으로 동남아시아 전투 갤리선 함대가 대규모화되는 극적인 변화가 있었음을 밝혀냈다.[123] 1600년경이면 아체뿐 아니라 반튼, 조호르, 파항, 브루나이 또한 전투에 100척 이상의 무장 갤리선을 투입할 수 있었다. 망갱은 이런 경향이 이전 시기 바다를 호령하던 무역용 대형 정크선의 퇴조에 기여했다고 주장한다. 포르투갈 해군의 도전과 봉신 위에 군

* 파커는 그리스인의 구상에 따라 1529년 건조된 74미터짜리 베네치아 노예선에 사상 최대의 목조선이라는 영예를 안겨주었다(Parker 1988: 87).

림하는 강력한 통치자에게 집중되던 권력 또한 한몫했다. 그러나 이 갤리선들은 17세기에 새로운 차원의 해군 기술을 갖춘 네덜란드와 잉글랜드의 전함에는 적수가 되지 못했다.

외교

> 〔아루Aru의〕 마하라자 디라자가 파사이에 사절을 보냈다. 특사는 라자 팔라완이었다. 파사이에 도착하자 서한은 행렬을 거쳐 왕궁으로 전달되었다. 예에 따라, 서한을 읽는 신하가 서한을 받아 읽었다. 서한에 쓰인 내용은 "아우가 안부〔salam〕를 전합니다"였다. 그러나 그가 읽은 내용은 "아우가 형님에게 복종〔sembah〕을 표합니다"였다. 라자 팔라완이 바로 살펴보았다. "서한은 이것을 말하는데 저것이 읽혀 나왔습니다." (…) 서한 읽는 신하가 또 먼젓번과 같이 서한을 읽자 라자 팔라완은 분노를 참지 못하고 아목에 들어 파사이 사람을 여럿 죽였다. 그리하여 파사이 사람들은 라자 팔라완과 아루 사람을 모두 죽였다. 그 때문에 파사이는 아루와 전쟁을 벌였다.
>
> _『스자라 믈라유』(Sejarah Melayu 1612: 145-146)

동남아시아의 통치자는 모두 자신이 수많은 통치자 중 하나일 뿐임을 잘 알았다. 왕은 인도 서사에서 가져온 세계의 통치자라는 수사를 사용하고, 거창한 칭호와 의례를 통해 다른 왕보다 자신이 신과 더 가까운 존재임을 강조할지도 모른다. 그러나 모두 무역, 전쟁 또는 외교를 통해 이웃과 끊임없이 관계를 맺었다. 연대기들은 한 통치자의 위대함을 알아보는 방법은 바로 항구에 늘어선 외국 선박과 궁정에 북적이는 외국 사절인 것을 인지하고 있었다.

국내에서와 마찬가지로 국제 문제에서도 가장 쉬운 관계는 불평등한 관계였다. 언어 자체가 완전히 동등한 관계, 특히 관례적인 겸손으로 스스로를 칭해야 하는 왕들 사이의 관계를 표현하기 어렵게 만들었다.

동남아시아의 관행에 영향을 끼친 모델 중 하나는 중국 조공체계였다. 동남아시아 국가는 모두 중국이 더 크고 강하다는 점을 인정했고 15세기에 통치자들은 모두 한자로 자신의 이름이 쓰인 황제의 친서를 받고 흡족해했다. 일부 작은 국가의 통치자는 몸소 중국으로 가서 예를 표하고 황제에게 분봉을 받기도 했다. 조공은 중국과 안전하고 합법적으로 무역을 하는 유일한 방법이었으며, 통치자뿐 아니라 관여하는 모든 이에게 많은 이윤이 남는 사업이기도 했다. 멀리 떨어진 곳의 황제에게 외국어로 표현되는 조공의 언어는 동남아시아 통치자들에게 문제가 아니었던 듯하다. 류큐 같은 작은 나라에 보내는 서한도 한자로 작성됐으며 스스로를 낮추는 말과 "조공"이라는 표현이 자주 등장했다.[124] 한자로 교류하는 동아시아 세계에서 무역은 통치자들 사이의 공식적 관계일 때만 합법적이었다.

동남아시아 역내에서는 이런 종류의 "조공"을 본뜬 것이 있었는데, 흔히 상징적인 권위를 인정하는 대가로 더 큰 항구에서 무역할 기회를 얻는 것 이상은 아니었다. 보르네오, 남수마트라, 소순다열도의 국가들은 자바에 그런 조공을 보낼 때가 많았고, 말레이반도 국가들은 시암 왕실에 충성을 맹세하는 "황금꽃bunga emas"을 바쳤다. 1680년대에는 멀리 수마트라의 잠비조차 시암에 황금꽃을 보냈는데, 이전에 시암 왕이 "선물"한 초석과 황에 대한 "답례품"인 중국 무역용 후추와 함께였다.[125] 조공이 수도로 향하는 물자와 인력의 일방적인 흐름이 되는 것은 이웃 국가가 무력으로 정복당할 때뿐이었다.

동남아시아와 인도양 주변의 각국은 점차 관계가 밀접해졌고, 그 관계는 늘 문제적이게 마련인 동등한 지위를 바탕으로 유지될 수밖에 없었다. 기록이 자세히 남아 있는 특사들은 고도로 정치적이었지만, 왕의 친서나 특사를 통해 이루어지던 통상적인 무역 사절단의 일부였다. 1480년 시암 왕이 류큐 왕에게 설명한 대로 "우리 두 나라가 고대로부터 현재까지 무역을 해오고, 함께하다가 멀어졌다가, 가진 것을 가지지 못한 것과 바꿔온 것은 칭찬할 만한 일"이다. 사절단이 오고 가기를 멈추지 않았다.[126] 코친차이나에 거주하던 일본인 프란시스코는 군수품, 초석, 납이 필요한 일본의 수요가 "사절단을 해마다 보내오는" 시암에 의해 충족되었다고 지적했다.[127] 중국 황제들이 무역을 외교의 한 측면으로만 용납했다면, 동남아시아 통치자들은 반대로 무역을 가장 중요하게 여기는 경향이 강했다. 시암은 인도의 골콘다 그리고 벵골과 정기적으로 사절을 교환하며 "상찬으로 가득한 서한뿐 아니라 작은 선물도 주고받았다. 오로지 무역을 진흥하기 위한 목적이었다".[128]

상호관계를 맺어온 인도양, 중화권과 비교하여 동남아시아의 외교 관례상 다른 점이 있었다면, 왕의 친서가 갖는 무게였다. 나코다가 누구든 배가 왕의 친서를 싣고 왔다면 거기에는 왕의 주권이 담겨 있으므로 성대한 환영을 받았다.

> 동방 전역에서 특사는 누구나 왕의 전령일 뿐 모시는 왕을 대리하지 않는다. 그들은 신임장을 대하는 것에 비해 그 서한을 가져온 특사에게는 조금밖에 존경을 보이지 않는다. (…) 그러므로 누구든 왕의 서한을 전달하는 자는 동방 전역에서 특사라고 불린다. 그런 연유로 드 쇼몽 씨가 시암에 남

겨두고 온 페르시아 대사가 떠낭다이에서 죽자, 그의 가족이 그들 중 한 사람을 선발해 페르시아 왕의 서한을 시암 왕에게 전하게 했다. 그는 원래 대사가 그랬을 것처럼 아무 특색 없이 받아들여졌다.[129]

외국 배가 당도하면 처음 받는 질문은 왕의 친서를 가지고 왔는가였다. 편지가 있다면 가장 영예로운 자리에 놓인 채 행진해 왕궁으로 전해졌다. 왕의 서한은 말레이 세계에서는 보통 휘황찬란하게 장식한 코끼리에, 대륙부에서는 가장 좋은 갤리선에 실렸다. 라오스에서는 편지를 실은 갤리선이 왕궁이 아닌 장엄한 탓루앙 사원의 접견실로 향했다.[130] 그 뒤를 따라온 대사 또는 나코다는 왕을 대신하는 발언자가 아니라 서한을 전달하는 사람으로 대접받았다.

믈라카 연대기는 이런 외교 의례의 예외를 소개하는데, 믈라카 왕실이 역사는 더 길지만 세력은 약한 파사이에 서한을 보내면서 안부가 충성 맹세로 오인되지 않도록 숙고한 사례다. 왕은 편지를 보내지 않고 전령이 왕의 전갈을 외워 가도록 했다. 전령이 파사이에 도착하자 "편지를 받아오게 보내진 자가 말했다. '편지는 어디에 있습니까? 편지를 받아 행진하도록 해주시오.' 전령인 오랑카야 툰 모함마드는 대답했다. '내가 편지요. 나를 행진으로 데려가시오.'".[131] 이 전령은 형이 아우를 대하듯 쓰인 전갈을 외워온 대로 신중하게 읊고 답장으로는 통상적인 왕의 서한을 받아갔다.

왕의 친서는 주권의 핵심적인 측면으로 여겨졌기 때문에 단어와 문구가 아주 조심스럽게 선정되었을 뿐 아니라 섬세하게 장식됐다. 이슬람 국가에서는 서아시아의 문학 전통을 빌려와 옥새나 어두에 알렉산드로스 대왕을 비롯한 과거의 위대한 왕과 왕의 관계를 밝히기도 했다. 친서

그림 79 1673년 덴마크 선박과 특사들이 반튼으로 진입하는 길목에서 환영받고 있다. 덴마크 선박 측면의 배 두 척에 양산이 펼쳐진 것으로 보아 반튼의 고위 관리들이 승선했음을 알 수 있다. 해안에서 가장 높은 건물은 대모스크다.

전체 길이의 절반을 차지하게 마련인 서두에는 발신자의 위엄 곧 드넓은 영토, 아름다운 수도, 수많은 코끼리, 금 휘장과 다른 장식품에 대해 늘어놓았다.[132] 아직까지 보존된 교역의 시대에 쓰인 왕의 친서 중 하나는 아체의 술탄 이스칸다르 무다가 잉글랜드의 제임스 1세에게 보낸 것인데, 전체 길이는 1미터가량이고 가장자리가 꽃무늬로 아름답게 장식되어 있다.

유럽 사신들은 중요한 왕실에서 받은 세심한 대접과 처음에 길 위에서 받은 환대(그림 79), 왕궁으로 가는 휘황찬란한 행진과 왕 앞에서의 친서 낭독, 이어서 존중의 의미로 제공받는 의복, 연회, 무용과 경연 같은 오락에 대해 상당한 기록을 남겼다. 그중에서도 가장 흥미로운 묘사는 프레데릭 더 하우트만이 아체를 방문하는 상인에게 필요한 언어의 예로 다우드와 현지 정보원 이브라힘 사이의 말레이어 대화를 기록한 것일 듯하다.

다우드(이하 다) 누가 이 큰 코끼리를 타고 오는가? 누가 뒤에 저런 군중을 끌고 오는가?

이브라힘(이하 이) 샤반다르와 풍흘루 크르쿤Penghulu kerkun(비서)이라네.

다 그 위에 앉은 외국 상인들도 보았다네. 그들은 누구인가?

이 구자라트인 나코다라네. 막 배를 타고 와서 라자에게 예를 표하러 가고 있지.

다 코끼리는 붉은 천을 화려하게 두르고 그 앞 사람들은 탬버린이며 나팔과 피리를 불던데 그건 무슨 뜻인가?

이 자네가 본 코끼리와 그 위 가마에 앉은 사람이 그의 라자가 우리 왕에게 보내는 편지를 갖고 있단 뜻이네.

다 거기 앉은 사람은 누구인가?

이 술탄이 고른 오랑카야 중 한 사람이지.

다 그게 다 무얼 위해서 하는 건가?

이 편지를 보낸 라자에게 경의를 표하는 것이지.

다 그럼 내가 본 수많은 사람과 노예가 손에 화려한 옷감을 들고 가는 것은 무엇인가?

이 나코다가 왕에게 바치는 선물이라네.

다 그게 자기 물건에 매겨지는 세금인가, 아니면 세금은 따로 내야 하는가?

이 세금은 따로라네. 7퍼센트지.

다 그 대가로 라자는 무얼 주는가?

이 라자의 궁에 들어가면 큰 대접을 받는다네.

다 어떤 대접을 받는가?

이 먹고 마시지. 온갖 종류의 음식과 과일이 나온다네. 악기를 연주하고 춤을 추고 온갖 종류의 여흥이 벌어지고 말이야. 악사들이 트럼펫, 플롯, 클라리넷, 르밥rebab을 연주하지. 그러고 나서 왕이 우리식 의복을 가지고 나오라고 해서 나코다에게 준다네.[133]

나코다는 "붉은 비단 웃옷, 금실로 수놓은 화려한 두건, 금으로 수놓은 노란 사롱, 아랍어를 금색으로 새긴 허리띠, 금을 두르고 보석으로 장식한 칼집과 검은 산호 칼자루의 크리스 단검"을 갖춰 입었을 것이며, 다시 코끼리를 타고 자기 배로 돌아가기 전 코끼리와 소의 싸움을 구경했을 것이다.[134] 제임스 랭커스터와 토머스 베스트 같은 유럽인 사절도 정확히 이와 같은 대접을 받았다.[135]

이렇게 확립된 모든 관계는 17세기를 거치면서 교역의 수준이 확대되었지만 외교 행위자가 소수의 강력한 국가로 줄어들면서 함께 축소되었다. 17세기 중반 즈음 주요 무역국가인 아유타야, 아체, 반튼, 마카사르는 모두 서로뿐 아니라 인도의 골콘다, 마닐라의 스페인, 포르투갈, 잉글랜드, 네덜란드와도 외교관계를 맺고 있었다. 대륙부에서는 베트남의 두 국가와 시암이 더 위험한 경쟁국에 맞서 이용할 목적으로 캄보디아 및 라오스와 지속적으로 접촉했다.

이 모든 외교관계는 불안정했다. 외교관계의 당사자인 국가들은 극도로 위험한 세계에서 제자리를 찾기 위해 몸부림치는 중이었다. 중국과의 조공관계처럼 장기적이고 상대적으로 안정적인 관계도 있었지만, 동등함을 전제한 관계는 각 통치자가 자신의 지위를 강화할 목적으로 외국과의 관계를 이용할 때면 언제나 위기에 처하게 마련이었다. 왕실 간의 결혼은 특히 민감한 문제였다. 왕은 모두 조공국 왕의 딸을 아내나 후궁으로 두고자 했다. 이 방법은 한때 왕의 권위를 선포하고 조공국의 충성을 유지하는 방법이기도 했다. 그러나 자신의 딸을 다른 왕(다른 누구라 할지라도)에게 넘겨주는 데에는 딸이 학대당하거나 정비正妃보다 낮은 존재가 될 위험이 상존했으며, 어떤 경우든 아버지인 왕에게는 모욕이었다.

왕들 사이의 협상은 무역이나 군사적 협력 같은 실용적인 필요에서 시작할 때가 많지만 끝날 때는 왕의 딸을 요구하게 마련이었다. 라오스의 왕 수리냐웡사는 협력의 대가로 1640년경 통킹 "왕"(아마도 찐 왕조)의 딸을 아내로 얻었다.[136] 1659년 네덜란드인들이 베트남의 수도에 있을 때 라오스 칙사는 아마도 찐 왕조의 새 통치자인 찐 딱의 딸을 후궁으로 데려가려 애쓰고 있었다.[137] 그런 요구는 후궁의 딸들을 보내는 식으로 받아들여지게 마련이었다. 고와(마카사르)와 마타람이 사절을 주고받으며 반네덜란드 전략을 함께 펼치던 시기, 마타람은 곧 술탄 하사누딘의 딸 "한둘"을 달라고 요구했다.[138] 통치자들은 정비의 딸을 내주기를 꺼려했으나, 예외가 있다면 남편을 아내의 왕실에 실질적인 인질로 두는 경우였다. 예컨대 아체의 속국이 된 파항의 왕자가 아체 왕실에 머물며 술탄 이스칸다르 무다의 딸과 결혼한 경우가 그랬다.[139]

시암과 아체 사이의 관계는 동등한 세력 간의 관계 중 가장 안정적이었는데, 말레이반도를 둘러싼 두 국가의 야심이 거의 충돌하지 않았기 때문이다. "그들은 서로에게 속국이나 조공국이 되는 법이 없었다. 친선을 유지하기 위해 서로에게 과장된 칭호와 상찬을 가득 담은 편지와 선물과 함께 특사를 자주 보냈다."[140] 시암의 네덜란드 상인 판 플릿에 따르면, 술탄 이스칸다르 무다가 송탐 왕의 딸을 얻고 싶어하자 한 시암 특사가 이 바람을 무책임하게 부추기면서 양국 관계가 경색됐다. 그러나 쁘라삿통 왕(재위 1629~1656)은 다시 동맹을 복원하고 화려한 선물과 "금金에 새긴" 친서를 주고받았다. 1636년 아체 술탄이 다시 사신을 보내 시암 공주와의 혼인을 거론하자 양국 관계는 또 불확실해졌다. 판 플릿은 아체 사신이 감옥에 갇혔다고 했지만 프랑스판 이야기에 따르면 연회에서 여자를 놓고 싸움을 벌이다 살해당했다고 한다.[141] 그런데도 시암의 다음 왕 나라이가 즉위한 지 얼마 지나지 않아 아체는 옛 관계를 회복하고자 사신을 보냈다.[142]

술탄 이스칸다르 무다는 이국적인 아내들을 찾아 나서는 여정에서 또 다른 방해물과 마주쳤다. 술탄은 1613년 토머스 베스트*가 아체에서 환대를 받고 돌아가는 편에 잉글랜드 왕에게 잉글랜드인 여성 둘을 보내달라고 청하며 이렇게 말했다. "만약 그중 한 여인과의 사이에서 자식을 얻고 그 아이가 아들이라면 프리아만, 파사만 그리고 당신들이 후추를 가져가는 해안의 왕으로 만들어, 나한테 올 필요 없이 당신들의 잉글랜드인 왕에게서 물건을 가져갈 수 있게 하겠다."[143] 이 사실이 런던에 알려지자 "존경할 만한 신사들"이 잉글랜드동인도회사에 찾아와 자기 딸을 기꺼이 보내겠다고 제안했으나 회사는 거절했다. 바람 아래의 땅에 유럽 여성은 아주 드물었으며 왕의 하렘에 들어간 것으로 알려진 유럽 여성은 마카사르에만 있었다. 술탄 알라우딘의 아내 40명 중 한 명으로, 현지에서 태어난 포르투갈계 유라시아인이었다.** 술탄과의 사이에서 태어난 그의 아들 프란시스쿠 멘데스는 1640년대와 1650년대 마카사르

---

* Thomas Best(1570?~1638?). 잉글랜드동인도회사의 선장. (옮긴이)

** "당대 최고의 미녀" 포르투갈인 도냐 프란시스카 사르디냐가 1561년 수마트라 서해안에서 난파된 포르투갈 선박 공격에서 납치돼 미낭카바우 통치자에게 보내졌던 것일 수도 있다.

왕실에서 이중 언어를 구사하는 "포르투갈인 서기"이자 문화 중개인으로 활약했다.[144]

17세기를 거치면서 바람 아래의 주요 무역 국가에도 유럽식 외교 의례가 알려졌지만, 언제나 받아들여지지는 않았다. 타베르니에*는 네덜란드령 바타비아에 온 아체 대사가 네덜란드인 남녀가 한자리에서 먹고 마시고 심지어 총독의 아내가 포옹하며 인사를 하자 깜짝 놀랐다고 적었다.[145] 아체 왕실은 다음번 네덜란드 특사가 도착하자 답례로 아체 여성의 포옹을 받게 해주었다. 유럽인은 특사에게 왕의 대리인에 걸맞은 품위를 요구했고, 그에 따라 점차 특사의 지위가 상승했다. 제임스 랭커스터가 엘리자베스 1세의 서한을 읽어볼지도 모르는 전령에게 주지 않고 직접 아체 술탄에게 전달하겠다고 하자 이 요구는 받아들여졌다.[146] 이슬람 정치 이론 또한 그런 경향을 정당화했다. 이슬람 정치체에 관한 중요한 말레이어 안내서인 『타즈 우스-살라틴Taj us-Salatin』은 대사를 왕권의 발산으로 보았다.[147]

포르투갈인과 스페인인은 종종 아시아인을 유럽으로 데려갔으나, 이국적인 공물이나 그리스도교 개종자로서였을 뿐 동등한 주권의 대리자로서는 아니었다. 네덜란드는 전 세계 어디서나 권위를 가진 양 구는 이베리아인을 누르려는 노력으로 동남아시아인 대표를 데려가 네덜란드의 경이로운 업적을 과시하는 일에 열성을 보이기 시작했다. 1601년 제일란트Zeeland 배 2척을 타고 아체에 간 네덜란드인들은 술탄이 자신들을 열렬히 환영하는 것이 최근에 있었던 포르투갈과의 충돌 때문임을 알았

---

* Jean-Baptiste Tavernier(1605~1689). 프랑스 파리 출신의 보석상이자 여행가. 보석을 찾아 1630년부터 1668년 사이 여섯 차례나 페르시아, 인도, 동남아시아를 두루 여행하고 후원자 루이 14세의 명으로 기록을 남겼다. 1666년 인도에서 116캐럿짜리 '블루 다이아몬드'를 손에 넣은 것으로 유명하다. 다이아몬드 산지인 골콘다에서 미르 줌라와 만나기도 했다. (옮긴이)

다. 술탄은 특사 2명을 데려가게 할 만큼 네덜란드인을 신임했다. 둘 중 연장자인 71세의 압둘 사맛이 제일란트의 수도 미델뷔르흐에 도착한 지 얼마 지나지 않아 죽자, 그곳의 신트 피테르스커르크(성베드로 성전)에 화려한 장식과 함께 매장됐고 라틴어 묘비석이 세워졌다. 마우리츠 공은 남은 특사인 스리 무함마드에게 "자신과 다를 바 없는 위엄"을 가지고 관중 앞에 나서겠냐고 물었다. 1603년 9월 4일 스리 무함마드는 마우리츠 공에게 포르투갈어로 쓴 서한 두 통, 정교하게 꾸민 크리스 단검, 수마트라산 장뇌가 담긴 금 쟁반을 엄숙하게 전달했다.[148] 스리 무함마드는 답례로 선물을 받아 아체로 돌아갔다. 그 후 토머스 베스트가 방문했을 때 술탄이 참석하라고 할 정도로 그가 왕실에서 중요한 인물이 되었던 것은 분명하지만,[149] 아체 술탄에게 이 먼 나라로 여행을 보낸 특사들은 정식 대사로 여겨지지는 않았을 것이며 높은 신분일 수 없었다. 반튼이 네덜란드에 보낸 첫 대리인도 중국 태생의 노예였다.[150]

시암은 금방 아체의 특사뿐 아니라 네덜란드가 주선한 조호르의 다른 특사에 대해서도 알게 됐다. 1605년 즉위한 시암의 새 왕은 포르투갈령 고아와 네덜란드에 대규모 사절을 보낼 계획을 짜기 시작했다. 두 열강이 서로에게 덮어씌우는 혐의의 내막을 알고자 하는 노력의 일환이었다. 반튼의 잉글랜드인들이 면담한 시암의 특사 대표는 시암 왕이 무역 문제를 의논하고 싶어할 것이라는 잉글랜드인의 짐작에 분통을 터트렸다. "그들의 왕은 위대한 왕이며 네덜란드인이 가진 무엇도 필요 없다. 그들은 네덜란드에 가서 그 나라, 그들의 건물, 도시, 배를 보려고 한다. 그들이 필요한 것이 있다면 조선공, 목수, 장인일 것이다."[151] 당시 아유타야는 아직 중요한 항구가 아니었고 양국에 파견된 사절단 중 어느 쪽도 대단한 환영을 받지 못했다. 네덜란드는 반튼 상관에 도착한 시암 특사 일행 15명을 전부 데려가기를 거절했다. 결국 5명만 1608년 1월 반튼에서 배를 타고 네덜란드로 향했고 9월에 마우리츠 공은 이들을 정중하게 맞이했다.[152]

1619년 쿤 총독은 동방의 네덜란드동인도회사 업무를 관장하면서 동남아시아 통치자들이 스스로를 본국의 스탓하우더르*와 동등하다고 여기는 일이 없도록 각별히 주의했다. 이후 바타비아 총독이 네덜란드와 아시아 국가의 관계를 주재하자 몇몇 자긍심 높은 왕조는 심기가 불편해졌다. 예컨대 마카사르의 통치자는 "마우리츠 공과는 형제로서 평화로운 관계를 기쁘게 유지하겠으나, 장사치들의 감독관에 불과한 총독과는 아니다"라고 선언했다.[153] 동남아시아 최대 규모라 할 반튼과 아유타야 사절단이 1680년대에 잉글랜드와 프랑스에 파견됐는데, 각각 네덜란드에 대항할 지원을 요청하기 위한 것이었다.

반튼의 젊은 술탄 하지가 런던에 특사를 보내 군사 지원을 요청하기로 결정했을 때, 그는 네덜란드동인도회사의 엄청난 압력에 시달리던 중이었다. 술탄의 결정은 비용뿐 아니라 그로 인해 발생할 외교적 난제까지 우려한 잉글랜드인 무역상들의 염려에도 반하는 것이었다. 그럼에도 반튼의 두 특사와 수행원 29명은 네덜란드의 독주를 걱정하던 잉글랜드동인도회사와 볼거리를 좋아하는 런던 대중으로부터 환대받았다. 사절단은 1682년 석 달 이상 잉글랜드동인도회사의 비용으로 런던에 머물며 중요한 볼거리를 모두 섭렵하고 연극과 음악회를 즐기고 인쇄와 군사 부문의 기술적 발전을 목격했다. 특사 키아이 응아베히 나야 위프라야와 (메카에 다녀왔으며 그럭저럭 영어를 구사하는) 키아이 응아베히 자야

---

* Stadhouder. 유럽 저지대국가의 총독. 독립전쟁 과정에서 오라녜Oranje 가문에 권력이 집중되면서 당시 7개 주 중 6개 주의 스탓하우더르를 마우리츠 공이 맡고 있었다. (옮긴이)

그림 80 1682년 잉글랜드에 파견된 반튼의 두 특사. 이 문서에는 크기가 다르게 그려졌지만 두 사람은 지위가 동등했다. 위는 키아이 응아베히 나야 위프라야, 아래는 메카 성지순례를 다녀온 키아이 위자야 스다나.

스다나는 요크 공작을 비롯한 런던의 여러 명사를 만났다. 찰스 2세는 5월 13일 윈저궁에서 화려한 연회를 열어주었을 뿐 아니라 7월에 특사들이 떠나기 전 압둘 경과 아흐마드 경이라는 작위를 내리기까지 했다(그림 80). 그러나 안타깝게도 그들이 런던에서 외교적 승리를 거두는 바로 그 순간, 그들의 조국은 인기 없는 젊은 술탄과 연합한 네덜란드 군대에 무릎을 꿇었고 찰스 2세의 친서와 무기는 결코 수신자에게 닿지 못했다.[154]

시암의 나라이 왕은 주변 국가뿐 아니라 골콘다와 페르시아와의 외교에도 힘을 쏟았다. 그의 프랑스에 대한 관심은 1662년부터 아유타야에서 활동하던 프랑스 선교단 덕분에 높아졌다. 다른 유럽 세력이 대아시아 외교를 현지의 자국 대리인에게 완전히 맡기는 쪽을 택한 반면, 프랑스 선교단은 1673년부터 후견인 루이 14세의 친서를 여러 번 가져올 수 있었다. 나라이 왕은 1680년 베르사유에 첫 사절단을 보냈으나 배가 난파해 성사되지 못했다. 1684년 왕은 다시 사절단을 프랑스인 신부 바셰와 함께 잉글랜드 배에 태워 보냈다. 프랑스에 대해 배우고 공식적으로 프랑스 대사를 요청해 정식으로 동맹을 맺기 위한 것이었다. 시암 사절단은 루이 14세와 베르사유궁에서 또 그의 형제와 생클루성에서 식사를 했으며 이국적인 의상으로 프랑스인에게 깊은 인상을 남겼다.

수완 좋은 가톨릭교도 콘스탄틴 폴콘이 시암 왕의 환심을 사자 선교단은 나라이 왕에게 잘만 접근하면 그를 개종시킬 수도 있다고 루이 14세를 부추겼다. 1685년 시암에 온 프랑스 사절단은 규모와 위용이 대단했고 교역과 군사 면에서 협정을 맺었다(그림 81). 1686~1687년 시암의 세 번째 사절단은 드 쇼몽 대사가 프랑스로 돌아가는 편에 함께 여행길에 올랐다. 프랑스에서 융숭한 대접을 받을 것이 확실했으므로 고위관료 세 명이 파견되었고 이들은 1686년 9월 베르사유에서 요란한 환대를 받았다(그림 82a, 82b). 플랑드르로 여행을 가고, 몰리에르의 연극 두 편과 륄리의 오페라 두 편을 관람하는 등 바쁘게 7개월을 보낸 후 사절단은 새로운 프랑스 사절단과 함께 고국으로 돌아갔다. 1687~1688년 시몽 드 라 루베르가 이끈 이 사절단은 예수회 학자 12명을 데려와 비록 선교 목적이었기는 하지만 동남아시아와 유럽 간 과학 협력의 정점을 이루기도 했다. 그러나 사절단은 중무장한 군인 수백 명도 이끌고 와서, 프랑스의 동기에 합당한 의심을 품게 했을 뿐 아니라 1688년 폴콘과 나라이 왕이 몰락하는 데에도 일조했다.[155]

그림 81 1686년 나라이 왕이 드 쇼몽 대사에게서 루이 14세의 서한을 전달받는 모습.
드 쇼몽 대사는 드 슈아지와 프랑스 주교를 대동했다.
대사가 왕을 직접 만나볼 수 있게 된 것은 외교 관례의 중대한 변화였다.

레몬즙 쥐어짜기

예전에 다른 나라의 수많은 이방인을 시암으로 불러 모은 것은 교역의 자유였다. 이방인들은 자기네 관습에 따라 살 자유를 누리며 시암에 정착했

그림 82a 1688년 프랑스에 간 시암 특사 중 한 명인 루앙 깔리아랏차마이뜨리.

그림 82b 1686년 루이 14세가 시암 특사들을 위해 베르사유에서 연 연회.

다. (…) 그러나 가장 부유한 외국인, 특히 무어인은 다른 곳으로 물러났다. 시암의 왕이 외국과의 교역을 모두 독점했기 때문이다. (…) 교역에는 어느 정도의 자유가 필요하다.

_라 루베르, 『시암 왕국에서』(La Loubère 1691: 112)

통치자의 독점 요구에 대한 무역상의 불만이 17세기에 와서야 시작된 것은 아니다. 류큐 왕이 시암에 보낸 서한 중 전해지는 가장 오래된 1425년의 편지는 지난번 배가 싣고 간 도자기를 왕에게만 팔아야 했고, 류큐 사절은 자유 시장에서 소목을 살 수 없었던 데다, 과도한 선물까지 요구받은 것에 대해 정중하게 항의하는 내용이었다. 그러한 부담이 없어도 "바람과 파도를 뚫고 가는 것만 해도 충분히 어렵"다고 류큐 왕은 불만을 표했다. 1424년의 항해도 그런 이유로 취소됐었다.[156]

때로 통치자들은 교역을 무시하고 업신여겼으며 특히 베트남에서는 그런 태도가 유교 관습의 일환이었으나, 그들 또한 교역에 의존했을 뿐 아니라 직접 관련되어 있었다. 먼 나라 왕이 보낸 사절을 맞이하는 성대한 행사는, 무역이라는 파이에서 자기 몫을 차지하고 그 크기를 놓고 협상하는 상업적 실용주의에 휘황찬란한 장관이라는 옷을 입혔다. 통치자들은 이 과정이 자신의 번영과 권력에 핵심적이라는 것을 알았다. 통치자가 공정과 상대적 자유를 통해 자신의 항구에 생명력을 주는 무역을 유치해야 하는 필요성과 통치(최선의 경우), 전쟁, 화려한 행사, 후원, 사치에 필요한 이윤을 무역에서 뽑아내야 할 필요성 사이의 긴장은 항상적이었다.

교역의 시대에는 경제적 변화가 너무 빨라서 왕조의 변덕이나 가장 강대한 외국인의 권력을 무시할 수 있을 만큼 강력한 관습이 만들어지지 못했다. 동남아시아에 온 무역상은 15세기 초와 16세기 말의 중국인, 16세기 초의 포르투갈인, 17세기 초의 서유럽인과 일본인 등 당황스러울 정도로 다양했다. 새로운 무역상이 유입될 때마다 항구는 그들에게 유리한 새로운 거래를 성사시켜 근본적인 규칙이 바뀌었다. 특정한 항구의 교역은 무역의 상대적 자유를 허용하는 시기에 빠르게 성장했다. 그런 경우는 (15세기 초 믈라카나 17세기 마카사르처럼) 경쟁자에 맞선 전략의 일환이거나 (17세기 초 파타니와 반튼처럼) 왕권이 너무 약해 무역 계급의 이해에 반하는 왕의 요구를 관철하지 못한 경우였다. 강력한 왕은 대개 상인들을 억누르고 상당수를 몰아내게 마련이었다.

때로는 이런 긴장이 무역 행위를 위한 합의된 규칙을 낳으며 사유재산을 보호하고 교역 문제에서 법적 결정의 예측 가능성을 보장하는 방향으로 움직였다. 그런 진전이 이루어지는 최상의 조건은 전제적인 왕의 통치 이후 그보다는 권력이 덜 확고한 새 왕과 힘 있는 상업 계급이 이전 치세의 전통에서 깨달은 바를 명문화하는 데 동의할 때로 보인다. 그런 분위기에서 술탄 마흐무드 재위기(1488~1511)에 믈라카 법령이 만들어지고,* 아체의 첫 여왕 치세에 『아닷 아체』가 (술탄 이스칸다르 무다 치세 초에 만든 초기 법령에 기초해[157]) 제정됐다. 그런 법령은 다음 대에서 그대로 사용되거나 더 다듬어졌으며, 지속적인 경제 성장의 조건을 마련할 가능성을 제공했다는 점을 간과해서는 안 될 것이다. 그럼에도 서유럽 도시의 상인들에게 사유재산권과 예측 가능한 절차를 가져다준 일련의 조건들은 일부 동남아시아 국가에서 일시적이고 부분적으로만 나타

* 스탬퍼드 래플스가 옳게 결론 내린 대로 말레이 통치자들의 지속적인 무역 독점 시도는 이런 법령에 근거한 것이 전혀 아니었다(Raffles 1837, I: 101). 그러나 그는 "이 파괴적인 관행은 네덜란드의 독점 규율을 그대로 베낀 것"이라고 결론짓는 실수를 저질렀다.

났다.

왕의 교역 독점이 급격하게 증가했다는 증거는 대체로 17세기, 특히 1620~1680년에 등장한다. 이 시기에 국가는 힘을 키우거나, 유럽인 무역상 중에서도 규모가 큰 네덜란드동인도회사와 잉글랜드동인도회사 아래 들어가야 했다. 회사들은 대규모로 신속하게 무역하기를 선호했고, 강력한 통치자와 만족할 만한 거래를 할 수 없으면 현지 부족장과 직접 거래해 통치자를 약화시켰다. 쿤 총독 재임기부터 네덜란드동인도회사는 저항할 만한 세력이 없는 모든 항구에 주요 무역 품목의 독점을 강요했다. 17세기 중반에 동남아시아산 수출품의 가격이 폭락하자 이 압력은 더 커졌고 통치자들은 국가 세입을 유지하기 위해 생산자와 중간상인을 더 억눌러야 했다.

한 나라의 주요 산품, 특히 광물의 수출을 독점하는 것은 교역의 시대 훨씬 이전부터 통치자의 부를 구성하는 핵심이었다. 버마에서 "호박, 보석, 금, (향)수지, 철"의 판매는 왕이 독점했다.[158] 시암에서는 "소목, 아연, 납, 초석 같은 주요 산품은 외국인에게는 국왕 폐하의 창고에서만 팔 수 있다".[159] 왕의 수입품 독점은 수출품 독점만큼 오래되지 않았다. 시암에서는 차끄라팟 왕 시절(1548~1569)에 왕 외에는 수입산 화기를 살 수 없다고 금지령을 내린 것에서 왕의 수입품 독점 전통이 시작되었다고 보기도 한다.[160] 그 외에 왕이 독점한 수입품목에는 은, 구리, 화폐로 사용된 카우리가 있다.

다른 곳과 마찬가지로 시암에서도 17세기 중반 대규모 화물을 배로 실어 나르는 데 왕이 깊이 관여했다. 특히 1624년경부터는 왕의 배가 수익성 높은 코로만델-베익(메르귀) 구간에서 경쟁에 뛰어들었다.[161] 판 플릿은 사나운 왕위 찬탈자 쁘라삿통 왕(재위 1629~1656)에게 시장 조작의 책임을 떠넘겼다. 그의 통치하에서 "독점과 다른 방해로 무역이 어려워졌고 (…) 현재 왕은 자기 상인들로 시장을 좌우하기를 좋아하며 (…) 세금을 더 매기고, 시장가를 지불하지 않아서, 어쩔 수 없는 경우가 아니면 아무도 시암에 오지 않는다".[162] 그러나 외국 상인이야말로 이런 경향을 보이는 주요 당사자였다. 네덜란드동인도회사는 어디서나 가능하면 왕과 독점 계약을 맺으려고 압력을 가해서, 1630년대에는 사슴 가죽 공급 계약을, 1671년에는 리고르(나콘시탐마랏)의 주석 공급 계약을 맺었다.[163] 중국인, 무슬림, 잉글랜드인은 왕의 배를 맡기를 열망해서, 왕은 유리한 조건으로 경쟁할 수 있었다.

나라이 왕 치하에서 이런 왕실 무역 체제는 전례 없는 황금기를 맞았다. 나라이 왕은 쁘라삿통 왕이 망쳐놓은 일본과의 관계를 회복하고, 중국인들이 모는 자신의 정크선에 이 수익성 높은 무역에서 핵심적인 역할을 맡겼다.[164] 폴콘의 후원 아래 유럽인을 소개받는 1680년대까지는 인도 무슬림들이 왕의 인도행 선박을 담당했다. 나라이 왕은 유럽 상인들의 공급자인 자신의 유리한 위치를 이용해 직물 수입을 독점했다.

> 왕은 이제 시암에서 상품을 특정한 사람들의 교역 이상으로까지 밀어붙였다. 그는 물건을 도매로 파는 데 만족하지 못하고, 소매로 팔기 위해 바자르 곧 시장에 여러 가게를 냈다. 그가 자기 백성에게 파는 주요 상품은 면직물이었다. 왕은 면직물을 수레에 실어 지방의 주로 보낸다. 이전까지 선왕들과 현재 왕은 면직물을 10년에 한 번만, 그것도 소량만 지방으로 보내고, 특정한 자들에게만 그것을 팔 자유가 있었다. 이제 왕은 계속해서 물건을 보내고, 왕의 수레에는 팔 수 있는 것보다 물건이 많아서 더 팔기 위해 (…) 왕은 옷 입을 나이가 되지 않은 자식에게도 옷을 입히라고 백성들에게 강

요한다. 홀란트인이 라오 왕국과 다른 이웃 나라에 오기 전, 시암 왕국은 리넨 교역 전체를 장악하고 상당한 이익을 보았다.[165]

반튼도 비슷한 경로를 따랐다. 이 도시는 네덜란드와 잉글랜드인이 처음 도착했을 때인 술탄 압둘 카디르(재위 1596~c.1624)의 긴 치세 동안 자유 시장에 가까웠다. 그러나 저돌적인 네덜란드 총독 쿤과 후추 공급을 둘러싼 갈등이 심해지자, 1619년 외국인은 반튼 왕실을 통해서만 후추를 살 수 있다는 방침을 세웠다.[166] 반튼의 가장 성공적인 통치자 술탄 압둘파타 아궁(재위 1651~1682) 시절 람풍에서 생산한 후추는 반튼 귀족이 관리하는 강제 재배 체제를 통해 술탄에게 배달되었다. 외국인을 상대로 한 후추 판매는 엄격한 왕실 독점체제였으며 부분적으로는 바타비아의 네덜란드 세력과 계속된 분쟁에서 경제적 무기 역할을 하기도 했다.[167] 술탄은 차차 선단을 조직했는데, 주로 외국인에게 선장을 맡기고 서양식 범장을 단 중국 선박으로 구성하여 멀리 마닐라, 중국, 일본, 시암, 코로만델, 수라트, 모카* 등의 항구와 교역토록 했다. 이런 결연한 움직임만이 반튼의 성공을 큰 위협으로 여긴 이웃 바타비아의 가공할 만한 적과 성공적으로 경쟁할 유일한 방안이었을 것이다.[168]

아체의 술탄 이스칸다르 무다(재위 1607~1637)는 네덜란드와 잉글랜드가 왕실과 독점 계약을 맺도록 노련하게 조종했다. 이 계약에서 가장 큰 패배자는 아체와 구자라트 출신 현지 무역상들이었다. 1612년경 술탄은 유력한 구자라트 상인들이 서해안 재배 지역에서 후추를 구매하는 것을 금지했다.[169] 네덜란드인과 잉글랜드인은 서로 다른 시기에 이 지역

* Mocha. 오늘날 예멘의 역사적인 커피 집산항. (옮긴이)

에서 술탄이 원하는 대로 독점 무역을 하겠다고 약속했으나, 종국에는 술탄의 상인과 배가 공급을 독차지했다. 1615년에 이미 잉글랜드인들은 "왕이 후추를 모조리 손에 넣었고 (…) 호민관과 샤반다르는 왕의 상인들"인 것을 알았다.[170] 1622년 술탄은 유럽인에게 후추를 파는 자는 누구나 사형에 처하는 한편, 자기 후추는 바하르당 25레알의 과도하게 높은 가격으로 팔아서 네덜란드인을 분노하게 만들었다.[171] 1622년 이후 네덜란드인과 잉글랜드인은 실질적으로 배제됐고, 술탄은 시장에서 원하는 만큼 자신의 영향력을 키울 수 있었다. 1630년대에는 매년 여카잉과 아유타야의 통치자와 공동으로 코로만델에 "큰 배"를 보내, 이 부문을 좌우하던 네덜란드동인도회사와 마실리파트남의 페르시아인의 무역 활동을 크게 방해했다(앞의 표 9를 보라).[172]

이 같은 경향이 17세기 후반에 후추를 재배하던 국가 대부분에 영향을 미친 듯하다. 낮은 가격과 네덜란드의 독점 압력으로 인해 통치자들이 이윤을 유지하기 어려워지면서, 잠비와 팔렘방은 람풍에서 반튼이 했던 대로 왕의 교역 대리인(즈낭jenang)을 임명해 직물과 소금을 시장가격 이하에 후추와 바꾸도록 했다.[173] 1660년대 반자르마신의 통치자는 경작자들이 자신의 대리인에게 저가에 작물을 팔도록 강요하기 시작해 네덜란드동인도회사와의 계약 조건을 충족하면서도 여전히 이윤을 남길 수 있었다.[174] 17세기의 마지막 10년 동안 마긴다나오의 술탄 바라하만은 외국 배에 공급하는 수출품을 독점했다.[175]

17세기에 가장 자유로운 항구였던 마카사르조차 1650년대에 왕의 배와 무역에 특권을 주어 외국 상인들을 화나게 했다. 잉글랜드인들은 "[고와와 탈로의] 이 왕들은 물건을 자기 멋대로인 가격에 가지려고 하는 불합리한 상인이 되어버렸"고 2년 후에는 "왕들은 사업에 대한 탐욕에 눈이 멀어 조상보다 타락하고 있다"라고 불평했다.[176] 술탄 하사누딘(재위 1653~1669)이 위대한 선왕들보다는 현명하지 못한 통치자였던 것은 분명하지만, 네덜란드동인도회사의 피도 눈물도 없는 방식을 따라 하지 않는 한 17세기 말은 통치자들에게 아주 위험천만한 시기였다.

절대주의와 그 경쟁자

> 그[나레수안 왕]는 늘 말했다. "이야말로 너희 시암인을 다스려야 하는 방식이다. 왜냐하면 너희는 썩어가는 국가에 사는 추악한 본성의 고집불통들이기 때문이다. 그러나 나는 너희들이 존경받는 민족이 될 때까지 이대로 할 것이다. 너희는 비옥한 땅의 풀과 같아서 짧게 자를수록 아름답게 자랄 것이다. 나는 길에 금을 뿌려놓고 몇 달이나 그곳에 둘 것이다. 탐욕에 찬 눈으로 이 금을 보는 자는 누구건 죽을 것이다."
>
> _van Vliet 1640: 83

교역의 시대에 강력한 통치자들은 이론상으로나 현실에서나 절대적인 권력을 가진 존재로 보였다. 칭호와 의례에서 초자연적 지위를 내세우고, 신민의 토지와 부를 통제할 권한을 주장했다. 반기를 든 봉신을 자의적으로 살해하거나 몰아내고 재산을 몰수한 일에 관한 기록은 수없이 많다. 이런 절대주의를 뒷받침한 것은 동남아시아인이 오랫동안 받아들여온 인도 사상에서 초자연적 왕이라는 개념이었고, 이 개념을 실현하려는 야심 찬 왕을 돕고자 하는 외국인들(브라만, 떠돌이 울라마, 유럽인 모험가)은 언제나 있었다. 그러나 절대주의가 대적해야 했던 것은 봉건제나 입헌제가 아니라 아직 국가구조에 포섭되지 않은 독자적인 가문, 부족, 상인들이었다는 점을 기억해야 할 것이다.

건국 시조들은 해당 지역에 존재했던 제국의 역사에서 지고한 왕권을 구상하고 영감을 얻었을 것이다. 따이 국가들이 앙코르 제국을, 몬 및 버마 국가들이 버강 제국을, 말레이 국가들이 스리위자야 제국을, 자바와 발리 국가들이 마자파힛 제국을 참조한 것이 그런 예다. 그러나 중앙집권적인 이미지와는 반대로 이 고전 국가들 특히 스리위자야와 마자파힛은 중앙집권과는 거리가 멀었다. 그러나 교역의 시대에 (북베트남을 제외하면) 국가가 세워지는 직접적 배경의 한쪽은 강력한 지역 자치고 다른 한쪽은 부유한 외국인 무역상의 다양성이었다. 각국이 부상할 때는 정복활동이 중요한 역할을 했지만, 항구와 배후지 간 혹은 외부의 위협에 맞서 협력해야 한다고 인식한 경쟁 세력들 간에 자발적이지만 조건이 따르는 연합적 요소도 있게 마련이었다. 이런 상황이 절대주의의 웅대한 수사와 자치, 다양성, 계약주의라는 현실 사이에 긴장을 야기했다.

이 다양성의 예는 도서부 전역에서, 그리고 훨씬 나중의 사료를 통해 대륙부 고산지대에서 쉽게 찾을 수 있다. 포르투갈인들은 15세기 믈라카에서 타지 출신이 대부분인 주민 위에 왕권이 가볍게 군림하는 상황을 묘사했다. 말레이인 지배층과 그들의 가치를 더 중시한 왕실 연대기조차 믈라카의 첫 통치자와 신하 사이에 맺은 놀라운 사회계약을 제시한다. 븐다하라 가문의 시조가 왕에게 이렇게 선언했다. "제 후손은 폐하의 신민이 될 준비가 되어 있습니다. [대신] 폐하의 후손은 제 후손을 잘 대우해야 합니다."[177] 신하들이 통치자에게 충성하도록 요구받는다면, 통치자들은 선왕이 죽으며 남긴 유언을 통해 왕권의 한계에 대해 경고받는다.

너희 내 아들들아, 남의 재산을 탐내지 말고 신하의 아내를 욕망하지 말거라. (…)
내 아들들아, 누구 것이건 남의 물건을 부정하게 취하지 말라. (…) 말레이인이라면 제아무리 죄가 무거워도 그 죄가 신의 율법에 나와 있지 않은 한 죽이지 말라.[178]

심지어 이 연대기는 툰 페락Tun Perak의 사례를 긍정하기도 한다. 그가 다스리던 클랑Klang 지역에 관한 문제를 왕이 묻자, 지역 정부의 일은 왕이 관여할 바가 아니며 왕은 자신을 믿거나 그러지 못하겠다면 내쳐야 한다고 대답했다.[179]

스페인인이 당도했을 때 마닐라에 형성 중이던 국가는 아직 실질적으로는 연방이었기 때문에 라자 술레이만은 레가스피에게 이렇게 말할 수 있었다. "이미 알겠지만 이 땅에는 왕도 없고 단일한 권력도 없다. 그러나 누구나 자신이 바라는 대로 관점과 의견을 가지고 있다."[180] 부기스족과 마카사르인의 즉위식은 고도로 발달한 연방주의 개념을 반영해서, 국가를 구성하는 각 가문의 수장이 자신들의 자치권을 반복해서 말했다. "나는 당신[왕]에게 보호를 청하지만, 내 일은 알아서 할 것이며, 내 범절을 지킬 것이며, 내 관습을 이어갈 것이며, 오직 필요할 때만 당신의 조언을 구할 것이다."[181] 남술라웨시에서 교역의 시대가 가능케 한 가장 강력한 권력 집중체인 마카사르 왕국의 핵심이었던 고와-탈로 연합조차 상당한 계약적 자치를 운용해, 이에 대응해야 했던 유럽인들을 당황하게 만들었다. 마카사르를 정복한 네덜란드인 코르넬리스 스페일만은 "탈로와 고와의 왕들은 자기 대문 밖을 나서면 한 걸음도 헛발을 디디지 못한다"고 평했다.[182] 도서부 거의 전역에서, 심지어 (술탄 아궁의 재위기를 제하면) 자바에서조차도 네덜란드와 잉글랜드 세력은 주민과 관련한 결정을 내릴 수 있는 왕을 찾지 못해 난항을 겪었다.

평의회 원칙은 1600년경 네덜란드인들이 방문한 일부 항구-국가에서 잘 정착돼 있었다. (당시 섭정하에 있던) 반튼, 반다, 트르나테에서는 각기 의견이 다른 여러 귀족들이 참여하는 회합 없이는 상업적 결정도 정치적 결정도 내려지지 않았다(그림 83a, 83b). 절대주의의 높은 물결이 물러간 지 한참 뒤인 18세기 술루에는 일종의 과두제가 제도화되어 있었다. 포리스트의 설명대로 정부는 술탄과 다투 15명으로 구성된 평의회의 손에 달렸다. "술탄은 이 회의에 표결권이 두 장이고 다투들은 각각 한 장씩이다. 왕위 후계자[라자 무다raja muda]는 (…) 술탄에 동의할 때는 두 장, 반대할 때는 한 장뿐이다. 로마의 호민관 같은 만트리라고 부르는 주민 대표가 두 명 있다."[183]

그러나 새로운 세입 원천과 신무기, 외국의 도움과 예시를 활용해 중앙집권화를 추진하던 통치자들이 급격한 변화를 가져왔다. 시암과 아체는 여러 면에서 다른 체제지만, 17세기 초 토착 귀족을 제거하는 데서는 유사한 흐름을 나타냈다. 시몽 드 라 루베르에 따르면 이전에 시암은 "값비싼 물건과 귀중한 보석으로 장식한 수많은 영주가 언제나 노예 100명이나 200명에 코끼리 여러 마리를 거느리고" 궁정에 나타나 장관을 이루었다.[184] 그는 쁘라삿통 왕(재위 1629~1656)이 그런 귀족들을 제거했다고 생각했지만, 앞선 사료들은 버마의 침략 이후 시암의 부를 재건한 위대한 전사 나레수안 왕(재위 1590~1605) 때부터 그 과정이 진행되었음을 보여준다. 나레수안은 귀족들이 자신에게 전적으로 복종하겠다고 맹세할 때까지, 자신을 왕위에 올리려는 귀족들의 움직임에 응하지 않았다

그림 83a 1596년 반튼의 국정회의에 대한 네덜란드인의 인상.

그림 83b 1600년경 네덜란드인 판 넥 부제독이 반다의 유력자들과 협상하는 장면.
의자에 앉은 A와 B는 트르나테 총독과 술탄의 형제이며,
쪼그려 앉은 이들은 오랑카야들이다.

고 판 플릿은 설명했다.[185] 왕위에 오르자 "그의 치세는 시암의 어떤 왕보다 공격적이고 엄했다. 많은 이야기와 살아 있는 목격자들이 이르기를 그가 다스리던 20년간 전쟁에서 죽은 자를 빼고도 왕이 죽인 자가 8만 명을 넘는다고 한다. (…) 오늘날까지 유지되고 있는, 왕 앞에 나설 때 신하들이 기어와서 계속 머리를 조아리는 관습을 처음 정한 자가 바로 그다"(앞의 그림 81를 보라).[186] 왕은 외국인을 좋아했고 통역관 없이 직접 대화하기를 원했으며, 외국인에게는 자기 백성에게 씌워지던 온갖 굴종을 면제해주었다. "이 시기의 외국인들은 더없이 존경받았다. 관리들은 외국인에게 선물을 가져다주며 자신들에 대한 불평이 나오지 않게 했다. 고위관료들은 왕을 무척이나 겁내며 살아갔다. 왕의 부름을 받으면 죽으러 가는 것처럼 집을 정돈했는데, 늘 영영 돌아오지 못한다는 두려움에 가득 차 있었기 때문이다."[187]

뒤이은 두 왕도 계속해서 외국인을 우대하고 토착 귀족을 억누르는 정책을 유지했던 것으로 보인다. 에까톳사롯 왕(재위1605~1610)은 관리가 죽으면 토지의 3분의 1을 왕이 가져가는 관행을 시작한 것으로 여겨진다.[188] 그러나 쁘라삿통 왕은 이 압박을 새로운 차원으로 끌어올렸다.

> 그는 처음으로 신하들이 매일 왕궁에 나오게 하고 (…) 회의장 밖에서는 서로 한마디도 나누지 못하게 했다. (…) 왕은 모든 것을 원한다. 신하가 죽으면 그의 아내들과 자식들은 인질로 데려간다. 무엇이건 감추는 일은 없는지 한 신하가 다른 신하를 감시하는 일이 많다. 과부와 고아들은 왕이 조금이라도 토지를 넘겨주면 극진히 감사한다. 왕은 나라의 보물을 모조리 자기 금고에 넣고 이 나라를 눌러서 나오는 모든 것을 갖기 전까지는 자신이 부자라고 생각하지 못하는 것처럼 보인다.[189]

아유타야 최대의 거상이었던 무슬림 라디 이브라힘이 1639년 쁘라삿통 왕의 명으로 사형당하자 그의 재산은 즉시 왕의 소유가 됐다.[190]

이 과정은 나라이 왕 아래서 정점에 달한 듯하다. 그는 외국인들을 노련하게 이용해 자신의 교역 수익을 늘리고 귀족들을 극단적으로 통제했다. 신빙성이 낮은 네덜란드 기록은 나라이 왕이 자신의 딸을 독살하려는 음모를 짰다는 구실로 귀족 수백 명을 죽이는 대규모 숙청을 벌였다고 주장하기도 했다.[191]* 상층계급에 대한 나라이 왕의 통제는 1680년대에 루이 14세의 절대주의에 친숙했을 프랑스 사절들마저 놀라게 할 정도였다. "모든 관료는 그들을 임명한 왕이 원한다면 궁핍해질 수 있다. 왕은 마음에 안 들면 신하들을 내쫓는다. (…) 책임을 나눌 때 그들은 출신이 아니라 능력과 경험과 경력을 가장 중시해서, 누구나 왕의 마음에 들기 위해 노력할 수 있다."[192]

아체에서는 당대의 나레수안이라 할 술탄 알라우딘 리아얏 샤 알 무캄밀(재위 1589~1604)이 반귀족 왕정 쿠데타를 일으켰다. 이 사건으로 10년 사이에 다섯 왕이 즉위하고 그중 넷이 살해당한 다원주의와 불안정의 시기가 막을 내렸다. 그 시기를 볼리외는 이렇게 묘사했다. "오랑카야는 아름답고 크고 튼튼한 집에 문에는 대포를 두고 경비원과 하인으로 부리는 수많은 노예를 두고 살았다. 그들은 잘 차려입고 수행원을 여럿 거느리고 외출하며 사람들의 존경을 받았다. 그런 대단한 권력은 왕

---

* 흘라니우스라는 필명의 네덜란드인 여행가가 쓴 이 책은, 반튼 사절단의 방문으로 고조된 아시아에 대한 대중의 관심을 끌 목적으로 런던에서 출판됐다. 이 책에 반튼 술탄국에 대한 1차 정보가 등장하지는 않는다. 이 책에서 가장 흥미로운 부분은 시암의 네덜란드 구역과 (탐험 연도를 20년이나 늦은 1669년으로 밝히긴 하지만) 제노바인들의 수마트라 탐험이다. 1686년 암스테르담에서 발간된 얀 스트라위스Jan Struijs의 저작과 비슷한 부분이 상당히 많으며 그에 관해서는 Subrahmanyam 1990: 286-92를 보라.

권을 약화시켰다."[193] 알 무캄밀은 나레수안 왕처럼 선대 왕들 아래서는 전사였다. 데이비스에 따르면 "그는 1000명이 넘는 귀족과 신사, 신흥귀족과 새 법령을 만든 무뢰한들의 목숨을 앗아갔다."[194] 그로부터 40년 후 볼리외는 이 학살이 어떻게 술탄의 즉위식 직후 열린 연회에서 벌어졌는지 생생하게 묘사했다.[195] 새 지배계급은 전보다 훨씬 엄격한 통제를 받았다. 볼리외가 주장한 대로 (그리고 반튼에는 분명히 있던 대로) 이전에는 요새 같은 귀족의 주거단지가 있었지만, 알 무캄밀 치하에서는 사라졌다. "그는 누구도 크고 튼튼한 수단을 갖지 못하게 했다. 누가 무엇이든 좋은 것을 가졌다는 소리를 들으면 바로 빼앗았고 그럴 만한 핑계를 찾아냈다. 그 소유자는 범죄를 저질렀다며 손이 잘린 뒤 풀라우웨 Pulau We섬 또는 가미스폴라제도로 추방당했다. (…) 왕은 누구도 돌로 집을 짓지 못하게 했는데 자신에게 반역을 꾀할 요새로 바꿀까봐 겁내서였다."[196] 알 무캄밀은 잉글랜드인이나 네덜란드인과 친하게 지냈다는 점에서도 같은 시기 시암의 나레수안 왕과 비슷했다. 이 외국인들은 위협으로 비칠 수 있던 무슬림 상인을 몰아내고 그 자리를 차지했다.[197]

알 무캄밀의 손자인 술탄 이스칸다르 무다(재위 1607~1636)는 훨씬 많은 자원을 가지고 이 중앙집권 정책을 새로운 경지로 끌어올렸다. 볼리외는 그의 치세에 관해 직접적으로 이렇게 말했다. "그는 옛 귀족 거의 전부를 몰살하고 새로운 귀족을 만들어냈다."[198] 전해지는 봉토에 관한 기록을 살펴보면 이스칸다르 무다는 아체 영토를 이슬람식 교구인 무킴 mukim과 자신의 장군들에게 나눠준 봉토인 울레발랑uleebalang으로 나누었다.[199] 이 새로운 지배층의 구성원은 필요할 때면 자기 구역에서 군대를 소집하고 구성할 의무가 있으며, 사흘에 한 번씩 돌아가며 무장해제하고 왕궁을 지켜 술탄에 대한 반역의 움직임에 대한 일종의 인질 역할을 했다.* 왕궁의 내실은 여성만 들어갈 수 있는데 그 상당수는 무장했으며, 수도 방위는 어릴 때부터 예니체리**식으로 훈련받은 외국인 노예로 구성된 직업적 근위병대가 맡았다.[200] 1621년부터 후추를 생산하는 서수마트라의 속국들은 왕이 임명한 팡리마panglima가 다스렸으며, 이들은 매년 왕에게 활동을 보고하고 3년마다 교체되었다.[201]

외국인의 기록은 주민들이 공포의 치세에 복종한 듯한 인상을 준다. 치세 초기에는 왕은 어떤 여성이건 마음에 들면 자신의 하렘으로 데려갔고 남편이 이의를 제기하면 "남편의 성기를 자르라고 명령을 내렸다"고 한다.[202] 부유층을 상대로 한 술탄의 약탈은 점점 더 심해져서 수많은 오랑카야가 죽고 재산을 몰수당했다. "그는 매일같이 사형에 처한 자들에게서 엄청난 재물을 얻었다. (…) 특히 두 가지가 여러 오랑카야의 목숨을 앗아갔다. 좋은 평판과 부유함이다. (…) 그는 아체 영토 전체에서 사람들을 몰아내고, 아체에 머물던 모든 외국인까지 포함해 모두의 돈을 빼냈다."[203] 이스칸다르 무다가 죽고 수십 년이 지난 후에도 아체의 유력자들은 그를 "몇 세기에 나올까 말까 한 가장 잔인한 전제군주"라고 기억했다.[204]

지배층을 겨눈 그의 폭정으로 승리를 구가한 자들도 있었다. 아체에서는 이스칸다르 무다를 법의 아버지로 여기며, 그의 치세에 범죄재판, 종교재판, 채무에 관한 재판, 상법을 관장하는 재판 이렇게 네 가지 다른 재판체계를 갖춘 법이 마련된 것은 분명하다.[205] 후세대는 이스칸다

* 『히카얏 파타니』에는 이 절대주의 통치술을 여왕들이 조화로운 양식으로 통치하던 파타니에 전파하려는 시도에 관한 흥미로운 이야기가 나온다(Hikayat Patani: 188). 파타니 여왕의 인척이던 조호르 왕을 따르던 아체인 추종자들이 "대신과 관리들의 아내가 번갈아 왕궁에 들어가 경비를 서고, 남편들은 접견실에서 보초를 서는" 이스칸다르 무다의 오랑카야 통제책을 파타니에도 적용해야 한다고 조호르 왕을 설득했다. 그러나 조호르 왕과 아체인들은 파타니 도시에서 쫓겨났다.

** 오스만제국의 술탄 경호대. (옮긴이)

르 무다의 잔인함은 잊고 그를 아체의 영광으로 기억한다. 술탄이 절대주의를 옹호하며 볼리외에게 남긴 말은 그가 남긴 최고의 유언일지도 모른다.

> 왕은 오랑카야가 사악하고 잔인하며, 신의 분노를 끌어온 것이 자신들의 부덕함이라는 점을 깨닫지 못했다고 했다. 신은 그를 이용해 오랑카야를 벌하게 시켰다고 했다. 그들은 불평할 것이 전혀 없는데, 자신은 그들이 아내, 자식, 노예뿐 아니라 충분한 재물을 가지고 살아가도록 해주었기 때문이다. 종교를 유지하고 이웃 나라 왕들이 그들을 노예로 끌고 가거나 외국인이 약탈하는 것도 막아주었다. 또한 그는 이전에 아체가 살인범과 도둑의 천국이었던 것을 알았다. 아체는 강자가 약자 위에 군림하고, 대낮에도 무장한 강도를 만날까봐 자신을 방어해야 하고, 밤에는 집에 방어벽을 치는 곳이었다. 그들이 술탄을 증오하는 까닭은 그가 그들의 악행, 착취, 학살, 도적질을 막았기 때문이다. 그들은 기분에 따라 왕을 세우고 왕이 지겨워지면 죽여버렸다.[206]

시암과 아체 그리고 다른 동남아시아 지역에서도, 신민과 외국인이 결혼해 상속인 없이 죽으면 왕이 재산을 몰수한 것이 절대주의로 향하는 흐름에서 중요한 역할을 했다. 비교해볼 만한 유럽의 귀속제escheat는 중세 영주가 때로 봉신의 토지를 몰수할 수 있는 제도였으나, 로마 상속법이 되살아나 사유재산권이 거의 절대적인 권리가 되자 16세기경 사라졌다. 반면 동남아시아에서는 바로 이 시기에 재산 몰수가 국가 정책의 중요한 요소가 되었다. 멀리 떨어진 속국에는 큰 의미가 없었으나, 모든 토지는 궁극적으로 왕의 소유이며 왕이 재분배할 수 있다는 이론은 오랜 것이었다. 귀속제는 16세기 초에는 거의 언급되지 않았으나 무역을 통해 부를 축적하면서 더 자주 등장한 것이 분명하다. 우리는 앞서 시암에서 관리가 죽으면 토지의 3분의 1을 에까톳사롯 왕의 소유로 여긴 것을 살펴보았고, 캄보디아에서는 16세기에 반란이 실패한 이후 왕이 신민의 모든 땅에 대한 권리를 주장하기 시작했다.[207] 절대주의의 시기에 이 방향으로 가는 움직임이 생긴 것은 무역으로 얻은 새로운 부에서 더 많은 몫을 차지하려는 왕의 욕망이 작용했을 뿐 아니라 무슬림 고문들이 이를 정당화해준 덕분이라고 할 수 있다. 인도양 주변의 무슬림 국가 대부분에서 귀속제가 잘 안착되었기 때문이다.[208]

시암, 라오스, 캄보디아, 버마에서는 신하가 죽으면 그가 관직에 있으면서 모은 재산을 왕이 환수할 권리가 있다고 여겨졌다. 라오스의 수리냐웡사 왕은 관리들의 토지와 재산을 "때로는 그들이 살아 있을 때도 그랬지만 죽으면 언제나" 차지했다.[209] 시암의 1635년 법에 따르면 관료들의 토지는 모두 왕의 것이지만 실제로는 보통 3분의 1만 왕에게 가고 다른 3분의 1은 상속되고 나머지 3분의 1은 장례 비용으로 쓰였다.[210] 버마식도 대략 비슷했던 것으로 보인다.[211] 6세기 버고에서 죽은 모든 외국인의 재산은 왕과 상속인들이 나눠 가져 왕이 3분의 1을 차지했고 "이 문제에 관한 어떤 속임수나 사기도 없었다".[212]

17세기의 이슬람 국가, 적어도 아체, 반튼, 마타람에서는 어떤 이라도 남성 상속자 없이 죽으면 왕이 그 재산을 넘겨받고, 아내와 미혼의 딸들도 왕궁으로 데려갈 수 있었다. 이런 까닭에 수많은 유력자가 딸을 8~9세에 결혼시켰다.[213] 16세기의 브루나이에서는 술탄이 상속자 자녀들과 유산을 똑같이 나누었지만 직계비속 없이 죽으면 전부를 차지했다.[214]

강력하고 야심 찬 이슬람 통치자는 자신의 항구에서 외국인 무역상이 죽으면 재산의 일부를 거둬가기도 했다. 『아닷 아체』는 국적을 불문하고 무역상이 죽으면 "방을 검사하고 물품 목록뿐 아니라 열쇠도 가져가 (…) 전체 재산의 가치를 계산한 후 아닷(관습)에 따라 10타힐당 1타힐을 환수한다"고 밝혔다.[215] 그러나 볼리외에 따르면 술탄 이스칸다르 무다는 무역상의 부하들을 고문해서 감춘 재산을 다 찾아내고 재산을 모두 차지했다.[216] 팔렘방에서도 재산 전체를 왕이 가져갔다.[217] 난파한 화물뿐 아니라 사람조차 왕이 몰수하는 대상이었다.[218] 유럽 회사들은 소속 상인들이 이런 관습에서 면제받도록 하는데 성공하기도 했다.

중앙집권화된 정부로 가는 일반적인 경향은, 아체와 아유타야의 더 기록이 풍부한 사례와 유사한 1600~1660년 반튼, 마타람, 마카사르의 발전상에서 입증된다. 부분적으로 이 현상은 네덜란드동인도회사로 인한 외부의 압력 때문이기도 하다. 특히 포르투갈에 대적한 믈라카와 네덜란드에 대적한 반다 등 다원주의 국가들은 교역에 적합한 환경을 만들어냈음에도 제일 먼저 군사적으로 패배했다. 인근 바타비아의 네덜란드동인도회사 본부로부터 항상 위협을 받아온 반튼은 같은 운명을 되풀이할 수 없었다. 스콧이 "살인, 절도, 전쟁, 방화, 반란 말고는 말할 것이 별로 없다"[219]고 했을 만큼 다원적이던 17세기의 첫 10년간과는 달리 반튼은 세기 중반이면 군사적으로 강력해져 "왕은 신민에게 주권 이상을 행사하며 (…) 스스로를 신민의 생사와 재산을 좌우하는 절대적 통치자로 만들었다".[220]

마타람은 또 다른 흥미로운 사례다. 정복왕 술탄 아궁(재위 1613~1646)은 지난 2세기 동안 번영한 자바 교역 문화의 거점이었던 북해안의 항구-도시들을 파괴했다. 그리고 1641년 이후로는 네덜란드인에게 공급하는 자바산 쌀을 독점했다. 네덜란드동인도회사는 완전히 통일되지 못한 국가에 위협이 되기도 했지만, 독점자들이 양쪽에 위협이 될 수 있는 교역 중개인을 배제하고 직접 거래할 수 있는 기회를 만들기도 했던 것이다. 아궁의 후계자인 아망쿠랏 1세(재위1646~1677)는 왕실의 독점을 가장 파괴적이고 극단적인 형태로 밀어붙였다. 해외 교역을 금지하고 모든 항구를 오랫동안 폐쇄하더니 급기야 1655년에는 해안 지역 주민의 무역선은 물론 어선까지 모두 없애버렸다. 마타람에 간 네덜란드 특사였던 판 훈스는 이렇게 설명했다. "그는 어떤 백성도 바다를 항해하지 못하게 하고 모든 이방인은 쌀을 구하러 자기 나라로 오도록 강요했다. (…) 나는 한번 왕에게 항해를 허락해서 돈을 벌 수 있게 해야 한다고 직언을 해보았으나 (…) '내 백성은 가진 것이 하나도 없어 당신과 다르지만 그들이 가진 모든 것은 내게로 오며, 강력한 정부 없이는 나는 단 하루도 왕일 수 없다'는 대답을 들었다."[221] 17세기에 경쟁이 격화되자 안보를 위한 무역과 자유의 필요성은 양립할 수 없었다. 머지않아 교역이 만들어낸 강력한 국가들은 큰 상인들을 파멸시키거나 배제하는 과잉된 개인 권력에 굴복했다. 몇몇 왕은 전례 없는 왕권을 확립했으나 사후의 혼란과 분열을 누구도 막지 못했다.

관료제와 법률기구가 충분히 탄탄해서 국가가 더 강해진 라이벌들과 계속해서 경쟁할 수 있게 해주었다면, 바람 위에서 그랬듯 바람 아래서도 절대주의 시기는 필요했을 것이다. 교역의 시대에 이 방향으로 향하는 진전이 일부 있었다. 15세기 거의 동시대의 통치자인 시암의 보롬마뜨라이록까낫 왕(재위 1448~1488)과 베트남의 레 타인 똥(재위 1460~1497)은 정력적인 중앙집권주의자로, 관료적으로 조직된 조화로운 정치체 안에 전 신민의 위치를 정하는 법을 공포하거나 제정했다. 관료들은 죽거나 관직을 떠나면 중단되는 녹봉으로 직위에 따라 정해진 규모의 토지를 받았다. 양국에서 후대 왕들은 사적 권력의 집중을 허용했고 권력은 다시 세습화되었으나, 두 나라 모두 이론상으로는 관료제 지배를 유지했다.

17세기 초반에는 시암과 아체에서 위로부터의 혁명이 벌어지면서, 관료제가 더 광범위하게 발전했다. 이스칸다르 무다가 법률 체계와 3년마다 교체되는 각료(팡리마) 체제를 확립한 것은 앞서 살펴보았다. 그의 전제정치는 대대적인 반발을 낳았으나 이 두 가지 혁신은 그의 치세를 지나서도 살아남았다. 팡리마는 계속 임명되어 1660년대에는 서해안 여러 항구에 팡리마 7명이 있었으며 각 팡리마가 서기kerkun 2명, 검량관penghulu dancing, 항구보안관penghulu kawal으로 구성된 소규모 참모진을 거느렸다.[222] 시암에서 나레수안 왕은, 주요 속국들에 왕자를 보내 왕의 화신으로서 통치하게 하는 기존의 관행을 중단했다. 왕자들은 왕궁에 두고, 자신의 의지에 따라 물러나게 할 수 있는 임명 관료가 대부분의 주를 다스리게 했다. 그뿐만 아니라 나레수안과 그 후계자들은 판사, 노역 감시관, 기타 관리를 중앙에서 파견해 이 새로운 태수들을 보좌하게 하고 왕의 정책이 영토 전역에서 확실하게 실행되도록 했다.[223]

어쩌면 나레수안의 선례에 영향을 받아 버마의 왕 어나웃펫룽(재위 1606~1628)과 딸룽(재위 1629~1648)도 16세기의 정복 활동을 통한 영토 통일과 영국인의 출현 사이에, 리버먼이 "버마 행정 발전의 중요한 분수령"[224]이라고 부른 중앙집권화 계획을 실행에 옮겼다. 16세기 버잉나웅의 정복이 놀라운 성공을 거두었는데도 왕은 기존 수도를 가까운 왕족이 다스리게 했고 그들은 왕의 휘장, 의례, 칭호, 기능을 그대로 따라 썼다. 버잉bayin(군주)이라고 부르는 이 왕자들은 1595~1608년의 대혼돈 이후에는 왕의 칭호와 양식을 사용할 수 없는 하급 묘웡myò-wun(지방 '장관')으로 대체되었다. 그 후 딸룽 왕은 과거에는 군대에서만 충성도를 확인하기 위해 사용하던 첩자 나강nàhkan을 보내 이 관리들을 통제하고자 했다. 적어도 일부 주의 수도에는 비서, 재정감독관, 곡창감독, 세입장관 등 중앙에서 내려온 다른 관료들이 많았다.[225]

항구에 더 의존하고 외국의 압력에 더 노출된 도서부의 왕국들에서 중앙집권화 시도는 그만큼 성공적이지 못했다. 마타람의 술탄 아궁은 지역 명문가의 수장을 왕궁으로 데려와 권력 기반에서 떼어놓았고, 후계자 아망쿠랏은 1669년 왕의 대리인 움불umbul을 임명해 부유한 해안 지역 태수 넷을 감독하게 했다.[226] 1670년 이래 마타람에서 지속된 여러 반란은 이런 정책이 얼마나 불충분했는지, 마타람이 여전히 중앙에 있는 개인의 강력함에 얼마나 심각하게 의존하고 있었는지 보여준다. 또한 자의적 왕권의 문제는 이 중 어느 국가에서도 해결되지 않았고 따라서 사유재산의 법적 안정성은 확립될 수 없었다.

같은 시기 유럽의 절대주의와는 달리 동남아시아의 절대주의는, 새로운 권력집중에서 다른 사회 구성원에게 지분을 마련해주는 제도는 물론이고 이론조차도 동반하지 않았다. 왕이 직접 시장에 개입했으므로 여러 유럽 국가에서 그랬듯이 귀족 권력을 무너뜨리기 위해 왕이 상인계급과 동맹할 필요성을 느끼지 못했다. 절대군주에게 동맹이 있었다면 그것은 외국인이었고 그들은 당연히 정치체 내에서는 어떤 역할도 맡지 못했다. 동남아시아 역사 어디에나 다원주의가 존재하지만, 동남아시아 정치 문헌에서 다원주의적 승자는 극소수에 불과하다.

8장에서 확실하게 드러났듯 종교 혁명의 한 정치적 효과는 왕이 전통적으로 존재하던 제약을 무시하도록 부추긴 것이었다. 보편적 종교는 자의적 권력을 비판하는 나름의 방식을 가져왔고, 그 일부는 번역되고, 번안되고, 바람 아래의 문자 문화에 통합되었다. 이 문자 문화는 좋은 왕과 나쁜 왕을 판단할 기준을 제공했다. 가장 위대한 말레이 정치학 교과서인 『타즈 우스-살라틴』(왕의 왕관)은 공정한 왕의 자질을 분명히 열거한다. 왕은 현명하고, 잘 배우고, 울라마의 말을 경청할 준비가 되어 있고, 품위 있고, 관대하고, 충실하고, 겸손하고, 온건하고, 절제해야 하며 신의 법을 관철시켜야만 한다.[227] 이 안내서는 이슬람 역사에 알려진 폭군들의 행동을 그림처럼 생생하게 묘사하고, 그런 압제자는 지옥에 가게 될 것이라며 코란의 계시라는 권위를 인용하는데, "사실 모든 인간 중에서 가장 높은 존재인 신께서 가장 혐오하고 심판의 날에 가장 엄하게 처벌받을 자들은 폭군이었던 왕"이기 때문이다.[228] 그러나 이슬람적 논고는 책임이라는 짐은 신과 왕에게 남겨두었다. 중세 그리스도교가 교회 권력과 세속 권력을 분리한 만큼이라도, 왕권을 제한하거나 특정 영역을 왕의 권위에서 제외하는 이론적 정당화가 전혀 없었다. 왕은 올바로 처신해야 한다. 하지만 그러지 않는다 해도 신의 처벌 말고는 왕을 막을 방법이 없었다.

통치자가 신의 징벌 앞에 몸을 떨었다면, 지상에서 자신의 권력을 견제하는 제도를 두려워하지 않았을 것이다. 그러나 몇몇 통치자는 의심에 가득 찬 태도로 울라마를 대했는데, 단지 그들이 외부의 판단 기준과 영적 잠재력의 외적 원천을 대변한다는 이유 때문이었다. 아망쿠랏 1세가 1646년 즉위 직후 마타람의 지도자급 울라마 2000명을 한자리에 모이게 한 후 죽여버린 이유는 그들이 역모를 꾀한다고 의심했기 때문이다.[229]

아소카 왕의 선례 이래 지혜로운 왕의 개념은 불교 전통에서도 잘 발달했다. 상가, 특히 산속의 승려들은 왕의 통제를 덜 받았으며 불교 또한 영적 권력의 대안적 중심이라는 잠재력이 있었다. 핀투의 생생한 여행기에 등장하는, 최고 승려의 장례식에 모여든 떠벙쉐디 왕을 포함한 군중 앞에서 왕족 출신의 존경받는 노승이 한 발언을 누군가는 믿고 싶어할 것이다.

> 신이 왕의 자리를 내리신 것은 (…) 백성에게 자비를 베풀고 귀 기울이며 백성을 기쁘게 하고 벌하기 위함이지, 무고한 백성을 죽이는 전제정치를 위해서가 아니오. 그러나 저주받은 왕들은 (…) 신이 내린 섭리를 부정하고 (…) 거머리처럼 굴면서 백성의 삶과 재물을 빨아먹으며 (…) 그대가 아끼는 자들에 관해서는 (…) 그들의 거만함을 벌하기를 주저하고 그들의 청을 들어주어 가난한 이들을 고난에 몰아넣고 뼈와 살가죽만 남기고 다 빼앗아, 이 모든 일로 신이 죄를 물을 때 그대의 손을 들어줄 자는 손에 꼽을 것이오.[230]

핀투에 따르면 이 연설이 힘을 발휘해 왕은 잔혹한 군사행동을 그만두었다고 한다. 그러나 이 이야기가 사실이었다고 할지라도, 왕권의 영구적인 견제를 합법화하는 것과는 아주 다른 문제였다. 상가는 1688년 나라이 왕 축출 당시처럼 정치적 역할을 할 수는 있었지만, 세속 권력을 공유한 적은 한 번도 없었다.

자의적 권력을 제한하려는 가장 확실한 시도는 이런 수입된 사상이 아니라 기존의 토착 구조에서 나왔다. 이중 왕조dual monarchy의 가장 성공적인 예인 마카사르의 고와와 탈로 부족의 연합이 바로 그런 사례다. 남술라웨시에서 특히 발달한 연방제적 국가 성립 모델을 기원으로 한 이 구조는 1593년 두 부족 사이의 구별을 없앨 의도로 한 왕이 두 왕좌를 차지하려는 시도에 맞선 반발이 일어나면서 완전히 제도화됐다. 마카사르 역사에서 가장 융성한 시기인 이후 반세기 동안 고와 가문은 왕을, 탈로 가문은 총리대신이나 내무대신을 냈다. 마카사르 연대기에는 이 섬세한 균형을 유지하려는 훈계가 가득한데, 어쩌면 마지막으로 완전히 독립적이었던 술탄 하사누딘 아래서 균열이 시작됐기 때문일 수도 있다.[231]

"제2의 왕·친왕" 개념은 대륙부의 상좌부불교 국가 전체에 알려진 듯하지만, 시암에서 특정한 시기에만 실질적으로 균형을 이루는 제도로 발전했다. 왕의 아들이지만 보통 왕위 승계자는 아닌 제2의 왕 우빠랏upparat의 "앞 궁전"은 정궁보다 백성이 쉽게 접근할 수 있고 일상사와 더 긴밀하게 연결됐다. 관료기구와 노역체제의 상당 부분을 우빠랏이 직접 관장했기 때문에, 우빠랏과 왕 사이에는 긴장이 내재할 수밖에 없었으며 수많은 반란의 근원이 되기도 했다.[232] 유사하게 말레이 세계에는 라자와 라자무다(문자 그대로는 "젊은 왕"이지만 보통은 네덜란드에 의해 "하급 왕"으로 번역된)가 역할을 분장했다. 라자무다는 일반적으로 왕위 계승자였으나, 18세기 리아우에서 부기스족 라자무다가 일상적 권력을 행사하고 말레이인 라자는 정부를 운영한 것과 같은 계약적인 관계가 발전하기도 했다. 계약적 관계는 수마트라, 보르네오, 술라웨시, 민다나오의 상류와 하류 통치자(라자 훌루raja hulu와 라자 힐리르hilir)들 사이에서도 흔했다. 그들은 종족과 경제적 기능, 정치·군사적 책임에 있어 서로 달랐다.[233] 발리의 이중 정부는 경쟁 가문 사이의 연합을 바탕에 둔 듯하다.[234] 아직 세부 사항이 제대로 밝혀지지 않았으나, 미낭카바우족은 세상의 왕raja alam, 관습의 왕raja adat, 종교의 왕raja ibadat 이렇게 "세 왕"

을 두어 관습적으로 단순화한 독특하고 절묘한 수사와 정치화된 분할의 조합을 이루었던 듯하다.[235]

다원주의의 이러한 원천은 인도식과 이슬람식 왕권의 고결함에 견줄 만했다. 경쟁 세력 간의 긴장이 원칙이긴 했으나, 동남아시아의 이상적인 정치체 안에서는 의논과 합치의 과정을 통해 극복 가능한 것이었다. 최선의 경우 이러한 다원주의 기구들은 국가구조 안에서 계약주의의 온건한 토대를 제공했다. 그러나 대부분의 경우 다원주의 기구들 또한 국가권력의 관료제적 제도화로 가는 진보를 방해했다.

중앙에서 정교한 국가기구와 다원주의를 결합하고자 한 가장 전도유망했던 시도는 파타니와 아체의 여성 통치였다. 두 국가 모두 확실한 남성 왕위 계승권자가 없어서 각각 1584년과 1641년 이 실험을 시작했을 것이다. 아체에서 쓰였을지도 모르고 그곳에서 알려지고 읽힌 것은 분명한 『타즈 우스-살라틴』은 여성 통치를 완강하게 반대하는 입장이었으나 남성 후계자를 도저히 찾을 수 없을 경우 더 나쁜 결과를 막기 위해 왕의 딸이 왕위에 오를 수 있다고 했다.[236] 그러나 연속으로 네 여왕이 왕위를 계승하기로 한 것은 분명 오랑카야 지배층이 그들에게 필요한 다원주의 및 안전과 왕조의 고귀한 이론적 지위 간에 조화를 이루는 가능한 가장 좋은 방법이라고 결론을 내렸기 때문이었다.

아체의 오랑카야 계급은 이스칸다르 무다의 통치 아래서 혹독한 시련을 겪어, "선왕의 전제적인 정부를 통해 악명이 높아진 나머지 왕의 이름만 들어도 괴로워"한 것이 놀랍지 않다.[237] 파타니에 관해서는 알려진 바가 더 적으나 핀투는 마지막 왕 중 하나인 무다파르 샤가 상인들에게 죄를 뒤집어씌워 재산을 차지했다고 묘사했다.[238] 1680년대 제네바인의 보고서에는 "백성을 혹사시키는 왕에게 복종하기 지쳐 멍에를 떨치는"

이야기가 등장한다.[239] 파타니의 여왕들은 결코 허수아비가 아니었으며 특히 첫 번째와 두 번째 여왕은 지도자급 오랑카야 네다섯 명과의 분쟁에서 언제나 최종 결정권을 행사했던 것으로 보인다. 실제로 여왕은 엘리자베스 1세만큼 숭배받았고, 주요 오랑카야 대신들 간의 치열한 경쟁으로 인해 언제나 무탈했다. 여왕이 결혼하면 (한때 파타니에서 그랬던 것처럼) 국가 안의 만족스러운 균형과 조화가 위태로워진다는 인식도 있었다.

파타니에서 100년 넘게, 아체에서 58년 동안 지속된 여왕 통치는 상대적으로 부드럽고 질서 있고 교역을 장려하는 편이었다.[240] 실제로 여왕 통치는 여왕을 최종 결정자로 둔 오랑카야 과두제를 대변했다. 이를 통해 사법과 행정 체제가 왕의 변덕으로 인한 혼란 없이 운용될 수 있었으며 아체의 경우에는 그 체제가 상당히 강력했다. 그러나 여왕 통치는 세 가지 치명적인 약점에 시달렸다. 첫째, 세 번째와 네 번째 여왕에 이르면 권위가 약해져 지도자급 오랑카야 간의 분쟁을 조정할 수 없는 수준에 이르렀던 듯하다. 1688년 아체를 방문한 한 이탈리아인은 "사실 왕국을 통치하는 것은 일곱 귀족"이지 여왕이 아니라고 적었고, 10년 후 한 프랑스인은 권력이 하나도 없어 과연 여왕이 존재하긴 하는지 의심했다.[241] 중국 사료는 세기말로 가면서 파타니가 세습 원칙을 버리고 누구든 상서로운 조짐을 타고 나는 여자 아이는 후계자로 선택될 수 있으며 일단 선택되면 처녀성을 보호하는 제도를 택했다고 밝힌다.[242] 둘째, 여왕들은 (다른 곳의 남성 통치자보다 훨씬 잘 대처했다고 할 수 있지만) 외부 세력과의 경쟁에서 좋은 성과를 내지 못했다. 1647~1650년 네덜란드의 봉쇄에 시달리던 아체는 왕국의 부의 원천인 후추와 주석을 생산하는 속국들의 통제권을 네덜란드동인도회사가 차지하는 것을 막지 못했다. 파타니는 1650년대부터 기울기 시작해(뒤의 표 15를 보라) 1674년과 1688년 시암의 침략으로 자치권을 잃었다. 셋째, 여성 통치는 무슬림 학자들의 눈에 한 번도 정당성을 획득하지 못했으며 그로 인해 다음 세대에도 받아들여질 만한 모델이 되지 못했다. 아체 울라마들의 여왕 반대 운동은 여성 통치자는 파문이라고 선언한 메카의 서한을 받아내 결실을 맺었다.

절대주의를 가능케 한 권력의 기반은 교역의 시대 말기에 약화되었다. 이 시기는 성문법 제정과 부분적인 관료제 통치술이라는 유산을 남겼으나, 강력하지만 법치적이며 집권적이지만 입헌적인 정부의 모델을 충분히 만드는 데는 실패했다. 따라서 뒤이은 시기는 영광스러운 과거의 기억과 조화를 이루지 못하는 현실 권력의 확산을 목격했다.

10장 동남아시아 빈곤의 기원

유럽 국가들이 처음 인도제도에 도착하던 옛 시절의 반튼과 현재의 절망적인 시간을 비교해보면, 뜻에 따라 왕국을 세우고 무너뜨리시는 전지전능한 신 앞에 몸을 조아릴 수밖에 없다. (…)

반튼은 동양 최고의 무역 중심지였다가, 지금은 그저 저주받은 자들의 고장이 되었다.

_de Rovere van Breugel 1787: 350

앞의 내용을 살펴보며 자본주의 성장과 기술 발전의 역동적 요소들이 유럽에 집중되는 사이 동양은 변하지 않은 채 그대로 남았다는 생각은 없어졌을 것이다. 16세기 유럽의 급속한 발전은 유럽과 나머지 세계가 상호작용하는 양식을 근본적으로 바꾸어놓았다. 거기에는 유럽인이 아시아인을 이해하는 방식도 포함된다. 같은 사회적 요소도 1510년의 포르투갈인에게는 자연스럽거나 인상적으로 보였더라도 100년 후의 네덜란드인에게는 후진적으로 보였을 수 있다. 그럼에도 불구하고 동남아시아 스스로도 근본적인 변화를 겪었으며, 그 변화는 동남아시아가 근세로 진입하는 양상으로서 이해되어야 한다.

핵심적으로 이런 변화는 15세기와 16세기에 세계경제와 밀접하게 상호관계를 맺다가 17세기 중반부터 세계경제에서 멀어지는 방향이었다. 양방향 모두 일상생활의 측면에 심대한 영향을 끼쳤다. 앞장에서 주로 논의한 포괄적인 시기는 유럽에서 벌어진 과정과 유사점과 차이점을 모두 지녔다.

요점을 되풀이하자면 비슷한 점은 세계무역으로의 통합, 생산과 소비의 상품화, 도시의 성장, 경제 기능의 특정화, 군사 및 교통 기술의 급속한 발전, 절대 국가의 성장 등이다. 예외적으로 국제 교역에 노출된 결과 이 측면에서 동남아시아는 다른 아시아 대륙 대부분보다는 서유럽이나 일본과 비슷한 경험을 공유했다.

근세 초기 동남아시아와 다른 지역 사이의 차이점 또한 마찬가지로 교훈적이다. 유럽뿐 아니라 아시아 대부분과 비교해보아도, 바람 아래의 땅에서 사유재산을 보호할 뚜렷한 장치의 부재는 금융제도의 발전을 가로막고 고정자본의 축적을 저해했다. 한편에선 시장이 빠르게 성장하고 다른 한편에서는 왕권이 급속하게 강화되면서 시장과 왕권 사이의 동맹보다는 긴장이 야기됐다. 이 긴장은 단기적으로는 여러 독창적인 방식으로 해소되었으나, 모든 고도로 발전한 교역 중심지라는 개방되고 전략적으로 취약한 상황에서는 이런 단기 해결책이 지속적인 경제성장으로 향하는 대안적 경로로 발전할 수 없었다.

경제성장의 내재적 한계?

교역의 시대의 막바지이자 아직은 18세기이던 시절 유럽인들은 어째서 동남아시아인이 부유해지지 않았는지에 큰 의문을 품지 않았다. 그들은 통치자의 탐욕이 유산 중간계급의 성장을 막은 원인이라고 탓했다.

참파	"왕이나 귀족이 바로 빼앗아가기에 주민들은 귀하고 값나가는 물건을 가질 수 없으며, 봉신이 아니라 노예에 가깝다."[1]
캄보디아 등지	"참파부터 (…) 인도 전역에 수익이 나지 않는 땅이 많다. (…) 주민들은 대개 소득을 얻거나 모으는 데 관심이 없다. 얻는 것이 별로 없기도 하지만 그마저도 다 빼앗기며, 왕이 정한 것 외에는 아무것도 더 가질 수 없기 때문이다."[2]
통킹	"백성이 부자가 되어 교만하고 야심에 차 더 큰 것을 열망하지 않게 만드는 것이 왕실의 정책 중 하나다. (…) 누구라도 보통 수준이 넘는 재산을 가진 것을 〔왕이〕 알면 그자는 무슨 구실로건 전 재산을 잃을 위험에 처할 수 있어, 근면을 심대하게 저해하는 요소이다."[3]
코친차이나	"그〔영주chúa〕가 한 사인私人이 흔치 않고 흥미로운 물건을 가진 것을 알면, 병사를 보내 모두 빼앗아온다. 따라서 평민들은 어둠 속에서 살아간다. 평민들은 실제보다 가난해 보이는 법을 연구한다. 각기 돈과 자기가 가진 좋은 물건을 땅에 파묻는다."[4]
시암	"시암인의 자산은 대부분 옮길 수 있는 동산으로 구성된다. 토지가 있다면 그에 대한 전권을 획득할 수 없기 때문에 많은 것을 가진 것이 아니다. 토지는 언제나 왕의 소유다. (…) 이것이 바로 시암인이 가능한 한 부동산을 갖지 않으려 하고, 가진 동산을 왕이 모르게 숨기려고 애쓰는 까닭이다."[5]

버마	"이 나라가 기술의 발명과 진보에 관한 무력감 또는 나태함에 시달리고 있는 이유는 여러 가지일 것이다. 그러나 가장 큰 이유는 정부 자체가 어떤 산업이건 억누르기 때문이다. (…) 누구라도 종사하는 산업에서 보통이 넘는 돈을 벌면 질투를 받아 죄를 뒤집어쓰게 마련이다."[6]
마긴다나오	"이 사람들의 게으름은 (…) 그들이 두려워하는 왕의 폭정에 기인한 듯하다. 왕이 그들을 멋대로 다스려 가진 물건은 무엇이나 빼앗기 때문에 산업이 성장하지 못한다. 따라서 이들은 간신히 입에 풀칠할 정도 이상으로는 결코 번영하지 못한다."[7]
아체	"백성들이 권세 있고 부유하기를 왕이 허락하지 않는 것으로 보인다. 누구건 부유하다고 해도 감히 드러내지 못한다."[8]

이 관찰자들은 자신이 본 바를 문화적 차이라고 여겼다. 동남아시아의 통치자와 신민은 서로에게 17세기 유럽에서와는 다른 기대를 품었던 듯하다. 그 결과 동남아시아인은 건물, 선박, 무역품, 기계 같은 고정자산에 자원을 투자하는 데 별다른 흥미를 갖지 않았다. 야심 찬 부류는 안전과 지위를 위해 추종자들을 모으는 데 전념하고 지역 차원에서 왕의 지위를 모방했다. 평민은 도망쳐야 할 때면 쉽게 감추거나 들고 갈 수 있는 보석이나 값진 옷감에 투자했다. 쉽게 무너지지만 쉽게 다시 지을 수도 있는 가벼운 목조 주상 가옥을 선호하는 문화적 양상 또한 한 세대에서 다음 세대로 이어 부를 축적하는 것을 어렵게 만들었다.

이러한 문화적 차이는 실재했으나 불변의 법칙은 아니었다. 위의 관찰이 이루어진 시기와 장소들은는 이미 시장이 왕실에 크게 패배한 이후였다. 앞서 살펴보았듯, 대상들이 자의적 권력에 맞서 확고한 권력을 가지고 요새화된 단지와 벽돌 창고를 짓던 경향이 분명했던 다른 시기와 장소들이 있었다. 1500년경 믈라카, 1600년경 반튼 및 파타니, 1580년대경에는 불확실하게 그리고 1650년대에는 확실하게 아체, 17세기에는 반다가 그랬다. 또한 유럽과 일본의 역사에서 자의적 권력이 사적 부를 파괴하던 사건들을 떠올리기란 어려운 일이 아니다. 문화적 차이와 경제적 전략은 언제나 서로 영향을 주고 서로를 전복하려 한다. 따라서 아시아가 유럽과는 달리 특정한 발전 경로로 그 방향이 미리 정해졌던 것은 아니다.

동남아시아와 다른 유라시아 지역 대부분의 차이 중에서도 가장 두드러지는 점은 권력과 교역 간의 밀접한 관계였다. 통치자와 그의 신하들이 무역에 적극적으로 나섰고 문헌과 사료는 그 중요성을 찬양했다. 성공한 상인들은 기존 왕조와 연합하거나 새 왕조를 세워 권력자로 진화했다.

판 뢰르도 메일링크-룰로프스도 왕실과는 구별되는 기풍의 대규모 상인계급의 부재야말로 자본주의로 향하는 길을 막은 결정적인 장애물이라고 지적했다.[9] 그러나 인도나 동유럽 같은 사회에서는 상인 카스트나 종교적 소수집단과 그들을 경멸하는 권력자 사이의 분리 및 구획화 또한 지속적인 성장의 걸림돌로 여겨졌다.[10] 외국과의 교역을 전적으로 무용하다고 여기는 통치자가 교역에서 더 큰 지분을 차지하려는 통치자보다 더 해로울 수 있다. 역사적 상황이 뒷받침해 주었다면, 경제 권력과 정치권력이 지속적으로 상호작용하는 동남아시아의 유동적인 사회적 배열은 약점이라기보다 강점이었을 것이다.

결과적으로 17세기는 동남아시아인이 국제 교역과의 집중적 연결에서 이탈하는 데 결정적이었다. 군사력과 정치력이 경제적 요인만큼이나 그 결과에 영향을 끼쳤다. 만약 17세기의 세력 균형이 달라서 몇몇 전쟁에서 지지 않고 이겼다면 동남아시아가 어떤 경로로 가게 되었을지를 예측하기란 불가능한 일이다. 자본주의 서유럽이나 고립돼서도 번영한 일본과 같은 방향일 수는 없겠지만, 19세기 후반 유럽의 자본과 군사기술에 정복당한 동남아시아와는 아주 다른 동남아시아였을 것이다.

유럽과의 결정적인 군사적 충돌

> 시암, 통킹과 다른 왕국은 우리에게 해마다 공물을 바치며 어떤 악의도 없습니다. 유럽인만이 걱정거리인데 그들은 악하기 짝이 없고 다루기 어려운 자들이기 때문입니다. (…)
> 〔특히 네덜란드인은〕 한 나라에 도착하면 어떤 수단으로 그 나라를 굴복시킬 수 있는지부터 조사합니다. (…) 그들의 배는 중무장을 한 데다 어떤 바람에도 버틸 수 있어 천하무적입니다.
>
> _중국 황제에게 보내는 청원(Mailla 1717: 11-12에서 재인용)

> 신사 양반, 내 청을 들으시게
> 네덜란드인과는 절대 친구가 되어선 안 된다네
> 어떤 나라라도 불안정해지면
> 그들은 악마처럼 군다네
>
> _엔체 아민(Amin 1670: 214)

동남아시아 해양 무역의 주요 거점 대다수는 16세기와 17세기 사이 어느 시점에 적대 세력에 의해 물리적으로 파괴되거나 점령당했다. 결정적인 패배는 대개 독자적이거나 아시아 세력과 연합한 유럽인의 손에 이뤄졌다. 처음에는 포르투갈인, 다음에는 서유럽인이 군사기술과 조직 면에서 자신들이 우위에 있음을 깨닫고 그를 활용해 거침없이 교역 목적을 이루었다. 이러한 조우의 아주 초창기에 피에로 스트로지가 "내가 보기에 [아시아인들은] 셀 수 없이 많은 점에서 우리보다 우월하나, 손에 든 칼에는 저항하지 못한다"라고 쓴 대로다.[11]

이 우위의 일부는 거친 유럽 전장에서 배운 잔인무도함이었다. 그 덕분에 유럽인은 일대일로 맞붙어 싸우는 전투에서조차 훨씬 수가 많은 아시아 군대를 이길 수 있었다. 그러나 압도적으로 우위인 잠재적 적의 수를 고려할 때 유럽인은 바람 아래의 땅에서 다음의 세 가지 요인을 통해서만 세력 균형을 바꿔놓을 수 있었다. 첫째, 우월한 화력 특히 선상의 화력, 둘째, 난공불락의 요새, 셋째, 아시아인과의 동맹. 루손의 스페인인과 자바의 네덜란드인을 포함한 몇몇 예외가 있긴 하나, 유럽인은 바다에서 싸울 때나 특정한 해안의 목표를 해군이 공격할 때만 강했다는 뜻이다. 따라서 농업을 근간으로 한 내륙 국가는 유럽인을 별로 두려워하지 않았다. 그러나 문제는 교역의 시대를 이끈 성장의 중심지들은 바다를 면한 곳이었다는 점이다.

포르투갈은 당도하자마자 동남아시아의 전체 수출 무역이 집중된 것으로 보이는 항구-도시를 목표로 삼았다. "1000리그 내 도처의 다른 민족들 사이의 무역과 교역은 믈라카로 와야 한다. (…) 누가 됐든 믈라카의 주인은 베네치아의 목줄을 쥐는 셈이다."[12] 1511년의 믈라카는 세계에서 가장 다원적인 도시여서 주민 상당수는 자바인, 남인도인, 구자라트인, 참족, 타갈로그인을 비롯해 아시아의 모든 항구에서 온 이들이었다. 포르투갈이 이 도시를 정복할 수 있었던 이유는 바람 아래서는 전례가 없을 정도로 화력을 집중시켰고 거기에 놀란 믈라카 주민 상당수가 술탄을 금방 버렸기 때문이다. 이어진 세기 동안 여남은 차례의 포위 작전에도 포르투갈이 믈라카를 지킬 수 있었던 까닭은 동남아시아식 군사 전략으로는 난공불락인 요새를 지었기 때문이었다. 믈라카 함락은 큰 사건이긴 했으나 동남아시아 무역에 미친 영향은 일시적이었으며 믈라카의 교역과 상인은 곧 다른 항구 대여섯 곳으로 분산됐다.

포르투갈은 정향과 육두구의 진짜 산지가 말루쿠인 것을 확인하자 재빨리 그곳으로 향했다. 그러나 알부케르크가 믈라카를 정복할 때는 배 13척과 병력 1200명을 끌고 온 데 반해, 세항*이 말루쿠로 향할 때는 배 한 척이 전부였고 그마저 암본 근처에서 난파했다. 그렇게 포르투갈인들은 정향 수출의 핵심항인 트르나테에 정복자가 아니라 유용한 동맹이 될 수 있는 소부대의 형태로 당도했다. 그들은 곧 말루쿠제도에 만연한 적대와 합종연횡이 난무하는 복잡한 관계에 끼어들어 주로 트르나테의 편에서 활동하며 1522년 그곳에 요새를 지었다. 그러나 포르투갈이 누리던 기술적 우위(갑옷과 화기)는 소수의 스페인인이 당도하면서 무위로 돌아갔다. 스페인은 마젤란의 원정 때부터 포르투갈의 "향료제도"에 대한 영유권 주장에 반발했기에 트르나테와 경쟁 관계인 티도레 술탄국과 동맹을 맺었다. 포르투갈은 다른 상품은 말할 것도 없고 말루쿠산 향료도 아주 일부밖에 통제하지 못했다. 일시적으로 군사상 승리를

* Francisco Serrão(?~1521). 포르투갈의 탐험가. 1512년 말루쿠로 항해해 믈라카에서 더 동쪽으로 간 최초의 유럽인 탐험대를 이끌었다. 말루쿠에서 트르나테 술탄의 자문역을 하며 죽을 때까지 머무는 동안, 사촌(일 가능성이 높은) 마젤란에게 보낸 편지가 마젤란이 스페인 왕을 설득해 태평양을 가로지르는 세계 일주에 나서는 중요한 계기가 되기도 했다. (옮긴이)

거둘 수는 있었으나, 동남아시아에서는 봉쇄를 유지하거나 인도 서해안에서와 같은 효율적인 카르타스 체제*를 도입할 만큼 충분한 배를 확보하지 못했기 때문이다. 1570년 포르투갈인들이 술탄 하이룬을 기만적으로 살해해 트르나테인의 반감을 샀을 때도 포위당한 요새에 4년 동안 지원군이 오지 않아 이 포르투갈인 소부대는 당시 최초로 통일된 술탄국이었던 트르나테에서 도망쳐야 했다. 포르투갈이 미친 영향을 종합적으로 살펴보면 동남아시아의 무역 국가들을 약화시키기보다는 강화시킨 편이었다.

스페인이 동남아시아에 지속적으로 상주하기 시작한 계기는 레가스피의 원정이었다. 이 원정대는 1565년 세부에 도착해 그곳이 펠리페 2세의 영토라고 주장했다. 스페인의 목적에는 향료 무역 개입도 있었지만 필리핀의 그리스도교화와 영구 점령이 더 중요했다. 1571년 라자 술레이만의 마닐라가 레가스피에게 정복당하자 이슬람 무역 네트워크의 일부인 타갈로그 무역 국가의 발전은 일단락되었다. 마닐라에서 스페인은 인근의 무슬림 교역 중심지로 향하는 원정대를 꾸렸다. 그 결과 무슬림 마닐라와 혼인·동맹·무역 관계를 맺어왔던 브루나이는 1571년 폐허가 되었고, 당시 소규모 무슬림 중심지였던 술루도 무너졌다. 그러나 트르나테로 향한 스페인 원정대는 1582년, 1585년, 1593년, 1603년 연달아 실패했다. 스페인 원정대의 활동으로 상업·정치적 중심지로서 브루나이의 중요성은 약화되고, 반스페인 무슬림 해적선이 술루제도에 집결하는 결과를 낳았다. 술루는 필리핀의 그리스도교 공동체를 약탈하는 활동이

* Castaz system. 14세기 초부터 16세기 중반까지 포르투갈 제국이 인도양에서 발행한 일종의 안전통행증 제도를 말한다. 주요 항로를 지나는 현지 무역상에게 돈을 받고 통행증을 팔아 수익을 올리는 체계로, 실제로는 해적 또는 약탈 행위에 가깝지만 이를 합리화한 시스템이다. (옮긴이)

경제의 근간인 매우 분권화된 술탄국이었다.

포르투갈인들은 아시아 무역에서 지분을 차지하려면, 이미 세력을 확립한 무슬림과 싸우는 것 말고는 대안이 없다는 것을 알았다. 스페인의 펠리페 2세는 반무슬림 성전에는 열성이었으나 그만한 경제적 동기는 없었다. 스페인은 필리핀 외부에서 경제적으로 유의미한 승리를 몇 차례 거두기는 했으나, 그들의 교역 기지는 아메리카 대륙의 은으로 만들어진 것이며 아시아 무역상들이 마닐라에 오는 이유는 은을 구하기 위해서였다. 중국은 1567년 우발적으로 정크선에 허가를 내주기 시작해 남쪽과 합법적으로 무역을 허용했고, 1588년 한 해에만 정크선 16척이 부를 찾아 마닐라로 항해했다. 1570~1630년 사이 무역 활황을 보장한 아메리카 대륙의 은을 실어 나른 갈레온 무역은 필리핀의 아시아 해양 국가가 아닌 스페인 국가가 유지되도록 도왔다.

1590년대에 희망봉을 도는 화물 운송을 독점하던 포르투갈의 예외적 체제가 무너지자, 서유럽 선박들이 물밀듯이 따라왔다. 1597년 하우트만의 원정대가 반튼에서 구한 향료를 싣고 네덜란드로 돌아간 다음 해 네덜란드 선박 22척이 동남아시아를 향해 길을 떠났다. 이 배들이 귀중한 화물뿐 아니라 분쟁에 관한 보고서도 가지고 오자, 네덜란드 의회는 네덜란드 자본 간의 경쟁은 유해하며 교역과 아시아 바다에서 이베리아 세력과의 싸움을 위해서는 단일한 구조가 마련되어야 한다고 결론 내렸다. 1602년 네덜란드의 모든 이해는 희망봉 동쪽에서 벌어지는 무역의 독점권을 가진 네덜란드동인도회사로 통합되었다. 암스테르담은 세계 최저 이자율을 자랑하는 가장 효율적인 자금 시장이 되었다. 그곳에서 네덜란드동인도회사는 자본금 650만 길더를 확보한, 당시로서는 가장 선진적인 기업으로 출범했다. 반면 잉글랜드동인도회사는 그 10분의

1밖에 안 되는 자본금으로 1600년, 덴마크회사는 그 14분의 1만으로 1616년 시작했다. 네덜란드동인도회사는 첫 3년 동안 해마다 선박 12척 이상을 보낼 수 있음을 보여주었고, 17세기 내내 거의 해마다 선박 6척 이상과 사람 4000명 이상을 아시아로 보내 포르투갈 및 다른 경쟁자들과는 극명한 대조를 보여주었다. 네덜란드동인도회사가 쓸 수 있는 배는 1620년대에 117척, 1630년대에는 148척이다가, 1660년대에는 257척으로 늘어 그 전성기에 달했다.[13] 이 새로운 경제력의 집중은 (잉글랜드, 덴마크, 프랑스처럼) 네덜란드가 포르투갈의 세력이 확고한 인도 서해안을 우회해 후추와 향료를 찾아 나선 동남아시아에 가장 큰 영향을 끼쳤다.

초반의 많은 오해와 폭력에도 불구하고, 신규 구매자와 기존 구매자 사이에 벌어진 초기 경쟁은 동남아시아 수출 중심지들에게는 나쁠 것이 없었다. 그러나 네덜란드동인도회사는 가능하면 언제나 독점을 창출하기 위해 만들어진 무장 기구였다. 첫 목표물은 말루쿠에 남아 있는 포르투갈의 거점이었다. 1605년 네덜란드는 히투의 무슬림이 암본에서 포르투갈 세력을 몰아내는 데 협력하고, 그 대가로 그곳에서 나는 정향 상당량의 독점권을 얻었다. 암본의 빅토리아 요새는 1610년 네덜란드동인도회사의 모든 아시아 "요새, 거점, 상관, 인력, 사업"을 감독하도록 임명된 초대 총독 피터르 보스*의 근거지가 되었다.

1619년 얀 피터르스존 쿤이 총독으로 임명되면서 네덜란드의 정책은 각지에서 동원 가능한 무력을 전략적으로 사용해 거점을 세우고 종국에는 무역을 독점하는 강경책으로 바뀌었다. 1618년 네덜란드동인도회사는 즈파라와 그 항구의 선박을 거의 다 불태웠다. 동시에 자카르

* Pieter Both(1568~1615). 초대 네덜란드동인도회사 총독. 1610년부터 1614년까지 총독직을 역임하며 말루쿠와 조약을 맺고 티모르를 정복하고 티도레섬에서 스페인인을 몰아냈다. (옮긴이)

타의 속령 반튼에서 태수에게 정면으로 반발해 숙소를 요새로 만들었다. 반튼의 섭정, 자카르타 태수, 잉글랜드, 네덜란드 4자 간의 경쟁 이후 1619년 5월에는 쿤이 배 17척을 이끌고 내려와 가옥을 모두 불태우고 남아 있던 주민을 몰아냈다. 그 자리에 난공불락의 요새를 지어 아시아 무역을 관장할 기지로 만들 작정이었다.

그런 와중에 1619년 7월 유럽에서 잉글랜드와 네덜란드 사이에 동방에서 협력한다는 조약이 맺어지자 쿤은 어안이 벙벙해졌다. 조약은 두 국가가 군사작전의 비용을 똑같이 나누고, 확보 가능한 후추는 반씩 가지며, 말루쿠산 향료의 3분의 1은 잉글랜드가 차지한다고 정했다. 그러나 인도네시아 바다에서는 네덜란드가 절대적 우위를 확보했고 쿤은 그 우위를 최대한 활용할 작정이었으므로 그 조약도 잉글랜드와 네덜란드의 분쟁을 막지 못했다. 1621년 1월 쿤은 배 12척의 선단을 이끌고 반다제도를 구성하는 다섯 작은 섬을 정복하러 나섰다. 반다제도는 육두구를 생산하는 각 섬을 대표하는 오랑카야의 평의회를 통한 다원적 형태로 정부가 운영되는 곳이었다. 수많은 이들과 협상하는 데 지친 쿤은 그들을 모두 제거하기로 결심했다. 1만5000명에 달했던 것으로 추산되는 주민이 거의 모두 학살당하고, 산 자는 노예로 바타비아에 끌려가거나 고립된 곳에서 굶어 죽도록 버려졌다. 그 후 전 세계에 육두구를 공급하는 이곳에 네덜란드인 농장주와 그들의 노예 일꾼을 데려와, 재배한 육두구 전량을 네덜란드동인도회사에 공급하도록 했다.

부상하던 동남아시아의 절대주의 무역 국가와 유럽 해상 세력 간의 싸움에서 전환점이 된 해는 1629년이다. 그해에 도서부에서 두 최대 세력이라 할 술탄 이스칸다르 무다의 아체와 술탄 아궁의 마타람이 쓰라린 패배를 맛보았고 결국 회복하지 못했다. 경제적으로도 아시아 무역의 급속한 성장기가 막을 내리던 시기였다. 교역의 시대라는 높은 만조는 1620년대에 정점에 달했고 그 후 몇십 년 동안은 무역 세력을 둘러싼 패배와 승산 없는 싸움에 관한 이야기가 주를 이루었다.

16세기에 아체 술탄국이 세워진 이래 포르투갈령 믈라카는 아체의 주적이었다. 두 국가는 인도양을 횡단하는 무역에서뿐 아니라 믈라카해협 인근 말레이 국가들의 생산품을 끌어 모으는 데서도 자연스럽게 경쟁했다. 술탄 이스칸다르 무다 재위기는 선왕들이 성취하지 못한 포르투갈의 완전한 퇴출을 이루기 위한 긴 준비 기간이라고 할 수 있다. 1616년 1차 믈라카 공격이 실패로 돌아간 후 술탄은 병력을 확충하는 한편, 더 체계적으로 믈라카를 에워싸기 시작해, 1618년 파항을, 1619년 크다를, 1620년에는 주석이 풍부한 페락을 손에 넣었다. 이스칸다르 무다는 조호르도 거듭 공격했으나 조호르 말레이인의 원한만 샀을 뿐이다. 1629년 준비를 마친 술탄은 2만 명에 가까운 병력과 앞서 살펴본 괴력의 갤리선을 포함한 선박 236척으로 이루어진, "크고 작은 대포로 가득한 아시아에서 본 적 없는 최강의 선단"을 보냈다.[14] 아체군은 석 달간 믈라카를 포위하고 성벽에서 화승총 한 방이면 닿을 거리에 방책과 대포를 설치했으나(그림 84), 바다를 통해 도시에 물자가 공급되는 것을 완전히 막는 데는 실패했다. 성 주변에서 치열한 접전이 여러 차례 벌어졌으나 결정적이지는 못했고, 포르투갈의 대규모 지원 선단이 도착하자 포위는 해제됐다. 포르투갈 지원군에 조호르와 파타니의 말레이 선박 150척까지 가세해 아체군이 기지로 삼았던 작은 강으로 아체군을 몰아넣자 전세는 완전히 뒤집혔다. 무적의 아체 군단은 죽거나 생포되거나 말라야 정글로 흩어졌다.[15] 그 후로 아체의 군사작전은 지나치게 확장된 아체 제국의 점진적인 축소를 막는 것이 목적이었으며 기본적으로

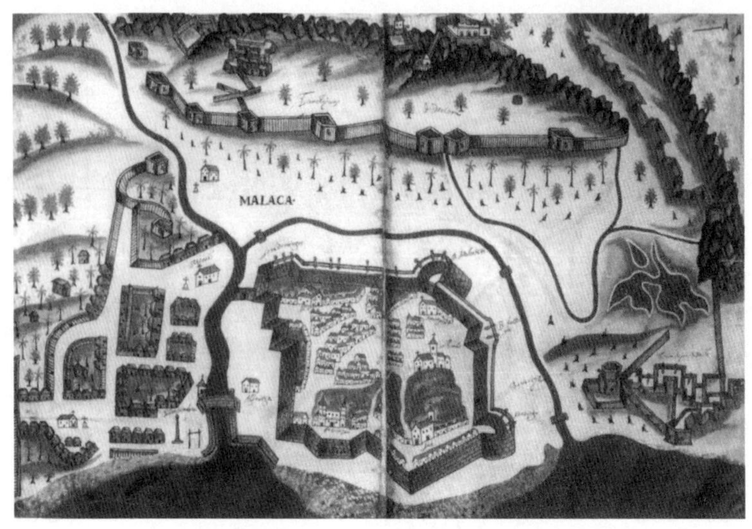

그림 84 1629년 아체의 믈라카 포위 작전.
포르투갈 요새를 방책과 대포로 에워쌌다.

방어적이었다.

포르투갈은 이스칸다르 무다가 마타람에 사신을 보내 자바산 쌀이 믈라카로 유입되는 것을 막고 이교도에 맞선 군사작전에 협력을 구했다고 생각했다.[16] 그러나 술탄 아궁은 포르투갈이 아니라 포르투갈의 적인 네덜란드에 대해서만 걱정할 뿐이었다. 1619년부터 잉글랜드인은 술탄 아궁에 관해 이렇게 보고했다. "그가 수차례 자신의 귀족들에게 말하기를, 자카르타는 발에 가시가 박혔으며 [나는] 온 몸뚱이가 위험에 처할지 모른다는 두려움에 이 가시는 뽑는 고통을 견뎌야 한다. 이 가시란 홀란트인의 성으로 (뇌물을 써서) 이제는 요새가 되었다. 그자들은 왕도 국가도 존중하지 않으며 반항할 따름이다."[17] 술탄 아궁 또한 체계적으로 움직여 먼저 북해안의 독자적인 항구-국가들을 정복했다. 그중 가

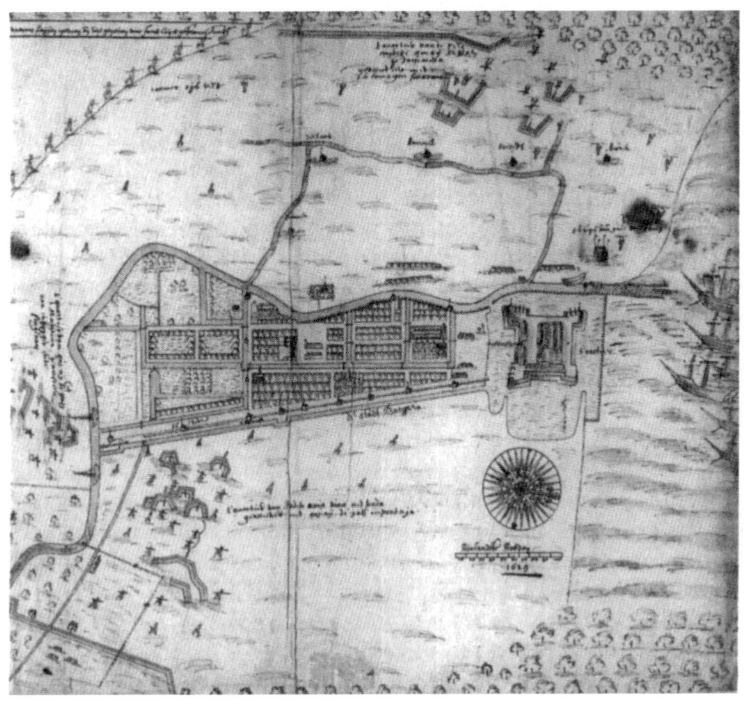

그림 85 1629년 마타람의 바타비아 포위작전.
바다와 북쪽이 오른쪽에 있다.

장 강력했으며 마지막까지 버틴 수라바야를 1625년 굴복시키고 난 후에야, 아궁은 네덜란드인들이 바타비아로 이름을 바꾼 그들의 근거지에 눈을 돌렸다. 1628년 8월 아궁은 바다와 육지에서 공격에 나섰고, 바타비아는 1811년 영국의 침입 이전에 다시 없을 최대 위기에 몰렸다. 그해 12월 아궁은 성과를 내지 못하고 있던 포위를 풀었는데, 신하 수백 명을 처형하고 난 후였다. 다음해에는 더 큰 병력(그림 85)을 보냈으나 네덜란드가 보급선을 끊자 배고픔과 질병으로 무너져 요새에는 큰 위협이 되지 않았다.

그 후로 자바에서 네덜란드동인도회사의 지위는 다시는 심각한 위협을 받지 않았다. 즉, 자바 전체를 통일하려는 술탄 아궁의 구상은 결코 실현되지 못했다는 뜻이다. 오히려 네덜란드동인도회사가 대외관계를 장악하고 뒤이은 기술 발전에 힘입어 종국에 자바를 차지했다. 1630년대에 마타람 왕실은 네덜란드의 바타비아를 무너뜨릴 수 없으며 따라서 어떤 식으로건 자바적 세계관 안에 수용해야 한다는 결론을 내렸다. 술탄 아궁의 후계자인 아망쿠랏은 재위 초기인 1646년 네덜란드동인도회사와 평화조약을 맺었다. 그로서는 이 조약을 강력하고 부유하나 문명화하지 못한 해안지역의 종속국과의 조약으로 여겼을 가능성이 높다.

네덜란드동인도회사는 반다를 점령해 육두구를 독점한 후 이번에는 정향을 목표로 삼았다. 1623년 반네덜란드 반란 음모를 꾸몄다는 죄목으로 암본 상관의 잉글랜드인을 모두 투옥하고 그중 21명을 사형시키고 나자 직접적인 경쟁관계에 있던 불편한 잉글랜드 "동맹"은 제거됐다. 그 후 네덜란드동인도회사의 전략은 가장 확실하게 장악한 암본 지역에 정향 재배를 집중시키고 다른 지역의 정향을 없애는 것이었다. 그런 독점은 생산자와 무역상 모두의 이해를 침해하는 것이었으므로 네덜란드는 이 독점 관철을 위해 일련의 험난한 전쟁을 치러야 했다.

트르나테는 1620년대부터 네덜란드동인도회사의 지배를 받았고, 가까운 티도레의 스페인 요새에는 트르나테의 적에 맞설 수단이 별로 없었다. 네덜란드의 손을 거치지 않은 향료가 서쪽으로 이동하는 중계무역항이었던 포르투갈령 믈라카마저 1641년 네덜란드의 포위에 함락됐다. 그러자 네덜란드동인도회사의 독점에 반발하는 모든 세력의 새로운 중심지가 마카사르에 만들어졌다. 잉글랜드 회사와 덴마크 회사, 대규모 포르투갈인 집단, 골콘다와 아체의 대표 모두 마카사르에서 정향을 사들이고, 인종적으로 '말레이인'으로 여겨지는 무슬림 무역상들은 네덜란드의 봉쇄를 뚫고 마카사르로 정향을 실어왔다. 말루쿠에서 저항의 거점은 1641~1646년에는 암본 북부 히투의 무슬림 중심지였다가 1650~1656년에는 호아모알의 트르나테인 구역이 되었다. 1656년 네덜란드동인도회사는 이 모든 무장 저항을 실질적으로 굴복시켰다. 호아모알의 주민을 몰아내고 그곳의 정향나무는 전부 베어버렸다. 트르나테 술탄은 암본의 네덜란드동인도회사 관할 구역 밖 정향나무를 모두 없애는 데 협력한다고 명시한 조약을 맺어야 했다. 독점은 완성되었다.

무슬림 쪽의 사관이었던 리잘리Rijali를 비롯해 네덜란드의 정복에 반발했던 많은 이들이 메트로폴리스 마카사르로 몸을 피했다. 물론 마카사르의 무역도 1656년 이래 정향 수급이 어려워지면서 쇠퇴했다. 그러나 인도산 직물을 마닐라, 중국, 인도네시아 동부 전역에 전해주는 장거리 무역에서는 여전히 중요한 역할을 유지하고 있었다. 네덜란드동인도회사의 관점에서 이 도시는 언제나 가시 같은 존재였으나 직접 전장에서 대적하기에는 너무 강력했다. 그러나 마카사르의 각별히 기민하던 지도력은 술탄 하사누딘(재위 1653~1669) 재위 초반에 약화되었고, 마카사르의 부기스족과 네덜란드동인도회사가 번갈아가며 계속 마카사르를 도발하고 회유했다. 1660년 하사누딘이 보네와 만다르의 반란을 진압하느라 분주한 사이, 네덜란드동인도회사는 남쪽에서 마카사르로 접근하는 길목에 있는 항구 파낙쿠캉Panakkukang(그림 86)을 차지하고 자신의 교역 수요를 강화하는 데 이용했다.

불만에 찬 부기스족을 이끈 왕자 아룽 팔라카는 1660년 마카사르에 맞서 반란을 일으켰다가 실패한 후 1663년에는 바타비아로 망명했다. 네덜란드는 1666년 미낭카바우족의 중심지 파우Pau를 치는 전쟁에서

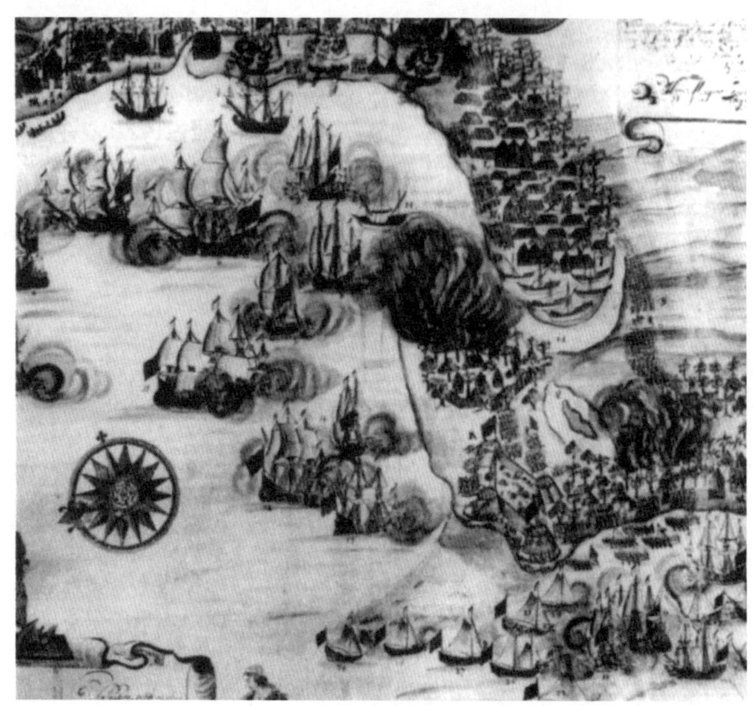

그림 86 1660년 네덜란드의 마카사르 공격. 하단의 파낙쿠캉 항구가 공격받고 그 위로는 왕의 배가 불타는 것이 보인다. 상단 중앙에는 강 하구 사이로 솜파오푸 성이 있다.

아룽 팔라카 부대의 기량을 시험해보고 감탄했다. 1667년 7월 네덜란드 군은 600명뿐이나 수많은 암본인과 아룽 팔라카의 부기스족을 실은 배 21척의 선단이, 훨씬 큰 규모로 부톤을 포위한 마카사르 원정대를 무찔렀다. 그리고 마카사르 군대의 거의 절반을 차지하던 부기스족 상당수가 이탈해서 아룽 팔라카 밑으로 들어가기 시작했다. 이 군대는 그 후 마카사르로 진격해 치열한 전투 끝에 마카사르를 굴복시키고 1667년 11월 치욕적인 붕아야Bungaya 조약에 서명하게 만들었다. 잉글랜드인, 포르투갈인 및 다른 유럽인은 모두 떠나야 하며, 마카사르는 막대한 배

상금을 지불하고, 비마카사르 지역 대부분의 통치권을 포기하며, 네덜란드동인도회사가 북쪽에서 수도로 접근을 관장하는 우중판당Ujung Pandang 항구를 차지한다는 내용이었다. 후일 네덜란드인 지휘관 스페일만은 우중판당을 정비한 후 그 이름을 자신의 고향 이름을 따 로테르담으로 바꾸었다. 이 강화는 오래가지 않았다. 1669년 6월 네덜란드 연합군이 마카사르의 핵심 거점인 솜바오푸성을 맹렬하게 공격하기 시작했다. 네덜란드군은 그 공격에서 머스킷을 3만 발 이상 발사하고 성벽 아래로 터널을 뚫어 일부를 폭파하기도 했으나, 대부분의 사상자는 아룽 팔라카가 이끄는 부기스족이었다.[18]

이 사건으로 자바 동쪽에서 아시아인이 통제하던 마지막 대시장이 종말을 고했다. 이전의 믈라카와 이후의 반튼이 그랬듯, 마카사르는 순전히 지역에서만 중요한 일개 네덜란드동인도회사 상관으로 전락했다. 마카사르의 잉글랜드인, 포르투갈인, 무슬림 장거리 무역상들은 반튼, 캄보디아, 아유타야 등지로 떠나야 했다. 네덜란드동인도회사는 말루쿠산 향료를 완전히 장악하고 나자 후추를 다음 목표로 삼았다. 그러나 후추는 여남은 곳의 크고 작은 항구에 퍼져 있어 독점하기가 훨씬 어려운 상품이었다.

네덜란드동인도회사가 선호한 전략은 수출용 후추를 저가에 팔고 수입용 인도산 직물을 고가에 사줄 독점 계약을 받아들이도록 압박할 수 있는 "회사의 왕"을 찾아내는 것이었다. 팔렘방의 술탄이 압박을 받다가 1642년 그런 조약에 동의하긴 했으나, 대중의 큰 불만을 샀다. 1657년 팔렘방에서 네덜란드 배가 공격받고 상인들이 살해당하자, 네덜란드동인도회사는 도시를 파괴하고 네덜란드 항구를 다시 세운 후 독점을 강화했다. 이번에는 더 고지대인 잠비의 후추를 공략했는데, 이곳은

1679년 조호르의 공격으로 파괴되기 전까지 잉글랜드인들이 후추 가격을 높게 쳐주던 곳이었다. 잠비의 혼란은 1687년 네덜란드동인도회사가 군대를 보내 도시를 장악하고 통상적인 독점 논리에 따라 새로운 "회사의 왕"을 내세울 때까지 계속되었다.

그중에서도 진정한 상賞은 17세기 중반 최대의 후추 수출항이었으며 인근의 바타비아에게는 계속되는 걸림돌이자 도전이었던 반튼이었다. 강력한 술탄 압둘파타 아궁(재위 1651~1682)이 다스리던 반튼은 장거리 무역의 대안적 거점이자 네덜란드동인도회사의 교역 장악에 반발하는 모든 이들에게 영감을 불어넣는 곳이었다. 그러나 반튼은 한 왕실 계파가 왕세자와 친네덜란드 정책을 지지하면서 내부 분열을 겪던 중이었다. 1680년 술탄 아궁과 바타비아의 관계가 전쟁으로 치달을 만큼 악화되자 불만을 품은 왕자는 아궁을 처소에 가두고 정부를 장악했다. 그러나 왕자의 지지자는 소수에 불과했고 왕자가 네덜란드동인도회사의 도움을 받은 대가로 특권을 내줄 때마다 내부의 적은 배로 늘어났다. 1682년 3월 늙은 술탄이 실질적으로 권력을 되찾자, 젊은 왕자가 완전한 회사의 왕이 된다는 조건을 걸고 결국 네덜란드동인도회사가 권력투쟁에 개입했다. 길고 쓰디쓴 전쟁 끝에 술탄 아궁은 1683년 3월 백기를 들었다. 네덜란드동인도회사에 후추를 독점적으로 공급한다고 약속한 이래 반튼의 독립은 무늬뿐이었다.

술탄 아궁은 특히 네덜란드의 손에 극적으로 몰락한 후 독립 정신, 교역적 진취성, 기술 혁신의 화신으로 비춰졌다. 같은 시기 시암의 나라이 왕과 마찬가지로 그의 빼어난 외교술과 극적인 몰락은 유럽인의 동정심을 불러일으켰다. 아궁은 1769년작 네덜란드 고전 비극의 주인공이 되었으며, 아마도 그러한 찬양을 받은 최초의 동남아시아인일 것이다.[19]

19세기의 저명한 식민사학자 더 용은 떠오르는 네덜란드에 관한 서사를 쓰다 잠시 멈추고 아궁에게 "자신의 나라를 외국의 영향력과 독점에서 자유롭게 하고자 한 통치자 (…) 자신의 원칙에 속고 만, 자바의 마지막 독립적 통치자"[20]라고 이례적인 찬사를 보냈다.

그러나 네덜란드는 국제 후추 시장을 결코 완전히 장악하지 못했다. 중국인이 바타비아의 네덜란드동인도회사뿐 아니라 말레이반도와 보르네오의 독립 항구들에서 계속 후추를 사들였고, 잉글랜드인도 활동의 본거지를 반튼에서 수마트라 남서 해안으로 옮겨 유럽 시장에서 지분을 유지했기 때문이다. 그러나 코즈모폴리턴 무역도시 반튼과 마카사르의 몰락은 두 도시를 중심축으로 삼았던 사회의 진화에는 중대한 일이었다. 두 도시는 새로운 사상이 번역되고 인도네시아적 형태로 번안되는 등 도서부에서 가장 진보적인 중심지였다가, 네덜란드가 씌운 굴레에 맞서 주기적으로 반란을 일으키며 좌절과 불만을 표출하지만 더 이상 정복자의 옷을 입은 '근대' 사상에는 관심이 없어진, 비통하게 침체된 오지가 되어버렸기 때문이다.

몬족과 자바인 화물 운송의 몰락

네덜란드동인도회사의 거침없는 부상으로 동남아시아의 도시적 해양 전통의 쇠퇴를 충분히 설명할 수 있다고 결론짓는다면 너무 단순할 듯하다. 아체와 대륙부 무역도시들은 결코 유럽인에게 정복되지 않았으며, 이들의 더 복잡한 진화에 관해서는 나중에 살펴볼 것이다. 네덜란드동인도회사가 거둔 것 같은 큰 승리는 아시아인 동맹 없이는 불가능했을 것이다. 가장 결정적인 변화에서 유럽의 개입은 경합하는 아시아 세력 간의 균형을 건드리는 것 이상이 아니었다. 동남아시아 교역에서 가장 근본적이고 장기적인 좌절로 이어진 두 사건에서 유럽인의 역할은 간접적일 뿐이었다. 그 사건은 역내에서 가장 역동적인 두 교역 행위자였던 버고의 몬족과 파시시르(자바 북해안)의 자바인이 국제무역에서 실질적으로 사라진 것이다.

포르투갈인들이 최초로 도착해 묘사한 시기에 동남아시아 장거리 무역에서 두 집단이 지녔던 중요성은 6장에서 밝힌 바 있다. 대양을 가로지르는 최대 규모 정크선은 믈라카의 자바인을 포함한 자바인의 소유였다. 많은 정크선이 버마산 고급 목재를 재료로 버고의 항구들에서 건조됐다. 이런 항구의 몬족은 자신들의 대형 정크선을 믈라카로 몰고 가서 팔기도 했지만 때론 다시 화물을 싣고 돌아왔다. 버잉나웅 왕이 건설한 광대한 제국의 수도로 전성기를 누리던 시절에 버고는 벵골만에서 더 큰 무역 활동을 하기도 했다. 1574년 왕이 해외무역용으로 "각기 63큐빗 길이에 16큐빗 폭"(대략 30미터 길이에 8미터 폭)의 큰 배 7척을 만들라고 명했다는 기록이 있다.[21] 16세기 말 앞서 이미 논한 이유로 500톤급 대형 정크선이 몇 척 건조되기도 했으나, 몬족(또는 외국인에게 알려진 대로 버고인)은 여전히 멀리 아체와 반튼까지 배를 몰고 갔다.

버고와 벵골만 항구들의 막대한 부는 난다버잉 왕(재위 1581~1599)의 폭정 아래 버잉나웅 왕이 건설한 지나치게 확장된 제국을 유지하기 위한 파괴적인 군사작전에 빨려들어갔다. 사관 우 깔라는 난다버잉 왕이 스스로의 가혹한 압제로 인해 몰락했다고 여겼다. "그는 승려를 존경하지도 백성의 생명을 소중히 여기지도 않았다."[22] 코스미르[빠데잉]의 항구들과 목뜨마가 제일 먼저 난다버잉 왕의 노역 요구에 반발해 반란을 일으켰다가 완전히 파괴되고 인구가 격감했다. 난다버잉 왕의 군대에서 군역을 피하기 위해 수많은 몬족이 이웃 나라로 도망쳤는데 그 수가 라오스행 12만 명, 여카잉행 2만 명, 시암행은 10만 명이 넘었다.[23] 16세기의 마지막 3년 동안 제국의 수도 버고는 난다버잉 왕이 공격한 적 있는 이웃들에게 포위당했고 인근 지방은 초토화됐다. 1599년 마침내 버고가 따웅우와 여카잉 연합군에게 패하자 두 승전군은 남은 주민과 해안 지역의 부 중에서 가져갈 수 있는 것은 모조리 약탈해갔다.

예수회의 보베스 신부는 1600년 옛 수도 근교 지역에 관해 이렇게 기록했다. "온 나라가 그저 사막 같고 이 버고 왕국에는 아무도 남아 있지 않다. 길마다 특히 사원으로 향하는 길에는 두개골과 가련한 버고인의 시체가 널려 있는데, 일부는 굶주림, 일부는 서로 죽고 죽인 스스로의 잘못으로 죽은 자이다. 일부는 왕의 명령으로 죽기도 했으며 왕은 시체를 강에 버리게 했다. 때문에 강은 시체가 겹겹이 쌓여 작은 배도 움직일 수가 없을 지경이다."[24] 버마족 우 깔라는 난다버잉 왕이 "몬족 전체를 의심"하게 되어 그들을 핍박했다고 마지못해 인정했으나[25] 당대 포르투갈인은 왕이 몬족을 말살하라고 했다고 믿었다. 그 결과 "그 가련한 자들은 죽어나가고, 권세 있는 영주의 저택이 있던 자리는 호랑이와 야생동물의 보금자리가 되어, 흉물스러운 재와 인간의 상상을 넘어서는 거대한 적막 말고는 아무것도 남지 않았다."[26] 플로리스는 2차 혹은 3차 문헌을 인용하며 이 일이 "수백만 버고인의 생명을 앗아"갔을 것이며 그 대부분은 전쟁의 공포 후에 찾아오는 기근과 질병으로 인한 것이라고 생각했다.[27]

여카잉의 왕은 후일 몬 지역에서 가장 중요한 항구가 되는 딴륀에 포르투갈인 용병대장 펠리페 드 브리투를 지휘관으로 남겨두었다. 그러나 브리투는 이 항구를 철통같이 수비하며 포르투갈령 고아의 지원을 일부 받아 1613년까지 독자적인 도시-국가로 만들었다. 이 시기에 내륙과의 무역은 거의 중단되고 타이만을 가로지르는 수익성 높은 항로의 통제권은 시암과 시암의 인도 무슬림 상인들의 손에 넘어간 듯해 보인다. 버고의 몬족은 더 이상 역외에서 해상무역상으로 등장하지 않았다.

자바 북해안의 활기찬 항구들은 자바산 쌀과 인도네시아 전역에서 오는 식료품을 수출하고, 아체와 믈라카에서 오는 인도산 직물과 말루쿠산 향료를 사들였다. 네덜란드동인도회사는 이 자바 항로를 자주 공격했으며 특히 1618년 즈파라 항구를 초토화시켰다. 더 중대한 사건은 네덜란드가 자신들의 말루쿠 독점을 강화하고 포르투갈령 믈라카를 고립시킬 목적으로 자바 교역로를 체계적으로 파괴해 북해안 항구들이 빈곤해진 것이었다. 1620년대에는 마카사르가 주요 보급항이자 동부 인도네시아의 무역 중심지로서 그레식과 수라바야의 위치를 대체했다.

그러나 몬족 중심지와 마찬가지로 자바 북해안 도시들에 중대한 위협은 내륙에서 시작되었다. 마타람의 술탄 아궁(재위1613~1646)이 지금의 족자카르타 인근 자신의 수도를 중심으로 통일된 정치체를 세우기로 결심한 것이다. 그는 1616년 라슴을, 1616~1617년 파수루안을, 1619년에는 투반을 정복하면서 티크 숲과 자바 선박 대부분이 만들어지는 조선소를 손에 넣었다. 마두라는 1624년에, 마두라해협의 번창한 항구 수라바야, 그레식, 스다유는 수년에 걸친 군사작전 끝에 1625년에 굴복했다. 두 세기 만에 처음으로 해안의 교역 중심지들이 무역에 관심 없는 내륙의 왕조에게 지배당하게 된 것이다. 술탄 아궁은 "나는 자바의 다른 왕과는 달리 왕이자 군인이다"라고 밝혔다.[28]

그러나 후계자들과 달리 아궁은 해양 권력에 관심을 가졌다. 그는 상당한 규모의 해군을 유지하면서, 1622년 보르네오 서부의 수카다나를 정복하고 여러 차례 바타비아를 위협했다. 또한 즈파라를 통해 쌀 수출을 독점해 네덜란드령 바타비아와 포르투갈령 믈라카를 상대하는 정치적 무기로 쓰고자 하기도 했다. 반면 앞서 살펴보았듯 그의 후계자 아망쿠랏 1세(재위 1646~1677)는 내부의 적이 무역을 통해 힘을 키우는 것을 보기보다는, 1655년 자바의 모든 선박을 파괴하라고 명령하는 쪽이었다. 물론 자바인 무역상들은 반자르마신, 반튼, 팔렘방, 파타니, 마카사르 등 '말레이' 공동체에 동화될 수 있는 다른 중심지로 활동 무대를 옮겼다. 그러나 그들의 고향 자바 동부와 중부에서는 1677년이 되면 자바인이 "바다에 무지할 뿐 아니라, 이제는 배조차 아예 없다"는 기록이 남게 되었다.[29]

그해 1677년은 마타람 왕조에 치명적인 위기의 해였다. 플레레드의 수도는 트루나자야가 이끄는 반란군의 손에 넘어가고 아망쿠랏 1세는 망명지 트갈Tegal에서 죽음을 맞았다. 아들 아망쿠랏 2세(재위 1677~1703)는 왕좌를 되찾을 군사적 지원을 얻기 위해 네덜란드동인도회사가 요구하는 모든 사항에 동의했다. 직물과 아편 수입을 네덜란드동인도회사가 완전히 독점함에 따라 회사 표식이 없는 직물은 들여오지 못하며, 쌀과 설탕 수출의 완전한 독점으로 매년 쌀 4000코양(9500톤)을 시장가로 공급해주어야 했다. 자바는 유럽인이건 아시아인이건 다른 무역상은 전혀 받을 수 없을 뿐 아니라, 세입으로 전쟁 부채를 다 갚을 때까지 스마랑과 다른 북해안 항구들을 네덜란드동인도회사에 완전 양도한다는 내용도 포함되었다.[30]

물론 이 조항들은 네덜란드동인도회사가 거듭 닦달하고 강요하지 않고서는 제대로 시행되지 않았다. 네덜란드동인도회사가 점진적으로 북해안 지역 통치권을 확보하면서 수십 년에 걸친 전쟁과 억압으로 침체됐던 교역 활동이 되살아났다. 그러나 그 후로 바람 아래의 땅에서 자바는 항해에 무관심하고 무역계급은 허약한 위계적 사회로 널리 알려져 다른 사회와 뚜렷하게 구별되었다.

17세기의 '위기'

일반적으로 17세기 동남아시아 무역의 퇴조를 네덜란드동인도회사의 군사적·경제적 승리로 설명하며, 간혹 교역에 관심이 적고 농업을 근간으로 하는 내륙 국가들이 부상했기 때문이라고 부연하기도 한다. 이 설명은 동남아시아의 상황, 특히 네덜란드 세력이 집중되고 토착 체제가 독점 압력에 취약했던 도서부의 역사적 상황에는 잘 들어맞는 듯 보이기도 한다. 그러나 세계의 다른 곳에서 나타나는 유사점 또한 간과해서는 안 될 것이다. 1630년대 일본은 해금령을 내리고 나가사키항에 오는 중국과 네덜란드 선박 외에는 해외 교역을 금지했다. 중국은 기근, 인구 감소, 1630~1640년대의 내부 분열을 겪으면서 1644년 명나라가 망하고 청나라가 세워졌다. 잉글랜드, 프랑스, 독일, 스페인, 오스만제국 모두 1620~1650년 사이 파괴적인 내전으로 몸살을 앓았으며, 그중 독일, 스페인, 오스만제국은 내전과 함께 이전의 부와 세계에서 차지하던 지위를 상실했다. 잉글랜드 인구는 확장하던 16세기 내 연간 0.5퍼센트에서 1퍼센트 정도 증가하다가 1600년부터 그 속도가 느려지더니 1656년에서 1686년 사이 극적으로 감소했다.[31] 인구에 관한 기록이 충분하지는 않지만 프랑스, 네덜란드, 덴마크, 독일, 중국에서 17세기 하반기에 인구가 상당히 감소한 것은 확실하고, 이탈리아와 스페인에서는 어째서인지 더 일찍 감소세가 시작되었다. 이러한 세계 각지의 인구 감소는 "장기 16세기"의 기나긴 가격 폭등 이래 곡물과 다른 생필품 가격의 하락을 가져왔다.

세계 각지에서 벌어진 16세기의 확장 이후 이어진 17세기의 위기라는 이 특기할 만한 우연은 이에 관해 종합적인 설명을 제공하고자 시도하는 학문 산업의 성장을 이끌었다. 초기 이론은 정치적 현상에 집중했다. 롤랑 무니에에게는 귀족과 부르주아지의 갈등이자, 떠오르는 민족주의 세력에 밀려난 제국과 교회의 초민족transnational 사상의 약화였다. 휴 트레버-로퍼에게는 거대한 군대, 관료제, 세수를 거느린 "르네상스 국가"의 고위층 집중 절대주의였다.[32] 마르크스주의의 영향을 받은 학자들 중에서는 에릭 홉스봄이 가장 명쾌하고[33] 페리 앤더슨과 배링턴 무어가 포괄적인데,[34] 그들에게는 "자본주의가 봉건적 구질서의 번데기에서 마침내 터져 나온" 때 근대세계가 탄생하는 진통이었다.[35] 로베르 망드루 등은 문화적 요인을 살펴보며 바로크 시대를 위기에 빠진 유럽문명이 처한 "낭만적 고통"의 징후라고 보았다. 나중에 잭 골드스톤은 잉글랜드, 오스만제국, 중국 세 나라에 관해 곡물 자원은 한정적인데 인구가 급속하게 증가하자 발생한 압력이 16세기에는 가격 인상을, 17세기에는 그에 상응하는 가격 하락을 낳았다고 주장했다.*

이러한 지적의 상당수가 동남아시아의 사료와 관련해서도 시사하는 바가 있다. 특히 절대주의 국가가 차지한 크게 늘어난 자원에 내재적 불

* 이에 관한 논쟁의 상당 부분은 Aston 1965와 Parker and Smith 1978에 재수록되거나 잘 요약되어 있다. 아시아에 관해서는 『모던 아시안 스터디즈Modern Asian Studies』 특별호 14: 4(1990)가 중국, 일본, 동남아시아, 남아시아의 증거를 논한다.

안이 존재한다는 트레버-로퍼의 논지는 시암, 아체, 반튼에 관해 흥미로운 비교적 통찰을 제공한다. 그러나 우리에게 우연이 아니라 확신을 심어줄 만큼 충분히 일반적이고 측정 가능한 이론은 두 가지뿐인 것으로 보인다. 첫 가설은 세계무역의 퇴조와 1620~1650년의 금융 지표 악화에 집중하는데, 부분적으로 이는 윤활제 역할을 하던 금은의 공급 축소로 인한 것이다. 두 번째는 계속 늘어나는 전 지구적 기후변화에 관한 데이터인데, 이를 통해 17세기에 소빙기로 인하여 기온이 하락했던 것이 분명해졌다.

• **무역 퇴조**

정확한 원인이 무엇인가에 대한 논쟁은 계속되고 있지만, 17세기 전반에 세계무역이 눈에 띄게 위축된 것은 주지의 사실이다. 유럽 무역의 핵심적 지표에 그 점은 잘 기록되어 있다. 세비야의 화물 운송은 1622년 이래 지속적으로, 네덜란드의 발틱해 해운은 1620년부터, 단치히의 무역은 1623년부터, 베네치아의 무역과 직물 생산은 1610년경부터, 레이던의 직물과 암스테르담의 비누 생산은 1620년부터, 잉글랜드산 모직물 수출은 1614년부터 줄었고, 잉글랜드의 실질임금은 1590년경부터 내렸다. 한 세기 동안 상승하던 유럽의 물가는 1640년 즈음부터 전반적으로 하락했다.[36]

무역 퇴조의 이유 중 하나는 1621년 스페인과 네덜란드 사이에 전쟁이 재개되면서 네덜란드의 이베리아반도 및 지중해 무역이 심각한 타격을 받았고 스페인은 더 심한 침체에 빠졌기 때문이다.[37] 더 근본적인 원인은 흉작인데, 네덜란드와 잉글랜드만 이를 면할 수 있었고 지중해와 독일 경제는 1620년대부터 이 피해에서 금방 회복하지 못했다.[38] 그 효과에 관해 많은 논쟁이 있었으나 이제는 당연하게 받아들여지는 중요한 사건은 1630년 이후 (스페인령 페루의) 포토시의 은 생산량이 급락한 것이었다. 멕시코 은광의 더 안정적인 생산량을 합쳐도 아메리카 대륙의 연간 은 생산량은 1628~1697년 내내 0.3퍼센트로 떨어져, 이 시기 이전의 눈부신 증가 및 이후의 꾸준한 증가와 극명한 대비를 이룬다.[39]

유럽과 신대륙 외부에서는 경기침체의 효과가 훨씬 덜 분명하다. 드뮈니는 "17세기의 세계적 특징인 전반적인 침체 중에서도 중국의 위기가 가장 심각하고 근본적"이라고 단언했으며[40] 그 원인이 경기 과열을 부추기던 은 유입의 급격한 감소라는 데 의심의 여지가 없다.[41] 그 효과가 동남아시아에서도 그만큼 심각했다고 할 수 있겠으나, 이 지역의 유리한 생태적 조건 덕분에 교역관계만큼 인구 감소에 극단적 영향을 미치지는 않았다.

스페인과 일본의 은이 동남아시아를 경유해 중국으로 유입됐으므로, 바람 아래의 항구들에 미친 영향은 막대했다. 1620년대에는 멕시코에서 마닐라로 해마다 정금 23톤 이상이 실려 왔지만, 앞의 표 8에서 볼 수 있듯 1630년대에는 18톤, 1640년대에는 10톤으로 떨어졌다. 이 하락의 요인은 부분적으로 명나라가 해체 직전의 위기를 겪던 시기 마닐라에 오는 중국 선박의 수가 줄었기 때문이기는 하지만, 중국이 안정된 후에도 18세기에 완전히 진입하기 전까지는 1610~1630년 전성기 화물량을 회복하지 못했다.

포르투갈의 대아시아 정금 무역과 송금은 1600년 이후 더 급속하게 줄었고, 믈라카를 중심으로 한 이 무역의 동남아시아 지점은 1630년이 되면 적자였다.[42] 17세기 아시아 위기의 "승자"인 네덜란드동인도회사조차 1630년부터 1660년까지는 1620년대보다 적은 금은괴를 동양으로 실어갔다. 예외적인 해라 할 수 있는 1652년 네덜란드동인도회사는 실제 필요한 금은 수요의 80퍼센트 이상을 아시아에서 확보했다.[43] 1668년까지 네덜란드동인도회사와 아시아 전체에 은 최대 공급처는 일본이었다. 사도섬 은광의 생산량은 포토시에 맞먹었으며 포토시와 거의 같은 시기인 1590~1630년에 생산량이 비약적으로 늘어났다. 일본의 은 수출은 1620년대 매년 150톤에 달했고 1640년대에야 그 절반 이하로 떨어졌으며(앞의 표 8을 보라) 1668년에는 은 수출이 금지되었다. 6장에서 설명했듯이 일본산 은이 중국산 비단과 동남아시아산 사슴 가죽 및 향료와 교환되던 바람 아래의 항구들은 이런 급격한 은 생산 증가의 영향을 직접적으로 받았다. 1635년 일본의 무역금지령과 나가사키로 가는 중국 정크선을 통한 중국-일본의 직접 거래 재개(엄격한 조건 아래였지만)는 동남아시아 도시 전체에 심각한 영향을 끼쳤다. 네덜란드동인도회사는 1639년 이후 데지마 상관을 통해 일본산 광물을 독점 입수하게 됐는데, 이야말로 아시아에서 네덜란드를 주축으로 하는 세계-경제가 성공할 수 있었던 핵심 요인이었다.

1570~1630년의 경기 활황에 기여한 중국의 대동남아시아 무역 또한 중국이 세기 중반 혼란에 빠지면서 침체했다. 1597년 정크선 117척이 난양 항해 허가를 받았고 그 후 10년 동안 더 많은 배가 허가를 받았지만(6장을 보라), 1639년 허가제가 부활하자 허가 건수는 39건뿐이었다. 그중 3분의 2는 유럽이 장악한 항구인 마닐라(16척)와 바타비아(8척)행이고, 2척 이상이 향한 아시아 항구는 코친차이나(8척)뿐이었다.[44] 그러나 1639년은 17세기 중반 치고는 괜찮은 해였다. 그해 마닐라에는 중국 본토와 타이완에서 배 34척이 당도했는데,[45] 정식 허가를 받은 정크선 무역은 그 절반 정도였을 것으로 보인다. 그 후로는 몰락이 계속됐다.

1644~1681년에는 중국 항구에서 한 해 평균 7척이 마닐라에, 5척 이하가 바타비아에 도착했다. 바타비아는 도서부 남부에서 중국 선박이 향하는 중요한 목적지가 되었다.[46]

이 시기에는 세계경제 전체가 불안정했으나, 돌아오는 파이가 줄어들면서 동남아시아는 특히 심한 타격을 받았다. 이 지역은 1570~1630년 무역 활황으로 다른 곳보다 큰 혜택을 누렸다. 동남아시아산 상품을 둘러싼 국제 경쟁은 1620년대에 정점에 이르렀다. 이 시기에 동남아시아산 후추와 향료는 네덜란드, 잉글랜드, 포르투갈, 프랑스가 본국으로 보내는 화물 가치의 절반 이상을 차지했으며, 중국과 일본 사이의 무역도 대부분 동남아시아 항구에서 이루어졌다. 그러나 1635년 일본 선박이 들어오기를 중단하고, 중국은 1640년대의 위기로 수요가 급격하게 줄었다. 유럽인은 초반에는 도서부 동남아시아산 향료와 후추에 집중하다가 특히 인도산 직물과 인디고 같은 다른 아시아 상품으로 옮겨갔다. 말루쿠산 향료와 동남아시아산 후추는 1648~1650년 네덜란드가 본국으로 보내는 화물 중 68퍼센트였다가 1698~1700년에는 23퍼센트로, 잉글랜드 화물의 경우 1640년 이전에는 대부분이다가 1682년 반튼에 가지 못하게 된 후로는 2퍼센트로 줄었다.[47]

동남아시아 항구 중 네덜란드령 바타비아만 17세기 후반기에 그 위상이 높아졌다. 스페인령 마닐라는 다른 대부분의 아시아 중계무역항보다 압력을 덜 받았지만, 쇼뉘의 연구가 잘 보여주듯 마닐라의 무역 퇴조도 뚜렷하다(표 14).[48]

아시아인이 통치하던 다른 항구와 마찬가지로 마닐라의 퇴조는 1640년대 최악의 시기 후에도, 특히 정성공*의 반청 반란이 진압되고 1684년 무역이 재개된 후에도 나아지지 않았다. 뒤에서 살펴보겠지만

표 14 마닐라의 수입량, 레알로 환산한 매 5년의 평균액

	입항한 화물	부과된 관세
1601~1605	179,168	43,037
1606~1610	239,832	42,982
1611~1615	474,866	70,356
1616~1620	615,599	51,437
1621~1625	파악 불가능	
1626~1630	492,866	25,720
1631~1635	567,135	42,194
1636~1640	577,813	31,037
1641~1645	566,208	22,075
1646~1650	379,535	14,316
1651~1655	192,094	7,504
1656~1660	214,904	6,676
1661~1665	277,736	4,858
1666~1670	186,177	3,884

17세기 후반에 중국 정크선 무역상들은 다른 아시아인보다 좋은 성과를 냈다. 그러나 이에 관해 신뢰할 만한 수치는 일본 정부가 엄격한 조건

* 정성공鄭成功(1624~1662). 명청 교체기의 복명운동가이자 정씨 왕조의 창시자. 명대 무역상이자 해적이었던 정지룡과 일본인 다가와 마츠 사이에서 나가사키 히라도에서 태어났다. 일본에서 자라다가 7세에 중국으로 건너가 교육받았다. 1644년 명나라가 멸망하자 푸젠성 금문도 일대를 근거지로 연해지역을 공격하며 반청 운동을 벌이는 동시에 일본과 동남아시아 교역을 지속했다. 1648년 난징 공격이 연이어 실패하자 타이완에서 네덜란드 세력을 몰아내고 정씨 왕조를 세웠다. 콕싱아Koxinga로도 불렸는데 명 왕실로부터 주씨 성을 받아 쓰던 국성야國姓爺라는 별칭에서 유래한 것이다. (옮긴이)

표 15 동남아시아에서 나가사키에 온 무역 정크선

	통킹	코친차이나	캄보디아	시암	파타니	반튼	아시아 전체	네덜란드 항구
1651~1660	15	40	37	28	20	1	141	2
1661~1670	6	43	24	26	9		108	14
1671~1680	8	41	10	26	2	1	88	38
1681~1690	12	25	9	31	9		86	23
1691~1700	6	29	23	19	7	1	85	18
1701~1710	3	12	1	11	2		29	2

* 출처: 리 타나가 번역한 사료를 이와오 세이치가 수량화한 것(Li 1992: 70).

아래 허가한 나가사키행 무역 정크선의 수뿐이다. 1660년 이후 캄보디아와 파타니 배, 1680년 이후로는 코친차이나 배, 1689년 이후로는 아유타야 배의 수가 줄어들었다(표 15).

네덜란드동인도회사가 1621년 육두구와 메이스를 실질적으로 독점하고 1640~1653년 정향 독점을 점차 확대해간 일은 그 수량이 후추보다 훨씬 적었음에도 동남아시아 무역에는 가장 심각한 타격이었다. 두 품목은 수 세기 동안 "장거리 무역"의 주종목이어서, 말루쿠의 생산자로부터 자바, 마카사르 또는 믈라카해협의 시장으로, 다시 인도, 중동, 유럽이나 중국으로 이동하면서 수많은 손을 거쳤다. 서유럽인들이 서로 그리고 기존의 중국, 포르투갈, 무슬림 상인과 공급을 놓고 경쟁하면서, 향료의 가격과 수량 모두 17세기 초 25년 동안 최고치에 달했다. 이때까지는 정향과 육두구가 인도네시아 동부에서만 자랐기 때문에 동쪽으로 부가 흘러들었고 무역로를 따라 있는 10여 개 항구에 활력을 불어넣어주었다.

네덜란드의 독점이 확립되자 생산자에게 지불하는 가격은 최저가에 고정되고, 아시아인 중간상인과 아시아 항구는 모두 이윤 분배에서 배제되었다. 17세기 중반 네덜란드는 말루쿠에서 사들인 향료를 유럽에서는 약 일곱 배에, 인도에서는 네 배 가격에 팔 수 있었으나 그 수익은 아시아인의 손을 전혀 거치지 않았다.[49]

17세기 중반이 동남아시아 무역에 위기의 시기였다는 데는 의심의 여지가 없다. 낮은 가격, 중국과 유럽에서의 수요 감소로 어려운 시기에 승자가 하나 이상 나오기는 어려웠다. 그리고 네덜란드동인도회사가 바로 그 승자였다. 전 세계 경제의 다른 부분이 위기를 겪던 바로 그 순간에 네덜란드동인도회사의 수익률은 최고에 달했다. 암스테르담 주식거래소에서 네덜란드동인도회사 주가는 1640~1671년 내내 높았으며 특히 1648년과 1671년에는 최고 기록을 경신했다.[50] 그러나 아주 높은 군사비와 행정 간접비 덕분에 독점 조건을 만드는 데 선택적으로 힘을 집중해야만 그런 수익을 얻을 수 있었다. 이 시기에 동남아시아 무역의 다른 행위자들, 즉 스페인인, 포르투갈인, 구자라트인, 벵골인, 중국인, 일본인, 잉글랜드인, 무엇보다 동남아시아의 모든 무역 집단은 뒷전으로 밀려났다. 더 나중에는 네덜란드동인도회사도 경기침체로 고난을 겪었다. 1660년에서 1700년 사이 바타비아에서 본국으로 가는 화물이 줄어들면서[51] 벌어진 일인데, 이 점은 적어도 부분적으로 네덜란드동인도회사가 의존하던 동남아시아 무역이 쇠퇴한 데서 기인한 것일 수 있다.

• 기후

'총체적 위기'에 대한 가장 진정으로 전 지구적인 설명은 가장 덜 이해받아오기도 했다. 바로 17세기 내내 점차적인 기온 하락으로(아마도 태양 흑점 수가 적어지는 마운더Maunder 극소기로 인한) 현대의 지구온난화 경향이 시작되기 전인 1690년경 북반구의 많은 곳에서 온도가 최저점으로 떨어지는 현상이 벌어진 것이다. 최근에야 냉각 과정의 전 지구적 속성과 그런 소빙하기가 북반구의 수확과 곡물 생산에 미치는 부정적 효과를 입증할 만한 증거가 축적되었다.[52] 마찬가지로 중요한 것은 그런 전 지구적 냉각기에 기후 조건이 아주 다양하게 나타난다는 점이다.[53] 단기간의 온도 변화 효과에 관한 유사 연구가 엘니뇨 현상과 자바의 가뭄 간 상관관계를 증명하기도 했다.[54] 동남아시아 같은 열대지역에서 단기 및 장기 주기의 상호작용에 관해서는 알려진 바가 거의 없으나, 세계적 기후 요인이 질병 사망률과 가뭄으로 인한 기근에 영향을 미치는 것은 확실하다.

소빙하기가 습한 열대지역에 미치는 영향이 무엇인지는 불확실하지만, 단기 기후변화가 상당히 변덕스러워지는 현상이 포함될 것이다. 17세기가 동남아시아에게도 기후적으로 험난한 시기였는지 입증하는 데 도움이 될 체계적이고 연속적인 동남아시아 기후 자료는 충분치 않다. 최상의 데이터는 베를라허가 동부와 중부 자바 티크 숲의 나이테를 연구한 일련의 작업으로 1514년부터 1929년까지 매년의 상대적인 강우량을 알려준다.[55] 이 데이터는 기록된 415년 중 1598년부터 1679년까지 강우량이 최악으로 낮았음을 보여준다. 그 82년에 걸친 건기 동안 단 13년만 400년간의 평균 강우량을 기록했다. 1643년부터 1671년까지는 강우량이 단 한 해도 평균치에 달하지 못해 가장 심각하게 가문 시기였다.

단기간 변동에서 장기간 변동을 구분하고 베를라허의 름방 지역 자료에서 이웃한 지역에 관한 결론을 도출하는 데는 어려움이 산재해 있다.

다른 사료가 자바의 가뭄에 관한 베를라허의 작업과 더 넓은 인도네시아 지역의 위기 간 상관관계를 보여주기도 한다. 이 시기에 우기와 건기의 섬세한 균형에 생존이 달려 있던 인도네시아 동부에서는 위험한 수준까지 건기가 길어져 흉작, 기근, 전염병, 우물이 마르고 오염되는 사태가 벌어졌다고 짐작해야 할 것이다.

베를라허의 기록에서 처음으로 심각하게 가문 시기는 1605년부터 1616년까지 10년가량이다. 이 시기에는 해마다 평균 강우량에 미치지 못했고 1606년은 1580년 이래 (1603년 다음으로) 두 번째로 가문 해였다. 이 시기의 상황에 관해 기술한 자료가 풍부하지는 않지만 네덜란드와 말레이 사료 모두 1606~1608년 아체에 이례적인 기근이 벌어져(부분적으로는 전쟁 때문) 많은 사람이 죽었다고 밝혔다.[56] 이 어려웠던 시기가 1614년 크다의 인구를 3분의 2로 감소시킨 역병, 레알*이 전쟁 탓으로 돌린 말루쿠 북부의 "인구 대감소"[57]를 설명하는 데 도움이 될 수도 있다.

1624년 마카사르에는 흉년이 들었고 1624~1625년 자바에는 끔찍한 전염병이 돌았지만,[58] 자바의 나이테 추적 기록에 따르면 1620년대는 상대적으로 양호했던 듯하다. 베를라허의 기록에서 다음으로 어려운 시기는 1633년부터 1638년까지 비교적 짧은 시기였고 그중에서도 1634~1637년이 특히 혹독했다. 1633년 발리에서 기록된 쌀 부족 사태,** 1635년 말루쿠의 가뭄,[59] 1636년 마카사르에서 40일 만에 6만 명을 희생시켰다는 끔찍한 전염병[60]과 연관이 있을지도 모른다. 시암 또한

* Laurens Reael(1582~1637). 1611년 네덜란드동인도회사 소속으로 동인도에 가서 1616년부터 1618년까지 3대 총독을 역임했다. 당시 네덜란드동인도회사 본부는 말루쿠제도에 있었다. (옮긴이)

** 이 사태와 1624~1661년 사이에 벌어진 다른 재난에 관한 출처는, 별도로 명시하지 않았다면, 『다흐레히스터르』에 기록된 해당 시기 사료를 조사한 미출판 논문을 쓴 페테르 봄하르트의 공로다.

1633년 긴 가뭄과 흉작을 겪었으나 다른 기후 사이클의 일부로 보는 것이 타당할 것이다.

앞서 언급했듯, 베를라허의 작업 전체에서 가장 극적인 부분은 1643년부터 1671년까지의 극도로 가물었던 시기다. 이 자료의 중요성은 1657년 반튼의 가뭄,[61] 1660~1661년 보르네오 남부, 암본, "인도제도의 거의 모든 곳"과 팔렘방의 무시Musi강이 말라붙어 네덜란드 배가 지나갈 수 없었던 "대가뭄"[62]에서 확인된다. 그중에서도 최악은 1664~1665년으로 자바의 나이테를 기록한 400년을 통틀어 가장 건조했다. 그 두 번째 최악의 해에 17세기의 가장 참혹한 재앙이었을 전염병이 발생해 도서부 전역에 영향을 미쳤다. 그 전염병으로 마카사르와 자바 모두 인구가 "아주 크게 감소"하고 발리와 수마트라 서해안도 영향을 받았다.[63]

마지막으로 나이테 자료는 1673~1675년 또 다른 단기 가뭄기도 밝혀내는데, 이 시기는 네덜란드인의 관찰에도 잘 나타난다. 마타람은 1674~1676년 내내 기근과 질병으로 고난을 겪었다. 1674년 잠비, 숨바와, 술라웨시 남부, 1675년 (다시) 술라웨시 남부와 팔렘방에서 쌀농사가 흉작이었고 무시강이 다시 말라붙어 항행할 수 없을 만큼 수위가 낮아졌다. 마타람은 1674~1676년 내내, 말루쿠는 1675년 기근과 전염병에 시달렸다.[64] 네덜란드 상인들은 동족이나 동맹이 죽거나 특정 지역에서 쌀값이 크게 올라 자신들의 교역 활동에 영향을 받을 때만 이러한 위기를 기록하는 경향이 있긴 하지만, 나이테에 드러난 이례적인 가뭄이 사망률을 심각하게 높였음을 입증하기에는 충분하다.

동남아시아의 북쪽에 위치한 대륙부가 자바의 강우 양상을 따랐다고 볼 수는 없다. 그러나 아시아의 다른 지역에서는 전 지구적 기온 저하가 통상적이지 않은 변동성의 조건을 만들어낸 것으로 보인다. 1626년부터 1640년 사이 전 기간 동안 중국은 "큰 홍수가 나고 나면 극도의 가뭄이 오는" 이례적인 고난을 겪었다. 일부 추산은 그 결과 1585년에서 1645년 사이 중국 인구가 기존의 40퍼센트로 줄어들었다고 한다.[65] 중국 남부 해안지역(광둥과 푸젠)에 관한 상세한 기록은 흥미롭게도 자바나이테가 보여주는 최악의 해인 1664~1665년에 심한 가뭄이 있었다고 일러준다. 그러나 중국 남부에서 가장 오래 지속된 가뭄은 1640년대와 1680년대로,[66] 당연하게도 동남아시아 다른 지역보다는 베트남의 위기와 더 밀접한 상관관계를 보여준다. 통킹에서 가뭄으로 인한 가장 극심한 기근은 1641년에 벌어졌으며, 응우옌조 연대기는 코친차이나에서는 1641년부터 1700년 사이 흉년이 20회나 기록될 정도로 특히 험난했다고 알려준다.*

버마와 시암 서부는 다른 동남아시아 지역보다는 인도 동남부와 비슷한 장기적 기후 패턴을 보였던 듯하다. 전체로서의 인도에 최악의 시기는 "근세 초 인도에서 거의 확실하게 가장 파괴적인 기근"이 벌어진 1630~1631년으로 구자라트에서만 300만 명이 죽었다.[67] 이 기근은 인도 동해안을 지나 동남아시아까지 퍼져 1631~1632년 버마와 여카잉에서 많은 사람이 죽었고,[68] 1633년 시암에서는 계속되는 가뭄으로 벼가 다 말라죽었다. 1660~1661년 또 다른 끔찍한 가뭄이 남인도, 특히 탄조레를 휩쓸어 "기근이 너무 심해 온 마을, 소읍, 촌락에 인구가 격감하고 살아남은 이가 거의 없으며 말라붙은 저수조에는 시체가 쓰러져" 있었다.[69] 이 가뭄도 버마에 영향을 끼쳐 1661년에 쌀값이 크게 올랐다고

* 베트남에 관한 이 자료는, 베트남과 중국 사료를 면밀하게 검토하고 코친차이나의 17세기와 18세기에 관한 논문을 쓴 리 타나의 공으로 확보한 것이다. Li 1992: 15-18도 보라.

한다.

17세기 인도, 중국, 유럽의 기준에서 보자면 기후변화로 인한 기근은 동남아시아에서는 상대적으로 양호했던 듯하다. 1권에서 지적했듯[70] 유럽인들은 이 지역이 기후가 온화하고 벼농사가 실패해도 대체할 식량이 풍부한 축복받은 곳이라고 생각했다. 따라서 앞에서 언급한 (특히 1640~1675년) 위기 상황의 예외적인 사망률은, 같은 시기에 인구가 감소했다는 강력한 증거가 없다면 더 큰 맥락에서 정치적·경제적 좌절을 설명하는 타당한 요인이 아닌 듯하다. 인구 감소의 각 사례를 떼어놓고 살펴보면 일반적으로 전쟁이 가장 큰 요인으로 보인다. 그러나 전체 인구 변동 기록은 서로 다른 동남아시아 지역들과 더 광범위한 세계적 양상 간의 일련의 연관성을 보여주므로, 경제적 요인만큼이나 기후적 요인을 찾아볼 필요가 생긴다.

17세기의 인구 자료는 드물고 가장 양질의 자료는 유럽이 통치한 지역에서 확보 가능한데, 바로 그 이유로 일반적이지 않을 수 있다. 스페인은 필리핀의 루손과 비사야에서 노역과 세금을 부과한 트리부토 수를 기록했고 그 합계는 다음과 같다(트리부토당 4~5명의 식구가 딸렸을 것이다).*

1586년 146,700

1591년 166,903

1608년 125,196

* 이 수치는 노먼 오언 덕분에 얻은 것이다. 그는 현명하게도 펠란(Phelan 1959: 100)의 잘 알려진 수치의 원출처인 블레어와 로버트슨의 『필리핀제도 1493-1803』(Blair and Robertson 1903-09)를 추적 검토했다. 펠란은 시기별로 다른 수를 곱해 트리부토 수를 인구수로 도출한 듯한데, 아마도 너무 큰 인구 감소를 믿을 수 없어서였을 것이다. 술라웨시에서 동북쪽에 위치한 작은 그리스도교 섬 시아우에 관한 예수회 보고서도 같은 인구 양상을 보여준다(1588, 2400; 1612, 3000; 1631, 7000; 1645, 3000; 1676, 5500(Jacobs 1987)).

표 16 중부 말루쿠 인구

	암본	레아세	합계
1634	22,670	18,565	41,235
1671	19,338	15,973	35,311
1674(최저점)	17,609	16,596	34,205
1680	18,486	17,288	35,774
1685	19,262	18,847	38,109
1690	21,075	21,142	42,217
1695	22,167	20,940	43,107
1708	21,140	21,343	42,483

* 출처: Knaap 1987: 99~109.

1621년 130,938

1655년 108,277

1686년 121,000

1742년 184,814

이 인구 감소 중 일부는 스페인의 강제 징수를 피해 고산지대로 도망한 필리핀인으로 설명될 수 있겠지만, 1591~1655년의 35퍼센트 감소는 도주로만 설명하기에는 너무 크다. 이 감소치는 이후의 급속한 필리핀 인구 증가와 뚜렷한 대조를 이룬다. 1655년 이후 연간 0.35퍼센트, 1686년 이후로는 0.76퍼센트씩 인구가 늘었던 듯하다. 스페인의 정복과 뒤이은 네덜란드와의 전쟁(1609~1648년)을 치르기 위한 중과세, 세기 중반 중국과의 무역 중단이 17세기 중반의 두드러진 인구 감소에 일조했을 것이다.

중부 말루쿠의 암본과 레아세제도에 관한 또 다른 인구 자료(표 16)가 남아 있는데, 그 지역에 정향 재배를 집중시킨 네덜란드동인도회사가 비교적 꼼꼼하게 기록한 것이다. 크나프는 17세기 중반 인구 감소의 이유를, 정향 재배지 섬을 손에 넣기 위해 네덜란드가 벌인 끔찍한 전쟁(1641~1656)과 아마도 말라리아였을 대규모 전염병 창궐(1656~1658) 탓으로 돌렸다. 두 사건이 요인인 것은 분명하나, 1656년 '네덜란드의 평화pax neerlandica'가 확립된 후에도 어째서 인구 감소가 계속되어 암본제도에서는 1673년, 레아세제도에서는 1672년에 최저점을 기록했는지는 설명하지 못한다. 그 후 연간 1퍼센트가량의 인구 증가율을 보이며 20년 동안 암본 지역의 인구가 회복된다.[71]

17세기 전반에 걸쳐 일정한 간격을 둔 이 두 수치가 유일하게 꽤 신뢰할 만한 연속 데이터이며, 둘 사이의 우연의 일치는 경제적 요인과 기후적 요인에 관한 의심을 부를 수밖에 없다(그림 87). 더 큰 국가들에서도 인구 감소의 뚜렷한 징후가 나타나지만, 언제라고 확실히 말하기에는 그 수치가 충분히 정확하거나 체계적이지 않다.

마타람의 핵심 지역(북해안 파시시르 지역을 제외한 오늘날의 중부와 동부 자바 대부분)은 1631년 세금 기록을 통해 차차cacah(세금을 부과하는 단위로서 가구) 수를 50만, 인구는 300만으로 어림잡았다. 1755년 왕국이 분할되면서 차차 수는 17만2500가구로 줄어든 듯하다. 앞의 수치는 기껏해야 관례를 따른 것이 분명하며 심각하게 여길 수 없는 것이다. 그러나 리클레프스는 관례화된 지역 인구 수치의 수정치를 가지고 1651년에서 1755년 사이 1678년의 보고된 대규모 인구 감소와 함께 지속적인 하락세가 시작되었음을 설득력 있게 보여준다.[72] 1755년 기얀티조약 이후 필

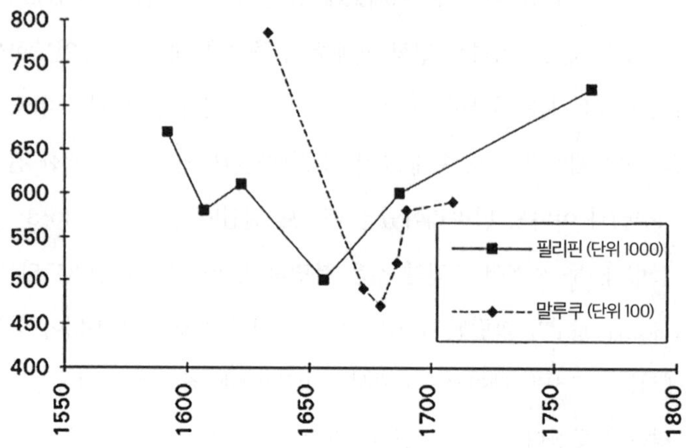

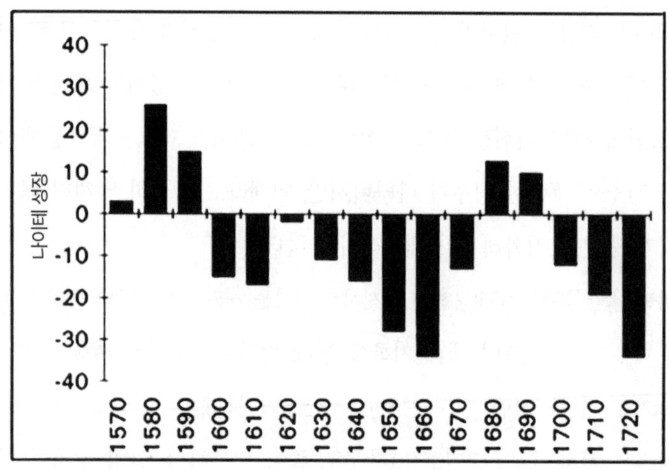

그림 87 인구와 기후 지표로 보는 17세기 위기:
위는 필리핀 인구(단위: 1000명)와 암본 인구(단위: 100명) 그래프.
아래는 자바의 나이테 성장 그래프.
1570년부터 매 10년간의 변화를 표시했다.

리핀에서 (그리고 말루쿠에서 일시적으로) 앞서 시작된 것과 같은 양상으로 인구가 증가했다.

비교적 인구가 밀집한 홍강 삼각주, 즉 외국인에게 통킹으로 알려진 베트남인 밀집 지역에서는 징세 목적으로 기록된 마을 수의 뚜렷한 증가와 감소를 보여준다.[73]

1417년	3,385
1490년	7,950
1539년	10,228
1634~1643년	8,671
1730년대	11,766
1810년	10,635

이 기간 내내 행정구역상 마을이 비슷한 규모로 유지됐는지 확인할 수 없으므로 이 수치는 적절한 지표는 아니다. 그럼에도 태평성대였던 15세기의 빠른 인구 성장(연간 0.5퍼센트)과 1539년 이후 감소는 확연하다. 다른 사료들은 대부분의 인구 감소가 찐 왕조와 막씨 사이의 치열한 내전 시기(1545~1592)에 벌어졌을 가능성을 제기한다. 내전은 실록에 기록된 최악의 재앙이 벌어진 해인 1559년, 1561년, 1570년, 1571년, 1572년, 1586년, 1588년, 1589년, 1592년, 1594년, 1595년, 1596년, 1597년과 차례로 연결된다. 이 해마다 흉작, 기근, 전염병으로 특정 지역 주민의 상당수가 죽고 남은 이들은 남부 등으로 이주할 수밖에 없었다.[74] 이런 끔찍한 시기가 지나면 인구가 다시 증가하기를 기대할 법하지만, 17세기에는 그런 일이 벌어지지 않은 것을 보면(마을 기록이 인구와 상

응한다면) 농촌의 조건이 1539년 이전에 비해 여전히 나아지지 못한 듯하다.

종합적 요인을 살펴보면 훨씬 침체된 세계무역 환경, 네덜란드의 독점 압력, 군사적 패배, 상대적으로 불안정한 기후로 인한 잦은 가뭄이 복합적으로 작용해 17세기 중반 동남아시아에 극심한 위기를 낳았다. 심지어 무역 기회의 감소는 1630~1650년에 더 뚜렷해졌고, 기후는 1650년대와 1660년대에 최악의 상황이었던 듯하다. 위기의 효과는 인구 기록에서 살펴볼 수 있지만, 더 중요한 장기적 영향은 여러 동남아시아 사회가 더 자급자족으로 기울고 국제시장을 불신하는 쪽으로 변화했다는 점일 것이다.

세계경제로부터의 후퇴

교역은 많은 이문이 남지 않는다네
친구여 그대가 후추를 키운다고 해도
나라에 쌀이 없다면…
보라색 두건이나 황금 손잡이의 단검이 무슨 소용인가!
나라에 쌀이 없다면,
통치자와 왕자는 지위를 잃는다네…
금이 아무리 많다 한들, 굶는다면 그 무슨 소용인가!
_『히카얏 포쿳 무하맛』(Hikayat Pocut Muhamat: 166-167)

역설적으로 가장 귀중한 자원을 가진 이들이 제일 먼저 그 자원을 일구어서는 안 된다는 결론으로 몰렸다. 필리핀인이 약탈자 같은 스페인인에게 원치 않은 관심을 사게 되자 금 채굴을 중단했듯이,[75] 향료 재배자들도 17세기에 자신들이 아주 복잡한 축복을 받았다는 것을 알게 되었다. 그중에서도 반다섬 주민들이 가장 큰 고통을 받았다. 1620~1623년 네덜란드가 귀중한 육두구 나무를 관리하기로 결정하면서 종족으로서의 반다인은 실질적으로 절멸되고 만다. 말루쿠 북부의 트르나테, 티도레, 바찬, 마키안 사람들은 16세기까지 전 세계 정향 공급을 독점했으나 17세기 초 정향을 포기하는데, 세기 초 20년 동안 스페인이 지원하는 트르나테와 네덜란드가 지원하는 티도레 사이의 전쟁으로 인한 참화가 가장 큰 이유였다. 정향 재배를 포기해서 파괴에서 벗어날 수 있기를 바랐던 것이다.[76] 네덜란드동인도회사는 시장가격 이하로 정향을 사들였을 뿐 아니라, 경쟁자였던 자바인과 말레이인에게서 말루쿠제도의 상품 공급권을 빼앗은 후 쌀값을 다섯 배나 올렸다. 그 결과 말루쿠 북부에서 환금성 작물 재배를 그만두는 큰 변화가 일어났다. "우리는 그들이 정원뿐 아니라 어디서나 들판에 벼를 기르는 것을 두 눈으로 똑똑히 보았다. 외지인과 교역하던 시절에는 정향으로 쌀과 이 섬들의 주식 사고sago를 적당한 가격에 쉽게 구할 수 있었으므로 벼를 기르지 않았다. 하지만 지금은 가격이 너무 비싸 쌀처럼 직접 기르거나 술라, 탈리아부 또는 바찬제도에서 가져오는 사고처럼 다른 곳에 가서 구한다."[77] 말루쿠 북부의 정향 생산이 줄자 암본이 그 덕을 보았지만 곧 전쟁과 독점 압력에 시달렸다. 앞서 살펴보았듯 인구가 감소하고 정향 수확량도 줄었다.[78]

다른 이들은 그 명백한 교훈을 얻었다. 1686년 마긴다나오를 방문한 네덜란드 상인은 이런 말을 들었다. "말루쿠처럼 여기서도 육두구와 정

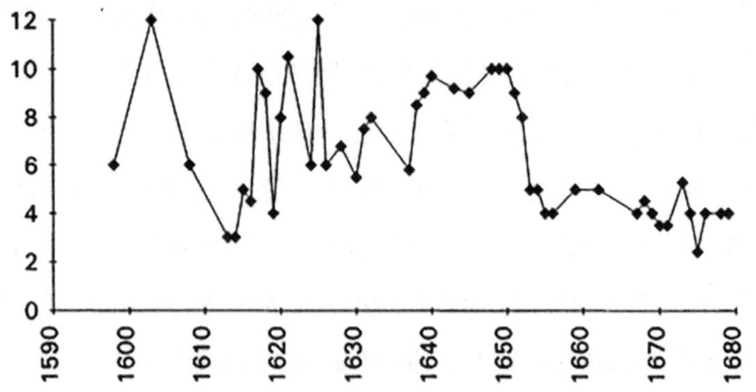

그림 88 동남아시아에서 거래된 후추 가격. 1피쿨당 레알. 출처: 1599~1620년, Meilink-Roelofsz 1962: 248-249, 260, 281, 393-394; van den Broecke 1634 I: 178; *LREIC* Ⅲ: 227, 1620년 이후는 Coolhaas 1960, 1964, 1968, 1971, Mundy 1667: 338, *SP*.

향을 키울 수 있다. 말루쿠에는 이제 육두구도 정향도 없는데, 전 라자가 죽기 전 나무를 모두 없애버렸기 때문이다. 라자는 네덜란드 회사가 향료를 찾으러 와 전쟁을 벌일까봐 걱정했다."[79]

후추 재배 또한 1616~1650년처럼 가격이 높던 시절이 확실히 끝나자 매력을 상실했다. 1650~1653년 동남아시아 시장에서 거래되던 후추 가격은 절반으로 폭락했다. 1670년대에는 더 심각하게 공급이 수요를 넘어, 네덜란드에서는 일시적으로 후추 가격이 5분의 4로 하락했고 동남아시아에서는 1640년대 가격의 4분의 1밖에 되지 않았다(그림 88).[80]

일부 통치자는 후추 재배를 금지하기도 했다. 위험한 시절에는 자급할 능력을 더 키워야 한다고 여겼기 때문이다. 17세기 초(아마도 1606~1608년 기근 동안) 아체의 술탄은 수도 인근의 후추 덩굴을 없애라고 명령했는데, 백성들이 "무엇으로도 자급하지 못하며, 땅을 일구기를 무시해 해마다 큰 식량 부족이 있기" 때문이었다.[81] 잉글랜드인들은 반튼이 1620년경 후추 덩굴을 잘라낸 것이 네덜란드인과 잉글랜드인이 나라를 평화롭게 내버려두리라는 희망에서 벌인 일이라고 믿었는데,[82] 자급 또한 부가적인 요인이었을 것이 분명하다.

몇몇 국가는 해운 봉쇄로 인해 환금성 작물 재배를 그만두고 주식 재배로 옮겨갈 수밖에 없었다. 봉쇄는 네덜란드동인도회사가 식량을 수입에 의존하던 도시를 상대로 가장 선호하던 무기였다. 반튼은 봉쇄의 영향을 가장 자주 받던 항구였으며 그 결과 1630년대에 벼 재배로 광범위한 전환이 벌어졌다. 모두가 생계활동을 바꿀 수는 없었던지라 잉글랜드인은 "이곳의 유일한 무역 상품이었던 후추 재배가 오랫동안 중단되자 많은 이들이 훔치는 것 말고는 먹고 살 방도가 없을 정도로 주민들이 빈곤해졌다"라고 불평했다.[83] 1699년 마긴다나오의 술탄은 네덜란드인에게 "[후추] 재배를 금지한 것은 [네덜란드] 회사건 다른 강력한 통치자건 전쟁에 얽히지 않기 위해서"라고 말했다.[84] 다른 통치자들은 줄어드는 후추 재배 이윤을 강하게 쥐어짜서 공급마저 막아버렸다. 팔렘방의 술탄은 1670년대에 가격 하락을 막기 위해 후추 공급을 독점하고자 안간힘을 쓴 결과 재배자들로부터의 공급량이 심각하게 줄었다.[85] 잠비와 반튼의 비슷한 정책에 관해서는 앞에서 이미 밝힌 바 있다.

세기말이면 말레이 문헌에 후추 재배에 대한 환멸이 아주 잘 드러나는데, 특히 불확실한 후추 재배로 위협받는 왕실 지배층의 불안을 잘 보여준다. 반자르마신의 왕실 연대기는 이렇게 호소한다.

> 백성들이 이 나라의 어디에도 잠비와 팔렘방처럼 후추를 기르지 못하게 하라. 그 나라들은 돈을 벌고 부자가 되기 위해 후추를 재배하는 것이다. 종국에는 그들이 몰락할 것이 분명하다. 큰 음모가 있을 것이며 식량은 비싸

질 것이다. (…) 규제는 사라지고 무질서해질 것이다. 농촌 사람들이 수도 사람들을 더 이상 존경하지 않으며, 고산족들이 왕의 관리들을 두려워하지 않게 될 것이기 때문이다. (…)

〔후추를 가정에서 쓰는 양보다〕 더 많이 파종하여 돈을 벌려 한다면 나라에 고난을 가져올 것이다. (…) 백성들이 왕에게 맞설 만큼 대담해져서 위에서 내려오는 지시가 시행되지 않을 것이다.[86]

이 절 서두의 인용문처럼 18세기 아체에서도 비슷한 감정이 표출됐다. 왕실 지배층이 더 자급적인 사회로 돌아가려고 한 것은 시장의 위험성과 불안정성 때문만은 아니었다. 환금성 작물 재배로 부를 축적한 경작자와 무역상이 자신의 지위를 위협하지 않는 더 안정적인 사회질서를 추구하기도 했기 때문이다.

후추는 교역의 시대에 단연코 가장 가치 있는 동남아시아산 수출 상품이었다. 아직 가격이 높던 1640년대에 후추 한 품목이 은 25톤을 벌어들였을 것이며 그 대부분은 수입품을 사는 데 쓰였다. 가격 하락에도 불구하고 1670년대까지 생산은 계속 늘어나 해마다 후추 8000톤이 수출됐다. 그 후 양과 가격 모두 급속하게 하락해서 동남아시아 재배자들이 주식 재배로 대거 돌아가기 시작했다. 말루쿠의 향료 무역 수익의 감소는 더 일찍 감지되었으며, 중국-일본 무역은 1640년대에 위기를 맞았다. 이러한 수출 수익 감소의 효과는 인도산 수입 직물 구매력의 감소에서 확연하게 드러났다.

동남아시아의 직물 수입은 1620~1650년이 전성기로(6장), 해마다 수량은 150만 점에 그 가치는 (코로만델 현지 가격으로) 은 40톤에 달했다. 그런데 17세기 후반 인도에서 직물 가격이 폭등한 동시에 동남아시아에서는 후추 가격이 폭락했다. 1665년에서 1700년 사이 주산지인 코로만델 해안에서 구입 가격은 45퍼센트 상승했다.[87] 도서부 여러 항구에서는 네덜란드동인도회사의 준독점으로 인해 가격이 더 높았다. 그 결과 1703년 네덜란드동인도회사의 판매량은 1652년에 비해 20퍼센트 감소했다.[88] 인도산 직물을 사러 바타비아에 온 도서부 선박을 상대로 한 네덜란드동인도회사의 판매량은 더 곤두박질쳐서 1665~1669년과 1679~1681년에 43퍼센트 감소했으며 그 후 20년 동안은 심지어 더 큰 폭으로 줄었다.[89] 17세기 중반 구자라트인, 벵골인, 잉글랜드인, 포르투갈인의 공급이 극적으로 줄었기 때문이며, 동남아시아 전역에서 인도산 직물 소비가 급감한 것에 이견이 없다.

도서부 주민들이 수출 교역 중단으로 가난해져서 더 이상 인도산 직물을 사지 못하게 됐다고 네덜란드와 영국 상인들이 불평하는 일이 점점 늘어났다. 네덜란드의 봉쇄와 후추 무역 중단으로부터 20년이 지난 1634년 반튼 주민은 "전에는 옷차림이 그토록 화려하고 씀씀이도 컸는데, 이제는 너무 가난하고 처량한 [인상]"이었고 옷감을 직접 짜야만 했다.[90] 1684년 자바 중부와 동부에서는 "계속되는 전쟁과 격변의 결과 가난하고 궁핍해진 자바인은, 자기가 입는 용도뿐 아니라 타지 판매용으로도 직물을 직접 짜야 하게 되었다".[91] 1670~1680년대 네덜란드동인도회사가 마카사르를 정복하고 그곳의 향료 무역을 끝장내자, 부기스족과 마카사르인은 인도산 직물을 살 수 없어 다시 직조를 시작했다고 한다.[92] 자바인과 마카사르인은 도서부에서 값싼 직물을 팔아 슬라야르산 체크무늬 직물과 자바산 바틱 직물이 점차 인기가 높아지고 빈민층에게 저렴한 대안을 마련해주었다. 1690년대면 잠비와 팔렘방 주민이 자바산 직물을 사거나 직접 직조하기 시작하는데, 1683년경 네덜란드가 공급을

독점하자 더 이상 인도산 직물을 살 수 없게 됐기 때문이었다.[93]

『히카얏 반자르』는 이 변화를 두고 사상적인 측면에서 시장경제를 거부한 것이라고 표현했다. "사람들이 다른 나라의 옷을 따라 입으면 그 나라에 반드시 불행이 생긴다."[94] 그러나 이 문제를 네덜란드인 총독 판아우트호른은 다르게 보았다.

> 옷감을 직접 짜서 쓰는 것은 오래전부터 자바인과 동양인 대부분이 평민의 편의를 위해 해오던 일이다. 그러나 이들 나라가 전에는 지금보다 풍요로웠기 때문에 그 주민 대부분이 코로만델과 수라트산 직물을 (사치품이 아닌 일상용으로) 찾았고 엄청난 돈을 쏟아부었다. (…) 이제는 주변 나라가 대부분 빈곤해져 〔코로만델〕 해안과 수라트산 직물은 부자들만 입게 되었다.[95]

몇 년 후 다른 네덜란드 관리는 자바인이 직접 면화를 키워 직물을 짜지 못하게 막고 네덜란드인에게서 직물을 사게 만들기란 불가능하다고 지적했다. "[코로만델] 해안과 수라트산 최고급 직물 수요가 나날이 주는 반면 빈민이 곱절로 늘어나면서 직접 직조가 늘어나는 진짜 이유는 다른 게 아니라 가난이다."[96]

활기를 불어넣어주던 무역이 썰물처럼 빠져나가면서 큰 해양 도시들은 인구와 구심성을 잃었다. 베트남의 수도를 제외한 모든 주요 도시가 16세기와 17세기의 어느 시점에 정복되고 약탈당했다(앞의 지도 9를 보라). 탕롱은 가장 중앙집권화한 동남아시아 국가의 수도로서 특별한 경우였으며 국제무역에 가장 관심이 없기도 했다. 그러나 그조차도 15세기의 전성기보다는 쇠퇴한 듯하다. 그 까닭은 보통 순전히 정치적인 맥락에서 설명된다.[97] 다른 주요 사례 중에서 아유타야만이 1569년 버마인에게 초토화되었다가 예전의 인구 규모를 회복했다. 나머지 도시에 닥친 재앙은 해양 무역을 바탕으로 한 도시들을 뒤흔든 큰 물결에서 벌어진 위기로 볼 수 있으며, 따라서 교역의 시대만큼 인구 규모가 회복되지 못했다.

믈라카 인구는 1511년 포르투갈 정복의 결과 4분의 1로 줄어들었으며 현대에 와서야 과거의 규모를 되찾았다. 브루나이는 1579년 스페인인의 파괴 이후 그들이 머물지 않았음에도 훨씬 작아졌다. 버고는 1598~1599년의 시련 이래 다시는 큰 도시가 되지 못했으며, 이후 세기의 관찰자들은 허물어진 성벽을 보고 그 규모에 놀랐을 뿐이다. 수라바야는 1621~1625년 마타람의 파괴 이전 인구가 5만 명에 달했던 것으로 여겨지지만 19세기 전에는 그 수준으로 돌아가지 못했다. 마카사르와 반튼은 각각 1666~1669년과 1682년 네덜란드에 정복당한 후 그 경제적·정치적 존재 이유를 잃고 기존 인구의 4분의 1도 안 되는 규모로 몰락했다.

이 중계무역항의 경제적 기능 일부는 동남아시아 지역의 가장 수익성 높은 장거리 무역 품목을 차지한 유럽인 거주 도시들이 가져갔다. 이 유럽인 도시는 배후지를 위한 정치적·문화적 중심지로서의 역할을 거의 수행하지 않았기 때문에, 또 기존의 도시가 끌어 모으거나 강제로 이주시켰던 아시아인의 유입을 억제했기 때문에, 과거의 도시보다 훨씬 작았다. 포르투갈령 믈라카의 인구는 3만 명 이상이었던 적이 없으며, 아시아의 해양 무역을 호령하던 17세기 하반기의 바타비아조차 성벽 안 거주민은 겨우 3만 명이었다. 이런 식민지 도시의 성벽 안에서 번성하던 교역 활동과 도시적 가치는 동남아시아 주민 대다수에게 거의 영향을 끼치지 않았다.

7장에서 살펴본 동남아시아의 도시를 중심으로 한 세계는 1700년경에 사라졌다. 인구조사 자료를 확보할 수 있게 된 19세기에 동남아시아는 세계에서 가장 덜 도시화된 지역이었다.

무역 수익 상실에 대한 반응

대륙부 동남아시아 국가들과 아체는 군사적으로 강력했거나 교역 면에서 매력적이지 않았던 덕분에 마카사르나 반튼과 같은 운명을 피할 수 있었다. 이 국가들은 독립 그리고 원하는 상대와 무역할 자유를 계속 누렸다. 그러나 그들도 17세기의 위기를 피해가지는 못했으며 그 결과 외국, 특히 유럽과의 교역에 대한 의존을 줄이게 됐다. 1598~1599년 버고의 파괴와 이어진 펠리프 드 브리투의 딴륀 점령 이후, 따웅우 왕조의 왕들은 1635년 상부 버마의 벼 재배 중심지 잉와로 수도를 옮겼다. 아유타야는 "1688년 혁명"으로 프랑스 무역상들을 쫓아내고 프랑스 선교사들을 투옥하는 한편 유럽인과의 접촉을 제한하면서 선도적인 아시아 무역 중심지의 자리에서 물러났다. 베트남의 두 국가는 17세기 말 유럽의 무역에 더 큰 장애물을 안겨주었다. 라오스는 아체처럼 17세기 초 잠깐 황금기를 누린 후 분열했다. 참파의 독립은 끝났고 캄보디아는 이웃 국가들의 반복되는 군사 개입으로 심하게 위축된 상태였다.

이전의 유럽인 저자들은 이런 전개를 근대세계로부터 고립되는 자멸적인 시도라고 부정적으로 평가하는 경향이었다. 홀에 따르면 "어나욱펫룽(재위 1606~1629) 이후 [버마의] 어떤 왕도 해외 교류의 가치를 알아보지 못했다. (…) 따라서 왕조는 전통주의와 고립주의로 후퇴했다".[98]

1688년 이후 시암에서 "눈먼 정신과 오만한 자급자족"을 본 허치슨도 나을 바 없는 입장이었다.[99] 그러나 여러 이유에서 이러한 전개는 최근 재평가되고 좀더 긍정적으로 해석되고 있다.[100]

첫째, 17세기의 위기에 각국이 어떻게 반응했는지 넓은 맥락에서 살펴보면 유럽에서 네덜란드가 그랬듯 아시아에서 일본이 가장 성공적인 생존자라는 데 거의 이견이 없다.[101] 흥미롭게도 버마가 잉와로 "퇴각"한 해인 1635년은 도쿠가와 막부가 1630년대 외부 세계와의 접촉을 금지하고자 내린 일련의 조치로서 일본인이 해외로 나가는 것을 금지당한 그 해이기도 하다. 최근의 역사 연구는 쇄국령에도 불구하고 무역과 문화적 접촉은 계속되었으며 도쿠가와 막부가 이룩한 내부의 평화와 통합된 시장이 자본축적과 생산력 향상에 바람직한 조건을 만들어냈다고 증명해 보였다.[102] 달리 말하자면 (이베리아인의 선교 자유와 특혜 요구나 네덜란드인과 잉글랜드인의 독점 요구처럼) 무역이 군사력을 앞세운 유럽의 요구와 결부될 때는 일정 정도 해외무역에서 물러나는 편이 오히려 정치적으로 올바른 판단이었다.

둘째, 서구 저자들은 유럽과의 관계에 집중하게 마련이지만 그렇게 해서는 이야기의 절반밖에 담을 수 없다. 주요 유럽인 행위자들이 대륙부 국가들에서 추방당하거나 그들 앞의 장애를 극복하기를 포기한 상황에서도 세기말이면 중국인의 사무역은 곳곳에서 되살아났다. 중국상인들은 남중국해 주변의 나라들, 특히 비단으로 옷을 해 입기를 좋아하나 인도산 면직물에는 큰 관심을 가진 적 없던 베트남의 두 국가에게 아주 중요했다. 그런 국가들의 경제에 17세기의 위기는 얼마나 파괴적이었을까?

교역 활황기가 베트남에 끼친 가장 큰 영향은 1600년부터 1635년까지 코친차이나의 호이안을 무대로 했던 중국과 일본의 무역이다. 이 무역이 1630년대 도쿠가와 막부의 쇄국령으로 중단된 것은 분명 타격이었을 것이다. 네덜란드인들은 베트남의 두 국가에서 모두 받아들여졌는데, 그들이 일본인을 대신해 일본산 은, 구리, 동전을 들여오고 중국산 비단을 나가사키로 가져가는 역할을 했기 때문이다. 네덜란드동인도회사는 코친차이나에는 1633~1641년과 1651~1654년, 통킹에는 1637~1700년 더 오랜 기간 상관을 두었다. 1627년부터 1679년까지 베트남의 두 국가 사이에 벌어진 거의 끊임없는 전쟁으로 해외 수입품에 대한 관심이 생기자 포르투갈은 남쪽의 응우옌 왕조에, 네덜란드는 북쪽의 찐 왕조에 무기를 공급했다. 네덜란드인들은 두 국가의 골치아픈 무역 조건에 관해 비통하게 불평했으며, 잉글랜드인들도 1672년부터 1692년까지 잠시 통킹에서 무역을 시도해보면서 투덜거렸다. 베트남인들은 서양 오랑캐들이 문제가 많고 요구사항이 많다고 여기면서 필요한 물건은 중국 무역상에게서 구하는 쪽을 택한 것이 분명했다. 정크선 무역은 여전히 융성했고 1684년 이후에는 더 늘어났을지도 모르지만, 다른 무역망의 쇠퇴가 국가 세입의 가장 큰 원천을 없애버렸고 베트남 국가들은 상품과 사상을 보급하는 하나의 공급원에 더 의존하게 되었다.

베트남 역사학자들은 대체로 역사 기록을 따라 18세기 전반을 재난과 기근, 결국 떠이썬 운동*의 대폭풍 속에 찐 왕조와 응우옌 왕조를 무너뜨린 크고 작은 농민반란의 연속이었다고 그린다.[103] 이 재앙의 근본적인 원인이 무엇인지는 분명치 않다. 북쪽의 찐 왕조는 주민을 효율

* 1771년 응우옌 씨가 지배하던 꾸이년 근처 떠이썬Tây Sơn 마을의 삼형제가 일으킨 반란이 전국으로 확대되어 찐 왕조와 응우옌 왕조를 무너뜨리고 새 정권을 수립한 사상 최대의 농민운동. (옮긴이)

적으로 동원해 관개수로를 유지할 능력을 상실했던 듯하다. 남쪽의 응우옌 왕조는 무역 세입이 감소하자 토지세를 올리고 고지대의 조공국에 더 많은 공물을 요구했는데 도저히 감당할 수 없는 수준이었다. 남북의 두 국가가 17세기의 상당 기간을 전쟁으로 대립하며 서로를 괴롭혔지만, 전쟁은 평화 아래서는 불가능했을 규율화와 혁신의 계기가 되었을지도 모른다.

버마에서 17세기는 해양 교역에 좋지 않은 시기였던 것이 확실하다. 1657년 잉글랜드뿐 아니라 1679년 네덜란드동인도회사도 제한된 활동과 채산성 없는 무역으로 고전하다 버마 상관을 철수시켰다. 몬족 해외무역의 몰락은 영구적이었다. 1660년대와 1750년대의 반란과 진압으로 몬족 수천 명이 시암으로 도망가면서 버마의 상인계급은 사라졌다. 리버먼은 버마 삼각주 항구들과의 해외무역이 1660년대에 어느 정도 회복됐다고 추정했으나 1800년까지도 16세기의 수준을 회복하지 못했다.[104]

그럼에도 리버먼은 17세기 중반부터 시작된 버마의 "기나긴 침체기"라는 홀의 개념[105]을 반박한다. 삼각주의 해양 지역이 혼란에 빠져 있었지만, 상부 버마의 핵심 지역 인구는 서서히 증가하여 시장이 서는 마을의 수도 늘고 규모도 커졌으며 은을 기반으로 한 내수 시장 경제는 정교해졌다. 마지막으로 베트남처럼 바다를 거치는 것이 아니라 윈난을 지나는 육로를 통하는 대중국 무역이 성장했다. 1830년경 이 무역은 해양 무역의 절반에서 3분의 2 수준을 차지했고 버마인 상당수가 중국산 비단을 입기 시작했다.[106]

리버먼이 옳다면 이 시기의 일본에 관한 주장 일부를 버마가 외부 세계와의 집중적인 해양 교류에서 후퇴한 것에 적용해볼 수 있을 것이다. 그러나 일본과 달리 버마는 인구가 증가하는 속도만큼 생산을 늘리지 못했다. 1600년 이후로 농업에 훨씬 더 집중했는데도 불구하고 1661~1740년 흉작과 기근이 점점 더 자주 발생했는데, 관개수로를 유지하고 돌볼 정부 관리가 충분하지 못했기 때문이다.[107]

아유타야는 1640년대 일본과의 직접 교역이 중단되고 중국발 선편이 급감하면서 세입에 심각한 타격을 입었다. 그러나 후일 나라이 왕(재위 1656~1688) 치세에는 예외적인 번영을 누렸다. 왕이 외국인 집단들 사이에서 필사적으로 균형을 지키는 방식으로 아유타야의 수도는 독자적인 대항구로 남을 수 있었다. 마카사르, 반튼, 아체 등 아시아의 주요 장거리 중계무역항이 네덜란드의 압력에 굴복하자, 아유타야는 네덜란드를 제외한 무역상 전체에게 더 중요해졌다. 1600년 마카사르가 네덜란드-부기스 연합군에게 처음 패하자 그곳의 잉글랜드 상인들은 포르투갈인과 무슬림 상인들에게, 자신들이 벌써 향하고 있던 아유타야로 가라고 충고했다. "캄보디아에서 최근 벌어진 전쟁으로 그 야만적인 구렁텅이에서 모든 교역 활동이 사라졌으므로, 교역은 그곳[시암]에 넘어가고 가장 부유한 포르투갈인과 [마카사르의] 말레이인은 그곳을 근거지로 삼고자 한다."[108]

1664년경 네덜란드동인도회사가 나라이 왕의 수익성 좋은 대일본 사슴 가죽 수출 독점에 압력을 가할 목적으로 아유타야를 봉쇄하자 유럽 회사들의 위험성은 명백해졌다. 나라이 왕은 잉글랜드와 프랑스가 네덜란드의 독점 압력에 대항하는 견제 세력이 되어주기를 바랐다. 1680년대 특히 수완 좋은 그리스인 콘스탄틴 폴콘(본명 콘스탄티누스 게라키스)이 시암 왕실에서 잉글랜드의 대변자로 빠르게 부상하자 잉글랜드동인도회사가 그런 역할을 할 수 있을 듯해 보이기도 했다. 그러나 잉글랜드인들은 믿을 수 없을 정도로 말썽을 부렸다. 폴콘과 시암인이 믿었던 잉글랜드 상인 새뮤얼 화이트와 리처드 버나비는 동인도회사를 나오면서 마드라스*의 회사 대표들에게 원한을 품었다. 폴콘은 나라이 왕의 대인도 무역을 유럽인 전문가에게 맡기려는 계획의 일환으로 1683년 버나비는 시암이 임명한 총독으로, 화이트는 샤반다르(항구 감독)로 베익에 보냈다. 그러나 1687년 마드라스의 세인트조지 요새가 두 사람에 대한 불만이 극에 달해 시암에 전쟁을 선포하고 일시적이나마 베익을 점령하는 일이 벌어졌다.[109]

이 사건으로 폴콘에게는 프랑스의 루이 14세에게 의지하는 것 말고는 별다른 대안이 없어졌다. 루이 14세는 1685년에 송클라를 내주면 네덜란드와 잉글랜드에게서 시암을 보호하고 지원해주겠다고 제안한 바 있었다. 1687년 프랑스 함대가 전함 6척을 거느리고 새 동맹을 지원하기 위해 시암으로 항해해왔다. 시암인들이 몰랐던 것은, 프랑스가 송클라가 아니라 (수도 아유타야로 이어지는 짜오프라야강으로 들어가는 길목인) 방콕에 더해 베익의 요새까지 차지하겠다고 결정한 것이었다. 폴콘은 잉글랜드인에게 몹시 화가 난 데다, 신앙심 깊은 일본인 가톨릭교도와 결혼한 후로 교회, 특히 프랑스 예수회의 궁극적 바람인 시암 왕의 개종을 추진하는 것마저 수긍했다. 그리하여 그는 나라이 왕에게 프랑스가 제시한 무례한 요구들을 받아들이도록 종용했다. 프랑스군 600명이 주둔하는 데다 폴콘이 왕의 정책을 좌지우지하는 상황에서 시암의 반유럽 감정은 전례 없이 높아졌다.

이 반감은 1688년 4월 아들이 없어 후계자가 불확실한 나라이 왕이

* 지금의 첸나이. 1644년 잉글랜드가 인도에 처음으로 요새를 세운 곳. (옮긴이)

중병에 든 사이 쿠데타의 형태로 폭발했다. 왕실 코끼리 조련사 옥프라 펫타라차가 불교 상가와 도시민 일부의 반외국인 정서를 등에 업고 빠르게 움직였다. 4월 그는 롭부리의 왕궁을 점령하고 폴콘과 (잠재적 왕위 계승자인) 왕의 남동생 둘을 죽였다. 7월 나라이 왕이 죽자 펫타라차가 왕위에 올랐다. 프랑스 요새들은 곧바로 포위됐고 프랑스군은 1688년 말 외국인, 특히 가톨릭 전교단에 대한 폭력이 다시 벌어지는 불명예스러운 상황에서 추방됐다.[110]

왕이 바뀌자 외교정책이 역전되었다. 이후 아유타야는 유럽과 긴밀하게 엮이는 일 없이 거리를 두었다. 그렇다고 의식적으로 고립을 자초하지는 않았다. 왕실은 여전히 무역을 통한 세입과 물자가 필요했으며 계속해서 인도 무슬림과 (점차 더 많은) 중국인을 고용해 교역을 맡겼다. 무역은 지속됐으나 전체 규모가 줄었을 뿐 아니라 중국 정크선에 절대적으로 의존하는 동아시아형 무역으로 변모했다.

1688년 이후 시암에서 유일한 대규모 유럽 무역상이 된 네덜란드동인도회사는 무역 전망에 대해 지속적으로 불평하며 1705년과 1741년 일시적으로 사무소를 닫기도 했다.[111] 인도 무슬림 무역은 1680년대 시작된 내리막길에서 벗어나지 못했다. 중국인 무역조차 18세기의 새 전성기를 향해 증가하기 전인 펫타라차 왕 재위기(1688~1703)에는 급감했다.* 이 시기에는 중국행 조공무역도 완전히 중단되었으며 아유타야와 나가사키를 오가는 중국 정크선의 토센唐船 무역도 쇠퇴했다. 나라이 왕

* 사라신 비라폴은 중국 정크선 무역의 급증은 1688년 이후 유럽과 인도 무역 감소분을 벌충한 것이라고 주장했다(Viraphol 1977: 54~55). 그러나 그의 수치에 따르면 중국 정크선 수가 1689년 연간 14~15척이었다가 1701년에는 1척으로 줄어들어 18세기의 회복 이전에는 지속적인 감소를 보여준다. 네덜란드 보고서에 따르면 아유타야에 도착한 정크선은 1658년과 1659년에 10척(Coolhaas 1968: 193, 257), 1695년 20척, 1697년 다시 10척이었다(Pombejra 1993: 263). 나라이 왕 말기에 관한 확실한 수치는 없지만, 당시 중국 무역은 17세기의 전성기를 누렸을 가능성이 높다.

말기 아유타야는 토센 무역에서 동남아시아의 핵심 중계무역항으로 떠올라서 경쟁자인 캄보디아와 파타니를 제치고 화물이 집중되었다. 그러나 1690년대 토센 무역은 아유타야를 버리고 다시 캄보디아로 대거 몰려간다(표 15를 보라). 왕의 무역선은 계속해서 동쪽으로 갈 때는 중국인을, 서쪽으로 갈 때는 인도 무슬림을 이용했으나, 왕과 왕자들은 1689년부터 1697년 사이 중국에 선박을 겨우 4척(추가로 마닐라에 2척과 통킹에 1척) 보냈고 이후로는 아예 보내지 않았다. 펫타라차 왕 말기에 왕의 선박은 바타비아(1702년과 1703년)와 수라트로 가는 외교적 모험에 집중되었다.[112]

1684년 해금령 해제 후 동남아시아로 향하는 중국의 화물 운송량이 전반적으로 증가했는데도 펫타라차 왕 치세에 아유타야의 무역 퇴조를 막을 수 없었던 게 현실이었던 것으로 보인다. 코랏, 파타니, 리고르에서 일어난 전쟁과 반란으로 나라가 바람 잘 날이 없었다. 1700년경 한 프랑스인 선교사는 교역의 폐허에 관해 이렇게 썼다. "무역상들은 비참한 신세가 되었고 외국인은 더 이상 오지 않는다. 올 한 해 여기에 온 배는 별 물건도 없는 중국 정크선 서너 척이 다다."[113] 해외무역의 몰락을 가장 잘 보여주는 뚜렷한 지표는 펫타라차 왕 시절 지속된 극심한 은 부족이었다. 타이사Thaisa 왕 재위기(1709~1733)에 쌀 수출로 중국 정크선 무역이 새로운 전성기를 맞았지만 당시의 아유타야는 중국 무역 네트워크에서 중요한 국제 중계무역항이 아니라 전초기지에 불과했다. 중국 정크선 선장들마저 이 치세의 전반적인 빈곤과 대륙부 동남아시아 항구들의 무역 쇠퇴에 대해 불평했다(1717년 시암과 캄보디아에서 온 배들[114]).

이러한 퇴조가 국내에 어떤 영향을 미쳤는지는 더 알기 어렵지만, 버마 및 북베트남과의 유사성은 두드러진다. 버마와 북베트남은 점차 통제력을 잃고 중앙은 약화되며 분파주의가 난무했던 18세기 전반의 시암과 같은 길을 걸었다.[115] 절대왕권 시기에 구축한 중앙통제의 제도들은 외부 수익의 상실에도 버틸 만큼 튼튼하지 못했는데, 이 또한 일본의 경우와는 두드러지게 대조적이다.

도서부 국가들에게는 국제무역에 대한 의존을 벗어나거나 덜 위험한 중국 정크선에 의존하는 선택지가 불가능했다. 대부분이 무역으로 생겨난 국가였으므로 무역 없이 살아남을 대안이 될 만한 자원이 거의 없었다. 네덜란드동인도회사에 가장 수익성 높은 장거리 무역을 빼앗기고 나자 지역 왕조들 사이에서는 권력이 분산되기 시작했다.

자바에서는 술탄 아궁이 통일한 제국이 아망쿠랏 1세의 전제적 통치 끝에 1677년 해체됐다. 그 후 1755년까지 네덜란드동인도회사가 한몫을 한 전쟁이 계속됐으며 "네덜란드"의 평화를 위한 자바의 영구적인 분할이 결정됐다. 발리에서는 겔겔에 인상적인 수도를 둔, 세기 전반에 외국인들이 상대하던 통일 왕국이 1650년부터 쪼개지기 시작해, 1700년경이면 서로 다른 여덟 개의 왕국이 난립하는 가운데 그중 하나인 데와 아궁의 영적 우월성을 명목상으로만 인정했다.[116] 1580~1600년 말루쿠에서는 트르나테로, 1600~1660년 남술라웨시에서는 마카사르로 빠르게 집중되던 단일 정치체의 움직임은 네덜란드가 각각의 수도를 장악하면서 뒷걸음질쳤다.

그 외에 교역의 시대에 무역 수익 덕분에 상당한 규모의 국가로 성장한 수많은 강-항구로는 아체, 팔렘방, 반자르마신, 브루나이, 조호르, 파타니, 마긴다나오가 있다. 대부분이 17세기를 거치면서 내륙의 배후지를 장악할 능력뿐 아니라 지역 전체의 생산품을 주요 항구로 유인하거나 강제할 능력도 잃었다. 모두들 실질적 정치권력의 부재를 과거의 영광으로 위안하며 나름의 술탄국을 유지할 뿐이었다.

이 과정을 '재봉건화'로 딱지 붙이거나 더 이전의 정치 기반으로의 회귀라고 보는 것은 오류일 것이다. 이들 국가 대부분은 교역의 시대 이전에는 존재하지 않았으며 그 이후에야 존재했다. 영구적인 정체성들도 이때 형성되었다. 1700년경 실질적으로 독자적인 경로를 밟으며 형성 중이던 부족들조차 항구 공국들이 번성한 짧은 시기의 산물일 때가 많다. 통일된 국가에 복무한 대가로 봉토를 받은 왕의 신하들은 세습 족장이 되어서도 강력한 왕의 승인을 여전히 감사히 여겼다. 모두들 문자 그대로 또 은유적으로 같은 언어를 쓰면서, 통일될 이상 세계에 걸맞는 공통의 전통을 물려받은 후예로 스스로를 인식했다.

정치적 독립과 주요 국제 항구로서의 지위를 모두 유지하는 데 가장 성공한 도서부 국가는 아체였다. 아체의 운명은 예시가 될 만한데, 어떤 점에서는 극단적이지만 아체는 단 한 번도 단일 하천계를 기반으로 하지 않았기 때문이다. 아체의 중앙집권체제는 1636년 그 설계자인 이스칸다르 무다가 죽은 후에도 살아남았다. 1650년대 네덜란드의 치명적인 일련의 봉쇄 전까지 아체는 서해안의 후추와 페락의 주석을 수도로 가져와, 벵골만 동쪽에서 최고의 항구 자리를 굳건히 지켰다. 1650년대 말 네덜란드동인도회사는 페락의 주석을 실질적으로 통제하고, 1663년에는 아체의 독주에 늘 분개해온 서해안 미낭카바우족 항구들로 상품을 빼내갔다. 도빈은 이 소수의 미낭카바우 중개항조차 처음에는 네덜란드와 운명을 함께하며 이익을 얻었지만 세기말에는 네덜란드동인도회사 독점으로 몰락하고 미낭카바우 지역은 전보다 더 자급자족적인 경제로 후퇴했음을 보여주었다.[117] 마지막으로 수마트라 동해안의 국가 델리가 1668년 아체의 통제에 맞서 반란을 일으켰다.[118]

아체의 첫 여왕 타즈 알 알람 재위기(1641~1675)는 어려운 시기에 평화와 번영을 누린 것으로 알려졌지만, 두 세기 동안 계속될 권력 분산을 제도화한 때이기도 하다. 상업 오랑카야의 확고하던 기존 권력을 대체하고자 이스칸다르 무다가 봉토를 내린 전사들인 울레발랑이 타즈 알 알람 여왕 치세 동안 지역의 태수로 굳건히 자리 잡았다. 이들은 이제 이스칸다르 무다가 임시로 내린 최초의 토지(사라카타sarakata)를 세습 특권의 보증으로 소중히 여겼다. 후대 여왕들이 사망할 때마다 이 울레발랑들의 여러 분파가 자신이 미는 왕족 후보를 왕위에 앉히려고 해 수도에 대소란을 일으켰다. 도시지역 오랑카야는 새로운 여왕을 선호했으나 1699년 울레발랑들이 결국 남성 지배 복원에 성공했다. 하지만 안정을 유지하지는 못했다. 1720년대까지 왕위 계승을 둘러싼 내전에 온 나라가 휘말렸고 평화가 회복된 1730년대에 "술탄들을 왕위에 앉히고 끌어내리는" 특정 울레발랑의 권위가 확립되었다. 한 세기가 안 되는 시간 동안 "항구 전제군주국"에서 봉건제와 유사한 권력 분산으로의 전환이 이루어졌다. 이 권력 이양은 갑작스레 아체어 문학(1663~1664년 작성된 가장 오래된 현존 문서)이 꽃핌으로써 문화적으로 표현됐다. 아체의 정치적 문학적 전성기가 교역과 이슬람의 언어인 말레이어로만 표현된 것과는 대조적이다.[119]

이런 패턴은 여러 국가에서 반복됐으며 도서부만의 일도 아니었다. 란쌍 왕국(라오스)은 1694년 수리냐웡사 대왕이 사망하자 너무나 갑작스럽게 무너졌다. 왕위 계승을 둘러싼 일련의 쓰라린 분란 끝에 1707년 왕국은 루앙파방, 위앙짠, 나중에는 참파삭의 왕조들로 영구히 나뉘었다. 여카잉의 내부 통일은 1660년대 무역을 잃은 후 오래가지 못했다. 1684~1710년 내내 왕위는 왕실 경비대인 외국인 무슬림 궁수들의 허수아비였으며, 1785년 버마인에게 정복당할 때까지 다시는 내부 결속을 이루지 못했다. 1660년 이전에도 캄보디아 역사는 고난의 연속이었지만, 메콩강의 항구가 그 중요성을 잃고 내부 분열이 심화되자 고난도 더 커졌다. 이어진 시암과 베트남의 간섭으로 캄보디아는 제 목소리를 내지 못했다.

부유한 통치자의 중앙집권화한 강력한 정치체가 안녕의 유일한 기준이라면, 이런 변화를 부정적으로 그리기란 너무나 쉬운 일이다. 모든 것을 감안해보면 동남아시아에서 18세기는 17세기보다 평화로웠고, 전제군주가 사라진 것은 대체로 환영받았다. 교역의 시대가 많은 문화적 혁신과 차용을 가능케 했다면, 외부세계와의 깊은 상호작용이 훨씬 줄어든 뒤이은 시기는 시암, 버마, 베트남, 자바에서 가장 빛나는 예술과 문학을 낳았다. 여기서 중요한 지점은 17세기에 방향의 변화가 있었으며 그 방향은 20세기까지 되돌려지지 않았다는 것이다.

중국인의 교역과 인종적 양극화

> 아시아의 중국인은 유럽의 유대인처럼 이윤을 낼 수 있는 곳이라면 어디에나 퍼져 있다. (…) 중국인은 속담을 빌려 말하곤 하는데, 교역 문제에 관해서는 세상의 모든 민족이 장님이고 네덜란드인만이 외눈박이며 자신들은 눈이 둘 달렸다고 한다.
>
> _Savary 1723 Ⅰ: 1174

아시아의 장거리 무역망에서 유럽인이 거점을 세우는 데 실패한 유일한 지역은 중국이었다. 대부분의 시기에 걸쳐 별다른 역할을 하지 못한 마카오의 포르투갈인 구역을 제외하면 유럽인은 중국과의 무역 접근권을 단호하게 거부당했다. 1684년 마침내 광둥이 서구인에게 개방된 후에도 유럽 배에 불리하게 매겨진 차별적 관세 덕분에 중국 정크선은 한 세기 더 중국 무역을 압도적으로 도맡을 수 있었다. 더군다나 1635년 일본이 네덜란드와 중국 선박을 제외한 모든 교역을 금지하면서, 정크선 무역은 일본산 광물에 접근하는 엄청난 이점을 누렸다. 이러한 이유로 중국 무역은 유럽인의 경쟁에 별 영향을 받지 않았다. 세기 중반 명나라가 멸망하고 새 만주족 왕조가 해안 지역 남부 성들의 통제권을 장악하기 위해 벌인 긴 투쟁으로 인한 침체기가 지나자, 1680년대 중국의 대동남아시아 무역은 다시 증가했다. 거의 같은 시기에 유럽인과 서아시아인은 아유타야, 캄보디아, 베트남의 두 국가와의 무역에서 거의 밀려났다.

1600년대 초 벌써 중국인은 베트남 국가들, 필리핀, 파타니, 반튼에서 가장 큰 외국인 무역상 집단이었다. 아유타야에서 17세기 초에 중국인은 인도 무슬림보다 덜 부유했을지라도 수는 더 많았을 것이며 17세기 말에는 단연코 가장 중요한 집단이었다. 17세기 추산치는 아유타야와 반튼에 거주하던 중국인 성인 남성 수를 약 3000명으로 본다. 마닐라에는 정부 정책에 따라 수가 들쭉날쭉했지만, 중국인 대부분이 살해당한 참혹한 학살이 벌어진 1603년에 중국인 수가 2만3000명에 달했다. 코친차이나의 항구 호이안에는 1640년대에 5000명이었고, 세기말에는 더 많았을 것이다.[120]

17세기로 들어서면서 중국인은 동남아시아 항구 밖에 살다가 점차 대시장의 배후지 안쪽으로 진입했다. 1600년경 반튼에서 중국인은 수확기가 지나면 내륙에서 후추를 사들여 좋은 값을 쳐주면 중국인뿐 아

그림 89 네덜란드인 동판화가가 1596년 반튼의 중국인 상인들에게 받은 인상. 왼쪽부터 거상, 그의 자바인 아내, 내륙의 경작자에게서 후추를 사는 무역상. 1644년 만주족이 강요한 변발을 하지 않고 명나라식 상투를 틀었다.

니라 누구에게나 되팔았다(그림 89).[121] 1620년대에는 같은 일이 잠비와 팔렘방에서도 벌어졌다. 중국인들은 보통 수마트라인 아내의 도움으로 시장에서 사들인 수입산 직물을 내륙으로 가져가 후추와 교환했다. 1636년경 네덜란드 상인들은 미낭카바우족이 "중국인이 물건을 가져다 주자 버릇이 나빠져" 잠비 시장으로 후추를 가지고 오지 않는다고 여겼다.[122] 1700년경 필리핀 전역에서 시장이 서는 소읍에는 중국인이 자리를 잡았다.[123] 1641년 웨스트호프는 캄보디아 북부 썸복Sambok(현대의 끄라쩨Kratie)의 강가 시장에서 주민들을 관찰했다.

캄보디아인보다 중국인이 더 많고, 중국인이 주변 나라의 무역을 대부분

장악해, 사슴 가죽 같은 것이 한 해에 2만 장쯤 온다면 (…) 시장으로 오는 것은 얼마 안 되므로 중국인은 수레와 배를 타고 가서 코를 킁킁대며 사들인다. (…) 그들은 금, 코뿔소 뿔, 상아를 소금, 도자기, 쇠붙이, 작은 청동제 공과 바꾼다. (…) 그러나 이자들은 9~10퍼센트에 달하는 높은 이문을 얻기 위해, 건강에 해로운 곳과 수질 나쁜 물을 견디며 심각한 병에 걸려 귀신처럼 보이게 되는 값비싼 대가를 치른다.[124]

이렇게 수출품 구매자로서 강점을 극대화한 중국인의 경쟁력 있는 틈새 네트워크에 유럽인들은 처음에는 반감을 가졌다. 그러나 1630년대면 네덜란드인과 잉글랜드인은 동남아시아에 정착한 중국인 무역상과 공모하기 시작했다. 중국인은 직물을 가지고 가서 지역 산품을 대량 확보해 대규모 장거리 무역망을 만들어냈으며, 유럽인 거주지에 물자를 대는 유통망마저 점차 중국인의 손에 들어갔다. 1699~1700년에 자바 동부산 소금을 네덜란드령 믈라카에 대는 작은 배 수백 척 중 40퍼센트는 중국인, 46퍼센트는 인도네시아인 소유였다. 36년 후 그 비중은 53퍼센트 대 28퍼센트였다.[125]

도시에서 중국인 거주자들은 장인으로 가치가 높았다. 17세기 말 중국인이 아체에서 무역을 허락받자 수많은 "기계공, 목수, 소목장, 도장공 등"이 중국 배를 타고 와 머무는 두세 달 동안 중국인 구역은 도시에서 가장 번잡한 중심지가 되었다고 댐피어가 묘사했다.[126] 중국인은 버마 북부의 은광과 베트남 북부의 구리광에서 일하는 광부와 제련공으로도 동남아시아에 왔다. 18세기에는 말레이 세계의 주석과 금 채굴도 중국인이 좌우하게 되는데, 이전에는 원주민이 주로 하던 일이었다.

이런 기술과 에너지의 투입이 토착 경제를 고무하거나 질식시키는 역할을 했는가? 이 질문에 중국인에 관해서는 유럽인만큼 단정적으로 답할 수 없다. 동화의 수준 또는 진입 장벽의 정도에 따라 천차만별이었을 것으로 보인다. 동남아시아 정크선의 예(6장)와 15세기와 16세기의 다른 여러 상업적·기술적 차용에서 살펴보았듯, 동남아시아 도시의 교역 문화는 그 대부분이 중국 이주민과의 조우에서 생겨난 것이었다. 중국인이 지역 공동체와 혼인하고 종교적·사회적 규범을 받아들이는 한 그들은 동남아시아의 활력 넘치는 도시 교역 문화를 형성하는 데 보탬이 되었다. 그러나 이 경향은 19세기 말이면 뚜렷하게 쇠퇴한다.

중국 무역상과 장인의 동남아시아 이주는 17세기의 마지막 10년 동안 특히 활발했다. 1684년 해금령이 해제되면서 난양으로 항해하기가 쉬워지기도 했고, 해상에서 장기간 반청 항쟁을 이끌며 패배를 인정하지 않는 정성공을 따르는 무리가 대거 본토를 떠나기도 했다. 영락제(재위 1402~1424)가 보낸 정화의 원정대에서 잔류한 이들을 포함한 이전의 중국 이주민은 중국적 뿌리와 단절되고 한두 세대 만에 그 도시의 무역 지배층으로 동화되었다. 그러나 이번에는 이런 일이 벌어지지 않은 데는 몇 가지 새로운 이유가 있다. 첫째, 청나라의 해금 완화 조치로 이제 이론상 중국으로 돌아가는 것이 가능해졌고 새로 온 이주민과의 접촉도 대체로 지속적일 수 있었다. 둘째, 명나라에 충성심을 버리지 않은 정성공 지지자들이 그에게서 정통성을 찾으면서 처음으로 중국 바깥에서 중국인의 분리된 정체성이 형성됐다. 마지막으로 유럽인이 장악한 항구-도시의 거주지가 현지 동화를 막는 환경을 만들어주었다.

첫째와 둘째 이유는 중국인이 이끄는 작은 교역 국가가 여럿 세워진 인도차이나반도와 보르네오 서부에 특히 해당된다. 1679년 코친차이나의 항구 호이안에 정크선 70여 척과 군인 3000명이 당도했다. 패퇴한 정성공 세력이 청나라에 굴복하느니 차라리 베트남 남쪽의 응우옌 왕조에 의탁하기로 결정했던 것이다. 응우옌 왕은 이제 막 캄보디아에게서 빼앗기 시작한 지역인 메콩 삼각주로 그들을 보냈다. 이들은 사이공과 미토Mỹ Tho 지역에 정착해 그곳을 말레이인, 캄보디아인, 유럽인은 물론 베트남인도 자주 찾는 번창한 시장으로 키웠다. 중국인들은 실질적인 자치 구역을 이루었고 1732년까지는 응우옌조의 행정체계에 완전히 편입되지 않았다.[127]

더 서쪽의 캄보디아 해안에서는 광둥 출신의 막끄우*가 그와 비슷한 역할을 했다. 1671년 광둥에서 도망쳐 나온 그는 프놈펜의 크메르 왕실에서 교역을 담당하는 관리로 일했다. 그리고 1700년경 왕에게서 당시 해적들의 소굴이나 다름없던 항구 하띠엔Hà Tiên의 도박장을 하사받아 근거지로 삼았다. 그가 큰 성공을 거두자 명청 교체기에 도망 온 수많은 광둥인뿐 아니라 베트남인과 크메르인이 몰려들었고, 하띠엔은 시암만 동해안을 따라 늘어선 항구들을 포괄하는 작은 국가로 성장했다. 막끄우는 1708년 코친차이나의 부상하는 권력 쪽으로 충성 대상을 갈아타지만 1735년에 죽을 때까지 자신의 무장 병력과 독자적인 행정 체계를 포기하지 않았다. 막끄우의 중국-베트남계 아들 막티엔투**는 중국식 전통을 지키고, 화폐를 주조했으며, 요새 건설을 멈추지 않으며 시암에는 대개 반대하고 캄보디아에는 자주 간섭하는 독자적인 외교까지 펼

* Mạc Cửu, 鄚玖(1655~1735). 광둥 출신의 중국인으로 크메르 왕실에서 일하다 하띠엔 지역을 중심으로 독자적인 세력을 구축했다. 1708년 막끄우가 응우옌 왕조에 사절을 보내 동맹을 맺자 1715년 크메르 군대가 영토를 되찾고자 시암의 지원을 받아 원정을 왔다. 이에 막끄우는 수비용 성을 지어 응수했다. (옮긴이)

** Mạc Thiên Tứ(1700~1780). 막끄우와 비엔호아 출신 베트남인 어머니의 장남으로 태어나 1736년부터 하띠엔을 다스렸다. 1771년 하띠엔이 시암 군대에 포위되자 도망쳤다가 응우옌 왕조의 도움으로 되돌아왔다. 1775년 떠이썬 군대가 응우옌 왕조를 무너뜨리고 남진하자 1977년 시암으로 망명했다가 그곳에서 죽었다. (옮긴이)

쳤다. 수도에서는 신하들에게 명나라식 관복을 입히고 중국식 건물을 짓고 유교 사당과 학교를 세웠다. 막티엔투가 하티엔에서 축출된 것은 1777년 떠이썬 운동이 승리하고 난 후의 일이다.[128]

1510년대 도서부 동남아시아에서 포르투갈인들은, 해안 지역의 자바인 및 말레이인 무역 지배층과 조우했다. 이들은 한 세기 전의 이주로 인해 중국 혈통이 강했지만, 문화적으로는 현지인과 구별되는 중국계 정착민으로 여겨지지는 않았다. 반면 1600년경 네덜란드인과 잉글랜드인은 1567년 명나라의 해금령 이후 형성된 반튼의 대규모 중국인 집단 거주지와 여러 곳의 작은 중국인 공동체를 발견했다. 3000명가량 되는 이들은 도시 성벽 밖 서쪽의 분리된 구역에서, 자바식과는 상당히 다른 벽돌집에 살며 중국식 사원, 장례 관습, 언어와 문자, 경극단 등의 공연을 비롯한 중국식 관습을 유지했다. 중국식 옷을 입고 머리를 길게 길러 상투를 틀었으며 버는 돈의 상당 부분을 중국으로 보낸다고 했다. 이 중국인과 원주민 사이에는 상당한 사회적 긴장이 존재했다.[129] 이들 중국인도 인도네시아인 첩이나 현지처를 두었지만 고향으로 완전히 돌아갈 때는 데려가지 않았다. 여전히 이슬람교로 개종하는 중국인이 많았지만 이제 개종이란 한 문화에서 다른 문화로 충성의 대상을 바꾸는 다분히 의도적인 절차였다. 스콧이 적었듯 "(살인이나 다른 범죄를 저지르면 많은 중국인이 그러듯) 자바인이 되는 것을 제외하면" 중국인은 무슨 일이건 돈 되는 일을 맡는 데 자존심을 크게 내세우지 않았다.[130] 하지만 자바인이 되기로 하면 중국인은 머리카락을 자르고, 복식을 바꾸고, 자바인만큼 거만해지고, 중국으로 돌아갈 생각을 아예 버렸다.

바타비아와 그 위성도시들의 네덜란드인은 분리주의를 장려했고 그보다는 덜했을지 몰라도 마닐라의 스페인인도 마찬가지였다. 네덜란드인은 각 인종 집단을 다른 구역, 의복, 행정 구조, 종교로 구별해 인종적 차이를 강조하기를 좋아했다. 호들리가 치르본의 사례에서 보여주었듯 일단 네덜란드가 우위를 점하자 문화적으로 모호한 상태를 유지하기가 어려워졌다.[131] 따라서 현지에 동화된 중국계 무슬림이라는 프라나칸* 정체성은 사라졌다. 교역 활동을 계속하고자 하는 자는 스스로를 중국인이라 불러야 했고, 관직에 나가고자 하는 자는 자바인이 되어야 했다.

스페인인은 필리핀의 중국인 지도층이 그리스도교도가 되고 스페인 관습을 받아들이기를 기대했다(그림 90). 그러나 중국인이 고유의 관습을 유지해 중개인으로서 쓸모 있을 뿐 아니라 소수의 유럽인에 맞서 원주민과 함께 저항할 가능성이 낮은 채로 남는 편이 스페인인에게도 편했다. 유럽인이 당도하자 동남아시아인과 이방인의 상호관계는 유럽인과 중국인의 경제활동이 동남아시아인의 활동과는 더 분리되는 이중적인 구조로 치달았다. 아주 초창기 유럽인들이 필리핀인과 스페인인의 "나태함"과 의존성이 중국인의 근면성 탓이라고 불평한 곳은 마닐라 인근이었다.[132]

마닐라와 바타비아 모두 소비재 수입을 중국인 무역상에 의존했을 뿐 아니라, 장인, 일꾼, 시장용 야채를 재배하는 농민, 제빵사를 비롯한 모든 실질적 생산자의 역할을 현지 중국인에게 맡겼다. 중국인은 바타비아에서는 성안에 살 수 있어서 1699년 성안 주민의 39퍼센트를 차지했으며, 마닐라에서는 성 밖의 파리안Parian에 모여 살아야 했다. 네덜란드

* Peranakan. 동남아시아 특히 도서부 동남아시아에 정착한 남부 중국인과 이들의 문화를 가리키는 말로 자식 또는 자손을 뜻하는 말레이어 아낙anak이 어근이다. 중국인의 동남아시아 이주는 10세기부터 시작되어 15세기에 정화의 대원정으로 그 수가 대폭 늘어났다. 주로 동남아시아 항구-도시에 이주한 중국인이 현지인과 결혼하면서 중국문화와 현지문화가 융합된 독특한 문화를 형성해 지금까지 이어지고 있다. (옮긴이)

그림 90 필리핀의 중국인 유형. 왼쪽부터 스페인 복식을 하고 변발을 없앤 그리스도교도 중국인, 저명한 '이교도' 중국인, 어부, 짐 나르는 데 쓰는 장대를 든 짐꾼(쿨리).

인들은 중국 이주민의 산업에 의존하는 스스로에 대해 극도로 이중적이었고, 여러 차례 중국인의 공격을 겪은 스페인인은 더 심했다. 두 도시에서 인종적 긴장으로 인한 끔찍한 중국인 집단 학살이 벌어졌다(마닐라에서는 여섯 번, 바타비아에서는 1740년 한 번). 그러나 모르가는 1603년 마닐라의 중국인 학살 후 이렇게 적었다. "그 도시는 고난에 빠진 것을 발견했다. 상글레예스Sangleyes(중국인)가 없어지자 먹을 것도 신을 신도 없어졌기 때문이다."[133] 유럽인은 중국인이 없으면 도시를 건설할 수도, 무역이 계속되고 일상 필수품이 공급될 수도 없는 것을 알았다. 중국인은 근면할 뿐 아니라 유순하다는 큰 장점까지 지녔다. 서유럽인은 거만한 동남아시아 귀족에 대한 중국인의 공손함을 유럽의 유대인에 빗대었다. "유대인처럼 [중국인은] 그들 발아래를 기며 살지만 그들의 부를 도둑질해 중국으로 보낸다."[134]

중국인에게 유럽인이 통치하는 항구는 이중으로 매력적이었다. 국제무역의 새로운 중심지, 특히 중국이 필요로 하던 신대륙과 일본산 은이 모여드는 곳은 그들에게 아주 편리했다. 그런 항구는 중국인이 중국인이기를 그만두지 않고도 부유해지고 영향력마저 가질 수 있는 상대적으로 안정적인 환경을 제공했다. 네덜란드령 바타비아와 스페인령 마닐라 및 그 위성도시들(네덜란드령 믈라카, 마카사르, 스마랑과 스페인령 일로일로, 삼보앙가Zamboanga)은 중국인 교역 네트워크의 중심지가 되었으며, 아시아인이 통치하는 국가에 사는 중국인마저 중국인의 정체성을 유지하도록 장려하는 역할을 했다.

아유타야와 호이안의 토착 왕조 아래서 대규모 중국인 집단 거주지는 문화적 특성을 유지할 수 있을 만큼 충분히 컸지만, 그 수장들은 중국인의 이해를 보호하고 키우기 위해 관직에 나가려면 어느 정도 타이인이나 베트남인이 되어야 한다는 것을 잘 알았다. 따라서 토착 지배 아래서는 무역에 관한 한 중국인의 인종적 정체성을, 관직에 관해서는 동남아시아인의 정체성을 갖는 것이 결코 뚜렷하게 구분되지 않았으나, 점차 그 경계가 뚜렷해지기 시작했다.

이런 인종에 따른 뚜렷한 기능적 분리로 향하는 움직임은 중국인 조세도급인tax farmer에 징세청부제를 도입하면서 크게 진전되었다. 17세기 중반까지 동남아시아 국가들은 여러 외국인을 비롯한 관료에게 지역을 내리고 경제적 책임을 지도록 했지만, 그런 지역에서는 세금의 일정 비율과 여러 가지 선물과 특전을 제한 나머지 조세 수익은 왕에게 흘러들어가는 것이었다. 반면 조세도급인은 통치자에게 정해진 액수를 먼저 낸 후 항구 관세, 시장세나 소금, 아편, 도박 세금을 자신이 갖는다. 이 제도는 통치자들에게는 교역과 상업의 신비에 대해 염려할 필요 없이 중국인의 사업장에서 세금을 미리 받을 수 있는 상당히 효율적인 방법이었다. 그러나 중국인 조세도급인에게도 어마어마한 경제적 권력을 안겨주었기 때문에, 이 제도는 토착 무역상을 밀어내는 경향을 띠었다.

네덜란드는 유럽에서 가장 효율적인 징세청부제를 발달시켰는데, 매년 각 징세청부 사업의 조세도급인을 입찰로 선정해 부정부패를 최소화했다. 네덜란드인들은 이 제도를 동남아시아에도 도입했고 현지 중국인들은 이 제도가 가져다준 정해진 비용만 내면 간섭 없이 사업에 전념할 수 있는 기회를 누렸던 듯하다. 바타비아가 네덜란드인의 도시가 된 지 20년이 지나지 않아 통행료, 시장, 화물계량소, 도박장, 극장, 주점 등 여러 고수익 사업의 독점권이 매년 지도층 중국인에게 낙찰되는 제도가 만들어졌다. 이를 통해 바타비아 정부는 1639년 5만9000길더를, 1656년에는 21만1000길더를 벌어들였다.[135] 네덜란드가 그 영향력을 도서부의 다른 항구로 확장해가자 징세청부제도 따라서 확대됐다.

이런 정치권력과 중국인 사업 사이의 금융관계 모델은, 네덜란드동인도회사보다 직접 징세에 훨씬 부적합한 관료 기구를 거느린 토착 통치자에게도 큰 이점을 제공했다. 자바에서 결정적인 시점은 아망쿠랏 2세가 왕위에 오른 1677~1678년 그가 왕국을 되찾는 데 전적으로 네덜란드동인도회사에 의존하고 그 대가로 항구의 조세 수익을 저당 잡힌 때였다. 그 후로 이 조세 수익은 네덜란드식으로 모두 중국인에게 도급을 주었다.[136] 징세청부제는 재정난에 허덕이는 자바의 통치자에게도 매력적이어서 이 제도는 내륙까지 퍼져나갔다. 1700년 영토 안에 통행세 징

수소가 세워지기 시작하고 조세 수익을 증대하기 위해 중국인이 도급을 맡았다.[137]

중국 무역상 자신들도 다른 아시아인이 통치하는 국가, 특히 시암과 캄보디아에 징세청부제를 퍼트린 것이 분명해 보인다. 18세기 시암에서는 항구세, 도박, 주석 채굴, 심지어 남쪽의 생산성 높은 주들의 행정마저 매년 왕에게 세금을 내는 대가로 중국인에게 도급을 주었다.[138]

상황이 이렇게 전개되자 통치자들은 교역 문제에서 완전히 손을 떼기 더 쉬워졌다. 중국인 조세도급인들은 왕실의 귀한 방문객이 되었고 상류사회에서 받아들여질 만한 의복, 언어, 예의범절을 어느 정도 갖춰야 했다. 그들은 토착 왕실의 독자적인 세계와 도시 지역 중국인 교역 공동체 사이의 고전적인 문화 중개인이었다. 그들의 부와 경제력은 통치자에게 직접적 위협이 되지 않았다. 그러나 장기간에 걸쳐 보자면 중국인의 징세청부는 원주민과 대규모 교역 사이에 간극을 넓힌 것이 분명하다. 미낭카바우족, 바탁족, 토라자족처럼 멀리 떨어져 있었기 때문이건 아체인, 부기스족, 타우숙족처럼 종교적·문화적 호전성 때문이건, 동남아시아인 중 그 사업가적 기풍을 가장 잘 지켜낸 종족은 중국인의 징세청부에 거의 영향을 받지 않았다는 점은 기억할 필요가 있다.

이슬람 교역의 마지막 저항, 1650~1688년

나는 말라야인이 대체로 네덜란드인의 완강한 적임을 알았다. 모두가 자유무역의 간절한 소망을 품고 있는 듯해 보였다. 자유무역은 여기[수마트라] 뿐 아니라 향료제도 그리고 그들이 권력을 잡은 모든 다른 곳에서 네덜란드인들이 막고 있다.

_Dampier 1699: 83

교역의 시대의 전환점은 1629년 아체와 마타람의 패배와 함께 왔고, 1650년부터는 누구나 그 몰락을 알아볼 수 있었으며, 1680년대는 죽음을 앞둔 최후의 단말마를 목격했다. 반면 네덜란드동인도회사는 17세기 중반 정향과 육두구 독점을 완성하고 믈라카에서 암본까지 일련의 요새를 확보해 동남아시아에서 교역과 해군 면에서 지배력을 확립했다. 상당한 농업 배후지를 가진 국가들에게는 유럽의 해양력sea-power이 직접적인 위협이 되지 않았기 때문에, 앞에서 살펴본 방식으로 위기에 대응할 수 있었다. 그러나 항구-도시의 상인-귀족, 나코다, 후추 재배자와 상인 등 무역에 전적으로 의존해온 이들에게는 직접적인 위협이었다. 이들은 동남아시아인 중에서도 가장 무슬림 성향이 강한 이들이게 마련이었으므로 그 불만과 반감은 이슬람의 언어로 표현되었고, 때문에 네덜란드인들은 "교황들"의 음모가 어디에나 있다고 느꼈다. 그러나 오직 네덜란드동인도회사만이 통일된 방식으로 움직였고, 그 적들은 협력을 말했지만 결코 이뤄내지 못했다.

아체는 자연스럽게 반네덜란드 운동의 중심지가 되었다. 1650년 아체 여왕과 총리대신이 네덜란드동인도회사의 압력에 굴복해 속국인 페락의 주석 절반을 내주는 치욕적인 조약을 맺자 극도의 반감을 불러일으켰다. 1651년 락사마나(해군제독)가 쿠데타를 일으켜 총리대신 븐다하라 스리 마하라자를 몰아내고 "그의 무기와 코끼리를 전부" 빼앗았으며, 코끼리를 타고 왕궁으로 가던 그의 사위와 핵심 지지자를 쏘아 죽였다. 결국 권력을 차지한 반네덜란드파는 네덜란드와 잉글랜드의 직접 무역 요구에 공모했다는 죄목으로 서해안 후추 재배지의 관료 전부를 숙청했다.[139] 같은 해 페락의 네덜란드 상관이 공격받아 네덜란드동인도회사 직원 21명이 살해됐는데 이 사건들과 연관됐을 가능성이 높다.

네덜란드동인도회사와 아체의 관계는 1650년대 거의 내내 험악했지만, 아체는 혼자가 아니었다. 왕위에 오르자마자 술탄 하사누딘이 포르투갈 대사에게 이르기를, 메카의 카디가 1654년 바람 아래의 무슬림 왕들(아체, 조호르, 마타람, 반튼, 마카사르)에게 서한을 보내 네덜란드가 무슬림에게 저지른 갖은 해악에 맞서 그들을 벌하기 위해 합심할 것을 촉구했다고 했다. 다음해 반튼의 술탄은 하사누딘에게 특사를 보내, 마타람은 메카의 촉구에 미지근한 반응을 보였지만 반튼은 바타비아를 공격하고 아체는 네덜란드령 믈라카를 포위할 것이라고 일렀다. 하사누딘이 맡은 임무는 말루쿠의 네덜란드인을 괴롭히는 것이었다.[140] 이어 아체의 한 말레이인 나코다가 반튼에 도착해, 네덜란드를 몰아내는 데 아체, 파타니, 페락, 조호르 모두 동의했으며 반튼과 마카사르도 곧 따를 것이라는 소식을 전했다.[141] 마타람 왕국의 울라마 거의 전부를 학살한 아망쿠랏 1세조차 무슬림 국가들이 네덜란드에 맞서 단결한다면 신이 승리를 안겨주시리라는 예언에 마음이 흔들렸다. 그는 1655년부터 1657년까지 마타람의 항구들에 네덜란드 선박을 받지 않고 마카사르와 특사를 주고받았으나, 더 확실한 움직임을 보이지는 않았다.[142]

이 일련의 움직임은 교역 세력으로서의 생존을 위협받기 전 무슬림 통치자들이 협력했던 마지막 기회였다. 그 후로는 동남아시아 무역 공동체를 특히 네덜란드동인도회사로부터 방어하고자 하는 시도는 점차 망명객, 무역상, 울라마의 주변화된 집단의 몫이 되었다. 따라서 이 이슬람의 반발의 시기는 8장에서 논의한 1640년대 이슬람과 국가를 동일시하던 경향이 정점에 달한 시기와는 구별되어야 한다.

1669년 네덜란드-부기스 연합군이 마카사르를 정복한 이후 자부심 강하고 호전적인 마카사르인 디아스포라 공동체는 그런 움직임의 대부분이 벌어지는 중심지였다. 마카사르인이 피난처로 택한 곳은 당연히도 그간 함께 무슬림 향료 무역 네트워크를 유지해온 반튼이었다. 1671년 그곳 귀족들의 환대 속에서 가장 존경받으며 영향력을 떨친 인물은 무슬림 학자 셰이크 유수프였다. 그는 메카에서 권위 있는 울라마들과 20년 넘게 공부하다가 1660년대에 마카사르 정신을 결집시키고자 돌아왔다. 반튼에서도 그는 술탄 압둘파타 아궁의 여동생과 혼인을 허락받을 만큼 존경받았으며, 1684년 체포되어 실론으로 유배당할 때까지 계속해서 네덜란드동인도회사에 맞선 반튼의 저항을 고취시켰다. 그러나 마카사르의 지도급 전사들은 반튼 왕실을 상대로 자신들의 지위에 관해 논쟁을 벌이다 1673~1674년 반튼을 떠났다. 종국에 그들이 새 피난처로 삼은 곳은 자바의 가장 동쪽 끝, 자바인과 발리인과 마두라인이 격전을 벌이던 변경 지대였다.

그곳에서 마카사르 전사들은 금세 동맹군으로 고용되어 마두라의 왕자 라덴 트루나자야의 군대를 놀라게 했다. 트루나자야는 마타람의 아망쿠랏 1세의 폭정에 고통받던 모든 이들을 결집시키던 중이었다. 조국은 마타람에 정복당하고 아버지는 아망쿠랏의 왕궁에서 살해당하자, 트루나자야는 수도에서 도망쳐 반마타람 이슬람 세력의 오랜 집결지인 인근의 틈바약 성지로 갔다. 당시 이곳의 영적 지도자 라덴 카조란은 트루나자야에게 영광된 앞날이 있으리라 예언하고 그를 사위로 삼았다. 이로써 커져가는 반란 세력에 대한 이슬람의 지지가 확고해졌다. 아망쿠랏의 왕국이 무너지리라는 것은, 그의 아들 왕세자마저 1670년 아버지의 몰

락을 부채질할 음모에 몰래 가담했다는 데서 확실해졌다.[143]

트루나자야의 반란군은 1675년 마카사르인들이 수라바야를 포함한 자바 동부의 주요 항구들을 초토화시키고 트루나자야의 마두라인들이 점령하도록 내버려뒀을 때 세력이 최대로 커졌다. 파시시르의 가장 중요한 무슬림 세력인 기리의 왕은 마타람이 이교도 네덜란드와 공모했다며 반란군에게 축복을 내렸다. 1676년 10월 트루나자야 반란군이 마타람 군대를 궤멸해버리자 아망쿠랏 1세에게는 네덜란드동인도회사밖에 의지할 곳이 남지 않았다. 그가 1677년 2월 네덜란드동인도회사와 치욕스런 동맹을 맺자, 반란의 이슬람 천년왕국적 성격은 더 짙어졌다. 특히 자바력에 따르면 1677년 3월에 한 세기가 끝나고 왕조의 교체가 이루어진다고 믿었던 탓이었다. 이 이슬람 천년왕국적 충동으로 인한 반향은 말레이반도에서도 느낄 수 있을 정도였다. 1677년 한 미낭카바우족 '기적의 집행자'가 네덜란드령 믈라카 주변 작은 국가들의 왕을 칭하며 말레이인 병력 3000명을 거느리고 요새를 포위하기도 했다.[144]

네덜란드는 그들에게 가장 중요한 도시인 수라바야를 점령해 아망쿠랏을 '돕기' 시작했다. 그러나 6월에 수도에서 도망쳐 다음달에 트갈에서 죽은 아망쿠랏에게 아무 도움이 되지 못했다. 승승장구하는 트루나자야를 물리칠 방법이 없는 것을 본 왕세자에게는 "회사의 왕" 아망쿠랏 2세가 되는 것 말고는 다른 선택지가 없었다. 네덜란드동인도회사는 부기스족, 암본인, 자바인 동맹을 거느리고 아망쿠랏 2세를 대신한 길고 어려운 전쟁에 나서 1679년 말 마침내 트루나자야를 생포했다. 그는 아망쿠랏 2세 앞에 끌려갔고 1680년 1월 왕은 크리스 단검으로 손수 그를 죽였다. 네덜란드동인도회사 군대는 1679년 9월 이미 틈바얏의 라덴 카조란을 죽였다. 그 뒤 이슬람 저항 세력은 자바에서 가장 성스러운 곳인 기리산 주변에 집중되었다. 치열한 전투 끝에 1680년 4월 기리의 신성한 왕과 왕족 대부분이 네덜란드군의 손에 죽고 만다.[145]

또 다른 이슬람 중심지인 반튼에는 트루나자야에 동조하는 이가 많았지만, 반튼은 그가 완전히 제거되는 1680년까지는 드러내놓고 네덜란드동인도회사를 공격하지 않았다. 1682년 네덜란드동인도회사의 손에 굴욕을 당하고, 복수심에 불타는 젊은 술탄과 그의 동맹 네덜란드인 등이 반튼의 애국자들을 잔인하게 죽이자 과거 마카사르만큼 깊은 반감이 반튼에 만연했다. "[반튼의] 자바인은 오랫동안 홀란트인을 견디지 못했는데, 그들의 우리에 대한 반감에는 이유가 있었다. (…) 그들에게는 (…) 지나가면서 우리에게 욕을 하거나 때론 침을 뱉는 것 말고는 앙심과 반감을 표현할 방법이 없었다. 그 변변찮은 관습을 막기 위해 우리는 우리끼리 해결책을 만들었는데, 남녀노소를 막론하고 그런 짓을 하는 자는 따귀를 맞고서야 지나가게 했다."[146] 점령 이후 수년 동안 네덜란드인은 반튼 인근에서 아목 공격이나 갑작스런 습격에 시달려야 했고, 이런 공격은 도발적이긴 했으나 네덜란드를 뒤에 둔 왕의 손에 더 잔인하게 처벌받았다. 바타비아도 일련의 반네덜란드 비밀 공격과 반란 음모에 시달렸다.[147]

여기까지가 최후의 그리고 가장 절박했던 이슬람 저항 운동이, 각별히 반튼의 영향을 크게 받은 남수마트라에서 벌어진 배경이다. 1683년 본래 목적지는 아우랑제브의 무굴제국이지만 바람 아래의 땅에서 훨씬 융숭한 대접을 받은 메카의 샤리프가 보낸 고위 특사가 예상치 않게 아체에 왔던 일 또한 자극이 되었을지 모르겠다.[148] 그러나 저항의 근본적인 원인은 무슬림 무역상들이 그간 감내해온 큰 경제적 손실이었다. 1685년 동남아시아 역사에서 낯설지 않은 강력한 신비주의적 운동이 마카사르인, 미낭카바우족, 반튼인 및 기타 말레이인을 블리퉁섬의 근거지로 끌어모았다. 그 지도자는 스스로를 아흐마드 샤 빈 이스칸다르 양 디프르투안 라자 삭티("영주라고 불리는 성스러운 왕")라고 부르며 자신이 미낭카바우의 적통 왕이자 이스칸다르 줄카르나인(알렉산드로스 대왕의 이슬람식 명칭)의 직계 후손이라고 주장했다. 블리퉁에서 그는 네덜란드로부터 독점 압력을 심하게 받던 팔렘방과 잠비 통치자의 후원을 얻었다. 그리고 아체와 마타람의 통치자, 수마트라 서해안과 보르네오 남해안의 족장들, 심지어 시암의 왕에게까지 편지를 써 자신의 신성한 임무를 지원하고 도서부에서 네덜란드를 축출하자고 제안했다.[149]

그는 빠른 속도로 세력을 넓혀 1685년에는 군사 4000명과 선박 300척을 확보했다. 마타람의 아망쿠랏 2세는 네덜란드동인도회사와의 조약 이래 나날이 국력이 약화되어 고심하던 차에 아흐마드 샤의 서한을 받자 카르타수라*로 와서 성전을 이끌어달라고 답장을 보냈다. 그제야 네덜란드동인도회사는 심각성을 알아차리고 1686년 6월 직속 부대와 동맹인 반튼의 젊은 술탄의 군사를 블리퉁으로 보냈다. 이 작전이 실패하자, 1686년 말과 1687년 초 자칭 구세주를 잡을 원정대를 남수마트라 전역에 보냈다. 현지에서 지역 주민들이 아흐마드 샤에게 매우 호의적인 것을 알게 되었다. 물론 그의 영적 아우라 때문이기도 했지만 네덜란드동인도회사가 반튼을 내세워 강요한 지독한 후추 독점에 아흐마드 샤가 반기를 든 것 또한 원인이었다. 같은 이유로 잉글랜드도 1687년 3월 수마트라 남서부 벵쿨렌의 새 후추 집산 거점으로 그가 찾아오자 피난처를 제공했다. 아흐마드 샤가 거둔 가장 큰 성공은 잠비에서 그의

* 수라카르타(솔로)를 높여 부르는 이름. (옮긴이)

선동에 혹한 술탄이 네덜란드 숙소를 점거했을 때였다. 술탄은 그 일로 인해 1687년 9월 네덜란드동인도회사 원정대의 손에 폐위됐다. 그리고 1688년 1월 람풍의 항구 실레바르에서 아흐마드 샤의 군대는 친네덜란드 반튼 체제의 대리인들을 모두 쫓아내거나 살해했다.[150]

아흐마드 샤, 곧 라자 삭티의 운동은 1690년대 초 수마트라에서 네덜란드에 대한 반감만이 유일한 연결점이었던 여러 지역과 갈등 및 분쟁에 휘말리면서 서서히 흐지부지되었다. 한편 그가 네덜란드동인도회사에 가장 큰 공포를 안긴 것은, 네덜란드동인도회사가 고용한 원주민 전사 중 가장 신임 받던 암본인 무슬림 용커Jonker 대장이 반란의 명분에 동조했을 때였다. 용커는 1665년부터 네덜란드동인도회사의 암본인 부대를 이끌었으며 마카사르나 반튼 같은 네덜란드의 적에 맞서 트루나자야를 직접 체포하기도 한 독보적인 존재였다. 그러나 1689년 8월 네덜란드는 용커가 라자 삭티교의 독실한 추종자이며 바타비아의 마카사르, 부기스, 발리, 암본인들과 도시의 유럽인을 죽이려는 음모를 꾸미고 있다는 증거를 발견했다. 아망쿠랏 2세 또한 이 음모의 한 당사자로 여겨졌으나 그에게는 실질적으로 반란을 추진할 힘이 없었다. 이 움직임은 언제나 그랬듯 금세 네덜란드 진압의 희생양이 되었다. 용커 대장은 잡혀 죽고 그의 머리는 바타비아에서 그의 전철을 밟으려는 자 누구에게나 본보기가 되도록 장대 위에 매달렸다.[151]

이 일련의 운동이 불운한 결말을 맞자 동남아시아 여러 지역에서도 파급효과가 나타났다. 그 정점인 1688년 아체의 두 번째 여왕 이나얏 샤가 죽자 수도의 거리에서는 기존의 국제주의 세력과 더 순수한 이슬람적 형태의 국가를 원하는 이들 간에 충돌이 벌어졌다. 1668년 이래 아체는 외국인 가톨릭교도 100여 명을 위한 프란시스코회 전도 시설을 관용해왔다. 그런데 이곳이 갑자기 대중적 분노의 대상이 되었다. 사제가 잡혀 매질을 당하고 목이 잘릴 뻔하는 일이 벌어지자, 사제와 주요 그리스도교도들은 소동이 가라앉고 새 여왕이 즉위할 때까지 배에 몸을 숨겨야 했다.[152]

라자 삭티가 불교도인 시암의 나라이 왕에게도 서한을 보냈을지도 궁금하다. 반튼이 무너진 후 아유타야는 장거리 무역에서 동남아시아인의 역할을 이어가고자 하던 무슬림 등의 피난처였다. 8장에서 살펴보았듯 일부 마카사르인과 참족 귀족은 나라이 왕의 궁정에서 중요한 역할을 맡았을 뿐 아니라 시암 수도에서 독자적인 말레이-무슬림 문자 문화의 명맥을 이은 동남아시아 무슬림 공동체를 이끈 인물들이었다. 그런 인물들이야말로 라자 삭티의 편지를 가져오고 영감을 준 연결 고리였을지도 모른다. 어쩌면 그 서한 자체와 거기에 깔린 구세주적 기대의 분위기가 1686년 '마카사르인 반란'을 부추겼을 수도 있다. 이 반란은 프랑스군이 개입해서 진압하지 않았다면 시암의 왕궁을 점령했을지도 모를 정도로 강력했다(8장을 보라).

초토화된 마카사르인 구역에 참혹하게 전시된 반란 지도자들의 효수된 머리통도, 아직 무역에서 역할을 지속하던 동남아시아 수도들 간의 접촉을 막지는 못했다. 무굴제국 아우랑제브 황제의 가정교사였다는 수라트 출신의 한 울라마가 1687년 시암, 조호르, 잠비, 자바를 차례로 방문하자, 네덜란드인들은 그가 반네덜란드동인도회사 이슬람 저항의 정신을 부추긴다고 생각했다. 네덜란드 첩자의 말을 믿을 수 있다면, 그 후 얼마 지나지 않아 아망쿠랏 2세가 나라이 왕에게 비슷한 정신에 관한 서한을 보냈다. 나라이 왕 또한 네덜란드동인도회사의 교역력과 군사력에 대해 무척 염려하고 있었으나, 마카사르인 반란으로 인해 말레이인 및 무슬림과는 완전히 소원해져 프랑스 쪽으로 기울었다. 1688년 1월 조호르 술탄이 "그처럼 현명한 왕은 원할 때 제거할 수 없는 외국인을 나라 밖으로 몰아냈어야 한다"며 놀라움을 표하고 프랑스군을 몰아내는 데 도움을 주겠다고 제안했다. 바로 그 때 한 말레이계 시암인이 프랑스인과 폴콘이 시암의 왕, 자유, 종교에 반하는 역모를 꾸미고 있다는 증거가 있다며 나라이 왕을 알현하게 해달라고 절박하게 움직였다. 그러나 그는 다시는 비슷한 일이 벌어지지 않도록 본보기로 심한 고문을 받은 후 말레이인 구역 한복판에서 호랑이 밥으로 던져졌다.[153]

국제 무역, 경전 종교, 동남아시아의 확장하는 왕조들 간의 긍정적인 상호관계는 종말을 맞았다. 그리고 그와 함께 교역의 시대도 끝났다.

결론

연속성과 변화들

교역의 시대는 동남아시아를 재구조화하고 세계 교역에서 선도적 역할을 할 수 있게 만들었다. 바람 아래의 땅은 '장기 16세기'를 특징짓는 세계무역의 대확장에서 유리한 고지를 차지할 수 있는 지리적 위치에 자리 잡기도 했다. 동남아시아산 정향, 육두구, 후추, 향목은 장거리 무역의 핵심 품목이었고, 동남아시아의 지리는 이곳을 해양 교역에 예외적으로 전면 노출시켰으며, 그 정치체제는 어디보다도 외부의 영향에 활짝 열려 있었다.

당연하게도 이 시대의 시작은 그 끝보다 잘 기록되지 못했다. 그러나 말루쿠산 향료가 지중해에 갑자기 당도하고, 중국의 대규모 선단이 동남아시아에 보내지고, 대규모 후추 수출이 시작된 것은 모두 1400년경의 중요한 전환점을 보여주는 듯하다. 이 포괄적인 교역 지표들의 정점이 1570~1630년이라고 자신 있게 말할 수 있다. 그러나 지속되던 수출입의 증대는 1600년 이후 동남아시아의 교역 중심지를 겨냥한 일련의 군사적 좌절에 직면했다. 1599년 버고가, 1620~1625년 자바의 항구들이 파괴되고, 1621년 네덜란드가 육두구 산지인 반다제도를 차지했으며, 1629년에는 믈라카와 바타비아에서 유럽인을 몰아내려는 가장 야심 찬

작전이 크게 패하고 말았다. 교역의 시대는 1680년대까지 마지막 숨을 거칠게 몰아쉬더라도 숨이 끊기지는 않았지만, 1630년경부터 무역 지표도 하락하므로 나는 교역의 시대의 전환점으로 1629년이 가장 적절하다고 제안했다.

교역의 시대를 거치면서 동남아시아는 완전히 탈바꿈했다. 대다수에게 그 변화의 방향은 최대한의 상업화, 도시화, 국가의 중앙집권화, 도덕주의적이고 외부에서 검증받은 경전 종교 쪽으로 향하는 것이었다. 물론 이런 설명은 장기longue durée간의 큰 캔버스 위에서만 합당한 일반화의 차원이며, 특정한 사건의 소용돌이나 물결과는 모순될 때가 많다. 그러나 어떤 기준을 들이댄다고 해도 전체적인 변화의 속도는 예사롭지 않았다. 새로운 도시와 국가가 등장해 번영을 누리고, 동남아시아인 대다수가 보편적인 경전 신앙의 영향력 아래 들어가고, 인구 중 상당 비율이 생계, 의복, 생필품, 심지어 먹거리마저 국제무역에 의존하게 됐다.

한 세대 전 마르크스주의와 민족주의는 아시아 사회에 자본주의로 향하는 '자연스런' 진화가 있었으나 식민주의의 왜곡된 작용으로 인해 근세 초기 어느 시점에서 그 흐름이 저해됐다는 주장을 내놓았다. 다행히도 자본주의가 모든 사회가 통과하기를 염원해야 하는 역사적 단계라고 보는 이런 입장은 수그러들었다. 유럽 봉건제에서 마르크스주의적 예언으로서의 사회주의로 가는 경로 사이에 관습적으로 설정되었던 자본주의는 그 도식에서 벗어나면 범주로서의 유용함을 거의 잃는다. 브로델이 지적했듯 (마르크스는 한 번도 사용한 적 없는 단어인) 자본주의capitalism는 "주변을 둘러싼 사회적 경제적 맥락과 다를뿐더러 이질적으로 동떨어진 세계" 밖에서는 산업사회 이전에는 존재하지 않았다.[1] 그 형용사인 '자본가적capitalistic'이라는 단어가 현실에서는 더 유용하다. 다분히 자본가적인 행위자(특히 장거리 무역의 경우), 자본가적인 기구, 자본가적인 방식이 유럽 등지와 마찬가지로 동남아시아에도 있었으며, 거래와 생산의 다양한 형태와 상호작용했다. 이런 관점에서 보자면 교역의 시대 전성기의 동남아시아는 다른 대부분의 지역보다 해양 무역에 의존하는 경로로 훨씬 멀리 나아갔으나, 개인과 회사가 소유한 자본을 축적하고 동원하는 경로로는 멀리 가지 못했다.

다른 한편 17세기에 동남아시아에서, 그리고 아마도 전 세계에서 가장 효율적인 자본가적 기구는 네덜란드동인도회사였다. 교역의 시대 거의 전 기간 동안 상업화를 촉진한 세계적 정금 수요는 이 최초의 자본가적 세계 패권이 자바에 아시아의 핵심 기지를 세우게 만들기도 했다. 17세기 전반에 풍부한 자본과 결집력을 갖춘 네덜란드의 교역에 밀려난 것은 동남아시아인 해상무역상만은 아니었다. 유럽 곳곳에도 같은 운명이 드리워졌다.[2] 그러나 정확히 바람 아래서는 해상무역이 그토록 큰 역할을 해왔기 때문에 동남아시아인 무역상의 패배는 더 영구적이었다.

역설적이게도 16세기 라인강 하구의 무역도시들과 동남아시아의 믈라카(1511년 이전의), 파타니, 즈파라, 드막, 그레식 같은 도시 사이에는 비슷한 점이 있다. 이 도시들은 공히 무역으로 얻은 부 덕분에 일종의 보험으로 종종 조공을 보냈을지언정, 더 큰 제국의 권력으로부터 실질적으로 자유로울 수 있었다. 그러나 네덜란드 도시들의 기적은 탈중앙집권화와 결속력이 조합된 것이었다. 이 도시들은 외부, 특히 아시아에서 목표를 이루기 위해 전에 없이 단결해 움직일 수 있었고, 본국에서는 복잡한 법적 구조 안에서 자본과 노동을 공유했다. 동남아시아 도시들도 매끄럽게 기능하는 시장, 사유재산 보장, 법치 같은 데 동일한 관심을 가졌지만, 그 다양성 때문에 이런 목표를 이루기가 훨씬 힘들었다. 동남아시아 도시들로서는 각기 다른 이해관계로 더 강력한 국가에 통합되는 것 말고는 17세기의 치열한 경쟁에서 살아남을 다른 방법이 없었다.

교역의 시대는 아시아인이 통치하는 무역도시들이 세계무역에서도 지역사회에서도 설 자리를 잃어버린 17세기의 위기 속에 막을 내렸다. 이 위기는 유럽보다는 동남아시아 그리고 아마도 아시아 전체에 더 치명적이었다. 장거리 국제무역에서 아시아의 역할은 17세기와 18세기 내내 축소되었지만 유럽은 17세기에만 부진을 겪다가 18세기에는 다시 성장했다.[3] 그 영향은 바람 아래의 땅에 가장 치명적이었는데, 1650년 이래 아시아 무역에서 떠오른 수출품은 인도산 직물과 중국산 차였던 반면 동남아시아산 향료는 수출이 부진했기 때문이다.

그러나 장기간에 걸친 가장 중요한 변화는 무역의 절대적 쇠퇴가 아니라 동남아시아인의 삶에서 교역, 상인, 도시, 코즈모폴리터니즘이 덜 중요해졌다는 점이다. 교역의 시대의 특징은 새로운 사상을 받아들이고 통합해내는 지속적인 혁신이었다. 다인종 시장 도시들은 이 변화의 속도를 결정하고 좋건 나쁘건 동남아시아인을 교역의 세계로 끌어들였다. 17세기는 국제시장 의존에서 벗어났을 뿐 아니라 외부의 사상을 한층 더 불신하게 된 시기였다. 무역, 무기, 인간을 둘러싼 치열한 경쟁이 만들어낸 절대주의적 위계는 경쟁이 덜 극심한 지역에서 최고 권위라는 상징적 선언에 점점 더 의존했다.

교역의 시대가 가져온 가장 뚜렷하고 근본적인 변화는 종교와 망탈리테*의 영역에서 벌어졌다. 종교적 변화는 다분히 영구적이었다. 공동체들은 이슬람교, 그리스도교, 상좌부불교, 유교 사회로 남았고 어떤 측면

* mentalité. 특정한 시대에 개인들이 공유하는 집단적 의식과 무의식. (옮긴이)

에서는 이 정체성이 동남아시아인을 서로 분할하고 세계 곳곳에서 같은 종교를 믿는 이들과 묶어주었다. 그러나 사람들이 믿고 섬기는 종교들의 이름표 아래를 들여다보면 교역의 시대에 등장한 물질세계에 대한 확실한 환멸, 인간과 성성聖性 사이에 멀어진 거리, 개인적 도덕성에 대한 외부 기준의 증대, 확장하는 국가와 외부적 종교 규범 간에 더 뚜렷해진 동맹이 있다.

인간의 이해라는 이 복잡한 영역뿐 아니라 교역과 권력이 교차하는 외적 차원에서도 17세기의 위기는 방향의 변화를 낳았고, 그 방향은 20세기 중반에 또 다른 위기가 닥칠 때까지 달라지지 않았다. 측정이 용이한 지역에서 시작해보자면 17세기 말에서 20세기 중반까지 코즈모폴리턴 무역 도시는 인구적으로나 경제적·문화적으로나 그 이전처럼 동남아시아인의 삶을 좌우하지 못했다. 엄청난 격변이 벌어지지 않는 한 내 생전에 동남아시아의 주요 자원과 무역로를 동남아시아 국가들이 다시 장악하는 일은 없겠지만 결국에는 급속한 경제성장, 도시화, 국가의 중앙집권화, 생활과 사고방식의 변화가 일어나는 또 다른 시대가 올 것이다. 우리 시대에 기존 종교에서 일어나고 있는 신앙과 가치 체계의 변화는 교역의 시대에 벌어진 일보다 결코 덜 근본적이지 않다. 다시 한번 마술적 영적 세계에 맞서 무수히 많은 다양한 정체성을 통합하기 위해 개인의 도덕성에 대한 외부 규범이 힘을 얻고 있다. 이제 외부 규범에는 경전 종교만이 아니라 근대성, 과학, 위생, 발전, 민족주의도 있다.

나는 교역의 시대를 미화하거나 그 종말을 패배나 실패로 묘사하려 한 것이 아니다. 18세기는 물론 식민주의적 과신에도 불구하고 19세기에도 전 세계를 지배한 교역과 지식의 체계가 느슨하게 연계되었던 것이 동남아시아의 환상적인 다양성을 보존해주었고 어쩌면 동남아시아인이 더 평화롭고 만족스런 삶을 누리게 했을지도 모르겠다. 19세기까지는 동남아시아와 유럽 간 생활수준의 격차가 뚜렷해지지 않았다. 17세기가 끝나기 전에 확실해진 것이 있다면 동남아시아는 세계 교역에서 자기 몫을 차지하려는 강력한 국가로 향하는 경로를 따르지 않을 것이라는 점이었다.

동남아시아가 이제 (다시 좋건 나쁘건) 그 경로로 돌아왔으므로 첫 번째 교역의 시대는 더 직접적으로 유의미해진다. 동남아시아인이 현재를 극적으로 재구성하는 과정에서 직전의 과거에 발목 잡혀서는 안 될 것이다. 직전의 과거는 정치적 혼란과 분열, 사회적 불평등과 계층화, 외세의 경제적 지배에 대한 체념의 기억으로 가득하지만, 그보다 앞선 시대는 급속한 경제적 변화에 맞서 다채롭고 창조적인 대응, 다종의 사회 형태, 다양한 정치적·지적 가능성을 보여주었다는 역사적 증거가 넘쳐나기 때문이다.

교역의 시대 주요 왕조 계보
(왼쪽의 연도는 즉위 연도 혹은 재위기)

버마

버고의 몬 왕조

1	1453	신소부(여왕).
2	1472	담마제디: 승려였다가 1의 딸과 결혼.
3	1492	빈냐양Binnyaran: 2의 아들.
4	1526	더가유웻삐Takayutpi: 3의 아들.
	1539	따웅우 왕조가 버고를 정복.

버마의 따웅우 왕조

5	1486	밍찌뇨Mingyi Nyo: 버마 중부를 정복.
6	1531	떠빙쉐디: 5의 아들. 1539년 버고를 정복하고 1546년 수도를 버고로 옮김.
7	1551	버잉나웅: 6의 처남.
8	1581	난다버잉: 7의 아들. 1599~1606년 궐위 기간.
9	1606	어나욱크펫룽: 8의 손자. 1628년 살해당함.
10	1629	딸룽: 9의 형제. 1635년 수도를 잉와로 옮김.
11	1648	삔들래Pindale: 10의 아들.

아유타야(시암)

1	1409	인타라차Intharacha
2	1424	보롬마라차Boromaracha: 1의 아들.
3	1448	보롬마뜨라이록까낫: 2의 아들.
4	1488	인타라차: 3의 아들.
5	1491	라마티보디Ramathibodi: 3의 아들.
6	1529	빠라마라차Paramaracha: 5의 아들.
7	1533	랏사다Ratsada 왕자: 6의 어린 아들. 8에게 살해당함.
8	1534	차이라차Chairacha: 5의 아들.
9	1546	욧파Yot Fa 왕자: 11세에 즉위. 어머니에게 독살당함.
10	1548	쿤 워라웡사Khun Worawongsa: 왕위 찬탈. 살해당함.
11	1548	차끄라팟Chakkraphat: 5의 아들.
12	1569	마힌Mahin: 11의 아들. 1565년부터 섭정. 1569년 버마의 아유타야 정벌 중 포로가 됨.
13	1569	마하 탐마라차: 1584년까지 버마의 속국.
14	1590	나레수안: 13의 아들.
15	1605	에까톳사롯: 13의 아들.
16	1610~1611	송탐Songtham: 15의 아들.
17	1628	쳇타라차Chettharacha: 16의 아들. 19에게 살해당함.
18	1629	아팃Athit: 16의 아들. 19에게 살해당함.
19	1629	쁘라삿통: 16의 사촌. 왕위 찬탈.
20	1656	차오 파 차이Chao Fa Chai: 19의 아들. 살해당함.
21	1656	수탐마라차Suthammaracha: 19의 형제. 살해당함.
22	1657	나라이: 19의 아들.
23	1688~1703	펫타라차: 22의 수양 형제.

캄보디아(연대 대부분이 불확실)

1	1417	쁘니어얏Bana Yat: 폐위당함.

2	1463	나라야나라자(노리어이리어찌어)Narayanaraja: 1의 아들.
3	1468	스리 라자(스러이리어찌어)Sri Raja: 1의 아들. 시암으로 망명.
4	1486	담마라자(톰모리어찌어)Dhammaraja: 1의 아들.
5	1504	스러이쏘꾼벗Srei Sugandhapada: 4의 아들.
6	1512	껀Kan: 왕위 찬탈. 7에게 살해당함.

르벡Lovek 시대

7	1529	짠다라자(짠르어찌어)Candaraja: 4의 아들.
8	1568	파라마라자(버롬리어찌어)Paramaraja: 7의 아들.
9	1579	파라마라자 2세(쁘레아 타Brah Sattha): 8의 아들.

스러이썬토Srei Santhor 시대

10	1594	리어미어머하버뿟Ram Mahapabitr(Ram Joen Brai): 1596년 스페인인에게 살해당함.
11	1597	파라마라자(버롬리어찌어) 3세(짜우쁘니어떤Cau Bana Tan'): 무슬림에게 살해당함.
12	1599	파라마라자(버롬리어찌어) 4세(짜우쁘니어언Cau Bana An): 분노한 남편에게 살해당함.
13	1600	깨우화Kaev Hva(짜우쁘니어 Cau Bana Nom): 9의 아들. 14에게 살해당함.
14	1601	파라마라자(버롬리어찌어) 5세(스러이쏘리요뽀Sri Suriyabarn): 폐위당함.

우동Oudong 시대

15	1619	쩌이쩻타Jayajettha: 14의 아들.
16	1627	스리 담마라자(스러이톰모리어찌어)Sri Dhammaraja(짜우쁘니어또Cau Bana Tu)
17	1632	엉똥리어찌어(엉동라자)Ang Dan Raja(짜우쁘니어누Cau Bana Nu)
18	1640	파두마라자(버뚬리어찌어)Padumaraja(엉논Ang Nan)
19	1642	리어미어트빠더이Ramadhipati(쩌우쁘니어짠Cau Bana Cand):

		라자 이브라힘Raja Ibrahim.
20	1659	파라마라자(버롬리어쩌어) 5세(엉쏘Ang Sur)
21	1672	파두마라자(버롬리어쩌어) 2세(스러이쩌이젯타Sri Jayajetth)
22	1673(~1677)	깨우화 2세(엉찌Ang ji)

베트남

레 왕조

1	1428	레 러이Le Loi: 1418년 반란을 일으켜 1428년 명나라 세력을 몰아냄.
2	1433	레 타이 똥Le Thai Tong: 1의 아들.
3	1443	레 넌 똥Le Nanh Tong: 2의 어린 아들. 4에게 살해당함.
4	1459	레 응이 전Le Nghi Dan: 2의 아들. 살해당함.
5	1460	레 타인 똥Le Thanh Tong: 2의 아들.
6	1498	레 히엔 똥Le Hien Tong: 5의 아들.
7	1505	레 뚝 똥Le Tuc Tong: 6의 아들. 8에게 폐위당함.
8	1509	레 뜨엉 즉 데Le Tuong Duc De
9	1516	쩐 까오Tran Cao
10	1516	레 찌에우 똥Le Chieu Tong: 1527년 막씨가 자살을 명령.
11	1533	레 짱 똥Le Trang Tong: 왕조는 재건되었으나 실권은 없는 채 1804년까지 이어짐.

막 왕조

1	1527	막 당 중Mac Dang Dung: 황제를 칭함.
2	1530	막 당 조아인Mac Dang Doanh: 1의 아들; 황제를 칭함.
3	1540	막 푹 하이Mac Phuc Hai: 명나라에 항복하고 국가의 지위를 상실. 통킹 통치.
4	1546	막 푹 응우옌Mac Phuc Nguyen: 통킹 통치.
5	1562	막 머우 헙Mac Mau Hop: 통킹 통치.
	1592년	찐씨 손에 막씨가 하노이에서 쫓겨남.

찐 가문(레 왕조의 이름으로 통킹 통치)

1	1539	찐 끼엠Trinh Kiem: 응에안과 타인호아 지역만 통치.
2	1569	찐 꼬이Trinh Coi: 응에안과 타인호아 지역만 통치.
3	1570	찐 뚱Trinh Tung: 1592년 하노이 점령.
4	1623	찐 짱Trinh Trang
5	1657	찐 딱Trinh Tac
6	1682	찐 꼰Trinh Con

파타니

1	1540경	술탄 무다파르 샤Mudhaffar Syah: 아유타야를 공격하던 중 전사.
2	1564	술탄 만주르 샤Manzur Syah: 1의 아들.
3	1572	술탄 파틱 시암Patik Siam: 1의 아들. 숙모의 섭정 아래 9살에 즉위. 살해당함.
4	1573	술탄 바두르Bahdur: 2의 아들. 살해당함.
5	1584	라자 이조Ijo(여왕): 2의 딸.
6	1616	라자 비루Biru(여왕): 2의 딸.
7	1624	라자 웅우Ungu(여왕): 2의 딸. 파항의 술탄과 결혼.
8	1636	라자 쿠닝Kuning(여왕): 7의 딸. 조호르의 술탄과 결혼했다가 그의 형제와 재혼. 1650년대까지 통치한 것으로 보이며 그 후로는 불확실함.

믈라카와 조호르-리아우의 말레이 통치자들

1	1390경	파르메스와라Paremeswara: 싱가포르에서 믈라카로 옴.
2	1414	술탄 메갓 이스칸다르 샤Megat Iskandar Syah: 1의 아들.
3	1423~1424	스리 마하라자Sri Maharaja(술탄 무함마드 샤Muhammad Syah)
4	1444	스리 파르메스와라 데와 샤Sri Paremeswara Dewa Syah: 3의 아들. 로칸Rokan 라자의 섭정 아래 있다가 어린 나이에 살

		해당함.
5	1446	술탄 무자파르 샤Muzaffar Syah: 3의 아들.
6	1459	술탄 만수르 샤Masur Syah: 5의 아들.
7	1477	술탄 알라우딘 리아얏 샤Ala'ud-din Ri'ayat Syah: 6의 아들.
8	1488	술탄 마흐무드 샤Mahmud Syah: 7의 아들. 1511년 포르투갈이 믈라카를 점령하자, 빈탄Bintan을 수도로 삼았다가 1526년 빈탄마저 포르투갈에 빼앗기자 캄파르Kampar로 망명 가서 사망.
9	1530	술탄 알라우딘 리아얏 샤 2세: 8의 아들. 조호르에 수도를 세움. 아체에서 포로로 죽음.
10	1564	술탄 무자파르: 9의 아들.
11	1580	술탄 압둘 자릴 샤Abdu'l Jalil Syah: 9의 손자.
12	1597	술탄 알라우딘 압둘 자릴 리아얏 샤: 9의 사위.
13	1613	술탄 알라우딘 리아얏 샤: 12의 아들.
14	1623	술탄 압둘라 마아얏Abdu'llah Ma'ayat Syah: 12의 아들.
15	1623	술탄 압둘 자릴 샤: 13의 아들.
16	1677	술탄 이브라힘 샤Ibrahim Syah: 14의 손자.

아체

1	1515	술탄 알리 무가얏 샤Ali Mughayat Syah: 술탄 샴수 샤Syamsu Syah의 아들.
2	1530	술탄 살라후딘Salahu'd-din: 1의 아들.
3	1539	술탄 알라우딘 리아얏 샤 알 카하르Alau'd-din Ri'ayat Syah al-Kahar: 1의 아들.
4	1571	술탄 리아얏 샤Ali Ri'ayat Syah: 3의 아들.
5	1579	술탄 무다Muda: 4의 어린 아들. 살해당함.
6	1579	술탄 스리 알람Seri Alam: 3의 아들. 살해당함.
7	1579	술탄 자이날 아비딘Zainal 'Abidin: 3의 손자. 살해당함.
8	1580	술탄 알라우딘 페락Alau'd-din Perak(만수르 샤Mansur Syah): 살해당함.

9	1586	술탄 알리 리아얏Sultan Ali Ri'ayat
10	1589	술탄 알라우딘 리아얏 샤 사이이드 알 무캄밀 Alau'd-din Ri'ayat Syah Sayyid al-Mukammil: 연로한 락사마나. 폐위당함.
11	1604	술탄 알리 리아얏 샤Ali Ri'ayat Syah: 10의 아들.
12	1607	술탄 이스칸다르 무다 조한 브르다울랏Iskandar Muda Johan Berdaulat(프르카사 알람Perkasa Alam): 10의 손자.
13	1636	파항의 술탄 이스칸다르 타니Iskandar Thani: 14의 남편.
14	1641	타즈 알 알람 사피이얏 아드 딘Taj al-Alam Safiyyat ad-din 여왕: 12의 딸.
15	1675	누르 알 알람Nur al-Alam 여왕
16	1678	이나얏 샤 자키앗 아드 딘Inayat Syah Zakiat ad-din 여왕
17	1688	칼라맛 샤Kamalat Syah 여왕

(중부) 자바

드막

1	1480경	첵 코포Cek Ko-po였으리라 추측되는 중국인 무슬림.
2	1490경	아르야 수망상Arya Sumangsang(중국식 이름은 추추Cu-cu): 1의 아들. 포르투갈인들에게는 파테 로딤Pate Rodim으로 알려짐.
3	1504	트렝가나, 드막의 술탄: 1546년 사망.

파장

4	1581	술탄 자카-팅키르Sultan Jaka-Tingkir: 3의 손자(?). 1587년 사망(?).

마타람

5	1584	파늠바한 세노파티 잉갈라가: 1587년 파장을, 1588년 드막을 정복.
6	1601	파늠바한 세다 잉 크라피악Panembahan Seda Ing Krapyak:

		5의 아들.
7	1613	파늠바한 아궁: 1624년 수수후난Susuhunan 칭호를, 1641년 술탄 칭호를 얻음.
8	1641	수수후난 아망쿠랏 1세: 7의 아들.
9	1677(~1703)	수수후난 아망쿠랏 2세: 8의 아들.

반튼

1	1525	파사이의 누룰라Nurullah(수난 구눙 자티)
2	1552	하사누딘Hasanuddin: 1의 아들.
3	1570	몰라나 유수프Molana Yusuf: 2의 아들.
4	1580	몰라나 무함마드 Molana Muhammad: 9세에 즉위. 3의 아들.
5	1596	술탄 압둘 카디르Sultan Abdul Kadir: 4세에 즉위. 4의 아들. 1638년 술탄 칭호를 얻음.
6	1651	술탄 압둘파타 아궁(술탄 티르타야사Tirtayasa): 1683년 네덜란드동인도회사의 포로가 됨.
7	1680	술탄 하지: 6의 아들. 1682년 네덜란드동인도회사에 정복당할 때까지 6과 권력 다툼을 벌임. 1687년 사망.

마카사르(고와, 탈로)

고와

G1	1511	투마파리시 칼로나Tumaparisi' Kallona
G2	1548	투니팔랑가Tunipalangga: G1의 아들.
G3	1566	투니바디Tunibatta(이 타지바라니I Tajibarani): G1의 아들. 전사.
G4	1566	투니잘로: G3의 아들. 노예에게 살해당함.
G5	1590	투니파술루Tunipasulu': G4와 T2의 아들. 탈로도 통치하겠다고 주장하다가 폐위당함.
G6	1593	투메낭아 리 가우칸나Tumenanga ri Gaukanna(술탄 알라우딘Alauddin): G4와 T2의 아들.
G7	1639	리파판 바투레Ripapan Bature(술탄 모함마드 사이드Moham-

		mad Said): G6의 아들.
G8	1653	투메낭아 리 발라 팡카나Tumenanga ri Balla Pangkana(술탄 하사누딘): 1699년 네덜란드의 정복 이후 왕위에서 물러남.

탈로

T1	1547	투메낭아 리 막코양Tumenanga ri Makkoayang: 1566~1577년 고와의 총리.
T2	1577	이 삼보I Sambo: T1의 딸, G4의 아내.
T3	1593	카라엥 마토아야Karaeng Matoaya(술탄 아왈-알-이슬람Aww-al-al-Islam): T1의 아들. 1593~1637년 고와의 총리.
T4	1637	투메낭아 리 티모레Tumenanga ri Timore(술탄 무자파르Muzh-afar): T3의 아들.
	[1639	투메낭아 리 본토비라엥Tumenanga ri Bontobiraeng(카라엥 파팅갈로앙Karaeng Pattingalloang): T3의 아들. 1639~1654년 고와의 총리.]
T5	1641	투메낭아 리 람판나Tumenanga ri Lampanna(술탄 하룬 알-라시디Harun al-Rashidi)

용어

- 가믈란gamelan(자바어) 청동제 타악기가 위주인 자바의 합주단.
- 간탕gantang(말레이어) 부피 단위. 쌀 3.1킬로그램에 해당한다.
- 감부gambuh(자바어) 야외 무용극.
- 구당gudang(말레이어) 창고.
- 끄롬krom(타이어) 행정 부서, 용역 집단.
- 나오nao(포르투갈어) 대형 화물선.
- 나코다nakhoda(말레이어) 선주 또는 선상에서 선주의 대리인, 화물 관리인.
- 나콘nakhon(타이어) 도시, 국가.
- 낫nat(버마어) 강력한 영.
- 낭nang(타이어) 그림자 인형극.
- 니파nipah(말레이어) 잎을 지붕 덮는 데 쓰는 팜야자(학명 *Nipa fruticans*).
- 다룰이슬람darul-Islam(아랍어) "이슬람의 집". 무슬림의 권력과 법으로 다스려지는 영역.
- 다투datu(말레이어/타갈로그어) 연장자, 원로, 족장. 토바의 바탁족 사이에서는 주술적 치유자를 가리킨다.
- 달름dalem(자바어/말레이어) 궁, 저택.
- 두순dusun(말레이어) 산속의 정원, 과수원.
- 디르함dirham(아랍어/아체어) 작은 금화. 마스를 보라.
- 라밤rabam(타이어) 야외 무용.
- 라웅잣laung-zat(버마어) 야에워디강을 오가는 배.

- 라자raja(말레이어) 왕.
- 라켓raket(자바어) 야외 무용.
- 라콘lakhon(타이어) 무용극.
- 론타르lontar(말레이어) 팜야자나무(학명 *Borassus sundaicus Becc.*). 수액은 설탕과 술을 만드는 데 쓰고 잎은 글을 적는 데 쓴다.
- 루릭lurik(자바어) 줄무늬 면직물.
- 마스mas(말레이어) 금 또는 작은 금화.
- 마차팟macapat(자바어) 이슬람 시기 자바의 시 형식.
- 말림malim(말레이어) 도선사.
- 바주baju(말레이어) 엉덩이까지 내려오는 윗옷.
- 바틱batik (자바어) 왁스를 입혀 문양을 만드는 직물 염색.
- 바하르bahar(말레이어) 가변적인 무게 단위. 후추 무게를 달 때는 3피쿨 또는 약 180킬로그램이지만 금을 달 때는 7.25킬로그램이다.
- 발론balon(영어-산스크리트어) 갤리선.
- 브르캇berkat(아랍어/말레이어) 영적 축복.
- 브르할라berhala(산스크리트어/말레이어) 우상.
- 블라찬belacan(말레이어) 생선이나 새우로 만든 젓갈.
- 사룽sarung(말레이어) 사롱sarong. 남녀를 막론하고 천을 둘러 입는 하의.
- 살랏salat(아랍어) 이슬람교에서 정해진 기도.
- 상가sangha(팔리어/타이어/크메르어) 상좌부불교의 승단.
- 샤리아shari'a(아랍어/말레이어) 이슬람 율법.
- 샤반다르syahbandar(말레이어) 항구 감독.
- 샤이르sya'ir(말레이어) 4행으로 된 운문. 각 행의 마지막 음가가 '아'가 되도록 각운을 맞춘다.
- 샤하다shahada(아랍어) 이슬람교의 신앙고백. "하느님 외에 다른 신은 없습니다. 무함마드는 그분의 사도입니다."
- 송켓songket(말레이어) 금은 실을 넣고 짠 비단.
- 수아사suasa(말레이어) 금과 구리의 합금.
- 스팍라가sepak raga(말레이어) 등나무로 짠 공을 차는 놀이.
- 슬렌드로slendro(자바어) 5음계. 7음계인 펠록pelog과 대비된다.
- 아니토anito(타갈로그어) 영혼.

- 아목amok(말레이어) 광기에 빠져 감행하는 공격.
- 알룬알룬alun-alun(자바어) 자바식 왕궁 북쪽에 자리 잡은 공공 광장.
- 엽전, 캐시cash(영어-산스크리트어) 특히 액면가가 낮은 중국산 구리 혹은 납-주석 합금 동전. 포르투갈어 카이시스caixes가 어원. 남인도, 수마트라나 믈라카에서 산스크리트어 기원의 단어를 채택한 것이 확실하다. 피치스를 볼 것.
- 오랑카야orangkaya(말레이어) 대개 무역으로 부를 쌓은 귀족.
- 와양쿨릿wayang kulit(자바어) 그림자 인형극.
- 와양wayang(자바어) 극.
- 왈리wali(아랍어) (신의) 대리인, 성인. 특히 자바의 이슬람 개종에 기여했다고 알려진 "아홉 왈리"를 가리킴.
- 운당운당undang-undang(말레이어) 법령.
- 울라마ulama(아랍어/말레이어) 이슬람 율법학자(아랍어로는 복수형이나 이 책에서는 단수로도 사용됨).
- 이맘imam(아랍어/말레이어) 이슬람교에서 기도를 이끄는 사람.
- 이캇ikat(말레이어) 날실을 묶어서 홀치기로 염색하는 과정.
- 인도 에스타도estado da India(포르투갈어) 아시아의 포르투갈 국영 기업.
- 인도 카레이라carreira da India(포르투갈어) 고아에서 리스본으로 향하는 연례 선단.
- 종jong(자바어/말레이어) 정크선, 대형 무역선.
- 주루바투jurubatu(말레이어) 닻과 수심 측정용 측연선測鉛線을 담당하는 선원.
- 지나zina'(아랍어) 간음.
- 지하드jihad(아랍어) 성전.
- 카가응가ka-ga-nga(레장Redjang 문자 등) 수마트라 문자의 첫 세 자음에 해당하는 문자.
- 카디kadi(아랍어/말레이어) 이슬람 율법의 재판관, 종교 판사.
- 카우만kauman(아랍어/자바어) 자바 도시의 무슬림 구역.
- 카카윈kakawin(자바어) 옛 자바의 시 형식.
- 카피르kafir(아랍어/말레이어) 불신자, 이교도.
- 캄풍kampung(말레이어) 도시의 단지 혹은 구역.

- 코라코라kora-kora(트르나테어) 전투용 갤리선(필리핀의 카라카오caracao와 유사).
- 코양koyang(말레이어) 무게 단위. 40피쿨 또는 약 2400킬로그램.
- 코타kota(말레이어) 요새, 성채.
- 콘khon(타이어) 가면 무용.
- 콩khong(타이어) 공gong.
- 크리스kris(말레이어/자바어) 단검.
- 크바야kebaya(말레이어) 긴소매가 달린 여성 복식.
- 크자웬kejawen(자바어) 자바인의 신앙과 실천.
- 큰디kendi(말레이어) 좁은 주둥이가 달린 물 주전자.
- 키위kiwi(말레이어) 행상, 여행하는 무역상.
- 타힐tahil(말레이어) 은의 무게 단위(580그램)이자 회계단위(캐시 1000개).
- 탈락talak(아랍어) 이슬람 율법에서 남편이 아내와의 이혼을 선언하는 것.
- 투막카잔낭웅앙tumakkajannangngang(마카사르어) 특정 장인 집단의 노역을 감독하는 사람.
- 투악tuak(말레이어) 팜야자 술
- 투캉tukang(말레이어) 장인, 기술자 또는 배나 갑판 관리자.
- 틈바가tembaga(말레이어) 구리, 황동.
- 파랑parang(말레이어) 마체테(혹은 그와 비슷한 칼).
- 파모르parmor(자바어) 크리스 칼날의 철과 니켈 합금 위에 형성되는 물결무늬.
- 파스반paseban(자바어) 왕궁이나 귀족의 저택 단지 앞뜰.
- 판툰pantun(말레이어) 4행시. 대개 말로 즉흥적으로 지으며 전반부와 후반부가 각운을 이룬다(아밥abab).
- 페탁petak(말레이어) 특히 선박의 칸막이로 분할된 공간.
- 프라이루앙phrai luang(타이어) 왕을 위해 노역하는 일반 백성.
- 프라후prahu(말레이어) 선박.
- 피치스picis(자바어/말레이어) 가운데 꿸 수 있는 구멍이 있는 납, 납-아연 또는 구리로 된 저품위 동전, 엽전. 캐시를 보라.
- 피쿨pikul(말레이어) 장정 한 사람이 들 수 있는 무게. 100카티kati(약 60킬로그램).

- 핫보이hat boi(베트남어) 베트남의 무용극.
- 히카얏hikayat(말레이어) (주로 역사적인) 이야기.
- VOC(네덜란드어) 네덜란드동인도회사Vereenigde Oost-Indische Compagnie.

도량 단위와 화폐

17세기에는 스페인 레알화를 필두로 여러 은화가 은 무게에 따라 그 가치가 고정되었다. 그 이전에는 이러한 가치의 표준화가 없었다. 아시아 단위는 시간과 장소에 따라 아주 다양했다. 비교를 가능케 할 목적으로 각 단위에 미터법으로 근사치를 매기기는 했으나, 극도로 다양한 값을 평균 낸 것 이상으로 받아들여서는 안 될 것이다.

- 바하르bahar(말레이) 3피쿨에 달하는 무게 단위. 지역에 따라 다양하지만 이 책에서는 후추의 경우 180킬로그램, 정향은 272킬로그램으로 여김.
- 크루자두cruzado 스페인 레알과 같은 가치의 포르투갈 화폐. 은 25.5그램.
- 에쿠ecu 스페인 레알과 같은 가치의 프랑스 화폐.
- 길더guilder 네덜란드 은화. 은 약 10그램.
- 카티kati(말레이) 무게 단위. 100분의 1피쿨. 600그램.
- 킨斤, kin 일본의 무게 단위. 약 600그램. {근}
- 코얀koyan(말레이) 부피 단위. 3.5세제곱미터.
- 짯kyat 티칼 정도에 해당되는 버마의 은 무게 단위. 은 16.3그램.
- 마스mas(말레이) 작은 금화. 아체 마스의 가치는 스페인 레알화의 4분의 1 또는 5분의 1이었으며, 마카사르 마스는 5분의 4 정도.
- 피쿨pikul(말레이) 성인 남성 한 명이 들 수 있는 무게. 두 자루. 후추의 경우 60킬로그램으로 여김.
- 폰트pond(네덜란드) 494그램.

- 파운드pound(잉글랜드) 453그램.
- 꾸언quan 베트남의 은 무게 단위.
- 킨탈quintal(포르투갈) 50킬로그램.
- 레알real(스페인) 페소 데 오초Peso de ocho 또는 여덟 조각. 은 25.5그램.
- 레이크스달더르rijksdaalder 스페인 레알과 같은 가치의 네덜란드 화폐. 2.5길더.
- 타힐tahil 또는 타엘tael(자바-말레이) 귀금속의 무게 단위. 1카티의 16분의 1. 관습적으로는 캐시 엽전 600(또는 1000)개와 등가의 은. 약 37.5그램.
- 티칼tikal (영국-인도) 은 무게 단위.
- 베익따viss (버마) 100분의 1짯에 해당되는 무게. 2.4킬로그램으로 여김.

참고문헌에 대한 도움말

나는 이 책에서 가능한 한 편집본보다 원전을 인용하고자 했으며, 원저자와 발행 연도를 간략히 밝혀주는 방식을 택했다. 그 덕분에 이 학문 분야에서 선학과 동료들의 노고를 논하고 알릴 수 있는 작은 기회를 갖게 되었다. 이들이 없었다면 내 작업은 어느 것도 불가능했을 것이다.

동남아시아 언어로 된 사료의 전문 편집자와 번역가는 역사학자와 원문 사료를 연결해주는 필수 불가결한 매개자다. 전해지는 문서 대부분은 19세기의 것이며, 이들의 출전과 사실 관계를 밝히고 재구성하고 의미를 번역하려면 각고의 노력이 필요하다. 내 연구에 특히 도움이 된 작업은 다음과 같다. 드레버스, 피호트, 리클레프스의 자바 문헌 번역, 브라컬, 브라운, 이스칸다르, 카심 아흐마드, 매티슨, 나기브 알아타스, 라스, 스키너, 테이우, 윈스테드의 말레이 문헌 번역, 드레버스와 시겔의 아체 문헌 번역, 압두르라힘, 리흐트봇, 마터스, 누르두인의 남술라웨시 문헌 번역, 프랑크푸르터, 노천, 와이어트의 타이어 문헌 번역, 퍼니발, 탄뚱, 우 킨쏘의 버마어 문헌 번역, 막 포은과 킨 속의 크메르(캄보디아) 연대기, 라파엘과 로살레스의 타갈로그어 가톨릭 문헌 번역.

또한 흐루네벨트, 밀스, 록힐, 왕겅우, 위틀리 덕분에 비전공자까지 동남아시아에 관한 필수 불가결한 중국 사료에 접근할 수 있게 됐으며, 제프리 웨이드는 최근 『명실록』을 완역하는 방대한 작업을 마쳤다. 류큐의 사료는 고바타 아쓰시와 마쓰다 미쓰구가 번역했다(Kobata and Matsuda 1969). 1640~1740년 나가사키항에 도착한 중국 정크선에 관한 기록은 레니치 우라가 정리했으며, 그중 상당수를 이시이 요네오가 최근 번역했다(Ishii 1998).

유럽 사료는 훨씬 더 광범위하게 편집 및 출판되어왔다. 포르투갈의 경우 가장 빼어난 토메 피르스, 멘데스 핀투, 갈방의 저서만 영어로 번역되었으나, 포르투갈·스페인 연대기의 대다수는 현대에 와서 편집되었다. 영어로 번역된 스페인 사료 중 너무나 유용한 전집은 블레어와 로버트슨이 번역한 55권짜리 『필리핀제도The Philippine Islands』다(Blair and Robertson 1903-1909). 아시아에서 온 전교단의 편지는 아르투르 드 사(Sá 1954-1958), 케르보(Querbeuf 1781), 위키(Wicki 1950), 야콥스(Jacobs 1974)가 공들여 편집했다.

1596년부터는 네덜란드 기록이 동남아시아(특히 교역 문제)에 관한 가장 상세하고 광범위한 자원을 제공한다. 초기 탐험에 관해서는 이삭 코멜린이 처음 자료를 모아 『시작과 전개Begin ende Voortgangh』(1646)로 출판했으며, 현재 린스호턴-페레너힝이 전문적으로 재편집하는 중이다. 31권짜리 바타비아의 『다흐레히스터르Dagh-Register』(일지)는 1624년부터 1682년 사이 선박의 이동에 관한 정확한 기록을 제공한다. J. K. J. 더용은 네덜란드동인도회사 문서고에서 간추린 내용으로 13권짜리 선집을 편찬했다(Jonge 1862-1888). 얀 피터르스존 쿤의 서한은 H. T. 콜렌브란더르(와 후일 W. Ph. 콜하스Coolhaas)의 손에 두툼한 7권짜리 서한집으로 출판되었다(*JPC* 1919-1953). 콜하스는 1610~1729년을 다룬 8권짜리 『헤네랄러 미시번Generale Missiven』 초판을 편집하기도 했다(Coolhaas 1960-1985).

동남아시아에 관한 영어 문헌은 『동인도회사가 동양의 직원들에게 받은 서한집Letters Received by the East India Company from Its Servants in the East』(F. C. 댄버스 편집, 1896~1902, 이 책에서는 축약형 *LREIC*로 지칭)이 다루는 첫 20년 정도만 만족스럽게 출판되었을 뿐이다. 그럼에도 W. N. 세인스버리가 편집한 『정부 문서 연감, 콜로니얼 시리즈Calendar of State Papers, Colonial Series』(이 책에서는 *SP*로 지칭) 그리고 물론 해클루트협회가 출판한 항해 기록 등에서 상당한 정보를 긁어모을 수 있다.

동남아시아 역사에 관한 우리의 이해는 최근 등장한 각국의 여러 역사 전문가에 의해 발전해왔다. 이 분야에서는 타이에 관한 와이어트(Wyatt 1982), 버마에 관한 리버먼(Lieberman 1984), 캄보디아에 관한 챈들러(Chandler 1982), 인도네시아에 관한 리클레프스(Ricklefs 1981), 필리핀에 관한 데라코스타(de la Costa 1965), 베트남에 관한 레 타인 꼬이(Le Thanh Koi 1971)의 연구가 가장 많은 도움이 된다. 특정 사회를 연구하는 더 세분화된 개척자적 연구도 등장하기 시작했다. 남술라웨시에 관한 안다야(Andaya 1981), 아체에 관한 롱바르(Lombard 1967)와 이토(Ito 1984), 마타람에 관한 더흐라프(de Graaf 1958, 1961, 1962)와 후대의 나흐테할(Nagtegaal 1988), 반튼에 관한 카티리탐비-웰스(Kathirithamby-Wells, 1990)와 기요(Guillot 1989), 암본에 관한 크나프(Knaap 1987), 코친차이나에 관한 첸칭호(Chen 1974)와 리 타나(Li 1992)가 그 예다.

식민주의적 주제들 외에는 동남아시아 지역사를 통합하려는 연구가 놀라울 정도로 드물다. 진행 중인 중요한 논쟁은 아시아 지역의 경제체제와 유럽 자본주의 부상 사이의 관계를 둘러싼 것이다. 네덜란드의 사회학자 B. B. O. 스리커(Schrieke 1925, 1942)와 J. C. 판 뢰르(van Leur 1934)가 전쟁 전의 인도네시아 바다에 관한 논쟁을 시작했으며 1950년대 이들의 저서 영어판이 나오면서 더 널리 알려졌다. 스리커가 17세기 자바인의 해상운송 몰락에 주목했다면, 판 뢰르는 18세기까지 이어지는 아시아 무역의 연속성을 주장하기 위해 포르투갈과 네덜란드동인도회사의 영향을 최소화하고자 애썼다. 그러나 그는 아시아 무역이 수많은 무역상이 사치품을 소량 운반하는 본질적으로 미분화된 "행상"이라고 보았다. 이 주제는 M. A. P. 메일링크-룰로프스가 실증적으로 검토했다(Meilink-Roelofsz 1962). 그는 아시아 무역상이 판 뢰르가 생각한 것보다는 더 다양했으며, 그 중요성이 17세기에 줄어든 것은 사실이지만, 전성기에도 사유재산의 법적 보호 같은 유럽 무역상들이 누리던 핵심적 권리를 누리지 못했다고 결론 내렸다.

이 주제에 관한 후속작들은 더 지역적이거나(앞서 열거한 여러 저작처럼) 인도양 전체를 관통하는 더 광범위한 것이었다. 아날학파의 양화를 아시아에 가져온 빼어난 예로는 마갈량이스-고디뉴(Magalhães-Godinho 1969), 쇼뉘(Chaunu 1960), 잉글랜드동인도회사에 관한 초두리의 저작 두 권(Chaudhuri 1965, 1978)이 있다. 스테인스하르트(Steensgaard 1973), 글래만(Glamann 1958), 브라인, 하스트라, 쇼퍼(Bruijn, Gaastra, and Schoffer 1979-87), 윌스(Wills 1974), 블뤼세(Blussé 1986) 등 네덜란드동인도회사의 풍부한 기록을 이용한 여러 연구는 네덜란드의 세계체제가 아시아 무역에 가져온 변화를 강조하는 경향이 있다. 인도 해양사는 다스굽타(DasGupta 1982), 프라카슈(Prakash 1979), 라이초두리(Raychaudhuri 1962), 아라사라트남(Arasaratnam 1986), 수브라마니암(Subrahmanyam 1990)의 최근 연구로 괄목할 만한 진전을 이루었다. 뒤에 언급한 세 학자가 살펴본 코로만델 해안 무역은 동남아시아와 긴밀하게 연결되어 있었다. 이런 연구 덕분에 이제 동남아시아가 장기간의 확장과 수축을 거치며 세계경제와 어떻게 상호작용했는지가 훨씬 명확해졌다. 그러나 지역사의 결론을 내리기에는 아직 갈 길이 멀다.

스리커와 판 뢰르 둘 다 이슬람화와 경제 변화를 연결하려고 노력했지만, 이후 종교·지식 연구와 경제 분야 연구는 분화되었다. 존스(Johns 1961)는 말레이어와 자바어로 쓰인 초기 이슬람 저작의 어휘를 분석해, 이슬람화의 핵심 중개자는 떠돌이 수피Sufi들이었음이 분명하다는 것을 설득력 있게 논증한다. 더 나아가 파티미(Fatimi 1963)는 도서부 동남아시아의 이슬람화에서 참족과 중국인 무슬림이 점하던 중요성을 지적했다. 중국인이 맡은 역할의 중요성을 극대화한 사례는 더흐라프와 피호트의 논쟁적인 연구(de Graaf and Pigeaud 1984)에서 찾아볼 수 있다. 필리핀에는 사료가 훨씬 풍부하며 마훌(Majul 1973)과 데라코스타(de la Costa 1967)의 연구는 민다나오에서 무슬림-그리스도교도 경쟁을 대안적으로 이해할 수 있게 해준다. 그리스도교화 과정에 관한 펠란의 설명(Phelan 1959)은 여전히 설득력 있지만, 슈마허는 그 설명을 더 확장했으며(Schumacher 1968), 라파엘의 정교한 내셔널리즘은 여러 새로운 질문을 제기했다(Rafael 1988).

도서부 동남아시아에 관한 가장 흥미로운 연구 중 상당수는 파리의 『아키펠Archipel』 저널과 관련된 집단, 특히 드니 롱바르, 클로드 기요, 피에르-이브 망갱이 해왔다. 『아키펠』의 주요 특별 호들은 교역과 해상운송(1979년 제18호), 도시(1988년 제36호와 1989년 제37호)를 다뤘다. 최근 출간된 롱바르의 세 권짜리 연구(Lombard 1990)는 문화사와 망탈리테(심성), 그리고 변화하는 경제적·정치적 환경 연구를 통합하고자 하는 가장 야심 찬 시도를 보여준다. 그의 연구는 표면상으로는 자바 지역에 국한되어 있으나 그 지리적 경계를 넘어 훨씬 드넓은 통찰을 제시한다.

미주

1권 바람 아래의 땅

머리말

1 Braudel 1966: 22(브로델 2017 Ⅰ: 22)
2 Kaung 1663: 33

1장 서론

1 Braudel 1966: 140-143(브로델 2017 Ⅰ: 180-185)
2 *Fisher 1966: 41-42*
3 *ibid.*: 43
4 Haudricourt 1953, 1954
5 Benedict 1942, 1975
6 Pyrard 1619 Ⅱ: 169
7 Pigafetta 1524: 136-137(피가페타 2004: 131-132)
8 Dampier 1697: 268
9 Wolff 1976
10 Bausani 1970: 95-96
11 Borri 1633 Ⅲ: D; La Bissachère 1812 Ⅰ: 246
12 Pires 1515: 114; cf. Dampier 1699: 46; La Bissachère 1812 Ⅰ: 212-219

2장 신체적 건강

1 La Loubère 1691: 11
2 Ricklefs 1986; Owen 1987A
3 McEvedy and Jones 1978을 따름
4 Ma Huan 1433: 113(마환 2021: 86); Fryke 1692: 76-77; Bontius 1629: 177-178
5 Gervaise 1688: 26
6 *ibid.*: 112-113
7 Anderson 1826: 207-208
8 Ng 1979: 150-152
9 Reid 1987
10 Dasmariñas 1590A: 413; Loarca 1582: 119
11 San Agostin 1720: 237; cf. Ortega 1594: 103; Bobadilla 1640: 292
12 *Volkstelling* 1930; Reid 1987
13 Mossel 1757, Schrieke 1942: 152에 인용
14 Hartingh 1759, Schrieke 1942: 152에 인용; Ricklefs 1986: 9-10; Stavorinus 1798 Ⅲ: 336-340
15 de Graaf 1958: 77-97
16 Schrieke 1942: 148에 인용
17 de Graaf 1958: 90, 151에 인용
18 Wood 1924: 146; Turpin 1771: 156-178; Wyatt 1984: 99, 136-137
19 Jarric 1608: 618-626; Liberman 1984: 45, 248
20 Reid 1980
21 Ishige 1980: 331-337
22 Galvão 1544: 132
23 Artieda 1573: 201-202
24 Dampier 1697: 213-214
25 Marsden 1783: 64
26 Amin 1670: 104-105
27 Boserup 1965
28 Setten van der Meer 1979; Luce 1940
29 Galvão 1544: 132-133
30 Sande 1576: 67; Alcina 1668 Ⅲ: 89-90
31 Scott 1982A: 525
32 Hanks 1972: 56-62
33 Horta 1766: 234
34 Ito 1984: 361-363

35 Hanks 1972: 64
36 Ibrahim 1688: 153-154
37 Couto, Groslier 1958: 73-74에 인용; Ishii 1971: 170
38 Barbosa 1518 Ⅱ: 153; Lieberman 1984: 18
39 Pires 1515: 107
40 Manguin 1980: 268; Bouchon 1979: 143
41 Pires 1515: 98; Bouchon 1979: 139
42 Symes 1827 Ⅱ: 64-65
43 Mandelslo 1662: 106
44 van Haesell 1620: 647
45 Sande 1576: 67; cf. scott 1982A: 526
46 Ma Huan 1433: 91, 117(마환 2021: 58, 94)
47 *Glass Palace Chronicle*: 127
48 Liberman 1984: 1
49 Dasmariñas 1592: 251
50 van Goens 1646: 52, 205, 208; Valentijn 1726 Ⅲ: 282-286
51 Araujo 1510: 28
52 van den Broecke 1634 Ⅰ: 58
53 van Goens 1656: 181
54 Valentijn 1726 Ⅲ: 300-301
55 van Leur 1934: 90
56 Ito 1984: 363
57 Hoare 1630: 89
58 Speelman 1670 Ⅱ: 11
59 van der Hagen 1607: 82
60 West 1617: 63
61 Throgmorton 1617: 226
62 Staverton 1618: 19
63 *Dagh-Register* 1625: 179; Speelman 1670 Ⅲ: 67
64 Alcina 1668 Ⅲ: 81
65 van Vollenhoven 1918: 95-105, 179-198, 278
66 Plasencia 1589: 174-175
67 Crawfurd 1820 Ⅰ: 277, 296-299, 366
68 *Crystal Sands*: 112-114
69 Pigeaud 1962: 87, 470-474
70 Scott 1981: 523
71 Brown 1861: 210-211

72 Skeat 1900: 58; McNair 1878: 160; Raffles 1817 Ⅰ: 114

73 Miles 1979

74 La Loubère 1691: 18

75 Loarca 1582: 121

76 Galvão 1544: 137

77 Lodewycksz 1598: 100; cf. *ibid.*: 102, 104; Davis 1600: 187; Willemsz 1642: 512

78 Pires 1515: 107; Niehoff 1662: 219; van Neck 1604: 229-230; Pallegoix 1854 Ⅰ: 98, 117

79 *Crystal Sands*: 102

80 Crawfurd 1820 Ⅰ: 197

81 Lodewycksz 1598: 119

82 Borri 1633 Ⅲ: C; cf. La Loubère 1691: 35

83 Polo 1298: 227(폴로 2000: 434); cf. Borri 1633 Ⅲ: C; Rhodes 1653: 207

84 Ma Huan 1433: 82, 110, 114, 123(마환 2021: 46, 55, 82-32)

85 Crawfurd 1820 Ⅰ: 195

86 Dampier 1699: 91; Morga 1609: 258; Brunei expedition 1579: 208; scott 1982A: 527

87 Ma Huan 1433: 82, 107, 112(마환 2021: 46, 79, 86)

88 *ibid.*: 92

89 Navarrete 1676 Ⅱ: 196

90 Lodewycksz 1598: 140-152; Dampier 1699: 88

91 Lodewycksz 1598: 146

92 Marsden 1783: 62

93 Bontius 1629: 26, 38; *Brunei expedition* 1579: 235

94 Dampier 1697: 266

95 Burkhill 1935 Ⅰ: 561-576; Morga 1690: 254

96 Hoare 1630: 98; Willoughby 1635: 113

97 Nguyen 1970: 53-54

98 Ishii 1971: 169-170

99 Symes 1827 Ⅱ: 87

100 Loedewycksz 1598: 119

101 Empoli 1514: 134

102 *Hikayat Banjar*: 362-363

103 Willemsz 1642: 512, 524

104 Artieda 1573: 202

105 Schouten 1636: 146

106 Beaulieu 1666: 100
107 La Loubère 1691: 37
108 Dasmariñas 1590A: 429; Hart 1969: 80, 88
109 Tachard 1686: 178
110 Pigafetta 1524: 189(피가페타 2004: 196)
111 van Goens 1656: 234-235
112 Zollinger 1847: 344
113 Bellwood 1978: 75
114 La Loubère 1691: 38; Pallegoix 1854 I: 213; Morga 1609: 254
115 Ma Huan 1433: 92, 101, 107(마환 2021); Pelras 1981: 157
116 Ram Kamheng 1293: 26
117 *Nagara-kertagama* 1365: 31
118 Dampier 1699: 91, 89
119 Pelras 1981: 157
120 van Goens 1656: 181; *Verhael* 1597: 25; Mendoza 1586: 150
121 Ma Huan 1433: 93(마환 2021: 61)
122 *Nagara-kertagama* 1365: 106
123 Pigaffeta 1524: 208-209(피가페타 2004: 221)
124 Dias 1559: 306
125 Matthes 1864: 257-258
126 Crawfurd 1856: 382
127 Miles 1976: 29-50
128 Ibrahim 1688: 157; Symes 1827 II: 61; Pallegoix 1854 I: 213
129 Shway Yoe: 1882 I: 83
130 La Loubère 1691: 119; Choisy 1686: 242
131 Symes 1827 II: 108-109
132 Graham 1912: 126-127
133 Ma Huan 1433: 93(마환 2021: 60)
134 Marsden 1783: 61
135 Dasmariñas 1590B: 3
136 *Hikayat Patani*: 105-106; Reid 1983A: 146-148
137 Copland 1614: 213
138 예를 들어 Galvão 1544: 39
139 Sangermano 1818: 213
140 *True Report* 1599: 33; 또한 *Verhael* 1597: 29; *LREIC* I: 289
141 Bontius 1629: 130
142 Borri 1633: V; Dampier 1697: 277, 279

143 La Loubère 1691: 21
144 *ibid.*: 21
145 Gervaise 1701: 75; Bontius 1629: 131-132; Raffles 1817 Ⅰ: 100
146 Rhodes 1653: 31
147 Ibrahim 1688: 157
148 Raffles 1817 Ⅰ: 100
149 de Haan 1922 Ⅱ: 329에 인용
150 La Loubère 1691: 23; cf. Gervaise 1688: 75
151 *Nagara-kertagama* 1365: 106
152 *Hikayat Hang Tuah*: 251-252
153 La Loubère 1691: 22; Pigafetta 1524: 185-186(피가페타 2004: 189-196)
154 Dasmariñas 1590A: 295; cf. Morga 1609: 251; Chirino 1604: 331-332
155 Huntingdon and Metcalf 1979: 56-57
156 Wilkinson 1903 Ⅰ: 44
157 Ibn Majid 1462: 206
158 *Sejarah Melayu* 1612: 153
159 Dasmariñas 1590B: 10; Pigafetta 1524: 186(피가페타 2004: 196); Dampier 1697: 251
160 Galvão 1544: 144
161 Schouten 1636: 127
162 van Vliet 1636: 83
163 Schouten 1636: 146; La Loubère 1691: 22; Brugière 1829: 202
164 Pallegoix 1854 Ⅰ: 218
165 Errington 1979
166 Raffles 1817 Ⅰ: 100; Crawfurd 1820 Ⅰ: 73
167 Dampier 1697: 225
168 Braudel 1967: 136-141; Farb and Armelagos 1980: 244-249
169 Pallegoix 1854 Ⅰ: 218
170 La Loubère 1691: 30
171 Galvão 1544: 141-145
172 Reid 1985: 532-533
173 Wheatley 1961: 56, 78-79; Chau Ju-kua c. 1250: 155(조여괄 2019: 368)
174 Ma Huan 1433: 92-93(마환 2021: 60)
175 Galvão 1544: 57
176 Pigafetta 1524: 32(피가페타 2004: 142)
177 Borri 1633: C
178 *Hikayat Pocut Muhamat*: 223-225

179 Galvão 1544: 115
180 Penzer 1952: 197, 222; Pires 1515: 516
181 Forth 1981: 360
182 *Babad ing Sangkala* 1738: 29
183 Warwijck 1604: 15
184 Scott 1606: 173
185 van Goens 1656: 257; Stavorinus 1798 Ⅰ: 245
186 de Haan 1922 Ⅱ: 25, 135
187 La Loubère 1691: 50
188 Reid 1985: 535-538
189 Hawley 1626: 154; cf. Sande 1576: 66; Bontius 1629: 129; Schouten 1641: 128; Hamilton 1727: 33
190 Loarca 1582: 116-117
191 Ibrahim 1688: 179
192 Borri 1633: Ⅰ; cf. van Goens 1656: 180; Rhodes 1653: 31
193 Gervaise 1701: 63; cf. Gervaise 1688: 122; Marsden 1783: 44; La Bissachère 1812: 63
194 Brugière 1829: 191
195 Fogel et al. 1982; Tanner 1979
196 Raffles 1818: 350
197 Finlayson 1826: 75, 227, 376
198 Cameron 1865: 131
199 Crawfurd 1820 Ⅰ: 19; 1830, 297; cf. Earl 1837: 166
200 Graham 1912: 142
201 Nyèssen 1929: 80; Coolie Budget Commission 1941: 26-30
202 Bouinais and Paulus 1885 Ⅰ: 226, 502
203 Graham 1912: 159
204 Crawfurd 1820 Ⅰ: 19; 1856: 173
205 Tanner 1979
206 Barrow 1806: 223
207 Marsden 1783: 44; Stavorinus 1798 Ⅱ: 183
208 Morga 1609: 247; Pyrard 1619 Ⅱ: 156; Colin 1663: 60; Dampier 1699: 33, 90
209 Galvão 1544: 71; Craen 1606: 180, 199
210 Fitch 1591: 154; van Noort 1601A: 202-203; van der Hagen 1607: 82
211 Fox 1959: 354
212 Sokoloff and Villaflor 1982: 457; Floud and Wachter 1982

213 Stone 1979: 55; Laslett 1965: 96-98

214 Galvão 1544: 71

215 van Goens 1656: 180; cf. Loarca 1582: 117; "Tweede Boeck" 1601: 90; Mandelslo 1662: 128, 130; Valentijn, 1726 Ⅲ: ii, 255

216 La Bissachère 1812 Ⅰ: 68; Sternstein 1984: 60

217 Raffles 1817 Ⅰ: 77; Crawfurd 1820 Ⅰ: 30

218 Ng 1979: 56-57

219 Fox 1959: 349

220 Hull and Rohde 1980: 9-10

221 Stone 1979: 55-59

222 La Loubère 1691: 50; Crawfurd 1820 Ⅰ: 83; Raffles 1817 Ⅰ: 70; Ng 1979: 150-156

223 La Loubère 1691: 35

224 Chirino 1604: 258; cf. Morga 1609: 249

225 Dampier 1699: 95-96

226 La Loubère 1691: 28-29; Pallegoix 1854 Ⅰ: 223

227 Brown 1926: 47

228 Dampier 1697: 226

229 Smith 1979: 197-198; Das Gupta 1979: 33

230 Hart 1969; Gimlette 1915: 8-42; Manderson 1981: 509-510

231 Frédéric 1981: 269-270

232 La Loubère 1691: 62; cf. Crawfurd 1820 Ⅰ: 328

233 Beeckman 1718: 103-104

234 Beaulieu 1666: 61; Fryke 1692: 133; La Loubère 1691: 62; Sangermano 1818: 173

235 Stavorinus 1798 Ⅰ: 247; Dampier 1699: 336-337; 1697: 103; Brugière 1829: 19

236 Borri 1633: G

237 Crawfurd 1820 Ⅰ: 329; Pallegoix 1854 Ⅰ: 342

238 Shway Yoe 1882: 417

239 Borri 1633: G; La Loubère 1691: 63; Stavorinus 1798 Ⅰ: 247

240 Dampier 1699: 88

241 Lodewycksz 1598: 112, 150-157; cf. Schoute 1929: 106-108

242 Reid 1985: 533-535

243 Schamschula et al. 1977; Möller et al. 1977

244 Hsia 1937; Chung and Ko 1976; Chopra et al. 1956: 23

245 Nguyen Duc Minh: 68-69

246 Beaulieu 1666: 102; Sangermano 1818: 173; Crawfurd 1820 Ⅰ: 31

247 Endicott 1979: 26

248 Endicott 1970; Cuisinier 1951; Terwiel 1980: 53-60; Errington 1983

249 Dasmariñas 1590A: 430-431; cf. Alcina 1668 Ⅲ: 227-241; Galvão 1544: 181; Colin 1663: 75-76; Sangermano 1818: 172

250 Pijper 1977: 146-157; Snouck Hurgronje 1893 Ⅰ: 206-207; Kiefer 1972: 123-124

251 Symes 1827, Ⅱ: 210-212; Shway Yoe 1882: 345-351

252 Alcina 1668, Ⅲ: 232-235

253 Snouck Hurgronje 1893: 417-418; Skeat 1900: 433-436; Evans 1923: 279-280

254 Aymonier 1891: 99-91

255 Lieban 1967: 1-2; Hamilton 1727: 45-48

256 *Hikayat Aceh* 1630: 91-93

257 Thomas 1971: 794-795에 인용

258 Bontius 1629: 104; Crawfurd 1820 Ⅰ: 31-32

259 van Vilet 1640: 57-58

260 *Undang-undang Melaka*: 102-103, 138-139(슈하이미 2020: 215-216)

261 Beaulieu 1666: 103; Snouck Hurgronje 1893 Ⅰ: 133

262 *Babad Tanah Jawa*: 24

263 McNeill 1976: 202-203(맥닐 2005: 238-239)

264 La Loubère 1691: 39; cf. Crawfurd 1820 Ⅰ: 33

265 Jacobs 1974: 242, 449; Chirino 1604: 254

266 Hamilton 1727: 33

267 Galvão 1544: 179

268 Scharer 1946: 20; St. John 1862 Ⅰ: 61-62; Snouck Hurgronje 1893 Ⅱ: 416; Gimlette 1915: 38-39

269 Evans 1923: 48-49

270 McNeill 1976: 78-140

271 Covarrubias 1937: 328-329

272 Bosch 1951: 155

273 *Hikayat Banjar*: 264, 328

274 "Relation" 1572: 170

275 Bontius 1629; 1-5

276 Jacobs 1974: 254-555, 550-552

277 Turner 1665

278 Semmelink 1885; Boomgaard 1987; Terwiel 1987

279 Bontius 1629: 26-29

3장 물질문화

1 Nguyen 1934: 188
2 La Loubère 1691: 29
3 Jourdain 1617: 293
4 Crawfurd 1820 I: 162
5 Symes 1827 I: 283
6 La Loubère 1691: 29
7 Lodewycksz 1598: 108
8 Dampier 1697: 227
9 Dampier 1697: 225; Ma Huan 1433: 123(마환 2021: 100); cf. La Loubère 1691: 165; Symes 1827 I: 218; Davis 1600: 147; Carletti 1606: 86
10 Nguyen 1934: 186; Pigeaud 1962: 509
11 Rhodes 1653: 44; cf. Borri 1633: D; Galvão 1544: 105
12 Alcina 1668 Ⅳ: 38
13 Dampier 1697: 227
14 Alcina 1668 Ⅳ: 38; La Loubère 1691: 32
15 Nguyen 1934: xii-xiv, 179; Turton 1978: 116-117
16 Sangermano 1818: 162
17 La Loubère 1691: 30
18 Nguyen 1934: 471; Errington 1979: 13
19 Wessing 1978: 53-59; Turton 1978: 120; Hilton 1956
20 Davis 1600: 148
21 van der Hagen 1607: 38
22 Valentijn 1726 Ⅲ: 122; *Sejarah Melayu* 1612: 86-87; Symes 1827 I: 106
23 Dampier 1697: 225
24 Reid 1983B의 1638년 지도에 인용; cf. *Lontara'-bilang Gowa*: 92
25 van Vliet 1640: 60
26 Frederici 1581: 249; Schouten 1636: 125; La Loubère 1691: 31-32
27 Albuquerque 1557 Ⅲ: 136; Dampier 1699: 90
28 van Neck 1599: 87
29 Guillot 1985: 8-11; Candrasasmita 1985: 204-206
30 Slametmuljana 1976: 244-247; de Graaf and Pigeud 1984: 28-29,

179-180
31 van Neck 1604: 22
32 Nieuhoff 1662: 218
33 La Loubère 1691: 31
34 Fryke 1692: 60; de Graaf 1701: 12-13
35 Brakel 1975: 60-61; Lombard 1974; Dumarcay 1982: Eredia 1613: 24-25
36 Chou Ta-kuan 1297: 12-13(주달관 2016: 64)
37 *Sejarah Melayu* 1612: 138
38 Albuquerque 1557: 136
39 van Neck 1599: 87
40 *Sejarah Melayu* 1612: 54
41 van Vliet 1636: 83
42 Snagermano 1818: 161; Symes 1827 Ⅰ: 282
43 Chou Ta-kuan 1297: 12-13(주달관 2016: 64)
44 Ma Huan 1433: 87(마환 2021: 53)
45 Eredia 1613: 32; cf. Barros 1563 Ⅱ: ii, 55; Albuquerque 1557: 127; Frederici 1581: 244-245; Bouchon 1979: 141
46 Scott 1606: 169-170; Lodewycksz 1598: 108
47 Warwijck 1604: 53; cf. l'Hermite 1612: 384
48 Masselman 1963: 321-322, 360-385
49 Pring 1619A에서 인용
50 Wolloughby 1636
51 Boxer 1967: 30에서 인용
52 Macassar factory 1659
53 B. Andaya 1979: 46
54 Hamilton 1727: 26; Symes 1827 Ⅱ: 11-21; Sangermano 1818: 162
55 Beaulieu 1666: 110-112
56 Chou Ta-kuan 1297: 31(주달관 2016: 204)
57 "Tweede Boeck" 1601: 67
58 Pigafetta 1524: 57(피가페타 2004: 193); Albuquerque 1557: 107; Davis 1600: 148
59 *Verhael* 1597: 23
60 La Loubère 1691: 30
61 Nguyen 1970: 93
62 *Sejarah Melayu* 1612: 171
63 Pigafetta 1524: 29, 58(피가페타 2004: 137, 195-196); Lancaster 1603:

131; *Sejarah Melayu* 1612: 187

64 Gervaise 1701: 20

65 La Loubère 1691: 48; Shway Yoe 1882: 225-226; Galvão 1544: 87

66 Symes 1827 Ⅰ: 301-302; Cox: 1821: 33-45

67 Eredia 1600: 238; Barros 1563 Ⅱ: ii 34; Ⅲ: ii, 277

68 *Hikayat Aceh* 1630: 164

69 Bontius 1629: 4-5

70 Fitch 1591: 309

71 Dampier 1699: 34

72 Covarrubias 1937: 135; Forth 1981: 164; Gervaise 1688: 113

73 Marsden 1783: 52-53; La Loubère 1691: 29

74 Frédéric 1981: 25

75 Varthema 1510: 220

76 Alcina 1668A: 20

77 Sangermano 1818: 158; Cox 1821: 3

78 Shway Yoe 1882: 48-51

79 Covarrubias 1937: 115-116

80 Colin 1663: 63-64

81 Veltman 1919: 21에 인용

82 Wurm and Wilson 1983: 214; Jasper and Pringadie 1916: 7-8

83 Pigeaud 1967: 268-273

84 Sangermano 1818: 148; Fitch 1591: 308-309; Shway Yoe 1882: 41-47; Terwiel 1980: 64; Forth 1981: 165

85 Colin 1663: 64; cf. Ellis 1981: 249

86 Rutter 1929: 117-119

87 Fitch 1591: 309

88 La Loubère 1691: 27-28

89 Lieberman 1984: 41, 105; Tewrwiel 1983: 124

90 Rhodes 1653: 157

91 Shway Yoe 1882: 72

92 Alicina 1668A: 18

93 Colin 1663: 60; cf. Raffles 1817: 89-90, Valentijin 1726 Ⅲ: 308

94 Berg 1951; Leach 1958

95 Alcina 1668A: 18

96 Andaya 1981: 148; Matthes 1875: 67

97 Ricklefs 1978: 195

98 Mundy 1667: 131; *Hikayat Patani*: 106; Bowrey 1680: 311;

Growneveldt 1880: 135; Ibrahim 1688: 129

99 Forth 1981: 157-159; Covarrubias 1937: 129-130; Skeat 1900: 44

100 La Loubère 1691: 28; Aymonier 1900: 30

101 cf. Keach 1958: 153; Firth 1973: 262-267

102 "Javanese Code": 34-35

103 Drewes 1978: 66

104 Scott 1606: 176

105 *Hikayat Pocut Muhamat*: 233

106 Carey 1981: 254; cf. Lennon 1796: 296

107 Alcina 1668A: 18-19; Chirino 1606: 307, 324

108 Terwiel 1980: 40; Aymonier 1900: 30

109 Chou Ta-kuan 1297: 13(주달관 2016: 66); Frédéric 1981: 247-248; Terwiel 1980: 39-41

110 San Antonio 1604: 8

111 Pelliot 1951: 158

112 van Vliet 1636: 84; La Loubère 1691: 28; Kaempfer 1727: 69

113 *Chiengmai Chronicle*: 115

114 Ibrahim 1688: 56

115 Hamilton 1727: 28

116 Ricklefs and Voorhoeve 1977: 100

117 Smith 1946: 80

118 Drewes 1978: 66; Borri 1633: F

119 Sangermano 181: 159; Finlayson 1826: 373

120 Alcina 1668A: 21-22; MacMicking 1851: 134

121 Drake 1580: 70

122 Verken 1606, Kratz 1981: 70에 인용

123 Sennet 1977

124 Frederici 1581: 268

125 *Sejarah Melayu* 1612: 54; Pires 1515: 265

126 Symes 1827 Ⅰ: 300; Brugière 1829: 192

127 "Relation" 1572: 1666; Mandelslo 1662: 115; Ibrahim 1688: 56

128 Sande 1576: 65

129 Chou Ta-kuan 1297: 15(주달관 2016: 86-88)

130 La Loubère 1691: 26

131 Crawfurd 1820 Ⅰ: 29

132 Valentijn 1723 Ⅲ: 118; Brooke 1848: 81

133 Winstedt 1935: 98

134 Frederici 1581: 269; Sangermano 1818: 157-158
135 Pigeaud 1962: 158; La Loubère 1691: 26; Zollinger 1847: 334
136 *Verhael* 1597: 29; Crawfurd 1820 Ⅰ: 210
137 Liberman 1984: 26에 인용
138 *Sejarah Melayu* 1612: 140-141
139 Hawley 1627: 374
140 *SP 1630-1634*: 449
141 Navarrete 1676 Ⅰ: 116
142 *Hikayat Banjar*: 264
143 van der Hagen 1607: 82
144 Rhodes 1653: 206-207
145 Colin 1663: 63
146 Borri 1633: F
147 Huard and Durand 1954: 177-178; Woodside 1971: 134
148 Coté 1979: 56; Rouffaer 1904: 12-13; Riquel 1573: 241; Stavorinus 1798 Ⅱ: 261
149 Crawfurd 1820 Ⅰ: 176-178
150 Eredia 1613: 39
151 Pigafetta 1524: 72(피가페타 2004: 213); Navarrete 1676: 110; Marsden 1783: 49
152 Alcina 1668 Ⅲ: 99; Loarca 1582: 43-73; Dampier 1697: 217; Jasper and Pringadie 1912: 55
153 Nguyen 1970: 52
154 Chau Ju-kua c. 1250: 46-48, 78, 160-161(조여괄 2019: 38, 60-61, 114); Morga 1609: 263; Wheatley 1961: 77-83
155 Symes 1827 Ⅱ: 187; Cox 1821: 46
156 Groslier 1958: 152; van Neck 1604: 229
157 Mouhot 1864 Ⅱ: 22; cf. Bounais and Paulus 1885 Ⅰ: 333, 533, 569
158 Oki 1979: 147-148
159 Ma Huan 1433: 119(마환 2021: 96); Groenveldt 1880: 93
160 Varthema 1510: 234
161 *Hikayat Raja-Raja Pasai*: 51; *Sejarah Melayu* 1612: 40-41
162 Barros 1563 Ⅲ: ⅰ, 508; Beaulieu 1666: 99; Nicholls 1617: 73
163 Empoli 1514: 148
164 Couto 1645 Ⅴ: ⅱ, 86
165 Shway Yoe 1882: 268
166 Chou Ta-kuan 1297: 30(주달관 2016: 199)

167 La Loubère 1691: 13
168 San Antonio 1604: 24
169 Nguyen 1970: 52, 93-94, 190
170 Raffles 1817 Ⅰ: 86; cf. Symes 1827 Ⅰ: 229; Gervaise 1701: 74
171 Crawfurd 1820 Ⅰ: 178
172 scott 1982A: 528
173 Chou Ta-kuan 1297: 30(주달관 2016: 199)
174 Hooijman 1780: 423-425; cf. Crawfurd 1820 Ⅰ: 178-179
175 Galvão 1544: 123
176 Groeneveldt 1880: 88
177 Lodewycksz 1598: 100-101
178 Heemskerk 1600: 448, 452; Lodewycksz 1598: 119-120
179 Rouffaer 1904: 4; Forrest 1792: 79
180 Speelman 1670A: 103-107, 112-113
181 Lennon 1796: 271-272, 326; Marsden 1783: 52; Donselaar 1857: 302
182 *Traibhumikatha* 1345: 176
183 Pigafetta 1524: 76(피가페타 2004: 243); cf. Barbosa 1518: 198-199
184 Pires 1515: 92, 269-272; cf. Meilink-Roelfsz 1962: 87-88
185 Verhoeff 1611: 242; Mundy 1667: 329-330, 338; Clark 1643: 282
186 Nicholls 1617: 71
187 Smith 1974: 259
188 Coulson and Ivy 1636: 294
189 Coen 1617: 293; Meilink-Roelofsz 1962: 244, 258
190 La Loubère 1691: 27; Goudswaard 1860: 347
191 Chrino 1604: 363
192 Sande 1577: 100
193 Marsden 1783: 168; cf. Eredia 1600: 238-239
194 Araujo 1510: 28
195 Beaulieu 1666: 55, 44; cf. Dobbin 1983: 23-26
196 Dampier 1699: 93-94; Ibrahim 1688: 174-175; *Hikayat Pocut Muhamat*: 114-115; Veltman 1919: 72-76
197 Morga 1609: 261
198 Pires 1515: 115; Nguyen 1970: 90-91; Whitmore 1983: 376
199 van Goens 1656: 182-183
200 Deyell 1983: 222-223
201 Beaulieu 1666: 57-58
202 Schurz 1939: 32

203 Veltman 1904: 346
204 Beaulieu 1666: 90, 100
205 de Haan 1912 Ⅲ: 217; Rouffaer 1904: 91-95
206 "Inlandsche" 1894: 315
207 Lancaster 1603: 112
208 Vlamingh 1644: 609
209 Crawfurd 1820 Ⅰ: 183
210 Scott 1820 Ⅰ: 183
211 Veltman 1904: 343-345; cf. Marsden 1783: 178-180
212 Nguyen 1970: 98에서 인용
213 Davis 1600: 151
214 Schouten 1636: 147
215 Dampier 1699: 46
216 Symes 1827 Ⅱ: 10
217 Nguyen 1970: 116
218 St John 1862 Ⅱ: 254-256
219 Jasper 1904: 1; Hageman 1859A: 141
220 Dampier 1697: 227
221 Dampier 1699: 49
222 Hageman 1859A: 142
223 아체를 일컬어 Dampier 1699: 98
224 Lodewycksz 1598: 129
225 Empoli 1514: 139-140; Barros 1563 Ⅱ: ii, 52
226 Barbosa 1518 Ⅱ: 193
227 Albuquerque 1557: 168
228 *Babad ing Sangkala* 1738: 44-45
229 La Loubère 1691: 69; cf. Poivre 1747: 57-60; Crawfurd 1828: 322
230 Marschall 1968: 137-139; Lombard 1979: 240-241; Ras 1968: 626
231 scott 1982A: 531; Ellen and Glover 1974: 359
232 Ellen and Glover 1974: 356
233 *ibid.*: 354-355; Fox 1959: 373-374; Jacobs 1894 Ⅱ: 137-138
234 Locsin 1967; Milner, McKinnon, and Sinar 1978: 25-30; Hutterer 1977: 178-179; Parker 1979; Intakosai 1984
235 Spinks 1965: 14-17
236 Hein 1985
237 Guy 1986
238 Dampier 1699: 48

239 Hadimuljono and Macknight 1983: 77
240 Fox 1959: 361
241 Endicott 1970: 133-134; Forth 1981: 125-127; Hickey 1982: 132-135
242 Nash 1965: 169
243 *Babad Tanah Jawa*: 14-17; Raffles 1817 Ⅱ: 97-103
244 Sulaiman 1979: 54
245 Alcina 1668 Ⅲ: 104
246 Lodewysksz 1598: 178
247 Morga 1609: 233
248 White 1678: 424
249 Frédéric 1981: 161
250 Sangermano 1818: 205; Cox 1821: 29; La Loubère 1691: 14; Suchitta 1983: 18
251 Suchitta 1983: 16-18
252 Dobbin 1974: 330-333
253 Marsden 1783: 347
254 Pires 1515: 156-157; Speelman 1670A: 113; cf. Crawfurd 1820 Ⅲ: 489; Court 1821: 136, 160
255 Alcina 1668 Ⅲ: 104; scott 1982A: 532; Sande 1576: 74
256 Hutterer 1973: 37; Harrisson and O'Conner 1969: 315
257 Meyer 1890: 63
258 Pires 1515: 93, 179
259 Kruijt 1901: 149-150
260 Mascarenhas 1564: 433-434
261 *Nagara-kertagama* 1356: 17
262 Pires 1515: 215-216; cf. Barbosa 1518 Ⅱ: 205
263 Speelman 1670A: 103-104; Stapel 1922: 5-6; Tobias 1857: 24
264 Speelman 1670A: 111
265 Marchall 1968: 138
266 Harrison and O'Conner 1969: 385
267 Eredia 1600: 232
268 Lodewycksz 1598: 119
269 Verhoeven 1609: 105
270 *Dagh-Register* 1631-1634: 28, 47
271 van Diemen 1637: 629
272 Speelman 1670A: 113
273 van Bemmelin 1949 Ⅱ: 212

274 Marchall 1968: 249; *ENI* Ⅲ: 196

275 Harrison and O'Conner 1969: 342-349

276 Schwaner 1853 Ⅰ: 109-115

277 Wheatley 1959: 117

278 Pires 1515: 125

279 van Neck 1604: 229-230

280 Ito 1984: 439

281 *ENI* Ⅳ: 790

282 Marsden 1783: 181

283 Meyer 1890: 62-63; Raffles 1817 Ⅰ: 173; Dampier 1697: 227; Kruijt 1901: 152 Sangermano 1818: 187; Suchitta 1983: 38, 40; White 1824: 278

284 Schwaner 1853 Ⅰ: 111; Harrison and O'Conner 1969: 345

285 Solheim 1968; Bayard 1980; Loofs-Wissowa 1983

286 van Heekeren 1958: 5, 33, 35

287 Whitmore 1983: 363-369

288 Dobbin 1983: 70-71

289 Ma Huan 1433: 111(마환 2021: 84); Pires 1515: 270-271, 275

290 Gerni 1905: 136-141; Whitley 1964: 115

291 Lodewycksz 1598: 119

292 Maetsuyker 1671: 743

293 Eredia 1600: 235

294 Gerini 1905: 159-160

295 Eredia 1600: 234

296 van der Lijn 1648: 430; Ito 1984: 140

297 Maetsuyker 1657: 126

298 Gerini 1905: 175 재인용

299 Pires 1515: 108; Sangermano 1818: 205; White 1678: 425; Compostel 1636; 1216; Lodewyksz 1598: 119

300 Crawfurd 1828: 419

301 Nguyen 1970: 89

302 Frédéric 1981: 25; Pallegoix 1854 Ⅰ: 119

303 Scott 1974: 246

304 *ibid.*

305 *ibid.*: 247에 인용

306 B. Andaya 1979: 399에 인용

307 Davis 1600: 147

308 Marsden 1783: 172
309 van Bemmelin 1949 Ⅱ: 148
310 *ibid.*: 151
311 Beaulieu 1666: 100; Lancaster 1603: 93; Copland 1616: 210, 213; Jasper and Pringadie 1930: 7-8; Wilkinson 1903: 1125
312 Pires 1515: 180; Compostel 1636: 1200
313 La Loubère 1691: 14
314 Bemmelen 1949 Ⅱ: 155
315 Rouffaer 1904: 99
316 de Haan 1912 Ⅲ: 216-218
317 van Bemmelen 1949 Ⅱ: 157-158
318 de Haan 1912 Ⅲ: 218, 347-348
319 van Bemmelen 1949 Ⅱ: 159
320 Innes 1980: 528-529
321 Pallegoix 1854 Ⅰ: 35
322 Galvão 1544: 105, 141; Barbosa 1518 Ⅱ: 198, 202-203; Hageman 1860: 43
323 Hickey 1982: 186-187, 449

4장 사회조직

1 La Loubère 1691: 90
2 *Hikayat Aceh* 1630: 165-166
3 La Loubère 1691: 91
4 Coen 1615: 119
5 Ivye 1634
6 Albuquerque 1557: 129
7 Ibrahim 1688: 90
8 Matelief 1608: 17
9 Scott 1606: 142
10 Artieda 1573: 197; La Loubère 1691: 90
11 Abbé de Choisy 1687: 241
12 *Sejarah Melayu* 1612: 97, 123; Wales 1952: 103
13 *Hikayat Banjar* 432-437
14 Anderson 1826: 275
15 Dampier 1697: 231; 1699: 100
16 Galvão 1544: 169

17 Battye 1974: 1에 인용

18 Pires 1515: 266, cf. 176

19 *ENI* Ⅱ: 317

20 Pires 1515: 176; Fryke 1692: 48; Raffles 1817 Ⅰ: 298

21 *Hikayat Patani*: 89

22 *Sejarah Melayu* 1612: 71

23 Ibrahim 1688: 136

24 *Hikayat Pocut Muhamat*: 229, cf. 249; Siegel 1979: 113, 137-138, 149; Wales 1952: 95, 133-134

25 Albuquerque 1557: 61

26 Galvão 1544: 171

27 Scott 1606: 142

28 Hwang Chung 1537: 128

29 Salazar 1590: 229

30 Ibrahim 1688: 177-178; cf. Dampier 1699: 94; Terwiel 1983: 124-125

31 *Undang-undang Melaka*: 88-93, 162-123(슈하이미 2020: 208-209, 218)

32 Barros 1563 Ⅱ, ii: 24; cf. Dampier 1699: 94; Scott 1606: 170-171

33 Galvão 1544: 126

34 La Loubère 1691: 77

35 Reid 1983: 161-163

36 Lieberman 1984: 107-109, 163; Rabibhadana 1969: 110

37 Chou Ta-kuan 1297: 19(주달관 2016: 114-115)

38 Endicott 1983: 216-224; Anderson 1826: 297-299; Keppel 1846: 338-339

39 Reid 1983: 31-32, 170

40 *Undang-undang Melaka*: 92-93(슈하이미 2020: 215-216); Morga 1609: 273; *Adatrechtbundels* XXXⅠ: 183

41 *Adatrechtbundels* XVⅡ: 169-170

42 Anderson 1978: 22

43 Matheson and Hooker 1983: 205

44 Reid 1983: 21-22

45 *ibid.*: 22-23, 171

46 Beaulieu 1666: 108

47 Albuquerque 1557: 135

48 Wales 1934: 141

49 *ibid.*: 151

50 Crawfurd 1828: 322

51 *Sejarah Goa*: 25

52 Wolhoff and Abdurrahim: 86

53 Ligtvoet 1880: 98-99; Cense 1979: 175

54 *Sejarah Goa*: 30

55 *ibid.*: 50

56 Hoadley and Hooker 1981: 1-29

57 Pallegoix 1854 Ⅰ: 357; Sangermano 1818: 87; Lingat 1952: 111-112; Pigeaud 1967 Ⅰ: 306-307

58 *Undang-undang Melaka*: 88

59 Hazeu 1905: 119-121

60 Plasencia 1589: 179

61 Frederici 1581: 250

62 Symes 1827 Ⅱ: 19; cf. Sangermano 1818: 83

63 Sangermano 1818: 86

64 Gervaise 1688: 88

65 La Loubère 1691: 86

66 Dasmariñas 1590B: 7

67 Lodewycksz 1598: 127

68 Galvão 1544: 127

69 Hwang Chung 1537: 127

70 Sangermano 1818: 87-90

71 Crawfurd 1820 Ⅲ: 88-89

72 Fitch 1591: 309; Sangermano 1818: 90

73 van Vliet 1636: 71; Gervaise 1688: 89

74 Chou Ta-kuan 1297: 23(주달관 2016: 146)

75 Colin 1663: 85

76 Galvão 1544: 131

77 *Undang-undang Melaka*: 88-89(슈하이미 2020: 208); Dasmariñas 1590B: 7; Hoare 1620: fol. 172; Hsieh 1820: 17-18

78 St. John 1862 Ⅰ: 77; Rutter 1929: 175

79 Ibrahim 1688: 127

80 La Loubère 1691: 87

81 Dasmariñas 1590B: 7

82 Sangermano 1818: 84-85

83 Morga 1606: 277

84 van Vliet 1636: 72
85 Dasmariñas 1590B: 7; Scott 1606: 110
86 Ito 1984: 172-173
87 Ma Huan 1433: 88(마환 2021: 54)
88 Pires 1515: 266; Dasmariñas 1590B: 7-8
89 Dampier 1699: 58-59
90 Chou Ta-kuan 1297: 22(주달관 2016: 143); cf. Ma Huan 1433: 88(마환 2021: 54)
91 Crawfurd 1820 Ⅲ: 105
92 van Vliet 1636: 72; Shway Yoe 1882: 516-517
93 Beaulieu 1666: 101
94 Pires 1515: 267; La Loubère 1691: 87; *Sulu Code* 1878: 91
95 Galvão 1544: 126
96 Scott 1606: 171
97 Hall 1976: 80
98 Morga 1606: 277; Plasencia 1589: 179
99 Hazeu 1905: 56, 151
100 Liaw 1976: 31-40
101 Raniri 1644: 36
102 Ito 1984: 170-171
103 Dampier 1699: 97
104 Dasmariñas 1590B: 7
105 Skeat 1953: 55, 124; *Luwaran*: 68
106 Warwijck 1604: Bowrey 1680: 314; Dampier 1699: 96
107 Beaulieu 1660: 102; Mundy 1667: 135
108 *Undang-undang Melaka*: 88-89(슈하이미 2020: 208)
109 Raniri 1644: 45
110 Ito 1984: 178-179
111 Galvão 1544: 129
112 Pallegoix 1854 Ⅰ: 367
113 *Sulu Code* 1878: 95; Wilkinson 1908: 5
114 Galvão 1544: 129
115 Varthema 1510: 226
116 Scott 1606: 105
117 Beaulieu 1666: 62
118 Westby 1615: 167-168
119 Lancaster 1603: 115

120 Galvão 1544: 89; cf. Legazpi 1569: 61
121 Yu 1978: 92-96(유인선 2014: 84)
122 Chirino 1604: 262; Polanco 1556: 209
123 Boserup 1970: 48-49; Goody 1976: 8
124 Pires 1515: 267
125 La Loubère 1691: 51; Pallegoix 1854 Ⅰ: 230; Shway Yoe 1882: 59; Wilkinson 1908A: 37
126 Lingat 1952: 38-39, 135-141, 153, 166
127 La Loubère 1691: 52; Reynolds 1979: 935; Plasencia 1589: 181
128 Saleeby 1905: 66; Geertz 1963: 47, 81
129 Lingat 1952: 30-36, 92-96
130 *Sejarah Melayu* 1612: 78; cf. *Wangbang Wideya*: 113; Rassers 1922: 29
131 Rasser 1922; Pigeaud 1967: 206-209; Dhaninvat 1956
132 Compton 1979
133 Alcina 1668 Ⅲ: 34-35
134 *ibid.*: 68-69
135 Chou Ta-kuan 1297: 17(주달관 2016: 97)
136 Raffles 1815 Ⅰ: 318
137 Lingat 1952: 89n
138 Brown, Edwards, and Moore
139 Gervaise 1701: 139
140 Pigafetta 1524: 43
141 Loarca 1582: 116; Pretty 1588: 242; Dasmariñas 1590A: 417-418; Carletti 1606: 83-84; Morga 1609: 278
142 Harrison 1964: 165-166
143 Ma Huan 1433: 104
144 Pires 1515: 102-103
145 van Neck 1604: 226; cf. Fitch 1591: 308
146 van der Hagen 1607: 82
147 Adriani and Kruyt 1912-1914 Ⅱ: 392
148 Dasmariñas 1590A: 444
149 Pigafetta 1524: 95
150 Stutterheim 1930: 31
151 Dasmariñas 1590A: 418
152 Chirino 1604: 319
153 Geertz 1980: 35(기어츠 2017: 71)

154 Chrino 1604: 321; cf. Morga 1609: 275
155 Schouten 1636: 146; cf. La Loubère 1691: 53; van Vliet 1636: 86
156 Aymonier 1891: 30-31
157 Raffles 1817 Ⅰ: 320
158 Plasenicia 1589: 813; Dasmariñas 1590A: 410-411; Pires 1515: 267; Beaulieu 1666: 100; Polanco 1556: 209
159 Chirino 1614: 321
160 La Loubère 1691: 53; van Vliet 1636: 86
161 *Lontara'-bilang Gowa*: 95-199
162 *Lontara'-bilang Gowa*: 87-119; cf. *Sejarah Goa*: 66
163 van Vollenhoven 1918: 79; Nash 1965: 253; Djamour 1959: 139
164 Earl 1837: 59 cf. Crawfurd 1820 Ⅰ: 78-79; St. John 1862 Ⅰ: 165-167
165 Stone 1984: 46; Wrigley and Schofield 1981: 254-260.
166 Barbosa 1518 Ⅱ: 176; cf. Barros 1563 Ⅱ, vi: 24; Eredia 1613: 31, 40
167 Scott 1606: 173
168 Dasmariñas 1590A: 427
169 Beeckman 1718: 41; cf. Valentijin 1726 Ⅲ: 312; Low 1848: 196; Finlayson 1826: 309-310
170 Schurhammer 1977: 530
171 Legazpi 1569: 61
172 Galvão 1544: 89
173 Cameron 1865: 131
174 Scott 1606: 127
175 Morga 1609: 278
176 Varthema 1510: 202-204; cf. Lach 1965: 554
177 Chou Ta-kuan 1297: 17-18(주달관 2016: 100)
178 van Neck 1604: 225
179 "Tweede Boeck" 1601: 77
180 Dampier 1697: 268; Dampier 1699: 40-41: Symes 1827 Ⅰ: 253; Navarrete 1676: 268
181 Hamilton 1727: 28
182 Chou Ta-kuan 1297: 27(주달관 2016: 180)
183 Ibn Majid 1462: 206; cf. Pires 1515: 268
184 Navarrete 1676: 122-123
185 Smith 1974: 285-287
186 Bouhdiba 1975: 126-127
187 Scott 1606: 176

188 Coen 1619B: 478
189 Dasmariñas 1590B: 14
190 van Neck 1604: 225
191 La Loubère 1691: 74, 85; Pallegoix 1854 I: 311
192 Symes 1827 I: 252-253
193 Gibb and Kramers 1961: 564-570, 658-659
194 La Loubère 1691: 53, 51
195 *Sulu Code* 1878: 92-93
196 *Luwaran*: 17-72
197 *Undang-undang Melaka*: 158-161(슈하이미 2020: 216-218)
198 *ibid.*: 84-85; cf. Moyer 1975: 185-186
199 van Neck 1604: 224
200 Ito 1984: 168-170; Dasmariñas 1590B: 9
201 Snouck Hurgronje 1893 I: 10-14; Saleeby 1905: 66, 92-93; Hsieh 1820: 20
202 *Undang-undang Melaka*: 132-133
203 Ibn Majid 1462: 206
204 Dasmariñas 1590B: 9
205 Wrigley and schofield 1981: 225
206 Lintgens 1597: 77
207 "Tweede Boeck" 1601: 149; Mandelslo 1606: 115; Barrow 1806: 226
208 La Loubère 1691: 51
209 Morga 1609: 277
210 Eveleth 1979: 384-387; Laslett 1980
211 Craen 1606: 180, 199
212 Jacobs 1894 I: 209
213 Bouinais and Paulus 1885 I: 228
214 Laslett 1965: 84-92
215 Jacobs 1894 I: 27
216 B. P. S. 1980: 38
217 Ng 1979: 138; Owen 1985
218 Liberman 1984: 20
219 Pallegoix 1854 I: 224
220 Ng 1979: 152-159
221 *ibid.*: 166, 169
222 Beeckman 1718: 42; Chou Ta-kuan 1297: 17(주달관 2016: 99); Marsden 1783; 284-285

223 Sangermano 1818: 164; Shway Yoe 1882: 1-2; Graham 1912: 148
224 La Loubère 1691: 66-67
225 Jacobs 1894 Ⅰ: 141-144; Skeat 1900: 342-343; Marderson 1981: 513-515
226 Sangermano 1818: 164
227 Mitchell 1982; Tregonning 1965: 163
228 Mitchell 1982: Jordaan and de Josselin de Jong 1985: 256-257; La Bissachère 1812 Ⅰ: 67
229 Pigafetta 1524: 94(피가페타 2004: 270); Drake 1580: 73; Crawfurd 1820 Ⅰ: 33-34; Zollinger 1851: 338
230 *Sejarah Melayu* 1612: 166
231 Nash 1963: 252, 265; St. John 1862 Ⅱ: 261; Snouck Hurgronje 1893 Ⅰ: 113; Rutter 1929: 73; Forth 1981: 13
232 Loarca 1582: 119
233 Dasmariñas 1590A: 413; cf. Pedrosa 1983: 13-20
234 Carletti 1606: 84
235 Appell 1968: 205
236 Dasmariñas 1590A: 427
237 La Loubére 1691: 74
238 Crawfurd 1820 Ⅰ: 83
239 van der Kroef 1956; Valeri 1985; Duff-Cooper 185; Keeler 1983
240 Reynolds 1979: 929
241 Boserup 1970: 87-89
242 Skinner 1957: 301
243 Dobbin 1983: 50에서 인용
244 Alexander 1984: 36
245 Chou Ta kuan 1297: 20(주달관 2016: 180)
246 Ma Huan 1433: 104(마환 2021: 75)
247 Hamilton 1727: 96
248 Dampier 1699: 92, 47
249 White 1824: 261; Chapman, Yu 1978: 102에서 인용
250 Symes 1827 Ⅰ: 255
251 Galvão 1544: 75
252 Hwang Chung 1537: 128; cf. Pires 1515: 274
253 Raffles 1817 Ⅰ: 353
254 Raffles 1817 Ⅱ: 115-120; Meilink-Roelofsz 1962: 108; Lombard and Salmon 1985: 74

255 Speelman 1670A: 111
256 Coolhaas 1964: 21, 93, 257, 775
257 Wonderaer 1602: 80
258 Pombejra 1984: 2-3; van Opstall 1985: 109-112
259 Browne 1616: 108
260 Compostel 1636: fol. 1200
261 Wonderaer 1602: 22, 38
262 Cox 1821: 319-321
263 Anderson 1826: 44-45
264 Pinto 1614: 375(핀투 2006 하: 367)
265 Scott 1606: 170
266 Casparis 1981: 147
267 Andaya 1981: 260; Matthes 1875: 67
268 Pires 1515: 176; Ma Huan 1433: 88(마환 2021: 54)
269 Gerini 1905: 179-183
270 de Graaf 1958: 90
271 Chou Ta-kuan 1297: 15-16(주달관 2016: 89)
272 Beaulieu 1666: 102; van Goens 1656: 256-260
273 Kumar 1980: 4-6
274 Wales 1934: 146; La Loubère 1691: 100
275 *Sejarah Melayu* 1612: 98; *Sejarah Goa*: 40
276 Davis 1600: 150
277 Ibn Battuta 1354: 279-281(이븐 바투타 2001 2권: 321)
278 Pigaffetta 1524: 154-155(피가페타 2004: 154); Scott 1606: 155
279 *Nagara-kertagama* 1365: 107-108; *Hikayat Patani*: 115-117
280 Sutton 1984; Pigeaud 1938: 61
281 St. John 1862 Ⅱ: 260
282 Nguyen and Huu 1973: 170; Kumar 1980; Dhaninivat 1956: 139
283 Matthes 1852: 172
284 Diller 1983; Schweisguth 1951: 84-90
285 van Vilet 1636: 88
286 Alcina 1668 Ⅲ: 39; cf. Dasmariñas 1590A: 424
287 Brooke 1848 Ⅰ: 74-75
288 Cowan 1938: 209-210
289 Scott 1606: 130; Djajadiningrat 1913: 153-154
290 Reid 1979: 408-412
291 van Neck 1604: 226

292 Raniri 1644: 59
293 Bowrey 1680: 296; cf. Ibrahim 1688: 174
294 *Hikayat Patani*: 114

5장 축제와 오락

1 La Loubère 1691: 35; *Verhael* 1597: 30; Eredia 1613: 39
2 Le Roy Ladurie 1979: 303-304
3 Bakhtin1940: 220
4 Geertz 1980: 123(기어츠 2017: 225)
5 *Adat Aceh*: 35-37
6 Mundy 1667: 123; cf. Croft 1613: 168-172; Verhoeff 1611: 240
7 de Graaf 1701: 14
8 Couto 1645 Ⅵ, ii: 125-127; Archaimbault 1972; Wales 1931: 225-226
9 Tachard 1686: 187; cf. La Loubère 1691: 43; Wales 1931: 200-212
10 van Vliet 1636: 25-26
11 Tachard 1686: 190
12 Frederici 1581: 250
13 *Hikayat Banjar*: 315-323
14 Ali Haji 1866: 143-144
15 Scott 1606: 152-162
16 *ibid.*: 159
17 Pigeaud 1962: 274
18 van Vliet 1640: 69
19 Huard and Durand 1954: 237-238; Kaudern 1929: 79-85
20 Wales 1931: 238-255
21 *ibid.*: 239
22 Tachard 1686: 215
23 *Hikayat Banjar*: 316
24 Ram Kamheng 1293: 27
25 van Vliet 1640: 78
26 *Hikayat Aceh* c. 1630: 126-143
27 Verhoeff 1611: 240
28 best 1614A: 52; cf. Croft 1613: 158-171; Mundy 1667: 126-130
29 Tachard 1686: 209-210
30 *ibid.*: 211-213; cf. Ibrahim 1688: 72-73; Copland 1614: 210-211

31 Crawfurd 1828: 218-219; Finlayson 1826: 321-323
32 Crawfurd 1820 Ⅰ: 115
33 Raffles 1817 Ⅰ: 347
34 van Goens 1646: 238
35 Ricklefs 1974: 274-275; Kumar 1980: 37
36 Dasmariñas 1590C: 42
37 Kumar 1980: 37; Raffles 1817 Ⅰ: 347
38 Pigeaud 1967: 276
39 *Hikayat Hang Tuah*: 105
40 van Goens 1656: 229-233; "Tweede Boeck" 1601: 37-40; Valentijn 1726 Ⅲ: 313; Raffles 1817 Ⅰ: 345-346
41 San Antonio 1604: 7; Gerini 1912: 72; Bowring 1857 Ⅱ: 330
42 Kumar 1980: 37
43 Ma Huan 1433: 94(마환 2021: 62-63)
44 Pires 1515: 174-196; cf. Couto 1645 Ⅳ, ⅰ: 169
45 *ibid.*: 176
46 Raniri 1644: 33
47 *Hikayat Aceh* c. 1630: 97
48 Setten van der Meer 1979: 126-130; Covarrubias 1937: 74, 278
49 Kumar 1980: 38
50 Wales 1931: 124-125에서 인용
51 Galvão 1544: 147
52 van der Broecke 1634: 176; cf. van Warwijck 1604: 15
53 Beaulieu 1666: 59
54 La Loubère 1691: 46-47
55 Symes 1827 Ⅰ: 200-201
56 Galvão 1544: 147; cf. Alcina, Scott 1985: 20에 인용
57 Tachard 1686: 189-190
58 *ibid.*: 190; La Loubère 1691: 50; Shway Yoe 1882: 353-362
59 Willemsz 1642: fol. 524; La Loubère 1691: 50; Marsden 1783: 273-274; Lennon 1796: 262; Goudswaard 1860: 351-352; Aymonier 1900: 45
60 Crawfurd 1820 Ⅰ: 109-111
61 Woodard 1796: 122
62 Tjan 1941: 7, 9에서 인용
63 San Agostin 1720: 282; cf. Dasmariñas 1590A: 411
64 Boon 1977: 31에서 인용

65 Guggenheim 1982: 23
66 Geertz 1973A(기어츠 2009)
67 *ibid.*: 447(같은 책: 525)
68 Marsden 1783: 274; Newbold 1839 Ⅱ: 179-183
69 Yu 1783: 274(유인선 2014: 175)
70 Raniri 1644: 33
71 *ibid.*: 36
72 *Undang-undang Melaka*: 166-167(슈하이미 2020: 219)
73 Carey 1981: 117
74 Ochse 1931: 260-261; Burkill 1935: 92; Crawfurd 1820 Ⅰ: 114
75 de Haen 1623: 37
76 Sangermano 1818: 162-163; Shway Yoe 1882: 369-372
77 Oosterbeek 1905: 56-57
78 Shway Yoe 1882: 374-376
79 Anderson 1973; Oosterbeek 1905: 53-57; Skeat 1900: 494-503
80 Oosterbeek 1905: 55
81 San Antonio 1604: 7; Skeat 1900: 484-485; Gerini 1912: 72-73
82 Wales 1931: 221-222
83 La Loubère 1691: 49
84 Ricklefs 1978: 178
85 Kruyt 1932; Anderson 1973: 279
86 Kaudern 1929: 147-221
87 Kruyt 1932: 573; Pigeaud 1967: 231
88 Kruyt 1932: 577-585
89 Kats 1923: 391
90 Galvão 1544: 149
91 Newbold 1839 Ⅱ: 183; Goudswaard 1860: 351
92 Tjan 1941: 3
93 *Undang-undang Melaka*: 167
94 Morga 1598: 86-87
95 Tjan 1941
96 Woodard 1796: 122
97 Oosterbeek 1905: 60; *Undang-undang Melaka*: 166
98 Barros 1563 Ⅱ, iv: 407
99 Galvão 1544: 147; Brunei expedition 1579: 222
100 *Sejarah Melayu* 1831: 151
101 *Sejarah Melayu* 1612: 46

102 Anderson 1826: 50

103 Murray 1913: 28

104 Shway Yoe 1882: 366

105 *ibid.*

106 La Loubère 1691: 50

107 Murray 1913: 108-118

108 Galvão 1544: 146-149

109 *Sejarah Melayu* 1612: 115

110 "Tweede Boeck" 1601: 84

111 Shway Yoe 1882: 372; cf. Marsden 1783: 276-277; Sangermano 1818: 163; Gerini 1912: 73; Kaudern 1929: 85-103

112 La Bissachère 1812 Ⅱ: 91-92

113 Macartney 1798 Ⅰ: 339

114 Kaudern 1929: 105-110

115 Dampier 1699: 101

116 Alcina 1668 Ⅲ: 64 cf. Symes 1827 Ⅱ: 22-23

117 Pamberton 1830: 43-44

118 Shway Yoe 1882: 285

119 Nicolas 1924: 43

120 Scott 1606: 152-162

121 Tachard 1686: 184-185

122 Pigeaud 1938: 32, 36, 61

123 Huizinga 1938: 1-27(하위징아 2018: 29-75)

124 *Hikayat Banjar*: 41

125 *Hikayat Dewa Mandu*: 257

126 Shway Yoe 1882: 293; Crawfurd 1820 Ⅰ: 126-132

127 Gervaise 1688: 95-96

128 Shway Yoe 1882: 308, 360

129 Crawfurd 1820 Ⅰ: 122-123

130 Hauch 1972: 11-13; Huynh 1970: 16-22

131 Kats 1923: 35-47

132 Raffles 1817 Ⅰ: 411-412

133 Ras 1976: 57-61; Pigeaud 1967: 287; Mulyono 1978: 33-86

134 Ma Huan 1433: 97(마환 2021: 67)

135 Pires 1515: 177

136 Pigeaud 1938: 39-52

137 Scott 1606: 155-156, 161

138 van Goens 1656: 238

139 Floris 1615: 87

140 Ras 1968: 41

141 *Hikayat Banjar* 314; cf. 323

142 Barth 1896: 92-93

143 Nicolas 1927: 105; Dhaninivat 1948: 116

144 Brandon 1967: 65-66

145 Tachard 1686: 192, 185; La Loubère 1691: 47

146 La Loubère 1691: 49

147 Nicolas 1924: 43

148 Pemberton 1830: 31

149 Htin Aung 1937: 144-149

150 *ibid.*: 18-20

151 *ibid.*: 21-24

152 *Wangbang Wideya*: 87, 91; Pigeaud 1938: 345-347; McPhee 1966: 113

153 *Hikayat Patani*: 115-116

154 Alcina 1668 Ⅲ: 64; Loarca 1582: 121; Symes 1827 Ⅱ: 23; Schweisguth 1951: 119-121

155 *Verhael* 1597: 30

156 Bowring 1857 Ⅰ: 150-151

157 Morton 1976: 13

158 Kunst 1933 Ⅰ: 120-121

159 Dampier 1697: 231; Yupho 1957: 22

160 Lodewycksz 1598: 107; Wilkinson 1903: 374

161 Alcina 1668 Ⅲ: 722-773

162 Galvão 1544: 111; cf. Scott 1606: 155

163 Morga 1609: 276; Galvão 1544: 149

164 van Goens 1656: 229-230

165 Albuquerque 1557: 161

166 Dampier 1697: 234

167 La Loubère 1691: 68; Morton 1976: 45-48

168 Pigafetta 1524: 36-37(피가페타 2004: 154-155?)

169 *Verhael* 1597: 30

170 Morton 1976: 101-105

171 Kunst 1933: 113-114

172 van Goens 1656: 235

173 *Hikayat Patani*: 141
174 Alcina 1668 Ⅲ: 64-73; cf. Chirino 1606: 279
175 *ibid.*: 67
176 Tran 1967: 19-23; Kunst 1933: 121
177 Tran 1967: 64-65
178 Sutton 1982: 291-292
179 Dasmariňas 1590A: 424
180 Chirino 1604: 280
181 Morga 1609: 269
182 Colin 1660: 51
183 Alcina 1688 Ⅲ: 39
184 Delgado 1751, Scott 1968: 58-59에서 인용
185 van Goens 1656: 184
186 Zollinger 1847: 532
187 Jacobs 1883: 216
188 *Census of the Philippine Islands*, 1903 Ⅱ: 78-79
189 *Volkstelling* 1920 Ⅱ: 155, 293
190 *Volkstelling* 1920 Ⅰ: 17
191 *Volkstelling* 1930 Ⅳ: 74-75; Loeb 1935: 279-280; P. 포르후버Voorhoeve 박사가 개인적으로 제공한 정보
192 Jacobs 1883: 216
193 Dasmariñas 1590A: 424; cf. Chirino 1604: 286
194 Conklin 1949; Conklin 1960: 117-118; Scott 1968: 59
195 Mantja 1984: 37
196 Gervaise 1701: 64, 74
197 Matthes 1856: 184-185
198 Zoetmulder 1974: 136-153
199 *Qabus Nama* 1082: 125
200 Radjab 1950: 17
201 Goody 1968: 11-20
202 Morris 1964: 177-215
203 Pallegoix 1854 Ⅰ: 226
204 van Vliet 1936: 89
205 Symes 1827 Ⅰ: 149; cf. Sangermano 1812: 121; Pemberton 1830: 35; Trant 1827: 259
206 Ireland 1907 Ⅰ: 381
207 Trant 1827: 209

208 Malcolm 1840: 59; cf. Kaung 1963: 33-34
209 Pallegoix 1854 Ⅰ: 226; Chevillard 1889: 147
210 Wyatt 1969: 22
211 Ram Kamheng 1293: 29
212 Pigeaud 1967: 29-30
213 Davis 1600: 151; Warwijck 1604: 16; Dampier 1699: 95
214 *Hikayat Aceh*: 149-150
215 Lodewycksz 1598: 120; Dampier 1697: 226; Galvão 1544: 123
216 van Goens 1656: 184
217 Brunei expedition 1579: 201-202
218 Colin 1663: 51; cf. Chirino 1604: 281
219 Fitch 1591: 164
220 Lodewycksz 1598: 120, 141-142; cf. Ma Huan 1433: 96(마환 2021: 65); Kratz 1981: 69
221 La Loubère 1691: 12; Gerini 1912: 263; Shway Yoe 1882: 130
222 Gerini 1912: 264-265
223 Ma Huan 1433: 83(마환 2021: 47); Pigafetta 1524: 58(피가페타 2004: 197)
224 Tsien 1962: 138-139; Huard and Durand 1954: 158
225 Dampier 1699: 47
226 Salmon 1983에 인용
227 Guillot 1983
228 Crawfurd 1856: 328; cf. Raffles 1817: 175; Pigeaud 1967: 35-36
229 Lodewycksz 1598: 142
230 Drewes 1969: 2
231 Pigeaud 1967: 26
232 Raffles 1817 Ⅰ: 175
233 Varthema 1510: 209; La Loubère 1691: 12; Gerini 1912: 262-266
234 van Vliet 1636: 97
235 Trant 1827: 256
236 Pires 1515: 130
237 Lodewycksz 1598: 120; San Antonio 1604: 98; van Vliet 1636: 98
238 Pigafetta 1524: 86
239 Reynst 1615: 60
240 Court Minutes 1632: 329
241 Coolhaas 1968: 351, 368, 449, 460, 471
242 Galvão 1554: 85
243 *Hikayat Hang Tuah*: 291

244 *Sejarah Melayu* 1612: 168

245 St. John 1862 Ⅱ: 260; cf. Newbold 1839 Ⅱ: 327; Anderson 1826: 50; Sweeney 1973; Pou 1977: 32; L. Andaya 1979

246 La Loubère 1691: 60

247 Wenk 1968: 95-125; Archaimbault 1972: 29-30

248 Trant 1827: 217-220

249 Si Mahasot, Schweisguth 1951: 120에 인용

250 Alcina 1668 Ⅲ: 34-35

251 Compton 1979

252 Tran 1967: 196-199

253 Pigeud 1967: 19

254 *Sejarah Melayu* 1612: 115, 142, 172-173; cf. Roolvink 1966

255 La Loubère 1691: 54

256 Dampier 1697: 230

257 Rhodes 1653: 208

258 de Graaf 1958: 212-213

259 Lancaster 1603: 96-97; Ito 1984: 248-252; Nieuwenhuijze 1945

260 Amin 1670: 91

261 Caen 1632: 222

262 Lodewycksz 1598: 120; cf. Willoughby 1635: fol. 117

263 Al-Attas 1968: 45에서 인용

264 *ibid.*; Teeuw 1966

265 Ito 1978

266 Al-Attas 1966: 99에서 인용

267 Drewer 1969

268 de Graaf and Pigeaud 1974: 165-166; de Graaf 1958: 212-213

269 Ricklefs 1978: 202-222

270 *Sejarah Goa*: 9

271 Reid 1981: 22-23

272 Cense 1966

273 Pou 1977: 41-44

274 Schweisguth 1951: 107; cf. Kasetsiri 1979: 159

275 Schweisguth 1951: 114-118; Jumsai 1973: 161-169

2권 확장과 위기

6장 교역의 시대, 1400~1650년

1 Braudel 1979 Ⅱ: 408(브로델 1996 Ⅱ)
2 Pires 1515: 214-19; Pigafetta 1524: 79 (피가페타 2004: 215)
3 Goitein 1967: 253, 357; Ashtor 1969: 139-40; Goitein 1973: 224-226, 257
4 Wang Ta-yuan 1349, Rockhill 1915: 259-60에서 재인용
5 Galvão 1544: 79-81; Barro 1563 Ⅲ, i: 577-579
6 Pigafetta 1524: 72, 83(피가페타 2004: ?, 235); Edwards and Blagden 1931: 725
7 1992: 181-198
8 Pires 1515: 219
9 Galvão 1544: 137; van der Broecke 1634 I: 68; Knaap; 1987: 229
10 Araujo 1510: 29-30
11 Pigafetta 1524: 79(피가페타 2004: 251)
12 *Nagara-kertagama* 1365: 17; Pires 1515: 174
13 de Clercq 1890: 148-49
14 Galvão 1544: 105
15 *ibid.*: 83-85; Pires 1515: 213; de Clercq 1890: 148-149
16 Varthema 1510: 244
17 Pires 1515: 206-07; Barbosa 1518 Ⅱ: 197
18 Chau Ju-kua 1250: 223(조여괄 2019: 395); cf. Wheatley 1959: 100-110
19 Ma Huan 1433: 118 마환 2021: 94 ; Rockhill 1915: 155-156
20 Pires 1515: 82, 140, 144
21 Glamann 1958: 81, 85; Arasaratnam 1986: 107
22 *ibid.*: 84; Chaudhuri 1978: 527-529
23 Reid 1990: 17-19
24 Glamann 1958: 81, 84
25 Polo 1298: 209(폴로 2000)
26 T'ien Ju-kang 1981
27 Deyell 1983: 222-24, Moloughney and Xia 1989: 56-57
28 Lieberman 1984: 22
29 Lapidus 1967: 23-24, 121-26; Ashtor 1976: 325-28
30 Ashtor 1979, Wake 1979, Reid 1990

31 Lane 1933: 13-14; Magalães-Godinho 1969: 701-02, 713-28
32 Magalães-Godinho 1969: 701-18; Wak 1979; Reid 1990: 26-27
33 Panikkar 1953
34 Wills 1974: 7; Mills 1979: 70
35 Ming Shi Lu: 366, 387
36 Wade 1991: 79
37 Ming Shi Lu; also Fairbank and Teng 1941: 123-29; Wang 1970: 74; Suebsang 1971: 106-20; Reid 1992: 191-94
38 Sakamaki 1964; Sakai 1968; Kobata and Matsuda 1969
39 Hayami 1986: 5
40 Iwao 1976: 300-01; Innes 1980: 51-66
41 Zhang 1617: 131-33; Blussé and Zhuang 1991: 146
42 Innes 1980: 52-53
43 Chen 1974: 12-16; Innes 1980: 53
44 Braudel 1979 Ⅰ: 221(브로델 1995 Ⅰ-1: 308)
45 Magalhães Godinho 1969: 591-92
46 Thomaz 1981: 100-01
47 Knaap 1987: 234, 245-46
48 Glamann 1958: 103
49 *ibid.*: 301-02의 표에서; Raychaudhuri 1962: 193-94
50 Braudel 1966 Ⅰ: 543-44(브로델 2017 Ⅱ-1: 250-251)
51 Magalhães Godinho 1969: 773-74
52 Lane 1940; Braudel 1966: 545-51(브로델 2017 Ⅱ-1: 251-256); Boxer 1969: 418-19; Subrahmanyam 1990: 130-33
53 Fernandez 1579: 226
54 Thomaz 1979: 116
55 Chaunu 1960: 78-82, 245
56 de la Costa 1967: 347에서 재인용
57 Steensgaard 1973: 170-71
58 *ibid.*: 171-72
59 Knaap 1987: 20, 231
60 Glamann 1958: 98-101; Steensgaard 1973: 155-57
61 Knaap 1987: 234-35
62 Glamann 1958: 97-101; Knaap 1987: 245-46
63 Glamann 1958: 77-83
64 Pires 1515: 213-14
65 Ishii 1988: 6

66 Magalhães Godinho 1969: 316-17, 334
67 *ibid.*: 329-30
68 *ibid.*: 335
69 Pires 1515: 269-72
70 *ibid.*: 92
71 Lancaster 1602: 107
72 *ibid*: 90
73 Verhoeff 1611: 242
74 Clark 1643: 282; Vilaming van Outshoorn 1644: 547; Mundy 1667 Ⅱ: 329, 338
75 Dampier 1699: 101; Coolhaas 1968: 93, 324, 476; Das Gupta 1982: 431; Arasaratnam 1986: 126
76 Prakash 1979: 51-53
77 Arasaratnam 1986: 96
78 Coen 1619C: 583; Colenbrander 1921: 94, 296; Subrahmanyam 1990: 17
79 Raychaudhuri 1962: 139-43,162; Arasaratnam 1986: 134; Laarhoven 1988
80 Coen 1619C: 583
81 뤼르디어 라르호번Ruurdje Laarhoven이 준 정보; Arasaratnam 1986: 134
82 Subrahmanyam 1990: 175-77
83 Coulson and Ivy 1636: 293-94
84 *English Factories* 1668-69: 280; 1670-77: 3, 30, 120-21, 141, 157, 264
85 Subrahmanyam 1990: 181-88
86 Arasaratnam 1986: 119-25
87 Laarhoeven 1988
88 Knaap 1987
89 Kathirithamby-Wells 1977: 61, 70; Marsden 1783: 132; de Rovere van Breugel 1787: 342
90 Innes 1980: 504-08
91 *ibid.*: 507
92 Ishii 1971: 170
93 Glamann 1958: 152-156
94 Marsden 1783: 154
95 Wusthoff 1642: 202; Coolhaas 1960: 592

96 van Hall and van der Koppel 1946-50 111: 659
97 Dampier 1697: 228
98 Gijsels 1621: 22-23; Knaap 1987: 232
99 van Neck 1604: 199-200
100 Villiers 1981: 728-29
101 La-uddin 1788: 5; de Rovere van Breugel 1787: 342-43
102 Anderson 1826: 61, 260-61; Veth 1877: 242-43; Gould 1956: 100-04; Siegel 1969: 17-21
103 Pires 1515: 26
104 Lodewycksz 1598: 129
105 Dampier 1699: 91
106 Reael 1618: 88; Gijsels 1621: 22
107 Speelman 167oA: 112
108 *Hikayat Ranto*: 10-11
109 Horridge 1981: 8-70
110 Edwards and Blagden 1931: 734
111 Manguin 1985: 24; Reid 1992: 178-84
112 Varthema 1510: 239
113 Empoli 1514: 48, 131; Pires 15 15: 194-95; Pigafetta 1524: 59(피가페타 2004: 201-202); Manguin 1980: 267-68, Scott 1982: 530
114 Cortesão 1944: 152n에서 재인용
115 Manguin 1984, 1985
116 *Kidung Sunda*: 77; Manguin 1984: 201
117 Pires 1515: 122-23
118 Pires 1515: 174
119 Pyrard 1619 Ⅱ: 180-82; Boxer 1969A: 209-11
120 Manguin 1980: 268
121 "Verhaal" I 622: 540
122 *ibid.*: 532
123 Lodewycksz 1598-132-33
124 Manguin 1984: 202-04; Blussé 1986: 106
125 Empoli 1514: 148-49
126 Pires 1515: 195
127 Coen 1619A: 419
128 Manguin 1993
129 Pires 1515:145, 195; Bouchon 1979: 139
130 du Jarric 1614: 845

131 Albuquerque 1557: 168
132 Loarca 1582: 78-79
133 Lodewycksz 1598: 132-33
134 Alcina 1668 Ⅲ: 54-55
135 Varthema 1510: 247
136 Lodewycksz 1598: 131
137 Meilink-Roelofsz 1962: 104-05
138 Alcina 1668 Ⅲ: 55
139 *Undang-undang Laut*: 38(슈하이미 2020)
140 Pires 1515: 211
141 Cortesão 1944: lxxviii
142 Le Roux 1935: 699-701; Reid 1981: 21-22
143 Forrest 1792: 82
144 *Undung-undang Laut*: 30
145 Amanna Gappa 1676
146 *Undang-undang Laut*: 32, 36-37(슈하이미 2020: 221, 224)
147 *ibid.*: 38(슈하이미 2020: 224-225)
148 *ibid.*: 43(슈하이미 2020: 228)
149 Thomaz 1966: 194-95; Bouchon 1979: 135
150 Pires 1515: 212
151 Lodewycksz 1598: 133; cf. Empoli 1514: 13
152 *Undang-undang Laut*: 49(슈하이미 2020: 233)
153 *Undang-undang Laut:* 32-34(슈하이미 2020: 221-222)
154 Abu'l-Fazl 1596: 29
155 Thomaz 1966: 194-95; Bouchon 1979: 136
156 *Undang-undang Laut*: 39(슈하이미 2020: 225-226)
157 Douglas 1873: 125
158 *ibid.*: 44
159 Pires 1515: 283-84
160 Amanna Gappa 1676: 44-46
161 Pires 1515: 284
162 Lodewycksz 1598: 120
163 Needham 1971: 420
164 van Warwijck 1604: 34
165 Stavorinus 1798 Ⅱ: 287
166 *Undung-undang Laut*:39, 45(슈하이미 2020: 226, 230)
167 Blussé 1986: 110

168 Ibn Battuta 1354: 235-36; Empoli 1514: 131
169 Blussé 1986: 110
170 Van Leur 1934: 133
171 Fitch 1591: 307; Garnier 1870: 277; Forbes 1988
172 Wusthoff 1642: 198-201; Wusthoff 1669: 50
173 T'ien 1982: 38
174 Wusthoff 1642: 185
175 Schrieke 1942: 112-17; Nagtegaal 1988: 44
176 Knaap and Nagtegaal 1991: 130
177 Ferrars 1900: 133-37; Hall 1927: 31, 57; Hall 1939: 141-42
178 Marini 1663: 446
179 Cruz 1569: 78
180 Marini 1663: 447
181 Wusthoff 1642: 203, 218-19
182 da Cruz 1569: 77
183 Wusthoff 1642: 210
184 Wusthoff 1642: 35; Pallu 1668: 34-35; Marini 1669: 260-61, 536
185 Crawfurd 1820 Ⅲ: 146
186 Wustoff 1642: 196; Aymonier 1885: 257; Ferrars 1900: 146
187 Bourges 1666: 134; cf. Missions Etrangères 1680A: 165
188 de Haen 1623, Schrieke 1942: 118에서 재인용; Symes 1827 I: 287
189 du Jarric 1608-14 Ⅲ: 888
190 Missions Etrangères 1674: 71
191 Wusthoff 1642: 19
192 Bourges 1666: 135-36; cf. Navarrete 1676 Ⅱ: 383; Marini 1663: 536-37
193 Noguettes 1685: 42
194 van Goens 1656: 207; cf. van Milaan 1942
195 Pires 1515: 191
196 Mouhot 1864: 193-95; Gamier 1870: 183
197 Richard 1778 I: 45
198 Aymonier 1885: 74
199 Symes 1827 I: 303
200 Missions Etrangères 1674: 139
201 Wusthoff 1642: 196
202 Floris 1614: 67; Methold 1619, Anderson 1890: 40에서 재인용; Bourges 1666: 126-40; Navarrete 1676 Ⅱ: 383

203 Wusthoff 1642: 18
204 *ibid.*: 196

7장 도시와 교역

1 Nguyen 1987: 87에서 재인용
2 Farrington 1992에서 재인용
3 Taylor 1993: 40에서 재인용
4 Fujiwara Seika: 348
5 Arasaratnam 1986: 34-37
6 Pires 1515: 285; cf. *ibid.*: 93; Thomaz 1986: 13
7 Varthema 1510: 151
8 Coen 1621: 602; Boxer 1969: 418-24
9 Composetel 1636: f.1198
10 Ishii 1989: 3
11 Arajuno 1510: 22
12 Lodewycksz 1598: 120-121
13 Boomgard 1989: 111
14 Skinner 1957: 68-87
15 Koenig 1990: 59
16 Skinner 1977: 28-30
17 Smith 1988: 17-18
18 Habib 1982: 167-171; Bayly 1983: 112-13
19 Pinto 1578: 218(핀투 2005 상: 585-587)
20 *Sejarah Melayu* 1612: 181; 1831: 247
21 Hageman 1859B: 364; Blussé 1986: 84-85
22 Phelan 1959: 178
23 Mandelslo 1662: 106
24 de Vries 1976: 154
25 Habib 1982: 169; Skinner 1977: 28
26 Laarhoven 1989: I 12
27 Reid 1987
28 Taillandier 1711: 409
29 Scott 1606: 136; Terpstra 1938: 163
30 Araujo 1510: 28; Empoli 1514: 155; Pires 1515: 98, 10
31 Dampier 1699: 94
32 Braudel 1967: 384-95

33 Missions Etrangères 1674: 176
34 "History of Syriam" 1915: 6
35 *ibid.*: 7
36 Guillon 1989: 115
37 Frederici 1581: 245
38 O'Connor 1907
39 *Chronique de Xieng Mai*: 56-61; Wijeyewardene 1986: 8
40 Schouten 1636: 124
41 Matelief 1608: 122
42 Warwijck 1604: 15
43 Ito 1984: 23
44 Warwijck 1604: 15; Marini 1666: 117; Baron 1685: 3; Tavernier 1692 II: 53
45 Dampier 1699: 90
46 Schouten 1636: 125; Gervaise 1688: 47; Lunet de Jonquiere 1901: 102; Wijeyewardene 1985: 91
47 Kaempfer 1727: 44; cf. Gervaise 1688: 47
48 Richard 1778 I: 29
49 Lodewycksz 1598: 106
50 Navarrete 1676 I: 115; cf. Gervaise 1688: 47
51 Lodewycksz 1598: 107-08)
52 Pires 1515: 190; Lintgens 1597: 98-99; van den Broecke 1634 I: 185, 206; La Loubère 1691: 30
53 *Undang-undang Melaka*: 106-09
54 Crawfurd 1820 I: 168
55 Ma Huan 1433: 86-87(마환 2021: 51-53)
56 *Hikayat Aceh*: 166
57 Reid 1983A: 142; Lintgens 1597: 101-02
58 Matelief 1608: 122
59 La Loubère 1691I: 6
60 Davis 1602: 14
61 Premare 1699: 344-45
62 *Undang-undang Melaka*: 106-09
63 Jourdain 1617: 293
64 Legazpi 1569: 60
65 Albuquerque 1557: 129
66 Reid 1980: 244-45

67 *Hikayat Patani*: 113
68 Scott 1606: 97-99
69 Than Tun 1983: 84-85
70 Lombard 1967: 46; cf. Chou Ta-kuan 1297: 27(주달관 2016: 180)
71 Baron 1685: 3
72 O'Connor 1983: 52-53; Le 1971: 222-23
73 Pires 1515: 274
74 Martin 1604: 53
75 Dampier 1699: 92
76 Guillot 1989: 142-43; Lodewycksz 1598: 113; Borri 1633: I; Dampier 1699: 94-95
77 de Houtman 1603: 44-48, 60-71, 86-94
78 Reael 1618: 89
79 *Qabus Nama* 1082: 159
80 Lodewycksz 1598: 110
81 Lodewycksz 1598: 110-13; Coen 1623: 774; Missions Etrangères 1680: 93
82 Reid 1988: 162-65
83 Martin 1604: 54
84 Wicks 1983: 67-68
85 *ibid.*: 68-69, 116-2
86 Varthema 1510: 239
87 Wicks 1983: 244-56
88 Crawfurd 185 6: 286
89 Wicks 1983: 246-52
90 Pigeaud 1960-63 Ⅲ: 154
91 Wicks 1986: 59-63; Reid 1992: 181-84
92 Whitmore 1983: 365-69; Le 1971: 223; Rhodes 1651: 59
93 Albuquerque 1557: 77; cf. Pires 1515: 243; Wang 1968: 104-05
94 Wicks 1983: 273; Ma Huan 1433: 120(마환 2021: 97); Dakers 1939; Pires 1515: 144; Varthema 1510: 231
95 Pires 1515: 114, 170, 181, 203, 206-07; Pigafetta 1524: 59-60(피가페타 2004: 200-201); Galvão 1544: 138-39
96 Pigafetta 1524: 60(피가페타 2004: 201)
97 Galvão 1544: 270-73
98 Pires 1515: 100; Gervaise 1701: 120
99 Frederici 1581: 254; cf. Pires 1515: 99, 96-97

100 Blussé 1986: 36-38; Lodewycksz 1598: 122-23
101 van Neck 1599: 87; cf. Lodewycksz 1598: 122
102 Blussé 1986: 40
103 Blussé 1986: 41-42; Andaya 1993: 105
104 *LREIC* I: 21-22; Ⅲ: 277-78; Willoughby 1636A: 153
105 Blussé 1986: 46-48
106 Robinson 1986: 25-27, 34; Wicks 1983: 94-95
107 Robinson 1986: 67-70; Gervaise 1701: 120
108 Beaulieu 1666: 58; Dampier 1699: 92; Davidson 1977: 48; Netscher and van der Chijs 1864: 149-53; Wicks 1983: 273-76, 319-23, 408-28
109 Dasmariñas 1590B: 131
110 Blussé 1986: 47
111 Wicks 1983: 275-76, 279, 410-13; Museum Nasional 1980: 267; 1984-85: 507-08
112 van Aelst 1987
113 Klein 1986: 161
114 Alfian 1979: 15-27; Wicks 1983: 263-68
115 Lombard 1967: 106-07; *LREIC* Ⅲ: 314
116 Martin 1604: 5 5-56; Lancaster 1603: 136
117 Mundy, Lombard 1967: 107n에서 재인용
118 Lancaster 1603: 136; *LREIC* Ⅲ: 314n
119 Hamilton 1727 Ⅱ: 172; Wicks 1983: 307-18; Taillandier 1711: 411
120 Wicks 1983: 360-68
121 *Sejarah Kerajaan Tallo'*: 18
122 Macassar Factory 1658; Bassett 1958: 26-27; Netscher and van der Chijs 1864: 185
123 Smith 1974: 317; Chen 1974: 24
124 *Chroniques Cambodge* 1988: 21
125 San Antonio 1604: 9
126 Gaelen 1636: 74, 112
127 Klein 1988: 166-69; Baron 1685: 7
128 Habib 1982A: 363-65
129 Netscher and van der Chijs 1864: 149-51; Wicks 1983: 387
130 Wicks 1983: 74-91
131 Le May 1932: 19-22, 44-55
132 van Vliet 1640: 71

133 Best 1614B: 53
134 Wicks 1982: 169-70
135 Le May 1932: 63-65
136 Pires 1515: 100
137 *SP* 16252-29: 371; *LREIC* 111: 156; La Loubére 1691: 72; Habib 1982A: 367
138 Robinson and Shaw 1980: 23-24
139 Bocchier 1518: 198
140 Macassar Factory 1658: 148; Bassett 1958: 27
141 Beaulieu 1660: 110
142 Lombard 1967: 107에 인용
143 Beaulieu 1666: 65; 또한 Lombard 1967: 108-09
144 van Neck 1599: 87; Baron 1685: 7
145 Blussé 1986
146 Chau Ju-kua 1250: 160(조여괄 2019)
147 Letter from Aceh 12 February 1619, IOC E/3/6: f.213
148 Scott 1606: 173
149 Reid 1988: 129-36; 1983: 8-12
150 Galvão 1544: 140-41
151 *SP* 1625-29: 371
152 Jones 1981: 41에서 재인용
153 Israel 1989: 78
154 Habib 1963: 401-04
155 Scott 1982: 534
156 IOL O.C. E/3/18: 285
157 *SP* 1625-29: 414
158 Coolhaas Ⅲ: 322, 399; Smith 1974: 266-67; Schrieke 1942: 386-87
159 *LREIC* 11: 80-81, 87
160 *Undang-undang Melaka*: 146
161 Habib 1963: 413-19
162 *Lontara' Bilang Gowa*: 91
163 Beaulieu 1660: 100-01
164 Evers 1988: 204
165 *Hikayat Hang Tuah*: 362
166 Habib 1963: 401; Tavernier 1692 11: 18~2
167 Barbosa 1518 Ⅱ: 177
168 Castanheda 1522 Ⅱ: 458

169 Thomaz 1988: 37
170 *Sejarah Melayu* 1612: 18
171 Bouchon 1979: 141; Alves 1989
172 Florentine Letter 1513: 375-77
173 Subrahmanyam 1990: 7에서 재인용
174 Dampier 1699: 94-95; cf. *LREIC* I: 270-71; IV: 94
175 Yule and Burnell 1903
176 Fitch 1591: 304
177 Hall 1928: 91
178 Lodewycksz 1598: 120
179 Heemskerck 1600: 451
180 Hall 1985: 18
181 Acciaioli 1989; Milner 1982
182 Best 1614B: 56; 1613: 256
183 Thomaz 1979: 114-16
184 Pinto 1578: 61(핀투 2005 상: 192)
185 Drake 1580: 70
186 Davis 1600: 151
187 Lodewycksz 1598: 88, 104-5; True Report 1599: 33; Meilink-Roelofsz 1962: 241
188 "Tweede Boeck" 1601: 68, 77; van Leur 1934: 162
189 *LREIC* Ⅲ: 274-75
190 Meilink-Roelofsz 1962: 250-51
191 Sourij 1642: f582v-583v
192 Fryke 1692: 132-33
193 Aubin 1980: 124
194 Boxer 1967
195 IOL G/10/I: 141,146-48, 177-78
196 Speelman 1670A: 107
197 Coolhaas 1968: 755; Gaastra 1982: 30
198 Gaelen 1636: 63
199 Barros 1536 Ⅲ, i: 272
200 Jourdain 1617: 25 3; Scott 1606: 174; Meilink-Roelofsz 1962: 240, 283, 286, 289
201 *Sejarah Melayu* 1612: 183
202 Lodewycksz 1598: 75
203 Wyatt 1982: 108-09

204 Warwijck 1604: 43
205 *Sejarah Melayu* 1612: 104- 10, 117-19
206 Pires 1515: 249
207 *Sejarah Melayu* 1612: 159-60, 184
208 Pires 1515: 249
209 Wyatt 1986
210 Martin 1604: 40; cf. Nieuhoff 1682: 181
211 Gervaise 1701: 155
212 du Jarric 1608: 630
213 Gervaise 1701: 87; cf. Barros 1563 Ⅱ, ii: 24; Scott 1606: 170-171
214 Gervaise 1701: 71-72; Reid 1983: 166-67
215 Scott 1606: 174
216 Barros 1563 Ⅱ, ix: 3 52; Reid 1992: 196-197
217 Pires 1515: 18
218 "Tweede Boeck" 1601: 36-37
219 Warwijck 1604: 82; Jansz 1616: 217
220 Meilink-Roelofsz 1962: 9
221 Reid 1988: 163-166
222 *Undang-undang Laut*: 45-46(슈하이미 2020: 220-221)
223 La-uddin 1788
224 Houtman 1603: 14-32
225 Rhodes 1651: 56
226 *Hikayat Patani*: 182
227 Choisy 1687: 244
228 Barbosa 1518 Ⅱ: 176
229 Pigafetta 1524: 88
230 Lodewycksz 1598: 121
231 *Sejarah Goa*: 26-28, Cense 1978: 422
232 Syamsuddin 1982: 296-297
233 *Sejarah Goa*: 28; cf. Paiva 1544: 295
234 *Dagh-Register* 1624-29: 78, 125
235 Skinner 1963: 25-27
236 Bassett 1958: 30에서 재인용
237 Cense 1978: 424-426
238 de Haan 1922 Ⅰ: 483
239 Meilink-Roelofsz 1962: 8
240 *True Report* 1599: 36-37

241 Evelyn 1955: 286

242 Johns 1979: 212, cf. Day 1983: 148-149

243 Lombard 1990 11: 155-162

244 Poems: 72, 80, 112, 116; *Sharabul Ashiqin*: 305, 308-309

245 Drewes 1978: 28-37

246 Heemskerck 1600: 451

247 Floris 1615: 94-95

248 Ito 1978

8장 종교 혁명

1 Fisher 1973: 31

2 *Sejarah Melayu* 1612: 76

3 Pires 1515: 213

4 Gijsels 1621: 26

5 Schumacher 1984: 252

6 Tambiah 1970: 375; Keyes 1974; O'Connor 1985, 1989

7 Whitmore 1970: 152-165

8 Li 1992: 150

9 Geertz 1966: 101(기어츠 1998: 127); cf. Miles 1966: 5

10 Knaap 1987: 71에서 재인용

11 Volkman 1985: 34; Fox 1987: 524

12 Evans 1953: 6; Spiro 1967: 46-47

13 Horton 1971: 104

14 현대에 관해서는 Volkman 1985: 33; Hoskins Ⅰ 987: 139 참조

15 Plasencia 1589: 191

16 Chirino 1604: 298-99; Ortiz 1731, Rafael 1988: 112에서 재인용

17 Rhodes 1651: 85

18 라오스 Fitch 1591: 307; Marini 1663: 473; 북베트남 Rhodes 1651: 80-86 and Missions Etrangères 1674: 256; 캄보디아 Miche 1852: 614; 반자르마신 Beeckman 17171: 118-22; 믈라카 Hamilton 1727 Ⅱ: 45-48; 사마르 Alcina 1668 I, iii: 15

19 Fox 1987: 526

20 Martin and Birgit Rossler, 저자와의 대화에서.

21 Acciaioli 1989: 256

22 Miles 1966: 5

23 Aduarte 1640: 238
24 Marini 1663: 471
25 Skeat 1900
26 Alkema and Bezemer 1927
27 Keyes 1981: 711
28 Fox 1987
29 Drewes 1954, 1969; Johns 1965
30 Horton 1971: 101
31 Morga 1609: 280; Paiva 154s: 299-300; Chirino 1604: 327-30
32 Kaempfer 1727: 21-22; also van der Hagen 1607: 30-31; du Jarric 1614: 890; Marini 1663: 455
33 Fei Hsin 1436: 248; Galvão 1544: 93; *Dagh-Register* 1631-34: 179; Fryke 1692: 109-10
34 Wisseman 1983: 25-29
35 Schärer 1946; Uchibori 1978; Huntingdon and Metcalf 1979; Metcalf 1982; Forth 1981; Koubi 1982; Gerdin 1981; Volkman 1985
36 van Leur 1940: 168-69
37 Reid 1988: 35
38 Diaz 1718B: 321; cf. Legazpi 1569: 60-61
39 Bartlett 1952: 634-36; Geertz 1964: 181-182(기어츠 1998: 219); Miles 1976: 93; Rodgers-Siregar 1981: 63
40 Pigafetta 1524: 41-42(피가페타 2004: 164-166)
41 Mascarenhas 1570: 595, 610
42 Chirino 1604: 294, 299-305; Phelan 1959: 54
43 Aduarte 1640: 186, 243-44
44 *Al-Muntahi*: 336
45 *Hikayat Marong Mahawangsa*, Tones 1979: 140에서 재인용
46 *Hikayat Patani*: 75
47 *ibid.*: 79
48 Ibn Majid 1462: 206
49 *Sejarah Melayu* 1612: 177-178
50 Pires 1515: 268
51 Boxer 1969: 416-419
52 de Houtman 1603: 27-28
53 Dias 1556: 245; Osorio 1563: 245; Argensola 1708: 10
54 Raniri 1644: 33-34
55 Subrahmanyam 1990: 108-113

56 Phelan 1959: 561
57 Pinto 1578: 21, 28, 46-47, 55(핀투 2005 상: 161)
58 Saffet 1912: 606-608
59 Reid 1969; Eaton 1978: 83-85
60 Subrahmanyam 1990: 151-153
61 Vieira 1558: 239
62 Salazar 1588: 68-69; Argensola 1708: 93-94, 103
63 Raniri 1644: 31-32; Rijali 1657: 169-72
64 Pinto 1578: 59, 30, 48(핀투 2005 상)
65 *ibid.*: 106-112(같은 책: 332-337?)
66 Blair and Robertson 1903-09 IV: 150, 160-161
67 Sancta Maria 1569
68 Voorhoeve 1955: 5
69 "Javanese Code": 32-37
70 *Hikayat Patani*: 78-79
71 *Sejarah Keraiaan Tallo*': 19
72 Navarrete 1676: 110n; Reid 1981: 13-19
73 Noorduyn 1956: 94-98
74 Rhodes 1653: 207; Gervaise 1701: 124-129
75 Horton 1971
76 O'Connor 1989
77 Hoskins 1987: 146
78 Horton 1975
79 de Sande 1576: 67-68; cf. Lavezaris 1574: 267
80 Legazpi 1569: 60-61; "Relation" 1572: 165
81 *Adatrechtbundels* IX: 239-40; Hirosue 1988: 85-87
82 Pigafetta 1524: 27, 38-46(피가페타 2004: 149-177)
83 Paiva 1544: 286; Schurhammer 1963: 523-524
84 Raffles 1817 Ⅱ: 125-126
85 *Sejarah Melayu* 1612: 43-48; Marsden 1783: 338-42; Schrieke 1942: 253
86 *Hikayat Banjar*: 420
87 Jones 1979: 148
88 *Hikayat Banjar*: 427-430
89 Bartlett 1952: 630-631; Reid 1988: 215-225
90 Chandler 1983: 84
91 Majul 1973: 58

92 Marsden 1783: 289
93 Coomans 1980: 39, 55; Hoskins 1987: 146
94 Rhodes 1651: 147
95 Xavier 1548: 389
96 Phelan 1959: 57-58; Schumacher 1984: 25 3; Rafael 1988: 39-54
97 Pigeaud 1967: 85-87, 94-95; Drewes and Brakel 1986: 34-35
98 Pijper 1924: 72-81; Winstedt 1961: 148-52
99 Chirino 1604: 323; Aduarte 1640: 309-10; Velarde 1749: 48-49
100 Geertz 1964: 173(기어츠 1998: 209)
101 Aduarte 1640: 186-87; cf. Phelan 1959: 55; 베트남에 관해서는 Missions Etrangères 1674: 199
102 Chirino 1604: 333-334
103 Rhodes 1651: 183-184
104 La Loubère 1691: 158
105 *Hikayat Patani*: 71-75
106 Skeat 1900: 581-672
107 Houtman 1603: 107, 165
108 Snouck Hurgronje 1893 Ⅱ: 311-312
109 Hillgarth 1986: 12
110 Chirino 1604: 300
111 Velarde 1749: 71
112 Rhodes 1651: 131
113 Missions Etrangères 1680: 9
114 Herrera 1645, Rafael 1988: 176에서 재인용
115 Geertz 1964: 174(기어츠 1998: 210)
116 Weber 1951: 226
117 Rafael 1988: 172-173에서 재인용
118 Juynboll 1899: 274-276
119 Hamzah Asraru'l-Arifin: 238; Syamsud- din 1601: 370; Jones 1979: 14
120 Chirino 1604: 297
121 Xavier 1546: 365; Rafael 1988: 179-84; Hamzah Poems: 76, 92, 132의 예를 보라
122 *Javaanse Primbon*: 22-23
123 Rafael 1988: 170-181
124 Aduarte 1640: 185, 223; Blair and Robertson 1903-09 X: 107; XVIII: 179

125 Blair and Robertson 1903-09 X: 107; Chirino 1604: 248; La Loubère 1691: 143

126 Hamzah Asraru'l-Arifin: 280

127 *Sejarah Melayu* 1612: 129; *Hikayat Banjar*: 420

128 Missions Etrangères 1674: 145; cf. Kaempfer 1727 I: 68

129 Schärer 1946: 14-15; Stohr and Zoetmulder 1968: 31-32, 61-66, 115-120; Hoskins 1986: 139-140; Hamonic 1987: 29-49

130 Gijsels 1621: 29

131 Beeckman 1717: 122

132 San Agustin 1698: 72-73

133 Chirino 1604: 302-05

134 *Babad Lombok* 17-19

135 Marini I 663: 454; cf., 자바에 관해서는 Scott 1606: 173

136 Velarde 1749: 93-94

137 Angeles 1980: 270

138 Chirino 1604: 313

139 Schumacher 1979: 86-87, 165-168

140 Rhodes 1653: 51-52, 60, 113, 152-153

141 Rhodes 1653: 207

142 Rodgers Siregar 1981: 71-73

143 Hoskins 1987: 150-51

144 Scott 1606: 172-73

145 Oliver 1586: 32-35

146 Beeckman 1718: 42

147 Albuquerque 1557: 136; Davis 1600: 321-22; Gervaise 1701: 140-47; Djajadiningrat 1929

148 Thomas Ortiz 1731, trans. Rafael 1988: 187-88

149 Rhodes 1651: 140-41

150 Beeckman 1717: 124-25

151 Mendoza 1586B: 148-49; Vaez 1601, Schumacher 1979: 70에서 재인용

152 Schumacher 1984: 255

153 Trimingham 1971: 26

154 Dasmariñas 1590B: 10

155 Hartsingh 1689, Andaya 1981: 277에서 재인용

156 "Javanese Code": 38-39

157 "Tweede Boeck" 1601: 90

158 Martin 1604: 49; Gervaise 1701: 140-74; Raffles 1817 I: 327; Ali Haji 1866: 76; Brooke 1848 I: 87-88
159 Snouck Hurgronje 1893 I: 221
160 Gervaise 1701: 133
161 Koentjaraningrat 1985: 365
162 Pigeaud 1960-63 IV: 424
163 Gervaise 1701: 146-147
164 Crawfurd 1820 I: 97; II: 261
165 Novena 1982: 13-24
166 Houtman 1603: 250
167 Endicott 1970: 28-51
168 al-Attas 1970: 86-90
169 van Leur 1934: 113-15; Lombard 1990: 150-155
170 Galvão 1544: 87
171 Glanius 1682: 151
172 *Dagh-Register* 1640-41: 6
173 Milner 1983: 34-39; Drakard 1993: 211-16
174 Pinto 1578: 94
175 Oliver 1586: 39; cf. *ibid.*: 31
176 Al-Attas 1986: 90, 96
177 Hamzah *Poems*: 96, 102; *Asraru'l-Arifin*: 295
178 Hamzah *Poems*: 98
179 Salazar's Council 1581: 330
180 Noorduyn 1987: 317-22
181 Reid 1983: 169-173
182 Geertz 1960
183 Ricklefs 1979; Kumar 1980: 12-16; Kumar 1985: 6-7
184 Noorduyn 1978: 254-55
185 *Babad ing Sangkala* 1738: 18-25
186 Pires 1515: 174-75
187 Lodewycksz 1598: 114
188 Ma Huan 1433: 93(마환 2021: 61)
189 *Hikayat Raja-raja Pasai*: 159
190 Ma Huan 1433: 90(마환 2021: 56)
191 de Graaf and Pigeaud 1974: 37-39
192 *Babad Tanah Jawi*: 22-23, 31
193 *Babad Tanah Jawi*: 20-21; de Graaf and Pigeaud 1974: 19-24, 47-50

194 *Babad ing Sangkala*: 21; de Graaf and Pigeaud 1974: 53-56; Noorduyn 1978: 255
195 Graaf and Pigeaud 1974: 50-51
196 Pinto 1548: 382-393(핀투 2006 하: 369)
197 *ibid.*: 423(해당 내용이 존재하지 않아, 저자의 오류로 보인다—옮긴이)
198 Pigeaud 1938: 39-52; de Graaf and Pigeaud 1974: 65-71
199 "Javanese Code"; *Javaanse Primbon*; Drewes 1969
200 *Babad ing Sangkala*: 18-29
201 Pinto 1578: 394(핀투 2006 하: 389)
202 van Goens 1656: 186
203 de Graaf 1958: 103, 117
204 *ibid.*: 102-03
205 de Haen 1622: 303-04
206 *Nagara-kertagama* 1365: 94, cf. *ibid.*: 36-37, 64, 113-14
207 Pires 1515: 177
208 Fryke 1692: 147-48
209 "Javanese Code": 32
210 *ibid.*: 15, 18, 22
211 de Graaf 1958: 198; *Babad ing Sangkala*: 37
212 de Graaf 1958: 200-04
213 *Babad Tanah Jawi*: 122
214 van Goens 1656: 263
215 Schrieke 1942: 242-50
216 Croft 1614: 168-69, 171-72; Reid 1989: 33-35
217 Adat Aceh: 25-46; Ito 1984: 217-27; Reid 1988: 175-77; Reid 1989: 31-32
218 Taillandier 1711; Schrieke Ⅰ 942: 241; de Graaf 1958: 102
219 Reid 1993: 173-74
220 van der Meulen 1639: 1200
221 Nieuwenhuijze 1945: 200; Ito 1978; Reid 1993: 174
222 Raniri 1644: 36
223 Santo Ignacio 1644: 59
224 Schrieke 1942: 241-42
225 Reid 1988: 143, 157
226 *Undang-undang Melaka*: 84-85(슈하이미 2020: 207)
227 "Javanese Code": 37
228 Beaulieu 1666: 100-02

229 Ito 1984: 155-60
230 van Neck 1604: 218
231 Missions Etrangères 1680A: 93
232 Andaya and Ishii 1992: 541에 인용
233 Dampier 1697: 231I; cf. Scott 1606: 172
234 Koentjaraningrat 1985: 370
235 Drake 1580: 72; cf. Gijsels 1621: 28
236 Dampier 1697: 234
237 Raniri 1644: 33, 36
238 van Warwijck 1604: 12
239 de Houtman 1601: 86
240 Mantegazza 1784: 145; cf. Sangermano 1818: 111-12
241 San Antonio 1604: 124
242 Matelief 1608: 120; Manguin 1979: 269-71
243 San Antonio 1604: 120
244 San Antonio 1604: I 32-33; Morga 1606: 72-87, 120-35; *Chroniques Cambodge* 1981: 71-73).
245 Morga 1606: 128
246 San Antonio 1604: 141-42; Morga 1606: 126-50, 210-11; Chroniques Cambodge 1981: 75-80, 110-11
247 *Dagh-Register* 1641-42: 133; *Chroniques Cambodge* 1981: 179-87
248 *Dagh-Register* 1643-44: 17-18, 22-24, 42-43; *Dagh-Register* 1656-57: 36-37, 118-19, 146-50; Winkel 1882: 492-500; Buch 1937: 195-225
249 *Chroniques Cambodge* 1981: 188-89
250 *ibid.*: 350
251 *ibid.*: 191
252 Maetsuyker 1659: 257-58; *Chroniques Cambodge* 1981: 57, 191-200; Phoen and Dharma 1984
253 Pinto 1578: 306-309(핀투 2006 하: 179-189)
254 Drewes and Brake1 1986: 4-7
255 Ibrahim 1688: 77, 95-97
256 Ibrahim 1668: 98-100; Missions Etrangères 1674: 11-12
257 Pombejra 1990: 134
258 Aubin 1980: 110
259 Tachard I 686: 214-215; La Loubère 1691: 112
260 Manguin 1979: 272-73

261 Turpin 1771: 53-64; Anderson 1890: 286-96

262 Chou Ta-kuan 1297(주달관 2016: 78); Ma Huan 1433: 103(마환 2021: 75)

263 Marini 1663: 483

264 Lieberman 1993: 242

265 O'Connor 1989: 11

266 Than Tun 1985: xiii; Lieberman 1991: 38

267 Pinto 1578: 338-347, 362(핀투 2006 하: 247-286, 328)

268 Pinith 1987: 206-07에서 인용

269 Lieberman 1991: 40

270 Than Tun 1985: 7-8

271 van Vliet 1640: 89

272 van Vliet 1636: 81-82; Gervaise 1688: 230

273 Wyatt 1982: 51

274 Swearer and Premchit 1975: 28에서 인용

275 Swearer and Premchit 1975: 29

276 Kasetsiri 1976: 138-39

277 Mendelson 1975: 51-52; ThanTun 1983: 26-27; ThanTun 1985: x-xii; "History of Kings": 55-57

278 Barros 1563 Ⅲ, i: 165

279 Kasetsiri 1976: 136-137; cf. O'Connor 1985: 6-9

280 Fredirici 1581: 249; Fitch 1591: 305

281 *Chroniques Cambodge* 1988: 191-194

282 Tambiah 1976: 92; Thao 1976: 11

283 da Cruz 1569: 61

284 Wusthoff 1669: 44

285 Van Vliet 1636: 76

286 Schouten 1636: 140

287 Pinto 1578: 366-377(핀투 2006 하: 336-357)

288 Fitch 1591: 306

289 du Jarric 1608-141: 626-627; Lieberman 1984: 41-42

290 Than Tun 1983: 68-69; Lieberman 1984: 109-112: Koenig 1990: 126-130

291 da Cruz 1569: 61

292 Missions Etrangères 1674: 142-145

293 Wusthoff 1669: 44-45; cf. Marini 1663: 478, 482-483

294 Marini 1663: 483-484; cf. 477-478

295 Wusthoff 1642: 192
296 da Cruz 1569: 62
297 Pinto 1578: 368(핀투 2006 하: 341-342?)
298 Mandelson 1975: 358
299 Barros 1563 Ⅲ, i: 164
300 du Jarric 1608-14 Ⅲ: 890
301 Van Vliet 1636: 73-76
302 Pombejra 1984A: 91-92
303 La Loubère 1691: 114
304 *ibid.*
305 La Loubère 1691: 115; Ishii 1975: 82-83
306 de Bèze 1691: 87-88; Le Blanc 1692 I: 46-52, 144
307 Kaempfer 1727: 69

9장 절대국가의 문제점

1 Aung-Thwin 1985: 169-98
2 Abu-Lughod 1989
3 Wolters 1970: 4
4 Wang 1968: 43-48
5 Ma Huan 1433: 107(마환 2021: 80)
6 Kobata and Matsuda 1969: 53-54
7 Ma Huan 1433: 107(마환 2021: 80)
8 Wang 1968, 1970
9 Wang 1970: 68, 78
10 Dasmariñas 1590B: 4
11 Scott 1984: 75-77
12 Ma Huan 1433: 98-100(마환 2021: 70-71); Kobata and Matsuda 1969: 138-145
13 Collis 1925
14 Le Quy Don 1776: 26
15 Barros 1563 Ⅲ, i: 183; cf. Kobata and Matsuda 1969: 182
16 Kobata and Matsuda 1969: 180; cf. van Neck 1604: 217
17 Skinner 1957: 4-5; Teeuw and Wyatt 1970 Ⅱ: 224-28
18 van Noort 1601B: 124; van Neck 1604: 222-23
19 Boxer 1967; Reid 1981, 1983A; Bulbeck 1992
20 van Fraassen 1987 I: 45-48

21 Laarhoven 1989, 1990
22 Dias 1565: 98-101; Lintgens 1597: 98-102; Dias 1684; Vickers 1989: 46-53
23 van Goens 1652: 114
24 Le 1971: 260; Li 1992: 112
25 Rhodes 1654: 28-29
26 Choisy 1687: 252
27 Li Tana 1992: 95
28 Fransisco 1642: 12
29 Choisy 1687: 252
30 Choisy 1687: 254; Li 1992
31 Van Vliet 1636: 26
32 "Vertoog" 1622: 289
33 La Loubère 1691: 93-95
34 Lieberman 1991: 24
35 Lieberman 1984: 129-30
36 *ibid.*: 161
37 Symes 1827 Ⅱ: 53; Than Tun 1985: 19-20; Koenig 1990: 119-20
38 La Loubère 1691: 93
39 Choisy 1687: 182
40 Moertono 1968: 136
41 Thomaz 1993: 74
42 Ito 1984: 335-91
43 Mategazza 1784: 103-104, 128
44 Koenig 1990: 120
45 Pires 1515: 99; Frederici 1581: 253; Hall 1939: 153
46 Thomaz 1993: 74
47 Ito 1984: 341-48
48 Macassar General 1665: 260; Navarrete 1676: 11
49 Willoughby 1636A: 151
50 Lancaster 1603: 114-15; Curtis and Chambers 1656: 127; Kathirithamby-Wells 1990: 113
51 Warwijck 1604: 44
52 *LREIC* Ⅱ: 44, 79, 123
53 Keeling 1612: 529
54 Le Blanc 1692 Ⅱ: 154
55 van Neck 1604: 199

56 Parker 1988: 9-17
57 Lombard 1990 Ⅱ: 17
58 Le 1971: 194; Li 1992: 3
59 Pires 1515: 115
60 Wood 1924: 77; Lieberman 1980: 211
61 Castanheda 15 52-54 Ⅲ: 152-53; Albuquerque 1557: 127-28
62 Pires 1515: 13, 269
63 Eredia 1613: 32
64 Albuquerque I557: 128
65 Lombard 1990 Ⅱ: 178
66 "Relation" 1570: 103
67 "Relation" 1572: 143-44, 148; Artieda 1573: 201, 205; de Sande 1576: 76
68 Lombard 1990 11: 179
69 Martin 1604: 54
70 Teeuw and Wyatt 1970: 152-54, 164, 224-27; Lombard 1990 Ⅱ: 179
71 Raniri 1644: 31
72 *Hikayat Pocut Muhamat*: 223
73 Reid 1969; Crucq 1941
74 Linschoten 1598: 109
75 Davis 1600: 150
76 de Sande 1579: 126
77 Beaulieu 1666: 1051
78 Guerreiro 1718: 121
79 Maetsuyker 1669: 680; Crucq 1941A: 78
80 Gonçalez 1595: 259
81 Dampier 1699: 521
82 Navarrete 1676: 381; Poivre 1750: 90; Li 1992: 39-40
83 *Hikayat Patani*: 89-90; *Hikayat Pocut Muhama*t: 222, 228; Amin 1670: 140-43, 148-51
84 Ito 1984: 220-21
85 Lombard 1990 Ⅱ: 348에서 재인용
86 van Goens 1652: 123; cf. *Babad ing Sangkala* 1738: 59
87 Pinto 1578: 314-36, 411-330(핀투 2006 하: ?, 419-467); Lieberman 1980: 208-14
88 Frederici 1581: 248
89 Borri 1633: H3; cf. Fransisco 1642: 122

90 Francisco 1642: 121
91 Missions Etrangères 1680A: 73-75; Li 1992
92 Dampier 1688: 52-53
93 Baron 1685: 24
94 Gonçalez I595: 258
95 Pinto 1578: 384-94(핀투 2006 하: 369-379?)
96 *Babad Tanah Jaw*i: 96-97
97 Lodewycksz 1598: 117
98 Scott 1606: 100, 163
99 Speelman 1690: 93
100 Beaulieu 1666: 103
101 Beaulieu 1666: 106
102 Willemsz 1642: f513v
103 van Goens 1652: 123
104 *LREIC* Ⅲ: 150; *Sejarah Kerajaan Tallo'*: 16
105 Valentijn 1726 Ⅲ: 120-21
106 Marsden 1783: 347; Crawfurd 1820 I: 191-92
107 Li 1992: 42
108 Fransisco 1643: 121; cf. Rhodes 1651: 22; Borri 1633: H3
109 Buch 1929: 96
110 Rhodes 1651: 134-36; cf. Tavernier 1692A: 185
111 *Sejarah Kerajaan Tallo'*: 17; van Vliet 1640: 89
112 Lodewycksz 1598: 132
113 Argensola 1708: 17
114 Scott 1982: 74-79
115 Choisy 1687: 243
116 "Tweede Boeck" 1599: 58
117 van der Hagen 1607: 82
118 Speelman 1669 Ⅱ: 24; cf. Stavorinus 1798 Ⅱ: 260
119 Amin 1670: 116-17
120 Coen I: 76; van den Broecke 1634 I: 62
121 Beaulieu 1666: 106
122 Lombard 1967: 87에서 재인용
123 Maguin `1993
124 Kobata and Matsuda 1969: 116-17, 141-42
125 Pombejra 1990: 137
126 Kobata and Matsuda 1969: 86

127 Fransisco 1642: 351
128 van Vliet 1636: 93
129 La Loubère 1691: 108
130 Wusthoff 1669: 36-37
131 *Sejarah Melayu* 1612: 179
132 e.g., van Vliet 1636: 16-17; Shellabear 1898: 126-29
133 de Houtman 1603: 17-20
134 *ibid.*: 30-31
135 Lancaster 1603: 90-96; Best 1614B: 52-54
136 Wusthoff 1669: 90
137 Maetsuyker 1660: 308
138 Andaya 1981: 48; cf. Ricklefs 1981: 69
139 cf. 버마에 관해서는 van Vliet 1636: 32
140 van Vliet 1636: 43; cf. Best 1614B: 53
141 van Vliet 1636: 43-46; Choisy 1687: 222
142 Maetsuyker 1662: 421
143 Copland 1614: 213
144 Boxer 1967: 17
145 Tavernier 1692 Ⅱ: 505-06
146 Lancaster 1603: 91
147 Bukhari 1603: 141-45
148 Wap 1862: 16-29; Veth 1873: 71
149 Best 1614B: 54
150 *True Report* 1599: 36-37
151 *LREIC* I: 7-8
152 Smith 1974: 68-70
153 *Dagh-Register* 1624-29: 80
154 Foster 1926: 99-112; Jones 198
155 Choisy 1687; Tachard 1688; de Beze 1691; Turpin 1771: 41-52; Anderson 1891: 224-52; Smithies 1989
156 Kobata and Matsuda 1969: 55-56
157 Ito 1984: 8
158 Than Tun 1983: 9
159 van Vliet Ⅰ 636: 26-27
160 Ouansakul 1976
161 Subrahmanyam 1990: 215
162 Van Vliet 1636: 90, 93

163 Pombejra 1984A: 39
164 Innes 1980: 176; Smith 1974: 121
165 La Loubère 1691: 94
166 Meilink-Roelofsz 1962: 254
167 Kathirithamby-Wells 1990: 115-17
168 de Jonge 1862-88 VI: lxvii-lxviii, 124
169 *LREIC* Ⅱ: 270; Ⅲ: 123-24
170 *LREIC* Ⅲ: 103
171 Coen 1622: 695
172 Subrahmanyam 1990: 335
173 Andaya 1989: 39
174 Coolhaas 1968: 422, 455
175 Laarhoven 1990: 176
176 Macassar Factory 1658, 1660
177 *Sejarah Melayu* 1612: 57
178 *ibid.*: 74, 79, 150
179 *ibid.*: 95
180 Riquel 1573: 235
181 Pelras 1971: 173-74 인용
182 Speelman 1670 Ⅲ: 117
183 Forrest 1779: 326
184 La Loubère 1691: 42
185 Van Vliet 1640: 82-83
186 *ibid.*: 83
187 *ibid.*: 84
188 *ibid.*: 88; Smith 1974: 71-72
189 van Vliet 1640: 96
190 Smith 1974: 109
191 Glanius 1682: 136-42
192 Bourges 1666: 158-59; cf. Ibrahim 1688: 149
193 Beaulieu 1666: 112
194 Davis 1600: 1481
195 Beaulieu 1666: 112
196 Martin 1604: 39, 53
197 Beaulieu 1666: 113; Warwijck 1604: 14
198 Beaulieu 1663: 63
199 Ito and Reid 1985: 201-04

200 Beaulieu 1666: 103
201 *ibid.*: 44; Kathirithamby-Wells 1969: 460-61
202 Croft 1613: 176
203 Beaulieu 1666: 109, 114
204 Bowrey 1680: 296
205 *Adat Aceh*: 17; Beaulieu 1666: 31; Ito 1984: 155-67
206 Beaulieu 1666: 62
207 da Cruz 1569: 62
208 Wittfogel 1957: 77; Barrington Moore 1966: 322-33
209 Marini 1663: 456
210 "Vertoog" 1622: 290; Pombejra 1984A: 34-36
211 Van der Hagen 1607: 33
212 Frederici 1581: 268
213 "Tweede Boeck" 1601: 149; Croft 1613: 176; Pyrard 1619 Ⅱ: 164; Beaulieu 1666: 108; de Haan 1912 Ⅲ: 205-06
214 Dasmariñas 1590: 5
215 *Adat Aceh* 74
216 Beaulieu 1669: 109
217 de Haan 1912 Ⅲ: 205
218 Beaulieu 1666: 109; Mantegazza 1784: 118-19
219 Scott 1606: 105
220 Missions Etrangères 1680: 91-92
221 van Goens 1656: 200-01
222 Ito and Reid 1985: 206
223 Nidhi Aewsrivongse, Ishii 1993: 181, 185-86에 인용; Lieberman 1980A: 554
224 Lieberman 1980A: 569
225 *ibid.*: 550-59
226 Ricklefs 1981: 69
227 Bukhari 1603: 62-63
228 *ibid.*: 110
229 van Goens 1656: 202
230 Pinto 1578: 371(핀투2006 하: 347)
231 Reid 1981; Reid 1983A: 134-37
232 Rabibhadana 1969: 55-64
233 Drakard 1990; Andaya 1993
234 Geertz 1980: 60-61(기어츠 2017: 154-117)

235 Drakard 1993: 123-31
236 Bukhari 1603: 53-64
237 Bowrey 1680: 296
238 Pinto 1578: 68(핀투 2005 상: 195-196?)
239 Teeuw and Wyatt 1970 I: 12에서 재인용
240 Reid 1988: 171
241 Ito and Reid 1985: 207
242 Ship 66 of Ishii 1998

10장 동남아시아 빈곤의 기원

1 Gonçalez 1595: 259
2 da Cruz 1569: 62
3 Baron 1685: 6
4 Poivre 1750: 111
5 La Loubère 1691: 52
6 Mantegazza 1784: 103
7 Dampier 1697: 223
8 Warwijck 1604: 14
9 van Leur 1934; Meilink-Roelofsz 1962: 9
10 Subrahmanyam 1990: 298-99
11 Subrahmanyam 1990: 256에서 재인용
12 Pires 1515: 287
13 Romano 1978: 203
14 Carreiro 1630: 113
15 *ibid.*; Pinto da Fonseca 1630
16 Pinto da Fonseca 1629
17 Pring 1619: 292
18 Andaya 1981: 130-33
19 Zwier van Haren 1769; Lombard 1990 I: 40
20 de Jong 1862-68 VII: clxviii
21 Lieberman 1984: 3211
22 U Kala 171 I: 103
23 du Jarric 1608-14 I: 623, 626
24 du Jarric 1608-14 Ⅲ: 842에서 재인용
25 U Kala 1711: 93
26 "Kingdom of Pegu" 1605: 111

27 Floris 1615: 52-55
28 Masselman 1963: 31에서 재인용
29 Schrieke 1925: 79에서 재인용
30 Hageman 1859B: 323-25, Ricklefs 1981: 72-73
31 Schofield 1983: 268
32 Trevor-Roper 1959
33 Hobsbawm 1954
34 Anderson 1974(페리 앤더슨 2014); Moore 1966
35 Schöffer 1978: 88
36 Brown and Hopkins 1956: 302; Braudel 1966: 894, 1240-1242; Romano 1978
37 Israel 1989: 124-56
38 Romano 1978: 202-03
39 Garner 1988: 900-02
40 Dermigny 1964 I: 99
41 Atwill 1986
42 Disney 1978: 51-54
43 Glamann 1981: 59
44 van Diemen 1639: 1
45 Chaunu 1960: 148
46 Chaunu 1960: 148-75; Blussé 1986: 115-201
47 Chaudhuri 1978: 508-10; Bruijn, Gaastra, and Schöffer 1987: 192
48 Chaunu 1960: 78, 821
49 Masselman 1963: 459; Knaap 1987: 253
50 Israel 1989: 186, 255, 330
51 Bruijne, Gaastra, and Schöffer 1987: 176-79, 190
52 Braudel 1979 I: 46-51(브로델 1995 I-1: 53); Lamb 1982: 201-30, 272-309; Galloway 1986
53 Lamb 1982: 219-20; Galloway 1986: 20
54 Quinn et al. 1978
55 Lamb 1977 II: 603-04
56 Verhoeff 1611: 242; Raniri 1644: 34
57 Reael 1618: 87
58 Reid 1988: 60
59 Gardenijs 1636: 152
60 Reid 1988: 61
61 *Dagh-Register* 1656-59: 155

62 Coolhaas 1968: 321
63 Reid 1988: 61
64 Coolhaas 1971: 2, 3, 21, 38, 84, 110; Ricklefs 1981: 70
65 Wakeman 1985 I: 7-8
66 Zhongyang Qixiang 1981: 323-261
67 Disney 1984; cf. Raychaudhuri 1962: 38-39
68 Hall 1939: 140-141
69 Maetsuyker 1661: 355
70 Reid 1988: 19
71 Knaap 1987: 10
72 Ricklefs 1986
73 Li 1992: 27
74 Le 1971: 248-49; Li 1992: 15-18
75 Loarca 1582: 51, 53; Morga 1609: 261
76 Meilink-Roelofsz 1969: 216
77 Reael 1618: 89
78 Knaap 1987: 234
79 Brouwer, Laarhoven-Casino 1985에서 재인용: 368; cf. Dampier 1697: 218
80 Coolhaas 1971: 275
81 Beaulieu 1666: 98-99; cf. van den Broecke 1634 I: 174
82 Guillot 1992: 431
83 Willoughby 1635: 154
84 Silver 1699: no
85 Coolhaas 1968: 882, 902, 920
86 *Hikayat Banjar*: 330,442
87 Lieberman 1984: 160
88 Laarhoven 1988
89 Nagtegaal I 988: 181-82; Rontoandro 1988: 61
90 Philip Lucasz, 1634, Meilink-Roelofsz 1962: 258에서 재인용; cf. Hoare 1632: 89
91 Camphuys 1684: 673; cf. Coolhaas 1971: 711; Coolhaas 1975: 287,427
92 Coolhaas 1971: 139, 246, 336, 715
93 Coolhaas 1975: 754; Andaya 1989: 38-40
94 *Hikayat Banjar* 330
95 van Outhoorn 1693: 639

96 Chastelein 1704, Rouffaer 1904: 3에서 재인용
97 Nguyen 1970: 111-13; Hanoi 1977: 40-52
98 Hall 1955: 378
99 Hutchinson 1940: 192
100 Lieberman 1991, 1993; Pombejra 1993
101 Atwell 1986: 226-27
102 Innes 1980; Smith 1988; Hayami 1989
103 Le 1987: 303-12; Nguyen 1987: 10
104 Lieberman 1984: 156-57, 1991: 14-15
105 Hall 1955: 380
106 Lieberman 1991: 15-16
107 Lieberman 1984: 152-54, 176-77
108 Boxer 1967: 28에서 재인용
109 Anderson 1890
110 de Bèze 1691; Le Blanc 1692; Turpin 1771; Pombejra 1993: 252
111 Pombejra 1993: 266
112 Pombejra 1993: 261-62
113 Pombejra 1993에서 재인용
114 Ishii 1998
115 Rabibhadana 1969: 34-38; Wyatt 1982: 129-30
116 Creese 1991
117 Dobbin 1983: 73-83
118 Coolhaas 1968: 665, 723
119 Ito and Reid 1985: 205-08
120 Fransisco 1642: 122; Chen 1974: 16-17
121 Scott 1606: 136; Meilink-Roelofsz 1969: 246-47
122 Brouwer 1636: 541; cf. Andaya 1989: 36-37
123 de la Costa 1965: 74-75
124 Wusthoff 1642: 157
125 Knaap and Nagtegaal 1991: 140
126 Dampier 1699: 94-95
127 Chen 1979: 1535-37; Le 1971: 267
128 Chen 1979: 1537-43
129 Lodewycksz 1598: 124-25; Scott 1606: 174-76
130 Scott 1606: 174
131 Hoadley 1988
132 de Rojas 1586: 270; Morga 1609: 225

133 Morga 1609: 225
134 Scott 1606: 174; cf. Pyrard 1619 Ⅱ: 163
135 Coolhaas 1964: 5-6, 60-61
136 Carey 1984: 24-25; Nagtegaal 1988: 84-85
137 de Haan 1912 Ⅲ: 182
138 Skinner 1957: 20
139 Reniers 1651: 511-15, 519-21
140 Cabral 1655; Macassar Factory 1655
141 Bantam Agency 1656
142 de Graaf 1961: 103-05
143 Ricklefs 1981: 69-70
144 Kathirithamby-Wells 1970: 50
145 Ricklefs 1981: 72-73
146 Fryke 1692: 74
147 *ibid.*: 71-73, 81, 121, 147, 151; Tachard 1688: 101-02
148 Snouck Hurgronje 1888
149 Kathirithamby-Wells 1980: 51-55
150 Kathirithamby-Wells 1970: 57-61; Andaya 1993: 18
151 Kathirithamby-Wells 1970: 62-63; Ricklefs 1981: 80-81
152 Meersman 1967: 123-30
153 Le Blanc 1692 I: 26-30

결론

1 Braudel 1979 Ⅱ: 239
2 Israel 1989
3 Wallerstein 1980 Ⅱ: 17-18(월러스틴 2013 Ⅱ)

참고문헌

참고문헌에 사용한 약어

AHR	*American Historical Review*
ANU	Australian National University
ARA	Algemeen Rijksarchief, The Hague
BEFEO	*Bulletin de l'Ecole Française d'Extrême-Orient*, Hanoi and Paris
BKI	*Bijdragen tot de Taal-, Land-, en Volkenkunde van Nederlandsch-Indië*, published by the KITLV, Leiden
CSSH	*Comparative Studies in Society and History*
CUP	Cambridge University Press
EFEO	Ecole Française d'Extrême-Orient, Hanoi and Paris
EIC	East India Company
ENI	*Encyclopedie van Nederlandsch-Indië*, 4 vols., The Hague, Martinus Nijhoff, 1899-1905
IOL	India Office Library, London
ISEAS	Institute of Southeast Asian Studies, Singapore
JAS	*Journal of Asian Studies*, Ann Arbor
JBRS	*Journal of the Burma Research Society*, Rangoon
JEEH	*Journal of European Economic History*
JMBRAS	*Journal of the Malayan/Malaysian Branch of the Royal Asiatic Society*, Singapore and Kuala Lumpur
JPC	*Jan Pieterz. Coen: bescheiden omtrent zijn bedrijf in Indië*, ed. H. T. Colenbrander. The Hague, M. Nijhoff, 1919-53
JRAS	*Journal of the Royal Asiatic Society*, London

JSEAH	*Journal of Southeast Asian History*, Singapore
JSEAS	*Journal of Southeast Asian Studies*, Singapore
JSS	*Journal of the Siam Society*, Bangkok
KA	Koloniaal Archief
KITLV	Koninklijk Instituut voor Taal-, Land-, en Volkenkunde, Leiden
LREIC	*Letters Received by the East India Company from Its Servants in the East*, ed. F. C. Danvers, 6 vols., London, Sampson, Low, Marston, 1896-1902
MBRAS	Malaysian Branch, Royal Asiatic Society
OUP	Oxford University Press
RIMA	*Review of Indonesian and Malayan Affairs*, Sydney
SP	*Calendar of State Papers, Colonial Series, East Indies, China and Japan*, ed. W. N. Sainsbury, 5 vols., London, Longman, 1862-92
SPAFA	Seameo Project in Archaelogy and Fine Arts
T.Aard.G.	*Tijdschrift van het Aardrijkskundig Genootschap*
TBG	*Tijdschrift voor Indische Taal-, Land-, en Volkenkunde*, published by the Koninklijk Bataviaasch Genootschap voor Kunsten en Wetenschappen, Batavia.
TNI	*Tijdschrift voor Nederlandsch-Indië*
VBG	*Verhandelingen van het Bataviaasch Genootschap*
VOC	Vereenigde Oost-Indische Compagnie

참고문헌

Abu'l-Fazl 'Allami 1596. *The A'in-i Akbari,* trans. H. Blochman, 1871. Reprinted Delhi, Naresh C. Jain, 1965.

Abu-Lughod, Janet L. 1989. *Before European Hegemony: The World System A.D.* 1250-1350. New York, OUP.

Acciaioli, Gregory 1989. "Searching for Good Fortune: The Making of a Bugis Shore Community at Lake Lindu, Central Sulawesi." Ph.D. diss., ANU, Canberra.

Aceh. Adat Aceh dari satu Manuscript India Office Library, romanized by Teungku Anzib Lamnyong. Banda Aceh, Pusat Latihan Penelitian Ilmuilmu Sosial, 1976.

Adatrechtbundels. 45 vols. The Hague, Martinus Nijhoff, 1910-1955.

Adriani, N., and A. C. Kruyt 1912-1914. *de Bare'e-sprekende Toradja's van Midden-Celebes,* 3 vols. Batavia, Landsdrukkerij.

Aduarte, Diego 1640. *Historia de la Provincia del Sancto Rosario . . . en Philipinas,* in Blair and Robertson 1903-1909 XXX: 113-226.

Aelst, A. van 1987. "Japanese Coins in Southern Vietnam and the Dutch East India Company, 1633-1638." *Oriental Numismatic Society Newsletter* 109.

Al-Attas, Syed Naguib 1966. *Raniri and the Wujudiyyah of Seventeenth Century Acheh.* Singapore, MBRAS.

———1968. *The Origin of the Malay Sha'ir.* Kuala Lumpur, Dewan Bahasa dan Pustaka.

———1970. *The Mysticism of Hamzah Fansuri.* Kuala Lumpur, University of Malaya Press.

———1986. *A Commentary on the Hujjat al-Siddiq of Nur al-Din al-Raniri.* Kuala Lumpur, Ministry of Culture.

Albuquerque, Braz de 1557. *The Commentaries of the Great Alfonso Dalboquerque,* ed. W. de Gray Birch, vol. Ⅲ. London, Hakluyt Society, 1880.

Alcina, Francisco 1668. "The Munoz Text of Alcina's History of the Bisayan Islands (1668)" preliminary trans. Paul S. Lietz, pt. I, bks. 3 and 4, 1960. Typescript in Department of Anthropology, University of Chicago.

———1668A. "Historia de las Islas e Indios de Bisayas," extract in *Readings in Leyte-Samar History,* ed. Ma. Luz C. Vilches. Tacloban, Divine Word University, 1979, pp. 9-29.

Alexander, Jennifer 1984. "Pasar, Pasaran: Trade, Traders, and Trading in Rural Java." Ph.D. diss., Sydney University.

Alfian, T. Ibrahim 1979. *Mata Uang Emas Kerajaan-kerajaan di Aceh. Banda Aceh,* Proyek Rehabilitasi dan Perluasan Museum Daerah Istimewa Aceh.

Ali Haji ibn Ahmad, Raja 1866. *The Precious Gift (Tuhfat al Nafis),* trans. Virginia Matheson and Barbara Andaya. Kuala Lumpur, OUP, 1982.

Alkema, B. and T. J. Bezemer 1927. *Concise Handbook of the Netherlands East Indies,* trans. Richard Neuse. New Haven, HRAF, 1961.

Alves, George 1989. Paper presented at Conference of the Social Science Research Council, Lisbon.

Amanna Gappa 1676. "Ade Allopi-loping Ribitjaranna Pa'balu'e" [Rules for commercial sailing], in Tobing 1961: 41-64.

Amin, Entji 1670. *Sja'ir Perang Mengkasar*, in Skinner 1963: 65-221.

Andaya, Barbara 1979. *Perak, The Abode of Grace: A Study* of *an Eighteenth Century Malay State*. Kuala Lumpur, OUP, 1979.

———1989. "The Cloth Trade in Jambi and Palembang Society during the Seventeenth and Eighteenth Centuries," *Indonesia* 48: 27-46.

———1993. "Cash-Cropping and Upstream-Downstream Tensions: The Case of Jambi in the Seventeenth and Eighteenth Centuries," in Reid 1993: 91-122.

Andaya, Barbara, and Yoneo Ishii 1992. "Religious Developments in Southeast Asia, c. 1500-1800," in *Cambridge History of Southeast Asia,* ed. Nicholas Tarling. Cambridge, CUP, I: 508-571.

Andaya, Leonard Y. 1979. "A Village Perception of Arung Palakka and the Makassar War of 1666-69," in *Perceptions of the Past in Southeast Asia,* ed. A. Reid and D. Marr. Singapore, Heinemann, pp. 360-378.

———1981. *The Heritage of Arung Palakka: A History of South Sulawesi (Celebes) in the Seventeenth Century*. The Hague, Nijhoff for KITLV.

Anderson, John 1826. *Mission to the East Coast of Sumatra in* 1823. London. Reprinted Kuala Lumpur, OUP, 1971.

Anderson, John 1890. *English Intercourse with Siam in the Seventeenth Century*. London. Reprinted Bangkok, Chalermnit, 1981.

Anderson, Perry 1974. *Lineages of the Absolutist State*. Thetford, Verso edition, 1979. (페리 앤더슨. 『절대주의 국가의 계보』, 김현일 옮김. 서울, 현실문화, 2014.)

———1978. *Passages from Antiquity to Feudalism*. London, Verso Editions.

Anderson, Wanni Wibulswasdi 1973. "Children's Play and Games in Rural Thailand: A Study in Enculturation and Socialization." Ph.D. diss., University of Pennsylvania; Ann Arbor, University Microfilms.

Angeles, Delor 1980. "The Philippine Inquisition: A Survey." *Philippine Studies* 28: 253-283.

Appell, G. N. 1968. "The Penis Pin at Peabody Museum, Harvard University." *JMBRAS* 41, pp. 203-205.

Arasaratnam, S. 1986. *Merchants, Companies and Commerce on the Coromandel Coast, 1650-1740*. Delhi, OUP.

Araujo, Rui de 1510. Letter from Malacca, 6 February 1510, in *Documen-*

taqio para a historia das missões do padroado portugues do Oriente: Insulindia, vol. I (1506-1549), ed. Artur de Sá. Lisbon, Agencia Geral do Ultramar, 1954, pp. 20-31.

Archaimbault, Charles 1972. *La course de pirogues au Laos: Un complexe culturel.* Ascona, Artibus Asiae Publishers, 1972.

Argensola, Leonardo 1708. *The Discovery and Conquest of the Molucco and Philippine Islands.* London. Reprinted Ann Arbor, University Microfilms, 1982.

Artieda, Diego de 1573. "Relation of the Western Islands called Filipinas," in Blair and Robertson 1903-1909 Ⅲ: 190-208.

Ashtor, Eliyahu 1969. Histoire des prix et des salaires duns 1'Orient médièval. Paris, SEVPEN.

———1976. *A Social and Economic History of the Near East in the Middle Ages.* Berkeley, University of California Press.

———1979. "The Volume of Mediaeval Spice Trade." *JEEH* 8: 753-763.

Aston, Trevor (ed.) 1965. *Crisis in Europe, 1560-1660.* London, Routledge and K. Paul.

Atwell, W. S. 1986. "Some Observations of the Seventeenth Century Crisis in China and Japan." *JAS* 45, ii: 223-244.

Aubin, Jean 1973. "Francisco de Albuquerque: un juif castillan au service de llInde Portugaise (1510-1515)." *Arquivos do Centro Cultural Português* 7: 175-202.

———1980. "Les Persans au Siam sous le regne de Narai (1656-1688)," *Mare Luso-Indicum* 4: 95-126

Aung Thwin, Michael. 1983. "*Athi, Kyun-Taw, Hpaya-kyun:* Varieties of Commendation and Dependence in Pre-Colonial Burma," in Reid 1983: 64-89.

———1985. *Pagan: The Origins of Modern Burma.* Honolulu, University of Hawaii Press.

Aymonier, Etinne. 1885. *Notes sur le Laos.* Saigon, Imprimerie Coloniale.

———1891. *Les Tchames et leurs religions.* Paris, Ernest Leroux.

———1900. *Le Cambodge: Le royaume actuel.* Paris, Ernest Leroux.

Babad ing Sangkala 1738. Trans. M. C. Ricklefs, in Ricklefs 1978: 16-147.

Babad Lombok. Ed. Lalu Wacana. Jakarta, Departemen Pendidikan dan Kebudayaan Republik Indonesia, 1979.

Babad Tanah Jawa: Poenika serat babad tanah Jaw' wiwit saking Nabi Adam doemoegi ing taoen 1647, trans. J. L. Olthof. The Hague, 1941.

Babad Tanah Jawi. Babad Tanah Djawi favaanse Rijkskroniek. W. *L. Olthofs vertaling van de prozaversie van*]. *I. Meinsma lopende tot het jaar 1721*. Rev. ed. by J. J. Ras. Dordrecht, Foris for KITLV, 1987.

Bakhtin, Michael 1940. *Rabelais and His World*, trans. Helene Iswolsky. Bloomington, Indiana University Press, 1984. (미하일 바흐찐. 『프랑수아 라블레의 작품과 중세 및 르네상스의 민중문화』, 이덕형·최건형 옮김. 파주, 아카넷, 2001.)

Bantam Agency 1656. Letter to Court, 9 March 1656, IOL G/10/1, p. 138.

Barbosa, Duarte 1518. *The Book of Duarte Barbosa: An Account of the Countries Bordering on the Indian Ocean and Their Inhabitants*, trans. M. Longworth Dames, 2 vols. London, Hakluyt Society, 1918.

Baron, Samuel 1685. "A Description of the Kingdom of Tonqueen," in *A Collection of Voyages and Travels*, Vol. VI. London, A. and W. Churchill, 1732.

Barros, João de 1563. *Da Asia*. Four Decades in 9 vols. Lisbon, Regia Officina, 1777. Reprinted Lisbon, 1973.

Barrow, John 1806. *A Voyage to Cochinchina in the Years* 1792 *and* 1793. London, Cadell and Davies. Reprinted Kuala Lumpur, OUP, 1975.

Barth, J. P. J. 1896. "Overzicht der afdeeling Soekadana," *VBG* I, ii.

Bartlett, H. H. 1952. "A Batak and Malay Chant on Rice Cultivation." *Proceedings of the American Philosophical Society* 96: 629-652. Reprinted in Bartlett, *The Labors of the Datoe*, Ann Arbor, University of Michigan Center for South and Southeast Asian Studies, 1973

Bassett, D, K. 1958. "English Trade in Celebes, 1613-1667," *JMBRAS* 31, i: 1-39.

Battye, Noel A. 1974. "The Military Government and Society in Siam, 1868-1910: Politics and Military Reform during the Reign of King Chulalongkorn." Ph.D. diss., Cornell University.

Bausani, A. 1970. "Indonesia in the Work of Italians," in *Lettera di Giovanni da Empoli*, ed. A. Bausani. Rome, Istituto Italiano per il Medio ed Estremo Oriente, pp. 85-102.

Bayard, D. T. 1979. "The Chronology of Prehistoric Metallurgy in North-east Thailand: *Silabhumi* or *Samrddhabhumii*" in *Early South East Asia: Essays in Archeology, History, and Historical Geography*, ed. R. B. Smith and W. Watson. Kuala Lumpur, OUP, pp. 15-32.

Bayly, C. A. 1983. *Rulers, Townsmen and Bazaars: North Indian Society in the Age of British Expansion, 1770-1870*. Cambridge, CUP.

Beaulieu, Augustin de 1666. "Memoires du voyage aux Indes Orientales du General de Beaulieu, dresses par luy-mesme," in *Relations de divers voyages curieux,*in *Relations de divers voyagescurieux,* ed. Melchisedech Thévenot, vol. Ⅱ. Paris, Cramoisy.

Beeckman, Daniel 1718. *A Voyage to and from the Island of Borneo in the East Indies.* London. Reprinted London, Dawsons, 1973.

Begin ende Voortgangh 1646. *Begin ende Voortgangh van de Vereenighde Neederlandtsche Geoctroyeerde Oost-Indische Compagnie,* ed. Isaac Commelin. Amsterdam. Reprinted Amsterdam 1974.

Bellwood, Peter 1978. *Man's Conquest of the Pacific: The Pie-History of Southeast Asia and Oceania.* Auckland, Collins.

Bemmelen, R. W. van 1949. *The Geology of Indonesia,* 3 vols. The Hague, Government Printing Office.

Benedict, Paul K. 1942. "Thai, Kadai, and Indonesian: A New Alignment in South-eastern Asia." *American Anthropologist* 44, pp. 576-601.

———1975. *Austro-Thai Language and Culture, with Glossary of Roots.* New Haven, HRAF Press.

Berg, Charles 1951. *The Unconscious Significance of Hair.* London.

Best, Thomas 1613. Letter from Aceh 12 July 1613, in Foster 1934: 255-258.

———1614A. *The Voyage of Thomas Best,* ed. Sir William Foster. London, Hakluyt Society, 1934.

———1614B. "A Journal Kept on Board the *Hosiander* by Thomas Best," 1 February 1612 to 15 June 1614, in Foster 1934: 1-92.

Bèze, Claude de 1691. *Memoir,* trans. E. W.Hutchinson, in *1688:Revolution in Slam.* Hong Kong, University Press, 1968, pp. 1-124.

Blair, E. H., and J. A. Robertson (eds.) 1903-1909. *The Philippine Islands, 1493-1898,* 55 vols. Cleveland, Arthur H. Clark.

Blussé, Leonard 1986. *Strange Company: Chinese Settlers, Mestizo Womenand the Dutch in VOC Batavia.* Dordrecht, KITLV.

Blussé, Leonard, and Zhuang Guoto 1991. "Fuchienese Commercial Expansion into the Nanyang as Mirrored in the 'Tung Hsi Yang K'ao'," *Revista daCultura* 13-14: 140-149.

Bochier, Francisco dal 1518. "Referir de Francesco dal Bochier, quando ando in India," in Aubin 1973: 189-202.

Bobadilla, Diego de 1640. "Relation of the Filipinas Islands by a Religious Who Lived There for Eighteen Years," in Blair and Robertson 1903-1909 XXIX: 277-311.

Bontius, James 1629. *An Account of the Diseases, Natural History, and Medicine of the East Indies*. London, 1776.

Boomgaard, Peter 1986. "Morbidity and Mortality in Java, 1820-1880: Changing Patterns of Disease and Death," in Owen 1987: 48-69.

———1989. *Children of the Colonial State: Population Growth and Economic Development in Java*, 1795-1880. Amsterdam, Free University Press.

Boon, James A. 1977. *The Anthropological Romance of Bali, 1597-1972: Dynamic Perspectives in Marriage and Caste Politics and Religion*. Cambridge, CUP.

Borri, Christoforo 1633. *Cochin-China*, trans. R. Ashley. London, Richard Clutterbuck. Reprinted London, Da Capo Press, 1970 (pagination by letters).

Bosch, F. D. K. 1951. "Guru, Trident, and Spring," trans. in Selected Studies in Indonesian Archeology by Dr. F. D. K. Bosch. The Hague, Nijhoff for KITLV, 1961, pp. 153-170.

Boserup, Ester 1965. *The Conditions of Agricultural Growth: The Economics of Agrarian Change under Population Pressure*. New York, Aldine.

———1970. *Woman's Role in Agricultural Development*. London, Allen & Unwin.

Bouchon, Genevieve 1979. "Les premiers voyages portugais à Pegou (1512-1520)" *Archipel* 18, pp. 127-158.

Bouhdiba, Abdelwahab 1975. *Sexuality in Islam*, trans. A. Sheridan. London, Routledge & Kegan Paul.

Bouinais, A., and A. Paulus 1885. L'lndochine francaise contemporaine, 2 vols. Paris, Challamel Aine.

Bourges, M. de 1666. *Relation du voyage de Monseigneur l'evèque de Beryte, vicaire apostolique du royaume de la Cochinchine, par la Turquie, la Perse, les Indies, et jus'qu'au royaume de Siam*. Paris, Denys Bechet.

Bowrey, Thomas 1680. *A Geographical Account of Countries round the Bay of Bengal*, ed. R. C. Temple. Cambridge, Hakluyt Society, 1905.

Bowring, Sir John 1857. *The Kingdom and People of Siam*, 2 vols. London. Reprinted Kuala Lumpur, OUP, 1969.

Boxer, Charles 1953. *South China in the Sixteenth Century*. Cambridge, Hakluyt Society.

———1964. "The Achinese Attack on Malacca in 1629, as Described in

Contemporary Portuguese Sources," in *Malayan and Indonesian Studies :Essays Presented to Sir Richard Winstedt on His Eighty-fifth Birthday,* ed. John Bastin and R. Roolvink. Oxford, Clarendon, pp. 105-121.

———1967. *Francisco Vieira de Figueiredo: A Portuguese Merchant-Adventurer in South East Asia, 1624-1667.* The Hague, Nijhoff for KITLV.

———1968. *Further Selections from the Tragic History of the Sea, 1559-1565.* Cambridge, Hakluyt Society.

———1969. "A Note on Portuguese Reactions to the Revival of the Red Sea Spice Trade and the Rise of Atjeh, 1540-1600." *JSEAH* 10, iii: 415-428.

———1969A. *The Portuguese Seaborne Empire, 1415-1825.* London. Reprinted Harmondsworth, Penguin, 1973.

Boxer Codex. *See* Dasmariñas 1590 A, B, C.

B.P.S. (Biro Pusat Statistik) 1980. *Pola Umur Perkawinan.* Jakarta, B. P. S.

Brakel, Lode. F. 1975. "State and Statecraft in Seventeenth Century Aceh," in *Pre-Colonial State Systems in Southeast Asia,* ed. A. Reid and L. Castles. Kuala Lumpur, MBRAS, pp. 56-66.

———1978. "Problems of Wahrheit and Dichtung: Islamic Historiography in Malay." Unpublished paper

Brandon, James R. 1967. *Theatre in Southeast Asia.* Cambridge, Mass., Harvard University Press.

Braudel, Fernand 1966. *The Mediterranean and the Mediterranean World in the Age of Philip II,* trans. S. Reynolds, 2 vols. New York, Harper Colophon Books, 1976. (페르낭 브로델. 『지중해: 펠리페 2세 시대의 지중해 세계』, 주경철·조준희·남종국·윤은주 옮김, 전 3권. 서울, 까치, 2017.)

———1967. *Capitalism and Material Life, 1400-1800.* Glasgow, Fontana/ Collins, 1974. (페르낭 브로델. 『물질문명과 자본주의』, 주경철 옮김, 전 4권. 서울, 까치, 1997.)

———1979. *Civilization and Capitalism, Fifteenth-Eighteenth Century,* trans. Siân Reynolds. 3 vols. New York, Harper and Row, 1985.

Brink, H. van den 1943. *Dr. Benjamin Frederick Matthes: Zijn Leven en Arbeid in Dienst van het Nederlandsch Bijbelgenootschap.* Amsterdam, Nederlandsch Bijbelgenootschap.

Broecke, Pieter van den 1634. "Journal," in *Pieter van den Broecke in Azie,* ed. W. Ph. Coolhaas, 2 vols. The Hague, Linschoten-Vereeniging, 1962-1963.

Brooke, James 1846. *The Expedition to Borneo of H. M. S. Dido for the Suppression of Piracy, with Extracts from the Journal of fames Brooke, Esq.*,ed. Henry Keppel. New York, Harper.

———1848. *Narrative of Events in Borneo and Celebes down to the Occupation of Labuan: from the Journals of J. Brooke. . . by Captain Rodney Mundy*, 2 vols. London, John Murray.

Brouwer, Henrick, et al. 1633. Letter from Batavia, 15 December 1633, in Coolhaas 1960: 393-432.

———1636. Letter to Heren XVII, 4 January 1636, in Coolhaas 1960: 507-550.

Brown, D. E., J. W. Edwards, and Ruth Moore. "Folk Surgery to the Genitals in Southeast Asia." Forthcoming.

Brown, Edward 1861. *A Seaman's Narrative of His Adventures during a Captivity among Chinese Pirates on the Coast of Cochin-China, and Afterwards during a Journey on Foot across That Country, in the Years 1857-1858.* London, Charles Westerton.

Brown, E. H. P., and S. V. Hopkins 1956. "Seven Centuries of the Price of Consumables Compared with Builders' Wage-Rates." *Economica* 23: 296-314.

Brown, R. Grant 1926. *Burma As I Saw It, 1889-1917.* London, Methuen.

Browne, John 1616. Letter from Patani, 30 May 1616, in *LREIC* IV, pp. 106-108.

Bruijn, J. R., F. S. Gaastra, and I. Schoffer 1987. *Dutch-Asiatic Shipping in the Seventeenth and Eighteenth Centuries.* The Hague, Nijhoff for Rijks Geschiedkundige Publication.

Brugiere 1829. "Notices of the Religion, Manners, and Customs of the Siamese." *Chinese Repository* 13, iv (1844), pp. 169-217.

Brunei expedition 1579. "Testimony and Proceedings in Regard to the Expeditions to Burney, Jolo, and Mindanao," in Blair and Robertson 1903-1909 IV: 148-303.

Burkill, I. H. 1935. *A Dictionary of the Economic Products of the Malay Peninsula,* 2 vols. London, Crown Agents for the Colonies. Reprinted Kuala Lumpur 1966.

Bumey, H. 1842. "On the Population of the Burman Empire." *Journal of the Statistical Society of London* 4, iv, pp. 335-347.

Buch, W. J. M. 1929. *De Oost-Indische Compagnie en Quinam: de betrekkingen der Nederlanders met Annam in de XVIIe eeuw.* Amsterdam, H. J.

Paris.

Bukhari Al-Jauhari 1603. *Taj us-Salatin,* cd. Khalid Hussain. Kuala Lumpur, Dewan Bahasa dan Pustaka, 1966. [French trans. Aristide Marre, *Makhota radja-radja, ou la couronne des rois,* Paris, 1878.1

Bulbeck, David 1992. "A Tale of Two Kingdoms: The Historical Archeology of Gowa and Tallok, South Sulawesi, Indonesia." Ph.D. diss., ANU, Canberra.

Cabral, Jaõa 1655. Letter from Goa, in Jacobs 1988: 135-140.

Caen, Antonie 1632. "Schriftelijck rappoort van seker besendinge gedaen met vijff scheepen.. . aen de Conninginne van Patana ende Coninck van Chiam," in Tiele and Heeres 1886-1895 Ⅱ: 214-231.

Cameron, John 1865. *Our Tropical Possessions in Malayan India*. London, Smith, Elder & Co. Reprinted Kuala Lumpur, OUP, 1965.

Candrasasmita, Uka 1985. "Le role de l'architecture et des arts decoratifs dans l'islamisation de l'Indonesia," trans. C. Guillot, Archipel 29, pp. 203-212.

Camphuys, Joannes et al. 1684. Letter from Batavia 19 February 1684, in Coolhaas 1971: 651-678.

Campos, J. de 1940. "Early Portuguese Accounts of Thailand." JSS 32, reprinted in *Selected Articles from the* Siam Society Journal 7, Bangkok, Siam Society, 1959, pp. 211-238.

Carey, P. B. R. 1981. *Babad Dipanagara: An Account of the Outbreak of the Java War(1825-1830).* Kuala Lumpur, MBRAS.

———1984. "Changing Javanese Perceptions of the Chinese Communities in Central Java, 1755-1825." *Indonesia* 37: 1-48.

Carletti, Francesco 1606. *My Voyage around the World*, trans. Herbert Weinstock. New York, Random House, 1964.

Carreiro, Roque 1630. "Narrative of the Great Victory which the Portuguese Won against the King of Achem," trans. in Boxer 1964: 109-114.

Casparis, J. G. de 1975. *Indonesian Palaeography: A History of Writing in Indonesia from the Beginnings to A.D. 1500*. Handbuch der Orientalistik. Leiden and Cologne, E. J. Brill.

———1981. "Pour une historic sociale de l'ancienne Java principalement au Xeme siecle." *Archipel* 21, pp. 125-151.

Castanheda, Fernão Lopes de 1552-1554. *História do Descobrimento y Conquista da India pelos Portugueses.* Coimbra, Imprensa da Universidade, 1924-1933.

Catz, Rebecca (ed.) 1989. *The Travels of Mendez Pinto.* Chicago, University of Chicago Press. (페르낭 멘데스 핀투. 『핀투여행기』, 이명·김미정·정윤희 옮김, 전 2권. 서울, 노마드북스, 2006.)

Cense, A. A. 1966. "Old Buginese and Makassarese Diaries." *BKI* 122, iv, pp. 416-428.

———1978. "Maleise Invloeden in het Oostelijk Deel van de Indonesische Archipel." *BKI* 134: 415-432.

———1979. *Makassaars-Nederlands Woordenboek.* The Hague, Nijhoff for KITLV.

Census of India 1901. Calcutta, Office of the Superintendent of Government Printing, 1903.

Census of the Philippine Islands, 1903. 4 vols. Washington, U. S. Bureau of the Census, 1905.

Chandler, David P. 1983. *A History* of *Cambodia.* Boulder, Westview.

Chang, Pin-tsun 1991. "The First Chinese Diaspora in Southeast Asia in the Fifteenth Century," in Ptak and Rothermunde 1991: 13-28.

Chau Ju-Kua c. 1250. *His Work on the Chinese and Arab Trade in the Twelfth and Thirteenth Centuries, entitled Chu-fan-chi*, trans. Friedrich Hirth and W. W. Rockhill. St. Petersburg, 1911. Reprinted Taipei, 1970. (조여괄. 『바다의 왕국들: 제번지 역주』, 박세욱 옮김. 경산, 영남대학교 출판부, 2019.)

Chaudhuri, K. N. 1965. *The English East India Company: The Study* of *an Early Jaint-Stock Company, 1600-1640.* London, Frank Cass.

———1978. *The Trading World of Asia and the English East India Company, 1660-1760.* Cambridge, CUP.

———1982. "Foreign Trade," in Raychaudhuri and Habib 1982: 382-407.

Chaunu, Pierre 1960. *Les Philippines et Ie Pacifique des Ibériques (XVIe,XVIIe,XVIIIe siècles): introductionmethodologique et indices d'activité.* Paris, SEVPEN.

Chen, Chingho A. 1974. *Historical Notes* on *Hôi-An (Faifo).* Carbondale, Southern Illinois University Center for Vietnamese Studies.

———1979. "Mac Thien Tu and Phraya Taksin: A Survey of Their Political Stand, Conflicts, and Background," in *Proceedings, Seventh IAHA Conference, 22-26 August* 1977. Bangkok, Chulalongkorn University Press, pp. 1534-1575.

Chevillard, Similien 1889. *Siam et les Siamois.* Paris, Plon & Nourrit.

Chronique de Xieng Mai. Trans. Camille Notton, in *Annales du Siam,* Vol. Ⅲ. Paris, Paul Geuthner, 1932.

Chirino, Pedro 1604. *Relacion de las Islas Filipinas: The Philippines in 1600*, trans. Ramon Echevarria. Manila, Historical Conservation Society, 1969.

Choisy, Abbé de 1687. *Journal du voyage de Siam fait en 1685 et 1686*, ed. Maurice Garçon. Paris, Duchartre et Van Buggenhoudt, 1930.

Chopra, R. N., S. L. Nayar, and I. C. Chopra 1956. *Glossary of Indian Medicinal Plants*. New Delhi, Council of Scientific and Industrial Research.

Chou Ta-kuan 1297. Translated in Pelliot 1951. (주달관. 『진랍풍토기』, 최병욱 옮김. 아산, 산인, 2016.)

Chroniques Cambodge 1981. *Chroniques royales du Cambodge (de* 1594 a 1677), trans. Mak Phoeun. Paris, EFEO.

———1988. *Chroniques royales du Cambodge (de 1417 à 1595)*, trans. Khin Sok. Paris, EFEO.

Chung, W. C., and B. C. KO 1976. "Treatment of Taenia Saginata Infection with Mixture of Areca Nuts and Pumpkin Seeds." *Chinese Journal of Microbiology* 9, pp. 31-35.

Clark, Walter 1643. Letter to Surat, 17 December 1643. IOL, E/3/18, fol. 282.

Clercq, F. S. A. de 1890. *Bijdragen tot de kennis der Residentie Ternate.* Leiden, Brill.

Cockayne, George 1615. Letter from Makassar, 16 July 1615, in *LREIC* Ⅲ, pp. 136-147.

Coen, Jan Pieterszoon 1614. Letter to Heren XVII, 10 November 1614, in Colenbrander 1919: 52-96.

———1615. Letter to Heren XVII, 22 October 1615, in *JPC* I, pp. 114-146.

———1617. Letter to Coromandel Coast, 20 November 1617, in *JPC* Ⅱ, pp. 291-300.

———1619A. Letter to Heren XVII, 19 January 1619, in Colenbrander 1919: 416-444.

———1619B. Letter to Heren XVII, 5 August 1619, in *JPC* I, pp. 445-494.

———1619C. "Memorie van verscheyden Cleden . . . van de custe van Coromandel geeyscht wort," 16 July 1619, in Colenbrander 1920: 580-583.

———1621. Letter to Heren XVII, 8 January 1621, in Colenbrander 1919: 606-622.

———1622. Letter to Heren XVII, 21 January 1622, in Colenbrander 1919: 688-700.
———1623. Letter to Heren XVII, 20 January 1623, in Colenbrander 1919: 755-806.
Colenbrander, H. T. (ed.) 1919. *Jan Pieterszoon Coen: bescheiden omtrentzijn bedrijf in Indie,* ed. H. T. Colenbrander. Vol. Ⅰ. The Hague, Nijhoff.
———1920. *Jan Pieterszoon Coen: bescheiden omtrent zijn bedrijf in Indie,* Vol. Ⅱ. The Hague, Nijhoff.
———1921. *Jan Pieterszoon Coen: bescheiden omtrent zijn bedrijf in Indie,* Vol. Ⅲ. The Hague, Nijhoff.
———1922. *Jan Pieterszoon Coen: bescheiden omtrent zijn bedrijf in Indie,* Vol. IV. The Hague, Nijhoff.
Colin, Francisco 1663. *Labor Evangelica* (Madrid), trans. in Blair and Robertson 1903-1909 XL: 40-98.
Collis, Maurice 1925. "Arakan's Place in the Civilization of the Bay." *JBRS* 15, i: 41-45,
———1943. *The Land of the Great Image*. New York, New Directions.
———1949. *The Grand Peregrination, Being the Life and Adventures of Ferndo Mendes Pinto*. London, Faber and Faber.
Compostel, Jacob 1636. "Origineel daghregister van de voyagie, handel en resconter met 'tschip d'Revengie naer Atchin," in ARA KA 1031 (VOC. 1119) ff. 1198-1229.
Compton, Carol J. 1979. *Courting Poetry in Laos: A Textual and Linguistic Analysis*. De Kalb, Northern Illinois Center for Southeast Asian Studies.
Conklin, Harold C. 1949. "Bamboo Literacy on Mindoro," *Pacific Discovery II*, 4, pp. 4-11.
———1960. "Maling: A Hanunóo Girl from the Philippines," in *In the Company of Man: Twenty Portraits by Anthropologists*, ed. J. B. Casagrande. New York, Harper, pp. 101-125.
Coolhaas, W. Ph. (ed.) 1960. *Generale Missiven van Gouverneurs-Generaal en Raden aan Heren XVII der Verenigde Oostindische Compagnie*, vol. I, 1610-1638. The Hague, Martinus Nijhoff.
———(ed.) 1964. *General Missiven van Gouverneurs-Generaal en Raden aan Heren XVII der Verenigde Oostindische Compagnie*, vol. Ⅱ, 1639-1655. The Hague, Martinus Nijhoff.

———(ed.) 1968. *General Missiven van Gouverneurs-Generaal en Raden aan Heren XVII der Verenigde Oostindische Compagnie*, vol. Ⅲ, 1655-1674. The Hague, Martinus Nijhoff.

———1971. *Generale missiven van Gouverneurs-Generaal en Raden aan Heren XVII der Verenigde Oostindische Compagnie*. Vol. IV: 1675-1685. The Hague, Nijhoff.

———1975. *Generale Missiven van Gouverneurs-Generaal en Raden aan Heren XVII der Verenigde Oostindische Compagnie*. Vol. V: 1686-1697. The Hague, Nijhoff.

Coolie Budget Commission 1941. *Living Conditions of Plantation Workers and Peasants on Java in 1939-1940*, trans. Robert Van Niel. Ithaca, Cornell University Southeast Asia Program, 1956.

Coomans, Michael 1980. *Evangelisatie en kultuurverandering: onderzoek naar de verhouding tussen de evangelisatie en de socio-kulturele verandering in de adat van de Dajaks van oost-Kalimantan (bisdom Samarinda), Indonesia*. St. Augustin, Steyler Verlag.

Copland, Patrick 1614. "The Narrative of the Rev. Patrick Copland," in Best 1614: 207-214.

Cortemünde, A. J. P. 1675. Dagbog fra en Ostindiefart, 1672-75, ed. H. Henningsen. Kronborg, Handels-og sjefartsmuseet.

Cortesão, Armando (ed.) 1944. *The Suma Oriental of Tomé Pires*. London, Hakluyt Society.

Costa, H. de la 1965. *Readings in Philippine History*. Manila, Bookmark.

———1967. *The Jesuits in the Philippines, 1581-1768*. Cambridge, Harvard University Press.

Cote, J. J. P. 1979. "The Colonization and Schooling of the To Pamona of Central Sulawesi, 1894 to 1924." M.Ed. thesis, Monash University.

Coulson and Ivy 1636. Letter to East India Company, 20 December 1636. IOL E/3/15, fols. 293-294.

Court, M. H. 1821. *An Exposition of the Relations of the British Government with the Sultan and State of Palembang*. London, Black, Kingsbury, Parbury, & Allen.

Court Minutes 1632. East India Company Court Minutes, 14 December 1632. *SP 1630-1634*: 329.

Couto, Diogo do 1645. *Da Asia*. Nine Decades. Lisbon, Regia Officina Typografica, 1778-1788. Reprinted Lisbon, 1974.

Covarrubias, Miguel 1937. Bali. New York, Knopf. Reprinted Kuala Lumpur, OUP, 1972.

Cowan, H. K. T. 1938. "Bijdrage tot de kennis der geschiedenis van het rijk Samoedera-Pase." *TBG* 78, pp. 204-214.

Cox, Hiram 1821. Journal of a Residence in the Burmhan Empire, and More Particularly at the Court of Amarapoorah. London, John Warren. Reprinted Gregg International, 1971.

Craen, Hendrik Jansz 1606. "Dagboek gehouden aan boord van het schip Gelderland, gezeild op den 18 December 1603 uit Texel . . . onder bevel van den Admiraal Steven van der Hagen," in de Jonge 1862-1888 Ⅲ: 164-204.

Crawfurd, John 1820. *History of the Indian Archipelago*, 3 vols. Edinburgh, A. Constable.

———1828. *Journal of an Embassy from the Governor-General of India to the Courts of Siam and Cochin China*. London. Reprinted Kuala Lumpur, OUP, 1967.

———1830. "Evidence of Mr. John Crawfurd, 25 March 1830," in *First Report of the Select Committee on the Affairs of the East India Company*, vol. Ⅱ (China Trade). Great Britain, Parliamentary Papers, House of Commons, 1830.

———1856. *A Descriptive Dictionary of the Indian Islands and Adjacent Countries*. London, Bradbury.

Creese, Helen 1991. "Balinese Babad as Historical Sources: A Reinterpretation of the Fall of Gèlgèl," *BKI* 147: 236-260.

Cressy, David 1980. *Literacy and the Social Order: Reading and Writing in Tudor and Stuart England*. Cambridge, CUP.

Croft, Ralph 1613. "A journal kept on board the *Hosiander*, begun by Ralph Standish and continued by Ralph Croft, 3 February 1612 to 29 August 1613," in Best 1614: 93-182.

Crucq, K. C. 1941. " Beschrijving der kanonnen afkomstig uit Atjeh thans in het Koninklijk Militair Invalidenhuis Bronbeek." *TBG* 81: 545-552.

———1941A. "De geschiedenis van het heilig Kanon van Makassar." TBG 81: 74-95.

Cruz, Gaspar da 1569. "Treatise in Which the Things of China Are Related," trans. C. R. Boxer, in Boxer 1953: 45-239.

Crystal Sands. The Crystal Sands: The Chronicles of Nagara Sri Dharrmaraja, trans. David K. Wyatt. Ithaca, Cornell University Southeast Asia

Program, 1975.

Cuisinier, Jeanne 1951. *Sumangat: l'ime et son culte en Indochine et en Zndonesie.* Paris, Gallimard.

Curtis, William, and John Chambers 1656. Letter from Banten 20 July 1656, IOL G/10/1, pp. 127-129.

Dagh-Register. Dagh-Register gehouden in 't Casteel Batavia, 1642-1682, 31 vols. Batavia and The Hague, Bataviaasch Genootschap, 1887-1931.

Dakers, C. H. 1939. "The Malay Coins of Malacca." *JMBRAS* 17, i: 1-12.

Dam, Pieter van 1701. *Beschrijvinge van de Oostindische Compagnie,* ed. F. W. Stapel. The Hague, Nijhoff.

Dampier, William 1697. *A New Voyage round the World,* ed. Sir Albert Gray. London, Argonaut Press, 1927.

———1699. *Voyages and Discoveries,* ed. C. Wilkinson. London, Argonaut Press, 1931.

DasGupta, Arun Kumar 1962. "Acheh in Indonesian Trade and Politics, 1600-1641." Ph.D. diss., Cornell University.

DasGupta, Ashin 1979. *Indian Merchants and the Decline of Surat, c. 1700-1750.* Wiesbaden, Franz Steiner.

———1982. "Indian Merchants and the Trade in the Indian Ocean," in Raychaudhuri and Habib 1982: 407-433.

Dasmariñas, Goméz Peréz 1590A. "The manners, customs, and beliefs of the Philippine inhabitants of long ago; being chapters of 'A Late Sixteenth Century Manila Manuscript'," trans. Carlos Quirino and Mauro Garcia. *The Philippine Journal of Science* 87, iv, 1958, pp. 389-445.

———1590B. "Berunai in the *Boxer Codex*," trans. John Carroll. *JMBRAS* 55, ii (1982), pp. 2-16.

———1590C. "Relación de las Costumbres del Reyno de Champa," ed. C. R. Boxer, in *Papers Read at the Inauguration of the Scandinavian Institute of Asian Studies, 16-18 September 1968.* Lund, Scandinavian Institute of Asian Studies, 1970, pp. 37-44.

———1591. "Account of the Encomiendas in the Philippinas Islands," 31 May 1591, in Blair and Robertson 1903-1909 VIII: 96-141.

———1592. "Expedition to Tuy," 1 June 1592, in Blair and Robertson 1903-09, VIII: 250-251.

Davis, John 1600. "The Voyage of Captaine John Davis to the Easterne India, Pilot in a Dutch Ship; written by himselfe," in *The Voyages and Works of John Davis the Navigator,* ed. A. H. Markham. London, Hakluyt Society, 1880, pp. 129-189.

Day, A. 1983. "Islam and Literature in South-East Asia," in Hooker 1983: 130-159.

Deyell, John 1983. "The China Connection: Problems of Silver Supply in Medieval Bengal," in Richards 1983:. 207-227.

Dermigny, Louis 1964. *La Chine et 1'Occident: le commerce a Canton au XVIIIe siècle*, 1719-1833. 3 vols. Paris, SEVPEN.

Dhaninivat, Prince 1948. "The Shadow-Play as a Possible Origin of the Masked-Play." *JSS* 37. Reprinted in Rutnin 1975 : 115-125.

———1956. "The Dalang." *TSS* 43, ii. Reprinted in Rutnin 1975: 139-156.

Dias, Balthasar 1556. Letter from Melaka 19 November 1556, in de Sà Ⅱ: 234-272.

———1559. Letter from Melaka to Antonio de Quadros, S. J., 3 December 1559, in Jacobs 1974: 299-309.

Dias, Thomas 1684. Letter from Melaka, 18 November 1684, in F. de Haan, "Naar midden Sumatra in 1684," *TBG* 39 (1897): 336-357.

Diaz, Casimiro 1718A. *Conquistas,* trans. in Blair and Robertson 1903-1909 XLII: 117-312.

———1718B. *Conquests of the Filipinas Islands*, trans. in Blair and Robertson 1903-1909 XXXXI: 317-324.

Diemen, Antonio van, et al. 1637. Letter from Batavia to Heren XVII, 9 December 1637, in Coolhaas 1960: 596-657.

———1639. Letter from Batavia, 12 January 1639 in Coolhaas 1964: 1-6.

Diller, A. 1983. "The Thai Epic Romance: From Polysemy to Norm." Unpublished paper, ANU.

Disney, A. R. 1978. Twilight of the Pepper Empire: Portuguese Trade in Southwest India in the Early Seventeenth Century. Cambridge, Harvard University Press.

———1984. "Portuguese Goa and the Great Indian Famine of 1630-1631." Paper presented at the Fifth Biennial Conference of the Asian Studies Association of Australia, Adelaide.

Djajadiningrat, Hoesein 1913. *Critische Beschouwing van de Sadjarah Banten.* Ph.D. diss., Leiden. Haarlem, Joh. Enschede.

Djamour, Judith 1959. *Malay Kinship and Marriage in Singapore.* London, Athlone Press. Reprinted 1965.

Dobbin, Christine 1974. "Islamic Revivalism in Minangkab at the Turn of the Nineteenth Century." *Modern Asian Studies* 8, pp. 319-345.

———1983. *Islamic Revivalism in a Changing Peasant Economy: Central Sumatra,* 1784-1847. London and Malmo, Curzon Press for Scandinavian Institute of Asian Studies.

Donselaar, W. M. 1857. "Aanteekeningen over het eiland Saleijer," *Mededeelingen van wege het Nederlandsche Zendelinggenootschap I,* pp. 277-328.

Douglas, Carstair 1873. *Chinese-English Dictionary of the Vernacular or Spoken Language of Amoy.* London, Trubner.

Drakard, Jane 1990. *A Malay Frontier: Unity and Duality in a Sumatran Kingdom.* Ithaca, Cornell University Southeast Asia Program.

———1993. "A Kingdom of Words: Minangkabau Sovereignty in Sumatran History." Ph.D. diss., ANU, Canberra.

Drake, Francis 1580. "The famous voyage of Sir Francis Drake," in *The Principal Navigations of the English Nation,* ed. Richard Hakluyt. London, Everyman's Library Edition 1907, vol. VIII, pp. 48-75.

Drewes, G. W. J. 1954. *Een javaanseprimbon uit de zestiende eeuw.* Leiden, E.J. Brill.

———1969. *The Admonitions of Seh Bari: A Sixteenth Century JavaneseMuslim Text Attributed to the Saint of Bonan.* The Hague, Nijhoff for KITLV.

———(ed.) 1978. *An Early Javanese Code of Muslim Ethics.* The Hague, Nijhoff for KITLV.

Duff-Cooper, A. 1985. "An Account of the Balinese 'Person' from Western Lombok," *BKI* 141, pp. 67-85.

Dulaurier, Edouard 1845. "Institutions maritimes de lfarchipel dfAsie," translated into French from Malay and Bugis texts, in *Collection de lois maritime antérieures au XVIIIe siècle,* ed. J. M. Pardessus. 6 vols. Paris, Benjamin

Duprat VI: 361-480.

Dumarqay, J. 1982. "Notes d'architecture javanaise et khmkre." *BEFEO* 71, pp. 87-146.

Durand, J. D. 1967. "The Modern Expansion of World Population." *Proceedings of the American Philosophical Society* 3, iii, pp. 136-160.

Earl, G. W. 1837. *The Eastern Seas or Voyages and Adventures in the Indian Archipelago in* 183 *2-3* 3 -34. London, W. H. Allen. Reprinted Singapore, OUP, 1971.

Eaton, Richard 1978. *Sufis of Bijapur, 1300-1700: Social Roles of Sufis in Medieval India*. Princeton, Princeton University Press.

Edwards, E. D., and C. O. Blagden 1931. "A Chinese Vocabulary of Malacca Malay Words and Phrases Collected between A.D. 1403 and 1511(?)." *Bulletin of the School of Oriental Studies* 6, iii: 715-749.

EIC Merchants 1615. Letter of East India Company Merchants at Jambi, 22 October 1615, in *LREIC* Ⅲ, pp. 201-202.

Ellen, Roy, and I. C. Glover 1974. "Pottery Manufacture and Trade in the Central Moluccas, Indonesia: The Modern Situation and the Historical Evidence." *Man* 9, pp. 353-379.

Ellis, G. R. 1981. "Arts and Peoples of the Northern Philippines," in *The People and Art of the Philippines*. Los Angeles, Museum of Natural History of the University of California, pp. 183-268.

Elson, Robert 1984. *Javanese Peasants and the Colonial Sugar Industry*. Singapore, OUP.

Empoli, Giovanni da 1514. Letter to Lionardo his father, in *Lettera di Giovanni da Empoli*, ed. A. Bausani. Rome, Istituto Italiano per il Medio ed. Estremo Oriente, 1970, pp. 107-161.

Endicott, K. M. 1970. *An Analysis of Malay Magic*. Oxford, Clarendon Press.

———1983. "The Effects of Slave Raiding on the Aborigines of the Malay Peninsula," in Reid 1983 : 2166-2145.

English Factories in India, 1668-1669, The, ed. William Foster. Oxford, Clarendon, 1927.

English Factories in India, The, n.s., Vol. Ⅱ: 1670-77, ed. Sir Charles Fawcett. Oxford, Clarendon, 1952.

Eredia, Manoel Godinho de 1600. "Informação da Auro Chersoneso, ou Peninsula, e das ilhas auriferas, carbunculas, e aromaticas," trans. J. V. Mills. *JMBRAS* 8, i (1930), pp. 228-255.

———1613. "Eredia's Description of Malacca, Meridional India, and Cathay," trans. J. V. Mills. *JMBRAS* 8, i (1930), pp. 11-84.

Errington, Shelly 1979. "The Cosmic House of the Buginese." *Asia* January-February 1979, pp. 8-14.

———1983. "Embodied *Sumange'* in Luwu," *JAS* XLII, 3, pp. 545-570.

Evans, Ivor H. N. 1923. *Studies in Religion, Folk-Lore, and Customs in British North Borneo and the Malay Peninsula*. Cambridge, CUP.

———1953. *The Religion of the Tempasuk Dusuns of North Borneo*. Lon-

don, CUP.
Eveleth, Phyllis B. 1979. "Population Differences in Growth: Environmental and Genetic Factors," in *Human Growth*, ed. F. Falkner and J. M. Tanner, vol. Ⅲ. New York, Plenum.
Evelyn, John 1955. *The Diary of John Evelyn*, Vol. IV: *1673-1689*, ed. E. S. de Beer. Oxford, Clarendon.
Evers, H. D. 1988. "Chettiar Moneylenders in Southeast Asia," in Lombard and Aubin 1988: 199-219.
Fairbank, John K. (ed.) 1968. *The Chinese World Order*. Cambridge, Harvard University Press.
Fairbank, John K., and Ssü-yu Teng 1960. *Ch'ing Administration: Three Studies*. Cambridge, Harvard University Press.
Farb, Peter, and George Armelagos 1980. *Consuming Passions: The Anthropology of Eating*. New York, Washington Square Press, 1983.
Farrington, Anthony 1992. "English East India Company Documents relating to Hien and Tonking." Paper presented to Symposium on Pho Hien, at Hai Durong, Vietnam.
Fatimi, S. Q. 1963. *Islam Comes to Malaysia*. Singapore, Malaysian Sociological Research Institute.
Fei Hsin 1436. "Hsing chla sheng lan," in Rockhill 1915: 246-250.
Fernandez, Bartolome 1579. "Testimony," Manila 19 April 1579, in Blair and Robertson 1903-1909 IV: 219-230.
Ferrars, Max and Bertha 1900. *Burma*. London, Sampson, Low, Marston.
Finlayson, George 1826. *The Mission to Siam and Hue, the Capital of Cochin-China, in the Years 1821-1822*. London, John Murray.
Firth, Raymond 1973. *Symbols, Public and Private. London*. Allen & Unwin.
Fisher, Charles A. 1966. *South-East Asia: A Social, Economic, and Political Geography*. London, Methuen.
Fitch, Ralph 1591. "The voyage of M. Ralph Fitch marchant of London . . . begunne in the yeere of our Lord 1583, and ended 1591," in Hakluyt 1598-1600 Ⅲ: 287-321.
Florentine Letter 1513. "Lettera . . . scripta in Lisbona e mandata a fra Zuambatista in Firenze," 31 January 1513, in Storia dei viaggiatori nelle Indie Oriental!. Livorno, Franc. Vigo, 1875, pp. 364-398.
Floris, Peter 1615. Peter Floris, *His Voyage to the East Indies in the "Globe,"*

1611-1615, ed. W. H. Moreland. London, Hakluyt Society, 1934.

Floud, Roderick, and K. W. Wachter 1982. "Poverty and Physical Stature: Evidence on the Standard of Living of London Boys, 1770-1870." *Social Science History* 6, iv, pp. 422-452.

Fogel, R. W., S. L. Engerman, and J. Trussell 1982. "Exploring the Uses of Data on Height: The Analysis of Long-term Trends in Nutrition, Labor Welfare, and Labor Productivity." *Social Science History* 6, iv, pp. 401-421.

Forbes, A. D. W. 1988. "The Role of Hui Muslims in the Traditional Caravan Trade between Yunnan and Thailand," in Lombard and Aubin 1988: 289-294.

Forrest, Thomas 1779. A *Voyage to New Guinea and the Moluccas from Balambangan*. 2nd ed. London. Reprinted Kuala Lumpur, OUP, 1969.

———1792. *A Voyage from Calcutta to the Mergui Archipelago Lying on the East Side of the Bay of Bengal*. London, J. Robson.

Forth, G. L. 1981. *Rindi: An Ethnographic Study of a Traditional Domain in Eastern Sumba*. The Hague, Nijhoff for KITLV.

Foster, William 1926. *John Company*. London, Bodley Head. (ed.)

———1934. *The Voyage of Thomas Best to the East Indies, 1612-1614*. London, Hakluyt Society.

Fox, J. J. 1987. "Southeast Asian Religions," in *The Encyclopedia of Religion*, Vol. 13. New York, MacMillan.

Fox, Robert B. 1959. "The Catalagan Excavations." *Philippine Studies* 7, iii (1959), pp. 325-390.

Fraassen, Ch. F. van 1987. "Ternate, de Molukken en de Indonesische Archipel. Van Soa-organisatie en vierdeling: een studie van traditionele samenleving en cultuur in Indonesie." 2 vols. Ph.D. diss., Leiden University.

Fransisco 1642. "Declaratie vande gelegentheijt des Quinamsen rijcx," in Buch 1929: 120-123.

Frédéric, Louis 1981. *La Vie quotidienne duns la peninsule indochinoise a l'epoque d'Angkor, c.800-1300*. Paris, Hachette.

Frederici, Cesar 1581. "The voyage and travell of M. Caesar Fredericke, Marchant of Venice, into the East India, and beyond the Indies," trans. T. Hickocke, in Hakluyt 1598-1600 Ⅲ: 198-269.

Fryke, Christopher 1692. "A Relation of a Voyage Made to the East Indies by Christopher Fryke," in *Voyages to the East Indies*, ed. C. Ernest

Fayle. London, Casse, 1929.
Fujiwara Seika. Letter to Nguyen Hoang, lord of Cochin-China, c. 1600. Trans. in *Sources of Japanese Tradition*, ed. Ryusaku Tsunoda, W. Th. de Bary, and Donald Keene. New York, Columbia University Press, 1958, pp. 347-348.
Gaastra, F. S. 1982. "Merchants, Middlemen and Money: Aspects of the Trade between the Indonesian Archipelago and Manila in the Seventeenth Century," in *Papers of the Dutch-Indonesian Historical Conference, 1980,* ed.
G. Schutte and H. Sutherland, Leiden and Jakarta, pp. 301-314.
Gaelen, Jan Dircsz 1636. "Journael ofte voornaemste geschiedenisse in Cambodia," in Muller 1917: 61-124.
Galloway, Patrick 1986. "Long-term fluctuations in Climate and Population in the Preindustrial Era," *Population and Development Review* 12, i: 1-24.
Galvão, Antonio 1544. *A Treatise on the Moluccas (c. 1544), Probably the Preliminary Version of Antonio Galvão's Lost História das Molucas,* trans. Hubert Jacobs, S. J. Rome, Jesuit Historical Institute, 1971.
Gardenis, Arend 1636. "Cort Verhael," in Knaap 1987: 141-154.
Garner, Richard 1988. "Long-term Silver Mining Trends in Spanish America: A Comparative Analysis of Peru and Mexico," *AHR* 93, 4: 898-935.
Garnier, Francis 1870. *Voyage d'exploration en Indo-Chine.* and ed. Paris, Hachette, 1885.
Geertz, Clifford 1960. *The Religion of Java.* Glencoe, Free Press.
———1964. "'Internal Conversion' in Contemporary Bali," in Geertz 1973B: 170-189.
———1966. "Religion as a Cultural System," in Geertz 1973B: 87-125.
———1973A. "Deep Play: Notes on the Balinese Cockfight," in Geertz 1973B: 412-53.
———1973B. *The Interpretation of Cultures: Selected Essays by Clifford Geertz.* New York, Basic Books. (클리퍼드 기어츠. 『문화의 해석』, 문옥표 옮김. 서울, 까치, 2009.)
———1980. *Negara: The Theatre State in Nineteenth Century Ball.* Princeton, Princeton University Press. (클리퍼드 기어츠. 『극장국가 느가라』, 김용진 옮김. 서울, 눌민, 2017.)
Geertz, Hildred 1963. "Indonesian Cultures and Communities," in *Indo-*

nesia, ed. R. T. McVey. New Haven, Yale University Southeast Asia Studies, pp. 24-96.

Gerdin, Ingela 1981. "The Balinese Sidikara: Ancestors, Kinship and Rank," *BKI* 137: 17-34.

Gerini, G. E. 1905. "Historical Retrospect of Junkceylon Island." *JSS* 2, ii, pp. 121-267.

———1912. *Siam and Its Productions, Arts, and Manufactures: A Descriptive Catalogue of the Siamese Section at the International Exhibition of Industry and Labour Held in Turin April 29-November 19, 1911.* Hertford, Stephen Austin & Sons.

Gevaise, Nicolas 1688. *Histoire naturelle et politique du royaume de Siam.* Paris, Claude Barbin.

———1701. *An Historical Description of the Kingdom of Macassar in the East Indies.* London, Tho. Leigh. Reprinted Famborough, 1971.

Gibb, H. A. R., and J. H. Kramers (eds.) 1961. *Shorter Encyclopedia of Islam.* Leiden, E. J. Brill; London, Luzac.

Gijsels, A. 1621. "Grondigh Verhael van Amboyna," in Knaap 1987: 20-76.

Gimlette, John D. 1915. *Malay Poisons and Charm Cures.* London. Reprinted Kuala Lumpur, OUP, 1971.

Glamann, Kristof 1958. *Dutch-Asiatic Trade, 1620-1740.* The Hague, Nijhoff, 1981.

Glanius 1682. *A New Voyage to the East Indies.* 2nd ed. London, H. Rodes.

Glass Palace Chronicle. The Glass Palace Chronicle of the Kings of Burma, trans. Pe Maung Tin and G. H. Luce. London, OUP, 1923.

Goens, Rijklof van 1652. "Het vierde gezantschap, 1652" in de Graaf 1956: 98-125.

———1656. "De samenvattende geschriften," in *De Vijf Gezantschapsreizen van Rijklof van Goens naar het Hof van Mataram, 1648-1654,* ed. H. J. de Graaf. The Hague, Nijhoff for Linschoten-Vereeninging, 1956, pp. 173-269.

Goens, Rijklof, et al. 1679. Letter from Batavia, 13 February 1679, in Coolhaas 1971: 262-308.

Goitein, S. D. 1967. *A Mediterranean Society: The Jewish Communities of the Arab World as Portrayed in the Documents of the Cairo Geniza,* Vol. I. Berkeley, University of California Press.

———1973. *Letters of Mediaeval Jewish Traders.* Princeton, Princeton University Press.

Goldstone, Jack 1988. "East and West in the Seventeenth Century: Political Crises in Stuart England, Ottoman Turkey, and Ming China," *CSSH* 30, I: 103-142.

Gonçalez, Bias Ruiz de Hernan 1595. "Relation des affaires du Campa," trans. Pierre-Yves Manguin, *BEFEO* 70 (1981): 255-259.

Goody, Jack (ed.) 1968. *Literacy in Traditional Societies*. Cambridge, CUP.

———1976. *Production and Reproduction: A Comparative Study of the Domestic Domain*. Cambridge, CUP.

Goudswaard, A. 1860. "Brief van Bonthain," 12 October 1854, in *Mededeelingen van wege het Nederlandsche Zendelinggenootschap* IV, pp. 345-366.

Gould, James 1956. "Sumatra-America's Pepperpot, 1784-1873," *Essex Institute Historical Collections* 92: 83-152, 203-51, 295-348.

Goüye, P. 1692. *Observations physiques et mathematiques, pour servir a l'histoire naturelle . . . envoyees des Indes et de la Chine a 1'Academie Royale des Sciences a Paris, par les Peres Jesuites*. Paris, Imprimerie Royale.

Graaf, H. J. de 1956. *De vijf gezantschapsreizen van Rijklof van Goens naar het hof van Mataram*, 1648-1654. The Hague, Nijhoff for Linschoten-Vereeniging.

———1958. *De Regering van Sultan Agung, Vorst van Mataram 1613-1645 en die van zijn voorganger Panembahan Seda-ing-Krapjak 1601-1613*. The Hague, Nijhoff for KITLV.

Graaf, H. J. de, and Th. G. Th. Pigeaud 1974. *De Eerste Moslimse Vorstendommen op Java: Studien over de Staatkundige Geschiedenis van de 15de en 16de Eeuw*. The Hague, Nijhoff for KITLV.

———1984. *Chinese Muslims in Java in the Fifteenth and Sixteenth Centuries: The Malay Annals of Semarang and Cerbon*, ed. M. C. Ricklefs. Melbourne, Monash University Papers on Southeast Asia.

Graaff, Nicolaus de 1701. *Reisen van Nicolaus de Graaff naar de Vier Gedeelten des Werelds*, ed. J. C. M. Wamsinck. The Hague, Linschoten-vereeniging, 1930.

Graham, W. A. 1912. *Siam: A Handbook of Practical, Commercial, and Political Information*, and ed. London, Alexander Moring.

Groeneveldt, W. P. 1880. *Historical Notes on Indonesia and Malaya, Compiled from Chinese Sources*. Batavia, *VBG*. Reprinted Jakarta, Bhratara, 1960.

Groslier, Bernard P. 1958. *Angkor et le Cambodge an XVle siècle d'aprés les sources portugaises et espagnoles*. Paris, Presses Universitaires de France.

Guerreiro, Tavarez de Vellez 1718. "Jomada," trans. Hughes, in *JMBRAS* 13, ii (1935): 111-156.

Guggenheim, Scott 1982. "Cock or Bull: Cockfighting, Social Structure, and Political Commentary in the Philippines." *Pilipinas: A Journal of Philippine Studies* 3, i, pp. 1-35.

Guillon, Emmanuel 1989. "Les villes du Pégou aux XIVe et XVe siècles," *Archipel* 37: 107-118.

Guillot, Claude 1983. "Le *dluwang* ou 'papier javanaise.'" *Archipel* 26, pp. 105-115.

———1985. "La symbolique de la mosquee javanaise: A propos de la 'Petite Mosquee de Jatinom.'" *Archipel* 30, pp. 3-20.

———1989. "Banten en 1678," *Archipel* 37: 119-151.

———1992. "Libre entreprise contre économie dirigée: guerres civilies à Banten, 1580-1609," *Archipel* 43: 57-72.

Gullick, J. M. 1958. *Indigenous Political Systems of Western Malaya*. Reprinted London, Athlone Press, 1965.

Guy, John 1986. "Vietnamese Ceramics and Cultural Identity: Evidence from the Ly and Tran Dynasties," in *Southeast Asia in the Ninth to Fourteenth Centuries*, ed. David G. Marr and A. C. Milner. Singapore, ISEAS, pp. 255-269.

Haan, E. de 1912. *Priangan: De Preanger-Regentschappen onder het Nederlandsche Bestuur tot 1811*, 4 vols. Batavia, Kolff.

———1922. *Oud Batavia*, 3 vols. Batavia, Kolff.

Habib, Irfan 1963. "Usury in Mediaeval India," *CSSH* 6: 393-419.

———1982. "Population," in Raychaudhuri and Habib 1982: 163-171.

———1982A. "Monetary System and Prices," in Raychaudhuri and Habib 1982: 360-381.

Hadimuljono, and C. C. Macknight 1983. "Imported Ceramics in South Sulawesi." *RIMA* 17, pp. 66-91.

Haen, Dr de 1622. "Joumael ende geschiedenissen op de reyse naer den Mataram ofte Pangaran Angalagga," June 1622, in de Jonge 1862-1888 IV: 284-321.

———1623. "Journael van't gepasseerde op de reyse naer den Mattaram, beginnende den 24 May Anno 1623." in de Jonge 1862-1888 V: 30-39.

Hageman, J. 1859A. "Aanteekeningen nopens de Industrie, Handel en Nijverheid van Soerabaja." Tijdschrift voor Nijverheid en Landbouw in Nederlandsch Indië 5, pp. 137-152.

———1859B. "Geshied en aardrijkskundig overzigt van Java op het einde der achttiende eeuw," *TBG* 3, 3, afl.1.

———1860. "Verslag omtrent de Nijverheid te Soerabaiya." Tijdschrift voor Nijverheid en Landbouw in Nederlandsch Indië 6, pp. 139-148.

Hagen, Steven van der 1607. "Oost-Indische Reyse," in *Begin ende Voortgangh* 1646.

Hakluyt, Richard (ed.) 1598-1600. *The Principal Navigations, Voyages, Traffiques, and Discoveries of the English Nation*, Everyman's Edition. London, J. M. Dent, 1907, 8 vols.

Halewijn, M. 1838. "Eenige Reizen in de Binnenlanden van dit Eiland . . . in het jaar 1824." *TNI* I. Partly translated in Ras 1968: 623-624.

Hall, C. J. J. van, and C. van der Koppel (eds.) 1946-1950. *De Landbouwin den Indischen archipel.* 3 vols. in 4. The Hague, van Hoeve.

Hall, D. G. E. 1926. "English Relations with Burma, 1587-1686." *JBRS* 17, i.

———1928. *Early English Intercourse with Burma, 1587-1743.* 2nd ed. London, Frank Cass, 1968.

———1939. "The Daghregister of Batavia and Dutch Trade with Burma in the Seventeenth Century." *JBRS* 29, iii: 139-156.

———1955. *A History* of *South-East Asia.* 3rd ed. London, Macmillan, 1968.

Hall, Kenneth R. 1976. "State and Statecraft in Early Srivijaya," in *Explorations in Early Southeast Asian History: The Origins of Southeast Asian Statecraft*, ed. K. R. Hall and J. K. Whitmore. Ann Arbor, University of Michigan Center for South and Southeast Asian Studies, pp. 61-105.

Hamilton, Alexander 1727. *A New Account of the East Indies.* Edinburgh, John Mosman, vol. II. Reprinted London, Argonaut Press, 1930.

Hamonic, Gilbert 1987. *Le langage des dieux: cultes et pouvoirs pre-Islamiques en pays Bugis, Celebes-sud, Indonesie.* Paris, CNRS.

Hamzah Fansuri. *Asraru'l-Arifin* [The secrets of the Gnostics], in Al-Attas 1970: 233-96 (Malay), 354-415 (English).

———*Al-Muntahi* [The adept], in Al-Attas 1970: 329-53 (Malay), 448-72 (English).

———*Poems.* In Drewes and Brakel 1986: 42-143.

Hanks, Lucien M. 1972. *Rice and Man: Agricultural Ecology in Southeast Asia*. Chicago, Aldine-Atherton.

Hanoi 1977. *Hanoi,* Vol. I: *From the Origins to the Nineteenth Century.* Hanoi: Vietnamese Studies no. 48.

Harahap, F. K. N. 1981. "Catur, Masuk Indonesia lewat Tanah Batak?" *Mutiara* 245 (24 June-27 July 1981).

Harrisson, Tom 1964. "The 'Palang', Its History and Proto History in West Borneo and the Philippines." *JMBRAS* 37, ii, pp. 162-174.

Harrisson, Tom, and Stanley O'Connor 1969. *Excavations of the Prehistoric Iron Industry in West Borneo*, 2 vols. Ithaca, Cornell University Southeast Asia Program.

Hart, Donn V. 1969. *Bisayan Filipino and Malayan Humoral Pathologies: Folk Medicine and Ethnohistory in Southeast Asia*. Ithaca, Cornell University Southeast Asia Program.

Hasell, Jan van 1620. Letter from Singora (Songkhla) to Coen, 4 October 1620, in *JPC* VII, pp. 639-649.

Hauch, D. E. 1972. "The Cai Luong Theatre of Viet Nam, 1915-1970." Ph.D. diss., Southern Illinois University.

Haudricourt, A. G. 1953. "La place du Vietnamien dans les langues austroasiatiques." *Bulletin de la Société de Linguistique* 49, pp. 122-128.

———1954. "De l'origine des tons en Vietnamien." Journal Asiatique 242, pp. 69-82.

Hawley, Henry 1626. Letter from Batavia to East India Company, 6 February 1626, in *SP 1625-1629*: 145-154.

———1627. Letter from Batavia to East India Company, 18 July 1627, in *SP 1625-1629*: 371-372.

Hazeu, G. A. J. 1905. *Tjeribonsch Wetboek (Pepakem Tjerbon) van het jaar 1768. VBG* 55.

Hayami Akira 1986. "A Great Transformation: Social and Economic Change in Sixteenth- and Seventeenth-Century Japan." *Bonner Zeitschrift fur fapanologie* 8: 3-13.

———1989. "Preface," in *Economic and Demographic Development in Rice Producing Societies: Some Aspects of East Asian History, 1500-1900*, ed. A.Hayami and Y. Tsubouchi. Tokyo, n.p., pp. 1-5.

Heekeren, H. R. van 1958. The Bronze-Iron Age of Indonesia. The Hague, Nijhoff for KITLV.

Heemskerck, J. van 1600. "Memorie," in de Jonge 1862-1888 Ⅱ: 448-452.

Heers, Jacques 1955. "Il commercio nel Mediterraneo alla fine del sec. XIVe nei primi anni del XV," *Archivio Storico Italiano* 113: 157-209.

Heren XVII 1621. Letter to J. P. Coen, 4 March 1621, in Colenbrander 1922: 481-508.

Hein, Donald 1985. "An Alternative View on the Origins of Ceramic Production at Si Satchanalai and Sukhothai, Central Northern Thailand," in *SPAFA Final Report, Technical Workshop on Ceramics*. Bangkok, SPAFA Co-ordinating Unit, 1985, pp. 259-284.

l'Hermite, Jacob 1612. "Corte Remonstrantie van den tegenwoordigen stant eeniger plaetsen in Indien ende wat remedien vooreerst daertoe dienen gebruyckt." Presented to Heren XVII, Amsterdam, 20 August 1612, in de Jonge 1862-1888 Ⅲ: 380-394.

Hickey, Gerald C. 1982. *Sons of the Mountains: Ethnohistory of the Vietnamese Central Highlands to 1954*. New Haven, Yale University Press.

Hikayat Aceh c. 1630. *De Hikajat Atjéh*, ed. Teuku Iskandar. The Hague, Martinus Nijhoff for KITLV, 1958.

Hikayat Banjar. In Ras 1968: 228-521 (Malay text and English translation).

Hikayat Dewa Mandu. *Hikayat Dewa Mandu: Epopée Malaise*, vol. I: *Texte et Presentation*, ed. H. Chambert-Loir. Paris, EFEO, 1980, pp. 89-322.

Hikayat Hang Tuah (menurut naskhah Dewan Bahasa dan Pustaka), ed. Kassim Ahmad. Kuala Lumpur, Dewan Bahasa dan Pustaka, 1966.

Hikayat Patani. *Hikayat Patani: The Story of Patani*, ed. A. Teeuw and D. K. Wyatt. The Hague, KITLV, 1970, vol. I, pp. 68-145.

Hikayat Pocut Muhamat. *Hikayat Potjut Muhamat: An Acehnese Epic*, trans. G.W. J. Drewes. The Hague, Nijhoff for KITLV, 1979.

Hikayat Raja-Raja Pasai, ed. A. H. Hill. *JMBRAS* 33, ii (1961), pp. 46-107.

Hikayat Ranto. *Two Acehnese Poems: Hikajat Ranto and Hikajat Teungku de Meuke'*, ed. G. W. J. Drewes. The Hague, Nijhoff for KITLV, 1980, pp. 6-41.

Hillgarth, J. N. (ed.) 1986. *Christianity and Paganism, 350-750: The Conversion of Western Europe*. Philadelphia, University of Pennsylvania

Press.
Hilton, R. N. 1956. "The Basic Malay House." *JMBRAS* 29, hi, pp. 134-155.
Hirosue Masashi 1988. "Prophets and Followers in Batak Millenarian Responses to the Colonial Order: Parmalim, Na Siak Bagi and Parhudamdam, 1890-1930." Ph.D. diss., ANU, Canberra.
"History of Kings." "Slapat Rajawan Datow Smin Ron: A History of Kings," trans. R. Halliday. *JBRS* 13, i (1923): 1-67.
"History of Syriam." Trans. J. S. Furnivall. *JBRS* 5 (1915): 1-11, 149-57, 129-151.
Hoadley, Mason 1988. "Javanese, Peranakan, and Chinese Elites in Cirebon: Changing Ethnic Boundaries." *JAS* 47, iii: 503-517.
Hoadley, M. C., and M. B. Hooker 1981. *An Introduction to Javanese Law: A Translation of and Commentary on the Agama*. Tucson, University of Arizona Press.
Hoare, William 1620. Letter to East India Company, May 1620, IOL, E/3/7, fols. 167-174.
———1630. Letter from Banten, 6 December 1630, in *SP 1630-1634*: 89.
Hobsbawm, E. J. 1954. "The Crisis of the Seventeenth Century," *Past and Present* 5, reprinted in Aston 1965.
Hooijman, J., 1780. "Berigt omtrent het katoen spinnen en weeven onder de Javanen en Chinesen." *VBG* 2.
Hooker, M. B. (ed.) 1983. Islam in South-East Asia. Leiden, Brill.
Horridge, Adrian 1981. *The Prahu: Traditional Sailing Boat of Indonesia. Kuala Lumpur*, OUP.
Horta 1766. Letter, in *Lettres édifiantes et curieuses, écrites des missions étrangèies (de la Compagnie de Jésus)*, 26 vols. Paris, Y. M. M. de Querbeuf, 1780-83, vol. XVI.
Horton, Robin 1971. "African Conversion." *Africa* 41 : 85-108.
———1975. "On the Rationality of Conversion." *Africa* 45: 219-35, 373-399.
Hoskins, Janet 1987. "Spirit Worship and Conversion in West Sumba," in Kipp and Rodgers 1987: 136-180.
Houtman, Frederick de 1603. *Le "Spraeck ende Woord-boek,"* ed. Denys Lombard. Paris, EFEO, 1970.
Hsia Liang Lin 1937. "Betelnut as a Useful Taeniafuge." *Chinese Medical Journal* 50.

Hsieh Ch'ing-kao 1820. "Hai Lu (A Record of the Seas)," trans. in J. W. Cushman and A. C. Milner, "Eighteenth- and Nineteenth-Century Accounts of the Malay Peninsula." *JMBRAS* 52, i (1979), pp . 12-34.

Htin Aung, Maung 1937. *Burmese Drama: A Study, with Translations, of Burmese Plays*. London, OUP.

Huard, Pierre, and Maurice Durand 1954. *Connaissance du Vietnam*. Paris, Imprimerie Nationale.

Hugo, Graeme 1982. "Population Mobility and Development in Asia." Paper presented at the Fourth Biennial Conference of the Asian Studies Association of Australia, Melbourne.

Huizinga, Johan 1938. *Homo Ludens: A Study of the Play Element in Culture*. Boston, Beacon Press, 1955. (요한 하위징아. 『호모 루덴스』, 이종인 옮김. 고양, 연암서가, 2010.)

Hull, Terence H., and Jon E. Rohde 1980. *Prospects for Rapid Decline of Mortality Rates in Java*. Yogyakarta, Gadja Mada University Population Studies Center.

Huntingdon, Richard, and Peter Metcalf 1979. *Celebrations of Death: The Anthropology of Mortuary Ritual*. Cambridge, CUP.

Hutchinson, E. W. 1940. A*dventurers in Siam in the Seventeenth Century*. London, Royal Asiatic Society.

Hutterer, Karl 1973. *An Archeological Picture of a Pre-Spanish Cebuano Community*. Cebu City, University of San Carlos.

———1977, "Prehistoric Trade and the Evolution of Philippine Societies: A Reconsideration," in *Economic Exchange and Social Interaction in Southeast Asia: Perspectives from Prehistory, History, and Ethnography*, ed. K. L. Hutterer. Ann Arbor, University of Michigan Center for South and Southeast Asian Studies, pp. 177-196.

Huynh Khac Dung, Tuan-Ly 1970. *Hát Bôi: Theatre traditionnel du Vietnam*. Saigon, Kim Lai An Quan.

Hwang Chung 1537. "Hai Yu (Words about the Sea)," in Groeneveldt 1880: 126-128.

Ibn Battuta, Muhammad 1354. *Ibn Battuta: Travelsin Asia and Africa 1325-1354*, trans. *H.* A. R. Gibb. London, Routledge, 1929. (이븐 바투타. 『이븐 바투타 여행기』, 정수일 역주, 전 2권. 파주, 창비, 2001.)

Ibn Majid, Shihab al-Din Ahmad 1462. "al-Mal'aqiya," trans. G. R. Tibbets, in A *Study of the Arabic Texts Containing Material of South-east*

Asia. Leiden and London, E. J. Brill, 1979, pp. 99-206.

Ibrahim, ibn Muhammad 1688. *The Ship of Sulaiman,* trans. from the Persian by J. O'Kane. London, Routledge and Kegan Paul, 1972.

"Inlandsche" 1894. "De inlandsche nijverheid ter Westkust van Sumatra." *Tijdschrift voor Nijverheid en Landbouw in Nederlandsch Indië* 49,pp. 301-354.

Innes, Robert L. 1980. "The Door Ajar: Japan's Foreign Trade in the Seventeenth Century." Ph.D. diss., University of Michigan.

Intakosai, Vidya 1984. "The Excavations of Wreck Sites in the Gulf of Thailand." Country Report of Thailand in *SPAFA Final Report, Consultative Workshop on Research on Maritime Shipping and Trade Networks in Southeast Asia, Cisarua, Indonesia, November 20-27, 1984.* Bangkok, SPAFA Co-ordinating Unit, pp. 133-143.

Ireland, Alleyne 1907. *The Province of Burma,* 2 vols. Boston and New York, Houghton Mifflin.

Ishii Yoneo 1971. "Seventeenth Century Japanese Documents about Siam." *JSS* 59, ii, pp. 161-174.

———1975. *Sangha, State, and Society: Thai Buddhism in History,* trans. Peter Hawkes. Honolulu, University of Hawaii Press, 1986.

———1993. "Religious Patterns and Economic Change in Siam in the Sixteenth and Seventeenth Centuries," in Reid 1993: 180-194.

———(ed.) 1998. *The Junk Trade from Southeast Asia: Translations from the Tôsen Fusetsu-gaki.* Singapore, ISEAS.

Israel, J. I. 1989. *Dutch Primacy in World Trade, 1585-1740.* Oxford, Clarendon.

Ito Takeshi 1978. "Why did Nuruddin ar-Raniri Leave Aceh in 1054 A. H.?" *BKI* 134, pp. 489-491.

———1984. "The World of the Adat Aceh: A Historical Study of the Sultanate of Aceh." Ph.D. diss., ANU, Canberra, 1984.

Ito Takeshi and Anthony Reid 1985. "From Harbour Autocracy to 'Feudal' Diffusion in Seventeenth-Century Indonesia: The Case of Aceh," in *Feudalism: Comparative Studies,* ed. Edmund Leach, S. N. Mukherjee, and John Ward. Sydney, Sydney Association for Studies in Society and Culture.

Iwao Seiichi 1976. Kaigai Koshoshi no Shiten, 2: Kinsei [Views on overseas contacts, Vol. 2: Modern times]. Tokyo, Nihon Shoseki Kabukishiki Kaisha.

———1976A. "Japanese Foreign Trade in the Sixteenth and Seventeenth Centuries." *Acta Asiatica* 30: 1-18.

Ivye 1634. Consultation Held in Parranap by Thomas Ivye, Samuel Boys, and George Goldington, 20 December 1634. IOL E/3/15, fols. 78-79.

Jacobs, Hubert (ed.) 1974. *Documenta Malucensia I (1542-1577).* Rome, Institutum Historicum Societatis Iesu.

———(ed.) 1986. *The Jesuit Makasar Documents,* 1615-1682. Rome, Jesuit Historical Institute.

———1987. "The Insular Kingdom of Siau under Portuguese and Spanish Impact, Sixteenth and Seventeenth Centuries." Paper presented at European Conference of Indonesian and Malaysian Studies, Passau.

Jacobs, Julius 1883. *Eenigen tijd onder de Baliers.* Batavia, Kolff.

———1894. *Het familie-en kampong-leven op Groot-Atjeh: eene bijdrage tot de ethnographic van Noord-Sumatra,* 2 vols. Leiden, E. J. Brill.

Jansz, Hendrick 1616. Letter from Patani 31 October 1616, in Coolhaas 1952: 208-222.

Jarric, Pierre du 1608. *Histoire des choses plus memorables advenues tant ez Indes Orientates, que autres pais de la descouverte des Portugais,* Vol. I. Bordeaux, Millanges.

Jasper, J. E. 1904. "Inlandsche methoden van hoorn-, been-, schildpad-, en paarlemoer-bewerking." *TBG,* 1904, pp. 1-54.

Jasper, J. E., and M. Pimgadie 1912. *De inlandsche kunstnijverheid in Nederlandsch Indië,* vol. Ⅱ: *De weefkunst.* The Hague, Mouton,

———1916. *De inlandsche kunstnijverheid in Nederlandsch Indië,* vol. Ⅲ: *De batikkunst.* The Hague, Mouton.

———1930. *De inlandsche kunstnijverheid in Nederlandsch Indië,* vol. V: *De bewerking van niet-edele metalen.* The Hague, Mouton.

Javaanse Primbon. Trans. G. W. J. Drewes, in Drewes 1954: 10-95.

"Javanese Code [anonymous seventeenth-century Javanese Muslim Code of Ethics]," in Drewes 1978: 14-57.

Johns, A. H. 1961. "Sufism in Indonesia." *JSEAH* 2, ii: 10-23.

———1965. *The Gift Addressed to the Spirit of the Prophet.* Canberra, ANU Press.

———1979. *Cultural Options and the Role of Tradition: A Collection of Es-*

says on Modern Indonesian and Malaysian Literature. Canberra, ANU Press.

Jones, E. L. 1981. *The European Miracle: Environment, Economies and Geopolitics in the History of Europe and Asia*. Cambridge, CUP.

Jones, Russel 1979. "Ten Conversion Myths from Indonesia," in Levtzion 1979: 129-158.

———1982. "The First Indonesian Mission to London." *Indonesia Circle* 28: 9-19.

Jonge, J. K. J. de (ed.) 1862-1888. *De Opkomst van het Nederlandsch Gezag in Oost-Indië*, 13 vols. The Hague, Martinus Nijhoff.

Jordaan, R. E., and P. E. de Josselin de Jong 1985. "Sickness as Metaphor in Indonesian Political Myths." *BKI* 141, pp. 253-274.

Jourdain, John 1617. *The Journal of John Jourdain, 1608-1617, describing his experiences in Arabia, India, and the Malay Archipelago*, ed. W. Foster. Cambridge, Hakluyt Society, 1905.

Jumsai, Manich 1973. *History of Thai Literature*. Bangkok, Chalermnit Press.

Juynboll, H. H. 1899. *Catalogus van de Maleische en Sundaneesche handschriften der Leidsche Universiteits-Bibliotheek*. Leiden, E. J. Brill.

Kaempfer, E. 1727. *The History of Japan, Together with a Description of the Kingdom of Siam*, trans. J. G. Scheuchzer, vol. I. Glasgow, James Maclehose, 1906.

Kala, U 1711. *Mahayazawingyi* [Great chronicle], ed. Saya U Khin Soe. Vol. Ⅲ.Rangoon, Hanthawadi Pidakat Ponneik Taik, 1961 (translated for me by Maung Maung Nyo].

Kasetsiri, Chamvit 1976. *The Rise of Ayudhya: A History of Siam in the Fourteenth and Fifteenth Centuries*. Kuala Lumpur, OUP.

———1979. "Thai Historiography from Modem Times to the Present," in *Perceptions of the Past in Southeast Asia*, ed. A. Reid and D. Man. Singapore, Heinemann, pp. 156-170.

Kathirithamby-Wells, J. 1969. "Achehnese Control over West Sumatra Pepper up to the Treaty of Painan of 1663," *JSEAH* 10, iii: 453-479.

———1970. "Ahmad Shah Ibn Iskandar and the Late Seventeenth Century 'Holy War' in Indonesia." *JMBRAS* 43, i: 43-63.

———1977. *The British West Sumatran Presidency, 1760-1785: Problems of Early Colonial Enterprise*. Kuala Lumpur, Penerbit Universiti Malaya.

———1990. "Banten: A West Indonesian Port and Polity during the Sixteenth and Seventeenth Centuries," in Kathirithamby-Wells and Villiers 1990: 107-125.

Kathirithamby-Wells, J., and John Villiers 1990. *The Southeast Asian Port and Polity: Rise and Demise*. Singapore, Singapore University Press.

Kats, J. 1923. *Het Javaansche tooneel, vol. I: Wajang Poerwa*. Weltevreden, Commissie voor de Volkslectuur.

Kaudem, Walter 1929. Games and Dances in Celebes, vol. IV of Ethnographical Studies in Celebes. Göteberg, Elanders Boktryckeri.

Kaung, U. 1963. "History of Education in Burma before the British Conquest and After." *JBRS* 46, ii.

Keeler, Ward 1983. "The Symbolic Dimensions of the Javanese House." Conference Paper, Association of Asian Studies.

Keeling, William 1612. "A Journal of the Third Voyage to the East India," in Purchas 1905 : 502-549.

Keppel, Henry 1846. *The Expedition to Borneo of H. M. S. Dido for the Suppression of Piracy*. New York, Harper and Brothers.

Kern, R. A. 1939. *Catalogus van de Boegineesche, tot den I La Galigo-cyclus behoorende handschriften der Leidsche Universiteit*. Leiden, Universiteitsbibliotheek.

Keyes, Charles 1974. "A Note on the Ancient Towns and Cities of Northeastern Thailand." *Tonan Ajia Kenkyu* Ⅱ, iv: 497-506.

———1981. "Southeast Asian Tribal Religions," in *The Perennial Dictionary of World Religions*, ed. Keith Crim. New ed. San Francisco, Harper and Row, 1989, PP. 709-713.

Kiefer, Thomas M. 1972. *The Tausug: Violence and Law in a Philippine Moslem Society*. New York, Holt, Rinehart and Winston.

"Kingdom of Pegu" 1605. "'A Brief Account of the Kingdom of Pegu', trans. from Portuguese by A. Macgregor, I.C.S. Retd., with a note by D. G. E. Hall." *JBRS* 16, ii: 99-138.

Kipp, Rita, and Susan Rodgers (eds.) 1987. *Indonesian Religions in Transition*. Tucson, University of Arizona Press.

Klein, P. W. 1986. "De Tonkinees-Japanse zijdehandel van de Verenigde Oostindische Compagnie en het inter-Aziatische verkeer in de 17e eeuw," in *Bewogen en bewegen: de historicus in het spanningsveld tussen economic en cultuur*, ed. W. Frijhoff and M. Hiemstra. Tilburg, Gianotten, pp. 152-77,

Knaap, Gerrit 1987. Kruidnagelen en Christenen: de Verenigde Oost-Indische Compagnie en de bevolking van Ambon, 1656-1696. Dordrecht, Foris for KITLV.

Knaap, Gerrit (ed.) 1987. *Memories van overgave van gouverneurs van Ambon in de zeventiende en achttiende eeuw*. The Hague, Nijhoff for RGP.

Knaap, Gerrit, and Luc Nagtegaal 1991. "A Forgotten Trade: Salt in Southeast Asia, 1670-1813," in Ptak and Rothermund 1991: 127-158.

Kobata, Atsushi, and Mitsugo Matsuda 1969. *Ryukyuan Relations with Korea and South Sea Countries*. Kyoto, Atsushi Kobata.

Koenig, William J. 1990. *The Burmese Polity, 1752-1819: Politics, Administration, and Social Organization in the Early Konbaung Period*. Ann Arbor, University of Michigan Center for South and Southeast Asian Studies.

Koentjaraningrat 1985. *Javanese Culture*. Singapore, OUP.

Koubi, Jeannine 1982. *Rambu Solo', "La fumèe descend": le culte des morts chez les Toradja du sud*. Paris, CNRS.

Kratz, E. U. 1981. "The Journey to the Far East: Seventeenth and Eighteenth Century German Travel Books as a Source Study." *JMBRAS* 54, i, pp. 65 -87.

Kreemer, J. 1922-1923. *Atjèh*. 2 vols. Leiden, Brill.

Kroef, J. M. van der 1956. "Dualism and Symbolic Antithesis in Society," in van der Kroef, *Indonesia in the Modern World*. Bandung, Masa Baru, pp.138-161.

Kruijt, A. C. 1901. "Het Ijzer in Midden-Celebes." *BKI* 53, pp. 148-160.

Kruyt, A. C. 1932. "De To1 in den Indischen Archipel." *TBG* 72, pp. 415-595.

Kumar, Ann 1980. "Javanese Court Society and Politics in the Late Eighteenth Century: The Record of a Lady Soldier. Pt I: The Religious, Social, and Economic Life of the Court." *Indonesia* 29, pp. 1-46.

——— 1985. *The Diary of a Javanese Muslim: Religion, Politics and the Pesantren, 1883-1886*. Canberra, ANU Faculty of Asian Studies.

Kunst, J. 1933. *Musicin Java: Its History, Its Theory, and Its Technique*, trans. E. van Loo, 2 vols. The Hague, Martinus Nijhoff, 1949.

Laarhoven, Ruurdje 1988. "Textile Trade out of Batavia during the VOC Period." Paper presented at the Seventh National Conference of

the Asian Studies Association of Australia, Canberra.
———1989. *The Magindanao Sultanate in the Seventeenth Century: Triumph of Moro Diplomacy*. Quezon City, New Day.
———1990. "Lords of the Great River: The Magindanao Port and Polity during the Seventeenth Century" in Kathirithamby-Wells and Villiers 1990: 161-186.
Laarhoven-Casino, Ruurdje 1985. "From Ship to Shore: Magindanao in the Seventeenth Century (from Dutch Sources)." Ph.D. diss., Ateneo de Manila University.
La Bissachkre, de 1812. *Etat actuel du Tonkin, de la Cochinchine, et des royaumes de Cambodge, Laos, et Lac-Tho*, 2 vols. Paris, Galignani.
Lach, Donald F. 1965. *Asia in the Making of Europe*, vol I. Chicago, University of Chicago Press.
Lajonquière, Lunet de 1901. "Vieng-Chan." *BEFEO*: 99-118.
La Loubère, Simon de 1691. *A New Historical Relation of the Kingdom of Siam*. London, Tho. Horne, 1693. Reprinted Kuala Lumpur, OUP, 1969.
Lamb, H. H. 1977. *Climate: Present, Past and Future*, Vol. Ⅱ. London, Methuen. 1982. Climate, History and the Modern World. London, Methuen.
Lancaster, James 1603. *The Voyages* of *Sir fumes Lancaster to Brazil and the East Indies, 1591-1603*, ed. Sir William Foster. London, Hakluyt Society, 1940.
Lane, Frederick 1933. "Venetian Shipping during the Commercial Revolution." Reprinted in Lane 1966: 3-24.
———1940. "The Mediterranean Spice Trade: Its Revival in the Sixteenth Century" (*AHR* 45). Reprinted in Lane 1966: 25-34.
———1966. *Venice and History: The Collected Papers of Frederick C. Lane*. Baltimore, Johns Hopkins University Press.
Lapidus, Ira 1967. Muslim Cities in the Later Middle Ages. Cambridge, Harvard University Press.
Laslett, Peter 1965. *The World We Have Lost: England before the Industrial Age*, 2nd ed. Charles Scribner's Sons, 1973.
———1980. "Age at Menarche in Europe since the Eighteenth Century," in *Marriage and Fertility: Studies in Interdisciplinary History*, ed. R. I. Rotberg and T. Robb. Princeton, Princeton University Press, pp.

285-300.

La-uddin 1788. "Memoirs of His Father, Nakhoda Muda," trans. William Marsden, as *Memoirs of a Malayan Family, Written by Themselves*. London, J. Murray, 1830.

Lavezaris, Guido de 1574. "Reply to Fray Rada's Opinion," in Blair and Robertson 1903-1909 Ⅲ: 260-271.

Leach, E. R. 1958. "Magical Hair." *Journal of the Royal Anthropological Institute* 88, ii, pp. 147-164.

Le Blanc, Marcel 1692. *Histoire de la révolution du roiaume de Siam, arrivée en l'année 1688*. Lyon, Horace Molin.

Legazpi, Miguel Lopez de 1569. "Relation of the Filipinas Islands, and of the Character and Conditions of Their Inhabitants, July 1569," in Blair and Robertson 1903-1909 Ⅲ: 54-61.

Le May, Reginald 1932. *The Coinage of Siam*. Bangkok, Siam Society.

Lennon, W. C. 1796. "Journal of an Expedition to the Molucca Islands under the Command of Admiral Rainier," ed. J. E. Heeres. *BKI* 60 (1908) pp. 249-366.

Le Quy Don 1776. *Phu Bien Tap Luc*, extracts translated by Li Tana in Li Tana and Anthony Reid (eds.), *Southern Vietnam under the Nguyen: Documents on the Economic History of Cochinchina (Dung Trong), 1602-1777*. Singapore, ISEAS, 1993, pp. 98-126.

Le Roux, C. C. F. M. 1935. "Boegineesche zeekaarten van der Indische Archipel," *TAard. G.*: 687-714.

Le Roy Ladurie, Emmanuel 1979. *Carnival in Romans*, trans. Mary Feeney. New York, George Braziller.

Le Thanh Koi 1971. *Histoire du Vietnam, des origines à 1858*. 2nd ed. Paris, Sudestasie, 1987.

Leur, J. C. van 1934. "On Early Asian Trade" trans. J. S. Holmes and A. van Marle, in van Leur, *Indonesian Trade and Society*. The Hague, Nijhoff, 1955, pp. 1-144.

———1940. "The World of Southeast Asia," in ibid.: 157-245.

Levtzion, Nehemia (ed.) 1979. Conversion to Islam. New York, Holmes and Meier.

Liaw Yock Fang 1976. *Undang-undang Melaka: The Laws of Melaka*. The Hague, Nijhoff for KITLV.

Lieban, Richard W. 1967. *Cebuano Sorcery: Malign Magic in the Philippines*.

Berkeley, University of California Press.
Lieberman, Victor B 1980. "Europeans, Trade, and the Unification of Burma, c. 1540-1620." *Oriens Extremus* 27, ii: 203-226.
———1980A. "Provincial Reforms in Taung-ngu Burma." *BSOAS* 43: 548-569.
———1984. *Burmese Administrative Cycles: Anarchy and Conquest, c. 1580-1760.* Princeton, Princeton University Press.
———1991. "Secular Trends in Burmese Economic History, c. 1350-1830, and Their Implications for State Formation." *MAS* 25, i: 1-31.
———1993. "Was the Seventeenth Century a Watershed in Burmese History?" in Reid 1993: 214-249.
Ligtvoet, A. 1880. "Transcriptie van het dagboek der vorsten van Gowa en Tello, met vertaling en aanteekeningen." *BKI* 4, iv, pp. 1-259.
Lijn, Cornelis van der 1648. Letter to Queen of Aceh, 7 May 1648, in Tiele and Heeres 1886-1895 Ⅲ: 430-433.
Lingat, Robert 1952. *Les regimes matrimoniaux du sud-est de 1'Asie: Essai de droit compare indochinois,* vol. I: *Les regimes traditionnels.* Paris and Hanoi, EFEO.
Linschoten, J. H. van 1598. *The Voyage of Jan Huyghen van Linschoten to the East Indies,* ed. A. C. Burnell and P. A. Tiele. Vol. I. London, Hakluyt Society, 1885.
Lintgens, Aernoudt 1597. "Verhael vant tgheenne mij opt eijllandt van Baelle medevaeren is," in *De eerste schipvaart der Nederlanders naar Oost-Indië onder Cornelis de Houtman,* 1595-1597, vol. Ⅲ, ed. G. P. Rouffaer and J. W. Ijzerman. The Hague, Linschoten-Vereeniging, 1929, pp. 73-103.
Li Tana 1992. "The Inner Region: A Social and Economic History of Nguyen Vietnam in the Seventeenth and Eighteenth Centuries." Ph.D. diss., ANU.
Loarca, Miguel de 1582. "Relation of the Filipinas Islands," in Blair and Robertson 1903-1909 V: 34-187.
Locsin, Leandro and Cecilia 1967. *Oriental Ceramics Discovered in the Philippines.* Rutland and Tokyo, Charles Tuttle.
Lodewycksz, Willem 1598. "D'eerste Boeck: Historie van Indien vaer inne verhaelt is de avontueren die de Hollandtsche schepen bejeghent zijn," in *De eerste schipvaart der Nederlanders naar Oost-Indië*

onder Cornelis de Houtman, 1595-1597, vol. I , ed. G. P. Rouffaer and J. W. Iizerman, The Hague, Martinus Nijhoff, 1915.

Loeb, E. M. 1935. *Sumatra: Its History and People.* Vienna, Institut fur Volkerkunde.

Lombard, Denys 1967. *Le Sultanat d'Atjeh au temps d'Iskandar Muda*, 1607-1636. Paris, EFEO.

———1969. "Jardins à Java." *Arts asiatiques* 9, pp. 136-184.

———1974. "La vision de la forêt a Java (Indonésie)." *Etudes rurales* 53, pp. 474-485.

———1979. "Regard nouveau sur les 'pirates Malais,' première moitié du XIXe siècle." *Archipel* 18, pp. 231-249.

———1990. *Le carrefour javanais: essai d'histoire globule.* 3 vols. Paris, Editions de l'Ecole des Hautes Etudes en Sciences Sociales.

Lombard, Denys, and Jean Aubin (eds.) 1988. *Marchands et hommes d'affaires asiatiques dans 1'Océan Indien et la Mer de Chine 13e-2oe siècles.* Paris, EHESS.

Lombard, Denys, and Claudine Salmon 1985. "Islam et sinité." *Archipel* 30, pp. 73-94.

Lontara'-bilang Gowa. Translated in Ligtvoet 1880: 1-259.

Loofs-Wissowa, H. H. E. 1983. "The Development and Spread of Metallurgy in Southeast Asia: A Review of the Present Evidence." *JSEAS* 14, i, pp. 1-11.

Lovric, Barbara 1986. "Bali: Myth, Magic, and Morbidity," in Owen 1987: 117-141.

Low, Hugh 1848. *Sarawak: Its Inhabitants and Productions.* London, Richard Bentley.

Luce, G. H. 1940. "Economic Life of the Early Burman." *JBRS* 30, i, pp. 283-335. Reprinted in Burma Research Society, *Fiftieth Anniversary Publications* no. 2, Rangoon, 1960, pp. 323-375.

Luang Prasoet chronicle. "Events in Ayudha from Chulasakaraj, 686-966," trans. O. Frankfurter. *JSS* 6, iii (1909): 3-19.

Luwaran, the Magindanao Code of Laws, trans. Najeeb Saleeby, in Saleeby 1905: 66-78.

Macartney, Lord 1798. *An Authentic Account of an Embassy from the King of Great Britain to the Emperor of China . . . Taken Chiefly from the Papers of H. E. the Earl of Macartney,* ed. Sir George Staunton, vol. I.

London, W.Bulmer.

Macassar factory 1658. Letter to Banten, 23 July 1658, IOL, G/10/1, p. 149.

———1659. Letter to English Presidency, Banten, 9 July 1659. IOL/G/10/1, p. 175.

Macassar General 1665. Letter to Banten, 3 I May 1665, IOL G/10/1, pp. 260-265.

McDonald, Peter 1980. "An Historical Perspective to Population Growth in Indonesia," in *Indonesia: The Making of a Culture,* ed. J. J. Fox. Canberra, ANU pp. 81-94.

McEvedy, Colin, and Richard Jones 1978. *Atlas of World Population History.*Harmondsworth, Penguin.

MacMicking, Robert 1851. *Recollections of Manilla and the Philippines during 1848, 1849, and 1850,* ed. M. J. Netzorg. Manila, Filipiniana Book Guild.

McNair, J. F. A. 1878. *Perak and the Malays.* London. Reprinted Kuala Lumpur, OUP, 1972.

McNeill, William H. 1976. *Plagues and Peoples.* Harmondsworth, Penguin, 1979. (윌리엄 맥닐. 『전염병의 세계사』, 김우영 옮김. 서울, 이산, 2005.)

McPhee, Colin 1966. *Music in Bali: A Study in Form and Instrumental Organization in Balinese Orchestral Music.* New Haven, Yale University Press.

Maetsuyker, Joan, et al. 1657. Letter from Batavia, 31 January 1657, in Coolhaas 1968: 108-146.

———1659. Letter from Batavia, 16 December 1659, in Coolhaas 1968: 247-291.

———1660. Letter from Batavia, 16 January 1660, in Coolhaas 1968: 292-313.

———1661. Letter from Batavia, 26 January 1661, in Coolhaas 1968: 354-370.

———1662. Letter from Batavia, 26 December 1662, in Coolhaas 1968: 403-451.

———1669. Letter from Batavia, 17 November 1669, in Coolhaas 1968: 676-708.

———1671. Letter from Batavia, 2 September 1671, in Coolhaas 1968: 739-747.

Magalhães-Godinho, Vitorino 1969. *L'economie de l'empire portugais aux*

XVe et XVIe siècles. Paris, SEVPEN.
Ma Huan 1433. *Ying-yai Sheng-lan: "The Overall Survey of the Ocean's Shores,"* trans. J. V. G. Mills. Cambridge, Hakluyt Society, 1970. (마환. 『영애승람역주』, 홍상훈 옮김. 서울, 동문연, 2021.)
Majul, Cesar A. 1973. *Muslims in the Philippines.* 2nd ed. Quezon City, University of the Philippines Press.
Malcolm, Howard 1840. *Travels in the Burman Empire.* Edinburgh, Chambers.
Mandelslo, Johann Albrecht von 1662. *The Voyages and Travels of J. A. de Mandelslo . . . into the East Indies. Begun in . . . 1638 and finish'd in 1640,* trans. John Davies. London, Dring and Starkey.
Manderson, Lenore 1981. "Roasting, Smoking, and Dieting in Response to Birth: Malay Confinement in Cross-cultural Perspective." *Social Scienceand Medicine* 15B, pp. 509-520.
Manguin, Pierre-Yves 1979. "L'introduction de l'Islam au Campa." *BEFEO* 66: 255-269.
——— 1980. "The Southeast Asian Ship: An Historical Approach." *JSEAS* 11, ii, pp. 266-276.
——— 1983. "Manpower and Labour Categories in Early Sixteenth Century Malacca," in Reid 1983: 209-215.
——— 1984. "Relationship and Cross-Influences between Southeast Asian and Chinese Shipbuilding Traditions." *Final Report, SPAFA Consultative Workshop on Maritime Shipping and Trade Networks in Southeast Asia.* Bangkok, SEAMEO Special Project on Archeology and Fine Art, pp. 197-212.
——— 1985. "Late Mediaeval Asian Shipbuilding in the Indian Océan: A Reappraisal." *Moyen Orient et Ocean Indien* 2, ii: 1-30.
——— 1993. "The Vanishing *Jong:* Insular Southeast Asian Fleets in Trade and War (Fifteenth to Seventeenth Centuries)," in Reid 1993: 197-213.
Mantegazza, G. M. 1784. *La Birmanie.* Rome, Ed. AS., 1950.
Mantja, Lalu 1984. *Sumbawa Pada Masa Lalu.* Surabaya, Rinta.
Marini, Gio Filippo de, S.J. 1663. *Delle missioni de padri della Compagnia di Giesu nella Provincia de Giappone, e particolarmente di quella di Tumkino.* Rome, Nicolo Angelo Tinassi.
Marschall, Wolfgang 1968. "Metallurgie und friihe besiedlungsgeschichte Indonesiens," in *Beitrage zur Volkerkunde Siidostasiens und Oz-*

eaniens, ed. W. Frohlich. Cologne, E. J. Brill, pp. 29-263.
Marsden, William 1783. *The History* of *Sumatra,* 3rd rev. ed. London, 1811. Reprinted Kuala Lumpur, OUP, 1966.
Martin, Francois 1604. *Description du premier voyage faict aux Indes Orientales par les françois en l'an 1603.* Paris, Laurens Sonnius.
Mascarenhas, Pero 1564. Letter from Ternate to Fr. Francisco Rodrigues in Goa, December 1563-February 1564, in Jacobs 1974: 43 1-35.
———1570. Letter from Ambon, 15 June 1570, in Jacobs 1974: 595-611.
Masselman, George 1963. *The Cradle of Colonialism.* New Haven, Yale University Press.
Matelief, Cornelis 1608. "Historische verhael vande treffelijcke reyse, gedaen naer de Oost-Indian ende China, met elf schepen, door den Manhasten Admirael Comelis Matelief de Ionge, inde jaren 1605, 1606, 1607, and 1608," in *Begin ende Voortgangh* 1646.
Matheson, V., and M. B. Hooker 1983. "Slavery in the Malay Texts: Categories of Dependency and Compensation," in Reid 1983:182-208.
Matthes, B. F. 1852. Letter to Nederlandsch Bijbelgenootschap, 7 October 1852, in van den Brink 1943: 170-176.
———1856. "Verslag van een verblijf in de binnenlanden van Celebes, van 24 April tot 24 October 1856," in van den Brink 1943: 178-188.
———1864. "Verslag van een uitstapje naar de Ooster-distrikten van Celebes alsmede van verschillende togten in die afdeeling ondernomen, van 25 September tot 22 December 1864," in van den Brink 1943: 242-282.
———1875. Korte *verslag aangaande alle mil in Europa bekende Makassaarsche en Boeginesche Handschriften.* Amsterdam, C. A. Spin.
Maximilianus Transylvanus 1522. "De Moluccis Insulis," trans. J. A. Robertson, in Pigafetta, *First Voyage Around the World.* Manila, Filipiniana Book Guild, 1969, pp. 109-130.
Meersman, A. 1967. *The Franciscans in the Indonesian Archipelago, 1300-1775.* Louvain, Nauwelaerts.
Meilink-Roelofsz, M. A. P. 1962. *Asian Trade and European Influence in the Indonesian Archipelago between 1500 and about 1630.* The Hague, Martinus Nijhoff.
Mendelson, Michael 1975. *Sangha and State in Burma: A Study of Monastic Sectarianism and Leadership.* Ithaca, Cornell University Press.

Mendoza, Juan Gonzalez de 1586A. "History of the Great Kingdom of China," in Blair and Robertson 1903-1909 VI: 88-152.

Mendoza, Juan Gonzalez de 1586B. *Historia ... de la China*, trans. in Blair and Robertson 1903-1909 VI: 134-150.

Metcalf, Peter 1982. *A Borneo Journey into Death: Berawan Eschatology from Its Rituals*. Philadelphia, University of Pennsylvania Press.

Meulen, Jan van der 1639. Letter from Aceh. ARA, KA 1040 (VOC 1131), ff. 1194-1204.

Meyer, Hans 1890. "A Trip to the Igorots," trans. W. H. Scott, in *German Travelers on the Cordillera* (1860-1890), ed. W.H. Scott. Manila, Filipiniana Book Guild, pp. 46-103.

Miche, Monsignor 1852. "Notice of the Religion of the Cambojans." *JIAEA* 6: 605-617.

Milaan, P. W. van 1942. "Beschouwingen over het seventiende eeuwse Mataramse wegennet," *Sociaal Geographische Mededeelingen* 4: 205-239.

Miles, Douglas 1976. *Cutlass and Crescent Moon: A Case Study in Social and Political Change in Outer Indonesia*. Sydney, Sydney University Centre for Asian Studies.

———1979. "The Finger-Knife and Ockham's Razor: A Problem in Asian Culture History and Economic Anthropology." *American Ethnologist* 6, ii, pp. 223-243.

Milner, A. C., E. E. McKinnon, and T. Luckman Sinar 1978. "A Note on Aru and Kota Cina." *Indonesia* 26, pp. 1-42.

Mills, J. V. 1979. "Chinese Navigators in Insulinde about A.D. 1500." *Archipel* 18: 69-93.

Milner, A. C. 1983. "Islam and the Muslim State," in Hooker 1983: 23-49.

Ming Shi Lu. Ming Shi Lu Chong Zhi Dong Nan Ya Shi [Southeast Asia in Ming dynastic chronicles], ed. Chiu Ling-yeong, Chan Hok-lam, Chan Cheung, and Lo Wen. 2 vols. Hong Kong, Hsuehtsin Press, 1968.

Missions Etrangères 1674. *Relation des missions des evesques françois aux royaumes de Siam, de la Cochinchine, de Camboye, et du Tonkin, &c.* Paris, Pierre le Petit.

———1680. *Relation des missions et des voyages des evesques vicaires apostoliques, et de leurs ecclesiastiques, és Annees* 1672, 1673, 1674 et

1675. Paris, Charles Angot.

———1680A. *Relation des missions et des voyages des evesques vicaires apostoliques, et de leurs ecclesiastiques, és Annees* 1676 et 1677. Paris, Charles Angot.

Mitchell, David 1982. "Endemic Gonorrhoea in Sumba." Paper presented to the Fourth National Conference of the Asian Studies Association of Australia, Melbourne, 10-14 May 1982.

Moertono, Soemarsaid 1963. *State and Statecraft in Old Java: A Study of the Later Mataram Period, Sixteenth to Seventeenth Century. Ithaca*, Cornell Modern Indonesia Project.

Moller, I. J., J. J. Pindborg, and I. Effendi 1977. "The Relation between Betel Chewing and Dental Caries." *Scandinavian Journal of Dental Research* 85, pp. 64-70.

Moloughney, Brian, and Xia Weizhong 1989. "Silver and the Fall of the Ming: A Reassessment," *Papers in Far Eastern History* 40: 51-78.

Moore, Barrington 1966. *Social origins of Dictatorship and Democracy: Lord and Peasant in the Making of the Modern World*. Harmondsworth, Penguin.

Morga, Antonio de 1598. "Report of Conditions in the Philippines," 8 June 1598, in Blair and Robertson 1903-1909 X: 75-102.

———1609. *Sucesos de las Islas Filipinas,* trans. J. S. Cummins. Cambridge, Hakluyt Society, 1971.

Morris, Ivan 1964. *The World of the Shining Prince: Court Life in Ancient Japan.* London, OUP.

Morton, David 1976. *The TraditionalMusic of Thailand.* Berkeley, University of California Press.

Mouhot, Henri 1864. *Travels in the Central Parts of Indo-China (Siam), Cambodia, and Laos during the Years* 1858, 1859, *and* 1860. 2 vols. London, John Murray.

Moyer, David S. 1975. *The Logic of the Laws: A Structural Analysis of Malay Language Legal Codes from Bengkulu.* The Hague, Nijhoff for KITLV.

Muller, Hendrik 1917. *De Oost-Indische Compagnie in Cambodja en Laos: verzameling van bescheiden van 1636 tot 1670*. The Hague, Nijhoff for Linschoten-Vereeniging.

Mulyono, Sri 1978. *Wayang: Asal-usul, Filsafat dun Masa Depannya.* Jakarta, Gunung Agung.

Mun, Thomas 1621. *A Discourse of Trade, from England unto the East-Indies: Answering to diuerse Objections which are usuallymade against the same.* London. Reprinted in East Indian Trade: Selected Works, Seventeenth Century, London, Gregg, 1968.

Mundy, Peter 1667. *The Travels of Peter Mundy in Europe and Asia, 1609-1667*, vol. Ⅲ, ed. R. C. Temple. London, Hakluyt Society, 1919.

Murray, H. J. R. 1913. *A History of Chess.* Oxford, Clarendon. Reprinted 1962.

Museum Nasional 1980. *Selected Collection of the National Museum.* Vol. I. Jakarta, Proyek Pembangunan Museum Nasional.

———1984-1985. *Selected Collection of the National Museum.* Vol. Ⅱ. Jakarta, Proyek Pembangunan Museum Nasional.

Nagara-kertagama 1365. "The Nagara-kertagama by *Rakawi* Prapanca of Majapahit, 1365 A.D.," trans. Theodore G.Th. Pigeaud, in *Java in the Fourteenth Century: A Study in Cultural History*, vol. Ⅲ. The Hague, Nijhoff for KITLV, 1960.

Nagtegaal, Lucas 1988. "Rijden op een Hollandse Tijger: de noordkust van Java en de V.O.C., 1680-1743." Ph.D. diss., University of Utrecht.

Nash, June, and Manning Nash 1963. "Marriage, Family, and Population Growth in Upper Burma." *Southwestern Journal of Anthropology* 19, pp. 25 1-66.

Nash, Manning 1965. *The Golden Road to Modernity: Village Life in Contemporary Burma.* Chicago, University of Chicago Press.

Navarrete, Domingo 1676. *The Travels and Controversies of Friar Domingo Navarrete, 1618-1686*, trans. J. S. Cummins, 2 vols. Cambridge, Hakluyt Society, 1962.

Neck, Jacob van 1599. "Reisverhaal," in *De tweede schipvaart der Neder landers naar Oost-Indië onder Jacob Cornelisz van Neck en Wybrant Warwijck, 1598-1600*, ed. J. Keuning, vol. I. The Hague, Nijhoff for Linschoten-Vereeniging, 1938, pp. 1-111.

———1604. "Journaal van Jacob van Neck," in *De vierde schipvaart der Nederlanders naar Oost-Indië onder Jacob Wilkens en Jacob van Neck (1599-1604)*, ed. H. A. van Foreest and A. de Booy, vol. I. The Hague, Linschoten-Vereeniging, 1980, pp. 166-233.

Needham, Joseph 1971. *Science and Civilisation in China.* Vol. 4, pt. 3: Civil Engineering and Nautics. Cambridge, CUP.

Netscher, E., and J. A. van der Chijs 1864. *De Munten van Nederlansche-Indië*. Batavia, *VBG* 31.

Newbold, T. J. 1839. *Political and Statistical Account of the British Settlements in the Straits of Malacca*, 2 vols. London, John Murray. Reprinted Kuala Lumpur, OUP, 1971.

Ng Shui Meng 1979. "Demographic Change, Marriage, and Family Formation: The Case of Nineteenth Century Nagcarlan, the Philippines." Ph.D. diss., Sociology, University of Hawaii.

Nguyen Duc Minh. "Medicinal Plants with Anti-Bacterial Properties." *Vietnamese Studies* 50, pp. 51-76.

Nguyen Gian Thanh 1508. "Spring in the Royal City." *Hanoi* 1977: 138-140.

Nguyen Khac Vien and Huu Ngoc (eds.) 1973. *Anthologie de la littérature vietnamienne*, 2 vols. Hanoi, Editions en Langues Etrangeres.

———1987. *Vietnam: une longue histoire*. Hanoi, Foreign Languages Publishing House.

Nguyen Thanh-Nha 1970. *Tableau économique du Vietnam aux XVIIe et XVIIIe siècles*. Paris, Cujas.

Nguyen Van Huyen 1934. *Introduction à l'étude de l'habitation sur pilotis dans l'Asie du Sud-Est*. Paris, Paul Gruthner.

Nicholls, William 1617. Letter from Aceh to Banten, 20 August 1617, in *LREIC* VI, pp. 71-73.

Nicolas, René 1924. "Le Lakhon Nora ou Lakhon Chatri et les origines du théâtre classique siamois." *JSS* 18, reprinted in Rutnin 1975: 41-61.

———1927. "Le théâtre d'ombres au Siam." *JSS* 21, reprinted in Rutnin 1975: 103-114.

Nieuhoff, Johan 1662. "Voyages and Travels into Brasil and the East-Indies," in *A Collection of Voyages and Travels*, 4 vols. London, Awnshawm &John Churchill, 1704, vol. Ⅱ, pp. 1-369.

———1682. *Voyages and Travels to the East Indies*. Reprinted Singapore, OUP 1988.

Nieuwenhuijze, C. A. O . van 1945.. *Samsu'l-din van Pasai: bijdragen tot de kennis der Sumatraansche Mystiek*. Leiden, Brill.

Nitisastro, Widjoyo 1970. *Population Trends in Indonesia*. Ithaca, Cornell University Press.

Noguettes [1685]. *Relation du voyage et des missions du royaume de Siam, és années 1681 et 1683*. Chartres, Estienne Massot, n.d.

Noorduyn, J. 1955. *Een achttiende-eeuwse kroniek van Wadjo': Buginese historiografie*. The Hague, Smits.

———1956. "De Islamisering van Makasar." *BKI* 112: 247-266.

———1978. "Majapahit in the Fifteenth Century." *BKI* 134: 207-274.

Noort, Olivier van 1601A. "The Voyage of Olivier Noort round about the Globe, being the fourth Circum-Navigation of the same, extracted out of the Latin Diarie," in *Hakluytus Posthumus, or Purchas His Pilgrimes*. Glasgow, James Maclehose for Hakluyt Society, 1905, vol. Ⅱ, pp. 187-206.

———1601B. "Beschrijving vande Voyagie ghedaen door Olivier van Noort," in *De reis om de wereld door Olivier van Noort, 1598-1601*, ed. J. W. Ijzerman. The Hague, Nijhoff for KITLV, 1926, Ⅰ: 1-1 57.

Novena, Albert 1982. "Tradition and Catholicism: Prayer and Prayer Groups among the Sikkanese of Flores." Lit.B. thesis, ANU.

Nurhadi and Armeini 1978. *Laporan Survei Kepurbakalan Kerajaan Mataram Islam (Jawa Tengah)*. Jakarta, Pusat Penelitian Purbakala dan Peninggalan Nasional.

Nyèssen, D. J. H. 1929. *Somatical Investigation of the Javanese, 1929*. Bandung, Anthropological Laboratory of Java, n.d.

Ochse, J. J. 1931. *Vegetables of the Dutch East Indies*. Bogor. New ed., Canberra, ANU Press, 1977.

O'Connor, Richard 1983. *A Theory of Indigenous Southeast Asian Urbanism*. Singapore, ISEAS.

———1985. "Centers and Sanctity, Regions and Religion: Varieties of Thai Buddhism." Paper presented at Conference of the American Anthropological Association, Washington, D.C.

———1989. "Sukhothai: Rule, Religion and Elite Rivalry," Paper presented at the Forty-first Annual Conference of the Association for Asian Studies, Washington, D.C.

O'Connor, V. C. Scott 1907. *Mandalay, and Other Cities of the Past in Burma*. London, Hutchison.

Oki Akira 1979. "A Note on the History of the Textile Industry in West Sumatra," in *Between People and Statistics: Essays on Modem Indonesian History*, ed. F. van Anrooij, D. H. A. Kolff, J. T. M. van Laanen, and G. J. Telkamp. The Hague, Nijhoff.

Oliver, Juan de 1586. "Explanation of the Commandments of the Law of

God," trans. Antonio-Ma. Resales, in *A Study of a Sixteenth-Century Tagalog Manuscript on the Ten Commandments: Its Significance and Implications*. Quezon City, University of the Philippines Press, 1984, pp. 26-67.

Oosterbeek, W. F. Gerdes 1905. "Spelen," in *ENI* IV, pp. 51-63.

Opstall, M. F. van 1985. "From Alkmaar to Ayudhya and Back," *Itinerario IX*, pp. 108-120.

Ortega, Francisco de 1594. "Report concerning Filipinas Islands," in Blair and Robertson 1903-1909 IX: 95-105.

Osòrio, Fernào de 1563. Letter from Ternate, 15 February 1563, in Jacobs 1974: 364-379.

Ouansakul, Panne 1976. "Trade Monopoly in Ayudhya." *Social Science Review* (Bangkok): 1-27.

Outhoorn, van 1693. Letter to Heren XVII, 8 December 1693, in Coolhaas 1975: 605-649.

Owen, Norman G. 1985. Work in progress on parish registers of Bikol, kindly made available to this author.

———(ed.) 1987. *Death and Disease in Southeast Asia: Explorations in Social, Medical, and Demographic History*. Singapore, OUP for Asian Studies Association of Australia.

———1987A. "The Paradox of Nineteenth Century Population Growth in Southeast Asia," *JSEAS* 18, i, pp.45-57.

Paiva, Antonio de 1545. Letter to the bishop of Goa, in Hubert Jacobs, "The First Locally Demonstrable Christianity in Celebes, 1544." *Studia* 17(1966): 282-302.

Pallegoix, J. B. 1854. *Description du royaume Thai ou Siam*, 2 vols. Paris. Reprinted Farnborough, Gregg International, 1969.

Pallu, Francois 1668. *Relation abregée des missions et des voyages des evesques francois, evoyez aux royaumes de la Chine, Cochinchine, Tonquin, et Siam*. Paris, Denys Bechet.

Panikkar, K. M. 1953. *Asia and Western Dominance: A Survey of the Vasco da Gama Epoch of Asian History, 1498-1945*. London, Allen and Unwin, 1974.

Parker, Geoffrey 1988. *The Military Revolution: Military Innovation and the Rise of the West, 1500-1800*. Cambridge, CUP.

Parker, Geoffrey, and Lesley Smith (eds.) 1978. *The General Crisis of the*

Seventeenth Century. London, Routledge and Kegan Paul, 1985.

Parker, S. R. 1979. "Celadon and Other Related Wares Excavated in Sarawak," in *Chinese Celadons and Other Related Wares in Southeast Asia,* comp. Southeast Asian Ceramic Society. Singapore, Arts Orientalis.

Pedrosa, Ramon 1983. "Abortion and Infanticide in the Philippines during the Spanish Contact." *Philippiniana Sacra* 18, no. 52, pp. 7-37.

Pelliot, Paul 1951. *Memoires sur les coutumes du Cambodge de Tcheou Ta-Kouan.* Paris, Adrien Maisonneuve.

Pelras, Christian 1971. "Hiérarchic et pouvoir traditionnel en pays Wadjo'," *Archipel* 1: 169-191.

———1981. "Célèbes-Sud avant 1'Islam selon les premiers témoignages étrangers." *Archipel* 21, pp. 153-184.

Pemberton, R. B. 1830. "Journey from Munipoor to Ava, and from Thence across the Yooma Mountain to Arracan," ed. D. G. E. Hall. *JBRAS* 63, ii.

Penzer, M. N. 1952. *Poison-Damsels and Other Essays in Folklore and Anthropology.* London, Chas. Sawyer.

Phelan, J. L. 1959. *The Hispanization of the Philippines: Spanish Aims and Filipino Responses, 1565-1700.* Madison, University of Wisconsin Press.

Phoen, Mak, and Po Dharma 1984. "La premiere intervention militaire vietnamien au Cambodge." *BEFEO* 73: 285-318.

Pigafetta, Antonio 1524. *First Voyage around the World,* trans. J. A. Robertson. Manila, Filipiniana Book Guild, 1969, pp. 1-101. (안토니오 피가페타.『최초의 세계 일주』, 박종욱 옮김. 서울, 바움, 2004.)

Pigeaud, Th. G. Th. 1938. *Javaanse volksvertoningen: Bijdrage tot de beschrijving van land en volk.* Batavia, Volkslectuur.

———1962. *Java in the Fourteenth Century: A Studyin Cultural History,* vol IV: *Commentaries and Recapitulations.* The Hague, Nijhoff for KITLV.

———1967. *Literature of Java,* vol I. The Hague, Nijhoff for KITLV.

———1968. *Literature of Java,* vol Ⅱ. The Hague, Nijhoff for KITLV.

Pijper, G. F. 1924. *Het boek der duizend vragen.* Leiden, Brill.

———1977. *Studien over de geschiedenis van de Islam in Indonesia,1900-1950.* Leiden, E. J. Brill.

Pinith, Saveng 1987. *Contribution à l'histoire du royaume de Luang Prabang.* Paris, EFEO.

Pinto, Fernão Mendes 1578. *Peregrinação,* trans. in Catz 1989. (페르낭 멘데스 핀투. 『핀투여행기』, 이명·김미정·정윤희 옮김, 전 2권. 서울, 노마드북스, 2006.)

———1614. *The Voyages and Adventures of Ferdinand Mendes Pinto, the Portuguese, Done into English by H. Cogan, with an Introduction by A. Vambery.* London, T. F. Unwin, 1891.

Pinto, Manoel 1548. Letter from Melaka, 7 December 1548, in J. Wicki (ed.), *Documenta Indica.* Vol. Ⅱ. Rome, Jesuit Historical Institute, 1950, pp. 419-428.

Pinto da Fonseca, Antonio 1629. Letter from Melaka, 9 June 1629, reproduced in *Kerajaan Aceh dalam Dokumen Sepanyol,* ed. Aboe Bakar. Banda Aceh, Pusat Dokumentasi dan Informasi Aceh, 1982.

———1630. Letter from Melaka, 19 February 1630, trans. in Boxer 1964: 114-120.

Pires, Tomé 1515. *The Suma Oriental of Tomé Pires,* trans. A. Cortão 50, 2 vols. (paginated as one). London, Hakluyt Society, 1944.

Plasencia, Fr. Juan de 1589. "Customs of the Tagalogs," 21 October 1589, in Blair and Robertson 1903-1909 VII: 173-185.

Poivre, Pierre 1747. *Les Mémoires d'un voyageur,* ed. L. Malleret. Paris, EFEO, 1968.

———1750. "Voyage de Pierre Poivre en Cochinchine: description de la Cochinchine, 1749-1750" *Revue de 1'Extrême-Orient* 3, i (1885): 81-121.

Polanco, Fr. Juan Alonso de 1556. "Chronicon," excerpted in Jacobs 1974: 208-210.

Polo, Marco 1298. *The Travels of Marco Polo,* trans. Ronald Latham. Harmondsworth, Penguin Books, 1958. (마르코 폴로. 『마르코 폴로의 동방견문록』, 김호동 옮김. 파주, 사계절, 2000.)

Pombejra, Dhiravat na 1984. "Okya Sombatthiban and the Verenigde Oost-Indische Compagnie (V. O. C.), c. 1648-1656," in *Relations between Thailand and Other Countries* (Papers of International Conference on Thai Studies). Bangkok, Thai Studies Program, Chulalongkorn University.

———1984A. "A Political History of Siam under the Prasatthong Dynasty, 1629-1688." Ph.D. diss., London University.

———1990. "Crown Trade and Court Politics in Ayutthaya during the Reign of King Narai, 1656-88"in Kathirithamby-Wells andvilliers 1990: 127-142.

———1993. "Ayutthaya at the End of the Seventeenth Century: Was There a Shift to Isolation?" in Reid 1993: 252-272.

Pou, Saveros 1977. *Etudes surle Ramakerti (XVIe-XVIIe siècles).* Paris, EFEO.

Prakash, Om 1979. "Asian Trade and European Impact: A Study of the Trade from Bengal, 1630-1720," in *The Age of Partnership: Europeans in Asia before Dominion,* ed. Blair King and M. N. Pearson. Honolulu, University of Hawaii Press, 1979, pp. 43-70,

Premare, P. de 1699. Letter from Canton, 17 February 1699, in de Querbeuf 1781 XVI: 338-372.

Presidency Bantam 1636. Letter from Presidency Bantam to Court of (English) East India Company, 20 December 1636. IOL, G/10/1, p. 73.

Pretty, Francis 1588. "The admirable and prosperous voyage of the Worshipfull Master Thomas Candish [Cavendish] . . . round about the whole earth, begun in the yeere of our Lord 1586, and finished 1588," in Hakluyt 1598-1600 VIII: 206-255.

Pring Martin 1619. Letter from Sunda Straits, 13 March 1619, IOL, E/3/6/, ff. 286-294.

———1619A. Letter from Sunda Straits, 23 March 1619. IOL E/3/6, fol. 292.

Ptak, Roderich, and Dietmar Rothermund (eds.) 1991. *Emporia, Commodities and Entrepreneurs in Asian Maritime Trade, c. 1400-1750.* Stuttgart: Franz Steiner Verlag.

Purchas, Samuel 1905. *Hakluytus Posthumus, or Purchas His Pilgrimes.* Vol. Ⅱ. Glasgow, Hakluyt Society.

Pyrard, Francis 1619. *The Voyage of Francis Pyrard of Laval to the East Indies, the Maldives, the Moluccas, and Brazil,* trans. A. Gray, 2 vols. London, Hakluyt Society, 1887-1889.

Qabus Nama 1082. *A Minor for Princes: The Qabus Nama by Kai Ka'us ibn Iskandar,* trans. Reuben Levy. London, Cresset Press, 1951.

Querbeuf, Y. M. H. de (ed.) 1781. *Lettres edifiantes et curieuses, ecrites des missions etrangères (de la Compagnie de Jesus).* 14 vols. Paris.

Quinn W. H., D. O . Zopkf, K. S. Short, and R. T. W. Kuo Yang 1978. "Historical Trends and Statistics of the Southern Oscillation, El Niño, and Indonesian Droughts." *Fishery Bulletin* 76, iii: 663-678.

Rabibhadana, Akin 1969. *The Organization of Thai Society in the Early Bangkok Period*. Ithaca, Cornell University Southeast Asia Program.

Radjab, Muhamad 1950. *Semasa Ketjil Dikampung (1913-1928)*. Jakarta, Balai Pustaka.

Rafael, Vicente 1988. *Contracting Colonialism*. Ithaca, Cornell University Press.

Raffles, Thomas Stamford 1817. *The History of Java*, 2 vols. London, John Murray. Reprinted Kuala Lumpur, OUP, 1965, 1978.

———1818. Letter to Duchess of Somerset, 11 July 1818, in *Memoir of the Life and Public Services of Sir Thomas Stamford Raffles by His Widow*. London, James Duncan, 1837, vol. I, pp. 338-353.

Ram Kamheng 1293. "The Oldest Known Writing in Siamese: The Inscription of Phra Ram Kamhaeng of Sukhothai, 1293 A.D.," trans. C. B. Bradley. *JSS* 6, i (1909), pp. 25-30.

Raniri, Nuru'd-din ar- c. 1644. *Bustanu's-Salatin Bab II, Fasal 13*, ed. T. Iskandar. Kuala Lumpur, Dewan Bahasa dan Pustaka, 1966.

Ras, J. J. 1968. *Hikajat Bandjar: A Study in Malay Historiography*. The Hague, Nijhoff for KITLV.

———1976. "The Historical Development of the Javanese Shadow Theatre." *RIMA* 10, ii, pp. 50-76.

Rassers, W. H. 1922. *De Pandji-roman*. Antwerp, de Vos-van Kleef.

Raychaudhuri, Tapan 1962. *Jan Company in Coromandel*, 1605-1690: *A Study of the Interrelations of European Commerce and Traditional Economies*. The Hague, Nijhoff for KITLV.

Raychaudhuri, Tapan, and Irfan Habib 1982. *The Cambridge Economic History of India*. Vol. I. Cambridge, CUP.

Reael, Laurens 1618. Letter from Banda Neira, 7 May 1618, in Coolhaas 1960: 82-84.

Reid, Anthony 1969. "Sixteenth Century Turkish Influence in Western Indonesia." *JSEAH* 10, hi: 39 5-414.

———1979. "Trade and State Power in Sixteenth and Seventeenth Century Southeast Asia," *Proceedings of the Seventh IAHA Conference, Bangkok, August 1977*. Bangkok, International Association of Historians of Asia, pp. 391-419.

———1980. "The Structure of Cities in Southeast Asia: Fifteenth to Seven-

teenth Centuries." *JSEAS* 11, ii, pp. 235-250.
———1981. "A Great Seventeenth Century Indonesian Family: Matoaya and Pattingalloang of Makassar." *Masyarakat Indonesia* 8, i, pp. 1-28.
———(ed.) 1983. *Slavery, Bondage, and Dependency in Southeast Asia.* St. Lucia, Queensland University Press.
———1983A. "The Rise of Makassar." *RIMA* 17, pp. 117-160.
———1983B. "Southeast Asian Cities before Colonialism." *Hemisphere* 28, iii, pp. 144-149.
———1985. "From Betel-Chewing to Tobacco-Smoking in Indonesia." *JAS* 44, iii, pp. 529-547.
———1987. "Low Population Growth and Its Causes in Pre-Colonial Southeast Asia," in Owen 1987: 33-47.
———1988. *Southeast Asia in the Age of Commerce,* Vol. I: *The Lands below the Winds.* New Haven, Yale University Press.
———1989. "Elephants and Water in the Feasting of Seventeenth Century Aceh." *JMBRAS* 62, ii: 25-44.
———1990. "An Age of Commerce in Southeast Asian History." *MAS* 24, i: 1-30.
———1992. "The Rise and Fall of Sino-Javanese Shipping," *Looking in Odd Mirrors: The Java Sea,* ed. V. J. H. Houben, H. M. J. Maier, and W. van der Molen. Leiden, Vakgroep Talen en Culturen van Zuidoost-Azie en Oceanië, pp. 177-211.
———(ed.) 1993. *Southeast Asia in the Early Modern Era.* Ithaca, Cornell University Press.
"Relation" 1570. "Relation of the Voyage to Luzon," May 1570, in Blair and Robertson 1903-1909 Ⅲ: 73-104.
"Relation" 1572. "Relation of the Conquest of the Island of Luzon," 20 April 1572, in Blair and Robertson 1903-1909 Ⅲ: 141-172.
Reniers et al. 1651. Letter from Batavia, 19 December 1651, in Coolhaas 1964: 480-554.
Reynolds, Craig 1979. "A Nineteenth Century Thai Buddhist Defence of Polygamy and Some Remarks on the Position of Women in Thailand," *Proceedings of the Seventh IAHA Conference, Bangkok, August* 1977. Bangkok, International Association of Historians of Asia, pp. 927-970.

Reynst, Gerard 1615. Letter from Banten, 26 October 1615, in Coolhaas 1960: 46-60.

Rhodes, Alexandre de 1651. *Histoire du royaume de Tonquin.* Lyons, Devenet.

———1653. *Rhodes of Viet Nam: The Travels and Missions of Father Alexander de Rhodes in China and Other Kingdoms of the Orient,* trans. S. Hertz. Westminster, Md., Newman Press, 1966.

Ricklefs, M. C. 1974. *Jogjakarta under Sultan Mangkubumi, 1749-1792: A History of the Division of Java.* London, OUP.

———1978. *Modem Javanese Historical Tradition: A Study of an Original Kartasura Chronicle and Related Materials.* London, School of Oriental and African Studies, University of London.

———1981. *A History of Modern Indonesia,* c. *1300 to the Present.* London, Macmillan.

———1986. "Some Statistical Evidence on Javanese Social, Economic, and Demographic History in the Later Seventeenth and Eighteenth Centuries." *Modern Asian Studies* 20, i, pp. 1-32.

Ricklefs, M. C., and P. Voorhoeve 1977. *Indonesian Manuscripts in Great Britain: A Catalogue of Manuscripts in British Public Collections.* Oxford, OUP.

Rijali, 1657. "Hikayat Tanah Hitu," ed. Z. J. Manusama. Ph.D. diss., Leiden University, 1977.

Riquel, Hernando 1573. "News from the Western Islands," 1 July 1573, in Blair and Robertson 1903-1909 Ⅲ: 230-249.

Robinson, M. 1986. *The Lead and Tin Coins of Pegu and Tenasserim.* Sale, M. Robinson.

Robinson, M., and L. A. Shaw 1980. *The Coins and Banknotes of Burma.* Manchester, M. Robinson and L. Shaw.

Rockhill, W. W. 1915. "Notes on the Relations and Trade of China with theEastern Archipelago and the Coasts of the Indian Ocean during the FourteenthCentury, Part Ⅱ," *T'oung Pao* 16: 61-159, 236-70, 374-92, 435-67, 604-626.

Rodgers-Siregar, Susan 1981. *Adat, Islam, and Christianity in a Batak Homeland.* Athens, Ohio University Center for International Studies.

Rojas, Pedro de 1586. Letter to Felipe Ⅱ, 30 June 1586, in Blair and Robertson 1903-1909 VI: 265-274.

Romano, Ruggiero 1978. "Between the Sixteenth and Seventeenth Centuries: The Economic Crisis of 1619-22," in Parker and Smith 1978: 165-225.

Ronkel, Ph. S. van 1919. "Een Maleische getuigenis over den weg des Islams in Sumatra." *BKI* 75: 363-378.

Roolvink, R. 1966. "Five-line Songs in the Sejarah Melayu?" *BKI* 122, iv,pp. 454-456.

Rössler, Martin 1990. "Striving for Modesty: Fundamentals of the Religion and Social Organization of the Makassarese Patuntung." *BKI* 146: 289-324

Rouffaer, G. P. 1904. *De voornaemste industrieen der inlandsche bevolking van Java en Madoera.* The Hague, Nijhoff.

Rovere van Breugel, J. de 1787. "Beschrijving van Bantam en de Lampongs." *BKI* 5 (1858): 309-362.

Rumphius, Georg E. 1960. *Ambonsch kruid boek.* Amsterdam, 1741-1750. Extracts trans. E. M. Beekman in *The Poison Tree: Selected Writings of Rumphius on the Natural History of the Indies,* ed. E. *M.* Beekman. Amherst, University of Massachusets Press, 1981, pp. 41-256.

Rutnin, Mattari (ed.) 1975. *The Siamese Theatre: A Collection of Reprints from the Journals of the Siam Society.* Bangkok, Siam Society.

Rutter, Owen 1929. *The Pagans of North Borneo.* London, Hutchinson.

Sá, Artur Basilio de (ed.) 1954-1958. *Documentação para a história das missões do padroado portugues do Oriente: Insulindia.* 5 vols. Lisbon, Agencia Geral do Ultramar.

Saffet Bey 1912. "Bir Osmanli Filosunun Sumatra Seferi." *Tarihi Osmani Encumeni Mecmuasi* 10: 604-614; 11: 678-683.

St. John, Spenser 1862. *Life in the Forests of the Far East,* 2 vols. London, Smith, Elder. Reprinted Kuala Lumpur, OUP, 1974.

Sakai, Robert K. 1968. "The Ryukyu (Liu-ch'iu) Islands as a Fief of Satsuma," in Fairbank 1968: 112-134.

Sakamaki, Shunzo 1964. "Ryukyu and Southeast Asia." *JAS* 23, iii: 383-389.

Salazar, Domingo de 1588. "Relation of the Philippine Islands," in Blair and Robertson 1903-1909 VII: 29-51.

———1590. "The Chinese and the Parian at Manila," 24 June 1590, in Blair and Robertson 1903-1909 VII: 212-238.

Salazar's Council 1581. "Bishop Salazar's Council Regarding Slaves," Manila, 16 October 1581, Blair and Robertson 1903-1909 XXXIV: 325-331.
Salazar, Vincente de 1742. *Historia de el Santissimo Rosario,* trans. in Blair and Robertson 1903-1909 XLIII: 27-93.
Saleeby, Najeeb M. 1905. *Studies in Moro History, Law, and Religion.* Manila, Bureau of Public Printing.
Salmon, Claudine 1983. "La fabrication du papier a Java mentionee dans un texte chinois de 116poque des Song du sud." *Archipel* 26, p. 116.
San Agustin, Gaspar de 1698. *Conquistas,* trans. in Schumacher 1979: 72-73.
———1720. "Letter on the Filipinos," in Blair and Robertson 1903-1909 XL: 183-295.
San Antonio, Gabriel Quiroga de 1604. *Breve y verdadera relación de 1os successes del Reyno de Camboxa,* in A. Cabaton (ed.), *Brève et véridique relation des événements du Cambodge.* Paris, Ernest Leroux, 1914, pp. 1-83(Spanish), 85-214(french).
Sancta Maria, Fernandus de 1569. Letter from Goa, 26 December 1569, in *Exemplar Literarum ex Indiis.* Rome, 1571.
Sande, Francisco de 1576. "Relation of the Filipinas Islands," Manila, 7 June 1576, in Blair and Robertson 1903-1909 IV: 21-97.
———1577. "Relation and Description of the Phelipinas Islands," 8 June 1577, in Blair and Robertson 1903-1909 IV: 98-118.
———1579. "Letter to Philip Ⅱ," 29 July 1578, in Blair and Robertson 1903-1909 Ⅳ: 125-135.
Sangermano, Vincentius 1818. *A Description of the Burmese Empire,* trans. William Tandy, Rome and Rangoon. Reprinted London, Susil Gupta, 1966.
Santo Ignacio, João de 1644. Letter from Macao, 5 October 1644, in Jacobs 1988: 54-61.
Savary des Bruslons, Jacques 1723. *Dictionnaire universe1 de commerce.* 2 vols. Paris, Jacques Estienne.
Scharer, H. 1946. *Ngaju Religion: The Conception of God among a South Borneo People,* trans. R. Needham. The Hague, Nijhoff, 1963.
Schamschula, R. G., B. L. Adkins, D. E. Barnes, and G. Charlton 1977. "Betel Chewing and Caries Experience in New Guinea." *Community*

Dentistry and Oral Epidemiology 5, vi, pp. 284–286.

Schärer, Hans 1946. *Ngaju religion: The Conception of God among a South Borneo People,* trans. Rodney Needham. The Hague, Nijhoff for KITLV, 1963.

Schöffer, Ivo 1978. "Did Holland's Golden Age Coincide with a Period of Crisis?" in Parker and Smith 1978: 83–109.

Schofield, Roger 1983. "The Impact of Scarcity and Plenty on Population Change in England, 1541–1871." *Journal of Interdisciplinary History* 14, ii: 265–291.

Schoute, D. 1929. *De Geneeskundein den dienst der Oost-Indische Compagnie in Nederlandsch-Indië.* Amsterdam, J. H. de Bussy.

Schouten, Joost 1636. "A Description of the Government, Might, Religion, Customes, Traffick, and Other Remarkable Affairs in the Kingdom of Siam," trans. R. Manley, in *A True Description of the Mighty Kingdoms of Japan and Siam,* by Francis Caron and Joost Schouten. London, Robert Boulter, 1671, pp. 121–152.

———1641. "A report by Commissary Justus Schouten of his visit to Malacca," 7 September 1641, in "The Siege and Capture of Malacca from the Portuguese in 1640–1641," ed. P. A. Leupe, trans. Mac Hacobian. *JMBRAS* 14, i (January 1936), pp. 69–144.

Schrieke, B. 1925. "The Shifts in Political and Economic Power in the Indonesian Archipelago in the Sixteenth and Seventeenth Century," in Schrieke 1955–1957 Ⅰ: 1–82.

———1942. "Ruler and Realm in Early Java," in *Indonesian Sociological Studies: Selected Writings of B. Schrieke.* The Hague and Bandung, Van Hoeve, 1957, vol. Ⅱ, pp. 1–267.

Schumacher, John 1968. "The Depth of Christianization in Early Seventeenth Century Philippines." *Philippine Studies* 16, iii: 535–539.

———1979. *Readings in Philippine Church History.* Quezon City, Ateneo de Manila University.

———1984. "Syncretism in Philippine Catholicism: Its Historical Causes." *Philippine Studies* 32, iii: 25 1–72.

Schurhammer, Georg 1977. *Francis Xavier: His Life, His Times,* vol. Ⅱ: *India, 1541-1545,* trans. M. J. Costelloe. Rome, Jesuit Historical Institute.

Schurhammer, Georgius, and Iosephus Wicki (eds.) 1944–1945 . *Epistolae*

S. Fransisci Xaverii aliaque eius scripta. 2 vols. Rome, Monumenta Historica SOC. Iesu.

Schurz, William L. 1939. *The Manila Galleon.* New York, Dutton Paperback, 1959.

Schwaner, C. A. L. M. 1853. *Borneo: Beschrijving van het Stroomgebied van den Barito,* 2 vols. Amsterdam, van Kampen.

Schweisguth, P. 1951. *Etude sur la litterature siamoise.* Paris, A. Maisonneuve.

Scott, Edmund 1606. "An exact discourse of the Subtilties, Fashions, Pollicies, Religion, and Ceremonies of the East Indians, as well Chyneses as Javans, there abyding and dweling," in *The Voyage of Sir Henry Middleton to the Moluccas*, ed. Sir William Foster. London, Hakluyt Society, 1943, pp. 81-176.

Scott, William H. 1968. *Prehispanic Source Materials for the Study of Philippine History.* Manila, University of Santo Tomas Press.

———1974. *The Discovery of the Igorots: Spanish Contacts with the Pagans of Northern Luzon.* Quezon City, New Day.

———1982. *Cracks in the Parchment Curtain, and Other Essays in Philippine History.* Quezon City, New Day.

———1982A. "Sixteenth Century Tagalog Technology from the *Vocabulario de la Lengua Tagalo* of Pedro de San Buenaventura, O. F. M.," in *Gava': Studies in Austronesian Languages and Cultures*, ed. R. Carle et al. Berlin, Dietrich Reimer, pp. 523-535.

———1984. *Prehistoric Source Materials for the Study of Philippine History.* Quezon City, New Day.

———1985. "Boat-Building and Seamanship in Classic Philippine Society." *SPAFA Digest* 6, ii, pp. 15-33.

Sejarah Goa. In Wolhoff and Abdurrahim: 9-78.

Sejarah Kerajaan Tallo'. Sejarah Kerajaan Tallo' (Suatu Transkripsi Lontara'), ed. Abd. Rahim and Ridwan Borahima. Ujung Pandang, Lembaga Sejarah dan Anthropologi, 1975.

Sejarah Melayu 1612. "Sejarah Melayu or 'Malay Annals'," trans. C. C. Brown. *JMBRAS* 25, ii-iii, 1952 [Ed. R. O. Winstedt. Malay text in *JMBRAS* 16, iii, 1938.]

Sejarah Melayu 1831. Sejarah Melayu [The Malay Annals]. Singapore, Mission Press. Romanized ed., Singapore, Malaya Publishing House,

1961.
Semmelink, J. 1885. Geschiedenis der cholera in Oost-Indië VOOT 1817. Utrecht.
Sennett, Richard 1977. *The Fall of Public Man*. New York, Knopf.
Setten van der Meer, N. C. van 1979. *Sawah Cultivation in Ancient Java: Aspects of Development during the Indo-Javanese Period, Fifth to Fifteenth Century*. Canberra, Australian National University Press.
Shellabear, W. G. 1898. "An Account of Some of the Oldest Malay MSS. Now Extant." *Journal of the Straits Branch of the Royal Asiatic Society* 31: 107-151.
Shway Yoe [pseud. J. G. Scott] 1882. *The Burman: His Life and Notions*, 2nd ed. London, Macmillan, 1896.
Siegel, James 1969. *The Rope of God*. Berkeley, University of California Press.
———1979. *Shadow and Sound: The Historical Thought of a Sumatran People*. Chicago, University of Chicago Press.
Silver, Cornelis 1699. "Dagregister in forma van rapport," 2 May-17 December 1699, ARA VOC 1637, ff. 96-126 [kindly made available by Ruurdje Laarhoven].
Skeat, Walter W. 1900. *Malay Magic: Being an Introduction to the Folklore and Popular Religion of the Malay Peninsula. London*, Macmillan. Reprinted New York, Dover publications, 1967.
———1953. "Reminiscences of the Cambridge University Expedition to the North-Eastern Malay States, and to Upper Perak, 1899-1900." *JMBRAS* 26, iv, pp. 9-147.
Skinner, C. 1963. *Sja'ir Perang Mengkasar (The Rhymed Chronicle of the Macassar War) by Entji' Amin*. The Hague, Nijhoff for KITLV.
Skinner, G. William. 1957. *Chinese Society in Thailand: An Analytical History*. Ithaca, Cornell University Press.
Slametmuljana 1976. *A Story of Majapahit*. Singapore, Singapore University Press.
Smith, F. B. 1979. *The People's Health*, 1830-1910. Canberra, ANU Press.
Smith, G. 1974. "The Dutch East India Company in the Kingdom of Ayutthaya, 1604-1694." Ph.D. diss., Northern Illinois University.
Smith, Malcolm 1946. *A Physician at the Court of Siam*. Reprinted Kuala Lumpur, OUP, 1982.

Smith, Thomas C. 1988. *Native Sources of Japanese Industrialization, 1750-1920.* Berkeley, University of California Press.

Smithies, Michael 1989. "The Travels in France of the Siamese Ambassadors, 1686-1687." *JSS* 77, ii: 59-70,

Snouck Hurgronje, C. 1888. "Een Mekkaansch gezantschap naar Atjeh in 1683." *BKI* 37: 545-554.

———1893. *The Achehnese,* trans. A. W. S. O'Sullivan, 2 vols. Leiden, E. J. Brill, 1906.

Sokoloff, K. L., and G. C. Villaflor 1982. "The Early Achievement of Modern Stature in America." *Social Science History* 6, iv, pp. 453-481.

Solheim, W. G. 1968. "Early Bronze in Northeastern Thailand." *Current Anthropology* 9, i, pp. 59-62.

Sourij, Pieter 1642. "Daghregister off journael gehouden . . . in legatie aen de Coninginne van Atchin," ARA KA 10516, ff. 551-588.

SP. Calendar of State Papers, Colonial Series, East Indies, China, and Japan, ed. W. N. Sainsbury. 5 vols. London, Longman, 1862-1895.

Speelman, Comelis 1670. "Notitie dienende voor eenen Korten Tijd en tot nader last van de Hooge Regering op Batavia voor den ondercoopman Jan van Oppijnen," 3 vols. Typescript copy at KITLV, Leiden.

———1670A. "De handelsrelaties van het Makassaarse rijk volgens de Notitie van Cornelis Speelman uit 1670," ed. J. Noorduyn, in *Nederlandse Historische Bronnen.* Amsterdam, Verloren for Nederlands Historische Genootschap, 1983, vol. Ⅲ, pp. 96-121.

Spinks, Charles N. 1965. *The Ceramic Wares of Siam,* rev. ed. Bangkok, Siam Society, 1971.

Spiro, Melford E. 1967. *Burmese Supernaturalism.* Expanded ed. Philadelphia, Institute for the Study of Human Issues, 1978.

Stapel, F. W. 1922. *Het Bongaais verdrag.* Leiden, Rijksuniversiteit.

Staverton, Thomas 1618. Letter from Makassar, 18 May 1618. IOL, G/10/1, fol. 19.

Stavorinus, J. S. 1798. *Voyage to the East Indies,* trans. S. H. Wilcocke, 3 vols. London. Reprinted London, Dawsons, 1968.

Steensgaard, Niels 1973. *The Asian Trade Revolution of the Seventeenth Century: The East India Companies and the Decline of the Caravan Trade.* Chicago, University of Chicago Press.

Sternstein, Larry 1965. "'Krung Kao': The Old Capital of Ayutthaya." *JSS* 17, i: 82-121.

———1984. "The Growth of the Population of the World's Preeminent 'Primate City': Bangkok at Its Bicentenary." *JSEAS* 15, i, pp. 43-68.

Stöhr, W. and P. Zoetmulder 1968. *Les religions d'Indonesie.* Paris, Payot.

Stone, Lawrence 1979. *The Family, Sex, and Marriage in England, 1500-1800.* New York, Harper & Row.

Stutterheim, W. I. 1930. *Gids voor de oudheden van Soekoeh en Tjeta.* Surakarta, De Bliksem.

Suchitta, Pornchai 1983. "The History and Development of Iron Smelting Technology in Thailand." Ph.D. diss., Brown University.

Subrahmanyam, Sanjay 1990. *The Political Economy of Commerce: Southern India 1500-1650.* Cambridge, CUP.

Suebsang Promboon 1971. "Sino-Siamese Tributary Relations, 1282-1853." Ph.D. diss., University of Michigan.

Sulaiman, M. Isa 1979. "Dari Gecong hingga ke Rotary: Perkembangan Usaha Kerajinan Pandai Besi Massepe, Kabupaten Sidrap." Ujung Pandang, PLPIIS. Mimeo.

Sulu Code 1878. Trans. Najeeb Saleeby in Saleeby 1905: 89-94.

Sutton, R. Anderson 1982. "Variation in Javanese Gamelan Music: Dynamics of a Steady State." Ph.D. diss., University of Michigan.

———1984. "Who is the Pesindhèn?" *Indonesia* 37, pp. 119-133.

Swearer, Donald, and Sommai Premchit 1975. "The Relations between the Religious and Political Orders in Northern Thailand (14th-16th Centuries)," in *Religion and Legitimation of Power in Thailand, Laos, and Burma,* ed. Bardwell Smith. Chambersburg, Pa., Anima, 1975, pp. 20-33.

Sweeney, Amin 1973. "Professional Malay Story-telling: I. Some Questions of Style and Presentation." *JMBRAS* 46, ii, pp. 1-53.

———1980. *Authors and Audiences in Traditional Malay Literature.* Berkeley, University of California Center for South and Southeast Asian Studies.

Sya'ir Bidasari. 'The Epic of Bidasari," in *Malayan Literature,* ed. Chauncy Starkweather. London, Colonial, 1901, pp. 3-89 [bound with *Moorish Literature*].

Syamsuddin, Helius 1982. "The Coming of Islam and the Role of the Malays as Middlemen on Bima," in *Papers of the Dutch-Indonesian Historical Conference,* ed. G. J. Schutte and Heather Sutherland, Bureau of Indonesian

Studies, pp. 292-300.

Syamsu'l-din as-Samatrani 1601. *Mir'at al-Mu'minin.* Summarized in Nieuwenhuyze 1945: 362-373.

Symes, Michael 1827. *An Account of an Embassy to the Kingdom of Ava in the Year 1795*, 2 vols. Edinburgh, Constable & Co.

Tachard, Guy 1686. *A Relation of the Voyage to Siam Performed by Six Jesuits*, English trans. London, A. Churchill, 1688. Reprinted Bangkok, White Orchid Press, 1981.

Taillandier, P. 1711. Letter of 20 February 171 I, in Querbeuf 1781 XI: 363-420.

Tambiah, S. J. 1970. *Buddhism and Spirit Cults in North-East Thailand.* Cambridge, CUP.

———1976. *World Conqueror and World Renounce!: A Study of Buddhism and Polity in Thailand against a Historical Background.* Cambridge, CUP.

Tanner, J. M. 1979. "A Concise History of Growth Studies from Buffon to Boas," in *Human Growth*, ed. Frank Falkner and J. M. Tanner. New York, Plenum, pp. 515-593.

Tashiro, Kazui 1987. "Exports of Gold and Silver during the Early Tokugawa Era, 1600-1750." Paper presented at Keio University Conference on monetary history.

Tavernier, J. B. 1692. *Les six voyages de Jean Baptiste Tavernier, ecuyer Baron dzubonne, en Turquie, en Perse, et aux Indes.* 2 vols. Paris, n.p.

———1692A. *Receuil de plusiers relations et traitez singuliers et curieux.* Paris, n.p.

Taylor, Keith 1993. "Nguyen Hoang and the Beginning of Viet Nam's Southward Expansion," in Reid 1993: 42-65.

Tching-mao 1717. Memorial to Emperor, in Mailla 1717: 11-12.

Teeuw, A. 1966. "The Malay Sha'ir: Problems of Origin and Tradition." *BKI* 122, iv, pp. 429-446.

Teeuw, A. and D. K. Wyatt (eds.) 1970. *Hikayat Patani: The Story of Patani.* 2 vols. The Hague, KITLV.

TePaske, John J. 1983. "New World Silver, Castile and the Philippines,

1590-1800," in Richards 1983: 425-445.

Terpstra, H. 1938. *De factorij der Oostindische Compagnie te Patani.* The Hague, Nijhoff for KITLV.

Terwiel, B. J. 1980. *The Tai of Assam and Ancient Tai Ritual,* vol. I: *Life-Cycle Ceremonial.* Gaya, Centre for Southeast Asian Studies.

———1983. "Bondage and Slavery in Early Nineteenth Century Siam," in Reid 1983: 118-137.

———1987. "Asiatic Cholera in Siam: Its First Occurrence and the 1820 Epidemic," in Owen 1987: 142-161.

Than Tun (ed.) 1983. *The Royal Orders of Burma, A.D. 1593-1885.* Part 1 : *A.D.* 1598-1648. Kyoto, Center for Southeast Asian Studies, Kyoto University.

———1985. *The Royal Orders of Burma, A.D. 1593-1885.* Part 2: *A.D.* 1649-1750. Kyoto, Kyoto University Center for Southeast Asian Studies.

Thao Boun Souk 1976. *Vientiane: note sur les monuments historiques.* Vientiane, n.p.

Thomas, Keith 1971. *Religion and the Decline of Magic.* Harmondsworth, Penguin Books, 1980.

Thomaz, Luis Filipe 1966. *De Malaca a Pegu: viagens de urn feitor Português,* 1512-1515. Lisboa, Institute de Alta Cultura.

———1979. "Les Portugais dans les mers de 1'Archipel au XVIe siècle." *Archipel* 18: 105-125.

———1988. "Malaka et ses communautes marchandes au tournant du 16esiècle," in Lombard and Aubin 1988: 31-48.

———1993. "The Malay Sultanate of Melaka," in Reid 1993: 69-90.

Throgmorton, Kellum 1617. Letter from Makassar, 12 May 1617, in *LREIC* V, pp. 225-227.

Tiele, P. A., and J. A. Heeres (eds.) 1886-1895. *Bouwstoffen voor de geschiedenis der Nederlanders in den Maleischen Archipel,* 3 vols. The Hague, Nijhoff.

T'ien Ju-kang 1981. "Chgng Ho's Voyages and the Distribution of Pepper in China." *JRAS* 1981, ii: 186-197.

———1982. "Causes of Decline in China's Overseas Trade between the Fifteenth and Eighteenth Centuries." *Papers in Far Eastern History* 25: 31-44.

Tjan Tjoe Siem 1941. *Javaanse kaartspelen: Bijdrage tot de beschrijving van land en volk. VBG,* no. 75. Bandung, A. C. Nix.

Tobias, J. H. 1857. "Memorie van overgave van het bestuur der Residentie Ternate," in *Ternate,* Penerbitan Sumber Sejarah no. Ⅱ. Jakarta, Arsip Nasional Republik Indonesia, 1980, pp. 1-97.

Tobing, Ph. O. L. 1961. *Hukum Pelajaran dun Perdagangan Amanna Gappa.* Makassar, Jajasan Kebudayaan Sulawesi Selatan dan Tenggara.

Trager, F. N., and W. J. Koenig 1979. *Burmese Sit-tàns, 1764-1826: Records of Rural Life and Administration.* Tucson, University of Arizona Press.

Traibhumikatha c. 1345. Trans. Frank Reynolds and Mani Reynolds in *Three Worlds according to King Ruang: A Thai Buddhist Cosmology.* Berkeley, University of California Press, 1982.

Tran Van Khe 1967. *Viêtnam: les traditions musicales.* Berlin, Buchet/Chastel for Institut International d' Etudes Comparatives de la Musique.

[Trant, T. A.] 1827. *Two Years in Ava, from May 1824 to May 1826.* London, John Murray.

Tregonning, K. G. 1965. *A History of Modern Sabah: North Borneo 1881-1963.* Singapore, University of Malaya Press.

Trevor-Roper, H. R. 1959. "The General Crisis of the Seventeenth Century." *Past and Present* 16, reprinted in Aston 1965.

Trimingham, J. S. 1971. *The Sufi Orders in Islam.* Oxford, Clarendon.

True Report 1599. "A True Report of the gainefull, prosperous and speedy voiage to Iava in the East Indies, performed by a fleet of eight ships of Amsterdam." Reprinted in *De tweede schipvaart der Nederlanders naar Oost-Indië onder Jacob Cornelisz van Neck en Wybrant Warwijck,* 1598-1600, ed. J. Keuning. The Hague, Nijhoff for Linschoten-Vereeniging, vol.Ⅱ , 1940, pp. 27-41.

Turner, William, et al. 1665. Letter from Bantam to Geo. Oxindon in Surat, 28 July 1665. IOL, E/3/29, no. 3061.

Turpin, F. H. 1771. *Turpin's History of Siam,* trans. B. 0. Cartwright. Bangkok, 1908.

Turton, Andrew 1978. "Architectural and Political Space in Thailand," in *Natural Symbols in Southeast Asia,* ed. G. B. Milner. London, School of Oriental and African Studies, University of London, pp. 113-132.

"Tweede Boeck" 1601. "Het Tweede Boeck, Joumael oft Dagh-Register," pp. 1-186, in *De tweede schipvaart der Nederlanders naar*

Oost-Indië onder Jacob Cornelisz van Neck en Wybrant Warwijck, 1598–1600, ed. J. Keuning, vol. Ⅲ. The Hague, Nijhoff for Linschoten-Vereeniging, 1942.

Uchibori Motomitsu 1978. "The Leaving of This Transient World: A Study in Iban Eschatology and Mortuary Practice." Ph.D. diss., ANU.

Undang-undang Laut. "Undang-undang Laut," ed. Sir Richard Winstedt, pp. 28–50, in "The Maritime Laws of Malacca," *JMBRAS* 29, iii (1956): 22–59. (파라하나 슈하이미. "말라카의 법률", 『말라카』, 정상천 옮김. 부산, 2020, 산지니.)

Undang-undang Melaka: The Laws of Malacca, ed. Liaw Yock Fang. The Hague, Nijhoff for KITLV, 1976. (파라하나 슈하이미. "말라카의 법률", 『말라카』, 정상천 옮김. 부산, 2020, 산지니.)

United Nations Centre for Human Settlements 1987. *Global Report on Human Settlements*. Oxford, OUP.

Valentijn, Francois 1726. *Oud en Nieuw Oost-Indiën*, ed. S. Keijzer. The Hague, H. C. Susan, 1858, 3 vols.

Valeri, Valerio 1985. "Both Nature and Culture: Reflections on Female Impurity in Huaulu (Seram)." Seminar paper, ANU.

Varthema, Ludovico di 1510. *The Travels of Ludovico di Varthema in Egypt, Syria, Arabia Deserta and Arabia Felix, in Persia, India, and Ethiopia*, A.D. *1503 to 1508*, trans. J. W. Jones, ed. G. P. Badger. London, Hakluyt Society, 1863.

Velarde, Pedro Murillo 1749. "Jesuit Missions in the Seventeenth Century," *Historia de Philipinas*, in Blair and Robertson 1903–1909 XXXXIV: 27–119.

Veltman, T. J. 1904. "Nota betreffende de Atjehsche goud- en silversmeedkunst." *TBG* 47, pp. 341–385.

———1919. "Geschiedenis van het Landschap Pidie." *TBG* 58, pp. 15–157.

"Verhaal" 1622. "Verhaal van eenige oorlogen in Indie." *Kroniek van het Historisch Genootschap te Utrecht* 27 (1871): 497–658.

Verhael 1597. "Verhael vande Reyse by de Hollandtsche Schepen gedaen naer Oost-Indien," in *De Eerste Schipvaart der Nederlanders naar Oost-Indië onder Cornelis de Houtman, 1595-1597*, ed. G. P. Rouffaer and J. W. Ijzerman. The Hague, Nijhoff for Linschoten-Vereeniging, vol. Ⅱ, 1925, pp. 1–76.

Verhoeff, Pieter 1611. "Journael ende Verhael van alle het gene dat ghesien ende voor-ghevallen is op de Reyse, gedaen door. . . Pieter Willemsz Verhoeven, Admirael Generael over 13 Schepen," ed. M. E. van Opstall, in *De Reis van de Vloot van Pieter Willemsz Verhoeff naar Azië 1607-1612*. The Hague, Nijhoff for Linschoten-Vereeniging, vol. I, 1972, pp. 191-298.

"Vertoog" 1622. "Vertoog . . . . des Koninkrijk Siam." *Kroniek van het Historisch Genootschap te Utrecht* 27 (1871): 255.

Veth, P. J. 1873. *Atchin en zijne betrekking tot Nederland.* Leiden, G. Kolff.

———1877. "Geographische aanteekeningen omtrent de Oostkust van Atjeh." *T.Aard.G.* 2: 233-246.

Vickers, Adrian 1989. *Bali: A Paradise Created.* Ringwood, N.S.W., Penguin Australia.

Vickery, Michael 1991. *The Travels of Mendes Pinto,* book review. *Asian Studies Review* 14, iii: 251-253.

Vieira, Francisco 1558. Letter from Ternate, 13 February 1558, in Jacobs (ed.) 1974: 230-240.

Villiers, John 1981. "Trade and Society in the Banda Islands in the Sixteenth Century," *MAS* 15, iv: 723-750.

Viraphol, Sarasin 1977. *Tribute and Profit: Sino-Siamese Trade,* 1652-1853. Cambridge, Harvard University Press.

Vlamingh van Oudtshoorn, A. de 1644. "Journael of Daghregister gehouden geduijrent sijn aenwijs in Aitchien." ARA KA 1059 bis (VOC 1157), fols. 567-610.

Vliet, Jeremias van 1636. "Description of the Kingdom of Siam," trans. L. F. van Ravenswaay. *JSS* 7, i (1910).

———1640. *The Short History of the Kings of Siam*, trans. Leonard Andaya. Bangkok, Siam Society, 1975.

Volkman, Toby 1985. *Feasts of Honor: Ritual and Change in the Toraja Highlands.* Urbana, University of Illinois Press.

Volkstelling 1920. *Uitkomsten der in de maand 1920 gehouden volkstelling*, 2 vols. Batavia, Ruygrok, 1922.

Volkstelling 1930. 8 vols. Batavia, Department van Economische Zaken, 1933-1938.

Vollenhoven, C. van 1918. *Van Vollenhoven on Indonesian Adat Law: Selections from Het Adatrecht van Nederlandsch-Indië*, trans. J. F. Holleman. The Hague, Nijhoff for KITLV, 1981.

Voorhoeve, P. 1955. *Twee Maleise geschriften van Nuruddin ar-Raniri*. Leiden, Brill.

Wade, Geoffrey 1991. "The Ming Shi-Lu as a Source for Southeast Asian History." Paper presented at the Twelfth Conference of the International Association of Historians of Asia, Hong Kong.

Wake, C. H. H. 1979. "The Changing Pattern of Europe's Pepper and Spice Imports, ca 1400-1700." *JEEH* 8: 36 1-403.

———1986. "The Volume of European Spice Imports at the Beginning and End of the Fifteenth Century." *JEEH* 15: 621-635.

Wakeman, Frederic 1985. *The Great Enterprise: The Manchu Reconstruction of Imperial Order in Seventeenth-Century China*. Berkeley, University of California Press.

Wales, H. G. Quaritch 1931. *Siamese State Ceremonies: Their History and Function*. London, Bernard Quaritch.

———1934. *Ancient Siamese Government and Administration*. London, Bernard Quaritch. Reprinted New York, Paragon, 1965.

———1952. *Ancient South-East Asian Warfare*. London, Bernard Quaritch.

Wallace, Alfred R. 1869. *The Malay Archipelago*. London, Macmillan. Reprinted New York, Dover, 1962. (앨프리드 러셀 월리스. 『말레이 제도』, 노승영 옮김. 서울, 지오북, 2017.)

Wallerstein, Immanuel 1980. *The Modern World-System*. Vol. Ⅱ: *Mercantilism and the Consolidation of the European World-Economy*. New York, Academic. (이매뉴얼 월러스틴. 『근대세계체제 2-중상주의와 유럽 세계경제의 공고화』, 서영건·현재열·유재건 옮김. 서울, 까치, 2013.)

Wangbang Wideya. In *Wangbang Wideya: A Javanese Panji Romance*, trans. S. O. Robson. The Hague, Martinus Nijhoff for KITLV, 1971, pp. 57-241.

Wang Gungwu 1964. "The Opening of Relations between China and Malacca, 1403-1405," in Wang 1981: 81-96.

———1968. "The First Three Rulers of Malacca" [*JMBRAS* 41]. Reprinted in Wang 1981: 97-107.

———1970. "China and Southeast Asia, 1402-1424." Reprinted in Wang 1981: 58-96.

———1981. *Community and Nation: Essays on Southeast Asia and the Chinese*. Singapore, Heinemann for ASAA.

Wap, Dr. 1862. *Het gezantschap van den Sultan van Achin Ao 1602*. Rotter-

dam, H. Nijgh.
Warwijck, Wybrant van 1604. "Historische Verhael vande Reyse gedaen inde Oost-Indien, met 15 Schepen voor Reeckeningh vande vereenichde Gheoctroyeerde Oost-Indische Compagnie," in *Begin ends Voortgangh* 1646.
Weber, Max 1951. *The Religion of China: Confucianism and Taoism,* trans. Hans Gerth. Glencoe, Free Press.
Welch, David J., and Judith McNeill 1989. "Archeological Investigations of Patani History." *JSEAS* 20, i: 27-41.
Wenk, Klaus 1965. *Thailandische Miniaturmalereien.* Wiesbaden, Franz Steiner.
———1968. *Die Ruderlieder—kap hē rüö—in der literatur Thailands.* Wiesbaden, Franz Steiner.
Wessing, Robert 1978. *Cosmology and Social Behaviour in a West Javanese Settlement.* Athens, Ohio University Center for International Studies.
West, John 1617. Letter from Makassar, 10 August 1617, in *LREIC* VI, pp. 62-64.
Westby, Richard 1615. "Journal of a Voyage from Bantam to Jambi, 11 September 25 October 1615 ," in *LREIC* Ⅲ, pp. 160-169.
Wheatley, Paul 1959. "Geographical Notes on Some Commodities Involved in Sung Maritime Trade." *JMBRAS* 32, ii.
———1961. *The Golden Khersonese: Studies in the Historical Geography of the Malay Peninsula before A. D. 1500.* Kuala Lumpur, University of Malaya Press.
———1964. *Impressions of the Malay Peninsula in Ancient Times.* Singapore, Eastern Universities Press.
White, George 1678. "Report on the Trade of Siam," in John Anderson, *English Intercourse with Siam in the Seventeenth Century.* London, 1890. Reprinted Bangkok, Chalermnit, 1981, pp. 421-428.
White, John 1824. *A Voyage to Cochin-China.* London, Longman. Reprinted Kuala Lumpur, OUP, 1972.
Whitmore John K 1970. "The Development of Le Government in Fifteenth Century Vietnam." Ph.D. diss., Cornell University.
———1983. "Vietnam and the Monetary Flow of Eastern Asia, Thirteenth to Eighteenth Centuries," in *Precious Metals in the Later Medieval*

and Early Modern Worlds, ed. J. F. Richards. Durham, Carolina Academic Press, pp. 363-393.

———1985. *Vietnam, Ho Quy Ly, and the Ming* (1371-1421). New Haven, Yale University Council on Southeast Asia Studies.

Wicks, R. S. 1983. "A Survey of Native Southeast Asian Coinage, circa 450-1850: Documentation and Typology." Ph.D. diss., Cornell University.

Wijeyewardene, G. 1985. "Great City on the River Ping: Some Anthropological and Historical Perspectives on Chiengmai." *Political Science Review* (Chiengmai University) 6: 86-112.

———(ed.) 1986. *The Laws of King Mangrai (Mangrayathammasart).* Canberra, ANU Department of Anthropology.

Wilkinson, R. J. 1903. *A Malay-English Dictionary (Romanised),* 2 vols. Mytilene, Salavopoulos, and Kinderlis, 1932. Reprinted London, Macmillan, 1959.

———1908. "Law: Introductory Sketch," in *Papers on Malay Subjects,* ed. R. J. Wilkinson. Kuala Lumpur, F. M. S. Government Press, reprinted 1922.

———1908A. "The Incidents of Malay Life," in *Papers on Malay Subjects,* ed. R. J. Wilkinson. Kuala Lumpur, F. M. S. Government Press, reprinted 1920.

———1910. "Malay Amusements," in *Papers on Malay Subjects,* ed. R. J.Wilkinson. Kuala Lumpur, F. M. S. Government Press.

Willemsz, Pieter 1642. "Atchins dachregister," 26 September-27 November 1642, ARA KA 1051 bis (VOC 1143) fols. 499-527.

Willoughby, G., et al. 1635. Letter from Banten, 31 January 1634. IOL, E/3/15, fols. 113-118.

———1636. Letter from Banten, 1 January 1636. IOL E/3/15, fol. 154.

———1636A. Letter from Banten to East India Company, 31 January 1636, in IOL E/3/15, f. 153.

Wills, John E. 1974. *Pepper, Guns, and Parleys: The Dutch East India Company and China,* 1622-1681. Cambridge, Harvard University Press.

Winkel 1882. "Les relations de la Hollande avec le Cambodge et la Cochinchine au XVIIe siècle," *Excursions et reconnaissances* 4, xii: 492-574.

Winstedt, R. O. 1935. *History of Malaya,* rev. ed. Singapore, Marican and

Sons, 1962.
———1940. *A History of Classical Malay Literature.* Reprint of and (1960) ed., Kuala Lumpur, OUP, 1972.
———1961. A *History of Classical Malay Literature.* 2nd ed. Reprinted Kuala Lumpur, OUP, 1969.
Wisseman, Jan 1983. "Raja and Rama: The Classical State in Early Java," in *Centers, Symbols, and Hierarchies: Essays on the Classical States of Southeast Asia,* ed. Lorraine Gesick. New Haven, Yale University Council on Southeast Asian Studies, pp. 9-44.
Wolff, J. O. 1976. "Malay Borrowings in Tagalog," in *Southeast Asian History and Historiography: Essays Presented to D. G. E. Hall,* ed. C. D. Cowan and J. M. Echols. Ithaca, Cornell University Press, pp. 345-367.
Wolhoff, G.J., and Abdurrahim. *Sedjarah Goa.* Makassar, Jajasan Kebudajaan Sulawesi Selatan dan Tenggara, n. d.
Wolters, O. W. 1970. *The Fall of Srivijaya in Malay History.* Ithaca, Cornell University Press.
Wonderaer, Jeronimus 1602. Letter from Tachem (Tatchim, Cochin-China), 5 April 1602, in *De vierde schipvaart der Nederlanders naar Oost-Indië onder Jacob Wilkens en Jacob van Neck (1599-1604),* ed. H. A. van Foreest and A. de Booy. The Hague, Linschoten-Vereniging, 1981, vol. Ⅱ, pp. 67-91.
Wood, W. A. R. 1924. *A History of Siam.* London. Reprinted Bangkok, 1959.
Woodard, David 1796. *The Narrative of Captain David Woodard and Four Seamen.* London, J. Johnson, 1805. Reprinted London, Dawsons of Pall Mall, 1969.
Woodside, Alexander B. 1971. *Vietnam and the Chinese Model: A Comparative Study of Vietnamese and Chinese Government in the First Half of the Nineteenth Century.* Cambridge, Harvard University Press.
Wrigley, E. A., and R. S. Schofield 1981. *The Population History of England: A Reconstruction.* London, Edward Arnold.
Wurm, S. A., and B. Wilson 1983. *English Finderlist of Reconstructions in Austronesian Languages (Post-Brandstetter),* rev. ed. Canberra, ANU Department of Linguistics.
Wusthoff, Gerrit 1642. "Journael van de reyse naer der Lauwen-Landt door Gerrit Wuysthoff, 20 Juli 1641 tot 24 October 1642," in Muller

1917: 149-215.
———1669. "Vremde geschiedenissen in de Koninckrijcken van Cambodia en Louwen-Lant, in Oost-Indien, zedert den Iare 1635, tot den Iare 1644, aldaer voor-gevallen," in Muller 1917 : 157.
Wyatt, David K. 1969. *The Politics of Reform in Thailand: Education in the Reign of King Chulalongkorn*. New Haven, Yale University Press.
———1982. *Thailand:* A *Short History.* New Haven, Yale University Press.
———1984. *Thailand: A Short History.* New Haven, Yale University Press.
———1986. "Family Politics in Seventeenth- and Eighteenth-Century Siam." *Papers from a Conference on Thai Studies in Honor of William 1. Gedney,* ed. R. J. Bickner, T. J. Hudak, and P. Peyasantiwong. Ann Arbor, Papers on South and Southeast Asia, pp. 257-265.
Xavier, Francis 1546, "Declaracion," composed in Ternate, September 1546, in Schurhammer and Wicki 1944-1945 I: 355-367.
———1548. Letter to Rome from Cochin, 20 January 1548, in Schurhammer and Wicki 1944-1945 I: 375-396.
Yamamura, Kozo, and Tetsuo Kamiki 1983. "Silver Mines and Sung Coins: A Monetary History of Mediaeval and Modern Japan in International Perspective," in Richards 1983: 329-362.
Yu, Insun, 1978. "Law and Family in Seventeenth and Eighteenth Century Vietnam." Ph.D. diss., University of Michigan. (유인선. 『근세 베트남의 법과 가족』. 서울, 위더스북, 2014.)
Yupho, Dhanit 1957. *Thai Musical Instruments*, trans. David Morton. Bangkok, Siva Phorn, 1960.
Yule, Henry 1886. *Hobson-Jobson: A Glossary of Colloquial Anglo-Indian Words and Phrases.* New ed. Ed. William Crooke 1903. Reprinted New Delhi, Manoharlal, 1979.
Zhang Xie 1617. *Dong xi yang kau* [A study of the eastern and western oceans]. New ed. Beijing, 1981 [translated for me by Mo Yi Mei].
Zhenshe Shiji Wenu Xuan [Selections on the relics concerning Zheng He] 1985. Beijing.
Zhongyang Qixiang Ju Qixiang Kexue Yanjiu Yuan [Central Metereological Agency, Centre for Research in Metereological Science] 1981. *Zhongguo jinwubai man hanlao fenbutu ji* [Yearly charts of dryness/wetness in China for the last five-hundred-year period]. Beijing.

Zoetmulder, P. J. 1974. *Kalangwan: A Survey of Old Javanese Literature*. The Hague, Nijhoff for KITLV.
Zollinger, H. 1847. "The Island of Lombok" (trans. from *TNI* 1847). *Journal of the Indian Archipelago and Eastern Asia* (1851), pp. 323-344.
Zwier van Haren, Onno 1769. *Agon, Sulthan van Bantam, treurspel in vyf bedryven*. New ed. Ed. G. C. de Waard. Zwolle, Tjeenk Willink, 1968.

옮긴이의 말

이 책은 출간 이래 동남아시아학에서 가장 영향력 있는 책으로 꼽혀 온 앤서니 리드의 *The Age of Commerce in Southeast Asia 1450-1680*을 완역한 것이다(한국어판은 독자의 편의를 위해 시간차를 두고 발간된 1권 '바람 아래의 땅'과 2권 '확장과 위기'를 한 권으로 묶어 냈다). 1988년에 1권이, 1993년에 2권이 나왔으니 출판 후 30년 넘는 세월이 훌쩍 흘렀지만, 여전히 중요한 책으로 여겨진다. 2008년 동남아시아학 학술 저널 『소전Sojourn』이 발간 40주년을 맞아 선정한 '동남아시아학에서 가장 중요한 책' 가운데 두 번째로 꼽히기도 했다. 그 까닭은 문화적으로 너무 다양해 도무지 하나로 묶을 수 없을 것 같은 이 지역을, 종교나 인종 같은 문화적 요인이 아니라 교역이라는 역동적 관계로 연결되며 형성된 운명 공동체라는 관점에서 분석하며 동남아시아의 '전체사' 쓰기에 도전한 혁신성 때문일 것이다. 지금 돌아보아도 이토록 야심 차고 담대하게 후학들의 연구 방향을 설정한 동남아시아학 프로젝트는 정말이지 흔치 않은데, 동남아시아학이라는 분과의 맥락에서는 더 그러하다.

한국인에게는 여전히 저발전의 대명사쯤으로 통용되는 '동남아시아Southeast Asia'라는 단어와 개념은 제2차 세계대전 중 방위 목적에서 탄생했고 냉전 질서 속에서 하나의 지역이자 학문 분과로 자리 잡았다. 그 전까지는 각각의 나라와 지역을 고고학과 인류학 분야에서 연구하는 '동양'학이 있었을 뿐, 종교도 인종도 언어도 너무나 다채로운 이 지역을 하나로 묶어 연구하는 작업은 흔치 않았다. 그런데 아이러니하게도 종전 후 심화되던 이 지역의 정치적 '불안정'이 미국을 위시한 서구에서 동남아시아학 분야가 제도적으로 발전하는 계기가 되었다. 1949년 중국이 공산화되자 인접한 동남아시아 지역마저 도미노처럼 차례로 영향권에 들어갈지 모른다는 불안이 커지면서 지정학적 관심이 높아진 것이다(베네딕트 앤더슨의 자서전 『경계 너머의 삶』은 코넬대학을 비롯한 미국 학계에서 그 과정이 어떻게 이루어졌으며 그 성과와 한계는 무엇이었는지를 생생하게 일러준다). 그러나 그 동남아시아학을 들여다보면 타이, 인도네시아, 베트남 등 주요 국가를 연구하는 개별 동남아시아 국가에 관한 연구가 대부분이며, 국가의 경계를 넘는 전체로서의 지역을 연구하는 작업은 흔치 않았다. 1945년 이후는 동남아시아가 정치적 불안정과 폭력 속에 국민국가를 세우기 위해 분투한 시기였으므로, 식민주의 역사에 대항(하거나 조응)하는 국민국가의 역사national history를 쓰려는 흐름이 절대적이었고 냉전의 흐름 속에서 그런 역사가 쓰인 것이 그 배경의 일부였을 것이다.

그리고 1965년 인도네시아의 공산주의자 대학살과 1975년 베트남전 종전 이후, 동남아시아가 정치적으로 '안정'된 1988년에 이 책의 1권이 출판됐다. 사료가 절대적으로 부족하고 동남아시아를 하나의 지역으로 묶어보려는 시도조차 미미한 상황에서 저자는 "닥치는 대로" 사료를 읽고 연결점을 찾아내 가능할 법한 더 큰 이야기를 찾아 나서는 방법을 택했다. 그 이야기는 바닥에 깔려 있다가 드러나는 밑 무늬 같은 것이어서 현재의 국경을 기준으로 역사를 쓰는 접근법으로는 포착하기 어려웠다. 그래서 왕조의 역사나 영웅의 이야기 혹은 역사적 사건을 따라가는 서사보다는 보통 사람들이 먹고 마시고 입고 쓰는 것들을 비롯한 물질적인 것들의 이야기에 더 집중하는 "전체사"가 더 합당하다고 판단하고 실행에 옮겼다.

그리하여 책을 펼치면 우리는 거의 아무것도 알지 못하거나 그 존재조차 몰랐던 시공간으로 초대받는다. 리드가 복원해낸 16-17세기 동남아시아는 천혜의 물길을 통해 교역으로 연결되고 국제 교역에서 선도적 역할을 하는 역동적인 세계였다. 이 세계는 도시와 시장이 발달하고 새로운 사상과 물질문화를 받아들이는 데 거리낌이 없었다. 포르투갈인을 선두로 이 지역에 흘러들어온 유럽인의 기록뿐 아니라 중동, 중국, 일본 등 다양한 여행객들의 기록을 통해 보니 교역은 내륙 지역을 포함한 동남아시아 전역에 생명력을 불어넣는 "비범한 생명줄"이었고, 교역을 매개로 한 "사람의 이동과 그에 따른 물건과 사상의 이동"이야말로 그 시대의 가장 중요한 주제였다. 그중에서도 가장 흥미진진한 지점은 그 세계에서 가장 역동적인 행위자가 여성과 외국인이었으며, 동남아시아의 항구-국가들은 이들이 큰 장벽 없이 권력의 가장 중심부까지 진입할 수 있는 개방적이고 다원적인 사회였다는 점이다.

이렇게 16-17세기의 동남아시아 구석구석을 살펴보다보면, 식민주의적 근대화 이전의 아시아 사회가 아무런 변화 없이 정체된 전제적 사회였을 것이란 우리의 고정관념은 산산이 부서진다(싱가포르를 제외한 동남아시아 전체가 저발전의 대명사였던 1980년대 말에는 그 놀라움이 더 컸을 것이다). 식민화 이전의 동남아시아 도시들이 훨씬 더 크고 풍요롭고 역동적인 곳이었음을 밝혀내니, 현재 동남아시아 빈곤화의 기원은 유럽의 자본주의적 독점 시도였다는 점이 뚜렷해진다. 특히 이슬람화와 그리스도화 이전의 동남아시아가 여성이 실질적으로 주도하던 세계였음을 성생활과 교역 면에서 밝혀내자, 서구 식민주의가 폭력적 개입의 핑계로 사용해온 문명화와 여성 인권의 개선은 적어도 동남아시아에서는 정당화될 수 없어진다.

나아가 이 책이 다루는 16-17세기는 흔히 "대항해시대"로 불리는 유럽의 확장 과정의 배경이 아니라 그 확장을 가능하게 한 물질적 근원으로 보는 편이 더 옳을 것이다. 이 책은 그 시기를 "교역의 시대"로 명명하고 동남아시아인이 주도한 세계의 면면을 보여준다. 그렇게 우리는 동남아시아의 더 먼 과거와 현재를 동시에 이해할 수 있는 열쇠를 얻는다. 16-17세기 동남아시아는 고전 시대의 흔적이 뚜렷하게 남아 있던 동시에 교역을 통해 세계경제에 통합되었으나 서구의 식민지가 되기는 전이었으므로, 이 시기를 이해하면 지금의 동남아시아 어디에서 무엇이 살아남았고 무엇이 사라졌는지 가늠해볼 수 있기 때문이다.

책을 마무리하며 저자는 동남아시아인들에게 식민 시기와 독립 후 혼란한 국민국가 건설 과정의 "체념의 기억으로 가득한" 과거에 제약받지 말고, 거대한 급류 같았던 대격변에 창조적으로 대응하고 번영했던 교역의 시대를 역사적 자원으로 삼아 미래로 나아가기를 당부한다. 사실 오늘날 동남아시아의 작은 항구에서도 그런 창조성과 개방성의 흔적을 찾아보기란 어려운 일이 아니다. 그 시절의 주요 코즈모폴리턴 항구들이 "비통하게 침체된 오지"로 전락했음에도 19세기와 20세기 초반 식민주의 교역과 지식 체계는 여전히 느슨했기에 "동남아시아의 환상적인 다양성"은 살아남을 수 있었고, 교역의 시대가 낳은 개방적이고 진취적 기풍 또한 지역 구석구석에 스며들어 지금까지도 살아 있기 때문이다.

여성과 이방인이 시장과 사회를 이끌고, 자연의 드러나지 않은 힘을 경외하며, 교역으로 서로가 서로에게 필요한 것을 대주는 이 세계의 면면은, 어쩌면 우리가 아는 것과는 다른 종류의 자본주의 혹은 발전의 경로가 가능했을지도 모른다는 상상까지 해보게 한다. 또한 기후위기와 정치적 양극화라는 이중의 위기 속에서 살아남을 길을 모색했던 이 시기 동남아시아인의 분투는 우리에게도 시사하는 바가 크다.

*

이 책의 외래어 인지명 표기법은 여러 분의 안내와 도움을 받았으며 이 책의 일본어, 인도네시아어, 중국어 번역판을 참고해 용어를 빌려오거나 만들어내기도 했다. 국립국어원 표기 원칙이 아예 없으며 일관된 표기법을 짐작하기조차 어려운 미얀마어와 캄보디아어는 전적으로 해당 지역 연구자인 장준영 선생님과 부경환 선생님의 감수를 따랐다. 일면식 없는 역자의 부탁을 흔쾌히 들어주고 질문에도 상세하게 답해주신 두 분께 감사드린다. 라오어 표기는 정상현 선생님의 「라오어 한글표기법」(2019)을 따랐다. 표기 원칙이 있는 말레이-인도네시아어, 베트남어, 타이어는 표기 원칙에 준해 정리했으며 오류가 있다면 전적으로 역자의 책임이다. 자바어 등 인도네시아 지역어와 필리핀 지역어 또한 말레이-인도네시아어 표기 원칙을 최대한 따랐다.

국립국어원 표기법이 현지의 발음과 멀다는 이유로 일부에서는 "현지 발음에 가까운" 된소리 표기법을 고수하는 것을 잘 안다. 그렇지만 완벽하지 않더라도 최대한 국립국어원 표기법을 따르고 검색에 용이한 표기 방식을 취하되 영어식 인지명을 지양하고 현지에서 통용되는 인지명을 반영하고자 했다. 예를 들어 이 책에 가장 자주 등장하는 지명일 '믈라카'만 해도 영어식 표기인 '말라카Malacca'와 '말라까'는 물론 '멀라카' '멀라까' '멜라카' 등 여러 방식으로 표기되고 있으나 현재 말레이시아가 채택한 공식 지명 'Melaka'에 국립국어원 표기 원칙을 적용해 '믈라카'로 표기했다. 하지만 모든 인지명이 그렇게 명료하게 정리되는 것은 아니라서, 말레이를 뜻하는 말레이어는 '믈라유Melayu'지만 대체로 '말레이'로, Java는 인도네시아어로는 '자와Jawa'지만 '자바'로 표기했다. '자바'가 지리상의 '자와'섬을 가리킬 뿐 아니라 '말레이'에 버금가는 광범위한 문화 개념이기도 하기 때문이다. 'Patani'는 현재 타이 영토이므로 타이어 표기법 '빠따니'로 표기하는 것이 옳을지 모르겠지만, 이 책이 다루는 시기에는 논란의 여지 없이 말레이 세계의 일부였으므로 말레이어 '파타니'로 표기했다.

이렇게 인지명의 표기에는 나름의 이유가 있지만 일관되지 않아 보일 수도 있을 것이다. 일관되지 않음 또한 현재 동남아시아에 대한 우리의 이해와 지금의 국경과는 사뭇 다른 경계로 이루어진 그 시기 동남아시아를 반영하는 것이기도 하다는 변명으로 양해를 구하고자 한다.

감사를 표할 분들이 많다. 종교에 관한 8장을 읽고 그리스도교 특히 동남아시아에서 예수회의 활동상에 관해 알려준 전경훈, 베트남어 표기법을 일러주고 격려해준 박소영, 민난어를 비롯한 중국 남부 지역어, 아체어와 부기스어 등 지역어를 읽는 법과 지역에 관한 아주 사소한 의문들에 답해준 소피아 리스트리아니Sophia Listriani, 옹이안춘Ong Yan Chun, 앙처키앗Ang Cher Kiat, 서강대학교의 김종호 선생님, 이 책을 붙들고 있는 긴 시간 동안 삶이 굴러가게 도와준 니 와얀 라니Ni Wayan Rani에게 감사를 표하고 싶다. 이 책을 번역하는 사이 『영애승람』 『제번지』

『도이지략』『진랍풍토기』 등 동남아시아 관련 옛 중국 문헌들이 우리말로 번역되었는데 그분들의 노고 덕분에 이 책의 번역도 조금 더 풍성해질 수 있었다.

책을 만드는 사람들은 책에도 운명이 있다고 말하곤 한다. 이 책의 한국어판이야말로 멀리 돌고 도는 긴 여정 끝에 세상에 나오는 파란만장한 사연의 주인공이므로 그 사정을 짧게 기록해두려 한다.

내가 이 책과 처음 인연을 맺은 것은 2013년이었다. 어떤 교수님이 번역을 시작하신 지 10년 가까이 지났는데도 원고가 오지 않고 있으니, 그를 대신해 2권을 번역해보면 어떻겠냐는 제안이 있었다. 아무리 어려워도 도전하고 싶은 책인지라 수락했으나 프로젝트는 더 진척되지 않았다. 그후로 수년이 지나도 소식이 없어 다른 출판사에 제안해 번역을 시작했다. 초고가 끝나갈 즈음 출판사는 이런 종류의 책 제작에 꼭 필요한 지원이 불가하다고 알려왔고 다시 출간이 무산됐다. 이즈음 절박한 심정으로 저자인 앤서니 리드 선생께 도움을 청하는 메일을 보냈는데, 저간의 사정을 대강은 알고 계셨으며 한국어판이 겪은 사연이야말로 '대하소설saga'이라는 말과 함께 지치지 말기를 당부하셨다. 중국 관련 문헌과 인지명을 참조할 수 있게 중국어판을 우편으로 보내주시기도 했다. 난파 직전이던 이 프로젝트를 글항아리에서 맡아주셔서 "너무 늦게"나마 한국어판이 세상에 나오게 되었다.

때때로 이 책의 출판을 원치 않는 이들이 암약하는 것이 아닌가 하는 망상에 빠질 정도로 외롭고 지치는 시간이었다. 개인적으로 이 책을 번역하며 동남아시아 지역학 분야 국비 장학생으로 싱가포르에서 공부할 수 있는 기회를 누린 데 대한 마음의 빚을 조금 덜었다. 정말 많이 배웠고 그 앎을 나눠야겠다고 생각했는데, 그 생각이 이 프로젝트를 계속

밀고 나가게 해준 원동력이었다.

오랫동안 붙들고 있던 원고를 세상에 내보내려니 부끄러움이 앞선다. 이 책이 동남아시아 연구자는 물론 아시아 역사에 관심 있는 독자와 불확실한 전환기를 살아가는 우리에게 동남아시아를 한층 더 깊이 이해하고 인식의 지평을 넓혀 다른 세계를 상상하고 실현하기 위한 앎의 참고문헌이 되기를 진심으로 바라며, 2025년 6월 9일 세상을 떠난 리드 선생의 영전에 바친다.

2025년 8월 인도네시아에서

박소현

찾아보기

ㄱ

ㄲ

ㄴ

ㅁ

ㅂ

ㅃ

ㅅ

ㅈ

ㅉ

ㅊ

ㅋ

ㅌ

ㅍ

ㅎ

Southeast 1450-1680 Asia
in the Age of Commerce

대항해시대의 동남아시아

초판인쇄 2025년 9월 17일
초판발행 2025년 9월 24일

지은이 앤서니 리드
옮긴이 박소현
펴낸이 강성민 이은혜
편집 태서현
마케팅 정민호 박치우 한민아 이민경 박진희 황승현 김경언
브랜딩 함유지 박민재 이송이 박다솔 조다현 김하연 이준희
제작 강신은 김동욱 이순호

펴낸곳 (주)글항아리 | 출판등록 2009년 1월 19일 제406-2009-000002호

주소 경기도 파주시 문발로 214-12 4층
전자우편 bookpot@hanmail.net
전화번호 031-955-8869(마케팅) 031-941-5161(편집부)

ISBN 979-11-6909-424-5 93910

www.geulhangari.com